瀋陽年鑑

SHENYANG YEARBOOK

（总第三十一卷）

2015

沈阳市统计局 编

中国统计出版社
China Statistics Press

图书在版编目(CIP)数据

沈阳年鉴. 2015/沈阳市统计局编. —北京：中国统计出版社，2015. 9
ISBN 978-7-5037-7532-1

Ⅰ. ①沈… Ⅱ. ①沈… Ⅲ. ①沈阳市—2015—年鉴
Ⅳ. ①Z523.11

中国版本图书馆 CIP 数据核字(2015)第194648号

沈阳年鉴—2015

作　　者/沈阳市统计局
责任编辑/陈越月
责任校对/梁家平　阎　力
出版发行/中国统计出版社
地　　址/北京市丰台区西三环南路甲 6 号　邮政编码/100073
电　　话/邮购(010)63376909　书店(010)68783171
网　　址/http://csp.stats.gov.cn
经　　销/新华书店
开　　本/890mm×1240mm 1/16
字　　数/1300千字
印　　张/31
版　　别/2015 年 9 月第 1 版
版　　次/2015 年 9 月第 1 次印刷
定　　价/200.00 元

如有印装差错，由本社发行部调换。

沈阳数字

shenyangshuzi

2014

国土面积	12860平方公里
户籍人口	730.8万人
地区生产总值	7098.7亿元
第一产业增加值	325.3亿元
第二产业增加值	3541.2亿元
第三产业增加值	3232.3亿元
一般公共预算收入	785.5亿元
一般公共预算支出	914.4亿元
固定资产投资额	6564.1亿元
社会消费品零售总额	3570.1亿元
外贸进出口总额	158.0亿美元
新签利用外资项目（合同）	145个
实际利用外资额	44.6亿美元
接待国际旅游者	59.1万人次
城市居民人均可支配收入	31720元
农村居民人均可支配收入	15945元
城镇非私营单位在岗职工平均工资	56590元

创建国家文明城市

WENMING CHENGSHI

创城大会

2014年度感动沈阳人物颁奖典礼

为全面提升城市文明程度，确保2014年实现沈阳市进入全国文明城市行列目标，制订《沈阳市创建全国文明城市三年规划（2012年——2014年）》。在2012年全面启动创建全国文明城市工作，成立市，区两级创城工作领导体制的工作机制。按照《全国文明城市测评体系》各项标准，巩固完善达标项目，提升工作水平。通过开展扎实有效的创建活动不断提升城市形象，坚持《全国文明城市测评体系》指标导向，推进政务、法治、市场、人文、社会、生活、安全环境全面改善，用三年的时间，实现经济快速发展，社会和谐稳定，文化事业繁荣，城市环境优美，公共秩序规范，服务功能完善，社会文明程度明显提升的总体目标，确保2014年进入全国文明城市行列。

公共文明引导员在向市民进行创城宣传

志愿者在清洁沈阳

清理小招贴开展“清洁沈阳”主题志愿服务活动

开展文明交通“护卫天使活动”

文明城市

2015年首场道德讲堂活动

文明旅游

辽宁省第四届全民读书节暨沈阳市全民读书月揭幕仪

沈阳市第六届全民读书月启动仪式

沈城风采

SHENCHENG FENGCAI

传奇盛京，福运沈阳。沈阳是国家历史文化名城，素有“一朝发祥地，两代帝王城”之称，是一座有着3000多年历史的城市。沈阳还是我国最重要的重工业基地之一，有“共和国长子”和“东方鲁尔”的美誉。

满清文化在这里成长，工业文明在这里传承。近年来，沈阳市委、市政府高度重视旅游业发展，着力打造东北亚国际旅游城市。全市旅游收入保持年均17.1%的高速增长，成为经济发展的重要产业。2014年，全市旅游总收入达1065.6亿元，接待国内外游客8305.6万人次。沈阳旅游业的蓬勃发展，正在为这座历史文化名城续写新的篇章。

张氏帅府

沈北·怪坡国际滑雪场

沈阳世博园

南塔商圈

滑雪场

花果山神秘谷

位于棋盘山旅游开发区的花果山神秘谷，是国家3A级旅游景区；是辽宁省和沈阳市民族团结教育基地；是集旅游、度假、商务、娱乐、拓展训练于一体的原生态古老文化游览区。

沈北·怪波

沈北·方特欢乐世界

故宫

城市建設

CHENGSHI
JIANSHE

摄影：李雪松 郝博

沈阳北站南广场

浑河富民桥

辽河七星湿地

沈阳南站工程

市府广场

浑河南京桥

浑南新城中央公园

第十三届中国国际装备制造业博览会

统计连着你我他 数据准确靠大家

统计数据要重视，做好工作靠法制。
诚信统计为宗旨，虚加水分真可耻。
要是数据不真实，依法处罚悔已迟。

生活中的统计学

彩票中奖的概率

概率学中有“小概率事件”的概念，理论上认为其有发生的可能性，但不一定肯定发生。彩票的概率分析是通过一些复杂的计算，研究中奖的“小概率事件”发生的最大可能性，从而提高中奖机会。多数专家认为：理论上，彩民购买彩票的中奖率，可以用公式来计算。如54取6的彩票头奖概率是1/25827165，42取6头奖的概率是1/5240000。但对与个人来说，想用概率分析算出头等奖中奖号码是根本不可能的，因此很大程度靠运气。小奖=60%运气+10%分析，大奖=99.9%运气+0.1%分析。

地区生产总值及增长情况

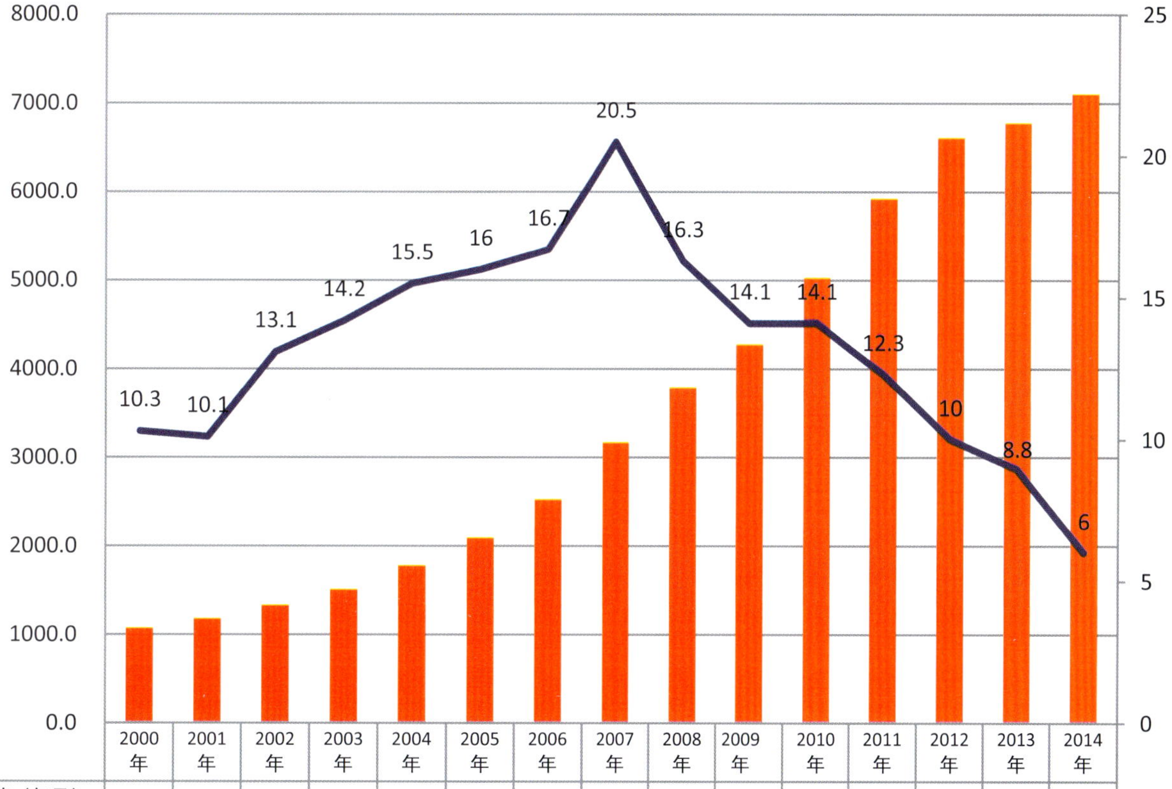

	2000年	2001年	2002年	2003年	2004年	2005年	2006年	2007年	2008年	2009年	2010年	2011年	2012年	2013年	2014年
绝对值（亿元）	1067.0	1174.0	1326.0	1501.9	1772.9	2084.1	2519.6	3159.7	3780.9	4268.5	5017.5	5915.7	6602.6	6768.1	7098.7
增幅(%)	10.3	10.1	13.1	14.2	15.5	16	16.7	20.5	16.3	14.1	14.1	12.3	10	8.8	6

规模以上工业企业增加值及增长情况

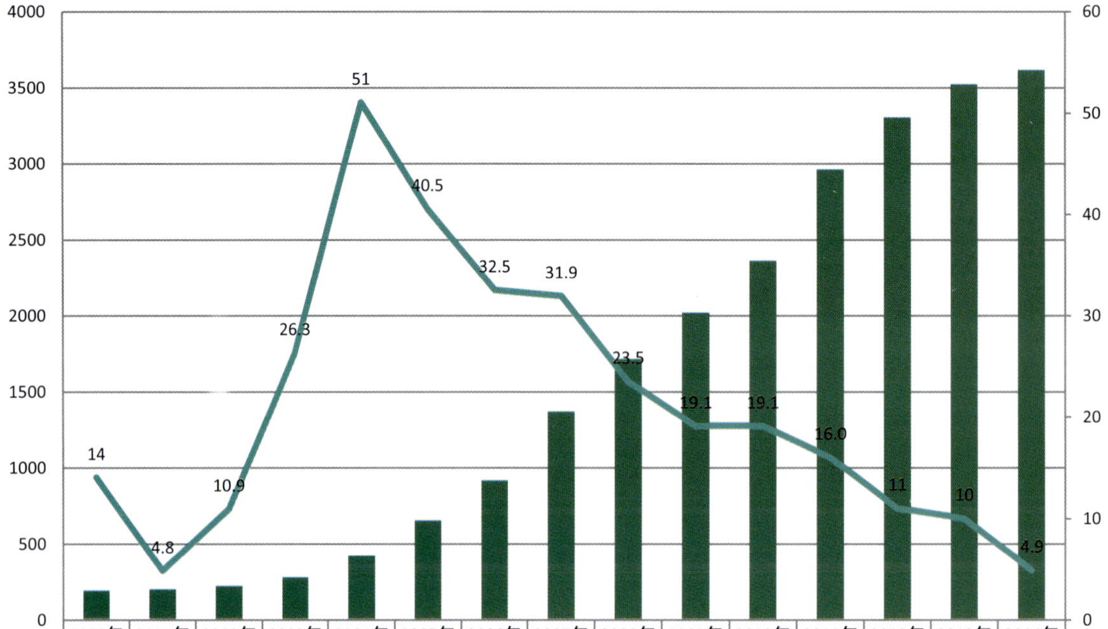

	2000年	2001年	2002年	2003年	2004年	2005年	2006年	2007年	2008年	2009年	2010年	2011年	2012年	2013年	2014年
绝对值（亿元）	190	199.1	220.7	278.7	420.8	652.1	914.2	1368.2	1714.2	2017.5	2361.4	2960.9	3304.7	3522.2	3614.9
增幅 (%)	14	4.8	10.9	26.3	51	40.5	32.5	31.9	23.5	19.1	19.1	16.0	11	10	4.9

第三产业增加值及增长情况

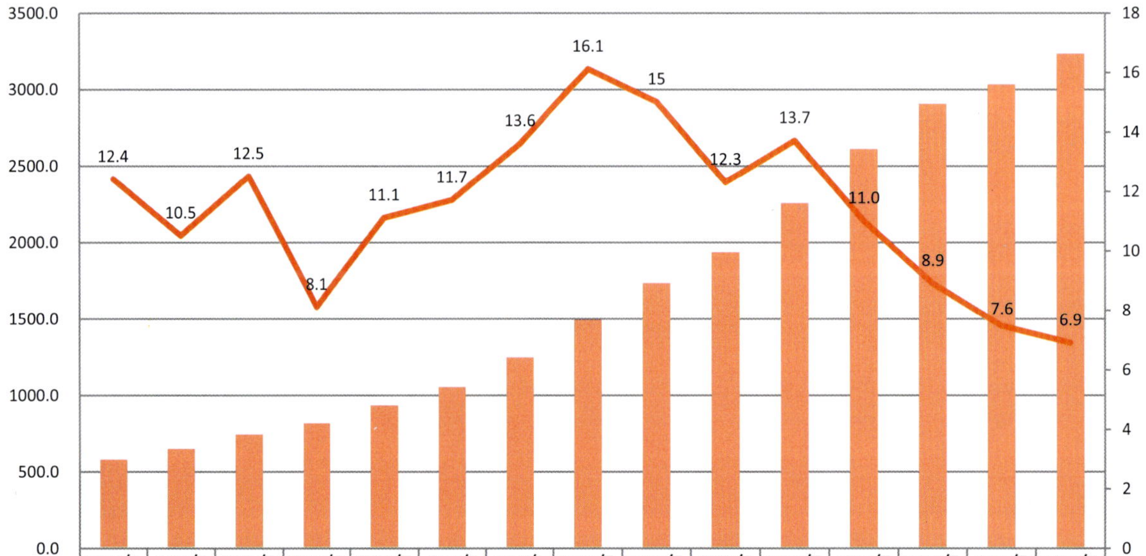

	2000年	2001年	2002年	2003年	2004年	2005年	2006年	2007年	2008年	2009年	2010年	2011年	2012年	2013年	2014年
绝对值（亿元）	576.4	647.5	742.9	815.1	932.6	1051.5	1245.3	1493.1	1732.4	1934.0	2254.9	2609.8	2904.2	3031.7	3232
增幅 (%)	12.4	10.5	12.5	8.1	11.1	11.7	13.6	16.1	15	12.3	13.7	11.0	8.9	7.6	6.9

固定资产投资额及增长情况

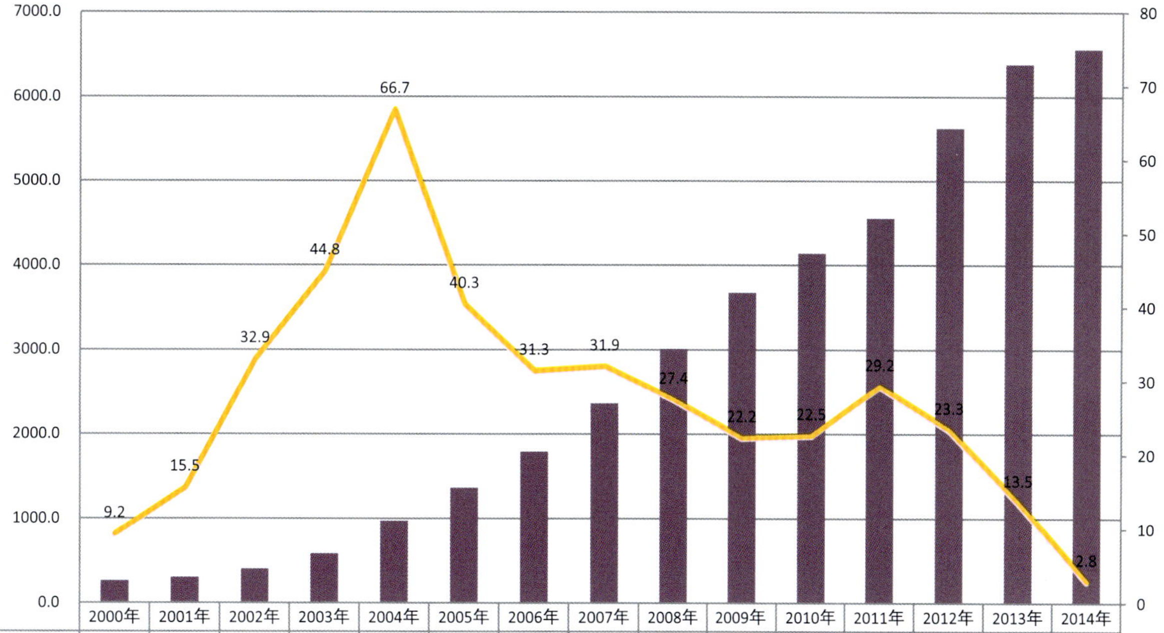

	2000年	2001年	2002年	2003年	2004年	2005年	2006年	2007年	2008年	2009年	2010年	2011年	2012年	2013年	2014年
绝对值（亿元）	262.2	302.8	402.5	582.6	971.4	1363.2	1790.3	2361.9	3008.7	3676.0	4139.1	4560.6	5625.4	6383.9	6564.1
增幅 (%)	9.2	15.5	32.9	44.8	66.7	40.3	31.3	31.9	27.4	22.2	22.5	29.2	23.3	13.5	2.8

注:2011年开始，固定资产投资指标口径调整，2010年及以前为全社会口径。

房地产开发投资额及增长情况

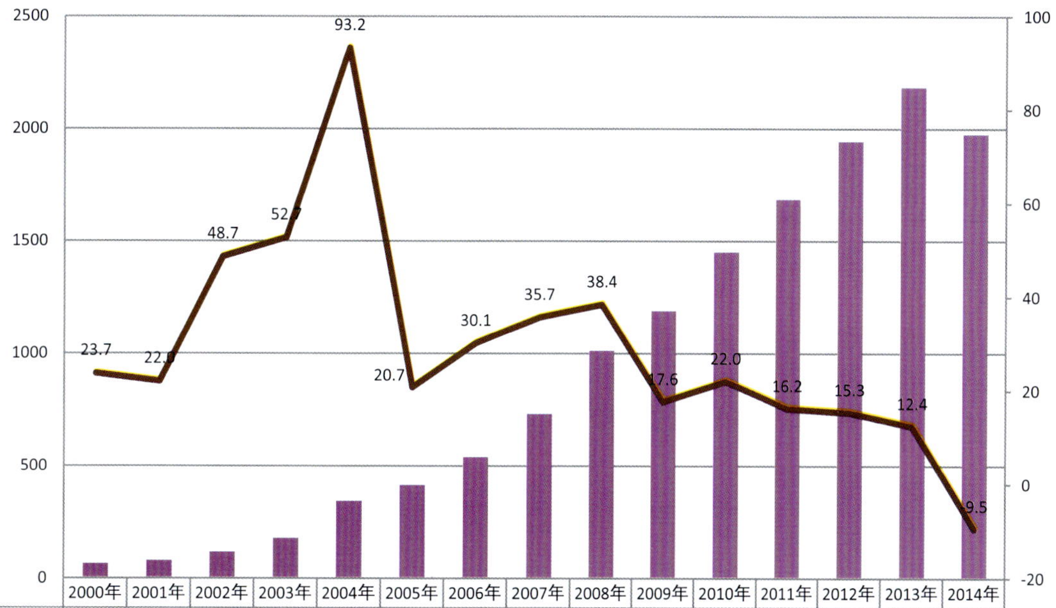

	2000年	2001年	2002年	2003年	2004年	2005年	2006年	2007年	2008年	2009年	2010年	2011年	2012年	2013年	2014年
绝对值（亿元）	64	78.1	116.1	177.3	342.6	413.6	538.3	730.4	1010.9	1188.7	1450.1	1684.7	1943	2184.01	1975.82
增幅 (%)	23.7	22.0	48.7	52.7	93.2	20.7	30.1	35.7	38.4	17.6	22.0	16.2	15.3	12.4	-9.5

社会消费品零售总额及增长情况

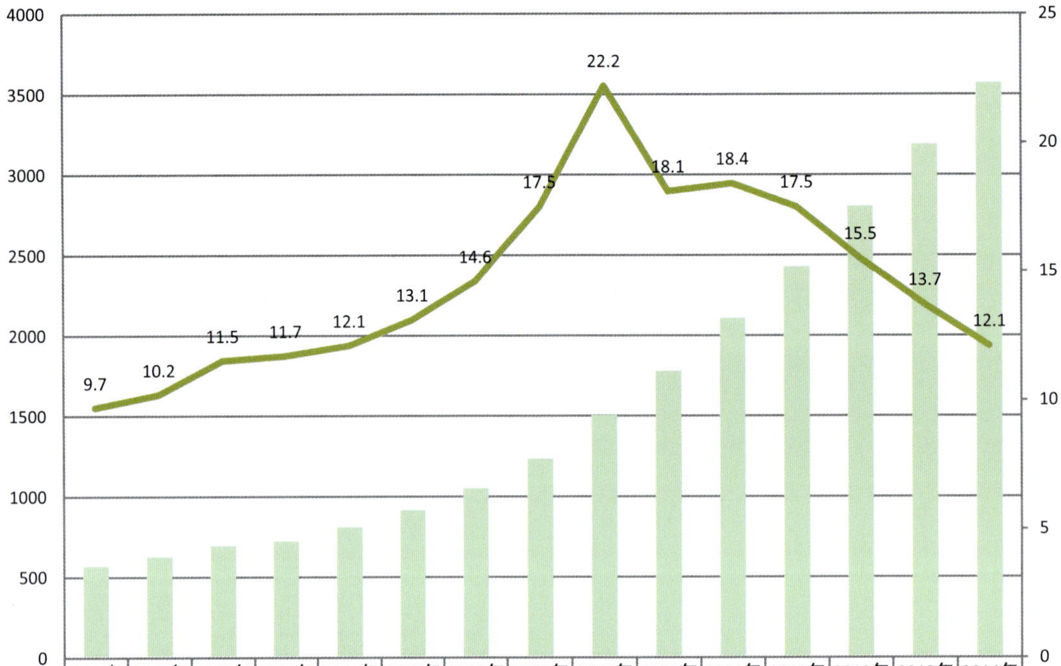

	2000年	2001年	2002年	2003年	2004年	2005年	2006年	2007年	2008年	2009年	2010年	2011年	2012年	2013年	2014年
绝对值（亿元）	566	623.4	695.2	721.5	808.8	915.1	1048.7	1231.9	1505.5	1778.6	2105.6	2426.9	2802.2	3186.1	3570.1
增幅 (%)	9.7	10.2	11.5	11.7	12.1	13.1	14.6	17.5	22.2	18.1	18.4	17.5	15.5	13.7	12.1

实际利用外资额及增长情况

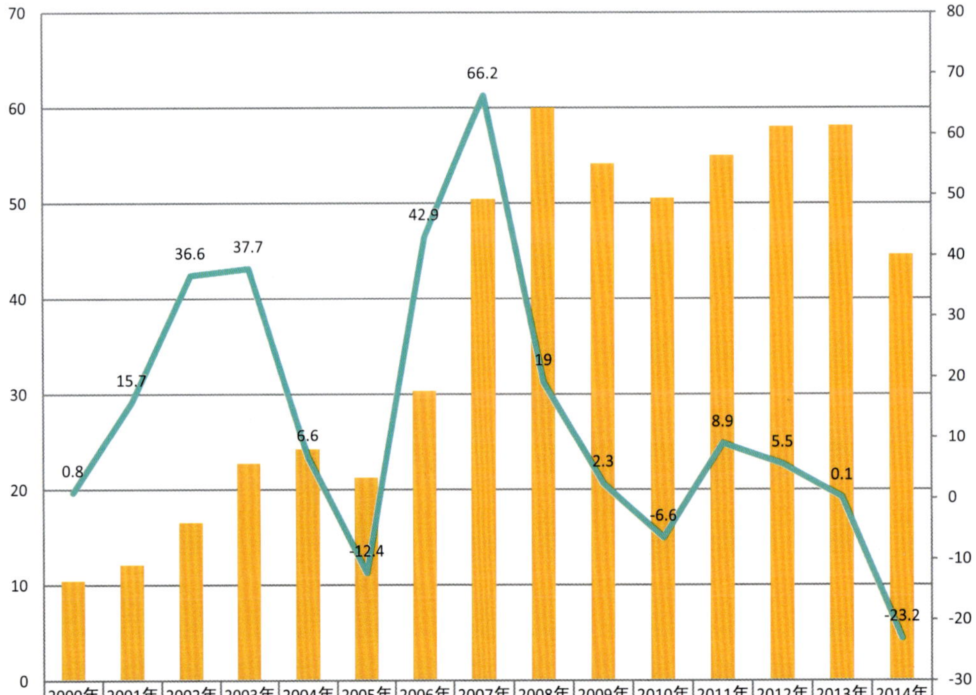

	2000年	2001年	2002年	2003年	2004年	2005年	2006年	2007年	2008年	2009年	2010年	2011年	2012年	2013年	2014年
绝对值（亿美元）	10.4	12.1	16.5	22.7	24.2	21.2	30.3	50.4	60	54.1	50.5	55.0	58.0	58.1	44.6
增幅 (%)	0.8	15.7	36.6	37.7	6.6	-12.4	42.9	66.2	19	2.3	-6.6	8.9	5.5	0.1	-23.2

一般公共预算收支

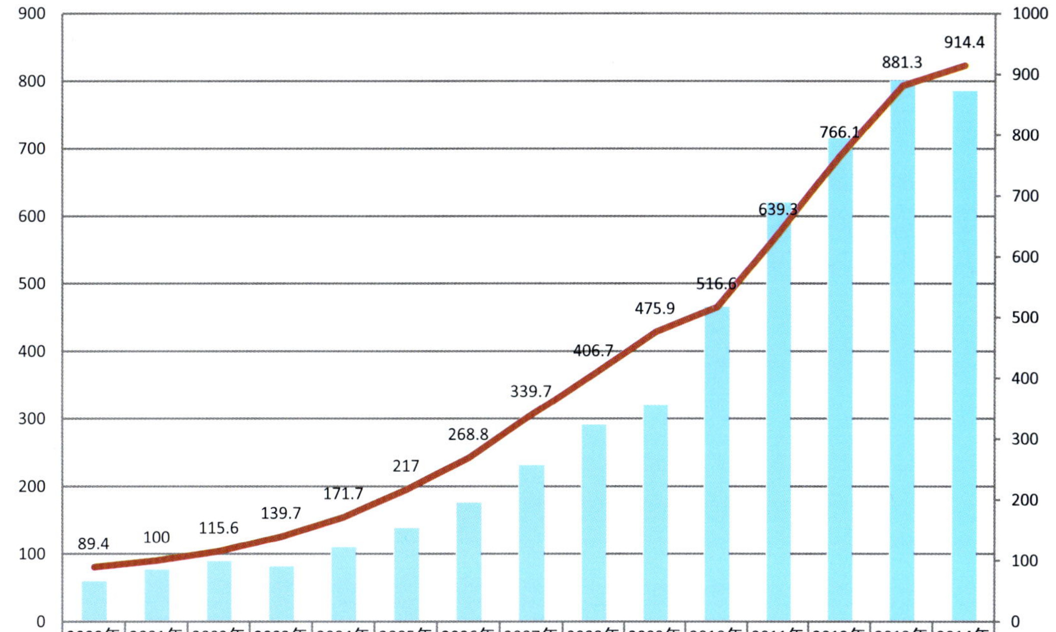

	2000年	2001年	2002年	2003年	2004年	2005年	2006年	2007年	2008年	2009年	2010年	2011年	2012年	2013年	2014年
收入（亿元）	59.3	76.7	89	81.1	109.5	138.1	175.6	230.8	291	320.2	465.4	620.1	715	801	785.5
支出（亿元）	89.4	100	115.6	139.7	171.7	217	268.8	339.7	406.7	475.9	516.6	639.3	766.1	881.3	914.4

城镇非私营单位在岗职工平均工资及增长情况

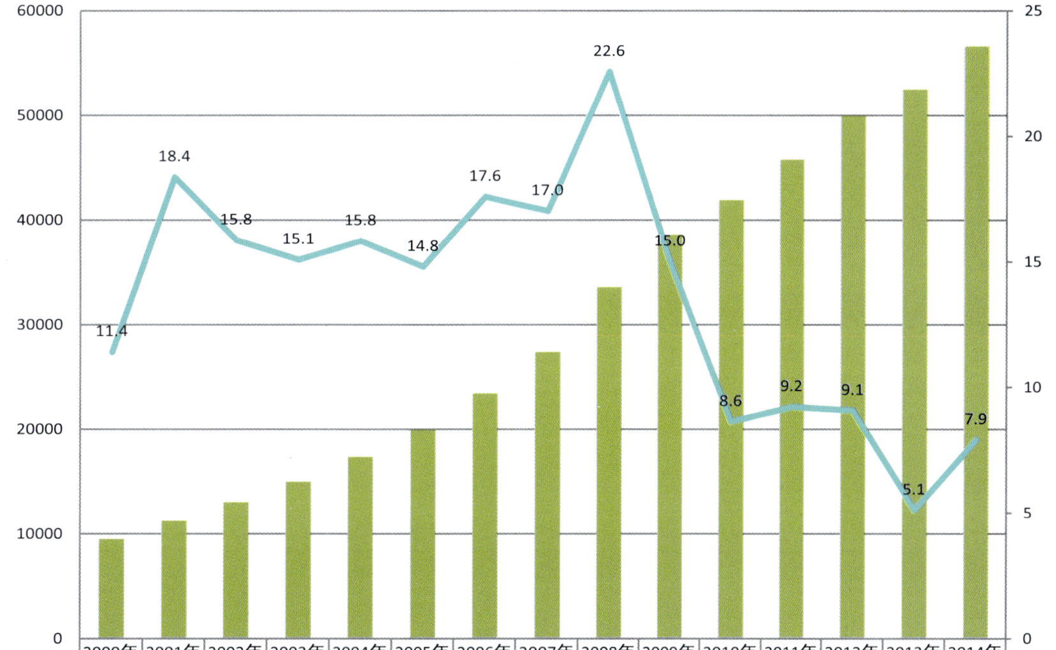

	2000年	2001年	2002年	2003年	2004年	2005年	2006年	2007年	2008年	2009年	2010年	2011年	2012年	2013年	2014年
绝对值（元/人）	9485	11226	13005	14965	17332	19895	23392	27371	33544	38576	41899	45756	49900	52462	56590
增幅 (%)	11.4	18.4	15.8	15.1	15.8	14.8	17.6	17.0	22.6	15.0	8.6	9.2	9.1	5.1	7.9

城市居民生活

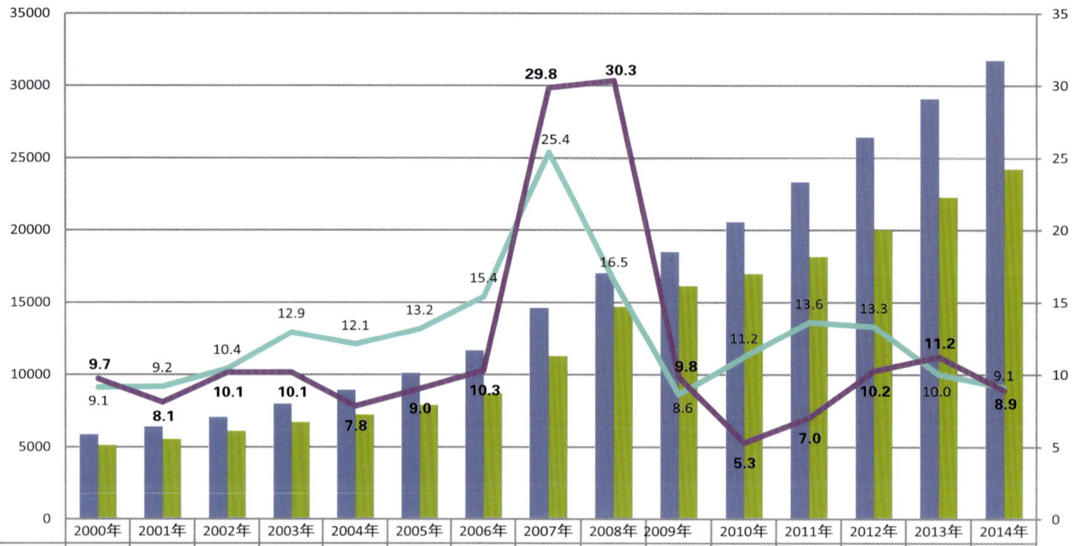

	2000年	2001年	2002年	2003年	2004年	2005年	2006年	2007年	2008年	2009年	2010年	2011年	2012年	2013年	2014年
可支配收入(元)	5850	6386	7050	7961	8924	10098	11651	14607	17013	18475	20541	23326	26431	29074	31720
增幅 (%)	9.1	9.2	10.4	12.9	12.1	13.2	15.4	25.4	16.5	8.6	11.2	13.6	13.3	10.0	9.1
人均消费支出(元)	5103	5515	6074	6690	7213	7863	8670	11256	14668	16111	16961	18147	20003	22252	24223
增幅 (%)	9.7	8.1	10.1	10.1	7.8	9.0	10.3	29.8	30.3	9.8	5.3	7.0	10.2	11.2	8.9

农村居民生活

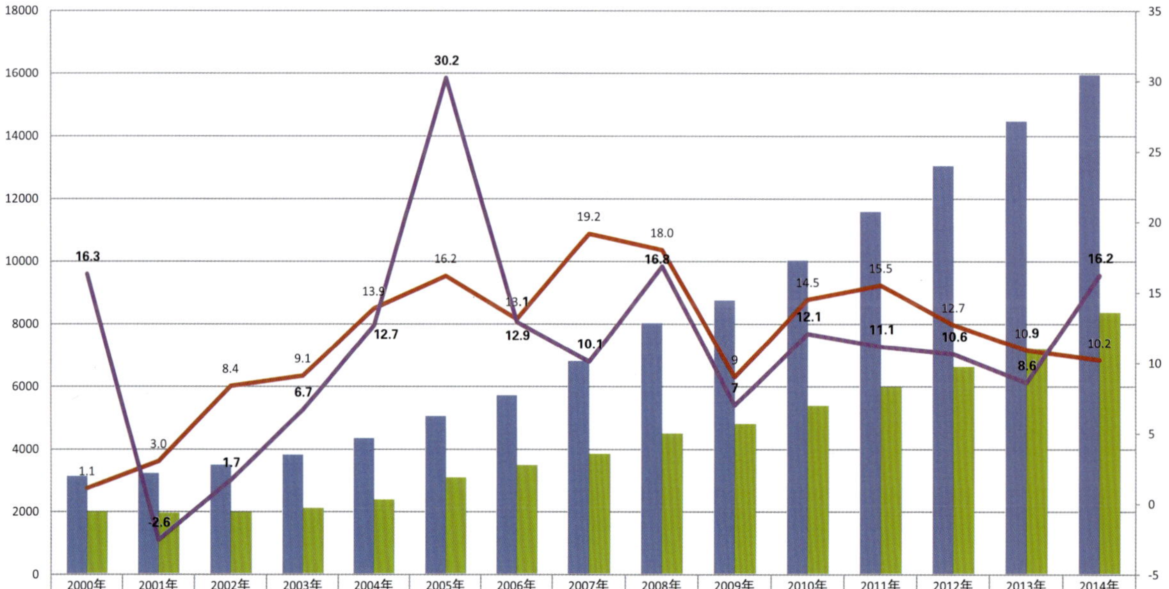

	2000年	2001年	2002年	2003年	2004年	2005年	2006年	2007年	2008年	2009年	2010年	2011年	2012年	2013年	2014年
可支配收入(元)	3135	3230	3500	3818	4347	5050	5712	6806	8029	8753	10022	11575	13045	14467	15945
增幅 (%)	1.1	3.0	8.4	9.1	13.9	16.2	13.1	19.2	18.0	9	14.5	15.5	12.7	10.9	10.2
人均消费支出(元)	1996	1945	1978	2110	2377	3095	3494	3847	4495	4808	5388	5989	6625	7196	8360
增幅 (%)	16.3	-2.6	1.7	6.7	12.7	30.2	12.9	10.1	16.8	7	12.1	11.1	10.6	8.6	16.2

《沈阳年鉴》编纂委员会

《沈阳年鉴》编辑部

《沈阳年鉴》编辑部

地址：沈阳市沈河区奉天街 305 号

邮编：110013　电话：(024)22739160

E—mail：nj. sy@163. com

编辑说明

一、《沈阳年鉴》是沈阳市人民政府主办、由沈阳市统计局负责编辑出版的综合性地方年鉴。自1985年创刊以来,已连续出版31卷。是国内外公开发行的集知识、信息、资料为一体的具有公报性、资料性、权威性的工具书。

二、《沈阳年鉴-2015》旨在全面、系统、翔实地记载2014年沈阳市社会经济和社会发展的基本情况和基本资料,为海内外各界人士了解沈阳、研究沈阳和建设沈阳提供翔实的资料和信息,为"让沈阳走向世界,让世界了解沈阳"提供窗口,发挥桥梁作用。

三、《沈阳年鉴-2015》在编纂体例上基本保持了类目的相对稳定。全书共设26个部类:(1)特辑;(2)沈阳概貌;(3)党政机关;(4)群众团体;(5)地方军事;(6)政法;(7)工业;(8)交通·邮政;(9)城乡建设和管理;(10)商务;(11)旅游;(12)农村经济;(13)经济管理;(14)财政·税收;(15)金融;(16)科学技术;(17)教育;(18)文化;(19)卫生·体育;(20)社会·民生;(21)区、县(市)及开发区;(22)人物;(23)统计资料;(24)文献·法规选编;(25)沈阳大事记;(26)附录。

四、《沈阳年鉴》统计资料版采用中英文对照,为海外各界人士了解沈阳经济和社会发展提供方便。

五、《沈阳年鉴》采用分类编辑法,以条目为主体。体例分一、二、三级目。一级目为大类,二级目为分目,三级目为条目,用黑体字加【】号作标题。

六、《沈阳年鉴》采用的稿件均由各有关部门和行业专人撰写,并经撰稿单位领导审定。统计资料由沈阳市统计局提供,其中,2014年地区生产总值、社会消费品零售额和规模以上工业指标为快报数。因统计口径等原因,有关部门所用的个别数据与"统计资料"中的不尽一致,采用时请予注意。

七、《沈阳年鉴》的编撰工作得到了沈阳市各级领导和社会各界的大力支持,在此谨表谢意。并恳祈各界人士继续给年鉴工作以更多的支持和帮助,对书中错漏之处给予批评指正,以期不断完善提高。

目　录

特　辑

·党和国家领导人来沈视察·

·专　　文·

·重大活动·

·沈城美誉·

·创建全国文明城市·

沈阳概貌

·自然概况·

·沈阳市人民政府·

外　事

编　制

·政协沈阳市委员会·

·民主党派和工商联·

群众团体

·市总工会·

·共青团市委·

·市妇女联合会·

·市科学技术协会·

·市社会科学界联合会·

·无线电管理·

·轻工业·

·装备制造业·

·汽车及零部件产业·

·医药制造业·

·化学工业·

·建材工业·

·航空航天制造业·

交通·邮政

·铁路运输·

·公路建设·

·道路运输·

·城市公共交通·

·航空运输·

·邮　　政·

城乡建设和管理

·综　　述·

·建　　筑·

·房　地　产·

·城市管理·

·规划和国土资源管理·

·市政建设·

·园林绿化·

·市容管理·

·环境卫生·

·爱国卫生·

·地铁建设·

·城管行政执法·

·公用事业·

·环境保护·

商　　务

·国内贸易·

综　　述

商品市场

电子商务

物流业

会展业

市场监管

粮食市场

供销社商业

烟草专卖

·对外贸易·

综　　述

口　　岸

出入境检验检疫

海　　关

旅　　游

·规划发展·

·宣传促销·

·行业管理·

·教育培训·

农村经济

·综　述·

·农业产业化·

·农产品质量安全·

·高产示范区建设·

·农业新技术推广普及·

·种　植　业·

·畜　牧　业·

·渔业生产·

·农业机械化·

·林　业·

·水　利·

经济管理

·综　　述·

·国有资产管理·

·审　　计·

·统　　计·

·质量技术监督·

·食品药品监督管理·

·安全生产监督管理·

·工商行政管理·

·物价管理·

财政·税收

·财　　政·

·国　　税·

·地　　税·

金　　融

·综　　述·

·银　　行·

人民银行

中国银行

工商银行

农业银行

·气　　象·

·地　　震·

教　　育

·综　　述·

·学前教育·

·义务教育·

·普通高中教育·

·高等教育·

·人口与计划生育·

·人力资源管理·

·社会保障·

·民 政·

·民 族·

·宗 教·

区、县(市)及开发区

·和 平 区·

·新　民　市·

·法　库　县·

·康　平　县·

·沈阳经济技术开发区·

·沈阳金融商贸开发区·

人　物

·新任副市级领导·

·感动沈阳人物·

·市管领导干部名单·

·光　荣　榜·

统计资料

·综合平衡·

·人口与就业·

·农村经济·

·工业、能源、物资、交通、邮电·

·固定资产投资·

·国内贸易·

·外经外贸、旅游业·

·财政、金融·

·教育、文化、卫生·

·城市建设、环境保护·

·其他经济指标·

文献·法规选编

·文　献·

·法规·规章·

沈阳大事记(2014年)

附　录

CONTENTS

SPECIAL ARTICLES

GENERAL SURVEY OF SHENYANG

POLITICS

SOCIAL ORGANIZATION

LOCAL MILITARY AFFAIRS

LEGAL SYSTEM

INDUSTRY

TRANSPORTAION AND POSTAL SERVICES

CITY AND VILLAGE CONSTRUCTION and Management

DOMESTIC TRADE

FOREIGN ECONOMY TRADE

TOURISM

RURAL ECONOMY

ECONOMY MANAGEMENT

FINANCE AND TAX

BANKING AND INSURANCE

SCIENCE RESEARCH AND COMPREHENSIVE TECHNOLOGY SERVICE

EDUCATION

CULTURE

PUBLIC HEALTH AND SPORTS

SOCETY AND LIFE

SURVEY OF DISTRICTS

FIGURES

STATISTICAL DATA

SELECTED DOCUMENTS AND LOCAL LAWS

特　　辑

党和国家领导人来沈视察

【李克强在沈调研】 2014年3月26日，中共中央政治局常委、国务院总理李克强来沈考察生产性服务业发展情况，先后到沈阳远大企业集团科技园、瀚华科技小额贷款公司和农业银行辽宁省分行营业部调研。在远大科技创业园，李克强对企业自主研发的PM2.5过滤、脱硫脱硝设备非常关注，详细询问技术推广实用以及成本投入情况。他鼓励企业在国家政策的支持下，尽快推广应用新技术，一方面治理雾霾天气，同时带动发展环保产业，一举两得。他对企业负责人说，“企业要创新体制，才能引导科技人才发挥创新力量，为社会创造财富。企业发展关键靠人，知识不仅要装在头脑里，还要为社会做贡献。我不干涉你们的分配方式，但建议给科技人员股权”。在瀚华小额贷款公司，李克强说，“小额贷款服务小微企业，两“小”和谐叠加，就能做出大美的事业“。在沈阳农行营业部，李克强详细了解银行贷款投向、服务三农、支持老工业基地转型情况。临上车前，他回过头叮嘱农行负责人，既服务好三农，也要加大对棚改、基础设施等支持，这既方便群众，也是扩内需，更是发展前景所在。

（*赵东晗*）

【刘云山在沈考察】 2014年4月21日至22日，中共中央政治局常委、中央书记处书记刘云山就第二批教育实践活动和基层党的建设，先后到沈阳、抚顺、辽阳、本溪等地，深入企业、农村、社区开展调研。其中4月21日在沈考察，在中国工业博物馆、沈阳鼓风机集团和沈阳飞机工业集团，刘云山听取老工业基地振兴发展和企业生产经营情况介绍后说，要以教育实践活动为有利契机，立足促进生产经营抓党建，着眼增强企业凝聚力改作风，更好发挥党组织的战斗堡垒作用和党员干部的先锋模范作用，不断开创企业改革发展新局面。在沈阳市房屋登记中心，刘云山详细了解窗口单位便民服务情况后强调，第二批教育实践活动与群众贴得更近，尤其是窗口单位要坚持边学边改，从群众关切的问题改起，从群众身边的小事抓起，抓一件成一件，积小胜为大胜，在解决具体问题中让群众看到新变化。

（*赵东晗*）

【刘云山等领导来沈出席勿忘“九一八”撞钟鸣警仪式】 2014年9月18日9时，2014勿忘“九一八”撞钟鸣警仪式在“九一八”历史博物馆残历碑广场举行。中共中央政治局常委刘云山，中央政治局委员、中央书记处书记刘奇葆，中共中央政治局委员、国务院副总理汪洋，全国人大常委会副委员长张平，全国政协副主席、民进中央常务副主席罗富和，中国人民解放军总政治部主任、中央军事委员会委员、中国人民解放军上将张阳等党和国家领导人出席仪式。

（*徐睿达*）

【张高丽等领导来沈出席在韩志愿军烈士遗骸回国迎接仪式】 2014年3月28日，在韩中国人民志愿军烈士遗骸回国迎接仪式在沈阳桃仙国际机场举行，中共中央政治局常委、国务院副总理张高丽，中共中央政治局委员、中央军委副主席许其亮，全国人大常委会副委员长严隽琪，国务委员王勇等党和国家领导人出席仪式。

（*鉴　闻*）

【刘奇葆在沈考察】 2014年9月18日，中共中央政治局委员、中央书记处书记、中宣部部长刘奇葆在沈出席勿忘“九一八”撞钟鸣警仪式，之后到沈阳飞机集体有限公司、华晨宝马大东工厂、红巾社区和新松机器人有限公司考察。刘奇葆强调，要深入学习宣传贯彻习近平总书记系列重要讲话精神，大力加强社会主义核心价值观建设，在工作内容、领域、载体、对象上抓好贯穿结合融入，全方位推进、全领域覆盖，把培育和践行核心价值观的任务落细落小落实。

（*赵东晗*）

【王勇来沈视察】 2014年9月9日至13日，国务委员王勇来辽宁考察，并主持召开振兴东北地区老工业基地国有企业座谈会。期间，9月12日在沈阳考察了沈阳新松机器人自动化股份有限公司、沈阳飞机工业（集团）有限公司、工业博物馆、沈阳鼓风机集团股份有限公司、北方重工集团有限公司、沈阳机床（集团）有限责任公司等6家国有企业。

王勇指出，十多年来，东北地区老工业基地振兴取得了明显成就，但目前也面临不少新的困难和挑战，老工业基地实现全面振兴意义重大。王勇强调，国有企业特别是中央企业要认真贯彻党中央、国务院决策部署，深入落实《关于近期支持东北振兴若干重大政策措施的意见》，抓住机遇，应对挑战，积极作为，为东北地区全面振兴做出更大贡献。

（*市政府办公厅秘书一处*）

【陈竺来沈视察】 2014年4月15日，全国人大常委会副委员长陈竺率全国人大常委会专利法执法检查组来沈阳，对《中华人民共和国专利法》贯彻实施情况开展执法检查。市人大常委会主任赵长义、副主任徐璐陪同检查。当天，执法检查组听取了沈阳市相关工作情况汇报，与部分企业和高校负责人座谈，并分别到沈阳药科大学、中科院自动化研究所和东软集团股份有限公司实地检查。陈竺指出，《中华人民共和国专利法》自1984年实施30年来，为促进科技进步发挥了重要作用。目前，我国的专利申请数量排在世界前列，但也存在一些问题。例如，核心专利和专利转化的数量还比较少。这次执法检查主要包括三个方面内容：一是行政机关依法加强管理和服务，引导和支持专利创造，运用法律制度加快技术创新，实现转型升级和产业结构调整的情况；二是行政机关和司法机关依法维护专利权人合法权益，营造良好知识产权保护氛围的情况；三是企业、科研机构和高等学校等创新主体加强专利申请、运用和保护，提升创新能力的情况。

（胡士俊）

【陈昌智来沈参加活动】 2014年6月17日，全国人大常委会副委员长、民建中央主席、中华思源工程扶贫基金会理事长陈昌智来沈阳，出席中华思源工程扶贫基金会牵手公益基金在沈阳市举行捐赠仪式并致辞。辽宁省领导许卫国、刘政奎、高鹏、武献华出席仪式或致辞。民建辽宁省委和全省14个民建市级组织负责人参加仪式。本次捐赠活动由中华思源工程扶贫基金会主办，民建辽宁省委、“思源牵手公益基金”承办，全部募集款物由辽宁民建各级组织、爱心企业和人士直接捐赠。仪式上，辽宁省残疾人福利基金会、民建辽宁省委社会服务部、康平县、沈阳职工爱心慈善基金会、市盲校、市第七中学、市慈善总会等单位接受资助。

（胡士俊）

专　文

曾维同志在中共沈阳市委十二届九次全会上的报告

（2014年7月31日通过）

各位委员、同志们：

现在，我受市委常委会委托，向全会报告工作。

一、上半年的工作总结

年初以来，在省委的正确领导下，市委团结带领全市广大党员、干部和群众，深入贯彻落实党的十八大和十八届三中全会精神，继续坚持稳中求进工作总基调，扎实推进深化改革、稳定增长、改善民生、优化环境等重点工作，攻坚克难，开拓进取，经济社会继续保持了平稳较快发展的良好势头。上半年，全市实现地区生产总值3739.1亿元，同比增长7.2%；公共财政预算收入429.4亿元，增长7%；固定资产投资3587.1亿元，增长12.6%；城市居民人均可支配收入15700元，增长9.6%；农村居民人均可支配收入11270元，增长12.5%。

学习贯彻习近平总书记系列重要讲话精神形成热潮。市委坚持把学习贯彻习近平总书记系列重要讲话精神作为一项重大政治任务来抓，加强领导，精心组织，周密安排，积极引导广大党员干部深刻领会讲话的精神实质和科学内涵，真正把握核心要义和思想精髓，在全市形成了学习贯彻讲话精神的浓厚氛围。市委理论学习中心组注重发挥示范引领作用，按照“先学一步、学深一步”的要求，采取个人自学、专题辅导、集中交流相结合的方式，认真研读系列讲话精神，弘扬理论联系实际的学风，在学以致用、学用结合、学用相长上狠下功夫，结合实际撰写的学习体会结集汇编成《振兴发展新阶段的科学指南》一书。各地区、各部门、各单位坚持以点带面、以上带下，推动学习贯彻由党政机关向基层一线延伸、由领导干部向普通党员群众延伸。各级党校、干校相应调整培训计划，分期分批组织党员干部进行系统培训，推动学习贯彻讲话精神向深度和广度拓展。通过真学、真信、真用讲话精神，全市上下思想境界得到了新提升，“高举旗帜、实事求是、从严治党”成为广泛共识，用讲话精神武装头脑、指导实践、推动工作的主动性和自觉性不断提高。

重点领域和关键环节改革全面展开。市委切实加强对全面深化改革的领导，健全组织机构和推进机制，明确工作规则和职责分工，加强跟踪调度和协调指导，各项改革实现了良好开局。不断深化顶层设计，及时出台了《中共沈阳市委关于贯彻<中共中央关于全面深化改革若干重大问题的决定>的实施意见》和专项改革方案，主攻方向更加明确，时间表和路线图更加清晰。大力推进新型工业化综合配套改革，在全省率先完成了首轮简政放权工作，不断深化国有企业股份制改造和生产性服务业分立，大力发展非公有制经济，积极推进优化金融生态改革试验，继续深化土地制度改革，生态保护红线划定工作全面启动，科技体制、社会事业、社会体制、民主政治等重点领域改革同步推进。“改革进行时”系列宣传工作全面启动，全市上下改革热情、创造激情不断迸发，谋划和推动改革的氛围基本形成。

经济运行的质量和效益持续提高。不断优化产业结构，装备制造、汽车及零部件等优势产业支撑作用突出，一些新兴高端产业快速成长，我市成为首个国家建筑产业现代化示范城市，获批创建国家电子商务示范城市，金融、软件、物流、会展等现代服务业持续快速增长，县域经济保持良好发展势头，蒲河生态经济带、沈康现代农业示范带、环城都市农业产业带建设步伐加快。大力加强重大项目引进和建设，华晨宝马铁西工厂三期和大东工厂扩建项目开工建设，上通北盛三期具备试生产条件，新松机器人浑南智慧产业园和东北大学云计算产业园主体完工，经济发展后劲持续增强。稳步提升经济运行质量，外资结构不断优化，经济发展的协调性进一步提高。

人民群众的幸福感和安全感不断增强。大力实施以“办实事”为重点的民生工程，一大批群众关心的热点难点问题得到解决。积极扶持创业和促进就业工作，努力落实促进高校毕业生等重点群体就业措施，和谐劳动关系进一步巩固。加快完善覆盖城乡的社会保障体系，社会救助体系更加健全，居民大病保险正式启动，城乡低保标准平均提高10%，精细化救助和分类救助水平进一步提高。继续加强保障性住房建设，旧城区拆迁改造、老旧小区环境改造工程进展顺利。城乡义务教育高水平均衡发展，学前教育取得长足进步，群众文化活动丰富多彩，公共文化服务基础设施加快完善，县乡村三级医疗卫生服务网络进一步健全。扎实推进平安沈阳建设，社会矛盾化解成效显著，安全生产形势总体稳定，食品药品安全监管力度进一步加大，社会治安综合治理全面加强，和谐稳定局面不断巩固。

城市环境质量和文明程度显著提升。大力加强后全运时期城市建设和管理，城市重大基础设施建设步伐加快，地铁9号线和10号线、沈阳南站等项目进展顺利，长客西站综合交通枢纽投入使用，城市科学化、精细化、标准化管理水平不断提高，综合服务功能进一步完善。扎实推进国家生态市建设工作，大气污染治理成效显著，卧龙湖生态区建设取得阶段性成果，新民市、康平县、法库县获批国家生态文明建设示范区。积极推进全国文明城市创建工作，深入开展群众性精神文明创建活动，加快培育社会主义核心价值观，自觉践行“热爱祖国、孝敬父母、关爱他人”基本道德准则，市民文明素质不断提高。努力加强服务型政府建设，深入开展“双进双解”活动，行政效能显著提升，城市发展环境进一步优化。

党的群众路线教育实践活动扎实开

展。始终围绕为民务实清廉主题，牢牢把握“照镜子、正衣冠、洗洗澡、治治病”的总要求，严格落实“讲诚信、懂规矩、守纪律”和“三严三实”的要求，狠抓关键环节，积极整改落实，建立长效机制，第一批教育实践活动丰硕成果得到巩固，第二批活动深入推进，广大党员干部工作作风明显转变，人民群众切身感受到活动带来的新变化。结合开展教育实践活动，全面加强党的建设，《党政领导干部选拔任用工作条例》得到落实，干部选拔任用和考核评价机制不断完善，领导班子和干部队伍建设进一步加强。狠抓基层服务型党组织建设，基层党组织的战斗堡垒作用和党员的先锋模范作用得到充分发挥。不断提高人才队伍建设水平，一批重点领域急需紧缺人才成功引进。加大党风廉政建设和反腐败斗争力度，反腐倡廉教育和廉政文化建设深入开展，风清气正的良好环境进一步形成。

二、下半年的主要任务

做好下半年工作，必须科学判断和准确把握当前面临的形势。世界经济复苏仍面临诸多不确定、不稳定因素，全球经济格局深度调整，增长动力依然不足。国内经济形势的复杂性、严峻性持续增加，制约发展的不利因素依然较多，经济下行压力仍然较大。我市正处于增长速度换挡期和结构调整关键期，发展中还存在一些亟待解决的深层次矛盾和问题，多元优势产业支撑的格局尚未完全形成，发展的速度和质量不够协调，转方式、调结构还不到位，自主创新能力还不强，市场化改革仍显滞后，市场需求和投资信心不足，企业产品订单减少，规模和效益不够匹配，就业形势依然严峻，少数干部不敢担当、不愿作为的现象比较突出，实现稳增长面临的困难不容低估。在看到问题和挑战的同时，我们也要充分看到有利条件和难得机遇。经过多年的发展，我市保持经济平稳较快增长的基础依然稳固，城市空间格局全面拉开，一大批重大项目正在形成新的经济增长点，多年积累的发展能量逐步释放，必将为我们应对挑战、战胜困难奠定坚实基础。随着国家稳增长、调结构、促改革、惠民生政策措施的陆续出台和简政放权力度的加大，必将进一步激发各类市场主体内在的动力和活力。国家有关部委正在抓紧研究制定推动新一轮东北振兴的政策措施，必将为我市提供新的重大历史发展机遇。全市上下既要切实增强忧患意识、紧迫意识和责任意识，更要坚定信心、保持定力，始终坚持以经济建设为中心，坚持把发展作为第一要务，不断推动经济持续健康发展。要站在全局和战略的高度，自觉认识和更好遵循经济发展规律，准确把握改革发展稳定的平衡点，准确把握近期目标和长期发展的平衡点，准确把握经济社会发展和改善人民生活的结合点，继续坚持稳中求进的总基调，在转方式、调结构、保民生、推动可持续发展方面不断取得实实在在的成效。

在东北老工业基地振兴发展迈入新阶段的关键时刻，习近平总书记作出重要批示：东北地区的振兴发展，事关我国区域发展总体战略的实现，事关我国工业化、信息化、城镇化、农业现代化的协调发展，事关我国周边和东北亚地区的安全稳定，意义重大，影响深远。辽宁当前遇到的困难和问题，东北地区其他省也存在。这些困难和问题，归根结底仍然是体制机制问题，是产业结构、经济结构问题，解决这些困难和问题归根结底还要靠深化改革。习近平总书记重要批示充分体现了党中央对老工业基地振兴发展的高度重视、亲切关怀和巨大支持，为推动新一轮老工业基地全面振兴指明了方向，明确了要求。全市各级党政组织要按照省委十一届八次全会部署，把学习贯彻落实习近平总书记重要批示与系列重要讲话精神结合起来，抢抓机遇，奋力先行，努力把沈阳老工业基地振兴发展推向新阶段。

1. 聚焦重点领域改革，务求取得实质性进展。要进一步增强责任感和紧迫感，坚定改革的信心和决心，大胆探索、敢于尝试、狠抓落实，推动全面深化改革取得新的更大成效。紧紧围绕新型工业化综合配套改革，切实落实好各专项改革工作方案和任务分解，努力形成一批具有示范性的改革新成果。沈阳作为老工业基地，经过多年的探索和实践，国有企业经营机制、管理体系、企业面貌都发生了根本性变化。与此同时，我们也要清醒认识到，现代企业制度总体上还不完善，股份制改革仍不到位，内部制衡机制尚未有效形成，企业活力和竞争力还不强，国有企业原有体制机制弊端又有所显现。如果这些矛盾和问题不尽快解决，国有企业将丧失发展后劲，甚至会产生新的“东北现象”。我们必须把深化国企改革作为新一轮改革的前提和基础，作为实现改革新突破的重中之重，进一步改善国资管理，由管资产向管资本转变，切实在推进股权多元化、发展混合所有制经济、完善法人治理结构、加强内部结构调整和推动创新等方面取得重大突破，为实现老工业基地全面振兴注入强大动力。行政体制改革是全面深化改革的关键环节，对改革全局具有重大的示范和引领作用，必须以简政放权为突破口，进一步向市场还权、向社会组织赋权、向下级政府放权，切实解决履责中的越位、缺位与错位问题，推动政府职能向创造良好发展环境、提供优质公共服务、维护社会公平正义转变，充分激发市场和社会发展活力。与此同时，其他各项改革都要扎实推进，蹄疾而步稳，确保年内取得实质性进展。要加强与中央、省有关部门的沟通对接，建立制度化、经常化汇报沟通机制，及时了解最新精神和改革动态，主动承接和积极争取更多的先行先试任务落户沈阳。注重宣传引导，更多地倾听民意、汲取民智、维护民利，切实让每一项改革举措得到各方面的理解和支持，及时总结和宣传我市推进改革的好经验好做法、取得的新进展新成效，在全市形成全面深化改革的浓厚氛围，最大限度汇聚改革“正能量”。

2. 积极扩大有效投资，继续保持经济平稳较快发展势头。要继续狠抓重大项目建设不动摇，突出抓好华晨宝马、沈化升级、东药搬迁、金杯汽车搬迁、米其林扩产等重大项目和大东汽车城、铁西滨河新城、浑南航空产业园等重点园区建设，强化资金、土地、基础设施等要素保障，加强跟踪推进和协调调度，及时研究、逐一解决项目建设中遇到的具体问题，确保重大项目如期推进，尽快形成新的生产能力。坚持用存量吸引增量，围绕现有重大项目的上下游配套加大招商选资力度，尽快形成完整的产业链条，同时，要大胆走出去，开展专题招商、依商招商等各种招商活动，吸引更多符合产业结构调整需求的大项目、好项目落户沈阳，为全市经济持续健康发展积聚后劲。充分发挥财政资金对投资的引领作用，采取股权投资、贷款贴息等多种方式，撬动更多的社会资本投向重大民生工程和完善城市功能项目，使各类投资既有效拉动经济增长，又极大促进民生改善。各地区、各部门要把工作着力点放在强化服务保障、推动政策落实上，改善投资环境,提振投资信心,进一步激发全社会的投资意愿和潜力,拉动经济平稳健康发展。要切实加强对项目投资的可行性研究,坚决杜绝盲目铺摊子、盲目上项目,凡是不利于结构调整、不符合环保要求、不能带来经济效益和社会效益的项目坚决不能上。总之,我们就是要通过实实在在的有效投资,追求实实在在的经济增长,牢牢把握科学发展、可持续发展的主动权。

3. 大力推进结构调整,增强经济发展的稳定性和协调性。以改革创新为动力,推动产业转型升级,是沈阳老工业基地全面振兴的根本途径。要坚持走新型工业化道路,深入推进“两化”融合,充分发挥自主创新的支撑引领作用,围绕产业发展重大需求优先部署创新资源,支持重点企业突破关键技术,提升高端化、智能化、成套化水平。围绕增强核心竞争力,加大科技创新和研发投入力度,促进产学研用协调联动,加快培育IC装备、智能装备、通用航空、电子信息、生物医药等战略性新兴产业,大力发展大数据、云计算和移动互联网等新一代信息产业,支持浑水科技城、化工产业园、中德产业园、金属新材料产业园、大学科技城等重点园区建设,加快建设中国材料研发重要基地,特别是要以建设国家建筑产业现代化示范城市为契机,加强政策引导,完善产业链条,增强集聚效应,不断提升现代建筑产业规模和水平。着眼于形成现代服务业与先进制造业双轮驱动的产业格局,以建设国家中心城市为目标,进一步深化国家现代服务业综合试点,大力发展总部经济、金融服务、中介服务和电子商务,加快东北金融中心等服务业聚集区建设,推动生产性服务业发展提质增速。继续抓好金廊深度开发建设,促进业态转型升级和产业布局优化,不断完善综合承载功能。做大做强旅游产业,适时召开全市旅游业发展工作会议,促进沈阳经济区旅游一体化发展,提升中心城市的旅游目的地和集散地功能。进一步加快农业转型升级步伐,大力推进一批产业基地、重点项目和示范工程建设,促进农业向高端精品、高效特色、高产生态发展,不断提升农业现代化水平。在大力调整产业结构的同时,要切实优化财税结构,努力培植壮大税源,提高税收收入占财政收入比重,不断提升经济增长的质量和效益。

4. 加快新型城镇化建设,形成经济发展新动力。新型城镇化是保持经济持续健康发展的强大引擎。要着眼于提升城镇化发展质量、转变城镇化发展方式,加快编制和实施新型城镇化发展规划,促进城镇发展与产业支撑、就业转移和人口集聚相统一,保护和延续富有地方特色的历史文脉,努力探索以人为本、布局合理、生态文明、产城融合的新型城镇化道路。于洪区、沈北新区、苏家屯区、法库县要进一步发挥先导示范引领作用,不断总结试点经验,完善改革思路,为探索沈阳特色新型城镇化道路多作贡献。坚持把新城新市镇建设作为优化城镇空间布局、提高城市综合承载能力的突破口,统筹推进基础设施和配套设施建设,合理配置优质教育、文化、医疗等公共资源,促进人口聚集,带动房地产市场平稳健康发展。加强农村垃圾处理、污水治理、村庄绿化和道路整修,大力推进美丽宜居乡村建设。坚持以产业化发展支撑新型城镇化建设,积极培育壮大特色产业体系,加快农产品深加工、生物制药、光电信息、健康医疗等重点产业集群建设,使之成为拉动全市经济发展新的增长点。

5. 提升城市建设和管理水平,加快实现创城目标。我市争创全国文明城市已进入决战决胜阶段,要扎实做好各项迎检工作,认真对照《全国文明城市测评体系》的标准,查找创城工作的薄弱环节和问题,制定具体的实施方案,细化工作目标,逐项检查,及时整改,确保如期进入全国文明城市行列。要按照创城标准加强城市建设和管理,加快推进地铁工程、北站北广场、迎宾路高架、二环快速路二期、云龙湖跨浑河桥等重大基础设施建设,高质量推进市青少年活动中心、妇女会馆、老年人大学等建设改造项目,加强城市地下管网改造,完善城市公共交通体系,加快公交车辆更新,建设公交都市。加强生态文明建设,深入推进“蓝天”、“碧水”、“青山”工程,实施锅炉房拆小并大、绿色交通、大气监控预警等重点工程,加快沈海热电厂、浮法玻璃厂搬迁改造,进一步巩固辽河、浑河、蒲河生态化治理成果,实施棋盘山秀湖环境整治,提升卧龙湖生态保护利用水平,加快城市生活污水、垃圾无害化处理设施建设,启动老虎冲垃圾焚烧发电项目,抓好城乡绿化,尽快建成三、四环沿线生态绿带。继续搞好双拥共建,确保实现双拥模范城“八连冠”。坚持人人参与、人人实践,从“热爱祖国、孝敬父母、关爱他人”基本道德准则做起,加强志愿服务和诚信建设制度化等公民道德建设,推动培育和践行社会主义核心价值观具体化、常态化、形象化,让丰厚的道德底蕴成为沈阳迈向振兴发展新阶段的重要基石。

6. 千方百计化解各类矛盾和问题,全力以赴维护社会和谐稳定。在社会矛盾凸显期,做好维护社会稳定工作极为重要。要深入开展房屋征收、土地征用等方面专项治理活动,加大化解历史积案工作力度,有效解决一批难点热点信访问题。加快推进信访信息化建设,进一步落实和完善社会稳定风险评估机制,建立“先解决问题、后明确责任”的工作机制,搞好源头预防,提高解决问题的效率,确保社会大局总体稳定。以反恐防暴为重点,加大排查力度,切实提高车站、学校、医院等人群密集场所防范水平,构筑安全可靠、快速反应、妥善处置的社会治安防控体系。加强法制宣传教育,提升依法治市水平,维护社会公平正义。切实强化食品药品安全监管,高度重视安全生产和消防安全工作,坚决遏制重特大安全事故发生。加强公共突发事件应急体系建设,提高预防和处置重特大突发公共事件的能力,确保城市安全,让群众更有安全感。

7. 高度重视人民群众重大关切,深入实施各项民生工程。为深入贯彻落实党的十八大和十八届三中全会精神,巩固党的群众路线教育实践活动成果,市委制定了《中共沈阳市委关于进一步加强民生工作的意见》(以下简称《意见》),经本次全会审议通过后,将成为指导全市当前和今后一个时期民生工作的纲领性文件,有关部门要按照《意见》要求,制定具体实施方案,认真抓好落实。要全力抓好就业工作,多渠道开发就业岗位,引导广大劳动者自主创业,突出抓好大学生就业和军退、军嫂的就业安置工作,确保特殊群体实现稳定就业。建立健全地方法规,促进工资集体协商,强化以农民工为重点的特殊劳动群体权益保障工作,构建更加和谐的劳动关系。以非公单位员工、灵活就业人员为重点,进一步加大养老保险扩面和征缴力度,加快推进城乡社会养老保险和医疗保险一体化进程,不断提高社会保险待遇水平。突出抓好学前教育,大力发展公办幼儿园和普惠性民办幼儿园,深化职业教育产教融合、校企合作，不断提高各级各类教育质量和水平，营造人人皆可成才、人人尽展其才的良好环境。实施公共文化设施提升工程，进一步提高公共文化服务供给能力。加快推进辽中、法库公立医院改革，努力在促进公共卫生服务均等化、提高城乡居民医疗服务水平上取得新进展。加快养老服务体系建设，认真落实城乡最低生活保障制度，全力提高社会救助水平，不断增强群众的幸福感和满意度。

8. 坚持党要管党、从严治党，确保群众路线教育实践活动取得实效。当前，全市第二批党的群众路线教育实践活动正在健康有序、扎实有效地开展，要按照中央和省委的要求，坚持领导带头，突出问题导向，深挖作风顽疾，严格整改落实，狠抓建章立制，要采取有效措施，大力清除机关中存在的“四风”问题，切实建立服务型政府；大力整顿党政机关中群众反映强烈的吃拿卡要问题，努力创造良好的发展环境；大力整顿机关和农村基层干部以各种名目借机敛财问题，不断净化社会风气。扎实有效地推进第二批教育实践活动，树立强基固本、强化基层的鲜明导向，大力整顿软弱涣散基层党组织，不断增强基层党组织的创造力、凝聚力和战斗力，确保全市教育实践活动善始善终、善作善成，取得人民群众满意的实效。着力加强纪律教育，扎实开展“讲诚信、懂规矩、守纪律”和“三严三实”教育活动，确保始终在思想上、政治上、行动上与党中央保持高度一致。要按照省委的统一部署，紧密结合沈阳实际，严肃认真地抓好中央巡视组反馈意见的整改落实工作。严格落实党风廉政建设责任制，各级党委要认真负起主体责任，各级纪委要认真负起监督责任，强化对权力运行的制约和监督，坚持以零容忍的态度惩治腐败，对违反中央八项规定、顶风违纪违法案件，发现一起坚决查处一起，决不姑息。

全面完成今年各项目标任务，需要全市上下同心同德、群策群力。要更好地发挥党委总揽全局、协调各方的领导核心作用，全力支持人大、政府、政协按照各自职能开展工作，更好地发挥各民主党派、工商联、无党派人士以及工会、共青团、妇联等人民团体的作用，充分调动一切积极因素，凝聚方方面面的智慧和力量，进一步形成推动沈阳振兴发展的强大合力。广大党员干部特别是各级领导干部要保持激情，克服畏难情绪和松劲思想，积极应对挑战，奋力开拓前行，始终保持昂扬向上、奋发有为的精神状态，始终保持时不我待、只争朝夕的工作干劲，全力以赴解难题、谋发展、促振兴；要敢于担当，消除不敢作为、不愿担责甚至消极怠工的不良倾向，切实做到面对矛盾敢于迎难而上、面对失误敢于承担责任、面对歪风敢于出招亮剑；要勇于创新，突破条条框框、陈规旧律的束缚，敢闯敢试、敢为人先，不断把握新情况、解决新问题、创造新业绩、开创新局面；要求真务实，大力弘扬脚踏实地、真抓实干的优良作风，坚持重实际、干实事、求实效，坚决反对急功近利、弄虚作假、欺上瞒下，以踏石留印、抓铁有痕的劲头抓好各项工作的落实。

同志们，我们面临的形势严峻而复杂，我们肩负的任务艰巨而繁重，做好下半年各项工作意义十分重大。让我们更加紧密地团结在以习近平同志为总书记的党中央周围，在省委的坚强领导下，团结带领全市广大党员、干部和群众，万众一心，迎难而上，开拓进取，坚决完成今年各项目标任务，不断夺取国家中心城市建设和老工业基地振兴发展的新胜利！

曾维同志在中共沈阳市委十二届十次全会上的报告

（2014 年 12 月 24 日通过）

各位委员、同志们：

现在，我受市委常委会委托，向全会报告工作。

一、2014 年工作的简要回顾

年初以来，面对严峻复杂的经济形势和繁重艰巨的工作任务，在省委的正确领导下，市委团结带领广大党员、干部和群众，深入贯彻落实党的十八大、十八届三中、四中全会和习近平总书记系列重要讲话精神，抢抓中央实施新一轮东北振兴战略的重大机遇，坚持稳中求进工作总基调，扎实推进深化改革、稳定增长、改善民生、优化环境等重点工作，攻坚克难，奋发进取，经济建设、政治建设、文化建设、社会建设、生态文明建设和党的建设取得新进展。

1. 深入学习讲话精神，作风建设和从严治党取得显著成效。我们坚持把学习贯彻习近平总书记系列重要讲话精神作为一项重大政治任务来抓，采取多种形式积极引导广大党员干部深刻领会讲话的精神实质和科学内涵，准确把握核心要义和思想精髓，迅速形成了学习贯彻讲话精神的热潮，全市上下思想境界得到新提升，用讲话精神武装头脑、指导实践、推动工作的主动性和自觉性不断提高，高举旗帜、实事求是、从严治党成为我们落实讲话精神的自觉行动。紧紧围绕保持党的先进性和纯洁性，认真贯彻“照镜子、正衣冠、洗洗澡、治治病”的总要求，严格落实“讲诚信、懂规矩、守纪律”和“三严三实”的要求，以为民务实清廉为主要内容，把贯彻落实中央八项规定精神作为切入点，突出作风建设，坚决反对“四风”，着力解决人民群众反映强烈的突出问题，教育实践活动取得了显著成效。坚持正确用人导向，全面落实《党政领导干部选拔任用工作条例》，加强干部选拔任用工作监督，领导班子和干部队伍建设进一步加强；狠抓基层服务型党组织建设，加大软弱涣散基层党组织整顿力度，提高带头人队伍素质，基层党组织战斗堡垒作用和党员先锋模范作用得到充分发挥；加大党风廉政建设和反腐败斗争力度，深入开展反腐倡廉教育和廉政文化建设，严肃查处违纪违法案件，风清气正的良好环境进一步形成。

2. 坚定不移深化改革，发展动力和市场活力不断增强。我们深入贯彻中央和省委全面深化改革的决策部署，狠抓各项改革任务的落实，蹄疾步稳推进重点领域和关键环节改革，各项工作开局良好。加强组织领导，健全组织机构和推进机制，明确工作规则和职责分工，强化跟踪调度和协调指导，制定出台了市委全面深化改革的实施意见和专项改革方案，进一步明确了改革的主攻方向、时间表和路线图。大力推进新型工业化综合配套改革，稳步推进行政体制改革，切实转变政府职能，最大限度地减少行政审批事项，稳步推进机床、沈鼓、北方重工、东药等大型国有企业改革，加快发展非公有制经济，扎实推进优化金融生态改革试验，不断深化土地制度改革，完善生态环境管理制度，社会事业、社会体制、民主政治等重点领域改革同步推进。

3. 全力以赴稳定增长，经济保持持续稳步发展。我们切实加强对经济工作的领导，不断加大经济运行组织协调和工作抓实力度,制定出台一系列促进金融、房地产、机器人等重点产业加快发展的政策措施,深入开展“双进双解”活动,有针对性地解决经济运行中的突出矛盾和问题,牢牢把握推动经济发展的主动权。坚持不懈转方式、调结构,加快推动“两化”深度融合,促进传统产业优化升级,加快发展战略性新兴产业,一批高端产业快速成长,金融、物流等现代服务业持续发展,禾丰牧业、萃华珠宝、盛京银行成功上市,上通北盛三期投产,新松机器人智慧产业园试运行,国际软件园成为全国首批智慧园区试点单位,我市成为全国首个建筑产业现代化示范城市,经济发展后劲持续增强。县域经济稳步增长,粮食生产实现十一连丰,新农村建设取得新进展。

4. 千方百计改善民生,和谐稳定局面得到巩固。我们牢固树立“发展为要、民生为大”的理念,高度重视人民群众的重大关切,制定出台了加强民生工作的意见,让群众更多更公平地分享振兴发展成果。大力实施以办实事为重点的民生工程,使一大批群众关心的热点难点问题得到解决。积极扶持创业和促进就业,和谐劳动关系进一步巩固,我市被评为首批全国和谐社区建设示范城市。加快完善覆盖城乡的社会保障体系,启动居民大病保险,提高城乡低保标准,健全社会救助体系,我市成为国家级养老服务业综合改革试点城市。继续加强保障性住房建设,老旧小区环境改造工程进展顺利,农村安全饮水工程高标准推进。各级各类教育持续发展,公共文化服务基础设施加快完善,盛京大剧院投入使用,县乡村三级医疗卫生服务网络进一步健全,群众体育和竞技体育全面发展。扎实推进平安沈阳建设,社会矛盾纠纷排查化解取得突破,严厉打击刑事犯罪成效显著,安全生产形势总体稳定,食品药品安全监管力度进一步加大,社会治安综合治理全面加强,人民群众的幸福感和安全感不断增强。

5. 坚持不懈优化环境,城市文明程度显著提升。我们以创建全国文明城市为契机,大力推进软硬环境建设,进一步完善城市功能,改善生态环境,全面提升城市品位和城市形象。城市重大基础设施建设步伐加快,北站北广场改造工程启动,新南站主体封顶,地铁 9 号线和 10 号线建设进展顺利,长客西站交通枢纽投入使用,道路整修工程全部竣工,三环和四环沿线生态绿带、百里运河景观得到全面提升,城市建设和管理水平不断提高。扎实推进生态文明建设,加大环境污染治理力度,卧龙湖生态区建设取得阶段性成果。深入开展群众性精神文明创建活动,积极培育社会主义核心价值观,践行“热爱祖国、孝敬父母、关爱他人”基本道德准则,市民文明素质不断提高。加强软环境建设,推进法治政府和服务型政府建设,健全社会诚信体系,强化市场监管,城市发展环境进一步优化。

在经济下行压力持续加大的情况下,我市之所以能够继续保持经济社会持续稳步发展,主要得益于党中央、国务院和省委、省政府的亲切关怀、正确领导,得益于各级党政组织、广大党员干部和群众的团结一心、奋力拼搏,得益于社会各界的广泛参与、大力支持。在此,我代表市委向所有为沈阳振兴发展付出辛勤汗水和作出突出贡献的同志们表示衷心的感谢,并致以崇高的敬意!

二、2015 年的主要任务

明年是完成“十二五”规划的收官之年,是全面深化改革的关键之年,也是全面推进依法治市、全面落实中央新一轮东北振兴战略决策的开局之年。做好明年及今后一个时期的工作,必须对当前面临的形势有一个科学的判断和准确的把握。国际金融危机后续影响尚未完全消除,经济复苏低于预期,世界经济波动很大,增长动力依然不足。国内经济正处于增长速度换档期、结构调整阵痛期和前期政策消化期“三期叠加”的特殊时期,经济下行压力仍然较大。我市经济还面临着诸多困难和压力,经济不够大也不够强,多元优势产业支撑的格局尚未完全形成,投资结构不尽合理,产业转型升级步伐有待加快,企业内生发展动力尚显不足,自主创新能力还不强,市场化改革仍显滞后,企业经营面临许多困难。

在看到问题和挑战的同时,我们也要充分看到有利条件和难得机遇。随着贯彻落实党的十八届三中、四中全会精神的不断深入,全面深化改革的加速推进,依法治国方略的加快实施,必将进一步激发社会活力,凝聚社会合力,释放发展潜力,为我们应对挑战、战胜困难提供强劲动力和有效保障。随着国家继续扩大基础设施投资规模,必将为我市经济发展提供巨大的市场空间。特别是习近平总书记对推动新一轮东北振兴作出的重要批示和国务院出台的《关于近期支持东北振兴若干重大政策措施的意见》(国发〔2014〕28 号),必将又一次为我们提供重大历史机遇。

当前,我国经济发展进入了新常态,增长速度正从高速转向中高速,经济发展方式正从规模速度型粗放增长转向质量效率型集约增长,经济结构正从增量扩能为主转向调整存量、做优增量并存的深度调整,经济发展动力正从传统增长点转向新增长点,整个经济将向形态更高级、分工更复杂、结构更合理的阶段演化。我们必须把思想和行动统一到中央对新常态的认识和判断上来,主动适应新常态,开创振兴发展新局面。前不久随辽宁党政代表团赴上海学习考察,我们深切地感受到,在近些年的发展中,上海始终坚持科学发展理念、保持科学发展定力,为我们提供了示范、树立了榜样。我们要把中央精神和省委要求与沈阳的实际紧密结合起来,进一步认清沈阳发展的历史方位,既要看到沈阳振兴十年已经取得了重大成就,也要看到制约发展的体制性、机制性、结构性问题还没有得到根本解决。要认真处理好总量与质量、存量与增量的关系,坚持以质量和效益为中心做大总量,在调整存量的同时不断做优增量。要充分发挥改革、创新和人才的引领作用,切实解决习惯用传统思维指导经济工作和不敢担当、不愿作为的问题,以强烈的责任感、使命感和奋发有为、真抓实干的优良作风努力做好明年和今后一个时期的工作,推动沈阳老工业基地真正实现科学发展、可持续发展和包容性发展。

明年工作的总体要求是:坚持以邓小平理论、“三个代表”重要思想、科学发展观为指导,深入贯彻习近平总书记系列重要讲话精神,认真落实党的十八大、十八届三中、四中全会和中央经济工作会议精神,按照省委的要求和部署,主动适应经济发展新常态,坚持稳中求进工作总基调,坚持以提高经济发展质量和效益为中心,坚持以转方式调结构为主线,突出抓好改革创新、稳定增长、改善民生、依法治市等重点工作,落实全面从严治党新要求,促进经济持续健康发展、社会和谐稳定,推动沈阳老工业基地在新一轮东北振兴中当先锋、打头阵。

根据这一总的要求,综合考虑各方面因素,我们确定明年全市经济预期增长为6%。

(一)改革创新

适应经济发展新常态,解决深层次的体制机制问题,归根结底还是要靠改革创新。必须进一步加大工作力度,全面深化新型工业化综合配套改革,从根本上增强和激发经济发展的内生动力。

1. 激发市场活力。进一步简政放权、提高效率,凡是市场能发挥作用的领域,都要放给市场,切实减少政府对企业、对微观事务的干预。继续深化国有企业改革,加快国有资产资本化、国有资本证券化步伐,重点推进机床、北方重工、东北制药战略重组,加快沈鼓上市步伐,推动大型国企加快建立现代企业制度,积极发展混合所有制经济,大力促进企业间协作配套,努力提高骨干企业成套能力,切实增强企业核心竞争力。大力支持非公经济发展,积极扶持中小微企业,充分激发非公经济活力和创造力。深化农村改革,搞好土地承包经营权确权登记颁证工作,推动农村土地经营权合理有序流转。扎实推进工商注册登记制度改革,全面推行"先照后证"和"三证合一"登记制度,进一步优化营商环境,切实激发各类市场主体发展新活力。

2. 营造公平环境。强化市场行为监管,严格监管标准,创新监管方式,依法规范生产、经营、交易等市场行为。建立健全社会征信体系,整合信息资源,加快建设覆盖全社会的企业、事业法人和个人信用信息系统,完善社会信用奖惩联动机制,营造诚实、自律、守信、互信的社会信用环境。深入开展转职能转作风优环境工作,认真解决机关和窗口单位存在的"门难进、脸难看、事难办"、"乱收费、乱罚款、乱摊派"和吃拿卡要等突出问题。要采取有力措施,加大工作力度,及时解决存在问题,确保项目切实落地。

3. 拓宽创新道路。抓住争创国家自主创新示范区的重大机遇,以大浑南为核心,以战略性新兴产业为主攻方向,促进各类创新资源加快集聚,努力将其建设成为引领实现创新驱动的桥头堡,打造成为具有示范意义的创新发展新高地。支持沈阳材料国家实验室、沈阳机器人与智能制造创新研究院等新型研发实体建设,打造新材料和高端装备制造研发基地。围绕加快建设国家创新型城市,大力推进产学研用协同创新,加快完善技术创新联盟,加速科技成果转化,强化企业在技术创新中的主体地位,加强科技公共服务平台建设,促进科技与经济深度融合。加强人才特别是高端人才的培育和引进,不断提高自主创新能力和核心竞争力。

4. 扩大对外开放。优化利用外资结构,加大招商选资力度,继续巩固日韩和港澳台等传统市场,积极开拓欧美和俄罗斯远东等新兴市场,加强在高端装备制造、航空航天、节能环保、金融等重点产业的合作,努力引进一批重大项目。学习借鉴中新苏州工业园建设模式,全力推进中德沈阳装备园、中法沈阳生态园等重点园区建设。以"东北振兴上海企业辽宁行"活动为契机,加强与上海企业的对接与合作,跟踪落实已经达成的合作意向,深入挖掘合作潜力,积极促成更多的战略投资者来沈发展。搭建电子商务平台,积极开展跨境电子商务业务。扩大外贸出口,鼓励有条件的企业开展跨国经营。加快沈阳经济区一体化进程,提升区域整体对外开放水平。

(二)稳定增长

稳增长仍然是沈阳振兴发展的首要任务。要坚持质量、效益、速度并重,夯实基础,积聚优势,释放潜能,推动全市经济持续平稳健康发展。

1. 调整优化经济结构。坚持把推进工业转型升级、提质增效作为全市稳增长的重中之重,深入推进"两化"融合和智能制造,在巩固提升优势产业基础上,大力发展IC装备、智能机器人、轨道交通、新能源装备等高端装备制造业,积极培育现代建筑、电子信息、通用航空、新能源汽车等新兴产业,加快发展大数据、云计算、物联网和移动互联网等新一代信息技术产业,使战略性新兴产业逐步成为稳增长的重要力量。巩固深化国家服务业综合改革试点成果,在大力发展文化、体育、旅游等产业的同时,加快东北区域金融中心建设,促进新兴金融业态发展,健全多层次资本市场体系,为全市稳增长创造良好金融环境。进一步落实鼓励工业企业分立生产性服务业的政策措施,促进制造业与服务业深度融合。以提升农业、富裕农民、繁荣农村为目标,大力发展都市现代农业,加快环城都市农业产业带、沈康现代农业示范带、蒲河生态经济带建设,全面提升县域经济发展水平。

2. 狠抓重大项目建设。立足现实产业基础和未来发展需求,坚持有利于优化产业结构、增加财税收入、提升产业丰厚度,着力引进、建设一批重大项目、优质项目,从根本上提升产业层级,增强发展后劲。着眼于促进项目集约集聚发展,突出抓好现代建筑产业园、金属新材料产业园、新松智慧产业园等重点产业园区和县域工业园区建设,强力推动庞巴迪飞机总装等在谈项目尽快落地,抓紧启动米其林轮胎三期、东北轨道交通产业基地等新建项目,加快建设华晨宝马新工厂、盛京金融广场等续建项目,确保沈化搬迁改造等项目按时竣工投产,形成新的生产能力。

3. 完善城乡基础设施。强化政府投资的导向作用,引导更多社会资本投向交通基础设施、城市配套设施、生态环境以及重大民生工程。抓紧启动京沈客专、五爱街二环互通立交桥、南北二干线快速路、沈康高速三环连接线等重大工程,加快地铁9号、10号线建设,推进东塔机场搬迁工作,高质量完成好新南站、北站北广场、二环二期、迎宾路和东陵路高架桥等重大项目,让各类投资最大限度地拉动增长、惠及民生。把推进新型城镇化作为稳定增长的重要引擎,加大新城新市镇基础设施及配套设施建设力度,促进产业、人口加速集聚,为扩大有效投资创造更大空间。创新投融资方式,拓宽投资渠道,鼓励社会资本参与基础设施建设,挖掘培育新的增长点。

4. 不断扩大消费需求。加快培育消费新增长点,重点推进网络信息、绿色节能、旅游休闲、文化体育、健康养老等热点领域消费,释放居民消费潜力。进一步扩大旅游消费,整合开发旅游资源,打造品牌旅游线路,开发特色旅游商品,拉长旅游产业链,使沈阳成为东北乃至全国重要的旅游消费城市。稳定住房消费,放宽住房公积金使用限制,完善新建小区综合配套服务设施,促进房地产业长期稳定健康发展。加大扶贫开发力度,推动服务下乡,切实提升农村地区消费能力。加快培育一批知名度高、实力强的网购平台和支付平台,推动电子商务跨越发展,加快创建国家电子商务示范城市。

5. 改善经济运行服务。加强对经济形势的分析研判,继续深入开展"双进双解"活动,全力以赴抓好服务,切实做好要素保障,确保经济平稳健康发展。努力化解政府债务,严格防控债务风险。认真落实国发〔2014〕28号文件和中央、省稳增长各项政策,加强衔接,细化措施，尽快释放政策效应，为稳增长创造良好条件。按照中央和省的统一部署，积极做好“十三五”规划的调研起草工作，为新一轮振兴发展奠定坚实基础。

（三）改善民生

民生连民心，民心聚民力。要加大民生保障和改善力度，建立健全常态化、长效化和制度化工作机制，不断提高人民群众的生活质量和幸福指数，让振兴发展成果更多更公平地惠及全市人民。

1. 大力促进创业就业。不断完善有利于大众创业的政策环境和制度环境，鼓励高校毕业生、军转干部、农民工等重点群体自主创业，通过创业实现更高质量就业。统筹做好就业工作，将就业困难人员和零就业家庭全部纳入就业援助范围，通过就业政策倾斜、开发公益性岗位、免费技能培训等形式促进其就业。注重加强制度建设，坚持和完善三级联调、多方联动的工作机制，推行劳动合同和集体合同制度，严厉查处重大违法侵权案件，依法维护劳动者合法权益，着力构建和谐稳定的新型劳动关系。

2. 加大社会保障力度。按照社会政策要托底的要求，积极推进社会保障制度建设，完善城乡养老保险政策、重特大疾病保障制度、门诊统筹机制和医疗保险统筹基金支付政策，推动建立更加公平可持续的社会保障制度。继续扩大社会保险覆盖面，以非公有制经济组织从业人员、灵活就业人员、农民工和被征地农民为重点，逐步把工薪者全部纳入到失业保险范围。提高企业退休人员基本养老金水平和弱势群体及重特大疾病的医疗待遇，推进医疗、工伤、生育保险医疗费用直接结算和异地就医结算服务。大力推进社会养老服务体系建设，鼓励和引导更多社会力量参与养老服务机构建设。做好拥军优属工作，争创双拥模范城八连冠。提高城乡最低生活保障标准，完善临时救助制度，加强保障性安居工程建设，加大城市老旧小区和农村危旧房改造力度，让低收入家庭和困难群众住有所居、安居乐业。

3. 提升公共服务水平。优化教育资源配置，提高公办幼儿园比重，加快发展各级各类教育，完善终身教育体系，努力办好人民满意教育。深化文化体制改革，推动传统媒体与新兴媒体融合发展，继续实施公共文化服务设施提升工程，构建现代公共文化服务体系，建设艺术惠民之城，打造北方合唱之都。加快推进公立医院改革和卫生信息化建设，巩固和完善新型农村合作医疗制度，促进基本公共卫生服务均等化，努力解决看病难、看病贵问题。实施体育惠民工程，推动各类公共体育设施向社会开放，加快完善群众身边的体育健身设施，满足群众健身需求。

4. 着力改善人居环境。巩固全国文明城市创建成果，加强城乡生态建设和环境治理，全面提升人居环境质量。继续加强老旧小区环境改造，完善综合功能，方便群众生活。继续加大卧龙湖生态区建设力度，加快老虎冲垃圾焚烧、西部污水厂二期、南运河综合整治等重点环保工程建设，下大力气做好大气污染综合防治工作，积极应对重污染天气，扎实推进蓝天工程，切实改善大气环境质量。加强市容环境卫生综合整治，加快推进公交都市建设，进一步完善数字化城管系统功能，全面提升城市精细化管理水平。大力开展宜居乡村建设，积极推进农村环境整治、设施完善提质、宜居示范创建三大系统工程建设，全面提高农村生态环境质量。

5. 加强公共安全管理。积极推广全社会调解工作模式，加大信访问题排查化解力度，用法治思维和法治方式深入推进平安沈阳建设，加强对人民群众反映强烈的重点问题的专项治理，完善打防管控一体化的社会治安防控体系，努力提高平安沈阳建设的法治化水平。加强供水、供电、供气、供暖、除雪的应急保障工作，健全“党政同责、一岗双责、齐抓共管”的安全生产责任体系，严格依法落实企业安全生产主体责任，坚决防止重特大事故发生。建立健全保障食品药品安全长效机制，切实筑牢食品药品安全防线。

（四）依法治市

为深入贯彻落实党的十八届四中全会精神，市委制定了《中共沈阳市委关于深入贯彻党的十八届四中全会精神全面推进依法治市工作的实施意见》，各地区、各部门、各单位要高度重视，统筹兼顾，有序推进。明年要突出抓好以下几个方面工作。

1. 科学实施地方立法。坚持于法有据、于事简便和“立、改、废”相结合的原则，完善地方法规起草、论证、协调、审议机制，强化立法调研、评估、咨询工作，制定立法项目公开征集实施方案，建立健全立法协商和公众参与制度，提高立法的科学化、民主化水平。围绕沈阳改革发展稳定大局，深入推进保障和改善民生、节约能源资源、保护生态环境、加强城市建设管理等重点领域立法，有效发挥地方立法的引领和保障作用。

2. 加快建设法治政府。建立政府权力清单制度，推动行政机构、职能、权限、程序、责任法定化，真正做到法无授权不可为、法定职责必须为，坚决纠正不作为和乱作为。健全依法决策机制，制定《沈阳市政府重大决策合法性审查规则》，把公众参与、专家论证、风险评估、合法性审查、集体讨论决定确定为重大行政决策法定程序，确保决策制度科学、程序正当、过程公开、责任明确。创新执法体制，推进综合执法，严格规范执法行为，强化对行政权力的制约和监督，全面推行政务公开，加快建设法治政府。

3. 切实提高司法公信力。建立领导干部干预司法活动、插手具体案件处理的记录、通报和责任追究制度，健全司法人员履行法定职责保护机制，确保司法机关依法独立公正行使审判权和检察权。推进严格司法，实行办案质量终身负责制和错案责任倒查问责制，确保案件处理经得起法律和历史检验。完善人民陪审员制度，保障人民群众有效参与司法活动，以公开促公正，使司法活动在阳光下运行。健全司法活动监督机制，拓展司法公开的渠道和范围，坚决破除各种潜规则，真正做到公正司法、阳光司法。

4. 大力推进全民守法。领导干部要带头学法，模范守法，做全社会遵纪守法的表率。按照“谁执法谁普法”的原则，健全普法宣传教育机制，全面完成“六五”普法任务，做好启动“七五”普法的各项准备工作。深入开展群众性精神文明创建活动，弘扬社会主义核心价值观，自觉践行“热爱祖国、孝敬父母、关爱他人”的基本道德准则，引导人们自觉履行法定义务、社会责任、家庭责任。

5. 全面提升法治工作队伍素质。制定法治人才发展规划，加强市区两级人大常委会、政府法制部门和司法机关建设，充实一批法律专业高素质人才。加强法治工作人员业务培训，畅通立法、执法、司法部门干部和人才交流渠道。加强律师、公证员、基层法律服务工作者、人民调解员和法律志愿者队伍建设，有效解决基层法律服务资源不足和高端人才匮乏问题。

三、落实全面从严治党新要求

做好明年各项工作，关键在于加强党的建设、改善党的领导。必须坚持一心一意谋发展、聚精会神抓党建，不断提高全市党的建设科学化水平，着力打造良好的政治生态，为做好明年各项工作提供坚强的组织保证。

1. 继续巩固和拓展教育实践活动成果。教育实践活动有期限，作风建设无止境。必须时刻绷紧作风建设这根弦，在敬终如始做好教育实践活动后续工作的基础上，锲而不舍、驰而不息推进作风建设，继续深入落实中央八项规定，务必在抓常抓细抓长上持续努力、久久为功，特别是要紧紧盯住作风领域出现的新变化新问题，及时跟进相应的对策措施，坚决打赢作风建设的攻坚战和持久战，坚决防止“四风”问题反弹，确保作风建设要求落地生根。坚持从解决“四风”问题延伸开去，不断改进思想作风、工作作风、领导作风、干部生活作风以及学风文风会风，以优良党风促政风带民风，形成良好的社会风气。各级干部要进一步转变作风，不回避矛盾，不躲闪问题，勇于担当，提高效率，努力作为，推动老工业基地加快全面振兴。

2. 坚持从严教育管理选拔任用干部。切实加强党员干部的思想教育，继续深入学习习近平总书记系列重要讲话精神，扎实开展“三严三实”和“讲诚信、懂规矩、守纪律”教育，引导广大党员干部提高理论水平、增强党性修养、坚定理想信念。坚持以严的标准要求干部、以严的措施管理干部、以严的纪律约束干部，使干部心有所畏、言有所戒、行有所止。严格落实干部选拔任用责任追究制度，坚决整治选人用人上的不正之风，坚决防止干部“带病”提拔、“带病”上岗，确保干部选拔任用工作风清气正。严格落实干部监督管理各项规定，特别是要强化对“一把手”的日常监督管理和经济责任审计，坚决整治为官不为、廉而不勤、失职渎职等行为。同时，要采取有效措施，切实保护广大干部干事创业的积极性。

3. 进一步加强基层党组织建设。坚持突出政治功能、强化服务功能，切实增强基层党组织战斗力、凝聚力和感召力。加强非公经济和社会组织党建工作，不断扩大党的组织覆盖和工作覆盖。大力整顿软弱涣散基层党组织，强化党员教育管理，抓好基层党组织带头人队伍建设和党务工作者队伍建设，进一步夯实基层组织基础。认真落实机关联系基层、干部联系群众制度，继续扎实开展“共产党员工程”、“三深入三提升，做合格人民公仆”等实践活动，推动基层党组织更好地服务改革、服务发展、服务民生、服务群众、服务党员。加大基层党建工作投入力度，认真落实基层党组织工作经费、服务群众专项经费和基层干部报酬待遇，逐步改善工作生活条件，不断提高基层党组织的服务能力。

4. 切实加大惩治和预防腐败工作力度。坚持惩防并举、标本兼治，深入抓好反腐倡廉教育，特别是要加强示范教育、警示教育和政德官德教育，严肃党内政治生活，教育引导党员干部严格遵守党的政治纪律和政治规矩，筑牢拒腐防变的思想道德防线。强化权力运行的制约和监督，严格落实党委的主体责任和纪委的监督责任，加快形成不敢腐的惩戒机制、不能腐的防范机制、不想腐的保障机制，把制度的“笼子”扎得更紧更牢，提高制度的约束力和执行力，真正实现用制度管权管事管人。坚持以零容忍的态度惩治腐败，不论涉及到谁，都要一查到底、决不姑息，切实做到凡腐必反、除恶务尽，以反腐倡廉的实际成果取信于民。

5. 全面落实党要管党、从严治党责任。全市各级党组织都要树立正确的政绩观，增强从严治党的政治自觉、思想自觉和行动自觉，把抓好党建作为最大的政绩，切实做到真管真严、敢管敢严、长管长严。各级党委（党组）要守好“主阵地”，坚持党建工作与中心工作一起谋划、一起部署、一起考核，把党建工作抓具体、抓深入、抓扎实；各级党委（党组）书记要尽职尽责、亲力亲为，真正把第一责任人的责任扛在肩上、抓在手中、落到实处；党委（党组）其他同志也要按照分工抓好分管领域的党建工作。建立健全党建工作述职考评和问责机制，强化党建工作项目化管理，推动管党治党责任落到实处。

全市人民万众一心、共同奋斗，始终是我们战胜困难、夺取胜利的重要法宝。必须更好地发挥党委总揽全局、协调各方的领导核心作用，支持人大及其常委会依法履行立法、监督、决定、任免等职权，支持人民政协履行政治协商、民主监督、参政议政等职能，充分发挥各民主党派、工商联、无党派人士的积极作用，支持工会、共青团、妇联等人民团体依照法律和各自章程开展工作，充分调动一切积极因素，凝聚推动沈阳振兴发展的强大力量。

同志们，做好明年各项工作，对于全面完成“十二五”规划目标、推动沈阳在新一轮东北振兴中当先锋、打头阵至关重要。让我们更加紧密地团结在以习近平同志为总书记的党中央周围，在省委的坚强领导下，团结带领广大党员、干部和群众，同心协力，攻坚克难，开拓进取，扎实工作，为加快建设国家中心城市、把沈阳老工业基地振兴发展推向新阶段而努力奋斗！

沈阳市人民代表大会常务委员会工作报告

——2015年2月11日在沈阳市第十五届人民代表大会第三次会议上

沈阳市人民代表大会
常务委员会主任 赵长义

各位代表：

我受市人大常委会的委托，向大会报告工作，请予审议。

2014年的主要工作

过去一年，在市委的正确领导下，市人大常委会认真贯彻落实党的十八大和十八届三中、四中全会精神，围绕全市工作大局，依法履行职权，圆满完成了市十五届人大二次会议所确定的各项任务。

一、认真行使地方立法权，努力提高立法工作质量

常委会顺应新形势下加强立法工作的新要求，坚持问题引导立法，立法解决问题，着力发挥地方立法的引领和推动作用。全年共制定地方性法规2件、废止2件，完成1件法规的一审。

为了推进解决“入园难、入园贵”问题，让每个孩子公平享有学前教育资源，推动学前教育均衡健康发展，常委会开展了对学前教育的创制性立法，明确了学前教育的公益性和普惠性定位，坚持政府主导、社会参与、公办民办并举的原则。特别是为回应百姓对解决公办幼儿园资源“稀缺化”的期待，规定了公办幼儿园的比例应当逐步达到60%以上，对住宅区配套幼儿园规划建设和交付使用、学前教育财政投入、收费标准、教职工权益以及政府部门监管责任等方面，都做出了具体规范，填补了我市学前教育立法的空白。

我市职工队伍庞大，劳资纠纷、劳动争议日益凸显，对完善劳动合同制度提出了迫切的需求。常委会结合落实代表立法建议，制定了集体合同条例，对集体协商、集体合同、行业性和区域性集体合同、监督与争议处理等内容和程序，进行了细化和规范，提出了一些更具针对性和可操作性的条款，尤其是把职工非常关切的工资、福利等条款，明确纳入集体协商和集体合同之中，为规范企业用工行为、维护广大劳动者的权益、构建和谐稳定的劳动关系提供了法制保障。

推进解决垃圾减量化、无害化、资源化处理问题，事关我市的可持续发展。常委会在推动垃圾“三化”处理议案办理中，适时启动了生活垃圾管理条例的制定工作，力求对生活垃圾的投放、收集、运输、处置以及垃圾处理厂的规划建设、运行管理等各个环节，做出全方位的规范，从立法层面为解决城乡垃圾处理难题提供保障。目前，该条例已完成了一审。

在立法工作中，常委会注重发挥主导作用，不断推进地方立法的科学化和民主化，加强对法规项目的统筹安排和调研论证工作，主动参与和督促指导法规起草，探索建立了立法工作推进会议制度和重大立法问题沟通协调机制，有效推动立法项目顺利实施。在立法过程中，始终坚持开门立法，所有立法项目向社会公开征集，所有法规草案向社会公布，并通过座谈会、论证会等多种方式，拓宽人大代表、立法顾问、立法顾问单位以及社会公众参与立法的渠道，使各方面的意见得以充分表达，最大限度地凝聚共识。每项法规出台后，都及时召开新闻发布会，对立法背景、目的以及法规的原则内容进行舆论引导，为法规正确实施创造了有利条件。此外，常委会适应改革发展需要，对现行法规进行了清理，废止了人才市场、劳动力市场管理条例。

二、认真行使人大监督权，切实增强监督工作实效

常委会认真贯彻实施监督法，综合运用多种监督手段，扎实开展工作监督和法律监督。一年来，共审议“一府两院”工作报告18项、听取专题汇报8项，开展了2次执法检查，进行了10次专题调研和6次专项视察。

一是加强了对全市经济社会发展重大问题的监督。听取审议了上半年经济工作报告，支持政府抓住新一轮东北振兴的重大机遇，在破解制约经济发展的关键环节上寻求更大突破，积极应对经济新常态。对我市重点旅游景区以及旅游公共服务平台建设进行了视察，听取审议了我市推进沈阳经济区旅游一体化建设情况的报告，围绕旅游规划布局、服务平台建设、专项资金投入、旅游品牌打造等方面提出了意见建议。市政府结合落实审议意见，正在研究制定加快旅游业发展的举措，筹备召开全市旅游工作会议。对全市农业产业化龙头企业发展现状进行了深入调研，听取了相关工作汇报，着力支持和促进政府加快建设社会化公共服务平台，补齐龙头企业发展短板。针对中小企业反映较为集中的人才匮乏、有些扶持政策落实不到位等问题，常委会深入10户具有代表性的企业进行了实地调研，督促政府兑现承诺，帮助企业解决实际问题，进一步改善服务环境。听取了我市民族工作情况的汇报，推动落实民族扶持政策，维护民族团结和社会和谐稳定。

二是深化对政府预算决算的审查监督。听取审议了2013年市本级决算、2014年上半年全市预算执行情况的报告和审计工作报告，审查批准了2013年市本级决算，并首次将预算执行报告和决算报告审议分开进行，将决算报告和审计报告对照审议，突出强调人代会所批准的市本级预算执行的严肃性，着力改变专项资金特别是重大项目资金下达滞后的状况，实现真正意义上的收支平衡。发挥国库集中支付系统的在线监督作用，对市本级重点资金安排以及拨付使用情况实施常态化监督。对审计所发现问题特别是违规使用资金问题及整改情况，进行了跟踪问效。强化了对政府部门预算的监督，促进政府相关部门提升预算编制的完整性和准确性，市本级一般财政预算中重点科目编列到款，减少专项资金“切块、打捆”现象。提交本次大会审议的部门预算，由去年的20个扩大到市本级全部预算单位，实现了部门预算审查监督的全覆盖，并对其中4个一级预算单位的部门预算进行专题审议，强化了对部门预算的实质性监督。

三是监督推动重点民生问题加快解决。围绕推动公交都市建设、解决“出行难”问题，常委会通过实地走访、调研视察、与公交系统干部职工座谈等方式，全面了解全市公交体系建设情况，并邀请专家进行专题讲座，在此基础上，听取审议了市政府关于创建国家公交都市、优先发展城市公共交通情况的报告，从城市公共交通优先发展定位、完善专项规划、加强公共交通基础设施建设、优化交通网络、深化公交领域改革、建立补贴补偿机制等6个方面提出审议意见，市政府目前正在研究制定关于城市优先发展公共交通的实施意见，推动我市公交优先发展战略的有效实施。对全市各级文化场所进行了视察，听取审议了市政府公共文化基础设施建设情况的报告，重点督促推进了青少年活动中心、朝鲜族文化艺术馆等一批公共文化设施项目建设，扩大文化惠民成效。

针对广大人民群众日益增长的社区服务需求，常委会组织深入18个社区进行调研视察，听取审议了全市社区建设工作情况的报告，推动政府健全完善社区公共服务体系、居民自治体系和基础设施建设，不断提升管理服务水平。着眼于保障百姓“舌尖上”的安全，对“菜篮子”工程和社会化餐饮服务工作开展了专题调研，促进政府加快农产品养殖基地的规范化、标准化建设，让更多市民从中受益。听取了基层医疗卫生服务体系建设情况的汇报，促进基层医疗保障条件加快改善，让百姓享受更好的医疗服务。

四是加强了对依法行政和公正司法的监督。听取审议了市政府依法行政工作的专项报告，督促政府进一步规范行政行为，转变政府职能和管理方式，深入推进法治政府建设。听取了市法院关于建立完善执行工作内部监督制约机制情况的汇报，推动法院不断改革执行工作机制，通过实行执行组集体办案模式、建立执行财产“金雕查控网”、开展专项执行以及加强对外委托鉴定、评估、拍卖管理的制度建设，提升执行质效，在解决“执行难”问题上取得了新突破。听取了市检察院关于深入推进侦查活动监督情况的汇报，督促和支持检察机关加大对侦查活动中的滥用刑事强制措施、超期羁押、违法取证等违法行为的监督力度，维护司法公正。设立了申诉控告工作委员会，为依法受理人民群众的申诉、控告、检举和意见创造了条件，推进了人大信访工作职能的转变，共受理群众来信来访、申诉控告事项1950件，并加强了对重点信访事项的转办督办，促进解决人民群众的合法诉求。对7件政府规章进行了备案审查，开展了相关培训，全市规范性文件备案审查工作得到加强。

五是开展了对地方性法规贯彻实施情况的执法检查。针对养犬管理条例颁布实施3年来群众所反映的突出问题，常委会通过听取汇报、集中检查、明察暗访、组织座谈等方式，实地查看了市属6个养犬管理工作机构、39个点位，深入了解条例实施中存在的问题，客观评估立法效果，督促政府进一步将养犬管理条例落实到位。市政府及相关部门积极落实执法检查意见，开展了集中整治行动，强化了工作联动和综合治理，违规养犬问题得到有效遏制，养犬的办证率和免疫率明显提升。针对目前住宅小区物业管理存在的突出问题，常委会通过对物业管理条例开展执法检查，督促政府在加强专项维修资金使用管理、解决开发建设遗留问题、规范旧住宅区物业管理以及业主委员会建设等方面，进一步加大工作力度，推动我市物业管理工作规范有序发展，提高广大市民的安居感和满意度。

三、认真行使讨论决定重大事项职权，依法做好人事任免工作

常委会将行使重大事项决定权与开展重点监督工作有机结合，围绕事关全市工作大局和群众切身利益的重大事项，确定监督议题，开展调研视察。先后就推进新型工业化综合配套改革、重大投资项目、政府性债务监管等重大问题，进行专项调研和审议，依法推动市委重大决策部署和全市重点工作的落实。尤其是围绕推进沈阳经济区新型工业化综合配套改革，利用一个月时间，深入20余户企业，召开了5个不同类型的座谈会，实地考察了铁西区、浑南区等改革示范区，听取了政府专项工作汇报，围绕加快产业结构优化升级、提高自主创新能力建设、深化企业体制机制创新、改善金融生态环境等内容，提出了6个方面的建议，促进政府尽快在推进装备制造业“三大聚集区”建设、打造企业社会化服务平台、发展混合型所有制经济等方面率先破题。听取了今年政府投资建设项目计划的汇报，促进政府科学合理安排项目建设资金，提高投资决策的科学化水平，发挥政府财力最大效益。

常委会将行使对计划和预算决算的审查批准权作为人大讨论决定重大事项的重要内容，认真落实党的十八大和十八届三中全会对加强全口径预算决算审查监督的新要求，本着积极推进、分步实施的原则，督促和支持政府加快全口径预算编制工作，在去年代表大会上提交公共财政预算、政府性基金预算、国有资本经营预算的基础上，今年新增了社会保险基金预算，首次实现了“四本预算”全部向代表大会报告，为代表大会审查批准全口径预算决算奠定了基础。

在行使人事任免权方面，常委会坚持党管干部和人大依法任免相统一，充分保障组成人员在干部任用上的知情权、表达权，全年共依法任免了97名国家机关工作人员，为“一府两院”开展工作提供了组织保障。

四、加强和改进代表工作，充分发挥人大代表密切联系群众的优势

常委会本着“人大工作的开展靠代表、人大工作的水平看代表”的理念，不断推进代表工作机制、载体和服务创新。代表培训工作成效显著，全年举办了15期代表履职学习和专业培训，参与培训学习的省市代表共达730余人次，是近年来最多的。代表闭会期间的活动内容更加丰富，围绕代表“三深入”的活动主题，组织开展代表小组活动130余次。完善了代表履职激励机制，对56名履职优秀代表、9个先进代表小组以及4件优秀议案、22件优秀建议进行了通报表彰。扩大了代表对常委会工作的参与，共邀请60多位代表列席常委会会议，1000多人次各级代表参与了集中视察、专题调研和执法检查等活动。常委会与代表、代表与人民群众的联系更加密切，走访看望基层代表500多人次，组织了320余名省市人大代表深入基层面对面听取意见建议，并注重发挥“代表之家”、代表联络点作用，拓展代表联系人民群众的渠道。常委会在认真总结近年来我市人大代表工作经验的基础上，召开了以“密切代表与人民群众联系”为主题的代表工作会议，制定了进一步密切市人大代表同人民群众联系的意见，对代表联系群众的途径和方式、服务保障措施、激励约束机制等9个方面的内容进行了规范，从制度上为代表联系群众提供了保障。

代表议案建议督办工作进一步加强。对本届人大二次会议主席团交付的3件议案，分别听取审议了专门委员会议案审议结果和市政府议案办理情况的报告，多次组织专题调研和视察检查。在办理农田水利基础设施建设的议案中，常委会围绕治涝工程、沟渠清淤、项目建设等问题，提出5方面办理建议，并加强具体协调和现场督办，市政府逐项加以落实，制定了治涝总体规划和三年内全面完成建设任务的具体实施方案，出台了相关政策措施，对不同渠道的涉农涉水资金进行了整合，去年共安排5.69亿元资金用于农田水利建设。为了从立法层面保障农田水利基础设施建设，常委会启动了农田水利立法的前期调研工作。围绕落实城乡垃圾减量化、无害化、资源化处理等2件议案，常委会先后组织到部分先进城市调研考察，并在此基础上听取审议了市政府议案办理情况报告，就强化垃圾“三化”处理工作的组织领导、做好焚烧处理项目规划、专业化运营以及资金保障等方面提出审议意见。市政府及有关部门正在加紧对垃圾处理项目建设规划及相关实施方案进行修改完善，确定了生活垃圾焚烧发电、渗沥液处理、餐厨废弃物处理等六大重点工程项目，各项工作正在加快推进之中。

对724件代表建议，常委会认真转办交办，对其中22件建议由主任会议成员进行了重点督办，并首次就重点建议办理情况，专题听取市政府汇报，对办理工作的重视程度和督办力度不断增大。在各方面的共同努力下，代表建议已全部办结，代表所提问题得到解决或基本解决的582件，占80.4%。

五、加强常委会自身建设，不断提高依法履职能力和水平

常委会以巩固群众路线教育实践活动成果、认真抓好“四风”问题整改落实为重点，全面加强了常委会各项建设。坚持和完善了党组理论中心组学习制度，结合人民代表大会制度成立60周年，深入学习了习近平总书记系列重要讲话精神，增强制度自信。根据组成人员履职需要，就优先发展城市公共交通、公共文化基础设施建设、物业管理等专题，开展了3次学习讲座。坚持转变工作作风，常委会组织的所有调研、视察和检查，都坚持轻车简从，不搞层层陪同，力戒形式主义。特别是改进了人代会前代表集中视察的方式，视察内容尊重代表意愿，视察分组小型灵活，了解掌握的情况更深更实，真正使视察具有针对性。坚持常委会前结合重点议题开展调研，向组成人员提供相关调研和考察报告，并安排专家学者讲座，为提高审议质量创造条件。深化了人大工作宣传，首次将常委会审议意见通过沈阳日报向社会公布，人大工作更加公开透明。各专门委员会紧紧围绕常委会中心工作，发挥各自优势，做了大量卓有成效的工作。常委会机关自身建设进一步加强，为市人大及其常委会依法履职提供了有力的服务保障。

密切了与区县(市)人大常委会的联系，坚持重点工作和重大活动协调联动，重点建议督办合力跟踪，人大工作整体水平不断提升。加强了与兄弟城市人大的相互学习交流，与美国、德国、韩国等国家的地方议会开展了友好交往。

各位代表：常委会的各项任务已经全面完成，但我们也清醒地认识到，常委会工作还存在着一些需要加强与改进之处，如民主立法渠道还需进一步拓宽，立法组织协调还需加强；对常委会审议意见还需加强跟踪问效，尤其是在推动解决代表和人民群众普遍关注的热点难点问题、重大民生问题方面，还需要做出更大的努力；闭会期间代表活动形式与载体还需要不断丰富，代表联系群众工作还需深入推进；对基层人大工作尤其是乡镇人大工作的指导需要给予更大关注。对此，我们将认真听取人大代表和各方面的意见，努力把人大各项工作做得更实、更好。

2015 年的主要任务

今年是“十二五”规划收官之年，也是科学谋划“十三五”发展、加快推进沈阳新一轮振兴发展的关键之年。党的十八届四中全会对全面推进依法治国作出了战略部署，市委十二届十次全会提出在新的历史起点上全面推进依法治市工作的新要求。人大及其常委会处在民主法治建设的第一线，在全面推进依法治市中担负着重要职责。面对新的形势和任务，市人大常委会工作总的要求是：深入贯彻党的十八大、十八届三中、四中全会精神和市委十二届十次全会部署，紧密围绕改革创新、稳定增长、改善民生、依法治市等重点工作，认真履行各项法定职责，充分发挥人大在贯彻依法治国方略、推进依法治市中的重要作用，不断凝聚全市聚焦改革、聚力发展的正能量，努力为沈阳在新一轮东北振兴中当先锋、打头阵，营造良好的民主法治环境。

第一，关于地方立法工作。要充分发挥立法的引领推动作用，坚持改革决策与立法决策相衔接，立法进程与发展进程相适应。更加注重以法治思维和创新精神推进地方立法工作，更加注重立法与执法、司法、守法各环节的统筹衔接，更加注重坚持正确的立法价值取向，使每一项立法都符合宪法精神，反映人民意愿，得到人民拥护。要以提高立法质量为核心，在推进科学立法、民主立法上寻求新的建树。进一步健全人大主导立法工作的体制机制，加大对立法选项、起草、审议、修改等各个环节的组织协调，增强法规的及时性、针对性、有效性。要完善立法公开、立法论证、立法听证、立法评估、立法咨询等制度，吸收更多人大代表、专家学者和立法顾问参与立法活动，畅通意见反馈渠道。适时开展立法前和立法后评估，探索引入“第三方评估”，对法规案中有较大分歧意见的重要条款实行单独表决，努力使每部法规的制定更加科学民主、管用有效。

今年，针对社会普遍关注的妇女权益保障、交通出行、生态环境保护等重点问题，拟制定沈阳市妇女权益保障条例、公共交通管理条例，继续完成城市生活垃圾管理条例的制定。组织开展预算审查监督、政府投资项目管理、循环经济促进、农田水利设施、轨道交通、终身教育、预防职务犯罪、公共场所控制吸烟等法规的调研论证工作。认真做好地方性法规特别是行政许可事项的清理工作，及时修改废止与我市改革发展不相适应、与上位法不一致的法规。

第二，关于监督工作。要综合运用多种监督形式，强化对全市改革发展重大事项和重点民生问题的监督。听取审议上半年经济工作报告，视察“十二五”专项规划完成情况，听取审议“十二五”规划完成情况和“十三五”规划编制情况的报告，督促政府科学编制好“十三五”规划。依法推动“三农”工作，听取审议都市现代农业发展情况报告以及林业产业发展情况的汇报，通过调研、视察等方式，推进农村社会化服务体系建设、“菜篮子”工程、农作物秸秆综合利用以及小流域综合治理，促进解决影响农村经济发展的突出问题。听取我市民族工作情况报告，促进少数民族乡村经济社会发展和服务体系建设。听取我市旅游工作情况的汇报，推动解决影响和制约我市旅游产业发展的突出问题。

要在依法听取审议预算、决算和审计工作报告的基础上，运用好提前介入专项预算编制监督、国库集中支付系统在线监督、政府重大投资绩效评估监督等形式与平台，使事前、事中和事后监督做到有机结合。深入推进全口径预算决算的审查监督工作，逐步实现人大对政府全口径预算决算审查监督的精细化。加强对政府大额专项资金使用管理的监督，听取2016年度政府投资建设项目计划安排情况的报告，加快建立政府重大投资项目监督审查机制。听取审议政府性债务管理情况的报告，督促政府建立健全“借、用、还”相统一的地方政府性债务管理机制，防止和化解政府性债务风险。

要积极回应百姓关切，持续推动解决生态环境保护、饮水安全、食品安全、入园难、择校热、看病难、看病贵、出行难等重点民生问题。跟踪监督城乡垃圾“三化”处理议案办理情况，适时听取相关汇报；视察我市城乡百姓饮水安全工作情况，督促政府如期完成供水管网改造任务；听取我市终身教育发展情况的汇报，促进完善终身教育体系，提升全民综合素质；适时听取审议公共卫生安全建设情况的报告以及中医药事业发展情况的汇报，推进相关工作有效开展；听取审议我市社会救助工作情况的报告，促进政府为困难群众的基本生活提供有力保障。加强法律法规实施情况的监督，开展义务教育法和义务教育条例执法检查。听取依法开展征兵工作情况的汇报，督促有关方面认真贯彻实施好兵役法。

要深化对“一府两院”严格执法和公正司法的工作监督。听取审议政府依法行政工作报告，督促政府研究制定法治政府建设实施规划，推进机构、职能、权限、程序、责任的法定化，加快下放行政审批权，确保应放尽放与有效承接，尤其是对代表及人民群众反映强烈的突出问题，认真做出回应。要监督和支持法院、检察院依法独立公正行使审判权和检察权。听取市法院关于人民陪审工作情况的汇报，推进司法民主、促进阳光司法。听取市检察院开展未成年人刑事检察工作汇报，规范未成年人案件办理，加强对未成年人权益保护。依法做好群众来信来访、申诉控告工作，注重从涉法涉诉信访中研判民意，保障人民群众合法权益。加强规范性文件备案审查制度和能力建设，不断提高相关工作水平。

在人事任免工作中，要严把提请任命人员的任前条件和资格审查关，依法进行任免。同时，要积极探索对“两院”依法任命人员履职情况的监督，根据实际情况，对存在违法违纪和失职行为且情节严重的法官和检察官，依法提出撤职案。

第三，关于代表工作。要结合落实代表工作会议精神，着力加强和改进代表工作。要丰富代表“三深入”活动内涵，坚持深入基层，真实反映百姓呼声，让代表履职更接地气；坚持深入调研，认真替百姓代言，为振兴发展建言献计；坚持深入走访，积极为群众分忧解愁，使履职更加符合民意。要注重代表履职学习的系统性和针对性，在组织好代表专业培训的同时，选择代表关心关切的问题安排学习内容，增强培训工作的吸引力。要提高代表对常委会工作的参与度，探索建立代表约见常委会组成人员和“一府两院”相关负责人工作机制。要改进代表调研视察的方式，适时开展代表异地视察、联动调研、明察暗访。要落实好常委会组成人员联系基层市人大代表制度、主任会议成员接待代表日制度，尤其要倡导领导干部代表在密切同代表联系、与人民群众联系上做表率。要加强代表履职监督考评工作，建立健全代表履职信息管理系统，推进代表向选举单位述职，完善代表执行职务写实制度。要做好对代表提出议案建议的指导服务，提高议案建议的提出质量，完善网上办理建议系统，适时组织议案建议办理工作专题询问，调动和保护好代表“为民代言”的积极性。

第四，关于常委会自身建设。要巩固党的群众路线教育活动成果，不断提升常委会的履职实效，坚持以理论学习为先导，结合常委会重点工作和审议议题，有针对性地组织专题培训，提高运用法治思维和法治方式推进工作的能力水平。要认真做好市委人大工作会议的有关筹备工作，在对人大工作状况进行充分调研的基础上，提出积极可行的意见建议，为市委决策提供参考依据，推动解决实际问题，为我市人大工作发展注入新动力。要不断改进调研视察和审议方式，强化审议意见落实情况的跟踪监督。要积极探索人大工作与现代网络技术的“对接”，推进信息化建设。要进一步密切与区县（市）人大联系指导，适时召开乡镇人大工作经验交流座谈会，提升全市人大工作整体水平。加强与兄弟城市人大之间的学习交流，做好人大外事工作。

各位代表：沈阳已经踏上了全面振兴发展的新征程，人民的期待在激励着我们，责任与使命在召唤着我们。让我们紧密团结在以习近平同志为总书记的党中央周围，在市委的正确领导下，凝心聚力，扎实工作，为夺取沈阳老工业基地全面振兴的新胜利作出更大的贡献！

政府工作报告

——2015 年 2 月 13 日沈阳市第十五届人民代表大会第三次会议通过

沈阳市人民政府市长　潘利国

各位代表：

现在，我代表市政府向大会报告工作，请予审议，请市政协各位委员提出意见和建议。

一、2014 年工作回顾

过去一年，面对严峻的经济形势和艰巨的改革发展任务，在市委的正确领导下，在市人大及其常委会依法监督和市政协民主监督下，市政府紧紧依靠全市人民，深入贯彻落实党的十八大和十八届三中、四中全会精神，抢抓中央实施新一轮东北振兴战略的重大机遇，扎实推进“深化改革、稳定增长、改善民生、优化环境”等重点工作，全市经济社会实现了持续稳定发展。

——经济运行总体平稳。预计全市地区生产总值实现 7589 亿元，比上年增长 6%；一般公共预算收入完成 785.5 亿元，下降 1.9%；固定资产投资完成 6575 亿元，增长 3%；社会消费品零售总额实现 3568.4 亿元，增长 12%。

——重点领域改革扎实推进。行政体制改革步伐加快，市政府工作部门由 45 个精简到 40 个，取消和下放行政职权 649 项，国有企业、非公经济、金融体制等各项改革取得积极进展。

——城乡环境持续改善。重点基础设施建设项目和城乡环境改造项目有序推进，城市精细化管理水平进一步提升。全市单位地区生产总值能耗下降4.5%，化学需氧量、二氧化硫排放总量分别下降 2.5% 和 1.3%。

——人民生活水平不断提高。城市居民人均可支配收入实现 31720 元，增长 9.1%；农村居民人均可支配收入实现 15945 元，增长 10.2%。

——社会更加和谐稳定。社会事业蓬勃发展，社会保障水平不断提升，社会治理体系逐步完善，安全生产形势保持总体平稳，“平安沈阳”建设取得明显成效。

一年来，我们主要抓了以下几方面工作。

（一）全力以赴稳增长，经济保持平稳健康发展

加强经济运行组织协调。制定实施促进经济稳增长若干政策措施，开展涉企收费清理整顿工作，取消、缓征 11 项行政事业性收费和政府性基金项目，减轻了企业负担。深入开展“双进双解”活动，加强生产要素供给，帮助企业特别是中小微企业解决困难和问题，有力促进了实体经济健康发展。认真落实国务院 28 号文件精神，重大政策和项目争取落实工作取得积极进展。

注重发挥有效投资的关键作用。坚持以项目带动投资、以投资促进发展，开展社会资本投资交通、环保、社会事业等 12 个领域试点，加快基础设施和重大产业项目建设。116 个政府投资项目完成投资 105 亿元，开复工投资亿元以上项目 1535 个，完成投资 5144.5 亿元，其中 290 个重点项目完成投资 2153.9 亿元。

千方百计促进出口、拉动消费。出台促进外贸稳定增长、提高贸易便利化水平等政策措施，全市进出口总额 158 亿美元，增长 10.6%。支持开展节庆促销，大力发展夜间经济，积极培育信息、文化、旅游等新的消费热点，有效激活了大众消费。

（二）加大结构调整力度，经济发展质量效益稳步提高

工业经济实力不断增强。全市规模以上工业增加值实现 3700 亿元，增长 5.8%，其中规模以上装备制造业增加值 1813 亿元，增长 8%。以建设先进装备制造业基地为目标，积极促进传统产业升级，大力培育新兴产业，以智能制造为重点的两化融合取得新突破，我市成为全国唯一的建筑产业现代化示范城市。汽车产业拉动作用明显，全市整车产量 108.7 万辆，汽车及零部件制造业产值 2218.1 亿元，增长 13.9%。智能机器人、航空、电子信息等战略性新兴产业加速发展，沈阳国家级互联网骨干直联点开通，东北区域超算中心、北斗（辽宁）卫星运营信息服务平台投入使用，中航工业波音制造创新中心落户浑南，法库通用航空产业基地建设扎实推进。沈鼓

集团、沈飞集团获中国工业大奖，新松公司入选中国市场最具竞争优势移动机器人企业十强。全市高新技术产品增加值实现1740亿元，增长9.6%。

服务业加快发展。全市服务业增加值实现3371.1亿元，增长6.2%；现代服务业占服务业比重达到54%。启动实施服务业发展四年行动计划，物流、会展、文化、旅游等产业稳步发展，金廊核心段项目加快建设，工业企业分立出生产性服务业企业282户。全市新增金融及金融服务机构54家，盛京银行、禾丰牧业、萃华珠宝实现上市，帝信通信、中科仪等11户企业在"新三板"挂牌。我市获批创建国家电子商务示范城市。

农业和县域经济全面发展。持续加强农田水利等基础设施建设，采取有效措施科学抗旱，粮食产量达到72亿斤，实现"十一连丰"。蒲河生态经济带、沈康现代农业示范带、环城都市农业产业带建设扎实推进，全市建设粮油作物高产示范区119个，新建规模以上农业产业化项目80个，重点龙头企业达到266家。县域工业稳步发展，金杯卡车搬迁改造项目加快推进，玖龙纸业试生产，11个产业集群实现销售收入1690亿元。县城和中心镇建设步伐加快，新型城镇化取得新进展。

（三）全面推进改革开放，经济社会发展活力不断增强

十方面改革不断深化。行政体制改革率先突破，政府机构改革加快推进，开发区管理机构由31个减少到13个，注销、撤销各类协会75个，简政放权工作走在全省前列。国有企业改革稳步推进，东药集团完成定向增发，沈鼓集团完成私募股改和员工持股。非公经济改革取得成效，登记制度改革深入推进，率先开展企业"三证合一"试点，全市新登记各类企业2.3万户，增长74.5%。统筹城乡区域改革加快实施，农村土地产权制度改革步伐加快，土地流转103.9万亩，确权登记颁证工作全省领先，新民市获批省级农业现代化与新型城镇化综改试验区。金融体制改革扎实推进，积极发展民营银行、金融租赁公司等新型金融机构，辽宁股权交易中心设立国内首个区域科技股权交易板块。科技体制改革取得新成果，组建IC装备、机器人、硬岩掘进机等32个产业技术创新战略联盟，远大科技园经验在全国推广，全市有效发明专利占全省40%。生态文明体制改革取得新突破，完成第一批生态保护红线区划定工作。社会治理体制创新稳步实施，铁西区、沈河区成为全国社会组织创新管理示范区。

对外开放取得积极进展。积极参与央企、沪企、民企辽宁行活动，一批重大项目落户沈阳。中法沈阳生态园经贸合作协议成功签署，中德装备园启动建设。企业"走出去"步伐加快，境外协议投资额3.7亿美元，增长86.6%。成功举办"第十四届中国制博会"、"中国（沈阳）国际金融高层峰会"、"第六届中欧投资贸易洽谈会"、"沈阳法库国际飞行大会"等大型经贸活动，进一步提升了沈阳的知名度和影响力。沈阳经济区建设步伐加快。交通、旅游、通讯等重点领域一体化取得新突破，沈抚同城化取得新进展，本溪成为024电信区号共享城市，城际连接带新城新市镇建设全面加快。

（四）加强城乡建设管理，城市功能环境进一步优化

基础设施建设迈上新台阶。全年城建投资完成308亿元。二环快速路二期、沈阳北站北广场改造、迎宾路高架桥、东陵路高架桥、浑河云龙湖桥等项目开工建设，地铁9号线和10号线、沈铁城际铁路（沈阳段）、沈阳南站等项目建设加快，谟家堡跨三环桥、东望街延长线建成通车，长客西站、长客总站综合交通枢纽投入使用。实施市区老旧泵站、积水点改造，完成131公里供水管网、107公里供热管网改造及4处热网互联工程，城市运行保障能力进一步增强。

生态环境持续改善。拆除20吨以下锅炉房134座，完成新北热电等8家电力企业脱硫、脱硝改造和95台燃煤锅炉清洁能源改造。加强辽河、浑河、蒲河等重点流域治理，开展村镇生活污水处理设施运行专项整顿，3座新建污水处理厂投入运行。开展超坡地还林、荒山造林和封山育林，推进三四环沿线生态绿带建设，全市植树造林42.8万亩。积极推进城乡垃圾减量化、无害化、资源化处理，老虎冲垃圾场渗沥液处理设施改扩建等项目加快推进。涉农区县（市）全部成为国家生态文明建设示范区。

城市管理水平进一步提升。积极构建市民公共服务体系，加大市政设施养护力度，沈河区"先予处置"城市维护管理模式在全市推广。加快立体公共停车场、行人过街设施建设，建成智能交通指挥平台，新增更新公交车130辆，新开调整公交线路26条。开展建筑工地、道路卫生保洁等重点领域专项整治，加强农村环境连片整治和宜居乡村建设，城乡人居环境进一步改善。

（五）着力保障改善民生，基本公共服务水平持续提升

民生工作扎实推进。加强对就业、创业的援助和扶持，困难家庭高校毕业生全部就业，零就业家庭保持动态为零，城镇登记失业率为3.03%。完成102.5万企业退休人员养老金提标发放工作，城镇居民医保和新农合年人均补助由280元提高到320元，城乡低保救助标准分别提高10.2%和10.5%，医疗救助标准提高10%。新建社区老年人日间照料站50个，新增养老机构床位4760张，我市成为全国养老服务业综合改革试点城市。残疾人就业、康复、教育等工作有效推进。完成3.1万套保障性住房建设、1.2万户棚户区和1433户农村危房改造任务，完成100个旧住宅区环境改造和40个旧住宅区节能暖房改造，建成80个公交站务室和144处环卫工人休息室，解决了18.6万农村人口饮水安全问题，向市民承诺的12件33项民生实事全部完成。

社会事业全面发展。完成100所幼儿园改造，新增普惠性幼儿园学位1.5万个，建设300所中小学数字校园，完成110所义务教育学校、34所普通高中标准化建设，大东、于洪、苏家屯等5个区（县）被评为国家义务教育发展基本均衡县。辽中、法库县级公立医院改革全面启动，基层医疗卫生机构信息化建设稳步推进，市胸科医院一期、四院新门诊楼投入使用。全面实施文化基础设施提升工程，盛京大剧院投入使用，市青少年活动中心、妇女会馆、少儿图书馆、老年人大学等新建、改建项目开工，市全民健身中心和15处市民休闲广场建成开放，群众文化体育生活更加丰富多彩。

社会治理不断加强。强化安全生产责任制，推进安全生产制度化、标准化、网格化、信息化建设，安全生产形势持续稳定。调整管理体制，加强食品药品安全监管，严厉打击违法行为。加强治安防控管理体系建设，有针对性地实施打击整治专项行动，开展"零发案"小区（村屯）三年创建活动，人民群众安全感不断增强。深入开展矛盾纠纷排查，积极化解信访事项，依法保障人民群众合法权益，我市被评为全国和谐社区建设

示范城。全国文明城市创建工作深入推进，城市文明程度和市民文明素质实现新提升。

过去一年，我们坚持依法行政，加强行政决策合法性审查，进一步规范行政自由裁量权，巩固群众路线教育实践活动成果，开展“转作风、转职能、优环境”专项整治，政府自身建设取得新成效。国防动员、人防和民兵预备役建设进一步加强，双拥共建工作全面推进。民族团结进步事业不断发展，对口支援工作成效显著。国家安全、保密、统计、审计、参事、宗教、侨务、贸促、档案、修志、文史、红十字会和慈善事业等各项工作都取得了新成绩。

各位代表，过去一年所取得的成绩来之不易，这是市委正确领导的结果，是全市人民凝心聚力、开拓奋进的结果。在此，我代表市政府，向全市各族人民致以崇高的敬意！向人大代表、政协委员，向各民主党派、工商联、无党派人士和各人民团体，向驻沈人民解放军、武警部队官兵和中、省直单位，向所有关心、支持沈阳的港澳台同胞、海外侨胞和国际友人表示最衷心的感谢！

在总结成绩的同时，我们也清醒地认识到存在的问题。一是尽管去年我市主要经济指标增速都高于全省平均水平，但地区生产总值、一般公共预算收入、固定资产投资、社会消费品零售总额等经济指标未能完成年初人代会确定的预期目标。二是转方式、调结构的成效还未充分显现，传统产业优势有所减弱，新兴产业规模不大、实力不强，自主创新能力亟待提升，支撑经济平稳增长的动力不够强劲。三是人民群众关心关注的一些热点难点问题还没有完全解决到位，保障改善民生任务依然繁重。四是政府职能和工作作风需要进一步转变，服务效率需要进一步提高。

分析部分指标未完成的原因：一是受宏观经济大环境影响，国内经济进入“三期叠加”阶段，老工业基地尚未根本解决的一些体制性、机制性、结构性矛盾更加凸显。二是落实对企业减免税费、扩大“营改增”等政策措施，相应减少了财税收入。三是我们认真落实国家和省关于经济指标的各项要求，坚持实事求是原则，使经济指标更有质量、更加真实。四是针对经济运行中出现的困难和问题，我们虽然主动采取了应对措施，但受政策效应滞后等因素影响，效果还没有充分显现。对工作中存在的问题，我们将高度重视，采取有力措施，认真加以解决。

二、2015年工作安排

今年是全面深化改革、全面推进依法治国、全面贯彻落实中央新一轮东北振兴战略的关键一年，也是全面完成“十二五”规划的收官之年，做好今年各项工作意义重大。当前，世界经济总体复苏疲软态势没有明显改观，我国已经进入经济发展新常态，我市经济结构调整、产业转型升级、新经济增长点培育、稳增长任务仍然十分艰巨。我们要紧紧抓住中央加快实施新一轮东北振兴、“一带一路”、京津冀协同发展等重大战略机遇，积极适应新常态，开创发展新局面。

今年政府工作的总体要求是：全面贯彻党的十八大和十八届三中、四中全会及中央经济工作会议精神，认真落实习近平总书记系列重要讲话和重要批示精神，按照省委省政府、市委的要求和部署，坚持稳中求进工作总基调，坚持以提高经济发展质量和效益为中心，坚持以转方式调结构为主线，突出抓好改革创新、稳定增长、转型升级、改善民生、依法行政等重点工作，促进经济持续健康发展、社会和谐稳定，推动沈阳老工业基地在新一轮东北振兴中当先锋、打头阵。

今年全市经济社会发展的主要预期目标是：地区生产总值增长6%，固定资产投资增长5%，一般公共预算收入增长2.5%，社会消费品零售总额增长11%，城市居民人均可支配收入增长7%，农村居民人均可支配收入增长8%，城镇登记失业率控制在4%以内。

今年要重点抓好以下几方面工作。

（一）全面贯彻中央支持东北振兴战略

贯彻落实中央新一轮东北振兴战略是当前政府工作的重中之重，必须抓紧抓好，抓出成效。

认真落实各项支持政策。按照中央提出的财税、金融、投资、产业、创新等领域重点支持政策，主动配合、抓紧对接，努力在提升产业竞争力、深化国企改革、加快重大基础设施建设、加强生态保护、扩大开放合作、保障改善民生等各个方面实现新突破，切实推动经济发展提质增效升级。

抓紧推进重点工作任务。全力以赴落实国务院28号文件明确指向沈阳的政策和项目，加快推进沈阳中德装备园、沈阳军民融合发展示范区建设等重点任务，力争政策效益最大化。推动本地企业与央企、沪企、知名民企开展合作，促进企业转型升级、做大做强。

积极开展先行先试。按照国务院提出的试点方向，大胆进行改革试验，为争取更多的国家试点创造有利条件。努力争取设立东北振兴基金、发展民营银行等金融改革试点，大力发展产业金融，为破解中小微企业融资难问题、加快产业转型升级提供有力支撑。

（二）保持经济稳定增长

把稳增长作为经济工作的第一要务，更加注重经济增长的质量和效益，保持经济运行处于合理区间。着力抓好有效投资。充分发挥政府投资拉动作用，加快提升基础设施和民生服务水平。鼓励社会资本投资社会事业、民生等项目，进一步释放民间投资潜力。优化投资结构，加强组织调度，推进270个重点项目加快开工建设、早日达产达效。加强项目储备，不断增强发展后劲。

努力扩大消费需求。通过增加城乡居民收入，提高消费能力，进一步活跃大众日常消费。积极改善消费环境，培育新的消费热点，重点推进信息、住房、旅游休闲、教育文体、养老健康等领域消费，充分释放全社会巨大的消费潜力。优化企业发展环境。落实支持实体经济的各项政策措施，着力减轻企业负担。加强软环境建设，继续开展“双进双解”活动，做好各类生产要素保障供应，及时帮助企业解决发展中遇到的困难和问题。更加重视和关心中小微企业发展，着力解决企业在融资、创新、成长等方面存在的实际困难，让中小微企业享受到更多的阳光雨露，不断为经济发展注入新能量。

（三）全面深化改革扩大开放

改革开放是破解体制机制障碍、加快沈阳老工业基地振兴的根本之策，必须毫不动摇地全面加以推进。

深入推进重点领域改革。认真落实市委改革领导小组的决策部署，全面深化新型工业化综合配套改革，突出抓好十方面重点领域改革。推动东药集团、中兴商业集团等国有企业不断完善现代企业制度，推进北方重工、机床集团等国有企业与央企战略重组，加快沈鼓集团上市步伐，积极推进国有公交企业改革。鼓励非公有制企业参与国有企业改革，积极发展混合所有制经济。加快城乡统筹发展步伐，扎实做好于洪、苏家屯、新民、法库等省级改革试点工作。深入推进农村产权制度改革，稳步开展农村集体土地及资产确权登记颁证工作，积极推进土地流转，鼓励发展多种形式适度规模经营和集约经营。稳妥推进事业单位分类改革。扎实做好公务用车制度改革。按照简政放权、放管结合新要求，深入推进行政体制改革，加快建立行政权力清单和涉企收费清单制度，积极营造全民创业、全社会创新的良好环境，充分激发市场和社会发展活力。

进一步扩大对内对外开放。加大重点产业招商力度，吸引更多世界500强、行业领军企业投资落户沈阳，着力引进具有牵动力的重大项目，不断提升招商引资的质量和效益。培育保税物流、跨境电子商务、软件服务外包等新兴业态，推进出口基地建设，提升沈阳综合保税区功能，深化关检“三个一”合作，努力扩大外贸出口。实施企业“走出去”战略，支持优势企业开展境外投资、建立生产基地、承包国际工程，增强国际化经营能力。继续以沈抚同城化为突破口，推进城际连接带新城新市镇建设，加快主导产业园区发展，促进资源共享、产业集聚和各类要素市场一体化发展。

（四）大力实施创新驱动

创新是培育新的增长动力和形成新的竞争优势的关键，必须充分发挥科技和人才优势，加快国家创新型城市建设步伐。

加快构建技术创新体系。坚持需求导向和产业化方向，深化院市合作、校企合作，推动沈阳材料国家实验室、中科院机器人与智能制造创新研究院等新型研发实体建设。进一步强化企业创新主体地位，加快产业技术创新战略联盟建设，鼓励自主创新，推进协同创新。努力争创国家自主创新示范区。

积极推进科技成果转化。加大研发投入，深入实施重大科技专项，进一步提升核心技术研发能力。大力推广本地企业首台（套）重大技术装备，鼓励本地技术装备在国家重点工程中的应用。加大知识产权创造、运用、保护和管理力度，健全技术创新激励机制，支持企业建立科技研究院，促进科技成果资本化、产业化。

加强人才队伍建设。进一步完善人才政策，努力营造留住人才、吸引人才、聚集人才、用好人才的良好环境，加大领军人才和研发团队的培养、引进力度，为实现创新驱动发展提供强有力的智力支撑。

（五）加快产业优化升级

坚持走新型工业化道路，加快产业结构调整步伐，努力构建结构合理、优势突出、竞争力强的现代产业体系。

推进工业转型升级。坚持创新驱动，促进两化深度融合，推动装备制造业不断提高自主创新能力、重大装备成套能力、基础产业配套能力和生产性服务业支撑能力，努力打造装备制造业升级版。以龙头企业为重点，着力提升汽车及零部件、机械装备、现代建筑、农产品加工等优势产业整体发展水平和市场竞争力。优化产业布局，加快重大项目、重点园区和产业集群建设，推进产业集聚发展。大力发展高端装备制造业，培育壮大机器人、燃气轮机、IC装备及零部件等重点产业，加快新松产业园建设，打造世界级机器人产业基地。加强云计算、物联网、大数据等新技术的开发应用，加快卫星导航与位置服务、软件信息、移动互联网等产业发展。大力发展通用航空产业，重点支持沈飞民机、西子航空、联航神燕等龙头企业发展，规划建设空港经济区，做大做强临空产业。全面发展生物医药产业，积极支持药物新产品、医学装备研发和产业化。

加快发展现代服务业。继续实施服务业发展四年行动计划，支持铁西区创建国家生产性服务业集聚发展示范区，推进金廊等现代服务业集聚区优化升级，加快太原街、中街等传统商业街区业态提升。积极引进金融机构区域性总部，加强沈阳金融商贸开发区、和平金融街和皇姑北站北等金融集聚区建设。积极引进电商平台和商务楼宇品牌运营商，加快传统批发、零售业转型步伐，鼓励支持企业发展和应用电子商务，加速形成现代物流产业体系。加快国际会展商贸城建设，积极申办国内外大型展会，努力打造中国北方商务会展中心城市。深入挖掘文化旅游、健康休闲资源，优化景区景点布局，加快发展文化旅游和体育休闲产业。积极应对、综合施策，促进房地产业平稳健康发展。

积极发展现代农业。认真落实中央一号文件精神，按照稳粮增收、提质增效、创新驱动的总要求，兑现各项强农惠农富农政策。加强农田水利等基础设施建设，保障粮食和主要农产品有效供给。以蒲河生态经济带、沈康现代农业示范带和环城都市农业产业带为载体，促进高端精品、高效特色、高产生态、休闲观光等都市现代农业发展。培育家庭农场、休闲农庄等新型农业经营主体，大力发展农民专业合作社和农业产业化龙头企业，强化农业科技服务，不断完善农业社会化服务和产业化经营体系。加强“新网工程”建设，加快发展农产品电子商务平台，打造农村市场营销网络。促进新民包印、辽中卡车及特种车、法库陶瓷、康平塑编等县域工业产业集群做大做强，不断增强县域经济发展实力。

（六）提升城乡建设管理水平

坚持高起点规划、高水平建设、高效能管理，不断提升城市的综合配套和服务功能，为加快建设国家中心城市奠定坚实基础。

加大城乡基础设施建设力度。加快城市快速路和轨道交通建设，启动南北二干线、地铁4号线、中央大街跨浑河桥等工程，加快建设地铁9号线和10号线，完成二环快速路二期工程，加强环路连接线建设。推进城际公路、交通枢纽和城市出口路建设，启动建设沈铁二号公路，加快南站主体工程和北站北广场建设步伐，完成迎宾路高架桥等节点工程。完善城市配套设施，实施浑河城市段南北两岸堤防工程，推进城市老旧泵站、积水点改造，实施燃气、供热、排水管网建设改造，加强地下空间开发利用。加快新城、新市镇基础设施建设，优化城市布局形态，积极稳妥推进新型城镇化。

提升城市管理精细化水平。加强信息技术应用和信息资源整合，加快智慧城市建设步伐。大力推进“公交都市”创建，强化公交场站、枢纽站、停车场建设，提升动、静态交通管理水平。加强城市进出口道路、城乡结合部、小街小巷、旧住宅区等薄弱区域环境综合整治。实施市政设施精细化维护管理。改造提升公园、广场、重点街路绿化景观。巩固全国文明城市创建工作成果，不断提高城市文明程度和市民文明素质。

（七）持续改善生态环境

生态环境关系人民幸福和城市可持续发展，必须下更大的决心、花更大的气力，加快建设生态宜居之都。

大力实施“蓝天”工程。抓好气化沈阳、城市抑尘、绿色交通、大气监控预警、拆小并大等七项工程。推进锅炉除尘和清洁能源改造，拆除50座锅炉房，推动华润热电等6家重污染企业搬迁。加大对秸秆焚烧的治理和管控力度，推进秸秆综合利用。

扎实推进“碧水”工程。实施西部污水处理厂二期、南运河截污工程，促进污水处理设施有效运行，提升城乡污水处理能力。加快康平卧龙湖国家湖泊环境保护试点工程建设，开展细河、满堂河等小流域治理，大力整治污水沟渠，努力改善城乡亲水环境。

强化环境综合整治。推进老虎冲和大辛垃圾焚烧及渗沥液处理等项目建设。全面开展宜居乡村建设。加大节能减排工作力度，推广使用新能源，积极发展循环经济，确保完成省下达的节能减排指标。实施棋盘山生态景观提升工程，大力开展植树造林。完成全市生态保护红线区划定工作，加快创建国家生态文明先行示范区。

（八）更加注重保障改善民生

人民群众对美好生活的向往就是我们的工作方向，要始终把保障和改善民生作为政府工作的出发点和落脚点，着力为人民群众做好事、办实事、解难事。

加大就业工作力度。完善就业创业扶持政策，多渠道开发就业岗位，突出抓好大学生等重点人群就业，做好实名制就业工作。强化以农民工为重点的特殊劳动群体权益保障，努力构建更加和谐的劳动关系。

完善社会保障体系。实施城乡居民社会养老保险并轨，启动机关事业单位养老保险制度改革。完善重特大疾病保障制度，全面启动居民大病医疗保险。继续加大社会保险扩面力度。提高企业退休人员养老金水平、城镇居民医保和新农合补助标准，进一步提升城乡居民最低生活保障标准和医疗救助水平。推进养老服务业综合改革试点，建设10个区域性居家养老服务中心，大力发展养老产业。加大扶贫帮困工作力度，大力发展慈善、残疾人事业。

改善城乡居民生活条件。完成保障性住房1万套，改造棚户区2.3万户、农村危房659户。实施50个旧住宅区节能暖房工程，改造提升200个旧住宅区居住环境，建立健全住宅区特别是旧住宅区长效管理机制。解决20.9万农村人口安全饮水问题。继续整修街巷路，维修改造500公里农村公路，新建150公里自然村连接道路，让城乡居民出行更便捷。

强化食品药品安全监管。加强农产品质量安全体系建设，推进食品药品重点环节、重点产品全程可追溯体系建设，严厉打击制假售假等不法行为。

（九）推动社会事业全面发展

把发展社会事业放在更加重要位置，加快推进公共服务均等化，不断提高人民群众的幸福指数。

优先发展教育事业。全面落实《沈阳市学前教育条例》，改造100所幼儿园，新增1万个普惠性幼儿园学位，启动中小学教学设备改造提升工程，全面完成义务教育和普通高中学校标准化建设，推进和平等5个区教育现代化建设，力争辽中、沈北等5个区县（市）通过国家义务教育发展基本均衡县验收。支持在沈高校发展，加快建设国家装备制造业职业教育试验区。

深化医药卫生体制改革。积极吸引社会资本参与公立医院改革发展，扩大优质医疗资源有效供给。推进卫生信息化建设，不断提升专科医院诊疗水平，加强基层医疗卫生机构建设，逐步建立科学的分级诊疗体系。推进健康服务业加快发展。

加快发展文化体育事业。加强现代公共文化服务体系建设，扎实推进文化基础设施提升工程，加快市少儿图书馆、青少年活动中心、妇女会馆、老年人大学等公共文化设施建设，创造生产更丰富、更优质的文化产品，大力发展文化产业。实施体育惠民工程，改造完善休闲健身公园，更新、安装户外健身器材，为推动全民健身提供更好的环境和条件。

努力提高社会治理水平。加强普法宣传教育，提升全民法治意识。加强信用体系建设，提高全社会信用水平。鼓励支持社会组织参与社会治理和公共服务。推进城乡社区服务体系建设，创新社区服务模式，全面实施和谐社区建设工程。加强防控体系建设，依法严厉打击各类违法犯罪行为。落实安全生产责任制，抓好道路交通、人员密集场所、建筑工地、危化品、特种装（设）备、地下管网和消防等各方面安全监管，坚决防范遏制重特大事故。加强社会矛盾化解工作，提高信访工作法治化水平，切实维护社会和谐稳定。

继续深化双拥共建。加强国防后备力量建设，扎实做好双拥模范城创建工作，推进军民融合深度发展。

（十）加强政府自身建设

加强政府自身建设，必须加快转变政府职能，改进工作作风，提升服务质量，不断增强政府的公信力和执行力。

深入推进依法行政。自觉接受市人大及其常委会的依法监督、市政协的民主监督和社会各方面监督，认真办理人大代表建议、议案和政协提案。完善重大行政决策合法性审查机制，落实风险评估、责任追究等制度。深化行政执法体制改革，建立完善重大行政处罚和行政强制决定审查备案制度，不断规范行政自由裁量权和行政执法检查权。坚持用法治思维谋划工作、用法治方式推动工作，全力打造职能科学、权责法定、执法严明、公开公正、廉洁高效的法治政府。

加快转变政府职能。深化政府机构改革，着力推进机构、职能、权限、程序、责任法定化，不断提升行政审批效能。加强市、区县（市）、乡镇三级服务体系建设，拓展和完善市长信箱、96123市民热线等民生诉求服务平台功能，进一步提高行政服务水平。全面推进政务公开，重点推进政府信息公开。健全政府预算体系，建立债务管理制度和风险预警处置机制。精心编制好“十三五”规划和各类专项规划，进一步提高规划的科学性和协调性。

切实改进工作作风。巩固和发展教育实践活动成果，认真落实“五个必须”要求，严守政治纪律和政治规矩，坚决克服畏难、观望、懈怠思想，坚决纠正不想为、不敢为、不作为，坚决抵制庸政、懒政、怠政。进一步教育引导全体政府工作人员，特别是各级领导干部自觉践行“三严三实”要求，强化责任意识和担当意识，恪守为民情怀，增强干事创业激情，不断提高政府工作质量和效率。

大力加强廉政建设。建立健全“五大系统”，不断增强制度的刚性和约束力。认真落实“一岗双责”，切实加强廉政教育，严格执行中央八项规定、《廉政准则》以及市委关于加强党风廉政建设的各项规定，严控“三公”经费支出，努力打造一支清正廉洁的公务员队伍。

各位代表，我们正处在变革与奋进的伟大时代。让我们更加紧密地团结在以习近平同志为总书记的党中央周围，在市委的正确领导下，在市人大及其常委会依法监督和市政协民主监督下，以更大的担当、更实的作风、更足的干劲，积极进取、攻坚克难,为加快实现沈阳全面振兴、把城市建设得更加美好、让城乡人民生活得更加幸福而不懈奋斗!

中国人民政治协商会议沈阳市第十四届委员会常务委员会工作报告

——2015年2月9日在政协沈阳市第十四届委员会第三次会议上

沈阳市政协主席 姜宏

各位委员:

现在,我代表市政协常委会作工作报告,请予审议。

一、2014年工作回顾

2014年是全面深化改革的起步之年。我们在中共沈阳市委的领导下,深入贯彻中共十八届三中、四中全会精神和习近平总书记系列重要讲话精神,牢牢把握团结和民主两大主题,积极进取,奋发有为,团结依靠政协各界别和全体政协委员,服务工作大局,拓展协商民主,认真履行职能,为全面深化改革和振兴沈阳老工业基地汇聚力量、共图大业。

(一)服务工作大局,广泛凝聚力量,推进经济社会和民生事业发展

坚持把政协工作的方向和重点与全市工作的方向和重点统一起来,抓住人民群众普遍关心的问题,充分发挥人民政协人才智力优势,努力推动改革发展和民生进步。

针对经济发展新常态对经济结构调整的要求,积极促进新兴业态发展和产业优化升级。围绕如何发展电子商务这个重大课题,联合有关民主党派、工商联,与区县(市)政协联动,组织委员到东南沿海城市实地考察,了解电子商务前沿情况,对发展电子商务产业的新挑战、新机遇、新举措形成了共识。在市政协十四届十次常委会议上,围绕着组织、规划、投入、设施、市场、服务、政策等重要工作节点,提出了许多富有建设性的意见和建议,促进了相关规划和措施的出台,为市政府制定《沈阳市促进电子商务发展的若干措施》和创建国家电子商务示范城市工作要点提供了有力的智力支持。同时,广大委员还扩大视野、精选议题,对如何推进公共科技服务平台建设、建设东北物流中心、搞好沈抚新城建设、促进"夜经济"健康发展、规范农村土地流转、加强低效用地开发、改善土地征收工作、发展生态农业旅游、关注审批权下放后出现的新情况等问题,积极建言献策,推动改革发展。

继续关注城市可持续发展问题,切实推动城市建设和管理。针对城市地下排水管网存在的问题,组织200多名委员和专家深入调查研究,从管理体制、设施改造、雨污分流、防汛应急等方面寻找措施和办法。形成意见建议后,市政协召开十四届十五次主席会议,组织委员议政建言。这次议政建言,恰逢国务院办公厅下发"关于加强城市地下管线建设管理的指导意见",不仅促进了我市雨季汛期城市排水防涝问题的解决,也推进了我市地下管网建设十年规划的实施。同时,组织委员对人民群众普遍关注的问题开展专题调研视察,反映社情民意,着重对城市大气环境治理、机动车停车场管理、垃圾无害化处理、自来水二次污染防治以及冬季供暖等热点问题,提出了许多"政府所能、群众所期"的意见和建议。

着眼于提升社会治理能力,有重点地推进法律服务、民生改善和文化事业发展。突出公共法律服务体系建设这个重点,联合有关民主党派和市总工会,组织委员和专家学者,深入基层群众听取意见,找准薄弱环节,剖析问题成因,开展民主评议。在大量前期工作基础上,市政协召开十四届十六次主席会议,有针对性地提出转变司法工作理念、科学布局健全网络、统筹兼顾整合资源、围绕中心服务民生、完善制度强化管理、改进考核注重监督等意见建议,积极推动司法行政部门改进公共法律服务。同时,广大政协委员充分发挥根植群众、代表界别的优势,就推进居民保障性住房建设、完善流动人口均等化服务、打造就业和社会保障平台、促进食品安全、发展多元化演出市场、提高社区书屋社会效益、搞好群众户外运动等问题,建利民之言,谋惠民之策,收到了良好效果。

(二)拓展协商民主,畅通履职渠道,促进重大决策科学化和民主化

坚持把发展协商民主作为人民政协的战略任务来抓,全面推进专题协商、对口协商、界别协商和提案办理协商,充分发挥人民政协协商民主重要渠道作用。

参与协商民主顶层设计,落实年度协商计划。按照"构建程序合理、环节完整的社会主义协商民主体系"的要求,结合沈阳实际,深入研究协商民主的内容、形式和"重要渠道"作用,参与制定我市全面深化改革实施方案。推进协商民主机制建设,认真研究重大事项协商程序等有关制度性问题,配合市委制定并积极实施年度协商计划。对需要通过政协协商的国家中心城市建设规划、农产品加工业发展规划、城市热电发展总体规划、2015年市政府为群众办实事以及城市建设计划等10个议题,及时召开协商会议,组织委员集思广益,深入协商。对中共沈阳市委"关于进一步加强民生工作的意见"等重大决策的协商议题,按照"协商于决策之前和决策之中"的要求,适时增加协商密度,组织民主党派、工商联和政协委员广开言路、协商议政。一年来,市委、市政府相关人员特别是主要领导多次参加政协协商会议,认真听取协商意见,博采众谋,大兴民主之风,促进形成了"党委重视、政府支持、政协主动、多方参与"的协商工作格局。

抓住带有全局性的重大问题,扎实开展专题协商。推进我市城乡居民基本医疗保险一体化是一个关系改革、发展和民生的重大议题,也是年度协商计划的重要内容。按照市政协常委会的决定,市政协有关部门会同农工党市委会,并与区县(市)政协联动,组织委员和专家学者深入群众抽样调查、了解情况,邀请国务院发展研究中心和中国社科院专家学者研讨交流、咨询论证,广纳民意和各方智慧,谋划在我市推进城乡居民医保一体化的改革路径。对需要通过政协协商的国家中心城市建设规划、农产品加工业发展规划、城市热电发展总体规划、2015年市政府为群众办实事以及城市建设计划等10个议题,及时召开协商会议,组织委员集思广益,深入协商。对中共沈阳市委"关于进一步加强民生工作的意见"等重大决策的协商议题,按

照"协商于决策之前和决策之中"的要求，适时增加协商密度，组织民主党派、工商联和政协委员广开言路、协商议政。一年来，市委、市政府相关人员特别是主要领导多次参加政协协商会议，认真听取协商意见，博采众谋，大兴民主之风，促进形成了"党委重视、政府支持、政协主动、多方参与"的协商工作格局。

抓住带有全局性的重大问题，扎实开展专题协商。推进我市城乡居民基本医疗保险一体化是一个关系改革、发展和民生的重大议题，也是年度协商计划的重要内容。按照市政协常委会的决定，市政协有关部门会同农工党市委会，并与区县(市)政协联动，组织委员和专家学者深入群众抽样调查、了解情况，邀请国务院发展研究中心和中国社科院专家学者研讨交流、咨询论证，广纳民意和各方智慧，谋划在我市推进城乡居民医保一体化的改革路径。在此基础上，市政协召开十四届十一次常委会议，提出了加强顶层设计、整合管理机构、完善政策措施、坚持分级医疗、加强协调配套等意见建议，经过深入讨论，充分商量，汇聚共识，为市委、市政府科学决策提供了重要依据。

拓宽多层次协商渠道，广泛开展界别协商、对口协商和提案办理协商。适应发展协商民主的要求，注重把协商的广泛性寓于多层次当中，积极加以推动。对开发区公共交通和通讯服务设施方面急需解决的瓶颈问题，组织开展界别协商，使相关问题引起了市政府的关注和重视，回应了企业的呼声和人民群众的期待。对《沈阳市集体合同条例(草案)》、《沈阳市学前教育条例(草案)》、《沈阳市城市房屋安全管理条例(草案)》和《沈阳市生活垃圾管理条例(草案)》等地方性立法议题，组织开展对口协商，使之更符合沈阳实际，更充分地体现社情民意。对政协委员通过提案提出的意见和建议，组织开展提案办理协商，这不仅推动了"提案质量年"活动的开展，也促进了政协提案办理协商，提高了提案办理质量和效率，较好地发挥了提案在政协参政议政中的重要作用。

(三)加强自身建设，把握正确方向，提高人民政协履职能力和水平

坚持把加强学习和改进作风作为推动政协工作的动力，正确地把握政协的性质、定位和工作原则，努力提高思想素养、政治定力和履职水平。

团结奋斗的共同思想基础得到进一步巩固。注重发挥理论中心组学习的引领作用，开展专家讲座等形式多样的学习活动，深入学习贯彻习近平总书记在庆祝人民政协成立65周年大会上的重要讲话以及系列重要讲话精神，准确把握在推进社会主义协商民主中人民政协的重要渠道作用，准确把握在推进国家治理体系和治理能力现代化中人民政协的重要地位和作用，始终把坚持和发展中国特色社会主义作为巩固共同思想政治基础的主轴。

政协委员队伍的整体建设水平得到进一步提升。完善委员联系群众制度，推动委员深入基层、深入群众，开展送温暖、献爱心公益活动。开展市情通报、专题报告和委员视察等主题活动，为委员知情明政、履职尽责创造条件。支持委员在政府部门和"两院"发挥民主监督作用，并通过民主监督做好上情下达、下情上传工作。积极搭建委员履职服务载体，加强履职动态考评工作，促进委员提高履职能力和水平。

民主党派参政议政作用得到进一步发挥。坚持和完善中国共产党领导的多党合作和政治协商制度，充分发挥政协作为党派团体参政议政平台作用，围绕重要议题，联合开展调研、视察和协商议政，积极为民主党派、工商联和无党派人士资政建言创造条件。加大党派团体提案督办力度，营造广开言路、畅所欲言、平等协商、合作共事的民主氛围，巩固和发展最广泛的爱国统一战线。

团结联谊工作得到进一步拓展。充分发挥政协联系广泛的优势，进一步促进各界人士的大团结大联合。认真贯彻落实民族政策和宗教政策，组织委员开展专题调研和视察，推进少数民族文化传承保护和民族乡镇经济发展工作，推动各大宗教场所周边环境的治理。继续扩大与海内外人士的联谊交往，帮助港澳委员知情明政、履职尽责，发挥他们在沈阳对外交流中的推动作用。

政协理论研究、整体联动、对外宣传和机关建设得到进一步加强。发挥市政协理论研究会的作用，与院校合作开展协商民主软科学研究，组织政协委员和专家学者完成理论研究课题成果19个。加强对区县(市)政协的指导和联系，坚持和完善全市两级政协专题调研联动机制。以庆祝人民政协成立65周年为契机，举行人民政协理论研讨会，主办大型书画摄影展。征集史料专题150余万字，编辑出版了《委员故事》、《我的艺术追求》等书籍。充分发挥与社会媒体联办的"政协园地"专版和"委员在线"专题节目的作用，继续办好《社情民意专报》、《沈阳政协》期刊和政协网站，扩大政协对外宣传和工作信息交流。同时，结合巩固党的群众路线教育实践活动成果，加强市政协机关干部队伍和作风建设，为政协履行职能提供有力保障。

各位委员，市政协一年来取得的工作成绩，是中共沈阳市委正确领导和市人民政府大力支持的结果，是全体政协委员奋发有为、团结奋斗的结果，是各民主党派、工商联、人民团体和区县(市)政协密切配合、通力协作的结果，是社会各界和全市人民热忱关心、真诚帮助的结果。在此，我代表市政协常委会，向关心支持政协工作的各级各界各个方面表示崇高的敬意和衷心的感谢!

总结过去一年的工作，也应该清醒地看到，与健全社会主义协商民主制度的要求相比，我们的工作还有许多差距和不足，主要是界别协商活动还需要进一步拓展，民主监督工作还需要进一步加强，议政建言质量还需要进一步提高。对此，我们要采取有效措施切实加以改进。

二、2015年工作任务

2015年是加快老工业基地新一轮全面振兴的关键之年。在新的一年里，我们要深入贯彻中共十八大和十八届三中、四中全会精神，认真学习习近平总书记在庆祝人民政协成立65周年大会上的重要讲话以及系列重要讲话精神，按照中共沈阳市委十二届十次全会的部署，把握稳中求进工作总基调，聚焦改革

创新、稳定增长、改善民生和依法治市，适应新常态，汇聚正能量，全面履行政治协商、民主监督、参政议政的职能，充分发挥政协人才智力优势，为沈阳新一轮老工业基地全面振兴营造更加浓厚、和谐的民主政治氛围。

（一）坚持围绕中心、服务大局，共谋沈阳振兴发展大业

国家新一轮东北振兴政策规划的实施，既给沈阳发展带来了重大机遇，也给政协工作提供了广阔舞台。广大委员要站在新的历史起点上，深入学习贯彻习近平总书记对东北振兴的重要批示精神，肩负起义不容辞的责任。我们要按照中共沈阳市委的部署，组织引导政协委员投身改革发展，以激发市场活力的观点看问题，以全面深化改革的思维想办法，以依靠创新驱动的视角谋计策，积极为各界人士谋振兴促发展搭建平台、创造条件。要针对经济下行压力增大的实际，把推进工业转型升级作为稳增长的重中之重，围绕发展高端装备制造业、生产性服务业，以及推动构建产业技术创新战略联盟等重要议题开展议政协商，汇聚共识，推动企业改革和传统产业结构调整。要继续关注农村经济社会发展，重点围绕加强农村环境整治、完善农村基础设施及公共服务设施建设等议题进行调研视察，建言献策，进一步推动宜居示范乡村创建工作。今年市政府将开展“十三五”规划编制工作，要组织政协委员积极参与、献计出力，共谋沈阳未来的发展，为重大决策提供智力支持和民意基础。

（二）坚持协商议政、凝聚共识，发挥协商民主重要渠道作用

适应推进国家治理体系和治理能力现代化的要求，发扬改革创新精神，进一步发展协商民主，拓展协商渠道，增加协商密度，完善协商机制，提高协商成效，把协商民主贯穿于履行职能的全过程。贯彻市委制定的全面深化改革实施方案，完善政协协商规则，推动制定出台重大事项协商程序，健全协商议题的确定和实施机制，制定和实施年度协商计划，以制度保障协商和协商成果进入决策程序。完善政协全体会议、常委会议、主席会议等协商载体，更加活跃有序地开展专题协商、界别协商、对口协商、提案办理协商。贯彻中共沈阳市委关于全面推进依法治市的实施意见，坚持以民为本、立法为民的理念，积极开展地方立法协商，完善民主监督员制度，加强对司法活动的民主监督，维护社会公平正义。针对优化政务环境、保护知识产权、发展非公有制经济、促进专利产业化、规范文化市场综合执法等重点难点热点议题，广泛开展多界别、多领域的协商议政。与市委、市政府联合制定出台《政协提案办理协商办法》，逐步增加团体界别提案的比例，进一步提高提案质量和办理实效。

（三）坚持履职为民、改进作风，发扬人民政协光荣传统

实现好、维护好、发展好最广大人民群众的根本利益，是人民政协一切工作的出发点和落脚点。我们要更加牢固地树立履职为民的理念，深入群众，汇集民意，畅通民生诉求进入协商程序的渠道。对受到普遍关注的生态环境改善、食品药品监管、就业平台建设、体育产业和户外休闲运动基地发展等问题，要通过议政协商，推动委员意见建议进入决策程序。对关注面虽然还不宽但政策性很强的宗教教职人员养老保障、发展少数民族经济等问题，也要给予关心和重视，通过调研视察协商等形式，积极推动问题的解决。继续重视和做好人民政协社情民意信息工作，鼓励党派、团体、界别、基层政协以及广大政协委员走基层摸实情，以提案和《社情民意专报》等形式及时反映社情民意，使政协成为公众有序政治参与的重要平台。

（四）坚持发扬民主、增进团结，发挥政协委员的主体作用

政协委员是人民政协履行职能的主体，充分发挥广大委员的主体作用是做好政协工作的基础和关键。要坚持团结和民主两大主题，尊重和依法保护政协委员的各项民主权利，充分发挥委员的人才智力优势，动员和组织广大委员为实现沈阳全面振兴发展的目标贡献智慧和力量。学习是人民政协的优良传统，也是政协委员的一项基本任务。面对政协参政议政领域的不断拓展，要创新学习形式和方法，加强对委员的培训工作，积极为委员知情明政创造条件，不断拓宽委员资政建言的渠道，鼓励和支持委员始终保持同人民群众的密切联系，进一步提高政协委员的综合素质和参政议政的能力。加强政协同民主党派、工商联的联系与合作，完善政协主席会议成员联系委员、专委会联系界别等制度。要丰富委员界别活动载体，建立界别活动组，组织委员广泛开展界别活动。依托政协委员和社会人才智力资源，建立适应履职要求的政协智库。积极拓展政协工作新领域，组织政协委员参与地方政协公共外交活动。加强委员联络工作，提高政协机关的办事效率和服务质量。

习近平总书记在庆祝人民政协成立65周年大会上的重要讲话中指出：“实行人民民主，保证人民当家作主，要求我们在治国理政时在人民内部各方面进行广泛商量。”在新一轮东北振兴的热潮已经兴起的历史时刻，我们一定要牢记使命，围绕大局，商量于民，协商于政，凝聚力量，共赴前程。要紧密团结和广泛组织各党派、各团体、各民族、各阶层和其他各界人士，以政协会议为平台、界别活动为纽带、调研视察为途径、协商议政为形式，广纳贤言、广集民智，增进共识、增强合力，广泛发展大团结大联合，为沈阳改革发展和人民福祉营造更加民主和谐、更加生动活泼的政治局面。

坚持中国共产党的领导，是人民政协事业发展进步的根本保证。我们要深入贯彻中共中央《关于加强社会主义协商民主建设的意见》，加强政协领导班子和干部队伍建设，严守政治纪律，保持政治定力，不辱使命，勇于担当，锐意创新，在思想上、政治上、行动上同中共中央保持高度一致，保证政协工作沿着正确方向发展，不断谱写人民政协事业新篇章。

各位委员，做好今年的工作，对全市大局目标的实现具有重要意义。让我们更加紧密地团结在以习近平同志为总书记的中共中央周围，在中共沈阳市委的正确领导下，同心同德，群策群力，积极

进取,奋发有为,为完成今年工作任务,推进沈阳老工业基地全面振兴而努力奋斗!

重大活动

【第十三届中国国际装备制造业博览会】 由商务部、国家发展和改革委员会、工业和信息化部、科技部、中国贸促会和辽宁省政府主办,沈阳市政府承办的第十三届中国国际装备制造业博览会暨国家高新技术装备展(简称:中国制博会暨高新装备展),于2014年9月1日至5日在沈阳国际展览中心成功举办。

本届展会展出面积11万平方米,共设置7大展区,分别是国家高新技术装备展区、装备制造业国际展区、机床及其附件展区、重型工业装备展区、工业自动化展区、通用和专用设备展区、工程机械及特种车辆展区。展位3963个,中外参展企业832家,采购商和专业观众达9.8万人次,观众总数超过15.6万人次。参展企业分别来自中国、美国、加拿大、西班牙、英国、德国、法国、意大利、荷兰、捷克、瑞士、瑞典、日本、韩国、印度、新加坡、泰国、香港、台湾等19个国家和地区及国内北京、上海、天津、辽宁、吉林、黑龙江、湖北、河南、河北、广东、广西、福建、山东、陕西、四川、江苏、浙江、重庆、青海、内蒙古、安徽、云南等22个省(市)自治区。现场签订销售合同及意向金额为8.87亿元人民币,展会已经成为国内外装备制造企业产品展示、信息交流和贸易成交的重要平台。

境外参展企业和外商投资企业展位比例达到33.2%。参展的世界500强企业及跨国公司超过62家,世界著名机床企业达到14家,国内知名装备制造业企业达到38家。美国哈斯、日本三菱公司、山崎马扎克公司、东精精密设备公司、安川首钢机器人公司、德国卡尔蔡司测量仪器有限公司,瑞士ABB和丹青科技有限公司,韩国现代株式会社,台湾友佳精密机械有限公司以及沈阳机床、北方重工、沈鼓集团、特变电工等国内外装备制造业知名企业都参加了本届中国制博会暨高新展。一批行业领先的高速、精密、节能、柔性、智能的新技术新设备集中亮相。

在国家科技部火炬高技术产业开发中心的支持下,本届展会期间举办的“国家高新技术装备展”集中展示了一批国家级高新技术园区,展示了近年来我国高新技术装备发展取得的显著成果和一批具有自主知识产权的科技成果及技术装备。广东江门、沈阳、鞍山、营口、阜新等国家级高新技术产业开发区及其园区内企业纷纷参展。高新展的举办,进一步提高了中国制博会的权威性和影响力,充分发挥了科技部对中国制博会服务于我国高端装备和智能装备制造业发展的指导作用,充分发挥了国家科技重大专项的核心引领作用,对中国制博会长远发展具有十分重要的意义。

展会期间,先后举办了14项主要活动,分别是第十三届中国制博会暨高新展开幕式、中国国际装备制造业工业设计论坛、传感器技术应用论坛、3D打印快速制造技术应用论坛、“中国制造绘智卓越产品”研讨会、中国制博会采购商大会、参展展品评奖并发布、2014日本川崎机器人表演赛、沈阳高科技人才精英赛暨焊工技能大赛、“百万职工岗位技能提升工程”暨叉车技能大赛、中国好焊机表演大赛、装载机街舞表演秀、工业机器人展示会、国际认证检测评估专题技术讲座和一系列专业报告会、推介会。

本届展会期间举办的评奖活动,吸引了众多参展企业的积极参与。本届展会共评出金奖4个、银奖7个、铜奖10个、最佳展示奖10个、优秀组织奖15个,同时对连续参加十三届中国制博会的10家企业颁发了纪念奖。

本届展会吸引了国内众多媒体。纷纷派出记者进行现场直播和系列报道,有关开幕式和展场的情况,成为新闻焦点。出席开幕式的中央媒体35家,省级媒体9家,市级媒体5家,还有大批专业媒体、网络媒体关注中国制博会。实现了中国制博会信息在全球范围内的快速传递。

(*杜怀博*)

【2014中国沈阳韩国周】 由沈阳市人民政府和韩国驻沈阳总领事馆共同创办,沈阳市和平区政府、沈阳韩国商会等单位共同承办的2014中国沈阳韩国周于2014年7月18-22日举行。有30家企业在本届韩国周期间达成合作意向或备忘录,洽谈推进了21个韩资项目,外资额4亿美元。

各县区围绕本地区产业特点,组织策划了多项各有特色的经贸洽谈活动。和平区通过在开幕式现场设立经贸洽谈区的方式为中韩企业搭桥,推进了一批重点项目。和平区政府与韩国童克莱蜜产后护理株式会社签署了战略合作协议。童克莱蜜产后护理株式会社拟以和平区为中心在沈阳市投资开办10所童克莱蜜月嫂服务中心,产后恢复中心以及产后护理院,并在和平区建设童克莱蜜月嫂、产后护理师培训基地,及设立童克莱蜜东北3省区域教育管理中心及培训总部基地,投入资金约2000万元美金。推进了沈阳盛京金融国际广场健康产业中心项目。韩国美容健康产业联合会与九台集团辽宁京丰置业有限公司达成共识,拟在盛京金融国际广场项目中引进韩国高端整形、美容及上下产业链为一体的韩国健康产业中心。同时和平区还与韩国通讯网络技术株式会社总裁李敏秀和韩国结算电算院株式会社会长罗文洙洽谈了长白岛数据中心项目,外方拟在和平区长白岛经济开发区投资建设5万平米的数据中心。

沈河区在韩国周期间积极组织中韩企业进行洽谈对接,五爱商务公司与韩国益碧艾尔集团的电商合作达成了意向;韩国城与韩国服装企业及服装策划企业也深入进行了洽谈;中韩资产投资集团欲在沈河区再投资一家资产管理公司,注册总额为1000万美元。

铁西区的“沈阳经济技术开发区投资说明会”重点推介了以宝马汽车为龙头企业的汽车产业链的配套项目。韩国企业家对宝马新城今后发展方向有了深层次了解,为下一步合作奠定了基础。与会代表沈阳玄潭汽车部件有限公司

(汽油泵)鲁荣培总经理对铁西宝马新城的建设成果和今后的发展前景表示浓厚的兴趣,表示会后还要与其它140余家韩国汽车零部件企业沟通,共享宝马新城规划发展的信息,进一步探讨参与汽车零部件项目投资的可行性。

皇姑区30余家韩资企业与韩国乐天集团共同举办了第十三届沈阳韩国周庆祝活动,区主要领导向参会企业代表介绍了皇姑区的发展情况和打造韩国投资新高地的美好愿景。苏家屯区韩国工业园项目专题座谈会也对苏家屯区政策进行了分析、探讨。使韩国企业界对苏家屯区区情、产业布局和规划有了深入了解。

韩国周期间,还举办了大量的展览、论坛和洽谈会等活动。在东北三省－韩国经济合作论坛上,共有近40家企业参加了企业对接会,与90家韩国企业在医疗美容、生物科技、食品、电子等领域进行洽谈和交流。

2014年中韩高新技术及产品展览会暨第13届中国沈阳韩国周—韩国优秀商品展览会展示面积达到5000平方米,展位200个,参展领域包括生物医药、节能环保、医疗器械、自动化装备、健康保健、美容护肤等。韩国中小企业中央会、春川市、大田市、江原道等,组织40家优秀企业70名代表前来参展、洽谈。展会共展示国内外技术、产品达300个,签约额达5000万元;在展区现场和洽谈区,还举办了国内外项目供、需双方对接洽谈活动,共有国内外近200家单位参与项目对接洽谈活动,在生物技术、制药、健康医疗、节能环保等领域达成意向56个,成交额达2000万元。

展会期间,还举办了"中韩高新技术及产品对接洽谈会"、"2014年亚洲生物技术商务对接会暨韩国生物技术企业项目推介会"、"中韩科技企业项目对接会"等三项子活动。

在2014年高新技术及产品洽谈会上,16家韩方企业与60多家中方企业就双方在生物医药、节能环保、医疗器械、自动化装备、健康保健、美容护肤等领域进行讨论与洽谈,并达成初步合作意向15项。在2014年亚洲生物技术商务对接会暨韩国生物技术企业项目推介会上,5家韩方企业进行了现场项目推介,9家生物技术领域的韩方企业与沈阳市30多家企业进行对接洽谈,并达成初步合作意向12项。在2014年中韩科技企业项目对接会上,7家科技领域的韩方企业与沈阳市30多家企业进行对接洽谈,并达成初步合作意向10项。

在第三届西塔美食文化节上,"西塔放歌 今宵欢乐"晚会处处体现传统结合时尚,雅致不失前卫的特点,以多种形式,从多个角度展示了朝鲜民族独特的文艺底蕴及当代流行元素;在西塔中韩风味美食展上,具有中韩两国地域特色的传统美食令沈城市民大饱口福。韩国拌饭表演邀请了10名著名厨师现场制作巨型拌饭2014份,近400名市民现场免费品尝。以"来自星星的美食"为主题的炸鸡啤酒联欢,全面展示了韩国特色食品如:炸鸡、啤酒、紫菜包饭、打糕和辣白菜的制作技术;在西塔进行的朝鲜族民间艺术大巡游上,每天约有200名演出人员身着朝鲜族服装,围绕美食、美丽、灵秀和勤劳四大主题载歌载舞步行巡游;中韩美术家民族民俗壁画展在西塔公铁桥洞和平区路段展示了中韩艺术家以现代和传统手法绘制的壁画作品;"西塔好声音"中韩歌唱比赛和中韩友谊歌唱表演,不仅吸引了众多的普通市民一展歌喉,还邀请了沈阳歌舞团和韩国城南艺总的演员表演节目,现场所有灯光和舞美设计均由专业顶尖舞美团队倾力打造,表演舞台达200多平方米,现场的观众可与演员近距离互动。此外,舞台还采用宽大的LED屏幕来呈现各种舞台特效,让现场观众感受到大气磅礴的气势以及炫酷十足的视觉冲击力。整个美食节活动给沈阳的百姓奉献了一桌精彩的中韩文化盛宴,使魅力西塔再次成为了一片欢乐的海洋。

同时,韩领馆还举办了中韩登山大会、中韩足球比赛、中韩跆拳道表演等互动性较强的文化体育活动。

本着"规模适中,形式服从实效"的原则,韩国周开幕式与第三届西塔美食文化节开幕式及韩国服饰展演合并举办,韩国周开幕仪式简短、热烈。沈阳市政府副市长黄凯及包括韩国国会议员安鸿俊、文大成、韩国外交调整官安总基、总领事申凤燮在内的46名韩国贵宾出席开幕式。开幕式由沈阳市政府副秘书长王欢苗主持,沈阳市副市长黄凯、韩国国会议员安鸿俊、韩国外交部经济外交调整官安总基、沈阳韩国商会会长李成熙、和平区区长田佳分别致辞。中韩嘉宾以共同制作打糕的方式宣布2014中国沈阳韩国周正式开幕。开幕式后,来自韩国的30名佳丽进行了韩服时装秀表演。

(杜怀博)

【2014中国沈阳国际农业博览会】 2014中国沈阳国际农业博览会于2014年9月18日－21日在沈阳国际展览中心举行。展会历时四天,展出面积8万平方米,设置展位3500个,展会规模再创历史新高。本届农博会吸引了来自省内外及美国、澳大利亚、荷兰、韩国、澳门、台湾等22个国家和地区共1400多家企业参展,展品涉及包括绿色食品、有机食品、红酒、土特产品、农资、农机、花卉苗木等在内的几千种优质农产品以及农业加工品。观展人数累计达30多万人次,其中大型连锁超市、农产品批发商、专业合作社等专业观众突破6.5万人次,签订交易合同104个,合同交易额22.5亿元,现场交易额达1.4亿元。

展会还同期举办了中国国际种业博览会、首届中国沈阳农产品电子商务交易会、沈阳市农产品采购商大会、中荷农业技术项目合作交流会、辽澳商贸洽谈会、对话有机人大会及有机生活大讲堂、东北葡萄酒市场研讨会和葡萄酒百姓大讲堂等多种活动。重点展示和推介辽沈地区现代农业和国内外种业发展的最新成果、最优质的产品,推动和扩大农业经贸交流、搭建农产品采购、交易和电子商务交易平台,引领百姓健康生活方式,打造食品安全放心市场,是近几年来最具规模、最具特色的区域性农业综合盛会。

国家农业部和新疆、内蒙古、黑龙江、吉林、海南、山东等省市自治区政府及行业主管部门领导,美国、希腊、法国、韩国使领馆代表参观展会及重要活动。阿根廷农业部代表团阵容强大,参展参会并考察了辽宁省农科院等多家单位，与多家涉农单位达成合作意向。澳门代表团由潭伯源司长带领，参展企业达上百家，采购贸易代表超过300人。

为突出服务功能，展会举办前期，招商招展人员深入到辽宁各地涉农专业市场、种植养殖大户、超市、高校后勤、食品商店等单位，以展会为媒搭建产销平台为参展企业深层服务；组委会通过各种媒介手段积极地对展会进行宣传报道，为展会创造了良好的舆论环境。

展会期间，组委会举办了广大市民参与的手机“拍农博”活动、“辽沈精品耀农博”—第十四届沈阳农博会“记者眼”辽宁优质农产品推介展示活动以及针对不同企业和不同群体举办的种业新品种推介会、沈阳市休闲农业论坛、中荷农业技术项目合作交流会、农产品电子商务论坛、辽澳商贸洽谈会、东北葡萄酒市场研讨会和有机让生活更美好—对话有机人大会七大主题活动。

（徐光明）

【第三届沈阳法库国际飞行大会】 2014年8月27－31日，第三届沈阳法库国际飞行大会暨2014沈阳航展在法库财湖通航机场举行。开幕式由县长陈佳标主持，市领导陈海波、王翔坤、黄凯、韩晓言，县委书记冯守权出席。大会成功举办了航空表演、通用航空产品博览会、项目集中签约仪式、首届中国（沈阳）通用航空发展高峰论坛、首届飞行宝贝模特大赛、亚洲航空特级飞行运动联合会成立大会、空中体验飞行、室外风洞飞行体验、机模首秀、空中婚礼等活动。来自南非、英国、德国、美国、俄罗斯等20多个国家近200人参加飞行表演，参与飞行表演和静态展览的航空飞行器300余架（具），观众超过40万人次。期间，现场销售飞机37架，销售签约额1335万元；参加航展的多家公司与多家采购商达成销售、合作意向，意向成交额共计3.1亿元人民币，中央电视台等媒体进行广泛宣传报道。

（戴国富）

【第三届中国（沈阳）国际现代建筑产业博览会】 2014年5月15－18日，2014中国（沈阳）国际现代建筑产业博览会在沈阳国际展览中心举行。这是沈阳市由试点城市升级为示范城市后，举办的第一次现代建筑产业盛会。展会整体水平超越了以往两届，得到了住建部和省市领导、专家以及社会各界的一致好评。

规模空前，国际化水平明显提高。本届博览会共设四个室内展场和一个大型室外展场，展览面积达6.5万平方米，国际标准展位3000余个，参展企业620余家。本届展会的最大亮点是国际参展企业形成规模，共有德国、意大利、日本、新加坡等国家40多家国际企业参展，集中了德国艾巴维、意大利玛托罗、日本藤田、鹿岛建设、骊住集团等世界知名建筑企业。作为全国规模最大的现代建筑产业专业展会，本届博览会的国际化水平进一步提高，行业影响力进一步增强，展会品牌效应进一步显现。

成效显著，示范引领作用进一步凸显。本届博览会参展观众达6.3万人次，其中专业观众4万多人次，江苏、上海、重庆、西安等兄弟省市及省内城市组团来沈参观。本届博览会达成签约意向项目300多个，许多城市期望沈阳企业到当地投资建厂，将现代建筑产业的先进技术和成功经验带到当地。博览会的成功举办，已使沈阳市成为全国现代建筑产业化企业、技术、市场、信息交汇的集散地。

内容丰富，会议活动精彩纷呈。5月15日，国家住建部在沈组织召开全国住宅产业现代化工作现场交流会，住建部副部长齐骥及房产司、科技司、标定司、改发司司长出席会议。全国各地住建部门负责同志和重点企业代表近300人参加会议。齐骥副部长在会上作了重要讲话，分析了我国现代建筑产业发展的形势，从强化顶层设计、抓好示范试点、完善标准体系、加强技术研发、培育基地企业、开展技能培训六个方面，提出了下一步工作的方向和目标。会上，沈阳市被住建部正式授予“国家建筑产业现代化示范城市”称号，并做了交流发言。

博览会期间，还成功召开了全省推进建筑产业现代化现场会，以及国际研讨会、新产品新技术推广会等一系列专题会议。

（付欣）

【中国沈阳国际旅游节】 由沈阳市人民政府主办，沈阳市旅游局、各区、县（市）政府承办的2014中国沈阳国际旅游节四季游活动于2014年4月25日盛大启幕。通过整合全市旅游资源，整体包装策划、统一主题，举办四季游系列活动300余项，营造全民参与欢乐氛围，吸引了2418万名市民和游客参与，掀起沈城四季旅游热潮，提升了沈阳市旅游知名度和影响力。

1.精心策划，认真筹备。充分利用沈阳市气候四季分明的特点，通过整合全市各、区县（市）、相关委、办、局的旅游资源，整体包装策划、统一主题，每季推出一个主题之旅，策划丰富多彩的旅游节四季游系列活动。成立由29家成员单位组成的旅游节四季游活动组委会，涉及所有区、县、（市）政府，遍及全市多个行业主管部门。先后以市政府名义召开组委会成员单位调度会，以市政府办公厅名义下发会议纪要并印发了四季游活动方案，对四季游工作进行动员和部署。与市委外宣办合作召开新闻发布会、媒体通报会，发布四季游活动信息。召开各区、县（市）旅游局局长会议，听取工作进展情况，对节庆活动的组织实施、宣传以及安全等工作进行调度和安排。

2.加强宣传，营造氛围。为在全市范围内营造四季游宣传氛围，构建了以电视、报刊、网络等新闻媒体为主，以社会宣传及旅游行业宣传渠道为辅的旅游营销推广格局。形成立体式、多角度、全方位、深层次的舆论宣传氛围。组织新闻媒体记者通过电视、广播、网络、报刊等媒体对活动开展宣传推广，在沈阳日报以《准备好了吗？沈阳国际冰雪节开始了！》、《激情沈阳城、炫彩冰雪节——沈阳市旅游局邀请您参加冰雪节》、《四季欢歌、时尚酷游、玩转沈阳城——沈阳市旅游局邀您参加旅游节四季游活动》为题，进行整版宣传。与沈阳广播电视台合作拍摄，播放冰雪节专题宣传片。联合市委外宣办，组织媒体进行四季游活动采风报道。电视、网络、报刊等媒体共刊登新闻400余条,500余万字,摄影图片近千张。其中头版头条的新闻400余条,累计5万余字,并被众多网站转载,通过百度、谷歌、360可以搜索到800万条宣传旅游节四季游活动的链接。充分注重利用户外媒体宣传沈阳四季旅游活动。在马路湾、中华路、青年大街、三好街、中街、市府广场、五爱、北行等主要街路户外LED大屏幕,全市公交车LED炫彩屏及出租车LED显示屏,面向沈城市民及来沈游客开展旅游节四季游活动的宣传,日覆盖游客5万多人次,受众人群近千万。利用手机短信平台发布四季游活动信息,收到良好的宣传效果。组织旅游企业利用网站、微信、电子屏等开展宣传。

3. 及时跟踪,加强督导。按照四季游方案总体要求,四季游组委会办公室设在市旅游局,负责旅游节四季游活动总体方案的策划、组织、实施,对各单位举办活动情况,进行跟踪、督导、检查及考核。市旅游局下发《关于做好2014中国沈阳国际旅游节四季游活动相关工作的通知》,要求各单位细化工作方案,制定安全预案,认真做好筹备工作。

对棋盘山冰雪大世界大型冰雕雪雕汇展、沈北新区怪文化雪雕展、康平冰雪祺州城雪雕展、南湖公园冰雪乐园、中山广场十二生肖冰雕、太原街冰雪小品、青年公园冰雪乐园、“盛京庙会·灯会”、劳动公园冰雪乐园、重型文化广场工业主题冰雕、北陵公园冰雪乐园、舍利塔滩地公园儿童冰雪嘉年华乐园、万泉公园冰雪乐园、大东广场汽车主题冰雕展、小韩村冰雪嘉年华等冰雪活动现场进行检查、发现问题、督促整改。先后到康平县、法库县、沈北新区、和平区、皇姑区、铁西区、辽中县、新民市等区、县(市)对观鸟节、白鹤节、槐花节、皇寺庙会、啤酒节、中法艺术节、湿地旅游文化节、采摘节等四季游活动举办情况进行检查和督导。

4. 创新思路,加强引导。创新活动举办思路,做好活动整体策划和顶层设计,推出符合市场预期的旅游活动,在已经形成品牌效应的经典旅游活动中,利用新的形式、融入新的元素,包装策划全新的旅游活动。指导、协调各区、县(市),按照各自旅游资源优势策划,围绕四季游主题,开展丰富多彩的四季游活动,重点突出参与性、娱乐性,实现季季有启动、月月有高潮、周周有亮点。整合全市各行业旅游要素市场,延长游客的停留时间,扩大旅游消费。在产品开发上,深度挖掘,注重游乐化、体验化、人性化、多样化的打造,营造一种浓厚的旅游氛围。在服务和配套设施的细化上,以旅游者的需求,最大化的提供优质服务,让四季游真正成为百姓和游客的节日,让百姓和游客享受到四季游带来的快乐和实惠。创新启动仪式形式,以新闻发布会的形式启动四季旅游活动。

(孙学林)

【中国沈阳国际冰雪节】 2014年12月27日中国沈阳国际冰雪节在沈阳举办。冰雪节的主要特点:一是主题宣传口号,主打浪漫温暖。“有冰的世界这里最温暖,有雪的城市这里最浪漫,沈阳给你最美的冰雪体验;冰雪旅游飞向温暖的沈阳”。沈阳国际冰雪节主打“温暖”牌,因为沈阳冬季的温度较长春、哈尔滨要温暖较多,很适合冬天户外冰雪运动,这也是沈阳市冬季旅游产品的比较优势。同时,将冰的温暖和雪的浪漫相结合,让游客感受沈阳冰雪的美。二是借助流行元素,创新启动形式。冰雪节的启动仪式,创新采用了国际流行的“快闪”艺术形式,时尚简约的“快闪”表演元素,迅速在围观市民和来沈游客中产生轰动效应,纷纷通过微博、微信平台等新媒体形式,在国内外线上、线下“网民”中,通过“病毒式”的持续“发酵”传播引起广泛关注和强烈反响。三是融合行业资源,活动丰富多彩。为营造“城中有冰雪,冰雪在城市”的全城冰雪节氛围,丰富活动内容。冰雪节将旅游资源同文化、体育、民俗、商业、美食等相关行业资源相融合,结合沈阳实际推出了“冰雕雪雕、冰雪娱乐、冰雪赛事、丰收冬捕、温泉养生、灯会庙会、关东美食、欢乐购物、民俗文化、相约沈阳”10大主题100余项活动,突出“月月有启动、周周有亮点、天天有惊喜”,全市各地区纷纷开展冰雪旅游活动,掀起冬季旅游热潮。四是挖掘地方资源,推出特色线路。冰雪节期间推出的40条特色旅游线路,较比往年“针对性强”、“贴地气”、“亲民性”、“内容丰富”,从满足和适合不同游客群体需求的角度出发,推出了适合海外、国内游客游玩特色路线和适合本地市民旅游及自驾车旅游线路40余条,为沈城市民和国内外游客奉上了丰盛的冬季旅游产品“大餐”。五是冰雪旅游活动,广受市民欢迎。中国沈阳国际冰雪节经过多年打造,知名度逐年提升,不断完善的冰雪设施和丰富的活动内容,为吸引众多市民和外地游客来沈戏雪游玩提供了服务保障,拉动了内需,促进了消费,带动了沈阳旅游产业的快速发展。六是创新宣传形式,宣传效果显著。冰雪节突出加大在新媒体上的宣传力度,策划网上“视频”传播方式进行宣传。与传媒公司合作制作了沈阳冰雪节宣传片和5场启动仪式“快闪”活动宣传片共七个视频片在各大网站上传播,产生了轰动效应,仅“酷6视频网”点击率就高达278万次,扩大了沈阳冰雪节的知名度和影响力,提升了沈阳城市品牌形象的。

(孙学林)

【2014年中国(沈阳)会展论坛暨中国城市会展协会联盟年会】 2014年10月15日,由中国城市会展协会联盟和沈阳国际展览中心联合主办的“2014年中国(沈阳)会展论坛暨中国城市会展协会联盟年会”在沈阳国际展览中心隆重举行。本次会议以“会展经济——中国城市服务业发展的新引擎”为主要议题,国家商务部服务业贸易司、中国机械汽车展览联合会、中国会展经济研究会、中国城市会展联盟,辽宁省服务业委、沈阳市政府、沈阳市服务业委有关领导和权威专家出席会议并讲话,沈阳国际展览中心负责人发表了主题演说。来自北京、广州、深圳、武汉、南京、天津、大连、长沙及香港等30余个省、市和地区的会展办及协会负责人、各地区龙头会展企业、多个全国性组委会负责人150余人齐聚一堂,就国内和沈阳面临的新机遇、新挑战、新趋势进行交流研讨。与会嘉宾和专家普遍认为,沈阳作为东北的中心城市会展业发展潜力巨大,特别是在

发展城市区域会展经济方面有很强的竞争力。论坛同期举办了全国会展城市项目交流洽谈会，会上，沈阳国际展览中心与厦门、广州、南京3个城市会展协会以及青岛海名国际会展集团达成了多个会展战略合作协议，为下一步开展项目合作和展览业交流活动奠定了良好的基础。在2014中国城市会展协会联盟工作会议上，沈阳国际展览中心正式以沈阳展览业协会会长单位身份接任中国城市会展联盟轮值主席单位。中国城市会议展览业协会联盟于2013年10月28日在厦门成立，旨在为会展行业的专家、行业组织领导者和企业界人士提供一个交流合作和共叙友谊的平台，进一步推动我国会展事业和城市会展业协会联盟的发展，共创和谐、高效的会展城市资源共享的平台，联盟成员和观察员已达到46家。

（吕晓波）

【中国（沈阳）国际金融高层峰会】 由沈阳市人民政府和欧洲货币集团共同主办，市外经贸局、市金融办、和平区政府、沈河区政府共同承办的中国（沈阳）国际金融高层峰会于5月8日在沈阳召开。

此次峰会以“沈阳：通往中国东北之大门”为主题，通过主旨演讲、专题讨论和实地考察，全面展示中国以及沈阳经济的最新发展动态，推介沈阳的产业发展优势，提高沈阳招商引资核心竞争力。

会上，部分参会嘉宾围绕“通往中国东北之大门：经济与投资机会”“中国企业成长与发展过程中的融资问题”“中国消费市场趋势及现代服务业的发展”“外商直接投资（FDI）和中国海外直接投资（ODI）的趋势”等四个主题进行深入探讨。沈阳市人民政府还以“沈阳：建设东北区域金融中心的发展路径”为主题召开专题推介会。

中国企业界代表以及英国、法国、德国、美国等25个国家和地区的世界500强及行业领先企业、跨国公司、知名中介机构、境外客商代表等共计300余人参加此次峰会。

副省长刘强、市长陈海波以及欧洲货币机构投资公司执行总裁尼尔·奥斯本、前世贸总干事素帕猜出席峰会开幕式并分别致辞。

（崔　增）

【中国沈阳－英国经济合作交流会】 2014年3月27日，由英国驻华大使馆、英中贸协主办，沈阳市对外贸易经济合作局、沈阳市政府外事办公室联合承办的“中国沈阳－英国经济合作交流会”在沈阳市成功举办。沈阳市政府、沈阳市对外贸易经济合作局、沈阳市政府外事办公室及各区县外经贸局（招商局），英国驻华大使馆、英中贸易协会及英方企业代表共计80多人参会。此次会议的举办增强了全市招商部门及企业与英方的沟通、交流和互鉴，扩大了沈阳的知名度和影响力，为沈阳与英国企业开展广泛合作搭建了新平台和新载体。英国驻华大使馆公使安勇先生、英中贸易协会商务顾问司徒谋、英中贸易协会中华区总裁狄思杰、沈阳市副市长关志鸥、市政府副秘书长张广印出席了会议。

（于　洁）

【第六届中欧投资贸易洽谈会】 2014年9月15－18日，由国家商务部，法国外交与国际发展部、欧盟能源委员会在沈阳合作举办“第六届中欧投资贸易洽谈会”。此次会议由沈阳市人民政府、法国勒阿弗尔市政府、法国驻华大使馆、中国欧盟商会联合承办。中法两国政府及企业家代表共300余人出席本次会议，其中包括重大外商客户140余人。会议由副市长黄凯主持，市长陈海波、法国勒阿弗尔市市长爱德华·菲利普、法国驻沈阳总领事美屿、商务部欧洲司副司长翟谦等分别致开幕辞。开幕式后，举办了中法沈阳生态园说明会，并开展了3个研讨会，主题分别为“智慧城市、新兴城市交通、城市生态园区”。9月17日，沈阳中法生态园工作指导委员会召开第一次会议，黄凯副市长与法国外贸部优化城市联合会主席米歇尔·芭芭拉多就中法沈阳生态园开发建设和推进工作进行了会谈。

（于　洁）

【第十二届东北（沈阳）印刷包装设备展览会】 由国家新闻出版广电总局、中国印刷及设备器材工业协会、辽宁省人民政府作为支持单位，中国印刷技术协会、东北三省新闻出版广电局、沈阳市人民政府主办，沈阳市文化广电新闻出版局、沈阳市印刷协会、辽展集团展览有限公司承办的东北（沈阳）印刷包装设备展览会（简称“东北印展会”）于2014年4月17－19日在辽宁工业展览馆成功举办。本届展会设标准展位300个，展览面积达1万平方米，参展企业达200余家，展会展出产品涉及印刷、包装机械设备，印前、印后设备，广告制作设备，印刷包装产品设计，印刷包装产业等10大类1000余种产品。展会现场成交额600万元，签约成交额500万元，交易额共计1100万元；通过会展拉动沈阳市住宿、交通、餐饮、庆典、广告等直接效益约7000万元；促进土地招商，金融融资，短期就业等综合效益可达2亿元。

（李笑逸）

沈城美誉

【沈阳市获批“创建国家电子商务示范城市”】 2014年3月20日，国家发改委等国务院八部委联合下发《关于同意东莞市等30个城市创建国家电子商务示范城市的通知》（发改高技〔2014〕469号），正式批准沈阳市创建国家电子商务示范城市。

2013年9月，国家八部委联合启动第二批国家电子商务示范城市创建工作后，沈阳市高度重视，迅速启动相关工作，由市发改委牵头，筹备成立了沈阳创建国家电子商务示范城市工作领导小组，并编制完成了《沈阳市创建电子商务示范城市工作方案》，获得了国家发改委等八部委专家的高度认可，顺利通过国务院八部委专家评审组的评审。

获批国家电子商务示范城市，有助于沈阳在电子商务快速发展的背景下增强城市综合竞争优势、加快国家中心城市建设、促进经济发展方式转变，对于沈阳市在科学发展道路上加快实现老工业基地全面振兴具有重大意义。

（张萌萌）

【沈阳市三部作品荣获全国“五个一工程”奖】 2014年9月13日，中宣部在京举办第十三届精神文明建设“五个一工程”表彰座谈会。由沈阳市委宣传部组织创作并报送的电视剧《大路上》、戏剧《将军道》、广播剧《照片中的回忆》三部作品同时获奖，实现沈阳文艺精品创作生产的历史突破。12月27日，省委宣传部在沈召开全省“五个一工程”总结表彰座谈会，沈阳市组织创作生产的电视剧《大路上》、戏剧《将军道》、广播剧《照片中的回忆》、电影《国徽》、长篇小说《我们走在大路上》共5部作品，又获得省“五个一工程”奖，市委宣传部蝉联省“五个一工程”组织工作奖。市委常委、宣传部长王凤波在会上交流了沈阳市组织文艺精品创作生产的经验。

（刘 湛）

【沈阳市被授予“全国和谐社区建设示范城市”】 2014年10月31日，民政部下发了《民政部关于确定全国和谐社区建设示范单位的通知》（民发〔2014〕224号），将沈阳市确定为全国和谐社区建设示范城市。沈阳市近年来在基层社会管理体制改革创新和建立新型社区治理和服务体系工作中，不断增强社区自治和服务功能，在国家民政部开展的第二次全国和谐社区建设示范单位创建活动中，被确定为“全国和谐社区建设示范城市”，沈河区被确定为“全国和谐社区建设示范城区”，沈阳市和平区南湖街道被确定为“全国和谐社区建设示范街道”，沈阳市沈河区大南街道多福社区被评为“全国和谐社区建设示范社区。”

（尹 琦）

【沈阳市被确定为全国养老服务综合改革试点】 为推进养老服务业发展，沈阳市结合国务院《关于加快发展养老服务业的若干意见》精神，抓住民政部、国家发改委在全国开展国家养老服务业综合改革试点的契机。在市直有关部门的配合下，积极申报试点，2014年2月8日通过了《沈阳市开展养老服务业综合改革试点工作的实施方案》。2014年8月23日，根据省民政厅、省发改委转发的《民政部办公厅 发展改革委办公厅关于做好养老服务业综合改革试点工作的通知》（【2014】24号）确定沈阳市作为开展试点工作的42个地区之一，辽宁省仅有沈阳市和辽阳市入围。

（赵重超）

【沈阳市成为全国首个建筑产业现代化示范城市】 2014年5月15－16日，由国家住房和城乡建设部组织的“全国住宅产业现代化工作现场交流会”在沈阳召开。住房和城乡建设部副部长齐骥，辽宁省委常委、沈阳市委书记曾维，副省长薛恒，沈阳市市长陈海波出席会议，并为沈阳市获得“国家建筑产业现代化示范城市”揭牌。住建部房地产市场监管司司长沈建忠在会上宣读住建部《关于同意沈阳市为国家建筑产业现代化示范城市的函》。会议由住建部总工程师陈重主持。市领导佟晶石出席会议。

沈阳市自2011年成为国家现代建筑产业化试点城市以来，将发展现代建筑产业作为转变经济发展方式，调整优化产业结构的重要举措，在政策扶持、技术研发、市场培育等方面大胆探索，先行先试。已有410余家现代建筑产业企业落户沈阳，2013年，沈阳现代建筑产业实现产值1546亿元，成为继装备制造、汽车及零部件产业之后的第三大支柱产业。此次授牌后，沈阳成为全国首个国家建筑产业现代化示范城市。

国家住建部，各省、自治区住房城乡建设厅，直辖市、计划单列市住房城乡建设委（房地局），国家住宅产业现代化试点城市与部分申请试点的城市，以及国家住宅产业化基地企业的代表参加了会议。

（付 欣）

【沈阳市荣登2014旅游业最美中国榜】 2014年，在北京举行的“第二届旅游业融合与创新论坛暨2014最美中国榜发布会上，沈阳市凭借丰富的旅游资源和智慧旅游成功登上最美中国榜。

由新华网主办2014旅游业最美中国榜主要针对旅游A级景区、旅游目的地市（县）以及旅游服务企业进行汇总分析，采用地方政府、景区、企业自荐和媒体推荐相结合的方式，围绕“区位环境、特色文化、智慧旅游、休闲风尚、自然风情、绿色环保、管理创新、配套服务、品牌引领、责任凝聚、人才管理”等11个方面，通过“综合测评考核、专家意见分值、网络公示票数、媒体负面监测”四个环节，最终确定“最美中国旅游目的地城市”、“最美中国旅游目的地景区”两个榜单并向社会公布。

经过网络票选、综合汇总分析、专家评审打分、媒体负面监测等四个环节，沈阳凭借富集的旅游资源，底蕴厚重的民族文化以及良好的知名度和美誉度，从众多参评城市中脱颖而出，成功上榜“最美中国旅游目的地城市”。奖项的获得将大大提升沈阳旅游品牌形象，也将促使沈阳城市和旅游在国内外获得越来越多的关注。

（张 威）

【沈阳市获“2014年度中国十佳品牌会展城市”称号】 2014年12月12－13日，由中国会展经济研究会、池州市人民政府主办的2014中国会展业年度研讨会暨池州会展经济论坛在安徽池州召开。本次会议以“新常态与会展全产业链协同发展”为主题，来自商务部、中国贸促会、国内主要会展城市主管部门、会展主承办方、专业院校和研究机构以及会展企业的300多名业界代表参加了研讨会并交流互动。会议由博鳌亚洲论坛执行总监姚望主持，中国会展经济研究会会长袁再青致开幕词。中国国际贸易促进委员会特邀顾问、原会长俞晓松，商务部服务贸易和商贸服务业司副司长吕继坚，中国会展经济研究会副会长陈文敬等参加会议。会上，结合2014年中国会展业发展情况，代表们围绕“新常态条件下的改革开放新思路”、“政府展会的转型与创新发展”、“品牌建设与品牌会展活动打造”、“移动互联网时代会展管理模式的变革”等议题深入探讨。在12日下午举办的2014中国会展业年度十佳品牌颁奖仪式上，沈阳市再度荣获了“2014年度中国十佳品牌会展城市”称号。2014年，沈阳市会展业努力追求品牌打造、展会创新和品质提升，切实提高服务效率、完善协调机制，在引进国家级品牌展会、继续做好自办展会、积极扶持创新展会等方面取得了实效，全市会展经济呈现出科学、健康、稳步发展的态势。

（吕晓波）

【沈河区荣获“全国和谐社区建设示范区”】 沈河区是沈阳市的中心城区，是全市的政治、经济、文化、金融、商贸中心。辖区面积58平方公里，人口110万，下辖15个街道办事处、111个社区。近年来，沈河区委、区政府始终致力于推进社区治理和服务创新，着眼于维护最广大人民群众的根本利益，最大限度地增加和谐因素，增强社会发展活力，提高社会治理水平，以社区治理体系和治理能力现代化为目标，以打造“幸福社区”为载体，以社区减负增效为突破，抓好六个“坚持”（坚持用科学理念指导和谐社区建设、坚持用民生需求引领和谐社区建设、坚持用精神力量促进和谐社区建设、坚持用民主自治推进和谐社区建设、坚持用基础力量夯实和谐社区建设、坚持用组织保障强化和谐社区建设），全力实施了社区“还权、赋能、归位”工程，在推动政府行政管理与居民自治有效衔接与良性互动方面进行了探索和实践，并取得了一定成效。

2014年10月31日，沈河区被国家民政部评为“全国和谐社区建设示范区”。

（齐建军）

【西塔街道被授予“全国民族团结进步模范集体”】 西塔街道地处沈阳市和平区西北部，辖区面积1.24平方公里，人口3.97万人，其中，朝鲜族1.13万人，占总人口的28%，占少数民族人口95%以上，是一个具有"大杂居、小聚居"民族分布特点的街道。西塔街道办事处在上级民委的指导下，按照区委、区政府的统一部署，依托党建、加大投入、传承文化、服务民生，基层民族工作取得了可喜成绩。2014年9月12日街道被国家民委命名为全国民族团结进步创建活动示范单位，2014年9月30日被国务院命名为全国民族团结进步模范集体。

（郑　伟）

创建全国文明城市

【创建全国文明城市综述】 2014年，沈阳市坚持以测促创、测评排序，动员各地区、市直各部门推进创城工作。制定创建工作指标销号等工作机制，强化各创建组的统筹协调作用。建立信息报送机制，搭建创城工作服务平台，全年共编印创城简报26期。组成创城督导组，深入全市9个城区213个社区和9个创建组67个责任部门，进行实地督导检查。组织两次全市机关干部深入全市各创城点位，对环境秩序、公益广告宣传、创城氛围进行拉网式排查，共动员机关干部4000余人，检查点位2万余个，查找问题7000余个。对发现的问题通过召开会议，下发整改通知单督促相关单位整改，有效推进各地区、各单位创城活动扎实开展。

（杨建学）

【制定《沈阳市创建全国文明城市三年规划》】 为全面提升城市文明程度，确保2014年实现沈阳市进入全国文明城市行列目标，制定《沈阳市创建全国文明城市三年规划（2012年——2014年）》。本规划坚持以邓小平理论和“三个代表”重要思想为指导，深入贯彻落实科学发展观，以社会主义核心价值体系建设为根本，以迎接承办第十二届全运会为契机，坚持《全国文明城市测评体系》指标导向，坚持服务中心、以人为本、齐抓共管、实事求是、开拓创新、协调发展的原则。在2012年全面启动创建全国文明城市工作，成立市区两级创城工作领导体制的工作机制。2013年按照《全国文明城市测评体系》各项标准，巩固完善达标项目，继续提升工作水平。2014年开展定期检查和随机抽查、专业测评和社会测评相结合，加大测评力度和测评密度，全面系统检验创建工作。创建内容包括建立廉洁高效的政务环境、民主公正的法治环境、公平诚信的市场环境、健康向上的人文环境、有利于青少年健康成长的社会文化环境、舒适便利的生活环境、安全稳定的社会环境和可持续发展的生态环境。实施宣传发动、道德教育、素质提升、志愿服务、未成年人思想道德建设、文明创建、环境整治、城乡联动、市民满意等十大创城工程，通过开展扎实有效的创建活动不断提升城市形象，坚持《全国文明城市测评体系》指标导向，推进政务、法治、市场、人文、社会、生活、安全环境全面改善，用三年的时间，实现经济快速发展，社会和谐稳定，文化事业繁荣，城市环境优美，公共秩序规范，服务功能完善，社会文明程度明显提升的总体目标，确保2014年进入全国文明城市行列。为了加强对创建全国文明城市工作的领导，成立市创城工作指挥部，各地区各部门把创建全国文明城市工作作为党委、政府的重要工作，强化组织领导、明确责任目标、加强督促检查、广泛宣传发动、严格奖惩标准、加大投入力度。各区、县（市）、各开发区、各责任部门根据《规划》要求，分别制定本地区、本部门的具体实施方案，并采取扎实有效的措施，确保《规划》的贯彻落实，坚持以测促创，靠民创建，充分调动广大人民群众的积极性和创造性，促进沈阳科学发展、和谐发展、创新发展，为建设实力沈阳、活力沈阳、宜居沈阳、文明沈阳、和谐沈阳，加快实现全面振兴奠定坚实基础，创造良好条件。

（张云路）

【实行党政领导接待群众来访制】 近年来，沈阳市市级党政领导干部认真贯彻落实中央以及省、市关于信访工作制度改革的决策部署，全力做好领导干部定期接待群众来访、下访、约访工作。领导班子成员按照“一把手负总责，主管领导具体负责”的要求，主要领导同志亲自带头接待来访群众，亲自协调处理疑难信访问题，解决了一大批涉及群众切身利益的信访问题，化解了一大批影响社会和谐稳定的突出矛盾。在市委、市政府主要领导的重视和带动下，领导干部接访工作已经形成了主要领导亲自参与接访、分管领导主动接访、其他领导随时随地接访的“大接访”工作大格局。在工作中，通过不断完善各项工作制度，明确接访目标、接访时间和接访内容，使领导干部接访工作实现了制度化、常态化、规范化；通过不断规范接访程序，提高了接访效率和接访效果，把大量信访问题解决在了基层，有效地维护了社会稳定；通过强化接访后的督查督办和跟踪问效，充分发挥了各地区、各部门的职能作用和能动作用，促进了“案结事了”。三年来，副市级以上的党政领导干部共接待群众来访293案次，涉及1807人次，100%办结，其中息访249案。

（孟凡闳）

【打造民主公正的法治环境】 创城工作开展3年来，市委政法委带领全市各级政法部门积极履行职责，扎实开展工作，努力构建民主公正的法治环境，为创城工作做出了积极贡献。一是加强和创新社会管理。坚持以人为本、服务为先、创新为要、基层为重、形成合力的原则，全面提高社会管理的科学化水平。二是着力提升公民法律意识。弘扬法治精神，扎实推进“六五”普法工作，深入推动法制宣传教育进机关、进乡村、进社区、进学校、进企业、进单位的“六进”活动。三是积极维护社会稳定。强化源头治理。落实社会稳定风险评估制度。积极构建“大调解”工作格局。健全群众利益协调机制。健全群众权益保障机制。四是全力保护公民权益。实施流动人口服务管理“牵手计划”。建立覆盖全部实有人口的动态管理体系。强化对未就业大学毕业生、老年人群的服务管理。强化对肇事肇祸精神病人的排查、监测、预警、救治、救助、服务、管理。五是加强基层民主建设。创新基层社会管理服务体系。全面推进各领域党的基层组织建设，加强非公有制经济组织党建工作。积极推进社区居委会民主建设，依法执行社区居委会选举制度。六是深入推进平安沈阳建设。积极构建社会治安“大防控”格局。密织覆盖全市的数字化监控网、全警参与的社会面巡逻网、群防队伍的社区（村）防控网、单位内部的安全保卫网和虚拟社会的舆情监测网五大社会治安防控网。深入推进“平安校园”建设。严厉打击严重暴力犯罪、“两抢一盗”、经济犯罪和电信诈骗等多发性侵财犯罪，加大反恐、打黑除恶、禁毒工作力度。坚持不懈地开展命案专项治理工作。

（孟凡闳）

【营造舆论宣传氛围】 为使广大干部群众积极参与创城工作，运用多种形式，加强创建文明城市宣传，不断扩大创城工作的发动面、覆盖面。开展百万市民看沈阳活动，通过参观城市重大建设项目、城市环境变化，增强市民的城市荣誉感和责任感。组织万名机关干部开展入户大走访活动，印发《创建全国文明城市调查问卷》、《致全体市民的一封信》等征求意见建议，宣传创建全国文明城市知识，入户宣传率达到90%以上。广泛利用各种载体，积极组织开展创城社会宣传，创城期间制作和悬挂创城宣传标语20万条，印制创城各类海报百万余套，向市民发放《沈阳市民文明礼仪手册》，制作公益广告、楼宇广告、车体广告、候车廊广告等1万多处，宣传画和宣传板3.5万余个，形成了社会宣传强势，营造了良好的社会氛围。《沈阳日报》3年共刊载500余块创建全国文明城市专版，推出《沈轩言》等30多个栏目，文字量超过200万字以上，全面展示沈阳创建全国文明城市工作。沈阳广播电视台充分发挥舆论主渠道作用，开设《创建全国文明城市》等10余个专栏，共播发相关稿件1300多篇，策划制作16个创城宣传片，总播放频次每年达6000多次。《沈阳晚报》、沈阳网3年刊发400余篇新闻报道，策划专题报道30期，年刊登公益广告72个整版，有效调动广大市民参与创城的积极性。

（杨　光）

【印发《沈阳市窗口行业服务规范手册》】 各窗口行业依据国家行业标准规范及本行业实际情况，结合全国文明单位测评体系要求，制定本行业服务管理规范标准，并在显要位置公示，自觉接受群众监督，强化群众投诉管理，畅通群众投诉渠道，提高投诉处理质量。以“推广一个模式、开展一次评选、设计一个宣传阵地、推出一个示范窗口、组织一场培训、开展一项特色活动”为主要内容，开展微笑服务行动。以“微笑服务”为主题，开展窗口行业文明服务竞赛，深化窗口行业文明创建，加强职业道德建设，提高业务能力，评选一批文明服务窗口和“微笑服务之星”。各窗口单位通过开展窗口单位巡礼日、举办优质文明诚信服务竞赛、微笑服务之星评比等形式，形成微笑服务氛围，提高服务质量和服务水平。制定完善岗位服务标准和规范，加大服务承诺力度，通过网上公告、设立电子触摸屏、印发办事指南等多种形式，公开向社会和公众做出承诺。组成由市民代表、专家学者、政协委员、人大代表的市民体验团和市民巡访团对各窗口行业的服务情况进行体验和暗访，按照《全国文明城市测评体系》标准和行业标准要求，重点对出租、公交、商场（超市）、医院、铁路车站等和人民群众密切联系的行业进行集中整治。

（张云路）

【全面推进未成年人活动场所建设】 一是心理健康辅导站点建设。积极落实“治未病”理念，在相关地区和部门共同努力下，全市已建成市级青少年心理健康辅导中心2个，区、县（市）未成年人心理健康辅导站13所，社区、学校全部建有心理咨询室，市级——区县（市）级——学校（社区）三级心理健康教育网络初步形成，走在全国前列。二是乡村学校少年宫建设。积极创造农村未成年人健康成长成才良好条件，共投入建设资金2440万元，为每个乡村中心学校都建设了少年宫，并积极争取中央彩票公益金支持乡村学校少年宫项目，共建成各类乡村学校少年宫135所，组织开展文体娱乐、技能培训、道德实践三大主题活动及地方文化特色活动，确保每一名孩子都能参与至少一项活动。三是社区未成年人活动场所建设。拓宽未成年人活动阵地，在521个城市社区全部建立了专有或共享未成年人活动场所，建立未成年人阅读专柜，组织开展适合未成年人特点的棋类、故事会等各种文体娱乐活动。四是将爱国主义教育基地和公益性文化设施纳入未成年人活动场所。沈阳市“九一八”纪念馆等全市30多个爱国主义教育基地和公益性文化设施积极组织开展文化大篷车、为未成年人集体参观提供义务讲解等活动，并结合实际免费为未成年人参观学习、开展活动等提供各类服务。

（孟　岩）

【开办精神文明建设专门网站】 为占

领互联网文明宣传阵地，沈阳文明网于2012年7月加入中国文明网联盟网站，在加强精神文明建设宣传，扎实推进网络文明信息传播等工作中发挥重要作用。加强基础设施建设，成立工作团队，每年度申请划拨专项经费，保障文明网站工作正常运行。层层组建网络文明志愿者传播队伍和网络评论员队伍，在全市各地区、行业系统设立网络文明传播志愿者小组，全市共有千名网络文明志愿者注册开展活动。策划制作多个文明创建专题专栏，推出“图说我们的价值观宣传”、制作诚信系列主题等12个专题，建立文明创建、未成年人思想道德建设等24个栏目，沈阳文明网年更新信息3000余条，向中国文明网推送信息2000余条，被采纳450余条。策划特色网上传播活动，“重返童年”、“我们的班主任”“小诚信、大温暖”等活动网上传播活动累计总阅读量达到40万以上。打造文明传播新平台，相继开通并认证了沈阳文明网官方微博、沈阳文明网官方微信，引导广大网民积极参与网络文明传播并取得了良好的社会效果。

（杨　光）

【打造安全稳定的社会环境】 近三年来，全市各类社会矛盾纠纷得到有效化解，共接访3.2万余人，化解信访积案6000余件，没有发生一起较大影响的群体性事件。社会治安防控体系建设得到全面完善，全市新增视频监控点位25万个，位居全国15个副省级城市之首，重点地区、重点部门和要害部位实现全覆盖。进入2014年以后，全市公安机关以“打、防、管、控、服”为载体进一步强化了各项创城工作。破获刑事案件占全省总数的38.2%，命案现案破案率达100%；全市入室盗窃、盗窃机动车、抢劫、抢夺等案件发案，同比分别下降达16.2%、24.1%、25.9%、17.9%；破获侵财案件同比提高3.2%，经济类案件办结率达到100%，成功侦办了一大批涉众型经济犯罪案件。全市零发案小区（村屯）达7233个，占全市总数的96.9%。“黄赌毒”、“三黑”、六合彩、私彩和非法集资等社会问题得到有效整治，交通和火灾事故持续大幅度下降，全市城市公共消防设施均达到国家标准，完好率达100%，未发生一起较大以上及有影响的火灾事故。开通了“民意通”民生警务平台，创新便民利民措施，擦亮窗口服务，服务民生、服务发展能力明显提升，打造了平安、稳定、文明、畅通的城市“新名片”。

（孟凡阁）

【开展经常性的志愿服务活动】 2014年，全市志愿服务工作以物业服务企业学雷锋志愿服务活动、社区志愿服务活动、广场志愿服务活动为抓手，不断下移工作重心，大力推进志愿服务工作制度化、常态化、长效化。2014年，沈阳市被中宣部、中央文明办确定为全国物业服务企业建立学雷锋团队试点城市。以“学习雷锋、践行友善”为核心，依托全市首批15家试点企业，在物业服务企业学雷锋志愿服务制度建设、团队建设、活动开展、氛围营造等方面进行了深入探索实践，使小区环境明显改善、业主满意度显著提高，工作得到中央文明办、省委宣传部、省文明办领导的充分肯定。根据中宣部、中央文明办指示精神，以“从德向善、守望相助”为主题，以空巢老人、留守儿童、困难职工、残疾人、农民工为帮助对象，在全市范围内扎实开展“邻里守望”志愿服务活动，全市共有1258支各级各类志愿服务队依托社区开展关爱弱势群体累社区志愿服务活动，25.6万名志愿者参与其中，帮扶弱势群体102万人次。全年依托13个学雷锋志愿服务广场开展常态化志愿服务活动，服务市民群众、宣传志愿理念，内容包括政策咨询、家庭教育、健康医疗、生活安全等与市民生活息息相关的内容。全年共举办各类广场服务158场（次），服务市民1.29人次。中央电视台新闻频道、辽宁新闻、辽宁日报、沈阳新闻、沈阳日报均以不同形式对活动进行了宣传报道。

（刘　洋）

【践行沈阳人基本道德准则】 为积极培育社会主义核心价值观，大力弘扬中华民族传统美德，沈阳市委十二届五次全会提出“热爱祖国、孝敬父母、关爱他人”沈阳人最基本的道德准则，倡导人们培育共同价值追求，切实提升公民文明素质和城市文明程度。在全市广泛开设道德讲堂，围绕自强、厚德、崇俭、尚义、报国、尽孝、守信、明礼八个方面，开展讲堂活动5千余场。开展孝老敬老系列主题活动，加强孝老敬老公益宣传，制作刊载“孝”文化公益广告，在户外电子屏、公共交通车载电视、公交候车廊同步播放。在市属新闻媒体开设专栏，推出20余篇贴近生活、引人深省的孝道故事，宣传孝老敬老典型，营造了浓厚舆论氛围。在沈阳网、沈阳文明网开设“孝老敬老主题活动专版”，全面展示各地区活动情况。开展“最美好儿女”评选活动，举办“最美好儿女”颁奖典礼，给予孝子最高礼遇。实施“五个一”工程，探索和推动学雷锋实践活动和社会志愿服务常态化、长效化，在全国率先创新打造一个学雷锋志愿服务广场、一个沈阳市志愿服务网、一个志愿者卡、一个学雷锋志愿服务工作站、一个志愿者学院的“五个一”工程。全市志愿者总人数达到101万，志愿者占城市人口比例13.6%，全市参加志愿服务日志愿服务活动的志愿者已达125万人次。

（杨　光）

【深化道德领域突出问题整治】 为不断提升市民文明素质和城市文明程度，按照全国道德领域突出问题专项教育和治理活动统一部署，制定下发活动方案，层层建立“道德领域突出问题专项教育治理工作领导小组”，紧紧抓住群众关心，社会关注的食品药品安全、社会服务、公共秩序三个重点领域，在全市各地区、行业系统加大宣传力度，加强道德教育，实施文明引导，开展道德实践，普及道德讲堂，加强管理整治，组织道德评议，形成道德领域突出问题专项教育治理工作的浓厚氛围。强化集中整治，广泛开展文明餐桌、文明旅游、文明交通、文明劝导等多项活动。深化道德教育，在全市食品、药品企业和百人以上的窗口单位开展道德讲堂活动近千场，实现了在全市食品企业、药品企业、百人以上窗口单位全覆盖。实行道德评议，在食品、药品企业建立道德评议会，通过发放征求意见卡等形式，听取行业行风的社会反映，形成阶段性道德评估意见。招募市民志愿者、邀请人大代表、政协委员深入食品药品企业、窗口行业和公共场所明察暗访。加强媒体宣传，在市属媒体推出“道德领域突出问题专项教育治理行动”专栏，开辟“曝光台”，突出反映全市人民群众生活关联度高、全市上下关心关注度高的失信、失德问题，加强评论引导，扩大教育治理活动的影响力。

（杨 光）

【开展讲文明树新风活动】 按照中宣部、中央文明办有关部署，坚持全覆盖、分众化、固定式的原则，广泛开展“讲文明树新风”公益广告宣传。严格按照中宣部“讲文明树新风”、“图说我们的价值观”公益广告通稿作品内容和标准，制作各类公益广告，沈阳日报、沈阳晚报共刊登公益广告150余个整版，沈阳广播电视台新闻频道、经济频道、公共频道共播出各类公益广告宣传片60余篇，每天播发10次以上，总计播发时间近9600分钟。新闻广播、都市广播、音乐广播、生活广播共计播发公益广告6000分钟。沈阳网长期在首页推广公益广告，并设置公益广告专栏进行展播。在全市公交车、出租车、地铁、机场、车站、社区等所有能承载社会宣传的载体资源，集中时段、全天候播放公益广告。截至2014年底，全市公益广告共设置工地围档约1.83万延米，张贴宣传海报50万张；设置遵德守礼提示牌4600多块，楼宇电视3000个，户外LED大屏100余块，沿街小型电子门楣8000多个；全市1.2万余辆出租车；3000多座公交候车亭，所有地铁车站均设置宣传灯箱；在主要街路设置路旗1800多杆，桥梁广告15座，在全市公园、广场、车站等设置展板千余块，形成浓厚社会氛围。

（张云路）

【深化群众性精神文明创建】 各区、县（市）和市直各相关部门建立健全工作制度和具体保障措施，有效指导，结合实际，积极引导市民参与创城，提升素质，开展群众性精神文明创建工作。一是全面开展“清洁沈阳行动”。组织全市263万余人（次）志愿者每周六开展活动，共清理垃圾杂物4733余吨，卫生死角2732余个，二、三环沿线22.94万平方米，绿地67.3万平方米，城市出口路25.1万平方米，全面改善城市环境。二是深化文明餐桌行动。加强全市餐饮企业文明餐桌宣传，印发宣传海报10万张，实现全市餐饮场所宣传全覆盖，节俭理念深入人心。三是组织开展“假如我是对方”友善传递体验行动。在全市23个行业开展体验活动，引导市民用换位思考的方式恪守本职，善待他人，提升市民道德素质，培养全社会的规则意识，弘扬“己所不欲，勿施于人”的传统美德，传播社会主义核心价值观，推动社会良好风尚形成。四是深化“我们的节日”主题活动。传统节日期间，组织全市各地区精心设计开展节日文化雅集等特色文化和群众性节日民俗活动，实现了在移风易俗中体现人文关怀，在欢乐喜庆中倡导文明新风。五是继续推进以“乡风文明”和“村容整治”为内容的农村精神文明建设，不断提高农村文明程度。

（张云路）

【“爱沈阳，创建文明城市”城市垃圾分类公益活动】 2014年11月21日，由沈阳市青年志愿者协会、皇姑团区委、恒隆地产共同举办的“爱沈阳，创建文明城市”城市垃圾分类公益活动在百鸟公园举行。来自百鸟公园V爱驿站、恒隆一心义工队、辽宁大学、沈阳职业技术学院、辽宁轨道交通职业技术学院的300名青年志愿者参加了活动。

活动在百人“V操”表演中拉开帷幕，随后“创·公益”获奖项目团队“垃圾分类一小步，社会文明一大步”与爱心企业“恒隆地产”结对，建立了公益项目合作关系，最后团市委组织部部长、志工部负责人李霞为恒隆一心志愿服务队授旗。仪式结束后，志愿者们共同参与了最精彩的“奔跑吧青年”活动，活动共分为“Running Youth”、“垃圾Bingo”、“爱的履带”三个环节，环环相扣，为公益奔跑，向V爱出发。

（团市委）

沈 阳 概 貌

自然概况

【位置与地貌】 沈阳位于中国东北地区的南部，辽宁省的中部，在东经122度25分9秒—123度48分24秒、北纬41度11分51秒—43度2分13秒之间。东西长115公里，南北宽205公里。

沈阳市国土总面积为12860平方公里，其中：建成区面积430平方公里。沈阳地区以平原为主，地势平坦，平均海拔50米左右，山地丘陵集中在东北、东南部，属辽东丘陵的延伸部分。西部是辽河、浑河冲积平原，地势由东向西缓缓倾斜。全市最高海拔高度为447.2米，在法库县境内；最低海拔高底为5.3米，在辽中县于家房镇。

沈阳市现有林木面积42.8万公顷，林木绿化率为33%，水资源总量为14.15亿立方米/年，地下水资源量为13.90亿立方米，地表水资源量为7.92亿立方米，沈阳的周围有风景秀丽的辉山、天柱山和碧波荡漾的浑河、辽河、北沙河、新开河、南运河等。

（*鉴 闻*）

【历史沿革】 沈阳市位于浑河北岸，浑河古称沈水，因古代以水北为阳，故称沈阳。沈阳历史悠久，2012年8月至2013年9月，沈阳市文物考古研究所与吉林大学边疆考古研究中心组成旧石器联合考古队，先后两次对沈阳农业大学后山旧石器时代遗址进行考古发掘，发掘面积109平方米。通过近7米深的发掘，该遗址中发现了5个连续分布的旧石器文化层，通过科学的光释光测年、沉积学检测分析，确定其年代距今1.5～11万年。出土了620余件古人类加工和使用过的打制石器，包括手镐、盘状石核、尖状器、砍砸器、刮削器、雕刻器、石核、石片等。揭示出的一组古人类建造和使用的建筑遗迹，推测其可能与古人类在野外搭建的窝棚式建筑有关，测定该遗迹的年代距今7～7.3万年。通过发现的5个旧石器文化层，确立了沈阳地区旧石器时代中晚期的文化序列，并将沈阳地区有人类活动的历史从新乐文化的7200年，提前至距今11万年左右。公元前300年（燕昭王十二年），燕国名将秦开在此屯兵戍边，设立侯城，为沈阳建城之始。秦始皇统一六国后，分天下为36郡，沈阳属辽东郡境。西汉时沈阳是东北的军事重镇，为中部都尉治所，已初具县邑规模。公元前108年（汉武帝元封三年）设玄菟郡。经魏晋至隋唐，沈阳地区部分属辽东郡，部分为玄菟郡所辖。公元668年（唐总章元年）后，隶安东都护府。公元921年（辽神册六年），在沈阳境内设置沈州，筑有土城。1116年金太祖完颜旻攻克沈州后，在境内设驿站多处，扼守交通，并发展了瓷器、铜镜等手工业。13世纪初元金交兵时，沈州土城被毁。1296年（元元贞二年），元改沈州为沈阳路，至此沈阳见于史册，并重筑土城，沈阳已成为关内外交通要冲、商品交易集散地和文化联系纽带，是东北重镇之一。1372年（明洪武五年）明军攻克沈阳，1386年改沈阳路为沈阳中卫。为加强防御，1388年在元代土城基础上新建砖城，设东南西北4门，并在城内修“十”字街通向各门。此时，在沈阳附近有开原、广宁、抚顺3大马市，促进了沈阳商业、手工业发展。1621年（清天命六年），后金汗王努尔哈赤领兵攻占沈阳，1625年把都城从辽阳迁至沈阳，将明代砖城加宽加高，改4门为8门，将城内“十”字街改为“井”字街，并大兴土木，修建了融汉、满、蒙、藏等各族文化艺术特色的宫殿及寺塔。1634年（清天聪八年），皇太极改沈阳为盛京（汉文为天眷盛京、满文音为谋克敦、英译MUKDEN）。1644年（清顺治元年）迁都北京后，清以沈阳为陪都，并于1657年（清顺治十四年）以“奉天承运”之意在沈阳古城区设奉天府，这便是沈阳又名奉天的由来。19世纪中后期，沈阳城内民族手工业和工商业迅速发展，关内外交往规模不断扩大，沈阳逐渐成为关外政治、经济、文化中心。1911年辛亥革命后，沈阳成为奉系军阀首领张作霖统治东北的中心，修铁路、开矿山、办工厂、建银号，使沈阳近代工业得到长足发展。1923年8月，奉天省划沈阳县城区及商埠地一带为市区，正式设立奉天市政公所，沈阳首次出现市的建制。1928年6月3日，张作霖被日军炸死于皇姑屯三洞桥后，张学良执政，于同年12月29日在沈阳宣布“东北易帜”，并于1929年4月2日将奉天市改名为沈阳市。1931年日本帝国主义发动“九一八”事变并侵占沈阳，将沈阳市改为奉天市。1945年8月，抗日战争胜利，八路军进驻沈阳，奉天市恢复沈阳市名称。10月10日，沈阳市民主联合政府成立，白希清任市长，焦若愚任副市长。1946年3月，国民党军队进驻沈阳并发起内战。1948年11月2日，沈阳获得解放。11月3日，沈阳特别市政府成立，隶属东北行政委员会，朱其文任市长，焦若愚任副市长兼秘书长。同月20日，市政府决定将市内22个区合并为沈河、大东、北关、北市、南市、铁西、皇姑、和平8个区。1949年5月1日，沈阳特别市政府改为沈阳市人民政府，同年8月，沈阳市隶属东北人民政府领导。1953年2月，苏家屯镇改为苏家屯区，沈阳市辖区增至9个。1953年3月12日，沈阳市改为中央直辖市。1954年8月11日，沈阳市改为辽宁省辖市。1955年1月21日，沈阳市人民政府改称沈阳市人民委员会。1959年1月1日，辽宁省人民政府决定将原铁岭地区的铁岭、法库、康平、开原、昌图、西丰和原辽阳专区的沈阳、辽中、新民、台安10个县划归沈阳市领导，沈阳市共辖9个市区、10个县。同年2月24日，市人民委员会撤销北市、南市、北关3个区的建制，并入和平、沈河、大东等区。同年12月31日，撤销沈阳县建制，其所辖地区分别划入市内邻近各区，并设立新城子区。1964年3月16日,中共辽宁省委决定设立沈阳专区,将沈阳市所辖的铁岭、法库、康平、昌图、开原、西丰、新民、辽中、台安9县划归沈阳专区领导。1964年3月24日,市人民委员会决定设立东陵、于洪2个郊区。1968年5月10日,沈阳市革命委员会成立。1969年12月26日、1970年1月1日,辽中县、新民县分别划归沈阳市领导。1980年4月19日,沈阳市革命委员会改为沈阳市人民政府。1993年1月1日经国务院批准,原铁岭市的法库、康平县划归沈阳管辖。同年经国务院批准,新民县撤县设市。至2004年末,沈阳市辖和平、沈河、大东、皇姑、铁西、于洪、苏家屯、东陵、新城子9个市区以及新民、辽中、法库、康平4个县(市)。2006年10月8日,经国务院批准将新城子区和辉山农业高新技术开发区合并,成立沈北新区。

(*鉴　闻*)

【经济地理位置】 沈阳地处东北地区的南部,辽宁省的中心。她背倚长白山麓,面向渤海之滨,是辽东半岛的腹地。在以沈阳为中心的150公里半径内,有中国著名的钢都鞍山、煤都抚顺、煤铁之城本溪、煤电之城阜新、石油之城盘锦、轻纺之城丹东、化纤之城辽阳和粮食煤炭基地铁岭,这些资源丰富、实力雄厚的辽宁中部工业城市形成了世界上罕见的城市群。沟通世界各大港口的大连港,正在开发的营口新港和锦州港,距沈阳不超过400公里。

沈阳作为中国东北地区最大的经济中心城市和通往中国长城以南地区必经之路,长期的经济发展,形成了密如蛛网的航空、铁路、公路运输网络。

中国南方航空股份有限公司北方分公司(以下简称南航北方分公司)前身系原中国北方航空公司。2004年底,经国家有关部门批准,北方航空公司正式将航空主业资产注入中国南方航空股份公司。作为中国南方航空股份公司在沈阳设立的分支机构,南航北方分公司从2005年1月1日起,正式按照分公司模式运营,该分公司位于沈阳东塔机场,以沈阳桃仙国际机场为基地机场,主要经营沈阳出港至国内外大中城市的航线。2014年底,北方分公司拥有A320系列运输飞机28架,经营沈阳始发航线67条,国际航线连通日本、韩国、新加坡等多个国家。

沈阳的铁路是东北地区最大的铁路枢纽,沈山线、沈吉线、长大线、沈丹线、苏抚线等铁路干线,沟海线、辽溪线、开本线、溪田线、铁法线、丹大线等支线都交汇在沈阳。

沈阳的公路四通八达。不仅农村实现了村村通公路,而且与大连、本溪、抚顺、铁岭、锦州等省内城市全部实现高速公路化,形成了全国少有的高速公路网络。

(*鉴　闻*)

【气候】 沈阳地处中纬度欧亚大陆东岸,属于北温带半湿润大陆性季风气候。按照气候学划分四季标准,日平均气温稳定在10℃以下算作冬季,日平均气温稳定通过22℃算作夏季,在10-22℃和22-10℃之间分别算作春季和秋季,沈阳春季始于4月中下旬,夏季始于6月中下旬,秋季始于8月末,冬季始于10月中旬,四季中冬季长达6个多月,春、夏、秋季各为2个月左右。主要气候特点:冬冷夏暖,寒冷期长;四季分明,雨热同季;南湿北干;降水集中;日照充足;温差大;春秋短促多风。

全年平均气温8.2℃,历史最高值9.7℃(1998年),历史最低值6.2℃(1956年)。全年气温分布由南向东北方向递减,年平均气温北部地区7.1~7.4℃,南部8.2~8.5℃。全年中1月份气温最低,7月份气温最高。沈阳市区极端最低气温为-33.1℃(出现在1950年1月6日和2001年1月15日),2001年是沈阳地区建国以来最冷的一年,2001年1月11-16日连续日最低气温低于-30.8℃,创沈阳百年气象史"最冷天气"之最。沈阳极端最高气温为39.3℃(出现在1920年6月30日),建国后沈阳极端最高气温为38.3℃(出现1952年7月18日)。

年平均降水量为625.8毫米,历史最高值出现在2012年,为977.7毫米,最低值为437.6毫米,出现在2006年。市区降水量历史最高值是1923年最多,达到1064.5毫米,建国以来1953年降水量最多,为1055.3毫米;历史最低值1913年降水量最少,只有341.1毫米,建国以来最少年是1965年,年降水量为445.0毫米,多雨年和少雨年相差600多毫米。沈阳地区全年平均降水量在520~700毫米之间,降水分布不均,干旱、夏涝时有发生。受太平洋副热带高压南进北退影响,沈阳地区降水分布是由东南向西北递减。

全年总日照时数平均为2468小时,历史最高值2805.5小时,历史最低值1996小时。年日照时数北部多于南部,日照分布由北向东南方向减少。

全年平均相对湿度为65%,春季是全年最干燥的季节,相对湿度最小;夏季是全年最湿润的季节;冬季水汽含量最少,但气温低,相对湿度大于春季。

沈阳夏半年以西南季风为主,冬半偏北风势力较强,是我国几个大风多发区域之一。沈阳地区正常情况下10月上旬出现初霜,但北部地区最早9月10日出现,南部最早9月20日出现;终霜结束在4月下旬,无霜期在153~166天之间,年平均无霜期为163天。≥10℃积温为3183~3800℃.天;≥20℃积温为1735-2492℃.天。大田农作物以一年生的水稻、玉米为主。

(*张　菁*)

【人口】 2014年,沈阳市总户数为263.0万户,户籍人口为730.8万人,比2013年分别增加2.8万户和3.7万人。其中市辖区户数为192.9万户,占全市总户数73.4%,人口为528.4万人,占全市总人口的72.3%。在全市13个区、县(市)中,铁西区人口最多,为90.7万人,沈北新区人口最少,为32.0万人。

在总人口中,男性人口为362.2万人,占总人口的49.6%,女性人口为368.6万人,占总人口的50.4%,性别比为98.3。出生人口中,男性人口37323人,女性人口34603人,性别比为107.9。

2014年,全市出生人口71926人,出生率为9.87‰,比上年提高1.87个千分点,死亡人口57811人,死亡率为7.93‰,比上年提高0.05个千分点,自然增长率为1.94‰。

全市共迁入人口5.4万人,比上年增加0.1万人。其中,省内迁入人口2.9万人,省外迁入人口2.5万人;迁出人口3.1万人,与上年持平。其中,迁往省内人口0.9万人,迁往省外人口2.2万人。全年人口机械增加2.3万人,比上年增加0.2万人。

人口年龄结构与上年相比变化不大,2014年全市18岁及18岁以下人口92.7万人,比上年增加1.9万人,占总人口的12.7%,比重比上年提高0.2个百分点;19—35岁人口166.8万人,减少6.5万人,占总人口的22.8%,比重下降1个百分点;36—60岁人口319.1万人,减少1.2万人,占总人口的43.7%,比重下降0.3个百分点;60岁以上人口152.3万人,比上年增加9.6万人,占总人口的20.8%,比重比上年提高1.2个百分点,人口老龄化程度愈发严重。

(赵艳霞)

【行政区划】 2014年1月30日,经辽宁省人民政府批准,调整东陵区和沈北新区部分行政区划:

1. 将沈北新区的望滨街道整建制划入东陵区。

2. 将沈北新区辉山街道的莲花村、新屯村划入东陵区满堂街道。

3月28日,经市人民政府批准,调整于洪区北陵等9个街道办事处行政管辖范围:

1. 将北陵街道办事处的包道、龙逸、环际、大韩、松山西、北环、桃源、七彩阳光、银亿、恒大城10个社区划入陵西街道办事处。

2. 将陵西街道办事处的红田社区划入北陵街道办事处。

3. 将于洪街道办事处的李红路、湖畔、机场、迎宾花园、和泰、尚东、姚家、李官、丁香9个社区划入迎宾路街道办事处。

4. 将大兴街道办事处的光辉、爱国、全胜、兴盛4个行政村划入于洪街道办事处。

5. 将马三家街道办事处的小三家、永安2个行政村划入大兴街道办事处。

6. 将造化街道办事处的湖畔新城、后丁香、小转湾3个社区划入北陵街道办事处。

7. 将光辉街道办事处的鲜丰、新安、尚义、建设、于金、达连、万金、双树、薄荷9个行政村划入平罗街道办事处。

8. 将平罗街道办事处的平罗一、平罗二、平罗三、上蒲河、黄土坎、秋家6个行政村和振兴社区划入造化街道办事处。

调整后,北陵等9个街道办事处行政管辖范围如下:

北陵街道办事处行政管辖范围为东至陵西街道环际社区,南至铁西区启工街道启明社区,西至大兴街道永安社区,北至陵西街道北环社区,下辖16个社区,区域面积24.9平方千米,办公地址不变。

陵西街道办事处行政管辖范围为东至皇姑区三台子街道百花社区,南至皇姑区舍利塔街道辽大社区,西至造化街道九九家园社区,北至皇姑区三台子街道北四台子村,下辖21个社区,区域面积11平方千米,办公地址不变。

迎宾路街道办事处行政管辖范围为东至北陵街道建安社区,南至铁西区昆明湖街道洪湖社区,西至于洪街道和平社区,北至大兴街道永安社区,下辖21个社区,区域面积24.7平方千米,办公地址不变。

于洪街道办事处行政管辖范围为东至沙岭街道永安社区,南至铁西区大青中朝友谊街道高明社区,西至沙岭街道沙陀子村,北至马三家街道岔路村,下辖4个行政村、4个社区,区域面积31.6平方千米,实行街道管村体制,办公地址不变。

大兴街道办事处行政管辖范围为东至北陵街道后丁香社区,南至于洪街道东民社区,西至马三家街道岔路村,北至平罗街道前辛台村,下辖11个行政村、2个社区,区域面积32.9平方千米,实行街道管村体制,办公地址不变。

马三家街道办事处行政管辖范围为东至平罗街道前辛台村,南至沙岭街道诺木珲村,西至新民市胡台镇车古营子村,北至光辉街道十里河村,下辖12个行政村、2个社区,区域面积62.7平方千米,实行街道管村体制,办公地址不变。

造化街道办事处行政管辖范围为东至皇姑区三台子街道北四台子村,南至北陵街道后丁香社区,西至大兴街道小三家村,北至平罗街道误兵村,辖15个行政村、3个社区,区域面积56.9平方千米,实行街道管村体制,办公地址不变。光辉街道办事处行政管辖范围为东至平罗街道王家村,南至马三家街道边台村,西至新民市荣河镇邱家村,北至平罗街道于金村,下辖13个行政村、1个社区,区域面积100.5平方千米,实行街道管村体制,办公地址不变。平罗街道办事处行政管辖范围为东至沈北新区道义街道五台子村,南至大兴街道小三家村,西至光辉街道解放村,北至沈北新区盘古台镇,下辖20个行政村,区域面积90.2平方千米,实行街道管村体制,办公地址不变。

6月17日,经国务院批准,将东陵区更名为浑南区。

截至到2014年底,沈阳市辖和平、沈河、大东、皇姑、铁西、苏家屯、浑南、沈北、于洪9个市辖区,辽中、康平、法库3个县,代管新民1个县级市,共13个县级政区;下设141个街道办事处、55个镇、18个乡,共214个乡级政区。

(杨树文)

【民族】 截至2014年6月,全市有27个少数民族相对聚居的街道(少数民族人口比例超过10%),具体是:和平区西塔街道、浑河站西街道;沈河区朱剪炉街道;铁西区大青街道、高花街道;大东区前进街道;浑南区祝家街道、王滨街道、李相街道、浑河站东街道、满堂街道、高坎街道、汪家街道、深井子街道;沈北新区马刚街道、兴隆台街道、石佛寺街道、财落街道、黄家街道、清水街道、辉山街道、沈北街道、尹家街道;苏家屯区民主街道、八一街道、沙河街道、林盛街道。

全市有少数民族相对聚居的社区152个(少数民族人口比例超过10%),具体分布是:和平区8个、沈河区2个、铁西区16个、大东区5个、浑南区49个、于洪区5个、沈北新区55个、苏家屯区3个、新民市4个、法库县3个、康平县2个。

全市有5个民族乡:法库县四家子蒙古族乡,康平县西关屯蒙古族满族乡、沙金台蒙古族满族乡、柳树屯蒙古族满族乡、东升满族蒙古族乡。5个乡人口总数8.25万人,其中少数民族人口4.47万人,占总人口的54.2%。

全市有少数民族村256个(锡伯族人口比例超过20%或少数民族人口比例超过30%),其中满族村100个,蒙古族村29个,朝鲜族村40个,回族村15个,锡伯族村46个,蒙古族满族村26个。人口总数34.83万人,其中少数民族人口18.46万人,占总人口的52.99%。具体分布是:和平区4个、铁西区3个、大东区2个、浑南区45个、于洪区20个、沈北新区41个、苏家屯区15个、新民市43个、辽中县16个、法库县19个、康平县48个。

(吴国峰　李炜)

【宗教】 沈阳市有佛教、道教、伊斯兰教、天主教、基督教5种宗教,7个市级爱国宗教团体,依法登记的宗教活动场所339处,另有2处外国人临时基督教活动点,全市信教群众40.5万人,宗教教职人员591人。

佛教于魏晋时传入沈阳。现有一个市级爱国宗教团体,即沈阳市佛教协会,有寺庙及固定处所58处,宗教教职人员229名,信教群众约15万人。

道教于唐代传入沈阳。现有一个市级爱国宗教团体,即沈阳市道教协会,有宫观及固定处所10处,全真派乾、坤道37人,信教群众约1万人。

伊斯兰教传入沈阳的最早文字记载始于1352年。现有一个市级爱国宗教团体,即沈阳市伊斯兰教协会,有清真寺23座,阿訇40人,全市穆斯林约8万人。

天主教于1696年传入沈阳。现有2个市级爱国宗教团体,即沈阳市天主教爱国会和沈阳市天主教教务委员会,有教堂15处,天主教教职人员11人,信教群众约1.5万人。

基督教于鸦片战争后传入沈阳。现有2个市级爱国宗教团体,即沈阳市基督教协会和沈阳市基督教三自爱国运动委员会,有教堂及活动点223处,基督教教职人员274人,信教群众约15万人。

(吴国峰　李炜)

【旅游景点】 沈阳市是全国著名的历史文化名城和首批中国优秀旅游城市,旅游资源单体总量共900余处,其中,有较高开发价值的人文景观、自然景观及社会旅游资源200余项,包括:世界文化遗产3个,成为中国拥有世界文化遗产仅次于北京的城市;国家A级旅游景区65个,全国工农业旅游示范点11个;全国红色旅游经典景区沈阳抗美援朝烈士陵园、沈阳"九一八"历史博物馆等。沈阳还有众多的各类休闲游乐场所,如:可以通行大型游船的五里河公园和沈水湾公园、财湖、卧龙湖、西峡谷生态公园,浑河和蒲河沿线建成的自驾观光大道、沈阳科学宫、沈阳少儿活动中心、市政府广场、中山广场、盛京皇城清代一条街、盛京高尔夫球场、马术俱乐部、龙之梦、方特欢乐世界,1905、11号院,仟睿达水上世界等。

沈阳故宫是中国现存的除北京故宫外第二大完整的宫殿建筑群,集汉、满、蒙族建筑艺术为一体,具有很高的历史和艺术价值,全国重点文物保护单位,国家4A级景区。清昭陵是清太宗皇太极和皇后博尔济吉特氏的陵墓。在沈阳市旧城之北,又称北陵。全国重点文物保护单位,国家4A级景区。清福陵是清太祖努尔哈赤和皇后叶赫那拉氏的陵墓。在沈阳市东郊,又称东陵。全国重点文物保护单位,国家4A级景区。

张氏帅府博物馆又称"大帅府"或"少帅府",是北洋政府末代国家元首张作霖及其长子、伟大爱国者张学良将军的官邸和私宅,是迄今东北地区保存最为完好的名人故居,全国重点文物保护单位,国家4A级景区。沈阳科学宫是"迎接新世纪,建设新沈阳"的标志性建筑之一,为国家4A级景区。中共满洲省委旧址纪念馆是1927年至1929年间,东北地区革命的指挥中心,也是中国共产党在东北地区设立的第一个秘密办事机构。纪念馆内展出有满洲省委14届12位省委书记的图片。北侧为异地原貌重建的刘少奇同志旧居。沈阳"九一八"历史博物馆是1931年9月18日傍晚震惊中外的日本在沈阳"九一八"事变发生地。为纪念这一重大的历史事件,在这里修建了一座"残历碑",1999年又扩建成"九一八"历史博物馆,国家4A级景区。近两年在周边地区恢复了二战盟军战俘营旧址、日本战犯审判庭等,与"九一八"博物馆构成沈阳和东北地区抗战纪念系列产品。刘老根大舞台、盛京红磨坊、南风大戏院剧场等二人转演出场所,丰富和活跃了沈阳旅游文化夜生活内容。

沈阳植物园1959年筹建,现已成为东北地区收集植物种类最多的植物园,每年举办多个大型花展,先后被评为国家首批5A级景点,沈阳十大科普基地,沈阳十五大旅游景观及辽宁省五十个最佳旅游景点。2006、2007年,世界园艺博览会、世界自然与文化遗产博览会先后在此举办。2009年新增了大型游乐设备,进一步提升了园区游览的参与性和娱乐性。棋盘山风景区的自然景观由"三山一水"——辉山、棋盘山、大洋山和秀湖构成风景区主体,奇石、山洞和丰富多彩的森林植物,春秋观赏、夏季戏水、冬季冰雪构成不同特色,是国家级文化产业示范区、国家4A级旅游景区。关东影视城内有清末民初各式风格建筑177栋,集影视拍摄、旅游观光、文化教育、实体经营为一体,是国内惟一一座展现20世纪初期关东风貌的大型影视城。沈阳冰川动物园是国家一级城市森林野生动物园,由野生放养车行观赏区、馆养步行观赏区和动物园游乐场组成,国家4A级景区。花果山神秘谷是省、市民族团结教育基地,是集旅游、度假、商务、娱乐、拓展训练于一体的原生态古老文化游览区。中华饮食文化博物馆建有4座展馆,展出各种食材、文化展品3000余件,藏品数量、规模、资料的整理等多方面都居于饮食专题博物馆前列,国家3A级景区,学生科普教育基地。沈阳水洞是国家2A级旅游区。由藏军洞、观音洞、龙山书院、跑马场、风车等景点组成。沈阳怪坡是国家4A级旅游区。长80余米,宽20余米。车辆下坡不开不走,上坡不开自然向上滑行,堪称"华夏一绝",并建有百只老虎的东北虎园和冬季滑雪场等。

沈飞航空博览园是融我国歼击机发展历史与航空知识于一体的大型科普教育基地,国家4A级景区。铁西工人村生活馆是国家3A级景区。原建成于1957年,是共和国最早的工人住宅群,2007改建成工人村生活馆。展出征集的老照片、实物,回忆50年代工人村的建设者、60年代知识分子、70年代接待外宾的住户、80年代新婚家庭的36条腿、90年代自强不息的创业者的生活情景。沈阳老龙口酒博物馆是国家3A级景区,采用清代古建筑形式,分为"酒文化展区"和"酿酒老作坊展区",展示酒的源流、酒规酒俗、酒具酒器、酒诗酒画和老龙口发展史、文物、历年产品陈列等。

沈阳三农博览园建有三农园、国粹园、三杰馆等20个展馆和曲桥观鱼,醒桥赏荷,龙泉塔,花卉园,葡萄园、灵芝园、果园,农业百科园等,国家4A级景区。紫烟薰衣草庄园是国家3A级景区,周边森林环绕,蒲河源头马泉溪穿境而过,薰衣草花田位于庄园中部,占地高达64公顷,相当于150个标准足球场大小,是中国最大的观赏性薰衣草花田。法库县五龙山景区集自然景观、森林景观、人文景观于一体,拥有万亩葡萄长廊,是国家3A级景区。农家乐和农事体验、果菜采摘旅游项目在沈城周边区县(市)广泛发展,以"吃农家饭、住农家屋、做农家活、看农家景"等为主要体验项目,从事农户达4000余户,采摘基地达十余家,主要包括苏家屯区的马耳山、杨城寨、台沟和李英守采摘基地,棋盘山地区的国家森林公园绿色生态采摘园、花果山、麓鸣谷采摘基地，浑南区的新大地、李相生态园、王士兰生态基地，于洪区的小韩村、大德农博乐园，法库县的五龙山葡萄采摘基地，康平县的来福庄园为雅都市庄园等。

中华寺始建于唐朝，2004 年重修复建，寺佛道一体，有道教文化中心太清宫分院万寿宫和佛教中心中华寺等大小庙宇 100 多座，以及安卧辽宁历代高僧塔林、千年观音洞、蟒仙洞、中华寺万佛塔、三面观音、露天弥勒大佛等多处景观，是历史上东北最大的佛教中心。慈恩寺是现存最大的佛教寺院，有“十方丛林”之称，香火旺盛。实胜寺又名皇寺，是沈阳市规模较大、历史较早的喇嘛寺。太清宫又名太清丛林，是清代道教建筑，东北第一大道观。几十座碑刻的文字内容反映出沈阳的建成和发展历史。舍利塔因佛塔内供藏 1548 颗“舍利子”，又称无垢净光舍利塔。1044 年由北方契丹人修筑，省级重点文物保护单位。2009 年改建成沈阳最大的滩地公园——舍利塔滩地公园，以舍利塔为中心，建设形成云海净土、寺前广场、舍利塔院、放生池、紫山八岭、回龙寺六大主题景区，构成集宗教、文化、旅游、商业服务为一体的具有辽代风格的综合性休闲园区。

沈阳方特欢乐世界是国家 4A 级景区，现有一期项目 2011 年 9 月开业，有 16 个主题娱乐项目，均为高科技、娱乐体验式游戏。游客可以体验 4D 影院和各种游艺项目带来的快乐，也可以乘坐游览车进入“神秘河谷”，经历一次惊险之旅。龙之梦亚太城是沈阳市最大的旅游综合体，已营业的项目主要有：辛巴达室内主题公园、室内真冰溜冰场、金逸龙之梦影城、东北首家黑根蜡像馆、变形金刚馆、韩国异度世界、室内动物园、真人 CS、保龄宫、快乐迪、奇乐儿、汤姆熊等，室内海洋馆正在建设中，配套有百味餐饮、亚惠美食广场、法国迪卡侬、购物中心、红星美凯龙、小商品大世界、酒店、百货商场、茶城等，以及全国最大的半室内交通枢纽站等。1905 文化创意园，11 号院均是利用城市中的废弃工厂改建的艺术区，融合画廊、艺术家工作室、多元艺术体验中心、个性商业空间、创意（含设计、工程、表演等机构）时尚类机构、艺术主题书店、咖啡厅、酒廊、艺术教育中心、艺术媒体与出版多业态组成，是东北地区改造旧工业、融合新业态的有益、成功尝试。冬雪湖公园仟睿达水上世界项目 2015 年正式营业，由室内外游乐区、冰雪娱乐区、服务区、滑草场、沙滩浴场、天然氧吧、生态放养以及其他配套设施组成，是蒲河沿线第一个开放式大型戏水主题乐园。

（田　毅）

国民经济与社会发展

【经济总量】　2014 年，全市地区生产总值（GDP）7098.7 亿元，按可比价计算，比上年增长 6.0%。其中，第一产业增加值 325.3 亿元，增长 3.2%；第二产业增加值 3541.4 亿元，增长 5.3%；第三产业增加值 3232 亿元，增长 6.9%。按常住人口计算，人均 GDP 为 85816 元，增长 5.6%。

四县（市）实现生产总值 1347.6 亿元，比上年增长 5.3%。实现规模以上工业增加值 1142.8 亿元，增长 6.0%；固定资产投资 1455.5 亿元，增长 9.9%；社会消费品零售总额 323.9 亿元，增长 13.2%；实际利用外商直接投资 0.4 亿美元，下降 51.6%；一般公共预算收入 100.3 亿元，增长 1.1%；地方税收收入 79.2 亿元，下降 0.3%。

（陈江宜）

【农业】　全年农林牧渔业总产值 655.4 亿元，比上年增长 3.8%。其中，种植业产值 253.7 亿元，林业产值 12.2 亿元，畜牧业产值 339.4 亿元，渔业产值 26.1 亿元，农林牧渔服务业产值 24 亿元。

全市农作物播种面积 64.8 万公顷，其中粮食作物播种面积 48.5 万公顷。粮食总产量 359.9 万吨，实现了连续十一年粮食生产丰收，其中水稻产量 97.1 万吨，玉米产量 251 万吨。水果产量 30.2 万吨，比上年增长 8.7%；蔬菜产量 548.4 万吨，减少 4.8%；肉类总产量 102 万吨，减少 3.7%，其中猪肉增长 0.4%，牛、羊肉分别减少 12.9% 和 9.0%；禽蛋产量 79.7 万吨，增长 0.5%；牛奶产量 51.7 万吨，增长 1.8%。

全年农业机械总动力 355.13 万千瓦，比上年增长 3.3%，农业机械化综合水平提高到 82.01%。农用化肥施用量（折纯）21 万吨，地膜覆盖面积 5.6 万公顷。全市市级以上农业产业化龙头企业 266 个，其中省级以上重点龙头企业 64 个。农民专业合作社 4540 个，带动农户 27 万户。设施农业面积累计达到 13 万公顷；高效特色农业面积累计达到21.12 万公顷。争取国家、省级玉米、水稻等粮油作物高产创建示范区 99 个。新建农村饮水安全工程 129 处。到 2014 年末，63 个乡镇达到“一乡一业”标准。

（陈江宜）

【工业】　全市规模以上工业增加值 3614.9 亿元，比上年增长 4.9%。其中，重工业增加值 2638.5 亿元，增长 5.6%；轻工业增加值 976.4 亿元，增长 3.1%。装备制造业实现增加值 1791.9 亿元，增长 8.3%，占全市规模以上工业增加值的 49.6%。汽车及零部件、建筑产品、农副产品加工、化工产品制造业、钢铁及有色金属冶炼及压延业等五大优势产业实现增加值 1931.9 亿元，增长 4.9%。规模以上工业实现高新技术产品增加值 1717.1 亿元，增长 9.8%，占全市规模以上工业增加值的 47.5%。工业产品出口交货值 263.2 亿元，下降 1.9%。

全市规模以上工业企业实现利税总额 1138.4 亿元，比上年下降 2.0%；利润总额 721 亿元，下降 4.4%。工业经济效益综合指数 371.4%，比上年降低 7.08个百分点；工业产品产销率98.7%，提高0.1个百分点。

（陈江宜）

【建筑业及固定资产投资】　全年全市建筑业增加值 384.4 亿元，按可比价计算，比上年增长 8.1%。资质等级以上建筑业企业完成总产值 2022.1 亿元，增长 0.8%。

全年固定资产投资 6564.1 亿元，比上年增长 2.8%。从投资主体看，国有经济投资 1004.7 亿元，下降 18.4%；外商及港澳台经济投资 639.4 亿元，下降 29.8%；民间投资 4919.9 亿元，增长 16.0%。从产业分布看，第一产业投资 102.2亿元，增长48.4%；第二产业投资 2532.4亿元，增长15.5%，其中工业投资 2507.4亿元，增长16.6%；第三产业投资 3929.5亿元，下降4.7%。全年新增固定资产4650.8亿元，增长28.0%。

全年房地产开发投资 1975.8 亿元，比上年下降 9.5%，其中住宅投资 1416.3亿元，下降10.0%。房屋施工面积11495.8万平方米，下降0.6%；房屋竣工面积1225.9万平方米，下降16.0%，其中住宅竣工面积993.9万平方米,下降19.2%。商品房销售面积1498.4万平方米,下降33.8%,其中住宅销售面积1342.4万平方米,下降33.5%;商品房销售额931.6亿元,下降35.1%,其中住宅销售额787.3亿元,下降35.7%。

(陈江宜)

【国内贸易】 全年社会消费品零售总额3570.1亿元,比上年增长12.1%。按地区分,城镇零售额3369.8亿元,增长10.8%;乡村零售额200.3亿元,增长37.9%。

限额以上批发零售贸易企业实现零售额1879.3亿元,比上年增长8.4%,其中网上商品零售额69.6亿元,增长84.3%。分类别看,汽车类零售额455.9亿元,增长3.0%;服装、鞋帽、针纺织品类零售额242.2亿元,增长5.8%;中西药品类零售额261.6亿元,增长13.8%;食品、饮料、烟酒类零售额168.3亿元,增长11.7%;家用电器和音像器材类零售额155.6亿元,增长23.5%;日用品类零售额62.2亿元,增长10.8%;通讯器材类零售额86.6亿元,增长24.8%;建筑及装潢材料类零售额34亿元,增长9.2%。全年成交额超亿元的商品交易市场56个,交易额1292.4亿元。

(陈江宜)

【对外经济贸易与旅游】 全年进出口总额158亿美元,比上年增长10.6%。其中,进口总额86.6亿美元,增长18.7%;出口总额71.4亿美元,增长2.1%。

全年新签外商投资合同项目145个,合同外资额25.9亿美元,实际利用外商直接投资22.7亿美元,比上年增长0.5%。全年对外承包工程与劳务合作合同金额11.4亿美元,实现营业额10.8亿美元,增长6.3%;外派人员0.4万人次。

全市国家A级旅游景区65家,旅行社200家,星级饭店97家。全年旅游总收入1065.6亿元,比上年增长14.3%。其中,国内旅游收入1021.5亿元,增长14.7%;外汇收入7亿美元,增长6.1%。接待国内外旅游者8305.6万人次,增长10.7%。其中,国内旅游者8246.6万人次,增长11.1%;入境旅游者59万人次,增长7.3%。

(陈江宜)

【财政、金融】 全年一般公共预算收入785.5亿元,比上年下降1.9%,其中税收收入610.2亿元,下降6.3%。在各项税收中,增值税85.2亿元,增长30.4%;营业税164.8亿元,下降15.8%;企业所得税83.5亿元,增长2.3%;个人所得税21.4亿元,增长8.1%;土地增值税65.9亿元,增长12.6%;耕地占用税26.4亿元,下降31.4%;契税38.6亿元,下降38.4%。

全年一般公共预算支出914.3亿元,比上年增长3.7%。其中,医疗卫生支出增长23.3%,社会保障和就业支出增长12.5%,城乡社区事务支出增长11.0%,交通运输支出增长22.1%。到2014年末,全市银行机构及网点1431家,金融机构本外币存款余额12458亿元,比年初增长7.6%,其中个人储蓄存款余额5208.3亿元,增长8.0%;本外币贷款余额10267.2亿元,比年初增长11.8%。全市证券营业部92个。全年证券交易额18464.4亿元,比上年增长45.4%。其中,股票交易额11693.4亿元,增长46.2%;基金交易额617.5亿元,增长83.2%。

全市保险机构及网点424家。全年保费收入212.6亿元,比上年增长44.0%。其中,国内财产险保费收入67.6亿元,增长20.7%;人身险保费收入142.7亿元,增长58.9%。全年赔付及给付支出76.9亿元,增长30.9%。其中,国内财产险赔款支出37亿元,增长16.7%;人身险赔付金额37.6亿元,增长43.2%。

(陈江宜)

【交通运输、邮政和信息传输业】 全年货物运输总量2.35亿吨,比上年增长9.2%。其中,铁路544.3万吨,增长0.7%;公路2.29亿吨,增长9.5%;民用航空4.3万吨,下降3.0%。全年旅客发送量2.54亿人次,增长3.7%。其中,铁路4144.6万人次,增长8.6%;公路2.01亿人次,增长2.7%;民用航空451.3万人次,增长9.1%。

年末,全市民用汽车保有量145.5万辆,比上年末增长16.1%。其中,载客汽车128.1万辆,载货汽车16.3万辆。私人汽车保有量115.1万辆,增长19.7%。

沈阳与国际24个城市、国内77个城市(地区)通航。沈阳机场航线达到162条,其中国际航线27条,国内航线135条。运输飞机起降9.6万架次,增长5.6%;机场旅客吞吐量1280万人次,增长5.7%。

全年邮电业务总量163.8亿元,比上年增长24.7%。其中,邮政业业务总量17.2亿元,增长25.6%,其中快递业务7144.8万件,增长56.5%;电信业务总量146.6亿元,增长24.6%。年末固定电话交换机总容量485.25万门。城乡固定电话用户250.5万户,下降6.8%。移动电话交换机总容量1445.43万户。移动电话用户1043.9万户,新增28万户。国际互联网络登记注册用户162.9万户,增加10.2万户,其中宽带接入用户161.4万户,增加10.3万户。固定电话普及率30.2部/百人,移动电话普及率126部/百人。

(陈江宜)

【城市建设】 全年城建投资完成308亿元。地铁9号线和10号线、沈铁城际铁路(沈阳段)、沈阳南站等项目建设加快,谟家堡跨三环桥、东望街延长线建成通车,长客西站、长客总站综合交通枢纽投入使用。加快立体公共停车场、行人过街设施建设,完成智能交通指挥平台建设。实施市区老旧泵站、积水点改造。

年末城市公交运营线路223条,其中新开、调整公交线路26条,延时16条;增加运营里程74.3公里,公交运营线路长度达到4170.6公里;年内新增、更新公交车辆130台,其中清洁能源车辆130台;更换公交站牌300个,改造候车廊400个。全年公共交通客运总量11.5亿人次。地铁1、2号线运营里程达到541.3万列公里,客运量2.58亿乘次。浑南有轨电车共完成运营里程202.6万列公里,客运量519.2万人次。年末全市出租汽车18929辆,其中市区(不含苏家屯区和沈北新区)17844辆,年内更新出租汽车1880台,全年客运量5.35亿人次。

加大市政设施养护力度,沈河区"先予处置"城市维护管理模式在全市推广。完成131公里供水管网、107公里供热管网改造及4处热网互联工程。全市供热面积达到2.68亿平方米。全年供水量5.72亿吨。年末市区道路总长度3806.1公里,总面积8413.3万平方米。路灯24.6万盏。建成区绿化覆盖率41.78%,城区人均公园绿地面积14.10平方米。

(陈江宜)

【环境保护】 生态环境持续改善。拆除20吨以下锅炉房134座,完成新沈北热电等8家电力企业脱硫、脱硝改造和97台燃煤锅炉清洁能源改造,全年环境空气质量优良天数191天。加强辽河、浑河、蒲河等重点流域治理,开展村镇生活污水处理设施专项整顿,1座新建污水处理厂投入运行。开展超坡地还林、荒山造林和封山育林,推进三四环沿线生态绿带建设,全年植树造林面积8665公顷。积极推进城乡垃圾减量化、无害化、资源化处理,老虎冲垃圾场渗沥液处理设施改扩建等项目加快建设。涉农区县(市)全部成为国家生态文明建设示范区。

(陈江宜)

【人口与就业】 2014年末,全市常住人口828.7万人,比上年末增长0.36%。户籍人口730.8万人,增长0.51%。其中,市区人口528.4万人,县(市)人口202.4万人;男性人口362.2万人,女性人口368.6万人。人口出生率9.87‰,提高1.87个千分点,出生人口性别比107.9;人口死亡率7.93‰,提高0.05个千分点。人口自然增长率1.94‰,提高1.82个千分点。计划生育率98.46%。

年末全市城镇非私营单位从业人员153.6万人,比上年末增长0.5%,其中在岗职工142.2万人,增长0.5%。在岗职工中,国有经济单位62.4万人,增加2.8万人;集体经济单位4.1万人,减少1.2万人;其他经济单位75.7万人,减少1万人。在岗职工产业分布,第一产业0.3万人,与上年持平;第二产业64.8万人,增加0.2万人;第三产业77.2万人,增加0.5万人。全年新增实名制就业21.4万人。援助就业困难群体就业0.3万人。年末,城镇登记失业人员9.55万人,城镇登记失业率3.03%。

(陈江宜)

【人民生活和社会保障】 2014年,城市居民人均可支配收入31720元,比上年增长9.1%;人均消费支出24223元,增长11.0%。农村居民人均可支配收入15945元,增长10.2%;人均生活消费支出8360元,增长12.7%。

到2014年末,全市参加城镇基本养老保险355.8万人,比上年末增加9.9万人;城镇居民养老保险7.58万人,减少0.07万人;参加城镇职工基本医疗保险357.9万人,增加0.03万人;城镇居民基本医疗保险133.85万人,增加10.96万人;失业保险138.3万人,增加4万人;工伤保险186.8万人,增加9万人;生育保险292.52万人,增加8.22万人。新型农村社会养老保险参保农民105.76万人;被征地农民参加社会保障参保人数19.58万人。启动新农合大病保险,取消医疗救助最大封顶限额和定点医院限制,新型农村合作医疗参合人数228.18万人,参合率99.2%,人均筹资标准提高到400元。

企业退休人员基本养老金人均每月1972元,比上年提高194元。失业保险金人均支出标准为每月965元,与上年持平。职工最低工资标准:市区和开发区1300元,四县(市)1050元。城镇居民最低生活保障标准:九城区每人每月540元,四县(市)每人每月465元。农村最低生活保障标准:九城区每人每月315元,四县(市)每人每月255元。

全年发放最低生活保障金5.1亿元。其中,城市发放最低生活保障金3.9亿元,5.2万户、8.3万人享受城市居民最低生活保障;农村发放最低生活保障金1.2亿元,3.4万户、6.1万人享受农村居民最低生活保障。3363户、0.7万人享受城市低保边缘户救助;4014户、0.9万人享受农村低保边缘户救助。新增50个社区日间照料站。到2014年末,全市养老机构171个,涉老床位3.8万张,入住养员1.5万人。全年福利彩票销售22.09亿元,筹集福利彩票公益金6.2亿元。全年共募集慈善资金1380.8万元。

(陈江宜)

【社会事业】 2014年末,全市拥有市及市以上独立科学研究与技术开发机构108个;省级以上工程(技术)中心226个,其中国家级14个;省级以上重点实验室271个,其中国家级14个。全年市以上登记认定的科技成果237项,其中应用技术成果216项。应用技术成果中,达到国际水平123项(国际领先13项,国际先进110项);达到国内水平70项(国内领先53项,国内先进17项)。软科学成果及基础理论成果21项。各类技贸机构技术贸易成交额139.3亿元。专利申请1.5万件,其中:发明专利申请8963件;专利授权6661件,其中:发明专利授权1656件。

2014年末,全市普通高等院校47所(含独立学院5所),招收本、专科学生11.4万人,在校生40万人,本、专科毕业生9.7万人。普通高等院校和科研机构招收研究生1.5万人,在校研究生4.3万人,毕业研究生1.4万人。普通中学299所,在校生27.5万人;普通中专37所,在校生5.1万人;职业高中44所,在校生2万人;技工学校31所,在校生2.2万人。初中毕业生升学率107.8%,高中阶段毛入学率116.3%。小学295所,在校生35.1万人。小学适龄人口毛入学率112.3%。全市学前教育幼儿入园率94.1%。

全年开展各类群众文化活动2万场,参与群众达1592万人次。开展公益性艺术培训2700场次,组织公益性文艺演出700场;开展流动文化服务,推出图书流动站、流动博物馆“四进”等活动。成功举办了中国沈阳首届合唱音乐季、第十三届沈阳大学生文化艺术节、朝鲜族民俗文化节、“同一蓝天·沈阳有爱”外来务工人员定向文化知识讲座和“中国梦我的梦”全市农村文化系列活动。现代京剧《将军道》荣获全国精神文明建设“五个一工程”奖;现代评剧《月清》获第四届全国地方戏优秀剧目展演金奖。

2014年末,全市卫生机构2174个(不含村级卫生组织)。其中,医院207个;卫生院113个;社区卫生服务机构131个,其中社区卫生服务中心67个、社区卫生服务站64个;疾病预防控制中心(防疫站)16个;妇幼卫生保健机构15个;专科疾病防治机构22个;卫生监督所12个。年末实有病床5.58万张,各类卫生技术人员6.1万人,其中执业医师2.22万人,执业助理医师1568人,注册护士2.6万人。

在仁川亚运会上,11名参赛运动员荣获3金、4银、3铜的优异成绩;在第十二届省运会上,一举夺得金牌总数、奖牌总数、团体总分三个第一和精神文明奖;在2014年男子步枪世锦赛上卧射打破一项世界纪录。全年累计开展全民健身活动1100场次,参与群众达413万人次。培训社会体育指导员5000名,国民体质监测人数达2万余人。全年体育彩票销售量达13亿元。

(陈江宜)

精神文明建设

【“清洁沈阳”志愿服务活动】 为普及“学习雷锋、奉献他人、提升自己”的志愿服务理念,在全市开展“清洁沈阳百万志愿者在行动”活动。共举办志愿服务活动102场(次),5.6万志愿者参与活动,服务空巢老人、留守儿童、残疾人、农民工3.8万人。全市263万余人(次)志愿者参与义务劳动,共清理垃圾杂物4733余吨,卫生死角2732余个,二、三环沿线22.94万平方米,绿地67.31万平方米,城市出口路25.13万平方米。加大对违规占道、乱堆乱占、乱停乱放、违章搭建、招贴喷涂等问题整治力度。全市居民小区环境卫生得到明显提升,二、三环沿线环境卫生全面改善,卫生死角明显减少,街路环境面貌焕然一新,市容市貌发生明显变化。

(张云路)

【第六届沈阳全民读书月】 以“阅读·进步·和谐”为主题,按照“组织推动、社会支持、全民参与、市场运作”的原则,从2014年4月23日至5月23日,成功举办第六届沈阳全民读书月活动,开展11项重点活动,205项基层读书活动。举办沈阳“全民读书月”启动仪式,向全市市民发出《读书宣言》,由市领导启动读书月“文化闹钟”。开展“春风伴我读好书”全民读书系列活动,在全市各行业广泛组织书香单位、书香校园、书香社区评选。打造“名家讲堂”品牌活动,依托辽海讲坛、沈阳女性讲堂等活动载体,邀请知名专家学者开展各类培训讲座500余场,10余万人受益。启动“诵中华经典、做有德之人”朗诵大赛,以突出群众性为原则,海选出200余个节目参演惠民朗诵演出,精选优秀节目举办读书月闭幕式暨经典朗诵会。开展“最美家庭”评选活动,组织全市2350个社区(村)妇女之家通过开展“家庭美图晒幸福”、家风家训征集评议、最美家庭故事会等活动,近百万户家庭参与活动。开展图书捐赠活动,为全市45个学校图书室、90个社区图书室及农民工子弟学校、弱势群体捐赠图书达74万余册。加强全民读书氛围营造,设计制作读书月宣传海报、公益宣传片,组织市属媒体开设读书月专题专栏,推出各类读书活动报道300余篇。

(杨　光)

【“我推荐、我评议身边好人”暨感动沈阳人物评选活动】 2014年度“我推荐、我评议身边好人”暨感动沈阳人物评选活动自年初开始,每月由基层单位推荐或个人自荐,年底进行初步筛选,从466名推荐者中确定142名候选人参加现场演讲会,再经大众评委投票、专家评审等环节,确定20名候选人,在各媒体公示,市民通过网络投票方式参与评选,最终万春春、格桑花的守护者团队、梅桂兰骆常山夫妇、亢秉铨、吴绍新、杨建夫、王胜国、梁思源、李志强班、徐海洋徐云亮张晓宇救人集体等10个团体或个人为感动沈阳人物。授予任川、刘从容、刘寒梅、朴云晶、张建强石德才、姜大光、赵士庆、赵玉海、赵明阳、景亚栋等10团体或个人“感动沈阳人物”提名奖。20名“感动沈阳”人物及提名奖获得者同时被授予“沈阳市道德模范”称号。2015年2月6日下午,在盛京大剧院举行了隆重的颁奖典礼。本次活动引发的社会反响强烈,博得各界广泛赞誉。广大干部群众普遍认为这次评选活动贴近普通市民,富有真情实感,具有深远教育意义,体现社会道德力量,群众关注度、支持率高,活动时效性和影响力大。

(杨　光)

【沈阳市“最美好儿女”评选活动】 为推进社会主义核心价值体系建设,践行“热爱祖国、孝敬父母、关爱他人”基本道德准则,培育孝老敬老社会风尚,市老龄办、市文明办从2014年3月初开始,在全市组织开展“最美好儿女”评选活动。通过媒体广泛宣传发动,采取组织推荐、公众提名、个人自荐等方式,评选活动办公室对109名候选人初步遴选,并分别在沈阳文明网、沈阳日报、沈阳晚报对确定的20名候选人进行了公示和公众投票。李德英、张鹏、刘新、王秀夫、朱振全、王东雪、万春春、梁思源、孙艳萍、唐义凤等10名候选人被评选为沈阳市“最美好儿女”。2014年9月29日,举办“孝行天下情暖夕阳沈阳市庆祝老年节文艺演出暨沈阳最美好儿女颁奖仪式”,为10名“最美好儿女”颁奖。

(杨　光)

经济协作

【概况】 2014年,经济协作紧紧围绕着“请进来”招商活动、外埠省市政府驻沈办事处机构的衔接、各区域间、城市间的经济交流与合作、组织全市中小企业参加各类展洽活动、推进对外埠机构驻沈办事处服务等五项重点工作,立足经济协作工作重心和任务,以优化对内开放环境,推进国内合作交流为导向,主动拓展区域合作领域,努力营造优良发展环境,使各项经协工作顺利推进,较为圆满地完成了各项工作任务,为下一步开展与沈阳经济区、东北经济区、环渤海经济区区域间的深层次交流和合作,打下良好的基础。

(于　洁)

【对口支援】 2014年,面对对口支援工作的特殊历史时期,紧紧把握对口支援工作扎实推进的总基调,充分发挥市援疆办和三峡办核心纽带作用,扎实部署,全面展开,持续推进对口支援机制,主动拓展区域合作领域,主要完成了援疆、援助忠县的年度既定工作,为支援、帮扶城市的经济发展和社会稳定做出了积极稳妥、扎实有效的贡献,各项工作均取得了显著成效。一是对口支援新疆塔城市工作。按照《2014年沈阳市对口支援塔城市援建专项规划》的具体安排,2014年沈阳市对口支援塔城市重点援建项目为10个,重点支持塔城市基础设施、民生工程建设,计划总投资2.96亿元,使用援疆资金6149万元。截至年底,10个项目已全部开工建设,开工率和资金到位率都达到了100%。二是对口支援三峡库区忠县工作。2014年,按照国务院三峡办对口支援库区工作安排意见的要求,安排300万元援助资金主要用于忠县房地产管理所移民房维修改造、忠县人民检察院预防三峡后续工程领域职务犯罪警示教育基地建设、忠县移民干部和教育教学人才培训、忠县金声乡高山生态扶贫搬迁集中安置点基础设施、忠县汝溪镇中心小学校塑胶操场、忠县马灌镇高洞居委通村畅通工程、忠县金鸡镇木坊村道路硬化项目、忠县善广乡小学塑胶操场8个援助项目,总投资达1176万元。在立足和做好公益性项目援助的基础上,积极扩大经贸往来,已在绿色果品经销等方面实现了突破。

(于　洁)

党 政 机 关

中共沈阳市委

【市委十二届九次全体会议】 中共沈阳市委十二届九次全体会议于2014年7月31日举行。会议由市委常委会主持。省委常委、市委书记曾维代表市委常委会作工作报告。会议审议通过了市委常委会工作报告和《中共沈阳市委关于进一步加强民生工作的意见》,是深入开展党的群众路线教育实践活动的重要成果,是加快沈阳老工业基地全面振兴、建设国家中心城市的重大举措,是指导全市当前和今后一个时期民生工作的纲领性文件。会议通报了中共辽宁省委关于免去张东阳沈阳市委委员职务和开除党籍处分的决定。 *(赵东晗)*

【市委十二届十次全体会议】 中共沈阳市委十二届十次全体会议于2014年12月24日举行。会议由市委常委会主持。省委常委、市委书记曾维代表市委常委会作工作报告。会议审议通过了市委常委会工作报告和《中共沈阳市委关于深入贯彻党的十八届四中全会精神全面推进依法治市工作的实施意见》,《实施意见》全面反映了沈阳市学习贯彻党的十八届四中全会精神的最新成果,进一步明确了依法治市的指导思想、工作目标、重点任务和重大举措,是今后一个时期全面推进依法治市的指导性文件。会议还对市委2014年度干部选拔任用工作进行了民主评议。 *(赵东晗)*

2014年市委常委会会议

时间	会议名称	主要内容
1月9日	市委十二届常委会第77次会议	听取有关情况的汇报;研究干部调整任免问题。
1月15日	市委十二届常委会第78次(扩大)会议	干部事项(闵学冲同志来沈任职);听取关于2014年全市"两节"期间开展困难群体救助工作情况的汇报;听取关于实行机关补贴事项的汇报;研究干部调整任免问题。
1月17日	市委十二届常委会第79次会议	通报有关情况。
1月24日	市委十二届常委会第80次会议	传达全国会议精神,学习贯彻习近平同志在党的群众路线教育实践活动第一批总结暨第二批部署会议第一次全体会议上的重要讲话精神;研究市委工作会议筹备方案;听取2014年市委有关部门(市直机关工委、组织部、宣传部、统战部、政法委、台办)工作要点的汇报;传达全国和全省组织、宣传、统战和政法工作会议精神;传达中央纪委全会精神,研究沈阳市贯彻意见;研究有关案件处理问题。
2月13日	市委十二届常委会第81次会议	听取关于沈阳市党的群众路线第二批教育实践活动筹备工作的情况汇报;听取关于成立市委全面深化改革领导小组的情况汇报。
3月14日	市委十二届常委会第82次(扩大)会议	传达十二届全国人大二次会议和全国政协十二届二次会议精神,研究沈阳市贯彻意见。
3月27日	市委十二届常委会第83次会议	听取关于沈阳市工会第十六次代表大会筹备情况的汇报;研究干部调整任免问题;省委组织部副部长赵战鼓等同志送赵东岩同志到沈赴任。
4月3日	市委十二届常委会第84次会议	学习李克强同志视察辽宁重要讲话,传达省委常委会精神,研究沈阳市贯彻落实意见;听取关于市卫生局和市人口计生委机构调整有关情况的汇报;研究干部调整任免问题。
5月4日	市委十二届常委会第85次(扩大)会议	学习刘云山同志视察辽宁重要讲话,传达省委常委会精神,研究沈阳市贯彻落实意见;审议《中共沈阳市委关于贯彻〈中共中央关于全面深化改革若干重大问题的决定〉的实施意见(讨论稿)和市委全面深化改革领导小组各专项小组《工作方案》(讨论稿)。

时间	会议名称	主要内容
6月6日	市委十二届常委会第86次会议	研究干部调整任免问题。
6月12日	市委十二届常委会第87次会议	传达省委会议精神,听取沈阳市第二批党的群众路线教育实践活动单位民主生活会准备情况的汇报;研究干部调整任免问题;研究有关案件处理问题。
6月16日	市委十二届常委会第88次(扩大)会议	听取关于全运会运行中心后续处理和办公用房调整有关事宜的汇报。
7月8日	市委十二届常委会第89次会议	听取市人大常委会党组、市政协党组工作情况的汇报;听取市法院党组、市检察院党组工作情况的汇报;听取关于《沈阳市加快国家中心城市建设规划(2014–2017年)》编制情况的汇报。
7月18日	市委十二届常委会第90次会议	传达总书记等中央领导同志的批示和省委常委会议精神,研究沈阳市贯彻落实意见;听取市政府党组上半年工作和全市经济运行情况及下半年重点工作的汇报;传达全国培养选拔年轻干部工作座谈会和全国干部监督工作会议精神。
7月29日	市委十二届常委会第91次会议	听取关于市委十二届九次全会筹备情况的汇报[审议会议日程和《全会报告》、《意见》];研究有关案件处理问题。
8月8日	市委十二届常委会第92次会议	审议《沈阳市人民政府职能转变和机构改革方案》;研究干部调整任免问题。
8月17日	市委十二届常委会第93次(扩大)会议	传达贯彻省委中心组"讲诚信懂规矩守纪律"专题学习会精神,进一步做好巡视整改落实工作。
9月19日	市委十二届常委会第94次(扩大)会议	省委组织部副部长赵战鼓等同志送刘桂香同志到沈赴任;研究干部调整任免问题。
10月8日	市委十二届常委会第95次(扩大)会议	传达中央民族工作会议精神。
10月11日	市委十二届常委会第96次会议	传达学习党的群众路线教育实践活动总结大会精神;听取沈阳市党的群众路线教育实践活动总结大会筹备情况的汇报;研究干部调整任免问题。
10月17日	市委十二届常委会第97次会议	听取前三季度全市经济运行情况及第四季度重点工作的汇报;听取关于调整沈阳科技商城管理体制有关情况的汇报;听取全市第三轮简政放权工作的汇报;听取关于《区县(市)政府职能转变和机构改革意见》的汇报;听取清理规范开发区管理机构有关情况的汇报;听取关于调整沈阳市驻国外办事机构有关情况的汇报。
11月21日	市委十二届常委会第98次会议	审议《关于召开沈阳市第十五届人民代表大会第三次会议的请示》和《关于召开政协沈阳市第十四届委员会第三次会议的请示》;审议《关于开好2014年度市委常委班子民主生活会工作方案》(讨论稿);审议《沈阳市关于落实党风廉政建设党委主体责任和纪委监督责任及责任追究的实施意见(试行)》(讨论稿);研究有关案件处理问题;研究干部调整任免问题。
12月9日	市委十二届常委会第99会议	市委常委议军会议(简要传达省委常委议军会议和省军区全委扩大会议精神;听取沈阳警备区工作情况汇报;听取预备役一师工作情况汇报);听取关于召开沈阳市民族工作会议暨第六次民族团结进步表彰大会筹备情况的汇报;审议《关于沈阳市安全生产党政同责的实施办法》(讨论稿);研究干部调整任免问题。
12月19日	市委十二届常委会第100会议	听取关于市委十二届十次全会筹备情况的汇报[审议《全会报告》、会议日程、《实施意见》、"一报告两评议"];传达贯彻第一批教育实践活动单位2014年度党员领导干部民主生活会暨全省深化"四风"整治推进会和全省社区"两委"换届选举工作会议精神。

时间	会议名称	主要内容
12月23日	市委十二届常委会第101次(扩大)会议	省委组织部领导送王德波同志到沈赴任;传达全省经济工作会议精神,研究沈阳市贯彻落实意见;听取关于2015年沈阳市城建计划预安排情况的汇报;审议《关于召开沈阳市第十五届人民代表大会第三次会议的请示》和《关于召开政协沈阳市第十四届委员会第三次会议的请示》;传达全国组织部长会议精神,研究沈阳市贯彻落实意见。

(市委办公厅秘书二处)

·重要会议·

【市委工作会议】 2014年2月8日,沈阳市召开市委工作会议,认真学习贯彻中央、省委有关会议精神,总结部署全市党委部门工作。省委常委、市委书记曾维出席会议并讲话。他强调,要深入学习贯彻习近平总书记系列重要讲话精神,按照市委十二届八次全会的部署,紧密围绕"深化改革、稳定增长、改善民生、优化环境",创造性地开展工作,在把沈阳振兴发展推向新阶段中施展新作为。市委副书记邢凯主持会议,市领导吴汉圣、常明、马占春、王凤波、汪涛分别作工作部署。

(赵东晗)

【全市党的群众路线教育实践活动推进会】 2014年5月14日,沈阳市召开党的群众路线教育实践活动推进会,认真贯彻落实习近平总书记重要批示和在河南兰考调研指导时的重要讲话精神以及中央、省相关会议精神,分析总结全市教育实践活动进展情况,安排部署下步工作。辽宁省委常委、沈阳市委书记曾维出席会议并讲话,市委副书记、市长陈海波主持会议。省委第一巡回督导组副组长胡亚军出席会议。

(赵东晗)

【全市党的群众路线教育实践活动总结大会】 2014年10月15日,沈阳市委召开全市党的群众路线教育实践活动总结大会。省委常委、市委书记曾维作讲话。他强调,要深入学习习近平总书记在党的群众路线教育实践活动总结大会上的重要讲话精神,巩固和拓展教育实践活动成果,全面贯彻从严治党新要求,持续深入推进党的作风建设,着力打造政治清明、干部清正、风气清新的政治生态环境,为加快建设国家中心城市、实现沈阳老工业基地全面振兴提供坚强保证。省委第一巡回督导组组长常卫国出席会议并讲话。市委副书记、市长陈海波主持会议。市人大常委会主任赵长义、市政协主席姜宏出席会议。

(赵东晗)

【全市领导干部警示教育大会】 2014年10月30日,沈阳市召开全市领导干部警示教育大会,观看近期查处的违纪违法典型案件警示教育专题片。省委常委、市委书记曾维出席并讲话。曾维指出,全市上下务必充分认清反腐倡廉工作的艰巨性、复杂性和长期性,紧密结合实际,全面落实从严治党新要求,坚持不懈加强反腐倡廉建设,共同保持好、维护好、发展好业已形成的良好政治生态环境,让沈阳以健康的肌体、稳健的步伐迈向全面振兴的新阶段。市委副书记、市长陈海波主持会议。市人大常委会主任赵长义、市政协主席姜宏、省纪委副书记韩玉起出席会议。全市副市级以上领导、市管实职领导和有关中省直单位负责同志共约1400人参加大会。

(赵东晗)

【召开民族工作会议暨第六次民族团结进步表彰大会】 2014年12月18日,沈阳市召开民族工作会议暨第六次民族团结进步表彰大会。省委常委、市委书记曾维出席会议并讲话,市人大常委会主任赵长义、市政协主席姜宏出席会议。会议由市委副书记邢凯主持,市委常委、常务副市长顾春明宣读表彰决定,市委常委、副市长闵学冲作工作报告。市委、市人大常委会、市政府、市政协领导出席会议。铁西区委、市发改委、沈北新区兴隆台街道党工委、沈河区回民社区居民委员会负责同志作经验交流。

(赵东晗)

·组　　织·

【"两会"人事安排及选举】 2014年1月,市十五届人大二次会议和政协十四届二次会议相继召开。按照大会日程安排,在"两会"筹备及会议期间,提出了大会组织机构名单并提交市委常委会审议通过,完成了候选人名单、登记表、主要表现和有关人选说明等材料。经过精心组织,努力工作,圆满完成大会组织组的各项任务,特别是顺利完成大会选举工作,市人大6名常委和市政协2名副主席、8名常委均高票当选。

(宋绍柱)

【选人用人突出问题专项治理】 2014年5月23日,组织召开全市选人用人突出问题专项治理工作推进会,全市市直单位及区、县(市)、开发区、市管企业、组织部门负责人及分管领导近300人参加会议,传达了全省选人用人突出问题专项治理工作推进会议精神,对在全市范围内组织的以清理超职数配备干部、冒充人头"吃空饷"和在编不在岗以及公务员"混岗"、领导干部在企业兼职(任职)、编造假履历假档案等为重点内容的专项整治工作进行认真总结,制发《沈阳市关于开展选人用人突出问题专项治理工作的实施方案》(沈组通字〔2014〕39号),系统推进工作开展。

(宋绍柱)

【对退(离)休领导干部在社会团体兼职进行清理】 研究制订了《关于做好退(离)休领导干部在社会团体兼职清理规范工作的实施方案》和《退(离)休市管干部在社会团体兼职审批办法》(内部掌握),转发了《辽组发〔2014〕13号中共中央组织部关于规范退(离)休领导干部在社会团体兼职问题的通知》(沈组通字〔2014〕53号)，向省委组织部报送了《退(离)休领导干部在社会团体兼职有关情况统计表》，并对在沈阳市退休的中管干部在社团兼职事宜进行规范清理。

(宋绍柱)

【省级(含省级)以下领导干部配备秘书的规范和清理】 制订了《关于清理违规配备领导干部秘书的工作方案》。11月27日，组织召开清理违规配备领导干部秘书工作专项部署会，印发《关于做好清理违规配备领导干部秘书工作的通知》(沈组明字〔2014〕16号)，进一步规范领导干部秘书管理工作。

(宋绍柱)

【贯彻落实新修订的《干部任用条例》】 落实中央和省委部署，制发《中共沈阳市委组织部关于学习宣传和贯彻执行〈党政领导干部选拔任用工作条例〉及省委配套文件的意见》，并起草《关于沈阳市党政领导干部选拔任用工作实施办法(试行)》，编印《〈干部任用条例〉学习资料选编》，印发全市。11月3日，召开全市组织系统干部大会，邀请省委组织部副部长陈学华同志就学习贯彻《干部任用条例》和省委关于干部工作的新要求辅导讲解，全市组织系统600余人参加会议。

(宋绍柱)

【干部选拔任用“一报告三评议”】 2014年4月底，完成124家市管单位2013年度干部选拔任用“一报告三评议”工作，发放并收回评议票9190张。在对评议结果进行汇总分析的基础上，形成了专题报告报部领导同意后，由各干部主管处分别进行了书面反馈，对评议结果较低的单位提出了限期整改的明确要求。从评议结果来看，主要呈现出三个特点：一是区(县、市)各项指标好于市直单位；二是市直各单位提高幅度较大；三是对干部选拔任用工作的评价与书记履行职责情况的评价结果基本一致。

(宋绍柱)

【领导干部个人有关事项报告】 年初，按照中组部《关于进一步做好领导干部报告个人有关事项工作的通知》的要求，制定下发《关于做好2014年领导干部个人有关事项工作的通知》，对领导干部个人有关事项工作的具体内容、报送方式和时限等作出进一步明确。对全市1651名市管领导干部按照要求重新填写的《领导干部个人有关事项报告表》进行初步审核，并对其中未按照规定填报的提出了修改意见，确保领导干部个人有关事项报告内容的规范性。

(宋绍柱)

【援疆干部工作座谈会】 2月21日，组织召开市委援疆干部座谈会，欢迎第三批援疆干部返沈，欢送第四批援疆干部启程赴疆。第三批、第四批援疆干部领队分别作了工作汇报和表态发言。市委副书记邢凯充分肯定了近年来援疆工作，对第四批援疆干部进疆工作提出希望。为加强对援疆援藏干部管理，起草了《沈阳市援藏援疆干部人才管理暂行办法》，对援疆干部在日常管理、待遇、财务管理、考核、工作宣传、年度述职等方面进行了详细规定。

(宋绍柱)

【召开援藏援疆工作领导小组会议】 11月27日，全市援藏援疆工作领导小组会议召开。省委常委、市委书记曾维主持会议并讲话。市援藏、援疆工作领导小组组长、副组长、成员单位及其办公室有关同志、有关市委副秘书长出席会议。会议听取了市援藏办、市援疆办关于对口支援工作情况的汇报和市援藏工作队、市援疆工作队关于在藏在疆工作生活情况的汇报，审议通过了《关于调整市援藏工作领导机构和有关工作经费的决定》和《市援藏工作任务分解表》。

(宋绍柱)

【出台市管企业管理文件】 2014年底，市委组织部、市国资委联合下发了《市委组织部、市国资委党委关于完善市管企业法人治理结构加强企业领导人员分类管理的若干规定》(沈组发〔2014〕9号)(以下简称《若干规定》)、《市委组织部、市国资委党委关于市管企业领导人员任期制管理办法(试行)》(沈组发〔2014〕10号)(以下简称《管理办法》)。《若干规定》针对不同类型、不同行业的市管企业和企业领导人员任免、考核等方面实行差别化管理，进一步密切结合实际，推进市管企业及领导人员管理体制机制改革；《管理办法》规定了市管企业领导人员实行任期制，提出了年度考核与任期考核相结合的考核评价办法，建立了更为有效的激励约束机制。

(宋绍柱)

【党的建设制度改革专项小组第一次会议】 3月27日，市委党的建设制度改革专项小组召开第一次会议。会议传达学习了中央和省、市委全面深化改革有关会议及文件精神，审议了市委党的建设制度改革专项小组工作细则和2014年工作要点。市委常委、组织部部长、市委党的建设制度改革专项小组组长吴汉圣出席会议并讲话。市委党的建设制度改革专项小组成员和市委改革办有关同志参加了会议。

(宋绍柱)

【做好市委常委班子和市直各单位领导班子民主生活会相关工作】 按照中纪委机关、中组部《关于开好2014年度县以上党和国家机关党员领导干部民主生活会的通知》(组通字〔2014〕38号)精神和省委要求，认真做好2014年度民主生活会相关工作。印发《关于开好2014年度县以上党和国家机关党员领导干部民主生活会的通知》(沈组通字〔2014〕58号)，对全市市直单位2014年度领导班子民主生活会进行安排部署。代市委起草2014年度市委常委班子民主生活会工作方案、与市委办公厅等部门共同做好市委常委班子民主生活会的各项服务工作。市委常委班子民主生活会结束后，形成情况报告，报省委组织部。

(宋绍柱)

【陈向群来沈调研基层党建工作】 2014年10月20日，中组部副部长陈向群一行4人，就基层党建工作到沈阳开展调研。陈向群先后到双路社区、沈阳鼓风机集团股份有限公司、皮家堡村实地调研，详细了解沈阳市基层党建工作情况。省委常委、组织部长辛桂梓，市委常委、组织部长刘桂香陪同调研。

(宋绍柱)

【开展第二批党的群众路线教育实践活动】 2014年2月16日，第二批活动全面启动，参加范围包括13个区、县(市)和1个综合保税区，涵盖2万余个基层党组织近42万余名党员干部。在中央和省委的正确领导下，在中央和省委督导组的有力指导下，全市上下认真贯彻落实习近平总书记系列重要讲话精神，特别是“讲诚信、懂规矩、守纪律”的重要指示精神，紧紧围绕保持党的先进性和纯洁性，按照“照镜子、正衣冠、洗洗澡、治治病”的总要求，聚焦反“四风”转作风，扎实做好各个环节工作，取得了干部受教育、问题得解决、作风大改善、形象再提升、群众更满意的显著成效，达到了预期目的，得到了中央有关领导同志以及中央和省委两级督导组的充分肯定。

（宋绍柱）

【学习习近平重要讲话培训班】　10月28日，根据中央党的群众路线教育实践活动领导小组《关于认真学习贯彻习近平总书记在党的群众路线教育实践活动总结大会上的重要讲话的通知》（群组发〔2014〕23号）精神，沈阳市及时举办了“沈阳市党委（党组）书记学习习近平总书记在教育实践活动总结大会上重要讲话培训班”，由省委常委、市委书记曾维亲自授课，全市市直单位党委（党组）书记、区县（市）党委副书记和组织部长129人参加了此次培训。

（宋绍柱）

【下发《沈阳市社区党组织服务群众专项经费管理暂行办法》】　2014年10月16日，市委组织部会同市财政局，印发了《沈阳市社区党组织服务群众专项经费管理暂行办法》，规定市级财政提供的平均每个社区每年不低于10万元，由市直各相关单位统筹管理，并纳入本单位预算安排，重点针对基础薄弱和困难社区在文体设施、环境治理等各类突出的民生问题方面给予补助；区、县（市）级政府提供的每年每个社区不低于10万元，由区、县（市）级财政划拨每个社区，由各乡镇、街道统筹管理，专账核算，主要用于社区居民共同需求方面的支出。

（宋绍柱）

【提升基层党组织整体工作水平】　2014年，按照中组部关于上报整顿软弱涣散基层党组织的有关要求，全市确立156个需要整顿的软弱涣散村党组织。按照“分类施策”、“一村一策”原则确定整改方案；多渠道选拔村党组织带头人，加强对基层后备干部和党员带头人的培养，为整顿转化工作提供人员保障；采取领导干部联村联户、部门承诺帮扶、乡镇干部驻村指导等方式，着力解决集体经济薄弱、基础设施落后、群众矛盾突出等多种问题；以推广农村各项实用法规政策和“四议一审两公开”工作法为抓手，强化群众的民主监督，使村务管理更加公开透明，党群干群关系更加密切。全市156个软弱涣散村党组织已基本实现了转化。

（宋绍柱）

【开展义务服务周活动】　2014年，沈阳市率先开展义务服务周活动，制定下发了《关于在全市开展“在职党员进社区”义务服务周活动的通知》（沈组通字〔2014〕29号），并将每年“七一”前的一周确定为全市“在职党员进社区”义务服务周，将每年“七一”前一周的星期六确定为全市“在职党员进社区”集中义务服务日，推动广大在职党员做好联系和服务群众工作。6月29日、30日，《辽宁日报》、《沈阳日报》分别在头版对沈阳市开展义务服务周活动情况进行了宣传报道；7月16日，《中国组织人事报》在基层党建版也报道了沈阳市开展义务服务周工作情况。

（宋绍柱）

【选派驻村工作队助推贫困村尽快脱贫】　按照省委组织部《关于向贫困村选派驻村工作队的实施意见》（辽组通字〔2014〕43号）文件精神，与市扶贫办联合下发了《市委组织部、市扶贫办关于在重点贫困村开展驻村扶贫工作的通知》。召开了全市扶贫工作会议，传达了省委、省政府关于扶贫开发工作的文件精神，对驻村扶贫工作进行了动员和部署。按照全市扶贫工作的统一要求，适时对全市扶贫工作队的组建和对接情况进行跟踪调查，并督促工作队按时制定三年工作规划。全市驻村工作队已经全部组建完毕，同时对全市驻村扶贫工作的进展情况开展了实地考核。

（宋绍柱）

【印发《中共沈阳市委关于加强新形势下发展党员和党员管理工作的实施意见》】　完善制度保障，研究制定《中共沈阳市委关于加强新形势下发展党员和党员管理工作的实施意见》（沈委办发〔2014〕22号）文件并下发全市，通过建立健全了申请人谈话、确定入党积极分子和发展对象、发展对象政治审查、发展党员公示制票决制、预备党员的接收审批和转正、入党志愿书编号管理和发展党员工作责任追究等一系列规章制度，认真履行发展党员的手续和程序，严格把好“入口关”。

（宋绍柱）

【强化村党组织物质保障】　2014年7月，全市调整了村干部基本报酬补助标准，各郊区村干部每人每年2.15万元，各县（市）村干部每人每年1.78万元，全市整体平均达到了1.96万余元，进一步激发村干部工作热情。提升村级党建工作经费标准，按照省委组织部《关于对村级党建工作经费予以补助的通知》（辽组通字〔2014〕58号）文件精神，与市财政局共同研究，经市政府同意，决定从2015年起将每年村级党建工作经费增至2万元。

（宋绍柱）

【全市普遍建立“两代表一委员”工作室】　按照省委《关于推进“两代表一委员”工作室建设的指导意见》（辽委办发〔2013〕23号）文件要求，2014年3月，市委组织部、市人大人事工委、市政协委员工委共同制定了《“两代表一委员”工作室工作制度》、《“两代表一委员”进驻工作室主要职责》、《“两代表一委员”接待群众工作流程》、《“两代表一委员”工作室联络员工作职责》四项制度，设计了工作室标识，统一制作了工作室牌匾。截至2014年9月，全市2200多个社区和建制村都已按照要求，普遍建立了“两代表一委员”工作室。

（宋绍柱）

【推进乡镇党代会年会制】　根据中组部和省委组织部有关要求，按照“三步走”的工作步调，积极试点乡镇党代会年会制工作。在三县一市选取班子过硬、工作基础好的乡镇先行试点，新民市柳河沟镇、辽中县六间房镇、法库县孟家镇、康平县郝官屯镇被确定为试点乡镇，成功召开了党代会年会。召开年会时，各县(市)相互观摩学习,及时发现问题、总结经验。并在试点经验的基础上,召开全市乡镇党代会年会制工作研讨会,进一步形成了《关于试行乡镇党代会年会制的实施细则》,为全市全面推行乡镇党代会年会制打牢基础。

(宋绍柱)

【组织指导工作业务培训】 为进一步提高党务工作者业务能力和组织指导工作科学化水平,9月3-5日,举办了全市组织指导工作业务培训班,各区、县(市)65名党务干部参加了培训。围绕实际工作设置课程内容,安排部内同志讲授课程,严格纪律要求,进行闭卷考试,奖励优秀学员等,增强培训指导性、针对性和实效性,极大地调动了参训人员的学习积极性,确保培训工作取得实效。

(宋绍柱)

【华晨宝马汽车有限公司第一次党代表大会暨党委成立大会召开】 中德合资企业华晨宝马汽车有限公司,自2003年成立以来,经过十几年的发展壮大,已成为全市第一大纳税企业。相比企业经济的快速发展,党建工作没有得到同步跟进,党的组织一直未建立起来。加强基层党建工作,特别是非公领域党建工作一直以来都是中央和省、市委工作的重点,中组部曾先后两次视察华晨宝马汽车有限公司,对组建党委工作做出重要指示,提出明确要求。12月29日,中共华晨宝马汽车有限公司第一次代表大会隆重召开,标志着华晨宝马党委正式成立,为促进全市外商独资、合资企业的党建工作起到了积极的引领示范作用。

(宋绍柱)

【基层党建工作专项述职会议】 2014年12月17日,市委召开区、县(市)委和市直党工委书记抓基层党建工作专项述职会议,听取了13位区、县(市)委书记抓基层党建工作情况述职发言,审阅了3位市直党工委书记的书面述职报告。市委书记曾维在每位区县(市)委书记述职发言后进行点评,肯定了成绩、指出了不足、提出了要求。省委组织部副部长、省委非公有制经济组织和社会组织工作委员会书记汤天马同志,对沈阳市基层党建工作特色亮点给予肯定,并指出存在的差距和不足,提出了做好下步工作的建议。

(宋绍柱)

【微视频《身边》叫响沈阳党建宣传品牌】 市委组织部从各条战线精选六名基层优秀共产党员,精心摄制了优秀党员事迹系列微视频《身边》,六部短片每部时长90秒,广泛利用全市各级党政机关和企事业单位的楼宇电梯间广告屏以及地铁公益屏等多种渠道进行全天滚动播出,同时在人民网、新华网、搜狐网、腾讯网等网站进行了发布。中组部、省委组织部对该片给予高度评价,将视频传至共产党员网、中华先锋网和北斗网进行滚动播放,辽宁电视台、沈阳电视台对该片进行了每天五档的滚动播出。《身边》系列微视频荣获了辽宁省第十一届党员教育电视片观摩交流活动一等奖,在全市、全省乃至全国较好地宣传了沈阳市党员队伍的优秀形象,开辟了党建宣传工作的新模式、新阵地。

(宋绍柱)

【人才资源开发专项资金审批】 2014年,市人才资源开发专项资金预算额度为4522万元(含上年度结转1522万元),实际执行1702.4万元。按照市委市政府要求,本年度调整了人才专项资金资助方向,改进了专项资金管理办法,在资金使用上突出了地方属性和集中有限资金办大事的原则,加大了对重大项目及重点人才的支持力度,全年共资助人才项目65项,资助各类人才128人,资助金额510万元;奖励人才项目16项,奖励金额240万元;资助基础建设类项目21项,资助金额479.9万元;资助双选生工作项目2项,资助金额368.5万元。此外还投资370万元(其中人才资源开发专项资金投入100万元)拍摄制作了人才宣传影片《凤来雁归》。

(宋绍柱)

·宣　　传·

【概况】 2014年,市委宣传部按照高举旗帜、围绕大局、服务人民、改革创新的总要求,不断创新宣传思想文化方式方法。在加强思想理论建设,夯实理想信念根基方面,发挥市委中心组示范引领作用,邀请专家学者为中心组作专题报告,印发《加强和改进党委(党组)中心组理论学习考核办法》,编辑出版《沈阳通史》、《沈阳文化史》等11部专著;全年,市委宣传部组织宣讲1029场,听众16.3万人次。在提高舆论引导能力和水平,营造健康向上的舆论氛围方面,推出“培育和践行社会主义核心价值观”等14个主题宣传;“沈阳市重点项目成就展望”系列报道受到常务副市长顾春明表扬;“走进新松”宣传,被新华社、人民网、凤凰网、搜狐网等国家级门户网站转载;打造“沈阳发布”品牌,全年组织80场新闻发布会。中央、省、市及境外新闻媒体刊发(播)“沈阳发布”稿件1800余篇;创办全市首张英文外宣报——《今日沈阳》,创建“投资沈阳”英文外宣网站;抓好网络舆论引导,开展“走进中国古都”传统文化宣传交流活动,开设网上新闻发布厅,推出民生系列微访谈活动,以微博直播、网络视频等形式,与网友进行交流讨论。在培育和践行社会主义核心价值观,推进精神文明建设方面,深入开展“立德修身”主题教育实践活动;中宣部在沈阳召开“两榜建设”(“善行义举榜”、“好人榜”)现场会,中宣部部长刘奇葆给予高度评价;注册志愿者101.62万人,注册志愿服务组织2156个;举办第六届沈阳全民读书月,向市民发布读书倡议及百种好书推荐书目,发放500张“数字阅读卡”;推进争创全国文明城市工作,全市公共环境、公共秩序明显提升;开展“我推荐、我评议身边好人”评选活动,全年共有15人荣登中国好人榜,100人入选沈阳好人榜。在推动文化体制改革和文化繁荣发展方面,抓好文艺精品创作生产,在中宣部“五个一工程”奖评选中,沈阳市选送的电视剧《大路上》、京剧《将军道》、广播剧《照片中的回忆》同时获奖;在省“五个一工程”奖评选中,沈阳市5部作品入选,蝉联省“五个一工程”组织工作奖;建设“艺术惠民之城”、“北方合唱之都”,成功组织盛京大剧院首演、宋雨桂艺术馆开馆活动;完成全年培训100万人次、演出800场、公益电影放映2.3万场的艺术惠民工作目标;成功组织中国沈阳首届合唱音乐季系列活动；做大做强文化产业，打造沈阳出版发行集团“盛京文化商城项目”；加快形成立体多样、融合发展的现代传播体系建设，做大日报集团，做实广电传媒集团。

（市委宣传部）

【学习贯彻习近平系列重要讲话精神】 1月，市委宣传部印发《2014年全市各级党委中心组理论学习安排意见》。4月、5月举行两次习近平系列重要讲话精神专题学习，出版印发《振兴发展新阶段的科学指南——中共沈阳市委中心组学习习近平总书记系列重要讲话精神文集》和《新思想、新实践、新阶段——沈阳市各级党委（党组）中心组优秀调研文章汇编》。3月12－13日，举办“学习贯彻习近平总书记系列讲话精神理论骨干培训班”，并编辑整理《学习贯彻习近平总书记系列讲话精神理论骨干培训班专题报告汇编》，下发至基层党员干部。截至2014年末，全市各级党委中心组通过各种形式学习习近平总书记系列重要讲话精神120余次，受众1000余人。

（洪森焱）

【“讲文明树新风”公益广告宣传】 2014年初，在全市广泛开展“讲文明树新风”公益广告宣传。截至2014年末，《沈阳日报》《沈阳晚报》共刊登公益广告150余个整版，沈阳广播电视台《新闻频道》、《经济频道》、《公共频道》共播出各类公益广告宣传片60余篇；《新闻广播》、《都市广播》、《音乐广播》、《生活广播》共计播发公益广告6000分钟。在全市公交车、出租车、地铁等载体资源，全天候播放公益广告。设置遵德守礼提示牌4600多块，楼宇电视3000个，沿街小型电子门楣8000多个。所有地铁车站均设置宣传灯箱。在全市公园、广场、车站等设置展板千余块，形成浓厚社会氛围。

（张云路）

【培育和践行社会主义核心价值观】 4月29日，市委常委、宣传部长王凤波主持召开动员部署会议，市属媒体开辟“社会主义核心价值观”专题、专栏。其中“实地见证·雷锋正能量”全国寻访25任雷锋班班长专题，获得第24届中国新闻奖。6月19日，在市第十一中学召开沈阳市青少年践行社会主义核心价值观经验交流会，副市级领导、皇姑区委书记李松林介绍皇姑区在青少年中践行社会主义核心价值观方面取得的经验。组织建设近110处善行义举榜，开展“沈阳好人”评选活动，承办全省“跟着郭明义学雷锋启动仪式”，开展“图说我们的价值观”巨幅广告公益宣传活动，“热爱祖国、孝敬父母、关爱他人”在沈阳市蔚然成风。

（曲国库 杨光利）

【沈阳首届互联网大会】 8月22日，在辽宁友谊宾馆召开沈阳首届互联网大会。大会由沈阳市互联网信息办公室主办，沈阳市网络文化协会和沈阳网承办，全国500户传统企业、200户互联网企业及辽沈地区媒体近千人参加会议。东三省网络协作体、沈阳经济区七城市网信部门负责人参加会议。会议以“机遇、融合、创新、变革”为主题，邀请近10位全国知名互联网行业的资深专家、领军人物参加会议，并就智慧城市、大数据、互联网思维等方面进行演讲和探讨。

（孙长虹）

【“走进新松”采访活动】 10月下旬，市委宣传部组织市属和中央、省等各级30余家媒体，共同发起“走进新松”大型采访活动。各媒体充分利用融合手段，同步利用二维码、网络连接等技术手段，转化文字、图片和音视频等新闻内容表现形式，全方位、立体化地描绘新松。全媒体发布稿件千余篇次，受众近千万人次，网络、手机等客户端累计转发5万余次；推出创意沙画视频《我是你的“肉包子”》、全新栏目《王林、小凤看新松》、《变形金刚》4plus完整版视频、“让梦想启航·走进新松”集成网页等一系列在社会引起强烈反响的新闻作品。新华社、人民网、凤凰网、搜狐网等国家级门户网站对沈阳市的新闻产品进行转载。

（黄 卓）

【全市宣传文化系统专题研修班】 10月28日至11月3日，市委宣传部在浙江大学举办“沈阳市宣传文化系统新媒体融合专题研修班”。参加人员包括各区、县（市）委宣传部分管新闻（网信）工作的副部长，各有关单位分管新媒体融合的领导及处室负责人，部分宣传文化系统“四个一批”人才，共计82人。学习内容涵盖十八届四中全会精神解读、传统媒体与新兴媒体融合、互联网逻辑下传媒业的发展进路与关键、网络时代的舆情管理与应对等方面内容，并对阿里巴巴集团和浙江日报报业集团新媒体孵化基地进行实地考察。

（刘 刚）

【学习党的十八届四中全会精神】 11月3日，在市委党校组织召开全市理论工作者和实际工作者学习党的十八届四中全会精神座谈会。11月11日，市委中心组邀请中国社会科学院法学研究所副所长莫纪宏作专题报告，就全面推进依法治国、建设社会主义法治国家进行深入讲解。12月4日，组织举行“贯彻四中全会精神、坚持依宪治国”专题报告会。12月，组织市委宣讲团成员和四级宣讲员队伍，开展面对面、接地气式的宣讲活动，不断把学习宣传十八届四中全会精神引向深入。截至2014年底，全市各级党委中心组通过各种形式学习习近平总书记系列重要讲话精神120余次，受众1000余人。

（洪森焱）

【召开80场“沈阳发布”新闻发布会】 2014年，全市组织召开80场新闻发布会，平均每周举办2场，共有180余家（次）单位做新闻发布，累计到会采访记者4000多人次。中央、省、市及境外新闻媒体刊发（播）“沈阳发布”稿件1800余篇（不含转载），其中：头版26篇，整版18篇，半版80余篇，实现传统媒体与新兴媒体，联动互补及重要新闻发布会电视、广播和视频的现场直播。

（崔继祥）

【中国·沈阳首届合唱音乐季音乐会】 12月3日，中国·沈阳首届合唱音乐季音乐会在盛京大剧院音乐厅举办。省委常委、市委书记曾维及市委、市人大、市政府、市政协领导出席音乐会。音乐会正式演出前，市委常委、宣传部长王凤波与副市长姜军共同为沈阳市艺术惠民“双百万”工程演出基地揭牌。音乐会上演出了《黄河大合唱》交响合唱组曲等节目。

（刘 湛）

【全国首个社区政务微信服务平台开通】 12月29日,全国首个覆盖全市社区的政务微信服务平台——"沈阳新社区"开通上线。此平台由市委宣传部、市网信办主办,市政务服务办公室和《沈阳晚报》、盛京银行支持,以"汇聚社区正能量、构建生活新模式"为目标,共同搭建的集政务服务、便民服务、媒体服务为一体,覆盖全市770个社区的政务微信服务平台。2月20日,此平台首先从沈河区、铁西区、苏家屯区选择3家社区作为政务微信服务平台的试点单位。9月10日,召开会议对微信平台建设进行部署。组织网络志愿者在12月1日前,将各社区报送送资料填充完毕,完成对总平台的搭建工作。12月29日,平台正式上线运行,成为全市覆盖面最广的政务公开平台、民生服务平台和新型媒体平台。

(程　笑)

·统　　战·

【概况】 2014年,全市统一战线以贯彻落实全国、全省统战部长会议精神为主线,在工作创新上求新唯实,工作摆布上求真务实,工作落实上求精抓实,牢牢把握大团结大联合时代主题,用党的十八大精神凝心聚力,扎实推动坚持和发展中国特色社会主义学习实践活动和非公经济人士理想信念教育实践活动深入开展,推进协商民主广泛多层制度化建设,加强民主党派和党外代表人士队伍建设,积极促进非公有制经济人士健康成长和非公有制经济健康发展,巩固民族宗教领域和谐稳定,拓展港澳台海外统战工作,规范推进基层统战工作,开拓统战宣传和理论研究思路,实施统一战线实践创新工程,全面提升统战工作制度化、科学化水平,各领域工作稳步推进,均呈现亮点,成效显著。

(李　铁)

【民主党派与工商联工作综述】 2014年,沈阳市各民主党派和市工商联在中共沈阳市委的正确领导下,紧紧围绕全市中心工作开展调查研究、建言献策,为全市经济社会发展做出重要贡献。市政协十四届二次会议上,各民主党派、工商联共立案72件提案,约占提案总数的9%。沈阳市共有8个民主党派市级组织,5个区级组织(主要是民建,每个区有1名专职人员)。各民主党派市级领导班子共有70人,其中主委8人,专职副主委8人,兼职副主委54人。全市共有民主党派成员1.42万人,全年共发展新成员774人。全市各民主党派成员中,有全国人大代表1人、省人大任职11人、在市级人大任职40人,全国政协委员3人、在省级政协任职69人、在市级政协任职248人;沈阳市工商联执、常委中有全国政协委员11人、省人大代表3人、省政协委员11人、市人大代表25人、市政协委员46人。

(刘丙寅　张路平)

【坚持和发展中国特色社会主义学习实践活动】 把学习贯彻党的十八大、十八届二中、三中、四中全会精神,学习习近平总书记系列重要讲话,开展社会主义核心价值观教育,作为支持引导民主党派、工商联、无党派代表人士深入开展坚持和发展中国特色社会主学习实践活动的重要内容,融入学习实践活动全过程,以此推动民主党派自身建设、促进非公经济人士健康成长和提升无党派人士能力素质。制发全系统学习实践活动方案,精心组织系列教育和实践活动,坚定了各民主党派、无党派人士和非公经济人士的理论自信、道路自信和制度自信。发挥《沈阳统一战线》、"沈阳同舟网"两大媒体作用,为开展学习实践活动搭建服务平台。积极向中央、省委统战部推荐优秀代表人士,从不同渠道扩展各领域代表人士影响力。10月下旬,在全省无党派人士学习实践活动推动会上,市委统战部作为市级统战部代表,介绍了经验。

(王　飞)

【推进协商民主制度】 协助市委制定了《沈阳市2014年民主协商计划》和《关于进一步完善中共沈阳市委常委与党外代表人士交友工作的安排意见》,首次以市委红头文件形式下发。建立了《各民主党派市委直接向中共市委提出意见建议制度》的"直通车"制度。认真落实民主协商工作,协助市委召开了党风廉政建设和反腐败工作情况通报会、全面深化改革实施意见民主协商会、市委全会报告征求党外人士意见建议座谈会和全会报告书面征求党外人士意见建议等。积极推进民主法治领域改革和协商民主建设,完成了市委十二届八次全会中关于协商民主建设的任务,就进一步健全政治协商制度、推进协商民主广泛多层制度化发展等提出意见建议,并参与制定相关制度文件。

(王　飞)

【推动参政党自身建设】 建立了各民主党派负责人联席会议制度,认真贯彻执行有关政策规定,形成了《关于加强各民主党派市委领导班子建设的意见》的会议纪要。协助各党派加强后备干部队伍建设,结合实际制订了《关于对各民主党派市级组织领导班子后备干部进行调整的工作方案》,明确了工作原则、人选标准等具体要求。坚持党管干部的原则,严格规范工作程序,建立了110人的民主党派后备干部队伍,为民主党派届中调整和2016年的换届工作奠定了基础。帮助党派协调组织发展中的有关问题,坚持"三个为主"的原则,严把质量关,做好民主党派的组织发展工作。按照中央、省委统战部要求,形成了2014年度各民主党派成员结构、组织发展情况调研报告。

(安力军)

【推进党外代表人士队伍建设】 与市委组织部联合就党外干部安排情况和党同党外人士合作共事情况,赴部分区县(市)、市检法两院,开展深入调研,摸清情况、发现问题、研究解决办法。在中国人民大学举办了"沈阳市局级党外领导干部专题研修班",在市委党校、市社会主义学院举办了信息管理系统专题培训班和区县(市)处级党外干部培训班。与省委统战部、市委组织部共同研究推进党外代表人士实践锻炼基地建设工作,制定《实施办法》、跟踪督促落实,推进沈阳基地实践锻炼工作。

(李旭辉)

【加强非公经济领域统战工作】 以促进"两个健康"为主题,搭建服务平台,积极推动民营企业家参与"光彩事业乡村行"活动,积极帮扶辽中县牛心坨镇姜家村,2014 年人均收入同比增长 20%。举办了大型光彩助学捐赠活动,明日之星教育基金会向沈阳市教育系统捐赠了价值 400 余万元人民币教学资料,全市 8 个区、县(市)的 200 余所中小学受益。

(石春鹰)

【维护社会和谐稳定】 在统战部与市民委的共同努力下,沈阳锡伯族家庙获由国家民委颁发的"全国民族团结进步教育基地"牌匾。认真学习贯彻中央民族工作会议精神,推动全市民族领域统战工作进一步发展。统战部民族宗教处获市政府授予的民族团结进步模范集体。坚持发挥好市宗教工作联席会议和市高校专门协调机制的作用,研究解决宗教工作中的问题和矛盾,严打非法宗教及境外渗透活动。与市宗教局一起积极协调有关部门,处理了多起历史遗留的宗教房产和拆迁等难题。圆满完成了市佛教协会、市道教协会和市基督教"两会"换届,实现了新老交替。

(范世生)

【成立沈阳市欧美同学会·沈阳留学人员联谊会】 经市委、市政府批准,沈阳市欧美同学会·沈阳留学人员联谊会成立,定位为市属群众团体机关,由市委领导,市委统战部代管,核定行政编制 2 名,专职副秘书长职数 1 名(正处级)。12 月 26 日,沈阳市欧美同学会·沈阳留学人员联谊会成立大会暨一届一次理事会在沈召开。市政协主席姜宏出席大会并致辞,市政协副主席、市委统战部部长汪涛主持会议。大会选举产生了 109 名常务理事和 21 名副会长,姜宏当选为会长。各区、县(市)统战部长,驻沈高校、企业统战部长,市各民主党派、工商联、统战团体负责人以及沈阳市欧美同学会理事共 260 余人参加了会议。

(刘任飞)

【党外知识分子工作】 深入开展无党派人士坚持和发展中国特色社会主义学习实践活动,强化政治引导,加强组织建设,推动党外知识分子工作开展。举办无党派人士继承优良传统和弘扬时代精神研讨会、《信筑中国梦》专题辅导,制作典型人物宣传片,增进政治共识;举办市知联会第二届会员大会暨一次理事会,选举产生新一届新领导班子、常务理事、理事,吸纳会员 288 人;推进基层知联会组织建设,全市 13 个区县建立起基层组织。

(刘任飞)

【新的社会组织统战工作】 首次召开全市新的社会阶层人士统战工作联席会,建立 60 名新的社会阶层人士组成的代表人士队伍,推动新的社会阶层人士统战工作规范化发展。

(池建宇)

【扩大统战文化社会宣传】 倡导文明新风,传播统战文化,开展四项活动,有效增强了统一战线的凝聚力和社会影响力。"法宝扇"设计制作竞赛活动共设计制作"法宝扇"23 种 12 万柄;"牵手文明、杜绝陋习"网上签约活动签约人数约 12.43 万人;统战文化科普巡展进校园活动在全市 18 所高校进行巡展,历时 60 余天,观展人数累计 10 万余人次;开展"坚持和发展中国特色社会主义学习实践活动"主题征文活动共收集征文百余篇,评出获奖征文 40 篇。

(池建宇)

【开拓统战理论研究新思路】 组织部分专家学者深入基层调研,与政府相关部门联系,为专家学者了解相关数据资料和基层统战工作情况提供支持。探索高校专家学者与区县统战部联合进行统战理论研究的优势互补新模式,组织沈阳师范大学专家学者分别与大东区、辽中县委统战部就非公经济人士统战和服务城镇化发展等课题进行联合研究,增强了研究成果的针对性和实效性。

(黄 山)

【推进统一战线实践创新】 落实《沈阳市统一战线实践创新工程实施方案》,推进实践创新年工程实施。从方案设计、年初项目立项、中期高度推动、评估结项、宣传表彰、总结推广等进行规范,建立全市统一战线实践创新长效机制,在全市形成了创新的氛围。把实践创新与贯彻落实十八届三中全会和习近平总书记系列重要讲话精神、推动解决统一战线实际问题相结合,紧紧抓住服务全面深化改革、促进振兴发展、加强党外代表人士队伍建设、推进协商民主广泛多层制度化发展等重点工作,在思路举措、体制机制、平台载体、方式方法等方面开展实践创新。实践创新项目获中央统战部表彰 1 项,获省委统战部表彰 5 项,获市级评出创新项目 18 项,激发了基层统战工作活力,推进了制度机制和协商民主等重点工作的进展。实践创新工作在全省统战部长会议上作了经验介绍。

(刘 钢)

·政策研究·

【概况】 2014 年是沈阳市全面深化改革的开局之年,也是市委政研室工作职能发生重大变化、助推改革振兴发展取得丰硕成果的一年。

1. 积极主动服务,全面履职尽责,推动改革施展新作为。统筹谋划和推进改革,是市委赋予政研室新的重要职能。在没有增加人员编制和办公经费的情况下,组织专门力量,健全工作机制,为全面深化改革当好参谋助手,较好地履行了市委改革办的工作职责。坚持把精心谋划总体设计作为首要任务,制定出台了《中共沈阳市委贯彻落实〈中共中央关于全面深化改革若干重大问题的决定〉的实施意见》。坚持把推动改革有序展开作为根本职责,筹备召开了系列改革专题会议,确保全市改革紧锣密鼓、科学稳慎向前推进。坚持把营造改革浓厚氛围作为助推之策,组织开展了"改革进行时"系列宣传和"深化改革助推振兴"系列培训活动。坚持把建立健全工作机制作为重要保障,加强改革信息报送工作,得到了中央和省委改革办充分肯定。

2. 精心筹备会议,做好文字综合,以文辅政迈上新台阶。认真筹备市委十二届九次、十次全会,精心起草好全会报告,高质量完成了《中共沈阳市委进一步加强民生工作的意见》、《中共沈阳市委关于深入贯彻党的十八届四中全会精神全面推进依法治市工作的实施意见》等文稿,得到了市委领导的充分肯定和与会同志的一致好评。全力做好市委重要文稿的起草工作,先后起草了市委主要领导在深入学习习近平总书记重要批示精神继续在东北振兴中当先锋打头阵研讨班上的讲话、在市级党员领导干部学习党的十八届四中全会精神会议上的讲话、在省委座谈会上关于全面推进依法治国的发言、在全市教育实践活动总结大会上的讲话等重要文稿。

3. 深入调查研究，打造精品力作，调研成果向决策转化实现新突破。圆满完成了机关事业单位工作人员收入状况的调研，得到了市委、市人大、市政府主要领导同志的充分肯定和市直有关部门的高度评价。围绕全面深化改革中涌现出来的重大典型，围绕深化改革、稳定增长、改善民生、优化环境等重点工作，形成了46篇调研报告，其中深化行政体制改革、深化国企改革、蒲河生态经济带建设等调研报告得到市委主要领导和有关市领导的充分肯定和批示。

4. 加强决策咨询，搞好信息编研，推进决策科学化、民主化取得新进展。采取多种形式，推动专家学者和咨询委员积极建言献策，为市委、市政府决策提供具有重要参考价值的咨询建议。全年共编发《决策咨询》25期，其中关于提高沈阳城市道路通行效率、关于沈阳申报创建国家自主创新示范区等建议得到市委主要领导的批示。

5. 深入开展教育实践活动，加强和改进作风，干部队伍建设取得新成效。高起点、高标准地开展了教育实践活动，狠抓关键环节，积极整改落实，全室党员干部党性观念和宗旨意识进一步增强，工作作风明显转变，反四风、转作风、改文风的长效机制基本形成。结合开展教育实践活动，进一步加强干部队伍建设，干部理论素养和能力水平得到提高。

（殷　伟）

【承担市委改革办工作职责】 2014年2月13日，市委召开常委会议，决定成立市委全面深化改革领导小组，下设办公室（简称“市委改革办”），作为常设性工作机构，设在市委政策研究室，一个机构两块牌子，这充分体现了市委对政研室的高度信任，也是时代赋予政研室更为重要的历史使命。全室同志思想统一，认识深刻，行动迅速，抽调专门力量，建立组织机构，制定工作规则，健全工作机制，强化综合协调，努力为市委全面深化改革当好参谋助手，较好地履行了改革办的工作职责。

（殷　伟）

【组织开展“改革进行时”系列宣传和“深化改革助推振兴”系列培训活动】
市委政研室（改革办）会同市委宣传部开展了“改革进行时”系列宣传工作。通过在新闻媒体开辟专栏、印发《沈阳改革》简报等多种形式，全方位、多角度地宣传报道全市深化改革的好做法好经验，不断激发广大干部群众的改革热情、创造激情，为全面深化改革营造良好的舆论环境。与市委组织部共同开展了“深化改革助推振兴”系列培训活动，围绕七大领域改革设立专题讲座，邀请国家和省内知名专家学者主讲，进一步提高全市广大党员干部全面深化改革、推动振兴发展的能力和水平。

（殷　伟）

【完成全市机关事业单位工作人员收入状况的调研】 市委政研室（改革办）与市人社局、市财政局、市社会经济调查局一起，先后赴长春、哈尔滨、大连、南京、武汉、西安6市开展调研，起草形成了《关于机关事业单位工作人员收入状况的学习考察报告》，得到了市委、市人大、市政府主要领导同志的充分肯定和市直部门的高度评价，相关对策建议进入市委、市政府决策，切实提高了机关事业单位工作人员收入水平，是近年来影响较大、反响较好、关注度较高的一篇调研报告，真正起到了通过一篇调研报告推动一方面工作的积极作用。

（殷　伟）

·对台工作·

【对台经济】 2014年，沈阳市新批台资项目18个，投资总额2.88亿美元，合同台资额1.68亿美元，实际利用台资1.77亿美元，台资调资创历史同期最高水平。对台经济工作稳中有增，对台经贸合作持续深入，形成了对台招商的热潮。一是积极推进赴台开展沈台经贸合作。全年共组织46个经贸团组，围绕支柱产业赴台开展经贸活动。其中：市级经贸团4个，县区级经贸团14个，企业团28个。特别是市政府主要领导率沈阳市经贸代表团赴台湾开展经贸交流活动，在台期间，重点围绕装备制造业和现代服务业，推进了友嘉机床、正新轮胎、富邦金控等10个重点项目；市委主管领导率市金融产业代表团赴台开展金融、经贸交流活动，在台期间，召开了沈台金融产业合作交流座谈会，与12家重点金融企业进行了座谈，拜会了2家金融业协会和7家重点金融机构，同时还推进了1个地产项目；市政府有关领导率市经贸代表团赴台开展招商活动，推进了7个有关装备制造业和现代服务业重点项目。二是大力推进台资服务业项目发展。针对加强服务业发展的总体思路，通过普遍性梳理、专题性座谈、针对性招商、实质性推进等方式，促进台资企业的发展。通过反复调度沈阳市交通运输、仓储物流、餐饮、金融、房地产等10个行业的台资服务业项目，深入实际摸清台资服务业项目发展现状。通过举办服务业台商专题座谈会，向台商介绍沈阳市支持服务业发展的举措，围绕沈台经济发展现状与台商交流互动，拓宽了加快台资服务业发展思路。同时，针对台资服务业发展需要，组团赴上海、苏州、福州、泉州、厦门等地开展台商服务业考察招商，先后考察了中华两岸连锁经营协会等7家企业，拜会了旺旺集团中国旺基金会总经理赵宏利等50余位知名企业家，促进了一批在谈项目和新项目达成合作意向。此外，还组织举办了太原街新加坡广场台湾美食展、中街台湾美食街、南塔台湾美食夜市、苏家屯台湾美食街等活动，取得了较好效果。三是利用各项活动搭建招商平台。7月，全国台企联“辽宁片会”在沈阳举行。沈阳、大连、长春、哈尔滨、鞍山、营口、吉林7个台商协会代表53人参会，市台办组织沈抚新城管委会、于洪区、辽中县相关部门参加会议并与台商进行对接，会上沈抚新城管委会向台商介绍了园区重点发展产业及招商项目。8月，举办了“第十三届辽宁台湾周”系列活动。活动期间，共接待了台湾机床企业参访团、台湾农业参访团、台湾美食展参访团三个团组，并分别举办了沈台机床产业座谈会、沈台农业产业合作座谈会。市政府主要领导出席了开幕式和辽台经贸合作项目签约仪式，推进了一系列项目，联恒汽车配套产业园二期和沈阳国际建材商贸批发城两个项目签约，总投资额达3亿美元。11月，组织沈阳台商协会赴辽中县开展项目对接会，通过听取情况、实地考察、项目对接，初步达成在辽中县建立台湾精致农业产业园项目的意向，计划用地66.7公顷，力争引进台湾农业企业50家。同时，还组织协办了第十三届中国国际装备制造业博览会和第十四届中国沈阳国际农业博览会，进一步促进了沈台两地的经贸交流。

（刘一帆）

【对台交流】 2014年，沈阳市居民赴台达11.5万人次，同比增加144%；台胞来沈落地签注3293人次，同比略有增长。全年共组织30个赴台交流团组，接待15个台湾来访团组。全年为台胞台属解决实际问题20件。对台交流工作主要是以文化和教育为主线，拓展了交流领域，开展形式丰富多元的交流活动，推动沈台各领域交流逐步进入机制化轨道，对台交流交往工作持续升温。一是依托“四个平台”，突出开展沈台两地文化交流。以市文联为平台，在台湾淡江大学举办了“北国风光”美术作品展，赴台参加了“甲午之美”艺术交流活动，在辽宁美术馆举办了沈台两地“翰墨春秋”书法艺术联展；以张氏帅府为平台，先后赴台参加了“两岸三馆年会”和“2014年两岸博物馆公众教育交流研讨会”；以沈阳日报传媒集团为平台，赴台洽谈了未来教室及智慧教室项目和版权合作交流项目；以市台联为平台，在沈举办了儒家文化研讨会，赴台开展了沈台少数民族文化交流活动。二是依托重点交流项目，深入开展沈台教育领域交流。7月，承办了国台办重点交流项目“台湾中南部中小学校长沈阳参访团”，活动以职业教育交流与合作为重点，在沈期间先后参访了沈阳化工学校、沈阳汽车工程学校、沈阳农业大学附属中小学及实践基地，并于沈阳汽车工程学校举办了“沈台两地校长论坛”，沈台两地校长教师200余人进行了讨论和交流，这是沈台两地首次开展的职业技术学校交流。此外，还组织市一百七十六中学橄榄球队赴台开展了体育教育交流，市教育局赴台开展了文化教育交流，团市委赴台开展了预防青少年违法犯罪等法制教育交流，和平区教育局赴台参加了“沈阳——台湾中小学教育咨询化管理座谈交流会”等活动。三是全面拓展各领域交流空间。2014年，组织了工会、旅游、群团、卫生、口岸、民政、科技、基层单位等领域的14项交流活动。市职工技术协会赴台开展了社区居民及劳工职业技术交流活动，市总工会、沈阳机床（集团）有关负责同志赴台开展了职工互助保险交流，市总工会有关领导率团赴台开展了对口交流活动，接待了台湾海峡两岸观光旅游协会团来沈参观考察，市人大有关领导率市旅游考察团赴台湾参加第九届海峡两岸台北旅展，市侨联考察团赴台开展了沈台两地侨界的交流，市红十字会派员随辽宁省红十字会团赴台开展相关活动，市残联随中国残联团赴台参加盲人、听语、精神、智力和学习障碍者就业和职业培训班，市口岸办赴台开展了口岸交流及航线调研活动等。四是促进了沈台上层人士交流互访。2月，中国国民党荣誉主席连战来沈参访，市委主要领导会见了中国国民党荣誉主席连战及夫人连方瑀一行，共同探讨了沈台合作发展大计。同月，市政府主要领导率团赴台开展经贸交流活动，在台期间，拜会了中国国民党荣誉主席吴伯雄、海基会董事长林中森、亲民党主席宋楚瑜、三三企业交流会会长江丙坤等岛内知名人士。8月，辽宁台湾周期间，市政府主要领导会见了中国国民党荣誉副主席詹春柏、亲民党荣誉副主席钟荣吉等岛内知名人士。9月，接待了中国国民党荣誉副主席蒋孝严一行来访。

（刘一帆）

【涉台宣传教育】 2014年，沈阳市以“活力沈阳、魅力台湾”为宣传主题，围绕对台经贸和交流活动精心谋划，进一步加强对台宣传教育，营造了有利于沈台交流与合作的良好氛围。一是积极开展入岛宣传。4月，由市委宣传部、市台办、沈阳日报社和沈阳广播电视台等单位组成的沈阳市新闻媒体访问团赴台开展媒体交流。在台期间，先后访问了台北市新闻记者公会、旺旺中时集团、旺报、中天电视及东森电视等媒体。《沈阳晚报》与《旺报》签署了合作意向协议，明确双方开展人员互访交流，《沈阳晚报》将定期在《旺报》上开辟沈阳专版，介绍沈阳的自然历史和经济社会发展情况，推动了两地新闻媒体间的交流与合作。5月，组织拍摄的沈阳城市形象广告片在东森亚洲新闻台、东森亚洲卫视台、东森新闻中国台三台同步播放，这是沈阳市第一次在岛内进行城市广告宣传。6月，市政府主要领导撰写的文章《一朝发祥地，两代帝王城》，以专访形式登载在台湾联合报的联合新闻网辽宁专区，文章推介了沈阳的历史、文化和社会经济发展情况。二是认真做好台湾媒体来沈采访工作。6月，接待了台湾八大电视台“世界第一等”栏目摄制组。10月，台湾经济日报“台商小巨人、纵横大中华”栏目组来沈采访。同月，接待了由台湾古都广播公司、东森电视台、台湾时报等九家媒体组成的“台湾中南部媒体辽宁采风团”来沈采风。全年共接待了15家台湾媒体40多人次来沈采访，拓宽了入岛宣传的渠道。三是加强对台媒体网络宣传。充分利用华夏经纬网的“沈阳与台湾”城市网页、“辽台往来”栏目和中国台湾网等网络媒体平台，及时宣传沈阳市对台工作的新进展、新成果。全年在中央、省市刊物及网络媒体上共发稿500多篇，发稿量继续保持全省前列。

（刘一帆）

【台湾同胞权益保障】 积极发挥协调机制，依法处理台商投诉案件，深入开展服务工作，为台胞投资兴业解决实际困难。一是积极协调处理台商投诉案件。认真贯彻《中华人民共和国台湾同胞投资保护法》，通过在市法院设立调解涉台案件联络员机制、发挥基层台办在协调涉台投诉中的作用、市政府主管领导召开投诉协调座谈会等形式，积极深入解决台商反映的问题，收到较好的效果。全年共协调台商投诉案件46件，已解决32件，其它14件正在解决之中。二是加强对台资企业的服务和指导。会同沈阳台商协会到台资企业开展走访调研，摸清情况，实现平台前移，帮助台资企业研究解决生产生活的实际问题，全年共走访了10家企业，切实做好安商工作，努力营造良好的投资环境。三是拓宽驻沈台资企业融资渠道。为解决台资企业融资难、融资贵问题，市台办、市经信委、建行辽宁省分行联合举办了“政银台企助保金贷款专场对接会”，30余家台资企业代表参加会议。会议以“政银合作加快东北振兴，助力台资企业在沈发展”为主题，建行就贷款方面的政策进行了讲解，与会台资企业与建行辽宁省分行进行了业务对接，有6家台资企业现场与建行达成了贷款意向。

(刘一帆)

·保　　密·

【概述】 2014年，沈阳市保密系统完成保密工作统计数据报送工作，在认真总结近两年保密普查工作经验的基础上，通过采取电话咨询、上门答疑、走访座谈等形式，加强对数据统计工作的指导，协调解决有关问题，确保高标准、高质量、高效率地完成数据统计工作。加强军工科研生产单位的保密管理，完成22家单位的审核，配合省军工认证办完成17家单位的首轮和重新认证的现场审查。开展网络核查备案，对报送的数据进行认真核实，严格界定每一个网络的属性，坚决纠正网络定位模糊、定位不准等问题。加强保密业务管理，继续做好涉密工程项目审查工作，提出保密管理要求，并适时监督项目实施过程中的保密管理；开展国家秘密载体印制资质单位审查工作，对上报的材料进行认真审查，并对材料的真实性进行现场核实；会同市委宣传部对新闻媒体、互联网门户网站、政务微博、政务微信等单位的工作人员，开展武器装备建设信息保密管理专项保密宣传教育。大力开展保密干部全员培训，市国家保密局在举办3期集中培训班后，又送培训“下乡”，到郊区县举办7期培训班，全年共对11个区、县(市)941名领导干部、保密干部和涉密人员进行全员培训，并向考试合格的学员颁发辽宁省统一制发的《全国保密干部培训结业证书》，全市累计全员培训1218人。坚守党校保密教育阵地，在市管干部、中青后备干部、初任公务员培训等班次开保密课80多学时，对820余名领导干部进行保密教育培训。开展保密法实施条例宣传活动，市国家保密局制作2套保密法实施条例展板，70余家单位的2.3万多名领导干部、涉密人员现场参观巡展；与《沈阳日报》法治生活栏目合作，开设十二期保密法制宣传教育专栏，进行全民保密法制教育；制作《保密法实施条例》、《图说保密法》两部视频宣传片，在市委、市政府楼宇电视滚动播出，进一步巩固宣传教育成果。充分发挥《保密工作》杂志等刊物宣传作用，通联工作连续16年荣获全国副省级城市第一名。开展涉密中央文件保密管理专项检查，督促相关单位限期做好整改工作，切实提高各级党政机关、涉密单位中央文件保密管理工作水平。开展非涉密网络保密管理专项检查，狠抓整改落实，有效解决个别机关、单位网络定位不准、保密管理薄弱等问题。开展中高考等国家考试保密检查，加强与教育、招考、司法等部门的配合，抓好各类国家统一考试试卷的保密管理，确保试卷在各个环节的安全保密。

(于　浩)

【军工科研生产单位保密管理】 认真做好申请军工认证单位涉密人员培训，提供组织、制度建设、技防保障等方面的咨询、指导与服务。完成22家单位的审核，配合省军工认证办完成17家单位的首轮和重新认证的现场审查。市国家保密局组织召开二、三级军工保密资质认证单位保密工作会议，对全年的保密工作进行专项部署，并解答军工单位在保密管理上的疑问；组织开展“一次调研、一次检查、一次培训”的“三个一”活动，进一步提高军工单位保密干部的保密管理基础知识和技能，有效促进保密工作水平的提升，使全市军工单位的保密管理上了一个新台阶。

(于　浩)

【保密业务管理】 按照《涉密工程审查和保密管理办法(试行)》要求，市国家保密局对各单位申请的涉密工程项目进行认真审查，提出保密管理要求，并适时监督项目实施过程中的保密管理；根据《国家秘密载体印制资质管理办法》，开展国家秘密载体印制资质单位审查工作，对12家申请国家秘密载体印制资质单位的上报材料进行认真审查，并对材料的真实性进行现场核实；为认真贯彻落实《关于加强武器装备建设信息保密管理的意见》，会同市委宣传部对新闻媒体、互联网门户网站、政务微博、政务微信等单位的工作人员，开展武器装备建设信息保密管理专项保密宣传教育，使其了解相关保密规定，严禁擅自披露涉密武器装备建设信息，并将武器装备建设信息纳入舆情监控工作之中。

(于　浩)

【保密干部全员培训】 在全面总结全员培训经验的基础上，针对区、县(市)保密干部全员培训的特点，精心准备，找准重点，确定全员培训课件。为解决各区、县(市)保密干部路途远、集中困难的现状，市国家保密局在举办3期集中培训班后，又送培训“下乡”，到郊区县举办7期培训班，全年共对11个区、县(市)941名领导干部、保密干部和涉密人员进行全员培训，并向考试合格的学员颁发辽宁省统一制发的《全国保密干部培训结业证书》。全市累计全员培训1218人，完成全员培训任务。

(于　浩)

【保密法实施条例宣传活动】 保密法实施条例颁布后，市国家保密局制作2套保密法实施条例展板，在市委、市政府机关大院和市委党校、于洪区、东北大学等地区和单位举办19场实施条例宣传巡展，70余家单位的2.3万多名领导干部、涉密人员现场参观巡展；在市委宣传部的大力支持下，与《沈阳日报》法治生活栏目合作，开设十二期保密法制宣传教育专栏，进行全民保密法制教育；制作《保密法实施条例》、《图说保密法》两部视频宣传片，在市委、市政府楼宇电视滚动播出，进一步巩固宣传教育成果。

(于　浩)

【发挥《保密工作》杂志等刊物宣传作用】 沈阳市通联工作连续16年荣获全国副省级城市第一名。《保密工作》杂志刊发了《动力所——打造高效率的保密长效机制》、《平常事 不平常——记沈阳市康平县保密局副局长朱东艳》、《沈阳:“四个到位”学习贯彻保密法实施条例》等3篇反映保密工作的通讯报道。全市各机关单位积极订购《保密工作概论》、《保密科学技术》等图书、杂志、挂图、音像等保密宣传教育资料,营造了良好的学习宣传氛围。

(于 浩)

【涉密中央文件保密管理专项检查】 全市各区、县(市)和有关市直机关、单位认真开展了涉密中央文件保密管理专项检查工作。市国家保密局会同市委办公厅组成联合检查组,采取现场检查和远程技术检查相结合的方式,对铁西区、市发改委、市检察院等27家单位涉密中央文件保密管理情况进行抽查。抽查结束后,督促相关单位限期做好整改工作,切实提高各级党政机关、涉密单位中央文件的保密管理工作水平,防止发生涉密中央文件失泄密事件。

(于 浩)

【非涉密网络保密管理专项检查】 按照相关文件要求,积极组织开展非涉密网络保密管理专项检查工作。在各地区、各单位全面自查的基础上,市国家保密局抽查12家单位在非涉密网络保密管理、保密制度落实等方面的情况。针对存在的问题,市国家保密局狠抓整改落实,有效解决个别机关、单位网络定位不准、保密管理薄弱等问题,确保国家秘密的安全。

(于 浩)

【军工保密资格认证单位检查】 为更好地掌握军工保密资格认证单位保密管理的现状和水平,市国家保密局对12家通过军工保密资格审查认证的单位进行检查,并对存在的问题有针对性地进行指导,督促军工单位做好日常保密管理,开展保密自查,进一步落实责任,建立健全长效机制,切实做好军工单位的保密工作。

(于 浩)

【中高考等国家考试保密检查】 加强与教育、招考、司法等部门的配合,抓好各类国家统一考试试卷的保密管理,全年同教育、招考部门一同完成了20余次各类考试的保密监管。为强化试卷命题、印刷、交接、运输、保管等环节的监管,市国家保密局会同市招办对各区、县(市)试卷保密室进行全面检查,对中考命题设备进行保密检查和封存,并指派专人入闱中考命题,确保试卷在各个环节的安全保密。

(于 浩)

【召开中共沈阳市委保密委员会扩大会议】 中央、省委保密委员会全体会议召开后,市委保密委员会认真组织学习会议精神,及时研究确定全年保密工作任务。4月1日,召开了中共沈阳市委保密委员会扩大会议。会议总结了2013年全市保密工作;通报了2013年全省失泄密案件;审议通过了《中共沈阳市委保密委员会2014年工作要点》;市委常委、秘书长、市委保密委员会主任马占春同志作了重要讲话,要求各地区、各单位要切实增强忧患意识、责任意识,加强组织领导,把握关键环节,推动全市保密工作实现新突破,为保密事业科学发展提供有力保障。会后,全市各地区和单位分别召开了保密委员会(保密工作领导小组)和保密业务会议传达会议精神,安排部署全年的保密工作任务。

(于 浩)

【保密宣传教育】 继续采取送教上门的方式开展保密宣传教育。市国家保密局紧密联系各单位实际情况,解读真实泄密案件,指导如何开展工作,为沈北新区、法库县、市人大办公厅等20余个地区和单位进行保密业务培训和窃密与反窃密技术演示,强化领导干部和涉密人员的保密观念;组织各单位观看警示教育宣传片,经信委等20余家单位学习观看了全国窃密泄密案例警示教育、涉密经济数据案例、保密业务常识等专题片。

(于 浩)

·信 访·

【贯彻落实《信访条例》】 2014年6月27－29日,由国务院副秘书长、国家信访局局长舒晓琴率领的国务院《信访条例》执法检查组一行来沈,对沈阳市《信访条例》执行有关情况进行检查。省委常委、市委书记曾维出席座谈会并讲话,市委副书记邢凯主持座谈会并陪同检查,副市长许文有汇报工作。执法检查组先后来到市信访大厅、沈河区药大社区、东陵区(浑南新区)世纪新城社区、铁西区永善社区和市房产局办证大厅,听取情况介绍并分别召开座谈会。6月30日,舒晓琴在辽宁省《信访条例》执法检查反馈意见时,对沈阳市信访工作给予充分肯定。舒晓琴认为,沈阳创新机制有突破。近年来,坚持平台、机制、渠道一起抓,通过重点建设信访接待大厅,带动了信访工作的整体推进。一是开创了联合接访新模式。全面总结推广联合接访的"沈阳经验",市县两级全部建成信访接待大厅,实行"一站式接待、一条龙办理、一揽子解决",有效整合了资源、便利了群众、提高了效能。二是完善了信访工作新机制。在各级信访大厅建立"四级调处"工作机制,推动及时就地解决问题。三是拓展了信访大厅新功能。依托信访接待大厅,开通市长信箱、公开电话、网上信访、短信投诉、视频接访等新功能,拓宽了渠道,提高了效率,使"习惯走访、轻信轻网"的状况明显改观。沈阳市的经验做法为全国推进联合接访提供了有益借鉴。

(龚 伟)

【沈阳都市版的枫桥经验】 为进一步方便群众反映诉求,及时就地解决问题,动员社会力量参与化解信访突出问题,沈阳市委、市政府总结推广了沈河区"全社会调解工作模式"。8月22日,市委、市政府在沈河区召开推广全社会调解工作模式现场会,市委副书记邢凯、副市长许文有进行动员部署,会上下发了《沈阳市关于推广全社会调解工作模式的意见》。在各区、县(市)建立全社会调解工作站、工作室、工作点、工作组、工作岗,聘任全社会调解员,建立调解员资源库,吸收党代表、人大代表、政协委员、专家学者、法律工作者、新闻媒体人等专业人士为调解员,在调解工作站、室、点、组、岗的人员选用中,吸纳居民代表中热情高、素质高、公信力高的"三高"人士为全社会调解员,提高全社会调解工作的社会参与度。并定期组织开展培训活动,召开听证会、调解会,实现"组织全覆盖、社会全动员、各方全参与、矛盾全调解",做到琐事不出网格、小事不出社区、大事不出街道、难事不出城区,及时就地化解矛盾,把化解矛盾的兜底责任压实。全市共设立了工作站170个、工作室2000余个,点、组、岗1.5万余个,调解员1.7万余人,化解社会矛盾1.5万余件。同时,各区、县(市)以全社会调解工作为依托,建立信访代理室,设立代理员。全市共建立社区服务站434个,代理员2302人,通过代理员化解矛盾纠纷2658件,排查不稳定因素3019件,化解重点集体访隐患220批。国务院副秘书长、国家信访局局长舒晓琴认为沈阳市都市版的枫桥经验总结得很好。

(龚 伟)

【沈阳信访工作制度改革的经验在全国推广】 沈阳市紧密结合沈阳实际,对信访工作制度不断改革创新,坚持诉访分离,引导群众依法逐级反映诉求,建立网上信访大厅,开展群众满意度评价,组织推动积案化解,正确处理维权与维稳的关系等,得到了中央联席办、国家信访局的充分肯定。11月3日,"深化平安中国建设会议"在武汉召开,中央政法委、国家信访局指定沈阳市委、市政府代表信访系统在会议上汇报沈阳市"创新群众工作方法及时就地解决问题"的经验做法。中央对这次会议非常重视,习近平总书记不但亲自审定了会议方案,还对这次会议做出重要批示。中央对这次会议的形式进行了改革,将由过去的完全通过文字材料介绍经验改为领导作简短发言后,通过播放专题片的形式介绍经验。11月4日,市委副书记邢凯代表沈阳市委、市政府在"深化平安中国建设会议"上通过简短发言后,主持播放了《创新群众工作方法及时就地解决问题——沈阳信访工作制度改革创新纪实》专题片。受到国家信访局、中央政法委及与会领导的好评,沈阳信访工作制度改革的经验在全国推广。

(龚 伟)

【信访积案百日攻坚行动】 按照国家信访局要求,沈阳市委、市政府决定结合党的群众路线教育实践活动,在全市组织开展信访积案百日攻坚行动。9月1日,省委常委、市委书记曾维组织召开全市信访积案百日攻坚行动动员部署会议,要求全市排查出的6123件信访积案,年底前要实现件件有着落,事事有结论。市信访局成立积案化解办公室,组织推动积案化解。利用2014年度省联席办给沈阳市下达中央和省级信访650万元专项资金化解疑难个案。同时,沈阳市把解决历史遗留的信访问题,作为民生工作来抓,纳入市委出台的《中共沈阳市委关于进一步加强民生工作的意见》中。截至12月22日,全市已办结4994件,其中,息访4841件,息访率79.1%。

(龚 伟)

【社会稳定风险评估】 沈阳市组织人大代表、政协委员和社会各方面专家、学者、法律人士,围绕重大项目建设开展社会稳定风险评估论证会,有效规避社会稳定风险,先后对中石油铁大线原油管道安全改造工程(沈阳段)等28个项目进行了社会稳定风险评估。其中:22个项目社会稳定风险评估等级为低风险,可以实施;5个项目社会稳定风险评估为中风险,经整改后实施;1个项目没有通过社会稳定风险评估,不能实施。经过社会稳定风险评估的项目没有发生一起集体上访,有效发挥了提前预防、超前预警、及时化解社会稳定风险评估的作用。

(龚 伟)

【重要敏感时期和节点信访】 沈阳市高度重视重要敏感时期节点信访工作,在做好省市两会期间信访工作基础上,积极配合中央、国家机关和省驻京信访工作组及北京市有关地区处理沈阳市群众进京上访问题,疏导上访群众情绪,协调相关地区对在京滞留的上访人员和进京非正常访进行劝返带离工作。特别是"全国两会"、"党的十八届四中全会"、"北京APEC会议"期间。市委、市政府主要领导高度重视,专门做出指示,确保沈阳在重大敏感时期北京方面不发生因信访问题引发有影响的事件。以市委副书记邢凯为组长的市联席会议信访稳定"三人领导小组",精心部署、京沈联动、分兵把守,及时调度北京重点地区、敏感部位非正常上访及处置工作,坚持法治思维和法治方式,进一步强化法律在化解矛盾和处置信访过程中违法行为的作用,压实公安机关依法处理上访中的违法行为的职责。对进京非正常访由公安机关依法稳妥处理;由责任主体单位及时解决信访问题。沈阳市进京非正常上访285人次,比上年下降81%。

(龚 伟)

【建立"先解决问题、后论责任"的工作模式】 市信访局从解决问题着手,深入基层调研,总结推广涉及民生领域化解矛盾的好经验、好做法,组织推动矛盾化解,维护群众合法权益,收到实效。深入水务集团大东分公司进行调研并形成报告,并在《沈阳群众投诉受理权益保障工作信息》第9期上刊载了"沈阳水务集团大东分公司以群众利益为本——先服务后论责及时就地化解供水矛盾"一文,曾维书记在该文上做出重要批示:"要在全市弘扬这种做法,牢固树立群众利益为本的思想,以各级干部作风大转变,促进群众合理诉求大解决。"在全市全面推行了"先解决问题、后论责任"的工作模式,推动了及时就地化解社会矛盾。

(龚 伟)

·老干部工作·

【概况】 2014年,全市各级党政组织和老干部工作部门,认真落实市委、市政府关于老干部工作的决策部署,着力解决离休干部反映比较强烈的在住房补贴、医疗办法和老干部大学校舍等方面存在的突出问题,为推动老干部工作转型发展、科学发展和实现习近平总书记提出的让老同志安享幸福晚年的工作目标迈出了坚实的一步。截至2014年底,全市有离休干部1.19万人。其中:市属离休干部9654人,中直(驻沈)离休干部2211人。其中:红军时期参加革命7人,占0.07%;抗日战争时期参加革命678人,占7.0%;解放战争时期参加革命8969人,占92.93%。行政机关1856人,占19.23%;事业单位2459人,占26.40%;企业单位5249人,占54.37%。正省级单项待遇1人,副省级单项待遇8人,正地(厅)级待遇2人,副地(厅)级待遇588人,正县(处)级待遇1555人,副县(处)级待遇4253人,正副乡(科)级待遇820人,其它待遇2427人。

76～79 岁 26 人,占0.27%;80～89 岁 7639 人,占79.13%;90 岁以上 1989 人,占20.60%。平均年龄 86.8 岁,最小年龄 77 岁,最大年龄 102 岁。离休干部党员 7084 人,占73.38%。党支部 587 个,党小组 669 个。

(林 琳)

【住房货币化补贴】 截至 2014 年底,全市共有 1.23 万名离休干部享受到了住房补贴款,占符合政策离休干部总数 1.52 万人的 81.3%,此项工作开始进入收尾阶段。2012 年,各区在全市率先启动解决企事业离休干部住房货币化补贴工作,经过三年时间,9 个区除一个区正在解决当中,其他 8 个区到 2014 年底已全部完成此项工作,共解决 7140 人,占各区符合政策离休干部总数 7839 人的 91%。市直各企事业单位及时制定规划,积极筹措资金,加快解决进度。截至 2014 年底,在协调市财政安排的 1.02 亿元专项资金中,已解决无能力市直企事业单位 1275 名离休干部住房补贴,剩余的 570 人,将于 2015 年上半年全部解决。市委老干部局与市房产局共同举办 4 场基层单位工作人员参加的政策业务培训会,各企事业单位做好了建档、审核等基础工作。市委老干部局还分别安排局领导带队,组成 4 个工作组,深入到 30 多家市直单位开展督查指导、政策咨询和上门服务。截至 2014 年底,共解决了 5191 名离休干部住房补贴,占市直单位符合政策离休干部总数 7333 人的 71%,较好地实现了年初预期的目标。

(林 琳)

【离休干部医疗管理】 按照财政分级管理体制,市、区(县、市)两级党委和政府及有关部门结合各自实际,积极探索和改进离休干部医疗管理办法。市局积极协调市财政局、市卫计委对市直离休干部医疗管理办法进行改进和完善,新办法规定从 2014 年 10 月 1 日开始,取消市直单位离休干部住院现金结算,实行由市财政与医院即时结算,大幅度方便了离休干部就医。区、县(市)通过进一步扩大定点医院、放宽转院限制、缩短医药费报销周期等,有效应对"双高期"离休干部医疗中出现的新问题。

(林 琳)

【市老干部大学迁建改造项目开工建设】 市委、市政府决定将一所职业学校改扩建为市老干部大学。在市领导的高度重视和各有关部门的支持下,市老干部局作为项目责任单位,抽调工作人员,组建基建班子,克服了原建筑遗留问题较多、需补办的手续较繁杂等实际困难,先后完成了项目建议书、可研、勘察、设计和资产划转、房屋产权、用地规划等手续报批和招标工作,将于 2015 年全面竣工并投入使用。

(林 琳)

【离退休干部党建工作】 制定出台《关于进一步加强离退休干部党支部建设的指导意见》,对全市离退休干部党支部建设工作起到了重要的推动作用。召开三次离退休干部党支部书记座谈会,围绕"双高期"情况下离退休干部党建工作如何取得更大实效问题进行深入探讨。全市离退休干部队伍中的先进事迹不断涌现,如热心公益、传播正能量的铁西区沈阳低压开关厂王华,发挥专长、奉献余热的沈河区朝阳一校秦宝贤,深入学校、关心下一代的新民市公安局张士良。2014 年,在全国离退休干部先进集体和先进个人表彰大会上,全市有 1 个单位和 3 位离退休干部分别获得全国先进老干部集体和先进老干部称号。在全省寻找"最美老党员"活动中,沈阳市 3 名离休干部获此殊荣。还有许多离退休干部党支部和老干部党员,被评为所在单位或上一级党组织的先进党支部和优秀党员。

(林 琳)

【各项常规性的老干部工作有所创新】 各区、县(市)和市直有关单位老干部工作部门应对空巢、独居和有特殊困难离休干部的实际情况,探索创造出了 13 种个性化服务的有效办法,及时化解了这些老干部在日常生活中所遇到的各种困难;走访易地居住离休干部实行"双反馈"制度,对市老干部局安排走访的 21 位离休干部提出的问题和建议,以"反馈单"的形式告知所在单位,并将处理结果通知离休干部本人;改进宣传信息工作考核办法,不片面追求信息数量,而是更加注重信息质量,全年被涉老媒体采用 170 篇,被市老干部局网站采用 2300 条;送课上门和党校办班相结合培训老干部工作人员。市老干部局主要领导亲自到市内 9 区,为 600 多名基层老干部工作人员送课上门,宣讲老干部工作政策和业务知识。举办两期全市老干部工作人员培训班,使 200 多名老干部工作人员接受更加正规的培训。

(林 琳)

【离休干部居家养老服务保障措施进一步加强】 及时将全市离休干部护理费标准提高到每人每月 1000 元和 1200 元,从 2014 年 1 月 1 日起执行。协调市财政局为 119 家市直特困企业的 725 名离休干部办理了医疗统筹减免手续,共减免 2320 万元。协调市房产局为 147 家特困企业的 1500 名离休干部办理了采暖费免缴手续,共免缴 350 万元。继续以市委、市政府名义向 315 名年满 90 周岁的市属离休干部赠送彩电。不断推进的全市离休干部"四就近"工作,开始让广大老同志受益。

(林 琳)

【机关党建】 高度重视机关党建工作,将党建工作列入全局工作重要议事日程,认真制订落实责任制的具体措施和方案,领导班子成员坚持参加双重组织生活。以局理论中心组扩大到机关全体党员干部的培训学习为平台,大力实施学习工程。坚持每周三的集中学习制度。开展老干部政策业务技能培训,局主要领导围绕"知、说、写、做"老干部工作者必备的四种基本能力,对全局机关党员干部和事业单位中层干部 40 余人开展系统培训。加强对党员的反腐倡廉教育。建立健全机关反腐倡廉建设领导体制,配备了专职纪检工作人员,制定了反腐倡廉宣传教育工作实施方案,健全作风建设长效机制,完善规章制度,严格工作纪律,规范机关工作人员的日常行为。

(林 琳)

纪检监察

【综述】 2014 年,全市各级纪检监察机关认真履行党章和行政监察法赋予的职责,落实转职能、转方式、转作风的要求,找准职能定位、聚焦主责主业,党风廉政建设和反腐败斗争取得了新的进展。

1. 按照"三转"要求，不断完善反腐败工作的领导体制和工作机制。市纪委、监察局机关对内设机构进行了调整，新成立党风政风监督室，增设4个纪检监察室，组建组织部、宣传部、纪检监察干部监督室，执纪监督部门数量及人员力量分别占到机构和编制总数的72.22%和62.86%。出台了《沈阳市贯彻落实〈建立健全惩治和预防腐败体系2013—2017年工作规划〉的实施办法》，对全市惩防体系建设工作做出了整体规划。制定了《沈阳市关于落实党风廉政建设党委主体责任和纪委监督责任及责任追究的实施意见（试行）》，进一步理清了党委和纪委的责任边界，为强化责任追究提供了依据。

2. 坚持常抓不懈，纠正"四风"工作措施进一步完善。制定《沈阳市关于进一步反"四风"转作风的十三条禁令》等制度规定，建立全市作风建设月巡查和区域监管制度，对624家所属单位、1560个窗口单位公款消费和公车使用情况进行明察暗访，对全市涉农乡镇（街）村党员干部利用各种喜庆事宜大操大办、借机敛财突出问题进行专项整治。全市共查办违反中央八项规定和作风建设方面案件149件，给予党政纪处分138人。

3. 深入查办案件，坚决遏制腐败现象蔓延的势头。2014年，全市各级纪检监察机关共受理信访举报7483件（次），新立案件1107件，给予党政纪处分1260人，移送司法机关115人，查办大案要案407件，其中涉及市管干部21人，处级干部97人。通过办案挽回经济损失1.93亿元。市纪委监察局严肃查处了市食品药品监督管理局原局长王燕玲等一批典型案件。

4. 强化执纪问责，人民群众反映强烈的突出问题逐步得到解决。在全市食品药品安全、环境保护、安全生产、国土资源等四个领域开展了对政府职能部门履职情况的再监督和再检查，及时纠正和查处了一批执法不严、问责不到位的问题。针对推进"青山工程"中存在的违法违规占用林地建厂、采矿等现象，严肃查处了有关公职人员的失职渎职问题。深化征地拆迁中违纪违法问题专项治理，市区两级纪检监察机关会同公安、检察机关立案68件，追究了94人的刑事责任，直接收缴违纪违法款6819万元，为国家挽回和避免经济损失11.42亿元。开展了惠农政策落实情况专项检查，立案60件，给予党政纪处分57人，移送司法机关33人，挽回经济损失1394万元。在全市4800多个窗口单位集中开展"四风"问题专项整治，受理群众对窗口单位存在的"门难进、脸难看、事难办"等问题投诉285件，处理和追究143人。

5. 加强自身建设，纪检监察干部队伍的履职能力进一步增强。市纪委机关认真落实群众路线教育实践活动各项整改措施，制定完善中心组学习制度、调查研究制度等规范机关政务、事务工作的制度38项，有效提升了自身建设制度化水平。不断加大教育培训力度，首次直接面向乡镇（街道）纪检干部组织业务培训，继续实行执纪执法资格考试和持证上岗制度，提高了基层干部和办案人员的业务能力。制定《沈阳市纪检监察干部行为守则》和《关于加强委局机关干部队伍建设的意见》，进一步增强了执纪者更要带头遵守纪律、监督者更要自觉接受监督的自觉性。

（朱鸿雁）

【市纪委十二届四次全会】 2014年1月26日，中共沈阳市第十二届纪律检查委员会第四次全体会议举行。全会回顾总结了2013年全市党风廉政建设和反腐败工作，对2014年反腐倡廉工作进行了全面部署。全会审议通过了市委常委、市纪委书记徐兴华代表市纪委常委会所作的题为《突出抓好主业，创新体制机制，推动党风廉政建设和反腐败斗争取得新成效》的工作报告。

全会认为，2013年全市各级纪检监察机关认真落实市纪委十二届三次全会的各项工作任务，全面落实中央八项规定，领导干部作风得到进一步转变；严厉惩治腐败分子，保持案件查办工作的强劲势头；深入开展专项治理，重点领域的突出问题得到有效遏制；坚持以群众满意为标准，加强软环境建设；围绕全市中心工作，不断加大对重大决策部署监督检查的力度；狠抓队伍自身建设，纪检监察干部履职能力得到提升，党风廉政建设和反腐败斗争取得了新的阶段性成效。

全会提出，2014年全市党风廉政建设和反腐败工作要坚持党要管党、从严治党，加强党对党风廉政建设和反腐败工作的统一领导，推动反腐败体制机制创新和制度保障。全面推进惩治和预防腐败体系建设，持之以恒纠正"四风"，加大惩治腐败力度，加强对领导干部的监督、管理和教育，强化纪检监察干部队伍自身建设，以党风廉政建设和反腐败工作的新成效，为把沈阳老工业基地振兴发展推向新阶段提供坚强保证。

（朱鸿雁）

【贯彻落实中央八项规定精神情况监督检查】 建立每月一次的明察暗访和情况报告制度，由各区、县（市）纪委组成检查组，采取不打招呼的办法，每月抽查四个所属单位部门贯彻落实中央八项规定和改进作风有关要求情况，暗访十余个餐饮娱乐场所、商业中心、景区景点和中小学校公款消费和公车私用等方面问题。同时，通过新闻媒体向社会公布了举报信箱、电话和网址，在市纪委门户网站设立"违反八项规定等作风建设问题专项举报箱"，受理群众举报。2014年，全市共查办违反中央八项规定精神案件96起，给予有关责任人员党政纪处分71人。市纪委先后对14起典型案件在媒体上指名道姓公开曝光，发挥了很好的教育、警示和震慑作用。

（朱鸿雁）

【惠农政策落实情况专项检查】 按照市区联动、交叉检查的思路，在2013年度惠农资金中选择78个项目，从市县与乡镇账目、资金投入与项目进展、政策安排与农户反映的比对中找差异、挖线索，共查阅财务账目711卷、票据8553组，实地检查项目315个、台账1355份，入户走访村屯145个\农民895户，发现和排查虚报冒领惠农资金、损害群众利益问题线索355个，立案查办60件，给予党政纪处分57人，移送司法机关33人，挽回损失1394.40万元。同时，督促各区、县（市）下摆滞留资金9518万元，激活沉淀资金957.23万元，调整记账串项资金2810.18万元。协调市财政局建立覆盖8个郊区县（市）的"一卡通"，对28项与农民关系密切的资金通过银行专户直接发放到农户手中，有效防止层层过手、处处克扣问题。

（朱鸿雁）

【集中排查解决损害群众利益的典型信访案件】 3月，组织全市纪检监察机关开展了第二批集中排查解决损害群众利益的典型信访案件工作。在全面巩固第一批活动成果基础上，强化对集中排查解决工作的全程管控，以各级领导"包案件查处、包督办指导、包审结息访"的方式提高工作效率和质量。同时，充分发挥排查解决活动的治本功能，做到发现问题、及时查处、查遗补漏、建章立制。活动开展以来，省纪委交办沈阳市的85件损害群众利益的典型信访案件已全部结案，有55名党员干部因此受到党政纪处分，10人被移送司法机关。

（朱鸿雁）

【"反四风、严法纪"演讲活动】 5月26日，全市"反四风、严法纪"演讲比赛在沈阳广播电视台举行。各区县（市）纪委副书记、常委、宣教室主任和市直有关部门纪委副书记、纪检组副组长以及参赛选手共计200余人参加。在参与竞赛的23个作品中，大东区纪委、市公安局纪委、皇姑区纪委等单位选送的12个作品最终入围，经市纪委会同沈阳广播电视台对其进行艺术再加工后，于7月9日在全市纪检监察系统领导干部"反四风、严法纪"警示教育专题报告会上进行了集中汇演。活动期间，全市共创作廉政演讲节目500余个，面向基层党员干部演出20余场，下发节目光盘1000余张。

（朱鸿雁）

【政府职能部门履行职责情况监督检查】 5－10月，市纪委监察局以查处企业和群众反映强烈的"四品一械"审批、环评审批和验收、土地占用审批、安全生产监管等方面的违纪违法问题为重点，在食品药品安全、环境保护、国土资源、安全生产四个领域集中开展了政府职能部门履职情况专项监督检查。通过全面查阅执法卷宗，畅通信访举报渠道，全市共排查案件线索224件，立案61件，给予党政纪处分111人，行政问责37人，移送司法机关20人。向问题突出的五个地区下发《监察建议书》，建章立制38项，拆除违建14.6万平方米，恢复耕地15.55公顷。

（朱鸿雁）

【落实"两个责任"专项查检】 6月，市纪委监察局由委局领导牵头，抽调市审计局骨干力量组成检查组，对重点市直部门党委（党委）履行主体责任，加强反"四风"转作风工作的组织领导、完善制度及建立长效机制情况和纪检监察部门履行监督责任，加强对作风建设有关规定落实工作的监督检查以及对发现的突出问题组织整改和违规行为进行查处的情况开展专项检查。检查组采取听取情况介绍、约谈、查阅账目、受理举报等方式开展监督检查，共对全市17家单位进行了检查，对发现的24个问题进行了反馈并要求进行整改。

（朱鸿雁）

【全市领导干部警示教育大会】 10月30日，沈阳市在辽宁人民会堂召开全市领导干部警示教育大会，观看近期查处的违纪违法典型案件警示教育专题片。省委常委、市委书记曾维出席并讲话。市委副书记、市长陈海波主持会议。市人大常委会主任赵长义，市政协主席姜宏，省纪委副书记韩玉起出席会议。曾维在讲话中强调，全市各级领导干部要坚持以身作则，切实按照"三严三实"要求，在修身、用权、守纪上走在前列。要毫不松懈地加强党性修养和道德养成，坚定理想信念，坚持志存高远，在加强自我净化、自我完善、自我革新、自我提高中，树立领导干部的良好形象，永葆共产党员的政治本色。要毫不动摇地秉公用权，始终以谨慎之心对待权力、以敬畏之心使用权力，坚持一心为公、克己奉公，用党和人民赋予的权力为群众办更多的好事、创造更多的福祉。要毫不含糊地严格遵守纪律，牢记"纪律面前人人平等、纪律约束没有例外"，切实做到执行纪律不打折扣、不讲条件、不搞变通，真正让纪律成为规范从政行为的高压线。全市各级党组织要始终坚持一心一意谋发展、聚精会神抓党建，严格落实党风廉政建设责任制，推动形成反腐倡廉的强大合力。要对干部从严要求、从严管理，把好干部选拔任用关，着力打造一支素质精良、作风过硬的干部队伍。要善于运用法治思维和法治方式推进制度建设，严格抓好制度执行，真正把不想腐、不能腐、不敢腐的制度铁笼越扎越紧。要坚持作风建设永远在路上，切实在抓常、抓细、抓长上下功夫，进一步形成持之以恒改作风、转作风的新常态。要继续保持惩治腐败的高压态势，切实做到有贪必惩、有腐必肃，以反腐倡廉的实际成果取信于民。

（朱鸿雁）

市人大常委会

【市十五届人大三次会议】 2015年2月10—13日，沈阳市第十五届人民代表大会第三次会议隆重举行。来自全市各条战线的500多名人大代表，肩负着全市人民的重托，以饱满的政治热情和强烈的使命感共赴盛会。大会期间，代表们认真履行宪法和法律赋予的职权，为全面深化改革，推进依法治市，推动沈阳老工业基地在新一轮东北振兴中当先锋、打头阵贡献智慧和力量。2月10日上午，市十五届人大三次会议在辽宁人民会堂开幕。大会主席团常务主席、市人大常委会主任赵长义主持第一次全体会议。副省长、市委副书记、代理市长潘利国向大会作政府工作报告。原市老领导、出席政协沈阳市十四届三次会议的全体委员、市法院和市检察院有关领导、市委、市人大常委会、市政府有关部门负责人和有关机关、企事业单位、群众团体负责人等列席了大会，30名公民旁听了会议。2月11日下午，举行第二次全体会议，市人大常委会主任赵长义作《沈阳市人民代表大会常务委员会工作报告》，市中级人民法院院长周维远作《沈阳市中级人民法院工作报告》，市人民检察院代理检察长赵东岩作《沈阳市人民检察院工作报告》，表决通过了沈阳市第十五届人民代表大会第三次会议选举办法，表决通过了大会总监票人、监票人名单。2月13日上午，举行闭幕大会。大会进行了选举事项，补选了沈阳市人民政府市长、沈阳市第十五届人民代表大会常务委员会副主任、沈阳市人民检察院检察长，潘利国当选沈阳市人民政府市长，李继安、黄凯当选沈阳市第十五届人民代表大会常务委员会副主任，赵东岩当选沈阳市人民检察院检察长。大会表决通过了关于《沈阳市人民政府工作报告》的决议；表决通过了关于沈阳市2014年国民经济和社会发展计划执行情况与2015年国民经济和社会发展计划的决议；表决通过了关于沈阳市2014年预算执行情况和2015年预算的决议；表决通过了关于《沈阳市人民代表大会常务委员会工作报告》的决议；表决通过了关于《沈阳市中级人民法院工作报告》的决议；表决通过了关于《沈阳市人民检察院工作报告》的决议。大会在雄壮的国歌声中闭幕。

（胡士俊）

·市人大常委会会议·

【第十五届人民代表大会常务委员会第九次会议】 会议于2014年2月19日举行，会期半天。（一）会议审议通过了沈阳市第十五届人大常委会2014年工作要点。（二）会议审议通过了沈阳市人大常委会关于补充调整沈阳市第十五届人民代表大会常务委员会代表资格审查委员会组成人员的决定。根据工作需要，依照《中华人民共和国地方各级人民代表大会和地方各级人民政府组织法》的有关规定，决定增补邓福林、任桂芳、周荣生同志为沈阳市第十五届人民代表大会常务委员会代表资格审查委员会委员。（三）会议进行了人事任免事项。决定任命闵学冲为沈阳市人民政府副市长。任命：刘阁臣为沈阳市第十五届人民代表大会环境与资源保护城乡建设委员会副主任委员；范泉水为沈阳市第十五届人民代表大会民族华侨外事委员会副主任委员；王凯功为沈阳市第十五届人民代表大会内务司法委员会副主任委员；陶庆才为沈阳市第十五届人民代表大会内务司法委员会委员；王民、韩燕子为沈阳市第十五届人民代表大会教育科学文化卫生委员会委员；王淑红为沈阳高新技术产业开发区人民法院民事审判庭庭长；杨世才为沈阳高新技术产业开发区人民法院立案庭庭长；王玉坤为沈阳高新技术产业开发区人民法院行政审判庭副庭长、审判员；白晶为沈阳高新技术产业开发区人民法院审判员。免去：朱杰的沈阳市第十五届人民代表大会民族华侨外事委员会副主任委员职务；林昌焕的沈阳市中级人民法院审判员职务；高戟的沈阳高新技术产业开发区人民法院副院长、审判委员会委员、审判员职务；李臣的沈阳高新技术产业开发区人民法院审判委员会委员、执行庭庭长、审判员职务；杨甦的沈阳高新技术产业开发区人民法院审判委员会委员、立案庭庭长、审判员职务；张埜的沈阳高新技术产业开发区人民法院民事审判庭庭长、审判员职务；陶爱党的沈阳高新技术产业开发区人民法院立案庭副庭长、审判员职务；孙迪的沈阳高新技术产业开发区人民法院审判员职务；王丽娜的沈阳高新技术产业开发区人民法院审判员职务；周永克的沈阳高新技术产业开发区人民法院审判员职务；韩静的沈阳高新技术产业开发区人民法院审判员职务；黄明哲的沈阳经济技术开发区人民法院审判委员会委员、审判员职务。

（胡士俊）

【第十五届人民代表大会常务委员会第十次会议】 会议于2014年4月23日举行，会期一天半。（一）会议审议并通过了沈阳市人民代表大会常务委员会关于废止《沈阳市人才市场管理条例》和《沈阳市劳动力市场管理条例》的决定。（二）会议听取审议并通过了市人大农业与农村委员会关于市十五届人大二次会议主席团交付审议的《关于加大对农田水利基础设施建设和维护投入力度的议案》审议结果的报告。（三）会议听取审议并通过了市人大环境与资源保护城乡建设委员会关于市十五届人大二次会议主席团交付审议的《关于采取有效措施，抓紧解决城乡垃圾减量化、无害化、资源化处理的议案》等两件议案审议结果的报告。（四）会议听取审议并通过了市政府关于沈阳市公共文化基础设施建设情况的报告。（五）会议进行了人事任免事项。决定任命：杨树为沈阳市体育局局长；陶庆才为沈阳市卫生和计划生育委员会主任。任命：曲阿翔为沈阳市中级人民法院副院长；朱晓光为沈阳市中级人民法院审判委员会委员、审判员；赵东岩为沈阳市人民检察院副检察长。决定免去：程晓龙的沈阳市体育局局长职务；闫石的沈阳市卫生局局长职务；徐爱秋的沈阳市人口和计划生育委员会主任职务。通过关于赵东岩为沈阳市人民检察院代理检察长的决定，并报辽宁省人民检察院和辽宁省人大常委会备案。通过关于接受张东阳辞去沈阳市人民检察院检察长职务请求的决定，报辽宁省人民检察院检察长提请辽宁省人民代表大会常务委员会批准，并报沈阳市第十五届人民代表大会第三次会议备案。

（胡士俊）

【第十五届人民代表大会常务委员会第十一次会议】 会议于2014年6月19日举行，会期两天。（一）会议审议了《沈阳市学前教育条例（草案）》和《沈阳市集体合同条例（草案）》。（二）会议听取、审议了市政府关于沈阳市2013年财政决算的报告，决定批准沈阳市2013年市本级决算。（三）会议听取、审议了市政府关于2013年度沈阳市本级预算执行情况和其他财政收支的审计工作报告。（四）会议听取、审议并通过了市政府关于沈阳市创建国家公交都市，优先发展城市公共交通工作情况的报告。（五）会议进行了人事任免事项。任命：孙建军为沈阳市中级人民法院副院长、审判委员会委员、审判员；温晓霞、于晓微、魏冬梅、刘大勇、孟石磊、王洋、刘冬、李妍、丁广昱、贾宏斌、甘国明、张振岭为沈阳市中级人民法院审判员；吴冬为沈阳市人民检察院副检察长、检察委员会委员、检察员李雅君为沈阳市人民检察院检察委员会委员、检察员；陈东升、李丹、马骏巍为沈阳市人民检察院检察员。免去：杨欲兵的沈阳市中级人民法院副院长、审判委员会委员、审判员职务；王锋的沈阳市人民检察院副检察长、检察委员会委员、检察员职务；陈嘉良的沈阳市中级人民法院审判委员会委员、审判员职务；苗占元的沈阳市人民检察院检察委员会委员、检察员职务；赵同胜、顾志翔、文立和、崔勇、李振友沈阳市人民检察院检察员职务；鄂屏、蒋晶、康基德的沈阳市城郊地区人民检察院检察员职务；徐红毅的沈阳经济技术开发区人民检察院检察员职务。

（胡士俊）

【第十五届人民代表大会常务委员会第十二次会议】 会议于2014年8月26日举行，会期两天。（一）会议审议通过了《沈阳市集体合同条例》、《沈阳市集体合同条例》。（二）会议审议了《沈阳市学前教育条例（草案）》。（三）会议听取审议了市政府关于沈阳市2014年上半年国民经济和社会发展计划执行情况的报告。(四)会议听取审议了市政府关于沈阳市2014年上半年预算执行情况的报告。(五)会议听取审议并通过了市政府关于推进社区建设工作的报告。(六)会议听取审议并通过了市政府关于沈阳市推进沈阳经济区旅游一体化建设情况的报告。(七)会议听取审议了市政府关于市十五届人大二次会议以来代表建议、批评和意见办理情况的报告。(八)会议听取审议了市法院关于市十五届人大二次会议以来代表建议、批评和意见(以下简称建议)办理情况的报告。(九)会议听取审议了市人大常委会执法检查组关于检查《沈阳市养犬管理条例》实施情况的报告。(十)会议进行了人事任免事项。决定免去:李四文的沈阳市粮食局局长职务;王羽轻的沈阳市中小企业局局长职务。

(胡士俊)

【第十五届人民代表大会常务委员会第十三次会议】 会议于2014年10月28日举行,会期两天。(一)会议审议通过了《沈阳市学前教育条例》。《沈阳市学前教育条例》经本次会议审议通过,会后,有关部门要按程序报请省人大常委会审查批准,并做好《条例》实施前的各项准备工作。(二)会议审议了《沈阳市生活垃圾管理条例(草案)》。(三)会议听取审议并表决通过了市政府《关于加大对农田水利基础设施建设和维护投入力度的议案》办理情况的报告。(四)会议听取审议并表决通过了市政府《关于采取有措施,抓紧解决城乡垃圾减量化、无害化、资源化处理的议案》等两件议案办理情况的报告。(五)会议听取审议了市政府依法行政情况的报告。(六)会议听取审议并表决通过了市人大常委会执法检查组关于检查《沈阳市物业管理条例》实施情况的报告。(七)会议审议并表决通过了沈阳市人大常委会关于进一步密切市人大代表同人民群众联系的意见。(八)会议审议通过了沈阳市人大常委会关于接受王志刚同志辞去沈阳市第十五届人民代表大会常务委员会委员职务请求的决定。根据《中华人民共和国地方各级人民代表大会和地方各级人民政府组织法》第四十一条关于"常务委员会的组成人员不得担任国家行政机关、审判机关和检察机关的职务;如果担任上述职务,必须向常务委员会辞去常务委员会的职务"的规定,由于王志刚同志已到康平县政府任职,本人提出辞去沈阳市第十五届人民代表大会常务委员会委员职务的请求。经沈阳市第十五届人民代表大会常务委员会第十三次会议审议决定,接受王志刚同志的辞职请求,并报沈阳市第十五届人民代表大会第三次会议备案。(九)会议进行了人事任免事项。任命:张宇声为沈阳高新技术产业开发区人民法院审判委员会委员、行政审判庭庭长、审判员;董楠为沈阳高新技术产业开发区人民法院行政审判庭副庭长、审判员;王守英为沈阳高新技术产业开发区人民法院审判员;郭骁勇、刘宇、杨维、李鹤立、白天、梁立栋、陈琢、郎杰、张伟、彭峰、王娇、王文才、潘阳、刘永刚、孟祥仁、李龙、潘峰、孟弢为沈阳市人民检察院检察员;张梅、那灵坤、秦颖为沈阳经济技术开发区人民检察院检察员;王浩鹏为沈阳市城郊地区人民检察院检察员。免去:许传钊的沈阳市人民检察院副检察长、检察委员会委员、检察员职务;刘祥耀的沈阳市人民检察院检察委员会委员、检察员职务;朱少飞的沈阳市人民检察院检察员职务;胡宪光的沈阳市城郊地区人民检察院检察员职务。

(胡士俊)

【第十五届人民代表大会常务委员会第十四次会议】 会议于2014年12月9日举行,会期一天。(一)会议审议并原则通过了市人大常委会向市十五届人大三次会议所作的工作报告(草)。(二)会议听取审议了市政府关于市十五届人大二次会议以来代表建议、批评和意见办理情况的报告。(三)会议审议了市法院关于市十五届人大二次会议以来代表建议、批评和意见办理情况的报告(书面)。(四)会议审议了市政府关于《2013年度沈阳市本级预算执行和其他财政收支的审计工作报告》提出问题整改情况的报告(书面)。

(胡士俊)

【第十五届人民代表大会常务委员会第十五次会议】 会议于2014年12月29日举行,会期半天。(一)会议审议通过了沈阳市第十五届人民代表大会常务委员会关于召开沈阳市第十五届人民代表大会第三次会议的决。会议决定沈阳市第十五届人民代表大会第三次会议于2015年2月10日召开。(二)会议审议通过了沈阳市人民代表大会常务委员会关于接受王开军等辞去辽宁省第十二届人民代表大会代表职务请求的决定。决定接受王开军、张景辉、高航、林强4人辞去辽宁省第十二届人民代表大会代表职务请求,并报省人大常委会备案。(三)会议补选王洪涛、王健(沈河)、王健(大东)、顾少清、买彦州、杨森6人为辽宁省第十二届人民代表大会代表,并报省人大常委会代表资格审查委员会审查。(四)会议通过了人事任免事项。任命:方世义为沈阳市人民检察院检察委员会委员、检察员;郑郁为沈阳高新技术产业开发区人民检察院检察长。免去:方世义的沈阳高新技术产业开发区人民检察院检察长、检察委员会委员、检察员职务;郑郁的沈阳市人民检察院检察员职务。

(胡士俊)

【提高地方立法质量】 2014年,市人大常委会顺应新形势下加强立法工作的新要求,坚持问题引导立法,立法解决问题,着力发挥地方立法的引领和推动作用。全年共制定地方性法规2件、废止2件,完成1件法规的一审。为了推进解决"入园难、入园贵"问题,让每个孩子公平享有学前教育资源,推动学前教育均衡健康发展,常委会开展了对学前教育的创制性立法,明确了学前教育的公益性和普惠性定位,坚持政府主导、社会参与、公办民办并举的原则。特别是为回应百姓对解决公办幼儿园资源"稀缺化"的期待,规定了公办幼儿园的比例应当逐步达到60%以上,对住宅区配套幼儿园规划建设和交付使用、学前教育财政投入、收费标准、教职工权益以及政府部门监管责任等方面,都做出了具体规范,填补了学前教育立法的空白。职工队伍庞大,劳资纠纷、劳动争议日益凸显,对完善劳动合同制度提出了迫切的需求。常委会结合落实代表立法建议,制定了集体合同条例,对集体协商、集体合同、行业性和区域性集体合同、监督与争议处理等内容和程序,进行了细化和规范,提出了一些更具针对性和可操作性的条款,尤其是把职工非常关切的工资、福利等条款,明确纳入集体协商和集体合同之中,为规范企业用工行为、维护广大劳动者的权益、构建和谐稳定的劳动关系提供了法制保障。推进解决垃圾减量化、无害化、资源化处理问题。常委会在推动垃圾“三化”处理议案办理中，适时启动了生活垃圾管理条例的制定工作，力求对生活垃圾的投放、收集、运输、处置以及垃圾处理厂的规划建设、运行管理等各个环节，做出全方位的规范，从立法层面为解决城乡垃圾处理难题提供保障。在立法工作中，常委会注重发挥主导作用，不断推进地方立法的科学化和民主化，加强对法规项目的统筹安排和调研论证工作，主动参与和督促指导法规起草，探索建立了立法工作推进会议制度和重大立法问题沟通协调机制，有效推动立法项目顺利实施。在立法过程中，始终坚持开门立法，所有立法项目向社会公开征集，所有法规草案向社会公布，并通过座谈会、论证会等多种方式，拓宽人大代表、立法顾问、立法顾问单位以及社会公众参与立法的渠道，使各方面的意见得以充分表达，最大限度地凝聚共识。每项法规出台后，都及时召开新闻发布会，对立法背景、目的以及法规的原则内容进行舆论引导，为法规正确实施创造了有利条件。此外，常委会适应改革发展需要，对现行法规进行了清理，废止了人才市场、劳动力市场管理条例。

（胡士俊）

【增强依法监督实效】 2014年，共审议“一府两院”工作报告18项、听取专题汇报8项，开展了2次执法检查，进行了10次专题调研和6次专项视察。一是加强了对全市经济社会发展重大问题的监督。听取审议了上半年经济工作报告，支持政府抓住新一轮东北振兴的重大机遇，在破解制约经济发展的关键环节上寻求更大突破，积极应对经济新常态。对重点旅游景区以及旅游公共服务平台建设进行了视察，听取审议了推进沈阳经济区旅游一体化建设情况的报告，围绕旅游规划布局、服务平台建设、专项资金投入、旅游品牌打造等方面提出了意见建议。市政府结合落实审议意见，正在研究制定加快旅游业发展的举措，筹备召开全市旅游工作会议。对全市农业产业化龙头企业发展现状进行了深入调研，听取了相关工作汇报，着力支持和促进政府加快建设社会化公共服务平台，补齐龙头企业发展短板。二是深化对政府预算决算的审查监督。听取审议了2013年市本级决算、2014年上半年全市预算执行情况的报告和审计工作报告，审查批准了2013年市本级决算，并首次将预算执行报告和决算报告审议分开进行，将决算报告和审计报告对照审议，突出强调人代会所批准的市本级预算执行的严肃性，着力改变专项资金特别是重大项目资金下达滞后的状况，实现真正意义上的收支平衡。发挥国库集中支付系统的在线监督作用，对市本级重点资金安排以及拨付使用情况实施常态化监督。对审计所发现问题特别是违规使用资金问题及整改情况，进行了跟踪问效。三是监督推动重点民生问题加快解决。围绕推动公交都市建设、解决“出行难”问题，常委会通过实地走访、调研视察、与公交系统干部职工座谈等方式，全面了解全市公交体系建设情况，并邀请专家进行专题讲座，在此基础上，听取审议了市政府关于创建国家公交都市、优先发展城市公共交通情况的报告，从城市公共交通优先发展定位、完善专项规划、加强公共交通基础设施建设、优化交通网络、深化公交领域改革、建立补贴补偿机制等6个方面提出审议意见，市政府正在研究制定关于城市优先发展公共交通的实施意见，推动公交优先发展战略的有效实施。对全市各级文化场所进行了视察，听取审议了市政府公共文化基础设施建设情况的报告，重点督促推进了青少年活动中心、朝鲜族文化艺术馆等一批公共文化设施项目建设，扩大文化惠民成效。四是加强了对依法行政和公正司法的监督。听取审议了市政府依法行政工作的专项报告，督促政府进一步规范行政行为，转变政府职能和管理方式，深入推进法治政府建设。听取了市法院关于建立完善执行工作内部监督制约机制情况的汇报，推动法院不断改革执行工作机制，通过实行执行组集体办案模式、建立执行财产“金雕查控网”、开展专项执行以及加强对外委托鉴定、评估、拍卖管理的制度建设，提升执行质效，在解决“执行难”问题上取得了新突破。听取了市检察院关于深入推进侦查活动监督情况的汇报，督促和支持检察机关加大对侦查活动中的滥用刑事强制措施、超期羁押、违法取证等违法行为的监督力度，维护司法公正。设立了申诉控告工作委员会，为依法受理人民群众的申诉、控告、检举和意见创造了条件，推进了人大信访工作职能的转变，共受理群众来信来访、申诉控告事项1950件。对7件政府规章进行了备案审查，全市规范性文件备案审查工作得到加强。五是开展了对地方性法规贯彻实施情况的执法检查。针对养犬管理条例颁布实施3年来群众所反映的突出问题，常委会通过听取汇报、集中检查、明察暗访、组织座谈等方式，实地查看了市属6个养犬管理工作机构、39个点位，深入了解条例实施中存在的问题，客观评估立法效果，督促政府进一步将养犬管理条例落实到位。针对住宅小区物业管理存在的突出问题，常委会通过对物业管理条例开展执法检查，督促政府在加强专项维修资金使用管理、解决开发建设遗留问题、规范旧住宅区物业管理以及业主委员会建设等方面，推动物业管理工作规范有序发展，提高广大市民的安居感和满意度。

（胡士俊）

【行使重大事项决定权和人事任免权】

市人大常委会将行使重大事项决定权与开展重点监督工作有机结合，围绕事关全市工作大局和群众切身利益的重大事项，确定监督议题，开展调研视察。先后就推进新型工业化综合配套改革、重大投资项目、政府性债务监管等重大问题，进行专项调研和审议，依法推动市委重大决策部署和全市重点工作的落实。尤其是围绕推进沈阳经济区新型工业化综合配套改革，利用一个月时间，深入20余户企业，召开了5个不同类型的座谈会，实地考察了铁西区、浑南区等改革示范区，听取了政府专项工作汇报，围绕加快产业结构优化升级、提高自主创新能力建设、深化企业体制机制创新、改善金融生态环境等内容，提出了6个方面的建议，促进政府尽快在推进装备制造业“三大聚集区”建设、打造企业社会化服务平台、发展混合型所有制经济等方面率先破题。听取了政府投资建设项目计划的汇报，促进政府科学合理安排项目建设资金，提高投资决策的科学化水平，发挥政府财力最大效益。常委会将行使对计划和预算决算的审查批准权作为人大讨论决定重大事项的重要内容，认真落实党的十八大和十八届三中全会对加强全口径预算决算审查监督的新要求。本着积极推进、分步实施的原则，督促和支持政府加快全口径预算编制工作，在2013年代表大会上提交公共财政预算、政府性基金预算、国有资本经营预算的基础上,2014 年新增了社会保险基金预算,首次实现了“四本预算”全部向代表大会报告,为代表大会审查批准全口径预算决算奠定了基础。在行使人事任免权方面,常委会坚持党管干部和人大依法任免相统一,充分保障组成人员在干部任用上的知情权、表达权,全年共依法任免了 97 名国家机关工作人员,为“一府两院”开展工作提供了组织保障。

(胡士俊)

【加强和改进代表工作】 市人大常委会坚持“人大工作的开展靠代表、人大工作的水平看代表”的理念,不断推进代表工作机制、载体和服务创新。代表培训工作成效显著,2014 年,举办了 15 期代表履职学习和专业培训,参与培训学习的省市代表共达 730 余人次。代表闭会期间的活动内容更加丰富,围绕代表“三深入”的活动主题,组织开展代表小组活动 130 余次。完善了代表履职激励机制,对 56 名履职优秀代表、9 个先进代表小组以及 4 件优秀议案、22 件优秀建议进行了通报表彰。扩大了代表对常委会工作的参与,共邀请 60 多位代表列席常委会会议,1000 多人次各级代表参与了集中视察、专题调研和执法检查等活动。常委会与代表、代表与人民群众的联系更加密切,走访看望基层代表 500 多人次,组织了 320 余名省市人大代表深入基层面对面听取意见建议,并注重发挥“代表之家”、代表联络点作用,拓展代表联系人民群众的渠道。常委会在认真总结近年来人大代表工作经验的基础上,召开了以“密切代表与人民群众联系”为主题的代表工作会议,制定了进一步密切市人大代表同人民群众联系的意见,对代表联系群众的途径和方式、服务保障措施、激励约束机制等 9 个方面的内容进行了规范,从制度上为代表联系群众提供了保障。代表议案建议督办工作进一步加强。对本届人大二次会议主席团交付的 3 件议案,分别听取审议了专门委员会议案审议结果和市政府议案办理情况的报告,多次组织专题调研和视察检查。在办理农田水利基础设施建设的议案中,常委会围绕治涝工程、沟渠清淤、项目建设等问题,提出五方面办理建议,并加强具体协调和现场督办。市政府逐项加以落实,制订了治涝总体规划和三年内全面完成建设任务的具体实施方案,出台了相关政策措施,对不同渠道的涉农涉水资金进行了整合,2013 年共安排 5.69 亿元资金用于农田水利建设。为了从立法层面保障农田水利基础设施建设,常委会启动了农田水利立法的前期调研工作。围绕落实城乡垃圾减量化、无害化、资源化处理等 2 件议案,常委会先后组织到部分先进城市调研考察,并在此基础上听取审议了市政府议案办理情况报告,就强化垃圾“三化”处理工作的组织领导、做好焚烧处理项目规划、专业化运营以及资金保障等方面提出审议意见。市政府及有关部门正在加紧对垃圾处理项目建设规划及相关实施方案进行修改完善,确定了生活垃圾焚烧发电、渗沥液处理、餐厨废弃物处理等六大重点工程项目,各项工作正在加快推进之中。对 724 件代表建议,常委会认真转办交办,对其中 22 件建议由主任会议成员进行了重点督办,并首次就重点建议办理情况,专题听取市政府汇报,对办理工作的重视程度和督办力度不断增大。在各方面的共同努力下,代表建议已全部办结,代表所提问题得到解决或基本解决的 582 件,占 80.4%。

(胡士俊)

【加强常委会自身建设】 2014 年,常委会以巩固群众路线教育实践活动成果、认真抓好“四风”问题整改落实为重点,全面加强了常委会各项建设。坚持和完善了党组理论中心组学习制度,结合人民代表大会制度成立 60 周年,深入学习了习近平总书记系列重要讲话精神,增强制度自信。根据组成人员履职需要,就优先发展城市公共交通、公共文化基础设施建设、物业管理等专题,开展了 3 次学习讲座。坚持转变工作作风,常委会组织的所有调研、视察和检查,都坚持轻车简从,不搞层层陪同,力戒形式主义。特别是改进了人代会前代表集中视察的方式,视察内容尊重代表意愿,视察分组小型灵活,了解掌握的情况更深更实,真正使视察具有针对性。坚持常委会前结合重点议题开展调研,向组成人员提供相关调研和考察报告,并安排专家学者讲座,为提高审议质量创造条件。深化了人大工作宣传,首次将常委会审议意见通过沈阳日报向社会公布,人大工作更加公开透明。各专门委员会紧紧围绕常委会中心工作,发挥各自优势,做了大量卓有成效的工作。常委会机关自身建设进一步加强,为市人大及其常委会依法履职提供了有力的服务保障。密切了与区、县(市)人大常委会的联系,坚持重点工作和重大活动协调联动,重点建议督办合力跟踪,人大工作整体水平不断提升。加强了与兄弟城市人大的相互学习交流,与美国、德国、韩国等国家的地方议会开展了友好交往。

(胡士俊)

沈阳市人民政府

【十九届三次全体(扩大)会议】 2014 年 7 月 11 日召开。会议的主要任务是总结分析上半年工作,安排部署下半年工作。市长陈海波充分肯定了上半年全市经济社会发展成果,同时指出下半年宏观经济形势依然严峻,实现全年发展目标压力巨大、任务繁重,要求全市各级政府和部门继续保持锐意进取、奋发有为的精神状态和求真务实、埋头苦干的工作作风,咬定目标、保持定力、主动作为、勇于担当,全力抓好经济运行、项目建设、产业升级、改革开放、城市建设和管理、民生保障等各项工作,确保全面完成全年各项目标任务,为新一轮振兴发展奠定坚实基础。市委常委、常务副市长顾春明通报了 2014 年上半年全市经济运行情况及下半年重点工作。

(市政府办公厅综合一处)

【十九届四次全体(扩大)会议】 2014 年 12 月 31 日召开。会议讨论通过了即将提交市十五届人大三次会议审议的《政府工作报告》。市委常委、常务副市长顾春明主持会议并就全力做好 2015 年开局起步工作,以及全面做好“两会”和“两节”期间的民生和社会管理工作做出部署,要求全市各级政府和部门要认真贯彻落实中央和全省经济工作会议精神,按照市委十二届十次全会要求,科学认识、主动适应、积极引领新常态,凝心聚力、攻坚克难,努力在新一轮东北振兴中继续当前锋、打头阵。市委常委、副市长杨亚洲作了《关于〈政府工作报告〉的说明》。

(市政府办公厅综合一处)

2014 年沈阳市政府常务会议

时间	会议名称	主要内容
1 月 13 日	市政府第十九届 10 次常务会议	关于“两会”建议提案办理工作；关于高起点谋划开局工作；关于贯彻落实全省加快发展服务业工作会议精神
2 月 19 日	市政府第十九届 11 次常务会议	关于全市安全生产工作；关于市卫生局和市人口计生委机构调整事宜；关于 2013 年度绩效考评结果及 2014 年绩效考评工作安排
4 月 9 日	市政府第十九届 12 次常务会议	关于一季度全市经济运行情况；关于一季度全市及各地区主要经济指标完成情况的通报；关于《沈阳市低收入居民家庭经济状况核对办法（草案）》、《沈阳市人才市场管理条例废止案》、《沈阳市劳动力市场条例废止案》的审办情况
6 月 16 日	市政府第十九届 13 次常务会议	关于《沈阳市加快国家中心城市建设规划（2014 – 2017 年）》编制情况；关于防汛抗旱准备工作；关于《沈阳市学前教育条例（草案）》的审办情况；关于违纪干部处理
7 月 8 日	市政府第十九届 14 次常务会议	关于市政府职能转变和机构改革工作；关于上半年全市经济运行情况及下半年重点工作的汇报；关于上半年全市及各地区主要经济指标完成情况的通报
7 月 21 日	市政府第十九届 15 次常务会议	传达贯彻习近平总书记等中央领导同志关于促进东北全面振兴的重要批示；市政府关于认真落实习近平总书记等中央领导同志促进东北振兴重要批示和省委省政府及市委要求的安排意见；市政府关于对中央巡视组反馈意见整改工作的安排意见
10 月 11 日	市政府第十九届 16 次常务会议	关于前三季度全市经济运行情况及第四季度重点工作的汇报；关于前三季度全市及各地区主要经济指标完成情况的通报；关于全市第三轮简政放权工作的汇报；关于《区县（市）政府职能转变和机构改革意见》的汇报；关于清理规范开发区管理机构有关情况的汇报；关于调整沈阳科技商城管理体制有关情况的说明；关于全市安全生产工作情况的汇报；关于《沈阳市生活垃圾管理条例（草案）》的说明；关于 2014 年度沈阳市科学技术奖励评奖情况的汇报；关于调整驻国外办事机构有关情况的汇报
12 月 5 日	市政府第十九届 17 次常务会议	关于 2015 年城建计划、水利计划预安排情况的汇报；关于《沈阳市拥军优属规定（修订草案）》、《沈阳市罚没物资管理办法（草案）》、《沈阳市国有土地上房屋征收与补偿办法（草案）》、《沈阳市生态保护红线管理办法（草案）》、《沈阳市按比例安置残疾人就业办法（修订草案）》和《沈阳市城市节约用水管理办法（草案）》的说明；关于召开沈阳市民族工作会议暨第六次民族团结进步表彰大会有关情况的汇报
12 月 31 日	“市政府第十九届 18 次常务会议”	关于《政府工作报告》起草情况的说明；《关于沈阳市 2014 年国民经济和社会发展计划执行情况及 2015 年国民经济和社会发展计划（草案）的报告》（书面）；《关于我市 2014 年财政预算执行及 2015 年预算安排情况的报告》（书面）

（市政府办公厅秘书二处）

【建议提案办理】 2014 年，市政府结合党的群众路线教育实践活动整改，推动建议提案办理工作扎实深入开展。提高了办理工作在绩效考评体系中的权重，将区、县（市）政府办理工作考核分值提高了三倍；调整了绩效考评“满意率”指标的内涵，将注重结果考核转变为过程考核与结果考核并重。在全省率先实现建议提案网上督办考评；组织开展“请代表委员走进政府”活动，请全体委员对办理工作进行评议，建议提案办理工作取得了明显成效。2014 年，市政府系统承办省建议提案 104 件，市建议提案 1200 件，见面率、办复率、满意率均达到百分之百，赢得了代表委员的肯定和好评。 *（市政府办公厅秘书二处）*

【督查工作】 2014 年，督查室根据市政府统一部署，围绕中心，服务大局，突出工作重点，创新工作方法，健全工作机制，充分发挥以督辅政作用，有力推动市政府重要决策有效落实。

全面做好市政府决策部署的督查督办工作。对《市长办公会议纪要》、《市政府常务会议纪要》等会议确定事项及市领导交办事项等重点工作，进行逐项分解和跟踪督办，并采取定期巡查、重点督办、联合督查等形式督办落实，并创新性地建立并开通了“网上督查”系统，将督查督办工作纳入市政府绩效考评体系，极大地推动了市政府各项重大决策的落实。全年列入督查的1202项工作，按时完成率达99%。实现了决策制定和决策执行的有机统一，确保了市政府重要决策部署“事事有着落、件件有回音”。

围绕全市经济工作做好督查督办工作。坚持把全市经济工作作为督查重点，努力助推抢抓中央实施新一轮东北振兴战略机遇，实现“稳增长、调结构”，保持经济平稳健康发展。

加大社会民生工作的督查督办力度。围绕提升城乡可持续发展水平、保障改善民生，督查室下大力气、花真功夫，推动一系列事关城市建设与百姓利益的热点问题得到有效解决，使发展成果更多、更公平惠及全市人民。进一步加强重点项目建设督查督办工作。把督查上级决策与交办任务落实完成情况作为重要工作，督促相关部门和地区及时准确、保质保量完成相关任务，有力地推动了各项工作任务按时限要求全面完成。

（市政府督查室）

【为城乡群众办12件33项实事】 2014年，各责任单位按照市政府工作部署，克服事项多、工程量大、办理时间紧等不利条件，超前谋划，精心实施，保证了办实事工作全面有序展开、快速扎实推进。

一是抢前抓早启动实施。年初实事确定后，各责任单位快速反应、及时跟进，层层落实责任，制定完善方案，为早启动、快实施奠定了良好基础。市政府办公厅在实事公布后迅即印发了任务分解表，明确了责任分工；市建委多次专题部署推进所承担的工作任务；市房产局“农村774户贫困危房改造”工作动手早、进展快；市水务集团迅速确定“改造131公里供水管网”工作方案，并于4月中旬开工建设；于洪区政府力争“怒江公园景观提升”工程早开工、早惠民，4月份建设手续全部办理完毕并破土动工。二是多头联动、合力推进。交通、环保、共青团等部门严格落实“一把手”负责制，主要领导亲自指挥调度，破解工作中的困难及问题；铁西、浑南等区及时筹措资金、加快工作节奏，为办实事工作顺利开展提供了有力支持；财政、规划、建设等部门，开辟绿色通道，对实事项目优先立项、优先审批，为办实事项目早开工、快竣工打下坚实基础。三是狠抓工程质量。各责任单位在保工期、保进度的同时，注重加强施工管理。团市委在工程实施中恪守“四严”标准，着力将市青少年活动中心建成优质工程；市教育局从4月中旬开始通过对逐个项目进行实地检查、召开现场会等多种形式确保办实事工作优质高效开展；市建委实行道路维修实名制包保制度和工程质量责任追溯制度，务求把道路维修办成市民群众满意工程。

年初以来，各责任单位按照市政府工作部署，克服诸多不利条件，抢前抓早谋划，全力推进实施，33项实事有9项超额完成，24项按计划如期完成。

9项超额完成，分别是：计划拆除20吨以下供暖锅炉30座，实际拆除134座，超额完成104座；计划新增普惠性幼儿园学位5000个，实际新增1.26万个，为计划任务的2.5倍；计划维修改造街巷路30条，实际改造45条，超额15条；计划改造休闲广场10处，实际完成15处，超额5处；计划改造供热管网100公里，实际改造107公里，超额7公里；计划举办市民健康大讲堂讲座1000场，实际举办1106场，超额106场；全年举办各类艺术培训班2697场次、各类群众文化活动1.77万场次、公益性文艺演出712场次，完成年计划的770%、177%和102%。

24项按计划如期完成，分别是：新建、改造农村公路500公里和自然村油路150公里、改造供水管网131公里、改善100个老旧小区居住环境、完成万柳塘、怒江、八一3座公园景观提升工程，9月全部完工；维修更新307个老旧小区楼内供水管线、完成4家市管电厂17台锅炉脱硝改造工程，10月全部竣工；改造农村贫困户危房774户，11月全部竣工；完成40个老旧小区节能暖房工程、“提升100个老旧小区居住环境、加强老旧小区管理运营、改造建设100所幼儿园、新建300所数字化校园、改造建设区县（市）、乡（镇、街道）文化场馆、开放千节名师网络微课程、免费为1.5万名贫困残疾人适配辅助器具、完成95台燃煤锅炉清洁能源替换工程、完成15万农村人口改水工程”、完善农村生活垃圾收集、清运和处理体系，实现国、省干道及大型河流沿线800个行政村生活垃圾无积存等，12月全部完成；新建10处行人过街设施；新建市青少年活动中心、市妇女会馆、改建市老年人大学均已开工建设并达到年度目标进度。

（市政府办公厅）

【应急管理】 2014年，沈阳市把保障社会公共安全、促进经济社会协调发展作为一项重要工作来抓，采取切实有效措施，积极应对和处置各类突发事件，最大限度地减轻和消除了突发事件造成的社会危害和影响，全年未发生较大以上突发事件。一是推进全市预警信息发布平台建设，实现信息提供及时准确，信息发布顺畅有序。上半年，在全国副省级城市中率先出台了《沈阳市政府系统应急值守工作规范》，对值班室软硬件进行了具体要求，推动政府系统应急值守规范化建设。建立了《全市重要紧急信息报送情况通报制度》，规范信息报告的时限、内容及责任，进一步提高重要信息报告的准确性和时效性。二是建立信息直报网络，提高信息报送时效。整合城建、城管、燃气、水务、供电等公共服务部门的信息网络，建立信息资源共享机制，实现跨区域、跨行业信息资源共享。在公安、消防、卫生急救、疾控等重要部门，重要交通枢纽、重点化工等高危行业企业，太原街、中街等重要商业街区建立信息直报网络，进一步缩短突发事件信息报送时限；加强与广播、电视、网络等新闻媒体合作，进一步完善突发事件信息发布和报送机制。5月，市委办公厅和市政府办公厅联合印发了《关于进一步明确重要紧急信息报送工作有关事项的通知》，进一步明确了重要紧急信息报送标准，保证重要预警信息报送及时，处置得当。三是强化应急救援队伍体系建设，提高应急联动处置能力。整合现有综合及专业应急救援力量，以公安、武警、部队等骨干队伍为主体，以各专业应急队伍为基础，形成符合实际的应急救援队伍格局，提高“第一时间”处置能力。2014年,妥善处置了大东区金飞马油漆厂火灾事故、奥凯航空公司新舟60飞机故障事件、法库县辽宁中环线高速交通事故、浑南新区祝家街道砬子沟山林火灾、沈北新区马刚街道山林火灾等80余起突发事件。

（马仁舜）

【应急管理干部培训】 围绕强化公共安全应急体系建设"全面推进"变成"重点突破",进一步夯实基层应急管理工作基础,把公共安全应急体系建设向基层拓展。2014年,选择和平区和新民市作为基层试点重点指导帮扶,建成基层应急体系规范化建设的示范样板。9月26—27日,组织全市应急管理干部召开经验交流会,进行现场观摩和业务培训;9月23—25日,与北京专业救援培训机构联合开展应急救援技能培训,社区干部80多人参加了培训,提高了社区干部应急技能;年内还组织参加3期由国务院应急办和国家行政学院组织的培训,开拓了应急管理干部的视野。

（马仁舜）

【建立重要紧急信息直报点】 6月25日,市政府应急办组织召开全市建立重要紧急信息直报点启动工作会议。市政府决定在市急救中心、重点街区、企业等15个重点单位或区域设立重要紧急信息直报点,每个直报点设置一名直报员,及时向市政府报送重要紧急信息。市政府应急办将对信息直报员进行考核,对表现突出的信息直报员给予通报表扬,对工作失职、造成严重后果的给予通报批评。信息直报点的建立将减少信息报送中间环节,不断提升信息报送速度和质量,切实保障突发事件处置快速高效。

（马仁舜）

【应急管理宣传周】 9月25—31日,全市组织开展了"沈阳市第八次应急管理宣传周活动"。活动以"应急意识在心中,幸福平安在沈城"为主题,重点围绕"四进"活动开展了丰富多彩、紧贴实际的宣传活动,全市各地区、相关部门和单位组织有序,积极参与,达到了预期目的。

（马仁舜）

【简政放权】 2014年,沈阳市共承接辽宁省下放的审批事项89项,所有事项已全部纳入市级服务中心集中公开办理;分两批共向区县下放审批职权171项,其中"建筑工程施工许可证核发"、"保健食品和化妆品经营备案"等一批含金量较高的审批权限,解决了县区审批权限不高、审批链条不完整等问题。起草了专题报告,建议省以直接交办、委托或代理等形式下放沈阳市目前保留的80项初审项目,以解决审批环节多、层级复杂的问题,得到了省编办等部门的认可。

全面开展项目清理。按照"凡是国家明令取消的坚决取消;凡是能下放到区县的市直部门不再审批;凡是不具有审批实质的转换管理类型;凡是设立不尽确切的予以合并"的原则,对全市政务服务事项进行清理。经过反复论证与核对,在市本级层面,共承接项目15项、取消55项、下放7项、清权确权新增87项、合并15项、转移8项,共保留市级政务服务事项351项(其中:审批106项、初审80项、备案49项、年检57项、行政服务59项)。对照新一轮清理结果,对投资项目市级行政审批事项进行清理规范,形成了《沈阳市投资项目市级审批事项清单》,最终确定保留投资项目审批事项97项。在此基础上,指导各区县对本地区的政务服务项目进行规范设置,实现了项目名称、设定依据、所需要件、工作流程、办理时限、收费标准的"六统一"。

清理规范审批要件。按照省政府关于减少行政审批事项和前置要件的要求,对驻办事大厅31家审批部门和19家中介服务机构的106项审批事项、523项子项进行了梳理和规范,对法律法规依据不足的要件予以取消,对要件设置繁琐的进行合并,对审批时限过长的进行压缩。通过取消、调整和压缩,最终保留审批要件2424件,总体审批时限压缩至1637个工作日。同时,对即办事项一并进行规范,将"计量检定员资格核准"、"药品经营许可证补证"等承诺事项调整为即办事项;对环评、能评等14家公共服务单位的101项进厅业务进行了规范设定,并首次将其纳入审批系统办理;对全市行政审批前置中介服务清理规范,初步清查出工程咨询、节能评估、环境影响、安全评价等与行政审批工作相关的服务机构25类,涉及行政审批前置中介服务的审批部门15家,行政审批项目65项,涉及中介服务事项22项。经过此次清理,全市审批事项平均办理时限由原来的5.5个工作日压缩至3.1个工作日;即办事项由77项增至96项,即办率提升了4个百分点,审批效率进一步提高。

完善基层服务中心建设。一是加强乡镇街道服务中心建设。制订并印发了《关于进一步推进乡镇(街道)政务服务中心建设的实施方案》和《乡镇(街道)服务事项进场指导目录》,将乡镇(街道)服务中心办理业务规范为劳动就业、民政残联、计生医疗、司法援助、农业经济和党政服务六大类78项。全市已建立乡镇(街道)服务中心189家,覆盖率95%;已有179家中心达到建设标准,达标率80%。二是完善区县服务中心建设。其中:和平区、浑南区、铁西区、辽中县、法库县的政务服务中心均已迁入新址,沈河区、新民市的政务服务中心新址正在抓紧建设,办公面积、服务功能将有所改善;土地规划、婚姻登记、房产、户籍等事项陆续进入区县服务中心办理,便企利民效果更加明显。

加快网络系统建设步伐。一是围绕全市三级政务服务体系制订了《网络建设方案》、《网络技术方案》及《网络技术规范》,为实现三级网络连通提供了技术指导。二是继续扩大"网上审批"范围。全市已有34家审批部门开通了网上审批服务,受理事项由233项增至309项,服务范围进一步拓展。三是积极推进区县信息平台建设。和平、于洪、苏家屯、铁西服务中心均已具备了在线咨询、办件查询、即时公示等功能,其他区县相继建立了专门的外网系统,为下一步实现市区两级"网上审批"奠定了基础。

为全市重点项目做好服务。采取绿色通道、现场办公、全程代办等方式,帮助重点项目解决消防、市政排水等问题21件,指派专人代办服务190余次。对已进入施工阶段的项目,将审批服务重心从事前服务转向后续服务。对和企业施工密切相关的供电、供水、供暖、供气等公共服务事项,全面比照审批事项快速办理,确保重点项目顺利实施,共为67个重点项目办结了审批手续。

（唐御骁）

【信息公开】 继续做好“行政权力运行、财政资金、公共资源配置、公共服务、公共监管”五方面信息公开工作。一是全面公开市级审批事项的办理事项、办事依据、工作流程、审批要件、服务时限、收费标准、办理结果,以及行政处罚相关信息,方便群众办事,接受社会监督。二是会同市财政局联合下发《关于推进沈阳市部门预算信息公开工作的通知》,全面推进财政资金信息公开。除市外办参照省级单位做法,暂未公开本部门预算和“三公”经费预算外,全市13个区、县(市)和65家市直部门已全部公开了部门预算和“三公”经费预算,所有信息均符合省财政厅制定的公开标准。同时,各地区、各部门的审计信息已于2013年12月全面向社会公开。三是推进公共资源配置信息公开,包括征地信息、农村土地承包经营权流转信息、国有建设用地使用权信息、保障性住房信息、政府采购信息、工程建设项目招标信息,已在相关网站进行公开。四是推进公共服务信息公开,市属四所高校已及时公开了招考、收费等方面信息;卫生部门在所属网站上公开了医疗卫生基础信息;科技管理和项目经费信息、就业信息、社会保障信息,已在人社部门网站和民政信息网进行公开。五是公共监管信息公开,环境保护信息、安全生产事故信息、食品药品安全信息、信用信息已在相关网站公开。全市各地区、各部门累计公开政府信息5.42万条,公开规范性文件2266件,信息公开率和更新率达到100%。

依法依规处理依申请公开。按照《沈阳市政府信息依申请公开操作规程》,指导各地区各部门进一步规范依申请公开受理、答复和备案等环节的操作流程。全年组织、指导各地区各部门处理依申请公开735件;会同市政府办公厅等部门处理疑难依申请公开案件17件,申请人对答复基本满意。

不断创新公开载体。一是积极开展政务公开日活动,全市共有1.8万名群众参与活动,解答群众问题1.2万件,受到群众好评。二是编辑《政务公开报》16期,发放48万份,投放全市13个区县、230个乡镇(街道)和65个市直部门。三是“114热线”增加了房产、教育、就业、卫生等行业的便民服务电话,接听量达50万次,实现了“一个号码对外,一条热线全管”。四是利用报刊、广播、电视等新闻媒体服务群众生产生活,特别是沈阳广播电视台《看今天——政务公开走向全民》栏目,已成为政府部门发布权威声音、帮助群众排忧解难的服务平台,得到了市委书记曾维的高度评价。五是创新政府与群众互动活动模式。组织政府职能部门走进企业、社区,为群众解答政策咨询;组织群众代表走进政府部门,参观为民服务流程,就社会关注的热点问题给予积极回应。

(*唐御骁*)

【强化公共资源交易活动监管】 建立完善规章制度。按照“应进必进”的原则,将建设工程、政府采购、土地交易、产权交易、中省直项目、特许经营等七大类230项交易项目纳入《沈阳公共资源项目进场交易目录》,并以政府名义印发;制定了《沈阳市公共资源交易管理办法》,进一步明确公管办、行业主管部门、交易中心的工作职能;印发了《沈阳市公共资源交易工作手册》,规范了交易流程,确保各类交易活动有序开展。

实行招标代理机构选取制。继续执行《沈阳市政府投资建设项目选择确定招标代理机构实施办法》,全市共选取招标代理机构1227家,投资金额320.5亿元。其中:通过摇号选取的招标代理机构419家,投资金额163.52亿元;通过自选确定的招标代理机构808家,投资金额156.98亿元,有效杜绝了暗箱操作、明招暗定等现象。

强化各项监管措施。实行重点项目分级监标制,对投资额较大、情况复杂的项目分级确定监标人;建立项目责任监管制,按照项目类别实行内部责任分工,对交易项目的集中登记、公告发布、标书制定、开标评标、结果公示、项目实施等环节全程监管;实行评标监管负责制,按照评标区域划分监管负责人,对所负责的评审项目和分类审核项目跟踪监管,形成点面结合的监管方式。

(*唐御骁*)

·外　　事·

【市领导出访】 2014年,市领导率团重点访问了欧、亚、美、非的众多国家和地区,推进了与德国、美国、韩国等国家的合作,通过举办形式多样的推介会、洽谈会、座谈会等活动,在高端装备制造业、通用航空、节能环保、现代建筑、现代服务业、新能源等领域引进了一大批重点合作项目,促进了沈阳市与国外有关国家和地区在经贸、友城、议会、文化教育等方面的合作交流关系,进一步开拓了对外交流渠道,提升了与访问国家和地区的交流水平。

(*李　丹*)

【重要外国团组访沈】 2014年,市级领导出席各类外事活动994批,接待外宾9870人次。法国国民议会议长和大使,英国、南非、阿曼、以色列、蒙古大使,蒙古苏赫巴托省省长,新加坡人力资源部部长,美国威奇托市市长,以及澳门经济财政司和行政法务司司长、香港驻京办主任等重要政务团组先后来访。加拿大庞巴迪,德国宝马,法国米其林,美国波音、通用,以及荷兰、爱尔兰、以色列、韩国、日本、新加坡和香港的世界知名企业也派团访沈,推进了一系列重大合作项目。

(*李　丹*)

【沈阳与韩国仁川广域市结为友好城市】 2014年6月12日,经中国人民对外友好协会批准,沈阳市与韩国仁川广域市正式缔结为友好城市。副市长黄凯率团访问仁川广域市,出席两市缔结友好城市签约仪式并交换协议文本。此前,市长陈海波代表沈阳市在协议书上签字。仁川广域市是韩国第三大城市,面积1040平方公里,人口280万,拥有韩国最大的国际机场和第二大港口。

(*李　丹*)

【沈阳与阿根廷拉普拉塔市结为友好城市】 2014年5月26日,沈阳市与拉普拉塔市共同签署《中华人民共和国沈阳市和阿根廷拉普拉塔市建立友好城市关系协议书》。根据协议内容,两市将开展在经贸、文化、教育、城市建设等领域的交流与合作。拉普拉塔是阿根廷第一大省布宜诺斯艾利斯省省会，人口约110万。与拉普拉塔友城协议的签署，填补了沈阳市在南美国家友城的空白。

（李　丹）

【美国国会助手代表团访沈】 2014年8月10－11日，美亚基金会组织美国国会国土安全助手代表团访沈。代表团成员包括美亚基金会高级顾问、退役陆军少将柏格森和退役陆军上校克拉夫特，以及美国国会参众两院国土安全委、武装部队委和拨款委国防小组委的议员助手。访问期间，代表团参观了二战盟军战俘营、“九一八”历史博物馆和沈阳故宫，考察了大东区沃尔玛超市。代表团高度赞赏沈阳经济发展和环境建设所取得的成就，表示回国后将向美国国会和美国企业积极宣传沈阳，组织更多官方和企业代表团来访，推动美国与沈阳在更宽、更广领域开展合作。美亚基金会是由美国国会和美国大企业赞助的非盈利、非官方机构，是美国开展与亚太地区合作的重要桥梁。

（李　丹）

【英国驻华大使馆代表团访沈】 2014年12月15日，英国驻华大使馆代表团访沈，与沈阳市共同商讨北爱尔兰在沈设立代表处事宜，并决定进一步加强在科技、教育、农业、体育等领域的合作。

（李　丹）

【法国驻华大使馆代表团访沈】 2014年10月30—31日，法国驻华大使馆代表团来沈访问，与沈阳市探讨卫生领域合作事宜。访沈期间，代表团与市卫计委进行座谈，希望与沈阳市在医疗机构合作、医疗服务和管理改进、医学培训等领域开展务实的交流与合作，希望市卫计委能够拟定合作计划，在卫生系统和公共卫生领域提出合作课题，并全力支持和协助沈阳市推进中法癌症研究中心合作项目。

（李　丹）

【波兰驻华大使馆代表团访沈】 2014年1月21日，波兰驻华大使馆代表团来沈访问，与沈阳市就深化文化、艺术、旅游等领域的合作交换了意见。使馆方表示以中波建交65周年为契机，扎实推进沈阳与波兰的交流与合作。2014年重点开展世界历史文化遗产保护、博物馆巡展等文化项目，开辟波兰旅游线路，举办友好城市摄影作品展、微电影大赛、文艺演出、物理竞赛等交流活动，以文化交流为平台，拓展双方在经贸等领域的合作。

（李　丹）

【瑞士驻华大使馆代表团访沈】 2014年1月27日，瑞士驻华大使馆及瑞士发展合作署访沈，就合作开展低碳城市项目进行深入探讨。2013年5月，李克强总理访问瑞士后，两国加强了在减排和适应气候变化方面的合作，并签署了备忘录。瑞士发展合作署积极推进中国—瑞士低碳城市项目，将沈阳市列入该项目二期候选城市。瑞方表示将进一步对沈阳市相关条件进行评估，并就合作领域、方式、范围等细节问题进行沟通，力争与沈阳市签署中国低碳城市项目合作谅解备忘录。

（李　丹）

【南非驻华大使馆代表团访沈】 2014年1月21－24日，南非驻华大使兰加访问沈阳市。访沈期间，代表团举办了中国·南非友好年——投资南非推介会，沈阳市20余家企业的40多名代表出席了活动。南非驻华使馆官员详细介绍了南非经济社会发展情况及能源、汽车等产业领域的投资政策。兰加表示，愿意与沈阳开展多领域交流合作，促进双方共同发展。2014年是南非确定的“南非中国友好年”，南非对发展与沈阳市友好交往和经贸合作非常重视，将沈阳作为该系列活动的第一站。

（李　丹）

【加拿大卑诗省政府林业发展投资处代表团访沈】 2014年3月14日，加拿大卑诗省政府林业发展投资处代表团访沈，与沈阳市就木结构产品在现代建筑产业中的应用以及建筑材料更新与节能等方面开展合作达成合作意向，双方决定将共同研发适应沈阳需求的新型木结构墙体材料，将卑诗省优质木结构产品与沈阳市建筑产业发展相结合，探索一条可持续发展的合作共赢之路。卑诗省政府林业发展投资处成立于2004年，是加拿大卑诗省政府的代表机构。该机构主要同中国各地政府以及建筑、工程等领域专业人士合作，共同开发符合当地需求的木结构解决方案。

（李　丹）

【俄罗斯伊尔库茨克市代表团访沈】 2014年12月18－20日，俄罗斯伊尔库茨克市议会议员、市第一医院院长帕夫柳克·列昂尼德率团来沈访问。双方商定，以中西医结合治疗脑血管疾病为切入点，进一步加强医疗卫生领域合作。双方还将互派医生进行学习培训，俄方主要学习脑血管病的中医预防、治疗和康复方法，中方主要学习颈动脉内膜剥落手术等西医治疗血栓病技术，共同提高脑血管疾病治疗效果。

（李　丹）

【英国投资代表团访沈】 2014年6月4－7日，英国南安普敦郡及查韦尔大区政府联合首席行政长官苏·史密斯女士率英国投资代表团访问沈阳，市长陈海波会见了苏·史密斯一行。苏·史密斯希望与沈阳市在工程技术教育、创新教育等领域开展深入合作交流。陈海波表示，沈阳市政府将全力以赴做好服务，进一步推动双方在职业教育、养老产业等领域的交流与合作。

（李　丹）

【中国欧盟商会代表团访沈】 2014年1月6日，中国欧盟商会代表团访问沈阳市，与沈阳药科大学商讨合作创办国际医院有关事宜。双方拟在沈阳药科大学北校区建立国际化标准医院。该项目将为沈阳药科大学提供医药研发与教学实践平台，还将与毗邻的沈阳军区总医院、沈阳盛京医院形成医疗集群效应。商会表示，愿意为沈阳药科大学与欧洲各界的交流合作提供支持与帮助，尤其是在医疗领域将会给予更多的关注。中国欧盟商会成立于2000年10月19日，是非营利机构，总部设在北京，在上海、南京、成都、珠江三角洲、天津和沈阳设有分会，拥有近2000家跨国企业和中小企业会员。

（李　丹）

【德国巴伐利亚企业家代表团访沈】 2014年1月16日，巴伐利亚中德经济文化协会执行主席 Stefan Geiger（施改革）先生率巴伐利亚企业家代表团来沈访问。施改革先生表示，此次访问增进了德国企业家们对沈阳软硬环境的了解，增进了他们进一步了解沈阳并在此投资的信心。他们愿意组织更多德国企业来沈寻求合作并推动沈阳与慕尼黑两市之间的友好关系。巴伐利亚州位于德国南部，是德国面积最大的联邦州，也是德国最富裕的地区之一。巴伐利亚州工业发达，门类齐全，是德国宝马集团总部所在地。巴伐利亚中德经济文化协会，于2003年在慕尼黑成立，致力于为中德两国的公司、机构和个人在经济、科技、文化等多领域搭建交流与合作平台。

（李　丹）

【法国法中企业家和管理者工作协会代表团访沈】 2014年2月16－19日，法国法中企业家和管理者工作协会会长邱晓晖先生率团来沈访问，就进一步深化与沈阳市多领域合作签署了友好合作意向书，市人大常委会主任、市友协会长赵长义会见了代表团一行。邱晓晖表示，法中企业家和管理者工作协会将以中法建交50周年为契机，全面加强法国与沈阳的经贸合作、国际交流和友好往来。双方将通过举办活动、团组互访、信息交流等方式共同推进沈阳与法国政府、企业、商会及其他组织在投资、贸易、科技、文化、教育、卫生、体育和生态等领域开展交流与合作。法中企业家和管理工作者协会是独立的民间机构，2002年在法国正式注册。自成立以来，该协会一直致力于推动中法经济、文化和学术交流，积极推动中法企业合作。

（李　丹）

【美国加州旧金山湾区代表团访沈】
2014年10月15－17日，美国加州商务和经济发展厅副厅长布莱恩·派克先生、旧金山湾区委员会副总裁魏滨女士来沈访问，与市友协签订友好合作意向书，进一步加强旧金山湾区企业与沈阳市在高新技术、低碳环保产业及贸易等领域的合作与交流。在沈期间，代表团考察了沈阳金谷产业园区、中法生态产业园区和华晨宝马汽车有限公司等企业。布莱恩·派克希望旧金山湾区能够与沈阳加强对话与交流，他将带领更多的美国企业与沈阳开展合作。旧金山湾区位于美国加州北部，是世界级技术创新之都，硅谷亦在其辖区内。旧金山湾区在经济、科技、教育等领域优势显著，拥有包括斯坦福大学、加州大学伯克利分校等在内的20多所大学，涌现了许多世界级创业精英。旧金山湾区委员会成立于1945年，拥有超过275家大型企业的CEO成员，并与全球20多个国家有合作关系。

（李　丹）

【美国加州高校联盟代表团访沈】
2014年10月23日，“美国加州高校联盟代表团交流会”在沈举办，沈阳育才教育集团、二中等部分重点高中参加了活动。来访的美国加州高校联盟代表团，包括加州大学系统（UC）、加州州立大学系统（CS）、加州社区大学系统（CCC）以及私立大学等共9所院校。代表团向参会的老师、学生及家长系统介绍了加州高等教育的组成部分和留学生从申请入学直到毕业的各项流程，并与各学校代表进行了互动交流，美领馆签证官还专门讲解了学生申请签证的注意事项。

（李　丹）

【美国印第安纳州立大学代表团访沈】
2014年5月21－25日，美国印第安纳州立大学政府关系主任 Gregory Goode 先生一行来沈考察学习，考察课题为区域经济增长进程中的生态、文化和社会可持续性发展。在沈期间，代表团分别与辽宁大学、辽宁中医药大学就教师、学生全球教育多方合作项目进行了交流。Gregory Goode 先生表示，印第安纳州与沈阳有着广阔的合作前景，他会积极推动印第安纳州政府和企业加强与沈阳在各个领域的交流与合作。代表团还先后考察了新鹏机械制造有限公司、禾丰牧业、华晨宝马等企业，参观了沈阳机械制造博物馆。

（李　丹）

【英国贝尔法斯特女王大学代表团访沈】 2014年3月20日，英国贝尔法斯特女王大学国际部主任莫妮卡·杨女士率团访沈，与沈阳市加强教育领域的交流与合作。在沈期间，代表团与沈阳建筑大学探讨合作办学有关事宜，双方就开展合作的领域进行了深入探讨。双方达成初步共识，在建筑、管理和土木等学科率先开展“5＋1、4＋1”本硕学位连读项目以及短期夏令营，并于8月正式签署合作协议。贝尔法斯特女王大学是英国历史最悠久的十所大学之一，在全球排名第172位。该校建筑、土木工程、机械、会计等专业在英国位居前列。

（李　丹）

【日本北海道政府经济部代表团访沈】
2014年2月17日，日本北海道政府经济部国际经济室与北海道环保企业J&C公司来沈访问，拟与沈阳市在农村污水处理、受污染土壤改良等领域开展务实合作。在沈期间，J&C公司与市水务集团进行了深入洽谈，就应用J&C公司技术和设备参与农村污水处理工程、受污染土壤改良工程达成了一致，双方将采用移动式污水处理等因地制宜的运营方式，加快生态农村建设。J&C公司是日本北海道一家以生产高效水质净化剂、土壤改良剂以及相关设备为主的环保企业。

（李　丹）

【日本佐贺县代表团访沈】 2014年4月9－11日，日本佐贺县国际观光部部长黑岩春地率团来沈访问，共同探讨进一步加强交流合作的有关事宜。双方一致同意将艺术陶瓷、佐贺牛等佐贺县优势产品引入沈阳，并推进青少年、文化等领域的交流合作。佐贺县位于日本九州岛北部，其特色产业是陶瓷业，被誉为日本的“陶瓷工艺之乡”。佐贺牛是日本高级牛肉品牌之一，与“神户牛”、“松阪牛”齐名。

（李　丹）

【日本佐世保市代表团访沈】 2014年7月16－18日，日本长崎县佐世保市代表团来沈访问，进一步加强沈阳与佐世保在多领域开展友好交流与合作。双方将根据2012年《沈阳市与日本佐世保市推进友好交流城市关系备忘录》，继续落实派员研修交流的计划。佐世保市政府邀请沈阳市派团出席“第69届日本国民体育大会”开幕式和“佐世保文化周”相关活动，加强两市文化、艺术、体育领域的交流与合作。

（李　丹）

【日本滨松市议长访沈】 2014年10月17－19日，日本滨松市议长见芳率团来沈访问，与沈阳市人大开展友好交流。市人大主任赵长义会见了代表团一行。双方一致表示，将加强两市人大议会间的友好交流与合作，包括尽快实现人大议会代表团的互访；通过人大议会交流推动两市在经济、文化、旅游、人员交流等领域的合作；适时签署人大议会友好交流协议，实现友好交流合作的定期化和常态化。2010年8月，滨松市与沈阳市正式建立友好合作城市关系，四年来，两市在观光等领域开展了富有成效的交流与合作。滨松市位于富士山脚下，人口82万，面积1511平方公里，是日本著名的工业城市，被称为日本的“制造业之都”，有雅马哈、本田、铃木等一批世界知名企业。

（李　丹）

【日本札幌市残疾人福利协会会长访沈】 2014年8月7－10日，日本札幌市残疾人福利协会会长浅香博文先生来沈访问，与沈阳市残联进一步加强友好协会关系。访沈期间，札幌市残联与沈阳市残联进行了务实交流，双方一致表示将进一步加强两市残联间的合作，重点加强残疾人康复、体育、文化等领域的交流，为两市残疾人事业做出更大的贡献。双方还约定互派基层工作者开展学习和交流，让更多的交流成果惠及两市残疾人。

（李　丹）

【坦桑尼亚地方政府协会代表团访沈】 2014年12月1日，坦桑尼亚地方政府协会秘书长哈不拉哈姆·纱幕莫友先生率团访问沈阳市。访问期间，代表团与沈阳市进行座谈，就加强政府间合作、促进民间友好交流、组织沈阳市代表团赴坦桑尼亚出席该协会2015年理事会，以及协助沈阳市与坦桑尼亚城市结好等项目达成共识，并签署谅解备忘录。

（李　丹）

【举办“亚洲文化节——日本文化展示”活动】 2014年3月19－30日，由日本驻沈阳总领事馆主办，市外办协办的“亚洲文化节——日本文化展示活动”在沈阳中街久光百货举行。开幕式当天，日领馆举行了日本茶道、花道的表演和体验活动，近百名市民参加了活动。活动期间，日本佐贺县、新泻县、北海道及冲绳县还举行了“观光物产展”。

（李　丹）

【蒙古国投资说明会】 2014年4月1日，蒙古国驻华大使苏赫巴特尔、蒙古国苏赫巴托省省长巴图素尔率团访问辽宁省，并在沈阳市成功举办“蒙古国投资说明会”，沈阳市有关企业及部门代表20余人参加活动。说明会上，代表团详细介绍了蒙古国的基本国情、自然环境、矿产和旅游资源以及基础设施等方面的情况，并与参会企业进行了互动答疑。巴图素尔省长还对苏赫巴托省进行了重点推介。原中国驻蒙古国大使高树茂对蒙古国的投资环境、相关政策以及存在问题进行了讲解。

（李　丹）

【2014沈阳日语文化节】 2014年5月25日，2014沈阳日语文化节在沈举办。活动由沈阳日本人教师会主办，市外办、市文广局、日本驻沈阳总领事馆、沈阳日本人会为特别支持单位。来自辽宁大学、沈阳工业大学、沈阳师范大学、沈阳药科大学、沈阳航空航天大学、中国医科大学、东北大学、东北育才学校等院校日语专业的300余名学生参加了文化节演出。学生们通过歌曲、舞蹈、配音、舞台剧等丰富多彩的演出形式，在展现日语学习成果的同时也加深了对日本传统文化的理解。沈阳日本语文化节每年举办一届，2014年是第18届，为广大日语学习者提供了一个展示自我的平台，是沈阳市对日文化交流的重要桥梁。

（李　丹）

【“走进非洲”座谈会】 2014年4月9日，市外办举办“走进非洲”座谈会，为全市企业赴非投资搭建资源、交流平台，帮助企业拓展非洲市场。中国沈阳国际经济技术合作有限公司、沈阳远大投资有限公司、特变电工沈阳变压器集团有限公司、沈阳鼓风机电设备进出口有限公司、北方重工集团有限公司进出口分公司等大型企业代表出席会议。与会企业深入交流了赴非投资的经验做法、所涉问题及解决措施，并就企业间如何发挥优势、相互结合，共同开拓非洲市场提出切实可行的意见和建议。市外办详细介绍了赴非洲国家有关签证、入境、开展投资合作的注意事项，以及获取经贸信息途径等方面的内容。通过此次座谈会，沈阳远大集团与沈阳国际经济技术合作有限公司达成合作意向，共同赴非洲开拓地产项目。

（李　丹）

【法国滨海夏朗德省中法食品及酒类企业商务洽谈会】 2014年5月17日，法国滨海夏朗德省中法食品及酒类企业商务洽谈会在沈阳市举行。会议期间，由利兹巴卡拉酒业公司、法式传统蜂蜜浅滩蜂园、花阳奈特巧克力公司、国家奶类制品学校等12家法国企业组成的滨海夏朗德省经贸代表团与沈阳市烹饪协会、沈阳大学及相关企业进行了深入洽谈与合作对接。滨海夏朗德省位于法国中西部的大西洋沿岸，旅游业、农产品业发达，是法国著名干邑白兰地酒的主要产区。

（李　丹）

【“沈阳俄罗斯日”活动】 2014年5月4日，“沈阳俄罗斯日暨沈阳俄罗斯青少年艺术节”在沈阳市成功举办。活动由市外办和俄罗斯驻沈阳总领事馆共同主办，沈阳大学、俄罗斯符拉迪沃斯托克市“我们的世界”文化教育中心、沈阳星彩文化艺术有限公司负责具体承办。来自俄罗斯萨哈共和国、滨海边疆区的9个艺术学校和艺术团体以及沈阳市艺术学校的200余名青少年学生参加了艺术节，并通过歌唱、舞蹈、乐器表演等形式充分展现中俄两国的文化内涵。

（李　丹）

【中韩IT产业（2014沈阳）交流会】 2014年6月19－20日，沈阳市人民对外友好协会、沈阳市经济与信息化委员会和大韩贸易投资振兴公社（KOTRA）在沈阳市联合举办中韩IT产业（2014沈阳）交流活动，进一步加强中韩两国IT产业的交流与合作，来自中韩两国40余家企业参加了活动。中韩两国企业通过项目推介和对接交流等形式，详细了解了对方所需的产品和服务，深入探讨了双方合作的领域和方式。活动期间，韩方企业代表团还参观考察了沈北手机产业园。

（李　丹）

【日本东北地区精美手工艺品展】 2014年8月9日，日本东北地区精美手工艺品展在沈阳市举办，展览旨在向沈阳市民展示日本东北地区传统手工艺之美。参展的70件作品，涵盖陶艺品、漆艺品、染织品、金属手工艺品、竹木工艺品等多种类型，其中既有当地手工艺人的作品，也有日本“民艺运动”成员们，受到当地精美工艺品的启发而创作的、反映当地风土和精神的作品。

（李　丹）

【“驻沈领馆官员沈阳行”活动】 2014年9月12日，市外办组织各国驻沈领事官员参观沈阳城市规划展示馆，拉开“驻沈领馆官员沈阳行”系列活动的序幕。2014年，该项活动共举行了四站活动。领事官员们深入多个县区参观考察，深入了解沈阳市经济建设和城市发展等领域的优势产业。领馆官员们纷纷表示，要积极向所在国的企业和民众宣传沈阳、推介沈阳，扩大沈阳市与相关国家的深入交流。

（李　丹）

【“沈阳印度日”活动】 2014年9月5日，沈阳市成功举办“2014沈阳印度日”，活动由市外办、市文广局、印度驻华大使馆共同主办。来访的印度宝莱坞印第安纳舞蹈团在沈阳航空航天大学举办了歌舞晚会，共计4000余人欣赏了舞蹈团的精彩演出。印度宝莱坞印第安纳舞蹈团是印度国家级舞蹈团体，曾在加拿大、美国、迪拜、英国、俄罗斯等国家举办过100余场演出活动。该舞蹈团是首次在沈阳演出，他们将民谣和世界音乐相结合，通过歌曲、舞蹈的形式带领大家感受了印度传统的电影歌舞文化，领略了异国风情。

（李　丹）

【中国沈阳阿根廷日暨种业交流洽谈会】 2014年9月16－21日，阿根廷农牧渔业部和阿根廷驻华大使馆率团访沈，与沈阳市共同举办“2014中国沈阳阿根廷日暨种业交流洽谈会”，阿根廷农产品出口促进局、阿根廷种子研究所、阿根廷种子协会、圣胡安省生产与经济发展部，沈阳市有关部门，以及双方知名种业企业出席活动。代表团就阿根廷植物新品种登记和国际认证进行专题介绍，并与沈阳市深入探讨反季作物种植及转基因技术应用等方面的内容。

（李　丹）

【“一百年前法国人眼中的盛京”影像展览】 2014年12月2日，“一百年前法国人眼中的盛京”影像展览开幕，该展览由沈阳市档案馆、市外办、法国驻沈阳总领事馆与法国上塞纳省议会联合举办。展览分为盛京城阙、四平商汇、市井风情三部分，展出了法国人雅克·卡歇1909年拍摄的16幅黑白照片，斯蒂芬·帊瑟1912年拍摄的41幅彩色照片。展览以图片为主，并依据照片和档案资料，通过3D立体影像还原了沈阳中街。

（李　丹）

【韩国驻沈阳新任总领事申凤燮到任】

2014年4月10日，韩国驻沈阳新任总领事申凤燮抵沈履新。申凤燮是韩国驻沈阳总领事馆的第八任总领事。到任之前，在韩国驻华大使馆工作，长期从事对华工作，是资深外交专家。申凤燮出生于1960年，毕业于首尔大学中文系。

（李　丹）

【曾维书记会见德国驻沈阳总领事傅培言】 2014年8月22日，省委常委、市委书记曾维会见德国驻沈阳总领事馆总领事傅培言一行。傅培言总领事对沈阳市自领馆设立以来给予的协助表示感谢，表示将积极促进双方各领域的交流合作。曾维书记表示，在沈阳外向型经济发展中，对德合作始终占有重要地位。未来沈阳将继续加强与德国在各领域的交流与合作。沈阳将着力打造依托宝马等企业的中德高端装备制造业园区，期望借鉴德国企业的良好创新能力，促进双方企业在高端装备制造领域展开更为紧密的合作，实现共赢。

（李　丹）

【处理涉外事件】 2014年，市外办积极解决涉领馆有关事宜，协助德领馆和美领馆签证处迁入新址，推进解决沈阳远见国际学校纠纷、韩国国际学校续租、俄罗斯墓地小礼拜堂迁移和旧址复建的有关问题。妥善处理了各类领事案件30起。

（李　丹）

【加强因公出国（境）管理】 2014年，市外办严格规范因公出国（境）管理工作，按照中央、省、市关于因公出国管理的规定，制定了《关于进一步规范我市国家工作人员因公临时出国的意见》，组织召开了全市专题会议，进一步贯彻落实文件精神。全年共审核审批各类因公出国（境）团组499批1406人次，较2013年分别下降11%和13%，其中经贸类团组占全部出访团组的85%。实行计划考核的党政干部882人次，较2013年减少20%，实现了年度工作目标。

（李　丹）

·编　　制·

【各级党政群机关机构编制】 截至2014年12月31日，沈阳市、区、县级市、县、街道、乡镇党政群机关机构总数930个，编制总数24457名（不含政法系统专项编制和在职人员，以下同）。

1. 市级机关机构编制。沈阳市市级党政群机关机构总数102个，其中：中共党委工作机构总数12个（含部门管理机构1个），人大常委会工作机构4个，人民政府工作机构40个，政府派出机构17个，政协工作机构3个，人民法院机构1个，人民检察院机构1个，民主党派机构8个，人民团体组织16个。

沈阳市市级党政群机关编制总数6703名。其中：中共党委机关编制860名，人大常委会机关编制168名，人民政府机关编制5194名，政协机关编制90名，民主党派机关行政编制123名，人民团体组织机关编制268名。

2. 区级机关机构编制。沈阳市辖9个区级党政群机关机构总数427个。其中：中共党委工作机构82个，人大常委会工作机构9个，人民政府工作机构

257个,政协工作机构9个,人民法院机构9个,人民检察院机构9个,人民团体组织52个。

沈阳市辖9个区级党政群机关编制总数8135名。其中:中共党委机关编制1106名,人大常委会机关编制207名,人民政府机关编制6449名,政协机关编制143名,人民团体组织机关编制230名。

3. 县级市、县级机关机构编制。沈阳市辖1个县级市、3个县级党政群机关机构总数187个。其中:中共党委工作机构37个,人大常委会工作机构4个,人民政府工作机构115个,政协工作机构4个,人民法院机构4个,人民检察院机构4个,人民团体组织19个。

沈阳市辖1个县级市、3个县级党政群机关编制总数2900名。其中:中共党委机关编制536名,人大常委会机关编制85名,人民政府机关编制2136名,政协机关编制58名,人民团体组织机关编制85名。

4. 沈阳市所辖街道机构编制。沈阳市13个区、县(市)所辖街道141个。

沈阳市街道办事处机关编制4186名。

5. 沈阳市所辖乡镇机构编制。沈阳市13个区、县(市)所辖乡镇73个。

沈阳市乡镇机关国家核拨行政编制2533名。

(刘 洋)

【各级事业单位机构编制】 截至2014年12月31日,沈阳市、区、县级市、县、街道、乡镇事业单位机构总数4810个(全额拨款事业单位机构3180个,差额补贴事业单位机构545个,经费自理事业单位机构1085个),事业编制总数19.32万名(全额拨款事业编制10.96万名,差额补贴事业编制4.99万名,经费自理事业编制3.37万名)。

1. 市级事业单位机构编制。沈阳市市级事业单位机构总数760个(全额拨款事业单位机构432个,差额补贴事业单位机构64个,经费自理事业单位机构264个),编制总数5.68万名(全额拨款事业编制2.60万名,差额补贴事业编制1.85万名,经费自理事业编制1.23万名)。

2. 区级事业单位机构编制。沈阳市辖9个区级事业单位机构总数2179个(全额拨款事业单位机构1454个,差额补贴事业单位机构323个,经费自理事业单位机构402个),编制总数9.30万名(全额拨款事业编制5.70万名,差额补贴事业编制2.30万名,经费自理事业编制1.3万名)。

3. 县级市、县级事业单位机构编制。沈阳市辖1个县级市、3个县级事业单位机构总数1253个(全额拨款事业单位机构834个,差额补贴事业单位机构113个,经费自理事业单位机构306个),编制总数3.91万名(全额拨款事业编制2.47万名,差额补贴事业编制7236名,经费自理事业编制7154名)。

4. 沈阳市所辖街道事业单位机构编制。沈阳市所辖街道办事处事业单位机构总数255个(全额拨款事业单位机构机构148个,差额补贴事业单位机构14个,经费自理事业单位机构93个),编制总数2500名(全额拨款事业编制820名,差额补贴事业编制542名,经费自理事业编制1138名)。

5. 沈阳市所辖乡镇事业单位机构编制。沈阳市所辖乡镇事业单位机构总数363个(全额拨款事业单位机构312个,差额补贴事业单位机构31个,经费自理事业单位机构20个),编制总数1883名(全额拨款事业编制1247名,差额补贴事业编制636名)。

(刘 洋)

【政府机构改革】 2014年,印发了《沈阳市人民政府职能转变和机构改革方案》和《关于区县(市)政府职能转变和机构改革的意见》,全面启动了政府机构改革工作,在规定时间节点内完成了改革工作。一是市政府机构改革。重新组建市卫生和计划生育委员会,并将市中小企业局、粮食局、物价局、畜牧兽医局的职责和机构进行了撤并划转,市政府工作机构由45个减至40个,达到了国家和省对机构限额的要求。机构、人员、财政已基本完成整合。二是区、县(市)政府改革。重新组建了区、县(市)卫生和计划生育局,整合了区工商、质监、食品药品监管部门职责和机构,组建了市场监督管理局。调整政府机构限额设置,铁西区、浑南区和新民市3个政府机构限额按上限不超过24个设置;和平区、沈河区、大东区、皇姑区、苏家屯区、沈北新区、于洪区、辽中县、康平县和法库县10个政府机构限额按上限不超过23个设置。三是体制机制科学保障。始终坚持“创新体制机制,服务科学发展”的指导思想,紧跟全市经济社会发展步伐,创新体制机制保障。将市政府驻美国、欧洲、韩国、日本、东南亚经贸代表处和驻欧洲招商代表处撤回,由市政府派出机构调整为市外经贸局直属机构。将设在市城管局的市爱卫办调整为设在新组建的市卫计委;将市维稳办由在市公安局特警支队加挂牌子调整为设在市公安局;将市发展建设资金办由市财政局管理调整为并入市财政局。调整了市纪委机构设置,推进了党风廉政建设。成立市人大常委会申诉控告工作委员会,加强了人大系统信访处理能力。

(刘 洋)

【行政管理体制改革】 在简政放权方面,继年初取消和下放225项行政职权,7月初全面启动了第三轮简政放权。深入区县(市)、企业等基层单位采取座谈、问卷调查等形式,广泛听取各方面意见和建议,并梳理出217条建议。同时,认真对照省取消和下放的行政职权、对照副省级城市放权目录、对照区县(市)需求、对照部门“三定”确定放权项目,本轮全市再取消和下放行政职权424项。简政放权以来,促进了项目建设、激发了市场活力、方便了群众办事。沈阳市简政放权工作,被省委作为全省行政体制改革的重要典型刊登在《辽宁工作》上,同时中央编办在《中国机构改革与管理》上,介绍了沈阳市的主要经验和做法,辽宁日报对沈阳市简政放权工作进行专题报道。在规范开发区管理机构方面,按照精简统一效能、科学规范、重点支持、积极稳妥的原则,对开发区管理机构进行了清理规范,每个区、县(市)只保留1个开发区管理机构,国家级开发区管理机构可根据实际情况设若干个园区管理机构。通过清理规范,开发区管理机构由31个减至13个，领导职数由61名减至45名，基本实现了统一规范，有效解决了机构臃肿、层级不清、关系不顺、体制不尽科学、管理不够规范等问题。

（刘　洋）

【事业单位改革】 2014年，市编委办按照积极稳妥、扎实有序的原则，稳步推进事业单位改革。一是事业单位分类改革。完成了对剩余26家事业单位的清理规范工作。同时加大清理力度，撤销了沈阳口岸联检综合楼服务处和沈阳市国际交流服务中心，收回自收自支事业编制22名和领导职数4名，推进了事业单位改革。二是县级公立医院改革。在借鉴新民市、康平县公立医院改革经验基础上，辽中县、法库县创新公立医院管理体制、运行机制、法人治理结构，成立公立医院管理委员会、医院管理局，完成了县级公立医院改革规定动作，收到良好效果。三是事业单位登记管理。印发了《改革事业单位登记管理工作有关问题的通知》和《事业单位法人证书使用问题的通知》，做好了事业单位年度报告公示制度的准备工作。同时，对全市4500多家事业单位进行了最后一次年检工作。办理事业单位法人设立登记72家、变更登记800家、注销登记20家，共发布全市登记公告892家，全部做到了准确无差错。健全了域名注册、名称变更、续费、注册年限、“网络红页”等规定。

（刘　洋）

【机构编制管理】 一是制度建设不断完善。出台了《沈阳市控编减编工作方案》，确保行政编制控制在中央和省核定的总数内，事业编制控制在2012年年底基数总量内；落实“用编申报审批”制度，实行用编前置审核，从源头上把住编制入口；实施区、县（市）局级领导职数核验制度，进一步加强对区、县（市）领导职数的管理力度。全年共回绝81个部门（地区）的165项增机构、增编制、增领导职数的要求，有效防止了机关和事业单位人员的无序增长，为经济社会的发展提供了体制机构保障。二是机构编制核查扎实推进。按照中编办和省编委的统一部署和要求，印发了《深入开展全市机构编制核查全面推进机构编制实名制管理工作方案》（沈编发〔2014〕6号），成立了专项工作领导小组和联合审查组，明确分工，落实责任。采取先编办内部再市直部门的“分级培训”、每月例会一次研究推进、阶段性实地核查、定期公示结果等方法，对13个区、县（市）及市直各部门党政群机关及直属和所属事业单位，乡镇、街道党政机关和事业单位，开发区等管理机构6489家的机构设置、人员编制、领导职数等情况进行了全方位的核查，摸清了全市机构编制“家底”，充实了实名制系统数据库，为全面推行机构编制实名制管理奠定了坚实基础。

（刘　洋）

政协沈阳市委员会

【市政协十四届三次全体会议】 中国人民政治协商会议沈阳市第十四届委员会第三次会议，于2015年2月9－12日举行。会议审议并通过了姜宏代表市政协十四届委员会常务委员会所作的工作报告和刘慧鸣所作的提案工作情况报告。会议增补了市政协副主席和常务委员。

会议对代市长潘利国所作的政府工作报告，对沈阳市2014年预算执行情况和2015年预算（草案）报告、沈阳市2014年国民经济和社会发展计划执行情况及2015年国民经济和社会发展计划（草案）报告、沈阳市中级人民法院工作报告和沈阳市人民检察院工作报告均表示赞同。

会议认为，上一年，市政协常务委员会在中共沈阳市委正确领导下，坚持团结和民主两大主题，积极进取，奋发有为，团结依靠政协各界别和全体政协委员，服务工作大局，拓展协商民主，认真履行职能，为推动全面深化改革和老工业基地振兴发挥了重要的作用。会议同意常务委员会提出的2015年工作任务，并对进一步做好政协工作提出了建议，希望常务委员会认真抓好落实。

会议要求，市政协各参加单位和全体委员，在新的一年里，要以邓小平理论、“三个代表”重要思想和科学发展观为指导，深入贯彻中共十八大和十八届三中、四中全会精神，认真学习习近平总书记在庆祝人民政协成立65周年大会上的重要讲话以及系列重要讲话精神，按照中共沈阳市委十二届十次全会的部署，把握稳中求进工作总基调，聚焦改革创新、稳定增长、改善民生和依法治市，适应新常态，汇聚正能量，全面履行政治协商、民主监督、参政议政的职能，充分发挥政协人才智力优势，为沈阳新一轮老工业基地全面振兴营造更加浓厚、和谐的民主政治氛围。

会议号召，全市各民主党派、工商联、各人民团体、各族各界人士和广大政协委员，要在中共沈阳市委的领导下，更加紧密地团结在以习近平同志为总书记的中共中央周围，高举中国特色社会主义伟大旗帜，同心同德，群策群力，积极进取，奋发有为，为完成今年工作任务，推进沈阳老工业基地全面振兴而努力奋斗。

（王　力）

【市政协常委会议】 2014年，市政协先后召开了6次常委会议。

2014年1月10日，政协沈阳市第十四届委员会举行第七次常委会议。市政协主席姜宏主持会议。会议听取了大会秘书长关于分组讨论综合情况的汇报；审议了相关人事事项；审议通过了市政协十四届二次会议提案审查情况的报告（草）；审议通过了市政协十四届二次会议决议（草）。同日，政协沈阳市第十四届委员会举行第八次常委会议。会议协商通过了调整增补市政协部分专门委员会兼职副主任名单；讨论通过了市政协2014年工作要点。

2014年4月13日，沈阳市政协举行十四届九次常委会议，传达十二届全国人大二次会议和全国政协十二届二次会议精神。

2014年6月10，市政协召开十四届十次常委会议。会议听取了关于“大力发展电子商务，构建现代产业体系”专题调研情况的汇报；审议通过了《关于“大力发展电子商务，构建现代产业体系”专题调研活动的报告》。市长陈海波、市政协主席姜宏出席会议并讲话。

2014年10月29日，市政协召开十四届十一次常委会议。会议听取了市政协关于开展城乡居民基本医疗保险一体化专题调研情况的说明，讨论通过了《关于城乡居民基本医疗保险一体化的调研协商报告》。省委常委、市委书记曾维，市政协主席姜宏出席会议并讲话。

2014年12月23日，市政协召开十四届十二次常委会议。会议听取市党群系统、市政府系统关于市政协十四届二次会议以来提案办理工作情况的通报；审议市关于市政协十四届二次会议以来提案办理工作情况的通报（书面）；协商通过调整增补市政协委员名单；协商通过增补市政协部分专门委员会主任名单；协商通过增补兼职副秘书长名单；讨论通过市政协十四届三次会议相关事项。

（王　力）

【提案工作】　2014年，共提出提案670件，经审查立案564件。截至2014年12月底，已全部办复，已解决或采纳的454件，占80.5%；列入计划解决的66件，占11.7%；因政策或条件限制暂时难以解决，留作有关部门工作参考的44件，占7.8%。

广大市政协委员、政协各参加单位和各专门委员会充分运用提案形式，积极建言献策。围绕改革发展、经济科技方面的内容，提出了116件提案。为推进全市国有企业改革发展，提升企业自主创新能力，完善电子商务研发与创新中心的结构布局，优化关键技术服务能力发挥了重要作用。围绕生态环境、城建城管等方面的内容，提出提案165件。关于综合治理雾霾、倡导绿色出行、改善环境等提案，为有效改善城市空气质量，推进环境综合整治和完善城市建设方面起到了推动作用。围绕软环境建设、社会法制等方面的内容，提出92件提案，为完善信用体系建设，加快政社分开，培育社会组织创新管理，化解医患双方矛盾及创建全国文明城市，提升城市文明形象和软环境建设发挥了积极的促进作用。围绕教文卫体、食品安全监管等方面的内容，提出提案78件。关于打造群众文化品牌、完善博物馆建设等提案，促进了公共文化设施和公用体育设施建设得到有效提升。关于构建现代职业教育体系、解决“看病难、看病贵”问题及加强食品安全监管等提案，相关部门将有关建议纳入了工作规划并开展了立法配套工作。在围绕促进养老服务等民生方面内容，提出提案113件。委员们提出的促进养老服务的提案，为出台《关于加快发展养老服务业的实施意见》提供了重要参考。关于规范社区职能、加强老旧小区基础设施改造等提案，被市政府纳入“2014年沈阳市为城乡群众办好12件实事”中。

市政协以“提案质量年”活动为载体，开展了一系列工作。一是坚持把提高提案质量作为提案工作的立足点，强化了提案工作质量。在提案线索征集、加大提案审查力度、强化培训、打造界别和团体提案、重点提案遴选论证等方面下功夫。首次将主席会议确定的30件重点提案原文在《沈阳日报》等多家媒体公布。二是坚持把提案办理协商贯穿于提案工作全过程，推进了重点提案重点协商、同类提案集中协商、热点提案到承办单位协商、疑难提案深度协商。全年会同市委市政府办公厅召开办理协商会20余次，并对提案办理协商的内容、形式、程序和成果运用等方面进行了深入调研，形成了《政协沈阳市委员会提案办理协商暂行办法》，下一步将把调研成果纳入全市协商民主实施意见中。三是坚持创新提案工作方式，针对加强公交行业建设等3件重点提案，市政协督办领导与市政府分管领导会同提案者走进现场，进行面对面协商座谈，使重点提案得到有效落实。四是坚持推进提案信息化建设，开展提案评优表彰工作。召开了全市各区、县（市）政协提案信息化建设现场会，有力地推动了市、区两级政协提案工作信息化建设。根据“优秀提案和先进承办单位、先进工作者表彰办法”的规定，采取“提”、“办”双方互推的方式，对2013、2014两个年度的88件优秀提案、31个先进承办单位和46名先进工作者进行通报表彰，强化了示范导向作用。

（王　力）

【海外联谊】　通过有效方式，积极建言献策。一是组织港澳委员开展视察。分别对外贸出口企业生态农业旅游发展发展情况进行视察。先后对沈阳六和机械有限公司、沈阳华美畜禽有限公司等外贸出口企业进行了实地视察。从改善金融服务环境、拓展国际市场、加大财政支持力度等方面提出了有针对性的意见和建议。二是组织港澳委员参观考察。先后考察了东北区域金融中心、辽宁股权交易中心、新大地集团研发中心、希杰（沈阳）生物科技有限公司等机构和企业。三是调动港澳委员积极撰写提案。委员围绕社会热点和难点问题，深入调查研究，提交了团体和个人提案42件，其中委员会提出的“关于培育发展社会组织，创新社会管理的提案”，其建议被采纳后对此项工作起到了积极推动作用。

采取多种形式，开展港澳台侨联络工作。走访慰问港澳台侨朋友，利用政协全会，市政协领导走访看望了来沈参加政协全会的港澳委员。向委员介绍了全市经济运行情况和社会发展所取得的成就，通报了市政协2014年的主要工作。在春节、圣诞节，以电子邮件、微信、贺卡等方式，向海内外朋友送去祝福。主办了“庆祝人民政协成立65周年，2014‘沈阳国际软件园杯’羽毛球、乒乓球友谊赛”。498人应邀参加了比赛。通过赛事，增强了与港澳台侨和海外归国创业人士的友谊。

拓展多种渠道，扩大对外交往。加强与驻沈总领事馆工作联系，邀请美国、日本、朝鲜、俄罗斯、韩国、法国、德国等七国驻沈总领事馆总领事出席市政协十四届二次全会全会开幕式，并向他们介绍了沈阳市经济建设和社会发展取得的成就。做好组团出访和来访接待工作，全年共办理和协助办理3个出访团组，其中：赴台考察团拜会了台湾总工会、台中市总工会，参观考察了工会职业培训机构和部分企业；赴瑞士、匈牙利、捷克经贸代表团和赴瑞典、西班牙、荷兰参会考察团,在完成了考察、签约、交流任务的同时,还结交了一批海外华侨、华人朋友。

(王 力)

【学习宣传文史】 一是引导委员加强学习。紧密结合当前形势和委员履职需要,通过举办专题报告会、中心组学习会、订阅报刊和编印学习参考资料等多种形式,引导和推动中心组成员与广大政协委员的学习,为不断提高履行职能水平打下了坚实基础。二是增强宣传工作活力。不仅集中精力抓好全会的宣传工作,还在平时工作中努力聚焦亮点,抓好政协调研成果和提案的宣传。对市政协开展的大力发展电子商务、城乡居民医疗保险一体化、提高城市排水防涝能力等调研视察活动,对农产品加工业发展、城市大气环境治理等专题协商会议进行深度采访报道。主动提供报道素材,通过报纸、广播、电视、网络等媒体,有近百件委员提出的关注民生的提案落实情况和10多件视察调研成果,被各级主要媒体报道。委员会紧贴政协履职实践,把握重点、聚焦亮点、凸显特点,不断增强宣传工作活力,努力塑造政协的新形象,全年刊发宣传稿件836篇。三是打造民主监督和舆论监督的平台。通过专家、委员、媒体的专题座谈研讨,对进一步运用好"两个"媒体平台、加大政协宣传工作力度提出了意见和建议。《政协园地》专版实时跟踪并深入挖掘报道政协提案办理和调研、视察进展情况,宣传报道奉献爱心、扶贫帮困的委员风采,全年刊发13期。《委员在线》节目着眼贴近群众,关注民生,反映群众的诉求和呼声,截至2014年10月末,共播出《委员在线》节目9期,先后有18位委员走进直播间,为百姓办实事12件,树立了政协良好社会形象。扩大政协社会影响。为庆祝人民政协成立65周年,委员会承办了"我们共同走过——庆祝人民政协成立65周年书画摄影作品展"。本次展览从征集的近千幅作品中精心挑选出274幅参展作品,同时编辑出版了同名纪念画册一本,在7天的展期内观展人数达到了近6000人。同庆华诞,同歌盛世,省市多家新闻媒体对展览进行了宣传报道。努力做好文史资料工作。全年,征集专题史料150余万字,编辑出版了《委员故事》、《我的艺术追求》;与市政府地方志办公室联合出版了《屯垦戍边的壮举》;与区县政协合作出版了《沈阳地名》(于洪卷、沈北卷)共5本专辑史料。这些史料书籍资料翔实,有较强的思想性、史料性和可读性,充分发挥了政协文史资料"存史、资政、团结、育人"的作用。促进历史文化遗产保护工作。对锡伯族历史文化遗产保护工作开展考察。8月17-24日,刘慧鸣副主席率队赴新疆察布查尔县参加纪念锡伯族西迁250周年庆祝活动,交流了《屯垦戍边的壮举》——纪念锡伯族西迁史料,同时考察了相关地区历史文化遗产保护工作。7月29日,组织部分委员对康平、法库两地的辽文化情况进行了专题视察。

(王 力)

民主党派和工商联

【中国国民党革命委员会沈阳市委员会】 思想建设。市委会以坚持和发展中国特色社会主义学习实践活动为主线,扎实推进思想政治教育。成立学习实践活动领导小组,开展各项学习实践活动。领导小组成员和部分党员撰写的理论文章,被市委统战部评为优秀作品。理论课题研究方面表现突出,有多篇理论研究课题被市政协、省委统战部评为重点立项课题。开展"机关大讲堂"活动,推动各处室之间的交流沟通,全力打造"学习型"机关。

组织建设。市委会全年共发展新党员57人,其中:女党员22人,平均年龄36岁;大学学历40人,学士学位28人;研究生学历18人,硕博学位16人;中高级职称25人,占43%;民革特色23人,占40%;市、区人大代表2人。至2014年底,沈阳民革党员总数达953人。成立了机关直属支部、沈阳工业大学支部和东北大学支部;成立民革沈阳市委和平区工作委员会,下设三个支部。市委会现有基层支部28个。

参政议政。在市政协十四届二次会议上,市委会共提交集体提案14件,大会口头发言1件,书面发言9件,其中常委刘明提出的《关于加强我市信用体系建设的提案》被列为市政协重点提案,由市政协副主席刘慧鸣督办,市政协先后两次召开协商会,推动了沈阳信用体系建设有了飞跃式的发展,促成了《沈阳市失信黑名单企业惩戒联动办法》出台。党员潘玉提出的《关于深入做好沈阳市农村留守妇女儿童工作的提案》和裴月湖副主委提出的《关于对地沟油进行综合治理的提案》作为界别提案提交政协会议。杨悦副主委提出的《关于完善沈阳市新型城镇化建设生态环境保护制度的提案》得到市环保局的高度重视,提案中的五点建议全部列入市环保局制定的《2014-2015年我市生态文明体制改革的工作要点》中并予以落实。

社会服务。市委会依托本市民革党员所在律师事务所,成立10家沈阳民革所属法律咨询服务中心。市委会与民革辽宁华恩法律咨询服务中心主任闻芳谊律师赴法库开展扶贫帮困活动;王垂杰主委、杨悦副主委、高孝杰副主委、贾海洋及刘明等律师与民革省委联合开展"送法进高墙"活动,为服刑人员提供法律咨询服务。党员刘明、闻芳谊、杨功涵、张宝兰、张国山等一批知名律师与沈阳日报等多家媒体合作,在《法律点评专栏》提供法律方面日常咨询点评,参与省、市电台如《辽沈大律师》、《百姓连心桥》等栏目的律师热线,为读者和听众回答法律问题。副主委丁桦组织妇委会成员开展"关注儿童,服务社会"主题活动,捐助市福利院衣物、生活用品、食品、玩具等慰问品,折合人民币2.3万余元。8月,市委会与民革沈音支部赴法库开展了为期三天的义务讲学,向法库县60多名中小学校音乐教师讲授了音乐教育、小提琴、声乐、钢琴等知识,向教师学员赠送了教材和光盘。9月,民革第十一届北方城市旅游风光摄影展在重庆举办,民革沈阳市委会展出摄影作品30幅。广泛开展"博爱·牵手"活动,捐款、捐物折合人民币70余万元。

祖统工作。通过推进对台企服务、走访在沈台企协会和台籍学生、召开专题茶话会、组织党员赴台交流考察等活动，加强了两岸沟通和交流。全年，市委会先后两次组织党员中的检法两院领导和知名律师到沈阳市台企协会开展“送法到台企”活动，现场为台商解答法律问题。7月，文化艺术支部的书画家交流考察团应台湾新北市政府、中华文耀交流协会邀请，赴台参加“中华文耀两岸艺术联展”。

（*杨潇音*）

【中国民主同盟沈阳市委员会】 2014年，中国民主同盟沈阳市委员会（简称“民盟市委”）有1名主委、12名副主委，1个秘书长。拥有55个基层组织，其中：11个专门工作委员会，1个艺术家演出团，1个盟务工作智囊团。民盟市委切实加强自身建设。发展新盟员245人，平均年龄36.1岁。截至年末，全市共有盟员3787人。成立了民盟沈北新区委员会和民盟法制工作委员会。民盟市委认真学习中共十八届三中、四中全会精神和习近平总书记系列重要讲话精神，不断夯实多党合作的思想政治基础。充分发挥“沈阳民盟网”和《沈阳民盟》两个宣传主阵地作用，开设学习实践活动专栏专题。积极借助外界媒体扩大宣传。向民盟中央、民盟省委、市政协、“沈阳同舟网”报送信息860余篇次；向沈阳市电台、电视台、《沈阳日报》等主流新闻媒体报送播发信息21条。荣获民盟中央授予的“思想政治工作先进集体”称号。民盟市委充分发挥人才智力优势，积极参政议政。在全国“两会”上，盟内全国政协委员、全国人大代表分别提交了《加强农村生态环境保护》和《加大稻麦常规育种的公益性科研投入》的提案、议案。在市“两会”上，民盟市委提交大会提案11件，其中：《关于进一步加强沈阳市农村环境综合整治的对策建议》作为大会发言，并被列为重点提案；《加快建立沈阳自贸区，提升经济竞争力的建议》、《关于推进沈阳新型城镇化建设健康发展的建议》等9件作为书面发言。盟内市政协委员提交提案31件，其中《关于进一步加快建构我市人才高地的建议》、《关于积极巩固和完善沈阳市新型农村合作医疗制度的建议》等被列为重点提案。与政协相关专委会联合开展专题调研，形成调研报告4篇。民盟市委高度重视反映社情民意工作，举办专题辅导讲座，盟员张洁上报的《关于建立甲午黄海海战纪念馆的对策建议》被《人民日报》内参部采用，得到中央政治局常委刘云山和中央政治局委员刘奇葆批示。《关于我省涉日纪念馆博物馆国际化问题的对策建议》、《关于将旅顺万忠墓更名的对策建议》两篇建议得到副省长贺旻批示。冯昀上报的《干部公示期存在重大偏差待纠正》和《建议对公车拍卖具体实施细化进行规定避免暗箱操作》的信息分别由“新华内参抄送件”和光明日报内参上报中央政治局领导。全年累计向民盟省委、中共市委统战部报送社情民意信息31条。民盟市委努力打造社会服务品牌，切实做好社会服务工作。举办“民盟情浓系民生 同心唱响新于洪”——民盟沈阳市委走进于洪艺术惠民文艺演出暨庆祝于洪区建区五十周年文艺晚会。“民盟同馨讲坛”举办41场讲座。与本溪市溪湖区司法局签订《“黄丝带帮教计划”协议书》。各基层组织和专委会坚持做好事、做实事，常年开展“四个一”、“三下乡”等活动。

（*李　曼*）

【中国民主建国会沈阳市委员会】 2014年，民建沈阳市委荣获民建辽宁省委理论研究工作优秀组织奖、参政议政工作先进集体二等奖、新闻宣传工作优秀组织奖，中共沈阳市委统战部统战信息工作三等奖、统战实践创新工作三等奖和统战宣传工作先进单位。

参政议政。提交市政协十四届三次会议发言材料5篇，集体提案5件。其中《关于进一步加强我市公交行业建设的建议》被作为市政协主席姜宏督办的提案，《关于加强古树名木养护及保健复壮的建议》被沈阳市政府采纳。《关于进一步加强我市公交行业建设的提案》和《关于以国家重大科技专项为契机，推进沈阳IC装备成果产业化的提案》被市政协评为2013－2014年度优秀提案。民建市委课题组承担市政协两项调研课题，形成《关于我市雨污分流建设情况的调研报告》和《关于提高沈阳道义经济开发区公共交通和通讯设施配套水平的建议》调研报告，并在市政协主席会议和专题协商会上作了专题发言。共向有关部门上报社情民意信息55篇，被省政协专报5篇；市政协专报7篇，其中3篇得到了市领导的批示。2014年，市政协先后就《沈阳市城市房屋管理条例（草案）》和《沈阳市生活垃圾管理条例（草案）》向民建市委征求修改意见。为此，民建市委组织会员提出10余条有针对性、操作性强的修改意见报送市政协。

理论研究。民建市委围绕“会的发展”和“推进协商民主”开展理论研究工作，共推送理论研究文章24篇。其中《参政党民主监督制度研究》和《发挥统一战线作用与健全社会主义协商民主的耦合研究》被确定为中共省统战部重点课题并结项，还被评为民建省委优秀理论研究成果。《人民政协界别协商和界别活动研究》被市政协列为重点立项课题。《新时期注重推进民建市级组织发展的思考》一文被提交到民建中央理论研究委员会工作会议上进行交流。

社会服务。推进“同心·发展工程”，号召会员爱心购买康平县寒富苹果19吨，组织会员为“思源牵手公益基金”捐款18万元。配合高校增设“大学生就业规划课程”的教育改革，在沈阳师范大学开展“名企名家进课堂”活动，有3名企业家会员被聘为该校的兼职教授。举办了2014民建会员企业进校园大型招聘会，近200名应届毕业生与企业达成了就业意向。组织寻找投资项目的企业家会员赴彰武县调研，为会员企业搭建投资对接平台。

自身建设。民建市委深入学习贯彻中共十八届三中、四中全会精神，结合建言献策、自身建设、健全协商民主、社会服务等方面积极开展坚持和发展中国特色社会主义学习实践活动，并到基层巡回宣讲。共向全国、省、市相关媒体报刊杂志推送宣传报道文章196篇，被中央采用26篇，省级采用81篇，市级采用169篇。制定了《民建沈阳市委组织发展工作实施办法》，全年发展新会员149人，截至2014年末，共有会员2412人。完成了民建市委会网站的全新改版和微信工作群组建工作，并积极筹备民建沈阳市委成立60周年纪念活动。完善《机关干部联系基层工作制度》，并在《工作动态》中设置了"支部活动指南"栏目，用以指导支部活动，加强优质高效的服务型机关建设。

（李　阳）

【中国民主促进会沈阳市委员会】　思想建设。开展坚持和发展中国特色社会主义学习实践活动，把深入学习中共十八大和十八届三中、四中全会及习近平总书记系列重要讲话精神作为学习实践活动核心内容，通过举办报告会、交友座谈会和理论中心组学习，引领广大会员深刻领会全面深化改革和全面推进依法治国的重要意义，把广大会员的思想统一到中国特色社会主义建设和对中国梦的追寻上来，进一步增强会员对中国特色社会主义的道路自信、理论自信、制度自信；结合自身建设和履职中亟待解决的现实问题，深入开展统战理论研究，确定并完成10个课题项目。市委会机关提出的《完善工作机制，提高政协协商民主的质量和水平》、刘元晨提出的《法制中国视角下的民主监督制度创新研究》和曹萌提出的《满语文保护抢救与辽宁民族和谐发展研究》，分别在市政协和市委统战部立项；开展思想状况问卷调查，掌握会员思想动态。举办知识竞赛，强化会员对深化改革、民进会章会史的了解。开展"牵手文明，杜绝陋习"网上签约活动，提高会员整体素质。举办庆祝新中国成立65周年美术书法摄影作品展，开展"我身边的榜样"和"70年情缘·图说民进故事"征文活动，得到会员积极响应，并编辑出版了《开展坚持和发展中国特色社会主义学习实践活动文集》。开通"沈阳民进"微信公众号，及时公布会内动态，促进会员之间沟通。创办《开明摄影》杂志，弘扬传统文化，宣传主流意识。刊印《沈阳民进》4期、《民进沈阳市委信息简报》14期及《2014年〈沈阳民进〉合订本》。全年共被《人民政协报》等刊物及民进中央等网络平台采用信息471条，并荣获2014年度全市统战宣传工作先进单位。

组织建设。以建设政治坚定、民主和谐、作风过硬的领导班子为目标，完成市区两级主委、副主委班子后备队伍和基层组织后备干部人选推荐工作，确定后备干部人选178名，确定届中增选副主委人选2名。落实基层干部培训制度，组织参加会省委和市委统战部举办的各类培训班，举办市委委员培训班、基层干部培训班和后备干部培训班。撤消职教工委，组建市教育局工委。完成和平区、大东区工委班子调整和东陵区总支更名工作。成立沈河区文艺二校、文化路小学、岸英小学和大东区辽沈三校支部。截至2014年末，全市共有6个工委、7个总支、130个支部。全年新发展会员123名，会员总数达2576人。其中：副处级以上实职38人，副校级以上52人，各级名师12人。新老会员在本职岗位中不断成长进步，有23人晋升了职称、职务，受到国家和省、市表彰42人次，获市以上科研成果21项，展现了民进良好形象。制定"四参与、五实现"量化考评办法，探索建立符合组织建设和日常管理的长效机制。编写《基层组织活动范例》，将先进经验、典型事例集结成册，供大家学习交流。召开直属、高校及区域组织工作交流会，推动基层组织横向交流。全市涌现出33个先进基层组织、10名十佳会员、43名优秀基层干部和238名优秀会员。28个基层组织、50名会员荣获省先进基层组织和优秀会员称号，民进市委荣获"全国组织建设先进地方组织"称号，辽宁中医、市教育研究院支部荣获"全国组织建设先进基层组织"称号，王健、刘颖、刘元晨等荣获"全国组织建设先进个人"称号。

参政议政。市委会班子成员全年参加中共沈阳市委、沈阳市政协召开的座谈会、情况通报会12次，就经济发展转型升级、加快推进教育现代化、公共文化基础设施建设、国有资产管理、社会综合治理、建设国家中心城市等积极建言献策，多条建议得到市委、市政府的高度关注。就高校创新能力对创新型城市建设的影响开展调研，形成了《提升高校创新能力对沈阳创新型城市建设影响研究》专题报告。承担市政协"我市社区矫正工作情况"专项调研，形成了《关于我市社区矫正工作情况的调研报告》。对《沈阳市加快国家中心城市建设规划》进行研讨并提出书面建议。提交市政协十四届二次会议大会发言材料11篇、提案9件，转为大会发言和提案10件。其中：《关于加强城市社区管理和建设的提案》被列为市政协重点提案，《提升文化软实力，深化实施文化强市战略》被安排为大会发言。提交会省委的提案素材，有3件被用作全国政协提案、7件被用作省政协提案，采用数量居全省首位。全年共编报社情民意信息163件，被会中央、《人民政协报》、中共省委等采用269件次，采用率和采用层次均有较大提升。在全省社情民意信息评比中位列第一，被中共省委统战部评为反映社情民意信息先进单位，荣获2014年度全市统战信息工作先进单位一等奖。《关于职业教育发展瓶颈》以及《校企合作方面的问题研究》两篇信息，被中央统战部《零讯》采用，实现信息工作"零"突破。

社会服务。"同心牵手，爱心扶助"、"为了孩子健康成长"主题活动已经连续开展五年，成为沈阳民进品牌工程，参与会员逐年增加，受益群众逐年增多。在原有支教义诊服务基础上，深入开展智力惠民服务，组织"沈阳民进大讲堂"进社区、进广场系列活动，受到市民广泛欢迎。组建了民进沈阳市艺术团，在沈北新区举办"祝福祖国"大型广场主题文艺演出，到沈河区老年人休养中心开展慰问活动。成立民进沈阳市企业界会员联谊会，开展中秋节敬老公益活动，向铁岭康复养老中心捐赠月饼和消防安全器材近万元。为第七届辽宁西部教师培训班选送优秀授课教师，使80余名农村骨干教师的教学水平得到提高。沈阳开明书画研究会规模不断扩大，会员已达90余名，多次举办国内外书画展，为弘扬传统、宣传沈阳、宣传民进做出了贡献。皇姑区、大东区工委以及沈阳药科大学、沈阳大学、辽宁交通高等专科学校等支部积极开展捐资助学，沈河区工委、和平区工委等基层组织积极开展社会公益活动，辽宁中医药大学、沈阳医学院等积极开展医疗义诊和科技咨询活动，铁西区工委、职教工委等积极组织送教下乡、捐赠图书活动，社会文化出版总支的部分会员还走出国门进行文化交流，浑南区总支、苏家屯区支部等联合开展野生鸟类爱心放飞活动。通过这些活动，沈阳民进的影响力得到极大提高。民进沈阳市委打造“同心”品牌系列活动荣获2014年度全市统一战线实践创新成果奖。

（刘庆国）

【中国农工民主党沈阳市委员会】 2014年，农工党沈阳市委凝心聚智，充分发挥在人民政协中的作用。在年初召开的市政协十四届二次会议上，农工党沈阳市委大会发言和集体提案质量进一步提升，有10篇书面发言入选《大会发言汇编》，赵午主委代表农工党沈阳市委作了题为《关于大力发展健康服务业的建议》的大会发言，建设性地提出了加快沈阳市新兴服务业发展的目标和任务；农工党沈阳市委切实履行参政党职责，向大会提交了10件提案，展示了浓厚的大局观念、责任意识和履职热情。会上，农工党沈阳市委提交的《关于综合治理雾霾天气，改善环境，还沈阳蓝天的几点建议》的提案，受到了社会各界的广泛关注，各主流媒体多角度、多视野对该提案进行了宣传。该提案被确定为2014年度市政协重点提案，并由赵晓川副主席进行督办。3月28日的《沈阳日报》特辟专版对该提案予以详解。在市政协十四届三次会议上，农工党沈阳市委提交的《关于完善医疗纠纷解决机制的提案》、《关于综合治理雾霾天气，改善环境，还沈阳蓝天的提案》和李铁男、张麓曾、郭少武副主委提出的3件提案，被评为“沈阳市政协2013—2014年度优秀提案”。此外，章学峰和王志强完成的《关于建立看守所法律援助工作站的建议》和《关于进一步推进我市公共法律服务体系建设的意见建议》两篇调研报告，被载入市政协“民主评议我市公共法律服务体系建设情况”专题主席会议材料汇编。李铁男、张麓曾、赵春杰等9名政协委员被市政协聘为民主监督员。

围绕中心工作，深入开展城乡居民医保一体化专题调研。年初以来，由农工党沈阳市委与市政协教科文卫体委员会联合组织政协委员和农工党党员围绕推进城乡居民基本医疗保险一体化开展专题调研。从3月开始，历时6个月集中调研，形成了4篇调研报告。期间，还组织部分政协委员和机关干部赴成都开展城乡居民医疗保险一体化考察和调研，完成了《关于成都市城乡居民医疗保险一体化工作考察报告》。与此同时，赵午、李铁男、王莉、张麓曾、赵春杰、郭少武、马平、朴成哲、张军撰写完成了9篇调研报告或理论研究文章。上述5篇调研报告与这9篇建议，一并被载入市政协“城乡居民基本医疗保险一体化专题常委会议”材料汇编，充分展现了农工党沈阳市委发挥界别优势建真言、献良策的丰硕成果。在沈阳市政协十四届十一次常委会议上，农工党沈阳市委李铁男、王莉、张麓曾、郭少武四位副主委分别代表各自调研组作了专题发言，受到了与会的曾维书记和姜宏主席的充分肯定。这项工作还荣获“2014年度全省统战工作实践创新成果奖”，是沈阳市8个民主党派中惟一获此殊荣的民主党派市委会。

上半年，重点围绕“大力发展电子商务，构建现代产业体系”开展调研活动。组成了由赵午主委为组长、王莉副主委为副组长、12名党员参加的大力发展电子商务调研组。经过一系列的调研，完成了《加快区域卫生信息化平台建设 推进普及居民健康卡应用进程》的调研报告。

围绕养老产业发展和治理雾霾建言献策。在省政协召开的“积极探索多样化养老模式”协商座谈会上，王莉副主委代表农工党沈阳市委作了《关于加快建立辽宁省“医养结合”养老服务体系的思考和建议》的发言。李铁男副主委在2014（第七届）中国环境与健康宣传周暨“城镇养老健康产业发展”论坛上，代表农工党沈阳市委作了《关于加快建立“医养结合”养老服务体系的思考和建议》的主题讲座，阐释了推进养老产业发展的意义，受到了参加论坛活动的专家学者的普遍好评。农工党员、中国科学院沈阳应用生态研究所副研究员安婧在第二十六届中国“国际科学与和平周”暨空气污染防治高峰论坛上，以《远离雾霾，实现绿色中国梦》为题作了精彩的演讲，受到了与会者的好评。

以做好提案工作为主题，承办农工党全国副省级城市第八次工作联席会议。10月10－12日，沈阳与大连联合举办了农工党全国副省级城市第八次工作联席会议暨提案工作研讨会。农工党中央副主席陈述涛、农工党中央组织部部长曲凤宏、农工党辽宁省委主委唐建武、市委统战部部长汪涛出席会议并讲话。来自全国15个副省级城市农工党组织的60多名负责人参加会议。农工党沈阳市委主委赵午主持会议，王莉代表农工党沈阳市委作了大会发言，各副省级城市代表进行了交流。

加大工作力度，加强社情民意信息工作。举行参政议政和社情民意信息专题讲座，农工党中央常委、参政议政部部长隋路，为基层领导骨干作《提高调查研究能力 提升参政议政水平》专题讲座。隋路部长还就如何做好社情民意信息工作，与基层领导骨干进行了交流互动，受到了好评。截至年底，有30个支部的72名党员报送了23件提案、21条建议和89条信息。其中杨悦教授撰写的《关于加快我国儿童药物研发上市的建议》，被中共中央统战部《零讯》采用，这是迄今为止《零讯》第一次采用农工党沈阳市委报送的社情民意信息，使农工党沈阳市委社情民意信息工作登上了一个新的台阶。贺可嘉撰写的《对混合所有制改革顶层设计的几点建议》和郭书海撰写的《以市场经济调节为基础建立土壤环境保护机制》两篇社情民意信息，被农工党中央《信息专报》采用，并上报全国政协。

农工党沈阳市委被中共辽宁省委统战部评为“2014年度辽宁省统战信息工作先进单位”，这是市委会连续3年获此荣誉。农工党沈阳市委机关被中共沈阳市委统战部评为“2014年度全市统战信息工作先进单位一等奖”；同时，杨悦、陆啸两位同志被评为2014年度全市统战信息工作先进个人。

庆祝人民政协成立六十五周年，学习习近平总书记的重要讲话。适时转发《农工党中央关于认真学习贯彻习近平总书记在庆祝人民政协成立六十五周年大会上的重要讲话精神的通知》，推动基层组织和广大党员的学习。赵午主委出席沈阳市政协庆祝中国人民政治协商会议成立六十五周年理论研讨会并发言。召开学习习近平总书记在庆祝人民政协成立六十五周年大会上的重要讲话精神座谈会，唐建武主委出席会议并讲话，赵午主委传达了《农工党中央关于认真学习贯彻习近平总书记在庆祝人民政协成立六十五周年大会上的重要讲话精神的通知》。成立农工党沈阳市委书画院筹备小组，四名党员的7幅美术作品参加了沈阳市政协在中国工业博物馆举办“我们共同走过——庆祝人民政协成立六十五周年书画摄影作品展”。赵午主委参加了农工党中央书画院、农工党辽宁省委书画院在大连举行的庆祝中华人民共和国成立六十五周年暨人民政协成立六十五周年“美丽中国书画展”开幕式，东有礼、年鸿林、徐克强、邵春子等4名党员的8幅书画作品参加了此次展出，收到了良好的效果。

组织参与“中国梦·农工情”演讲比赛。在机关刊物《沈阳农工》扉页刊发“《前进论坛》杂志、农工党中央网站联合举办的‘中国梦·农工情’征文活动启事”，积极引导广大党员坚定理想信念，用“中国梦”这面旗帜来统一思想，用“中国梦”这一思想基础来凝聚力量。代表农工党沈阳市委参加农工党辽宁省委“中国梦·农工情”演讲比赛，姜婉怡以排名第三的成绩获得比赛优胜奖，李海波以排名第六的成绩获得比赛优秀奖，为沈阳市赢得了荣誉。作为辽宁省代表，姜婉怡赴京参加农工党中央举行“中国梦·农工情”演讲比赛总决赛，并荣获三等奖。

统战理论研究工作取得丰硕成果。农工党沈阳市委被评为“2008－2014年度沈阳市统战理论研究工作先进单位”。农工党沈阳市委有3篇论文被收录到沈阳市人民政协理论研究会编辑出版的《人民政协理论研究文集（2014）》，其中由赵午主委负责的《进一步提升人民政协协商民主的能力和水平》，是2014年沈阳市人民政协理论研究会重点课题，被评为“沈阳市人民政协理论研究会重点课题研究成果一等奖”。马平负责的《关于引导非公有制经济适应全面改革需要，应对机遇与挑战问题研究》和牛箐负责的《经济转型期间行业协会商会组织承接政府职能转移的相关问题研究》两项课题，被确定为2014年度省委统战部立项课题；贺可嘉负责的《关于民族地区中小企业发展促进问题的研究》和胡舒颖负责的《社团组织承接政府职能转移中的问题研究》两项课题，被确定为沈阳市2014年统战理论研究立项课题。其中贺可嘉执笔完成的《关于民族地区中小企业发展促进问题的研究》论文，被中共辽宁省委统战部、辽宁省统战理论研究会评为“2014年度全省统战理论研究优秀成果三等奖”，被中共沈阳市委统战部、沈阳市统战理论研究会评为“2014年度统战理论研究优秀成果二等奖”。赵春杰副主委执笔完成的《如何做好民主党派社会服务工作研究》的论文，被评为“2014年度统战理论研究优秀成果三等奖”。由马平撰写的《关于增强非公有制人士信念、信任、信心问题的课题调研报告》，荣获农工党中央“2013年理论研究优秀成果奖”三等奖，被评为“2013年度全省统战理论研究优秀成果三等奖”、“2013年度沈阳市统战理论研究优秀成果二等奖”。在沈阳市统战理论研究会第六届会员大会上，赵春杰副主委当选为沈阳市统战理论（统战文化）研究会副会长。

统战宣传工作成绩喜人。《沈阳农工》杂志坚持正确的舆论导向，内容丰富，特色突出，受到广大党员和读者的好评。市委会官方网站信息发布量及更新速度不断提升，截至年底，共上传531篇文章，为网站建立以来上传数量最多的一年。全年在人民政协报、沈阳同舟网、沈阳日报等发表了227篇文章，在全市统战新闻与网络宣传稿件采用情况评比排名中位居第二名。农工党沈阳市委被中共沈阳市委统战部评为“2014年度统战宣传工作先进单位”，副秘书长王勇被中共沈阳市委统战部评为“2014年度统战宣传工作先进个人”。

强基固本，着力加强基层组织建设。积极推进组织建设，新成立了药械支部和生态环境支部。按照党章规定，完成了医药支部、辽宁中医药大学附属第二医院支部换届及皇姑区支部调整工作。举办基层干部培训班，进一步明确和规范基层组织建设目标任务。对全市48个基层支部开展了包括基层组织自身建设、立足本职岗位建功立业等6大项38个方面内容的基层组织建设问卷调查。年内共新发展包括专家学者、实职干部、企业管理人员的新党员80人，截至2014年底，全市共有农工党党员人数为1689人，同比增速约6.7%。

常抓不懈，不断推进“同心·健康服务工程”活动。各基层支部根据自身实际，组织引导党员在立足岗位的同时，开展了形式多样的“同心·健康服务工程”活动。第七人民医院、浑南区、和平区、于洪区、沈河区等基层支部组织党员面向社区、农村、福利院、敬老院等开展了特色突出、内容丰富的社会服务活动，有力地推动了“同心·健康服务工程”活动的开展。

爱岗敬业，广大党员在各自岗位上取得了可喜成绩。年内，李铁男副主委荣获“全国五一劳动奖章”荣誉称号，成为迄今为止沈阳市惟一获此荣誉的农工党党员。张立德教授赴京参加为期一个月的中央社会主义学院第31期民主党派干部进修班，并应邀旁听全国两会开、闭幕式和政协全会大会发言。胡胜教授作为哲学社会科学教学科研骨干研修班学员参加六部委举办的为期一个月的研修班学习，参加了2014年中共中央党校秋季学期开学典礼。贺可嘉受邀参加了2014年亚太经合组织（APEC）会议系列活动，并亲耳聆听了习近平总书记发表了题为“谋求长远发展，共筑亚太梦想”的主旨演讲。刘红宇被沈阳市人民政府授予“沈阳市劳动模范”称号。周云川被评为“2013年沈阳市‘身边好人’”，并获“沈阳市十大专利原创奖”。张红敏被沈阳市妇联授予“沈阳市三八红旗手”荣誉称号。大东区支部主委吴丹家庭被评为沈阳市“最美家庭”。李孟竹被任命为辽宁省残疾人联合会副理事长(副厅级)。路永强被正式任命为集团股份有限公司(上市公司)副总裁。王小正被国家五部委评为第四批全国老中医药专家学术经验继承人，即“国医高徒”。

（王　勇）

【中国致公党沈阳市委员会】 参政议政。中国致公党沈阳市委员会(以下简称致公党沈阳市委)在市政协十四届二次全会上提出集体提案8件，其中有5件提案作为大会发言，《以“土地流转”政策为契机，实现我市农民持续稳定增收》为口头发言。《关于实现我市城乡水务(供、排、污)一体化运营的建议》在政协全会的联组讨论发言中，受到市长陈海波的重视，并指示要给予解决，会后通过市政府有关部门的协调所需3亿多元改造资金，财政拨款已到位资金2.3亿元左右，基本解决了提案涉及的相关问题，在项目实施过程中市委书记曾维批示“干的好”。本党党员中20名市政协委员提出个人提案27件。《关于促进我省小微工业企业健康可持续发展的建议》等6件提案报送致公党辽宁省委。

调查研究。全年召开4次调研和提案工作会议。在4月初召开的专题调研工作部署会和推进会上确定《关于进一步促进企业提高自主创新能力的建议》、《关于提升高等学校和科研院所科技成果省内转化率的建议》、《关于加强科技和金融紧密结合，鼓励风险投资，促进科技成果转化的建议》和《关于促进服务业发展，提高服务业对经济增长贡献率的建议》等四个题目为重点调研课题。5月下旬完成了8件质量比较高的调研报告，部分调研成果上报省政协作为常委专题会议的大会发言，受到广泛好评。9月初至10月中旬，以致公党沈阳市委主要领导为核心的部分有关人员组成专题调研组，分别到市中级人民法院、皇姑区人民法院，市卫生局，和平区、沈河区、皇姑区、大东区、铁西区卫生局，沈阳市保险行业协会等单位和部门，就法院人事管理制度改革，关于建立医责险制度和六五普法工作等专题进行了深入的走访和座谈，所到之处与所在单位和有关人员进行座谈听取汇报，就当前卫生医疗等社会上的热点问题进行了深入的交流和探讨并形成材料，做为2015年市政协全会的集体提案上报市政协。

社会服务。致公党沈阳市委紧紧围绕致公党中央提出的“致福工程”活动要求，结合致公中央社会服务工作会议精神，以“同心”工程和“四个一”为活动载体继续认真开展社会服务工作。一是积极响应、落实致公党中央关于《致公党参与毕节试验区建设近期工作计划》的指示精神，结合深入推进开展学习实践活动，与致公党辽宁省委联合成立考察组赴贵州省毕节市试验区进行项目考察，通过充分调研，初步达成了中药材种植加工、农产品深加工、农村土暖气等投资帮扶合作意向。二是从关心中小学生身体健康处着手，依托本党企业家专委会，与和平区教育局、沈阳日报联合举办了“致力童心·学生体制提升计划”启动仪式，专委会主任丁武、副主任单泷各出资5万元，在和平区教育局举行了捐赠仪式，支持该项目在和平区试点实施。三是组织部分政协委员、人大代表及参政议政骨干赴沈北新区进行考察调研，为该区打造生态沈北、田园都市、锡伯族故里大旅游区积极建言献策。四是到大东支部本党党员的沈阳希科泰科技有限公司考察调研，协调省、市有关政府部门为该公司提供金融、信息等方面服务支持，政府划拨的20万元科研经费已到位。组织四院支部联合省消防总队医院深入基层部队开展义诊活动，为基层官兵送去了温暖和健康；支持皇姑区支部连续五年捐资助学，与第四人民医院支部联合举办了“迎国庆，庆重阳”关怀老人，送医送药慰问义诊活动；和中国医科大学支部及苏家屯区支部联合组织医疗专家赴太平山村义诊，并出资2000元购买各种药品，使村民切实感受到医疗下乡所带来的实惠和温暖；“六一”国际儿童节前，组织妇委会及有关党员赴儿童福利院进行义诊和慰问，送去2000元的慰问品；企业家专委会副主任孙屹在新年到来之前，到敬老院送去温暖，为每位老人添置一套新衣，这项活动已开展多年。

海外联谊。致公党沈阳市委继续发挥“侨·海”优势，积极响应中共沈阳市委号召，以服务沈阳、宣传沈阳为契机，开展形式多样、内容丰富的对外交流和民间外交活动。致公党沈阳市委继续利用网络平台加强和海外朋友及各省市致公党组织的沟通与联系，巩固老朋友，发展新朋友。5月，接待了海南兴隆印尼侨友会副会长蓝日兴及夫人。双方就加强海南与沈阳之间的华侨联系进行了深入探讨，并希望今后加强交往，不断加深双方的友谊和感情，为南北归侨交往架起一座友谊的桥梁。7月，市委支持“归国留学人员工作委员会”和省外事侨务办公室联合举办了在沈侨眷侨属子女夏令营活动，在关爱少年儿童健康成长的同时，也让众多在沈的侨眷侨属感受到党和政府温暖和关怀。8月，“归国留学人员工作委员会”联合“归侨海外工作委员会”在辽宁大厦举办沈阳市侨界人士联谊会，通过互动与交流，为沈阳市侨界人士更好地服务沈阳市社会经济发展搭建平台。同时，市委会在积极参与“五侨”各项活动的同时，高度重视侨务工作，积极配合市政府侨务办公室开展重点侨情调查，进一步做好侨务工作。本党88岁高龄的老党员翁文戛在美国探亲访友期间大力宣传国内改革开放的大好形势和党的方针政策，尤其是统一战线政策。所到之处现身说法，积极宣传党的侨务政策，以自已的切身体会和事实影响了那些海外对大陆有偏见的人。致公党沈阳市委在加拿大洪门民治党多伦多支部成立120周年隆重庆典活动中，发去贺信，为促进中加友好发展，加强海外洪门组织、华人社团与沈阳市经济文化等方面的交流与合作起到了良好的推动作用。湖南省衡阳市政协副主席、致公党衡阳市委主委刘日煊来沈考察调研，与本党市委就民主党派自身建设、机关建设、基层组织发展、如何提高专委会工作等情况进行了座谈交流，对提高民主党派参政议政、履行职能，促进党派各项工作起到了良好的推动作用。致公党沈阳市委还继续保持和澳洲、菲律宾、荷兰、美国、加拿大等海外洪门组织华人团体的友谊与联系，进一步加大对沈阳市改革开放形势的海外宣传力度，积极促进海外有识之士来沈投资兴业。2014年，本党市委先后接待了致公党中央社会服务部李万通部长来沈调研，致公党中央副主席严以新、宣传部长王祥等一行四人来沈调研，中共沈阳市委、致公党辽宁省委共同接待了致公党中央常务副主席、全国政协常委蒋作君、致公党中央副主席杨邦杰一行七人来沈考察调研。

组织工作。致公党沈阳市委将增强组织凝聚力和影响力作为组织建设的重要任务，以各级领导班子成员和代表性人士为重点对象，通过加强基层组织建设和联动交流等形式，多次组织基层支部主副委到部分大学、医院、区属支部进行调研、走访，先后走访了于洪区、苏家屯区、铁西区、沈北新区等区委统战以及中医药大学党委大东支部等单位和部门，了解情况，征求意见，相互沟通，使基层组织的学习实践活动更加具体。一是加强制度建设。本党市委在推进开展学习实践活动中，结合工作实际，制定了多项制度，如《致公党沈阳市委主副委与各支部建立分管联系点工作制度》、《关于进一步加强致公党沈阳市委专委会工作的实施意见》、《关于成立致公党沈阳市委网站信息员的方案》等，增强了各项工作的规范化、科学化，充分调动了兼职领导的工作积极性、主动性和创造性。二是进一步配齐配好班子。选好支部主委，配备素质高、作风正、威望高的同志进入基层领导班子，增强了基层组织凝聚力和战斗力，2014年，完成了市直二支部的调整，在原来的基础上分出市直六支部。完成了苏家屯支部的中期调整。三是进一步做好队伍发展。有规划、有重点、有步骤地做好组织发展和人才吸收、培养工作，把好党员“入口关”，形成专业结构合理、人才资源优化、有朝气的人才队伍。对申请入党的积极分子，除具备相应条件外，重点考察是否有较强的参政意识和议政能力。全年对55名党外积极分子进行培养考察，发展46名新党员，其中：女党员22人，博士研究生7人，硕士研究生8人，具有高级职称9人，侨眷（属）22人，留学人员6人，平均年龄37岁，截至2014年底，全市党员总数为698人。四是专委会设置更加专业化，结构更加合理。为了适应新形势，专委会由原来的9个增加到11个，新增“归国留学人员工作委员会”和“企业家工作委员会”，进一步增强了工作活力。充分发挥本市党员人才密集优势，把参政议政能力强、热心专委会工作的党员充实到队伍中，使其在各自擅长的专业领域有所建树。五是积极开展对口互动。通过开展与政协专委会及政府职能部门的对口互动，搭建了信息交流的平台，完善了信息收集、反馈民意、提案落实及信息共享等机制。六是完善后备干部队伍建设。致公党沈阳市委把培养后备干部作为组织可持续发展的重要抓手。以四种能力为标准，加大后备干部选拔培养力度，完善梯队结构。

思想建设。积极利用沈阳日报、《沈阳致公》、《学习实践活动简报》、省委网站、市委网站及沈阳同舟网等媒体平台，及时报道宣传学习实践活动的最新内容和动态，在学习活动期间，共出版刊物《沈阳致公》三期、简报两期、报送各网站媒体信息、文章40余篇，充分发挥了宣传阵地宣传先进典型、扩大社会影响、传播正能量、凝聚全市党员意志和共识的作用。8月28日，市委举办了坚持和发展中国特色社会主义学习时间活动专题报告会，邀请致公党中央原副主席王宋大为全市党员上了一堂生动的党史课。通过党史学习，对凝聚全市党员意志和共识起到了积极的促进作用，使全市党员准确地把握了坚持和发展中国特色社会主义学习实践活动的丰富内涵和内在要求；对不断增强全市党员“道路自信、理论自信、制度自信”，履行好参政议政职能，加强自身建设具有深远意义。积极参与市政协、本党省委举办的书画展、摄影展等活动，部分参展作品还获得了各类奖项。组织广大党员参与市委统战部同舟网“牵手文明，杜绝陋习”网上签约活动，全市67个单位参与活动，本党市委参与人数排名第11位。中秋节、元旦、春节圆满完成了对党员中的老归侨、侨眷进行走访慰问活动。

理论研究。在推进开展学习实践活动中，沈阳市委从深化改革、经济发展的大局和本党自身建设、发展的角度引导探索，充分发挥和调动党员的积极性、主动性，积极开展和参与思想理论研讨，取得了可喜的理论成果。本党党员王晓的《社会组织统战工作问题研究》、王艳红的《创新统一战线服务农业科技人员的模式分析》的理论文章在市委统战部的立项课题中获奖并立项资助，文章被选编入《实践与探索——沈阳统战理论研究论文选》。党员于波的《关于做好信教群众工作问题研究》、王晓的《专题协商制度的基本理论问题研究》、王艳红的《中国共产党解决民族问题的探索与启示》作为统战理论研究课题已上报评选。

（*韩志强*）

【九三学社沈阳市委员会】 参政议政。2014年，社市委围绕市委、市政府中心工作，发挥参政党优势，积极参政议政。一是深入开展调查研究。二是重视政协提案的质量。三是组织参政议政培训。四是信息工作稳步提升。2014年，社市委征集了信息100余篇。社市委被九三学社辽宁省委授予“2014年度信息工作先进单位二等奖”。

思想建设。2014年，社市委高度重视思想建设，深入学习贯彻中共十八届三中全会、四中全会精神，深入开展坚持和发展中国特色社会主义学习实践活动，积极开展理论研究和宣传工作，精心打造“同心”品牌，思想建设工作成效显著。一是通过开展学习实践活动，进一步提高了社员的政治素质。二是通过专题讲座和培训，不断提高理论水平和实践能力。三是通过深入开展统战理论研究，提高理论研究深度和对实践的指导作用。四是通过各种宣传媒介，提高社会影响力。社市委重视对外宣传，鼓励社员向各新闻媒体投稿，强化重要会议和活动的宣传，坚持重点工作宣传报道的实时跟进。由于宣传工作成绩突出，社市委被中共市委统战部授予“2014年度统战宣传工作先进集体”荣誉称号。

领导班子届中调整。12月，社市委召开第十二届委员会第六次全体会议，通过了卢柯同志辞去第十二届委员会主任委员的职务，选举九三学社沈阳市委副主委、中国科学院金属研究所成会明院士为主任委员。1月，成会明主委被增补为九三学社辽宁省第七届委员会常委。

组织发展。社市委以“人才强社”战略为指导，扎实推进组织建设。全年发展社员67人，其中：博士25人，硕士24人，平均年龄38.8岁，高级职称36人。完成了5个基层组织的换届工作。

专委会。社市委充分发挥界别特色和人才优势，组织开展多项社会服务工作。各专委会年初研究部署全年工作，认真筹划，精心实施，收到良好成效。统战理论研究展现良好发展态势。妇委会举办庆“三·八”国际妇女节大型庆祝活动。以“同心讲堂”为载体，由刘梅教授义务为100多名留守儿童家长就“如何引导孩子顺利度过青春期”进行辅导讲座。老社员工作委员会于4月组织20余名老社员参观考察了沈阳市养老院。9月，组织30余名老社员到浑河西峡谷游览参观。联络委员会与农科院部分专家及20余名社员，于9月到抚顺新宾县开展专题调研。科技工作委员会组织社员到法库县丁家房镇开展“同心·送医下乡义诊活动”，为当地农民进行义务医疗咨询服务。

（马　佳）

【台湾民主自治同盟沈阳市委员会】
参政议政。在市政协十四届二次全会上，台盟沈阳市委作《借深化金融改革东风 拓沈台金融合作之路》的大会发言。会上递交大会集体文字发言4篇，个人大会文字发言3篇；台盟集体提案4件；委员提案14件，提案涉及沈台金融合作、沈台文化创意产业、养老、全民健身、公共安全体系及浑南有轨交通等百姓关注的民生问题。在开展提案工作回头看行动中，对政协提案办理中的提案结果进行答复，通过协调答复单位和提案人，使提案均得到较满意的答复。《关于进一步完善老龄社会福利事业，全民参与养老服务的提案》被列为市政协重点提案。养老提案在沈阳市民政局办理，受到沈阳电台、沈阳电视台和沈阳日报的联合采访。

政治协商。台盟沈阳市委领导出席中共沈阳市委、市政府、市政协、市纪委等召开的通报会、座谈会、协商会、电视、电话会及征求意见会等20余次。盟市委主委柯英明在中共沈阳市委就《中共沈阳市委〈关于贯彻中共中央关于全面深化改革若干重大问题的决定〉的实施意见》举行的党外人士座谈会上发言。6月，台盟沈阳市委及部分盟员参加台盟中央黄智贤副主席等5人来沈调研座谈会，就开展中国特色社会主义学习实践活动及组织发展工作提出意见和建议。《民主党派在协商民主制度建设中发挥作用的途径问题研究》、《新社会阶层在民主政治中的作用》荣获市委统战理论重点题目立项课题。根据市委统战部关于统战信息工作安排意见及《台盟沈阳市委员会信息工作条例》，举办2014年全体市委委员及机关干部以及部分现任及担任过市政协委员的盟员参加的参政议政、信息工作会议。

民主监督。盟市委认真履行参政党民主监督职能，积极参与市政协及市政府相关部门组织的民主监督活动。2014年，盟市委中的政协委员分别以特约民主监督员的身份参加卫生、公安、纪检、教育、民政等民主监督活动及政协委员视察活动10余次，并分别就医德医风、教育、公安、廉政建设等百姓关注的热点问题提出意见、建议。

对台工作。做好对台工作是台盟彰显党派特色、发挥独特优势的重要领域。台盟沈阳市委切实遵循两岸关系和平发展重要思想，以亲情乡情为纽带，采取“走出去，请进来”的方式，增进两岸同胞的相互了解和理解。2014年共接待来沈考察团组及返沈探亲台胞4批共计30余人次，并在交流期间举办关于沈阳老台胞专题讨论、座谈会和考察活动等。组织青年盟员与在沈台湾大学生进行联谊活动。端午节慰问中国医科大学在校读书的台湾大学生，并组织部分青年盟员与台湾学生座谈并参观中国地质博物馆本溪馆及本溪水洞。与在沈台商投资企业协会座谈交流。组织盟员与台联举办中秋节联欢会。邀请沈阳市台商投资企业协会，就台商在沈阳的发展，沈阳与台湾的经济、文化以及金融合作等事项进行座谈与交流。参访期间，沈阳市台企协会蔡百彦会长专程从沈阳飞往台湾，并向台湾新竹市市长许明财、市议会会长谢文进、市国民党党部主委水云翔以及谢希诚议员转达台盟盟员谢辉的致敬信及台盟沈阳市委员会赠送的介绍沈阳及台盟组织的小礼品，受到台湾新竹各界人士的好评。2014年3月，沈阳市台企协会特聘沈阳市台盟盟员谢辉为沈阳市台商投资企业协会第八届顾问。组织盟员参加市政协外事委举办的台海形势报告会。参与台盟中央中青年台情研究活动。为全体盟员刻录并发放台盟中央下发的盟史“台盟纪录片”。

专题调研。年初，盟市委参与了市政协“大力发展电子商务，构建现代产业体系”的系统调研，分两路赴浙江、吉林进行调研考察，完成了《电子商务发展中政府的责任与作用》，收录到市政协专题常委会材料汇编中。台盟沈阳市委会注重调研课题的延续性，在2013年着重于城市养老方面的基础上，将2014年的调研重点放在农村养老方面。10月，在盟市委主委柯英明的带队下，赴辽中县进行农村养老情况的调研，同时机关干部及部分市委委员赴江西南昌等地进行农村养老情况的调研，并完成大会发言提案的撰写，已提交2015年市政协大会发言。

宣传工作。发表《盟市委关于开展中国特色社会主义学习实践活动征文活动》的通知。《沈阳台盟》增设了《浅浅海峡》等新栏目，连载台湾清华大学台湾文学研究所所长柳书琴教授撰写的《出奔满洲之迢迢医者路：陈素梅医师访谈》；在《盟员人物》等原有栏目中，共发表征集稿件8篇，其中两篇被台盟中央刊物《台盟》选用。《发挥台盟优势为沈阳深化改革、经济持续发展献计出力》、《忆台盟参政议政工作二三事》等

4篇文章荣获中共沈阳市委统战部“坚持和发展中国特色社会主义学习实践活动”主题征文优秀作品。开展统一战线社会宣传系列活动，发放“法宝扇”；参加“牵手文明杜绝陋习网上签约”活动；开通盟市委短信资讯发布平台，实现在全体盟员范围内信息传递的全覆盖。盟市委全年共报送宣传报道稿件(信息、短讯)50余件，其中：《沈阳日报》采用5件，“台盟中央网站”采用9件，盟中央刊物《台盟》采用1件等。全年共向同舟网投稿40余件，其中《台盟沈阳市委领导班子为百岁盟员邱宝云祝贺生日》等被同舟网评为季度优秀稿件。

组织发展工作。4名机关干部分别到中央社院、盟中央及市委统战部组织的培训班进行学习。完成市委统战部党外人士信息数据库的建设工作；春节前走访、慰问部分盟员，并送去慰问品；为过生日的盟员送去祝福；给老盟员祝寿、送别逝世盟员、探望患病盟员等。2014年，市委机关招收录用1名公务员。按照组织发展程序发展了高山、邱雨华、蔡春卉、黄祖明、徐琳、赵从玺等6名新盟员。

组织建设。举办坚持和发展中国特色社会主义学习实践活动暨第27期盟员培训班，培训班围绕习近平总书记重要讲话精神、社会主义核心价值观和两岸关系和平发展的主题，安排相关课程。组织盟员赴抚顺参观雷锋纪念馆、抚顺战犯管理所。举行“三八”节座谈会，开展春季保健养生知识讲座，参观辽宁省古生物博物馆。召开青年盟员宣传议政工作会议，邀请市新闻摄影家协会常务副会长、秘书长尚建新，就新闻摄影工作进行专题培训。参观法库秀水河子战役纪念馆。盟市委盟史工作得到了台盟中央的充分肯定，在盟中央召开“台盟盟史与自身建设及口述历史”工作会议上，沈阳与上海市委作为两个盟史工作典型单位，做经验交流发言。

思想建设。成立盟市委开展坚持和发展中国特色社会主义学习实践活动领导小组，按照台盟中央、台盟省委的统一部署，制订了《台盟沈阳市委关于开展坚持和发展中国特色社会主义学习实践活动方案》。举办专题报告会，市委党校刘工力教授作《全面深化改革，推进国家治理体系和治理能力现代化》专题报告，并为全体盟员征订了《中国共产党第十八届中央委员会第三次全体会议文件汇编》、《中共中央关于全面深化改革若干重大问题的决定》、《学习习近平总书记重要讲话》等学习读本。参加台盟辽宁省委“坚持和发展中国特色社会主义学习实践活动学习班”，省委主委王松传达全国“两会”及台盟九届六次中常会等重要会议精神。

机关建设。积极开展创新实践活动，将实践创新与学习贯彻全会和系列重要讲话、与坚持和发展中国特色社会主义学习实践活动相结合，加强自身队伍建设，在思路举措、体制机制、方式方法等方面开展实践创新，参加统战部与市委组织部共同组织的培训班。贯彻群众路线，开展文化宣传工作，进行主题征文活动。提升自身素质，努力打造“学习型、服务型、创新性”机关。

（董　宇）

【沈阳市工商业联合会】 2014年，沈阳市工商业联合会坚持以服务改革和发展为重点，不断深入开展调查研究，积极建言献策，参政议政工作成果显著。一是聚焦振兴发展，主动建言献策。国务院出台《关于近期支持东北振兴若干重大政策举措的意见》后，按照曾维书记在“深入学习习近平总书记重要批示精神，继续在东北振兴中当先锋打头阵”专题研讨班上的讲话精神，市工商联及时组织召开了传达市委学习贯彻习近平总书记重要批示精神座谈会，在充分听取与会企业家代表意见后，形成了《关于促进沈阳民营经济发展的若干建议》和《沈阳市申请民营经济发展改革试点城市的请示》报送市委，市委主要领导做出批示。二是围绕难点问题，积极参政议政。围绕中小微企业发展、中介组织创新、重要政策落实等热点、难点问题，分别从加大政策落实力度、加强社团管理创新、引入第三方评估、支持工商联履行职能、加强民营企业家培训等方面提出了一批提案和建议。组织召开了提案工作座谈会，收集、整理意见、建议60余条，形成政协提案12件，大会发言3件。全年，全系统共提交大会发言、政协提案160余件。三是突出发展主题，深入调查研究。围绕中小微企业发展和会员需求开展调研，形成了《关于促进我市中小微企业健康发展》、《会员需求》调研报告。会同市政协开展了“大力发展电子商务，构建现代产业体系”专题调研。完成了全联私营企业调查和中小微企业监测工作。全系统深入开展调查研究近百次，撰写专题调研报告30多篇，为市委、市政府提供了决策依据。

结合开展“四信”教育，与市文明办、市发改委、市工商局等部门共同在全市开展了“诚敬做产品”主题教育实践活动，向全市会员发出了倡议书，积极参与了“辽宁万名民营企业家‘我诚信我光彩’集体倡议活动”。全市各基层单位高度重视，全方位推进工作落实。广大会员把活动与企业日常管理结合起来，不断规范生产经营行为，提升服务质量，营造了“守信光荣，失信可耻”的良好社会氛围。指导金融服务业商会组织百家企业签署诚信宣言，在社会上引起强烈反响。沈阳日报、商会杂志先后宣传了温州城等企业的典型事迹，通报表彰了和平区工商联等10家优秀组织单位，69家诚信会员企业。加大培训工作力度，与北大、清华合作举办二期“总裁高级研修班”；举办了国学与管理、宏观经济形势、电子商务专家讲坛；举办二期“财金讲坛”活动；组织会员参加“迈向卓越总裁研修班”、“辽宁海峡两岸核心商业模式高峰论坛”等培训，参加培训的企业家达到了2500多人(次)。继续开展了企业家进校园演讲活动。努力做好宣传引导工作，进一步提升了商会杂志采编质量；加强与媒体合作，与《沈阳日报》联合开辟《民营经济》专栏。对何伟等6位企业家的事迹作了典型宣传。

继续推进光彩事业“九个一”活动，引导会员全年对口帮扶村镇修建道路20条；援建光彩小学8所；完成开发项目39个；引进项目48个；吸纳安置下岗职工3.8万人(次)；捐助贫困学生3377人(次)；帮扶贫困户2918户。继续推进“千人复明工程”。为500名低保边缘白内障患者无偿实施了复明手术，组织了“双走进”、“为光明奔走”等活动，全年募集善款9万元，充分展现了企业家良好的社会形象。

坚持以有效服务为目标，继续搭建服务平台，促进企业转型升级，激发非公经济发展活力。一是着力银企对接，积极做好融资服务。继续推动与民生、浦发等银行的合作，充分发挥金融服务业商会作用，组织银企对接活动，积极探索会员企业信用贷款新机制。共组织银企对接活动150余次，协助民生银行完成了小微互助基金授信24亿元；通过银行、小贷、抵押、典当等途径，累计为6000余家企业融资近70亿元，有效缓解了企业融资难题。二是依托各种载体，积极提供人才和信息服务。组建市工商联信息中心，完成了网站改版升级工作，开通了工商联微信平台，编辑《会员动态》12期，全年累计为会员提供各类信息2100多条。会同百度公司组织“翔计划”大型惠企活动4次，受益企业500余家。支持棋盘山智慧谷成为企业创新基地，积极为企业转型升级提供技术、资金、人才聚集的合作平台。会同有关部门先后举办人才招聘会4场，为促进社会就业和企业发展发挥了积极作用。三是完善工作机制，积极做好维权服务。先后举办劳动争议预防、经济合同风险预防、投融资风险控制等法律知识讲座10次；举办调解员培训2次；大力推进商会调解工作，指导大东区成立“劳动争议调解中心”，新民市成立“联合调解中心”。选聘11家律师事务所和40名律师组成顾问团，建立了“法律顾问专家库”。全年，全系统为会员提供法律服务300多场(次)，受理维权案件73起，为企业挽回经济损失6500多万元。

全年接待德国、香港等国家和地区商务考察团8批次160余人；组织会员参加“活力澳门沈阳推广周”、“东北商品交易会”、“中朝经贸文化旅游博览会”等经贸交流活动；支持基层商会举办“国际五金工具展”、“亚太美博会”、“古玩艺术品博览会”等展览活动；积极开展招商引资服务，组织异地商会赴抚顺、彰武等地进行商务考察，参加各类项目推介和投资洽谈等活动。全年，全系统共引进项目22个，合同金额274.4亿元，到位资金106.1亿元。协助法库县工商联，五金、家纺和闽南等商会组织会员赴国内外开展投资考察，有效拓宽了会员发展空间。

积极维护企业与员工的合法权益，市工商联出台《关于加强非公有制企业劳动争议预防调解工作实施意见》，建立了市、区县两级商会劳动争议预防调解组织。组织会员参加了“沈阳市模范劳动关系和谐企业”表彰活动，辽宁天久、沈阳元邦等会员企业受到表彰。会同总工会等单位，深入开展集体劳动合同大检查，为促进企业构建和谐劳动关系发挥了积极作用。

坚持规范组织管理，优化会员结构，激发商会活力，工作基础进一步夯实。一是组织发展稳步推进。按照“调整结构、注重质量、积极发展”的原则，组建了沈阳市食品商会和花卉商会；指导沈北新区工商联在辉山、虎石台、道义和沈北4个乡镇组建了商会，并成立手机行业商会。全系统新成立商会9家，新发展会员1200多个。二是组织管理不断完善。指导基层商会完善领导班子议事规则，坚持秘书长例会制度；继续抓好基层组织的会员数据维护和录入工作；指导宁波、绍兴、金融和汽车服务业商会完成了换届工作；按照辽宁省推进政府向社会力量购买服务工作的有关要求，协助部分商会完成了评估工作，古玩、川渝等6家商会被评为沈阳市3A级社会组织，有效地促进了商会组织科学发展。三是组织活力进一步增强。会同民生有机、瀚华担保、绿城等会员企业分别举办联谊活动4次；联合雅居乐房地产公司成功举办第二届羽毛球赛；积极为市工商联执委举办生日活动12次；协调沈阳战友医院，免费为60多名执委体检，有效增强了商会组织的凝聚力。

(朱小江)

群 众 团 体

市总工会

【概况】 2014年，沈阳市总工会深入贯彻党的十八大，十八届三中、四中全会，习近平总书记系列讲话以及中国工会十六大精神，认真落实市委和省总工会工作部署，坚持以职工为本，以发展和谐劳动关系为主线，以改革创新为动力，围绕实施文化凝聚、技能素质、权益维护、服务帮扶、活力建设"五大提升工程"，抓基础求巩固、抓创新促发展，工作实现了重点突破、整体加强，为推动沈阳经济社会持续健康发展作出了积极贡献。截至2014年底，全市基层工会组织达到1.46万个，工会会员人数141万人，全市职工入会率为98.96%，已有2.42万户企业建立了工会组织，其中新建会企业9628户，新发展会员10.8万人，继续保持了工会组织对各类企业的动态总体覆盖。

（曹佳钰）

【工会领导干部工作会议】 1月21日，沈阳市总工会召开全市工会领导干部会议，总结2013年工会工作，部署2014年工作任务。市委常委、市总工会主席王翔坤出席会议，并在讲话中提出了"总结、完善、创新、提升"的总体思路和"坚持一流、夯实基础、搞活基层、突出重点"的工作要求。市总党组全体成员、各县区局以及部分大企业工会主席、市总工会各部门负责人参加会议。

（曹佳钰）

【十五届九次全委会】 3月26日，市总工会召开第十五届委员会第九次全体会议。市委常委、市总工会主席王翔坤出席会议并讲话。会议对沈阳市工会十六次代表大会报告形成过程做了说明，分组讨论了沈阳市工会第十六次代表大会工作报告、财务工作报告、经费审查工作报告等大会文件讨论稿，审议通过了关于提交大会审议相关文件的决议和代表资格审查委员会委员人选名单（草案）。

（曹佳钰）

【第十六次代表大会】 4月3日，沈阳市工会第十六次代表大会在辽宁人民会堂隆重开幕。来自全市各条战线的400多名市工会十六大代表出席大会。省委常委、市委书记曾维发表讲话，市长陈海波、市人大常委会主任赵长义出席会议。会上，省总工会常务副主席史桂茹致祝词，市委常委、市总工会主席王翔坤作工作报告。市妇联主席初立华代表人民团体致贺词。市领导邢凯、顾春明、吴汉圣、李继安、常明、马占春、徐兴华、王凤波、闵学冲、卞富学、祁鸣、许文有、赵晓川参加大会。各区县（市）、开发区和市直有关部门、人民团体负责同志以及劳动模范代表参加大会。

（曹佳钰）

【十六届一次全委会】 4月4日，沈阳市总工会第十六届委员会召开第一次全体会议。会议选举产生新一届市总工会主席、副主席和常务委员，市委常委王翔坤当选市总工会主席。市委副书记邢凯代表市委讲话。

（曹佳钰）

【振兴竞赛】 组织动员全市广大职工开展"当好主力军，奋战新阶段，共筑中国梦"振兴竞赛，全市有7000余家企业、95万余名职工参与竞赛。竞赛项目严格落实项目化、数字化、表格化，全市立项2641项，全年实现国有企业参赛率100%、非公企业参赛率30%；职工完成技术创新成果1920项、技术攻关2514项，实施合理化建议11.2万条，创造和节约价值8.3亿元。

（曹佳钰）

【职工素质工程】 扎实启动"百万职工岗位技能提升工程"和职工职业技能竞赛活动，组织开展了四级竞赛活动，竞赛工种达到91个，其中12个工种为首设；吸引4万余名选手踊跃参与，共产生技能大师10名、技能名师50名、技术大王27名、技术标兵360名、技术能手707名，晋升职业资格1100名，实现了历史性突破。承办2014年中国技能大赛——"技师杯"辽宁省暨沈阳市职工职业技能精英挑战赛决赛，并晋升省级一类赛事。

（曹佳钰）

【职工技协】 深入开展以"三百行动"为主要内容的职工技协活动。先后派出23位名师分别为全市36家民营和中小微企业职工进行理论和实操培训，帮助400余名职工取得了职业资格等级。组织103名技术名师与所带徒弟签订了《师徒合同》，结成技术帮扶对子，在全市掀起了名师带高徒活动热潮。沈阳市职工的优秀技术创新成果在第八届国际发明展览会上获4金4银的好成绩。

（曹佳钰）

【劳模管理服务】 制定出台了《沈阳市总工会关于加强劳动模范服务管理工作的意见》、《沈阳市总工会关于做好劳动模范关怀帮扶工作的实施意见》，开展劳模创新工作室和劳模示范岗创建工作，进一步提高劳动模范服务管理工作的科学化、规范化、制度化水平。

（曹佳钰）

【劳动争议调解】 创新完善劳动争议调处机制，率先在皇姑区人民法院建立了劳动法庭，指导浑南区成立多功能、一站式劳动争议调处中心，打造劳动争议的调解、仲裁、诉讼和职工困难帮扶、职业介绍等多功能劳动关系调处综合服务平台。全年处理劳动争议案件3256件，涉及企业3260家、职工1.3万人，调解成功率73.4%。

（曹佳钰）

【集体合同】 加大源头参与力度，推动《沈阳市集体合同条例》正式颁布实施，进一步完善了沈阳市劳动法律法规体系。积极推进市级供热行业工资集体协商，签订全国首个供热行业集体合同，在全国率先开展市级民办教育行业集体协商取。全市集体合同签订率达97.8%，合同预审率、备案率达到100%，合格率达到98.6%,职工群众满意率达到99.1%。

(曹佳钰)

【民主管理】 已建工会的企业单位职代会、厂务公开等制度化、规范化建设得到加强,区域性行业性职代会制度以及公司制企业职工董事、职工监事制度稳步推进。截至2014年底,全市建立了职代会或职工大会制度的企业4.17万家,国有企业和集体企业职代会建制率达到100%,实行了厂务公开制度的企业3.52万家,3365家企业成立了董事会,1020家企业成立了监事会。

(曹佳钰)

【农民工维权】 联合市人社、建设、公安、安监、执法等部门制订并下发了《在全市建筑领域推广"沈阳市智慧工地维权管理系统"实施方案》,从源头上推动解决欠薪问题。首次在农民工中开展了养老护理员培训的"暖巢工程",共培训565名农民工养老护理员及其他学员,352人取得了国家认证的职业资格证书。以"9·25"农民工维权日为契机,扎实开展吸纳农民工入会并举行入会宣誓、"助梦农民工子女圆梦阳光少年"评选等十项活动,强化为农民工服务工作。

(曹佳钰)

【就业再就业】 在全市工会系统组织开展"工会就业援助月"活动,举办区域性、行业性就业洽谈会34场,提供免费就业服务2.48万人,成功介绍就业6933人。依托工会培训基地,对下岗失业人员、困难职工家庭高校毕业生等就业困难群体进行有针对性、实用性的培训,全年共培训下岗失业人员、困难职工家庭高校毕业生1.13万人,安置就业5543人。

(曹佳钰)

【帮扶服务】 向全体工会会员发放搭载"组合保险"、普惠金融以及在职职工医疗帮扶计划等基础功能的服务卡,全年采集工会会员信息100万条,制作发放会员服务卡50万张。投入1200万元为全体会员办理的"组合保险",全年共接受会员报案3420件,赔付金额460万元。通过"送温暖"、"圆梦助学"、"冬季援助行动"等活动,发放帮扶款物2232.1万元。"在职困难职工综合医疗保障"项目参保5813人,为166名困难职工支付互助金18万元。职工爱心慈善基金会向5.7万名困难职工捐助款物844.7万元。

(曹佳钰)

【工会组织建设】 制定了《沈阳市工会基层组织建设工作三年规划》,指导区县推进2.42万户缴纳工会筹备金企业建立工会组织,新发展会员10.8万人。与市委组织部联合出台了《关于加强非公有制企业"党建带动工建工建服务党建"工作的意见》,建立党工共建工作机制。积极做好农民工建会入会工作,制定了《关于加强农民工会员会籍管理有关问题的暂行规定》,在城建工会直属建筑企业项目工地建立工会组织14个,发展农民工会员7146名。

(曹佳钰)

【基层活力建设】 起草下发了《沈阳市基层工会活力建设项目实施方案》,提出了会员代表大会等工会组织制度的工作标准以及双述双评基本程序和要求,确定了建立"3+X"工作机制的典型单位90户。制定了《沈阳市基层工会建家达标创优考核标准》,按照建会、入会、建制、建家一体化要求,分类指导企业开展各具特色建家活动,企业工会优秀职工之家达到30%以上。

(曹佳钰)

【工会干部队伍建设】 分类指导新建、换届、工会主席调整的企业工会,通过会员大会或会员代表大会直接选举工会主席,全市国企分(支)会主席直选率达75.3%,非公企业工会主席直选率达25.2%。分类别、分层次培训工会骨干8300余人,新招聘职业工会干部107名,使基层工作力量得到进一步加强。

(曹佳钰)

【企业文化和职工文化建设】 开展"劳动成就梦想"主题教育实践活动,李志强班组等重大典型的学习宣传不断深化,14.6万人参与"最美沈阳工人"推选活动,主题歌曲征集引起积极反响。设立6000万元专项资金打造职工文体设施近距离服务圈,共投入460万元支持建设了10处职工文体广场,为沈飞、沈阳大学等职工文体设施建设项目投入350万元。组建市职工文体协会,与市文广局等5家单位共同举办的首届沈阳市职工才艺大赛吸引万余职工群众参与;与市体育局联合成立市企业职工体育工作促进会,开展了"中国梦·振兴潮"为主题的八项职工文体系列活动。新建全国"职工书屋"示范点6个,市级"职工书屋"示范点70个。

(曹佳钰)

【劳动保护】 深入开展"安康杯"竞赛活动,全市5108家企事业单位参加竞赛。制定《沈阳市总工会关于奖励职工报告、举报安全生产事故隐患和职业危害实施办法》,全市各级工会组织安全生产群众监督检查3227次,排查出各类隐患5629项,整改率达97%。中小企业职业危害防控"工具包"项目在全市广泛推广应用取得实效。以多种方式开展劳动保护监督检查员和职工安全教育培训,培训人数达10.8万人次。

(曹佳钰)

【自身建设】 实行分管副主席和党组成员工作负责制,建立了分类管理、差异化考核的一整套指标考评体系。选派20名机关干部到基层挂职调研,并将每年3月份确定为全系统调研月。在市总机关开展集学习培训、能力提升、打牢工作基础功能"三位一体"的"3E"培训活动,充分激发了机关干部学习成才、爱岗敬业的内在动力。落实"一岗双责"、做到"两责兼顾",树立工会干部为民务实、勤政廉政的良好形象。出台了涵盖资产经营管理、财务管理监督、经费审查审计等方面的多项规定,使工会工作更加制度化和规范化。

(曹佳钰)

共青团市委

【"践行雷锋精神擦亮V爱驿站"主题活动】 2014年3月5日,沈阳市青联、市青企协150余位委员、会员走上街头,共同开展"践行雷锋精神 擦亮V爱驿站"主题活动,弘扬雷锋精神,奉献回馈社会。委员、会员们分三组分别前往虎跃快客门前V站、北站北广场V站、南湖公园北门V站进行志愿服务,擦拭清洁驿站、值守V爱驿站并为广大市民提供了指路、免费饮水、手机充电等服务。同时,委员、会员们还向"V爱驿站"捐赠1万元善款,用于日常维护。

(韩尚哲)

【"擦亮沈阳"主题活动】 3月16日,团市委在全市开展了"志愿更出彩城市更闪亮"青年志愿者擦亮沈阳主题实践活动。全市共有1万余名青年志愿者在青年大街、文化路、崇山路、北二路等全市重点街路擦洗街路两侧的护栏、公交站牌、候车廊等。

"擦亮沈阳"志愿服务活动已经持续开展了5年。2014年，在创建文明城的大背景下，团市委以V爱驿站为中心，辐射周边，因时、因地的对V站的服务方向进行了升级、深入和再改造，依托社会化动员方式，在保持基本服务功能的同时，进一步延伸服务触角将V站与志愿服务组织、志愿服务需求、青年学生思想道德养成与兴趣相结合，拓宽现有V站服务职能，积极开展"一站一特色"专项志愿服务，适时的将部分V站落户社区、高校。

（*韩尚哲*）

【青年社会组织管理人员培训班】 为更好地促进青年社会组织发展、布置青年志愿服务全年工作、推进沈阳市青年志愿者协会换届工作。4月24－25日，团市委在沈阳市青年志愿者学院举办了为期两天的"2014沈阳市青年社会组织管理人员培训班"。培训就全市志愿服务重点工作及社会组织的管理与项目孵化进行了系统讲解，对近年来开展的志愿服务情况、组织发展情况及远景规划进行了深入探讨。全体学员还赴铁西参观了1905文化创意园的公益环保项目。

（*韩尚哲*）

【辽西北计划志愿者招募】 2014年，团市委按照公开招募、自愿报名、组织选拔、集中派遣的方式，坚持"专业对口、择优录取、生源地优先"的基本原则，圆满完成招募选拔辽西北计划志愿者。

全省共招募300名左右辽西北计划大学生志愿者，团市委积极争取到37名普通高校毕业生作为志愿者到沈阳市基层单位，从事为期2年的基层青少年工作等（专项）志愿服务。2014年招募服务的大学生志愿者，除享受国家和省规定的有关高校毕业生就业优惠政策外，服务期满并考核合格的大学生志愿者将享受报考高校硕士研究生加分，全省各级机关考试录用公务员时，要一定比例的机关职位的招考计划专门用于定向招录服务期满考核合格的大学生志愿者。

（*韩尚哲*）

【沈阳青年公益集体婚礼】 8月2日，"浪漫致青春，情定丁香湖"沈阳市青年公益集体婚礼在丁香湖畔启幕，77对新人以公益跑的形式现场筹集了10万元公益资金。

此次公益集体婚礼由共青团沈阳市委员会和于洪区人民政府共同举办，是团市委走进青年、服务民生、弘扬社会文明新风的重要体现。活动旨在满足青年婚恋需求，倡导文明节俭、低碳生活、公益奉献的生活方式，提高城市文明程度，助推沈阳文明城市创建，号召全市青年继承和发扬中华民族的传统美德，争做沈阳市民基本道德准则的实践者，展现青年一代朝气蓬勃、勇于担当的社会责任感和使命感。

（*韩尚哲*）

【青年志愿者协会第二届代表大会】 10月17日，沈阳市青年志愿者协会第二届代表大会在东北大学举办，来自全市各城区、机关、学校、企业、社会组织共118家青年志愿者协会的代表及部分专家学者参加会议。

团市委副书记吴波参加会议并讲话，沈阳市青年志愿服务指导中心主任高鑫代表市青志协一届理事会做工作报告。大会进行了换届选举，高鑫当选为协会第二届理事会理事长，和平团区委副书记闫曦等19人当选为第二届理事会副理事长，东北大学团委副书记闫研等39人当选为常务理事。

（*韩尚哲*）

【关爱农民工子女公益观影】 11月3日，团市委联合铁西团区委在北一路万达影院举办了"真情传递励志少年"关爱农民工子女公益观影活动。团市委副书记吴波、铁西团区委书记马晓齐、辽宁创铭电子工程有限公司总经理杨继东、市政协常委、中国民盟沈阳市委员会副主任委员邹积斌以及来自保工一校的525名学生参加活动。农民工子女感受到共青团和社会给予的温暖和关爱，也营造了全社会共同关注、共同参与的良好氛围。

（*韩尚哲*）

【农村青年活动月系列活动】 2014年1－2月，团市委开展了"中国梦·家乡情"——沈阳市农村青年活动月系列活动。本次系列活动共包括青年恳谈分享会、"三农"政策大讲堂、乡村青年文化活动、青年创业就业服务活动、"美丽我家园"活动、团组织"冬日暖阳"青年大走访活动等。团市委党组带领相关部门人员，多次深入基层参与活动，并调集物资和资金在春节期间进行扶贫慰问，得到了农村青年的一致好评。

（*韩尚哲*）

【团中央书记处书记徐晓来沈调研】 2014年2月26－27日，团中央书记处书记徐晓来沈调研农村合作社的团建工作情况。调研期间，徐晓参观了青年创业项目，对合作社的需求和困难进行了深入了解，同时还考察了农副产品电商平台建设和企业团建情况。并召开了农业专业合作社团建工作专题座谈会，徐晓与来自全省的农业专业合作社青年代表们进行了深入交流。徐晓对此次调研项目给予高度评价，称合作社团建和服务农村青年就业创业工作为农村基层共青团工作提供很好的经验借鉴，发挥了示范引领作用。

（*韩尚哲*）

【绿化新沈阳行动】 3月17－23日，团市委围绕"世界森林日"和"世界水日"两个重要环保纪念日，联合相关单位开展"保护母亲河，美丽中国梦——2014年度青少年绿化新沈阳行动"。团市委发动各级团组织开展形式多样、青少年喜闻乐见的宣传教育和实践活动。由团组织牵头在学校、商场、公园、V爱驿站等地建立环保宣传服务站，招募环保志愿者向社会公众发放环保宣传画册及环保知识手册。同时，开展环保知识进校园、进入百姓家活动。联系学校开设环保知识讲堂，在社区、村部等开展环保知识宣讲，组建青少年"绿色环保"志愿服务队，带领广大青少年开展捡拾白色垃圾、清除废弃物、清除杂物、浇灌树木等，并带动企业和各界青年开展青年林（树）种植、创建青年村屯绿化示范村、认建认养等相关活动。

（*韩尚哲*）

【第三届"幸福杯"辽宁青年现代服务业职业技能大赛】 10－12月，按照团省委相关要求，开展了以"青春建功中国梦"为主题的第三届"幸福杯"辽宁青年现代服务业职业技能大赛活动。以职业技能竞赛为载体，以现代服务业为重点领域，激励和引导广大青年立足岗位，勇于创新，不断提高技术技能。沈阳金融博物馆付华、张氏帅府博物馆葛晨分别在比赛中荣获第二名、第七名。

（*韩尚哲*）

【第十届"振兴杯"全国青年职业技能大赛决赛】 11月4－7日，第十届"振兴杯"全国青年职业技能大赛决赛及各项主体活动在沈阳举行。决赛设置焊工、计算机网络管理员、美发师3个职业(工种)的比赛,分笔试(理论考试)和实际操作两部分进行。其中美发师赛项为十年来首次在决赛中出现,实现了决赛工种从以二产制造业为主向三产服务业的突破。经过各地层层选拔推荐,来自全国30个省区市及解放军、铁道、金融、煤炭、钢铁、汽车6个行业(系统)的284名选手展开激烈争夺。除竞赛环节之外,还围绕践行社会主义核心价值观开展"振兴历程回顾展","相约楷模,为技能点赞"——与青工榜样面对面座谈分享,以"工匠精神"为主题的中华传统文化交流展示,国际青年技能嘉年华,"人才自由港"——企业进校园创业青年典型宣讲等丰富活动。11月7日,在大赛闭幕式上,启动了寻找"最美青工"(第二季)身边榜样选树活动,首届全国"最美青工"代表向全国青工发出了"带头践行社会主义核心价值观"的倡议。

(韩尚哲)

【新任职基层团干部岗位资格培训】 2014年,团市委从抓新任职团干部队伍建设入手,以打牢团组织基础,相继开办了三期沈阳市新任职基层团干部岗位资格培训班。学员在完成规定学时的基础上,经团市委组织部、沈阳市团校学委会考核颁发岗位资格证书。来自市公安局、沈鼓集团等几十家单位的新任职团干部参加了培训并获结业证书。培训为提升新任职团干部工作水平,使新任职团干部掌握开展工作的程序、解决实际问题的方式方法,更好地服务于团员青年提供了智力支撑。

(韩尚哲)

【"践行社会主义核心价值观"主题教育实践公益活动】 2014年,沈阳市青少年活动中心充分发挥青少年社会教育主阵地作用,按照团中央在全国青少年中开展社会主义核心价值观主题教育活动的要求,运用"经历、体验、成长"训练模式,在整合活动项目基础上,形成践行社会主义核心价值观理论课程体系,主动服务,带教师、送培训。相继走进东北育才学校、沈阳化工大学等大中小学校,开展"践行社会主义核心价值观——经历、体验、成长"主题教育实践公益活动。

(韩尚哲)

【"12355"心理健康活动月】 为推进青少年心理健康宣传教育工作的深入开展,团市委于2014年5月开展"轻松备考"12355"与你同行"活动,并联合全市各高校成立心理联盟公益顾问、"12355"沈阳市青少年心理服务联盟。

活动通过心理讲座、开通"12355"中高考减压热线、与主流媒体合作等方式,解决中高考前学生及其家长的心理和情绪问题。首期活动邀请了省青少年研究会副秘书长周永梅为第120中学的学生及老师举办考前减压讲座,教授切实可行的减压方法。同时,为进一步完善青少年维权公益顾问团和志愿者服务团人员,团市委召集了14所高校15家心理专业社团成立"12355"沈阳市青少年心理服务联盟,通过发挥青年社会组织的力量,助推青少年权益工作,为青少年成长营造健康的环境。

(韩尚哲)

【"12355"禁毒宣传站】 为不断加大禁毒宣传力度,为青少年提供绿色健康的成长环境,团市委联合市禁毒委,组建"12355"沈阳市青年禁毒宣传队,并依托分布在全市的"V爱驿站",赋予"V爱驿站"新功能,建设并启动"12355"沈阳市禁毒宣传站。

团市委在全市各繁华街区建立21个禁毒宣传站,通过宣传禁毒法律法规和禁毒基本常识等形式,积极开展日常禁毒预防宣传;面向全社会招募青年禁毒志愿者,组建"12355"沈阳市青年禁毒宣传队,为社区戒毒、社区康复人员提供戒毒帮教服务;建立全市涉毒青少年动态监测体系,定期向社会发布"12355"热线统计报告,为全社会共同参与禁毒预防和帮教提供支持,竭力营造全社会积极参与的禁毒宣传浓厚氛围,为青少年提供绿色健康的成长环境。

(韩尚哲)

【大学生创业联合会代表大会】 2014年7月3日,沈阳市大学生创业联合会代表大会在沈阳国际软件园召开,团市委领导、沈阳青年创业促进会、大学生创业联合会成员单位代表近百余人参加了本次大会,会上通过了沈阳市大学生创业联合会章程、沈阳市大学生创业联合会委员会、主席、副主席、秘书长、副秘书长名单。

大学生创业联合会是以沈阳市大学生创业联盟为基础,面向高校学生创业群体,以全市24所驻沈地区高校为成员单位的青年创业组织。目的是帮助在校大学生根据各校的学科设置、研究方向开展有针对性的创业工作。联合会充分发挥共青团的组织优势和驻沈高校的资源优势,发挥学生会、创业社团的优势,加强各高校创业大学生之间的联系,通过互相交流,提升服务大学生创业的能力,在全市营造"崇尚创业、争相创业、人人创业"的浓厚氛围。

(韩尚哲)

【创业导师行——沈阳站】 2014年9月26-27日,团市委、沈阳市青创促进会举办了"凝聚智慧力量扶助青年创业"全国青年创业导师沈阳行活动。邀请来自全国青年创业导师60余名,进行为期两天的沈阳优秀青年创业项目巡诊暨青年创业交流活动。

此次共对12个青年创业项目行巡诊,通过对青年创业项目的实地考察,导师们针对创业青年在经营过程中遇到的问题给予现场解答,及时帮助创业青年走出误区,指明发展方向,准确记录项目的现行情况,积累相关信息,将不同项目的问题进行对比分析,发现共性与规律。

巡诊之后,还进行了青创创业导师座谈会。座谈会上各位导师结合不同区域间创业导师的扶助经验与经营理念,切实为创业青年排忧解难,以不同的视角分析创业经营过程中的难题,共商对策。

(韩尚哲)

【第一季微视大赛】 "青春出彩,创意无限"第一季微视大赛于2014年3月1日启动,历时一个半月,共计有近百余部作品参赛。经过激烈角逐,最终有50部微视和5部微视剧作品进入决赛。参赛作品点赞、评论、转发总数达60万次,播放总次数达160万次。大赛参赛作品风格多样,主要包括高校青春励志故事、校园感人爱情以及亲情回归等主题,均体现了当代青年面对困境努力奋斗、面对人生执着追求的良好精神面貌。这些作品分别通过青春的视角展现了社会的闪光点,诠释了"青春出彩"的深刻内涵,传递了当代青年的青春正能量。

(韩尚哲)

【沈阳共青团官方网站"青春出彩网"正式上线】 2014年11月3日,共青团沈阳市委官方网站"青春出彩网"(http://www.syqccc.org.cn)正式改版上线,将以往仅具有信息发布功能的"沈阳共青团网”真正打造成为组织青年的信息集散中心、服务青年的综合网络平台和引导青年的互动展示窗口。改版后网站增设“青少年成长服务平台”专栏，为青少年提供“青少年维权”、“青年创业扶持”等信息咨询功能。网站在新增的“出彩空间”版块开设“随手拍”、“青年好声音”、“我为核心价值观代言”等栏目，为青少年提供视频、图片、语音、文字的上传功能，广大青少年可以通过参与网站互动，发现真善美、传递正能量，彰显“出彩的青春”。网站搭建了办公自动化系统，建立“团市委机关－138家市直团委－二级团委－基层团支部”的四级沟通平台，打通信息上报渠道，全面统筹全市各级团组织的工作信息，实现团市委机关与基层团组织的良性互动。

（韩尚哲）

【首届“威尔士”杯英语综合能力大赛】 由沈阳市学生联合会、沈阳市少先队工作委员会主办的首届“威尔士”杯沈阳市青少年英语综合能力大赛于2013年11月正式启动。12月7日，来自全市百余所中小学校的2000名选手参加了复赛。比赛分为小学组、初中组和高中组三个场次。主要对参赛选手的应变、思辨、交际等英语综合能力进行了考核。2014年3月29日，在复赛中胜出的613名中小学生参加决赛，最终200名选手脱颖而出，分别获得本次大赛一、二、三等奖。

（韩尚哲）

【“金光杯”才艺大赛】 第六届“金光杯”沈阳市青少年才艺大赛，由共青团沈阳市委员会、沈阳市教育局主办，沈阳市青少年宫、沈阳市青少年教育保护办公室承办，金光置业沈阳有限公司协办，大赛于2014年5月启动，11月23日落下帷幕。

比赛专业有舞蹈、表演、声乐、器乐、书画等。全市有120多所小学、中学及各区青少年宫的上万名同学参加。经过初赛、复赛、决赛，有300多名优秀选手在比赛中脱颖而出，获得不同等级的奖项。

（韩尚哲）

【送艺下乡活动】 2014年10月11日，沈阳市青少年宫红领巾少儿艺术团的师生赴辽中县大黑镇乡村学校少年宫，举行“手拉手，共筑中国梦”送艺下乡活动，为乡村学校的师生们演出了《咏荷》、《炫海娃》、《格日阿妈》等精彩的歌舞节目，受到乡村孩子们的热烈欢迎。老艺术家邬大为、沈斐然应邀参加活动。

（韩尚哲）

【沈阳市青少年知识产权宣讲导师团成立】 为推进沈阳市青少年知识产权教育工作，以2014年沈阳市知识产权周为有利契机，沈阳市青少年科学院于4月24日在市第20中学举行了“2014沈阳市青少年知识产权公益讲堂暨沈阳市青少年知识产权宣讲导师团成立仪式”。

沈阳市青少年科学院向5名知识产权教育专家颁发了沈阳市青少年知识产权宣讲导师聘书。公益讲堂首次活动由亚泰专利商标代理事务所副所长史力伏做题为《青少年专利专题知识》的讲座，主要围绕知识产权与专利关系、专利基本分类、案例分析及青少年知识产权保护意识和途径等方面进行讲解，让青少年熟悉、了解知识产权的意义和重要性，引领他们积极参与知识产权保护实践。

（韩尚哲）

【第十五届成人节】 利用“4·18”成人节时间节点，3月中旬起启动为期一个月的“我是青年，我就是沈阳”沈阳市第十五届成人节系列活动，包括十大感恩行动评选、感恩礼物DIY征集、感恩赠书行动、我的成长故事与你分享、18岁成人礼等子活动。同时，充分整合社会资源，与京东商城东北区域深入合作，为全市4.9万余名18岁青年学生赠送了一本书和一张京东的月读书卡，总价值144万元。4月18日，在沈阳广播电视台举行了第十五届18岁成人礼，全市220名即将跨入成年行列的学生代表和部分家长代表参加了仪式，通过分享祁文博、刘高鑫等“十大感恩行动”励志感人的事迹，传递当代青年自强不息的奋斗精神。

（韩尚哲）

【纪念沈阳市大学生社会实践30周年】 为纪念沈阳市大学生社会实践30周年，团市委举办了2014年沈阳市“社会实践三十年，投身改革再出发”55所学校联合暑期社会实践活动。本次联合实践活动邀请清华大学、北京大学等14所全国重点院校学生代表与沈阳41所高校职校共220余人组成联合支队。实践支队先后深入沈阳飞机工业（集团）有限公司等20家国有大中型企业及民营企业开展实践活动，切身体会沈阳振兴发展的历程和内涵，为老工业基地新一轮的振兴发展献言献策。同时与43所高校代表、20所国有大中型企业代表、12所中职院校代表签约，共同构建起沈阳市大学生社会实践基地，成为大学生社会实践活动与职业教育发展的一个重要里程碑。

（韩尚哲）

【评选表彰十佳大学生、优秀共青团员、团干部】 为进一步营造学习典型、表彰先进的良好氛围，充分发挥沈阳青年学生的先锋模范作用，先后挖掘出见义勇为典型代表沈阳农业大学高齐、宫殿凯和沈阳176中学徐海洋、徐云亮、张晓宇，孝老爱亲典型代表东北育才学校祁文博，自强不息典型代表沈阳信息工程学校刘高鑫等优秀青年代表，他们的感人事例在全市青年学生中产生极大反响，在全市各大中院校掀起了向优秀青年学习、传递社会正能量的浪潮。全年共评选出“十佳中学生”10人、中学优秀共青团员120人、中学优秀团干部120人、“十佳大学生”10人、大学生优秀共青团员400人、大学生优秀共青团干部200人。

（韩尚哲）

【首届童声合唱比赛】 3月14日，由共青团沈阳市委员会、沈阳广播电视台联合主办，沈阳广播电视台“阳光快车”栏目组承办的“阳光好少年”沈阳市首届童声合唱比赛正式启动。此次合唱大赛得到了全市中小学的高度重视和热情参与，共有32支合唱队参加初赛海选，2000余名少先队员参与其中。经过8场晋级赛和总决赛，浑南区第一小学、于洪区于台小学、沈阳私立实验学校最终获得金奖，浑南区第二小学等18所学校分获银奖、铜奖。

（韩尚哲）

【开展“流动博物馆进校园”活动】 为深入开展“红领巾相约中国梦”活动，引导青少年践行社会主义核心价值观，市少工委联合沈阳故宫博物院开展了“流动博物馆进校园”系列活动。4月10日，在大南三校开展了“流动博物馆进校园”活动启动仪式，沈阳故宫博物院的讲解员利用图片展板、幻灯片等形式，向孩子们讲解中华民族的文化历史知识，直观介绍沈阳故宫的历史文化，并与少先队员进行互动。以启动仪式为序，“流动博物馆进校园”先后走进文艺二校行知校部、莲花小学、高官台小学等83个学校开展活动。

（韩尚哲）

【首届少先队辅导员职业技能大赛】 少先队辅导员职业技能大赛首次将少先队辅导员纳入沈阳市级青年职业技能大赛比赛范围，对于全方位提升沈阳市青工技能进行了有益探索。大赛为期两个月，分为区级预赛、市级复赛和决赛三个阶段。经过县（区）、市海选产生的32名辅导员老师参加了比赛，10名选手脱颖而出进入总决赛。最终，来自皇姑区岐山一校的郭丹丹获得沈阳市首届少先队辅导员职业职能大赛的总冠军，文艺二校的刘敬一、齐贤一校的王璐璐分别获得二、三等奖。

（韩尚哲）

市妇女联合会

【全面兑现妇女儿童十件民生实事】 2014年，全市各级妇联齐心协力、攻坚克难，圆满完成十二届五次执委会议向全市妇女儿童承诺的十件民生实事。一是全力做好妇女创业小额贴息贷款工作。推动市政府首次将其纳入全市小贷工作大盘子和市政府绩效考核体系，使女性创业小额贴息贷款发放额度创出10年来的历史新高，达到5496万元，惠及创业女性861名。二是加大对女性中小微企业的扶持力度，提供项目、政策和资金支持，帮助100名妇女实现了创业梦想。三是开发就业岗位，通过开展“春风送岗位”系列活动、组织女企业家与女大学生牵手结对、建立就业创业基地等方式，帮助7000名妇女和1000名女大学生走上就业之路。四是举办各级各类就业技能培训班400期，依托巾帼科技示范基地、“女教授牵手农家女”实践基地、家政服务基地普及推广实用技能，惠及城乡妇女5万余人。五是举办家庭文化建设系列讲座20场，以不同的方式弘扬社会主义核心价值观。六是实施“母亲安居”工程，为48户农村单亲贫困母亲援建或修缮住房，为100名贫困母亲送去新年慰问金。七是关注女性健康，举办“两癌”预防知识讲座158场，为1.3万名妇女提供免费乳腺癌和宫颈癌检查，为21名患病贫困妇女每人提供医疗救助金1万元。八是创建100所星级示范“母亲课堂”和7所省级、市级留守流动“儿童之家”，“母亲课堂”被纳入创建全国文明城市指标考核体系，并顺利通过测评。九是实施“贫困儿童助学圆梦行动”，组织“爱心妈妈”与千名贫困儿童结成爱心对子，筹集发放助学资金33万元。十是开展“共享爱的阳光”免费艺术培训活动，沈阳儿童活动中心共为200余名农民工子女、特困子女、智障儿童提供了免费艺术培训。

（张　爽）

【寻找“最美家庭”活动】 以全市2350个社区（村）妇女之家为依托，采取全方位发动、多媒体宣传、多层次海选的方式，积极探寻时代亟需的家庭榜样，开展的“德美万家·大爱沈阳——最美家庭”网上评选、“最美家庭”事迹报告会、“最美家庭”看沈阳等活动吸引了全市近百万户家庭参与其中。经过新浪网票选的激烈角逐，有110户家庭被评为沈阳市“最美家庭”，其中发明之家李秀风家庭、书香之家胡世宗家庭入选了全国百户“最美家庭”。

（张　爽）

【庆祝“六一”国际儿童节活动】 5月30日，辽宁省妇联、沈阳市妇联联合沈阳市教育局、文明办、团市委、关工委共同举办了“共享蓝天·共筑中国梦”辽宁省暨沈阳市庆祝“六一”国际儿童节活动——第二届盛京娃娃同乐汇。会上，市委副书记邢凯致辞；省妇联表彰了第二届“爱心妈妈”牵手留守流动儿童行动中涌现出来的先进典型，并为来自沈阳市的“爱心妈妈”颁发证书和奖杯；省、市领导还为10名贫困儿童代表赠送了500元助学金和节日礼物。会后，与会领导参观了第二届盛京娃娃同乐汇，并与少年儿童亲切互动。

（张　爽）

【妇女思想引领】 在全市广大妇女中广泛宣讲党的十八届三中、四中全会精神，宣传社会主义核心价值观，引领广大妇女统一思想，坚定理想信念。与沈阳电视台联合制作“女性之美·铿锵绽放”——“最美女性”评选特别节目，大力宣传“最美沈阳女性”等先进典型。制作“发现爱，学会爱，传递爱”和“家风家训故事”等公益宣传片，在沈阳新闻频道黄金时段和地铁内全年滚动播放，广泛传播家庭美德。组织家庭志愿者参与清洁沈阳、扶贫帮困等志愿服务，深化未成年人思想道德建设工作，聚集向上向善的正能量。

（张　爽）

【组织妇女参与经济建设】 深入开展巾帼建功行动，发挥“巾帼文明岗”的示范带动作用，引领广大妇女立足岗位争先创优。加强“无围墙工厂”基地建设，扩大站点规模，提升产品层次。发展壮大新风采家政中心，在大东区、康平县、法库县建立新风采家政分支机构，不断加快连锁发展步伐。召开市女企业家协会第六次会员大会，引领女企业家为助推沈阳新一轮振兴发展贡献力量。深化“女教授牵手农家女”活动，推广农业科研新成果，培训女致富带头人千余名，带动周边5万农户创业增收。

（张　爽）

【源头维权】 稳步实施妇女儿童发展《规划》，制定下发《规划》目标责任分解书和指标监测体系，建立分性别统计数据库，确立市级示范区。着力推进《沈阳市妇女权益保障条例》立法工作，成立专家课题组，组织实地调研和研讨，形成了建议稿，市人大已将其列入2015年正式立法项目。联合市民政局、市农委下发《沈阳市进一步修订完善村规民约工作的实施方案》，将男女平等基本国策相关精神写进沈阳市村规民约。完成《机关事业单位女性60岁退休问题研究》和《女职工生育保险现状及对策研究》两项省社科联立项课题，向有关部门提出了针对性较强的对策建议。

（张　爽）

【为妇女儿童提供维权服务】 充分发挥妇女儿童维权岗、12338女性综合受诉平台、妇女儿童维权服务站等社会化维权平台作用，全年共受理妇女群众访千余人次，结案率99%。开展“三八”维权周普法和“预防出生缺陷，从孕前开始”主题宣传活动，实施妇女儿童权益法律知识进社区（村）项目，编印《妇女维权百问百答》宣传手册，走进省女子监狱帮教失足妇女。深化平安家庭创建活动，以家庭平安促进社会稳定。

（张　爽）

【宣传男女平等基本国策】 邀请市委副书记邢凯在沈阳日报发表《坚持贯彻男女平等基本国策，引领妇女共促沈阳全面振兴》的署名文章，从理论和实践层面剖析性别平等的重要意义。推动国策宣传进党校、进高校。市委党校和11个区、县(市)委党校已将国策教育纳入教学计划,并在公务员初任培训、市管区管干部培训等班次中开设了国策课程。沈阳大学、沈阳医学院、沈阳职业技术学院的3000余名师生听取了国策宣传系列讲座。

(张 爽)

【沈阳市妇女会馆迁建工程】 沈阳市妇女会馆迁建工程是沈阳市政府2014年12件惠民实事中的一项。项目位于浑南区国家大学科技城内,占地面积为2.77万平方米,总建筑面积为3万平方米,项目投资概算为1.48亿元。新会馆设定了女性学习成长、女性民生帮扶、女性事业拓展、家庭文化促进等四个功能定位,建成后将为全市广大妇女提供“全国一流、东北领先”现代化活动场所。工程于5月9日正式动工建设,立项审批、预算审核、整体设计、招投标和前期施工等工作均按照计划要求有序进行。预计2016年竣工。

(张 爽)

市科学技术协会

【国家级科技思想库建设】 围绕全市经济建设、改革发展以及民生科技重大关切问题,发挥科协组织的人才资源优势和组织网络优势,积极组织科技工作者建言献策,为市委、市政府科学决策提供咨询服务,形成了一批有价值、有分量、可操作的决策建议和调研提案。全年完成决策咨询课题73项,其中:重点课题39项,一般课题34项。编发《决策参考》10期,市领导批示3人次,沈阳航空航天大学校长杨凤田院士及其团队撰写的《沈阳装备制造业智能化、成套化、集群化、高端化发展专题调研》得到省委常委、市委书记曾维的批示。2014年,中国科协对全国15家首批国家级科技思想库试点单位进行考核验收,沈阳市位列第三名,居副省级城市科协首位。

9月24日,沈阳市国家级科技思想库工作培训班在沈阳大学举办。中国科协调研宣传部调研处处长周大亚,国家自然科学基金委员会政策局发展战略处处长、研究员吴善超应邀来沈,围绕提高科技工作者决策咨询水平做辅导讲座。全市科技思想库课题组、高校院所、企业科协共计100余人参加培训。

(程卫东)

【院士专家工作站建设】 以需求为导向、项目为纽带、企业为主体推动院士专家工作站建设,收集企业重大技术难题和对外合作研发项目20余项,赴北京、济南、青岛等地柔性引进7位两院院士(艾兴、谢立信、丁汉、姚新生、姚建铨、袁亮、陈洪铎),在华晨集团汽车工程研究院、沈阳天安矿山机械股份有限公司、沈阳兴隆温泉城、沈阳富创精密设备有限公司、市第四人民医院新建院士工作站5家。经洽谈对接,促成煤炭深井开发重大灾害防治技术、医务人员委托代培等合作项目8项。截至2014年末,全市院士专家工作站达到75家,进站院士专家249名。

(程卫东)

【“讲理想、比贡献”活动】 围绕新产品开发、新材料应用、新工艺改造、节能降耗等重点工作,在企业深入开展“讲理想、比贡献”群众性技术创新活动,5000余科技人员参与,完成“讲、比”立项1582项,提出合理化建议3700多条。中航工业沈阳黎明航空发动机(集团)有限责任公司、东北制药集团股份有限公司、沈阳兴华航空电器有限责任公司、沈阳协合集团院士专家工作站、沈阳航天新乐有限责任公司陈兴宇、市科协副主席吕波、沈阳鼓风机集团股份有限公司技术部长姜大任等7个单位和个人荣获全国“讲理想、比贡献,奋力实现中国梦”先进集体和先进个人称号。获辽宁省三级联创“讲、比”优秀项目14项。大力推进企业科普工作,开展了示范科普车间竞赛活动,评选出沈阳航天新乐有限责任公司等10个示范科普车间。进一步活跃企业创新氛围,举办“科学、文明、健康生活”企业科普讲堂5场。

(程卫东)

【科技交流与合作】 依托沈阳国家大学科技城推进中国科协沈阳海智计划工作基地建设。组织50多位留学归国博士实地考察沈阳国家大学科技城,并举办了海外高层次人才创新创业座谈会。归国博士对提升沈阳海智工作基地功能、改善海归人才创新创业环境、促进海外人才引进等方面,提出了一系列可行性建议。科技城已建立院士专家工作站4个、博士后工作站3个,省级以上工程中心和重点实验室、企业技术中心28个(其中国家级7个),园区内两院院士、千人计划人才、杰出青年科学家、海外归国人才25人。

推动海峡两岸科技交流与合作。邀请台湾神农科技发展协会理事长廖树宏教授来沈考察交流,双方签署了农业科技信息互联、资源互享、技术互助协议。聘任东京大学人类基因组中心基因和蛋白质功能解析研究室主任中井谦太为沈阳医学院名誉教授,在沈阳医学院举办了中井谦太学术报告会。

(程卫东)

【第十一届沈阳科学学术年会】 2014年6月26日,第十一届沈阳科学学术年会暨中国汽车产业集聚区发展与合作论坛在辽宁大厦开幕。本届年会由沈阳市委市政府、中国汽车工程学会主办,市科协、市社科联、大东区委区政府、沈阳汽车城开发建设管理委员会承办,主题为“改革创新,振兴发展”。开幕式上举行了华晨汽车控股有限公司汽车工程研究院、沈阳天安矿山机械股份有限公司院士专家工作站授牌仪式和沈阳汽车产业技术创新联盟揭牌仪式。中国汽车工程学会理事长付于武和华中科技大学数字制造装备与技术国家重点实验室主任、中国科学院院士丁汉分别作《中国汽车产业创新与发展》和《智能制造技术与应用》的大会特邀报告。市直有关部门、各区县(市)、驻沈高校、科研院所、重点骨干企业负责同志,全市各级协会、学会、研究会负责同志以及科技工作者代表共计300多人参加了开幕式。年会期间,相继举办成会明院士学术报告会、李惕碚院士科普报告会、新产业革命背景下的产业转型升级专家报告会、中国汽车产业创新与发展论坛等各类专题论坛及配套学术交流活动73场次。30余位院士、数百名国内外专家学者云集沈阳,参与交流研讨。年会共征集科学学术论文400余篇,评审出优秀论文296篇。

健康产业发展论坛。9月17日在沈阳兴隆温泉城召开,由沈阳市科协和新民市委、市政府联合主办。论坛的主题是:“科技、健康、温泉”。沈阳市委常委、市总工会主席王翔坤向沈阳兴隆温泉城管委会颁发了院士专家工作站牌匾,辽宁中医药大学临床病理中心主任孙科峰教授、东北财经大学旅游规划中心主任龙江智教授分别作《健康产业与中医药适宜技术》和《沈阳兴隆温泉城旅游产业发展——新背景、新战略、新希望》的大会主题报告。论坛期间,举办了兴隆温泉城温泉产业发展研讨会。

“提升民居地震安全水平,打造精品住宅”高峰论坛。10 月 26 日在沈阳大学图书馆学术报告厅举行,由沈阳市灾害防御协会、辽宁省土木建筑学会、沈阳市土木建筑学会、沈阳大学、辽宁省环境岩土工程重点实验室、沈阳市地震灾害防御中心联合举办。著名工程抗震专家、中国工程院院士周福霖,黑龙江省地震局研究员孟宪森,中国地震局工程力学所何雄科博士分别作了《房屋结构抗震、隔震、减震控制技术的最新发展和应用》、《中国东部郯庐地震带地震活动概况及风险水平评估》、《创建国家地震安全示范社区的现实意义》的特邀报告。20 多个省市部门、科研院所和知名房地产企业,以及东北三省部分城市相关负责同志和工程技术人员共计 200 余名代表出席会议,并就建筑工程和居民安全问题深入开展交流研讨。

第九届中国生物识别学术会议。11 月 7 - 9 日在沈阳三隆春天酒店召开,由沈阳工业大学、中国科学院自动化研究所、中国人工智能学会主办,沈阳工业大学、沈阳市仪器仪表与自动化学会承办。会议吸引了国内 80 多所著名大学、科研机构和科技企业的 200 多名专家学者参与。期间,先后举办了中国生物识别冬令营、大会特邀报告、论文交流、海报展示、算法竞赛系列活动,与会代表作主题报告和大会特邀报告 13 场,有 47 篇重要学术论文以口头论述或海报展示形式在会上交流,会议还对最佳论文进行了评选表彰。

(程卫东)

【院士专家企业行活动】 2014 年 6 月 26 - 27 日,沈阳市科协发起并组织实施了院士专家企业行活动。期间,中国科学院院士、华中科技大学丁汉教授,沈阳工业大学机械学院党委书记金嘉琦教授、沈阳工业大学车辆工程系主任付景顺教授一行考察华晨汽车工程研究院;中国工程院院士李明、沈阳工业大学校长李荣德、沈阳建筑大学党委书记吴玉厚、沈阳理工大学副校长李成华一行考察华晨宝马汽车有限公司和上汽通用(沈阳)北盛汽车有限公司。26 日,市科协在华晨汽车工程研究院召开了院士专家座谈会,组织院士专家与企业负责同志就汽车产业发展及企业规划进行决策咨询,围绕高校与科研单位联姻、共同推进人才培养、开展项目合作等方面进行了深入交流探讨。丁汉受聘为华晨汽车工程研究院院士专家工作站特邀院士。

(程卫东)

【中国科协会员日沈阳主场活动】 2014 年 12 月 15 日,中国科协会员日沈阳主场活动在东药集团启动,活动主题为“家的温馨,节日的问候”。市委常委、市总会主席王翔坤出席启动仪式,并深入企业车间慰问一线科技工作者,与优秀科技工作者代表座谈,为 2014 年企业示范科普车间颁发牌匾,向科技工作者赠送图书。东药集团、北方重工集团等企业百余名科技工作者代表参加了主场活动。会员日期间,市科协与中国医科大学附属第一医院、附属第二医院、省人民医院合作,开通了在沈院士就医绿色通道,积极为在沈院士提供有效、便捷、优质服务。组织百余位基层科技工作者参观辽宁省科技馆、沈飞博览园、沈阳医学院人体展馆等科普基地,并走访慰问了部分在沈院士以及赴辽中和铁岭等地服务的农业科技专家。

(程卫东)

【自然科学学术成果奖评审】 2014 年,沈阳市科协面向全市高校、学会、企事业单位共征集学术论文、企业技术创新论文、著作等自然科学学术成果 797 项。5 月 15 日,在沈阳建筑大学召开自然科学学术成果评审会。依据《2014 年沈阳市自然科学学术成果奖评选办法》,经组织专家评选,有 41 项成果获一等奖、166 项成果获二等奖、281 项成果获三等奖。同时,评出了沈阳市十大优秀学术成果,其中:学术论文 8 篇,企业技术创新论文 1 篇,著作 1 部。

(程卫东)

【第六届沈阳市十大科技英才暨第十一届沈阳市优秀科技工作者评选】 经基层推荐、组织审查、专家评审、系统公示,中国医科大学附属盛京医院内镜中心主任孙思予教授,中航工业沈阳飞机设计研究所副所长刘志敏研究员,沈阳农业大学经济管理学院院长张广胜教授,沈阳大学人事处处长田力威教授,中国刑警学院科研处处长张彦春教授,中科院金属研究所所长杨锐研究员,沈阳市妇婴医院党委书记、副院长曲文玉主任医师,沈阳机床(集团)中捷机床有限公司总经理贺鑫元高级工程师,沈阳市农业技术推广站站长籍平教授研究员级高级农艺师,东北大学物流优化与控制研究所所长唐立新教授等十人荣获沈阳市十大科技英才称号;北方重工集团有限公司设计研究所所长、高级工程师单东升等 142 人被评为第十一届沈阳市优秀科技工作者。

(程卫东)

【第七届沈阳市“四尊”评选】 2014 年 9 - 12 月,市科协会同市委组织部、市委宣传部、市委教科工委、市委中省直企业工委、市科技局、市财政局、市人社局、市中小企业局等 9 部门,在全市范围内开展了第七届沈阳市“尊重劳动、尊重知识、尊重人才、尊重创造”优秀领导干部、先进单位和先进工作者评选活动。经基层推荐、系统初选、专家评审委员会评审、评选工作领导小组审定,授予宁鑫等 26 名同志为“四尊”优秀领导干部,授予齐森等 47 名同志为“四尊”先进工作者,沈阳市农业科学院、沈阳环境科学研究院、沈阳机床(集团)有限责任公司、沈阳医学院、东北大学、中冶沈勘工程技术有限公司、沈阳农业大学、中航工业沈阳发动机研究所、中航工业学沈阳飞机工业(集团)有限公司等 10 个单位被评为“四尊”先进单位。

(程卫东)

市社会科学界联合会

【概况】 2014 年,沈阳市社科战线坚持立足沈阳、研究沈阳、服务沈阳的工作原则,以沈阳振兴发展的重大和紧迫问题为重点,科研工作推出高质量的研究成果,服务党和政府决策;讲坛工作打造“先进文化城市的公益性讲座,和谐沈阳建设的标志性品牌”,服务社会;科普工作扩大惠民、助民、安民、乐民领域,服务百姓;社会组织建设加强管理,有效发挥作用,加强社科机关队伍建设,为沈阳进一步振兴发展提供支持。沈阳市社科联、社科院被评为全国先进社科联、社科院。讲坛工作被评为“2014 年终身学习活动品牌”。

(高　妍)

【学术交流】 邀请高层专家为市委常委理论学习中心组解读全会精神。11月11日，邀请党的十八届四中全会起草专家咨询组副组长、中国社会科学院法学研究所副所长莫纪宏研究员为市委常委理论学习中心组专题学习党的十八届四中全会精神作报告，就全面推进依法治国、建设社会主义法治国家进行了深入讲解。

召开全市理论界和社科界学习全会精神座谈会。11月3日，与市委宣传部联合召开全市理论工作者和实际工作者学习党的十八届四中全会精神座谈会。市法院副院长孙淑华、东北大学教授周实等8名理论及实际工作者围绕全会提出的一系列新思想、新举措和沈阳依法治市实践的成果、经验做了发言。11月13日，召开沈阳市社科界学习党的十八届四中全会精神座谈会。辽宁大学教授房广顺、辽宁社科院研究员张万强等9名辽沈地区专家学者，结合沈阳实际和各自的研究领域，围绕党的领导与依法治国、依法治国与经济发展等专题，交流了学习全会精神的体会和对策、建议。

举行市直机关学习全会精神报告会。11月21日，邀请中央党校政法教研部主任张恒山教授围绕坚持全面推进依法治国在当代中国的重大意义、指导思想、目标和保证以及全面推进依法治国的六大任务等内容，对党的十八届四中全会精神进行全面准确、科学严谨的深入解读。市直机关各单位理论中心组成员和理论骨干700余人参加了报告会。

举办建国65周年理论研讨会，弘扬当代中国马克思主义的最新成果。7月初，与市委党校联合成立组委会筹备全市社科界、党校系统庆祝建国65周年理论研讨会，来自20多家高校、党校、科研院所的100多位专家学者和实际工作者提交论文近百篇40余万字。9月29日，研讨会正式举办。东北大学马克思主义学院院长田鹏颖教授作了“当代中国马克思主义”的主题报告。沈阳工业大学韩影教授等5位获奖论文作者进行研讨发言。制定了《优秀论文评分标准》，成立了有关专家学者和组委会委员组成的评审组，评选出《西柏坡时期群众工作经验的现实启示》等6篇论文为特等奖，《中国梦战略思想的世界意义》等14篇论文为一等奖，《弱势群体利益的信访救济制度研究》等18篇论文为二等奖，《权力的制约》等27篇论文为三等奖，《试论毛泽东对“中国梦”的探索与贡献》等28篇论文为纪念奖。获奖论文在《沈阳干部学刊》第5期增刊上发表。

（高 妍）

【课题研究】 组织开展百项重大课题研究，推出一批有价值的研究成果。紧紧围绕贯彻落实党的十八届三中全会精神和市委十二届八次全会精神，特别是全会提出的突出抓好深化改革、稳定增长、改善民生、优化环境等重点工作，广泛征集，反复论证，确定了一个综合类年度立项课题和深化改革、稳定增长、改善民生、优化环境、创建全国文明城市5个专项选题，共125个选题方向，面向社会公开招投标。经专家组评估，确定“关于创新社会治理体制的对策建议”等百余项课题立项。通过组织千余名专家学者和实际工作者组成的专题课题组开展研究，并采取多种方式促进研究成果转化和应用。在结题的186项成果中，46项对策建议得到省、市领导批示或被决策采用，104篇论文在报刊发表或入选文集、会议交流，23篇论文获奖，2项研究成果出版专著。

推出系列重大对策建议，得到市委、市政府主要领导批示。紧紧围绕党的十八届三中全会和市委十二届八次、九次全会精神，以及沈阳振兴发展中的重大理论和实践问题，组织国内专家学者开展专题研究，深处着力、精准发力，形成了《关于以结构调整确保沈阳经济发展稳定性和协调性的对策建议》等14项重大对策建议，其中曾维书记作出重要批示10项。市领导批示率和决策采用率均达到100%。

理论宣传工作解疑释惑，服务社会。围绕贯彻落实党的十八届三中全会精神，结合沈阳发展实际，组织专家学者开展专题研究，撰写的《加速推进创新驱动发展战略》等5篇系列理论文章在《沈阳日报》刊发，对创新驱动、金融机构服务中小微企业及政府在激活内生动力中的作用等进行解读；围绕市委十二届九次全会提出的下半年要着力抓好推进重点领域改革等八个方面的工作开展研究，推出的《改革是经济发展的清道夫和发动机》等8篇系列理论文章在《沈阳日报》刊发，为引领全市人民深入贯彻落实全会精神起到积极作用。全面启动习近平总书记系列重要讲话精神进社区进楼道专题宣传活动，积极引导干部群众深化对习近平总书记系列重要讲话的理解和把握。

组织开展了沈阳市第二十一届社会科学优秀学术成果评奖工作，评选出397项优秀学术成果和6个优秀组织单位。与有关单位共同承办了第十一届沈阳科学学术年会，为沈阳经济社会发展提供理论支撑。

（高 妍）

【科学普及】 启动百日宣传普及活动。5月12日，以“深化改革、服务创新”为主题，举行了第五届社会科学百日宣传普及活动启动仪式。启动仪式上，邀请辽宁大学教授、博士生导师王厚双以《我国全面深化改革的外部环境》为题作专题报告。活动期间，组织各种报告会、研讨会、咨询服务、展览等活动达350场（次），发放宣传品1.2万份，宣传展板1325块。9月26日，举行第五届社会科学百日宣传普及活动闭幕式，市统战理论研究会、大东区永丰社区分别代表学会和社区发言，交流百日科普活动经验。辽宁大学教授张学本作了《构建和谐人生的五项规则》专题报告。总结表彰了科普活动先进集体33家、先进个人31名。

开展经常性科普活动。一是举办主题活动。各社会组织围绕践行社会主义核心价值观，进行爱国主义教育活动。市孔学会在大东枫露公园广场举办了《文化雅集——端午节》，专家学者论说端午节的由来、民俗以及如何传承端午精神，并与现场市民及外国游客互动探讨如何过好端午节。二是开展“百名专家与市民互动”活动。各社会组织以报告、讲座、沙龙等形式组织专家学者与百姓交流互动。市现代教育技术研究会组织“百名教授进社区”活动，围绕市民健康养生、网络运用与计算机初级知识、日常英语与简单对话、声乐训练、书画技巧等内容，安排11个科目的老师走进10个社区，讲授190个学时，参与上课1.25万人。三是开展“科普十条街”活动。全市10个“科普一条街”（市内五区各选2个）通过不同专题、不同科普方式为基层单位和群众提供政治生活、文化娱乐、社会生活的“盛宴”。市青少年教育研究会充分利用教育资源建立不同专题的“科普一条街”。

举办创新性科普活动。市档案学会开展了“走进档案馆——聆听沈阳老歌、观沈阳老片”活动，市民凭身份证等有效证件就可预约到档案局听沈阳老歌曲、看沈阳老片。市开明书画研究会先后举办了四期艺术、书法、摄影展和讲座，不仅在市内办展，还在美国休斯顿办展，取得良好的社会效益。市集邮协会在市区部分幼儿园开展了“集邮知识大赛”，幼儿及家长踊跃报名参加。市税务学会、市国际税收研究会、市法学会、市检察学会等涉法团体也分别根据各自学科特点深入机关、学校、社区采用案例分析等通俗方法，为广大群众知法、懂法、守法、用法提供了依据。科普基地也结合各自特点开展了经常性科普活动。

办好辽海·讲坛，打造惠民品牌服务社会。继续实施“5311”工程(办好各具特色的举办点500个，实现全年宣讲3000场，实施直接受众100万人次，100个志愿者)，全年共举办讲座3434场。围绕第二批党的群众路线教育实践活动，做好重大主题宣讲。创新机制办好无围墙大学。辽海·讲坛已具有政策理论宣传、社会公众教育、科学知识普及、公共文化传播等多方面功能，体现出经常性、公益性、社会性和普及性的文化讲座特色。

(高 妍)

市残疾人联合会

【概况】 2014年，沈阳残疾人工作紧紧围绕保障和改善残疾人民生，坚持保障兜底、服务托底、政策保底，加快缩小残疾人实现同步小康目标的差距，圆满完成了全年各项指标任务，残疾人事业又上了一个新台阶。市残联获得国务院残工委授予“全国残疾人之家”和市委、市政府授予的“沈阳市先进单位”两大殊荣。形成并确立了具有沈阳特色的“八位一体”残疾人工作模式。

(张 谌)

【残疾人社会保障】 依据《沈阳市残疾人保障条例》，会同市民政、财政、房产等部门制订了《沈阳市残疾人社会保障工作实施方案》，使3.4万名残疾人享受低保标准分别上浮20%至30%的政策；1662名低收入一级残疾人享受低保全额标准救助，资金共计672万元；1049名55至59岁重度残疾人享受省养老保险补贴，资金共计139万元；214户农村贫困残疾人家庭扶贫和危房改造得到省扶持资金76万元。

(张 谌)

【残疾人康复】 以完善“五级残疾人康复服务网络”为载体，抓好17个康复示范站的建设工作，新建970个家庭康复点；全年为2.7万名残疾人开展社区康复服务，为1万余名残疾人实施康复救助，完成白内障复明手术2523例；圆满完成辅具适配发放政府实事项目和“全省辅助器具服务示范市”创建任务，为贫困残疾人配发辅助器具2.22万件，辅助器具适配基本实现全覆盖；获得“东方杯”第四届全国残疾人辅助器具创新设计大赛集体荣誉奖；承接中国肢残人协会脊柱裂与脑积水委员会职能任务，建立了东北首家“云朵家园”。

(张 谌)

【残疾人教育就业】 会同市教育局联合开展了残疾儿童少年摸底调查，建立了0－18岁残疾儿童少年数据库；实施从学龄前到义务教育及高等教育三个阶段的助学资助政策，共对1173人资助183.75万元；紧跟市场需求，全年委托企业及培训机构，对2668名残疾人开展岗前、在岗和稳岗实名制培训，对农村2600名残疾人进行了种养殖培训。在市政府法制办的积极推动下，对原《沈阳市按比例安置残疾人就业办法》进行了重新修订，将外资企业一并纳入按比例安置残疾人就业范畴，为残疾人争取了更多的就业机会。制定出台了《沈阳市关于促进残疾人按比例就业的实施意见》、《沈阳市盲人保健按摩行业管理办法》。探索残疾人手工艺品制作就业项目，通过产品研发、设计、培训、制作和销售一体化运作，把残疾人艺术作品推向市场，增加残疾人收入。全年共举办各类就业洽谈会39场，实名制安置2058人。征收残疾人就业保障金突破3亿元。

(张 谌)

【宣传文体】 扎实开展“全国残疾人文化体育建设示范市”创建活动，全市5个社区被中残联确定为实施“残疾人文化进社区”项目全国示范社区。全年在中央电视台、人民日报以及市级以上主流媒体刊发宣传沈阳残疾人事业新闻727篇(条)；创办了我国惟一由残疾人主办写残疾人题材的文学刊物——《沈阳残疾人文学》；参加省特教学校艺术展演获得1个特等奖、4个一等奖；参加全国残疾人乒乓球锦标赛、全国硬地滚球锦标赛、全国第六届特奥会足球比赛荣获多项冠军。

7月7－9日，第七届辽宁省残疾人职业技能竞赛在东北大学、沈阳航空航天大学、沈阳军区厨师训练队举行，沈阳市残疾人获得8个单项冠军和团体总分第一的好成绩。

9月11－14日，辽宁省第十二届残疾人运动会在沈阳体育学院举行。沈阳市在本届运动会中取得金牌总数47枚、奖牌总数70枚、团体总分696分，再创“三个第一”的佳绩。同时，荣获辽宁省“体育道德风尚奖”，5名教练员和22名运动员受到表彰。郑金在T11级女子1500米中，以4分48秒05的成绩打破全国记录。

10月26日，沈阳籍运动员参加2014年韩国仁川亚洲残疾人运动会共获得3枚金牌、2枚银牌、2枚铜牌。其中：盲人运动员郑金在T11—1500米比赛中，以4分44秒的成绩打破世界纪录，勇夺桂冠；在T11—400米比赛中以1分00秒78的成绩打破亚洲纪录，获得铜牌。

(张 谌)

【维权工作】 加强和完善了残疾人法律救助服务体系建设，为残疾人提供法律援助案件71件、各类咨询服务320人次；为2228名残疾人机动轮椅车发放燃油补贴55.7万元；接待残疾人个人访、集体访共计1340人次，平均每天5.3人次，办理各类信访件51件次，答复率100%；完成市人大、政协建议提案6件，办结率100%。

(张 谌)

【无障碍改造】 依据《无障碍环境建设条例》，会同建委、城建、行政执法等部门，开展城市坡道、盲道等公共场所无障碍设施的执法检查；完成了1008户贫困残疾人家庭无障碍改造省政府民生实事任务；组织开展社区无障碍改造情况“回头看”，对237个社区改造项目不全、不达标的进行全面整改；会同公安局、物价局出台了在全市停车场中设立残疾人专用免费停车位相关政策，为肢体残疾人出行创造了无障碍条件。

（张　谌）

【社会助残】　会同市委宣传部、团市委联合开展志愿助残“阳光行动”，参与者达6516人次；与团市委共同举办“沈阳市第八届残疾青年交友联谊会”，300余名未婚残疾人参加；组织12期社会服务窗口聋人手语培训班，参训达1100人次，并与市委宣传部、团市委共同举办了首届聋人手语大赛；全年残疾人福利基金会累计筹集款物176.61万元，开展集善助残公益活动34次，帮扶各类贫困残疾人4.78万人次。“两节”期间，全市共走访慰问残疾人1.94万户，发放慰问金及物品共计1210万元。爱心企业家张波被国务院残工委授予“全国助残先进个人”荣誉称号。

（张　谌）

【春季残疾人就业洽谈会】　3月28日，市残联会同市人社局、市财政局在市残疾人服务中心联合举办“春风送暖就业助残”2014年沈阳市春季残疾人就业洽谈会。共有64家用工单位为残疾人提供了1417个就业岗位，求职登记的残疾人达600余名。现场达成就业意向294人次，其中6名残疾人被企业当场录用。

（张　谌）

【爱心助残新年联欢会】　12月23日，由沈阳市残疾人联合会、沈阳市文化广电新闻出版局主办，市残疾人福利基金会、市群众艺术馆承办，中国人民财产保险股份有限公司沈阳市分公司冠名赞助的“梦想绽放·我心飞翔”PICC中国人保之声——2015沈阳爱心助残新年联欢会在盛京大剧院成功举行。省、市领导与各公益组织负责人、残疾人代表及残疾人工作者代表，以及学生、教师和社会各界人士代表近1500人共同观看了演出。

（张　谌）

市台湾同胞联谊会

【打造“台胞之家”】　加大为台胞服务的力度。2014年走访慰问老台胞、患病台胞、困难台胞以及台胞遗属58户次，送去慰问品及慰问金1万余元，发放老台胞补助款5.4万元。坚持为80岁以上老台胞祝寿，送去慰问金。累计接待台胞来访22人次，先后为台胞协调办理台胞动回迁、台籍身份确认、入台签证、住院医疗保险、变更户口原籍、家庭纠纷、为台籍考生出具证明等事务19件次。针对部分台胞变更户口籍贯时遇到的困难，市台联积极与市公安局进行沟通协调，并在全市台胞中进行了调查摸底，最终为27位台胞变更了户口原籍，受到了台胞的好评。

倾听台胞的心声。为了进一步将党的群众路线教育实践活动贯彻落实到市台联工作中，市台联采取走访慰问和召开台胞座谈会形式，认真征求台胞对市台联领导班子和机关工作的意见建议，及时了解掌握了台胞的工作、学习和生活状况，也进一步密切了市台联与台胞的联系，让全市台胞感受到了“台胞之家”的关怀和温暖，为做好台胞服务工作奠定了基础。

开展丰富多彩的联谊活动。一是为丰富女性台胞的精神生活，在“三八”节前夕，组织女性台胞及家属观看故事片《北京爱情故事》。二是举办“两岸一家亲，共圆中国梦”——在沈台胞中秋节联欢会，在沈台胞、台商、台生等280余人参加了活动。三是在重阳节前夕，组织50余名老台胞及老台胞遗孀到沈阳国家森林公园进行游园和免费采摘活动。四是开展内容丰富的“台胞活动日”活动4次。五是组织部分老台胞参加省台联组织的健康疗养活动。六是组织台胞参观由台湾台东县教育学会来沈举办的“台湾台东县书画艺术展（沈阳）”。七是组织台胞书画爱好者参加“海峡两岸书画家交流会”。通过举办系列联谊活动，丰富了台胞的精神生活，进一步增强了台联组织的凝聚力和向心力。

加强中青年台胞工作。举办“沈阳市台联第四期中青年台胞培训班”，培训班安排了《贯彻党的十八届三中全会精神》、《正确认识岛内发展形势的变化努力做好争取台湾民心工作》的专题讲座。还邀请在沈台商为学员作了“闽南语日常用语”的培训辅导。培训结束后组织台胞赴丹东东北抗联基地进行参观。

做好妇委会换届工作。12月上旬，市台联召开“沈阳市台湾同胞联谊会妇女委员会换届会议”，会议审议通过了《市台联妇女委员会章程》，选举产生了新一届市台联妇委会委员。

增强台籍党员模范作用的自觉性。在建党93周年前夕，市台联党组举办“2014年沈阳市台湾省籍党员培训班”。培训班安排了《学习习近平总书记系列讲话精神关于党的建设重要思想》和《正确认识岛内发展形势的变化努力做好争取台湾民心工作》的专题讲座。通过培训加深了台胞党员对习近平总书记系列讲话精神的理解，增强了自身的使命感和责任感，坚定了实现“中国梦”的信心，进一步了解岛内局势及两岸关系的发展变化，坚定了做好争取台湾民心工作、推动两岸关系和平发展的信心。

加强台胞队伍的政治理论学习。一是举办“学习党的十八届三中全会精神报告会”，邀请中共沈阳市委党校党史党建教研部主任刘工力教授作《全面深化改革推进国家治理体系和治理能力现代化》专题报告。二是在十八届四中全会闭幕之际，召开市台联理事扩大会议，学习传达《中共中央关于全面推进依法治国若干重大问题的决定》和公报。三是组织全市台胞参加《学习十八届四中全会精神报告会》。四是与市政协港澳台侨外事委员会联合举办“台海形势报告会”。五是举办“台胞活动日”活动，与会台胞座谈学习习近平总书记系列重要讲话精神的体会，畅谈两岸关系和平发展以及如何做好争取台湾民心工作提出的意见建议。六是组织台胞140余人参加市委统战部组织的“牵手文明、杜绝陋习”网上签约活动。

成立市台联台情研究小组。为进一步深入贯彻执行党的对台方针政策，探索研究新形势下对台工作的特点规律，进一步做好争取民心工作，市台联成立了台情研究小组。其成员由台联界别的市政协委员、市台联理事、市台联顾问、名誉会长、副会长、机关干部等组成。12月中旬，市台联台情研究小组成立并召开第一次会议，与会人员围绕台湾“九合一”选举对两岸关系的影响、对2016年台湾地区“大选”的影响，岛内政局产生的变化以及如何做好新形势下争取台湾民心工作进行了热烈讨论。

积极开展入岛交流。进一步落实新

形势下中央对台工作精神，做好争取台湾民心工作，组织老台胞及老台胞遗属赴台返乡谒祖。

深入基层开展调查研究。为进一步拓展市台联工作渠道，推进基层台联组织建设，创新台联工作机制，市台联分别到和平区委统战部、苏家屯区委统战部、大东区委统战部等部门走访调研，为加强台联基层组织建设奠定基础。

（*蔡鸿文*）

【两岸交流交往】 尽职尽责，热心为在沈台商排忧解难。2014 年，市台联接待台商来访 21 人次，走访台资企业 15 家，通过与市法院、市（区）各有关单位沟通协调，为台商协调解决房产及土地纠纷、民事诉讼、企业注册、子女入学等事务 24 件次。特别是市台联充分发挥与市法院的诉调对接机制，为台资企业——沈阳日月潭实业有限公司、沈阳大力机械设备有限公司和沈阳台美亚商贸有限公司的经济纠纷案件同市（区）法院进行对接，使长期困扰企业的案件得到圆满解决。对于台商普遍关心的企业动迁问题，市台联专门召开台商座谈会，邀请动迁办有关领导和市台联法律顾问为台商开展政策咨询，受到台商好评。

继续实施市台联“同心·助学帮困工程”。组织部分台商到康平县北四家子学校了解上年度“助学帮困”资金的使用情况。同时创新活动模式，根据学校的教学实际需要，2014 年组织部分台商捐款 4.4 万元，为学校图书室购买了图书、书架、阅览桌椅等，创建了第一个沈阳台商“同心图书室”。

加深两岸大学生的文化认同。在端午节前夕，市台联与中国医科大学、辽宁中医药大学共同举办了“2014 年在沈两岸大学生中华传统文化座谈会”，在沈就读的台湾大学生、定居台胞大学生以及沈阳市大学生代表约 40 人参加了座谈会。通过举办座谈会，为两岸青年大学生搭建起加强交流、增进感情的良好平台。

加大对台交流交往力度。一是市台联接待“全美台湾同乡联谊会 2014 年两岸参访团”、“世界海外台商参访团”、“台湾台东县书画教育学会沈阳参访团”、“台湾玉山协会两岸畜牧水产辽宁学术参访团”、“台湾中国统一联盟”、“台湾新同盟会高雄分会”、“台湾中华两岸世纪发展协会”、“台湾历史博物馆”、“全国台联台湾大学生夏（冬）令营辽宁分营”等 16 个团组，共计 274 人。二是与沈阳师范大学、台湾中华无尽灯文化学会联合举办“第二届明明德海峡儒家文化研讨会，研讨会上两岸学者就如何发扬儒家思想和文化开展研讨。三是接待台湾历史博物馆学者来沈调研，并组织部分老台胞进行座谈。四是市台联与市儿童福利院及台资企业——沈阳市安德森农牧科技公司联合举办“沈阳市孤残儿童免费采摘活动”，市儿童福利院 80 余名儿童参加了活动。五是与市台企协会联合组织台商和部分受资助的贫困学生，到沈阳国家森林公园进行了免费采摘和游园活动。六是市台联顾问谢辉先生受市台联委托，赴铁岭拜会应邀参加“辽宁（铁岭）台中周暨少儿文化展演节”活动的中国国民党副主席、台中市市长胡志强先生，并代表沈阳市台联邀请胡志强先生来沈阳参观考察。七是走访中国医科大学、辽宁中医药大学，了解在校台湾学生的学习和生活情况。

完善法律服务机制，营造良好的投资环境。一是举办“市台联、市法院诉调对接工作联席会第一次会议”，就如何进一步完善法律诉讼调解机制进行了深入探讨。二是市台联、市法院、市台企协会联合举办“贯彻依法治国促进在沈台资企业发展”报告会，邀请沈阳奉天诚信律师事务所主任赵文安律师作专题法律知识讲座。三是组织部分台商参加省台联举办的“省台联、省法院诉调对接工作座谈会”。

增强台联组织的凝聚力。召开“在沈台资企业座谈会”，并结合企业生产、经营的实际情况，围绕台资企业在沈投资兴业的经验体会，台资企业在祖国大陆新一轮深化改革、扩大开放的利好形势下，如何抓住机遇、更好的发展，并就如何改善沈阳的投资环境、如何做好台联工作展开座谈。会上聘请 13 位台商为市台联名誉理事、名誉副会长职务。

（*蔡鸿文*）

【建言献策】 自 2013 年成立市台联参政议政委员会以来，充分调动了广大台胞参政议政的积极性，并且注重发挥台胞集体的智慧，努力提高提案质量，加强沈阳市台联参政议政工作，推进市台联参政议政工作再上新台阶。一是在市政协十四届二次会议上，被市政协采纳的台联界别政协委员个人提案 4 件，人民团体提案 5 件。其中《关于完善沈阳地铁服务设施的提案》被市政协列为重点提案。市政协大会发言 2 件。二是市台联先后接待市安全生产监督管理局、沈阳市地铁建设指挥部、市城建局、市教育局等部门就市台联团体提案落实情况的答复。三是分别召开市台联参政议政工作会议 2 次，通报 2013 年市台联参政议政工作情况，部署 2014 年市台联参政议政工作，并征求委员们对市台联参政议政工作的意见和建议。四是参加沈阳市地铁建设指挥部组织的提案办理现场办公会议，并对提案办理结果接受新闻媒体的采访。

（*蔡鸿文*）

【机关建设】 深化教育实践活动成果。按照市委“四查四看”的工作要求，市台联教育实践活动进行了“回头看”，深入总结教育实践活动的有效做法，进一步查找工作中的不足，及时补缺补漏，推动专项整治、促进整改落实，抓实建章立制、建立长效机制。规范办公室和联络处两个处室的办事流程，实行了首问负责制、一次性告知制和 AB 岗工作制。通过以上举措，进一步提高了工作效能。党支部坚持每月一次支部会议，认真学习党的十八届三中、四中全会精神，学习习近平总书记的系列重要讲话精神，使机关党员干部理论水平和政治素质有了较大的提高，为做好台联工作奠定了坚实的基础。机关在职党员响应市委号召，积极参加“党员进社区奉献日”活动。在市委统战系统纪念建党 93 周年暨“一先两优”表彰大会上，市台联获市委统战系统“先进党组织”、以及“优秀共产党员”、“优秀党务工作者”等多项称号。

推进机关建设。认真坚持每月的工作例会制度，做到认真总结上月工作完成情况，部署本月工作安排。及时传达和认真学习贯彻市委、市委统战部的文件精神和工作部署。全年召开会长办公会议及理事会议各 3 次，机关召开办公会议 18 次。全年组织台联机关工作人员认真落实学习制度，安排学习习近平总书记系列重要讲话精神和对台政策以及上级有关工作部署等。组织机关干部学习了"李志强班"先进事迹，参加了市委统战系统举办的《两岸端午忆屈原同心弘扬爱国魂》文化讲坛专题讲座。充分利用台联刊物将党的方针政策及时进行宣传，收到了较好效果。2014 年，出刊《沈阳台联》4 期，上报各类信息 29 期。

（蔡鸿文）

市归国华侨联合会

【全国省会、副省级城市侨联工作交流会】 9 月 23 日，沈阳市侨联承办召开了 2014 年全国省会、副省级城市侨联工作交流会，中国侨联副主席康晓萍、中共沈阳市委副书记邢凯出席会议并讲话，来自全国 28 个省会、副省级城市侨联 44 名代表出席了会议，10 个特邀城市侨联 20 名代表列席会议。会议以"深入贯彻中央《意见》精神，全面推进侨联组织建设发展"为主题，共同探讨新时期侨联组织建设工作，收到全国省会、副省级城市侨联交流材料 28 篇。会议按照"八项规定"要求，坚持节俭办会的原则，简化会议形式，在一天时间完成了会议议程和交流考察活动，会议虽短，但内容丰富，会上会下结合，会内会外互动，取得圆满成功。

辽宁省委常委、市委书记曾维会见了中国侨联副主席康晓萍，康晓萍对沈阳市侨联在全国城市侨联工作中起到排头兵的带头作用给予了充分肯定。

康晓萍副主席、市政协副主席、市委统战部部长汪涛等领导和参会代表出席了市侨联举办的"侨之声——我爱你中国"庆祝中华人民共和国成立 65 周年文艺晚会，观赏了沈阳华侨艺术团的精彩演出。

（安美麟）

【市侨商联合会第三次会员代表大会】 8 月 26 日，沈阳市侨商联合会第三次会员代表大会暨三届一次理事会议召开，完成了市侨商会换届工作。中国侨商会副会长兼秘书长、中国侨联经济科技部副部长安晨出席大会指导工作，市政协副主席、市委统战部部长汪涛出席大会并讲话，210 名侨商会员代表参加大会。新一届市侨商联合会将进一步健全组织机构，扩大会员队伍，构建联络网络，完善服务机制，为侨商企业创新发展服务、侨资侨智有机结合、海内外侨商联谊交流合作提供强有力的平台支持，充分发挥侨商的资源优势和作用，为促进沈阳全面振兴发展发挥积极的推动作用。

（安美麟）

【侨联组织建设】 为推进中央《意见》精神的贯彻落实，深入基层调研，进一步加强基层侨联组织建设工作，市侨联对东陵（浑南）区、沈北新区和沈阳大学就侨联组织建设、侨商会组织建设工作进行调研，推进成立了沈阳大学侨联和沈北新区侨商会。市侨联与市委统战部、市教科工委组成联合调研组，对沈阳医学院、沈阳理工大学、沈阳广播电视大学、沈阳工程学院、沈阳建筑大学等高校进行了调研，深入了解高校侨情的新变化，探讨了侨联组织在促进高校学术交流、引进人才、合作办学等方面的优势和作用，得到校党委的高度重视和大力支持，有效推动了高校侨联组织建设工作。

（安美麟）

【建立区、县（市）侨联主席联席会议制度】 在完成全市各区、县（市）侨联组织全面覆盖的基础上，市侨联建立了全市区、县（市）侨联主席联席会议制度。确定每半年在各区、县（市）轮流召开联席会议，进一步加强市侨联与各区、县（市）侨联的工作交流、探讨，促进合作，提升全市侨联工作的整体水平。2014 年，先后在铁西区、皇姑区召开了沈阳市区、县（市）侨联主席联席会议第一、二次会议。

（安美麟）

【海外联谊交流】 为加强与台湾岛内侨界的沟通交流和良性互动，6 月 25 – 7 月 1 日，市侨联主席王庆伟率沈阳市侨联代表团应邀赴台湾开展联谊访问。在台期间，代表团拜会了台湾中华侨联总会、台北市辽宁同乡会、中华两岸和平促进协会、台中市商业会、海峡两岸交流协会、中华世界客家妇女协会等多家涉侨团体，与台湾中华侨联总会签订了对口交流意向书，建立了友好交流合作关系。沈阳音乐学院与台南应用科技大学艺术学院签订了两院侨联"缔结对口交流协议意向书"。沈阳音乐学院教授李哲受邀在嘉义大学举行了公开教学课，荣获嘉义大学音乐学系颁发的"音乐交流感谢状"，进一步推进了两岸艺术院校的互访交流。代表团考察了高雄港驳二特区文化艺术创意产业园区和台北部分创意文化产业项目，对沈阳市发挥高校艺术专业人才丰富的优势、开发以文创为核心的第三产业进行了初步探讨。

8 月 15 – 23 日，市侨联、市政协组织沈阳市"五侨"代表团应邀出访瑞典、西班牙、荷兰，出席在瑞典首都斯德哥尔摩举行的欧洲华侨华人社团联合会第十八届大会。通过拜会、走访、餐叙等形式与侨团、侨商深入接触，慰问侨胞，调研侨情，先后拜会了欧洲华侨华人社团联合会、瑞典华人工商联合总会、旅荷华侨总会、西班牙西中青年友好协会等 30 多侨团、商会，双方建立了友好关系。与旅欧华侨华人进行座谈交流，并聘请了 4 名海外侨领、侨商为沈阳市侨商会海外顾问，与中瑞生命科学会会长于江博士等沈阳籍华侨进行科技文化交流，进一步增进与欧洲侨团、商会的联谊，为扩大沈阳对外宣传，促进沈阳与欧洲国家之间的民间友好往来和经济科技文化交流起到积极推动作用。

12 月 7 – 13 日，市侨联主席、市侨商会执行会长王庆伟率市侨商会代表团参加澳门 2014 华侨华人聚濠江联谊大会，并出访柬埔寨进行商贸交流。代表团在柬埔寨金边参议院拜会了柬埔寨宪法委员会主席兼柬中友好协会主席艾森沃先生和柬埔寨总商会副主席李育增女士、柬埔寨中小企业协会联盟会长郑东宝先生。参观考察了华侨企业——柬埔寨联合国际贸易有限公司、EXCELLENT 专卖珠宝有限公司，双方企业家进行了经贸交流。沈阳市侨商联合会与柬埔寨中小企业协会联盟签订了缔结友好合作关系协议书。

（安美麟）

【维护侨益】 2014 年，沈阳市侨联法律顾问委员会多次召开法律咨询工作会议、维权调解工作会议、参政议政工作会议，推进全年各项工作的开展。召开了 4 次维权调解专案研讨会，就 6 件涉侨案件进行了研讨，通过与市、区法院的诉讼调解协调，其中 2 件案件已得到圆满解决。组织市侨联法院特邀调解员参加了市法院举办的调解员培训会，进一步推进了沈阳市涉侨纠纷案件诉调对接工作实施。市侨联与市依法治市工作领导小组办公室联合编撰、印发了《涉侨法律服务手册》，进一步扩大侨法宣传，在侨界群众中深入普及侨务政策和法律知识，营造了学侨法、知侨法和依法维权的社会氛围。

在沈阳市人大、政协“两会”上，侨界人大代表、政协委员充分发挥参政议政作用，共提出政协议案30个，人大提案及建议82个，反映侨声民意，积极建言献策。市人大侨界代表小组获得市人大先进代表组称号，9名侨界人大代表获得履职优秀代表称号，3个议案获得优秀议案表彰。

（安美麟）

市黄埔军校同学会

【特色理论学习实践活动】 从加强同学会的自身建设入手，以坚持和发展中国特色社会主义实践活动为指引，以坚定政治信念、增进政治共识为目的，以继承黄埔精神，提高政治素质，增强对中国特色社会主义的道路自信、理论自信、制度自信，为加快建设宜居幸福的现代化沈城而多做贡献为目标。履行社会主义事业亲历者、实践者、捍卫者的责任和使命。以习近平同志为首领导集体关于治国理政的一系列重要论述、统一战线工作理论和对台工作方针政策为主线。完善月度学习制度，深化“读书、送书、荐书”活动，举办黄埔后代培训班、定期召开学习交流会、座谈会。为了学习活动能够体现系统性和时效性，做到学习有重点、讨论有议题、落实见成效。围绕同学会工作重心和时事热点，贴近现实，不断提高大家的政治素质和理论水平。

（颜　飞）

【爱国主义系列教育活动】 为纪念抗战胜利69周年，9月27日，举办了纪念抗日战争胜利69周年座谈会暨笔会。黄埔同学和家属及黄埔后代40余人参加了会议。座谈会上，多位抗战老兵以自己的亲身经历，回顾了中国人民团结一致抗击日本帝国主义侵略、捍卫民族独立、保卫领土主权的难忘历程，控诉日本侵略者的一桩桩暴行，表达了对日益强盛的祖国无限的热爱和希望。夏奇峰、李震亚等老兵，即兴泼墨，给黄埔后代们题字，勉励他们发扬优良传统，牢记历史，奋发向上。与会的黄埔后代深受教育，纷纷表示要牢记前辈嘱托，不忘国耻，把黄埔精神不断发扬光大。随后，市同学会组织黄埔同学和黄埔后代40余人赴抚顺，参观日本战犯管理所、平顶山殉难同胞纪念馆和抚顺西露天矿。92岁高龄的抗战老兵莫剑钊同学代表沈阳市黄埔同学会，向平顶山殉难同胞纪念馆赠送了黄埔后代创作的纪念殉难同胞的艺术作品。还通过接受小记者采访的形式，对少年儿童进行革命传统教育。

（颜　飞）

【学习型团体建设】 开展内容广泛的学习活动，在政治经济、历史文学等多方面不断提高全体成员的综合素质。采取编印学习资料、推荐网络文章等多种形式，倡导阅读学习之风。全年共订阅期刊资料、购置图书2400余册供学习交流使用。搭建黄埔后代微信群交流平台，加强黄埔同学和后代之间的学习交流、信息沟通和感情联络。以改革开放以来中国特色社会主义的生动实践为依据，开展形势任务和方针政策的学习教育，通过组织参观城市建设、民生工程，体悟国情市情，正确认识改革发展稳定面临的形势任务，激发对中国特色社会主义事业伟大成就的自豪感，坚定走中国特色社会主义道路的信念。

（颜　飞）

【拓展对外宣传交流新渠道】 一是对黄埔军校建校纪念活动的宣传取得较好效果，受到海内外新闻媒体的关注，沈阳日报、香港文汇报等多家报刊和网络媒体对沈阳市同学会的纪念活动进行了宣传报道，文汇报以“黄埔军校90年旧生盼两岸统一”为题发表了配图新闻。二是加大对抗战老兵的宣传力度。与媒体互动合作，沈阳同学会有三名抗战老兵入选新华网“不能忘却的面孔”——纪念抗战胜利69周年系列宣传活动。他们的抗日经历和事迹在新华网、腾讯、大辽网、半岛网和四川日报等十余家媒体登载。三是在辽宁黄埔杂志宣传沈阳同学会同学老骥伏枥心系祖国统一、积极向上安度幸福晚年的活动和生活情况，并将杂志邮寄给海内外黄埔同学。四是促进两岸交流沟通，支持帮助黄埔同学及亲友，以多种形式开展沟通交流活动，宣传方针政策，传递深情厚意。全年计发函电、信、卡等300余件次，接待国内外黄埔同学及亲友50余人次，与台湾和海外黄埔同学和同学会保持了经常联系。五是以会刊为载体，促进内外交流。发挥其宣传和导向作用，宣传政策，传播知识，树立正确价值观，与20多个同学会组织进行了刊物交流，沈阳市同学会有18篇文章、作品在省同学会和其他同学会期刊上发表。实现了联络感情、扩大影响、促进学习、推动工作的目标。

（颜　飞）

【完善安老敬老】 对照群众路线教育活动中查找出的问题，继续改进作风，扶危济困，对身患较重疾病、生活困难的同学尽全力帮助解决困难。在中秋节前夕，慰问台湾在大陆黄埔同学、抗日同学和部分生活困难、卧病在床的同学，给他们送去月饼和问候。7月12日，市同学会参与组织了辽宁省第一位百岁黄埔寿星成浩同学祝寿活动。全年慰问、探望黄埔同学近百人次。通过节日问候、生日祝福、患病关心、临终关怀等一系列真诚服务，增进了同学会与黄埔同学及后代亲友的感情，大家对同学会工作的参与热情也不断提高。

（颜　飞）

【黄埔军校建校九十周年纪念大会】 6月16日，沈阳市黄埔同学会在沈阳金星宾馆隆重举行庆祝黄埔军校建校90周年纪念大会。全市有56位黄埔同学出席了纪念大会，240余位黄埔同学亲友和后代以及演艺团体参加了纪念活动。沈阳市政协副主席、市委统战部部长汪涛出席会议并作重要讲话。

沈阳市黄埔军校同学会副会长尹皓坤在大会上致辞，并举行了黄埔同学向黄埔后代授旗仪式。会议期间举办了黄埔同学书画作品展览。香港文汇报以“黄埔军校90年旧生盼两岸统一”为题进行了报道。辽宁人民艺术剧院的艺术家为大会表演了以《弘扬黄埔精神致力中华复兴》为主题的精彩文艺节目。

（颜　飞）

地　方　军　事

沈阳警备区

【概况】 2014年,警备区党委深入学习贯彻党的十八大和十八届三中、四中全会精神,认真贯彻落实军委、军区和省军区年度工作部署,紧紧围绕党在新形势下的强军目标。

思想政治建设扎实有效。组织4个波次的理论答疑,20余场次教育宣讲,印发学习资料1220余册;组织3个波次"战斗力标准"大讨论,6名团以上领导干部登台授课,广泛开展"东北虎东北兵、能打仗打胜仗"实践活动,并向专武干部和民兵延伸。

军事能力建设硕果累累。围绕精细建设改建战备库室11个,统一制作了460多件配载托盘车(网箱),采取征租相结合的办法,落实了物资运输、装卸载,提升了应急出动能力;连续3昼夜全程诱导、全要素组织演训,梳理严寒条件下作战数据40余条,锤炼了部队野战综合能力;参加全军民兵预备役高炮队伍竞赛比武,夺得总分和3个单项全军第一名;新民市人武部在全省人武部系统现役干部基础素质和指挥素质比武考核中,获得团体第二名和7个前三名。沈北新区人武部在省军区"创破纪录"活动中,获得两项第二名。其他单位在上级组织的考核比武中获得9个前三名。

作风建设取得突破性进展。共查摆整改22类、160个具体问题。整合大型会议11个,下发文件电报同比减少17%,封存车辆20台、收缴车牌13副,清理机关借占用干部4名,整改超面积办公室21套,清退超占经济适用住房1套,重新报批25个空余房地产租赁项目。

正规化建设跨越发展。大力推进正规化建设,采取党委会部署、办公会议定、每季度讲评、实施细则指导,强力推动工作落实。改造17个视频会议室,建成14个集中文印室。搭建安全监控网络,改造机关及人武部餐厅12个,完成5个单位暖气改造工程。深入开展"条令学习月"教育活动,在省军区组织的考核中获得第三名;切实加强人、车、枪、弹、密管控,建立季度安全管理讲评制度;圆满完成了民兵"基地化"训练、学生军训、国防日活动3951人次,发挥了民兵训练基地窗口作用;警备区连续7年安全无事故,实现"保住平安、过好日子、多出成果"的目标。

军民融合发展领域不断拓展。组织230名随军家属就业技能培训;落实196名军人子女入学优待政策;完成14名军队无军籍退休职工移交;组织50余家中小企业与400名退伍士兵进行就业对接;与浑南区山城子村等14个贫困村(屯)、社区开展结对共建活动;协调驻沈部队1000余名官兵参加"清洁沈阳"活动;开展"百团帮百村"活动,修路5900延长米、援建电子图书室12个。

(隋福先)

【民兵预备役部队高炮队伍竞赛性考核】 2014年9月20－21日,警备区民兵高炮分队在总部组织的民兵高炮队伍竞赛性考核中夺得全军总分第一名和三个单项第一名。一是党委首长重视,抬高站位。司令员赵恒志、政委赵俊才亲自作动员,提出要牢固树立战斗力标准,以主人翁的姿态当主力、争主炮、打主攻。统一思想,抬高站位,树立信心,争创佳绩。二是优中选优,整合资源。按照政治觉悟高、军事基础好、专业技能精的原则,经过3次集训、2次筛选、优中选优、多次微调,选出以大东区为主体、其它区、县(市)参考的代表队。三是顶住压力,破解难题。此次活动历时长,从准备到考核长达4个多月时间;内容多,包括8大专业100余项内容;模式新,首次依托EM06系统进行训练;层次高,全军范围竞赛性考核;标准高,各级领导都要求务必争第一、站排头、扛红旗。四是从难从严,锤炼作风。训练期间,集训队日平均训练9个小时,几乎没过完整的双休日。先后转场3个地点、构筑3次掩体、参与7次全要素演练、组织6次模拟弹射击、11次进入演练场地、进行10余次骨干推演。五是倾斜资源,全力保障。积极协调考核用车及相关器材装备,为每名参训人员购买了蚊帐、凉席等训练生活用品。

(隋福先)

【党的群众路线教育实践活动】 2014年2月17日至10月下旬,警备区扎实有效地开展了党的群众路线教育实践活动。一是把组织领导贯穿始终,保持了强劲态势。始终把抓好教育实践活动作为重大政治任务,摆在首要位置,精心筹划设计,实施有力领导。先后召开46次党委会、67次领导小组会、45次部署推进会。教育实践活动领导小组和办公室,陆续下发7个指导性通知,责令14个单位的实施方案、12个单位的自查报告和两级党委班子成员的对照检查材料返工"回炉",57次组织力量深入部队检查督导,确保教育实践活动始终推进。二是把学习教育贯穿始终,增强了改进作风的自觉性。先后2批梳理184个主要观点、下发了应知应会小册子150本、试题试卷163份;警备区党委常委授课28场次,团级单位主官在本级共辅导授课近百场次;组织观看了影片《焦裕禄》,召开"王川阳先进事迹"报告会等,深化了学习效果。三是把解决问题贯穿始终,取得了纠治"四风"的阶段成果。共封存车辆23台、收缴车牌13副;清理机关借占用干部4名;整改超面积办公室21套,清退不符合条件团职干部经济适用住房1套,整合大型会议11个,下发文件电报同比减少17%,处理违规违纪干部6人。四是把纠建并举贯穿始终,完善了常态长效的制度机制。坚持一边抓教育整治,一边抓建章立制,及时把教育实践活动的成功经验固化为制度规定,推动改进作风制度化、规范化、常态化。

(隋福先)

【现役干部基础素质和指挥素质比武考核】 2014年5月26－28日,大东区、新民市人武部现役干部在省军区人武部系统现役干部基础素质和指挥素质比武考核中,取得单位和个人10个前三名。其中,新民市人武部夺得总评成绩第二名,该部政委张广辉夺得个人综合排名第二名。一是党委重视,首长挂帅。二是准备充分,科学组训。认真制定训练方案,成立了训练指导、难题攻关、计划协调、后勤保障、督导监查等5个保障小组。5月,在训练基地进行封闭集训,每周组织一次模拟考核,针对暴露出的问题研究解决措施。整个迎考准备期间,共召开专题研究会议3次,下发模拟考核试习题18套、光盘1张、地图230张、组织模拟考核6次,为考核取得优异成绩打下了坚实基础。三是树立信心,迎难而上。

(隋福先)

【省专武干部基础素质比武考核】 2014年11月3－5日,警备区选派的5名专武干部参加了省军区在鞍山教导大队组织的“全省乡镇(街道)专武干部基础素质比武考核”,取得全省4个单项第一名的好成绩。为确保比武考核取得优异成绩,10月20日至11月2日,警备区在民兵训练基地,采取封闭培训、联合考核的办法和结合职责自学、人武部参谋带学、民兵教练员示学、借助软件辅学、走上讲台促学等教学手段,集中组织60名专武干部进行业务素质培训考核。通过训考,选出了由5人组成的警备区参加全省专武干部比武考核代表队,在比武中取得了优异成绩。

(隋福先)

【大学生兵员征集】 一是上电视。市征兵工作领导小组领导走进电视直播间接受访谈、宣讲政策、答疑解惑。二是进校园。市征兵办、市委教科工委及相关部门组成联合督导组,深入高校校园对征兵宣传进行检查督导,确保宣传活动深入开展起来。三是集中讲。成立由现役军人、复转军人、英雄模范组成的宣讲团,分片组织集中宣讲,用主讲人的亲身经历、真实感受、先进事迹增强感染力,提高宣传效果。四是抓“三进”。广泛开展“三进”(进课堂、进食堂、进宿舍)活动,宣讲人深入现场,与大学生直接接触、互动,面对面宣讲征兵政策,解答大学生关心、关注的各种问题。五是“算清账”。引导大学生算清政治账、经济账、前程账、事业账、成长账,用具体的数字和实例诠释参军报国对人生的意义和好处。同时,印发了《大学生参军入伍宣传手册》,讲清巩固国防的重要性、参军入伍的意义、当代大学生责任义务,用“强军梦”保障“中国梦”等时代特征和要求。通过上述广泛、深入、生动的宣传发动,极大地调动了大学生报名参军热情。2014年参军入伍的大学生占征兵总任务数的35%,比上年提高12个百分点。

(隋福先)

【推进“军民同心促振兴”活动】 一是积极开展“清洁沈阳”活动。4月中旬,协调驻沈部队现役官兵及民兵1000余人,在沈阳市东二环一线,开展了以“清洁沈阳”为主题的义务劳动,清运垃圾残土20余吨、装运枯叶杂草1800余袋、捡拾有色塑料袋4.3万余个,树立了良好军人形象。沈阳电视台、沈阳日报、沈阳晚报等媒体对活动进行了报道。二是参与国家首个扶贫日活动。10月17日是全国首个扶贫日,沈阳警备区结合工作实际,组织官兵积极参与这项活动,着重在助学、帮困、支部建设、科技下乡四个方面积极开展活动,取得了较好实效。三是协同组织退伍士兵专场招聘会。11月,警备区会同辽宁省就业援助工作委员会、沈阳市中小企业服务中心,共同组织了退伍士兵到企业就业专场招聘会,约50家中小企业、400名退伍士兵参加了招聘会,现场签约近百人。

(隋福先)

预备役部队

【思想政治建设】 2014年,辽宁省预备役充分发挥双重领导、驻地教育资源、预备役人才资源“三个优势”,采取办班轮训、宣讲答疑、课题研究等形式,深入学习习主席系列重要讲话精神,推动创新理论进思想、进工作、进实践。扎实开展“牢记强军目标、献身强军实践”主题教育活动,邀请当代雷锋郭明义、军区“四个大讲”宣讲团和4名军地专家到师授课辅导,现役和预任官兵共话“三梦”做法被军区、省军区转发,高标准完成了总政赋予的主题教育试点任务。

(陈　超)

【军事斗争准备】 按照日常战备“四个过一遍”要求,建成“四级”战备物资储备体系、作战指挥训练中心、“三网一体”和覆盖沈抚地区的指挥网络,进一步提升战备意识和应急处突能力。依托师教导队和4团教导队,先后组织2期封闭集训,有效提升官兵军事能力素质。参加全省民兵预备役高炮分队实弹射击暨基础训练考核活动,击落靶机1架、拖靶2具,总评成绩省军区第一。参加全军民兵预备役高炮队伍竞赛性考核,取得了“军事理论、基本技能、指挥所演练”三个课目的全部第一、总评全军第一的好成绩。

(陈　超)

【发挥应急作用】 2014年4月25日17时,沈阳东陵区祝家砬子沟村因烧荒引发山林大火,师机关和3团共出动现役、预备役官兵198人,携带风力灭火机60部、灭火弹30箱、灭火水枪20件,油锯10部、灭火拍80把,经过近4小时奋战,扑灭明火30余处,清查火场近1公顷,最大限度减少人民群众生命财产安全。11月4日17时,沈北新区马刚乡黑牛沟村林区发生山火,师2团、3团应急分队110名现役、预备役官兵迅速出动,共清理残余火点150余处,清理火场面积3.33公顷,圆满完成扑火救灾任务。

(陈　超)

【基层建设】　圆满完成1011人编组调整任务,省军区验收到点率95%。规范营连部建设,完善软硬件设施,95%的建制营连部达到标准。深入开展"争创先进预备役营、连,争当优秀预备役军官、士兵"活动,选树表彰32个基层建设先进单位和55名先进个人,1团被省军区评为"基层建设先进团"。积极组织基层参建支建,发挥系列"预备役号"参建优势,广大官兵在企业振兴、城区改造、新农村建设、扶贫帮困工作中作用明显,树立了预备役部队良好形象,融洽了军政军民关系。

(陈　超)

【作风建设】　2014年,圆满通过军区、省军区联合督导组对"三清"和"八查"工作检查验收。认真贯彻《关于加强军队基层风气建设的意见》,扎实开展风气建设专项清查和风气建设考评工作,下力纠治超标准接待、私费公报、假票假账、滥发福利、送礼收礼等违规问题。师党委"五个一"活动的教育展开、"四个结合"的听取意见、"四步成像法"的经验被省军区转发。

(陈　超)

【后装保障】　按照全面建设现代后勤要求,探索出军、政、企三位一体后勤保障模式。两官公寓和干部经济适用住房按计划完成年度建设目标。与金天集团筹备成立"医药应急保障分队",建成了"应急药品储备仓库",持续建强军需、运输2支应急分队。采取实装配备、资金储备和预征预储相结合的方式,积极探索军民融合保障模式,进一步充实配备各类装备器材。强化人装结合训练,靠前搞好演训保障,大中修装备120余台。积极开展"三化"达标创优活动,3团被省军区评为先进单位。

(陈　超)

【党委班子建设】　认真贯彻从严治党要求,用好批评和自我批评这个有力武器,认真开好专题民主生活会,《中国国防报》刊发了师机关专题组织生活会的做法。着力强化干部监督管理,持续深化德的考评,认真清理超配高配、借用占用、转业滞留等"五类干部"。认真抓好民主集中制贯彻落实,结合党委班子考帮建和风气建设考评,集中组织督导检查,各级党委班子建设水平明显提升。

(陈　超)

武装警察

【综述】　2014年,社会维稳形势异常严峻,部队建设任务繁重,各类临时勤务增加,调整改革全面启动。在总部、总队两级党委和市委、市政府的正确领导下,支队深入贯彻强军目标,紧扣"六抓"思路不动摇,坚持任务牵引,突出能力建设,狠抓基层基础,固守安全底线,持续改进作风,推动部队全面建设迈上了新台阶。发挥"十个清楚"载体作用,打好意识形态领域主动仗,有力跟进任务中政治工作,确保了部队纯洁巩固。抓主题教育和思想工作骨干队伍建设做法被总队推广。聚焦强警目标,中心任务完成圆满。强力推进"四防一体化"升级,扎实排查整治隐患,执勤工作连续10年无事故。加强以"五控""六防"为主要内容的练兵,官兵能力有效增强,圆满完成给类勤务。着眼夯实基础,抓建基层扎实有力。坚持按纲抓建,组织8批联合工作组蹲点、12名机关干部当兵蹲连,开展干部分层轮训,科学规范日常工作,"三个一线"建设不断加强。支队被评为"基层建设先进支队"。严格依法管理,部队内部安全稳定。坚持依法从严治警,强力推进正规化管理达标,扎实开展"百日安全无事故竞赛",用活"五个过一遍"载体,瞄准"10个重点部位",突出"10个倾向性问题"治理,巩固了安全发展基础,连续10年实现"三无"。端正服务方向,保障能力稳步提升。

(郭太涛)

【教育实践活动】　2014年2月至10月份,群众测评满意率达到98.8%。坚持大事大抓,整体推进比较有序。成立领导小组,设立办公室,明确联络员,坚强了组织保证。安排班子成员建立16个联系点,领导小组周五分析、周一讲评,13次下发指导性文件。坚持思想先行,理论武装比较深入。把学习习主席系列重要讲话放在突出位置,编印资料汇编,开辟网上专栏,扎扎实实学习原文和规定书目。集中时间,机关基层同步系统灌输,班子成员上党课5次,播放6部影视片进行正反教育,组织祭扫烈士陵园等。坚持揭短亮丑,问题查摆比较到位。各级对照"四面镜子"开展自查自纠,全方位多渠道征求基层官兵意见建议,领导干部如实填写个人事项报告表。党委常委以上率下,深入联系点全程参加专题民主生活会,开出了好作风。

(郭太涛)

【组织基层干部分层次培训】　按照总队党委"条块结合、分层施训"思路要求,对支队全体干部组织实施轮训。第一期30名基层副中队长、排长参加。此次培训党委高度重视,成立了培训领导小组,支队长、政委亲自挂帅,副政委组织实施,部门副职及机关科长组成小组成员。培训小组专门收集整理了基层干部关于培训内容、形式、亟需解决哪些具体问题的意见和建议,采取专题辅导、经验介绍、体会交流、集体讨论、现场演讲、模拟中队实践操作等形式,过士兵的生活,对照基层工作实际,缺什么补什么,需要什么学什么。安排了支队首长、业务科长和大、中队主官亲自授课,讲最易懂的道理,传最真实的经验,教最管用的招法。10月28日,组织干部分层次培训素质考核,现场打分,当场公布成绩。

(郭太涛)

【岗位比武练兵活动】　根据总队通知要求,2014年7月至8月下旬,支队按照广泛参与、全面考察、重在练兵、确保经常的原则,采取素质考核、比武竞赛、评比表彰、岗位练兵等形式,组织开展了"四会"优秀政治教员岗位比武练兵活动。在支队政治部的周密部署和精心组织下,通过个人自学、培训帮带、集中辅导、体会交流、网上展评相结合的办法,全面检验和提高了基层政治主官"四会"综合素质能力。10月8－14日,支队政治部组织49名政治指导员比武考核。此次比武考核采取现场打分的形式，政治部及时量化成绩进行排名。

（郭太涛）

【组织新兵野营拉练】 2014年12月10日开始，支队开展了为期5天、距离不少于150公里的新兵野营拉练。拉练前，在汲取历年新兵拉练经验的基础上，结合担负执勤战备、处突维稳等任务实际，着眼缩短战斗力生成周期，在转变战斗力生成模式上求突破，严格制订新兵野营拉练方案，严密筹划部署工作，及时成立了拉练领导小组。行军以简易公路、乡间路、山区小路和山沟为主，采取随机导调和依案实施相结合的方式，重点对“紧急集合、队形变换、紧急疏散、紧急避险、伪装防护、战斗警戒、心理行为、简易通信、口令传递、卫生与救护”等课目进行训练。

（郭太涛）

【推进四防一体化建设】 2014年10月，总队部署任务后，支队各级领导要深刻领会总队党委首长的决心意图，切实认清肩负的重大责任。支队成立专门领导小组，派出得力人员具体负责。坚持以“人防严密，物防完善，技防先进，联防密切”为基本要求，以总队和公安厅关于加强执勤目标“四防一体化”建设一系列指示精神为统揽，依据《中国人民武装警察部队执勤规定》、《看守所建设标准》和《中国人民武装警察部队执勤设施建设标准》，多方协调筹集资金，严格对照《标准》，对21个中队的23处执勤目标的“四防一体化化”建设进行强力推进。

（郭太涛）

【扑灭山火】 2014年11月4日15时30分，沈北新区马刚乡旁风村突发森林大火，火势迅速蔓延。为保护国家森林资源，保证火场周边村镇人民群众生命财产安全，在市森林防火指挥部统一部署下，沈阳支队紧急出动650名兵力，车辆30台次，在李志祥支队长、王戬副支队长亲自带领下，经过20多个小时的连续奋战，圆满完成了此次山火扑救任务。任务中，支队官兵转战多个火场，充分发扬武警部队特别能吃苦、特别能战斗的优良传统，共清理火场11.33公顷、扑打火线30余公里，扑灭大小明火200余处、烟点1300余处，运水10余吨，成功将森林山火扑灭。

（郭太涛）

人民防空

【人防工程建设与维护】 2014年，市人防办严格落实“以建为主、应建必建”原则，市本级审批结建工程58项，批建人员掩蔽工程面积占总批建面积的60.5%，收取易地建设费2.1亿元。“1101工程”完成施工，停车场投入试运营，全年实现收入1070万元。复工建设3项指挥所工程。沈阳站人防工程新建改造项目和沈阳市战备库房工程项目完成了工程地质勘查和土地权属确认；建设了与铁路沈阳站进出站通道和地铁1号线的临时连通工程；市体育场人防工程加固改造和口部房翻建项目完成了勘察设计招标工作；三好街人防工程项目建设方案进行了初步调研论证。“恒隆市府广场项目”竣工投入使用。“乐天世界项目”、“新世界与地铁五里河站连通项目”、苏家屯区“海棠街项目”顺利推进。全年确认人防工程国有资产产权53项，发放人防工程使用证27个。市本级收取人防工程使用费4000.3万元。加强对人防维修经费的精细化管理，确保维修经费合理支出，全年维修人防工程9项，更换新型人防过滤吸收器40个，维修防护门220余樘。坚持安全隐患的常态化排查整治，对利用工程采取不打招呼、直奔现场的检查方式，累计检查317次，下达整改通知书18份，整改完成率达到100%。

（张 庆）

【人防指挥通信】 着眼高质量完成信息化条件下沈阳市人民防空行动演练任务，对人防指挥系统进行了升级改造，完成了沈阳北站南广场人防工程人员疏散掩蔽指挥信息化配套项目、人防专网数字集群系统项目、人防应急指挥预警联动处置平台升级改造；指导完成了沈河区人防指挥所指挥信息工程建设；建设了人防战备库和战备值班室，配备了7大类1100余件战备器材。开展了临战人口疏散演练，共动用市本级和6个城区的人防专业队队员、社区居民等3000余人，各类车辆240余台，向预定地点进行临战疏散，达到了预期效果。完成了人防低空预警情报雷达网一期工程、散射通信系统和省人防机动指挥所建设任务。开展民兵预备役部队和人防专业队联合整组工作，全年共编兵3800余人，同比上年略有增加。采取由军区防化团代训的模式，组织沈化集团等5个单位40人的人防防化专业队开展训练，训练成绩总评优秀。圆满完成了东北三省人防指挥通信干部集训活动相关保障任务。完成了扑救浑南区祝家镇山火、沈北新区马岗山山火等应急指挥保障任务。

（张 庆）

【准军事化机关建设】 认真抓好党的群众路线教育实践活动，召开了教育实践活动总结大会，以“严格党内生活，严守党的纪律，深化作风建设”为主题召开了民主生活会，班子和每名成员撰写了对照检查材料；部署开展“庸懒散”突出问题专项整治活动，在改进公共服务、加大政风行风监督、加强公用经费管理等12个方面取得明显成效，进一步巩固了教育实践活动成果。采取党组领学、专题讲学、外出见学、个人自学等多种方式抓好中心组理论学习。按照“一岗双责”要求，认真落实党风廉政建设责任分工，坚持好领导干部个人重要事项报告制度，扎实开展党纪法规和廉洁从政教育，组织党员干部参观了反腐倡廉教育馆。加强党员队伍作风建设，开展“一先两优”评选活动，组织参加清洁沈阳、共产党员社区奉献日、老旧小区绿化植树、书画摄影展等活动，提振了队伍的精神士气。制定实施了落实市直机关会议、差旅费、培训费管理办法的实施细则等6项规章制度，严明了纪律，建立了促进机关运行的制度化和规范化。积极推行“一站式”审批和首问负责制、一次告知制、限时办结制、服务承诺制等新举措，对涉及集中建设、建设条件复杂等情况的10余项工程进行了现场勘察分析，给出可行性意见，获得建设单位好评。

（张 庆）

政　法

法治政府建设

【政府立法】 一是加强政府立法工作。进一步规范立法工作程序，提高立法质量，制定了《沈阳市人民政府法制办公室立法工作规则》，对法规规章的审办工作予以严格规范。2014年，共完成立法项目11件，超额完成了年度立法计划任务。其中，为保障民生、切实维护群众利益，向市人大常委会提报了《沈阳市学前教育条例》和《沈阳市生活垃圾管理条例》，制定发布了《沈阳市按比例安置残疾人就业办法》和《沈阳市拥军优属规定》；为加强政府自身建设、规范行政权力运行，制定发布了《沈阳市国有土地上房屋征收与补偿办法》、《沈阳市罚没财物管理办法》和《沈阳市居民家庭经济状况核对办法》；为推动经济发展方式转变和产业结构调整，提请市人大常委会废止了《沈阳市人才市场管理条例》和《沈阳市劳动力市场管理条例》，制定发布了《沈阳市生态保护红线管理办法》和《沈阳市城市节约用水管理办法》。此外，还完成了《沈阳市人民政府关于清理占压燃气管线违章建筑的通告》、《沈阳市人民政府关于整治违法用水行为的通告》等政府通告7件。二是严格规范性文件备案审查工作。完成《沈阳市地方志审查验收办法》、《沈阳市科学技术计划项目管理暂行办法》等29件规范性文件审查备案工作。经审查，已办结、同意发布实施26件。三是认真开展政府规章清理工作。根据立、改、废并重的原则，对相关的政府规章进行及时清理。对不符合经济社会发展要求，与上位法相抵触、不一致或者相互之间不协调的，及时修改或者废止，确保全市全面深化改革工作更加平稳有序运行。对现行有效的119件政府规章进行了清理，拟修改4件、废止5件。四是进一步完善公众参与政府立法机制，提高立法的科学性和民主性。组织筹备了《沈阳市国有土地上房屋征收与补偿办法》颁布实施新闻发布会，这是沈阳市对政府规章进行新闻发布的首次尝试，取得了积极的社会效果。五是加强政府立法项目调研工作。结合立法工作实际，赴市建委、房产局、城建局和教育局等部门开展实地调研，听取提报部门意见，了解相关情况，进行可行性论证。将有关完善经济体制、改善民生和发展社会事业以及政府自身建设等方面的立法，列入立法项目中，科学合理制定政府立法年度计划，提高政府立法的科学性。

（*林鹏宇*）

【行政执法监督】 一是认真组织开展监督检查工作。开展了《沈阳市城市道路车辆管理办法》、《沈阳市社会急救医疗管理办法》、《沈阳市建设项目安全设施监督管理办法》和《沈阳市电梯安全管理办法》4部市政府规章执行情况检查，并形成监督检查报告。二是严格重大行政处罚备案审查工作。根据《辽宁省重大行政处罚备案审查规定》，全年共受理重大行政处罚备案案件333件，全部审查备案。三是依法确认行政执法主体和执法人员资格。全年共确认沈阳市邮政管理局等11个单位行政执法主体资格，取消沈阳文物古迹博览中心、沈阳市残疾人劳动服务中心2个机构行政执法主体资格，在沈阳市法制网上发布行政执法主体资格公告2期，备案执法委托书24件。全年办理行政执法证件3123件，审验和备案行政执法证件3.82万件。四是积极推进规范行政自由裁量权工作。出台了《沈阳市人民政府办公厅关于进一步规范行政自由裁量权的实施意见》和《沈阳市规范行政自由裁量权工作方案》。8月，市政府召开会议部署规范行政自由裁量权工作，市委常委、常务副市长顾春明出席并作动员讲话。9月，集中组织全市380名法制工作人员参加了规范行政自由裁量权专题培训班。编辑印发了《沈阳市行政自由裁量权基准制度范例选编》。五是严格行政执法人员培训工作。全年共组织9期培训班，培训行政执法人员3935人。六是积极配合创建文明城市工作。组织2个组对自来水行业13个收费服务窗口进行了明察暗访，及时指出存在的问题，督促整改，取得了较好效果。

（*林鹏宇*）

【推进依法行政】 一是起草了《沈阳市人民政府依法行政工作报告》，经市政府常务会议讨论通过后报送市人大。二是沈阳市法治政府建设成效明显。3月28日，省政府召开全省推进法治政府建设电视电话会议，市委常委、常务副市长顾春明代表在大会上介绍了经验。三是积极开展政府法制工作调研。5月，市法制办组成4个调研组赴各区、县（市）及市直部门共61个单位深入开展调研，了解各单位法制工作的现状和亟待解决的问题，征求对政府法制工作的意见和建议。四是积极推进区、县法制机构和队伍建设。11月，市法制办会同市编委办赴13个区、县（市）政府就进一步加强区、县政府法制机构和队伍建设，促进依法行政，建设法治政府进行调研。五是开展依法行政考评工作。按照市绩效办考评工作安排，12月，市法制办牵头组成4个检查组，对13个区、县（市）和66个中、省、市直部门开展了依法行政考核工作。六是认真谋划法治政府建设工作。根据市委、市政府指示精神，市法制办积极参与并完成了《中共沈阳市委关于深入贯彻党的十八届四中全会精神全面推进依法治市工作的实施意见》的起草工作和市政府贯彻落实党的十八届四中全会精神大调研工作。

（*林鹏宇*）

【行政复议应诉】 2014年，沈阳市各级复议机关共受理行政复议案件4275件，审结4084件；市本级新收202件，审结

202件，以化解纠纷方式结案124件，占61.4%。在具体工作中，全市各级行政复议机关自觉树立复议为民思想，畅通行政复议案件受理渠道，充分运用调解、和解审理方式，提高行政复议在化解行政争议方面的能力，达到了案结事了的目的，收到了良好的社会效果。为了体现行政复议便民的原则，在审理新民市政府作出的土地确权案件审理中，市法制办首次将行政复议听证庭移至新民市召开，在认真履行质证程序和充分听取双方当事人意见的基础上，依法作出行政复议决定。2014年，沈阳市出台了《市政府重大行政决策合法性审查规则》和《沈阳市人民政府法律顾问工作规则（暂行）》，市法制办对市政府210件法律事务进行了合法性审查。市法制办认真办理行政应诉案件，2014年，市政府为被告的行政应诉案件16件，无一败诉。

（林鹏宇）

社会治安综合治理

【概述】 2014年，全市的综治（平安建设）工作实现了“六个为零”的工作目标，保持了持续进步上升发展的良好态势，为沈阳的经济社会发展营造了良好的社会环境。一是以开展对敌斗争为核心，依法严厉打击了境内外敌对势力的破坏活动；二是以“减量退位”为目标，较好地解决了进京非访突出问题，进京非正常访由2013年1646人次下降到2014年的360人次，实现了大幅下降，完成了省政法委所要求下降50%以上的目标；三是以网络舆论引导为重点，全面有效地加强了网络信息安全管理；四是加强了社会治安防控体系建设。强化了“三防”和“五网”建设，整治了28个市级治安重点地区，依法严厉打击违法犯罪活动，全年命案同比下降12.3%。五是有效排查和化解了社会矛盾纠纷。沈河区的“大调解”做法，被国家信访局肯定为“都市版的枫桥经验”。全市矛盾纠纷调处成功率达到98.15%；六是完善了实有人口和特殊人群的服务管理。扎实开展了实有人口和出租房屋清理整顿专项行动，提高了“以房管人”效果；深入推进刑释解教人员安置帮教工作，衔接安置4227人；全市223名肇事肇祸精神病人，全部落实了“四位一体”管控措施。七是深化了基层系列平安创建活动。建立健全了覆盖全社会、各领域、各行业的平安创建工作格局。全市“八无”社区和“八无”村分别达到总数的45%和56%；八是强化了综治基层基础建设。通过开展“基层综合服务管理平台规范化建设年”活动，促进了综治工作在基层末端的落实。和平区、大东区、苏家屯区和新民市对完成市综治办赋予的“三个三平安社区建设”试点任务，认识高、力度大，取得阶段性成果；九是提升了平安建设宣传引导能力和综治骨干业务能力。全市集中开展了综治宣传月和《平安看沈阳》等宣传活动，举办了两期全市综治工作业务培训。十是深入推进法治沈阳建设。参与起草了《全面推进依法治市工作的实施意见》，完成了2014年确定的13项任务、56项改革措施。

（王宁阳）

【治安防范】 2014年，在全市重点区域、重点场所、重点部位和城市居民区建设了视频监控系统，完成了市公安局、分县（市）局、公安派出所“三级指挥平台”和市、区县（市）、街道（乡镇）、社区（单位）“四级网络”建设。推进了指挥调度的可视化和网络化，在市区两级指挥中心设立联合指挥席，接入110接警、3G图传、GPS、PGIS及可视指挥等“五大平台”，全市223台110巡逻车、16台流动警务室全部安装车载无线视频图传系统。采取车巡与步巡相结合、岗亭驻巡与视频巡逻相结合等16种模式开展巡逻。在人员密集场所、繁华地段、重点部位设置650台流动警务车，打造了百姓身边的派出所。建立了常态化武装、战时应急处突的武装巡逻机制，组建了15支专职武装巡逻队伍，建立了以“武装处突力量为尖刀，专职巡逻力量为骨干，派出所巡逻力量为补充”的三级武装巡逻网络，实现反恐处突力量全市覆盖。发动16万人的平安志愿者队伍参加日常巡防。强化了社区警务室建设，每个警务室配有1~2名社区民警和2~4名辅警，负责社区治安巡防和办理日常警务工作。全面划分管理网格，配齐配强网格长、楼栋长、单元组长，实现了全方位防控。在农村，各乡镇建立了专职治安联防队伍，保证每村1~2人。在自然村屯，由中心户长、民兵、护林员等组成巡逻队，有效解决了农村专门治安力量不足问题。全市201家省市级重点单位，全部设立了警务室，1186家区县（市）级治安保卫单位设立了警务室和警企联络员。动员和组织沿街商户保安、迎宾员等开展门前治安巡逻守望，相邻5~10个商户组成一个联勤小组。完善了单位内部自防、单位之间联防和警企互动联防相结合的三防模式。加强了单位内部技防建设，全市涉及国计民生和公共安全的重点单位、要害部位全部建设了视频监控和报警系统。完善了对网上舆情监控和分析研判机制、重大案件快速反映机制、网上舆情引导机制。建立了东北三省七市网络联盟和沈阳经济区八城市网络联席会议制度。在全市发展了1500名网络舆情队伍。

（马　强）

【社会治理体制创新】 社会治理体制改革部分共确定改进社会治理方式、创新有效预防和化解社会矛盾机制、完善社会组织内部治理结构和监管体系、大力推进信访改革、健全流动人口和特殊人群服务管理机制、深入推进“平安沈阳”建设等六个方面、15部分工作、55项具体改革任务，分别由市综治办、市公安局、市民政局、市司法局、市食药监局、市安监局、市信访局、市应急办等8个部门牵头负责，市直相关部门配合实施。2014年，这些具体改革任务已取得了明显的社会效益。一是促进了社会和谐。在矛盾纠纷化解方面，全市矛盾纠纷“大调解”工作体系已初步建成。各区、县（市）、街道（乡镇）、社区（村）三级调解工作平台实现了基本覆盖。对新排查出的223名肇事肇祸精神病人，全部进行了分级分类管理，落实“四位一体”管控措施。通过规范出所衔接、就业安置等落实了吸毒人员动态管控措施。二是强化了社会安全。在深入推进了综治基层基础建设方面，已经形成了多位一体的基层服务管理网络。在完善社会治安防控体系方面，已经构建了社会治安防控指挥体系、协调体系、配合体系、模式体系等“四大体系”，打造了覆盖全市的“五大网络”，建立完善了“定点帮建”机制、“社会动员”机制、“信息研判”机制、

"精细管控"机制、"即时响应"机制和"投入保障"机制等"六大机制"。在食品药品监管方面,食品药品监管职能和机构已整合完毕,新的"三定"方案已出台,实现了对全市生产、流通、消费环节的食品安全和药品的安全性、有效性实施集中统一监管。三是提升了社会管理服务水平。通过建立健全联席会议制度,完善协作配合机制,健全信息报送制度,完善信息系统建设,完善经费保障制度五个方面完善了实有人口服务管理工作机制,建立健全了市、区县(市)、街道(乡镇)、社区(村)四级实有人口服务管理工作体系。

(王宁阳)

【预防青少年违法犯罪】 2014 年,沈阳市预防青少年违法犯罪专项组在市综治委的统一部署和安排下,努力践行"大服务"、"大维权"的工作理念,结合全市青少年违法犯罪工作特点,整合资源,发挥优势,创新形式,有效的减少和预防了青少年违法犯罪的发生。

一、以机制为抓手,完善工作体系建设

深化重点青少年群体服务管理和预防犯罪工作。继续发挥预防青少年违法犯罪专项组组长单位及办公室的职能作用,通过"关护计划"开展闲散青少年、服刑在教人员未成年子女、流浪乞讨青少年、农村留守儿童及"罪错"青少年的社工帮教工作。同时,与市检察院等多家单位联合下发了《沈阳市有关合适成年人参与未成年人刑事诉讼的实施办法文件》及《沈阳市检察机关办理未成年人刑事案件开展社会调查工作的实施办法》。经统计,2010 年至 2014 年全市未成年人犯罪人数分别为 1121 人、1015 人、844 人、832 人、571 人,未成年人犯罪率连续五年实现了有效下降。

二、拓宽服务阵地,加强组织宣传

开展法制宣传教育活动及青少年自护教育活动。市预青办联合市禁毒办开展"全民禁毒月"宣传活动,组建"12355"禁毒宣传队,启动"12355"禁毒宣传站,积极针对"三校生"开展法制宣传工作,针对未成年人容易受到侵害的内容打造学校、家庭和社区三位一体的青少年自护网络,全面提升青少年自护教育意识和水平。

从 5 月起,市预青办启动"12355 阳光行动",开通了"12355"中高考减压专线;组织心理专家走进全市重点中学,进行心理辅导系列讲座等形式多样的助考活动,并联合《时代商报》开办"轻松备考与你同行"专栏八期,不断扩大了活动覆盖面和人群,从心理的角度为青少年提供良好的成长环境。

三、动员社会力量,营造良好的舆论氛围

市预青办在原有基础上进一步充实了"12355"青少年维权公益顾问团的心理、法律、教育、社工专家力量,成立"12355"沈阳市青少年心理服务联盟,建立预防青少年违法犯罪工作的重要阵地。与此同时,加强典型引路,多次与主流媒体合作,发挥"12355"微博的积极作用,加强"沈阳 12355 微平台"建设,提高了预防青少年违法犯罪工作的实效和"能见度"。

(季　斌)

公　安

【制定出台化解社会矛盾、维护社会稳定指导意见】 2014 年,沈阳市公安局制定出台了一系列依法化解社会矛盾、维护社会稳定工作意见,确保对每一起、每一人违法行为,法理情结合,落地无声、依法稳妥地处置到位。通过在全局组建 14 个群众工作队、深入开展"万名民警进万家化解社会矛盾"等活动,全市各类社会矛盾纠纷得到有效化解,全市累计化解各类信访积案达 4635 件。先后两次开展解决拖欠农民工工资专项行动,向开发商、建筑商及农民工群体发放《三封信》1 万余封,集中化解拖欠农民工工资问题 524 件,涉及 6.4 万余名农民工,解决金额达 12.5 亿元。实现了沈阳有农民工问题,但没有没解决的农民工问题。

(张　磊)

【中央巡视组驻辽期间安保】 2014 年,公安机关严格落实"网格布警、动态用警、精确指挥、无缝衔接"的安保工作措施,共有序引导预约登记人员 4.9 万余人,接访 3.2 万余人,确保了中央巡视组驻辽巡视工作安全、顺利、有序进行,受到了省、市领导特别是王珉书记、曾维书记以及中央巡视组的充分肯定。

(贾远航)

【向区、县(市)派驻群众工作队】 2014 年,沈阳市公安局向各区、县(市)分局派驻了群众工作队,进一步提升了全市公安机关群众工作能力和水平。全年共解决群众民生问题 295 个,积极协调解决拖欠农民工讨薪问题 163 起;参与破获侵财、涉毒、非法采矿、诈骗国家补助款等刑事案件 695 起,逮捕人犯 479 人,抓获逃犯 140 人;查处"黄赌毒"场所 68 家,取得了突出业绩。同时,坚决执行市局党委"发现问题、解决问题、推动工作"的指示精神,以调查研究为基础,旗帜鲜明地纠正问题,坚决畅通政令、警令,以最真实的调研成果服务首长决策。全年围绕全国"两会"安保、万名民警进万家化解社会矛盾、中央巡视组安保、全市交通死亡事故隐患排查整治、三级联动测试、农民工讨薪群体矛盾化解和 APEC 会议以及国家宪法日、国际人权日等敏感节点维稳工作,督导检查基层单位 2034 个(次),纠正并通报问题 480 余件,不仅有效推动了全市公安机关各项中心工作的顺利开展,也得到了沈城广大百姓的一致好评,全年先后被电视、报纸、网站各类媒体宣传报道 38 件次,接受锦旗、感谢信 15 件,为维护全市社会大局持续稳定做出了突出贡献。

(张　磊)

【打击整治常态化行动】 2014 年,沈阳市公安局制定下发了《沈阳市公安局关于平安建设暨常态化打击整治工作方案》,明确目标任务,强化措施责任,有力推动了常态化打击整治工作的深入开展。坚持实施"日研判、周调度、月通报",对各区、县(市)分局、各执法警种常态化打击整治工作完成情况,进行月考核、季排名;对在常态化打击整治工作中主动性不强、组织不力、任务不落实、推进速度慢的单位,严肃追究责任单位"一把手"的领导责任和主管领导的直接责任,责任单位在年终绩效考核中实行"一票否决"。制定出台了《沈阳市公安局常态化打击整治工作责任追究程序暂行规定》,对全部刑事、行政案件实行责任终身制管理,实行逐案倒查,每案必究。对执法办案不严格、不公正、不规范和执法不作为、乱作为等突出问题,坚决实行"零容忍",确保了查办的每一起案件，都经得起法律和历史的检查。全年破获刑事案件占全省总数的38.2%，刑事拘留、逮捕人数均占全省总数的38.5%，其中逮捕数与2007年相比提高23.6%。破获命案现案114起，破案率达100%，人民群众的安全感满意度得到进一步提升。

（贾远航）

【开展“猎狐2014”行动】 公安部开展“猎狐2014”行动以来，全市公安机关紧紧围绕公安部指示要求，迅速成立了以副市长、局长许文有任组长的领导小组，第一时间在全市范围内进行动员部署，第一时间对全部在逃国外人员进行了梳理排查，并根据逃犯缉捕的难易程度，将34名境外逃犯划分为三个等级，有针对性地采取引渡、遣返和劝返等不同缉捕措施。同时，本着把最精干的警力用到“猎狐”行动上，把最有效的资源服务到“猎狐”行动上的原则，抽调精干警力组成了“猎狐突击队”；实施了由市局党委委员、各单位一把手、主管分局（支队）长、责任大队长和责任民警五级实名包追责任制；按照“先近后远、先易后难、立足境内，抓劝结合”的工作思路，全面落实“四定一包”工作举措，落实了严密的布控措施，取得了较为突出的战果。在工作中，抓获境外逃犯占全省抓获总数的65%，位居全省第一，受到省厅和公安部的高度赞扬和肯定。

（张　磊）

【严打经济领域的违法犯罪活动】 2014年，公安部提出的“多破案、办大案、办好案”为总体目标，按照“有什么打什么、什么突出就重点打什么”的原则，将打击锋芒瞄准党委政府关注，关系国计民生，人民群众深恶痛绝的重特大经济犯罪。将公安部、省厅部署开展的农信系统打击清收、涉假、假币专项行动作为中心工作，以非法集资、传销等突出性经济犯罪为打击重点，以侦破大要案和全力发起集群战役为主攻方向，最大限度地维护了市场经济秩序，实现了法律效果、社会效果和政治效果的高度统一。全市经济案件破案率达85.4%；刑事拘留数同比上升50.4%；逮捕数同比上升59.2%；抓获逃犯25人。成功破获了中央领导批示的“5·20”、“9·17”、“6·15”、“4·04”“7·06”特大虚开增值税发票案等一批大要案件，在打击假币、涉假、传销、农信系统不良贷款清收行动中取得全省第一的好成绩，受到上级公安机关和人民群众的高度肯定和赞扬。

（贾远航）

【开展“全国百城禁毒会战”】 2014年，沈阳市公安局破获毒品案件、抓获犯罪嫌疑人、缴获毒品数，同比近三年平均值分别提高13.07%、25.13%和121.52%。扎实开展了堵截毒品内流战役，全市各级公安机关共破获了50起省、部督办毒品目标案件，缴获各类毒品130余公斤，打掉了一批从广东、四川、云南等地向辽沈地区进行毒品贩运的地下通道。公安部李伟副部长专门批示：“打的好，加大宣传”。扎实开展了清剿毒品集散分销战役，共破获毒品犯罪案件3398起，抓获毒品犯罪嫌疑人4008人，打掉5人以上涉毒团伙104个。扎实开展了查控吸毒人员战役，落实了逢嫌必检举措，共查处吸毒人员9557人次，社区戒毒1202人，强制隔离戒毒644人。扎实开展了打击制毒犯罪战役，通过深挖扩线，上追毒源，在广东、抚顺、石家庄等地打掉制毒加工点9处，缴获成品冰毒58.7公斤，半成品冰毒481余公斤及一批制毒原料。扎实开展了整治外流贩毒战役，成功抓获外省市流入辽沈地区的毒品犯罪嫌疑人939人，逃犯40人，尤其是成功抓获了国际刑警组织通缉的韩国籍毒贩1人。扎实开展了清理网络涉毒战役，成功侦破了公安部督办“6·28”网络贩毒案、“86失乐园”网络涉毒案，打掉了多个通过互联网联系毒品购销的特大吸、贩毒团伙，被公安部通报表扬。

（张　磊）

【开展“巡特警、武警官兵”武装巡逻】 2014年，沈阳市公安局共组建了16支专职武装巡逻队伍，配备了52台专门武装巡逻车，队伍规模达到了570余人。在全市19处繁华地区、400余处人员密集的重点部位部署动态巡控点位，全天候24小时屯警街面、开展武装巡逻。武装机动巡逻队伍运行期间，所管控的火车站广场、繁华商圈等相关区域在接警数量上均有不同程度的下降，社会治安秩序明显好转、突出治安问题明显减少。全市刑事案件立案与2007年相比下降达15.3%；八类主要案件立案同比下降达23.1%，其中，命案发案数与2007年相比下降达57.8%；“两抢一盗”案件立案与2007年相比下降达34.9%，其中，入室盗窃、盗窃机动车、抢劫、抢夺案件立案同比分别下降16.2%、24.1%、25.9%、17.9%，“平安沈阳”更加平安。

（贾远航）

【“零发案”小区（村屯）创建】 2014年，沈阳市公安局在全市范围内开展了“零发案”小区（村屯）创建活动，提出了年内“零发案”小区（村屯）达到30%，2015年达到50%，2016年达到60%，高发案小区（村屯）整治率达到100%的工作目标，切实为人民群众创造安全满意的生活环境。全面落实了加强全市小区安全防范的工作措施，并建立了三级责任体系：小区（村屯）三类案件高发，社区民警是第一责任人；对社区民警解决不了的，派出所要第一时间增派力量加强打击，同时动员、组织和协调辖区街道、单位、小区物业等各方面力量，有针对性地加强人防、物防和技防措施；对派出所解决不了的，分局责任领导要调动分局力量开展打击整治，并协调区里相关部门研究解决影响小区（村屯）发案的难点问题，坚决遏制小区（村屯）案件高发多发势头。市局实行“每周一预警、每周一通报”工作制度，强化警情导防，分类指导，对高发案小区挂牌督办整治，全面提高辖区治安防控水平。2014年，全市“零发案”小区（村屯）已达到7233个，占全市总数的96.9%，切实保障了全市人民群众的安居乐业。

（贾远航）

【创新社会热点问题整治】 2014年，沈阳市公安局制定出台了《洗浴按摩服务场所治安分级管理规定》，对全市827家洗浴按摩服务场所开展等级评定、实施分类管理，落实了“实名制”管理责任，建立了涉丑隐患常态排查和重点管控制度，严格按照服务格局、服务项目、服务过程全透明的标准，深入开展娱乐服务场所涉丑隐患常态化大排查、大整改，真正把不放心的场所纳入管控视线，让违法经营场所无生存之根、立足之地。紧密结合“创城”工作，针对沈阳市重点地区治安状况混乱、派发小广告、违法占道经营等社会各界和人民群众反映强烈的问题，组织开展了净化火车站、长途客运站、地铁站等重点地区治安环境，纵深整治社会管理突出问题等专项行动，取得了良好的整治效果和社会效果。深入贯彻落实《沈阳市养犬管理条例》，实现了养犬工作的依法治理、规范管理，全市的养犬秩序有了明显改观，市人大常委会主任赵长义专门带队组织了执法检查并给予了高度评价。

（张　磊）

【道路交通安全整治】 2014年，沈阳市公安局共发动全市10种社会力量，近1200家企事业单位共2万余名交通志愿者参与交通执勤，全市主干路机动车、非机动车、行人守法率分别达到98.92%、85.81%、93.40%，全市停车入位率达到98.4%。精细调整道路交通组织，坚持交通组织精细化管理原则，调整道路交通组织92余处，重新规划交通组织68余处，优化交通信号3104次。在全市注册机动车突破156万辆、交通流量同比增长14%的情况下，全市主要道路平均车速31.7公里/小时，比上年提高了1个百分点。强化交通事故预防工作，坚持全市集中整治和区域轮动整治相结合的方式，全年共查处机动车各类交通违法行为248万件。先后开展“珍爱生命、平安出行”、“减速工程”、“夏季事故预防违法整治”、“客运安全年”等活动，制定了依靠党委政府合力防范、层层落实事故防范责任、滚动排查治理交通隐患等20条切实可行的工作措施，全面落实了事故预防工作管理制度，消除道路交通安全隐患42处。推进交通科技设施建设，全市新增108处系统灯岗、108处视频监控，新建290套电子警察、13处诱导屏，改造23处信号设施，全市系统控制路口、道路视频监控，电子警察数量同2008年比分别增长了126%、239%和240%。深化交通安全宣传教育，利用广播、电视、报纸、网络、手机等宣传平台，通过新闻媒体累计刊发新闻报道2198篇，印发各类平面宣传材料270万份，发送交通安全宣传微博1万余条、微信957条、手机提示短信750万条，在电视台实时播报各类交通信息16万次，广大市民安全出行意识得到了进一步提升。构建交通事故调处中心。和平二、大东、新民、辽中、康平、法库交警大队组建了道路交通事故损害赔偿调处中心，各区调处中心投入运行后，已对2000余起交通事故案件进行调解，提高了交通事故人身损害赔偿工作的效率，得到了广大群众的一致好评。

（张　磊）

【城市消防安全】 健全消防安全体系，推行“网格化”、“户籍化”、“属地化”管理，网格化达标率达到88.9%，重点单位100%实行户籍化管理，形成了“政府统一领导、部门依法监管、单位全面负责、公民积极参与”的消防工作格局。深化火灾隐患排查整治，以常态化火灾隐患排查整治为基础，开展了“清剿火患”战役、重大火灾隐患整治等15个消防安全专项行动。2014年，共检查社会单位10万家次，督促整改火灾隐患或违法行为8.6万处，下发责令改正通知书6.6万份，社会火灾存量大幅下降。推进消防执法服务改革，推出了《消防安全管理百项承诺》，面向社会公开了“窗口服务、行政审批”等8大部分100条承诺内容，深化公安消防铁军建设，强化业务训练和灭火救援准备，组织进行了地铁灭火救援、地震救援等8次大型联合演练。全市火灾扑救出动近1.2万次，抢险救援出动7944次，完成执勤保卫任务1600余次，出动消防官兵18万人次。成功处置了东北摩托车汽配城、宝能在建工地火灾等大型灭火救援任务，灭火救援和重大勤务保卫成功率100%。2014年，沈阳市代表全省参加国务院首次消防工作考核，排名全国第一。火灾“件死伤损”四项指标同比上年分别下降了22.88%、6.67%、27.2%、53.6%；同比2008年，分别下降40.97%、62.96%、32.6%、34.6%，切实筑牢了城市消防安全“防火墙”。

（张　磊）

【打击涉假违法犯罪】 2014年，沈阳市公安局共破获制假售假案件2131起，打击处理1929人，打掉涉假集团297个。成功破获了“病死猪”、“注水牛”、“假白酒”等一大批食品领域制假售假大案要案，有效规范了市场秩序，净化了人民群众的消费环境，完成了市委、市政府确定的工作目标，在各项打假专项行动和战役中均取得了“全省排头、全国领先”的优异成绩，受到了省、市和公安部的充分肯定。

（贾远航）

【便民利民百项承诺】 2014年，沈阳市公安局面向社会推出“便民利民百项承诺”，实行了网上受理、预约受理、委托代理等多渠道受理模式，并推行了网上备案项目“一站式”服务，全年完成网上办理消防设计及竣工验收备案项目1060项，各区县办理备案项目审批2855项。创新车辆注册管理方式，在浑南、于洪、苏家屯、沈北、张士5个交警大队车管所开通了机动车新车注册登记业务，办理业务近4000件。在车管所综合业务大厅为办理机动车业务的老、残、孕、军人等特殊群体开设“绿色通道”200余人次。创新出入境证件办理方式，在原有开通郊区、县（市）及铁西区出入境证件办理点的基础上，又建设开通了和平、大东、沈河、皇姑市内四区出入境证件办理点，共有15.7万人次在区、县（市）分局出入境证件办理点申领出入境证件，享受到了就近办理出入境证件带来的便利。进一步推进“黄手带”发放活动，对全市智障人员、精神障碍人员、阿尔海默症老人及有特殊需要人群以及70岁以上老人进行免费发放，实现了申请即发放，发放有登记，登记后录入，录入能查询，共发放黄手带4797条，将申请人信息录入了数据库，供全市派出所查询使用，最大限度地保护了群众的人身安全。

（贾远航）

【开通“民意通”民生警务平台】 2014年，沈阳市公安局创建了“民意通”民生警务平台，“23110110”民生热线。通过“23110110”民生热线电话，24小时接听、受理群众非紧急情况下的各类涉警民生诉求和对公安工作的意见建议，直接转递至相关责任单位办理。诉求事项办理完结后，“民意通”平台工作人员主动反馈办复结果，征询群众对办理工作的意见建议。平台开通以来，出台了《“民意通”热线电话受理工作细则》、《“民意通”诉求事项转递、回复、回退工作制度》、《“民意通”回访工作规范》等规范性文件20个，受理群众诉求事项4450件，办理完结并经市局核访结果为满意的2828件，形成专题调研报告15篇，实现了民生警务规范化、诉求受理信息化、诉求转递程序化、诉求解决人性化和群众满意最大化。

（贾远航）

【执法规范化建设】 2014年，沈阳市公安局组织全局2473名民警及各级执法勤务机构的正职负责人分别参加了基本级、中级、高级执法资格考试;与辽宁大学法学院正式建立了合作共建关系,围绕当前执法中遇到的难题和存在问题,为全局法制系统民警举办了为期2天的业务培训班,取得了良好的培训效果;完成公安部、省厅、省市政法委等部署的调研任务共30件,进一步提高了理论研究能力。深入开展执法监督,对如实受立案、执法监督、案件质量等工作进行考核,开展网上案件质量考评,检查案件610件;开展如实受立案检查,检查警情640件;开展信息化网上办案应用考评,对2.1万名羁押人员实现了全部比对;开展罚没财物和赃款赃物处理专项执法检查,梳理刑事案件3556件,并对存在的问题第一时间进行了整改,全局执法办案质量有了进一步提升,切实做到了公正文明执法,促进社会公平正义。

(张　磊)

【基层基础建设】 2014年,沈阳市公安局共登记录入流动人口信息7.3万条、出租房屋信息16.3万条、寄住人口信息2.4万条,并已全部纳入户籍化管理。为确保全局工作成果至真至实、经得起历史和人民的检验,在全局范围内先后5次开展了“规范执法检查、工作成果核查”专项工作,挤干了工作成果中的“水分”。积极争取市委、市政府和相关部门鼎立支持,全面落实了事关公安事业长远发展的49个重点基础建设项目,将沈阳公安自身建设水平提升到了一个新的高度。严格落实公安部“210工程”建设任务,坚持在经费保障、装备保障、基础设施建设等方面向基层一线倾斜,高标准完成了中期评估,在公安部“五十百千”示范单位评选中,沈阳市公安局被评为地市级示范单位,铁西分局被评为县级公安机关示范单位,和平分局沈水湾等6个派出所被评为基层所队示范单位;经验做法在公安部工作座谈会上专门作了介绍。

(贾远航)

【加强公安队伍建设】 2014年,市公安局共有250个集体和3443名个人受到记功嘉奖,进一步弘扬了队伍正气,鼓舞了队伍士气。始终坚持治警先治长,做到以工作看政绩,凭实绩用干部。特别是针对年初城区派出所出现案件高发的苗头,实行了全局所有城区分局班子成员挂职派出所制度,将分局领导干部绩效考核与派出所案件发案及主体工作情况相挂钩,实现了由过去分局领导班子联系派出所到真抓、真管的转变。成立了中共沈阳市公安局委员会党校,对127名首期优秀青年干部培训班学员开展了业务培训和校外实践锻炼,已举办各级各类培训班180余期,民警培训考试合格率达到100%。不断优化警力资源配置,面向社会招录新警355人,接收安置军队转业干部67人,全部充实一线实战单位。强力推进市、区两级公安机关下沉警力1440余名,激发了队伍活力,提升了内在效能。突出抓好窗口单位建设,组织开展实地暗访2957次,纠正和解决问题3346件次,对496名领导干部进行了任前廉政征询或廉政谈话,有74名领导干部和89名民警向组织报告了操办婚丧喜庆事宜情况。下发《进一步严肃元旦春节期间厉行节约廉洁自律有关纪律的通知》和《厉行节约严禁公款消费的纪律规定》等纪律规定,坚决纠正发放节日费、节日礼品等不正之风。深入整治公款消费、公车私用、办公用房超标等问题,制定《严肃全局公务接待工作有关纪律》。针对民警酒后驾车问题,开展了贯彻执行“五条禁令”专项教育整顿。在中央、省、市的暗访工作中,未出现任何经不起检查的问题。深入推进困难帮扶“一人一策”活动,已有280名处级以上领导干部与474个科所队签订了责任状,共帮扶特困民警764人,最大限度地解决了民警的后顾之忧,进一步增强了队伍的凝聚力。

(贾远航)

【2014年十大刑事案件】 1.侦破“2014·1·23”爆炸案件。2014年1月23日19时50分许,皇姑区黄河南大街97号成龙花园3号楼某户门前发生一起爆炸案件,女主人赵某推开房门放垃圾时,触发了犯罪嫌疑人固定在房门上的爆炸装置,炸弹引爆未造成人员伤亡。市公安局迅速成立专案组,全力开展侦破工作。经过5昼夜的连续奋战,通过视频侦查、落地核查,成功锁定犯罪嫌疑人王某森。经传唤审讯,王某森交代了其和王某华因工作调动原因,对赵某的丈夫房某产生不满情绪,遂采取爆炸手段对房某进行恐吓报复的犯罪事实。1月27日12时许,专案组成功将同案犯王某华抓获,此案成功告破。

2.侦破“2014·1·7”高中生被绑架案。2014年1月7日15时许,法库县三面船镇居民宋某报警称:其儿子邹某(男,17岁,法库县人,系某中学高二年级学生)被人绑架,犯罪嫌疑人在电话中索要赎金,要求在17时前汇款,否则撕票。市公安局对此高度重视,迅速组成联合专案组,全力开展侦破工作。一边进行走访摸排,一边与犯罪分子不断周旋,为侦破工作抢占有利时机。经过不懈努力,案发当日17时许,一举将杨某(男,18岁,沈北新区人)等6名犯罪嫌疑人抓获,安全解救人质。经审讯,6名犯罪嫌疑人对绑架邹某,向其家属索要赎金的犯罪事实供认不讳。

3.侦破“2014·5·6”绑架韩国籍人员案件。2014年5月6日20时24分,市公安局接韩国领事馆报案,韩国公民陈某在沈阳市被绑架。通过对其在沈的接触关系进行排查,并对陈某的活动轨迹进行研判,发现陈某通过网络聊天认识的一名女性与嫌疑人所用手机号码一致。专案组立即顺藤摸瓜,对该号码使用人落实侦控措施。5月7日,经工作发现嫌疑人可能出现在延吉市,专案组立即赶往延吉市开展进一步工作。5月9日8时许,侦查人员得到有价值线索,立即开展抓捕工作,先后将犯罪嫌疑人金某鹤和金某国抓获,将被绑架人质陈某及7名脱北人员成功解救。经审讯,两名嫌疑人对实施绑架的犯罪事实供认不讳。

4.侦破南塔鞋城三兴货运站货物中发现遥控引燃装置案件。2014年8月27日7时23分,市公安局接“110”报警称:南塔三兴货站接收河南偃师市发来的货物中有电路板及不明液体。经过现场勘查、检验鉴定、走访调查,分析认定现场装置即遥控引燃装置,立即派出警力到偃师市对货站相关人员进行走访,发现郭某有极大作案嫌疑。当日23时许,在长白地区将其抓获。经专案组连夜工作,检验鉴定郭某指纹、DNA均与现场提取的相符。与此同时,在偃师市的专案组人员又根据线索将郭某同伙胡某、林某抓获。经审讯,三名嫌疑人交代了郭某为报复偃师润通货运站老板,伙同林某、胡某制造安放遥控引燃装置,实施放火未遂的犯罪事实。

5.侦破“串联275号”系列入户抢

劫强奸杀人案件。2014年10月8日15时59分，铁西区兴工北街64甲1号某房屋内，被害人王某被他人杀害，尸体被放于屋子内柜子里。其红色丰田威驰轿车、苹果手机及数千元现金被人抢走。通过对现场勘查得到的线索进行分析比对，确定嫌疑人之一为侯某。经过对发生的入户盗窃案件的全面梳理，确定在2014年9月至12月期间，在铁西、浑南、沈北等区发生的5起入户抢劫、强奸案件均为侯某和另一名犯罪嫌疑人杨某所为，于是专案组对以上案件实施并案侦查。12月5日19时许，通过对杨某落实侦控措施，在浑南区金帝悦城小区内将犯罪嫌疑人侯某、杨某一网打尽。经审讯，二人对以采取尾随、骗门等手段，实施入户抢劫、强奸、故意杀人作案7起，致使1人死亡的犯罪事实供认不讳。至此，"串联275号"系列入户抢劫、强奸、杀人案件成功告破。

6. 侦破"11·08"恶性杀人案件。2014年11月8日22时39分，经济技术开发区发生一起恶性杀人案，何某(女，29岁，经济技术开发区人)及女儿卢某(2岁)被杀死在家中。市公安局对此案高度重视，立即成立专案组，全力开展侦破工作。经过40余小时的连续奋战，充分运用了摸排走访、布控抓捕等传统侦查手段。于11月10日18时50分，专案组获取有关嫌疑人的重要线索，在四环桥下小青村成功将犯罪嫌疑人杨某抓获。经突审，杨某对因感情纠纷，持刀入室实施杀人犯罪，致两名被害人死亡的犯罪事实供认不讳。

7. 侦破曾某岐等人生产销售不符合安全标准的食品案件。2014年2月，市公安局破获一起生产、销售不符合安全标准的食品案。抓获犯罪嫌疑人5人，逮捕4人、取保1人，打掉窝点1处，团伙1个，现场查获死因不明牛副产品共计21吨，涉案金额30余万元。2013年11月28日，工作人员在工作中发现一团伙在沈阳市大东区榆林堡村内低价销售疑似死因不明的牛肉、牛内脏的情况，市公安局立即对此展开调查。侦查中发现，该团伙主要犯罪嫌疑人曾某歧自2010年开始伙同白某、曾某、王某和杨某从外省多地收购疑似死因不明的死牛，在收购地进行屠宰、分割后配货运至沈阳，经该团伙在其租住的平房院内粗略加工后，低价销售给沈阳各大农贸市场摊贩，涉案金额达100余万元人民币。犯罪嫌疑人曾某岐、白某、曾某、杨某、王某对犯罪事实供认不讳。

8. 侦破公安部督办"2013－632"号特大跨省贩运毒品案件。2014年6月26日，经公安部禁毒局批复，市公安局侦办的公安部督办"2013－632"特大团伙运输、贩运毒品案正式宣告破获。该案由市公安局40余名精干警力组成专案组，经过缜密侦查，摸清了这个运输、贩毒团伙的成员与犯罪事实。4月22日，专案组开始收网，分别在沈阳、吉林、云南将包括主犯宋某文、宋某龙、宋某在内的27名团伙成员抓获，刑事拘留22人，缴获毒品冰毒5.1公斤，冰毒片6000粒，海洛因316克。一举打掉了一个由云南省昆明市、景洪市向沈阳及长春等地区大肆进行毒品贩运的涉毒团伙。

9. 侦破公安部督办"2014－745"特大运输、贩卖毒品案件。2014年12月，经公安部禁毒局批复，市公安局侦办的公安部督办"2014－745"特大团伙运输、贩卖毒品案正式宣告破获。该案经过"2014－745"专案组历时半年的深度经营，在广州、深圳、沈阳三地共抓获包括主犯张某、冯某、纪某等人在内的犯罪嫌疑人68人，其中刑事拘留58人，行政处罚10人，现缴获冰毒6800余克，彻底摧毁了这一组织严密、毒品交易量大、危害巨大的跨省运输、贩卖毒品犯罪团伙。

10. 侦破央批"4·14"特大虚开增值税专用发票案。2014年5月20日，市公安局获得辽宁美源药业有限公司特大虚开增值税专用发票案件线索。在税务机关密切配合下，专案组辗转全省13个城市前往44家医院进行调查取证工作，最终查明辽宁美源药业有限公司实际经营人刘某会同该公司财务负责人李某利用辽宁美源药业公司的名义，于2009年1月至2013年6月期间，在没有真实药品交易的情况下，接受虚开增值税专用发票价税合计1.73亿元的犯罪事实。在确定犯罪嫌疑人后，专案组在第一时间实施抓捕，一举将上述两名犯罪嫌疑人抓获，成功为国家追缴税款2500万元。

(张　磊)

检　察

【履行打击犯罪职责】 2014年，沈阳市两级检察院共审查提请批准逮捕案件1万多件1.3万人，移送审查起诉案件1万多件1.3万人；依法批准逮捕犯罪嫌疑人7989人，提起公诉1.4万人(含上年度积存案件)。深入贯彻宽严相济刑事政策，对涉嫌犯罪但无逮捕必要的，依法不批准逮捕2608人；对犯罪情节轻微，依法可以免于刑事处罚的，依法不起诉154人。与有关单位会签《关于未成年人刑事案件法律援助工作的若干规定(试行)》等文件，依法保障涉案未成年人合法权益。协调有关部门建设预防未成年人犯罪警示教育基地，开展未成年人犯罪预防宣讲。落实《最高人民检察院关于进一步加强新形势下涉法涉诉信访工作的意见》，积极参加"社会稳定风险评估推进年活动"，依法审查、办理和答复人民群众的控告、申诉和举报906件，按管辖权限移送其他机关办理147件。对符合刑事赔偿和救助条件的当事人给予赔偿和救助19件。

(冯茉莉)

【查办和预防职务犯罪】 2014年，沈阳市检察院共立案侦查职务犯罪案件323件421人。其中，贪污贿赂犯罪案件247件294人，渎职侵权犯罪案件76件127人，大案要案293件370人，通过办案为国家挽回经济损失1875万元。对全市地铁建设、城市道路改造等重大项目和民生工程开展同步专项预防47件，预防项目涉及资金达70亿元。其中，沈阳地铁十号线建设工程被最高人民检察院列为全国100个重点挂牌督办预防项目。工作中，针对工程招投标及合同履行等重点环节发出检察建议，积极保障工程质量和投资安全。协助市委召开全市预防职务犯罪工作会议，配合市人大启动全市预防职务犯罪地方立法。改进行贿犯罪档案查询服务，出具查询告知函8618份。在全市深入开展预防职务犯罪"进机关、进企业、进乡村、进学校、进社区"活动，开展预防教育巡讲，现场法律咨询。在《沈阳日报》上开辟检察官谈预防专栏，开展优秀廉政海报设计评选活动和预防职务犯罪主题摄影大赛，扩大了预防宣传效果。

（冯茉莉）

【维护司法公正】 强化对立案和侦查活动的监督，开展破坏环境资源和危害食品药品安全犯罪等专项立案监督活动，对应当立案而不立案的，依法监督立案79件；对不应当立案而立案的，依法监督撤案34件。加大对证据合法性的审查力度，强化对侦查活动的全过程监督，书面纠正违法侦查行为166件次。对不构成犯罪和法定不予追究以及证据不足的，依法不批准逮捕2262人，不起诉42人。对应当逮捕而未提请批捕、应当起诉而未移送审查起诉的犯罪嫌疑人，依法追加逮捕103人，追加起诉95人。强化审判监督，依法认真审查刑事判决和裁定，提高抗诉出庭水平，对存在实体错误和严重程序错误，可能影响案件公正审理的，支持抗诉36件，对3382名被告人提出了量刑建议。强化民事行政检察工作，依法开展对民事行政诉讼裁判、审判活动中违法行为和执行工作的监督。对认为确有错误的民事、行政判决、裁定，依法抗诉和提请省检察院抗诉68件，提出执行监督检察建议76件，提出再审检察建议18件。强化对刑罚执行和监管活动监督，按照上级检察院部署，以职务犯罪、金融犯罪、涉黑犯罪等“三类罪犯”为重点，深入开展减刑、假释、暂予监外执行专项检察活动，对有关人员全部建档、逐人见面、严格复检，发出纠正违法通知书16份，共有18名罪犯被重新收监执行，其中“三类罪犯”10人。立案查办监管场所职务犯罪案件9件12人，开展社区矫正监督3363人次。

（冯茉莉）

【推进检察改革】 按照上级检察院部署，迅速完成统一业务应用系统的安装运行工作，全面开展办案程序监控等工作。依法保障律师行使职权，认真听取辩护意见，防止冤假错案发生。制定实施《沈阳市人民检察院推进检务公开工作意见》，细化各检察环节执法办案公开的内容、对象、时机、方式。开展刑事速裁程序试点工作，对符合标准的轻微刑事案件26件28人，依法适用刑事速裁程序。推进人民监督员制度改革，全市两级检察院立案查办的职务犯罪案件中，拟作撤案和不起诉处理等案件13件，全部接受了人民监督员的评议监督。高质量完成最高人民检察院交办的全国检察机关公诉岗位素能基本标准研发工作。

（冯茉莉）

【自觉接受监督】 认真落实市人民代表大会及其常委会对检察工作的部署和要求，走访市人大各代表团，将代表的建议和意见，汇总梳理为5个方面27项具体任务，明确落实责任，采取有针对性措施，切实全方位改进检察工作。认真向市政协通报工作，虚心听取并采纳政协委员和社会各界的意见和建议。在主要媒体播发检察工作的新闻稿件821件，在新浪、腾讯等门户网站开通微博，主动接受社会监督。

（冯茉莉）

审　判

【概况】 2014年，全市法院受理案件18.9万件，审结16.7万件，同比分别上升12%和8.5%，其中，市法院受理2.4万件，审结2.2万件，同比分别上升22.4%和24.3%，较好地完成了各项工作任务，为沈阳市经济社会发展提供了强有力的司法保障。

（贾俊兴）

【审判工作】 发挥刑事审判职能，全年审结刑事案件1.2万件。坚持宽严相济，判处五年以上有期徒刑830人；判处缓刑等非监禁刑3983人。严厉打击严重危害社会治安犯罪，审结杀人、抢劫、绑架以及涉黑、涉毒等案件3610件。严惩侵害人身财产安全犯罪，审结制售有毒有害食品、盗窃、电信诈骗等案件2402件。依法惩治职务犯罪，审结贪污、贿赂等案件314件。依法保障人权，为477名被告人指定辩护律师，建立了未成年人犯罪记录封存机制。

依法调节经济关系，审结商事案件6.1万件。推动发展方式转变，审结涉及重点项目建设、企业兼并破产、股权纠纷等案件131件。规范金融秩序，审结融资、证券、保险、票据等案件1.2万件。加强知识产权司法保护，审结专利、商标、著作权等案件458件。营造良好投资环境，审结涉外、涉港澳台商事案件350件。

立足于定分止争，审结民事案件4.9万件。正确处理调判关系，调解结案3.2万件，诉前化解纠纷3683件，确认人民调解案件3251件。加强民生司法保护，审结劳动争议、土地承包、房屋买卖和物业纠纷等案件2.6万件。

促进法治沈阳建设，审结行政案件2337件。推进行政机关负责人出庭应诉，出庭应诉率15.8%，同比提升4.8个百分点。发布行政审判白皮书，向行政机关提出司法建议117份，与省、市党校联建教研基地。行政案件相对集中交叉管辖全省试点工作于9月正式实施。

发挥强制执行职能，依法执结3.6万件，实际执行率78.3%。加大执行惩戒力度，依法追究刑事责任37人、司法拘留342人、限制出境124人、限制高消费178人。组织开展农信社资产“百日清收”和涉民生案件专项执行活动，共执结涉农信社、涉民生案件2750件，执结金额1.36亿元。推进信用威慑和惩戒机制建设，将3715名失信被执行人信息登录全国失信被执行人名单。

（贾俊兴）

【司法为民】 完善便民措施。制定《加强司法便民、利民、惠民工作的若干意见》，实施覆盖立案直至执行全过程的20条便民措施。开设网上便民服务平台，提供网上预约立案、联络法官、在线咨询等多项服务。落实司法救助制度，共对1757件案件经济困难的当事人缓减免交诉讼费383.3万元，救助238名特困当事人。

推进司法公开。积极构建开放、动态、透明的阳光司法机制，在中国裁判文书网公开裁判文书6.1万份，其中市法院1.5万份，位居全省第一、全国中级法院第四；对301件职务犯罪、涉黑犯罪等六类减刑假释案件全部公开开庭审理；网上直播庭审115件次，在沈阳电视台新闻频道播出“今日开庭”栏目43期；利用政务网站、微信等新媒体公开审判信息、规范性文件、审判指导意见、有关司法统计数据等审务信息，微信平台累计发布信息495条，推送图文消息52万余人次；召开新闻发布会、通报会17次，及时公开重要工作举措和事项；开展公众开放日活动，1.4万余名各界群众零距离接触法院。

满足群众司法服务需求。收到代表建议15件、政协提案8件，办复率、满意率100%。依托建议和提案，市法院通过建章立制规范了立案、案卷移送、诉讼费退费、司法鉴定、卷宗查阅等多项工作。始终将群众满意作为工作标准，广泛征求人民群众意见115条，并逐项分解落实，改进工作。建立专家辅助诉讼机制，发挥专家学者业务优势为合议庭提供专业意见、引导当事人诉讼，举办法律职业共同体学术论坛，邀请1017人次代表委员旁听庭审、参与听证、见证执行案件117件，新增人民陪审员581名。

（贾俊兴）

【法院工作改革实现新进展】 改革审判权运行机制。以实现“让审理者裁判，由裁判者负责”为目标，健全符合司法规律的审判机制。完善审委会职能定位，发挥宏观指导作用，限缩讨论案件范围，实行委员直接办案制度，两级法院审委会委员审理案件1.3万件。

创新执行工作机制。实行执行长负责制的执行组办案模式，整合执行力量，提升执行质效。组建执行监督组，对执行不作为、乱作为的案件直接办理或督办，并追究责任。建成“金雕查控网”，与31家驻沈金融机构全部实现执行财产网络查控，试运行4个月，网上查询被执行人帐户56.2万次，执结案件1265件，执行金额2.07亿元。

完善涉诉信访化解机制。坚持诉访分离，依法将2015件涉诉信访案件导入司法程序，其中628件进入审判监督程序，改判、发回重审260件。对申诉至检察机关并提起抗诉的49件案件全部再审，改判、发回重审25件。实行审委会委员接访制度，引入人大代表、政协委员、律师等社会第三方参与化解工作，在全省率先开通网络信访办理渠道，与最高法院远程视频接访系统实现对接，全年共化解重点信访案件1340件。

（贾俊兴）

【法院自身建设】 努力改进司法作风。严格落实“八项规定”，深入开展“四风”问题专项整治。开展司法行为规范年活动，完善各项司法操作规程，严格司法标准和程序。加强纪律作风监督检查，邀请人大代表、政协委员明查暗访126人次，对4个基层法院开展司法巡查，针对发现的问题逐项制定整改措施并监督落实。

加强反腐倡廉建设。制定《贯彻落实党风廉政建设责任制规定》，严格落实“两个责任”。持续开展司法廉洁专题教育活动，筑牢干警拒腐防变思想防线。坚持对法官、领导干部任职实行廉政考察，廉政问题一票否决。

打造精英法官群体。吸收优秀法律人才充实法官队伍，两级法院新招录法学硕士51名；培育高端审判人才，开展“专家型法官”、“十佳法官”评选活动；搭建优秀人才发展平台，市法院启用13名业绩突出、作风优良的青年法官担任中层领导职务，将46名审判骨干选任到审判长岗位，从基层法院遴选优秀法官9名；强化人才储备，选拔后备干部25名，通过基层任职、轮岗交流进行一线磨砺。

夯实基层基础工作。强化对下指导，坚持市法院院领导与基层法院“点对点”督导、业务庭室划片指导制度。及时就基层法院工作中的问题下发指导意见，统一法律适用标准，规范法官自由裁量权。推进信息化建设，建成集庭审同步录音录像、证据展示等功能为一体的科技法庭42个、远程视频提讯室8个。

（贾俊兴）

司法行政

【律师工作】 2014年，沈阳市司法局有律师所243家，律师3017人，共代理各类案件2.6万件。以政府法律顾问团为载体，服务政府依法行政，共为560余家机关和事业单位、2398家企业担任法律顾问，在应对突发公共事件中发挥了重要的不可替代的作用。以“双联”工作为载体，服务保障改善民生，“双联”律师先后于3月5日学雷锋日、“3·15”消费者维权日、妇女节、儿童节等节假日陆续开展了“诚信为民，践行雷锋精神”和“律师送法进万家”等公益活动，开展现场活动1897次，解答咨询4.7万人次，协助调处纠纷1712件。以“助企”工作为载体，服务企业依法经营，积极与中小企业协会、外商协会、中国贸促会等其他行业组织建立沟通合作机制，组织50名律师参与“沈阳走进东盟新商机推介会”，组织20名房产专业委员会律师与沈阳房产拍卖公司举办研讨会。以律师介入信访为载体，推进社会矛盾化解，全年有264名律师参与信访值班，接待上访群众2266批次。不断加强律师队伍建设，提高法律服务水平，在律师队伍中开展了以“八个一”活动为主要内容的诚信建设年活动，进一步加强律师思想政治建设。开展了“律师诚信与责任”征文演讲比赛、举办“三八”节女律师礼仪讲座、与电台“98.6”频道联合举办律师精英赛等活动，进一步加强文化建设。

（张瀚文）

【公证】 2014年，沈阳市司法局共办理各类公证9.5万件，办理公益性公证3616件，减免费用166万余元。认真开展“标准化建设年”活动，制发了《沈阳市公证员任职前实习管理办法》，完善了20多项规章制度及岗位职责，对16项民事公证事项询问笔录、公证事项告知书、要素式公证书格式规范等重新进行规制，进一步规范公证执业行为，公证机构规范发展长效机制全面建立。举办公证处主任和骨干公证员培训班，邀请资深教授、法官从依法治国的角度解读公证事业发展方向、分析社会主义核心价值观对公证队伍的新要求、揭示公证工作可能遇到的风险。积极开展评先创优工作，完成2013年度公证机构、公证员考核及省“双优”申报工作，有3家公证处、4名公证员被评为省优秀公证处、优秀公证员。全年在各类报纸、网站等媒介刊发公证工作动态及理论文章24篇，公证社会认知度进一步提升。

（张瀚文）

【监狱戒毒】 2014年，沈阳市司法局监狱戒毒单位进一步强化“首位意识”，全面落实“五项机制”和“八项安全”措施，健全完善并严格执行安全稳定长效机制，各监管场所继续实现安全稳定工作目标。康家山、东陵监狱已分别连续19年和18年，张士、沈新戒毒所分别连续

12年实现“四无”。牢固树立“首要标准”，不断探索创新教育理念和模式，评选了个别教育标兵和教育能手并做巡回报告，有力提高了教育改造和矫治质量。健全完善执法体系，进一步强化对减、假、保等重要执法环节的管控，确保了严格公正廉洁执法。全面加强戒毒工作，深入探索创新，丰富戒治手段，提高了工作效果。圆满完成“两节、两会”、“国庆”、“青奥会”、“十八届四中全会”期间安保工作。

（张瀚文）

【基层法律服务】 2014年，根据上级文件要求，下放了基层法律服务工作审批、审核权，市司法局认真指导各区、县（市）司法局做好基层法律服务所年检、基层法律服务工作者执业申请、变更、注册初审关，全年共有507名基层法律服务工作者通过了年度注册登记手续，104个基层法律服务所通过年检。根据上级文件要求，完成了法律服务工作的简政放权，召开专门会议进行衔接、部署、培训，努力把简政放权工作抓实、抓出成效。对全市基层法律服务所信用建设、规范化建设情况进行了一次检查，市司法局组织市基层法律服务工作者协会对全市26个基层法律服务所建章立制、档案卷宗归档、执法执纪、诚信建设等情况进行抽查，从检查情况看，各区、县（市）司法局认真贯彻落实《沈阳市加强和改进法律服务市场管理工作的实施意见》，加大行业管理力度，加强监督检查，建立健全各项规章制度并公示公开，立卷归档及时，信用建设良好。举办全市基层法律服务所主任信用教育培训班，培训班介绍了当前我国法制建设和发展的形势，以及如何提高基层法律服务工作者的执业技能。

（张瀚文）

【基层人民调解】 2014年，与有关部门沟通协调，先后成立了沈阳市物业纠纷人民调解委员会、沈阳市医疗纠纷人民调解委员会，会同公安局联合下发了《沈阳市道路交通事故人民调解工作暂行办法》，与2010年建立的沈阳市劳动人事争议调解组织一起，共同构成了沈阳市行业性、专业性人民调解组织网格体系，进一步拓宽了人民调解工作领域。全市共有人民调解委员会2742个，人民调解员1.8万人，全年共调解纠纷1.7万件，调解成功率99.4%，防止民转刑2件4人，预防集体访10件187人。严格贯彻《人民调解法》，不断加大《人民调解法》的宣传力度，社会影响力进一步增强。集中开展了全市“人民调解筑防线、保平安矛盾纠纷排查化解”专项活动，建立了“五老说和团”、“调解志愿者”、“网格化调解”、“视频调解”等多种调解方式，一批矛盾纠纷得到及时有效化解。按照《辽宁省人民调解规范化建设标准》的要求，加大人民调解规范化建设力度，研究制定了一统一、二规范、三落实“三步走”的人民调解工作达标责任制。

（张瀚文）

【安置帮教】 2014年，沈阳市司法局严格落实衔接办法，加强司法所与监狱、看守所的紧密联系，积极协调社区（村）参与衔接工作，全年接回刑满释放人员1866人，衔接率达87.4%，重点人员衔接率100%。对押犯信息核查实行常态管理，全年核查押犯信息1815人次，核查率98.8%，查出信息不实罪犯457人，有效甄别了“三假”人员。认真开展教育扶助工作，全市帮教率99.6%，安置率99.5%，组织集中就业指导17次，办理最低生活保障14人、失业保险195人、基本养老保险38人、医疗保险12人，发放临时困难救助金15万余元。三年内释解人员重新犯罪12人，重新犯罪率仅2‰。基本实现了刑满释放人员“放出有人接，接回有人管，就业有人扶，创业有人帮，困难有人助”的工作目标。

（张瀚文）

【普法教育】 全面深化法治宣传教育，扎实推进“六五”普法，有效组织“法律六进”活动，认真开展青少年普法专项行动，发放法律宣传资料近5万册，农民工维权卡3000余张，举办法治讲座近200次，法治文艺活动50余场。市司法局和大东区司法局分别被评为“关爱明天普法先行”全国第二届青少年普法专项教育活动先进单位和先进县区。认真组织首个“国家宪法日”系列活动，市司法局与大东区委、区政府联合举办的“宪法在我心中”主题活动吸引16家媒体宣传报道，产生了良好反响。全面落实法治创建工作，有力提高了基层法治化管理水平。和平区被司法部评为“民主法治示范区”。

（张瀚文）

【法律援助】 2014年，沈阳市司法局充分发挥法律援助横向网络的服务职能，强化重点群体的法律援助工作，推进法律援助信息化进程，加强网络服务平台建设，建立了市、区（县、市）、乡镇（街道）三级联通联动的法律援助信息管理体系，实现法律援助案件动态管理和业务数据统计分析、实时查询等功能。成立未成年罪犯法律援助工作室和看守所法律援助工作站。强化“12348”热线功能，进一步对“12348”热线咨询系统和管理系统进行升级，不断调整、充实律师服务团成员，共受理法律援助案件7894件，接听咨询电话2.3万人次。

（张瀚文）

工　业

综　述

【工业经济发展综述】 2014年，面对复杂多变的外部环境，全市工业战线积极应对各种困难和挑战，坚持稳中求进的工作总基调，抢抓中央实施新一轮振兴东北战略的重大机遇，精心组织经济运行，扎实开展“双进双解”，深入推进两化融合，抓好重大项目建设，加快传统产业转型和新兴产业发展，工业实现了平稳增长。

一、精心组织经济运行，工业经济实现稳增长

工业经济保持稳定增长。全市规模以上工业完成产值14020.7亿元，增长3.9%；完成工业增加值3614.9亿元，增长4.9%。工业增加值总量在全国15个副省级城市中列第4位，增速低于全国平均水平3.4个百分点，高于全省平均水平0.1个百分点。主要地区生产运行平稳。铁西、沈北、大东、于洪、新民、法库、辽中、浑南8个产值过千亿元区、县(市)，除沈北下降0.1%外，其余7个区、县(市)均保持稳定增长。其中铁西、沈北、大东3大主力区合计产值占全市比重与上年保持一致。装备制造业支撑作用明显。装备制造业完成产值7270.1亿元，占全市51.8%，增长7.1%；完成工业增加值1791.9亿元，占全市49.5%，增长8.3%。其中汽车及零部件制造业产值增速快于全市平均水平10个百分点，增加值增速快于全市平均水平8.7个百分点。重点企业生产快于全市平均水平。140户重点监测企业工业总产值总量占全市36.3%，产值增速快于全市平均水平1.3个百分点。140户企业中，产值增长的有90户，占64.3%。主要先行指标保持稳定增长。工业用电量152.7亿千瓦时，增长2.4%，保持稳定增长态势；货运总量2.35亿吨，增长9.2%。全市规模以上工业保持较高的产销衔接水平，产销率98.7%，比上年提高0.1个百分点。

二、推进产业结构调整

2014年，全市累计完成工业固定资产投资2493.4亿元，同比增长16.7%，占全市固定资产投资比重为38%，比上年同期提高了4.3个百分点。在全国15个副省级城市当中，投资额排名第三位。具体特点表现为：一是装备制造业完成投资占全市工业投资将近一半。2014年，全口径装备制造业完成投资1181.3亿元，同比增长15.8%，占全市工业投资的47.4%。二是重点项目全面开复工促进工业投资增长加快。全年投资亿元以上工业项目完成投资1038.7亿元，占全市工业投资的41.7%。三是铁西、苏家屯、皇姑、和平增幅高于全市工业投资增长水平，四县(市)工业投资平均增幅14.5%，占全市工业投资的43.4%。125个投资5亿元以上重点工业项目9月末前全部开复工。其中：续建项目52个，总投资1097亿元；新建项目73个，总投资1164亿元。项目投资规模效应突出。计划总投资2261亿元，比上年增加了3个百分点，单个项目平均投资额达到18亿元。其中：投资100亿元以上项目3个，计划总投资359亿元；50－100亿元项目9个，计划总投资552亿元；10－50亿元项目55个，计划总投资1024亿元；5－10亿元项目58个，计划总投资326亿元。在铁西、浑南、沈北3大战略性新兴产业聚集区，围绕高端装备制造、信息、航空、新材料、新能源等重点产业，推进一批市重点项目和产业集群建设。沈阳泰豪特种金属管材产业园、中电科东北微电子产业园、新松机器人智慧产业园、中铝沈加钛镍加工材项目、东北大学新材料产业园等一批市重点项目开复工、建设进展顺利，对高端装备制造、航空等新兴产业发展起到重要推动作用。

三、产业转型升级步伐加快

以两化融合、生产性服务业、产业集群为重要抓手，统筹推进转型升级。深入推进两化融合。应用云计算、物联网、移动互联网及大数据等新一代信息技术，为装备制造业发展提供有力支撑。加强智慧沈阳建设，促进信息消费，不断提高全市信息化水平。加快生产性服务业发展。沈鼓集团工程成套公司等263户企业分立。鼓励大型企业开放检验检测设备。积极培育沈阳创新设计中心等一批工业设计领军企业，沈阳工业大学工业创新设计服务中心被工信部认定为“国家级工业设计中心”。25个产业集群完成销售收入8570亿元，在全市工业占比达到57%，比上年提高2.5个百分点；千亿产业集群2个，百亿产业集群19个。铁西产业集聚区、浑南电子信息产业集聚区和大东汽车欧盟经济区成为全国新型工业化产业示范基地，沈北手机(光电信息)、法库陶瓷等6个产业集群入选省新型工业化产业示范基地。20个公共服务平台完成投资5.4亿元。

四、新兴产业重点板块和部分领域取得突破性进展

明确将机器人与智能装备作为全市新兴产业中的先导产业和支柱产业加以培育，重点项目建设和市场化应用取得积极进展。民用航空产业与国内外航空企业战略合作不断深入。移动互联网和新一代信息技术应用取得新突破，卫星导航及位置移动产业扎实推进。软件及信息产业继续领跑东北。

五、加强创新驱动，增强工业经济发展内生动力

积极推动科技创新，强化创新能力建设。新增省级企业技术中心13户、市级企业技术中心20户。291个企业研发项目列入省技术创新重点项目计划；

支持企业标准研制类技术创新项目40个，无偿补助研发资金1090万元。突出企业的创新主体地位，7户企业被评定为国家技术创新示范企业。支持企业走出去，全年完成并购项目10个；引进海外先进适用性技术11项，获补贴3882万元。

（王聪颖　田红松　李佳）

【开展“双进双解”活动】 2014年，沈阳市继续开展“双进双解”活动（走进企业、走进项目，解决困难、解决问题），组织落实帮扶实名制，制订活动方案和考核方案，开展培训工作，深入企业收集和解决问题，取得显著成效，圆满完成了年初确定的工作目标。全年协调组织“双进双解”活动工业组各成员单位深入企业共计3011人次，收集影响企业生产经营中现实问题63个，解决63个，问题解决率100%。被帮扶的200户工业企业完成产值4553.5亿元，同比增长8.6%，高于全市2.1个百分点；完成利税516.6亿元，同比增长19.51%，高于全市12.2个百分点。

1. 认真落实全市工作部署，迅速启动帮扶工业企业活动。2月26日，组织召开了“双进双解”活动工作会议，部署2014年全市帮扶工业企业活动工作。市经信委、民委、民政局、粮食局、体育局、统计局、法制办、国资委、国税局等9个市直部门以及各区、县（市）“双进双解”工业企业指导组牵头部门的主管领导参加了会议。会上，传达了市“双进双解”活动工作会议及常务副市长顾春明讲话的有关精神；印发了《沈阳市2014“双进双解”帮扶工业企业活动工作方案》，对“双进双解”帮扶工业企业活动工作进行了全面部署，对建立帮扶工作体系、工作目标、工作任务、工作措施、工作步骤等进行了详细说明。

2. 精心编制工作手册，组织开展业务培训。为了使参加帮扶的人员更好地了解和掌握“双进双解”相关工作要领和工作方法，编印了《沈阳市2014“双进双解”帮扶工业企业活动工作手册》。《手册》中包含的内容：市“双进双解”领导小组有关文件及领导讲话；市“双进双解”帮扶工业企业活动的工作方案、绩效考评办法、报送信息的通知、组织架构、闭环式工作流程等；工信部、省经信委、市政府支持工业发展专项资金介绍以及2013年以来辽宁省新出台减轻企业负担政策等。

3月17日，组织召开了“双进双解”活动培训工作会议。参会人员有市经信委、民委、民政局、粮食局、体育局、统计局、法制办、国资委、国税局等市直部门以及与之对应的区、县（市）属部门，各区、县（市）“双进双解”工业企业指导组的相关人员共200人。会上，印发了《沈阳市2014“双进双解”帮扶工业企业活动工作手册》，对“双进双解”帮扶工业企业活动的有关工作程序、报送信息的相关要求、工业经济运行相关知识等进行了详细讲解和说明。

3. 加强协调，认真组织，深入开展帮扶活动。加大协调执导力度。针对部分单位没有“双进双解”活动的经历，单位本身对工业经济工作不熟悉等情况，加强服务与协调，为这些单位帮扶工作出谋划策，及时解决帮扶过程中的问题和困难，提高帮扶工作的质量和效果。扩大帮扶范围，规定动作与自选动作相结合。在帮扶全市规定的200户重点工业企业外，各区、县（市）根据工业企业的分布特点，另外增加120户工业企业作为相关区、县（市）自选帮扶活动的对象，一方面扩大了活动的帮扶面，另一方面也照顾了各地区企业分布不平衡的问题，进一步提升了“双进双解”帮扶工业企业活动的效果。同时，向未纳入帮扶范围的12户工业企业纳税大户发函，宣传“双进双解”活动，与全部12户企业取得了联系，建立了“双实名制”的帮扶体系。组织帮扶责任单位深入企业，了解企业生产经营情况，帮助企业查找和梳理生产经营中的问题和困难，提高问题的解决效果，促进企业健康发展。

把点对点向企业收集问题与召开交流会相结合。根据有些地区帮扶企业较多的特点，除了帮扶责任人单独与企业进行沟通外，还多次组织铁西、于洪、苏家屯等地区的被帮扶企业召开交流会，现场了解情况和问题，对于当场能解答的立即给企业以解答，需逐步解决的，整理后下到具体帮扶责任人进行逐步解决，减少了帮扶责任人与被帮扶企业的工作量。此外，为了帮助企业开展配套对接，分别组织汽车零部件、电子信息、机械装备等行业企业开展了内配对接工作。

建立“交叉结对帮扶”制度。发挥经济部门的专业知识、业务能力和从事经济工作经验和优势，在非经济部门和经济部门建立帮扶对子，与工业组内民政局、民委、法制办等8个成员单位结成帮扶对子，促进帮扶组中两部门人员融合，力量弥合。

4. 制定绩效考评办法，分阶段开展绩效考评。按照市政府的统一部署，结合《沈阳市2014年“双进双解”帮扶工业企业活动工作方案》和《2014年B类单位“双进双解”活动绩效考评实施方案》的有关要求，认真研究制定绩效考评办法，分别制定了季度和年终两项考核办法，并根据组织领导情况、目标执行情况、帮扶工作情况三大项考核内容，开展了对“双进双解”活动工业组内各成员单位一、二、三季度及全年的绩效考评工作。

（经信委）

【重点工业项目建设】 2014年，市政府确定推进的重点建设项目290个，其中：由市经信委负责协调推进的、投资5亿元以上重点工业项目125个，计划总投资2261亿元，单个项目平均投资额达到18亿元。其中：续建项目52个，总投资1097亿元；新建项目73个，总投资1164亿元。

一、投资规模分类

市重点项目总投资2261亿元，比上年增加了3个百分点。其中：投资100亿元以上项目3个，计划总投资359亿元；50－100亿元项目9个，计划总投资552亿元；10－50亿元项目55个，计划总投资1024亿元；5－10亿元项目58个，计划总投资326亿元。

二、产业分布

1. 汽车项目共25个，总投资618亿元，包括华晨宝马汽车有限公司华晨宝马发动机（一期）项目、上海通用（沈阳）北盛汽车有限公司扩建（三期）项目等10个续建项目，计划总投资294亿元；华晨宝马汽车有限公司新3系汽车生产项目、沈阳华晨金杯汽车有限公司J11

项目等15个新建项目，计划总投资324亿元。

2. 民用航空项目共6个，总投资64亿元，包括中航工业空气动力研究院新院区项目等2个续建项目，计划总投资35亿元；以及中航沈飞民用飞机有限责任公司民用飞机研发制造平台建设项目、沈阳西子航空产业有限公司新厂建设项目等4个新建项目，计划总投资29亿元。

3. 化工项目共5个，总投资148亿元，包括普利司通（沈阳）轮胎有限公司轮胎生产基地项目等3个续建项目，计划总投资93亿元；米其林（沈阳）轮胎有限公司新增1000万条轮胎产能项目等2个新建项目，计划总投资55亿元。

4. 新材料项目共6个，总投资58亿元。包括中铝沈阳有色金属加工有限公司钛镍加工材项目、东北大学科技产业集团新材料产业园项目等4个续建项目，计划总投资48亿元；沈阳中北真空磁电科技有限公司稀土永磁器件深加工项目（二期）等2个新建项目，计划总投资10亿元。

5. 电子及IC装备项目共11个，总投资198亿元。包括沈阳新松机器人自动化股份有限公司新松浑南智慧产业园项目、沈阳立晶光电有限公司LED照明产品及手机摄像头生产基地项目等7个续建项目，计划总投资126亿元；中国科学院沈阳自动化研究所高端智能装备工程技术研发中心项目、中国电科第四十七研究所中国电科东北微电子产业园项目等4个新建项目，计划总投资72亿元。

6. 医药项目共10个，总投资273亿元。包括沈阳坤鼎万邦开发建设有限公司东北亚国际健康科技企业城总部基地一期项目、沈阳兴齐眼药股份有限公司兴齐眼药产业园项目等4个续建项目，计划总投资199亿元；沈阳同联集团有限公司同联生物医药产业园项目、辽宁和泰生物科技产业园一期项目等6个新建项目，计划总投资74亿元。

7. 金融物流等生产性服务业项目共6个，总投资76亿元。包括沈阳嘉宝仓储有限公司工业地产及物流配送项目、维龙（沈阳）仓储服务有限公司沈阳铁西物流园项目等6个新建项目。

三、投达产进度

根据项目建设期进度安排，这批项目中上通北胜扩建（三期）、远大铝业年产200台套智能传动系统、华晨J11等16个项目年底前投产或部分投产，计划总投资178亿元；华晨宝马新三系生产、华晨宝马发动机一期项目、海尔工业园等43个项目预计2015年底前可投产或部分投产，计划总投资622亿元；上通北盛D2SB、D2JB多用途车及其变型车技术改造项目、东北大学新材料产业园、中航沈飞民用飞机有限责任公司民用飞机研发制造平台建设项目等44个项目预计2016年底前可投产或部分投产，计划总投资615亿元；华晨宝马第七代新5系、米其林新增1000万条轮胎等其余22个项目预计2017年后投产，计划总投资847亿元。

（*经信委*）

【创新驱动发展】 2014年，沈阳市深入贯彻落实创新驱动发展战略，企业自主创新能力和核心竞争力得到不断提升。全市高新技术产品实现增加值1740亿元，新增国家技术创新示范企业1户，市级以上技术中心总数达到248户。

1. 企业创新主体地位进一步加强。企业技术中心建设成效明显，13户企业被新认定为省级企业技术中心，17户企业被新认定为市级企业技术中心。强化企业技术中心管理，做到能者上劣者下，保持技术中心的创新活力，113户省级企业技术中心的年度评价显示，51户企业评价在80分以上。市级以上企业技术中心数量达到248户。有力地支撑了企业技术进步，沈冶机械开发制造的满足超大电流强度600千安铝电解多功能机组的性能达到国际领先水平，填补了国内空白。技术创新示范企业进一步发挥创新引领作用。特变沈变集团公司新增为国家技术创新示范企业。至此，全市已有沈鼓集团、机床集团、北方重工集团、三一重装集团、东软集团、沈阳化工研究院、特变沈变集团公司等7户企业为国家技术创新示范企业。其中：北方重工集团研制成功我国首台全断面煤巷掘进机技术水平国内领先、国际先进，其成功研制标志着北方重工已具备研发世界领先水平煤矿开采装备的能力；沈鼓集团实现了大尺寸叶轮加工工艺的突破，成为国际上几家掌握三元闭式叶轮整体铣制加工工艺的制造企业之一。

2. 企业技术引进及产业化工作取得新进展。沈鼓集团“AP1000核主泵技术引进及产业化”等11个项目完成技术引进并实现产业化，其中7个项目列入省年度计划。提前并全面完成了省下达的工作目标和任务。企业技术引进工程，有力支持企业开展技术消化吸收再创新工作，进一步促进全市产业结构调整和工业转型升级。

3. 举办全国副省级城市技术创新座谈会。5月29－31日，在时代广场酒店举办了2014年全国副省级城市技术创新工作座谈会。国家工信部科技司、省经信委、市政府领导出席会议并讲话。来自全国15个副省级城市的会议代表座谈交流了新时期创新驱动发展的工作思路和举措，并集体参观了中国工业博物馆。会议加强了各副省级城市间技术创新工作、改革发展经验的交流。

4. 校企合作进一步推动。组织11户企业参加了2014年大连理工大学（辽宁）校企合作委员会年会，就企业前期对接的技术难题和企业需求进行了现场洽谈，取得良好效果。重点推进沈阳透平机械股份有限公司与大连理工大学、西安交通大学合作的“60万吨/年异辛烷装置制冷压缩机研制”等9个省技术创新重点项目（产学研合作类），使企业急需技术关键问题得到有效解决。

5. 全市291个创新项目列入省重点创新计划。全市291个企业研发项目列入2014年省技术创新重点项目计划，占全省项目总数的41.7%，位列全省各市之首。其中：新产品开发项目224项；关键产业技术研发项目41项；产学研合作项目9项；重大技术装备研制项目12项；产品质量提升项目5项。研发项目的规模和技术水平均有较大幅度提高，这些项目的实施将促进产品结构调整，提高产业技术水平。

6. 鼓励开发新产品，40项新产品荣获省优秀新产品奖。根据省优秀新产品评审委员会“辽新奖字[2014]1号”发布的第十届辽宁省优秀新产品奖获奖项目名单,在239项获奖产品中,沈阳市共有40项新产品获奖。获奖项目数列全省第二(大连41项),奖金总额列全省首位。一些竞争力强、技术含量高、市场前景好、品牌知名度高的新产品获得了专家的认可,进一步激发了企业的积极性,推动企业加大研发投入,加快产品结构调整。

(经信委)

【高端装备制造业发展】 沈阳是以重大技术装备为主要特征的国家重要装备制造基地。沈阳装备制造业坚持以科技创新为手段,以两化融合为抓手,积极促进传统产业转型升级,大力培育新兴产业,行业发展不断向中高端迈进。

1.重大技术装备研制取得新成效。沈阳机床拓展与优化i5数控系统功能并不断加快产业化,实现在数控车床、数控车削中心、立式加工中心、高速攻钻加工中心四大系列产品的配套应用并开始推向国内外市场。自主研制的HMS125u精密卧式五轴加工中心通过国检中心和成飞验收,成为首台进入航空企业的国产同类产品。

沈鼓集团积极围绕大型乙烯、西气东输、煤化工领域,开展重大装备研发工作并取得突破,荣获国务院颁发的中国工业大奖。沈鼓集团生产的天然气长输管线压缩机实现了西气东输整站4台成套压缩机设备国产化。北方重工集团以"重大装备、高端成套"为主攻方向,开发出一批具有自主知识产权、科技含量高、竞争力强的产品。成为我国惟一能够自行设计制造土压平衡盾构机、泥水平衡盾构机和硬岩掘进机等全部形式盾构机成套装备的企业。试制完成了用于页岩气开采的YL2500型压裂成套装备。特变沈变公司自主研发的世界级产品±800千伏直流套管通过机械工业联合会组织的新产品鉴定。世界首台1000千伏升压变压器通过全部的出厂试验。

2.机器人产业加速发展。机器人与智能装备作为全市新兴产业中的先导产业和支柱产业加以培育。出台了《关于支持沈阳市机器人产业发展和科技创新的实施意见》,明确了机器人产业发展方向、发展思路、发展目标、发展重点和政策措施。新松智慧产业园核心项目年产5000台套机器人数字化制造生产线投入试生产;自动化所自主研制的7000米级深海机械手、深海滑翔机和山区输电线路巡检机器人等相继完成试验性应用,填补了国内多项空白。

3.民用航空产业发展不断加快。沈飞民机与庞巴迪合作,全面深入地参与了C系列飞机的研制工作;在国内飞机型号任务中,参加了ARJ21、C919项目型号、承担了新舟700、复合材料外翼研制等项目的相关设计工作。沈飞民机公司在舱门、吊挂、机身等机体结构部件上形成了自身专业化的制造能力;燃气轮机产业基地项目、波音777客改货项目已经启动;辽宁联航神燕飞机制造公司已成功引进意大利3款机型并首飞成功。辽宁锐翔通用航空有限公司成为国内首家以新能源飞机运营为主的通用航空企业。

4.IC装备产业发展稳健。IC装备产业部分关键装备和材料被国内外生产线采用。拓荆公司与中芯国际正式签订了首台12英寸生产型PECVD设备订单;芯源公司匀胶显影设备台湾市场销售量大幅度提高;硅基科技SOI产品已经完成中试并开始市场销售;富创精密的精密零部件产品获得美国应用材料公司、东京电子公司批量订单。

5.汽车产业支撑作用明显。形成自主品牌旗帜华晨汽车、中外合资代表华晨宝马和上海通用北盛汽车为核心的三大整车体系。华晨宝马保持高速增长,产值突破1000亿元,实现第100万辆整车下线。上海通用(沈阳)北盛汽车三期投产,宝马铁西及大东两个工厂扩能项目相继展开,世界最先进的华晨宝马发动机工厂建设顺利;华晨宝马推出全新合资自主品牌"之诺"纯电动轿车及宝马新5系混合动力轿车;华晨H230小型城市纯电动轿车和金杯大海狮纯电动车用于交警巡逻;五洲龙新能源客车项目正式投产,其新能源公交车上线运行。

(经信委)

【确立两化深度融合推进路径】 2014年,沈阳市两化融合工作确立了具有沈阳特色的两化深度融合推进路径:以建设具有国际竞争力的装备制造业基地为目标,以信息产业及生产性服务业发展促进传统产业转型升级为主线,以各级政府推动、重大项目拉动、龙头企业带动为手段,围绕铁西、浑南两大市级试验区、十大类公共服务平台和20户重点企业,聚焦重点产业、骨干企业、核心区域、关键环节等层面,以企业为主体,以项目为载体,着力提升企业自主创新能力、重大装备成套能力、基础产业配套能力和生产性服务业支撑能力,进而提升企业核心竞争力,引领两化融合向纵深发展。在促进企业转型升级的同时,达到提高经济运行质量和经济效益的目的。

1.积极申报国家级两化深度融合智能制造试验区。按照国务院〔2014〕28号文件精神和"加快信息化与工业化深度融合,支持东北地区开展工业化和信息化融合发展试点"的有关要求,起草了《关于申请沈阳市为国家级两化深度融合智能制造试验区的请示》及相关申报要件,经省经信委向工信部上报了《辽宁省经信委关于将沈阳市列为国家级两化深度融合智能制造试验区的请示》(辽经信信推〔2014〕275号)及相关申报要件。

2.制定出台两个重要文件。一是制定出台了《沈阳市两化深度融合发展规划暨沈阳市"全球制造"三年行动计划纲要(2014-2016年)》,并以沈政办发〔2014〕65号文件下发,成为推进沈阳市两化深度融合的重要行动纲领,为今后沈阳市两化深度融合指明方向;二是联合市发改委、市财政局对原《资金管理实施细则》进一步修订和完善,7月,以沈专项办发〔2014〕8号文件形式下发《沈阳市信息化和工业化两化融合专项资金管理实施细则(2014年本)》,引导企业加大信息化建设的投资力度。

3.组织两化融合重点项目申报工作。积极组织企业申报两化融合专项资金项目,提升重点企业自主创新能力和信息化水平,2014年,重点支持了特变沈变、沈飞集团、东药集团、中科院自动化研究所和辉山乳业等11个重点企业信息化项目,安排资金2040万元。

4.配合工信部开展区域两化融合评估和国家两化融合管理体系贯标试点工

作。按照工信部《信息化和工业化深度融合专项行动计划(2013－2018)》的要求,一是以国家开展两化融合水平测度指标体系为契机,依托辽宁省测评中心引入国家两化融合评估系统,不断健全两化融合评估体系;二是组织30余家企业及相关服务机构申报国家管理体系贯标试点,其中沈鼓集团、特变沈变、博林特电梯等3家企业入选国家管理体系贯标试点,沈阳赛宝科技、格微软件等2家单位入选国家两化融合管理体系服务机构。

(谢英慧)

【制造业概况】 沈阳市制造业门类齐全,基础雄厚,为沈阳市工业的主导产业。截至2014年底,沈阳市规模以上制造业企业户数为3515户。按登记注册类型分,内资企业3127户,占制造业企业总数的89.0%。其中:国有企业28户,占制造业企业总数的0.8%;集体企业78户,占2.2%;有限责任公司493户,占14.0%;股份有限公司94户,占2.7%;私营企业2381户,占67.7%。港澳台及外商独资企业388户,占11.0%。按企业规模分,大型工业企业59户,占制造业企业总数的1.7%;中型企业479户,占13.6%;小微型企业2977户,占84.7%。

2014年,沈阳市制造业共实现主营业务收入1.32万亿元,比上年增长1.3%;拥有资产7567.7亿元,增长6.7%;年平均用工人数为84.5万人,增长0.7%。全年共完成工业总产值1.34万亿元,比上年增长0.7%。其中:轻工业完成3443.0亿元,下降1.3%;重工业完成9990.0亿元,增长1.4%。全年实现销售产值1.32万亿元,增长0.8%,工业产品产销率为98.3%。全市有21个行业全年产值超百亿元,覆盖面达到67.7%,其中汽车制造业(2209.5亿元)、通用设备制造业(1457.7亿元)、农副食品加工业(1319.0亿元)、电气机械和器材制造业(1185.5亿元)四个大类行业全年产值超过千亿元。全年共实现主营业务收入1.32万亿元,比上年增长1.3%;利润总额726.4亿元,下降3.3%;实现利税1138.4亿元,下降2.5%。全年制造业收入利润率为5.5%,较上年下降0.2个百分点。

装备制造业为沈阳市工业重点发展的支柱产业。2014年,装备制造业完成工业总产值7351.0亿元,比上年增长4.4%,高于制造业平均增幅3.7个百分点,比重占到制造业总量的54.7%。装备制造业所涵盖的八个大类行业中,除仪器仪表制造业实现产值低于百亿元外,其他七个行业实现产值均达到百亿元以上。其中:汽车制造业实现产值最多,达到2209.5亿元,居制造业行业榜首,比重占制造业的16.4%;其次是通用设备制造业,实现产值1457.7亿元,占制造业的10.9%;电气机械及器材制造业实现产值1185.5亿元,占制造业的8.8%;金属制品业实现产值845.6亿元,占制造业的6.3%;专用设备制造业实现产值757.4亿元,占制造业的5.6%;计算机、通信、和其他电子设备制造业实现产值482.6亿元,占制造业3.6%;铁路、船舶、航空航天和其他运输设备制造业实现产值344.2亿元,占制造业的2.6%。

2014年,沈阳市制造业实现出口交货值249.7亿元,比上年下降10.9%,出口交货值占销售产值的比重为1.9%,下降0.2个百分点。出口主要集中在8个行业中:计算机、通信和其他电子设备制造业出口60.3亿元、汽车制造业出口34.0亿元、通用设备制造业出口25.1亿元、铁路、船舶、航空航天和其他运输设备制造业出口21.0亿元、金属制品业出口18.2亿元、专用设备制造业出口18.1亿元、电气机械和器材制造业出口17.7亿元、橡胶和塑料制品业出口10.5亿元。以上8个行业全年共实现出口交货值204.9亿元,占制造业出口总量的82.1%。

2014年,沈阳市制造业主要工业产品产量变动情况:汽车比上年增长4.5%、汽车发动机增长15.6%、金属切削机床下降2.0%、变压器下降0.2%、输送机械增长17.8%、泵下降9.6%、风机增长22.2%、采矿专用设备增长9.0%、电力电缆下降10.5%;光缆下降12.4%、铅酸蓄电池下降14.9%、维生素C增长53.7%、化学药品原药增长18.6%、食用植物油下降2.9%、乳制品下降16.5%、白酒增长3.8%、家具增长0.3%、纸制品增长10.9%、服装下降8.5%等。

(贺彦飞)

非公有制经济

【概况】 2014年,全市非公经济克服生产成本上涨、产品需求减少、订单不足等不利因素影响,继续保持平稳发展态势,成为全市经济发展的主要力量。全市非公有制经济完成地区生产总值4634.7亿元,增长5.4%,占全市的65.3%;完成固定资产投资5398.1亿元,增长7.9%,占全市的82.2%;完成社会消费品零售总额3267.2亿元,增长12.1%,占全市的91.5%;完成出口总额55.5亿美元,增长1.5%,占全市的77.7%;完成地方级税收收入509.6亿元,下降6.6%,占全市的83.5%。全市非公有制经济规模以上工业完成总产值11121亿元,增长3.6%,占全市的79.3%;完成增加值2826.6亿元,增长4.3%,占全市的78.2%。

1.发展主体不断壮大。全市非公企业户数37.56万户,同比增长5%,占全市企业户数的95.4%。其中:私营企业10.99万户,同比增长3%,占全市的27.9%;个体工商户26.13万户,同比增长5.3%,占全市的66.3%。全市非公企业吸纳城镇就业人员197.9万人,同比增长12%,占全部城镇就业人员的73.3%,同比提高2.3个百分点,城镇新增就业中,大部分的岗位来自中小企业。

2.经济贡献不断提升。非公经济固定资产投资对全市投资增长的贡献率达到219.9%,拉动全市投资增长6.1个百分点;社会消费品零售总额对全市消费增长的贡献率达到91.8%,拉动全市消费增长11.1个百分点;出口总值对全市出口增长的贡献率达到53.3%,拉动全市出口增长1.2个百分点。

3.小微型工业企业增速放缓。全市规模以上小微型企业完成总产值7886亿元,增长3%,比全市增速下降0.9个百分点,占全市规模工业总量的56.2%;完成增加值2078.6亿元,增长3.5%,比全市工业增速下降1.4个百分点,占全市规模工业总量的57.5%。

4. 重点企业经营困难加大。国家工信部监测的154户重点中小工业企业实现工业总产值增长7.7%，累计实现用电量超5.6亿千瓦时，同比增长3%。营业收入增长7.7%，利润总额下降12.5%。吸纳就业4.17万人，同比增长1.8%。企业应收账款同比增长7.54%，产成品同比增长20.4%，应缴税费同步下降15.2%，企业资金压力有所减轻。

（陈　武）

【非公经济改革】　起草《沈阳市2014年非公经济改革工作方案》、《关于印发深化非公有制经济改革工作实施方案的通知》（沈中小企发〔2014〕34号）等文件。筹备并协调召开了全市非公经济改革工作领导小组会议，调度了全市非公经济改革12项改革任务的进展情况。起草了《沈阳市申请民营经济发展改革试点城市工作方案》。

（陈　武）

【民营经济发展】　2014年，沈阳市民营经济实现增加值4195.8亿元，比上年增长6.4%，高于全市GDP增速0.4个百分点。完成税收578.4亿元，比上年增长6.3%。民营经济实现固定资产投资4758.6亿元，比上年增长16.3%，高于全市投资增速13.5个百分点，占全市投资比重达到72.5%。民营经济实现社会消费品零售总额1556.7亿元，占全市社会消费品零售总额的76.4%。

1. 企业单位数和从业人员情况。2014年，沈阳市有规模以上民营工业企业3227家，占全部规模以上工业企业的83.6%；从业人员年平均人数为67.1万人，占全部规模以上工业企业的75.9%。资质以上建筑业民营企业1789家，占全市资质以上建筑业的92.2%；从业人员年平均人数为41.6万人，占全市资质以上建筑业的64.7%。限上批发零售业民营企业1790家，占全市限上批发零售业的92.1%。限上住宿餐饮业民营企业172家，占全市限上住宿餐饮业的64.9%。限上其他服务业民营企业1649家，占全市限上其他服务业的81.4%；从业人员期末人数9.4万人，占全市限上其他服务业的57.0%。

2. 企业经济总量。2014年，规模以上民营工业总产值达10062.5亿元，占全市规上工业总产值的71.8%；资产总计4860.1亿元，占全市的58.5%；主营业务收入9928.0亿元，占全市的72.0%；利税总额626.8亿元，占全市为55.1%。资质以上建筑业民营企业总产值为1149.8亿元，占全市资质以上建筑业总产值的56.9%。限上民营批发零售业销售总额为8053.3亿元，占全市限上批零企业的89.6%。限上民营住宿业营业额为18.6亿元，占全市限上住宿企业的54.5%；限上民营餐饮业营业额为18.6亿元，占全市限上餐饮企业的13.7%。限上服务业民营企业资产合计为846.3亿元，占全市限上服务业企业的36.2%；营业收入为312.5亿元，占全市的54.8%；利润总额为20.9亿元，占全市的48.6%。

3. 在副省级城市中的排名情况。沈阳市民营经济发展在副省级城市中处于领先地位。2013年，沈阳市非公经济增加值达4716.2亿元，位于广州、大连、成都、杭州之后，居副省级城市第五位。非公经济增加值占GDP比重为65.5%，在全国副省级城市中仅低于大连。

4. 民营企业在市纳税百强企业中的排名情况。在《沈阳市2013年度纳税百强单位排行榜》中，17户民营企业榜上有名，其纳税额达24.8亿元，占百强纳税单位纳税总额的6.4%。沈阳华锐置业有限公司缴纳税金4.26亿元、沈阳远大集团缴纳税金4.14亿元，分别排在全市纳税百强单位的第十六和第十七位。

5. 民营企业中中小微企业状况。2014年，沈阳市规模以上中小微型民营工业企业2812家，占规上工业民营企业的87.1%；从业人员年平均人数为55.5万人，占规上工业民营企业的82.8%。批发零售业限上中小微型民营企业1751家，占批零业限上民营企业的97.8%。住宿餐饮业限上中小微型民营企业171家，占住餐业限上民营企业的99.4%。限上服务业中小微民营企业1629家，占限上服务业民营企业的98.8%；从业人员年末人数7.6万人，占限上服务业民营企业的80.7%。

规模以上民营中小微工业企业实现工业总产值8705.9亿元，占规上民营工业的86.5%；资产3229.4亿元，占规上民营工业的66.5%；主营业务收入8601.8亿元，占86.6%；利税总额563.1亿元，占89.8%。限上批发零售民营中小微企业实现社会消费品零售总额985.8亿元，占限上民营批发零售业的63.9%；实现销售额7313.4亿元，占限上民营批发零售业的90.8%。限上服务业中小微企业资产为667.6亿元，占限上民营服务业的78.9%；营业收入262.1亿元，占83.9%；利润总额17.8亿元，占85.3%。

（王　巍）

【贯彻落实中小企业政策措施】　一是配合国务院督查组督查全市《国务院关于进一步支持小型微型企业健康发展的意见》贯彻落实情况。起草了《全市落实〈国务院关于进一步支持小型微型企业健康发展的意见〉情况汇报》。二是联合市委、市政府督查室对各区、县（市）政府及5个市直部门落实市委、市政府扶持非公经济和中小企业发展政策措施情况进行了督查。三是全年共在沈阳电视台、沈阳日报、沈阳电台、时代商报、华商晨报、沈阳晚报和各大主要网站等媒体上刊载稿件300余篇次。在市中小企业服务中心开展了《辽宁省中小微企业权益保护条例》集中宣传。与沈阳日报合作设立专栏“百川归海”中小企业系列专题报道，与沈阳电视台合作设立专题“中小企业专精特新故事汇”，对沈阳八王寺饮料有限公司等民族品牌进行宣传报导，有效营造了推动全市非公经济改革的浓厚氛围。

（陈　武）

【中小企业监测】　加强民营经济、非公经济基础报表工作。认真组织了2013年民营经济、乡镇企业年报工作。按月（季）组织非公经济、民营经济、乡镇企业月报，规模以上停产半停产月报、规模以下停产半停产月报、百户中小企业分行业月报。建立了570户中小微企业生产经营景气情况监测、工信部中小企业生产经营情况监测、创新型中小企业生产经营情况监测等“三位一体”的中小微企业监测工作体系。按月（季）组织非公经济、民营经济运行分析，共完成运行分析23篇。完成非公经济“十三五”规划前期课题调研和发展思路研究，起草了《沈阳市非公有制经济发展报告暨“十三五”工作思路研究》。对2013年非公经济运行分析汇编成册,对沈阳市非公企业发展报告等进行了整理编印。

(陈 武)

【融资服务】 拓宽融资渠道,缓解企业融资难题。一是启动了小微企业助保金贷款业务,截至2014年底,市小微企业助保金贷款政府风险补偿资金已到位2000万元。已有13家企业通过审批,共获得5740万元贷款。二是帮助80余户企业与金融机构对接,达成意向融资额8.2亿无,形成贷款协议额1.92亿元。协调驻沈12家银行为165户创新型企业配置融资顾问,帮助95户企业解决融资、财务管理等问题,成功发放贷款金额2.26亿元。三是成功举办沈阳市扶助中小微企业专项行动暨第四届政银担企对接会,45户小微企业通过现场与融资服务机构互动对接,达成意向贷款总金额13.4亿元。依托中国·中小企业沈阳网站建立的沈阳市中小微企业网络融资对接互动平台,已帮助18户企业实现了资金需求的网络登记及信息发布,实现贷款发放金额2.1亿元。四是推动中小企业产权和股权交易。全市有200家中小微企业在辽宁股权交易市场挂牌,融资金额达1.01亿元。

落实相关政策,完善信用担保工作。一是组织符合条件的中小企业信用担保机构申报风险补助资金。担保机构先后获得国家、省、市各级财政补助资金累计1.25亿元。全市有27家融资性担保机构开展中小微企业贷款担保业务,实有担保资金41.98亿元。新增中小微企业贷款担保1564家,新增担保额119.22亿元,同比增长13.83%,在保责任余额111.79亿元。二是推进担保机构横向联合。有7家中小企业信用担保机构加入东北中小企业再担保体系建设,联合担保机制已为中小微企业贷款担保额达5亿元,累计担保额达40亿元。三是加强中小微企业信用建设。2014年,征集中小企业信用信息2238户,为开展信用融资做好基础工作。

(陈 武)

【支持中小企业走专、精、特、新发展道路】 一是积极开展“专精特新”产品(技术)的认定工作。有78项产品(技术)被评为2014年省中小企业“专精特新”产品(技术)称号。二是认真做好“大小企业配套”工作。积极组织中小企业开展网上对接工作。已有沈阳西瑞工业设备有限公司等11户企业的36个配套项目,拟对东北特钢集团、中石油辽阳石化分公司等大企业进行配套。

(陈 武)

【省创新型中小企业培育工程】 一是完成创新型中小企业的动态调整工作。推荐补充沈阳市大陆激光有限公司等35户企业为省创新型中小企业,同时,取消了不符合培育条件的辽宁省机械研究院有限公司等35户企业的省创新型中小企业资格,调整比例为21%。二是开展中小企业公益培训活动。继续与辽宁大学开展3次“辽河论坛”系列公益讲座,邀请全国知名教授为全市中小微企业,重点是创新型中小企业的董事长、总经理进行讲授。三是加强创新型中小企业经济运行监测和分析工作。创刊了“创新型中小企业培育工作动态”简报。

(陈 武)

【中小企业发展专项资金项目申报评审】 全市共有15家平台(机构)被推荐申报2014年国家中小企业发展专项资金,申请补助资金5366万元。全市有23家企业得到省中小企业发展专项资金补助,补助金额为840万元;市中小企业发展专项资金项目,给予26个项目38个企业和机构以补助支持,补助金额为3163.94万元。

(陈 武)

【中小企业公共示范服务平台、创业基地和示范服务机构推荐认定】 推荐沈阳东软软件人才培训中心、沈阳宝金金属防护技术有限公司2家平台单位申请国家级中小企业公共技术服务平台;沈阳鑫榆林石油机械有限公司等7家平台被认定为省级中小企业公共技术服务平台。新认定了8家市级中小企业公共技术服务平台、3家市级小微企业创业(辅导)基地。

(陈 武)

【中小企业维权服务】 一是积极开展“维权行”活动,“中小微企业培训”活动,精心打造“维权活动月”活动。以开展活动月为维权主题,深入中小企业,帮助企业协调解决一批用地、托欠资金等突出问题。二是帮助“双进双解”对口企业申请到国家和省级科技项目39项,总金额达到6639万元。通过发协调函商、督办单等方式,帮助沈阳强风集团、沈阳时尚实业有限公司、沈阳科锐特砂轮有限责任公司等12户企业解决了长期困扰企业的资金拖欠、土地征用和科技创新等问题。三是使沈阳东北金属制品有限公司的土地使用证问题、沈阳铁西百货垫付给消费者400万元的家电下乡补贴款等问题得以圆满解决。

(陈 武)

【推进“双进双解”工作】 认真筛选新增110户中小微企业帮扶对象。起草并制订中小微企业指导组帮扶企业工作方案。组织召开中小微企业指导组“双进双解”工作会议。截至10月底,市中小微企业指导组深入企业现场共计1394人次,发现手续审批、土地征收、企业资金拖欠等问题138件,已经协调解决问题119件,办结率达93.4%,受到了企业的认同和肯定。

(陈 武)

【第四届扶助中小微企业发展政银担企对接会】 2014年5月20日,由沈阳市人民政府主办,市经济和信息化委员会承办,沈阳日报社协办的“沈阳市扶助中小微企业专项行动暨第四届政银担企对接会”举行。省、市领导出席会议并作重要讲话,3家企业现场签订了1100万元额度的“助保金”贷款信贷合同,4位金融专家就小微企业融资相关产品进行了讲解,企业代表就如何获得金融机构资金支持做了典型经验介绍。会后,与会45户小微企业通过现场与融资服务机构互动对接,达成意向贷款总金额13.4亿元。

(经信委)

【中小企业信用担保快速发展】 2014年,沈阳市省级备案的中小企业信用担保机构已达23家。各级政府的风险补偿扶持政策为中小企业信用担保机构注入了活力,当年获得国家、省级、市级风险补助资金2096.63万元,累计获得1.25亿元,免征营业税累计1176万元。增强了担保实力和抗风险能力,极大地调动了担保机构为中小微企业融资担保的积极性，为中小企业信用担保机构的健康有序发展创造了良好条件。2014年，沈阳市共有27家担保机构开展中小微企业贷款担保业务，实有担保资金41.98亿元。新增中小微企业贷款担保1564家，新增担保额119.22亿元，同比增长13.83%，在保责任余额111.79亿元。

（经信委）

【助保贷业务助推小微企业发展】 2014年，沈阳市政府启动了小微企业助保金贷款业务，并研究制定了《沈阳市小微企业助保金贷款政府风险补偿资金管理办法》（沈财企〔2014〕280号），通过政府专项增信资金的循环使用和滚动支持，撬动银行资金放大倍数。主管部门与合作银行共同推荐和评审入池小微企业，全年共有12家企业通过审批，成功获得贷款4610万元。小微企业助保贷有效解决了小微担保难、融资贵的问题，有力支持了小微企业可持续发展，标志着以搭建政府增信平台为基础、以服务小微企业为核心的“助保贷”业务全面启动，实现了通过政府、银行、企业三方合作带动小微企业批量化的信贷模式。

（经信委）

【完成省创新型中小企业动态调整】 按照《关于开展全省创新型中小企业动态调整的通知》（辽中小企办发〔2014〕13号）精神，2014年4月，在市财政局、市科技局的积极配合下，推荐补充沈阳市大陆激光有限公司等35户企业为省创新型中小企业，同时，取消了不符合培育条件的辽宁省机械研究院有限公司等35户企业的省创新型中小企业称号，调整比例为21%。6月27日，辽宁省中小企业厅下发文件（辽中小企发〔2014〕11号）予以公布。

（王 磊）

【78项产品（技术）被认定为省“专精特新”产品（技术）】 根据《关于组织申报2014年辽宁省中小企业“专精特新”产品（技术）的通知》（辽中小企办发〔2014〕11号）要求，市经信委组织开展2014年省“专精特新”产品（技术）项目申报工作。通过企业申报并初审，向省厅推荐124项产品（技术）申报辽宁省中小企业“专精特新”产品（技术）称号，经省厅评审，沈阳蓝英工业自动化装备股份有限公司一次法自动智能轮胎成型机及控制系统等78项产品（技术）被评为2014年辽宁省中小企业“专精特新”产品（技术）。

根据《关于开展2014年辽宁省中小企业“专精特新”产品（技术）项目复审工作的通知》（辽中小企办发〔2014〕63号）要求，组织开展了对省厅2008年和2011年认定的131项省“专精特新”产品（技术）项目的复审工作。经审核并报省厅批准，东北大学冶金技术研究所有限公司冶金用新型湍流控制器等98项产品（技术）符合复审要求，继续认定为辽宁省中小企业“专精特新”产品（技术）。

（王 磊）

【制定《沈阳市集体企业资产权属界定工作规程》】 2014年7月，经原市中小企业局党组讨论通过了《沈阳市集体企业资产权属界定工作规程》，是自2004年重组市中小企业局以来，在集体资产监管方面制定的第一个工作制度，使集体资产监管工作更加严谨、规范。并依此规程，完成了沈阳市于洪区人民法院委托的友谊商场产权界定工作。

（王 磊）

【7家单位被认定为省级中小企业公共技术服务平台】 2014年，根据省中小企业厅《关于申报2014年辽宁省中小企业公共技术服务平台的通知》要求，组织开展省级中小企业公共示范服务平台的申报工作。共推荐沈阳鑫榆林石油机械有限公司、沈阳金域医学检验所有限公司等8家单位进行申报，最终沈阳鑫榆林石油机械有限公司等7家平台被认定为省级中小企业公共技术服务平台。

（王 磊）

【新认定8家市级中小企业公共技术服务平台、3家市级小微企业创业（辅导）基地】 2014年，开展了中小企业公共服务平台和创业辅导（孵化）基地认定工作。通过对申报企业审核，认定沈阳科翔汽车零部件有限公司（汽车发动机气缸盖气缸体技术服务平台）等8家单位为“沈阳市中小企业公共服务示范平台”，认定沈阳工业大学科技园有限公司（沈阳工业大学国家大学科技园创业（辅导）基地）等3家单位为“沈阳市小微企业创业（辅导）基地”。

（王 磊）

电子信息制造业

【概况】 积极应对国际环境新变化和国内经济运行新形势，努力克服各种困难，不断巩固和扩大发展成果，呈现出生产较快增长、规模逐步壮大的良好局面，为推动传统产业转型升级和两化深度融合发挥了积极作用，在国民经济发展中的地位不断提高。2014年，沈阳市电子信息制造业拥有从业人员近万人，全年实现主营业务收入714亿元，同比增长8%，总体规模位居全省第2位。机器人、IC装备、数字医疗、数字视听和手机五大板块成为沈阳市电子信息制造业的发展重点。

（经信委）

【机器人产业】 沈阳市机器人产业以沈阳新松机器人自动化股份有限公司和中科院沈阳自动化所为核心，占国产工业机器人市场份额超过20%，处于国内领先地位。沈阳新松机器人有限公司是国内机器人领域的龙头企业，代表了我国机器人研发和生产的最高水平。其产品涵盖了工业机器人、洁净（真空）机器人、移动机器人、特种机器人及职能服务机器人5大类70多个品种。2014年，新松公司与宝马、通用、福特、海信、沈阳机床等客户签订了系列重大合同，订单大幅增长。新松智慧园项目部分投产，年产5000台套机器人数字化制造生产线已进入调试阶段。新松公司还正式获批成为科技部机器人产业技术创新战略联盟理事长单位，并获得中国科学院支持成为科学院智能制造与机器人产业化联盟理事长单位。新松公司总裁曲道奎博士当选为“2014年度十大科技创新人物”；中科院沈阳自动化所是我国机器人产业的发源地，其建立的国内顶级机器人研究机构——机器人学国家重点实验室和机器人国家工程研究中心，研究水平在国内相关领域处于核心和带头地位。2014年自主研制的7000米级深海机械手、“龙珠”号微型无人潜水器、深海滑翔机等相继圆满完成试验性应用。

出台了《沈阳市人民政府关于支持机器人产业发展和科技创新的实施意见》(沈政发〔2014〕52号),提出了“创新驱动、应用先行、龙头引领、全链布局、集群发展”的发展思路,制定了到2017年工业机器人整机力争形成1.5万台的产能,工业机器人及成套装备销量超过1万台(套),销售收入突破200亿元的目标,明确了未来3年的主要工作任务和扶持产业发展的政策措施。

国家机器人质量监督检验中心项目进展顺利。中国科学院沈阳自动化研究所与沈阳产品质量监督检验院共同完成了申报国家机器人质量监督检验中心可行性报告的前期准备工作,并在市质监局的指导下制定了详细的建设计划。国家机器人质量监督检验中心项目在通过了省质监局和国家质检总局的专家组现场评估后,正式按B级国家质检中心向国家质检总局进行了申报。

(经信委)

【IC装备产业】 IC装备产业以中科仪、拓荆、芯源、中科博微等企业为核心,2014年整体实力显著提升,部分关键装备和材料被国内外生产线采用。其中拓荆公司与中芯国际正式签订了首台12英寸生产型PECVD设备订单;芯源公司匀胶显影设备台湾市场销售量大幅度提高;硅基科技SOI产品已经完成中试并开始市场销售;富创精密的精密零部件产品获得美国应用材料公司、东京电子公司批量订单。

(经信委)

【数字医疗产业】 数字医疗产业以东软数字医疗有限公司、东软飞利浦有限公司为核心,拥有国内惟一能够生产四大医学影像设备的专业基地,产业发展水平居全国领先地位。东软医疗系统有限公司2014年发布了NeuViz64恒睿CT产品、NSM-S15P1.5T超导磁共振系统等新产品,代表了CT领域“中国智造”的最高水平,被评为“2014年十佳医疗行业方案商”。

(经信委)

【数字视听产业】 数字视听产业以LG电子(沈阳)有限公司和沈阳同方多媒体科技有限公司为核心,产业总体规模东北领先。2014年,LG电子(沈阳)有限公司曲面电视项目已经开始小批量生产,主要产品为55至84寸,沈阳市成为LG公司国内惟一曲面电视生产基地。

(经信委)

【手机产业】 手机产业在沈阳市起步较晚,2011年手机产业园成立以后,云狐科技有限公司、晨讯科技有限公司、沈阳新邮通信设备有限公司等企业的产能不断得到释放,产量迅速增长,已经发展成为东北最大的移动终端制造中心,是沈北新区工业经济发展的支柱产业。2014年,智能终端产能增长到4600万部/年,规上企业智能终端产量已达2895万部。

“2014中国(沈阳)国际手机博览会暨移动互联网产业博览会”于9月28日在辽宁工业展览馆开幕,会期3天。博览会参展质量高、招商成果显著、展商交易踊跃、市民观展热情空前,达到预期效果。展览会共设500个标准展位,展览总面积1.2万平方米,与往届规模持平。博览会共吸引近200家企业参展,包括苹果、中兴、魅族、金立、飞利浦、云狐等知名企业,特装展比率在80%以上。会上达成合作11项,6家移动互联网企业表达了来沈投资意向,吸引近2万名专业观众参展,展商满意度达90%。

(经信委)

【信息基础设施建设】 进一步牢固东北地区通信枢纽地位,重点加快推进国家互联网骨干直联点、4G通信网络、宽带等基础设施建设。国家互联网骨干直联点建设进程顺利,11月28日正式开通,减少大量链路时延。沈阳移动公司率先开通4G移动网络通信业务服务,沈阳市也跻身进入第一批开通4G服务的城市行列。2014年底,全市移动电话用户数达到1070万户,3G用户超过395万户,互联网用户数达到170万户,4G网络覆盖了二环内全部城区。

(任 阳)

【三网融合试点】 电信运营企业和广电运营企业均分别加强了三网融合业务创新与拓展,联通公司在推进网络宽带改造的基础上,增强IPTV网络电视的用户体验;移动公司借助4G-LTE网络承载,迅速推广手机视频“和视频”业务;北方传媒沈阳分公司继续加强有线网络双向改造,已完成改造用户数超过100万户,发展交互数字电视视频业务和数字电视高清业务。

(任 阳)

【深化电子政务】 一是政务外网覆盖范围得到进一步扩展,完成了16个区县政府的电子政务外网接入,实现统一互联网出口的单位包括106家市直一级预算单位及下属206个部门;二是基本建起“两地三中心”架构,构建2个双活数据中心和1个异地灾备中心的政务外网数据中心框架;三是全方位拓展政务云功能,启动沈阳市政务云应范应用工程,包括网络安全、工业经济及文化产业运行管理系统、政务云监控、移动政务平台等功能;四是政务云应用进一步普及,市环保局等10家单位开始应用市政务协同办公系统,沈阳市旅游网等9个部门纳入了网站群应用体系。

(任 阳)

【信息化应用】 沈阳市在卫生医疗服务、城市交通疏导、养老服务以及教育信息化等领域加强了建设力度。医疗方面,建成联合国儿基会妇女儿童保健项目一期,对孕产妇及儿童的保健、预防接种、疾病筛查及治疗等提供保障;在试点医院发放了居民健康卡。交通指挥方面,加大交通信号设施建设改造力度,增强交通指挥信息化控制能力。养老服务方面,启动建设全市养老服务管理信息系统,实现全市养老机构管理和服务信息化。教育信息化方面,启动了300所数字校园建设工作,制作完成并发布微课1100多节,大大丰富了基础教育视频资源。

(任 阳)

【软件和信息技术服务业】 2014年,沈阳市政府与工信部、辽宁省政府共同签署《部省市协同开展中国软件名城创建工作合作备忘录》,这标志着沈阳市“中国软件名城”创建工作进入了一个新的阶段。国家级互联网骨干直联点已经于2014年11月28日正式开通。沈阳国际软件园、中国移动位置服务基地、东北区域超算中心等市重点建设项目进展顺利。国际软件园共计建设完成70余万平方米，累计入驻企业367家，员工总数1.3万人，其中世界500强企业驻沈分支机构31家，中国软件百强企业10家，上市公司及子公司46家。已经成为国内较大规模的软件园区，东北最大的单体软件园区，是沈阳市最重要的软件产业集聚载体。

（经信委）

【“中国软件名城”创建】 12月29日，国家工业和信息化部副部长杨学山、副省长谭作钧、副市长关志鸥分别代表工业和信息化部、辽宁省人民政府、沈阳市人民政府，在沈阳共同签署了《部省市协同开展中国软件名城创建工作合作备忘录》。

为做大做强沈阳市软件产业，进一步促进信息消费，推动两化深度融合，对外打造沈阳软件产业名片，经市政府同意，市经济和信息化委员会于2013年开始申请创建“中国软件名城”。经过与市政府、省政府及国家工信部多次沟通协调，完成《沈阳市中国软件名城创建试点工作方案》、《沈阳市中国软件名城创建试点评价标准》及《沈阳市中国软件名城创建试点协同工作机制方案》的编制工作，于5月26日正式向工信部递交了“中国软件名城”创建申请。《部省市协同开展中国软件名城创建工作合作备忘录》的成功签署，标志着沈阳市“中国软件名城”创建工作进入了一个新的阶段。

（经信委）

【国家级互联网骨干直联点建设】 2013年10月，工信部决定在沈阳等七城市增设国家级互联网骨干直联点后，市经信委认真按照工信部电管局及省市主要领导的要求，参照国内其它直联点建设成功经验，明确了沈阳直联点建设方案及省市两级政府配套支持政策，得到了省政府主管领导及市政府主要领导的认可，互联网骨干直联点已经于11月28日正式开通。

国家级互联网骨干直联点（沈阳）的建设，将确立沈阳市在东北地区的互联网枢纽地位，提高对沈阳市乃至全网用户服务的质量和水平，增强东北地区网络基础设施的支撑能力。直联点建成后，沈阳市将新增互联能力710G，减少互联网流量的长途绕转，对互联网用户将大大提高上网速度，缩短网络延时，促进信息服务惠民，拉动信息消费，同时为云计算、大数据等各种互联网业务应用的发展创造有利条件，促进互联网经济的繁荣。对沈阳市建设国家级中心城市，打造金融中心、商贸中心将起到关键的基础性支撑作用。

（经信委）

【国际软件园成为中国首批智慧园区试点】 2014年5月9日，国家工信部正式批准沈阳国际软件园成为中国首批智慧园区试点。此次全国共有上海浦东软件园、北京中关村软件园等9家软件园区入选。沈阳国际软件园成为东北首家获此殊荣的软件园区。

沈阳国际软件园在开发建设的同时，着力推进智慧园区建设工作，园区已经在一卡通全面应用、安全巡更系统、智能立体泊车系统、智能照明系统、光伏节能设备应用、地源热泵节能系统、园区WLAN覆盖、ERP等信息化管理平台及企业运营发展支持服务体系方面取得了较好的成果。

智慧园区的建设迎合了社会发展的需要，是智慧城市建设的先行者和突破口。沈阳国际软件园作为沈阳先进产业园区的代表，在智慧城市的道路上已经迈出了坚实的一步。在智慧园区的规划中，沈阳国际软件园将加大ICT服务力度，充分利用云计算技术，最大限度的节约企业IT办公、通信和生产经营成本；同时，推进公共技术平台建设，结合沈阳工业产业优势，整合外部资源，将园区建设成为集智能化应用系统、绿色节能管理和多功能产业服务平台为一体的综合性智慧园区。

（经信委）

【北斗（辽宁）卫星运营信息服务平台投入使用】 2014沈阳北斗位置产业高峰论坛暨北斗·天绘双星应用项目落地辽宁启动仪式于6月14日在方特花园酒店召开。

本届高峰论坛以北斗·天绘行业应用、北斗·天绘在大数据与车联网行业发展中的巨大作用为主题，由总参谋部测绘导航局、沈阳市人民政府、辽宁省经济和信息化委员会主办，沈北新区人民政府、中国北斗产业化应用联盟承办，旨在把握北斗产业战略布局机遇，进一步巩固和发展导航与位置服务产业，锁定沈北新区在辽宁乃至东北地区发展导航与位置服务产业的先导地位。

辽宁专门成立了位置服务产业联盟，沈阳导航与位置服务（北斗）产业园管委会负责指导联盟工作，联盟由中国移动位置基地、东软集团、辽宁神州北斗卫星运营服务有限公司等120余家企业组成。已实现北斗校车运营服务项目、北斗位置服务产业基础服务支撑平台项目（辽宁北斗地基增强系统服务与东网科技大数据服务）、美行美途车联网项目的签约合作。

（经信委）

【中国移动通信集团辽宁有限公司沈阳分公司】 2014年，中国移动沈阳分公司大力推动从以语音经营为主向流量经营为主转变，创造了4G发展新佳绩，保证了公司平稳发展的态势。全年实现运营收入51.05亿元，收入占市场份额为49.86%，净利润18.03亿元，通信客户总数达到613.8万户，通信客户市场占有率66.13%。

2014年，4G网络建设规模之大、工程任务之重、质量要求之高，均是前所未有。推进工程属地化进程，加大工程与网络融合，城区道路4G覆盖率达到98%，农村实现较发达行政村以上的全覆盖，完成的4G建设总量超过6年内3G建设总量。2G关键站址解决率达到70%，整体网络投诉持续下降。2014年是城域网建设关键之年，实现了“三年任务两年完”的目标，传输网络能力得到显著提升。保存量稳份额。以4G为抓手，分层分级打造客户价值经营体系，目标存量客户保有率达到85%、收入保有率达到79%。扩集客有突破。拓展“清单级”集团客户2073家，签约信息化项目40个。重点产品继续保持快速发展态势，千万级收入的标杆产品达到6个，百万级的达到7个。组织开展“砺剑行动”、“启航行动”等专项网络质量提升活动，2G数据业务量同比增长的趋势减缓，环比开始呈下降趋势。1月，公司与沈阳市农委共同搭建沈阳市农产品质量安全溯源系统平台，利用装有SIM卡的手持终端对农产品从种植、到田间生产管理、再到运输销售的全过程进行数据采集，通过无线网络和数据专线，将数据回传系统平台，最终将存储数据的二维码和溯源标签贴在销售的农产品上。消费者可通过手机短信、扫描二维码及登录网站等方式,查询相关产品的详细溯源信息,如产品类型、名称、检测日期及检测结果等基本数据,实现农产品流通环节的全程可追溯查询。该系统已在有机食品公司、蔬菜专业合作社等10家企业成功应用,涵盖近百种农产品。2月,公司针对伪基站现象,长期开展日常测试、信令跟踪等工作,共发现受伪基站影响路段139处。针对用户集中投诉区域、垃圾短信高发路段等地区,加强日常拉网测试,精确锁定伪基站可疑信号,及时联合公安部门、无线电管理部门参与到打击伪基站群发垃圾短信的行动中来,已与相关部门形成一套"锁定、报送、侦破"的长效联动机制。累计抓获作案嫌疑人5人,查获伪基站设备4套,有效净化了网络环境。5月24日,本溪市本地电话网正式并入由沈阳、抚顺、铁岭组成的大本地网,共享区号"024"。这是继2011年8月28日抚顺、铁岭使用024长途区号之后,又一城市纳入沈阳、抚顺、铁岭组成的大沈阳通信区。升位并网后,沈抚本铁四地用户之间互拨免长途费,110、119、120、122等特殊服务号码直接拨打即可。本次升位并网涉及核心网、智能网、LBS、业务支撑网等多系统割接,涉及370余个套餐资费调整,辽宁公司以"优质高效安全稳定"为理念,以工作节点为基本管理单元,通过例会制度,对工作进度进行对标管理。成功完成了10余次网内预演,进行了各种业务场景的上万次拨打测试,确保准时升位并网成功。共享长途区号节约了用户通信成本,使得本溪市的企事业单位用户有了沈阳电话号码的"名片",进一步推进沈阳经济区一体化的发展。

(付玉森)

无线电管理

【行政审批制度改革】 全面推进行政审批制度改革,简化审批程序,设置无线电台站行政许可审批时限由10个工作日压缩至7个工作日,核准指配频率备案由7个工作日压缩至当日办结,产生无线电辐射工程选址确认已由7个工作日压缩至5个工作日,申请要件由3个减至1个。

(杨厚鑫)

【无线电设台审批】 2014年,全年共受理了13个单位的设台申请,行政审批办结率100%,批准设置基地台28部,移动台827部,指配双工频率24对,单工频率6个,核发无线电电台执照751个,指配业余无线电电台呼号91个,换发业余无线电台执照79个。

(杨厚鑫)

【无线电台站属地化管理】 全面完成了上级无线电管理机构简政放权的沈阳公安、广电、铁路、电力及公众移动通信系统的台站管理工作。全年共完成了五大系统的数据统计工作,并对电力18个主控站及297负控终端,铁路92个手持台、13个固定台及1套列尾台站,公安38个手持台、41个固定台及7个车载台,广电44个,移动51个、联通42个、电信35个台站进行了核查工作。

(杨厚鑫)

【打击"伪基站"和"黑广播"专项行动】

强化组织实施、技能培训、实战演练和装备配备,依法履行无线电管理职责,与公安、广电等有关部门建立了完善、高效的联动机制,充分发挥行业管理和技术优势,通过实时监测、监听和定位,克服夜间行动不便、雨雪天气等困难,排除各种风险,经过30多个日夜的连续奋战,共侦获"伪基站"6个,侦获"黑广播"19个,并配合公安、广电等部门予以取缔。

(杨厚鑫)

【各项考试无线电安全保障】 全面完成了国家、省、市各项重要考试的无线电安全保障工作,有效打击和震慑了利用无线电设备在考试中进行作弊的违法行为,为考生创造了公平公正的考试环境。全年共为高考、中考、研究生考试、公务员考试、司法考试及各类职称等25次考试提供了无线电安全保障,对监测、监听到的疑似作弊信号实施了技术压制,全年累计保障天数达32天,出动人员450余人(次),出动保障车辆150余车(次)。

(杨厚鑫)

【重大活动无线电安全保障】 全面完成了2014沈阳法库国际飞行大会无线电安全保障任务,对飞行大会指挥调度、电视转播及安保、医疗、公安等部门使用的43个频率、6个无线摄像频率进行了实时监测。全年共为市政协领导和委员视察农村土地流转情况、物流产业发展情况、浑南沈阳国家大学科技城建设情况、现代建筑产业园及工业生产线、现代服务业发展情况及城市建设重点项目提供了同声传译服务。

(杨厚鑫)

【无线电管理法律法规宣传】 在全市开展了无线电管理法律法规宣传活动。2月13日,通过沈阳日报和沈阳晚报进行了宣传,并在沈阳灯会中心会场举办了宣传活动。9月10日,与省无线电管理机构共同举办了辽宁省暨沈阳市"打击非法设台,依法设置使用无线电台站"宣传月启动仪式。9月25–26日,分别在沈阳建筑大学、中街商业区举办宣传活动。

(杨厚鑫)

轻工业

【概况】 截至2014年末,沈阳市共有规模以上轻工业企业1050户,比上年减少67户,占全市规模以上工业企业总数的28.9%。按国民经济行业划分标准,沈阳市规模以上轻工业企业共涉足农副食品加工业、食品制造业、烟草制品业、纺织业、纺织服装服饰业、皮革毛皮羽毛及其制品和制鞋业、木材加工和木、竹、藤、棕、草制品业、家具制造业、造纸和纸制品业、印刷业和记录媒介的复制、文教、工美、体育和娱乐用品制造业和医药制造业等26个大类行业。轻工业企业主要集中在农副食品加工业、食品制造业、医药制造业、酒、饮料和精制茶制造业、家具制造业、纺织服装服饰业、造纸和纸制品业七大行业中。以上七大行业共聚集了733户企业,占轻工业企业总数的69.8%。

截至2014年底,有私营企业725户,占全行业的69.0%;其次是:有限责任公司137户,占13.0%;外商投资企业86户,占8.2%;港、澳、台商投资企业36户,占3.4%;股份有限公司30户,占2.9%;集体企业12户,占1.1%;国有企业10户,占1.0%;股份合作企业10户,占1.0%。绝大多数企业为小型企业,共有872户,占全行业的83.0%;

中型企业 142 户,占 13.5%;大型企业 18 户,占 1.7%;微型企业 18 户,占 1.7%。

沈阳市轻工业企业共拥有资产 1745.8 亿元,比上年增长 7.4%,其中:流动资产 701.7 亿元,占全部资产的 40.2%;固定资产 859.0 亿元,占 49.2%。全部负债总额为727.0亿元,比上年增长11.4%,其中:流动负债535.7亿元,占全部负债的73.7%;非流动负债140.6亿元,占19.3%。资产负债率为41.6%,比上年提高1.5个百分点。所有者权益为1004.4亿元,比上年增长3.9%。年平均用工人数22.4万人,比上年增加7000人,增长3.2%。

全年共完成工业总产值 3454.5 亿元,比上年下降 1.3%,占全部规模以上工业的比重为 25.1%,比重较上年下降 0.4 个百分点。实现销售产值 3393.5 亿元,下降 1.8%,工业产品产销率为 98.2%。全年实现主营业务收入3393.1亿元,下降2.9%,实现利润总额179.4亿元,下降19.2%;实现利税总额269.1亿元,下降14.4%。有 9 个行业实现产值超百亿元:农副食品加工业实现产值1319.0亿元,居轻工行业榜首,占全部轻工业的38.2%;食品制造业实现产值324.4亿元,占9.4%;医药制造业实现产值266.8亿元,占7.7%;酒、饮料和精制茶制造业实现产值219.4亿元,占6.4%;家具制造业实现产值193.3亿元,占5.6%;纺织服装、服饰业实现产值154.5亿元,占4.5%;造纸和纸制品业实现产值153.9亿元,占4.5%;电气机械及器材制造业实现产值135.1亿元,占3.9%;橡胶和塑料制品业实现产值100.9亿元,占2.9%。以上 9 大行业实现产值占全部轻工业的83.0%。

轻工业主要产品产量变动情况:小麦粉(面粉)比上年增长 9.4%、饲料下降1.3%、精制食用植物油下降 2.9%、方便面下降 13.3%、乳制品下降 16.5%、饮料酒下降0.1%、软饮料下降14.5%、无纺布增长29.5%、服装下降8.5%、家具增长0.3%、合成洗涤剂下降0.6%、化学药品原药增长18.6%、中成药下降12.3%。

全市轻工业共有 55 户企业生产经营呈亏损状况,亏损面为 5.2%,较上年提高0.3 个百分点;亏损企业的亏损额为11.7 亿元,较上年增加 1.9 亿元,增长 19.4%。

(贺彦飞)

【食品制造业】 2014 年,沈阳市食品制造业规模以上企业共有 81 家。从登记注册类型分组看,内资企业 65 家,比上年减少 2 家,其中:国有企业 1 家,集体企业 1 家,有限责任公司 9 家,股份有限公司 3 家,私营企业 51 家,港澳台商投资企业 7 家,外商投资企业 9 家。从行业分组看,焙烤食品制造业 18 家,方便面食品制造业 11 家,糖果、巧克力及蜜饯制造业 6 家,乳制品制造业 5 家,罐头制造业 5 家,调味品、发酵制品制造业 14 家,其他食品制造业 22 家。从企业规模上看,大型企业 4 家,中型企业 11 家,小型企业 66 家。

该行业年末资产总计达 202.7 亿元,其中:流动资产合计 88.7 亿元,固定资产 103.6 亿元;从业人员年平均人数达 2.1 万人。

全年共完成工业总产值 324.4 亿元,下降 2.1%;工业销售产值 323.5 亿元,下降 2.1%;实现产品销售收入达 322.6 亿元,下降 4.7%;实现利润 21.4 亿元,下降 20.4%。内资企业单位数占本行业的 80.2%,完成工业总产值 252.0亿元,所占比重高达77.7%;工业销售产值249.4亿元,比重达77.1%;实现产品销售收入达248.1亿元,比重达76.9%;实现利润 15.1 亿元,比重达 70.6%;实现利税 21.4 亿元,比重达 70.6%。

乳制品制造业全年实现工业总产值 84.7 亿元,排在第一位;其次为焙烤食品制造业,工业总产值 64.1 亿元;再次为调味品、发酵制品制造业,工业总产值为 69.4 亿元。创造利税方面,第一位为焙烤食品制造业,实现利税达 9.7 亿元;第二位为乳制品制造业,利税为 6.6 亿元。

2014 年,食品制造业生产方便面 17.6 万吨,比上年下降 13.3%;乳制品 60.9 万吨,下降 16.5%;糖果 7612 万吨,下降 41.8%;酱油 2.8 万吨,增长 6.0%;冷冻饮品 9.5 万吨,增长 38.6%。

(张明浩)

【农副食品加工业】 农副食品加工业作为沈阳市支柱产业之一,包括谷物磨制、饲料加工、植物油加工、屠宰及肉类加工、水产品加工、蔬菜、水果和坚果加工、其他农副食品加工等 5 个行业中类和 14 个行业小类,主要产品为大米、食用植物油、小麦粉、饲料等。

2014 年末,行业共有规模以上工业企业 317 户,是全市规模以上企业户数第二多的行业,其中:大型企业 2 户,中型企业 33 户,小型企业 277 户,微型企业 5 户。资产总额达到 422.7 亿元,比上年增长 8.4%;其中固定资产 261.6 亿元,比上年增长 13.1%;平均用工人数为 5.8 万人,比上年增加 3566 人。

全年实现工业总产值 1319.0 亿元,同比下降 2.3%。产值在全市 39 个行业大类中排名第 3 位,仅低于汽车制造业和通用设备制造业。全行业经济效益平稳运行,实现主营业务收入 1287.3 亿元,同比下降 3.0%;利税总额 72.5 亿元,同比下降 19.6%;利润总额55.3亿元,同比下降22.9%。在农副食品加工业中,从事饲料加工的企业有 114 户,共实现产值 531.9 亿元,同比下降 2.1%,占行业 40.3%。实现主营业务收入 502.9 亿元,同比下降 5.1%;利税总额 32.5 亿元,同比下降 17.5%;利润总额 27.6 亿元,同比下降 17.1%。

产值超亿元企业有 262 户,其中 24 户企业超过 10 亿元,1 户超过 100 亿元;利税总额超过千万元有 165 户;利润总额超千万元的企业有 135 户。辽宁禾丰牧业股份有限公司、中纺粮油(沈阳)有限公司、辽宁中稻股份有限公司、沈阳苍达粮油有限公司等骨干企业为行业的发展和兴旺做出了重要的贡献。

(陈　曦)

装备制造业

【概况】 沈阳市装备制造业包括金属制品业,通用设备制造业,专用设备制造业,汽车制造业,电气机械及器材制造业,计算机、通信和其他电子设备制造业,铁路、船舶、航空航天和其他运输设备制造业,仪器仪表制造业八个大类行业。

2014 年,沈阳市装备制造业共有规模以上工业企业 1546 户,其中:大型企业有 35 户,中型企业有 229 户。按登记注册类型看，装备制造业有内资企业1343户，其中：国有企业15户，集体企业37户，股份合作企业16户，有限责任公司249户，股份有限公司47户，私营企业976户；港澳台商投资企业46户，外商投资企业157户。资产总额5030.4亿元，比上年增长7.7%，负债合计2967.2亿元，比上年增长10.7%，年平均用工人数为44.9万人。

2014年，装备制造业实现工业总产值7351.0亿元，比上年增长4.4%；实现销售产值7217.7亿元，增长5.0%。产销率为98.2%。实现主营业务收入7210.1亿元，比上年增长6.2%；利润总额442.8亿元，增长13.4%；利税总额707.4亿元，增长7.9%。在装备制造业企业中，1430户企业实现盈利。利润总额超10亿元的企业为华晨宝马汽车有限公司、上海通用（沈阳）北盛汽车有限公司、东软集团股份有限公司、华晨汽车集团控股有限公司。主营业务收入超百亿元的为华晨宝马汽车有限公司、上海通用（沈阳）北盛汽车有限公司、沈阳远大铝业集团有限公司、沈阳机床（集团）有限责任公司、北方重工集团有限公司、沈阳飞机工业（集团）有限公司、沈阳鼓风机集团股份有限公司。

（贺彦飞）

【有色金属冶炼和压延加工业】 沈阳市有色金属冶炼和压延加工业由常用有色金属冶炼、稀有稀土金属冶炼、有色金属合金制造、有色金属铸造、有色金属压延加工5个中类行业10个小类行业组成。

2014年，沈阳市有色金属冶炼和压延加工行业共有规模以上工业企业69户，比上年减少了6户。按登记注册类型分：内资企业60户，比上年减少了5户，其中：国有企业1户，集体企业2户，股份合作企业1户，有限责任公司5户，股份有限公司4户，私营企业47户；外商投资企业7户；港、澳、台商投资企业2户。按经济组织类型分：独资企业17户，合作、合伙企业2户，股份有限公司5户，有限责任公司45户。全年共完成工业总产值261.9亿元，比上年下降了18.9%；实现销售产值261.1亿元，比上年下降了18.4%。工业产品产销率为99.7%，比上年增长了0.5个百分点。实现出口交货值1.0亿元，比上年下降了37.5%。资产总额为110.9亿元，比上年增长了1.2%。其中：流动资产55.3亿元，占全部资产的49.9%，固定资产42.1亿元，占全部资产的38.0%。负债总额为47.1亿元，比上年下降了2.5%。实现主营业务收入250.9亿元，比上年下降了18.0%。主营业务成本为228.0亿元，比上年下降了15.4%。盈亏相抵后全行业共实现盈利9.1亿元，比上年下降了36.8%。实现利税总额14.4亿元，比上年下降了30.8%。实现应交增值税4.1亿元，比上年下降了14.6%。全行业从业人员年平均人数为1.21万人，比上年下降了3.2%。全行业共有5户企业生产经营呈现亏损状态，亏损面为7.2%。亏损企业的亏损额为2000万元。

（孙侠飞）

【黑色金属冶炼和压延加工业】 沈阳市黑色金属冶炼和压延加工业是沈阳市的优势产业之一，主要由钢压延加工、黑色金属铸造2个中类行业组成。

2014年，沈阳市黑色金属冶炼和压延加工行业共有规模以上工业企业111户，比上年减少了14户。按登记注册类型分：内资企业105户，比上年减少了13户，其中：集体企业5户，有限责任公司15户，股份有限公司3户，私营企业82户；港、澳、台商投资企业1户；外商投资企业5户，比上年减少了1户。按经济组织类型分：独资企业34户，股份有限公司3户，有限责任公司74户。全年共完成工业总产值358.1亿元，比上年下降了18.7%；实现销售产值357.2亿元，比上年下降了18.4%。工业产品产销率为99.7%。实现出口交货值4.5亿元。

资产总计129.9亿元，与上年持平。其中：流动资产40.3亿元，占全部资产的31.0%；固定资产80.8亿元，占全部资产的62.2%。负债合计为56.2亿元，比上年下降了1.6%。实现主营业务收入356.0亿元，比上年下降了18.9%；主营业务成本为328.5亿元，比上年下降了17.5%。盈亏相抵后全行业共实现盈利12.7亿元，比上年下降了29.8%。实现利税总额18.6亿元，比上年下降了22.8%。其中应交增值税4.4亿元，比上年下降了4.3%。全行业从业人员年平均人数为1.94万人。

（孙侠飞）

【专用设备制造业】 2014年，沈阳市专用设备制造业规模以上企业共有207家，比上年减少32家。从登记注册类型分组看，内资企业190家，比上年减少32家，其中：国有企业2家，比上年减少1家；集体企业2家，比上年减少2家；股份合作企业1家；有限责任公司33家；股份有限公司4家；私营企业148家，比上年减少24家；港澳台商投资企业3家，比上年减少1家；外商投资企业14家，比上年增加3家。从行业分布来看，采矿、冶金、建筑专用设备制造72家，化工、木材、非金属加工专用设备40家，环保、社会公共服务及其他专用设备制造28家，医疗仪器设备及器械制造14家，印刷、制药、日化及日用品生产专用设备制造10家，食品、饮料、烟草及饲料生产专用设备制造8家，电子和电工机械专用设备制造14家，农、林、牧、渔专用机械制造13家，纺织、服装和皮革加工专用设备制造8家。从工业企业大中小微型分组看，大型企业4家，中型企业28家，小型企业174家，微型企业1家。

该行业全部资产年末达550.6亿元，流动资产达319.1亿元，固定资产175.9亿元；从业人员年平均人数为5.11万人。

完成工业总产值757.4亿元，比上年下降1.0%；工业销售产值740.4亿元，下降1.0%；实现产品销售收入737.2亿元，下降1.5%；实现利润为29.9亿元，下降17.2%。

该行业中采矿、冶金、建筑专用设备制造业保持良好发展态势，并占绝对优势，共实现工业总产值370.8亿元，所占比重高达49.0%；销售产值为359.0亿元，比重为48.5%；资产总计377.2亿元，比重为68.5%；产品销售收入361.5亿元，比重为49.0%；实现利税16.9亿元，比重为38.1%；实现利润10.8亿元，比重为36.0%。

该行业中采矿、冶金、建筑专用设备

制造业全年实现工业总产值370.8亿元,排在第一位;其次为化工、木材、非金属加工专用设备业,工业总产值157.7亿元;再次为环保、社会公共服务及其他专用设备制造业,工业总产值为63.9亿元。创造利税方面,第一位为采矿、冶金、建筑专用设备制造业,实现利税16.9亿元;第二位为化工、木材、非金属加工专用设备业,利税为7.7亿元;第三位为环保、社会公共服务及其他专用设备制造业,利税为5.2亿元。主要产品产量:采矿专用设备39.3万吨,比上年增长9.0%;水泥专用设备1.1万吨,比上年下降56.9%;金属冶炼设备8.0万吨,比上年下降6.2%。

(张明浩)

【通用设备制造业】 通用设备制造业是沈阳市传统支柱行业,是装备制造业的重要组成部分。在39个行业大类中,通用设备制造业是企业户数最多、吸纳就业人数最多的行业。

沈阳市通用设备制造业具有良好的行业基础和较为完备的行业和产品体系,全部拥有该行业的9个行业中类,并拥有全部45个行业小类中的35个。行业的主要产品为金属切削机床、发动机、风机、泵和工业锅炉等。

2014年末,全市规模以上通用设备制造企业为461户,较上年减少60户;资产1011.3亿元,同比增长6.6%;平均用工人数为11.4万人,比上年减少5692人。全年实现工业总产值1457.7亿元,同比下降2.0%;实现主营业务收入1384.7亿元,同比下降1.4%;利润总额66.4亿元,同比下降14.5%;利税总额99.8亿元,同比下降11.5%。主要产品产量:金属切削机床5.6万台,同比下降2.0%,其中数控机床2.7万台,同比增长62.4%;工业锅炉24521蒸发量吨,同比下降32.6%;泵33.4万台,同比下降9.6%;风机47.8万台,同比增长22.2%;输送机械47.8万吨,同比增长17.8%;气体压缩机184.2万台,同比下降40.3%。

沈阳通用设备制造业知名企业云集,沈阳机床(集团)有限责任公司、沈阳鼓风机集团有限公司、沈阳三洋电梯有限公司和沈阳博林特电梯有限公司等企业享誉国内外。全行业年产值超亿元企业共有293户,其中:16户企业超过10亿元,2户企业超过100亿元。利税上千万企业192户,其中14户企业利税超过1亿元;利润上千万企业164户,其中7户企业利润超过1亿元。

(陈 曦)

【计算机、通信和其他电子设备制造业】

计算机、通信和其他电子设备制造业作为沈阳市支柱产业之一,在2014年实现稳健发展。该行业主要由通信设备制造业、广播电视设备制造业、计算机制造业、电子器件制造业、电子元件制造业、视听设备制造业和其他电子设备制造业7个中类行业组成。

沈阳市拥有长白计算机集团(沈阳)、东软集团股份有限公司、沈阳同方多媒体科技有限公司、沈阳中光电子有限公司等众多的国内外知名的大企业集团公司。截至2014年末,该行业拥有规模以上工业企业78户,较上年减少5户。其中:大型企业共4户,中型企业10户,小型企业63户,微型企业1户;内资企业53户,港、澳、台商投资企业6户,外商投资企业19户。

全行业拥有资产总额295.4亿元,比上年增长8.1%,其中:固定资产78.0亿元,与上年基本持平;流动资产165.4亿元,比上年增长13.6%;负债131.8亿元,比上年增长7.9%;所有者权益163.4亿元,比上年增长8.4%;平均用工人数2.78万人,比上年减少955人。

在国际国内电子信息市场竞争日益激烈的形势下,沈阳市计算机、通信和其他电子设备制造业不断深化企业内部改革,转变经营观念,瞄准市场需求,融合科技力量和产业优势,扩大生产规模。该行业中完成工业总产值过亿元的企业达到56户,占全行业企业户数的71.8%。全年全行业累计完成工业总产值482.6亿元,比上年下降0.1%;实现工业销售产值475.0亿元,增长1.1%;实现出口交货值60.3亿元,下降2.4%;实现产销率98.4%;实现主营业务收入476.2亿元,增长2.8%;实现利润总额29.9亿元,增长35.9%。

(陈 曦)

【电气机械及器材制造业】 沈阳市电气机械及器材制造业主要由电机制造,输配电及控制设备制造,电线、电缆、光缆及电工器材制造,电池制造,家用电力器具制造,非电力家用器具制造,照明器具制造和其他电气机械及器材制造8个中类行业和24个小类行业组成。其主要产品有电线电缆、变压器、电动机、蓄电池、空调器、照明灯具等工业生产用品及居民日常生活用品,是与人民工作生活密切相关的行业。

截至2014年底,全行业共有规模以上工业企业312户,比上年减少22户。其中:大中型企业60户,与上年持平。从行业构成上看:电机制造24户,输配电及控制设备制造147户,电线、电缆、光缆及电工器材制造92户,电池制造5户,家用电力器具制造7户,非电力家用器具制造7户,照明器具制造26户,其他电气机械及器材制造4户。从经济类型上看:内资企业283户,其中:集体企业6户,股份合作企业4户,有限责任企业57户(国有独资公司1户,其他有限责任公司56户),股份有限公司14户,私营企业201户;港、澳、台商投资企业6户;外商投资企业23户。

全年实现工业总产值1185.5亿元,比上年上升2.7%;实现工业销售产值1171.3亿元,上升3.9%;实现利润总额40.8亿元,比上年下降14.3%,人均创利润6万元。

该行业实现主营业务收入1222.4亿元,比上年上升6.1%。其中有22户企业全年主营业务收入超10亿元,共实现主营业务收入520.3亿元,占全行业的42.6%。全行业资产总计630.2亿元,比上年上升7.5%;固定资产270.2亿元,比上年上升15.7%;固定资产原值541.7亿元,比上年上升8.8%;负债合计318.3亿元,比上年上升7.6%;全年平均用工人数为6.76万人,比上年上升7.3%。

(陈 晨)

【北方重工集团有限公司】 2014年是北方重工组建以来经营形势最为严峻的一年,市场订货严重不足、资金周转进一步趋紧、主要经济指标呈下滑趋势。面对更加复杂的经济形势与市场环境,全体员工奋力拼搏,共渡难关,生产经营局面保持基本稳定。全年完成工业总产值130.7亿元,完成工业增加值10.5亿元,完成销售收入128亿元,实现利润5694万元,上缴税金1.93亿元,完成自营出口交货值1.8亿美元。

战略性新兴产业装备研发获得成功。试制完成用于页岩气开采的YLC2500压裂成套装备,参加了2014年中国国际石油石化技术装备展览会,样机获得业内好评;压裂车在松辽油田现场的工业性实验取得圆满成功;开发完成了混凝土预制构件生产线装备技术,并成功推向市场。

主导产品技术升级取得新突破。试制完成用于老挝KSO金矿的国内首套变频驱动的大型球磨机和超大型半自磨机;试制完成国际首台用于煤矿岩巷的全断面掘进机和用于煤巷的矩形截面全断面掘进机;正在研制的香港莲塘直径14.1米土压平衡盾构机,为目前国内同类产品最大规格。

创新能力获得进一步提升。公司通过了国家级高新技术企业资格复审;由大连理工大学、北方重工等单位组成的辽宁重大装备制造协同创新中心通过了国家级评审;全年有7项重大新产品获得省、市科技奖项。市场开发取得一定进展。签订了16台盾构机订货合同;签订了巴基斯坦散料输送系统、乌克兰2号烧结厂改造、伊朗500万吨选矿成套项目等重大海外成套项目;签订了国内首台汽车用轧制差厚板可逆冷轧机组、70兆牛叶片压制专用液压机、1850镁合金生产线等一批重大新产品合同。

新型营销模式获得应用。以融资租赁方式,签订了宣钢烧结机余热发电总包项目;利用融资租赁平台,签订沈阳地铁9号、10号线2台盾构机合同;智利公司实现订单突破,澳大利亚、印度、越南等分支机构及代理商队伍,发挥出“桥头堡”的重要作用。

用户服务体系逐步健全。共设立用户服务二级机构15个,专职用户服务人员达到224名;对237家用户进行满意度调查,集中解决了一大批具体问题;探索服务工作与质保金回收、备品备件销售相“捆绑”的服务模式,全年由服务人员回收质保金5800万元,实现备件订货870万元。

陈欠款集中清理成效明显。集中对历史陈欠款进行清理,解决了一批“老大难”问题;全年共回收A、B、C三类历史陈欠款3.8亿元。按照沈阳市关于国有企业改革的部署,北方重工做为全市四家混合所有制改革的试点单位之一,下半年启动相关工作。在市、区政府的直接领导下,与多家大型央企进行了接触与商谈;经过多次协商,与中国建材集团签署了《联合重组框架协议》,就重组中的重大原则性问题形成初步共识。

(胡　闯)

汽车及零部件产业

【概况】 2014年,全市汽车产业继续保持平稳健康发展的良好态势。截至2014年末,全市汽车生产企业共有25家,其中:整车生产企业8家,专用车生产企业17家;汽车零部件企业251家。整车产品主要有宝马轿车(3系、5系、X1);雪佛兰科鲁兹系列轿车、科帕奇SUV、别克GL8系列高档商务车;中华系列轿车(尊驰、骏捷系列;V5、H530、H330、H230等);阁瑞斯系列商务车、金杯系列轻型客车、金杯系列轻型卡车等。专用车主导产品有道路清障车、消防车、炊事车、厢式运输车、航空特种车等。发动机主导产品有三菱4G6系列、4A9系列发动机,通用小排量发动机、新光491Q系列、华晨1.8T以及在建的宝马B38、B48发动机等。其它零部件及配套产品涉及车桥、座椅、内外饰件、空调、线束、冲压件、转向系统等200余个品种。

全年共生产汽车整车108.7万辆,同比增长4.5%;汽车及零部件产业实现产值2218.1亿元,同比增长13.9%;利税总额391.1亿元,同比增长73.9%,其中利润总额224.9亿元,同比增长51.4%。四大整车厂(华晨宝马汽车有限公司、华晨中华汽车有限公司、华晨金杯汽车有限公司和上海通用北盛汽车有限公司)汽车整车产量97.42万辆,同比增长7.8%;实现工业产值1500亿元,同比增长16.0%。华晨宝马汽车有限公司和上海通用(沈阳)北盛汽车有限公司全年实现工业产值分别达1003.9亿元和377.5亿元,华晨宝马实现产值继2013年突破800亿元大关后再次突破千亿元大关。汽车产业已成为沈阳市工业经济名副其实的支柱产业,也是拉动经济发展的强力引擎。

一是三大乘用车体系成为汽车产业的坚实根基。已形成了自主品牌旗帜华晨汽车、中外合资代表华晨宝马和上海通用北盛汽车为核心的三大乘用车体系,产业集中度在90%以上。同时围绕三大整车也形成了宝马、别克、雪佛兰和中华、金杯等几大品牌体系,成为沈阳市汽车产业靓丽的名片。二是相对完整的汽车零部件配套产业链正在形成。45万台通用发动机项目在2014年正式投产,40万台宝马发动机项目将于2015年底投产。通用汽车零部件园已确定26个项目,19个项目开工建设,2014年已陆续投产。积极依托整车企业,开展依商招商活动,在华晨宝马、通用北盛整车企业的配合下,2013年新增零部件企业42户,2014年新增45户。全市汽车零部件企业已增加到251户。以发动机、车桥、冲压件、内外饰件等一级配套产品为主体,发动机零部件、制动材料、座椅材料等二、三级配套产品为补充的汽车零部件配套体系已初步形成。三是自主研发能力不断增强,新能源汽车产业加速发展,产业升级逐步加快。自主品牌企业不断加大产品研发投入,华晨H330、H220和大海狮等新产品陆续投放市场。华晨宝马已推出了全新合资自主品牌“之诺”纯电动轿车及宝马新5系混合动力轿车;华晨H230小型城市纯电动轿车和金杯大海狮纯电动车已用于交警巡逻;五洲龙新能源客车项目已正式投产,其新能源公交车已在上线运行。

(翟晓英)

【华晨宝马大东工厂扩建项目奠基仪式举行】 2014年5月15日,华晨宝马大东工厂扩建项目奠基仪式隆重举行。华晨宝马大东工厂扩建项目总投资70亿元人民币,该项目将新建冲压、焊装、涂装车间及相关配套设施,计划于2017年建成投产,生产宝马第七代新五系轿车。项目建成后宝马大东工厂生产能力将达到20万辆/年。该项目的开工建设标志着沈阳市与华晨宝马的合作又上了一个新台阶,这对于提高全市汽车产业的整体水平,以及进一步提升沈阳城市知名度将起到极大的推动作用。

(翟晓英)

【沈阳市被授予出口汽车示范区称号】

2014年5月27日,沈阳出口汽车示范区授牌仪式暨对外新闻发布会在辽宁大厦举行。会上,辽宁出入境检验检疫局对沈阳出口汽车示范区及6家示范标杆企业进行了授牌。这是辽宁出入境检验检疫局在辽宁省确立的首个汽车行业的省级出口工业产品质量安全示范区,标志着沈阳汽车产业迈上了一个新的台阶,也为进一步提升沈阳市汽车产业国际竞争力建立了更好的平台优势。

(翟晓英)

【上海通用北盛汽车成立十周年】

2014年8月18日,上海通用北盛汽车成立十周年暨三期项目投产及雪佛兰全新一代科鲁兹发运仪式隆重举行。上海通用北盛汽车三期项目总投资70亿元,占地约2.22平方公里,新工厂建有冲压、车身、油漆、总装、动力总成五大车间,以及公用动力中心、物流运作中心、质量高速试车跑道等配套辅助设施,可同时容纳3个平台5款车型共线生产,年产能30万辆整车及45万台发动机。

(翟晓英)

【华晨汽车推出高端品牌“华颂”】

2014年11月7日,华晨汽车集团在上海世博园隆重举行高端新品牌发布盛典。华晨汽车历经三年时间,走国际深度合作路线,投入20亿元人民币,成功打造的国际高端商务车“华颂7”正式亮相。华颂成为华晨汽车继金杯、中华之后又一品牌,也是华晨汽车的第一个高端品牌。该款车是华晨集团联合宝马、麦肯锡、麦格纳三家跨国公司实行整合世界资源,通过实行国际合作打造的世界级品牌。华颂严格按照宝马汽车的理念与流程开发。发动机采用宝马最经典的技术、涡轮增压欧Ⅵ排放2.0T发动机N20;底盘是由宝马团队与华晨团队共同研发;控制系统基于欧洲最先进的技术,与宝马3系、5系的构架在理论上完全一致;样车经过欧洲宝马车试验场测试。此外,华颂核心关键零部件均来自宝马供应商。

(翟晓英)

医药制造业

【概况】　医药制造业是沈阳市的优势产业之一,主要由化学药品原料药制造、化学药品制剂制造、中药饮片加工、中成药生产、兽用药品制造、生物药品制造和卫生材料及医药用品制造7个中类行业组成。

2014年,医药制造业全行业拥有规模以上工业企业59户,比上年减少5户。按登记注册类型分:内资企业46户,比上年减少了4户,其中:国有企业1户,有限责任公司10户,股份有限公司6户,私营企业28户,其他类型企业1户;港、澳、台商投资企业7户,外商投资企业6户。按经济组织类型分:独资企业6户,合作、合伙企业2户,股份有限公司8户,有限责任公司43户。沈阳市医药制造业生产较上一年有所回升。全年共完成工业总产值266.8亿元,比上年增长了7.0%;实现销售产值258.9亿元,比上年增长了8.2%。工业产品产销率为97.0%,比上年增长了1.0个百分点。实现出口交货值6.7亿元,比上年下降了2.9%。资产总额250.4亿元,比上年增长12.5%。其中:流动资产129.1亿元,占全部资产的51.6%;固定资产62.1亿元,占全部资产的24.8%。负债合计为127.3亿元,比上年增长了16.0%。实现主营业务收入278.6亿元,比上年降低了3.0%。主营业务成本为209.9亿元,比上年降低了1.6%。盈亏相抵后全行业共实现盈利20.6亿元,与上年持平。实现利税总额30.8亿元,比上年降低了1.6%。实现应交增值税8.4亿元,比上年降低了6.7%。全行业从业人员年平均人数为2.33万人,比上年增长了3.6%。沈阳市医药制造业共有3户企业生产经营呈现亏损状态,亏损面为5.1%。亏损企业的亏损额为1.7亿元。

(孙侠飞)

【东北制药集团有限责任公司】　2014年,东北制药集团有限责任公司紧紧围绕“全力扭亏、突破困局,全面提效、共享发展”的工作方针,各项工作取得良好成效,使公司基本摆脱了几年来连续巨额亏损局面,开始步入正常发展轨道。

1.全力突破经营困局,扭亏目标基本实现。2014年,公司实现销售收入56亿元;实现工业增加值12亿元,同比增长76%;实现营业利润扭亏,经营性利润同比增长超过2亿元;上缴税金3.16亿元,同比增长40%。制剂效益空间大幅拉升。在特药政策剧烈波动的情况下,制剂营销实现利润1.94亿元,可比利润增幅30%以上。重点产品爆发增长,左卡尼汀针剂、整肠生系列产品增量增利近2000万元;原料药控亏能力明显增强。原料药营销紧紧围绕效益和终端两条主线,从优势引领、市场竞合、控制销售节奏入手,提升产品盈利能力。医药商业板块取得新进展。东药集团供销有限公司新版GSP认证一次性通过,获得东北首家医药电商资质,电子商务平台建设取得阶段性进展。

2.搬迁改造加速推进,细河厂区启动运行。2014年是东药搬迁改造历史上项目最多、战线最长、投资最大、时间最紧的一年。已累计完成项目投资22.5亿元,18个子项目顺利交付,全部工程质量验收合格,全年没有安全事故发生,成为沈阳市重点工程项目建设的新亮点。细河厂区成功实现投产运行。磷霉素钠、磷霉素钙、PG05、硫糖铝4个产品拿到GMP证书,金刚烷胺、金刚乙胺等产品通过新版GMP现场检查。磷霉素钠、磷霉素钙、硫糖铝3个产品正式投产。

3.定向增发逆势挺进,资本市场收获硕果。股份公司按照“资本市场扩容”的战略规划,发起和推进第四次股票增发。7月18日,在A股市场普遍低迷的情况下,增发获得圆满成功,溢价16.22%,募集资金11亿元,市值翻一番,股份公司资产负债率从79%下降到64%,公司信用等级、征信情况和融资手段发生根本性变化,资金状况得到根本性好转,全面提升了行业、金融机构和资本市场对东北制药的信心。

4.产品规划开始实施,科技创新成果显现。制定《东北制药产品发展实施纲要》,明确领袖型产品和专家型产品两大系列21种产品的技术进步、质量提升、临床研究以及系列化的方向和路径。

2014年，公司研发投入1.2亿元，对战略型、大品种和重点项目给予政策倾斜。完成新产品中试20项，新增授权发明专利13件，新申请并获得受理专利31件。获得国家、省市科技计划立项6项，3项科技成果获市科技进步奖。新产品依非韦伦片获得临床批件，小儿整肠生颗粒剂获得生产批件，国家科技重大专项“小檗碱治疗糖脂代谢综合征”获得阶段性进展。

（张心岩）

化学工业

【概况】 沈阳市化学原料和化学制品制造业主要由基础化学原料制造，肥料制造，农药制造，涂料、油墨、颜料及类似产品制造，合成材料制造，专用化学产品制造，炸药、火工及焰火产品制造和日用化学产品制造共8个中类行业及36个小类行业构成。

2014年，沈阳市化学原料和化学制品制造业规模以上企业共有176家，比上年减少19户，其中：大型企业1户，中型企业16户，小微型企业159户。从登记注册类型看：内资企业158户，其中：国有企业1户，集体企业8户，股份合作企业2户，有限责任公司33户，股份有限公司5户，私营企业108户，其他类型企业1户；港澳台商投资企业5户，与上年持平；外商投资企业13户，比上年减少1户。从行业构成来看：基础化学原料制造32户，肥料制造22户、农药制造6户，涂料、油墨、颜料及类似产品制造37户，合成材料制造11户，专用化学产品制造61户，日用化学产品制造7户。该行业全部资产总计达141.6亿元，比上年上升4.0%；流动资产合计为56.1亿元，比上年上升9.4%；固定资产合计73.1亿元，比上年上升3.7%；平均用工人数为2.53万人，与上年基本持平。

共计完成工业总产值391.6亿元，比上年下降7.0%；工业销售产值385.3亿元，比上年下降7.6%；实现产品销售收入400.6亿元，下降2.8%；实现利润总额为18.8亿元，比上年下降25.1%。该行业中专用化学产品制造的企业数量最多，并占绝对优势，其次是涂料、油墨、颜料及类似产品制造业。专用化学产品制造业实现工业总产值达117亿元，占全行业的29.9%；销售产值为115.1亿元，比重为29.9%；实现利润达6.8亿元，比重为36.2%。涂料、油墨、颜料及类似产品制造业实现工业总产值为72.3亿元，占比重为18.5%；销售产值为72.7亿元，比重为18.9%；利润总额为4.9亿元，占全行业比重为26.1%。该行业在利税方面，第一位为专用化学产品制造业，实现利税总额9.5亿元；第二位为涂料、油墨、颜料及类似产品制造业，利税为6.0亿元；第三位为肥料制造，利税为5.1亿元。主要产品产量：合成洗涤剂7.4万吨，下降0.6%；烧碱14.6万吨，下降1.0%；涂料21.4万吨，下降5.1%；化学农药原药6388.0吨，增长3.0%；盐酸5.3万吨，下降19.3%；化学肥料1291.0吨，下降25.1%。

（陈　晨）

【橡胶制品业概况】 2014年，沈阳市橡胶制品业规模以上企业共有56家。从登记注册类型分组看，内资企业49家，其中：国有企业1家，股份合作企业4家，有限责任公司8家，股份有限公司1家，私营企业35家，港澳台商投资企业2家，外商投资企业5家。从行业分布来看，轮胎制造业9家，橡胶板管带制造业25家，橡胶零件制造业9家，再生橡胶制造业3家，日用及医用橡胶制品制造1家，其他橡胶制品业9家。从企业规模看，大型企业3家，中型企业10家，小型企业43家。该行业全部资产总计年末达180.9亿元，流动资产合计达37.2亿元，固定资产达94.0亿元；从业人员年平均人数为1.57万人。完成工业总产值156.2亿元，工业销售产值153.1亿元，实现产品销售收入152.4亿元，利润亏损1.6亿元，实现利税为1.2亿元。

在该行业中，轮胎制造业排在第一位，工业总产值达60.4亿元；其次为橡胶板管带制造业，工业总产值为49.0亿元；再次为其他橡胶制品制造业，工业总产值为25.1亿元。橡胶制品业的大中型企业在本行业起到了举足轻重的作用。仅占该行业单位数23.2%的大中型橡胶制品企业实现工业总产值达76.6亿元，所占比重高达49.0%，销售产值为73.7亿元，比重为48.1%；实现产品销售收入达72.9亿元，比重为47.8%；资产总计达157.4亿元，比重为87.0%。橡胶制品业生产轮胎外胎581.7万条，比上年增长2.8%，其中子午线轮胎外胎577.4万条，比上年增长2.8%。

（张明浩）

建材工业

【非金属矿物制品业】 沈阳市非金属矿物制品业主要包括水泥、石灰和石膏制造，石膏、水泥制品及类似制品制造，砖瓦、石材等建筑材料制造，玻璃制造，玻璃制品制造，玻璃纤维和玻璃纤维增强塑料制品制造，陶瓷制品制造，耐火材料制品制造，石墨及其他非金属矿物制品制造9个中类行业及28个小类行业。

2014年，沈阳市共有规模以上非金属矿物制品业工业企业314户，比上年减少9户，其中：大型企业4户，中型企业57户，小微型企业253户。该行业共有219户企业全年主营业务收入过亿元，其中有15户企业主营业收入超10亿元。219户企业共实现主营业务收入876亿元，占全行业的94.7%。从登记注册类型看：内资企业288户，占91.7%；港澳台商投资企业15户，与上年持平；外商投资企业11户，比上年减少2户。从行业构成上看：水泥、石灰和石膏制造15户，石膏、水泥制品及类似制品制造106户，砖瓦、石材等建筑材料制造122户，玻璃制造7户，玻璃制品制造18户，玻璃纤维和玻璃纤维增强塑料制品制造11户，陶瓷制品制造6户，耐火材料制品制造14户，石墨及其他非金属矿物制品制造15户。

2014年，该行业有29户亏损企业，比上年增加4户，亏损企业的亏损额为1.8亿元。实现利润总额53.5亿元，下降10.2%；实现利税总额77.8亿元，下降8.1%。

该行业拥有资产295.5亿元，比上年增长3.5%。其中：固定资产原值

397.5亿元,增长13.5%;负债合计109.8亿元,下降0.3%;其中流动负债83亿元,下降7.1%;所有者权益合计184.4亿元,比上年增长6.7%。该行业平均用工人数为6.27万人,比上年增加2500人。

2014年,沈阳市的非金属矿物制品业全年实现工业总产值、销售产值以及主营业务收入基本与上年持平。该行业实现工业总产值为933.5亿元,销售产值927.7亿元,实现主营业务收入925.3亿元。其中:砖瓦、石材及其他建筑材料制造为主导产业,实现工业总产值521.0亿元,占全行业工业总产值的55.8%;实现主营业务收入519.3亿元,占全行业的56.1%。另外石膏、水泥制品及类似制品制造行业实现工业总产值为180.4亿元,占全行业的19.3%;实现主营业务收入176.3亿元,占全行业的19.1%。

(陈　晨)

航空航天制造业

【概况】 沈阳是我国重要的航空航天研发制造基地,是国家发改委批准建设的民用航空产业国家高技术产业基地。全市共有各类航空航天企事业单位36户,高级科技人员4000多人,直接从事航空产业的人员4万余人。其中:规模以上航空航天制造企业23户,科研院所4所,民用航空运输企业4户,通用航空运营企业4户,通航俱乐部3户,有7个机场以及国家航空行政审批、管理机构。沈阳飞机工业(集团)有限公司和沈阳黎明航空发动机(集团)有限责任公司是全国航空领域主导企业,中航沈飞民用飞机有限责任公司是我国民用飞机行业的重点企业,有沈阳飞机设计研究所、沈阳发动机设计研究所、中航工业空气动力研究院和沈阳航空航天大学等航空高校及科研机构。2014年,航空航天制造业实现工业总产值272亿元,同比增长7.5%;民机、发动机等大部件转包出口交货23亿元,同比增长6%。

(安积平)

【航空产业布局】 沈阳航空产业主要分布在浑南、沈北和法库三个航空产业园区,三个园区差异化定位,发展方向各有侧重。浑南航空产业园围绕沈阳桃仙国际机场,依托沈飞民机公司,重点发展民用支干线飞机、公务机整机生产和飞机大部件的研发制造,已入住中航沈飞民用飞机有限责任公司、沈阳沈飞国际商用飞机有限公司、沈阳中一航空总部基地有限公司、南航沈阳维修基地、南航北方分公司等多家航空企业,涉及庞巴迪Q400飞机大部件转包、空客、ARJ21、C919、C系列飞机、空港物流基地等20余个项目。沈北航空产业园依托沈飞公司,重点发展飞机及航空零部件研发制造,有国泰飞机制造有限公司、西子航空有限公司等整机、航空零部件投产企业22家,涉及飞机零部件、夹具模具、航空装备、机电设备和飞机蒙皮的制造加工与维修服务等,沈北通航机场已获空军及民航东北局批准建设。法库通航产业园以活塞类通用飞机制造、通用航空运营服务及通航会展业为规划方向,是国家低空空域管理改革实验区之一、国家首批通用航空服务站试点、东北地区通用航空ADS-B安全运行试点,为东北地区首个正式开放使用的通用航空机场,已连续举办三届"沈阳法库国际飞行大会"。

(安积平)

【民用航空产品】 在保证尖端军用飞机及其发动机自主生产的基础上,民用航空产业从国外航空零部件转包起步,逐步向大部件研制和转包、机身对接、整机生产迈进,产品涵盖国内外主要干、支线民用飞机的机身段、舱门、电缆、吊挂、机翼前缘等机体结构部段,以及发动机零部件转包和燃气轮机。

(安积平)

【民用航空生产技术】 沈飞、沈飞民机、沈飞国际等企业,普遍采用与国际接轨的IPDT(联合产品设计团队)工作模式及并行工程,积极参与国内外多种民机型号研制项目。在设计组织资质方面,搭建了较完善的民机设计体系和设计保证系统,通过了AS9100C版认证(包含设计和制造)。客户支持、复合材料结构设计、疲劳损伤容限、舱门设计、电气互联系统设计等部分专业水平达到了国内领先,具有很强的竞争力。具备世界先进水平的钣金加工及特种工艺(热处理、表面处理、无损检测等),生产线先后通过了庞巴迪、以色列IAI、波音等公司的认证;掌握了全自动钻铆、大型结构件整体制造、数字化制造、钣金及特种工艺加工等民用飞机研制关键技术;在复合材料制造方面,掌握了蜂窝稳定化控制技术、蜂窝铺叠和固化缺陷控制技术、零件/工装热分布测试技术、复材零件多件共罐固化技术、壁板外形数控机加及柔性夹具技术、壁板外形数字化测量技术等关键技术、复合材料/铝合金叠层结构制孔技术、复合材料预装配技术、数字化装配技术等国际先进复合材料制件制造技术。沈飞民机公司的复合材料生产线已经通过了客户和NADCAP的审核认证。

(安积平)

【中航工业波音制造创新中心落户浑南】 2014年1月24日,中航工业波音制造创新中心(沈阳)成立暨波音777FTB复材壁板项目启动仪式在沈阳国家大学科技城隆重举行。波音中国副总裁张仁赫、沈阳市人民政府市长陈海波、中航工业民机工程部部长庞真参加活动。波音制造创新中心(沈阳)是波音公司在中国设立的第一个区域性研发制造中心,波音777FTB复材壁板项目也是落户中国的波音777飞机的第一个复合材料工作包。此次合作,填补了沈阳市与波音公司在民用飞机研发制造技术和复合材料制造领域开展国际合作的空白,也对沈阳市与波音公司在更宽泛领域和更深层次的合作打下良好基础,必将为沈阳民用航空产业带来新的发展机遇。

(安积平)

【中航工业沈阳飞机工业(集团)有限公司】 中航工业沈阳飞机工业(集团)有限公司,是以航空产品制造为核心主业,集科研、生产、试验、试飞为一体的大型现代化航空工业系统集成企业。公司创建60多年来,几代沈飞人锐意创新,不懈奋斗,传承和铸就了重型歼击机的研发制造优势,创造了中国航空史上一个又一个第一,为我国航空武器装备的发展做出了重大贡献,被誉为"中国歼击机的摇篮”。

进入二十一世纪，中航工业沈飞不断变革创新，主动实施精益管理，航空主业实现了持续、跨越发展。军机型号发展实现升级换代，生产规模扩大，制造核心能力不断提升，已成为我国最强的歼击机研制基地；民机在巩固和扩大与世界航空高端客户合作的基础上，形成了整机合作研发、大部件转包生产、通用飞机整机制造的主营业务，呈现出产业化发展的强劲态势。在非航空领域，注重投资经营，资本运作延伸了航空产业价值链，实现了在仓储物流、烟草机械、机电产品、铝业工程和环保、电子信息等产业领域多元发展，不断拓宽企业的发展空间。

2014 年，中航工业沈飞（集团）有限公司全年实现营业收入 127.3 亿元；利润总额完成 4.7 亿元；EVA 完成 2.7 亿元。应收款项、存货和成本费用占营业收入比率分别为 7.9%、61.9% 和 96.1%，全面完成计划目标。军机科研生产稳步推进，民机项目有序推进。C 系列项目全年按客户调整订单交付 3 架份后桶段和 4 架份前机身，中机身完成首架装配。C919 项目完成尾锥试验件及后机身前段零件配套。后机身后段零件配套未完成。ARJ21、波音、空客、Q400、客改货项目按合同完成全部零件配套。SSJ－100 项目实现首个订单全部零件交付，并成功续签4313.8万美元的新订单。公司顺利通过美国联邦航空局对波音项目第十次适航审核。非航产业实现营业收入8.7亿元，是年计划的 118%。通过实施投资清理，优化投资结构，控股公司运营质量得到提升，保持了非航产业稳定发展。沈飞公司启动全员质量整顿工作。自上而下开展全员质量教育反思活动；开展实物质量综合整治，加强工艺人员、操作人员、检验人员教育和工艺文件符合性、协调性和可操作性梳理；强化内部审核和典型质量问题工序重点监控，严肃质量责任追究。通过整顿，干部员工质量观念和质量意识有所提升，产品实物质量控制趋势向好。全年加强不合格品管控，不合格品审理单数量同比减少 10%，万元产值内部质量损失降幅实现预定目标。公司顺利通过中国新时代认证中心质量审核。

全年承研外部科研项目比上年增长 32%。积极开展先进制造技术的引进吸收和应用，增材制造技术等重大专项课题在生产线应用取得实效。深入推进信息化技术研究与应用，公司获得"辽宁省企业重大研发成果"奖。认真落实党中央“八项规定”和“三严三实”要求，以“为民务实清廉”为主题，扎实推进群众路线教育实践活动，特别是围绕“四风”问题，制订“两方案一计划”，提出整改措施 32 项、专项整治措施 14 项、制度建设计划 17 项。有效提高了各级领导干部的宗旨意识和党性修养，进一步提升了领导班子的整体合力和战斗力。成功召开公司第十次党代会，明确了公司未来发展方向。基层党组织建设、企业文化建设有序推进。坚持以党建带工建、团建，深入推进职工素质工程建设，保障科研生产顺利开展。信访维稳、科协、老干部、退管、统战等工作扎实开展。坚持以人为本，积极履行社会责任，开展定点扶贫和帮扶救助工作，全年救助职工 4000 余人次，支付救助金 386 万元。

（金　波）

【中航工业沈阳黎明发动机（集团）有限责任公司】 2014 年，公司班子全力组织整合优势资源、拉动配套短板，采取了系列有效措施。一是科学管控，从客户需求、行业协作、生产经营、内部产能四个层面平衡资源，系统组织。二是丰富和完善了问题处理机制，完善了厂所联席会制度，加大了厂所技术问题的协调效率。三是颁布了《总经理 1 号令》、《总经理 2 号令》，从产品质量提升、生产服务保障两个方面入手，加大过程管控力度，加快问题解决效率。编制下发了《质量 Q 系数考评办法》，充分发挥质量绩效的激励杠杆作用，提升了质量管理在生产全价值流的辐射能力。成立了 7 个服务保障组，各保障组靠前服务、积极筹措，为生产扫清了障碍。四是拓展生产信息化建设，完成了三大业务板块、30 多个功能模块开发，大幅提高了管理效率。建立设备运行数据采集系统，全面真实掌握关键设备有效加工时间，为科学排产奠定了坚实基础。五是大力实施基建技改建设，为未来发展打下了坚实基础。

围绕产品发展，着力瓶颈突破，技术攻关取得了新成效。某产品取得较大技术突破。科研型号取得了大幅进展，满足了研制需求。围绕效益提升，落实系列举措，经济运行质量得到了良好改善。公司按计划完成了各项回款目标。通过技术和工艺改进，修订和完善了相关的定额，为成本控制提供了科学的标准。从严预算管理，四项费用同比下降 16.29%。通过科学下达采购计划、比价招标等手段，使市场化的材料采购成本下降 1200 余万元。高度关注各板块经营情况，对一些“出血点”进行了专项整改，控亏减亏成果显著。围绕管理变革，推进管理创新，为公司长远发展打牢了基础。组织召开了 AOS 推进启动会，制定出 AOS 三年推进规划，导入流程管理理念，初步搭建起符合公司特点的业务流程框架。着力推动科研试制能力集聚，完成了技术中心、快速反应中心整合工作，建立形成了集产品研发、技术提升、科研产品试制、技术服务于一体的制造技术研发新平台。积极贯彻集团《关于进一步加快非航空民品产业发展的决定》，成立了燃气轮机分公司、国际业务分公司，下放管理权限、转换运行机制，赋予了分公司发展新活力，促进非航板块进入了市场化竞争体制。

着力作风转变，心系员工诉求，党委的政治核心作用得到了凸显。一是在公司党委领导下，扎实开展了党的群众路线教育实践活动，制订了对象清晰、要求明确的具体实施方案，先后完成“学习教育、听取意见”，“查摆问题、开展批评”，“整改落实、建章立制”三个环节的各项工作。二是公司党委从严干部管理，组织修订了干部管理、考核、竞聘办法等制度，规范了后备干部甄选流程，确保了干部选拔质量。三是营造了企业与职工共同发展的良好氛围。成功举办了公司成立 60 周年纪念大会，全面总结了 60 年的发展历程，激发了干部员工的航空情怀。公司心系员工成长，为员工搭建成长成才平台，涌现出“全国最美职工”李志强班等一批先进集体和个人，展现出黎明航空人勇于创新、甘于奉献、投身航空事业的良好精神风貌。积极开展团青工作，创建罗阳青年突击队，完成“急、难、险、重”任务284项。公司团委获得“全国五四红旗团委”称号，工装制造厂优秀青工洪家光被中航工业授予“杰出青年”荣誉称号。

2014年，公司纪检监察、保密安全、武装保卫、信访稳定、离退休管理、职工健康、帮扶救助、计划生育等工作均呈现稳中向好态势，为公司稳定发展提供了坚实而有力的保障。

（高　菁）

【沈阳航天新光集团有限公司】　沈阳航天新光集团有限公司是隶属于中国航天科工集团公司飞航技术研究院的大型国有独资企业，2014年实现营业总收入4.01亿元，其中军民融合与民用产业营业收入2.2亿元。获得中国“探月工程三期再入返回飞行实验任务突出贡献单位”和“全国企业文化建设优秀单位”称号。

生产经营。以客户为中心，全年市场开拓工作成效显著：航天领域继续开展与航天科技集团等主要客户相关洽谈工作；拓展航空领域，实现了航空产业零的突破；加快能源装备产业培育，与航天科工二院、四院、河南特种车辆公司等建立了联系；压力容器公司在加大航天科工三院军工技改项目争取力度的同时，积极跟踪中核集团、航天科技集团等重大项目，相继与中国通用、长春一汽、航天科技一院15所、101所完成新合同签订；拓展现代物流服务，与恒大冰泉、中联重科、北京特种机械研究所等单位建立了仓储配送业务，成功进入快消品和重型机械配送领域。与沈阳市大东区政府联合建立了科技产业园，为入区企业提供现代科技服务，形成了新的经济增长点。进一步拓展了医疗健康体检业务的客户群。

2014年，公司在军品科研生产任务异常繁重，批产、研制高度交叉运行的情况下，采取有效措施，强化科研和生产计划管理，全面完成了年度科研生产任务。按照总装备部、国防科工局和科工集团领导指示要求，全力配合航天科技集团进行某型号发动机分解检查再装专项工作；完成返回器火工锁产品的研制生产，实现了服务舱与返回器的分离和解锁，助力某航天工程圆满成功；火工机构锁和分离推杆系列产品鉴定试验各项指标合格，为神舟飞船按期发射奠定了有力基础；某型号研制成功，为后续通用遥感平台载荷工作环境提供了可靠保障。

基础管理。完成26#项目保密技改项目竣工验收，加大生产设备投入力度，新建军品车间厂房，强化核心能力建设；完成2014年低效公司清理整顿工作和民用产业年度重点任务计划；完善综合业绩考核体系建设，探索建立了财务、客户、内部运营和学习成长等四个方面KPI指标库；加强质量体系建设，完成了质量管理体系文件修订和成熟度自评以及产品实现过程科研生产管理质量主体责任细则，进一步强化了质量奖惩；加强信息化管理，实现了质量管理、档案管理、网络运维管理、数据中心等系统上线运行；认真开展了风险管理与内部控制自评工作，实现了对规章制度、经济合同、重大决策的100%法律审核；通过创新奖、新光奖、专项奖的设立，规范了奖惩体系；加强人才引进，全年引进硕士生占引进大学生比例为76%，实现历史性突破；加强教育培训，全年组织新光讲坛31期，培训干部职工2357人次；注册沙龙20个，组织学习研讨78次，有效提升了各专业系统理论和业务水平；落实品牌发展战略，开展了有针对性的品牌推广工作；加强安全生产和6S管理，全年无安全生产事故发生，保持了6S管理创星标准，一次性通过了集团公司涉密信息系统风险评估，全年无违法违纪和失泄密事件发生，保持了安全稳定的生产环境。

（尚勤涛）

交 通 · 邮 政

铁路运输

【概况】 2014年,沈阳铁路局货物发送量完成3.48亿吨,完成部计划的90.4%,同比降低7.7%,少运2911万吨;旅客发送量完成2.12亿人,完成部计划的92.1%,同比增长0.2%,多运36万人;换算周转量完成3297亿吨公里,完成部计划的90.6%,同比降低7.5%,减少268亿吨公里;货车周转时间完成2.11天,比部计划压缩0.1天,同比压缩0.09天。

沈阳市辖内共有铁路单位20个,其中:独立车站4个(沈阳站、苏家屯站、沈阳北站、沈阳西站)、车务段1个(沈阳车务段)、货运中心1个(沈阳货运中心)、机务段2个(沈阳机务段、苏家屯机务段)、工务段3个(沈阳工务段、沈阳工务机械段、沈阳高铁工务段)、客运段3个(沈阳客运段、餐饮服务段、旅行服务段)、供电段1个(沈阳供电段)、电务段1个(沈阳电务段)、车辆段3个(沈阳车辆段、苏家屯车辆段、沈阳动车段)、通信段1个(沈阳通信段)。

(李　航)

【旅客运输】 2014年,沈阳市辖内承担客运任务的铁路车站发送旅客4792.4万人。沈阳客运段负责担当沈阳、丹东、本溪至北京、广州东、上海、深圳、温州、成都、青岛北、抚远、哈尔滨东、齐齐哈尔、绥芬河、漠河、大连、西宁等方向70对旅客列车的乘务工作。其中:高铁和动车组列车21.5对,跨局直达列车3对,跨局特快列车2对,跨局快速列车8对,跨局普快列车6对,管内快速列车6对,管内普通快速列车7对,管内普通慢车6对,国际直达列车0.5对。全段旅客列车日走行10.66万千米。每天出乘班组65个,日均出乘人数830人。

(李　航)

【货物运输】 2014年,沈阳市辖内承担货物发送任务的车站货物发送量2593.5万吨,实现运输收入22.5亿元,装车日均完成1213车,卸车日均完成1853车,完成两端收入1.38亿元,接取送达完成1008万元。10月25日,东北货运快车开行,共发运货物187万件、11万吨,运输收入1037万元。

(李　航)

【沈阳市辖内铁路】 沈阳市辖内各站段因工作性质不同,经营范围和管辖范围不同。沈阳站、沈阳北站主要担当客运列车的接发及旅客的乘降工作,苏家屯站主要负责沈阳辖区内货物运输和旅客运输工作,沈阳西站主要承担沈阳枢纽货物列车的编组和解体任务,沈阳车务段主要负责沈阳市辖内的客货运输以及铁岭、抚顺市辖内部分铁路的货运和客运任务。沈阳货运中心主要负责沈阳辖区内货物运输的办理和装卸任务。沈阳、苏家屯机务段主要负责客货列车的牵引运输和机车的维修和管理任务;沈阳工务段、沈阳高铁工务段、沈阳工务机械段负责管内铁路线路的维修保养任务;沈阳客运段负责旅客列车的乘降服务任务;沈阳供电段负责铁路运输的供电和维护任务;沈阳电务段负责铁路信号、道岔等电气联锁的维修管理工作;沈阳车辆段负责全局大部分客车车辆的维修和管理任务;苏家屯车辆段承担货车车辆的维修和管理任务;沈阳动车段主要负责管理维护动车组工作;沈阳通信段主要担负铁路通信信息工作。

(李　航)

【沈铁城际铁路(沈阳段)项目建设】 新建沈阳南站位于沈阳市浑南区白塔堡镇小羊安村西侧,三环高速公路南侧、沈营路西侧,是哈大客运专线工程的预留车站,站场全长3.9公里。工程标段划分沈阳南站工程包括站场、站房、动车段三部分。工程总投资78.19亿元。沈阳南站工程共占地131.23公顷,其中:站区44.79公顷,动车段60.35公顷,动车出入段线用地12.17公顷,沈丹上线疏解线特大桥用地13.05公顷,其他路内用地867公顷。全线施工划分为站场、站房、动车段、四电四个施工标段,监理划分站场(含四电)、站房、动车段三个标段。车站布置:沈阳南站规模为22台面26条到发线(含正线4条),其中:客专车场15台面17条到发线(含正线2条),城际车场7台面9条到发线(含正线2条)。车站设计最高聚集人数为1万人。站房工程总面积为22.0万平方米,其中:客运用房9.99万平方米,站场配套工程8.81万平方米,市政配套工程3.20万平方米。动车段年检修CRH3或CRH5型8辆编组动车组三级修200列,运用设施有动车段房屋26栋13.48万平方米。2013年3月开工,计划2016年2月29日竣工,总工期36个月。动车段2014年10月底建成并投入使用,东站房及相应车场与沈丹客专于2015年8月底同步开通。

(李　航)

【铁路线路】 沈阳工务段管辖沈大高速线391.50千米至401.80千米;京哈高速线702.26千米至710.40千米;京哈线690.13千米至882.75千米,其区段包括:沈阳北、铁岭、开原、昌图等16个车站;沈山线0.00千米至27.50千米,其区段包括沈阳西、大成等6个车站;沈大线389.80千米至399.03千米其区段包括沈阳站;沈吉线0.10千米至143.20千米,其区段包括沈阳东、抚顺北等17个车站;辽开线0.00千米至89.50千米其区段包括西丰等3个车站;铁法线0.00千米至22.71千米,其区段包括大青等2个车站;于虎线0.00千米至22.82千米,其区段包括2个车站;三火线3.00千米至39.21千米,其区段包括2个车站。

沈阳高铁工务段管辖正线合计1717.53千米,其中:京哈高速线826.32千米,沈大高速线704.08千米,盘营高速线166.99千米,中海联络线18.02千米,长西联络线1.19千米,哈长联络线

0.94 千米。站专线合计 199.79 千米，线路总计 1917.32 千米；道岔 535 组；正线曲线 227 条/562.06 千米；桥梁 206 座/662.21 千米，隧道 8 座/9.78 千米，涵渠 411 座/9.99 千米。

（李 航）

【铁路车辆】 铁路车辆分客车车辆和货车车辆，客车车辆为全路配属制，货车车辆为全路周转制（特种车除外）。车辆的管理和维修统一归车辆段负责。沈阳市辖内有沈阳车辆段、沈阳动车段和苏家屯车辆段。

沈阳车辆段是全路重要客车检修基地之一，全段共有职工 4753 人，配属客车 3067 辆（含空调车 2497 辆），其中：硬座车 1172 辆，硬卧车 1211 辆，软座车 39 辆，软卧车 255 辆，发电车 103 辆，餐车 138 辆，行李车 137 辆，特种车 12 辆。代管邮政 10 辆。主要担负着客车段修、辅修、空调客车和发电车中修，承担着沈阳到北京、上海、广州、成都、温州、福州、深圳等地 153 组 2363 辆图定旅客列车的执乘、检修工作。

沈阳动车段是沈阳铁路局惟一的动车组运用维修段，主要担负时速 250 公里 CRH5 型动车组和时速 300 公里 CRH380BG 型动车组的一、二级检修工作。负责哈大、长吉、盘营、秦沈客专，沈阳至哈尔滨、大连、北京、青岛、武汉、上海、宁波间动车组列车的运用安全。配属动车组 111 组，其中：CRH5 型动车组 46 组，CRH380BG 型动车组 65 组。主要生产经营指标：全年共完成动车组一级修 1.74 万组、二级修 2967 组、临修 371 辆。同时，按照总公司送修计划，组织入长客股份高级修 48 组，其中：CRH5A 动车组 20 组（三级修 12 组、四级修 8 组），CRH380BG 动车组 28 组（均为三级修）。截至 2014 年 12 月 31 日，图定每日开行动车组列车 106.5 对 85 组。

（李 航）

公路建设

【概况】 2014 年，沈阳市城际开发大道、生态旅游路、普通公路、农村公路建设全面展开。共建设各级公路 1672 公里，相继建设了沈阜开发大道彰武连接线、马宋公路、辽河生态文明示范路一期工程，并启动了沈铁二号公路项目；新建、改造、维修农村公路及村内道路 1125 公里，惠及全市 88 个乡镇 40 余万农村群众；创建明沈线、京哈线精品工程 47.3 公里，实施公路大中修 478 公里，维修、改造病险桥梁 45 座，确保了辽宁省在交通运输部 2014 年度国道路况监测中获得第一名。同时，沈阳四环快速路以其优秀的建设水平和过硬的工程质量，获得中国建设工程鲁班奖。此外，京沈客专沈阳段、沈四高速沈阳段主体征拆工作基本完成，全线实现无障碍施工，特别是在京沈客专沈阳段征地拆迁工作中，通过优化设计、规范制度、打击“三抢”等一系列有效措施，节省征地拆迁资金 19 亿元，得到省政府和中国铁路总公司的充分肯定；沈丹客专、东北环线铁路二期工程和锦阜高铁工程征拆工作也进展顺利。

（胡博 陈千城）

【普通公路建设】 2014 年，普通公路建设项目主要包括三部分，一是时间紧、标准高的迎国检项目，二是超期服役县级公路维修改造项目，三是其它普通公路维修改造项目。全系统广大干部职工在保障质量与安全的前提下，奋力拼搏，圆满完成了普通公路建设任务 478 公里，成功创建明沈线、京哈线 2 项精品通道工程 47.3 公里，为辽宁省在交通部年度国道路况监测工作上全国排名第一的历史好成绩做出了突出贡献。

（胡博 陈千城）

【农村公路建设】 2014 年共计完成农村公路建设 1125 公里，包括农村公路维修改造工程 132 项 527 公里、利用“一事一议”财政奖补政策修建村内道路工程 439 项 445.7 公里和自然村通油路工程 83 项 152.5 公里。其中农村公路维修改造工程和自然村通油路工程是沈阳市政府为民办实事项目之一，项目建设得到了市、县两级政府及广大百姓的密切关注，建设成果得到了广泛称赞。

此外，利用春秋两季养护集中会战，完成路基整修 362.8 公里、清理边沟 250.8 公里等项目，提升了农村公路路域环境和服务能力。通过开展“示范工程”及“标准化养护路”创建，提高了施工及养护管理的规范化程度，在新民市、辽中县和于洪区开展的 3 个硬覆盖试点村建设，打造了农村公路建设的新型示范项目，带动农村公路建设向更高标准迈进。

（胡博 陈千城）

【公路养护管理】 一是公路绿化效果明显。全年共完成县级以上公路绿化里程 748.9 公里，创建 102 线、沈于线、高嫩线、沈李线绿化精品工程 72.6 公里，完成绿化景点 3 处，完成了三、四环路绿化工作。二是公路养护成果显著。通过春、秋两季养护会战活动，完成了路基整修 702.8 公里、路面灌缝 34.5 万延米等项目，加强了村屯路段治理，提升普通公路路域环境和服务能力；创建了养护管理示范路 151.6 公里，维修改造了病险桥梁 45 座。三是公路安全持续加强。施划了路面标线 14 万平方米，实施了马虎山大桥两侧钢护栏提升 440 米。四是养护巡查系统开始试运行。按照辽宁省公路局统一部署，建立了干线公路养护巡查系统，组建了市、县两级干线公路养护巡查队伍，并于 9 月开始在全市范围内进行了试运行。

（胡博 陈千城）

【公路科技创新】 一是在工程建设和公路养护中积极推广应用科技创新成果。完成温拌沥青路面 400 多公里、102 线等沥青厂拌冷再生路面 40 多公里、沥青厂拌热再生路面 47 公里；利用高粘乳化沥青现场常温拌和沥青混合料，快速修补坑槽 4500 平方米，实现了公路养护坑槽修补全天候作业；采用砂封层技术处理路面网裂 3 万多平方米，为道路预防性养护探索了一条新路径。二是切实加强节能减排工作。建成了明沈线省级节能减排科技示范路，完成了康平县沥青拌合站油改气工程并投入使用，将京哈线、明沈线的 20 多万吨旧路铣刨料 100% 回收利用，在全系统广泛开展了以“携手节能低碳”为主题的节能减排宣传活动，并通过新闻媒体对沥青冷热再生、沥青温拌等节能减排新技术应用进行了大力宣传，为沈阳公路建设营造了良好的舆论氛围。三是信息化建设取得新突破。完成了全系统沥青拌合站远程视频实时监控系统的安装和应用。

（胡博 陈千城）

【重点公路建设】 在 2014 年的重点公

路建设过程中,全面推行标准化建设,严格执行《沈阳市重点公路建设管理工作汇编》和《沈阳市普通公路建设施工标准化指南》,从驻地建设、预制场拌和站建设及现场施工等方面提出全新的标准要求,并大力开展巡查检查工作,项目建设与管理更加规范有序。各项目办加强与有关单位和部门沟通协调,克服征地拆迁等困难,推进工程建设顺利进行,圆满完成马宋公路改扩建工程、沈阜开发大道改扩建工程和辽河生态文明示范区道路一期工程下面层施工,启动沈铁二号公路新建工程并完成桥梁桩基施工,实现了2014年工作计划目标。

(胡博　陈千城)

【营祝线延长线新建工程】 2014年11月9日,营祝线延长线新建工程完工,该工程位于沈阳市浑南区,项目起点位于祝家屯镇西南十大线,路线向东南方向延伸,终点位于苏赵线,路线全长1.24公里,公路等级为二级,路面宽度为9米—12米,全线设有小桥1座,圆管涵1道。该工程开辟了一条通往市人大培训中心的新的便捷路径,完善了浑南区的路网布局,改善了沿线居民出行环境,将带动和促进沿线村屯经济快速发展。

(胡博　陈千城)

【国道102线大洼跨线桥段改造工程】 2014年11月10日,国道102线大洼跨线桥段改造工程通车,该工程位于沈阳市大东区境内,工程起点位于大洼桥西南侧352米,终点位于大洼跨线桥东北侧350米,路线全长797米,其中改线段597米、中修段200米。该工程完善了该地区的路网布局,改善了跨线桥两侧交通通行环境,为沈阳市民出行提供了良好的道路通行条件。

(胡博　陈千城)

【公路行业管理】 一是强化质量与安全管理。通过组织开展全系统安全生产隐患大排查、大整治等多项检查活动,全面加强了公路系统的质量与安全生产意识,规范了项目质量与安全生产管理。全年共计对施工现场及拌合站生产开展12项专项检查,进行日常巡查36次,组织落实了平安工地建设、安全生产突出问题整治等10余项安全生产专项检查活动,认真落实省市相关部门有关工程质量和安全生产方面文件94件。二是基本完成了《沈阳经济区公路网建设规划》、《农村公路路网规划》规划编制方案。统一启动了县级以上公路维修改造和农村公路建设的前期工作,并完成了实施方案的编制及批复工作,为普通公路建设项目前期工作树立了标准化样板。三是制订了财务审计标准化建设年活动实施方案。重点加强了内部审计工作,完成了2013年资金使用情况内审工作,下发了《全市公路系统财务审计工作指导意见》,促进普通公路建设资金管理规范化。针对城建重点公路建设项目制定了《项目管理费报销审批程序》,下发了《项目建设资金专户管理的通知》,规范城建重点公路项目资金使用和监管工作。四是全面加强了国有资产管理。完成了2013年度全系统国有资产盘点,按照规定完成了折旧费提取及利用折旧费购置机械设备工作,为公路建设和养护提供了可靠保障。

(胡博　陈千城)

【沈阳四环快速路新建工程获"鲁班"奖】 沈阳四环快速路新建工程(2011年4月开工,2013年7月通车)是辽宁省及沈阳市"十二五"规划的重点工程项目,实施建设里程124.76公里,双向10车道,道路断面宽70米,为全国最宽的城市环线。全线共设置各式桥梁110座。主跨180米的高坎浑河独塔自锚式悬索桥、全长1268米的沈西编组站立交桥、全长1408米的跨秦沈客运专线立交桥是四环路建设的三大关键性控制工程。

沈阳四环快速路新建工程建设单位:沈阳市交通局。设计单位;沈阳市公路规划设计院。监理单位:沈阳公路工程监理有限责任公司、北京中鑫伟业公路工程监理有限公司、铁科院(北京)工程咨询有限公司、辽宁第一交通工程监理事务所。施工单位:中国中铁股份有限公司。2014年3月17日,交通运输部和国家安全监管总局命名该工程为"平安工程"。

2014年12月,工程通过中国建筑协会鲁班奖检查组验收。2014年12月10日通过公示,该工程获2014年—2015年度中国建设工程鲁班奖(国家优质工程)。此外,该工程还获得辽宁省勘测设计协会评选的辽宁省市政工程建筑设计一等奖、沈阳市市政工程建筑设计一等奖。

(胡博　陈千城)

道路运输

【概况】 2014年,全市道路运输共完成客运量2.08亿人次、旅客周转量98.8亿人公里,同比增长2.7%和2.69%;完成道路货运量2.29亿吨、道路货运周转量388.82亿吨公里,同比增长9.46%和10.16%;新增、更新客运车辆1055台、货运车辆1.73万台,其中新能源车辆269台;维修机动车346万台次,同比增长11.6%;检测营运车辆16.2万台次,同比增长8%。继续加大城际客运公交线路开通力度,新增沈抚城际客运公交线路5条,沈抚间线路总量已达14条;积极引导物流行业发展,申报重点扶植物流园区1个,培育规模化物流企业17户;强化水运市场安全监管,举行水上事故救援应急演练,确保航运安全;进一步规范"96122"救援服务体系,建立了市内15分钟、郊县30分钟的救援服务圈;组织开展教练员技能大赛,并被市总工会纳入百万职工岗位技能提升工程;开展源头治超工作,与交警部门建立联动机制,综合治超体系不断完善。

(胡博　陈千城)

【货运车辆超限超载执法行动】 2014年,沈阳市交通局、公安局、工商局、安监局、规划国土局等五部门于10月末至11月末联合开展治理货运车辆超限超载执法行动。源头治超工作所涉及的重点源头单位包括各类矿山、大宗货物交易市场、货运站场、建筑工地、建材(含土石方、混凝土、砂石料等建筑原材料)等大宗道路货物集散地以及其他道路货运装载场所。行动前期阶段,各区、县(市)按照区划分工,对辖区内的重点货运源头单位进行了调查核定,同时成立治超巡查队,对货运源头单位进行巡查,各区、县(市)交通部门还派出专人,强化对货运源头单位日常货物装载环节全过程的监管,从源头遏止超限超载行为的发生。在前期工作的基础上,由市交通局牵头,组织公安局、工商局等五部门共同开展全市范围的联合执法行动，行动以于洪区四环路一带为重点整治区域，采取路查的方式，对出入沈阳市的货运车辆进行逐台排查，对超限超载嫌疑车辆拦截检查，对仍然从事超限超载运输的车辆进行严厉处罚。

（胡博 陈千城）

【安全生产】 2014年，沈阳市交通行业以创建"平安交通"为载体，大力推动安全生产标准化建设，严格落实企业安全生产主体责任和行业监管职责，组织道路客货运输、城市公交、在建项目安全管理等专项检查29次，排查隐患739处，其中重大隐患14处，隐患整改率100%，全行业未发生较大以上安全生产责任事故。市交通局被市政府评为"安全生产优秀单位"；建立信访通报制度和矛盾纠纷终结机制，采取多种措施化解信访案件，全年受理信访案件565件次，上级交办、转办案件办结率100%。

（胡博 陈千城）

【应急综合演练】 为防止和减少交通事故造成的人员伤害，加强道路客运、危险品运输和防汛应急救援能力，检验紧急情况下道路运输行业快速、有效的交通事故救援和应急机制，市交通局于9月11日组织6户道路客运企业、危险品运输企业、普通货运企业、客运站开展道路运输行业应急综合演练。演练项目包括客运班车突发火灾应急处置和应急救援；运输氯气的危货车辆氯瓶泄漏的抢修应急演练；成品油运输车罐体破裂，需要救援车辆倒油的应急演练；发生汛情需要调用运力运输救援物资的应急预案演练；大客车持刀歹徒劫持客车，驾驶员与乘客共同制服歹徒的反恐演练；制服闯入客运站持刀砍人的暴徒，并做出后继处置。同时，联合消防、救护、公安部门，从客车事故、危险品泄露、反恐安保等方面全方位进行演练。

（胡博 陈千城）

【驾驶员安全驾驶技能竞赛】 2014年8月7日，由沈阳市总工会、市交通局道路运输管理处主办，沈阳交通技校承办的沈阳市道路客运行业驾驶员安全驾驶技能竞赛开赛。选手来自全市道路客运行业。运管处组织参赛选手在赛前进行了驾驶技术基本知识的培训和考试。经理论考试环节的筛选后，最终有63名驾驶员参加技能比赛。比赛有场地驾驶、模拟通过铁道、单边桥、定点停车及平衡度检测、限高限宽、意外救助、轮胎检查、现场问答等连续8项的考核项目。

（胡博 陈千城）

【交通基础设施建设】 2014年，建成新长客西站、新长客总站等2座信息化程度高、硬件设施好、服务水平优、多种交通运输方式"零距离"换乘的国家一级现代化综合交通枢纽，新建、改造梅江街、三环长青站等公交停车场6处，面积5.93万平方米，解决和改善了500余台公交车辆停放问题，维修、改造公交站务室101个，整体改造公交站牌300个、公交候车廊400处，并储备了7.3万平方米场站建设用地。同时，投入专项资金，实施客运站信息化建设、县区客运站改造等项目18项，市内主要客运站实现自动售票和检票功能，旅客可通过互联网、手机、自助机等多种途径预购车票。此外，建成了设计院公路质量甲级检测中心及四环快速路保和管理养护中心，使全市公路质量检测和养护水平得到了全面提升。

（胡博 陈千城）

【长途客运西站运营】 2014年3月28日，沈阳西站综合交通枢纽正式启动运营，该建筑为集城市公共交通、长途客运、出租汽车实现互相换乘综合一体的综合性交通枢纽，它的前身是沈阳市长途客运西站，占地3万平方米，建筑面积2.5万平方米，2009年10月开工。该建筑为椭圆形穹顶，镶嵌式玻璃幕墙，站内可容近200辆大型客车。

（胡博 陈千城）

【龙之梦长途客运总站新站运营】 2014年11月8日，龙之梦长客总站工程竣工并投入使用，总面积达到7711平方米，其中：一层741平方米，二层4804平方米，三层2166平方米，二层室外平台8813平方米，发车位9个。

（胡博 陈千城）

【行业信息化建设】 2014年，沈阳市交通局建立了集"大数据中心"、"运行监管中心"和"公众出行服务中心"于一体的智能交通信息平台，实现全方位、全过程、全时段对交通运输行业的动态监管，行业信息化建设水平明显提升；成功开通长途客运班线手机微信售票系统，提升了便民服务水平；开通"沈阳交通"政务微信公众平台，通过网站、手机、平板电脑等多种渠道发布交通运输行业出行信息。积极推广应用沥青冷热再生、沥青温拌等节能减排新技术，建成明沈线省级节能减排科技示范路，完成康平县沥青拌合站油改气工程，同时，在公路建设中全面应用沥青拌合站远程视频实时监控系统。

（胡博 陈千城）

【沈阳市智能交通信息平台】 2014年9月10日，沈阳市交通局成立了智能交通信息中心，并开始试运行。该中心设专人值守对公交行业实行智能指挥调度。市交通局开始对纳入综合平台的线路和车辆运营情况，利用智能指挥调度系统进行实时监控，整合、统计、分析、管理系统提供的各类数据资源，及时发现公交企业出车率、车次完成率低等运营问题，并充分利用系统软件科学调度车辆，调整实际运营过程中存在的串车、大车隔等问题，尽全力保证公交运营秩序，服务市民。

（胡博 陈千城）

【行业文明建设】 2014年，沈阳市交通局联合市总工会、团市委、市妇联、市文明办共同开展了"最美交通人"评选活动，发掘行业自身具有代表性、践行道德准则的"最美"者，树立行业新风，为推动行业发展提供了强大的精神动力；全覆盖分批次地开展道德讲堂活动50次，形成具有交通特色的道德讲堂模式；加大对投诉举报的受理力度，共受理省民心网、市民服务热线群众咨询、求助和投诉16.72万件，按期办结率99.9%，群众满意率90.8%；深度挖掘交通运输行业先进典型，在全行业形成了积极向上的良好风尚，出租汽车驾驶员任川当选2014年感动辽宁网络人物。

（胡博 陈千城）

【"最美交通人"评选活动】 2014年7月中旬，市交通局会同市总工会、团市委、市妇联、市文明办等部门联合开展了"最美交通人"评选活动，在全行业寻找在社会公德、职业道德、家庭美德方面有突出表现的交通行业职工。活动开展以来，得到了全市交通行业从业人员及广大市民的广泛关注及参与。经过行业、社会及媒体的推荐，产生了22位候选人。在此基础上,又经过对候选人进行网络、微信平台投票及专家评审,最终产生最美交通人10人、最美交通人集体奖2家、最美交通人入围奖10人。通过近两个月的宣传和推动,在公交、出租、道路运输、公路、维修驾培等多个交通行业的一线岗位上弘扬了“奉献他人,提升自我”的志愿精神,在整个交通行业形成了积极向上的良好风尚。

(胡博　陈千城)

【交通行政执法】 建立了执法责任监管体系,划定32个执法责任区,开展打击非法营运和出租汽车市场整治专项行动,并针对私家车、租赁车利用“滴滴”、“快的”等打车软件非法从事出租汽车运营问题,制发了《关于严禁客运车辆租赁企业、私家车主等利用互联网和手机软件从事非法营运行为的通告》,明确宣布其为非法经营。全年查处各类非法营运“黑车”2012台,公开销毁“克隆出租车”68台,查处出租汽车各类违规案件5295件;全面开展四环快速路执法工作,查处超限运输等破坏路产路权违规案件97件;有序推进简政放权工作,共取消审批项目7项、下放23项、改变办理方式3项,删减、合并前置审批要件36个,压缩47个项目的审批时限,平均压缩9天,全年受理审批事项6万余件,同比下降近50%,按时办结率100%;制定和完善规范性文件16件,并对往年的规范性文件进行了集中清理,实现行业日常管理有章可循、有规可依;深化政务公开,进一步拓宽政务公开范围,发布政务信息264条,主动信息公开率100%;不断降低行政运行成本,“三公”经费同比下降18%,全面建设节约型机关。

(胡博　陈千城)

城市公共交通

【概况】 2014年,沈阳市在实施国家“公交都市”创建工作中,通过制定发展战略、完善创建方案、建立多部门协调联动机制、加大投资补贴力度等措施,使全市上下对公交优先发展的认识更加统一,确保了公交发展的速度和质量得到有效提升。市委、市人大、市政府、市政协主要领导分别视察了公交行业,省委常委、市委书记曾维在调研时提出了把沈阳建设成为全国一流公交城市的目标,进一步推动了公交优先发展各项举措的落实。全年共新增、更新公交车辆130台,新开、调整公交线路26条,增加运营里程88.1公里,填补空白36.2公里,方便了数十个小区近10万市民的日常出行。同时,起草了《关于优先发展城市公共交通的实施意见》和《沈阳市公共交通管理条例》,并深入开展了公交行业精品示范线路创建和星级驾驶员评比活动,公交运营服务质量得到明显提升。

(胡博　陈千城)

【优化公交线网】 为让市民出行更便捷,确定了“一环减负、二环优化、三环组网、四环辐射”的常规公交线网发展布局,并主动走基层、下企业、到社区,结合市民出行需求,认真研究分析新开、调整线路走向,科学调整线网布局。同时,强化了常规公交与地铁、轻轨的有效接驳,在主要点位实现了无缝衔接和零距离换乘,极大改善了市民的出行环境。2014年,共新开、调整常规公交线路26条,增加运营里程88.1公里,填补公交空白36.2公里,方便了恒大绿洲、碧桂园银河城、华润橡树湾、香堤南苑、俪锦城、富禹龙欣园、华海雅馨苑、中铁万科香湖盛景、保利海上五月花等数十个小区近10万市民的日常出行。同时,为服务区域经济发展,还制定了大浑南和新铁西常规公交线网规划。

(胡博　陈千城)

【新增更新公交车辆】 全面贯彻落实省政府开展的“蓝天工程”,通过政策扶持,积极引导企业广泛使用清洁能源或新能源车型,减少车辆排放对环境的污染。2014年共新增、更新常规公交车辆130台。同时,投入专项资金,加强了常规公交车辆维修与保养工作,增设人性化功能,配备爱心座椅、实行夜间车厢亮化以及冬季开启暖风等,大幅提升了市民乘车舒适度。

(胡博　陈千城)

【公交基础设施建设】 2014年,对18个固定站务室进行修缮,并完成286路万科新榆公馆站的修缮工程和267路薄板厂围墙工程以及118路水电工程。积极协调相关企业推进公交站牌与候车廊改造工作,逐步实现站牌候车廊一体化改造。完成东陵路、文艺路、西顺城街、五爱街、广宜街、联合路等街路300个站牌的改造,完成400个公交候车廊的整体改造。开展公交固定站务室修缮工程。并与东北大学设计部门合作,完成了在故宫、大帅府、西塔等地设计具有文化底蕴的公交候车廊。

(胡博　陈千城)

【候车廊和站牌的一体化改造】 2014年,沈阳市投资1200万元,完成700个点位候车廊和站牌的一体化改造工作。6月底,完成了和平大街、黄河大街、文化东路、五爱街等7条主要街路300个点位候车廊和站牌的一体化改造;2014年底,完成了400个候车廊的整体更新改造,改造的同时实现公交站牌与候车廊一体化。改造过程中,在具备条件的100个点位增设带有座椅的候车廊,完善候车廊功能。公交候车廊灯管全部采用LED灯,实现节能、亮化;候车廊的面板由原来的PC板更换成钢化玻璃,提升候车廊的透光性和美观性。一体化改造减少了设施占用的空间,实现了公交候车廊与站牌的完美结合,也更有利于公交站务设施的管理。

(胡博　陈千城)

【公交车内安全新设施】 2014年,152路公交车更换了27台宇通牌客车,在沈阳市首次设置了驾驶员全封闭舱门,实现了驾驶室与乘客区间的安全隔离;该线路车辆还首次安装了车窗自动爆玻器,该设施可以实现在车辆发生意外时,司机直接打开车窗自爆器开关,击碎逃生通道玻璃,也可以由乘客在逃生车窗旁,拉开保险锁,通过按钮击碎玻璃,实施逃生。

(胡博　陈千城)

【出租汽车运营】 2014年,完成出租汽车客运量5.3亿人次,更新车辆1880台,全部为双燃料车辆。建立出租汽车车容车貌三级检查制度,车容车貌合格率在98.5%以上;加强从业人员继续教育,严格执行教育大纲,从业者素质显著提升,新增模范出租汽车418台,晋升星级驾驶员2190名;严格驾驶员服务质量信誉考核,加强对投诉多、违章次数多等“重点驾驶员”的教育和管理;完善投诉处罚流程,2021名驾驶员接受离岗培训,66名驾驶员被缴销从业资格;强化企业动态考核，对综合考核评分差的企业进行严厉处罚。同时，针对沈阳市出租汽车行业不稳定问题，市交通局高度关注行业动态，认真落实企业包保责任制，不断加强重点区域执法巡查，密切运力实时监控，严厉打击出租汽车市场违法行为，全力确保行业稳定。

（胡博 陈千城）

航空运输

【概况】 中国南方航空股份有限公司北方分公司（以下简称南航北方分公司）前身系原中国北方航空公司。2004年底，经国家有关部门批准，北方航空公司正式将航空主业资产注入中国南方航空股份公司。作为中国南方航空股份公司在沈阳设立的分支机构，南航北方分公司从2005年1月1日起，正式按照分公司模式运营，该分公司位于沈阳东塔机场，以沈阳桃仙国际机场为基地机场，主要经营沈阳出港至国内外大中城市的航线。截至2014年底，北方分公司拥有A320系列运输飞机28架，经营沈阳始发航线67条（不含包机），国际航线连通日本、韩国、新加坡等多个国家。

（李小伶）

【航空客货邮运输】 2014年，北方分公司全年完成运输周转量7.13亿吨公里，同比增长4.0%。完成旅客运输量451.3万人次，同比增长9.1%；货邮运输量4.29万吨，同比下降3.0%。正班客座率82.4%，同比提高0.5个百分点；正班载运率74.3%，同比下降1.2个百分点。全年客运座公里收入水平同比提高2.5%；货邮吨公里收入水平同比提高1.7%。全年分公司累计实现利润总额同比大幅增长，在南航各分子公司中排名靠前。沈阳基地出港航班关舱门正常率96.6%，出港航班正常率82.4%，分别完成指标的104.9%和112.9%，综合运行品质在南航分子公司中名列前茅。

（李小伶）

【航线网络建设】 2014年，北方分公司依据市场需求优化航班编排，适时加大沈阳基地市场的运力投放，保持干线航班稳定，优化部分航线经停点，整体航线边际贡献率达38.7%，同比提高2个百分点；针对旺季期间沈阳机场因地面建筑物超高不再批复国内加班、联检单位保障国际增班困难等问题，北方分公司多方走访协调，使航班计划得到落实，三季度飞机日利用率平均达到10.1小时。针对冬春航班换季，北方分公司赴上海、成都、新疆等地走访协调，在部分航权、时刻批复以及航班回程销售等方面取得了突破，沈阳始发航班结构更趋合理，航班收益有了更好保障。

（李小伶）

【优化飞机布局】 2014年，北方分公司根据南航总体发展战略部署，结合沈阳航空运输市场变化情况及自身的飞行运营保障能力，逐步对机队结构进行优化调整，以构建机型先进、结构精简、经济高效的机队。全年引进A320飞机2架。截至2014年底，北方分公司拥有A320系列飞机28架。其中：A321飞机7架，A320飞机15架，A319飞机6架。分公司共有静态座位4249个。

（李小伶）

【市场营销体系】 2014年，北方分公司营销工作稳步推进。一是有的放矢强化目标管理。针对春运、淡季、旺季不同时段强化营销目标管理，早动员，早部署，编制任务分解表和工作进度表，将责任落实到位。二是精细创新组织客货销售。开展精细化市场预测和收益管理，代理销售量同比增长10.3%，渠道控制力得到提升。加强中转产品开发，国际长航线销售收入同比增长29.1%。积极利用官网、微信、呼叫平台等渠道开展电子直销和客户销售，电子直销收入同比增长36.8%，大客户销售同比增长14.6%。三是建立“三位一体”经营分析监控机制，各部门每日对市场动态、航线经营情况进行分析反馈，共同参与经营决策，保证了经营目标的实现。

在货运方面，分公司紧抓货运市场转型契机，加大高收益货源营销和保障力度，国际直航销售收入增长11.6%，“南航快运”产品销售收入同比增长34.5%，国内快件销售收入同比增长14.7%；货运产投比达到109%，保持了竞争优势。

（李小伶）

【航空安全】 2014年，北方分公司安全管理不断深化。一是坚持底线思维、强化红线意识，通过开展机长规范运行测评、飞行理论培训和警示教育，举办四项综合演练，提高了应急处置能力和队伍素质。二是坚持按章操作、强化防松反违，夯实安全基础。北方分公司制定并实施了新的安全考核细则，并全面查找各级安全风险，有针对性地开展整改与防控；通过持续开展“防松懈、反违章”活动，提高了安全裕度；实施“打非治违百日专项行动”等安全专项整顿，取得了良好成效。三是利用分公司自主研发的《运行管理系统》强化现场运行管理。通过加强运行值班，重点组织现场值班人员进行特情处置培训等手段，提高了运行保障能力与工作效率，有效减少了航班延误。全年完成运输飞行9.52万小时，同比增长7.9%；执行航班4.23万架次，同比增长8.1%。连续253个月保证了飞行安全和空防安全。没有发生严重差错（含）以上问题，同比减少1起；发生1起一般差错，同比减少1起。

（李小伶）

【品牌服务】 2014年，北方分公司在南航服务考核中综合排名位列第二，没有发生服务质量有效投诉事件。在服务管理方面采取的主要措施有：一是完善服务质量检查、服务信息报告和服务质量讲评制度，提升服务规范化水平。全年先后组织6期140人次服务技巧与职业形象培训，提高服务人员职业素养；加强对旅客服务满意度测评细节的管理，提高短信回访满意度；实行服务首问负责制，加强服务投诉管理和分析讲评，最大限度减少服务投诉。全年分公司受理服务投诉量下降了40%，有效投诉为零。二是管理与考核并重，打造南航服务品牌。加强乘务组和地面班组建设，强化评比和考核，提升乘务组和地面班组的服务保障能力和服务质量；组织客舱部编写并实行《两舱攻略》，确保了旺季两舱服务任务的顺利完成；严格执行《一图两表》航延服务保障措施，提高航延保障效率，没有发生因服务原因导致的群体性事件；加快推进选座、餐食、中转住宿、行李限额等付费升级工作，满足旅客多样化服务需求，打造南航服务品牌。

（李小伶）

【新开通航线】 2014年，北方公司根据市场需求进一步优化航线网络，开辟了广州－沈阳－鸡西等12条沈阳始发航线（详见附表）。

附表：

2014 年新开航线(不含包机)

序号	航　线　名　称	开航时间	班　次
1	广州－沈阳－鸡西	2014－3－30	60
2	沈阳－札幌	2014－1－31	13
3	沈阳－大同－西安	2014－10－28	28
4	沈阳－福冈	2014－1－4	48
5	沈阳－呼和浩特－兰州 ZGC	2014－10－28	28
6	沈阳－杭州－珠海	2014－3－30	195
7	沈阳－南昌－三亚	2014－10－26	37
8	沈阳－南京－珠海	2014－10－26	48
9	沈阳－烟台－西宁	2014－7－20	23
10	沈阳－烟台－兰州	2014－7－22	34
11	沈阳－襄阳	2014－7－4	27
12	沈阳－南昌－珠海	2014－1－16	62

(李小伶)

邮　政

【概况】 2014 年，沈阳市邮政管理局以“改革创新、稳中求进”为工作总基调，坚持安全为基、发展为要、服务为上的工作原则，紧紧围绕“抓改革、促发展、惠民生”的工作主线，牢牢把握“提升服务质量、提高监管效能”的工作重点，全面组织贯彻落实《沈阳市邮政管理条例》，依法促进全市邮政业各项工作再上新台阶。

2014 年，沈阳市邮政业务总量实现 17.22 亿元，同比增长 25.57%；邮政业务收入实现 17.49 亿元，同比增长 16.06%。其中：快递业务收入完成 11.70亿元，同比增长30.51%；快递业务量达到7144.84万件，同比增长56.53%，高出全省10.56个百分点，占全省比重 42.90%，位居全省城市排名首位。邮政普遍服务、快递服务满意度和消费者申诉处理满意率稳中有升。全市城乡快递覆盖率达到 100%。

(刘忠诚)

【邮政普遍服务】 截至 2014 年末，全市邮政企业共有邮政普遍服务网点 226 处，便民服务站 349 处，三农服务站 1311 处；邮政企业设置投递部 160 处，投递段道 991 条；配置机动车 186 台、电动三轮车、自行车 611 台，运输段道 89 条，邮路总长度 3790 公里。

一是全力推进空白乡镇局所补建工作，提升农村地区普遍服务均等化水平。市邮政管理局认真落实补建工作部署与要求，积极组织人员对全市空白乡镇局所补建情况进行实地走访及调研，并针对调研中发现的问题积极与市发改委和邮政企业进行多次研究，共同制订补建推进工作方案和措施。截至 2014 年底，21 个空白乡镇补建局所全部对外营业，全面完成空白乡镇邮政局所补建工作任务。二是积极推进便民服务站、三农服务站、村邮站建设，探索邮政便捷服务新模式。市邮政管理局组织力量，对市区的便民服务站、郊县地区的三农服务站等进行实地调研走访，了解、掌握目前服务开展情况、服务需求情况以及存在的问题及不足，并将问题及时反馈邮政企业，帮助企业调整工作方向，指导全市便民服务平台建设。并指导邮政企业对已有的便民服务站、三农服务站等进行深耕细作，努力挖掘潜力资源，力争通过叠加整合，拓展综合服务，充分整合社会资源和服务需求。三是邮政普遍服务、特殊服务监督管理得到加强。邮政普遍服务两个审批《规定》得到依法落实，邮政企业的违规行为得到依法规范。开展了邮政营业场所服务质量检查，促进全市邮政普遍服务达标。依法促进全市邮政普遍服务营业场所全部开办汇兑业务，实现汇兑业务开办率 100%。对全市邮票发行销售场所和邮票印制企业进行了检查，有效规范了邮政企业邮票销售行为和邮票印制质量。开展对党报党刊投递服务情况的监督检查，提升了以《人民日报》为重点的党报党刊的投递服务质量。对全市邮政机要通信网点开展专项检查，全市邮政机要通信继续保持零事故，邮政机要通信寄递渠道安全畅通。依法加强对带有邮政专用标志车辆的备案管理，共完成 363 辆带有邮政专用标志车辆的备案工作。继续完善全市邮政特邀监督员监督体系，全年共开展社会监督 113 人次，形成邮政普遍服务特邀监督报告 72 份。本地区邮政普遍服务质量评价指数平均为 98.45 分。四是交邮合作工作顺利开展。推进邮政业与交通运输业优化资源配置，实现优势互补，组织双方企业进行交邮合作洽谈，促进相互代办代理业务。双方企业利用政府部门搭建的平台，结合行业和企业各自特点、优势，就合作意向进行了充分的论证，针对具体合作项目进行对接，更好地服务民生。

(刘忠诚)

【邮政市场监管】 2014 年，沈阳市已获得快递业务经营许可证的企业97家，共有53个经营品牌，其中：国有企业6家，外资企业7家，民营企业84家。有17家网络型快递企业在沈设立区域型总部，全市快递营业网点408个，快递从业人员1.45万人，已初步形成多种市场主体并存、大小快递物流企业共同发展的市场格局。全市有集邮票品集中交易市场一处，已备案的集邮票品经营业户23家。邮政用品用具生产企业17家。

一是构建安全监管综合协调体系。与地方国安、公安等部门联合成立了邮路安全监管工作领导小组，明确了打击快递企业无证经营、寄递禁限寄物品、建立事故隐患排查制度及行业动态信息共享等工作重点，确立了行业安全监管工作联席会议制度。二是组织签订《安全生产责任书》。全年组织召开两次安全生产工作会议，组织邮政企业、快递企业签订了《安全生产责任书》，并要求企业与其营业网点签订责任书，层层落实责任，进一步落实企业的安全管理主体责任。三是强化业务旺季快递服务和安全保障工作。针对快递旺季服务和安全问题，在“两节两会”、“双十一”旺季生产、APEC会议等重点时段，启动24小时应急值班制度，峰值期间每天巡查掌握相关情况，对邮政、快递企业快件分拨中心、加盟营业场所等重点部位开展执法检查活动，确保了全市邮政业寄递渠道的安全畅通。四是依法组织落实收寄验视制度。督导邮政、快递企业切实落实执行收寄验视制度，并对重点企业落实收寄验视制度的情况进行了实地抽查。开展2次危化品寄递专项整治行动，对全市危险化学品生产企业进行梳理，建立了企业名址数据，指导企业重点防范危化品流入寄递渠道。五是稳步推进标准化建设工作。召开沈阳市快递企业营业网点标准化建设现场会，指导各快递企业规范开展标准化建设工作，全市各快递企业基本实现所属营业网点50%以上达标的工作目标。六是开展邮政用品用具抽检工作。市邮政管理局对市内5家邮政用品用生产企业进行了检查和抽检，对检测主品质量不合格的企业下发了整改通知书，要求企业提升产品质量。七是创新市场监管模式。搭建了邮政安全监管平台系统，实现对全市15家快递企业快件处理中心的视频实施监控。加强了市局对企业各作业环节的监管，日常监管的工作效率和监管效能都得到大幅度提升。八是依法打击邮政市场违法行为。全年共开展各项检查活动200余次，下达书面整改通知10份，进行行政处罚10次，处罚金额19万元。

（刘忠诚）

【快递车辆通行】　2014年，市邮政管理局以依法落实《沈阳市邮政管理条例》为契机，积极与市公安交通管理部门联系，多方进行沟通，并在主管市领导亲自协调下，得到市公安部门的高度重视，召开专题会议进行部署，主动派员到市邮政管理局研究具体落实方案，确保在“双十一”快递服务旺季前将通行证发放到企业手中。

一是全面调查全市快递车辆情况。为解决快递车辆通行问题，在调研快递企业车辆通行难问题的基础上，对全市快递车辆数量、厂牌、车型、车牌号、载重、运营区域、所有权、用途等信息进行统计并备案。全市从事快递配送和投递服务的机动车1010辆，其中快递企业自有车辆510辆。二是多方争取快递车辆通行政策。向公安部门提交《关于商请共同解决全市快递车辆通行难问题的函》，商请与市公安局共同解决全市快递企业服务车辆通行难、停靠难、装卸难等突出问题。主动与服务业委对接相关工作，协调落实十厅局联合下发的《关于推进全省电子商务快递服务健康发展的意见》，争取早日解决全市快递车辆通行难问题。三是核发首批141张快递服务车辆通行证。通过不懈努力，为行业争取到带有“快递服务”专用标识的快递车辆通行证，在“双十一”快递服务旺季来临前夕，为顺丰、申通、中铁快运等全市12家重点快递企业核发了首批141张快递服务车辆通行证。快件整体传递时限缩短了4.5个小时，极大地缓解了业务旺季期间的快件运递压力，多年来制约行业发展的车辆通行难问题得到有效解决。四是在解决快递企业车辆通行难问题的基础上，积极响应市政府号召，在行业内推行新能源汽车的使用，努力为企业争取相应的政策和补贴资金，以逐步实现沈阳市邮政寄递车辆的全面升级更新。

（刘忠诚）

【消费者权益保护】　2014年，市邮政管理局受理2347件申诉案件，经调解，消费者申诉已全部妥善处理，为消费者挽回经济损失19.5万元，并荣获“2014年度全省申诉处理工作先进集体”荣誉称号。在国家邮政局组织的50个重点城市2014年邮政业服务满意度测试中，沈阳公众满意度为81.0分，高于全国3.0分，在全国50个城市中排名第七位，较2013年提升1.3分，且连续两年保持上升势头。

一是通告申诉情况，提升企业重视程度。每月在市局门户网站发布全市邮政业消费者申诉情况通告。在快递企业座谈会上，对各企业申诉情况分别进行了通告，并结合已受理的申诉案件帮助企业分析企业服务中存在的问题，针对性地提出具体要求。二是约谈企业，纠正行为。约谈申诉率连续三个月排在前三名的企业负责人。在要求企业限时整改的同时，指出了企业管理方面存在的问题，提出了具体的整改意见。约谈工作的开展及时纠正了企业违规行为，有效提升了企业服务质量。三是深入企业，督导工作。对于某些企业在一段时间反复出现的问题，或者发生严重损害消费者权益的情况，组织人员深入企业，与企业负责人及客服经理等进行座谈沟通，帮助其分析查找问题的原因，促使问题得到根本解决。四是重视宣传，扩大申诉工作影响力。每月在市局门户网站发布沈阳市邮政业消费者申诉情况通告，让更多的消费者知道邮政业消费者申诉这个维权途径。在媒体上对新修订的《邮政业消费者申诉处理办法》进行解读，引导广大消费者依法依规维权。五是形成联动，及时立案。根据申诉中心提供线索，对汇通、国通两个公司快件积压等问题进行立案调查，有效维护了消费者的合法权益。

（刘忠诚）

城乡建设与管理

综　述

【城建计划全面完成】 2014年,沈阳市全面完成城建计划,共完成投资308亿元。一是基础设施加快建设。沈阳北站北广场改造、迎宾路高架桥、二环快速路二期、东陵路高架桥、浑河云龙湖桥等项目开工建设,地铁9号线和10号线、沈阳南站等项目建设加快,谟家堡跨三环桥、东望街延长线建成通车,长客西站、长客总站综合交通枢纽投入使用。加强地下管网建设,完成供水管网131公里、供热管网改造107公里及4处热网互联工程。二是生态环境持续改善。深入实施"蓝天"工程,供热锅炉拆小并大,全年拆除20吨以下锅炉房134座,完成新北热电等10家电力企业脱硫、脱硝改造和95台燃煤锅炉清洁能源改造。全面推进三、四环沿线生态绿带和城区主要街路行道树补植。积极推进城乡垃圾减量化、无害化、资源化处理,老虎冲、大辛垃圾场渗沥液处理设施改扩建和南部餐厨废弃物处理厂等项目加快建设。三是民生项目扎实推进,新增更新公交车辆210辆,新开调整公交线路20条,全民健身中心室外运动广场和15处市民休闲广场向市民开放。完成3.07万套保障性住房建设和1433户农村危房改造任务,完成100个旧住宅小区环境改造和40个老旧小区节能暖房改造,建成83个公交站务室和144处环卫工人休息室,解决了18.56万农村人口饮水安全问题。

(徐宏涛)

【村镇建设】 2014年,沈阳市村镇建设工作以提升村镇基础设施和环境设施建设水平为中心,完成了村镇道路、饮水安全、危房改造、农村亮化等基础设施建设工程,开展了宜居乡村建设、农村垃圾运行机制建立等农村环境治理工程,农村基础设施和环境设施水平进一步提高。

全年建设农村公路(含险桥改造)500公里、自然村通油路152公里,完成18.35万农村人口的饮水安全工程,建立了一市三县农村垃圾处理运行资金补贴机制,投资1.5亿元开展了辽中沈环绕城线新建工程,改造农村危房1433户,建设农村社区文体广场111处,完成一市三县412个村庄亮化工程,安装太阳能路灯6180盏。

组织完成了5个示范乡镇的示范项目建设,开展了农村宜居达标验收工作,开展了农村积存垃圾清洁活动,顺利通过了辽宁省农村积存垃圾清洁月活动考核验收。组织编制了《沈阳市新型城镇化发展实施规划(2014－2020年)》及其专项规划,组织编制了宜居乡村建设规划。

(姜子平)

【行业管理】 2014年,沈阳市建筑业实现总产值2022.1亿元,同比增加0.8%。同时,全市建设工程质量稳步提高,安全生产形势基本平稳,行业发展水平不断提升。

沈阳市建委通过对全市建筑市场的综合检查,对发现的问题及时下达整改通知,对违法违规经营的企业进行严肃处理等一系列措施,进一步规范和优化建筑市场,全面完成建筑市场整顿规范年工作任务;不断完善定额标准,由市建委编撰出版的两项定额标准进入省造价定额体系,并填补国家相关计价依据的空白;加强施工现场扬尘污染防治,积极开展"质量月"系列活动,启动工程质量治理两年行动,切实强化质量安全管理,事故发生率和死亡人数创近年新低;积极创造有利条件,鼓励企业开拓外埠市场,全年共完成省外产值407.79亿,同比增长18.1%。

(梁文涛)

建　筑

【建筑业发展】 2014年,沈阳市建筑业签订合同额3975.41亿元,比上年增长8.5%。完成建筑业总产值2022.1亿元,比上年增长0.8%。

在沈阳市注册的法人建筑施工企业在外省完成的建筑业产值407.79亿元,比上年增长18.1%。房屋建筑施工面积1.27亿平方米,比上年增长4.2%;其中本年新开工面积5139.95万平方米,比上年减少1.9%。全市建筑业税收收入总计59.75亿元,同比减少14.2%,占全市地方税收收入总额的11.1%。其中,税收收入合计57.73亿元,同比减少14.3%;其他收入合计2.03亿元,同比减少13.5%。

2014年,沈阳市共有建筑业企业2585家,其中:施工总承包企业445家,专业承包企业1865家,劳务分包企业275家。特级施工总承包企业3家,一级施工总承包企业44家,一级专业承包企业162家。共有一、二级建造师2.19万人,其中:一级正式注册建造师3718人,一级临时执业建造师732人;二级正式注册建造师1.65万人,二级临时执业建造师935人。

2014年,沈阳市两项工程获国家"改革开放35年百项经典工程",3项工程获得国家鲁班奖,3项工程获得国家优质工程奖,17项工程获沈长哈三市优质工程观摩金、银杯奖,31个建筑工程项目被评为"辽宁省建筑施工安全生产标准化示范工程"。

(梁文涛)

【工程质量管理】 根据住建部和辽宁省住建厅《工程质量治理两年行动方案》相关部署,2014年,沈阳市开展了建筑工程质量治理行动，通过强化监督执法检查，开展工程质量常见问题治理，试点水泥试块内置芯片，狠抓节能工程、使用功能、检测机构、建筑材料"四治理"，工程项目地基基础、主体结构和使用安全得到有效保证。全年因质量检测问题责令20家检测机构进行质量整改，对4家检测能力与资格都不符合要求的，上报审批单位处理。获质量"三市优质观摩工程"17项，"省优质主体"89项，"省世纪杯"60项，"市优良工程结构"455项，"2013－2014年度市优质工程"156项，市精品工程9项。巩固了工程质量安全管理在东三省的领先地位。制定了《沈阳市建筑扬尘防治管理办法》，全面开展施工现场扬尘污染防治管理工作，督促施工现场更换围挡3.43万延长米，新增硬化面积4.41万平方米，设立垃圾袋装区2.33万处，安装监控设备1221处，新增水冲设施582处，培育扬尘污染防治措施达标施工现场45个，大幅降低了全市施工现场扬尘污染现象。积极开展创文明城市管理工作，连续开展围挡增设"讲文明树新风"宣传及"图说我们的价值观"等内容工作，全面改善农民工生活和工作环境，出色完成创文明城市工作任务。

（侯志远）

【安全生产管理】 2014年，沈阳市监督在建工程1325个，涉及单体1.05万个，施工面积9625万平方米，全年发生建筑安全生产事故6起，死亡6人，建筑施工安全生产百亿元产值死亡人数0.29，远低于省市给定指标2.0，未发生较大以上安全生产事故。

积极组织安全生产培训工作，试点推广精细化管理工作，连续开展隐患排查和专项检查工作，完善应急救援管理体系建设等。全年共组织开展春季开复工安全隐患排查等专项检查及隐患排查12次，检查频次达到6300余次，排查各类安全隐患3.55万余项，重大生产安全隐患823项，一般隐患整改合格率达到98%，重大生产安全隐患整改合格率达到100%，全年累计处罚金额170余万元，吊销1家企业安全生产许可证，暂扣2家企业安全生产许可证，对部分企业进行了约谈，对21个施工现场进行了通报，全市创建全国"AAA"级施工现场10个，省级安全生产文明施工"示范工程"31个，确保了全市建筑安全生产形势稳定好转。

（侯志远）

【规范建筑市场】 为解决工程建设领域突出问题，沈阳市建委把2014年确定为全市建筑市场整顿规范年，成立了建筑市场整顿规范工作领导小组。按照行业专项整顿与建筑市场综合整顿相结合、建筑市场管理与施工现场管理相联动、市区两级建设行政主管部门相配合的方式，对全市建设工程的建设实施和工程质量安全全面排查治理。121家不合格开发企业资质证书被注销；68家经营状况不好、不诚信的建筑企业纳入"红色通道"，被严格审查；40个工程项目涉嫌违法分包问题被查处；2家现场管理混乱的外埠监理企业被清出沈阳建筑市场。同时，开展了工程质量大检查，检查在建工程882项，对工程质量问题相对严重的6个项目责任单位依法进行了行政处罚，并记入不良行为记录；开展了安全生产大检查，检查施工现场3900余频次，下发《责令整改通知书》2578份，下发《责令停止违法行为通知书》1027份，排查重大生产安全隐患823项，对安全问题相对突出的13个项目责任单位依法进行了行政处罚，并记入不良行为记录。

10月，为完善全市建筑市场信用体系建设，将企业信用信息应用到建筑市场实际中，特别是招投标活动中，市建委印发了《市建委关于建立完善施工和监理企业诚信综合评价体系工作的通知（试行）》（沈建发［2014］143号）。根据通知要求，12月1日起，凡在沈阳市行政区域内，依法必须进行招标的，且标段估算价格在300万元以上的政府投资房屋建筑和市政基础设施施工及监理项目，采用综合评估法评标的，应当设置"诚信综合评价"评审指标，评审以施工和监理企业诚信综合评价得分为基础。

6月，沈阳市建委联合市规划局和房产局依据上年底发布的《沈阳市房地产开发企业信用管理暂行办法》，制定了《市建委、市规划国土局、市房产局关于印发＜沈阳市房地产开发企业综合信用评价实施细则＞的通知》（沈建发［2014］95号），对房地产企业分类监管做出规定。同时，市建委建设完成了沈阳市房地产信用监管网并投入了试运行。

（刘呈来）

【现代建筑产业跨越发展】 2014年，沈阳市成为首个国家建筑产业现代化示范城市，以此为契机，加大力度，在工程建设、产业培育、技术研发、政策扶持、质量监管等方面进行了有益的探索和实践，实现现代建筑产业产值1918亿元，同比增长7%。

产业化工程建设规模进一步扩大。丽水新城三期、洪汇园、滨河新城等保障房项目，荣盛、华润、金地等房地产项目采用产业化方式建设，装配式建筑技术全面应用。

产业配套能力进一步提高。继续推进产业园区建设，不断提高企业生产能力，强化上下游产业链配套建设，推行一体化总承包模式，推动沈阳市现代建筑装备制造和现代建筑部品生产企业转型升级。

加快科技支撑体系建设。启动3部装配式建筑地方技术标准的修订和完善工作，积极引进和吸收新的技术体系，研究应用意大利框撑剪力墙全装配结构体系，编制了预制楼梯、叠合楼板标准图集，完成了《装配式建筑工程补充定额》的研究和修订工作。

进一步扩大政策扶持力度。市政府先后出台了《关于印发加快推进现代建筑产业发展若干政策措施的通知》、《关于进一步加强现代建筑产业化工程建设管理的通知》，分批下达了政府投资项目建设计划，通过在建筑工程设计、构件生产、施工安装、安全防护、监理和竣工验收等环节加强装配式建筑工程监管，确保工程建设质量。

（张　岩）

房　地　产

【概况】 2014年，房地产市场进入调整期，面对严峻复杂的市场形势，沈阳市通过调整限购政策、上调普通住房价格标准、组织城建系统职工团购、开通“百姓看房直通车”、组织棚改对接会、举办多元化房交会、加大解遗办证力度等措施，活跃房地产市场交易，房地产市场总体运行平稳，同比略有下降。全年，全市完成房地产投资1976亿元，同比下降9.5%；全市房地产业税收收入162.5亿元，同比下降20.6%，占地税总收入的26.6%，同比下降4.8个百分点；全年，全市商品房合同备案面积1450.5万平方米，同比下降17.2%；备案金额976.3亿元，同比下降17.7%，其中商品住房备案面积1210.6万平方米，同比下降19.2%，备案金额747.9亿元，同比下降20.9%。外地人在沈阳市购买商品住房577.8万平方米，占全市商品住房总销量的47.7%，较上年提高3.3个百分点。全市商品房备案均价6731元/平方米，同比下降0.6%；商品住房备案均价6178元/平方米，同比下降2.2%。

2014年，省政府下达沈阳市住房保障任务2.37万套(户)，实际完成3.09万套(户)。其中：廉租住房计划新增租赁补贴1000户，实际完成1615户；经济适用住房计划2000套(户)，采取建设与补贴相结合的方式完成2536套(户)；公共租赁住房计划1.13万套(户)，通过新建、长期租赁社会房源等方式完成1.74万套(户)；限价商品住房计划5000套，尚盈丽景5004套正在进行园区配套施工；中央下放地方煤矿棚户区改造计划4309套，已全部完成；国有林区棚户区计划改造6户，已全部完成并入住；国有垦区危房计划改造96户，已全部完成。

2014年，省政府下达沈阳市基本建成保障性住房、棚户区改造住房(含结转项目)任务1.77万套，实际完成1.91万套(户)。其中：基本建成公租房1.08万套、经适房2439套、限价商品住房5731套、国有林区棚户区及垦区危房改造102套。

完成改善100个老旧小区环境，做好307个旧住宅区楼内上水改造工作，全面提升旧住宅区管理水平；出台《沈阳市商品住宅专项维修资金应急使用管理办法》，保障房屋公共部位、共用设施设备使用安全；开展全市住宅区物业管理规范化服务大检查工作，规范企业内业资料的整理及服务质量的提高。

全市(不含一市三县)供热面积2.68亿平方米，燃煤锅炉房(热源厂)801座，供热管网长度9480公里(1999年以前旧有管网长度340公里)；供热经营单位252户，供热“三修”总投资4.85亿元，同比增加8.2%；共拆除锅炉房134座，关停锅炉217台，总吨位1550吨，联网面积880万平方米；实施节能暖房工程400万平方米，改造小区40个，楼栋数752栋，涉及居民6.6万余户；完成供热旧管网改造107公里。

棚户区改造工作平稳有序，2014年全市棚户改造任务为1.24万户，截至12月底，共签订协议1.20万户。其中：货币补偿2986户，产权调换9018户)，棚户区安置房建设(含意向购买)已开工1.41万套。货币补偿户数与安置房建设(含意向购买)已开工套数之和为1.71万户，完成任务指标的137%。

(董玲玲)

【改善住宅区环境建设】 2014年4月11日至9月30日，沈阳市房产局在全市老旧小区选择100个住宅区，通过实施绿化提升、增设健身娱乐和安全防范设施、整修破损道路等工程，全面提升旧住宅区管理水平。主要完成道路整修20.37万平方米，铺设方砖12.04万平方米，铺设边石5.73万延长米，安装健身器材627套、监控探头1154个等内容。此项工作被列为市政府为城乡群众“办实事”内容之一。

(董玲玲)

【出台《沈阳市商品住宅专项维修资金应急使用管理办法》】 为加强全市商品住宅专项维修资金应急使用管理工作，保障房屋公共部位、共用设施设备使用安全，2014年6月19日，沈阳市出台《沈阳市商品住宅专项维修资金应急使用管理办法》，并于7月1日实施。

(董玲玲)

【商品房转移登记实行即时办结】 2014年6月24日起，在市房屋登记中心(包括沈河、和平、铁西、大东、皇姑发证所，浑南及于洪房屋登记分中心)实施商品房转移登记(不含解遗项目)即时办结，《房屋所有权证》立等可取。受理后1小时办结，受理凭证自动计算取件时间，明确到分钟。

(董玲玲)

【调整普通住房价格认定标准】 2014年7月21日，全市上调普通住房价格认定标准。对于和平区、沈河区、铁西区、皇姑区、大东区、东陵区(浑南新区)、于洪区、苏家屯区和沈北新区实行统一的普通住房价格认定标准，新标准为11230元/平方米；对于采用装配式建筑技术的住宅普通住房价格认定标准每平方米提高300元；采用全装修的住宅普通住房价格认定标准每平方米提高1000元；采用装配式建筑技术并全装修的住宅普通住房价格认定标准每平方米提高1300元。

(董玲玲)

【全面解除住房限购政策】 2014年9月12日，沈阳市发布《关于解除住房限购的通知》，本市户籍居民在沈阳市购买住房(含商品住房、二手住房)不再提供住房情况查询记录，非本市户籍居民购买住房不再提供纳税证明或社会保险证明。

(董玲玲)

【首届物业管理职工职业技能竞赛】 2014年9月28日，沈阳市召开首届物业管理职工职业技能竞赛。由沈阳市房产局、市总工会、市人社局共同主办，市物业管理协会承办。共49家物业服务企业的236人参赛，经过角逐确定了60名选手的竞赛名次，并分别授予荣誉称号和给予物质奖励。

(董玲玲)

【出台《沈阳市国有土地上房屋征收与补偿办法》】 2014年12月18日，市政府办公厅印发《沈阳市国有土地上房屋征收与补偿办法》，2015年2月1日起执行。对国务院《国有土地上房屋征收与补偿条例》规定的主要制度进行了细化，进一步规范房屋征收与补偿程序，并结合实际，在征收补偿方面，对住宅房屋和非住宅房屋分别规定了补偿内容，对征收范围内未登记房屋处理作了详细规定，使征收补偿更加公平。全市新启动房屋征收项目28项，涉及被征收居民7972户，被征收单位18家，面积50.6万平方米。已完成居民5140户,单位6家,实现晾地7项;完成房屋征收成本审核共审核35项,涉及居民8327户,建筑面积34.9万平方米;单位282家,建筑面积48.4万平方米,审核资金共71亿元。

(董玲玲)

【住宅区物业管理规范化服务大检查】 按照《沈阳市房产局关于开展全市住宅区物业管理规范化服务大检查的通知》(沈房发〔2013〕90号)和《2014年沈阳市住宅区物业管理规范化大检查工作实施方案》的要求,沈阳市房产局分别于2014年3月、6月、9月、12月对和平、沈河、皇姑、大东、铁西、浑南、于洪、苏家屯、经济技术开发区、沈北新区等10个区内的160个住宅项目进行联合检查。对存在严重违法违规问题的物业服务企业下发整改通知书63张,对在复检中仍未达到检查要求的23个项目所属的物业服务企业进行信用扣分处罚。

(董玲玲)

【房交会】 2014年4月17-20日,“中国·沈阳2014春季房地产展示交易会”在沈阳国际展览中心举行。共有50余家开发企业的80余个商品房项目参展,可销售商品住宅1.97万套,可售面积194.39万平方米。房交会现场推出沈阳市在售商品房即时优惠信息发布平台—“网上房交会”,首次出现美国和澳大利亚的境外房地产项目代理商参展。

2014年5月1日,沈阳市举办“2014·沈阳第二届广场房交会”。设置了7个活动场地,分别在金厦广场西广场、中山公园下沉广场、中街商业街、太原街商业街和沈阳站地铁站、沈阳北站地铁站台、青年大街一号线地铁站台。以展板形式公示了240个商品房项目,可销售商品住宅5.91万套,可售面积583.2万平方米。主会场的金厦广场共有20家开发企业参加活动。

2014年5月10日,“沈阳市2014年中街商业街房地产展示交易会”拉开帷幕。首次将展会场地由近郊的专业性场馆转移到繁华商业街内,先后于5月10日、5月24日、6月14日、10月11-15日和10月25-26日在中街商业街举办,可销售商品住宅1.47万套,可售面积141.41万平方米。30多家房地产开发企业的50余个商品房项目参展。

2014年9月23-25日,“中国·沈阳2014秋季房地产展示交易会”在沈阳奥体中心举行。共有102家房地产企业的132个商品房项目参展,可售商品房套数3.2万套,可销售面积273.9万平方米。本届展会引入百姓购房卡会员制模式,开辟了百姓购房、企业补贴试点楼盘展区,30个在售热销楼盘签订惠民让利服务协议。

2014年11月14-16日,“中国·沈阳2014年冬季房地产展示交易会”在沈阳国际展览中心举行。共有102家房地产开发企业140个商品房项目参展,可销售商品房源面积435.07万平方米,可销售房源5.03万套。本届冬季房交会,市政府再次推出购房补助优惠政策:个人购买参展企业销售的,建筑面积90平方米以下、90平方米至144平方米和144平方米以上的商品住房,分别按照每平方米30元、50元和150元发放购房补助资金。冬交会期间,参展楼盘共成交商品住房3741套,签约面积37.63万平方米、签约额25.33亿元。

2014年12月12-14日,“2014沈阳冬季惠民房交会”在沈阳国际展览中心举行。共有109家房地产开发企业的152个商品房项目参展,可销售商品房源面积549.38万平方米,可销售房源5.64套。展会期间,参展楼盘共成交商品住房4273套,签约面积36.66万平方米、签约额25.29亿元。

(佟盛林)

城市管理

【综合巡视监管】 2014年,沈阳市按照“属地管理、区域负责”的原则,充分发挥网格化管理的功能,实施“定人员、定路段、定片区、定责任、定标准、定要求”的“六定”管理制度,在做好日常巡视的基础上,结合行业特点及季节特点,加大了市政设施、园林绿化、市容景观、环境卫生等城市设施运行状况以及夏季城市防汛、冬季除运雪工作的综合巡视监管力度。对环境整治重点街路、桥梁等市政设施和市容环境卫生等重点部位作为巡视监管的重中之重,并实施全员参与巡视监管,加大安全隐患的排查、处置力度,做到早发现、早处理、早解决。同时,由局指挥中心将每日巡视发现的重点、难点问题汇总后上报市政府办公厅,由办公厅负责将相关信息印发各区,加大了督办力度,确保问题及时有效解决。全年综合巡视累计发现大小问题1.57万件,办结率98%。

(冯　萍)

【应急抢险】 2014年,沈阳市按照“预防为主,科学处置”的原则,完善了应急预案和各项应急管理规章制度,建立了汛期应急抢险预警工作机制,切实保障了城市道路、园林绿化、市容、环境卫生等设施正常运行;依据《沈阳市地下设施检查井井盖安全防范管理办法》,加强对地下设施检查井权属单位的日常监管,打造市民安全出行环境,使地下设施检查井安全管理工作步入规范化管理轨道。充分发挥数字化城管平台等科技手段在突发事件处置中的快速预警和协调作用,做好防汛和除运雪指挥工作,对夏季易积水点位加大巡查力度,死看死守;增加冬季冰雪路面和“冰溜子”巡视频次,将事故隐患消灭在萌芽中,杜绝安全事故发生。全年累计处置沈河区文萃路与五爱街口东约100米快车道自来水管线爆裂300平方米等各类大小突发问题262件,均未引发衍生事件,将社会影响和经济损失降至最低。

(冯　萍)

【规范道路挖掘管理】 2014年,沈阳市围绕查找问题、督办解决问题为工作重心,制订了相关的规章制度,进一步规范道路挖掘管理。特别是在地铁施工沿线、二环路高架桥施工道路挖掘改造等重点工程项目期间,组织相关单位专门例会并现场勘查,明确责任、落实措施,要求施工单位制订应急事件预案,加强施工现场文明施工和安全生产管理。为加强重点工程项目道路挖掘管控,打造精品工程,各监管中心抽调业务骨干,实施全程监管、跟踪督办,对每一标段,乃至每一点位都进行细致地现场查看,督办解决重点、难点问题,组织协调施工单位,按照施工计划,有序开展道路挖掘工程，保证质量、进度及道路畅通，并做好管沟回填和路面恢复等项工作，顺利完成了地铁施工沿线、二环路高架桥施工沿线道路挖掘工程。针对道路挖掘年终收尾工作，早安排、早部署，加强了道路挖掘现场文明施工和安全生产的监管，督促各建设单位加快施工进度，抓紧组织道路恢复，并进一步加大监管力度，确保道路恢复质量，切实做好市政道路挖掘收官工作。全年实施规范化监管道路挖掘工程项目165宗。

（冯　萍）

【政务活动综合保障】　2014年，沈阳市行政执法局积极组织协调各区监管中心、市环卫处及相关单位，严格排查政务路线周边环境，高效、快捷地解决沿线问题和隐患，创建安全、文明、整洁的市容环境。在重大政务活动前期，制订专项保障方案，组织召开调度会议，集中验线，采取全时段、全覆盖监管方式，将存在的问题登记造册、跟踪整改，逐个销号，全年累计完成国家、省、市级各项政务活动市容环境综合保障指挥、调度50次。

（冯　萍）

【综合考评】　2014年，沈阳市行政执法局定期组织监管中心和各区城（建）管局对各区开展互检和暗检；组织监管中心对各区以街道办事处为单位开展日常考核，依据《沈阳市城市建设管理综合考评方案（试行）》，着重考评重点地区、难点问题和城市建设工作薄弱环节，采取随机抽检、突出重点，坚持明检与暗检相结合，以暗检为主，注重动态考核，对全市各街道办事处辖区内的环境卫生、市容市貌、园林绿化、市政设施等城市管理情况进行考核，将每月暗检结果作为考评依据，定期将街道办事处排名予以通报。同时，对考评中发现的薄弱环节和存在的问题，及时督促相关单位进行整改。全年共计开展了以市政设施、园林绿化、市容景观、环境卫生为重点的综合考核联合互检5次和专项检查7次。

（冯　萍）

【建立沟通协作机制】　2014年，沈阳市充分发挥市、区在城市管理中的联动作用，建立各部门间的沟通协作机制，部分城区建立的协同中心，有效地提高了城市管理中存在各类问题的办事效率。积极发挥综合监管的行业优势，重点协助各相关行业和单位，加强了主要街路和点位的巡视力度，增加早、晚巡视频次，做到发现问题及时，处置问题快速。开展市政设施安全隐患、路面坑槽、井盖缺失等问题的巡视监管和市政设施维修养护核量等工作；开展树木修剪、补植、春灌、施肥、枯死树木排查，以及公园绿地环境卫生巡查、互检工作；开展住宅小区、建筑工地、重点街路等方面的环境卫生清理整治、垃圾积存点位排查等工作；做好牌匾整治和门前市容环境整治等各项环境综合整治行动。

（冯　萍）

【城市供热】　2014年，沈阳市供热面积2.68亿平方米，其中住宅2.04亿平方米，占全市供热总面积的76%，非住宅为6400万平方米，占全市供热总面积的24%。集中供热面积2.44亿平方米，集中供热率91.2%，热用户281万户。

现有燃煤锅炉房（热源厂）801座，全市供热管网长度9480公里。全市供热经营单位252家。

全市“三修”计划总投资4.73亿元，实际完成投资4.85亿元，同比增加8.2%。其中：大修锅炉263台，大修鼓、引风机425台，大修除渣机356台，维修楼栋1182栋。规模以上供热单位的“三修”投入较上年均有所增加，其中：惠天公司投资6100万元、惠涌公司投资1800万元、华发公司投资3100万元、浑南热力公司投资4000万元

全市供热行业继续开展供热工作“回头看”活动，确定了市、区两级重点整改区域12处，涉及供热面积307万平方米、4.2万户居民。经过落实设施维修等多项整改措施，用户供热效果得到明显改善。

全年共拆除锅炉房134座，关停锅炉217台，总吨位1550吨，联网面积880万平方米。“拆小并大”工程的实施，使沈阳市供热质量进一步提升，本采暖期节约煤炭10万吨，减少二氧化硫排放量6000吨，减少烟尘排放量约8000吨，改善了大气环境质量。

全市计划改造供热旧管网100公里，投资1.2亿元，实际完成供热旧管网改造107公里。供热旧管网改造工作的实施，提高了沈阳市供热管网的安全、稳定性，改善了供热管网的保温性、严密性，降低了供热成本，提高了沈阳市的供热管理水平、技术水平和装备质量。

为进一步加强冬季供热系统运行的安全性和稳定性，继续完善了沈阳市供热应急预案，组织实施了4处不同供热单位之间大型供热管网互联工程，进一步提升了供热应急保障的能力。全市组建了24支供热应急队伍，备用4台移动锅炉房，储备发电机、电焊机等主要应急设备240台，以有效应对供热突发事件。

节能暖房工程2014年被列为市政府承诺为城乡群众办的12件实事之一，全年共实施节能暖房工程400万平方米，改造小区40个，楼栋数752栋，涉及居民6.6万余户。从年初开始准备工作，到10月底工程全面竣工，经过近八个月的工作，圆满完成了改造任务。

（刘永莲）

规划和国土资源管理

【规划编制与管理】　2014年，沈阳市规划和国土资源局积极推进沈阳市城市总体规划方案上报审批工作，按照辽宁省住建厅反馈的修改意见，深化完善总体规划方案，修改完善报告已上报至省住建厅。

科学组织编制区域规划、专项规划。组织开展《沈阳铁西新城总体规划》、《沈阳综合保税区总体规划》、《沈阳浑南新城新南站地区规划》、《沈北新区总体发展规划》、《首府新区概念规划及城市设计方案》等一批重点区域规划编制工作，方案均已进入专家论证阶段。编制完成了《沈阳市防洪排涝规划》、《沈阳市中小学布局规划》、《加油、加气站布局规划》等一批专项规划以及《东北区域金融中心核心区空间发展规划》、《沈阳市四环路沿线总体发展规划》、《金廊地区道路综合改造规划》、《沈阳市绿地系统规划》、《沈阳市全域村庄布局规划》、《地铁9、10号线沿线用地优化及站点地区控详规划》等一批重点规

划、近期建设规划。

进一步强化控详规划管理，依法履行审批程序。按照法定程序全面开展中心城区控规更新及成果上报市政府审批工作，10个单元控详规划方案已获得市政府批复，24个单元控详规划方案正在履行审批程序。积极探索并开展了城市地下空间控详规划研究和编制工作，已编制完成《金融商贸开发区地下空间控制性详细规划》、《太原街地区地下空间控制性详细规划》，方案成果已经市规委会审议通过，在区域地下空间开发建设过程中正发挥着科学系统的指导作用；五里河公园、工业展览馆、奥体中心、文体路、北陵大街等城市重点地区地下空间控详规划方案正在履行专家论证及上报审查程序。

注重加强城乡规划各项制度建设。完成了《沈阳市控详规划编制技术导则》、《沈阳市村庄规划编制技术导则》、《沈阳市镇规划编制技术导则》、《沈阳市建筑工程退让管理规定》、《沈阳市建筑工程竣工规划核实办法》、《沈阳市市政工程规划管理技术规定》等规范性文件起草工作。

（刘乃婧）

【历史文化名城保护】　2014年，沈阳市规划和国土资源局完成了《沈阳市第二批、第三批市级文物保护单位保护范围和建设控制地带核定方案》、《第七批全国重点文物保护单位保护范围和建设控制地带划定方案》；组织完善了《中山路历史文化街区控制性详细规划方案》；整理完成了盛京皇城历史文化街区、中山路历史文化街区、铁西工人村历史文化街区申报材料，已提报沈阳市人民政府。全面完成了市政府已批准公布的第一批41处63栋历史建筑挂牌工作。第二批挂牌历史建筑筛选工作已完成，经专家论证，共计选出50处、108栋具有保护价值的历史建筑，筛选方案成果已提报市规委会审议。

（刘乃婧）

【土地要素保障】　2014年，辽宁省人民政府下达沈阳市新增建设用地指标43.42平方公里（其中农用地30.44平方公里、耕地24.87平方公里），有效保障了华晨宝马、金杯汽车、辉山乳业等重点项目用地。沈阳市在分配新增建设用地指标时，继续坚持以项目为统领，与已批准用地使用情况相挂钩，优先保障省市重点项目，关系国计民生的重大基础设施项目及县域经济发展项目。

（刘乃婧）

【城镇低效用地再开发】　2014年，沈阳市确定了大东、沈河、皇姑、于洪、经济技术开发区等五个区作为低效用地再开发重点推进区域，截至2014年底，已有沈河东部经济区、大东汽车城、于洪新城、皇姑首府新区低效用地再开发项目改造方案已获辽宁省国土厅批准，获批城镇低效用地546.27公顷（大东汽车城二期131.86公顷、沈河东部经济区141.47公顷、于洪新城162.85公顷，皇姑首府新区110.09公顷）。开展城镇低效用地再开发试点工作以来，沈阳市已累计获批低效用地649.14公顷（其中2013年大东区率先获批102.87公顷）。

（刘乃婧）

【农村土地综合整治】　2014年，辽宁省政府下达沈阳市耕地保有量不少于67.36万公顷、基本农田保护面积不少于59.72万公顷。全市市、县、乡、村之间层层签订了耕地保护责任状，明确耕地保护责任和指标数量，按照省里部署，扎实开展2011－2013年度县级政府耕地保护责任目标考核工作，并顺利通过检查组的检查验收。同时，加快推进基本农田划定，全市各县（市）区均已形成基本农田划定方案等相关文字资料，建立数据库，基本农田划定方案已全部通过专家论证，有关数据已交由受委托技术公司进行检验。

加快推进农村土地综合整治项目实施。出台《沈阳市农村土地综合整治项目竣工验收办法（试行）》，规范沈阳市高标准基本农田建设和农村土地整理项目的实施和验收工作。加快推进全市2012年高标准基本农田建设和农村土地整理项目的实施，圆满完成全市2012年高标准基本农田建设和农村土地整理项目的初验和项目清算工作。

（刘乃婧）

【土地批后监管】　截至2014年底，全市2010－2013年平均供地率为77%，其中：2010年供地率90%，2011年供地率78%，2012年供地率75%，2013年供地率59%。

扎实开展土地利用动态巡查。按照行政辖区设立巡查机构，全面巡查建设项目价款缴纳、信息公示、开竣工等内容，同时将用地竣工验收纳入竣工备案审查范畴，确保土地出让合同约定事项落到实处。

开展土地出让合同履行情况专项检查。对2010－2013年间，沈阳市签订的2914宗国有建设用地使用权出让合同履行情况进行全面检查，涉及土地面积1.31万公顷，现已进入问题梳理和全面整改阶段。组织开展2009－2014年建设项目开竣工和闲置情况清查，建立健全项目档案，目前该项工作正按计划扎实推进。

开展节约集约利用专项督察。按照国土部和省厅对土地节约集约利用专项督查工作的部署，市政府已印发工作方案，组织完成全市1600多个批次、2.7万多公顷建设用地供应情况的核查、汇总上报工作，各区、县（市）政府正在对存在的问题进行整改。

（刘乃婧）

【土地执法】　全市13个县、区政府建立了以国土资源管理部门为牵头部门的国土资源执法监管共同责任机制，并以政府文件形式予以明确，县、区相关部门联合执法的局面已初步形成，为严厉查处国土资源违法案件提供了保障。

完成高尔夫球场及中央巡视组反馈问题整改工作。按照国家和辽宁省的要求，沈阳市对违法违规高尔夫球场进行了分类整改，取缔了江南、李相、千湖3所高尔夫球场，消除了沈水湾、陨石山高尔夫球场特征，停止经营。对中央巡视组反馈的128个土地违法问题（共涉及129宗地）进行了查处和整改，非立案查处13宗，立案查处116宗，已全部查处整改到位。

开展2014年土地变更调查工作。国土资源部分两个批次下发沈阳市2014年土地变更调查图斑3664个，图斑面积4347.2公顷。积极组织县（市）区执法部门进行外业核查，掌握图斑用地位置、现状等情况。召开土地变更调查调度会，逐个县区逐个图斑了解具体情况,要求对内业判定为违法用地的图斑,抓紧时间进行查处整改。

(刘乃婧)

【三权发证】 根据沈阳市委、市政府有关要求,沈阳市规划和国土资源局积极组织开展农村宅基地使用权和集体建设用地使用权确权登记发证工作。全市宅基地和集体建设用地登记发证工作涉及全市14个县(区、市),146个乡镇,共计约1600多个行政村,面积约796平方公里。截至年底,全市宅基地和集体建设用地地籍调查工作已完成工作总量的95%以上。

(刘乃婧)

【土地储备交易】 2014年,全市土地市场共出让土地430宗,出让土地总面积1733.36公顷,成交总价264.18亿元;继续加大力度开展土地出让金欠款清缴工作,2014年,共清缴土地出让金欠款115.27亿元。积极克服宏观调控和政府融资平台清理等不利影响,努力拓宽融资渠道、优化融资结构。新签订收储协议地块22宗,土地面积425公顷,征收成本91亿元。

(刘乃婧)

【"青山工程"治理】 2014年"青山工程"矿山地质环境治理工作共涉及5个治理项目,已全部竣工验收。5个生产矿山完成任务百分比为318%,超额完成治理任务。

(刘乃婧)

【审批服务】 2014年,沈阳市规划和国土资源局扎实推进"双进双解"活动,通过采取局领导分工包片、走进企业、现场办公等形式,实行审批处室每周例会制度,协调解决项目审批过程中遇到的问题。窗口共受理建设单位报建1218件,其中规划类760件,土地类458件;发放各类许可及审批文件1133件,其中规划类724件,土地类409件。在所有行政审批服务事项中未出现投诉事件、超时事件、违反工作纪律行为和违法违纪事件。全市(含一市三县)共计核发《选址意见书》171件,《建设用地规划许可证》508件,《建设工程规划许可证》853件(市政工程230件),批准建设规模2940万平方米,其中,市区核发《建设工程规划许可证》713件,批准建设规模2704万平方米,占全市总规模的92%。共办理土地抵押及注销登记282件,土地查封及解封登记61件,土地发证及注销登记48件。

(刘乃婧)

【信息化管理】 2014年,沈阳市供地、地籍等审批系统应用已覆盖全部区(开发区)分局、县(市)局;一张图数据中心数据持续更新,新增了土地市场动态监管数据、储备交易数据、地价评估数据;土地储备交易系统已上线应用,实现了相关业务部门关联,信息共享,打通了规划和国土业务的关键环节;升级版土地供应系统已正式上线运行,新增供地率和供后闲置土地管理功能,实现以图计数方式自动量算供地率和供后闲置土地的信息化管理。

(刘乃婧)

市政建设

【概况】 2014年,沈阳市城市建设管理局设施"精细化"维护管理工作成绩显著。市、区维护单位紧紧围绕"精细化"养护管理总体工作目标,切实加强市政设施维护管理,取得了良好的实效,全年累计完成道路维护105万平方米;调补边石45万延长米;桥梁清洗165万余平方米;清掏窨井11万次,清掏管线1810公里。

从2014年初开始,克服气候影响开展了全市范围的市政设施阶段性集中整治活动,各维护单位均使用道路冷补材料及热再生修补机械修补工艺对路面进行修补,较好的解决了市民关注的热点问题,春季维护工作中,继续向纵深发展,制定切实可行的年度维护计划,全年保持对道桥设施的预防性、经常性、周期性维护,工作中积极采用新的维护工艺,有效的解决维护工作中存在的难点问题,全市排水设施排水维护工作从年初开始,下发了《城市排水设施维护工作实施方案》,全面部署了按系统和重点易积水区域排水管渠清扫工作,汛前完成了泵站大井以及市、区重点街路的主干管渠清掏、雨水井连通管、窨井与雨水井的清扫清掏疏通工作,确保排水管渠功能得到充分发挥,为汛期排涝奠定了坚实的基础。依托科技文化,大力开展技术创新,继续推广完善桥梁伸缩缝降噪新工艺、调整检查井施工工艺、检查井消声工艺、特别是在道路早期裂缝处置工作中,积极总结经验,市管街路灌缝工艺得到有效的落实,取得了良好实效,使道路"预养护"得到持续发展。

城市防汛工作圆满完成。完善城市防汛指挥机构和责任体系建设,汛前重新调整组成了以市政府党组成员佟晶石同志为总指挥、以各区政府和市直有关部门为成员单位的市城市防汛指挥部,进一步修订完善《2014年沈阳市城市防汛工作方案》和《2014年城市灾害性天气防汛抢险工作预案》,及时发布预警、确保防汛工作及时到位,进入主汛期,每次降雨前市气象局及时发布重要气象报告,按照雨情信息紧急会商,果断决定启动城市防汛预案,分别按雨情量级下达了5次城市防汛预警令,及时指挥调度各成员单位全力做好应急部署和战胜强降雨的各项准备。经过各级部门的共同努力,在汛期,城区供水、供气、供电、地铁等运行正常,未发生重大险情灾情,无房屋倒塌,无人员伤亡及财产损失。

关注民生、较好的完成市民投诉、人大、政协提案工作。全年共受理市政行业,市民行风热线,民生微博、民心网等各种投诉平台建议400余件,反馈率、处置率100%,满意率98%以上,答复人大政协提案26件,满意率100%。

(冯　萍)

【市政设施维护】 2014年,为确保"后全运时代"市政设施维护管理上新台阶,沈阳市城市建设管理局对市政设施实行"精细化"养护管理,树立"科学养护、全面养护、预防养护、精品养护"的工作理念,建立完善了一年四季维修养护制度,工作中,依托科技,大力开展技术创新,全年保持对市政设施的预防性、经常性、周期性维护,针对道路坑槽、边石移位、方砖破损、桥梁粉饰、市民投诉等项目进行重点整治,市管街路道路灌缝"预养护"工作取得良好实效,排水设施维护汛前完成了市、区重点街路的管渠、雨水井的清扫清掏工作,为汛期排涝奠定了坚实的基础，同时打破“猫冬”传统观念，强化冬季设施维护应急管理，使用道路冷补材料及热再生修补机械修补工艺对道路病害进行处置，有效解决污水外溢等市民关注的突发性事件，全年共完成4次市政设施集中整治活动，累计完成道路维护105万平方米；调补边石45万延长米；桥梁清洗165万平方米；清掏窖井11万次，清掏管线1810公里。市政设施维护管理工作逐步走入维护管理体制和运行机制良性循环轨道。

（冯　萍）

【城市防汛】　2014年，沈阳市城市建设管理局建立和完善城市防汛指挥机构和责任体系，汛前重新调整组成了以市政府党组成员佟晶石同志为总指挥、以各区政府和市直有关部门为成员单位的市城市防汛指挥部，完善制订了《2014年沈阳市城市防汛工作方案》和《2014年城市灾害性天气防汛抢险工作预案》。极早部署启动城市排水管渠清扫疏通和排水设备检修工作。汛前完成清扫管渠525公里、清掏窖井7.25万座次、清掏雨水井6.28万座次，完成机泵大、中修126台次，检修水泵276台、确保泵站完好。防汛工作及时到位，城市安全度汛，在汛期全市降雨天数为19天，总降雨量为155.2毫米，进入主汛期，市城市防汛指挥部按气象报告，果断决定启动城市防汛预案，分别按雨情量级下达了5次城市防汛预警令，及时指挥调度各成员单位全力做好应急部署和战胜强降雨的各项准备，圆满的完成了全年城市防汛工作任务。

（冯　萍）

【市政设施建设】　东陵路高架桥工程2014年9月30日，完成招标工作主体工程顺利实施，自来水、通讯、燃气、排水各类管线排迁工作进展顺利，主体工程下部结构接近尾声，为2015年顺利完成奠定了坚实基础，怒江北街下穿三环及裕虎铁路工程，并于8月15日进场施工，铁路部分现已完成旋喷桩2070孔；防护桩12根全部完成；电力化杆基础4根全部完成；降水井完成26根；市政部分的机动车道完成挖运土方2.6万立方米，排水工程下钢筋混凝道260米，砌筑检查井5座。为2015年顺利完成奠定了坚实基础，5月30日前完成了文化路立交桥二层环岛改造工程建设，7月10日前完成沈抚桥桥面改造工程。

一是科学制订工程设计方案、切实解决群众关心的热点问题，文化路二层环岛改造工程，针对该地区通行难热点问题，通过高标准设计理念的融入，有效的实施，彻底解决了该地区交通不畅问题，取得了良好的实效，二是科学组织施工、全力推进重点工程项目步伐，重点项目东陵路高架桥工程，工期紧任务重，在前期排迁工作中，不断的总结经验，打破常规理念，克服外部环境不利因素对施工的影响，从实际出发，建立了严密的组织管理机构，制定了详尽的质量、安全、管网挖掘、文明施工措施，推陈出新，科学管理，在保质量、保文明施工、保道路畅通的基础上，以最快的时间全力推进管线排迁工作，为确保主体工程顺利实施奠定坚实基础。三是坚持抓建设项目质量管理、形成常态化良好工作模式，为避免抓质量管理一段式、一窝蜂的问题，坚持长远发展，常态管理，在原有基础上，探讨完善长效质量管理机制和责任追究体系，有效发挥管理部门和法律法规的作用，弥补管理漏洞，使设计、施工、监理、检测等单位时刻受到制度和程序的约束，采用科技手段，完善质量管理技术措施，建立从原材料进场、拌和物出厂到铺设完成的全程监控体系，实现管控一体，保证质量管理的标准化、规范化和常态化。四是规范现场管理、全面提升建设项目文明施工档次，在工程管理中，要把抓好文明施工作为首要工作来抓，严格按文明施工现场标准管理现场，做到残土残料日产日清，材料堆放有序，设备停放得当，现场设置工程简介和公示牌，施工路段有防护设施、有彩旗、有醒目的人行化标语等。狠抓了文明施工管理，创建建设工程现场文明施工新形象。

（冯　萍）

【东陵路高架桥工程】　工程总投资12.06亿元，西起沈海桥加宽段高架桥东至三环东陵收费站，新建高架桥长6.9公里，工程由三部分构成：一是沈海桥加宽段高架桥，新建高架桥长1.4公里。二是沈海立交桥至沈抚立交桥段高架桥，长3.2公里。三是沈抚立交桥至三环东陵收费站段高架桥，长2.3公里。工程于2014年9月30日完成招标工作开工建设，计划2015年竣工。主体工程施工中，克服冬季施工的不利因素，从实际出发，推陈出新，科学管理，全力推进主体工程建设步伐，完成主体工程桩基础1135根、承台142个、墩柱107座。工程竣工将大大缓解城区东西方向压力，形成东西快速通行的良好格局。

（冯　萍）

【怒江北街下穿三环及裕虎铁路工程】

怒江北街贯通工程，南起怒江北街阳山路，工程向北下穿三环和裕虎铁路，全长1066.48米，双向8车道，新建长23米下穿铁路框构桥1座、及两侧引道工程，新建雨水提升泵站1座及排水设施。该工程计划总投资2.3亿元，工程分两年实施，全部工程2015年完成，工程于2014年8月15日进场施工，已完成铁路部分主桥框构桥顶进工作，完成旋喷桩2070孔；防护桩12根全部完成；电力化杆基础4根全部完成；降水井完成26根；市政部分的机动车道完成挖运土方2.6万立方米；排水工程下钢筋混凝道260米，砌筑检查井5座。怒江北街的贯通工程，是沈阳市路网建设的重要节点项目，工程的竣工，使城区南北新增一条重要通道，对缓解南北交通压力，推动经济发展，改善民生环境起着重要的促进作用。

（冯　萍）

【文化路立交桥二层环岛改造工程】

文化路立交桥位于青年大街与文化路交汇处，是沈阳市重要的交通枢纽。为了缓解文化路立交桥的交通压力，决定对二层南北向的非机动车匝道桥拆除新建，使其能通行中小型机动车。新建天桥采用钢梁代替原来的混凝土梁的处理方案，改造后跨径布置仍为7.5+25+7.5=40米，横断布置由原来的4米（人行道）+7米（非机动车道）=11米，改为3.5米（人非混行道）+7.5米（机动车道）=11米，结构形式由原来的变截面无梁板钢构桥改为三跨简支梁桥，桥宽与原桥保持一致，工程于5月30日竣工通车，通过高标准设计理念的融入，有效的实施，彻底解决了该地区交通不畅问题，取得了良好的实效。

（冯　萍）

【二环路改造（二期）工程建设】　二环

二期工程南起揽军路高架桥北桥头，经重工街、白山路，北至白山立交桥西桥头，全长13公里。工程建设拟采用新建高架桥并对地面道路进行改造的形式，结合西、北二环桥梁情况，新建揽军高架桥至建大立交桥段高架桥1.75公里；新建建大立交桥至大成桥段高架桥2.3公里；新建大成桥至西江街以东段高架桥4.16公里；新建怒江街以西至白山立交桥段高架桥1.66公里。4段高架桥总长度约为9.87公里。同时，拟新建3处人行过街天桥，分别为勋业三路人行天桥、南七西路人行天桥和铁西体育场二环路人行天桥。工程计划分2年实施，第一阶段从2014年4月进场施工，6月下旬完成排水工程，6月底完成主要管网排迁工作，11月前完成全部下部工程以及部分上部工程，11月停工缩回施工围挡；第二阶段从2015年3月复工，开展剩余上部结构、附属工程以及地面道路改造施工，2015年11月完成全部工程实现桥上通车。主体工程于2014年7月开工建设，截至12月底，共完成了1500余棵树木移植、近5公里排水管线和50余项其它管线的迁移工作，完成了1714根桩基础、280座承台、275座墩柱、21联混凝土箱梁、10跨钢箱梁的桥梁主体建设工作，实现了年初既定的工期计划目标。

（冯　萍）

【沈抚桥改造】　该桥建于1997年，位于东二环路与东陵路交叉口处，为三层定向式立交。东西向主桥设计荷载为汽－超20，匝道桥设计荷载为汽－20，通过2013年对该桥的检测发现：主桥和匝道桥桥面铺装及引道路面均存在大面积破损、开裂、修补后再次破损的情况；全桥伸缩缝止水带损坏，且缝内被泥土等杂物填充，导致其失去伸缩功能；由于伸缩缝止水带损坏导致其下部的梁体、盖梁、桥墩和桥台混凝土被水腐蚀，个别部位钢筋锈胀混凝土破损。针对存在的病害，按照城建计划安排，投资740万元，对沈抚立交桥存在的病害进行了彻底整治，将主桥和匝道桥铺装层拆除重建；主桥和匝道桥引道路面沥青层拆除重建；伸缩缝内杂物清理并更换止水带；梁体、盖梁、桥墩和桥台混凝土遭到腐蚀和破损处修补并采取防水措施。7月10日全面完成了桥梁整治工作，工程竣工后彻底消除了桥梁病害，桥梁的使用功能得到了进一步提高。

（冯　萍）

园林绿化

【概况】　2014年，沈阳城市园林绿化工作紧紧把握巩固后全运时期城市绿化成果这一主题，以“精管理、促发展、强队伍”为主线，组织开展以运河环境整治提升为突破的绿化精细化管理工作，全力开展苗木驯化储备系统工程，着力打造“三季有花、秋季观叶、冬季观果、四季常绿、五彩缤纷”的城市绿化景观。

（冯　萍）

【“135”苗木驯化工程】　为彻底改善沈阳行道树形象，保证适地适树原则的真正落实，在认真论证的基础上立足当前、着眼长远，组织实施了“135”苗木驯化工程。一方面，从沈阳周边采购现行同规格苗木补植到街路中，并改扩建现有的三个苗木基地，从外地大量引进国槐、大叶朴、裂叶榆等乡土苗木进行为期三年的圃地驯化，而后应用到街路补植和新增绿地中。同时，培育香柏、侧柏等新奇品种，五年后广泛应用在沈阳的街边绿地、公园，保证成活率，提升丰富绿化形象。在榆树屯苗圃、青年苗圃、祝家苗圃和新建的康平苗圃共266.67公顷的圃地里共储备苗木65.5万株，其中4－6公分水曲柳、紫椴、五角枫、山槐、皂角等大苗19.5万株、小苗27万株、花灌木19万株。另一方面，支持沈阳周边企业苗木场发展和培育应用苗木。从2014年开始，所有市财政投资的绿化工程竞标方，须在沈阳周边有自己的苗木基地，以保证苗木资源充足和补植成活率的提高。

（冯　萍）

【“百校百树育树育人”活动】　2014年，沈阳市城建局联合市教育局组织实施“百校百树、育树育人”活动。从4月末到5月末，组织协调设计和施工单位，结合各学校绿化现状和场地条件，按照因地制宜的原则共对全市城区103所学校栽植以本地乡土树种为主的乔木、灌木及地被，总计百余个品种、2.07万株树木。为保证教学秩序和学生安全，完全利用周末及夜间施工，改造后校园绿化环境面貌一新，得到广大师生的一致称赞。

（冯　萍）

【金廊绿化提升工程】　2014年，沈阳市实施了重点街路景观提升及改造工程。该工程对金廊（青年大街）沿线绿地景观、市府广场绿化景观及北站南广场绿化景观进行了整体提升改造。该项目共栽植油松、白扦、万峰桧、美国红枫、枫杨、黄菠萝、小叶朴、海棠、白蜡等20余个乔木品种、1767株，其中30公分以上点景大树8株（枫杨、元宝枫、小叶朴、黄菠萝、稠李）；栽植连翘、金叶风箱果、枫树球等8个品种灌木、748株；栽植金叶榆、爬地柏、红瑞木等5个品种、6678平方米；栽植福禄考、景天、草坪等地被1.18万平方米。

（冯　萍）

【重点街路绿地景观提升】　2014年，沈阳市重点实施了青年大街、黄河大街、泰山中路等10余条重点街路以及天后宫绿地、文华园绿地等20处广场绿地景观提升。通过应用玫瑰、刺玫等蔷薇科植物及市树油松、爬地柏等常绿树及杨柳榆槐等乡土植物完善城市绿化景观效果。尤其是针叶树的栽植，改善了北方城市冬季缺绿少绿现象，同时应用美国红枫、亚斯特海棠等彩叶树、观果树等新优树种来丰富金廊沿线景观效果，形成三季赏花、秋季观叶、冬季看果、四季常绿、五彩缤纷、各具特色的多样化园林格局。

（冯　萍）

【街路行道树补植】　2014年，沈阳市各区城管（建管）局对所属区域街路缺株行道树进行了全方位补植。据统计，和平、沈河、大东、皇姑、于洪、铁西、浑南各城区共补植行道树街路188条、补植行道树2.34万株。补植充分结合现状品种和规格，以乡土树种为主，主要品种有杨树、柳树、刺槐、国槐、银杏、白蜡、黑松等二十余品种。其中：和平区补植行道树2534株，沈河区补植2445株，大东区补植3678株，皇姑区补植6120株，于洪区补植 2642 株，铁西区 2800 补植株，东陵(浑南新区)补植 3214 株。

(冯 萍)

【公园、绿地改造】 2014 年，沈阳市对市区内八一公园、怒江公园等 9 个公园实施建设、改造工作。并对全市 37 处、21 万平方米广场绿地实施改造。提升公园管理科技水平，改造和完善园区监控设备功能；加大园区、广场园路绿化覆盖比例，提升园区园路景观水平，发挥公园、广场、绿地造氧功能；增设健身器材等附属设施，方便市民、游人健身休憩。

(冯 萍)

【精细化养护管理】 一是加强春季绿化养护管理工作。积极安排并督促各区和市直绿化部门加强春季绿化养护管理工作，重点进行春季绿化修剪和绿篱白蜡蚧的清除工作，对树木的枯枝、病虫枝、衰弱枝、损伤枝、重叠枝、下垂枝等进行合理的截枝修剪。截至年底，市内 7 个中心城区和市直单位共修剪街路行道树和绿地型树 15.8 万余株，修剪草坪、绿篱 136 余万平方米。

二是细化监督检查管理工作。加强对全市园林绿化行业的日常管理与技术指导，及时发现并处理各种园林绿化养护作业方面存在的问题，认真细化并制定园林绿化精细化管理检查考核方案，通过管理单位互检与监管单位巡检、媒体监督与市民投诉相结合，采取日巡视、月考核、季汇总、随机检查，综合考虑领导批评、市民投诉、媒体曝光等方式，形成全方位、全时段的检查考核机制，最终作为年度对各区的绩效考核和园林绿化养护以奖代拨提供公平合理的数据依据。

三是完善各区责任管理体系。市、区两级监管部门密切配合，加大工作力度，进一步完善各区、市直绿化部门的责任体系。依照“简便易行、标准简化”的原则，按照“定人、定岗、定责、定时、定奖惩”的工作措施，落实人员、明确责任，使责任到人。

四是建立微信群信息平台。充分运用流媒体时代的传播工具为绿化工作服务，建立园林绿化行业的微信群，将市区各管理部门纳入其中，及时有效的进行信息的收集、汇总、报送、发布、反馈，增加工作的透明性、时效性、可达性。在运河整治工作中，用微信群及时进行相关信息的发布和反馈，促进了各区的工作开展，特别是沈北、浑南等财税独立区也积极进行绿化卫生整治工作，形成了比学赶超的氛围。

(冯 萍)

【运河景观带环境整治】 2014 年，沈阳市城建局组织绿化精细化管护工作，变冬闲为冬忙，全面开展了运河景观带的环境整治提升工作，以此为突破带动全市园林绿化管护工作全面开展，在春季绿化中抢早抓好。市运河管理部门和沿线各区绿化部门的全体干部职工，奔赴一线，开展以清洁卫生、除冰除雪、维修设施等为重点八项整治工作，一个月打造整洁运河，三个月提升运河整体形象，年底前运河大变样，为市民提供一条优美的休闲城市带。运河沿线共出动 6 万余人次，清运枯枝、树叶、垃圾、残土3.83 万立方米，处理侵绿、毁绿事件 80 余件。同时将进一步维修园路8.2万平方米，园林小品 72 处，新增挡车边石 1 万延长米，维修人行桥梁 3 座，全面消除裸露地面，栽植乔灌木1.2万株，栽植草坪2.6万平方米。

(冯 萍)

【春季绿化水肥管理】 2014 年，沈阳气候较为异常，冬季有效降水不足，春季升温迅速，均给植物生长带来了不利的影响。市城建局按照乔木、灌木、花草的不同生理属性和生态习性，建立起分类养护调整方案，对新植乔木施底肥，结合春旱浇水施以液态有机肥及颗粒肥，保证其生长力；对灌木绿篱在生长期施用氨肥，同时加大修剪频次，保持整形到位；对栽植的花卉草坪浇足透水增加有机质，高温天气早晚浇水保持草绿花艳。

(冯 萍)

【植物保护】 2014 年，沈阳市城建局继续完善全市园林植保工作管理机制，努力推进全市园林植保管理工作的科学化、制度化及规范化发展进程，从而全面提升园林植保工作管理水平。一是下发了《关于做好沈阳市城市园林有害生物防控预警工作的通知》，督促各区按照防控预警通知要求，抓紧落实资金、药剂、设备等方面的准备工作。全市共安排植保资金 200 万元、储备无公害药剂 60 吨，并对防治设备进行了检修。二是抓住植物萌动前的时机，普遍按期完成了辖区公共绿地无公害农药石硫合剂的喷施工作，有效地防控病虫害的发生，春季全市喷洒石硫合剂总计用药 3000 余吨。三是实行科学监测，为全市绿化管理部门提供防治指导，针对松材线虫病、腐烂病、桃瘤蚜、白蜡蚧、美国白蛾、白蜡窄吉丁、国槐尺蠖、锈病、地下害虫、粘虫等病虫害发放了 5 份测报通报。

(冯 萍)

【抗旱保绿】 2014 年，进入四月中旬，沈阳市城区一直处于高温少雨状态，有效降水不足，土壤墒情持续下降，在几个城区绿地选取 21 个点位检测取样，土壤含水量普遍偏低，三分之一绿地为中度及重度干旱，严重影响树木成活和绿化形象。市城建局要求全市绿化行业立即行动起来，进行浇水抗旱、防治、保绿工作，全面组织、指导和协调全市抗旱保绿工作。全市绿化专业部门水车全部上街作业，24 小时歇人不歇车，在浇水同时对裸露绿地栽花种草。截至 4 月 30 日，全市共出动水车 8548 台次，对 272 条街路、675 块绿地进行浇水，共浇灌树木 30.4 万株，浇水 14.2 万吨，有效缓解了旱情对绿化工作的不利影响。

(冯 萍)

【技术培训和岗位练兵】 2014 年，沈阳市城建局组织全市园林绿化专业管理人员、技术人员、绿化施工企业技术人员进行业务培训，强化专业技能，共举办了 10 次春季培训，内容涉及古松复壮、银杏枯黄、彩叶树种、立体绿化、植物保护、乡土树种等诸多领域及园林绿化热点问题探讨。9 月中旬，组织七个区和市属绿化单位代表 100 多人进行了岗位练兵工作，分理论考试和现场技能操作，在南湖公园、运河沿线对参赛选手进行了树木、花卉、病虫害、修剪、果实的现场比武练兵工作，有力的促进了绿化专业部门技能的提高。

(冯 萍)

【全民义务植树】 2014 年 4 月 9 日，是沈阳市全民义务植树活动日，省委、省人大、省政府、省政协的领导，市委、市人大、市政府、市政协的领导，沈阳军区、沈空、“96101”部队、省军区和省武警总队的首长、官兵与省直机关、市直机关部分干部共 420 人，在东陵区(浑南新区)四环路万家岭段参加全民义务植树活动，共栽植油松、旱柳、金叶榆、京桃等树木1260余株，同时完成新植树木的浇水以及整理绿地等任务。为保证植树工作严格按照技术规范操作，确保树木成活率达到98%以上，市城建局选派20名技术人员在现场具体指导栽植树木。当天全市参加义务植树人数达到5.57万人，共完成植树15.44万株。

（冯 萍）

市容管理

【概况】 沈阳市城建局从“抓设计”，“抓重点”，“抓落实”，“抓长效”等方面着手，统筹全市市容景观管理工作，重点对特色街区、窗口单位、文物古建筑等开展了2014年全市景观照明提升建设工作，进一步提升了全市夜景观整体形象；为营造节日热烈祥和氛围，组织各区开展了节日景观亮化建设，增添节日夜景观亮点，加强了夜景灯饰巡视管理工作，保障整体亮灯率和设施的完整及运行安全；组织经规委会通过的规划点位公开拍卖，继续推进户外广告市场化运作，加大对违规户外广告监管力度，开展对户外电子显示屏的联合专项整治，做好对各类户外广告设施的规划、日常巡视及管理工作；严格牌匾设置管理工作，深入各区调研，并做好各项指导、培训工作，督促各区严把审批关，继续推进牌匾备案管理制度，并督促各区继续做好招贴喷涂清理整治工作。为进一步提升金廊沿线市容景观形象，组织编制金廊沿线建筑景观提升设计方案，为全面提升金廊沿线市容景观面貌奠定基础。全年各项工作均得到圆满完成，市容市貌得到进一步提升，为市民提供了整洁、有序的城市市容环境。

（冯 萍）

【景观照明提升建设】 2014年，沈阳市城建局编制完成《沈阳市2014年城市景观照明建设实施方案》，以围绕提升全市“夜经济”水平、打造中心城区“不夜城”建设目标，依据总体规划、分步实施的原则，市、区两级部门及各单位通力协作，加强对特色街区、窗口单位、文物古建筑等重点区域的亮化提升建设，打造出独具风格的夜景观环境，充分展示沈阳市现代化大都市形象。同时，向其他区、县下发《沈阳市景观照明建设指导意见》，进一步提升全市亮化建设水平。

（冯 萍）

【节日景观亮化】 2014年，沈阳市城建局组织、协调和平、沈河、皇姑、大东等相关各区开展实施节日景观亮化建设工作。各区及市直对公共设施、桥梁、绿地、行道树开展节日彩化，并对市内各绿化节点摆放可移动灯光雕塑及小品，全市社会及政府楼体亮化已开启节日模式。市直点位北陵公园、南湖公园，周边四塔等点位全部打亮，各区对省政协，省政府、省人大、市府大路、十一纬、泰山路、北陵大街、青年公园、青年湖等重点街路和节点周边绿地及沿线行道树开展节日景观亮化工作，并动员青年大街沿线宝能地产等商家自行投资对地产项目周边绿地进行亮化灯饰安装。

（冯 萍）

【亮化日常管理】 2014年，沈阳市城建局按照“巡视－排查－反馈－督办－维修－复查”流程，对金廊沿线现有266处市管、区管亮化点位进行巡视检查。针对问题点位，做到第一时间调查故障原因、及时下达维修指令、督办责任单位落实。全年进行夜间巡视135次，完成节假日及政务保障工作9次，巡视到位率达到100%，整体亮灯率、设施完好率、维修及时率均达到98%以上。针对恶劣天气等各类安全问题下发安全自检通知5次，同时，加强局负责维护的65栋亮化点位安全运行的监督和维修，全年出动维修人员89人（次）、维修车辆42车（次），修复存在断条、整体未亮等问题亮化点位79处，维修、更换灯具876盏，确保了金廊沿线整体夜景观效果。

（冯 萍）

【户外广告管理】 2014年，沈阳市城建局组织对规委会审定通过的28处点位开展市场化运作，成功举行2014年首次户外广告规划点位设置使用权拍卖会；联合执法局、环保局、工商局力量，开展户外电子显示屏专项整治行动，并于4月18日沈阳日报上联合发布《关于集中整治户外电子显示屏的通告》。加大巡视监管力度，首次进行广告画面前置审核，并推进行业诚信管理进程。面向全市153处市场化运作点位的设置单位下发《安全自检通知》并进行复检12次，开展34次安全检查，发现并处理28起安全隐患，避免了安全事故发生。完成创办文明城市等公益宣传任务，配合市委宣传部等部门组织协调40余处合法电子屏点位播放“社会主义核心价值观”等公益宣传24次、约1.7万小时。

（冯 萍）

【牌匾设置管理】 2014年，沈阳市城建局深入各区牌匾管理部门开展行业调研，全面了解牌匾管理工作现状，督促各区按照《沈阳市牌匾标识设置管理规定》（沈城建发〔2012〕73号）相关规定进行审批、设置，着力进行行业指导，宣传讲解牌匾政策法规，加强对各区牌匾审批工作检查的管理力度。做好日常巡视，通过日常检查、整改督促、落实跟踪等具体工作，进一步规范牌匾及5平方米以下小型电子显示屏设置审批。截至年底，全市12个辖区牌匾管理部门上报牌匾审批备案点位554处，景观中心针对以上点位开展日常检查12次，发现问题9处，整改9处。

（冯 萍）

【金廊沿线建筑景观设计】 2014年，沈阳市城建局根据市政府对金廊沿线立面景观进行规划方案编制工作的要求，全面提升金廊沿线市容景观面貌，在原有2012年金廊沿线景观规划方案基础上，经过精心调研和细致研究，对金廊沿线重新进行了整体规划，编制完成《沈阳金廊沿线建筑景观提升设计方案》，该方案中涉及青年大街、青年北大街以及北京大街点位100处，其中需清洗点位51处，粉饰点位14处，修补点位17处，牌匾改造点位17处，拆除点位3处。

（冯 萍）

环境卫生

【概况】 2014年，沈阳市城建局将道路保洁重点由单一清扫向清扫控尘理念转变，大量使用洗扫机械，增加洒水频次；

由平面作业向立面纵深作业转变，刷洗桥梁、人行道已成为工作常态；减少突击式整治，实现日常管理的精细化、规范化和长效化。3 月份启动环卫监察队，对全市 16 个区、县、(市)的环境卫生实行全覆盖的检查考核工作，完成国家领导人视察、重要政务活动保障 30 余次。

环卫作业管理方面。制定并出台《沈阳市环卫系统采购设备验收管理办法》、《沈阳市环卫工人休息室考核标准》，修订《沈阳市除运雪管理规定》、编制《2014 年除运雪指导手册》，发布《沈阳市人民政府关于对从事城市建筑垃圾及散流体物料运输车辆实行密闭化改装的通告》。根据全市街路等级配备扫保人员、机械车辆，科学安排作业频次；打造以金廊沿线、和平大街等为重点的 50 条高标准精品保洁街路，较上年提前近 2 个月在精品街路实施湿式作业；全面提升商业街的清扫保洁作业质量，实行“全运会”时期的扫保标准；开展街巷路、小区周边环境卫生综合整治，将精细化管理向小街小路延伸；开展春季和入冬前环境卫生整治行动，彻底清除卫生死角；开展全市范围桥梁立面及重点街路集中冲洗、刷洗 3 次，并将此项工作纳入到入冬前和开春后的常规化作业范围。规范城市垃圾及散流体运输车辆运输管理，有效避免了运输途中二次污染问题。

环境管理方面。在全市举办了 3 次大型环卫执法宣传活动，在流动媒体播放环卫公益广告，从源头上遏制环境卫生的不文明行为；组织环卫执法人员对环卫不文明行为进行了执法整治；联合交警部门，对违法事实确凿的车窗抛物行为进行罚款处罚。

垃圾处理工作。将垃圾上门收集服务街路扩展至 260 条；新增 101 个垃圾分类收集社区；全年共无害化处理生活垃圾 260 余万吨，渗沥液处理 16 余万吨。稳步推进老虎冲餐厨垃圾处理项目，老虎冲垃圾渗滤液改扩建工程已经开工，大辛垃圾渗滤液改扩建工程已完成前期手续办理。确定“一年全启动，三年见成效”的农村垃圾处理工作目标，合理利用市财政补贴资金，初步建立了农村地区环境卫生规范化管理队伍，从 6 月份开始，定期对农村地区垃圾治理情况进行检查考核；出色完成市人大关于生活垃圾“三化”处理等两件议案的办理工作。

除运雪工作。组织完成了新一轮融雪剂准入企业招标工作；在市内七区二级以上街路选择 29 条绿色环保除雪街路进行纯机械除雪尝试；组织生产厂家对各区相关人员进行了系统业务培训；开展除暴雪演练，圆满完成今冬除雪任务。

环卫职工队伍建设。组织 144 座环卫工人休息室建设工作，对发牌的 97 家建口单位、24 家中石化加油站及原有的近 200 处环卫工人休息驿站进行复查；从 2014 年 1 月 1 日开始为全市环卫临时工每月人均工资上涨 290 元；在全市环卫系统开展快速保洁、驾驶技术、安全标示设置等专业技能竞赛，由市总工会对优秀环卫工作者授予“五一”奖章、“技术大王”、“星级”保洁员等荣誉称号；组织各区定期对环卫职工开展作业安全、作业技能、操作规程等方面的标准化、规范化、制度化培训。

(冯 萍)

【清扫保洁管理】 2014 年，沈阳市城市建设管理局增强环卫行业管理的主动性、针对性和实效性，将道路保洁重点由单一清扫向清扫控尘理念转变，大量使用洗扫机械，增加洒水频次，从 2 月上旬起，组织各区对 50 条精品街路进行刷洗作业，不定期对交通护栏、道路标线进行冲洗、擦洗作业，建立快速保洁队伍实行了快速保洁作业；从 3 月 1 日起，对 50 条精品街路的隔离带、草坪、绿地内垃圾杂物进行集中清理，已清理垃圾杂物 50 余吨、残冰积雪 30 余吨。全面实行每日巡回保洁，一次冲洗、刷洗作业，每天保洁时间不低于 16 小时。每周对市政护栏、交通护栏、果皮箱等设施两次擦洗，每日对路面进行 3－4 次洒水降尘等长效化作业。在 260 条街路实行垃圾上门收集，成立垃圾上门收集队伍，配备专用收集车，电动保洁车，人力保洁车，根据临街商铺开、闭店时间，每天分早、中、晚三次对临街单位实行专人上门收集垃圾。根据全市街路等级配备扫保人员、机械车辆，科学安排作业频次，把主要街路、党政机关、车站、广场、商业街等区域作为扫保重点，做到精细化管理、规范化作业，实现重点街路精雕细琢，精品街路精益求精。

(冯 萍)

【环境卫生集中整治行动】 从 3 月 1 日起，沈阳市环卫部门开展为期 20 天的春季环境卫生整治行动，清理城中村卫生死角 63 处，清除残冰、积雪 2631 车，清除越冬垃圾、装修垃圾 150 余吨，清理草坪绿地内垃圾杂物 61 吨，对护栏、果皮箱等街设家具进行擦洗，为全年环境卫生质量提升打下了坚实基础。开展全市范围桥梁立面及重点街路集中冲洗、刷洗 3 次，并将此项工作纳入到入冬前和开春后的常规化作业范围。7 月 1－15日，市环卫部门在全市 3079 条三、四级街路开展“净小巷惠民生”为主题的环境卫生专项清理整治行动，7 月 24－31日，市城建局、市房产局、市执法局将联合开展居民小区及周边市容环境卫生联合整治行动，将精细化管理的触角向小街小路延伸，做到大街大路小街小巷均衡发展，全面改善市民居住环境和出行环境。开展垃圾及散流体运输车辆整治，9 月 19 日沈阳市人民政府重新发布了《沈阳市人民政府关于对从事城市建筑垃圾及散流体物料运输车辆实行密闭化改装的通告》，规定载重量 5 吨以上车辆，必须加装全密闭式机械装置，5 吨以下运输车辆必须加盖苫布运输，避免车辆运输途中造成的环境污染。从 10 月 27 日至 11 月 11 日环卫部门开展入冬前环境卫生整治行动，对全市三、四级街巷路、城市出口路、居民小区周边、施工工地周边等区域的积存垃圾、无主残土、卫生死角等进行了彻底清理，共检查街路 2330 余条，调动保洁人员 1.13 万人，清理喷涂招贴 8963 处，检查并解决一般问题点位 327 处，突出问题点位 4 处。

(冯 萍)

【环卫监督检查】 3 月份，沈阳市环卫处正式启动环卫监察队伍，对全市 16 个区、县、(市)的环境卫生实行全覆盖的检查考核工作，全年根据检查考核情况编制《沈阳市环境卫生考核通报》17 期，共通报扣分问题 1050 项，有效地提高了各区环卫部门工作主动性，充分发挥环卫处在行业管理中的协调指导作用。在环境卫生监督检查中建立市、区、所、班组联动机制，对环卫系统指挥管理人员手台全部进行更新，建立环卫系统微信群，通过完善信息服务平台，及时发现问题，指挥到点位，提高了应急反应能力及作业效率。全年圆满完成国家领导人视察、重要政务活动保障30余次。

（冯　萍）

【环卫执法处罚】 2014年，沈阳市举办了3次大型环卫执法宣传活动，在校园、社区开展文明宣传，在出租车、公交车、广告电子屏等流动媒体播放环卫公益广告，从源头上遏制乱丢垃圾、随地吐痰、车窗抛物等影响环境卫生的不文明行为。开展了"假如我是一名环卫工人"友善传递体验行动，通过招募自愿者体验环卫工作的方式，引导全体市民关注环卫工作、尊重环卫工人劳动成果，养成爱护环境卫生的文明习惯。组织环卫执法人员对乱扔烟头、乱扔垃圾和车窗抛物等不文明行为进行了执法整治，全年抓拍不文明行为4000余件，媒体曝光车窗抛物行为380余件次。规范城市垃圾及散流体运输车辆运输管理，对全市载重量5吨以上建筑垃圾及散流体物料运输车辆实行加装全密闭式机械装置，5吨以下运输车辆必须加盖苫布运输，有效避免了运输途中二次污染问题。联合交警部门，对违法事实确凿的车窗抛物行为进行罚款处罚，对此类环卫不文明行为起到警示作用。

（冯　萍）

【生活垃圾分类处理】 在2013年59个生活垃圾分类收集试点居民小区基础上，2014年，沈阳市新增了233个试点小区，涉及居民16万户。全市试点小区已扩大到市内七区的292个居民小区，共涉及居民22万户，覆盖率达到市内七区居民户数的15%，共配备分类垃圾桶3.6万个。9月27日，和平区长白万科城厨余垃圾分类和就地处理试点正式启动运行，小区内安装有一台厨余垃圾生化处理机，每天能处理500公斤的厨余垃圾，降解处理后产生的物质，可作为生物肥料，用作园区绿化，实现了部分垃圾就地处理源头减量和资源化利用。分批组织开展主管部门管理人员分类业务培训和工作部署会，多次组织街道社区在生活垃圾分类试点小区定期设立咨询台和宣传板，悬挂宣传标语，张贴宣传海报和倡议书，逐户向试点小区居民发放垃圾分类宣传单和分类投放指导手册15万余份。通过新闻媒体宣传报道，借助新闻媒体对全市垃圾分类试点和厨余垃圾处理试点进行了广泛的宣传报道30余次。

（冯　萍）

【农村垃圾处理】 从3月1日起，沈阳市组织各地区对城区出入口、公路、铁路沿线、河流沿岸等周边地区及村屯内积存垃圾进行了彻底清理整治，共清理垃圾30万吨，出动各类运输车辆1.46万台次、人员3.37万人次，整治活动取得阶段性成果，农村卫生环境有较大改观。以市政府办公厅名义印发了《沈阳市农村生活垃圾处理工作实施方案》，确定了"一年全启动，三年见成效"的总体目标。为扎实开展农村生活垃圾常态化管理，市政府补助"一市三县"1464万元，用于村屯保洁和生活垃圾收集、清运；各区、县（市）政府也积极落实资金4557万元。市城建局指导农村地区组建乡镇（街道）环卫所，设定人员编制，启动现有垃圾收运设施设备，按照"村收集、乡镇转运、县（市）处理"的作业模式，对农村垃圾实行常态化管理，并从6月份开始，加强了对农村垃圾处理工作的检查与考核。每月对各区、县（市）农村垃圾常态化管理工作进行检查与考核，考核结果在全市通报。

（冯　萍）

【渗沥液处理建设项目】 为推进城乡环境可持续发展，确保沈阳市生活垃圾无害化处理，2013年底，经市政府批准，两座垃圾场渗沥液处理建设工程列入2014年城建计划，其中老虎冲垃圾场渗沥液处理建设工程设计日处理能力1100吨，计划投资1.20亿元；大辛垃圾场渗沥液处理建设工程设计日处理能力1200吨，计划投资1.35亿元。沈阳老虎冲、大辛垃圾场渗沥液处理建设工程总投资2.55亿元，均采用MBR+纳滤+RO+蒸发工艺，两个垃圾场渗沥液处理建设项目建成后，将在4－6年内将积存的渗沥液全部消纳处理，并接纳处理餐厨、焚烧及填埋所产生的渗沥液，为下一步建设生活垃圾静脉产业园区奠定基础。

截至2014年底，老虎冲垃圾场渗沥液处理项目已完成立项、能评、环评、可研、设计、招标等审批和项目前期工作，其中项目设计单位为中国城市建设研究院有限公司，土建施工单位为沈阳市排水公司，设备总承包单位为江苏维尔利公司。该项目土建施工单位2014年12月初已完成地基挖沟等施工，预计于2015年3月全面启动土建施工，7月底开始设备安装，10月底前完成项目设备调试和试运行。大辛垃圾场渗沥液处理项目已完成立项、能评、环评、招标等前期工作，2015年主要完成项目土地和规划等前期工作，并启动工程建设，预计2016年完成项目全部设备安装和土建施工并投入运行。

（冯　萍）

【清污分流工程建设】 沈阳市老虎冲、大辛两座生活垃圾卫生填埋场，负责接纳市属七个城区和苏家屯、沈北两个郊区的生活垃圾无害化处理工作，为推进两个垃圾场规范化作业，提高填埋作业质量，减少渗沥液处理压力，市政府将两个垃圾场清污分流工程列入2014年城建投资计划，项目总投资1169万元。该工程主要对已填埋的垃圾填体实行清浊分流，平整现有垃圾场顶面，铺设HDPE膜，膜下设渗沥液盲沟（已建及新建盲沟）。雨水从膜上流出，渗沥液侧流从膜下盲沟流出，减少垃圾渗沥液产量，缓解渗沥液大量积存现象。2014年已完成项目立项、能评、环评、可研、设计、招标等前期工作，其中设计单位为辽宁省城乡建设规划设计院，工程总承包单位为辽宁市政建设工程有限公司，工程计划2015年3月启动施工，7月底前完成全部施工任务。

（冯　萍）

【环卫工人休息室建设】 2014年，沈阳市城市建设管理局组织各区进行了休息室点位现场勘察，结合现场实际情况进行了分布优化，最终确定安装144个环卫工人休息室。先后组织了两次对休息室生产厂家生产能力、技术水平的实地查看。开展了拼装式、集装箱式休息室设计方案的修改和论证，确定了建设图纸；制订了工作方案，积极与市建委、市财政沟通落实城建采购计划和资金。及时制定招标技术参数，通过政府采购网于8月完成了网上招标采购。采取边生产、边组织建设安装基础的方式，节约了时间，年内已全部安装完毕并投入使用。休息室采用节能环保建筑材料具有保温、隔音、防水等特点，室内设有卫生间、洗手盆、淋浴器，饮水机、微波炉、电火炕、皮椅、办公桌等，逐步改善了环卫工人的作业及休息条件。

（冯 萍）

【除运雪工作】 2014年，沈阳市除运雪工作以“绿色除雪”理念为引领，实行专业化和社会化除雪两种作业模式，将全市445条主要街路（新增6条街路）、86座桥梁（新增9座桥梁）划为专业化除雪范围，由各区城管局所属的环卫专业队伍负责，总除雪面积达3800万平方米（较2013年增加了141万平方米）。其中200条重点街路人行道由环卫专业队伍利用小型机械及人工除雪，在市内七区二级以上街路选择29条绿色环保除雪街路，进行纯机械除雪尝试。为确保除雪工作安全、环保，组织完成了新一轮融雪剂准入企业招标工作，重新确定了融雪剂技术指标，通过公开招标，共确定了10家准入企业；采购新型除雪设备，组织生产厂家针对新型除雪设备的设计理论、维修保养、车辆使用环境、驾驶安全及工作人员使用习惯等方面对各区相关人员进行了系统培训；入冬前开展除暴雪演练；在全市设立了200处监测点监督融雪剂使用情况。全年完成了10余场降雪的除雪任务，并对纯机械除雪模式进行了有益的探索与尝试。

（冯 萍）

爱国卫生

【爱国卫生清洁月活动】 2014年，沈阳市城市建设管理局协调、组织全市13个区、县（市）和20个市直部门，从3月25日至4月30日，在全市城乡开展了以“远离病媒侵害，你我共享健康”为主题的第26个爱国卫生清洁月活动。全市围绕市容环境卫生、居民区环境、单位卫生、公（铁）路沿线环境卫生等7项市民群众关心的热点难点问题进行了集中整治；组织开展了4次全民卫生大清扫活动，全市9850个次单位、31万名党员志愿者、近千余名部队官兵以及全市各行业干部职工、广大市民群众共同参与卫生大清扫活动，清理垃圾杂物4733余吨，卫生死角2732余个；联合市文明办，组织志愿者开展了8次清理环境卫生的志愿服务活动，累计3万余人，在150余个劳动地点参加了活动；进行了14次巡检、暗检、互检，督查解决问题261个；受理市民投诉60件。沈阳市爱国卫生清洁月活动在省爱卫会组织的检查验收中取得了较好成绩。

（冯 萍）

【城乡卫生环境整治】 2014年，沈阳市爱卫办积极协调、组织相关单位、地区，开展了多项环境专项整治活动。一是在春节后组织开展了主要街路临街单位卫生整治活动，排查了主要街路沿街单位、居民区等的卫生脏点，跟踪督查督办，城区约1.6万人、1000余家临街大单位参与了整治活动，清除卫生死角1200余个，清理垃圾杂物260余吨；二是3月中旬至4月底，开展了春季居民区环境整治活动，制定整治标准，组织市房产局、执法局、城建局联合检查4次，累计抽查居民小区417个次，发现、督办卫生脏点139个次；三是3月至5月，开展了二、三环沿线环境整治活动，通过巡检、互检、联合等方式检查二、三环全线的卫生环境，共计督办解决垃圾积存、乱排乱卸等问题78处；四是从5月初开始，组织建设系统开展了清理环境的义务劳动，在金廊全线参加擦洗交通护栏，捡拾垃圾杂物的活动；五是组织开展了迎“十一”单位卫生大清扫活动，组织发动全市机关、企事业单位、大（专）院校等的干部、职工、学生及公共场所的从业人员、街道办事处和社区的干部、志愿者等3.85万余人，积极参与单位卫生大清扫活动，共清除垃圾杂物960余吨，消除卫生脏点4202处，使单位卫生总体水平有了新的提高。

（冯 萍）

【卫生创建】 按照2013年辽宁省爱卫会制定的卫生创建评审标准及程序，从2014年开始，沈阳市积极组织发动各区、县（市）开展了省、市两级各类卫生先进创建工作。全市共申报了省级各类卫生先进22个，市级各类卫生先进154个。积极指导各地区、各单位开展创建达标活动，采取以会代训的方式，对创建工作的有关问题进行了培训。

（冯 萍）

【病媒生物防制】 一是强化领导，落实责任。组织全市各区、县（市）建立了病媒生物防制工作组织网络，严格落实病媒生物防制专职人员和监督员责任制度。二是开展科学论证，合理使用药物。聘请省、市病媒生物防制专家对沈阳市公共地段用药、种群分布及抗药性开展评估和研究论证，为病媒生物科学防制提供技术支撑。三是完成了沈阳市公共地段基础数据普查，为科学制定全市病媒生物防制方案提供依据。四是做好统一消杀工作。组织全市开展了春秋两季灭鼠及熏杀越冬蚊蝇、夏季灭蚊蝇等5次大型消杀活动，重点对居民小区、人防工程、下水道、暖气沟等公共地段进行了消杀。五是开展专业培训，提高服务技能。组织开展了对各区、街道办事处、社区等相关部门人员的专业培训。六是做好密度监测，提供技术支撑。积极组织协调市、区两级疾控部门，根据四害消杀时间，分别在灭前、灭中、灭后开展了辖区内病媒生物种类、密度状况等项目的监测工作，经监测四害密度均达到国家标准。七是根据全国爱卫会《灭鼠、蚊、蝇、蟑标准》（全爱卫（1997）5号）的相关要求，积极指导全市各区做好病媒生物防制工作，为通过全国灭鼠、灭蚊、灭蝇、灭蟑先进市复查验收做好准备工作。

（冯 萍）

【农村改厕】 2014年，沈阳市农村改厕工作按照国家重大公共卫生项目要求，聘请省、市专家，对改厕需采购的相关材料和设备进行充分论证，严格履行招投标采购程序，聘请改厕专家对全市涉及改厕区县爱卫办主管人员、乡镇、村主管人员和施工、监理、管理等人员进行技术培训，加强改厕工作巡视督导检查，督导各区每周上报工作进度，保质保量地完成辽宁省下达沈阳市5000座无害化卫生厕所建设任务，提高了全市农村无害化卫生厕所普及率。

（冯　萍）

【公共场所控烟】 按照辽宁省目标责任书要求，结合无烟环境促进项目和创建全国文明城市工作任务，沈阳市控烟管理水平全面提升。一是深入推进无烟机关创建工作。以市直机关工委为牵总，制订下发《关于全市机关进一步加强办公及公共场所禁烟控烟管理的通知》和《关于在全市机关开展无烟机关创建活动的实施方案》，聘请国家控烟专家，对全市58家市直机关单位开展了控烟知识培训。此外，在全市范围内选取61家机关单位开展了控烟现状基础调查，为推进无烟机关创建提供了指导依据。二是继续巩固和完善医疗卫生机构无烟环境创建成果。沈阳市将控烟工作纳入市直医疗卫生机构综合目标考核体系，对全市33家驻沈医疗机构和市直医疗机构开展控烟督导检查，针对部分医院的院内无烟环境建设、控烟宣传手段及室外吸烟区设置等方面制发情况通报并落实整改，改善市民就医环境。三是加大控烟宣传力度。以“5·31”世界无烟日为契机，市爱卫办会同市卫生局在中国医科大学北校区开展了全市大型集中宣传活动，活动发放宣传材料3000余份，受益人数1000余人。同时，有效利用各种载体，在全市广泛宣传控烟知识，营造出良好的社会控烟氛围。四是加强控烟督导检查。以创城为切入点，对全市所有室内公共场所和工作场所开展控烟工作全面排查，落实整改，建立长效管理机制，推动全市室内公共场所和工作场所全面禁烟。

（冯　萍）

【爱国卫生执法】 一是依法开展爱卫执法工作。认真贯彻执行《沈阳市爱国卫生管理办法》、《沈阳市除四害工作管理办法》、《沈阳市公共场所禁止吸烟暂行规定》等有关规定，制定下发了《2014年爱国卫生执法工作安排》，按照属地化管理，区域负责的原则，组织各区爱卫办以迎接灭鼠灭蟑灭蚊蝇先进市复查考核等为重点，每月针对不同的执法对象开展病媒生物防制和控烟执法检查。二是规范执法程序。组织各区按照《沈阳市爱国卫生运动委员会办公室行政处罚自由裁量实施标准》和《爱国卫生执法程序》标准，开展执法检查活动，确保了爱国卫生执法所遵循的步骤、采取的手段、措施及其应用范围和对象等程序公正。三是加强队伍建设。组建爱国卫生监督员、检查员队伍，负责全市爱国卫生执法检查工作，目前全市共有监督员31名，检查员99名。按照市法制办要求，参加《中华人民共和国行政处罚法》、《中华人民共和国行政诉讼法》等相关法律培训，学习法律、法规，执法程序等，经考试合格后持证上岗。

（冯　萍）

地铁建设

【概况】 2014年，沈阳地铁工程进展顺利。地铁九号线一期工程、十号线一期工程和二号线北延线二期工程全面开工建设，设备系统及新线前期工作也按计划进行。

地铁运营管理水平稳中有升。运送乘客逾2.5亿人次，日均客流首次突破70万人次大关，单日最大客流首次突破百万人次。

土地储备、公租房建设和多种经营工作有力推进。丽水新城一期全面入住，盾构机租赁、加油加气站建设、市府广场地下商城招商等项目均取得实质性进展。

为提高沈阳地铁整体服务水平，进一步完善服务质量监督体系。成立了服务质量管理委员会，配备37名专（兼）职工作人员，实行日检查、周调度、月奖惩机制，全面加强服务质量管理。编制完成近25万字的《沈阳地铁服务标准化管理手册》，通过明确服务理念，细化服务质量要求，完善服务标准等方式，全面规范地铁服务行为。出台了《安全服务奖管理办法》、《员工绩效考核实施细则》和《地铁文明服务奖》等奖惩管理制度，进一步规范了员工的服务行为，也调动了广大地铁员工优质服务的工作积极性。

（黄志东）

【工程建设】 地铁九号线一期工程汪河路站、沈苏西路站、曹仲站等3座车站主体结构施工全部完成；吉力湖街站主体结构完成60%；九号线长白南站主体结构完成80%；北一路站、滑翔站、胜利南街站、榆树台站、浑河堡站共5个车站主体围护结构完成；北二路站、铁西广场站、金阳大街站、奥体中心站、朗日街站5座车站进行主体围护结构施工；全线影响主体结构施工的管线迁改完成70%，交通疏解和绿化迁改完成90%；汪曹盾构区间左线洞通，开始右线掘进；吉汪、胜长、长榆、榆金、金浑共5个暗挖区间竖井及横通道完成，准皇、北铁、奥奥、浑建共4个暗挖区间进行竖井施工。

地铁十号线一期工程白山路站、长青桥站主体结构施工全部完成；理工大学站主体结构完成80.5%，丁香公园站主体结构完成30%；向工街站、万泉公园站主体围护结构完成；百鸟公园站、张沙布站、柳条湖站、十号线中医药大学站、文化东路站、东北大马路站、淮河街站、浑南大道站、长安路站9座车站进行主体围护结构施工。丁－白区间盾构掘进200延米，完成7.8%；长－浑区间盾构机下井、安装、调试完成；浑－理区间暗挖段初支、二衬完成；百－长区间竖井初支完成，横通道初支完成；松－柳区间竖井、横通道初支完成；东－滂区间竖井初支、二衬完成；长－万区间竖井初支、二衬完成，横通道初支、二衬完成。

地铁二号线北延线二期工程3座车站、4个区间全部开工建设，均已完成主体围护结构；蒲河大道站土方开挖完成50%，主体结构完成80米底板，蒲田路站土方开挖完成55%，主体结构完成17米底板；蒲蒲区间明挖段完成围护结构钻孔桩106根，土方开挖5万立方米，明暗挖交界处主体结构完成20米。辽宁大学站装修工程、风水电安装工程全部施工完成；三台子变电所土建工程、风水电安装工程、装修工程全部施工完成。

设备系统完成地铁一、二号线和市府广场地铁配套工程等收尾工作，开展地铁一号线、二号线北延线车辆增购，九、十号线招标准备工作。中铁十九局电务公司创作条件、有力推进市府广场地铁配套工程风水电安装项目，顺利通过竣工验收。

新线前期工作积极开展，地铁四号线一期工程进行可行性研究报告编制工作;地铁十号线二期工程(张沙布—苏家屯)开展初步设计文件编制工作;地铁二号线北延线三期工程完成方案设计;地铁二号线南延线工程开展项目立项报批准备工作;沈阳至新民、沈阳至辽中城际铁路工程完成预可行性研究报告编制。

(黄志东)

【工程管理】 2014年,沈阳地铁加强合同管理。全年完成招标164项、中标额36.11亿元,签订合同274份、总额55.34亿元。审核招标预算164项,审减7.53亿元;计量支付审核184项,审减10.69亿元;工程预审43项,审减3225万元。强化技术委员会功能,制发管理章程,审定议题63项,有力解决了一批制约工程建设的难题。基本完成地铁一号线工程结算工作,同步开展合同总结。启动地铁二号线工程结算工作。

加强地铁工程建设质量管理。一是在原有的日常巡检、专项检查、联合检查等多种方式的基础上,发挥总监办质量监管小组作用,规范工程报验程序和标准,加强调度和现场巡检。二是指导新进场土建单位开展测量工作,组织36家参建单位开展盾构施工测量经验现场交流活动。三是加强工程材料监管,重新审定五类土建甲控材料商名单,并实施甲控材料采购合同备案,把好进场材料质量验收关,发现问题及时处理。地铁一号线荣膺全国改革开放35年百项经典暨精品工程。

加强地铁工程建设安全管理。一是参与编制《建设工作流程手册》,形成七张工作流程图,规范工程建设安全监管流程。二是分十批次开展进场单位安全、监测交底,办理工程安全监督手续17份,审核18个施工项目安全措施费用支付条件,通过摸底考试及时清退不合格人员,监督指导施工企业完善安全生产条件。三是监督各参建单位落实重大危险源辨识、方案制定和专家论证要求。四是开展了以"七查七看"为重点的建筑施工预防坍塌事故专项整治"回头看"工作。五是组织实施安全综合检查3次、专项检查5次以及不间断的日常巡查。六是依据日常安全检查以及年度目标完成情况,形成46家参建施工、监理单位项目部安全生产信誉等级评价结果,为下一步建设工程招标提供参考依据。

(黄志东)

【运营管理】 2014年,沈阳地铁加强运营服务管理。一是加大服务质量专项培训工作,加强服务人员监督管理,建立服务互动反馈机制,加强对内服务意识,全力保障一线服务工作。分别与中国移动辽宁分公司、航空航天大学、辽宁大学心智明培训中心联合开展3次服务质量管理专项培训,并先后2次组织站务等重点服务岗位的工作人员和管理人员进行送外专项脱产培训。二是通过开展车站服务明星评选、开展服务技能大比武、聘请名誉顾问指导服务、创建"郭明义爱心车站"等服务活动为载体,丰富沈阳地铁服务工作内涵。三是通过改造地铁一号线导向标识、成立地铁失物招领中心、开展特殊乘客预约服务、部分车站设立地铁咨询台、发放免费雨衣、开展"爱心传递,温暖沈阳"活动等特色服务工作,打造独具沈阳地铁特色的服务品牌。

落实运营安全责任。加大安全生产奖惩力度。优化应急处理工作流程,组织开展各项演练194项。全年设备系统运行安全、平稳,车辆完好率、机电设备故障处理率等各项指标总体向好,未发生影响行车安全的责任事故。开展沿线路面地质雷达探测1.1万延长米。强化地铁保护区域建设项目管理,审核26个项目安全生产条件。自主维修设备万余项,故障维修完成率达100%,响应时间缩短至半小时以内。地铁全线安检包裹1.4亿余个,查出违禁品1.2万个。

2014年,地铁一、二号线及二号线北延线安全开行列车20.14万列次,运营里程541.28万列公里,列车正点率99.78%,运行图兑现率99.99%;承载乘客2.58亿人次,日均客流70.62万人次,同比增长15.24%;单日最大客流达101.28万人次,同比增长10.42%。实施中心站区管理模式,合理调配资源,强化监督管理,成功应对特殊节日集中大客流。

(黄志东)

【多种经营】 2014年,沈阳地铁强化土地储备。结合地铁九、十号线工程,开展怒江公园站等7个站点和丁香湖停车场、桑林子车辆段征地征收工作,完成怒江公园站、淮河公园站拆迁工作,积极推进滂江街站拆迁。重新确定曹仲车辆段选址。出让三台子站东地块,收回出让十一纬路45号地块,拍得十三号街加油加气站地块。

推进公租房建设。完成丽水新城一期工程建设,并分批入住;完成丽水新城二期、惠民新城、凤凰新城工程建设,具备交付条件,预计交付公租房7534套、总面积47.54万平方米;开工建设丽水新城三期工程。收购、接管克俭小区。

多种经营。一是物业公司推行标准化服务,提升管理品质。种植苗木面积80.4公顷、291万株。二是国展中心全年举办建博会、房交会等22项大型展会,展会规模、数量和收益同比提高。三是发放盛京通卡119万张。配合市残联残疾人免费乘车工作,完成5000余台公交车机具升级改造和5万张"爱心卡"制作。四是开展加油加气站建设,1座加油站加气站完成施工。五是加大地铁沿线地下空间商业开发力度。市府广场地铁配套商业项目成功出让,兴华地下商业街项目上马。六是多方筹措、努力做好盾构机租赁业务,完成2台盾构机采购、租赁,并开始监造。

(黄志东)

城管行政执法

【概况】 2014年,沈阳市行政执法局紧紧围绕"巩固成果、再上台阶、塑造形象"的工作目标,以迎接"创城"为契机,以市容环境综合整治为主线,以提高城市精细化管理水平为重点,充分发挥职能作用,开拓创新,务实进取,圆满地完成了各项任务。全年共立案2.11万件,结案2.10万件,结案率99.2%。

组织市容环境突出问题整治工作。按照市政府关于集中开展违法占道等四项社会管理突出问题专项整治的工作部署,市行政执法局专门下发了《市行政执法局市容环境突出问题专项整治工作方案》,与公安机关联合执法、紧密协作,对露天烧烤、占道经营、沿街乞讨、散发宣传品及乱排乱卸垃圾残土等5项市容环境突出问题进行了全面整治。与市公安局首次联合向全市沿街商家业户发送《致沿街商家业户的一封信》4.7万余份，向垃圾残土运输企业发送《致垃圾残土运输企业的一封信》1000余份，并向房地产开发企业发送《关于房地产开发企业共同维护城市环境的倡议书》600余份，加强了社会面的宣传引导，达到了“宣传一批、教育一批、纠正一批”的实际效果。

开展违章建筑和违规户外广告牌匾拆除工作，打造良好市容环境。根据市政府下达的三拆工作要求，市行政执法局出台了《市行政执法局2014年城建计划实施方案》，对全年的三拆除工作做出具体安排；与市建委和财政部门沟通落实三拆资金。重点对城区主要街路两侧的违规牌匾广告进行整治，同时依托“市区两级”共同治理的总体架构，有效治理广告市场的违规设置乱象，进一步规范和净化广告市场，遏制新增违规设置户外广告牌匾和街路设施行为。在历年拆除工作成果的基础上，增强执法拆除力度，美化城市街路及居民小区，提升城市形象。全年共拆除违章建筑3144处，33.75万平方米；拆除违规户外广告牌匾及街路设施2683处，7.15万平方米。

加大对违规散发宣传品、沿街乞讨等行为的整治力度，确保街路秩序有序。市行政执法局与市公安局联合印制了《致全市商家业户的一封信》，并采取上门宣传等形式，强化宣传教育和服务提示。针对违规散发楼盘小广告问题突出的现象，采取一对一宣传教育的方式，向全市房地产开发企业发送了230余份《关于共同维护城市环境自觉抵制违规散发宣传品行为的倡议书》，以赢得房地产开发企业的理解和支持。根据违规散发宣传品对象的不同情节，建立了违规散发宣传品人员诚信档案，对多次违规散发、屡教不改的单位和个人实施从严从重处罚。对刻意逃避处罚、反复派发以及涉假、涉黄、涉赌的单位和个人，运用约谈、训诫、拘留等手段，深挖违法犯罪源头，打击摧毁犯罪网络。从强化技术手段入手，切实加强与联通、移动、电信、铁通等运营商的配合，采取技术手段，对违规散发宣传品上的固定、移动及“400”号段的电话号码予以停机处理。同时定期对已封停的电话号码进行复查并督办1497件。

全年，立案查处各类违规宣传品案件6704件，结案2488件，罚款206.47万元。报停行政类违规电话号码8353部。其中立案查处违规散发宣传品案件3455件，占全年同类案件的41.36%，同时收缴查扣各类违规散发的宣传品15余万份。救助遣送乞讨人员38人次，说服劝离383人次，市容环境顽疾得到有效遏制。

（张　博）

【严管街路和重要点位整治】 为打造市容环境标志性街路，切实推进精细化管理，沈阳市行政执法局以金廊沿线街路管理模式为基础，结合精品扫保街路，明确了17条市级严管街路、23处重要点位和“十二无”的市容环境整治标准，下发了《市行政执法局严管街路和重要点位整治工作方案》，全面启动严管街路和重要点位整治工作，对上述街路和点位实施严管严控。同时，严格落实“双路长”制、弹性执法制、定时巡查制、定点值守制、网格监管制、定期销号制、台帐管理制、执法共建制、领导督查制和排名通报制等10项制度措施，确保市容环境整治工作取得预期效果。自专项整治工作启动以来，严管街路和重要点位市容环境状况变化明显，尤其是和平大街、北站路等街路精细化程度大幅提升。

（张　博）

【推进社会化除雪】 2014年，沈阳市行政执法局制订下发了《沈阳市2014年度社会化除雪实施方案》、《社会化除雪宣传广播音频》、《社会化除雪责任状》及《2014－2015年度街道办事处（功能区）社会化除雪考核方案》等对全市除雪工作进行了总体部署和安排，明确了全市社会化除雪街路3452条、社会化除雪总面积2642.9万平方米、社会化除雪责任状4.4万份。对雪段划分及责任落实、台帐检查及督促整改、预案制定及雪前准备、社会发动及氛围营造、雪情监控及预先通报、应急响应及检查督促、正面宣传及反面曝光、联合执法及依法处罚、检查考核及通报排名等9项社会化除雪工作进行了安排部署。

为加大社会化除雪宣传力度，市行政执法局印制《社会化除雪一封信》4万份；不同版本的《社会化除雪公益宣传海报》3万份；与通讯运营商合作，建立社会化除雪短信提示系统，对涉及社会化除雪的商家业户发送短信提醒；并按照市领导批示要求，与市城建局、交通局和地铁集团对接，将社会化除雪宣传光盘在上述人流密集区域播放；通过电视和报纸等新闻媒体对除运雪工作进行正面宣传及反面曝光、发动全社会积极参与，营造良好的除雪氛围。

全年，市区两级行政执法部门共出动执法人员1200余人次，出动执法宣传广播车30余台次，对社会化除雪工作进行了全面动员和督促。

（张　博）

【整治建筑工地市容环境】 2014年，沈阳市行政执法局结合自身职能及精细化管理要求，制订了《市行政执法局建筑工地及拆除现场市容环境整治工作方案》。从施工围挡及周边环境管理、出入口及场内道路管理、运输管理、施工现场管理、施工作业管理等五大方面共计20项内容，明确了建筑工地及拆除现场市容环境管理标准，主要可以概括为“六有、五无、五严禁”，即：有围挡、有覆盖、有绿化、有车轮冲洗设施冲洗、有现场监控设施、有密目网；无违规条幅、无违规广告、无乱排污水、无扬尘、无乱堆放物料垃圾；严禁夹带泥沙、严禁高空抛洒、严禁露天搅拌混凝土、严禁现场焚烧、严禁大风天气拆除作业。还召开执法局系统建筑工地及拆除现场市容环境整治工作会议，进行安排部署，并提出了实现全市建筑工地及拆除现场市容环境全面达标的任务目标。

以各分局为责任主体，各支队配合整治，进一步强化责任，市、区两级执法队伍都明确了辖区内全部建设项目的监管责任人；加大执法巡查力度，主要街路项目每日检查1次，其他项目每周检查不少于2次，对反复出现违法违规行为的点位进行值守；加强与建委的工作配合，发现建筑工地和拆除现场有需由建设行政主管部门实施行政处罚的、发生较重违法违规行为的或多次出现违法违规行为拒不整改的，会同市建委共同开展整治工作；制作并下发了《致开发建设、施工单位一封信》，宣传引导建设施工单位依法文明施工，共同维护沈阳市良好的市容环境面貌。

以整治工地扬尘为重点，对全市894处在建建筑工地（含拆除现场）市容环境进行了全面检查，发现并纠正了317个工地的458处违法违规行为，对相对严重的60余处工地的违法违规行为实施了行政处罚。全市建筑工地基本按要求设置了3米以上广告式围挡；工地出入口基本设置了硬覆盖和车轮冲洗设施；车辆夹带泥沙情况得到较大改善；场区物料堆放基本有序；楼体基本按照规定设置了安全网；未发现新增违规楼体广告，全市建筑工地及拆除现场市容环境水平得到进一步提高。

（张　博）

【强化建设市场监管】 2014年，沈阳市行政执法局认真梳理建设市场行政处罚权，制作《市行政执法局建设市场处罚权目录》，汇编了包括城镇规划等9个方面、15个类别、100余种相对常见的违法违规行为的法律依据及处罚认定标准，修改并完善了建设市场执法巡查制度、项目负责人制度等规章制度。组织建设市场执法体制专题研讨会，认真分析建设市场职能运行情况体制、机制、取得的经验和存在的问题，为执法工作顺利开展提供保障。

在全市范围内继续深入推进执法共建活动，继续推进"三进一访"（项目责任人进工地；法律法规宣传进工地；咨询服务进工地；领导干部回访）及"五个一"的执法共建服务，为开发建设和施工企业提供全程伴随式服务，协助解决项目建设中的问题。市局帮扶的于洪区30个重点项目项目如期实现了开（复）工。同时，加大建设项目用地的拆违控违力度，完成了48个落地项目、623万平方米项目用地的拆违任务。配合规划部门，对600余处卫星图斑项目进行了核查，对发现的违法违规问题依法予以查处。

全年，全系统建设市场执法队伍共调查案件1269件，立案1269件，立案率100%；结案1256件，结案率99.3%。其中，规划类案件立案176件，结案174件；施工类案件立案812件，结案812件；招投标类案件立案207件，结案200件；商品房类案件立案6件，结案6件；工地市容环境类案件立案64件，结案64件；建筑工地人防及环保类案件立案2件，结案2件。

（张　博）

【加大对环保抑尘的执法工作力度】
根据不同施工季节的建筑垃圾排放运输情况，沈阳市行政执法局及时、合理安排执法力量，在巩固上年整治成果的基础上，严厉查处乱排乱卸、沿途洒落、夹带泥沙等违规行为。全年共组织了3次全系统集中整治建筑垃圾专项行动。

为缓解、减少空气污染造成的损害，开展对易引起扬尘污染的"五堆"进行执法检查。对各类煤堆、沙堆、灰堆、渣堆、土堆进行全面普查，建立执法台账，督促责任单位和个人做好防尘措施；并结合建筑垃圾执法，重点查处运输车辆的密闭不严、沿途洒落行为，对违规运输行为，加大处罚力度，从重处罚。组织全系统开展违规焚烧和单位庭院内裸露地面的执法专项检查。对城区内露天焚烧（垃圾、树叶）、熔化沥青、露天烧烤等易引起烟尘的行为及时制止，及时查处；对主要街路两侧的单位庭院的裸露地面督促其进行"三覆盖"（硬覆盖、软覆盖、绿覆盖）。根据《沈阳市重污染天气应急预案（试行）》，针对雾霾天气，全年启动两次应急预警，安排人员500余人次、车辆200余台次。

（张　博）

【加强公用事业执法】 2014年，沈阳市行政执法局与8个方面的管理部门全部建立了工作衔接机制，与各分局建立了协调的联动共管机制，明确了工作考核标准。同时，与742个社区、587个物业管理企业、1878个供暖单位签订了《执法共建协议》，8项执法职能全部开展起来。开展了整治燃气管线安全隐患专项拆违行动。配合市建委、煤气总公司，对全市577处20多年历史的压占燃气管线的建筑进行了排查，拆除历史遗留难点违建78处、新增点位9处。

按照市安全生产工作会议关于对全市安全生产隐患进行全面排查整治的要求，开展了整治燃气管线安全隐患专项执法行动，对全市577处安全隐患进行认真的摸底、排查，及时送达政府通告及下达执法文书。经过政府多次调度会议，确定需要拆除隐患点位212处（不含长输管线25处），截至12月底，已拆除78处，剩余134处。在做好拆除历史遗留占压管线的同时，各分局严格控制新占压点位的发生，对市煤气总公司提出需要帮助解决的9处新发生占压点位，截至12月底，相关分局已经解决8处。

联合市水务集团起草了《沈阳市人民政府关于整治违法用水行为的通告》，并于2014年7月份由市政府予以发布。执法行动以全市洗浴、洗车、工地、餐饮、供暖等重点用水行业为执法重点，查处擅自在城市公共供水管道上取水；擅自改变用水性质；采用更换、绕过、干扰、破坏水表等手段窃水的违法违规行为。对市水务集团提出的需帮助解决的20余件用水案件，全部及时做好执法配合工作，予以解决。

（张　博）

【加强小区环境执法】 2014年，沈阳市行政执法局制订下发了《市行政执法局住宅小区市容环境执法实施方案》，各分局、各支队认真研究落实，按新入住的住宅小区、重点提升的100个旧住宅区及其他小区三类情况，分别建立了执法工作台账，公示住宅小区执法责任人及执法内容，完善基础执法数据，实现对住宅小区的精细化执法。为防止小区违建反弹，针对群众举报及媒体曝光的违建情况，10月份下发了《市行政执法局关于整治住宅小区违章建筑的实施方案》，开展了集中专项拆除行动，全年，共排查小区违建1427处，拆除132处，对正在施工的24处予以停工。

（张　博）

【完成城市管理市容环境考评工作】
按照市政府绩效考评办《关于对A类单位开展2014年度政府绩效总评的通知》（沈政考办发〔2014〕15号）文件要求，依据《沈阳市2014年度政府绩效考评实施细则（A类单位）》，沈阳市行政执法局对承担的市容环境整治指标组织开展集中考评。

按照市委十二届八次全会和市政府的工作部署，市硬环境建设办公室编制《沈阳市2014年硬环境建设工作方案》，组织在全市范围内开展基础设施建设、景观美化提升、环境卫生清洁、整治窗口地区环境、市容环境秩序和生态环境建设等6大方面硬环境建设工作，推进城市管理科学化、规范化、标准化、精细化,营造更加适宜人居、创业和发展的城市环境。市硬环境建设办公室还组织开展秋季城乡环境综合整治活动,并以市政府办公厅的名义下发整治活动实施方案,全面加大对全市主要街路、公园广场、旅游区、商业区、交通枢纽等人流车流密集地区的市容秩序和环境卫生管理力度,同时提升小街小巷、非物业管理住宅小区、施工工地、城乡结合部等环境薄弱环节市容环境卫生整治效果,为国庆佳节营造整洁、优美、文明、祥和的节日氛围。

(张　博)

【拓宽数字化城管系统覆盖范围】 一是按照住建部标准完成新增于洪城乡结合部25平方公里、和平长白及沈水湾20平方公里电子地图的万米单元网格划分并纳入监管范围。二是完成新增部分监督员配备。和平区中心对新增区域配备监督员4名;于洪区对新增区域配备监督员7名。三是实现新增区域案件正常派遣处置。全年,在新增区域内共对6245件数字化城管案件进行了派遣处置。

(张　博)

【提升机场、车站区域的环境面貌】 2014年,沈阳市行政执法局按绩效考核工作标准完成了沈阳市重点交通枢纽地区管理台账。分别是《客运站管理台账》、《火车站及机场管理台账》(后根据工作侧重将机场台账调至火车站台账)、《地铁出入口管理台账》、《地铁工程总台帐》、《三线32个工程标段台帐》、《九、十号线保护区内施工项目台账》、《一、二号线保护区内施工项目台账》以及《地铁执法动态表》,并时时更新台账,建立相应的巡查报告机制。科学安排时间,保证无缝隙值勤,做到无露天烧烤、无违规设置广告牌匾条幅布幔、无损坏市政设施、无侵占公共绿地、沿街乞讨、无违法私搭乱建等违法行为;占道经营、散发宣传品等易反弹的市容问题也得到最大控制。

(张　博)

【群众路线教育】 2014年,沈阳市行政执法局对征求到的243条意见和建议,逐条进行分析研究,能整改的立即整改,不能立即整改的,拿出意见逐步解决。通过民意测评,教育实践活动满意率达到99%。

认真做好群众诉求办理工作。全年,共接待各类信访投诉1.76万余件,处理投诉1.41万件,接待来访970余人,办复率为100%,办结率为99.2%,完成了"四个为零"的工作指标。提高"96123"热线、"市长信箱"和"民心网"投诉案件办理水平,有效解决群众诉求416余件,办结率达到了100%。

(张　博)

公用事业

【燃气供应】 2014年,沈阳燃气集团股权结构进行重大调整,由民资控股转为国有控股,在调整过程中,公司保持了健康、稳定、和谐发展的态势。截至2014年12月末,燃气集团拥有燃气管网长度6100多公里;燃气用户达到196万户,比上年增长6.5%;供气总量为10.5亿立方米,比上年增长9.7%;营业收入33.03亿元,比上年增长13.55%。

2014年,为确保全市燃气供应,面对气源紧张的实际状况,燃气集团积极组织气源,增加燃气输入量。在紧抓大气源的同时,积极开辟新气源渠道,完善气源结构,补充高峰期供气不足,通过增加LNG、CNG、LPG等气源进行应急储备,为冬季稳定供气提供保障。2014年,沈阳市最高日供气量达到282万立方米,实现历史性突破。

完成了80公里管网建设和61公里的管线改造,东陵路燃气管线贯通,为东部地区一批大型企业提供气源;北部门站至汽车城高中调压站、次高压输气管线全线贯通,保障东北部区域供气;西二环管网改造,实现西部气源与北部区域的贯通,可以满足周边未来新建大型燃气工业用户的用气需求;完成了17家用户48台燃煤锅炉清洁能源的改造工程,配套气源管线3.8公里,取缔燃煤锅炉285.5吨。

为确保燃气设施稳定运行,对全市515处违章占压安全隐患进行综合治理,由燃气集团负责改线的278处中,已完成191处;加强安全监管,完成各项安全检查138人次;在重点区域和部位安装试用WG100燃气远程无线报警终端,提高技防水平;处置各类应急票件1.29万件,处结率达到100%;开展燃气安全进学校、机关、企事业单位活动,受众人数3.3万人;"燃气安全社区"创建宣传活动达到110场;结合不同时期燃气安全管理的特点,有针对性地在各新闻媒体进行安全用气宣传;向群众发放报漏奖117件,金额20.2万元。

努力为用户服好务,实施个性化安装7万多户、个性化开栓5万多户;为特殊群体免费改线107户,更换单火嘴393户,双火嘴33户;免费向市民发放燃气专用胶管44万米;推出了IC卡加气、POS机购气、短信服务等多项服务业务;"96177"客服专线全年受理群众诉求55万件,转办率、处结率均达到100%。2014年,燃气集团21个部门和单位共收到群众表扬件3392件,较上年增加63%。服务窗口在全市"创城"测评中得满分。

燃气集团承办了沈阳市2014年首场"道德讲堂",全年共举办"道德讲堂"17场、弘扬劳模精神宣传教育实践活动20场,开展了"微笑大赛"、"读书达人"、"寻找最美"等活动;建立和完善了16个职工"兴趣协会",1000多名职工参与到协会中来;员工争做"身边好人",有5名职工当选沈阳市"身边好人",输配分公司抢修中心团队荣获省"身边好人(集体)"称号。

(陈玉柱)

【13万户拖期开栓问题得到解决】 2014年,沈阳燃气集团有限公司经过认真梳理,将群众反映强烈的重点楼盘纳入班子民生工程之中,由班子成员分别包片督办,同时针对拖期开栓的成因不同,采取灵活措施加以解决,促进了天泰大学城(阳光国际花园)、东大智慧森林、城建北尚C区等一批重点小区拖期开栓问题的解决。全年共解决拖期开栓13万户。

(陈玉柱)

【营业条件得到改善】 为更好地为广大用户服务,沈阳燃气集团所属沈南燃气有限公司于11月1日搬迁新址,营业面积由过去的30平方米扩大到110平方米,营业条件有较大幅度的改善。同时,大东营业分公司的营业大厅也修葺一新，开门纳客。宽敞明亮的营业大厅、齐全的便民服务设施，让用户感受到家一家的温馨。沈南燃气有限公司、大东营业分公司营业环境的升级，带动了整个集团公司窗口整体服务环境的改善。

（陈玉柱）

【首批创建82家“燃气安全社区”】 3月27日，“燃气安全社区”评选活动在铁西区凌空九社区揭晓，全市82家社区成为首批“燃气安全社区”，这些社区近6000户低保户每户得到300元燃气补助费。该项活动于2013年3月启动以来，得到市文明办、市建委、市安监局的大力支持，广大社区积极参与，宣传活动受众2.53万多人次。

（陈玉柱）

【5座汽车加气站投入运营】 2014年，沈阳燃气集团有限公司积极配合全市“蓝天工程”建设，汽车加气业务有了进一步拓展。9月5日，随着北市加气站投入运营，公司2014年有5座新加气站投入运营，全年新增CNG销售量640万立方米。至此，燃气集团在市区有14座加气站，拥有较高的市场占有率，市场布局更趋合理。

序号	加气站名称	地址
1	八棵树加气站	沈阳市大东区东望北街92号
2	松花湖加气站	张士开发区松花湖街44号
3	方家栏加气站	沈河区凌云街72号对面
4	民富加气站	和平区哈尔滨路76号
5	北市加气站	和平区北市二街52号

（陈玉柱）

【自来水供应与服务】 2014年，沈阳水务集团有限公司完成供水量5.75亿立方米，日均供水量157.5万立方米，同比增长3.2%。主城区单位耗电量完成0.315千瓦时/立方米，同比降低19‰。完成售水量4.32亿立方米，同比增长16.8%。主城区产销差率完成24.39%，同比下降9.19个百分点。完成水费收入9.04亿元，同比增长14.5%。完成泵站抽升量4.38亿立方米。全年完成项目投资10.6亿元，全面完成计划指标。供水管网总长度3615.7公里，供水面积670平方公里。在装水表259.9万块，完成水表改造6.1万块。供水人口560万人，用水户255万户。实际运行泵站1800处，泵站运行率达到99.92%，设备维修计划完成率和维修及时率均为100%，用户服务满意率为100%。全市基本实现全天24小时供水。拥有排水泵站49处，并承担城区57条主要干道排水和防汛工作。完成7眼市政水源井更新改造，缓解了沈阳市北部地区用水需求。完成供水设施技术改造34项，投入资金322.54万元。实施住宅小区配套给水工程8项，铺设管网5282米。新建管网长度63公里，改造管网131公里，完成50个消防水鹤建设。全面完成5处34个积水点改造任务，保障安全度汛。开展春秋两季设备设施检修工作，清扫线路255公里，清理树障619处，更换检修电气设施1070件次，更换绝缘线9225米，检修维护供水设施398台次，设备完好率99.93%。以新模式开展大型综合应急演练，完成防汛抢险、漏水抢修等演练科目17项，实现指挥中心对演练现场的实时应急调度指挥。进行科目为《在道路运输途中发生碰撞危险品泄露事故应急抢险》应急演练，国家交通部以应急抢险队规范的动作和专业的器材使用作为范本录制了专题教学片在全国进行推广。

（周　雁）

【创新服务】 2014年，沈阳水务集团继续深化企业改革，实施三年“三步走”战略，打造沈阳水务金牌服务。即：创新模式，拉长服务链条，提升服务能力；创新机制，深化企业管理，提升服务活力；创新体制，导入混合所有制经济，提升服务实力。为扎实走好“第一步”，集团召开创新服务工作大会，使“创新服务模式，突出百姓受益”的服务理念深入人心，全面落实四个24小时服务制度。集团大东营业分公司推出“先服务、后论责”解决百姓用水难题，及时化解供水矛盾，在集团全面推广。集团领导班子成立八个推进管理工作组深入各区营业分公司，掌握百姓用水需求，解决百姓吃水难题，降低供水“产销差”，确保水量和水质稳定。开展惠民、便民系列活动，逐步实现从水源到水龙头的全方位服务机制。建立社、企联动机制和居民小区全覆盖联络机制，加强与政府、社区和百姓的沟通联系，及时解决涉水的热点、难点问题。《市长信箱》共受理问题来信31件，其中集团责任问题9件，非集团责任问题20件，表扬2件。办复率100%，集团责任问题解决率100%，用户满意率100%。“22702270”服务热线共接听电话15.64万个，反映各类问题3339件，用户投诉率为0.139%，比计划降低0.021个百分点。办理省、市人大、政协建议提案33件，实现办复率、见面率、满意率三项指标的100%，被评为“2013－2014年度政协提案办理先进单位”。

（周　雁）

【创建全国文明城市】 为实现沈阳市“创城促振兴，创建惠民生”的创城工作目标，沈阳水务集团各级单位，特别是营业窗口单位广泛开展自检自查，以良好的工作作风和微笑服务，不断提高服务标准，服务质量，服务水平，不断完善服务设施，通过集团全员广泛参与的创建全国文明城市工作，提升全员文明素养。纵观近三年创建全国文明城市工作，沈阳水务集团开展了形式多样、内容丰富的主题活动：组建“一滴水”志愿者服务队、广泛开展道德讲堂活动、积极响应绿色出行号召、搜集整理创城档案、组织参加“清洁沈阳”活动……水务集团在各个创城重要节点与重要阶段均全力配合沈阳市创城工作的开展，为沈阳市步入国家文明城市行列做出了积极的贡献。

（周　雁）

【企业精细化管理】 2014年，沈阳水务集团深化企业精细化管理，下发《推进企业精细化管理的指导意见》，制订《加强集团财务监管的管理办法》、《工程管理引进第三方审计（暂行）办法》等制度。全面启动机构改革工作，对企业管理建章立制，完善制度汇编，开展定岗、定编、定员工作。开展清产核资工作，摸清资产家底，夯实管理基础。加强营业查收管理，制定科学合理的查收定额标准，实行水费预警机制。推行“3×12＋1”稽查工作新模式，与市公安局、市行政执法局等联合打击窃水行为，有效减少跑冒滴漏。积极落实市政府关于审批制度改革要求，修订《沈阳水务集团行政审批工作实施办法》等规章制度，明确了用户发展工程的《审批工作流程》，提高了用户发展工程的办事效率和服务水平。

（周　雁）

【农村饮水安全工程】 沈阳市农村饮水安全工程是沈阳市委、市政府高度关注的惠民工程,计划投资2.41亿元,解决18.35万农村人口饮水安全问题,工程涉及新民、辽中、康平和苏家屯等四个区县(市)232个村屯。农村饮水安全工程做为沈阳市2014年度最大的民生工程,同时也是水务集团2014年的重点工程,水务集团为确保工程建设规范高效开展,成立了由领导班子组成的农村饮用水安全工程指挥部,并下设各专业工作组,深入农改水工程一线调研指导,结合当地实际为农民打造"满意工程"。通过周密部署、积极推进,抓紧工期进度,严把工程质量,为农村地区提供饮水便利,切实改善农村居民饮水质量。全年工程建设全部完成,四区县施工现场累计完成管道铺设超过3040公里,新建122座水处理车间和2座净水厂,完成进户超过5万户,受益人口达18.35万人。

(周　雁)

【老旧小区供水内网改造工程】 老旧居民小区供水内网改造工程作为沈阳市十五届人大常委会第一次会议的议案工程,市政府将其列为"为民办实事"工程项目,由沈阳市建委牵头,沈阳水务集团负责实施,于2014年全部完成并投入运行。工程继2013年部分实施后,2014年完成130个住宅小区,131公里供水内网改造,受益人口47万人;历时两年,共完成252个住宅小区,261公里供水内网改造,受益人口达到92万人。水务集团秉承"管材重环保,用水更安全"的施工材料保证、"工程保质量,施工不扰民"的施工作业宗旨、"场清路静,错时施工"的实际作业效果、"时刻控水质,时刻保监测"的严把入户水质合格的精神及水务集团严谨务实的工作作风全面完成老旧小区内网改造工程。工程的全面完成有效降低了因内网漏失、水质材质差、同沟铺设等原因所造成的水质二次污染,保障了水质安全和供水稳定。

(周　雁)

【大伙房输水工程】 大伙房输水工程全面竣工,实现了增量日供水90万立方米能力。沈阳水务集团启动了"大伙房东部净水厂向新南塔水源输水工程"和"大伙房西部净水厂向苏家屯地区输水工程"两项工程。新建日供水规模17.5万立方米的浑南第三配水厂;完成苏东水源、浑南一水源和有色加工厂泵站改造工程;新建直径0.4米—1.4米、总长度约25公里输配水管线工程。工程分别向浑南东部地区、市内新南塔水源、浑南西部地区、苏家屯地区输配增量日供水32万立方米,置换地下水开采水量。项目的建成促进了区域经济和社区文化教育发展,促进了所在区域生产、生活基础设施建设,加快了沈阳市城市化进程,有利于构建和谐社会。

(周　雁)

【电力供应】 国网辽宁省电力有限公司沈阳供电公司承担着沈阳地区9区1市3县和2个国家级开发区1.3万平方公里范围内的供电任务。共有营业户数438万户,历史最大日供电量为9655万千瓦时,最大小时电力473万千瓦。2014年售电量完成260.29亿千瓦时,同比增长3.31%;售电平均单价730.34元/千千瓦时,同比降低0.17元/千千瓦时;上缴电费完成率100%。

沈阳地区现有500千伏变电站4座,变压器容量8262兆伏安;拥有220千伏变电站25座,变压器容量9000兆伏安;拥有66千伏公用变电站187座,变压器容量1.08万兆伏安。

国网沈阳供电公司分别荣获国家级安全文化建设示范企业、国家电网公司先进集体、辽宁省企业文化示范基地;国网沈阳供电公司铁西客服分中心营业一所(郭家供电所)被团省委、省创建"青年文明号"活动组委会授予了"辽宁省示范青年文明号"集体荣誉称号,同时也是省公司系统内惟一获此殊荣誉集体。

(刘　静)

【电网建设】 2014年,沈阳供电公司编制完成2014－2020年电网滚动规划报告及辽中等7个区域电力专项规划,49项电网项目站址路径得到有效控制,为"十三五"电网发展打下坚实基础。深化电网发展、建设专业深度融合,项目立项、可研及初设实现一体化运作,提升了电网项目落地的准确度。着力改善电网发展外部环境,在辽宁省率先实现66千伏及以下老旧变电站增容改造项目环评豁免,受阻5年的220千伏辉山输变电工程成功投运,彻底解决了沈阳北部220千伏电网供电瓶颈问题。强化基建安全质量管理,220千伏瓷都变电站工程代表省公司高分通过国网公司核查,15项工程荣获国网优质工程。沈阳配电网建设改造与管理提升工程顺利通过国网公司验收,核心区配网自动化水平大幅提升,用户平均故障停电时间缩短至4.5分钟。农网改造升级工程按计划完成。加快信息通信基础设施建设,实现全部66千伏变电站信息安全接入,有力支撑了智能电网建设与发展。

(刘　静)

【安全生产】 2014年,沈阳供电公司认真学习贯彻新《安全生产法》,加快推进安全责任、保证、监督体系建设。突出作业关键环节安全保障,深化典型违章专项治理,组通道实现零故障运行,公司代表省公司高质量通过国网公司信建违章稽查队,安全监察覆盖率同比提升8%。强化信息网络安全隐患治理,重要网络息通信安全性评价。圆满完成220千伏孙家变电站综合改造任务,辽中地区供电可靠性大幅提升。调整配网调度指挥关系,提升电网运行管理效率,电网安全调度突破7000天。强化配网运行分析,严格落实反事故措施,10千伏故障同比下降41.5%。在东北地区率先开展架空线路及电缆旁路带电作业,带电作业次数同比提升224次,增供电量233万千瓦时。强化应急管理,创新应急功能演练新模式,做到了桌面推演、现场实践、动态评估三结合,公司应急值班工作受到国务院应急办高度评价。固化供电保障标准模式,圆满完成了"东北振兴央企辽宁行"等113次重要保电任务。营造安全文化氛围,公司被授予国家级安全文化建设示范企业。

(刘　静)

【电力营销】 2014年,沈阳供电公司大力开展营销"一分双无"工作,全市用户信息普查率达95%以上,用户手机短信催费订阅率大幅提升,自动化抄表覆盖率达54.88%,21万新装用户全部实现分户送电。严控电费回收风险,2319户10千伏客户实现欠费负控终端自动跳闸。加强线损精益化管理,试行10千伏线损实时分析,整改高损线路24条,处理异常台区1155个,整治用电市场秩序,追补电量1146.13万千瓦时。

(刘 静)

【优质服务】 2014年,沈阳供电公司积极开展供电服务进小区、进楼道、进居民家"感动式"服务工程,推出预约式服务。组建"心"服务创新工作室,诠释了"你用电,我用心"服务理念。不断深化客户用电"售前、售中、售后"全过程服务,缩短用户业扩报装时限27个工作日,推广"四型"修理班和"七型"站所服务典型,实施网格化现场抢修指挥模式,优化抢修指挥及故障信息传递流程,抢修到达现场时间缩短10分钟,公司投诉总体数量同比降低52.3%。实施低电压治理专项工程,消除低电压用户2867户。大力开展抗旱保电工作,有效缓解旱情农田2506.67公顷。积极推动京沈高速铁路和宝马厂区扩建等电力保障工程建设。完善电动汽车服务运营管理。规范分布式电源接入管理,光伏发电并网容量1.04万千瓦。落实节能减排要求,推广污水源热泵技术应用,减少二氧化碳排放总量11.2万吨。

(刘 静)

【管理创新】 2014年,沈阳供电公司扎实开展"三集五大"体系建设成效评估工作,提炼体系建设最佳实践项目38项,4项成果在国网系统交流学习。完善运营监控中心基础设施和功能建设、编制的故障报修、效率监测等三个专题方案在辽宁省推广。强化立项评审与跟进指导,形成"三上三出一创"成果68项,公司连续五年被授予沈阳市管理创新优秀企业,此项工作成为全市指导国企管理创新工作的范本。

(刘 静)

【科技进步】 2014年,沈阳供电公司扎实开展科技项目管理和群众性创新活动,"绝缘化碳纤维复合芯导线应用技术研究"和"区域配用电智能化技术应用"两项成果分别获得省公司科技进步和新技术应用一等奖,公司科技成果及专利授权数量稳居省公司前列。

(刘 静)

【路灯建设】 2014年,沈阳供电公司实现连续安全生产3360天,实现了安全年。平均亮灯率98.84%,超计划指标1.84%。路灯设备完好率99.75%,超计划指标4.75%。实施路灯新建、改造工程105项。全市路灯电费回收及时,上缴率100%。充分发挥设施先进、功能完备的路灯GIS智能控制系统作用,确保全市亮灯率、设备完好率保持稳定、高水平。进一步规范人力资源岗位用工和薪酬管理,大力开展催缴欠款工作,有效降低和规避了企业经营风险,确保依法合规经营。积极适应内外部监管新形势,深入推进依法治企工作常态化。向省、市申报的《省会城市道路照明管理转型升级》管理创新成果荣获沈阳市企业管理现代化创新成果一等奖。开展媒体走访系列活动,争取新闻舆论支持。巩固优服社区走访活动成果,畅通报修渠道,实现"四项服务承诺"兑现率100%和路灯服务"零投诉"的优异成绩。

主要工程完成情况:完成了路灯改造工程26项;完成了路灯新建工程22项;完成了路灯电源改造工程8项;开展了路灯检修工程5项;配合完成了市政重点工程16项;配合完成了地铁工程21项;配合完成了市政拆迁工程21项。

(刘 静)

环境保护

【概况】 2014年,沈阳市环保局以生态文明建设为统领,以推进生态文明体制改革为主线,全面加强生态环境保护与治理,积极采取多项措施完成年度污染减排工作目标,切实有效开展水环境及大气环境综合整治,着力解决影响科学发展和损害群众健康的环境问题,切实改善生态环境质量,确保环境安全,为促进区域经济社会和谐快速发展、建设美丽沈阳提供了坚实的环境支撑。年度环境空气质量优、良天数达到191天。辽河沈阳段干流水质符合地表水Ⅳ类水质标准,浑河沈阳段干流水质主要污染物化学需氧量达到国家地表水环境质量Ⅳ类水质标准。氨氮2.24毫克/升,较2011年辽河流域治理前下降87.9%。城市集中式饮用水源地水质达标率100%。沈阳市道路交通噪声强度为二级,区域声环境总体水平为三级。

(刘 冰)

【生态环境建设】 2014年,沈阳市环保局全面深化国家生态市创建工作,新民市、法库县、康平县被国家环保部命名为国家生态文明建设示范区。启动生态保护红线划定工作,确定了沈阳市珍贵动、植物资源、重点生态功能区域和生态敏感脆弱地区名录,初步完成第一批10个生态保护地红线划定工作,《生态红线管理办法》正式颁布实施。同时,积极推进卧龙湖生态区国家湖泊环境保护试点工作,实施了35项生态建设和保护工程项目建设。此外,会同市财政局积极推进于洪区、沈北新区等八个区、县(市)359个行政村的农村环境连片整治示范工作。

(刘 冰)

【污染减排】 2014年,沈阳市将污染减排与"蓝天工程"、"大气污染防治计划"、"辽河、浑太、蒲河三大流域污染治理"等一系列环境治理统筹实施。全市可削减化学需氧量2.5%、氨氮2.6%、二氧化硫1.3%、氮氧化物1.9%,完成年度污染减排任务。

(刘 冰)

【水环境综合整治】 2014年,沈阳市环保局继续以提升辽河流域治理成果为重点,对稳定达到水环境功能要求河流继续通过有效措施加以巩固,对达标相对脆弱的重点支流河进一步寻求突破,确保水质稳步提升。同时,进一步加强城市集中式饮用水水源地环境保护工作,确保饮用水安全。其中,完善了干流和支流河水质跨区域生态补偿机制和考核办法；开展春季枯水期水质监控及污染防治工作；开展对全市已投运的26座污水处理厂实施严密监控，指派专人负责监督巡查，严格落实“周检查、月监测”及“运行审核”等制度。同时，在确保直排企业达标排放基础上，将排污量大、排污负荷高的生产废水排入二级污水处理厂的重点企业纳入重点监管范畴。此外，完成了城市集中式饮用水源地环境状况评估工作，成立包括管理、审批、应急、监察、监测等部门的专项行动检查小组，深入开展了水源地环境保护区专项检查工作。

（刘　冰）

【大气环境污染防治】 2014年，辽宁省蓝天工程责任书项目共计119个项目。其中：电力企业烟气治理（脱硝、脱硫、除尘）项目41个，34项已完工，5项已开工，2项前期准备；其中，列入2014年政府办实事项目的沈阳新北热电有限公司等4家电厂、17台燃煤锅炉烟气脱硝改造工程已全部完工；全市须完成供热锅炉拆除项目78个、对95台燃煤锅炉实施清洁能源改造、燃煤锅炉烟尘治理项目43台燃煤锅炉除尘器升级改造，已经全部完成。完成215座加油站、7座油库和103辆油罐车的改造任务。同时，扩大环保绿标区建设，二环路以内区域设置为限行黄标车的环保绿标区，成为辽宁省内设置绿标区最大的城市；全市机动车检测率及环保标识发放率均达到90%以上。建立大气监控预警体系，并印发了《沈阳市人民政府关于成立沈阳市重污染天气应急指挥部的通知》（沈政发〔2014〕4号）和《沈阳市人民政府办公厅关于印发沈阳市重污染天气应急预案（试行）的通知》（沈政办发〔2014〕4号）成立了重污染天气应急指挥部，制定了初步建立重污染天气监测预警体系，明确应急组织机构及其职责、预警预报及响应措施、应急处置及保障措施等内容。

（刘　冰）

【环境污染防治与管理】 2014年，沈阳市环保局大胆实施简政放权，进一步优化环境管理制度。围绕新一轮东北老工业基地振兴，全面落实中央精简放权精神，大胆削权、去利、割肉，切实把环境管理的重点转移到强化环境监管上来。先后出台了“优化房地产开发、宾馆酒店、办公用房项目环评审批”、“对电力道路交通等七大类51项项目实行环境影响评价豁免管理”等12个环境监管改革文件，惠及全市90%以上的民生建设项目和三产服务业项目。进一步强化环境监管，初步建立生态红线管控机制。率先启动实施了生态保护红线划定，颁布实施了全国首个《生态保护红线管理办法》，初步形成全市生态保护红线管理机制；完善环境执法监管机制，设立环保警察队伍，出台了《关于公安环保联动协作机制实施意见》，建立了环保、公安执法联动机制，已经查处涉嫌环境犯罪案件12起；同时，进一步建立了环保、公安、执法、法院联席会议制度。组织开展了全市200家市民反映强烈的固定噪声源和10个封闭小区商业网点噪声源开展综合整治工作；开展了固废专项整治工作，防范危险废物环境风险，推进重金属“十二五”规划落实，开展电镀行业污染监控。南部污水处理厂于2014年1月9日正式投入运行；西部（二期）污水处理厂，项目主体工程已完成。全市已建成的日处理能力1万吨（含）以上的城镇污水处理厂共计28座（其中15万吨以上的大型污水厂5座），设计日处理污水能力达到了234.5万吨。全市具备运行条件的28座污水厂中，27座基本实现了稳定运行，运行率为96.4%、负荷率85.3%、主要污染物达标率为100%。年累计调处群众环境投诉案件1.06万件，结案息访率达到90.0%，“12345”市民诉求专线案件到期办结率连续41个月全市排名第一（并列）。

（刘　冰）

【环境执法】 2014年，沈阳市环保局以“深化环境监察体制改革”为主线，规范排污收费管理，强力开展监察执法工作，妥善应对环境突发事件，坚实推进污染源数据监控系统建设，环境监察各项工作开展扎实有效。开展了针对“两危”、重金属、制药、电镀企业开展执法检查，并与公安局、检察院衔接，建立联动和环境污染刑事案件移送受理机制，共同打击环境犯罪行为，使涉重和危险化学品等环境犯罪问题得到有效遏制。同时，围绕“蓝天工程”，制定出台了《沈阳市采暖期大气污染企业专项执法行动工作方案》（沈环保〔2013〕170号），全市已在大气专项行动中出动环境监察执法人员1.03万人次，检查大气排污企业5427家次。此外，重点加大对城镇污水处理厂和日处理污水1000吨以上的工业企业的执法力度，采取“三位一体”的联动执法模式（监察、监测、监控）对企业开展环境执法工作，对出现超标排放的企业依法查处。以浑蒲流域沿岸重点企业环境现场专项治理执法检查，扎实强化监管企业污染物治理设施的运行、生产工艺以及环境管理制度落实等。

（刘　冰）

【环境科研】 2014年，沈阳市环保局组织申报国家、省、市科研课题20余项，获准立项课题13项；通过验收科研课题9项，完成成果鉴定11项；获得辽宁省科技进步二等奖1项、三等奖1项、获沈阳市科技进步二等奖4项、三等奖1项；申请发明专利6项、实用新型专利7项、软件著作权5项；协调组织推进国家重大科技项目“水专项”取得新进展；完成了沈阳市城市总体规划环境影响评价报告、大东区生态工业园区规划及生态文明示范区规划报告的编制任务；同时为法库陶瓷城提供了大气污染物综合整治和环境应急风险防控的集成服务，涉及项目近40个。完成了“沈阳市十三五环境保护与生态建设的战略（思路）研究”、“沈阳市环境保护重点项目规划研究”、《区域环境风险评估方法及预警技术体系构建》（共涉及8个领域29项指标）、沈阳市生态红线划定总体技术方案；开展了《沈阳市PM2.5达标规划》编制工作；承担了祝家污泥处置工程（处理规模1000吨/日）组织实施工作。此外，启动了十二五规划中期评估和十三五规划编制工作和沈阳市环境风险防控和应急工程技术工程中心（市级工程中心）建设工作。

（刘　冰）

【环境监测与监控】 2014年，沈阳市环保局完成了全市环境空气、水环境、声环境、生态等环境质量监测工作，并对全市范围内的河流、湖库、排污河渠、环城水系、农田灌溉水等地表水体、12个饮用水水源、19个区县水源地以及76个地下水点位的例行监测工作。完成了7个噪声功能区点位、47条交通干线道路交通噪声和240个国控区域噪声监测点位的例行监测工作。同时，启动城市绿地和11个集中式饮用水源地一级保护区的土壤环境质量监测工作，深入开展全市范围的生态环境监测与评价，编制完成《沈阳市生态环境质量评价报告》及《野外核查报告》。开展了对43家国控重点源、256家市控重点源、135家主要流域废水重点污染源企业以及4家重金属排放企业的监督性监测工作；组织区县站完成"春季河流及景观水体"预警监测工作；开展了卧龙湖生态安全调查工作，编制完成《卧龙湖生态安全调查报告》；启动了农村环境监测工作，完成了《沈阳市土壤环境保护和综合治理规划(2014－2020)》初稿编制。

（刘 冰）

【环境国际合作】 2014年，沈阳市环保局积极协调日本古河机械金属集团古河产机系统有限公司、英国大使馆、意大利玛塔罗环保公司、意大利都灵市研修生、荷兰欧渥艾索省代表团等外事来访团组。参与了中欧投资贸易洽谈会专题研讨会、中德会议、日本川崎大气环境城市间研究计划项目研讨会、中日环保节能商务交流推进论坛等国际会议与交流活动；促成了沈阳市加入中国清洁空气城市网络，组织协调相关专家参与清洁空气管理培训会议。同时又协助安排全球环境基金GEF水资源与水环境管理主流化项目组试点城市调研工作及POPs污染场地环境治理及修复项目。在严格遵守外事纪律的前提下，借助丰富的交流手段与国外友人建立友好、务实的联系，争取更多的国际交流资源。

（刘 冰）

【环境宣传教育】 2014年，沈阳市环保局以突出环保改革为重点，以环境信息公开和建立公众参与机制为主线，加强环境宣传教育活动的开展，在加强媒体舆论引导、成果宣传、舆情研判的基础上，重点突出"环保专刊"、"官方微博"、"市长信箱"等特色栏目的落实。同时，以沈阳日报为主阵地，开辟"环境专刊"，大力挖掘新闻线索，完善新闻宣传机制，不断提高新闻宣传报道质量；以宣传沈阳市环保改革、环境信息公开、新环保法解读、违法企业曝光、空气质量预报等为重点内容，有效引导社会公众及时了解环保工作并提高环保认知。此外，结合"六五"环境日、世界地球日、生物多样性日等纪念日组织策划开展主题宣传工作。全年共在各大媒体报纸首发环保信息500余条，其中仅沈阳日报头版发布环保新闻32篇。在《沈阳日报》刊发"环保专刊"46期；向全社会公开沈阳市排污收费改革、环评审批及管理的重大环保体制改革措施；率先开展了排污收费核定媒体公示(分四批公示重点排污企业293家，分二批通报环境违法企业200家，公示清洁生产审核企业225家，公告106家企业的环境信用等级评价)；深入解读新《环境保护法》29期；2014年1月1日开始在全市主流媒体重要版面或时段发布沈阳市空气质量预报。参与了新浪微博，已发布信息1880余条，共有粉丝10.1万人，平均每日新增粉丝百余人。共受理"市长信箱"转交的信访、求助、咨询、建议类信件53件。同时联合市文明办等单位开展了"4·22"地球日暨绿色出行日宣传活动，以"全民良好的节约习惯，是当下解决雾霾的最好方法"为口号，倡导绿色出行。

（刘 冰）

商　务

国内贸易

·综　述·

【实施"服务业四年行动计划"】 为贯彻落实《辽宁省人民政府关于加快发展服务业的若干意见》精神，推进全市服务业"发展提速、比重提高、水平提升"，沈阳市政府出台了《沈阳市人民政府关于加快发展服务业的实施意见》，成立了以市政府主要领导任组长、分管领导任副组长、42个市直部门和单位为成员的市服务业发展领导小组，负责协调解决全市服务业发展中的重大问题，审定促进服务业发展的政策措施，督促贯彻落实国家和省有关促进服务业发展的政策，组织实施"服务业四年行动计划"。在市服务业发展领导小组的指导下，市服务业委、市发展改革委、市经济和信息化委、市政府金融办、市科技局、市房产局、市旅游局、市文广局、市卫生计生委、市民政局、市统计局及各区、县（市）人民政府分别制订了2014－2017年服务业发展专项行动方案共29项，提出了包括服务业集聚区、金融业、电子商务、物流业、商品批发市场、会展业、科技服务业、房地产业、旅游业、文化产业、健康服务业和社区服务业、生产性服务业等"两大载体"和"十大产业"未来发展目标和工作举措；制定了《沈阳市人民政府关于促进总部经济发展的实施意见》、《沈阳市关于促进电子商务发展的若干措施》和《沈阳市服务业发展专项资金管理暂行办法》；设立了服务业发展专项资金，支持服务业集聚区、商品市场、现代物流、电子商务、金融业、科技和信息业、旅游业等行业发展，在财政支持环节、支持方式上加大了对服务业重点项目的支持力度；建立和完善了服务业统计分析体系，运用大数据和云计算理念，构建"以重点地区、行业、集聚区和企业为基础，以区、县（市）服务业主管部门为纽带，以市直行业主管部门为核心"的服务业经济运行分析机制，科学评价发展质量，引导行业健康发展。2014年，全市服务业发展加快，比重上升，主导产业带动作用明显，重点行业稳步回升，新兴业态蓬勃发展，服务经济产业结构逐步形成。全年服务业增加值实现3232.3亿元，同比增长6.9%，占GDP比重为45.5%。首次实现了"三个高于"，即：增速高于GDP增速0.9个百分点，高于第二产业增速1.6个百分点，占比高于上年同期2个百分点。社会消费品零售总额实现3570.1亿元，同比增长12.1%，增速与全省持平，总量居全省第一位。服务业固定资产投资完成3928.8亿元，占全社会固定资产投资的59.9%。税收收入实现590.1亿元，占全市税收总量的56.3%。服务业新增就业人员16.5万人，占全市新增就业总量的67.3%。

（王　喆）

【大项目固定资产投资持续增长】 2014年，全市投资3000万元以上的服务业在建项目1210个，同比增长0.6%，占全市3000万元以上项目总数的51.5%，完成固定资产投资3586.3亿元，同比增长5.2%。投资额在1亿元以上项目944个，同比增长0.53%，占服务业重点项目总数的78%；1亿元以上项目总投资额为12406.7亿元，同比增长3.1%，占服务业项目总投资额的98.9%。

（张　鹏）

【取消部分行政审批职权项目】 2014年，根据省、市政府取消和下放一批行政职权项目的文件精神，市服务业委根据实际情况，与辽宁省同步取消鲜茧收购资格认定职权，同步取消煤炭经营许可证初审，并根据沈阳市商业连锁企业发展的实际，取消连锁企业认定审批职权。

（宋迎辉）

【服务业集聚区优化升级】 为规范沈阳市服务业集聚区的建设和管理，营造发展环境，2014年，沈阳市服务业委在全国率先制定发布了《服务业集聚区建设管理与业态要求》。明确了服务业集聚区定义、建设管理和业态要求，依据其功能定位分为商贸流通集聚区、金融服务集聚区、电子信息集聚区、商务服务集聚区、现代物流集聚区、科技服务集聚区、文化创意集聚区和旅游休闲集聚区等八大类型。全市服务业集聚区管理部门认真落实《服务业集聚区建设管理与业态要求》，加大基础设施和公共平台建设，基本形成了以城市中心区为核心，以"金廊、银带"为骨架，以城市主导产业发展带为支撑，以县域新城为补充的服务业集聚区"三大圈层"。全市已有服务业集聚区40个，其中：商贸流通集聚区12个，金融集聚区2个，电子信息集聚区2个，商务服务业集聚区4个，现代物流集聚区8个，科技集聚区6个，文化创意集聚区3个，旅游休闲集聚区3个。沈阳北站金融集聚区等14个服务业集聚区获省级现代服务业集聚区称号。2014年，全市40个服务业集聚区主营业务收入6336.3亿元，同比增长26.6%；上缴税金348.8亿元，同比增长19.1%；吸纳就业人数127.5万人，同比增长11%；固定资产投资2296.1亿元，同比增长15.7%。

（赵　昊）

【打击侵犯知识产权和制售假冒伪劣商品】 2014年，沈阳市认真贯彻落实《2014年全国打击侵犯知识产权和制售假冒伪劣商品工作要点》的要求，建立健全规章制度，探索完善长效机制，扎实有效地开展了打击侵权假冒工作，不断加大查处违法违规行为的力度，努力构建和谐的市场环境，取得了较好成效。在打击侵权假冒工作绩效考核中获全省第一，沈阳市服务业委被评为2014年度辽宁省打击侵权假冒工作先进单位。一是加强工作部署，提升执法效果。市领导小组办公室充分发挥组织协调作用，召开成员单位联络员会议进行部署，明确责任分工，对行政处罚案件信息公开工作提出要求，形成了市、区县之间上下贯通、相关部门横向连接的工作局面。各地区、各成员单位认真履行工作职责，相互协作，密切配合，开展了一系列专项整治，并取得了阶段性成果。二是抓住重点领域，打击制假售假。各职能部门积极行动，坚持专项整治与日常监管并重，加大对重点区域、重点领域和重点产品的执法检查力度，开展形式多样的专项整治，确保了各项打假工作取得实效。三是依靠刑事司法，保持高压态势。司法机关进一步整合内部资源，加强与行政执法机关的协作与配合，完善联席会议机制、信息共享机制、案件跟踪机制，形成打击侵权假冒犯罪行为的合力，有效打击制假售假违法犯罪行为。四是加强宣传报道，普及法律知识。充分发挥现有举报投诉机制的作用，畅通举报渠道，调动社会力量参与监督。组织力量深入农村基层，采用各种群众喜闻乐见的形式，开展多种宣传活动。突出宣传报道专项行动的主题内容，加强面对面、点对点的宣传与培训，普及知识产权保护等相关法律法规，传授识假辨假知识，提高广大农民群众的维权能力，并做到各个阶段宣传报道的紧密衔接，努力营造全市关心和支持打击侵犯知识产权和制售假冒伪劣商品的良好氛围。

（王秋瑜）

【完善市场监管公共服务体系】 近年来，沈阳市的市场监管公共服务体系建设取得了一定的成绩，市、县两级监管体系基本建立，举报投诉渠道日趋完善，"12312"中心与商务综合执法队伍互相支撑、互为依托，全力维护市场秩序，保障商务环境。

2014年，市服务业委为进一步健全市场监管公共服务体系，整合优化执法资源，增强基层执法能力，完善举报投诉渠道，夯实郊区、县（市）市场监管公共服务的基础。市服务业委按照商务部、省服务业委关于加强流通领域市场监管公共服务体系建设的相关要求，利用国家经省服务业委下拨的服务业发展专项资金，在全市郊区、县（市）服务业主管部门开展市场监管公共服务体系项目建设工作。

（李勇军）

【小微商贸企业贷款扶持工程】 为贯彻落实《辽宁省人民政府关于加快发展服务业的若干意见》和《沈阳市人民政府关于加快发展服务业的实施意见》，进一步推进全市小微商贸业健康发展，着力解决小微商贸企业融资难、贷款难问题，沈阳市实施了"万户小微商贸企业专项贷款扶持工程"。按照省下达的历时4年完成全市3300户小微商贸企业与银行对接的总体目标，制订下发了《沈阳市小微商贸企业专项贷款扶持工程行动方案》，并在《沈阳市服务业发展专项资金管理暂行办法》中进一步明确，"对列入省商贸流通企业转型升级计划的新业态小微商贸企业获得专项扶持贷款的，按不高于其支付手续费（利息）的50%给予补助"，为科学推进"万户小微商贸企业专项贷款扶持工程"工作提供了政策支持。通过定期召开调度会，积极发动和挖掘街道、乡镇、社区、协会、市场等资源和力量，协调联系工商、税务、就业、民政等部门，联手工商银行，跟踪实施，开展了摸底调查工作。为让更多小微商贸企业了解此项贷款扶持工程的内容，扩大"工程"影响力，多次联手银企，分别在省、市一些主要媒体开展宣传报道，在市内繁华商业街区开展宣讲、分发DM宣传手册等活动。2014年共向工商银行推荐1218户小微商贸企业相关信息，工行给予符合条件的小微企业贷款总额为5653万元。

（杨虹莹）

【规范改造再生资源回收站（点）】 根据《沈阳市再生资源回收产业发展规划（2014－2017年）》要求，开展了2014年度沈阳市再生资源回收体系建设达标评比活动。经过初审、复审和实地验收，确定205户再生资源经营单位为日收日清标准化回收站（点）。其中：秋实物资回收连锁有限公司30户，县区标准化回收站140户，废旧家电标准化回收站35户。标准化回收站点按照"六统一"规范标准，制作了牌匾、制度板，粉饰墙体和围挡，设置了消防器材，统一了从业人员服装，全部达到再生资源行业"六统一"规范标准。

（唐晓烨）

·商品市场·

【商品市场稳步发展】 2014年底，全市商品市场达到437个，实现交易额2720亿元，其中亿元以上商品市场117个，实现交易额2555亿元，占总交易额94%。

1. 流通规模不断扩大。2014年，沈阳市商品市场内增功能、外拓市场，流通规模不断扩大，涌现出一批跨区域商品市场。全市超过10亿元商品市场45个，超过50亿元市场13个，超过百亿元市场4个。沈阳地利农副产品贸易中心通过资源整合，发展成为东北地区最大的水果集散中心。沈阳盛发菜果批发市场与海南、广东、四川等多个省份蔬菜产区进行合作，商品辐射东北三省。

2. 项目建设进展顺利。加大政策引导力度，重点推进商品市场建设改造项目38个，完成固定资产投资118.5亿元。其中：农产品市场项目17个，完成投资44.5亿元；日用消费品市场7个，完成投资26.2亿元；生产资料市场14个，完成投资47.8亿元。沈阳国际汽车城、沈阳雨润农产品全球采购中心净菜加工中心等项目相继竣工并投入运营。

3. 经营模式不断创新。为适应现代服务业发展需要，沈阳市商品市场已开始由传统型向现代型转变，五爱集团建设了"五爱购"项目，实现了线上、线下交易；中国（沈阳）嘉泰工业装备博览城既搭建电子商务平台，又建设名牌产品专营店和大型五金机电产品超市，为生产资料市场引进了新的经营模式；沈阳润恒农产品市场建设6个低温冷链中心，储藏能力达30万吨，形成了较为完善的冷链物流配送系统。

（宋爱国）

【促消费稳增长】 2014年，沈阳市服务业委以扩大消费为重点，以优化消费环境为前提，以稳定消费市场为保障，确保全市消费品市场繁荣、稳定。一是培育新的消费增长点。坚持把发展"夜经济"和推进"农超对接"作为新的消费增长点。推出了簋街、星吧街等"夜经济"集聚区典型，"夜经济"的经济效益和社会效应得到了极大的提升。"农超对接"大型超市的覆盖率达到了90%，对接种类覆盖肉、蛋、果等20多个品种，减少了流通环节，降低了流通成本，达到了惠民利民的目的。二是广泛开展促销活动。采取利用节庆搞促销、利用季节转换扩销售、利用展会创商机的方式，进一步扩大消费，全年完成社会消费品零售总额3570.1亿元，同比增长12.1%。三是继续完善激励机制。继续对实施农超对接的企业给予资金扶持，首次将“夜经济”项目列入服务业专项资金范畴。在企业中广泛开展评优活动，推荐兴隆大家庭时尚流行馆参加全国商贸流通业先进集体评选，在全市开展了辽宁省商业服务品牌评选活动，与市总工会联合举办了沈阳市优秀店长大赛，进一步调动了企业和员工的积极性，提高了销售人员的技能。

（范孝宽）

【发展“夜经济”】 2014年，沈阳市坚持把发展“夜经济”作为新的消费增长点，不断推进延时营业、开展活动、培育热点、推出典型，有效推动了全市经济发展。一是加强组织。制定下发了《2014年沈阳市“夜经济”工作要点》，召开了全市“夜经济”联席会议。二是形成集聚。对全市“夜经济”发展的重点区域进行了归类引导，形成了各具特色的“夜经济”集聚区28个。在兴顺夜市的基础上，推出了簋街、星吧街等“夜经济”集聚区典型。三是打造热点。全市举办了冰雪节、灯会庙会，推出了春夏秋冬四季旅游和百万市民看电影活动，组织了消费促进月活动。各区、县（市）也积极行动，分别举办了啤酒节、美食节、年货节等活动，打造了夜市、舌尖胡同等街区，开展了采摘、农家乐、摄影、自驾、温泉、冬捕等活动，带火了“夜经济”。四是凸显特色。初步形成了夜购物、夜美食、夜娱乐、夜保健、夜景观等五大夜色。市内大型百货、超市延时营业达到100%，夜晚客流量约占三成，夜晚营业额由15%提升至20%左右，节日期间比重超25%以上，夜晚餐饮业营业额占全天营业额的60%以上。

（范孝宽）

【推进“农超对接”】 进一步拓宽农产品流通渠道，减少农产品流通环节，降低农产品流通成本。一是创新对接方式。通过采取组织产地对接、异地对接、品牌对接等方式，不断为产销双方搭建对接平台。全市“农超对接”的销售比重、货源数量、产品种类都在呈现稳步上升的发展态势，农产品市场价格始终保持相对平稳，“农超对接”服务农产品销售市场的意义得到充分体现。二是组织对接活动。9月，组织全市大型连锁超市、蔬菜批发市场和连锁菜店企业代表，先后参加沈阳市果业协会成立大会暨农产品经贸洽谈会和第十四届中国沈阳国际农业博览会。农产品经贸洽谈会期间，与辽中县当地86个农产品生产基地和农民专业合作社、26家俄罗斯企业和22家国内企业进行了“农超对接”的现场洽谈，意向对接金额达1400余万元。三是突出对接效果。大东副食、家乐福、兴隆大家庭、华润万家、永辉、乐购、大润发、中兴等20余家大型超市、180余家门店90%实现了“农超对接”。其中：大东副食对接率达到100%，兴隆大家庭、家乐福、大润发、华润万家、永辉等大型超市对接比率也达到30%以上，对接种类覆盖肉、蛋、果等20多个品种。

（范孝宽）

【辽宁特色产品采购订货会】 2014年11月21－24日，2014辽宁特色产品采购订货会在辽宁工业展览馆举行。本次展会由辽宁省服务业委员会与各市人民政府共同主办，以“展示我省特色产品、发挥电商网络优势、加快商超对接合作、实现合作共赢发展”为主题，旨在推广辽宁特色产品品牌，助力特色产品生产企业开拓市场扩大销售。本次展会展览面积1.3万平方米，展出特色产品达500多个，吸引了全省14个市及绥中、昌图两县组团参展。展会倡导节俭办会，以地方特色为着力点，进行了简洁大方的整体特装宣传展示。展会期间举办了辽宁淘宝特色中国辽宁馆开馆仪式、特色产品采购对接会、消费者最喜爱的品牌评选等活动。开幕式现场，10家特色产品企业代表与大型零售企业代表互换合同文本，现场签约。沈阳市作为展会举办地，共组织40余家名优企业参展，并为展会提供了优质的配套服务。

（吕晓波）

【启动肉菜流通追溯体系建设试点】 沈阳市于2013年末被确定为肉菜流通追溯体系第四批试点城市。2014年，沈阳市正式启动试点项目建设。8月，印发了《沈阳市人民政府关于成立沈阳市肉类蔬菜流通追溯体系建设试点工作领导小组的通知》，成立了以市长为组长，分管副市长为副组长，市委宣传部、市经济和信息化委、公安局、财政局、执法局、交通局、农经委、服务业委、工商局、质监局、食品药品监管局、法制办、沈阳公共资源交易中心，以及各区、县（市）政府的主要领导为成员的沈阳市肉菜流通追溯体系建设试点工作领导小组。并根据商务部要求，印发了《沈阳市人民政府办公厅关于印发沈阳市肉类蔬菜流通追溯体系建设试点工作实施方案的通知》。沈阳市将按照“总体设计、分步实施、企业主体、政府推动、资源整合、试点推广”的原则，综合运用物联网现代信息技术，建立以市级追溯管理平台为中心，以生猪定点屠宰企业、肉菜批发市场、大中型超市、标准化菜市场、团体消费单位、产销对接核心企业和品牌肉专卖店等7个流通节点为终端，以肉菜质量检测准入、流通主体实名管理为支撑，以索证索票、购销台帐的电子化为手段，数据信息互联互通的现代流通管控体系，形成政府公共服务、行业自律和消费者监督相结合的全市肉菜流通管理长效机制。

（朱清克）

【“沈阳老字号”焕发活力】 一是做好老字号评审、认定工作。组织开展了第六批“沈阳老字号”申报、评审和认定工作。经老字号认定委员会审核，“沈阳亨得利钟表眼镜公司”等3家企业符合“沈阳老字号”认定标准，并通过“沈阳市政务公开服务网”进行公示。截至2014年底，被认定为“沈阳老字号”的企业共计58家。二是积极组织老字号企业参加中华老字号精品博览会。市老字号协会组织部分老字号企业参加在绍兴市举办的“中华老字号精品博览会”。三是推动萃华公司中华“老字号”企业上市。2014年12月4日，萃华公司在深圳成功上市，是沈阳市第一家上市的老字号企业。

（任大方）

【2014盛京城庙会·灯会】 2月6－15日，2014盛京城庙会·灯会在中街路、沈阳路和北通天街举行。本次庙会·灯会由沈河区委、区政府主办，皇城商贸文博旅游功能区管委会承办，以“传承历史文明，尊重民俗民风，创新文化品牌，欢乐沈城百姓”为主题，举办了年货、旅游工艺品、特色节庆食品展售以及“盛京绝艺”非遗项目大展示等商贸活动，既有各式民俗传统表演，也有群众文化演出，以及供群众参与的各类竞猜竞赛活动。面人、糖人、铜雕等众多民间绝艺绝活，再现了百年前盛京城庙会的盛况；还安排了皇家礼仪大巡游、萨满祭祀活动等非遗项目展示。活动期间，共有400余万人次参观，正月十五当天，中街

方城地区的客流量突破150万人次，创下历年之最。

（吕晓波）

【市场监测分析】　及时掌握市场供应情况，为保障市场供应提供数据支持。一是做好日常监测。完成沈阳市12类生活必需品24个品种的市场日报249期。完成商务部网上监测系统的5个系统154家样本企业的日报、旬报、月报、季报、半年报和年报共4068次的数据报送工作。及时启动黄金周期间重点流通企业和生活必须品市场的日监测工作。完成全市40家批发、零售企业商务部商贸流通行业信息统计工作。二是分析市场运行状况。每季、月和重大节日，结合监测情况，分析全市社会消费品零售总额情况、商品销售情况和市场运行状况，共形成季、月分析报告24篇，节日市场分析7篇。在认真调研的基础上，形成年度零售业分析报告1篇。针对大雪、大雨等异常天气变化，全面分析市场波动情况，及时了解货源情况，为做好应急准备、稳定市场提供决策依据。

（范孝宽）

·电子商务·

【出台《关于促进沈阳市电子商务发展的若干措施》】　为贯彻《商务部"十二五"电子商务发展指导意见》和《关于促进电子商务应用的实施意见》的要求，落实省、市政府关于加快发展服务业发展的有关部署，以创建国家电子商务示范城市为契机，沈阳市制定并出台了《沈阳市促进电子商务发展的若干措施》（以下简称《措施》）。《措施》采用条目方式，共分4个部分、18条和14款扶持安排。《措施》着重把握三个要点。一是坚持贯彻上级要求与立足行业实际相结合。深刻领会国家、省、市政府关于促进电子商务发展的有关政策措施，诸如《商务部"十二五"电子商务发展指导意见》、《关于促进电子商务应用的实施意见》及《辽宁省服务业发展专项资金管理暂行办法》等等，坚持推进发展的正确方向。同时，立足沈阳市电子商务发展现阶段的实际，积极汲取先进地区的实践经验和有效做法，进一步强化推进和扶持举措，力求做到有章可循，有据可依。二是坚持导向引领与重点突破相结合。努力把握电子商务发展的本质、规律和基本态势，以切实服务沈阳市经济发展、社会进步和人民幸福为基本导向，力求在自主创新、公共服务、重点应用、集聚发展、支撑体系、典型示范和优化环境等关键环节上，实现推进的新突破。三是坚持注重促进发展与突出可操作性相结合。充分考虑沈阳市电子商务发展的现实基础和当前重点任务，立足发展是第一要务，使政策引导和资金扶持措施成为促进沈阳市电子商务又好又快发展的杠杆。同时，明确了扶持的方向、环节、标准、时限以及程序，力求便于操作实施。

（侯利军）

【浑南国家电子商务示范基地建设】　2012年5月，沈阳浑南电子商务产业园成为国家商务部正式授牌的首批"国家电子商务示范基地"。2014年，按照"一个中心、三个基地"的总体建设定位，以"聚龙头、促应用、建平台、优环境"为工作重点，在产业集聚形成电子商务服务体系、产业融合推动电子商务广泛应用、培育发展构建电子商务创业孵化基地、交流协作营造创新发展环境、品牌塑造发挥"辽宁电商网"优势等方面开展了一系列工作，推进沈阳新型工业化进程，促进产业机构转型升级。截至2014年末，基地引进电子商务及相关服务型企业128户，其中国内知名电子商务企业及国际500强工业地产商13户，累计获得国家、省、市扶持和奖励资金5350万元。一个覆盖东北地区的电子商务区域运营及服务中心、区域电子商务总部基地、区域物流配送基地、电商创业孵化基地逐步形成。

（侯利军）

·物流业·

【概况】　2014年，全市商贸物流业以贯彻落实省、市加快服务业发展四年行动计划为主线，积极培育和发展商贸物流园区、物流配送中心、重点物流企业和冷链物流企业，着力推进商贸物流业的社会化、专业化、标准化和信息化建设，继续保持平稳较快发展态势，全面实现稳增长、调结构目标。

2014年，重点培育8个物流园区实现营业收入179.8亿元。重点培育20个物流配送中心实现营业收入12.37亿元。重点培育20个冷链物流企业实现营业收入10.26亿元。重点培育25个物流企业实现营业收入41.5亿元。实现货运总量2.35亿吨，同比增长9.2%；实现货物周转量571.6亿吨公里，同比增长2.2%。全市快递业务量7144.84万件，同比增长56.53%；实现业务收入11.7亿元，同比增长30.51%。全市载货车辆达到17万台、90万吨，其中小型厢式货车达到4.5万台，约占全市货运车辆总数的26.47%。

（刘哲铭）

【商贸物流园区建设】　重点培育和扶持沈北综合物流园等8个商贸物流园区建设。新建法库陶瓷谷商贸物流园和新民万景智慧物流园等商贸物流园区，积极推进沈阳国际物流港中铁物资集装箱沈阳中心站等重大物流项目落地。2014年8月，"沈北综合物流园"荣获全国"优秀物流园区50强"称号，并向国家发改委推荐，作为国家级示范物流园区的备选单位之一。

（刘哲铭）

【城市配送体系建设】　以快消品、生鲜食品、药品、家电等商品重点，以连锁商业为依托，以企业自建物流为载体，创新城市共同配送、统一配送和电子商务配送模式，积极培育大润发超市、九州通医药物流、苏宁电器、京东商城等物流配送中心建设。大润发东北区建立配送网点37个，京东商城建立配送网点118个，苏宁电器建立配送网点38个，基本构建出"供应商（分销商）-分拨中心-零售终端"3个层次的城市配送框架和模式。积极推广应用智能仓储、自动分拣、信息和电子订货系统、配送线路优化技术，提高配送信息化和机械化水平。加快冷链物流体系建设。积极支持沈阳副食集团等大型冷链批发市场和物流企业的壮大发展。2014年，沈阳副食集团新建冷库5万吨，润恒新建冷库30万吨，大连毅都新建冷库7.5万吨，全市拥有冷库规模近150万吨。重点扶持和推广沈阳鑫金清真肉类食品加工有限公司等冷链物流企业在大型农产品批发市场开设冷藏销售终端。沈阳副食集团公司和沈阳恒丰源肉业有限公司双双荣获"2014全国农产品冷链批发市场50强"称号，沈阳诚大物流有限公司被评为“2013－2014中国冷链物流企业百强”，沈阳储航物流有限公司和沈阳市天顺路发冷藏物流有限公司被评为“2013－2014中国冷链金链奖——优秀区域配送服务商”。

（刘哲铭）

【重点物流企业发展】 培育一批规模优势明显、带动作用大、核心竞争力强的区域领军企业，调研各物流企业的经营和发展情况。根据企业规模、行业影响力等条件，推荐中铁物资集团、辽宁九州通医药物流和顺丰速运（沈阳）公司等3家企业作为省级商贸物流行业的领军企业。

（刘哲铭）

【物流信息化建设】 重点培育中深科技、万景物流园等企业开发建设物流公共服务平台，以信息技术为支撑，应用物流新技术，推进供应链管理和智能体系建设，加快推动物流企业转型升级。中深科技新建物流公共服务平台于2014年3月上线，已拥有稳定会员2000多个，信息资源68.11万条，日访问量32000IP，265000PV。万景物流园新建物流网络公共服务平台于11月上线试运行，手机APP已进入调试阶段。沈北综合物流公共服务平台于12月初通过专家论证。九州通医药物流新建物流管理信息系统已完成平台建设、系统设备安装和调试。

（刘哲铭）

【重点物流建设项目】 2014年，大连毅都东北农产品冷藏物流中心等一批重点物流项目开工建设，对全市商贸物流业扩规模、调结构、提档次、稳增长起到有力的促进和推动作用。截至2014年末，全市新建续建市级重点物流业项目37个，占全市290个重点项目的12.76%，占全市153个服务业重点项目的24.18%；总投资额达827.9亿元，其中2014年投资额为227.88亿元，分别占全市服务业重点项目投资额的16.9%和17.83%。

2014年，共承接国家综合试点、省专项资金和市本级资金商贸物流项目111个，其中：国家试点项目4个，省专项资金项目35个，市本级资金项目72个；经过5个批次的初审，共呈报符合条件项目31个。截至2014年末，17个项目获得扶持资金，共计9913万元。其中：省专项资金项目8个，获扶持资金4657万元；市本级一批项目4个，获资金2260万元；市本级二批项目5个，获资金2896万元。

（刘哲铭）

·会展业·

【会展业发展】 2014年，沈阳市共举办各类会展活动300项，全年展览总面积达到290万平方米，实现会展经济交易额2270亿元。连续四年获得“2014年度中国十佳品牌会展城市”称号。全年会展活动主要分为四类。一是国际性和国家级大型展会。第十三届中国国际装备制造业博览会、2014沈阳全国汽配展等，以其规模大、影响广，拉动了沈阳市经济和相关产业发展。二是国家级或区域品牌展会。第十三届中国沈阳国际汽车工业博览会、第十四届中国（沈阳）国际农业博览会等，促进了产业发展。三是地方节事活动。2014中国沈阳韩国周、2014活力澳门周，以及文化艺术节、元宵灯会、啤酒节等，丰富了百姓生活。四是各类创新型品牌展会。2014年中国沈阳动漫电玩博览会、第五届沈阳食品节团购展销订货会等，促进了区域经济发展。全国汽配展、全国饲料展、全国兽药展等3项国家级可申办流动性展会，规模大、档次高，成为提升展会规模和品牌的主导力量。手机展、汽车展、古玩展、模具展、动漫展、自行车展、陶博会等成效显著、特色鲜明、生命力强的品牌展会，丰富了沈阳市会展活动的主题。2014年，省、市服务业发展专项资金对会展业发展予以大力支持，培育了品牌展会和会展市场主体。沈阳展览业协会积极开展培训，充分发挥其“服务、协调、自律”的作用，并作为中国会展城市联盟的成员单位，于2014年10月，成功组织召开了“2014年中国（沈阳）会展论坛暨中国城市会展协会联盟年会”，为下一步开展项目合作和展览业交流活动奠定了良好的基础。

（吕晓波）

【2014第十三届中国沈阳国际汽车工业博览会】 2014第十三届中国沈阳国际汽车工业博览会于6月25－30日在沈阳国际展览中心举行。本届汽博会由中国机械工业集团有限公司、中国汽车工业国际合作有限公司共同主办，由中国汽车工业国际合作有限公司、辽宁中汽会展有限公司承办，沈阳国际展览中心协办。展览面积达18万平方米，200余家中外厂商参展，展出车辆近千台，参展展台搭建水平高，品牌齐全，现场活动丰富多彩，位居国内年度车展前列，是东北地区第一大国际车展。本届展会以“感低碳科技·享品质生活”为主题，通过展会向观众充分展示新能源、新技术及低碳、低排放等环保技术在汽车产品上的开发和应用，推动沈阳继续发挥在东北汽车市场风向标的重要作用。

（吕晓波）

【2014沈阳全国汽配展会】 2014年4月25－27日，由中华全国工商业联合会汽车摩托车配件用品业商会主办的“2014年春季全国汽车配件交易会暨全国汽车配件采购交易会”在沈阳国际展览中心成功举办。本届展会汇集了2100家参展企业，展览面积达7万平方米，展会意向交易额达8.5亿元，参展参会观众达10.6万人次。本届展会通过一系列卓有成效的组织运作，吸引了“慧聪汽配网买家团”、“中华汽配网采购团”及来自全国各大汽配城“商户采购团”为主的近5万名专业采购商。展会举办了“2014中国汽车配件行业发展战略高峰论坛”、中国零部件企业品牌发展研究分析会、企业品牌发展建设策略论坛、2014年中华汽车摩托车配件用品行业品牌论坛等配套活动，为与会企业提供经验交流和经贸洽谈的互动平台，增进了跨国企业与本土企业的相互交流，促进了企业间的合作与共同发展，赢得了广大生产企业和专业采购商的认可。

（吕晓波）

·市场监管·

【煤炭市场消费总量下滑】 2014年，全市煤炭销售总量约3875万吨，同比下降8.12%。煤炭销量呈下降趋势，供需保持宽松状态，虽然宏观经济表现出企稳向好态势，但是由于煤炭市场面临产能过剩，并且受“气化辽宁”、产业结构调整、煤炭总量控制等环保措施的影响，传统能源逐步被清洁能源取代，煤炭需求下降，消费量进一步下滑。

（周 硕）

【成品油价格“十一连降”】 2014年，成品油批发、零售价格共发生19次调价行为。国际原油价格自6月起连续下挫，下跌幅度超过50%，导致国内成品油批发、零售价格“十一连降”，跌幅分别达29.1%和28.3%。截至2014年底，沈阳市93号汽油批发价7664元/吨，零售价为6.05元/升；0号柴油批发价5955元/吨，零售价为5.33元/升。

（周 硕）

【报废车回收拆解量低位徘徊】 受钢材市场需求减弱，钢材价格持续走低，国家调整车辆报废补贴政策及沈阳军区装备部增加省内报废装备接收企业等因素影响，2014年，全市共回收拆解报废机动车7670辆，同比下降22.7%。其中：轿车2824辆，大型载客车473辆，大型载货车143辆，摩托车616辆。全市共办理符合政策补贴标准的车辆44辆，其中：重型载货车31辆，半挂牵引车13辆，共发放补贴资金79.2万元。

（郭晓卓）

【二手车交易规模增加】 2014年，沈阳市汽车保有量的快速增长，汽车存量市场规模的不断扩张，以及公务用车改革等利好因素，促使二手车交易行业规模逐步壮大，交易模式日益丰富，服务功能不断完善。全市实现二手车交易14.6万辆，同比增长0.1%；交易额达76.7亿元，同比增长17.5%。

（郭晓卓）

【新车流通市场】 2014年，基于汽车市场结构逐步调整、居民可支配收入不断提高、汽车消费刚性需求持续存在、汽车产品多样化发展、公车改革等因素影响，沈阳市汽车流通市场继续保持平稳发展态势。沈阳汽车流通行业销售汽车34.1万辆，同比增长3.3%；2014年限额以上汽车类产品销售额536.6亿元，同比增长3%。

（郭晓卓）

【建设废旧电子产品分拣中心】 沈阳淘绿环保科技有限公司在沈阳市苏家屯区建设占地面积8600平方米、建筑面积3200平方米、符合环保要求的“四机一脑”（电视机、洗衣机、空调机、冰箱、电脑）的废旧电子产品分拣中心一处。分拣中心采取全封闭工厂式建设标准，接纳全市各废旧电子产品回收站回收的物资，进行集中存放。该分拣中心具备分类、暂存、运输等功能，日分拣量约1300台左右。

（唐晓烨）

【建设三藏废旧金属炉料市场】 沈阳三藏炉料市场管理有限公司在沈阳市于洪区于洪街道兴盛村，投资建设了沈阳市三藏废旧金属炉料市场。该市场位于于洪区工业园区西部，毗邻京哈、沈大两大铁路干线交汇处的沈阳枢纽，与京沈、哈大高速、102国道、绕城高速公路相接，交通便利，区位优势明显。2014年5月开始建设，占地7万平方米，计划分三期建设，总投资额5000万元。市场一期建设已完成，占地2.5万平方米，投资额1570万元，基础设施完善，业务辐射东北三省。

（唐晓烨）

·粮食市场·

【粮食购销】 2014年，沈阳市粮食总购进683万吨，其中：小麦46万吨，稻谷181万吨，玉米384万吨，大豆71万吨；粮食总销售426万吨，其中：小麦45万吨，稻谷167万吨，玉米206万吨，大豆8万吨；年末粮食总库存75万吨，其中：稻谷29万吨，玉米43万吨，大豆3万吨。

（关荣金）

【政策性粮食收购】 为保护农民种粮积极性，稳定粮食生产，国家对2014年生产的新粮出台了政策性粮食收储政策，沈阳市于12月8日启动粳稻最低收购价执行预案，截至2014年12月31日，全市6家指定收储库点累计收购2893吨；临储玉米收购工作执行期限为2014年11月25日至2015年4月30日，截至12月31日，全市共收购临储玉米19.65万吨。

（关荣金）

【粮食储存】 2014年，沈阳市自有仓房容量不小于500吨或油罐罐容不小于50吨的企业336个。总仓容949万吨，总罐容6.1万吨，共有烘干设备217台、烘干能力3288吨/小时。

积极开展粮油仓储企业规范化管理活动，直属粮油仓储企业认真落实“三检一化”制度，“一符四无”工作实现预期目标。按照《辽宁省农委关于深入开展粮油仓储企业规范化管理工作的通知》要求，深入推进粮油仓储企业规范化管理工作，全市有国家级规范化管理先进单位2家，省级规范化管理先进单位6家。

为推广科学储粮，在沈阳市第一粮食收储库、沈阳市直属粮食储备库等2家企业7栋平房仓建设低温绿色储粮技术试点，推广低温储粮技术，取得了良好的效果，极大减少了化学药剂的使用。

仓储设施维修改造5个项目按计划全部完工，总投资额1147万元，其中：财政补助595万元，企业自筹552万元。项目严格按相关规定规范操作，符合相关标准，并通过市财政局、市农经委联合验收。项目完成后，修缮了10余万吨仓容。

（荆美玲）

【粮食质量检验监测】 2014年，按照规定对国家“临时储备粮”进行了质量验收。集中全市检验技术骨干，组成9个扦样组，深入756个粮仓，扦取样品1148份，完成了206.8万吨临时储备粮的质量验收工作。对市级储备粮进行了4次抽样检测，共扦取样品135份，代表数量22万吨，为储粮质量安全提供技术保证。对军供粮质量实行原粮、成品批批检验制度，共检验军粮99批次，保证了军粮质量100%合格。

（刘筱妹）

【粮食检验监测机构建设】 市级检验机构完成了1000平方米实验室的维修改造，实现了设施齐全、环境整洁、布局合理，科学高效，检验能力大幅提高的目标；利用国家投资了230万元购置了液相色谱等仪器设备48台套，实验台78延长米，仪器设备正式投入使用，被国家粮食局考核确定为第一批国家粮油标准研究验证测试站。2014年，省级财政对康平、法库、新民粮油质检站各投资45万元，用于仪器设备和实验室的改造升级。三个县粮油质量检测站共购置仪器设备71台件，维修改造实验室900平方米。

（刘筱妹）

【粮食品质测报与原粮卫生调查】　2014年，地产粮食质量调查、品质测报和收获环节粮食质量安全监测工作覆盖8个县（市）、区。全市共出动技术人员972人次，深入到73个乡（镇）、325个村、1739个农户的1842个地块，扦取初级粮食样品1842份，整理混合成检验样品646份。其中：质量调查样品340份，品质测报样品130份，会检样品41份，收获环节原粮卫生安全监测样品135份。经检测得出8628个数据，撰写制作了《沈阳市2014年度收获粮食质量调查、品质测报和原粮质量安全监测报告》。

（刘筱妹）

【执法监督检查】　2014年，全市新取得粮食收购资格企业114个。注销了已不具备粮食收购资格的企业62个，有6个企业进行了变更。截至2014年12月31日，全市共有粮食收购许可证的企业625个。

印发了《沈阳市2014年粮食流通监督检查行政执法工作要点》。全年除常规性例行检查外，共组织开展6次全市性的专项检查。指导辽中县粮食局成功创建"国家级监督检查示范单位"、康平县粮食局创建"省级示范单位"。截至2014年底，沈阳市有国家级监督检查示范单位2家，省级示范单位4家（含2个国家级）。2013年11月1日至2014年4月30日，在全市组织开展了2013年度秋粮收购专项监督检查工作。全市共检查427次，出动检查人员1542人次，检查粮食收购企业589个（包括45个政策性粮食委托收储点），共查处纠正违规行为6例，行政处罚1例。全市纳入粮食流通统计范围内的国有及国有控股粮食企业和国有租赁粮食企业共有56家有空仓容，未用于装粮的粮仓共计661座，总仓容149.76万吨。

（尹秀梅）

·供销社商业·

【基层社重组改造】　2014年，全市恢复重建基层社3个，累计改造基层社56家，开发改造营业面积近11万平方米，实现资产增值1.3亿元。辽中县供销社恢复重建了辽中县城郊振兴、蒲东、刘二堡宏达3个基层社，重组了四方台供销合作社，实现供销社体制机制的探索和创新。法库县供销社作为全省基层组织体系建设试点单位已累计对10个基层供销社在原址完成了整体开发改造，打造了新型基层供销社。新民市法哈牛供销社被全国总社确定为2014年基层社标杆社。

（李一鸣）

【农民专业合作社建设】　2014年底，全系统共领办各类农民专业合作社603个，参股专业合作社102个，农民专业合作社联合社4个，培育国家农民合作社示范社2个（新民市立兴蔬菜生产专业合作社、新民市福德蔬菜种植专业合作社）。入社成员3.6万户，连接生产基地1.67万公顷。有126个合作社拥有注册商标，232个合作社通过农产品质量认证，获得质量认证的产品数达到258个。

（李一鸣）

【农业科技服务创新】　2014年，全市累计建设庄稼医院37个，当年测土施肥3333公顷。联合沈阳市政务服务管理办公室、辽宁广播电视台经济频道、沈阳永乐农业经济区共同主办了"3.15"农资科技下乡进村农产品进城活动，组织农资、农药、农产品大篷车8台，发送放心肥、放心药等宣传资料2000余份，现场赠送农业科技书籍2000余册。开展果品生产培植员、多种经营技术辅导员、农产品经纪人、畜禽验收饲养员、蔬菜加工工、控失性肥料新产品新技术、棚菜种植技术与田间管理、农作物病虫害防治等技能和专项培训40余期，培训人员3637人。

（李一鸣）

【农产品对接服务】　组织召开了2014年产销对接洽谈会，为8个区、县（市）的20余个农民合作社与永辉超市、玫瑰物流等搭建了对接平台。组织60余家农民合作社、涉农企业、行业协会参展第五届辽宁省农村合作经济组织名优产品展销会和第十四届农博会，推荐的41个产品荣获名优产品、最受欢迎农产品、农博会"记者眼"辽宁优质农产品金奖等奖项。

（李一鸣）

【再生资源回收利用网络建设】　2014年，升级改造回收站点30个。创新业态，二手货易购网电子商务平台建成并开始试运行。二手电子商务平台采用O2O经营模式，实体经营和线上服务相结合，利用网络资源发展循环经济。改造市内实体店3家（皇姑店、大东店、铁西店），并在辽中、法库拓展仓储式交易店，5家实体店全部投入使用。

（李一鸣）

·烟草专卖·

【卷烟经营】　坚持"稳中求进、持续发展"的工作基调，采取"稳增长、上结构、求均衡、保状态"的经营方针，经济运行实现平稳发展，主要经济指标明显提升，创沈阳烟草历史最高水平。全年共销售卷烟38.59万箱，同比增长3.58%；销售收入100.05亿元，同比增长8.82%；实现税利22.6亿元，同比增长18.74%；实现单箱收入2.57万元，同比增长5.01%。一、二类卷烟分别销售6.3万箱和5.59万箱，同比分别增长19.13%和16.18%；三类以上卷烟销量占总销量82.9%，增幅高于行业平均水平7.48个百分点。重点品牌和细支卷烟稳定增长，重点品牌销售33.59万箱，同比增长2.88%，占总销量87.05%，高于行业平均水平4.01个百分点；细支卷烟销售1.31万箱，同比增长106.62%。

（付程忠）

【营销管理】　按照"稳价是前提、销量是基础、结构是关键、创新是动力"的营销策略，着力调控市场状态，保持销量平稳增长，营销工作实现新的突破。一是加强需求预测，组织有效货源。坚持市场导向，学习借鉴试点经验，按照"预测指导采购、采购适应需求"原则，积极与工业企业建立沟通协调机制，全年调整协议5.53万箱，有效满足市场需求。二是严格规范，完善货源分配办法。落实行业规范、卷烟经营要求，借鉴试点单位市场化取向改革经验，调整和优化货源分配政策，修订完善《货源供应管理办法》、《零售客户分类及评价管理办法》等制度，紧俏烟由系统自动分配，顺销烟根据市场状态合理制定上限，保障了供需平衡和价格稳定。三是着力培育品牌，挖掘市场潜力。完善品牌培育工作机制，进一步明确品牌引入退出标准，实现品牌分类管理和梯次化格局，共清退59个品牌规格，品牌结构进一步优化。通过精准营销、宣传促销、提升上柜率、深化工商协同等措施，提升品牌培育质量。四是创新管理模式，优化组织结构。成立54个营销小组，在各市场部配置信息采集员，应用"135"工作法，把了解真实需求、掌握市场状态和控制大户、扶助中小户作为营销工作重点，发挥团队服务作用，提升工作效率和客户满意度。五是推进终端建设，夯实网建基础。通过形象改善、系统推广、综合培训、功能发挥，全年新建现代终端标准店500户，标准店累计达2500户，新安装终端机1000台，终端机总数达1100台；新建终端形象店100户，形象店累计达200户，培训客户代表1000人次，初步建立覆盖1000名消费者样本的数据库，实现了网络建设向消费者层面延伸。

（付程忠）

【专卖管理】　牢牢把握市场净化率这一核心，坚持规范管理、规范经营"两手抓"，强化市场基础，创新打假破网模式，提升队伍执法水平，专卖管理取得明显成效。一是卷烟打假破网。各级专卖管理部门围绕"打假破网"和提升市场净化率两项核心任务，保持高压态势，加强市场监管，进一步完善联合打假打私协作机制，形成工作合力。全年共查处涉烟违法案件2183起，同比增长53.3%；查获卷烟6270.2件，同比增长5.7%，其中：真品卷烟增长186.37%，走私卷烟增长27.8%；批捕49人、判刑29人。破获14起符合国家局、公安部标准的网络案件，其中4起为部督案件。被评为"2013年度全省卷烟打假打私工作特殊贡献单位"和"全国卷烟打假工作先进集体"。二是专卖职能建设。将市场部划归区、县局管理，重新组建13个区县局（营销部），在组织机构、工作职能上做到"五个结合，一个分离"。以模范中队达标创建活动为载体，推动县级局创优工作，9个区局全部通过"全省县级局标兵单位"检查验收。积极应用"APCD"工作法，深入开展各类专项整治行动，对重点地区、重点对象、监管死角进行清理，提升市场监管水平，保持市场稳定有序。修订零售户合理布局规定，加强专卖行政许可管理，为规范经营提供有力保障。三是内部专卖管理监督。强化监管职能，加强日常监管，及时发现苗头性问题，及时处置异常信息。全年内管部门共核实有效预警4.3万条，发现异常2875条，立案调查291条，走访零售户1.13万户，下发《问题交办单》70份、《质询函》217份、整改通知书5份。

（付程忠）

对外经贸

·综　　述·

【利用外资】　2014年，沈阳市新批外商投资企业145家，同比下降6.5%；合同外资额25.9亿美元，同比下降5.1%；实际利用外商直接投资22.7亿美元，同比增长0.5%。

1. 香港地区利用外资具有举足轻重的地位。香港在沈阳市直接投资11.9亿美元，占全市总额的52.5%，是沈阳市最主要的外资来源地。直接投资列2、3位的国家和地区为：英属维尔京群岛3.6亿美元，占全市总额的16.0%；韩国2.2亿美元，占全市总额的9.8%。

2. 房地产仍是利用外资的重点领域。房地产业实际利用外商直接投资11.6亿美元，与上年同期相比下降0.6%，占全市总量的50.9%。其中超亿美元的房地产项目有4个：中海鼎业2.9亿美元、新世界地产2.5亿美元、乐天荣光1.3亿美元、华润置地紫云府1.1亿美元。

3. 外商投资性公司成为新的增长点。新成立2家外商投资性公司，分别是辉山投资有限公司和沈阳亚联投资有限公司。2家公司2014年累计投资4.3亿美元，占全市总额的18.9%，成为沈阳市利用外商直接投资新增长点。

4. 增资项目贡献直投外资较大。全市共有45家外商投资企业办理单次增资500万以上56次，合同外资净增21.3亿美元，占全年新批合同外资额的82.2%，增资额中实际到位10.4亿美元。外商投资企业持续增资，体现了企业在沈阳市的投资信心进一步增强。

5. 金融业企业为利用外资注入活力。金融业实际利用外资8858万美元，占全市总额的3.9%，排在房地产业、商务服务业和制造业后，居第4位。从2013年起，沈阳市先后新设立了2家小额贷款公司和2家融资租赁公司，为利用外资注入了活力。

6. 大项目支撑作用明显。全市外商直接投资超千万美元的大项目38个，实际投资到位金额19.3亿美元，占全市总额的85.1%。其中调资超亿美元项目5个，实际到位金额9.0亿美元，占全市总额的46.3%。

7. 汽车零部件产业链条不断完善。全市有蒙塔萨汽车零部件、本特勒汽车系统、建新恒业等7家汽车零部件企业登记注册，海斯坦普、格莱纳汽车内饰等4家企业增加投资，普利司通轮胎、平和法雷奥等8家企业实现调资8100万美元，汽车零部件产业链条不断完善，汽车产业配套能力进一步增强。

（于　洁）

【招商引资】　2014年，圆满完成了对香港、日、韩、东南亚、欧、美等国家和地区的出访招商活动，洽谈和推进了涵盖装备制造、汽车零部件、医药、航空、电子信息、金融、物流等行业的171个优质项目。171个项目按照投资来源地划分：日本项目5个、韩国项目24个、德国项目13个、法国项目11个、意大利项目7个、土耳其项目6个、英国项目2个、希腊项目2个、奥地利项目1个、保加利亚项目1个、塞尔维亚项目1个、美国项目16个、巴西项目1个、阿根廷项目1个、新加坡项目6个、印尼项目2个、印度项目7个、澳大利亚项目15个、香港项目48个、澳门项目2个。

（于　洁）

【外贸进出口】　2014年，全市外贸进出口总值为157.9亿美元，同比增长10.1%。其中：出口71.5亿美元，同比增长2.2%；进口86.4亿美元，同比增长17.7%。一是外贸商品结构更加优化。机电和高新技术产品为沈阳市进出口主要商品，两者占全市出口比重为82.5%，进口为97.3%。全年出口机电产品44.3亿美元、高新技术产品14.6亿美元，主要商品为彩电、小客车、铝结构体等。进口机电产品69.9亿美元、高新技术产品14.2亿美元，主要商品为汽车工业产品。二是外贸主体结构更趋合理。出口方面，私营企业已为出口主体，外商投资、国有企业出口稳步增长，出口占比分别为46%、31.7%、22.4%。50户重点企业出口29.6亿美元，占比41.3%，其中：同方多媒体、华晨金杯、北方重工等9家企业出口过亿。进口方面，全市进口占比外企85.4%、国企9.1%、私企5.5%。三是主要贸易市场趋势向好。2014年，与沈阳市有贸易往来的国家和地区共178个，其中：出口176个，进口77个。亚洲、欧洲、北美洲为主要贸易市场，贸易总额均保持稳步增长。其中：对3个洲出口总额为61亿美元，同比增长3.8%，占全市出口比重为85.3%；从3个洲进口总额为83.8亿美元，同比增长20.2%，占全市进口比重为97%。四是大型生产企业出口大幅增长，对出口拉动作用巨大。沈阳同方多媒体、华晨金杯、北方重工、泰克安全生产、沈阳振浩商贸等企业出口增幅较大，特别是同方多媒体、华晨金杯、北方重工增长分别达到15.9%、58.3%、18.1%。五是重点机电产品出口增长强劲。彩电及零件、各种车及零件、各种机器及零件、发电机及零件、钢铁制品和有色金属等产品的出口实现大幅增长，出口额分别为7.3亿美元、5.5亿美元、5亿美元、3.1亿美元、3.1亿美元和1.5亿美元，占机电产品出口总额的57.6%。

（于　洁）

【对外经济技术合作】　2014年，沈阳市新设境外投资企业42家，协议投资额3.7亿美元，同比增长86.6%。全市共完成对外承包工程及劳务合作营业收入10.8亿美元，同比增长6.3%。全市新签对外承包工程项目与劳务合作项目共242个，合同额11.4亿美元。加强指导，落实政策，强化服务，鼓励有实力的企业赴境外开展跨国经营，并取得了良好效果。一是抓大项目境外投资成效显著。及时调整工作思路，突出境外投资及境外建厂，以大项目推动“走出去”发展战略。1－12月超千万美元的项目9个，接近千万项目5个，以大项目和龙头企业提升和带动企业“走出去”取得成效。二是全面搭建工作平台，扩大对外合作交流。积极组织企业参加了2014辽宁企业海外投资并购峰会、远大哈萨克斯坦工业园投资说明会、印尼镍矿工业园招商推介会、东非投资说明会及中坦项目对接会、境外投资政策说明会、俄罗斯哈巴边疆区经贸和投资潜力推介会等对接活动，为企业“走出去”提供更好的服务。三是强化指导与管理，做好深度服务。积极组织企业申报国家和省、市支持企业“走出去”专项资金。对外劳务合作经营资格下放工作顺利移交，并召开了沈阳劳务企业工作会议，对企业进行统计报表和劳务保险培训，逐步有序地开展了企业的劳务资格核准与管理。四是创新模式，引导企业抱团出海。组织成立了由沈阳市15家代表性企业和4家服务机构组成的沈阳走出去企业战略合作联盟，为企业搭建了强强联合、境外投资抱团出海的平台。同时建立“走出去服务港”，实现信息与资源共享。

（于　洁）

·口　　岸·

【开辟和培育国际航线】　2014年，市口岸办积极协助机场、口岸查验单位，巩固现有航线，培育、开辟新国际航线。协调开辟了沈阳到带广、函馆、岘港、高雄等地的国际包机航线。完成了春节期间暹粒、清州、曼谷、普吉、首尔、釜山等国际航线以及南航北方分公司新增9条航线的协调保障工作。

（李　丹）

【沈阳海关破获象牙走私大案】　2014年1月30日，沈阳海关缉私局成功抓捕10名象牙走私案犯罪嫌疑人。该走私团伙自2012年末以来，共走私象牙制品120余公斤，市场价值1000余万元。2013年11月27日，该走私团伙因走私1226件、重8.77公斤的非洲象牙制品，被沈阳桃仙机场海关旅检查获，中国籍主要犯罪嫌疑人薛某潜逃至肯尼亚。沈阳海关缉私局通过公安部国际刑警中心局向肯尼亚警方发出协查请求，并会同相关部门成立抓捕小组，及时赴肯尼亚首都内罗毕将薛某抓获。这是中国首次成功将潜逃境外的濒危物种走私犯罪嫌疑人缉捕归案。

（李　丹）

【沈阳口岸外国人72小时免签政策正式实施】　2014年1月1日，沈阳口岸外国人72小时免签政策正式实施。来自51个国家的客人，只要持有第三国签证和机票，不需要中国签证便可入境，并可在沈阳、大连行政区域内活动72小时。这一政策的实施为国际旅客提供了方便，也为客商经沈阳、大连中转前往第三地带来便利。

（李　丹）

【开通国际快件进出境业务】　2014年4月22日，沈阳国际快件监管中心正式投入运营，正式开通国际快件进出境业务，结束了以往辽沈地区国际快件只能在北京、上海等设有海关快件监管中心的异地口岸通关的历史。国际快件业务是以商业函件、货样广告品等为主要运输对象，交由特定的承运人，由其在较短时间内完成的门对门运输业务，是现代物流运输链中的一种运输方式。

（李　丹）

【市口岸办获“微笑沈阳”图书漂流活动优秀奖】　2014年5月6日，市口岸办荣获2013年“微笑沈阳”图书漂流活动优秀奖。市口岸办“城市窗口”图书漂流线路被评选为十大优秀线路之一。2012年5月8日“世界微笑日”，市委、市政府举行“微笑沈阳”图书漂流活动，市口岸办积极组织全市口岸单位开辟了近20条漂流线路，使“微笑沈阳，和谐口岸”的活动理念传遍世界各地的通航城市，对提升沈阳城市形象、展示口岸和谐风貌起到积极推动作用。

（李　丹）

【口岸严控埃博拉疫情】　2014年，市口岸办积极组织协调口岸单位配合市有关部门采取措施严控埃博拉疫情。一是口岸单位同市卫计委、市应急办协调配合，各负其责联防联动，共同做好疫情防控工作。二是针对疫情防控工作的每一个环节，细化工作措施和工作流程，制订出一套切实可行的应急防控方案。三是在出入境查验现场开设“来自疫情发生国家地区人员专用通道”，配备机场口岸旅检现场检疫查验岗位和医学排查岗位医学专业人员，对一线工作人员进行埃博拉防控知识培训和疫情应急处置演练。四是做好疫情防控应急物资储备。

(李 丹)

【出入境政策宣传日活动】 2014年8月19日,沈阳市文明旅游行动领导小组、市口岸办举办"文明旅游、快乐出行"出入境政策宣传日活动,向市民普及出入境常识,提升出行素质。沈阳桃仙机场海关、沈阳边防检查站、沈阳出入境检验检疫局机场办事处、沈阳桃仙机场、有关航空公司等九家单位参加活动。通过政策宣讲、视频播放、现场答疑、互动问答等形式,向广大市民介绍口岸出入境政策和文明出境游等方面的知识。

(李 丹)

·出入境检验检疫·

【概况】 2014年,沈阳出入境检验检疫局(以下简称沈阳检验检疫局)共受理出入境货物报检2.35万批次、货值34.34亿美元,同比分别减少23.55%、增加0.10%;签发产地证9643份,货值13.91亿美元,同比分别减少0.16%、增加16.24%;检验检疫进境集装箱4.95万箱,同比增加59.53%;查验进出境邮包13.28万批次,同比增加17.2%;检验样品4,450批次、2.80万项次,同比分别增加33%、5%;检疫出入境飞机9642架次,同比增长11.49%;查验人员151.66万人次,同比增长18.35%;出入境人员健康体检8644人次,同比减少34.46%;预防接种1.22万人次,同比增加4.84%。

(张灵童)

【助力经济发展】 成功完成了沈阳市出口汽车质量安全示范区的创建工作。先后得到国家局支树平局长、孙大伟副局长,辽宁省委常委、沈阳市委书记曾维,以及辽宁省副省长邴志刚的批示。沈阳机床示范区作为东北地区首家也是全国惟一的出口切削机床产品质量安全示范区,将进一步规范并带动沈阳汽车产业的发展,有效增强沈阳汽车产品的竞争优势,对于沈阳装备制造业的发展及产品质量提升起到明显拉动作用。该示范区的建成,将进一步规范并带动沈阳汽车产业的发展,有效增强沈阳汽车产品的竞争优势,对汽车产品出口起到积极推动作用。

新民市国家级出口食品农产品质量安全示范区通过质检总局审核,沈阳地区的国家级示范区数量由此上升为4个,与大连地区并列全省第一。沈阳检验检疫局积极推进示范区创建工作,沈阳地区农产品示范区和示范基地的种植面积已近13.3万公顷,品种增至60多个。带动农户10万户就业,带动加工、运输、贮藏、零工及其他从业人员15万余人。农产品质量提升明显,收购价格比以往高出50%。4个国家级质量安全示范区不断提高出口农产品质量,有效地扩大了沈阳农产品出口,推进了县域经济繁荣发展。

实现沈阳地区杂粮和蜂花粉首次出口。小鼠血清顺利出口美国,实现了辽宁省动物血清产品出口零的突破。完成沈阳地区首次进口棉花的检验检疫工作。对沈阳地区饲料添加剂出口龙头企业——希杰(沈阳)生物科技有限公司大胆试行"一厂一策、一项一议、一场一品一案"措施,帮助企业取得"绿色通道"资格,并使三种主要出口产品成功脱离负面清单,享受"三通"待遇。落实备案企业帮扶措施,全年新备案企业7家,同比增长16.7%,有效增强了辖区食品农产品出口实力。

(张灵童)

【通关服务】 自2014年起,沈阳检验检疫局采取多种措施,全面推进同海关的"一次申报"、"一次查验"、"一次放行"的"三个一"工作。设计沈阳地区关检"三个一"合作模式,拟定辽宁检验检疫局和沈阳海关"三个一"试点工作初稿,并形成正式文件。与沈阳海关开展新平台的调试工作并形成常态化沟通机制,6月在沈阳地区实现"一次查验"、"一次放行",11月实现"一次申报"。2014年底前,"三个一"工作全面铺开,实现口岸管理部门的"信息互换、监管互认、执法互助"。

国家局考核组对沈阳口岸进口进境冰鲜水产品检验检疫能力进行了考核。考核组对桃仙机场口岸查验设施、备案冷库、沈阳检验检疫局综合技术中心检验检疫能力等进行了综合考核,给予了充分肯定,顺利通过国家局进境冰鲜水产品指定口岸的考核。进境冰鲜水产品指定口岸资质的获得为今后沈阳进口优质水产品打开了渠道,为沈阳辖区进口更多安全、优质冰鲜水产品,丰富辽沈"菜篮子"品种打下了坚实的基础。

韩国政府于2014年3月28日归还朝鲜战争期间437位中国人民志愿军烈士遗骸,按照国家有关规定,沈阳检验检疫局高度重视,明确了责任分工,研究制订实施方案,敲定现场检疫的人员组成等事宜,并且积极参与筹备协调及迎接仪式现场演练,与口岸单位建立联络机制。采取民政部门直接申报方式,实现安全规范、便捷通关,顺利完成了对入境的烈士棺柩的现场检疫和查验。

2014年,沈阳检验检疫局在出口农产品检测方面减免收费175万元,食品项目检测方面减免收费26.7万元,机场口岸卫生监督监测免收费用20万元。沈阳机床示范区实现免验后,全年为56家入区企业减免检测费用约155万元。沈阳出口汽车产品质量安全示范区建成后,共为157家企业减免检验检疫费用275.6万元。此外,在其他产品方面,沈阳局为出口企业减免检验检疫费393.9万元。2014年,为相关企业直接减免的各项收费达1046.2万元人民币。2014年免费签发的8559份各类优惠原产地证书,为企业直接减免收费17.1万元,涉及货值达12.9亿美元,为出口货物减免关税约6453万美元,折合人民币逾4亿元,惠及企业293家。

(张灵童)

【疫情防控】 自2014年2月爆发埃博拉出血热疫情后,沈阳局迅速部署疫情防控任务,及时启动防控疫情三级响应措施。召开沈阳辖区外籍留学生管理人员联席会议,召开沈阳空港口岸防控埃博拉出血热疫情联席会议,加强对重点人群的检疫查验,招聘协检员加强口岸疫情防控,保障沈阳口岸公共卫生安全。自启动三级疫情防控响应以来,机场口岸共检疫查验入境航班2086架次、入境人员32.26万人次。排查发热及有症状人员77人次。在2名来自疫区的入境的尼日利亚籍人员中,查验出1例留观病例。

加强集体攻关,深入研究试验方法,提高检出率,加强对高风险产品的检测力度,防止有毒有害产品流入流出。全年检出出口不合格货物批次36批、货值228万美元,同比分别增长38.5%和230.4%;进口不合格货物批次232批、货值2922万美元,同比分别增长1.49倍和10.5倍。出入境货物批次不合格检出率为1%,货值不合格检出率为2%。机场口岸共检疫出入境飞机1.25万架次,同比增长8.11%;卫生检疫查验出入境人员151.66万人次,同比增长18.35%;对出入境有症状人员进行排查154人次;截获违禁携带物批数3478批次,同比增长89.64%,并首次截获东方肾盾蚧,联合地方环保部门进行了销毁,确保了国门安全。完成出入境人员传染病监测体检1.23万人次,完成预防接种总人数1.23万余人次;同比增长4.8%。发现艾滋病9例,梅毒45例,肺结核病24例,病毒性肝炎121例,澳抗阳性325例。试验室检验样品4462批次、4.52万项次,同比分别增长34%、70%。检测不合格样品224批次、254项次。查验进出境邮寄物13.28万件,对31批禁止进境物进行了退回或销毁处理,同比分别增长17.2%和6.9%。检疫查验进境集装箱2137批次、4.70万标箱。卫生处理集装箱1340标箱,卫生处理率为0.3%。

（张灵童）

【科技兴检】　持续加大科技投入,创新科技管理方法,积极搭建科技服务平台,参与科研标准制定工作,不断深化与地方科研机构合作,拓宽立项和奖励申报渠道,锻造科研创新青年团队,80%的科研项目负责人由35岁以下年轻科技人员担任。全年共完成立项和奖励申报47项;获得科研制标立项22项,同比增长22%,17项国标立项创历史新高。获得地方科技奖励7项,首次获2项沈阳市科技进步二等奖。完成科研制标项目42项,同比增长200%。

完成的3项沈阳市科研项目顺利通过验收和鉴定,均达到国际先进水平。技术中心通过CNAS现场复评审,“CNCA-14-B08葡萄酒中铜和胭脂红含量测定”能力验证中,取得了满意成绩。获得市食品药品监督管理局食品安全监督抽检和风险监测承检机构资格。生物安全实验室,包括无菌室、PCR室、霉菌室、致病菌室等经公开招标已完成全部修建,并顺利通过验收。保健中心实验室也顺利通过了CNAS评审。机场“负压隔离室”基本达到了使用标准并正式启用,完成对T3航站楼出境现场医学排查室的建设工作。

（张灵童）

·海　　关·

【概况】　2014年,沈阳海关业务机制运转顺畅,主要业务指标大幅增长,实现三个历史性新突破。进出口贸易总值首次突破100亿美元,达到109.3亿美元,同比增长19.4%,监管货运量首次突破1000万吨大关,达到1032.56万吨,同比增长13.53%;其中:进口货运量628.36万吨,同比减少7.82%;出口货运量404.19万吨,同比增长77.41%。实际入库税收首次突破100亿大关,达到102.4亿元,同比增长6.9%;其中:关税27.88亿元,同比增长15.68%;进口环节税74.5亿元,同比增长3.90%。

2014年,报关单(接单)总数7.01张,同比下降0.17%。非AA类企业可实施查验报关单数4.2万份,查验货物报关单3239份,货物报关单查获533份。商品总值673.06亿元,同比增长18.25%,其中:进口456.15亿元,同比增长9.06%;出口216.91亿元,同比增长43.70%。监管集装箱总数9.49万箱次,同比增长10.67%;集装箱箱载货物50.94万吨,同比增长4.1%;监管运输工具总数1.12万辆艘,同比下降5.96%;监管出入境人员148.78万人次,同比增长8.10%。监管进出境邮、快递物品总数177.88万件,同比增长28.65%,其中:邮递物品84.40万件,同比增长9.72%;快件93.48万件,同比增长52.38%。实有备案企业6170个,同比增长8.21%;实有加工贸易经营企业368个,同比减少0.27%;备案加工手册874份,同比增长0.34%;手册备案金额51.71亿美元,同比增长111.40%;经批准内销补税4.95万元,同比增长21.40%。全年共立案侦办走私犯罪嫌疑案件10起,案值8611.4万元,偷逃税款3118万元;立案查办行政违法案件129起,案值1.39亿元。行政结案142起,案值2.5亿元;罚没收入收缴入库944.15万元。

（范志军）

【关税征收】　2014年,沈阳海关积极应对国际、国内经济形势对关区进出口业务产生的不利影响,立足本关实际,积极主动作为,坚持“巩固存量、扩大增量、应收尽收”的工作思路,扎实开展税收测算、调研分析等工作,加大归类、审价核查力度,审价补税、稽查补税、批量复审补税成效明显,积极推进加工贸易内销便利化工作,强化税收跟踪分析,不断提升执法水平和税收治理能力。海关各单位、各部门发挥协作精神,密切配合、通力合作,确保顺利完成年初确定的预算目标,实现了海关税收超过100亿的历史性突破。

沈阳海关作为全国10个试点海关之一,全年共受理试点企业报关单7358票,征收税款29.53亿元,汇总征税业务总量和额度均居全国首位。参加试点企业提高通关时效70%,企业财务付税计划资金准确性提高到100%,获得企业支持,实现综合治税量质并举。

（范志军）

【业务改革】　2014年,沈阳海关加强与大连海关、辽宁出入境检验检疫局的沟通合作,与辽宁出入境检验检疫局联合印发了《关于全面推进关检合作“三个一”实施方案》,完成广州版“一次申报”系统的上线运行。截至2014年12月31日,共使用“三个一”系统完成一次申报149票,一次查验55票,一次放行208票,其中全流程报关单3票。实现了关检合作“三个一”业务覆盖所有通关现场、所有依法需报关报检商品。同时,积极扩大合作领域,探索在旅检、邮递物品监管现场开展关检合作,在机场旅检现场优化“一机两屏”查验模式的基础上,健全关检合作查验联系配合机制,充分共享监管区域;积极协调机场口岸出入境检验检疫部门开展联合执法,共同完成迎接在韩志愿军烈士遗骸遗物回国、珍贵古生物化石赴德参展等重大任务。

沈阳海关及时总结试点经验,对本关实施通关作业无纸化改革的前景进行分析评估,开展业务宣讲与培训。改革推开以来,通关作业无纸化报关单占同期报关单比重始终保持在90%以上。全年通关无纸化报关单共计4.88万份,占全部报关单69.75%。

沈阳海关简化开通区域通关模式的流程,加大政策推介力度,注重发挥重点企业带动示范效应,深入推进区域通关改革试点,取得较好效果。全年区域通关报关单共2654票,同比增长7.45倍,其中:“属地申报、属地放行”报关单2277票,占85.8%;“属地报关、口岸验放”377票,占14.2%。

沈阳海关的上海自贸试验区海关监管创新制度复制推广顺利推开。研究制定了“5+5+4”的阶段性复制推广计划,分类分步地复制推广14项海关监管创新制度,做到急用先上、稳步推进、成熟一项复制一项。"集中汇总征税"、"批次进出、集中申报"、"区内自行运输"、"简化无纸通关随附单证制度"、"简化统一进出境备案清单制度"等5项制度已推广到海关所有业务现场。

(范志军)

【软环境建设】 2014年,沈阳海关抽调专门力量组建改革办,坚持以"内部管理集中统一与外部服务高效便捷相结合"的业务发展原则,开展了"6+3+1"项业务优化完善工作,有力促进了把关服务水平的提升。优化进出口监管通关模式,试点实施进口理货验放和出口运抵验放。强化监管场所规范化管理,印发《沈阳海关关于进一步加强实际监管工作的通知》。强化正面监管,查发热轧卷板、石墨等大宗散货进出口违法违规案件2起,累计案值8862.4万元,涉税约918.9万元。查获大量超量携带货币、象牙、反动宗教宣传品等禁限物品,做好埃博拉病毒防控工作,海关关境保护职能作用进一步凸显。

沈阳海关保持打击走私高压态势,维护良好的进出口贸易秩序。在履行好经济、政治领域的传统职能基础上,更加注重维护社会、文化、生态等领域的安全,大力开展"绿风"、"百城禁毒会战"、"紫光"、打击疫区牛肉走私等专项行动。立案侦办的"7.14"走私棉花案、"6.01"走私珍贵动物制品案、"7.15"邮寄渠道走私象牙案等3起重大刑事案件取得成效,均被海关总署缉私局列为二级督办案件。侦办的"11·27"走私象牙制品案,得到国内十几家主流媒体以及省内媒体的广泛报道。《濒危野生动植物种国际贸易公约》组织在瑞士日内瓦颁发了《秘书长证书》,肯定沈阳海关通过国际合作,多方联合执法,对走私犯罪团伙予以严厉打击,对促进肯尼亚和中国有效开展情报交流和执法协作起到关键作用。

组织开展了涉及电机产品、汽车零部件、游乐设备特许权使用费以及进口扬声器、碳钢紧固件归类问题等专项稽查行动,全年实现稽查补税共计1600万元人民币,同比增长45%。先后查发保税棉花等走私违规案件3起,涉案金额共计5.55亿元,涉及税款7450万元。

积极拓展海关统计数据服务范围,在定向地方党政领导、有关部门做好数据服务的基础上,在门户网站和电子口岸开设专栏,首次以"新闻发布会"形式对外发布沈阳市外贸进出口运行情况。全年,共撰写执法评估报告12篇,被海关总署刊物和网站采用11篇次,共编发统计分析和监测预警文章93篇,被海关要情采用10篇次,被辽宁省委省政府信息采用46篇次,16篇次被各级新闻媒体采用。

注重宣传引导,加强对重点企业的前期帮扶和培育工作,支持更多符合资质的企业晋升高信用类别,享受海关通关便利,全年共上调AA类和A类企业共计27家。建立健全与省、市相关政府部门在执法互助、奖惩联动、信息共享等方面的联系配合机制。全年向辽宁省信用中心报送海关新注册企业、走私违规企业等信息1225条,为推动"信用辽宁"建设发挥海关的作用。

(范志军)

【振兴东北】 2014年,沈阳海关针对辽宁经济运行特点和外经贸发展现状,研究制定了12项支持外贸出口措施,出台了《沈阳海关支持辽宁外贸稳定增长的具体措施》,会同大连海关研究制定了《大连海关沈阳海关支持辽宁外贸稳定增长具体措施》。多次通过省市两级新闻发布会平台,加强政策宣讲。组织开展了"两深入、两服务"暖风活动,走访企业50多家,帮助解决了和平轮胎公司单耗认定等实际问题20多个。深入推进"关企联络人"制度,在关企之间搭建对接平台,对省委、省政府关注的重大项目、重点企业提前介入,主动服务。同时,以推动《海关企业信用管理暂行办法》的实施为契机,积极构建海关与企业的新型合作伙伴关系。此外,还结合AEO和C-TPAT的宣传推广工作,为关区的韩资企业专题举办中韩AEO说明会。

沈阳海关全力支持国际快件业务健康发展。在海关积极推动下,沈阳国际快件监管中心通过验收并正式开展业务,辽宁国际速递快件监管中心正在紧锣密鼓筹建中,有效弥补了沈阳本地不能办理国际快件业务通关业务的空白。积极引导更多符合条件的物流企业开展国际快件业务,丰富沈阳口岸货运业务门类,促进沈阳桃仙国际机场建设成为东北地区航空枢纽机场。从2014年4月18日沈阳国际快件监管中心正式开通运行以来,截至2014年底,共受理快件类报关单9.38万票,货运量为754.86吨。

(范志军)

【强化内控机制】 2014年,沈阳海关强化监督,"两个责任"有效落实。

沈阳海关切实履行主体责任,推动和支持纪检监察部门落实"三转",聚焦主业,不断增强监督执纪问责工作力度。加强纪检监察组织机构建设和干部队伍力量,优化监察审计室内设科室设置,充实基层纪检监察力量,实现了基层纪检监察监督全覆盖,在2个较大隶属单位分别设立监督科,在其他隶属单位分别设立7个专职监督岗位,海关专司监督工作人员23人,增加50%,最大限度发挥监督职能作用。

强化监督执纪。按照"谁主管、谁负责"的原则,强化对主抓者、主责者、监督者的监督;以贯彻党风廉政建设责任制为抓手,层层抓落实;强化领导干部廉洁自律,组织关区领导干部开展配偶、子女从业情况登记公示、廉洁从政有关事项报告等;开展"六个严禁""六个一律"专项整治、"会所歪风"专项整治、信访线索"大起底"等专项监督活动;全年针对"三公经费"、"通关时效"、"办公用房出租出借"等热点、难点问题先后组织开展执法监察2项、内部经济责任审计3项、专项督察5项,发现风险点23个,提出建议15条,确保早发现、早提醒、早纠正、早查处,对苗头性问题及时约谈,加强诫勉谈话,防止小问题演变成大问题。

强化成果转化。结合2013年海关总署对沈阳海关的审计决定、近年来海关总署公布的部分海关审计决定(报告)等海关总署审计成果,开展"举一反三"自查自纠活动;结合本关对隶属机构开展的内部审计、专项督察等成果,开展"由点及面"的拓展监督检查;强化HL2008系统应用绩效考核,开展针对性系统培训,运用系统处置异常数据789条,廉政风险处置85条,制发监控核查联系单297份。2014年,沈阳海关运用各种监督成果倒逼主体责任落实和内控制度完善,全年实现补税482万元,完善制度23项。

(范志军)

旅　　游

规划发展

【旅游总体规划编制】　2014年，市旅游局制订了旅游总体规划工作方案，向市财政局提出立项和经费申请，市政府批准从市重点产业服务业专项资金中列支经费，预算200万元，以招标结果为准。为节省招标流程时间和经费，公开招标采取了竞争性谈判的方式，在6家投标单位中，北京巅峰智业旅游文化创意公司以96万元的价格中标。9月1日，市旅游局与巅峰公司签订了规划工作合同。巅峰公司派出了以总规划师王玉海博士为组长的10人小组来沈进行资源考察，在12天内完成了对13个区、县（市）有代表性的102个旅游景区、6个旅游商圈和4个在建或拟建的旅游集散中心等112个点位的考察，并与各区、县（市）的领导、主要景区的负责人进行了深入交流，分别召开了由政府相关部门负责人和旅游行业代表参加的两个座谈会，收集到规划所需的基本资料。按照要求，市旅游局分管局领导和规划处负责人再次前往北京，协同巅峰公司进一步修订完善，形成了规划纲要，提交市政府审定。

（田　毅）

【旅游项目建设】　市旅游局按照省旅游局的要求，组织区、县（市）申报了2014年重点旅游项目68个，总投资1544亿元，其中报省、市重点关注旅游项目9个，总投资129亿元。编印了新版旅游招商项目册，涵盖121项旅游招商项目。组织参加了全省精品创建大会，提交创建各类精品项目20个。提报康平县的3个乡村参与全省美丽乡村建设推荐单位。

定期与相关区、县（市）沟通情况，通过到现场开展调研、召开项目建设汇报会、定期统计报表等多种途径，跟踪推进签约综合性旅游项目、在建综合性旅游项目的建设，并上报省、国家旅游局。市旅游局以景区标志标识、道路指示牌等为突破口，协调相关部门沟通完善旅游公共服务指南系统，推进旅游集散中心、咨询中心等公共服务平台建设。收集各景区拟设置的季节型交通巴士资料，提交市交通局等相关部门。向省高速局提供了设置高速公路沿线景区指示牌的需求，已成功设置4A以上旅游景区指示牌13块；市交通部门为全市40多个景区设置60余处指示牌；部分区县投资完善本辖区内的旅游导示系统，沈北新区设置景区指示牌223块，苏家屯区设置70余块。为支持各区、县（市）和社会资金投入旅游项目开发建设，经市政府批准，市旅游局使用旅游发展专项资金，对5个区、县（市）的旅游总体规划编制补助140万元，对10个建设项目补助285万元。1905创意园、冬雪湖公园（仟睿达水上世界）、皇姑篦街、龙之梦亚太城等不同风格、不同类型的项目先后建成营业，为沈阳增添新的旅游资源亮点。

（田　毅）

【旅游规划评审】　为加强、提高和规范全市旅游规划评审工作，沈阳市旅游局依据国家旅游局《旅游发展规划管理办法》，制定了沈阳市旅游规划评审制度。

该制度主要规范市本级、各区、县（市）以及重点旅游景区（含跨区域旅游景观带，下同）旅游发展规划和旅游专项规划的编制和评审工作，明确了旅游发展规划和旅游专项规划的分类，以及市本级旅游规划、各区、县（市）以及重点旅游景区旅游规划的评审机构、基本条件和总体流程。

该制度发布后，市旅游局先后组织了康平县、沈北新区、于洪区的旅游总体规划评审，康平卧龙湖、苏家屯区白清寨、苏家屯区马耳山等旅游景区专项规划的评审，由于规定清晰、流程透明，受到规划编制单位和委托单位的一致欢迎。

（田　毅）

【编制辽河干流沈阳段旅游带规划】　为落实省政府开发辽河的总体部署，沈阳市政府启动了辽河干流沈阳段"生态带、村镇带、旅游带"的规划编制，市旅游局承担其中旅游带规划工作。

市旅游局开展了辽河旅游带规划初步调研工作，起草了《沈阳市辽河旅游发展专项规划大纲》，明确了规划工作基本思路。经市政府批准，从市旅游发展专项资金中列支25万元作为规划工作经费。经公开招标，由沈阳中景汇景观设计有限公司中标编制。编制完成的《辽河干流沈阳段旅游带发展规划》全文4.7万字，分为十章：第一章规划总论，第二章旅游资源分类与评价，第三章目标定位与发展战略，第四章空间布局与功能分区，第五章重点项目规划，第六章旅游商品开发与推广规划，第七章市场预测与营销策略规划，第八章交通系统规划，第九章保障措施，第十章分期建设项目规划。

按照"一条母亲河，两侧生态路，三条延伸带，五大产业链"的规划理念，结合辽河干流生态带规划情况，认真分析了沿线旅游资源，确定了“国家级生态旅游示范区”的总体定位以及发展战略、空间布局、建设项目和保障措施。

（田 毅）

【创建国家级旅游景区】 2014年初，市旅游局通过区、县（市）收集申报名单，确定全市旅游景区评定计划，定期前往相关区、县（市）进行创建工作指导。上半年，经省旅游景区评定委员会评定，“沈阳方特欢乐世界”和“沈阳中华寺风景区”获得国家4A级旅游景区称号，法库县爱新觉罗酒业博物馆、沈北新区蒙牛乳业正在开展3A级晋升4A级的相关工作。下半年，经市旅游景区评定委员会评定，13家景区获得3A级及以下景区称号，包括：沈阳工人村生活馆、五龙山景区由2A级晋升3A级；沈阳卧龙湖生态风景区、卧龙谷旅游拓展小镇、稻梦空间、克拉古斯品牌工艺展示中心、大德农博乐园、1905文化创意园、龙之梦休闲旅游中心、“11号院”艺术区获得3A级；来福庄园、八王寺饮料有限公司工业园获得2A级；巴尔虎山风景区、为雅都市庄园获得1A级。

市旅游景区评定委员会依据相关标准和景区的实际情况，撤销了兴隆大家庭室内公园、三利生态园的国家3A级景区称号，体现了能进能出的管理原则。至2014年底，全市国家A级旅游景区已达65家，其中：5A级1家，4A级14家，3A级36家，2A级12家，1A级2家。

（田 毅）

【旅游“双进双解”】 根据全市和服务业“双进双解”工作要求，市旅游局收集全市16个旅游重点项目，作为帮扶对象。召开了区、县（市）旅游局“双进双解”工作会议，进行了动员部署，明确标准、制定措施、提出要求。被帮扶的16个企业（项目）提出问题19个，按性质分为：公共配套问题5个，企业整体包装宣传问题4个，资金问题2个，土地问题2个，景区指示牌建设2个，销售问题2个，电力问题1个，招工问题1个。市旅游局分别采取了以区、县（市）为主的属地解决问题、以市旅游局为主的争取资金扶持和报市“双进双解”办协调解决等方式，使19个问题全部得到解决。

2014年，市旅游局在市旅游专项资金中安排180万元资金，用于扶持“双进双解”重点项目；另一方面，组织申报省市服务业专项资金等给予扶持，其中浑河西峡谷获得1000万元项目扶持资金。

（田 毅）

【旅游统计和分析】 组织完成2013年年报、2014年各月定期报表、各个黄金周和小长假的统计任务；按照省旅游局的新口径要求，调整全市入境旅游统计。完成旅游景区管理系统、温泉旅游和乡村（沟域）旅游专项统计、旅游重点项目统计系统规定的2013年四季度、年报和2014年季度统计任务。定期与国内副省级城市交流统计资料，了解各地发展情况。提供部分可公开资料给辽宁机场集团和拟投资项目单位等，用于开展市场调研，促进项目建设。

2014年，在原有的入境旅游者、国内旅游者抽样调查工作基础上，省旅游局又增加了大型旅游商业批发市场的专项调查。市旅游局周密组织，完成了三项调查任务。加强全市旅游经济运行分析工作，逐步建立与相关部门的资料交流渠道，定期进行旅游经济运行分析和预测，全年编发30期《沈阳旅游经济统计分析》。

（田 毅）

【旅游调研】 为促进沈阳市旅游业实现跨越式发展、提供科学的决策依据，2014年1月，市旅游局组织开展了加快全市旅游业发展课题调研活动。调研得到了市委政研室、市政府研究室、市旅游专家咨询委员会、旅游主管部门、景区、饭店、旅行社、旅游院校等单位的积极参与和大力支持，共收集调研报告94篇，内容涵盖了旅游经济分析、旅游资源开发、旅游市场营销、旅游行业服务、县区旅游发展、区域旅游合作等多个方面，内容丰富，经验总结深刻，提出的措施具有很强的决策参考价值。编辑形成《沈阳市旅游业发展调研成果汇编》，共913页、70余万字。

（刘桂珍）

【构建区、县（市）旅游行政管理部门法制体系】 市旅游局在充分调研的基础上，本着依法依规、稳步推进的思路，制定了《沈阳市旅游局推进区、县（市）旅游行政执法工作指导意见》，对区、县（市）构建旅游执法体系的目标要求、职能梳理、执法制度完善、执法队伍建设、执法责任制的落实等方面工作进行了部署，提出了要求。同时，为进一步明确市、区两级旅游主管部门的执法权限，避免重复执法和乱执法现象的发生，制定了《沈阳市旅游行政处罚职责划分暂行规定》，为推动市、区两级更好地开展旅游执法工作奠定了良好制度基础。

（刘桂珍）

【出台《沈阳市本级旅游发展专项资金管理暂行办法》】 为规范沈阳市旅游发展专项资金（以下称“专项资金”）的管理，提高专项资金的使用效益，根据国家、省、市财政资金管理相关规定，结合沈阳市实际，市旅游局与市财政局共同制定印发了《沈阳市本级旅游发展专项资金管理暂行办法》。办法共20条，对涉及旅游项目基础设施建设、旅游资源整合提升、旅游创新开发、旅游文化与科技创新、旅游人才培养、旅游公共服务平台建设等12个方面做出了明确规定。

（刘桂珍）

【旅游法律法规宣传】 2014年，市旅游局通过组织参加学习讲座、培训活动以及以赛代训等形式，扎实开展法制学习培训工作，取得了显著成效。分别于8月和10月，邀请市法制办业务骨干，针对旅游行政管理部门在旅游执法和规范性文件起草方面的问题，开展了旅游行政处罚执法培训和规范性文件的培训，有效地提高了机关行政工作人员的执法技巧和规范性文件的制发能力。在辽宁工业展览馆组织开展了《旅游法》宣传活动，共发放《旅游法》单行本和公民旅游的权利和义务宣传单3万份。同时，市旅游局还面向社区居民开展法制进社区宣传咨询活动，使社区居民不出家门就能了解旅游法律知识，了解维权信息，提升维权意识。2014年，共走进3个街道8个社区开展了此项活动。

（刘桂珍）

宣传促销

【沈阳经济区旅游名品惠民展示会暨韩国旅游名品展】　由沈阳市人民政府、韩国旅游发展局、辽宁省旅游局、辽宁省沈阳经济区工作领导小组办公室、中共沈阳市委宣传部联合主办的“沈阳经济区旅游名品惠民展示会暨韩国旅游名品展”于2014年9月12日在辽宁工业展览馆开幕。展会为期三天。共设展位340余个，展出4000余种特色旅游商品，展场总面积超过7600平方米，500余家旅游机构、旅游特色商品企业、非物质文化遗产、民间艺人参加展示会，其中近40家沈阳经济区旅游企业参展。此次展示会韩国元素突出，30余家韩国旅游机构、旅游企业前来参展，深受中国游客欢迎的济州道、全罗南道、光州观光协会、新罗免税、邮轮观光、化妆品、特色美食等企业均有参展。还邀请到韩国民族舞蹈、时尚街舞等表演队伍，在展示会期间开展了4场主题演出和3场LED、影像宣传活动。

本次活动创新了展会模式，贴近了百姓需求，由传统旅游形象宣传展示向展示特色旅游商品、特色精品线路、旅游惠民模式转变，活动内容丰富、形式多样、极具特色，深受沈城市民及游客的欢迎。

（那延博）

【经济区联席会议】　为贯彻落实省政府《关于加快沈阳经济区旅游一体化发展的意见》，有效整合旅游资源，全面提升沈阳经济区旅游产业的国内竞争力和国际影响力，沈阳市旅游局会同经济区其他七城市旅游局共同召开了沈阳经济区旅游一体化发展工作联席会议。会议形成了“以市场需求为导向，以游客招徕为目标，打破行政区域界限，加强旅游管理部门、旅游经营企业的联手联动，探索和形成市场共有、品牌共建、信息共通、利益共赢的旅游产业发展新格局”的工作核心目标。八城市旅游局集思广议，建言献策，就贯通产业链条、创新服务机制、扶持旅游企业、实施惠民工程等问题进行了充分研究和探讨，确定并达成了产品开发一体化、宣传营销一体化、公共平台一体化、信息建设一体化、应用载体一体化、客运交通一体化、项目招商一体化等多项合作共识，为打造和形成区域联通、行业交融、互惠共赢的旅游产业大联合、大发展格局奠定了坚实基础。

（郭建委）

【启动五“百佳”评选活动】　为全面宣传推介沈阳经济区优质旅游消费资源，帮助居民游客实现最佳消费选择，不断拓展旅游消费领域范围，提升休闲消费质量水平，扶助涉旅企业树立品牌形象、扩大经营发展，沈阳市旅游局联合鞍山、抚顺、本溪、营口、阜新、辽阳、铁岭七城市旅游局共同举办了沈阳经济区涉旅行业“百佳”企业（商品）系列评选活动。此次活动本着“不以规模论英雄，倚重口碑评百佳”原则，采取市民投票与专家评审相结合的方式，经过申报审核、市民投票、综合评定和公示命名等四个阶段，最终评选出“百佳好玩去处、百佳美食店铺（酒店）、百佳地域名品、百佳休闲（购物）场所和百佳婚恋游企业”等五大系列500家“百佳”企业。另外，为大力营造全民旅游氛围，强力拉动市民旅游消费，沈阳市旅游局还将联合七城市旅游局在五“百佳”企业中，选择群众关注度高、社会信誉良好、诚信守法经营的当选企业，作为2015年“沈阳经济区千万市民公益游”活动的承办单位，也为成立经济区旅游企业联盟搭建了平台。

（郭建委）

【旅游智慧化】　超前提出“Smart · T组计划”，加速沈阳旅游智慧化。对全市266家旅游企业智慧化情况进行了调查，在全市优选涉旅企业进行智慧旅游项目试点。召开了全市旅游企业智慧化工作会议。指导全市宾馆饭店、旅行社和景区高效运用智慧化手段，向游客提供全面的、立体的旅游信息和旅游咨询服务，并实现旅游消费在线交易，推动企业传统营销模式向电商模式转变。全市开展线上服务的旅行社已达73家。制作了一批360度全景旅游景观图。在全市社区推广旅游信息系统，为市民出游提供一手资料。通过手机短信、微信发布沈阳旅游资源、节庆活动信息，受众面达百万人次，使游客获取旅游资讯更为便捷。大力吸引社会投资，政府拨出275万元支持重点企业发展智慧化旅游，吸引企业用于智慧化旅游投资达1.2亿元，有效地发挥了政府资金“四两拨千斤”的作用。

（孙学林）

行业管理

【旅游企业标准化】　为全面推进沈阳市旅游标准化建设，不断提升旅游服务水平，市旅游局、市质量技术监督局联合开展了旅游企业标准化工作。

一是强化组织培训。各旅游企业结合本单位实际，制订实施标准化工程的工作目标和工作方案，并邀请专家、学者有的放矢地开展企业培训，组织员工认真学习标准化知识。二是做好宣传动员。各旅游企业对外通过网络、报纸等媒体，对本企业开展标准化工作进行全方位的宣传；对内充分利用简报、宣传栏等形式对“标准化工程”进行全方位动员和宣贯，企业标准做到人人皆知、耳熟能详。三是重点做好企业EIP系统的建设。各旅游企业加大资金投入，本着企业是标准化工作实施主体、投入主体、受益主体的原则，认真对照，科学整改，重点做好企业标准体系和企业 EIP 系统建设工作。同时,将标准化工作纳入对员工绩效考评范围,全面推进本企业旅游标准化工作。四是加强日常跟踪考核监管。经沈阳市旅游企业标准化工程验收评估小组认真检查,沈阳市海外国际旅行社等 18 家旅游企业通过验收考核,被评为“沈阳市旅游企业标准化工程示范单位”。

(王蕾蕾)

【旅行社诚信经营考核评价及等级评定】 2014 年,为进一步推进沈阳市旅行社诚信体系建设,提升旅行社诚信服务水平,维护旅游者合法权益,促进旅游市场规范有序发展,市旅游局、市质量技术监督局、市社会信用体系建设领导小组办公室在全市开展旅行社诚信经营考核评定工作。将设立时间满 2 年的旅行社纳入评价范围,评价结果将作为申请旅行社 A 级评定的重要依据和基础。

考核分为企业规模建设、诚信素质情况、诚信经营情况、诚信履约能力、导游员队伍建设、旅游安全工作、旅游投诉工作、失信扣分项目、重大违法违规经营行为一票否决项目等九大类 54 项指标。在指标设计上,增加了企业信用、企业履约能力、法人代表信用等金融类考核指标,力求科学、准确、全面地反映企业诚信经营情况。

(王蕾蕾)

【旅行社管理】 一是完善市场准入和退出机制,规范行政审批。全年审批设立、确认备案各类旅行社业务经营许可证 29 家,注销旅行社业务经营许可证 5 家,确认备案旅行社门市部 40 家,确认变更旅行社经营事项 38 家,旅行社验点 26 家。二是营造公平竞争环境,催缴旅行社责任险。2014 年度旅行社责任险共有 196 家旅行社投保,投保率为 100%,统保率为 81%。三是完成质量保证金返还工作。全年共有 74 家旅行社经审核合格,办理了质保金取款手续。四是培养诚信经营理念,创新开展旅行社诚信体系建设工作。五是提升企业管理水平,推进企业标准化工程第二阶段工作。沈阳市 18 家单位通过了第一阶段验收考核并被授予“沈阳市旅游企业标准化工程示范单位”称号。

(王蕾蕾)

【旅游市场检查与查处】 全年共进行了 74 次检查,检查旅行社 261 家,检查从业人员 970 人。开展联合检查 6 次,出动检查人次 62 人次。检查导游员 IC 卡 100 人次,2 人违规被扣分处理。对被投诉及被处理的旅游企业进行通报,在媒体上公开旅游监督投诉电话,接受社会监督。

(李　锦)

【处理旅游投诉案件】 全年受理投诉共计 167 件,立案受理有效旅游投诉案件 84 件,其中:国内旅游投诉 58 件,出境旅游投诉 26 件。终止调解 2 件,投诉满意率 98%。为游客挽回损失共计 7.84万元,其中:国内游为4.94万元,出境游为2.90万元。接听旅游咨询及投诉电话 6000 余个。

(李　锦)

【推进“文明城市创建”】 沈阳市旅游局以迎接全国城市文明程度指数测评为契机,强力推进文明城市创建工作。市旅游局以“文明树形象,满意在旅游”为创建口号,多次组织旅游行业召开创城工作调度会,分工负责,层层落实,发放宣传资料 1.5 万余份。与市文明办开展联合检查,指导落实各项创城工作,市旅游局被市委、市政府评为创城工作“突出贡献单位”。

(张世达)

教育培训

【导游员岗前培训】 为提高导游员业务水平,沈阳市旅游局于 2014 年 3 月举办了导游员岗前教育培训班,213 名学员参加。培训采取集中授课、统一考核的方式,聘请旅游专业高级教师、优秀导游员授课;授课内容主要包括《中华人民共和国旅游法》、《旅行社业务知识》、《导游员业务知识》以及导游员职业道德等。通过培训教育,导游员综合素质明显提升。

(刘桂珍)

【导游员资格考试】 2014 年,沈阳市参加全国导游资格考试报名人数 2285 人,占全省报名参考总数的三分之一。1867 人通过了现场口试,经过上机考试,有 647 人取得了全国导游员资格证书,其中:取得高级导游员资格证书的 3 人,取得中级导游员资格证书的 36 人,取得初级导游员资格证书的 608 人。

(刘桂珍)

农 村 经 济

综 述

【农村经济总量】 2014年,沈阳市8个涉农区、县(市)实现地区生产总值3055.8亿元,比上年增长4.6%,对全市经济增长的贡献率达到33.3%。一市三县经济活跃,固定资产投资实现1455.5亿元,比上年增长9.9%,高于全市7.1个百分点;一般公共预算收入实现100.3亿元,比上年增长1.1%,高于全市3个百分点。

(江 雪)

【粮食生产实现"十一连丰"】 2014年,沈阳市农委全面落实强农惠农政策,及时下拨抗旱资金,粮食产量达到360万吨。蔬菜产量超过580万吨,畜牧养殖业稳步发展,肉、蛋、奶及水产品产量达到256万吨,有力保障了市场供应。

(江 雪)

【城乡居民收入差距逐步缩小】 2014年,沈阳市农村居民人均可支配收入实现1.60万元,比上年增长10.2%。城乡居民收入之比首次降至2:1以下。农村教育、社保、医疗等民生支出达33亿元,同比增长6.5%。农村环境、县城和新城新市镇建设取得明显成效,城乡一体化进程进一步加快。

(江 雪)

【"三带"及现代农业建设】 2014年,蒲河生态经济带沿线共落地市级重点项目90个,总投资2414亿元,已完成投资614亿元。沈康现代农业示范带累计投入资金9.4亿元,治理农田3.01万公顷。环城都市农业产业带实施都市农业项目78个,总面积3066.67公顷。新建改造设施农业面积4786.67公顷,高效特色作物播种面积21.12万公顷。建设国家、省万亩高产创建示范片99个,粮油作物高产创建示范区总数达119个,总面积11万公顷。粮食作物良种普及率达到98%以上,累计培训农民2.3万人次。

(江 雪)

【农业产业化发展】 2014年,沈阳市农委积极推动农业与二、三产业融合发展,进一步延伸农业产业链条,提高农业附加值。全年开工建设500万元以上的农事项目82个,完成投资20亿元。全市10亿元以上农产品加工重大项目达到15个,已完成投资123.5亿元。全市农产品加工业产值达2555亿元。新增市级以上龙头企业33家,市级以上龙头企业总数达到266家。"新网工程"已建成经营服务网点2718个。成功举办第14届农博会,展会合同交易额24.7亿元。协调推进5000万元以上农业项目23个。2014年全市农产品出口额达1.8亿美元,比上年增长45.9%。

(江 雪)

【县域经济发展】 2014年,沈阳市县域8个区、县(市)实现地区生产总值3055.8亿元,比上年增长4.6%,对全市经济增长的贡献率达到33.3%。一市三县固定资产投资实现1455.5亿元,比上年增长9.9%,高于全市7.1个百分点;一般公共预算收入实现100.3亿元,比上年增长1.1%,高于全市3个百分点。

全市涉农地区规模以上工业总产值实现9342.2亿元,比上年增长3.7%,占全市比重达到66.6%,比上年提高1.7个百分点。县域21个产业集群实现销售收入4842亿元。县域超百亿产业集群总数达到14个。全年开复工10亿元以上重大项目237个,完成投资1484.5亿元;开复工3000万元以上重大项目1338个,完成投资2805.9亿元。县域17个新城新市镇完成固定资产投资2969亿元,比上年增长6.9%。4个重点服务业集聚区实现主营业务收入294.4亿元,比上年增长17.1%。康平新城获批省级服务业集聚区,法库陶瓷城主营业务收入增长22%。

(江 雪)

【专项扶贫措施】 一是到户扶贫。全市共完成到户扶贫项目7957户,均为建档立卡贫困户,其中,省级到户扶贫3500户,市级到户扶贫4457户,户均补助2000元。二是贫困劳动力培训。全年完成贫困劳动力培训2800人,超额完成400人。对项目村的农户实施大棚种植、寒富苹果和花生种植等特色农业实用技能培训2050人。三是产业化扶贫。安排实施2个省级产业扶贫示范项目,每个项目补助100万元,带动贫困户2098户,户均增收2000多元。完成市级种植类产业扶贫项目38个、3667.73公顷,补贴资金270万元。四是移民扶贫。实施移民扶贫项目92户,投入各级财政移民扶贫建房资金552万元。

(李 鹏)

【低收入人口减贫】 2014年,辽宁省下达沈阳市减少低收入贫困人口任务指标8408人,实际完成减贫2.09万人,超额完成1.25万人,人均纯收入达到3200元以上。其中省任务指标全部安排在省重点贫困县康平县,对应完成省级到户扶贫项目3500户,涉及12个乡镇,28个贫困村。

(李 鹏)

农业产业化

【概况】 2014年,沈阳市规模以上农业产业化龙头企业现已达到1089家。规模以上农产品加工企业653家，实现总产值2555亿元。建设农产品加工园区7个，规划面积达到1.20万公顷，拥有国家地理标志保护产品11个，采取各种利益联结方式带动农户99万户，农民人均从农产品加工链条内获得的收入占人均纯收入的40%以上。

（徐利利）

【推动农产品加工业发展】 全市规模以上农产品加工企业653户，产值2555亿元。全市基本形成了粮油、饲料、肉类、乳品四大优势主导产业。2014年全市开工建设500万元以上的农事项目82个，计划投资45亿元，完成投资16亿元，完成计划投资的36%。农业专项资金补贴共下达资金5300万元，其中固投补贴4631万元，贴息669万元。

（徐利利）

【强化品牌建设】 2014年，沈阳市开展省级名牌农产品工作，新申报省级名牌农产品2个（珍帝韭菜、康森留芽米），获得国家地理标志产品保护3个（苏家屯大米、辽中葡萄、辽中大米），全市省级名牌农产品累计达到3个，地理标志保护产品11个。

（徐利利）

【重点项目建设】 在2014年全市290个重点建设项目中，县域范围内有182个。截至2014年底，县域182个市级重点建设项目全部按期开（复）工，完成投资1040.9亿元。开、复工10亿元以上重大项目237个，完成投资1484.5亿元；开、复工3000万元以上重大项目1338个，完成投资2805.9亿元。辽中钧翔专用车生产基地、康平大辽圣市商业街项目主体完工，新民玖龙纸业一期已投入试生产。

（王剑峰）

【工业产业集群】 2014年，沈阳市县域市级重点产业集群21个，占全市总数的84%。截至年底，县域21个产业集群完成销售收入4842亿元，增长11.5%。县域超百亿产业集群总数达到14个。沈北农产品精深加工及生物医药产业集群实现销售收入760亿元，居全市第三位。浑南电子信息成为国家级新型工业化产业示范基地，沈北手机、法库陶瓷等6个产业集群入选辽宁省新型工业化产业示范基地。新建辽中泵阀等4个产业集群公共服务平台，综合性公共服务平台已达16个。

（王剑峰）

【新城新市镇建设】 全市19个新城新市镇中县域范围内有17个，包括13个新城和4个新市镇。截至2014年底，县域17个新城新市镇完成固定资产投资2969亿元，比上年增长6.9%，基础设施完成投资352.5亿元，地区生产总值完成2684.9亿元。新城新市镇重点工业园区已开工项目432个，总投资4.51万亿元，签约项目222个。一市三县房地产施工面积达到531.5万平方米。蒲河新城、永安新城已成为全辽宁省样板。

（王剑峰）

【服务业集聚区初具规模】 新民兴隆温泉、近海东北亚国际物流、法库陶瓷城和康平新城等4个重点服务业集聚区实现主营业务收入294.4亿元，比上年增长17.1%，吸纳就业14.4万人，在建项目数96个。康平新城获批省级服务业集聚区，法库陶瓷城主营业务收入比上年增长22%。

（王剑峰）

农产品质量安全

【概况】 2014年，沈阳市完成农业部、省、市农产品定量监测1886个样品，合格率97%，其中市级监测样品1005个，合格率97.8%，比上年提高3.7个百分点。连续五年在全省农产品质量安全绩效目标考核排名第一。

（王　嵩）

【三品一标】 全市完成三品一标生产面积达到47.55万公顷，占全市耕地面积67.3%，其中无公害农产品面积40.2万公顷，绿色食品面积7.35万公顷。市农经委投入43万元，开展了土壤、水质、大气等开展产地全域环境质量评估，共采集土壤样品410个、水质样品70个、大气样品62个，涉及耕地面积达到5.24万公顷。兑现了三品一标补贴经费237.5万元。市农经委联合市质监局抽检了18个有机食品，合格率达到95%。国家和辽宁省专项认证产品抽查认证产品66个，合格率100%。其中抽取无公害农产品18个，绿色食品42个，苹果和梨专项检测6个。

（王　嵩）

【农产品质量安全监管】 2014年，沈阳市制定《关于加强食用农产品质量安全监管工作的实施意见》，召开全市农产品质量安全工作会议。针对重要节点加强监管，两节期间抽取蔬菜生产基地样品96个，定量检测合格率95.8%，快速检测抽样4848个，合格率100%，定量监测秋菜20个样品，合格率100%。两节期间出动农业行政执法人员820人次，检查农药经营业户465个，立案查处8起，检测农药样品5个，涉案金额1.71万元。

（王　嵩）

高产示范区建设

【概况】 2014年，沈阳市粮油高产创建示范区总计119个，面积超过11万公顷，占粮油作物总面积的20%以上，分别落实在七个区县（市）、72个乡镇、361个村。2014年全市国家级水稻万亩示范片单产752.3公斤/亩，比上年730.39公斤/亩，高出21.91公斤，高出全市水稻平均单产174公斤；玉米国家级万亩示范片平均单产821.8公斤/亩，比上年818.34公斤/亩，高出3.46公斤，高出全市玉米平均单产339.9公斤；花生国家级示范片单产307.1公斤。市级水稻高产创建综合示范区平均亩产790.6公斤/亩，高于全市水稻单产212.3公斤；玉米高产创建综合示范区平均亩产821.6公斤/亩，高于全市玉米单产

339.7公斤;花生高产创建综合示范区平均亩产308.2公斤/亩,甘薯高产创建综合示范区平均亩产2204.8公斤/亩。

全市粮食高产创建示范区平均单产667公斤/亩,比全市粮食平均单产494.8公斤/亩,高出172.2公斤。粮食高产创建示范区取得粮食产量110万吨,占粮食总产的30.6%。粮食高产创建示范区带动了周边区域粮食生产的发展,起到了示范带头作用,取得了显著成效。

(梁 竑)

【重点龙头企业建设】 2014年,沈阳市农业产业化工作大力发展农产品加工业,重点培育龙头企业、加快项目和园区建设,延伸产业链条、促进农民增收。全市规模以上农业产业化龙头企业现已达到1089家,其中超亿元的企业80家。规模以上农产品加工企业653家,实现总产值2555亿元。

积极开展各级农业产业化重点龙头企业的申报和监测工作,2014年新增市级龙头企业26家、省级龙头企业7家,递补国家级龙头企业1家;监测合格市级龙头企业85家、省级龙头企业17家、国家级龙头企业6家。全市市级以上农业产业化重点龙头企业达到266家,其中国家级7家、省级57家、市级202家。

(徐利利)

【沈康现代农业示范带】 2012年1月至2014年6月,全市整合各项涉农资金9.41亿元,在沈康高速公路沿线建设了涵盖沈北新区、法库县、康平县3个区县的现代农业示范带。示范带实行整体规划、规模开发,安排农田建设项目13个,治理面积3.01万公顷。截至年底,13个示范带农田建设项目除后期增加的示范提升项目和沈北新区七星旅游大道、康平县两家子设施农业示范项目外,其他工程已经陆续完成并投入使用。三个区县共完成机电井3877眼,井台1849座,水泵1883台,柴油机800台,大口井20眼,拦河坝2座,输变电线路829公里,输变电设备512台,滴灌1723套,管灌1909套,开挖疏浚渠道249.37公里,渠道衬砌587.18公里,石砌边沟2.4公里,渠道护坡6.8公里,渡槽7座,节制闸274座,方塘10座,高位井池232座,U型槽5.33公里,桥131座,涵2631座,机耕路793.58公里,木栈道和人行方砖9公里,土壤改良3678.6公顷,土地平整494.13公顷,防护林407.33公顷,313万株。

(王宏业)

【环城都市农业产业带】 沈阳环城都市农业产业带是以四环快速路为圆周向外辐射,涵盖浑南区、于洪区、沈北新区、苏家屯区、铁西区及新民市东部三个乡镇。截至2014年年底,共启动78个都市农业项目建设,投资总额25.3亿元,实施面积3066.67公顷;营业收入10.6亿元,利润总额3.7亿元,接待市民458.8万人次;解决就业3.8万人,其中农民3.1万人,带动农民4.8万户。

(卢学义)

【农村新能源建设】 2014年,沈阳市开工建设户用沼气模式1100处、农村沼气全程服务试点10处(1850户)、大中型沼气能源环境示范工程5处、太阳能(路灯)亮化示范村4处、生物质成型燃料炊事采暖示范村共建设示范户3300余处;新建扩建生物质成型燃料加工厂4处;对11个优先向农民提供生物质成型燃料的加工厂给予了补贴;建设节能炕示范户3380处。

全市开工建设的5处大中型沼气工程中,有3处养殖场沼气工程,2处秸秆沼气工程,5处工程都将通过管网向所在地农户供气。同时,对中央投资农村大中型沼气工程建设实行1∶1配套补贴。2014年,全市农村能源建设得到各级财政农村能源项目补贴,资金总额为1658.8万元,其中,中央预算内投资300万元,省级项目补贴资金241.8万元,市财政补贴资金1117万元。部分区县也对农村能源建设给予补贴支持。

(张煜明)

农业新技术推广普及

【适栽优新品种引进推广】 2014年,沈阳市引进优新品种105个,其中设施蔬菜新品种28个,大田作物品种77个。粮油作物主要包括:玉米品种40个(包括良玉99、良玉208、先玉335、宁玉309、京科968、辽单502、东单308、沈玉35等);水稻品种27个(包括盐粳431、盐粳582、盐粳1202、桥科951、沈稻47、沈稻9等);优质花生新品种10个(包括花育23、花育28、花育31、豫花23、豫花9719等)。共建立品种对比示范基地15个,其中设施蔬菜4个;在辽中、新民、沈北新区、法库、康平建立玉米示范基地5个;在苏家屯、沈北新区、新民、辽中建立水稻示范基地4个;在辽中、康平建立花生示范基地2个。

(周兆彤)

【先进适用技术普及应用】 围绕沈阳市农业生产实际需求,重点推广了"水稻工厂化基质育苗、设施果蔬熊蜂授粉、蔬菜工厂化育苗、生态型设施蔬菜生产技术集成、高效特色设施果蔬生产技术集成、炭基缓释肥应用、玉米螟绿色防控、土壤有机质提升、重金属污染耕地治理修复"等九大技术,全年累计落实示范区36.01万公顷次,其中水稻工厂化基质育苗13.33公顷(育苗面积),熊蜂授粉330公顷,蔬菜工厂化育苗326.87公顷,生态型设施蔬菜生产技术集成66.67公顷,高效特色设施果蔬生产技术集成3.53公顷,炭基缓释肥应用33.33公顷,玉米螟绿色防控34.67万公顷,土壤有机质提升1.25万公顷,重金属污染耕地治理修复84.67公顷。通过技术集成示范,项目区设施蔬菜和大田作物亩均增产分别达12%和7%以上,项目区玉米螟绿色防控处置率达到100%,专业化统防统治面积达到100%,亩均减少玉米螟为害损失45.7公斤,全市挽回经济损失3.99亿元。

(周兆彤)

种 植 业

【粮食生产】 2014年,全市粮食播种面积达48.51万公顷,其中玉米34.72万公顷,水稻11.18万公顷,豆类1.21万公顷,薯类1.07万公顷。粮食产量360万吨,取得了"十一连丰"。

(梁 竑)

【全力做好春耕备耕】 2014年,沈阳市制订了粮食生产计划,1月初组织5个春耕备耕调研组,深入9个区县(市)进行春耕备耕调研,3月份召开了春耕生产部署会,下发了《沈阳市2014年粮食生产发展意见》,将粮食播种面积、产量、农业保险等目标任务分解到各区县(市),并明确将粮食生产纳入全市绩效考核范畴。由于行动早,4月11日、4月29日玉米,水稻分别开始播种、插秧,均比上年提前7-10天。

(梁 竑)

【落实强农惠农政策】 2014年,沈阳市发放粮食综合补贴、良种补贴、农机购置补贴资金8.98亿元。加之玉米螟绿色防控补贴、飞防补贴及国家、省、市级粮食高产创建等补贴5078.11万元的落实,极大地激发了广大农民发展粮食生产的积极性,稳定了粮食作物播种面积。完成粮食作物保险面积27.07万公顷。

(梁 竑)

【粮油高产创建示范区建设】 共落实国家、省万亩高产创建示范片99个。为扶持粮食生产,沈阳市出台了"支持粮油高产创建综合示范区建设,对20个引进、试验、示范和推广农作物新品种、新技术、新模式的万亩粮油高产创建综合示范区,每个补助20万元。"政策,全市粮油作物高产创建示范区总数达到119个,总面积11万公顷。据测产,全市粮食高产创建示范区玉米、水稻平均亩产分别达到821.7公斤/亩和757公斤/亩。特别是新民市大红旗镇玉米万亩示范片,平均亩产达到1109公斤。

(梁 竑)

【良种良法的普及】 全年引进推广适应性广、综合抗性好的农作物新品种89个。其中:玉米主栽品种为郑单958、良玉88、良玉208、铁研818、铁研669、丹玉508、东单6531等;水稻主栽品种为辽星系列、沈农9903、沈农9816等。全市粮食作物良种普及率达到99%以上。普及高产栽培技术,玉米主推了合理密植、灌溉节水技术、机械深松、精少量机械播种等项技术。

(梁 竑)

【科学抗旱】 2014年7-8月,沈阳市局部地区发生了较为严重的旱灾情况,组织农技部门的技术骨干下到受灾较重的地块实地指导救灾,安排市植保站对辽中、苏家屯等地的水稻主产区进行飞防作业2万公顷。各区县市集中人力、物力、财力向抗旱倾斜,充分发挥抗旱设施的作用。全市累计投入抗旱人员5.19万人次,投入抗旱设施机电井2.55万眼、泵站197座,投入机动抗旱设备4200台套、运水车辆5050辆。累计浇灌面积5.97万公顷。

(梁 竑)

【蔬菜生产】 一是设施农业提质增效。2014年沈阳市蔬菜播种面积、产量分别达到18万公顷、580万吨。其中:设施农业的面积、产量分别达到13.07万公顷和378万吨。新民市大民屯镇确定为省级设施农业现代农业示范区。设施农业继续保持较快发展,新建改造设施农业面积4786.67公顷,全部达到高标准小区建设要求。全年,沈阳市新建改造设施农业小区347个,其中:20公顷以上温室大区5个,特色温室小区46个,精品冷棚小区209个。仅设施农业一项争取市级补助资金5957万元。二是特色农业结构优化。全市发展高效特色作物面积21.12万公顷,形成了以蔬菜、花生、两瓜为主的主导产业,三大作物面积达到16.83万公顷,占高效特色作物79.7%。重点发展沈康现代农业带高效经济作物446.67公顷。在前进农场、尚屯、孟家、郝官、方家等地建设花卉、苗木、绿色蔬菜、寒富苹果、甘薯等10个特色农产品生产基地。

(高 红)

【加大对设施农业的扶持力度】 一是抓春耕生产。制订了2014年全年农业生产计划,1月初组织5个春耕备耕调研组,深入9个区县(市)进行春耕备耕调研,3月份召开了春耕生产部署会,并将设施农业建设和改造等目标任务分解到各区县(市),并明确将蔬菜生产纳入全市绩效考核范畴。二是抓政策落实。持续加大对设施农业的扶持力度。对全年完成任务目标内的新建连片设施面积3.33公顷的高标准温室小区和新建连片设施面积6.67公顷的精品冷棚小区,每个小区分别补助20万元和5万元。对康法及柳绕地区,在基础补助标准上提高20%。继续支持旧棚区改造,对设施面积3.33公顷的旧棚区进行升级改造,达到高标准温室小区要求的,每个小区补助20万元。三是鼓励花卉、食用菌、水果等精品温室小区建设,对当年新建并生产的连片设施面积2公顷的小区,每个补助30万元。四是支持工厂化种苗项目,对在全市注册从事蔬菜、花卉种苗生产企业,全年销售给沈阳市农户优质商品化种苗达到500万株(含)、1000万株(含)、2000万株(含)以上,分别给予以奖代补助资金10万元、24万元、50万元。对每项政策相应地出台了项目管理实施细则。五是抓技术服务,提升农业生产水平。通过项目申报方式,择优支持新建和改造高标准日光温室,切实改善菜篮子生产基地的硬件条件。积极推广优质新品种和熊蜂授粉、秸秆反应堆、膜下滴灌、运菜滑车等新技术、新设备,提高菜篮子生产水平,提升产品质量和效益。2014年引进蔬菜新品种28个。

(高 红)

【花卉生产】 2014年,全市积极有效调整种植业结构,进一步提高经济效益,以百合、玫瑰、菊花鲜切花生产为着力点,稳定生产规模,不断持续增加农民收入。全市花卉播种面积为3933.33公顷,其中鲜切花类(百合、玫瑰、非洲菊、菊花等)1333.33公顷,占33.9%;盆栽植物类(君子兰、大花蕙兰、蝴蝶兰、杜鹃等)520公顷,占13.2%;万寿菊1853.33公顷,占47.4%;其它类746.67公顷(草坪、种球等),占19%。全市花卉总产值11.6亿元,鲜切花生产量7.86亿枝、盆栽植物3480.7万盆。

一是生产面积保持稳定。2014年

全市花卉种植面积为3933.33公顷，其中鲜切花类1329.1公顷、盆栽植物类520公顷、观赏苗木类120.2公顷、工业用万寿菊1850公顷、草坪34.5公顷、其它81.5公顷。二是生产条件持续改善。全年花卉保护地生产达到935.78万平方米，基本上均采用了钢筋骨架、砖混结构、苯板芯墙、机械卷帘、膜下滴灌等工厂化生产技术，集中连片、规模化标准生产的面积显著增加，土木结构、零散生产的状况有了质的改变。三是新品种生产有所增加。全年全市加快新品种更新换代，新品种生产面积保持较快速度增长，非洲菊289.8公顷，东方百合375.2公顷。重点扶持了沈阳富美莱花卉辽中基地项目建设，年产鲜切花500万支。

（朱雪冬）

畜牧业

【概述】 2014年，沈阳市大力促进畜牧业生态环境建设，推进基层推广体系改革与建设，使畜牧业经济总量持续增长，畜牧业规模化、标准化、产业化水平不断提高，全市畜牧业发展再上新台阶。2014年生猪出栏592万头，同比增长0.3%；生猪存栏380万头，同比增长3.7%；家禽出栏1.9万只，同比下降0.2%；蛋鸡存栏5300万只，同比增长0.3%；肉牛出栏120万头，同比下降11.7%，奶牛存栏15.5万头，同比增长0.4%；羊出栏90万只，同比下降9.1%，羊存栏85万只，同比增长0.08%。肉类总产量达到102.5万吨，同比下降3.2%；禽蛋产量80万吨，同比增长0.9%；奶产量52万吨，同比增长2.4%。

（钟　波）

【政策扶持】 2014年，沈阳市制订了市本级标准化养殖场建设、外引畜禽良种、良种示范场、畜禽粪便有机肥厂建设等扶持现代畜牧业发展政策。同时实施了国家及省级畜禽标准化健康养殖项目、生猪奶牛标准化规模养殖场（小区）建设项目、良种工程及养殖业保险试点等扶持政策。

（钟　波）

【畜牧项目建设及产业结构调整】 2014年，沈阳市全年落实多项国家、省、市畜牧发展扶持项目，建成经验收符合扶持条件的规模养殖场28个，争取扶持资金2450万元，全市畜禽标准化规模养殖率达到66.18%；1家企业被评定为国家级畜禽养殖标准化示范场；畜禽良种示范场建设项目验收合格10个，争取资金200万元；全市外引良种6.5万只，争取扶持资金202.8万元，畜禽良种率达到98%以上；申报国家生猪改造养殖场14个、奶牛改造场5个，争取资金810万元、580万元；申报国家畜禽标准化健康养殖项目14家，争取扶持资金600万元；建设畜禽粪便有机肥加工厂项目1个，争取扶持资金56.4万元；全市共18家大型养猪场开展粪污治理项目，争取扶持资金1260万元；沈北新区试点开展养殖业保险，奶牛、育肥猪和能繁母猪等参险畜种保费总额共计1837.47万元。累计新建和改建阳光猪舍面积1万余平方米，辐射带动周围39个养殖场（户）。实施畜禽良种工程，全面加强良种建设工作，奶牛、肉牛以发放冻精形式给予补贴，全年发放奶牛冻精11.97万剂，发放肉牛冻精2万剂，同时对购买种公羊给予补贴，畜禽良种率达到98%以上。

（钟　波）

【重大动物疫病防控】 2014年，沈阳市累计免疫畜禽4903万头（只），狂犬病免疫犬2.68万只，完成血清学及病原学监测8万份。布氏杆菌病人畜共患病共检测牛8.44万头，结核病人畜共患病共检测牛7.49万头。流行病学调查全市共排查规模养殖场803个，散养户9034户，排查畜禽448万头（只）。

（钟　波）

【加强应急反应能力建设】 2014年，沈阳市举办了重大动物疫情应急预备队培训及应急演练，对疫情报告处置程序、采血规程、消毒药和疫苗配制与使用、无害化处理、动物检疫等理论知识进行培训，各县区的应急预备队员对防护用品穿戴、火焰消毒机操作、采血、消毒药和疫苗配制与使用、帐篷使用等应急项目进行了演练。

（钟　波）

【严防羊小反刍兽疫突发疫情】 3月，全国多地突发羊小反刍兽疫情，疫情形势严峻，沈阳市高度重视，立即启动市重大动物疫情防控应急指挥系统，全市没有发生羊小反刍兽疫突发疫情。全市共排查1696个村、1.63万个养羊（场）户、47万只羊，共出动人员3642余人次、动用车辆508余台次，共下摆应急物资30.85吨，消毒面积19.73万平方米。

（钟　波）

【畜产品安全监管】 沈阳市制定并下发了《2014年全市“瘦肉精”专项监测计划》、《2014年全市畜产品兽药残留监测计划》。全年完成监测1.32万批次，占计划数量的104.7%，超额完成年初制定任务数量。其中，畜产品安全中“瘦肉精”检测8830批次，合格率100%，兽药残留检测1288批次，合格率100%。

加强畜禽养殖环节的源头监管，严格养殖环节中兽药、饲料等投入品使用，开展“瘦肉精”、养殖环节抗菌药专项整治等系列活动，严格执行屠宰前6小时申报检疫制度，改善检测条件，提高对瘦肉精等禁用物质的检测能力。全年完成生鲜乳2040批次，合格率99.6%，查处生鲜乳违法收购案件3起，罚款2万余元。

（庞福生）

【兽药饲料监管】 截至2014年底，沈阳共有各类饲料生产企业166家，年总产量420万吨，产值逾160亿，兽药生产企业21家，年产值约2亿元，兽药经营企业660余家，代理、销售全国各兽药生产企业超过千家，年销售额3亿左右。按照新颁布的《饲料和饲料添加剂管理条例》和《兽药管理条例》，取缔56家不符合生产条件的饲料企业，吊销200余家不符合GSP认证的兽药经营企业。促进饲料生产企业转型升级，形成沈北、沙岭胡台二个饲料产业集群。全年共监测兽药样品487批次，饲料样品518批次。开展8次大型的清缴活动，市本级立案查处案件26起，罚款约6万元。

（焦　阳）

【动物卫生监督执法】 2014年，沈阳市累计检查各类监管场所9954次、出动执法人员1.28人次、出动执法车辆4506台次，共查处违法案件288件，罚款84.46万元，无一起行政复议和行政诉讼案件发生。联合办案成绩显著，全市共办理向公安机关移送案件13件，移送违法人员27名，销毁病害动物产品12.2吨、病死猪32头、病死牛5头，13件移送案件全部结案。全市共开展业务培训90次，培训人员4220人次；对管理相对人培训50次，培训人员1574人次。全市产地检疫1.01亿头（只）、屠宰检疫6443万头（只）、分销检疫8685吨。加强病死动物无害化处理基础设施建设，全市共建设47个病死动物无害化处理设施，其中，县级公益性无害化处理中心1个，万头以上大型猪场无害化处理建设项目14个，千头以上万头以下猪场无害化处理建设项目29个，村级处理点建设项目3个。

（张　波）

渔业生产

【概况】 2014年，沈阳市水产工作坚持以渔业增效、渔民增收为目标，大力发展现代渔业。以加强基础设施建设为抓手，以推进健康养殖为保障，积极调整和优化养殖品种结构，不断提高产业化发展水平，使全市水产业发展实现了新突破。沈阳市水产养殖面积1.84万公顷，同比增加1200公顷，其中池塘面积1.25万公顷，水库面积5666.67公顷，同比增加1400公顷。水产品产量19.3万吨，同比增长4.6%，其中池塘亩产量1060公斤。渔业经济总产值完成89.9亿元，同比增长8.5%。辽宁省市绩效考核指标完成30个药残检测，全部合格。辽中县获批辽宁省首批现代渔业园区，地理标志保护产品“辽中鲫鱼”和沈阳市绿生水产养殖公司“红运来鲟鱼”获得“辽宁十大渔业品牌”荣誉称号。

（毛世骏）

【结构调整初见成效】 2014年，沈阳市以市场需求为导向，不断调整产业结构。一是名优新品种养殖面积增长较快。名优新品种养殖面积6933.33公顷，同比增长13.4%，其中，彭泽鲫套养面积8500公顷，同比增长33.3%；河蟹养殖面积1840公顷，同比增长48.9%，并首次投放大眼幼体1650公斤；示范推广池塘套养南美白对虾20公顷，对虾规格30－50尾/斤，市场潜力巨大。二是在辽宁省优势品种引进和市精品鱼苗种引进补贴政策带动下，各良种场积极引进名优新品鱼苗3.2亿尾，同比增长13%。主要品种包括：加州鲈、鲌鱼、丁桂鱼、镜鲤等。

（毛世骏）

【繁育规模不断扩大】 全市18家水产繁育场繁育苗种数量28.4亿尾，同比增长12.7%。鱼苗规格整齐，抗逆性强，成活率较上年有所提高。主要繁育品种中，鲶鱼7.1亿尾，同比增长15%；鲢鳙鱼3.2亿尾，同比增长6.7%；津新鲤3000万尾，同比增长50%；乌鳢6500万尾，同比增长2.5倍。德国镜鲤和乌克兰鳞鲤的繁育量分别达到了4.1亿尾和3亿尾。

（毛世骏）

【产业化】 一是推进苗种引进。华泰渔业、金山水产和昌润达养殖公司实施了省优势品种引进项目。市本级组织了元丰养殖基地等5家繁育场开展精品鱼苗种引进项目；二是强化基础设施建设。组织10个13.33公顷以上水产养殖基地开展道路升级、池塘清淤等基础设施改造项目；三是加快产业化建设。辽中县被评为辽宁省渔业标准化示范县、省现代渔业园区，辽中县刘二堡镇被评为淡水鱼特产之乡项目；四是促进科技创新。绿生养殖场和华泰渔业被评为省渔业科技型企业，市本级开展了粘孢子虫病防治和鱼虾混养2个科技共建项目。五是大力开展省渔业标准化健康养殖项目申报，在全省14个项目中沈阳市占9个，总扶持资金达到450万元。

重点加强“辽中鲫鱼”地理标识产品宣传推介工作。利用全国农业博览会广泛宣传，发挥品牌效应，扩大养殖规模，满足市场需求。“泉城”牌“辽中鲫鱼”参加了青岛农博会，并获得第十二届中国国际农产品交易会参展产品金奖。全市拥有农业（渔业）产业化龙头企业12家；建立了淡水鱼出口基地；现有渔业专业合作社78个，入社农户965户；有专业捕捞队36个；渔业水产协会3个；淡水鱼销售经纪人157人，形成了龙头企事业（合作社、协会）＋基地＋养殖户＋市场的产业化体系，建立了遍布东北、内蒙古、京、津、冀的销售网络；形成了集苗种繁育、饲料生产、渔药、渔具、渔机供应、病虫害防治、捕捞、产品运输为一体的服务体系。

（毛世骏）

【渔政执法】 2014年，渔政工作人员采用水面和沿岸巡查等形式，不断加大浑河城区段禁捕活动打击力度，累计出动执法人员约600人次，车辆120次，共制止违捕行为200余人次，罚没销毁皮筏子65个，地笼网79片，挂网201片，大型罾网1片，电捕工具9套，释放渔获物约3000公斤，震慑了违法捕鱼行为。

按市政府相关会议精神，市渔业工作总站、新民市水产技术推广站和辽中团结水库管理处在珍珠湖进行了为期一个月的执法护渔工作。清理了团结水库非法捕鱼网具。水生野生动物保护工作按照辽宁省海洋与渔业厅部署对红珊瑚的经营利用进行了两次执法检查，规范了市场秩序；通过群众举报查处“龙之梦”花鸟鱼虫市场售卖朱林氏原鲃一次；对网上报的铁西吉祥夜市卖鳄鱼的事件进行了查处。

为改善沈阳市辖区内水域环境，养护鱼类资源，在辽河、浑河、蒲河流域进行了鱼类增殖放流。共放流鲢、鳙、鲤、鲫、草等鱼种共计281万尾。同时加强内陆渔船检验机构的建设，在市渔业工作总站的基础上成立了辽宁渔业船舶检验局沈阳检验处，负责沈阳、铁岭、抚顺和辽阳地区渔业船舶检验工作。

（毛世骏）

【水产品质量安全】 2014年，沈阳市共出动宣传车24台次，对重点养殖区域养殖户进行渔业法和农产品质量安全法宣传，张贴宣传标语200张。抓住农闲备渔期间的有利时机，积极做好无公害养殖技术普及培训，引导生产者提高禁用渔药识别意识，明确产品质量安全应负法律责任，自查自纠排除风险隐患，加强对属地的监管执法检查。建立重大节日期间值班和每日报送水产品质量安全信息制度，确保全市节日期间水产品质量安全。全年开展水产品质量安全监管和执法检查9次，出动检查人员76次，受检面积880公顷；国家、省、市抽检样品83个，绩效考评检测30个，全部合格；全市9人通过了省厅组织的水产品快速检测考核。

（毛世骏）

【科技培训】 坚持贯彻实施"科教兴渔"的战略，不断加大力度，推进水产进步，提高水产科技含量，全年实施科研推广项目11个，其中省级项目新增4个、市级结转项目4个和市级新增项目3个。通过项目组的精心组织，科学安排，相关单位的配合，项目按指标圆满完成任务。其中利用中央财政资金项目——河蟹"光合一号"引进与推广圆满完成了计划。实现总产量1.47万公斤，平均体长达到5.3厘米，平均体重72.5克，回捕达到22%。完成了引进并应用中华绒螯蟹"光合1号"扣蟹，示范推广稻田养蟹10公顷，水库养殖1333.33公顷。

实施市级结转项目4项，分别是杂交新种黄金鲫与彭泽鲫养殖对比试验、松浦镜鲤池塘养殖成鱼技术研究、池塘培育锦鲤病害防治技术研究、沈阳市大宗鱼类种质资源优化技术研究与示范。市级新增项目3项，有黄河鲤鱼引进与池塘培育二龄鱼试验、辽河水系沈阳区域渔业资源评估与利用试验、鱼种培育期鱼病预防技术攻关，市级新增项目资金总量159万元。

（毛世骏）

农业机械化

【概况】 2014年，全市农机总动力达到355.13万千瓦，比2013年增加11.5万千瓦，增长3.3%。拖拉机保有量达到7.78万台，比2013年增加2433台，增长3.2%，其中大中型4.5万台，比2013年增加2710台，增长6.3%。配套机具12万（套），比2013年增加1816（套），增长1.5%。2014年新增水稻插秧机290台，达到5748台；联合收获机达到3970台，比2013年增加705台，增长21.6%，其中：水稻收获机953台，比2013年增加41台，增长4.5%；玉米收获机3017台，比2013年增加664台，增长28.2%。农机总值达到32.4亿，比2013年增加4.2亿元，增长14.9%。农业机械化综合水平达到82.01%。

（李宏宇）

【农机物资补贴】 2014年，沈阳市共完成农机购置补贴资金1.13亿元，其中国家农机购置补贴资金9945.69万元，市级农机购置补贴资金1350万元。共购置农机具5899余台套，其中拖拉机2709台、插秧机290台、玉米收获机1050台。在农机购置补贴政策的引导下，新增农机具以大中型、高性能的田间作业和配套农具为主，农机装备水平得到不断提高，结构进一步优化。受益农户（农机专业合作社）4332户，拉动农民资金投入2.4亿元。

（李宏宇）

【农机化作业】 2014年，沈阳市有机耕面积527.72千公顷，占耕地面积的93.21%；机播面积479.05千公顷，占播种面积的90.54%；机电灌溉面积19.83万公顷；机械植保面积20.14万公顷；机收面积30.59万公顷，占机收面积的58.53%。

小麦机耕面积1980公顷，机播面积1360公顷，小麦机收面积880公顷；水稻机耕面积10.94万公顷，机插面积9.43万公顷，机插率85.96%，水稻机收面积9.71万公顷；玉米机耕面积34.27万公顷，机播面积34.49万公顷，机收面积18.68万公顷，机收率51.73%。

机械深松面积1.51万公顷；保护性耕作面积1.51万公顷；精少量播种面积30.44万公顷；机械深施化肥面积31.93万公顷；机械铺膜面积2.70万公顷；机械化秸秆还田面积7.42万公顷。

（张永刚）

【农机安全监理】 2014年，沈阳市共新办农业机械驾驶证2069本，其中联合收获机驾驶证283本；农业机械驾驶证换审586本；办理拖拉机新车注册登记5836台，其中联合收获机416台；办理拖拉机年检2.06万台，抽检2315台；深入2235个村屯、农户办理农机监理业务，排查、治理农机安全隐患337起；出动执法车台735次，参加执法人员2234人次，清理黑车231台，非驾1712人。全市农业机械累计登记注册数4.46万台，其中联合收割机1394台。农业机械驾驶（操作）员累计在册数2.26万人，其中联合收割机操作员累计在册数1206人。共出动执法车735台次，参加检查人员达2234人次，其中与交警、公安部门联合执法17次，查处农机安全隐患337起，现场行政处罚79起，清理黑车231台、非驾1712人。

（张永刚）

【农机服务体系建设】 截至2014年底，沈阳市经过工商部门注册的规范化农机专业合作社达到353个。拥有机具数量3.73万台，配套农具2.73万台（套），其中玉米联合收割机2353台，水稻联合收割机948台，插秧机2583台，机具配置以大型、高性能为主。现有农机维修网点541个，一级12个，二级5个，三级229个，专项112个。从业人员753人，持有农机维修从业资格证书451人，2014年全年维修农机具5.15万台次。维修网点年收入1032万元，其中维修收入1268万元,维修设备投入653.5万元。已基本形成以市、县两级农机技术推广机构为技术指导,以农机专业合作社、农机大户为农机作业主体,以全程机械化示范村为典型带动,以农机维修网点为后勤保障的农机服务体系。

(张永刚)

林　业

【森林防火】 2014年,沈阳市春季高温少雨,气温较历年同期偏高,夏秋两季又遭遇60年来最严重旱情,森林防火形势严峻程度为历年之最。各级领导高度重视森林防火工作,从市到县、乡各级党委、政府都把森林防火工作作为头等大事来抓,市、县、乡、村层层签订森林防火责任状,做到“山有人守,林有人管,火有人防,责有人负”,确保森林防火责任落实到位。各区、县(市)防火办加大了查处力度,在重点区域和路段设立临时检查站,防止携带火种人员进山,同时有效清除林区可燃物,市森林公安局(防火办)成立4支督查小组,深入重点林区各街道、乡镇督查森林防火工作,森林防火紧要期,全市920名护林员全部上岗到位,加强巡逻。全市在重点林区建立了森林防火网格化体系,每个街道(乡镇)都有网格化示意图及包村干部、护林员联系方式,并定期细化更新内容,使森林防火网格化体系真正发挥其重要作用,确保了防火监管全覆盖,无死角。市防火办与市委宣传部联合制订森林防火宣传方案,通过广播、电视、报纸等媒体全方位、多角度、宽范围宣传森林防火知识。森林防火期内,在沈阳广播电视台天气预报栏目播发森林火险等级和防火警示,在民生栏目中打出宣传森林防火知识的滚动字幕,3月28日、4月1日、11月20日分别在沈阳晚报、沈阳日报上整版报道森林防火工作及防火常识,与市防火办共制作永久防火宣传牌80个、彩旗3000条、横幅600个、通告3万份及时发放到林区。市防火办、市气象局通过乡镇电子显示屏和气象预警大喇叭开展森林防火宣传,6级风以上和高火险天气,群发短信提醒护林员加强防范。11月14日,组织全市森林消防和公安消防联合演练,增强了森林消防和公安消防的联合作战能力,实现了森林消防与公安消防的无缝连接。森林防火紧要期内,全市各专业、半专业森林消防队集中食宿,武警沈阳市支队、辽宁陆军预备役高炮一师、沈阳警备区进入临战状态,一旦发生火情,能够做到立即出发,快速处置。各地都不同程度地增设了防火专门机构,森林消防队伍建设不断加强,全年全市共投入4814万元,其中,市财政投入1564万元,用于购置森林消防水罐车、扑火物资、市级森林防火通讯指挥系统、护林员补助、防火道维修、森林防火宣传、防火演练等,各区县级财政共投入3250万元,其中浑南区财政落实森林防火经费及专项资金预算2000余万元,用于购置3台六轮驱动大型森林消防车、高端应急扑火设备、先进扑火物资、队伍建设等,确保防火工作顺利开展。

(郑　欢)

【林业科技】 2014年,沈阳市林业局针对林农果农共举办林果科技培训5期,培训人员1000人次,发放技术手册千余册。全年进行田间技术指导累计面积近600公顷,指导人员近千人次。与辽宁省林业厅1院5所开展科技示范工程项目,共8大类14个项目,建设面积2800公顷,投资2902万元。其中:《设施葡萄优质高效栽培技术推广》获得沈阳市农村科技推广奖二等奖;《沈阳杨树良种优选及优新栽培技术研究》通过专家鉴定,评价等级为国际先进水平;《张强镇寒富苹果无公害产业化服务项目》等五个项目通过市科技局验收。

(郑　欢)

【资源保护及林政管理】 2014年,沈阳市林业局以提高森林资源管护水平为基础,设定林地使用定额,制定林木采伐限额,森林资源管理得到进一步强化。依法按时完成京沈客专、沈四高速扩建等5项国家和省级重点工程项目的征收占用林地组卷报卷工作,开展县级林地保护利用规划的修订工作,初步形成沈阳市林地占用红线图,为占地标准和审批提供了依据。全面部署并开展了非法侵占林地清理排查专项行动工作,对自然保护区、森林公园、湿地公园、国有林场等重点区域发生的违法使用林地情况和毁林开垦破坏林地情况进行了全面排查。加强了林木采伐管理,对林木采伐限额的执行情况进行了全程监管,全年未发生超限额采伐情况。完成病死木清理工作,促进低质低效林改造。深入开展简政放权工作,不再保留出省木材运输、木材经营加工许可和非林业系统林木采伐许可的具体审批权限,工作以监管为主,进一步利农便农。

(郑　欢)

【数字林业建设】 2014年,沈阳市林业局信息中心调整了门户网站部分版块,增设了中国绿色碳汇基金服务与沈阳市野生动物救护中心等窗口板块。全年网站共发布各类信息2414条,其中:动态信息及综合信息平台1629条;林业百科、林果科技、供求信息等林农果农感兴趣的信息785条。

(郑　欢)

【野生动物保护】 2014年1月,辽宁沈北七星省级湿地公园试点建设单位晋升为国家湿地公园试点建设单位,成为沈阳市第3处获得国家林业局批准试点建设的国家级湿地公园,对扩大沈阳市湿地保护面积、维护湿地生态系统平衡和保护野生鸟类栖息地环境等方面都具有重要意义。2014年9月,沈阳市野生动物保护协会在长白岛公园建设完成。该救助中心建筑面积500平方米,在鸟岛公园建设沈阳猛禽野化基地,填补了沈阳市猛禽救助和野化的空白。

(郑　欢)

【造林绿化】 2014年,沈阳市共完成人工造林任务2.62万公顷,其中完成国家“三北”防护林工程造林任务2800公顷;完成省政府公益林造林任务6200公顷;完成青山工程超坡地还林任务9300公顷;完成围栏封育150公里。完成中央财政补贴任务2600公顷，中央财政森林抚育任务3400公顷，完成省造林补贴任务900公顷。全年共争取国家、省、市各级财政造林资金1.70亿元，其中市财政投入达到9722万元。

1. 沈康现代示范带绿化工程。对康平、法库和沈北新区原有绿化设计进行科学化变更，新增绿化项目，完成整个沈康示范带林业措施的专业验收和综合验收等工作，已全部竣工。共完成造林面积500公顷，栽植乔木103.6万株，各种灌木37.43万株，完成造林土方工程量18.93万立方米。

2. 沈阳市第五次沙化土地监测外业调查。调查涉及沈阳市四县（市）的54个乡镇、林场。经测算沈阳市沙化土地面积13.47万公顷，具有沙化趋势土地20万公顷。调查结果已于年底前通过省林业设计院验收。

3. 组织开展全民义务植树活动。4月9日与市城建局共同组织省市党政军领导开展义务植树活动，当天全市参加义务植树人数5.5万人，植树15.4万株；4月25日，市绿委办与市委组织部、团市委、市妇联组织全市党员、团员青年和妇女开展义务植树活动，有4000余人参加了活动，当日植树4万余株。

4. 开展合作共建、认建认养及绿美村庄活动。与市扶贫办联合开展帮扶贫困村屯绿化美化活动，全年建设“扶贫共建林”50万株。全市有50个村获得辽宁省绿化示范村。

5. 开展树木及林地认养活动。兴业银行、万达广场、中建三局东北公司、市地税局第五稽查局等4家单位共出资5万元，认养林地近20公顷、认养树木2万余株。

（郑　欢）

水　利

【防汛抗旱】 2014年，沈阳市水利局为确保河道行洪安全，建设应急与水毁工程修复项目13项；着手实施浑南区七孔闸改造工程。争取省级抗旱补助资金200万元，实施抗旱水源工程、补充防汛物资设备。加强市本级抗旱物资调剂使用，紧急下拨汽油、柴油机水泵300台套、输水管带5100延长米，全力支援区、县（市）开展抗旱减灾。全年全市实现安全度汛，各类水利工程运行正常，无险情、涝情发生；未发生人畜饮水困难，水田作物未发生旱情，农业获得丰收。

（项广飞）

【民生水利】 2014年，沈阳市水利局扎实推进农村饮水安全建设。全年全市农村饮水安全建设任务18.56万人，按照沈阳市人民政府确定的建设模式，沈阳市水利局作为责任部门，与沈阳市城乡建设委员会做好项目前期工作；加大对沈阳水务集团和相关区、县（市）的督导协调力度，工程项目全面完成并通水运行，完成了沈阳市人民政府办实事所确定的任务。

确保生活生产需求，做好水库移民后期扶持工作。严把政策关，核定移民人口3.2万余人；加快直补资金发放进度，直补移民3万余人、直补资金1830万元；实施扶持项目22个，完成投资2057万元，移民的生产生活条件得到较大改善。

（项广飞）

【水生态环境建设】 2014年，沈阳市水利局大力加强村屯河道标准化建设。以提高农民生活质量为核心，结合沈阳市宜居乡村建设，大力改善农村水生态环境。研究制订了《沈阳市村屯河道标准化建设实施方案》，计划利用3年时间，对9个区、县（市）的168条（总长182公里）村屯河道进行标准化建设。2014年下达计划资金5000万元，实施了56条村屯河道标准化整治工作。

推进沈阳市水土流失治理步伐，超额完成辽宁省下达的5333.33公顷治理任务；建设山川秀美的小流域示范工程，实施了法库县拉马沟流域水土流失综合治理一期项目。推进水生态文明建设，全年完成城市环境供水2.16亿立方米，为打造南北运河、卫工明渠、丁香湖、蒲河和浑河城市段水生态和水景观提供了保障。

加强河流堤防养护管理。安排沈阳市管河流堤防养护项目5项，辽宁省管大型河流堤防维护工程安排5项。加强蒲河生态廊道管理养护，安排水工建筑物养护工程5项。

（项广飞）

【水资源管理】 2014年，沈阳市水利局，实行最严格水资源管理。健全最严格水资源管理制度，印发了《沈阳市实行最严格水资源管理制度考核办法》和实施方案，标志着沈阳市最严格水资源管理责任与考核制度的正式确立。协调完成沈阳市人民政府与辽宁省水利厅签署《辽西北供用水工程供水补充协议（一）》，组织受水地区开展了二期配套工程准备工作。协调开展了大伙房水库输水配套工程建设，新增日引地表水（压采地下水）12万立方米。封闭地下水取水井200眼；完成压采地下水3650万立方米。

（项广飞）

【农田基本建设】 2014年，沈阳市水利局认真做好沈阳市人大常委会《关于加大对农田水利基础设施建设和维护投入力度》议案办理工作，全面加强农田水利基础设施建设。编制了《沈阳市农田治涝工程实施方案》，计划利用3年时间，投入资金14.04亿元，全面改善农田水利基础设施面貌。其中排涝工程投入9.44亿元，计划改造9个区、县（市）排水站272座，清淤排水沟道1111条（总长度3761公里），建设配套农桥等建筑物629座，工程全部完成后，沈阳市农田排涝将达到10年一遇标准。2014年安排农田水利建设资金5.69亿元，其中农田排涝工程安排4亿元，改造排水站113座，清淤排水沟道377条（总长度882公里），配套农桥等建筑物289座，计划2015年汛期前完成。

确保农业生产需要，农业灌溉工作圆满完成。针对沈阳市旱情，加强与辽宁省供水局、大伙房水库协调，加大引水量和补水次数，总用水量7.2亿立方米，保证了全市库灌区水田的用水需求。完成高效节水滴灌5600公顷，抗旱中发挥作用明显，9月份辽宁省节水滴灌现场会，参观学习了沈阳市大型指针式喷灌项目。促进农业用水的高效利用，实施了新民市浑蒲灌区、沈北新区石佛寺灌区续建配套与节水改造工程。

（项广飞）

【水行政管理】 2014年，沈阳市水利局加快政府部门职能转变，扎实推进依法行政。根据沈阳市政人民府简政放权工作部署，取消行政审批职能5项、下放至区、县（市）8项、合并1项，同时简化行政审批要件28项和2个工作日时限，办结行政审批事项60件。规范水政执法程序，提高水行政执法能力，依法查处违反水法规案件，受理举报42件，立案查处12件，罚款40.5万元。加大河道管理力度，落实辽宁省水利厅加强河道和监督考核工作的要求，全面实行河道现场检查记录制度，下达河道现场检查处理单42份。

结合沈阳市实际，完成了《沈阳市农田水利设施管理保护条例（草案）提纲》的调研起草工作。严格执法人员资格管理，收缴不合格水政监察证件近200个。

规范工程建设管理，确保工程质量和施工安全。严格行业规范标准，完成规划设计等项目60余项、技术审查项目200余项；印发了《关于加强全市水利工程建设管理工作的意见》等文件，对工程建设管理提出更加严格的要求，加大对在建水利工程安全监督的检测力度、检测频率和覆盖范围，较好地促进了工程质量的提升。规范水利行业市场秩序，加强信用体系建设；完成了辽宁省水利厅"水利工程质量规范年"检查验收工作。

夯实水利发展基础，基层水利服务体系日臻完善。沈阳市89个基层水利站站房建设全部完成，配备到位乡镇水利站人员116人，足额聘用村级水管员1176人。加大资金投入，为每个乡镇水利站投资15万元购置车辆、仪器和办公设备，为每名村级水管员配置了自行车及高音喇叭。乡镇水利服务站重在服务、村级水管员重在管护的工作格局已经形成。

强化服务保障能力，基层站所标准化建设实现飞跃。在深入调研的基础上，沈阳市水利局印发了《关于加强直属单位基层管理所建设与管理工作的指导意见》和考核办法、细则，全面完成了对沈阳市水利局直属基层管理所标准化建设与管理集中整治任务，并定期进行考核评比。直属基层管理所普遍建立了良好的办公秩序，营造了良好的工作生活环境，所容所貌和职工精神面貌焕然一新，管理水平和服务质量大幅提升。

（项广飞）

【规费征收】 2014年，沈阳市水利局按照上级要求做好企业减负工作，对河道修建维护费实行了缓征，同时开展了欠缴、漏缴维护费的催缴工作，市本级清查企业92家，确认欠缴金额7352万元，完成征收河维费1.3亿元。全面完成辽宁省水利厅下达的水资源费征收任务，达到7408万元。

（项广飞）

【水利科技】 2014年，沈阳市康平县康湖护岸、市农业综合开发浑北中型灌区节水配套改造一期、浑蒲灌区续建配套与节水改造二期工程设计被推荐为辽宁省优秀工程勘察设计奖水利工程二等奖；浑南新城市政基础设施水系工程白塔河8号钢坝闸加高工程设计被推荐为辽宁省优秀工程勘察设计奖水利工程三等奖。

（项广飞）

经 济 管 理

综 述

【经济体制改革】 2014年,沈阳市经济体制改革工作在重点领域和关键环节进行了深入探索,151条经改任务以及76项市政府《要点》任务全面完成,取得了重要的阶段性成果,以改革新"红利"为沈阳老工业基地的全面振兴注入了新动力。

一、推进经济体制改革的重要举措

1.以建章立制强化全市经改工作的科学统筹。将经济体制改革细化为六大专题,由6位副市长和副市级领导具体牵头;建立了分工协作机制和工作规则,确保统筹协调和于法有据。

2.以编制要点强化全市经改工作的任务部署。就国企、非公、金融、科技、行政、农村等改革重点领域和关键环节形成专项改革方案,明确时间表和路线图。

3.以定期调度强化全市经改工作的组织督查。定期总结全市经改工作情况,形成月报;开展改革工作定期调度,有力推进全市经济体制改革和综合配套改革工作。

4.以抓好试点强化全市经改工作的典型示范。在巩固现有5个省级综改试验区的基础上,积极谋划新民农业现代化和新型城镇化协调发展、铁西生产性服务业、沈北金融后援服务等各具主题特色的改革创新试点,并取得了积极进展。

5.以建立台账强化全市经改工作的跟踪摸底。就全年全市经济体制改革的7大方面、21小方面、76项具体改革任务建立了工作台账,分阶段、有步骤地推进各项经济体制改革工作。

6.以做好评估强化全市经改工作的经验推广。进一步发挥已获批的61项国家级和省级改革试点的引领示范作用,系统开展综改试验和改革试点的综合评估工作。

二、经济体制改革取得的主要成果

1.行政体制改革。全面启动政府机构改革,推进"大部门"制,市政府工作机构由45个调整到40个;全市开发区管理机构由31个减至13个,领导职数由61名减至45名。区、县(市)级政府改革全面启动。简政放权工作取得重大进展,全市30余个部门共取消和下放行政职权649项。完善机构编制管理制度,全面推进实名制管理。稳步推进事业单位分类改革。形成《沈阳市公务用车制度改革工作方案》。

2.国企改革。机床、北重、沈鼓、东药4户国企改革方案通过市长办公会议审定。盛京银行在香港H股上市。沈阳联合产权交易所集团正式注册。紧抓"央企辽宁行"重大机遇,在工业、能源、国企改革等领域,与28户央企进行项目对接。

3.非公经济改革。实行注册资本登记制度改革,新增登记公司2.26万户,比上年增长74.50%;新登记公司注册资本总额909.06亿元,比上年增长122.01%。开展小微企业"助保贷"业务。积极推进整合优化投诉举报平台。实现"三证合一"。

4.统筹城乡区域改革。统筹推进城乡基础设施建设。不断提升"新网工程"信息化水平,开展涉农电子商务服务。探索建立农村宅基地有偿腾退机制。《沈阳市低效用地再开发试点工作方案》等获得辽宁省国土厅批复。全面完成"9+1"农村土地承包经营权确权登记颁证省级试点。开展村级股份制改革试点。

5.金融财税体制改革。围绕深化优化金融生态改革试验,大力发展"产业金融"和打造东北区域金融中心。上市融资、企业债、融资租赁等多渠道融资实现913亿元。落实小微企业减半征税扩围政策,完善政府债务管理及风险预警机制。

6.科技体制改革。开展沈阳市产业技术创新战略联盟研究,共组建产业技术创新战略联盟32家。41家企业和11个园区获批"辽宁省产学研合作示范基地"。支持远大集团开展改革创新,为全市科技企业体制改革和机制创新探索路径。印发《沈阳市2014年战略性新兴产业工作要点》。获批创建国家电子商务示范城市和信息惠民试点城市,积极组织开展国家自主创新示范区创建工作。

7."两化"融合改革。围绕铁西、浑南2大重点区域、10大类公共服务平台和20户重点装备制造企业,积极组织申报"国家级两化深度融合智能制造试验区"。出台《沈阳市"两化"深度融合发展规划暨沈阳市"全球制造"三年行动计划纲要(2014－2016年)》。沈鼓集团、特变沈变、博林特电梯入选国家管理体系贯标试点,沈阳赛宝科技、格微软件等5家企业入选国家"两化"融合管理体系服务机构。

8.深化全方位开放。全面落实外商投资和境外投资项目核准和备案制。加快推进出口基地建设,沈阳市出口汽车产品质量安全示范区被授予"辽宁省出口工业产品质量安全示范区"。印发《沈阳市2014年推进沈抚同城化建设工作要点》。

三、经济体制改革特点及趋势

伴随着全市经济体制改革取得的显著成效,行政、国企、非公、城乡、金融、财税、科技、开放等领域改革取得积极进展,一批带有顶层设计性质的综合改革实施方案相继出台,大量具有标志性、关键性、引领性的重要举措陆续推出,全市经济体制改革已显现出从量变到质变、从渐进到激进、从浅层到深层、从单向到整体的发展特点。

(孙 磊)

【沈阳经济区发展】 2014年,沈阳市充分发挥中心城市作用，积极抢抓新机遇，努力顺应新常态，与经济区各市密切配合，通力协作，全面推进了沈阳经济区建设。沈阳经济区呈现出良好的发展态势，步入了新的发展阶段。周边城市助力沈阳空间框架已经形成，依托沈抚、沈本、沈铁、沈辽鞍营和沈阜五条城际连接带，进一步密切了七市与沈阳的经济往来，增强了沈阳的聚合力和扩散力，为创建国家中心城市奠定了良好基础。

1. 新城新市镇建设取得新成绩。2014 年，全市 19 个新城新市镇继续保持了良好的发展态势。一是新城新市镇样板城引领示范作用突出。在沈阳市五条城际连接带上的沈抚新城、浑南新城、浑河新城、蒲河新城、永安新城、铁西产业新城继续发挥样板城引领示范作用位。二是主导产业园区对企业的集聚效应不断增强。装备制造、现代建筑、电子信息、农产品深加工等主导产业园区不断壮大。三是重大项目对新城新市镇发展起到了重要的支撑作用。2014 年，在加快推进列入全市重点项目中的 180 个新城新市镇重点项目建设的同时，积极推进各相关区、县（市）开展主题招商活动，共签约项目 376 个，签约总额 1687 亿元。

2. 沈抚同城化发展迈出新步伐。一是不断完善规划体系。编制了《沈抚新城浑河北岸区域总体规划》，配合省政府启动了《沈抚新城总体规划》和《沈抚新城基础设施专项规划》编制工作。二是沈抚新城建设成果显著。沈阳市将沈抚新城作为沈抚同城化的重要突破口，深入推进重大基础设施、产业项目和生态环境建设。浑河两岸热源厂、沈抚连接带污水处理厂、白沙河区域河道整治等基础设施项目建设以及何氏眼产业等 10 多个重点产业项目建设进展顺利。三是沈抚同城化九项重点工作任务扎实推进。重点推进了沈抚两市交通同城，规划编制 5 条城际公交化线路；推进了沈阳高坎地区供暖企业向抚顺高湾地区供暖工作；开展了沈抚跨市招生、骨干教师联合培训、沈抚同城专场招聘、包装设计沈抚同城旅游线路等工作，不断加快了沈抚同城化进程。

3. 重大基础设施建设取得新进展。一是沈阳经济区通道建设成效显著。2014 年，随着沈阜开发大道彰武连接线和沈铁二号公路的加快建设，沈阳至五条城际连接带快速公路通道已经形成，实现了至少一条高速、一条一级公路的连接。同时，三环高速公路的改扩建，以及四环快速路的建成通车更加紧密了五条交通连接带的联络，方便快捷的经济区一小时交通圈已经形成。二是城市间客运班车实现了集约化运营。沈抚之间已运营的城际客运线路有 10 条，公交化运营客运线路有 9 条，开创了省内城际公交化运营的先河；沈阳市 385 路公交车已经延伸至抚顺境内皇家海洋极地世界，沈阳轻轨五号线也已实现与抚顺公交车的无缝衔接；推进了沈本产业通道实行城际客运公交化运营。三是城际铁路建设加快推进。沈阳至辽阳、铁岭、辽中、新民、抚顺 5 条城际铁路工程各项工作加快推进。

4. 沈阳经济区一体化正在加速推进。一是加快推进城际间一体化发展。沈阳市与辽阳市在发展规划等方面进行对接，全力发挥苏家屯区"桥头堡"作用；与铁岭市在规划编制、医疗卫生、教育等一体化方面进行了交流磋商；启动沈本城际连接带建设规划编制工作；按照沈阜两市高层对接确定的重点合作事项，加大工作力度，推动沈阜互动发展。二是加快推进重点领域一体化发展。金融方面，沈阳经济区银行收费同城化启动实施；沈抚两市企业已可在两市自由选择开户银行。旅游方面，沈阳市联合沈阳经济区各城市举办了"老百姓最喜欢的沈阳经济区旅游名品"暨"首届韩国旅游名品"惠民展示会活动。教育方面，共享名校资源，2014 年东北育才学校、沈阳二中分别招收经济区合作城市户籍学生 100 人和 120 人；开放中等职业学校面向合作城市招生，2014 年面向经济区城市敞开招生 7542 人。公共服务方面，沈阳、抚顺、铁岭、本溪四城市已经实现 024 区号资源共享。

（*孟庆文*）

【老工业基地振兴】 2014 年是党中央、国务院实施新一轮振兴东北老工业基地战略的开局之年，习近平总书记、李克强总理等党和国家领导人先后就东北振兴做出重要批示。8 月，国务院正式印发《关于近期支持东北振兴若干重大政策举措的意见》（国发〔2014〕28 号），为沈阳市新时期加快振兴发展带来重大机遇。

落实总书记批示，争取国家重大政策支持。国家发改委调研组征求意见期间，沈阳市先后向国家提出了 20 余条政策诉求，大部分政策诉求被写入《政策举措》中，特别是中德高端装备制造业园区、国家自主创新示范区、首台（套）、大飞机等事关沈阳发展的重大政策，为沈阳新时期发展注入新的动力。全面开展新时期全面振兴沈阳老工业基地政策研究、全国老工业基地调整改造示范城市等课题研究工作。

开展贯彻落实《政策举措》工作。全市召开了四大班子主要领导参加的"深入学习习近平总书记重要批示精神，继续在东北振兴中当先锋打头阵"研讨班。全市将文件细化分解为 11 类、127 项工作并以市政府文件印发全市，提出了近期积极向国家争取支持的 22 条重点政策。同步建立了实名制调度机制，明确责任部门、责任人，按月上报工作动态。

推进中德高端装备制造业园区建设。市领导多次赴国家部委沟通，并赴德国开展对接、宣传。沈阳市编制完成了《中德（沈阳）高端装备制造业园区建设方案》并上报国家发改委，启动了园区总体规划及产业规划、空间规划和土地利用规划的编制工作，取得中期成果。市领导张景辉代表市政府参加第七届中德经济技术合作论坛并作重要发言。园区基础设施建设、对外招商等工作取得阶段性进展，2014 年累计投入近 20 亿元，宝马整车及发动机等 25 个项目已开工或运营。中国平安银行承诺拟投入资金 70 亿元与铁西区合作成立 100 亿元规模的产业基金，国家开发银行拟支持园区基础设施建设和重点产业项目融资。

推进城区老工业区搬迁改造。组织全市有关部门贯彻落实《国务院办公厅关于推进城区老工业区搬迁改造指导意见》（国办发〔2014〕9 号）。多次赴国家发改委汇报，争取国家城区老工业区搬迁改造试点。组织大东区、铁西区编制了搬迁改造实施方案并上报省发改委。铁西区已完成省发改委、国家发改委评审论证。

（*振兴办*）

【社会信用体系建设】 2014 年，沈阳市发改委结合工作实际，印发了《沈阳市2014年社会信用体系建设工作要点》。不断加强市级信用数据交换平台建设，启动水、电、煤气、通信等公用事业单位和区、县（市）信用数据征集工作，和平区被列为辽宁省区县级信用数据平台建设试点，争取省资金财力支持50万元。出台了《市发展改革委关于在政府投资类项目管理中使用信用记录和信用报告的实施办法》，率先启动信用信息使用工作。加大了对企业诚信经营的管理与引导。一方面开展诚信示范企业评选工作，推荐139家企业参与省诚信企业评选。另一方面启动了失信企业联合惩戒工作，组织9个重点领域开展信用信息公示工作，在“信用沈阳”网站上开设信用公示专栏，公示了9个重点领域信用信息。

（龙飞锦）

【蒲河生态经济带建设】 2014年，围绕发挥蒲河廊道生态扩散效应，以规划为指导，以项目为载体，大力推进“生态化、景观化、城镇化、产业化”建设，蒲河经济带生态景观效应日益凸显，产业结构不断优化，经济社会平稳较快发展。

1. 生态景观成果得到巩固提升。累计投资25亿元，重点用于生态景观工程建设，新增绿化面积1500万平方米，植树3万余株，栽种花卉10万余株。上游以棋盘山山水、生态都市、满清文化景观为主题，重点建设秀湖公园、森林公园、七星湖体育休闲公园项目；中游以温泉休闲度假景观为主题，重点建设小韩村温泉会所、美国郡塞多纳温泉度假酒店、宝能温泉度假小镇项目；下游以珍珠湖的湖泊、湿地景观为主题，重点建设仙子湖公园、蒲河岛滩地公园、珍珠湖、湿地体验公园项目，生态景观环境持续提升。

2. 区域产业结构得到优化升级。沿线地区以发展现代服务业、高技术产业、都市现代农业和新型工业为重点，强化产业支撑，科学做好产业选择和摆放。经济带范围内沈北雨润农副产品全球采购中心、于洪五洲工业博览城、新民佛塑新材料产业园、辽中沈阳金杯车辆搬迁改造项目等90个市级重点项目总投资2414.27亿元，完成投资613.78亿元。其中：农业项目1个，工业项目43个，服务业项目46个。基本形成了上游生态景观、中游新型工业及现代服务业、下游生态旅游及现代农业的产业发展格局，成为全市重要的经济增长点。

3. 地区综合实力得到显著提高。蒲河生态经济带以新城、新市镇建设为载体，在逐步完善基础配套设施建设，带动城镇化快速发展的同时，更加注重发展主导特色产业，通过合理规划项目布局，大力开展招商引资，沿线各地区积极赴北上广深等地开展重大招商活动，已引进央视沈阳影视基地、同联生物制药基地、机床城博览中心、卓达新民蒲河产业新城等百余个项目，投资总额达1300亿元。另有万达商业中心、喜之郎、中联重科近百个重点洽谈项目，拟投资额约1500亿元。随着蒲河生态经济带开发建设，沿线地区优化了环境，改善了民生，提升了形象，更带动了地区经济发展。2014年，蒲河生态经济带规划范围内地区生产总值实现1362.7亿元，增长4.58%；固定资产投资1323.1亿元；公共财政预算收入82.96亿元；规模以上工业总产值4423亿元，增长1.03%。

（陈　航）

【重点项目建设】 2014年，沈阳市共下达两批重点项目计划，安排了290个市重点项目，总投资7585.9亿元，当年计划投资1985.5亿元。其中：新建项目181个，续建项目109个。面对复杂的内外环境和经济形势，各地区和各部门以服务重点项目为引领，通过采取实名推进、“双进双解”、督查督办、审批对接、现场办公等有效措施，制定扶持政策，出台管理措施，下放审批权限，项目建设环境得到全面改善，全市290个重点项目按计划如期实现全面开复工建设。

2014年，290个重点项目完成投资2153.9亿元，完成年度投资计划108.5%，占全市固定资产投资的32.8%。其中：新建项目完成投资1125.1亿元，续建项目完成投资1028.8亿元。华晨宝马、上海通用、沈化搬迁、华强金融、辉山乳业等一批项目实现开工建设和竣工投产，为全市经济稳增长发挥了重要作用。

谋发展、促改革，创建优质投资环境。全市各部门工作人员深入基层，主动服务，加大力度对重点项目实施重点保障。项目审批服务上，市发改委会同市政务服务办组织规划国土局、环保局、建委等多家审批服务部门召开审批服务对接大会，与全市重点项目代表进行“面对面”对接，畅通绿色审批通道，特事特办、急事急办，深受项目单位的欢迎和肯定。要素资源保障上，市规划国土局改变传统的土地指标按区域划分的方式，集中全市有限的可开发利用土地资源优先保障重点项目建设，使稀缺土地资源能够得到高效合理的利用；市金融办积极与省金融办合作，开展驻沈企业银企对接活动，为企业提供建设资金保障。项目帮扶工作上，市发改委作为全市“双进双解”项目帮扶活动的牵头部门，积极协调组织市外经贸、环保、政务服务办、教育、文广、执法、卫生、司法、政研室、人防办、编委办、物价局等13家市直部门及全市各地区开展重点项目的帮扶活动，通过发放问题征集表、协调函、督办函等多种形式，切实帮助项目单位解决实际问题。在重点难点问题上，与市政府办公厅、市政府督查室群策群力，积极谋划安排市领导现场办公、召开市长办公会议等各项活动，集中解决重大疑难问题。项目环境宣传上，2月底、9月底，市发改委与市委宣传部先后两次共同策划在沈阳日报、沈阳电视台、广播电台等多家新闻媒体同步开展“全市重点项目进行时”和“全市重点项目建设成就展望”宣传活动，集中宣传项目建设成就，展示项目建设风貌。项目督查考核上，市重点项目办、市政府督查室、市绩效考评办、市政务服务办建立项目督查考核长效机制，每季度组成联合督查组，赴全市各地区开展项目联合督查活动，真抓实促，有力强化了各地区项目服务质量。

（杨仕礼）

国有资产管理

【国有企业改革重组】 2014年，沈阳市国资委成立6个研讨小组，围绕全市国企改革的13个重点课题进行专题研究，制订了年度国企改革工作方案，就方案确定的6个方面16项具体任务，分别明确了牵头单位、配合单位及完成时限，及时启动、深入推进国企改革工作。选择机床集团、沈鼓集团、北方重工、东药集团4户工业企业，重点围绕推进股权多元化、发展混合所有制、实施骨干员工持股、深化三项制度改革、解决历史遗留问题等内容进行先行先试。机床集团启动成立混合所有制投资公司工作。沈鼓集团完成私募股改，同步实行了员工持股。东药股份定向增发募集资金11亿元，解除了集团为上市公司的担保责任。北方重工与央企战略重组签署了框架协议。红梅集团依法破产破解了2笔外国政府贷款障碍，履行了依法宣告程序，基本完成了在册职工安置工作。

（赵　楠）

【国有资本运营】 截至2014年末，沈阳市国有企业资产总额8033亿元，净资产1297亿元。其中：市属企业资产总额7275亿元，净资产1058亿元；区属企业资产总额758亿元，净资产239亿元。对全市各委办局所属国有企业及企业化管理事业单位进行了摸底调查。全力推动国企上市，沈鼓集团完成私募股改，同步实行了员工持股。东药股份完成定向增发募集资金11亿元。盛京银行在港交所成功挂牌上市，向全球公开发售13.75亿股H股，净募集资金91.35亿港元，创城商行在港上市募资规模的新高。副食集团合资组建了农产品产业园、沈阳锦富酒店投资管理有限公司，与外埠民资合作打造的国际冷冻食品物流中心项目已正式投入使用。中北物流公司合资组建了小额贷款公司。

（赵　楠）

【国有资产监督管理】 2014年，沈阳市国资委按照以管资本为主加强国有资产监管的要求，重点围绕推进经营性国有资产统一监管、规范国有资本收益管理开展工作。一是组织开展全市委办局所属企业调查，全面摸清市属国有企业底数，为经营性国有资产集中统一管理做好前期准备。市直党政机关所属企业357户，企业资产总额453亿元，净资产158亿元，其中金融类、文化类及企业化管理事业单位共计173户，由市财政局履行资产监管职责。二是修改完善了《沈阳市企业国有资本收益收缴管理办法》，扩大了征收范围，提高了征收比例，国有资本经营预算收入增长18.8%。三是积极推行《监事会例行企业会议规则》，进一步完善了监事会事前知情、事中监督、事后检查的监督机制，同时以资产链为线索，实施了对境外、省外、集团所属子公司的全面监督。

（赵　楠）

【国有经济发展】 2014年，沈阳市属19户国有企业实现营业收入671.66亿元，同比增长5.22%；实现利润74.62亿元，同比增长7.30%；完成工业总产值528.34亿元，同比下降1.18%。其中制造业4户骨干企业实现营业收入442.93亿元，同比增长2.45%；实现利润5.38亿元，同比增长47.14%；完成工业总产值478.36亿元，同比下降0.78%。现代服务业4户骨干企业实现营业收入159.53亿元，同比增长18.13%；实现利润71.72亿元，同比增长11.57%。公共事业2户骨干企业实现营业收入39.40亿元，同比增长9.99%。

（赵　楠）

【国有企业党建】 一是扎实抓好教育实践活动整改落实工作，认真组织开展"回头看"和"四深入四见效"活动，推动基层服务型党组织创建。二是组织开展了"国企改革进行时"主题系列宣传报道，在《沈阳日报》头版和沈阳电视台《沈阳新闻》栏目对13户重点国企进行了集中宣传报道，为国企改革营造了良好氛围。三是起草《市管企业法人治理结构加强企业领导人员分类管理的若干规定》和《市管企业领导人员任期制管理办法》，在市管企业领导人员管理方式、考核评价机制、职数、兼职、任职年限等方面做出明确规定。四是抓好党风廉政建设，深入开展贯彻落实中央八项规定情况专项检查，严肃查处违纪违法行为，共受理群众来信来访15件次，督促指导委属企业纪委对有关举报问题进行调查核实及整改。五是工会工作活跃扎实，委系统3人被评为沈阳市劳动模范，2户企业分别被评为沈阳市先进单位、先进集体。六是认真抓好信访维稳工作，多方筹措资金偿还历史欠账，扎实开展信访积案化解"百日攻坚"行动，交办65件案件已全部结案。

（赵　楠）

审　计

【概况】 2014年，全市两级审计机关围绕中心，服务大局，认真履行审计监督职责，各项工作取得了新进展。全年两级审计机关共审计和调查了472个单位，审计促进整改落实有关问题金额7.03亿元，向上级机关提交各类专题报告、要情、信息453篇，充分发挥了审计机关的监督、服务和保障功能。沈阳市审计局财政审计处、辽中县审计局被授予辽宁省审计机关先进集体。沈阳市辽河治理项目效益情况审计荣获全省优秀审计项目。

1. 规范审计管理，提高审计质量。部分项目审计打破了管辖界限，有效整合了审计资源，加大了督查督办力度，提高了审计效能。通过强化审前调查、完善审计项目流程控制、强化三级复核制度、审计工作与审计业务会议制度等，对审计项目实施全过程管理。强化审计结果利用，充分利用《审计信息》和《审计要情》等载体，加强宣传，并使一批审计成果进入领导决策圈。

2. 加强了审计业务培训和理论研究。坚持因人制宜，采取外派业务骨干、聘请专家讲学等多种方式为审计干部"充电"；强化理论研究，开展了审计监督全覆盖、自然资源资产离任审计、联网审计、数据分析审计等课题的研究探讨工作。其中《自然资源资产离任审计初探》在全国专题研讨会上交流发言，荣获中国审计学会优秀奖；两篇论文分获省审计系统一等奖、优秀奖。

3. 扎实推进审计信息化建设。在财政、社保等重点行业审计中，计算机审计得到广泛应用；建设完成了全市数字化审计会商系统。通过开展市第七医院信息系统审计，积极探索信息系统审计的方式方法。沈阳市审计局连续4年获得辽宁省计算机审计应用成果优秀组织奖。

4. 进一步加强了机关党建和廉政建设。始终坚持"外抓纪律，内抓管理"，不断强化制度建设和机制制约，确保审计"八不准"纪律和各项廉政规定落到实处。为加强外部监督，在政协委员和人大代表中，聘请了6名民主监督员和10名审计执法监督员参与审计实践，监督审计工作。

（余　宏）

【公开预算执行审计报告和整改报告】 2014年，沈阳市审计局首次在门户网站上公开了市本级预算执行和其他财政收支情况审计结果和发现问题的整改结果。围绕促进规范财政管理、深化财政改革、提高财政绩效,进一步深化预算执行审计。沈阳市审计局在预算执行审计中,创新审计思路、创新方式方法、创新报告形式,逐步扩大审计监督的覆盖面。对市财政和24个部门的预算执行情况及城镇保障性安居工程等6项专项资金进行了审计,揭示了13个方面30余个问题。在向市人大和市政府呈报的报告中,客观评价了本级预算执行的总体情况,反映和揭示了预算执行中存在的问题,并提出了加强和改进预算管理的意见和建议,受到了人大和政府的充分肯定。市人大常委会在《2013年度沈阳市本级预算执行和其他财政收支的审计工作报告》审议意见中指出:审计工作不断规范,审计监督的范围有所扩大,审计质量和水平显著提高,在保障地方经济健康发展、保障地方权力规范运行、促进人大及其常委会依法监督全口径预算决算执行等方面发挥了不可替代的重要作用。沈阳市政府专门召开40个部门主要领导参加的审计整改工作会议,要求各部门切实整改到位,整改报告受到市人大的充分肯定。各区、县(市)审计局也积极探索预算执行审计工作的新方法、新思路,审计结果受到本级政府和人大的好评。

(余　宏)

【统审及交办事项审计】 2014年,全市两级审计机关之间协调联动,步调一致,圆满完成了上级部门交办的全国土地出让收支和耕地保护情况审计、财政存量资金审计、稳增长等政策措施落实情况跟踪审计、执行中央八项规定严肃财经纪律和“小金库”专项治理工作等24项统一审计及交办事项。在辽宁省审计厅安排的市地税系统税收征管审计中,查出问题金额和税款查补入库金额位列全省首位。在审计署统一组织的全国土地出让收支和耕地保护情况审计中,全市150名审计人员在历时3个多月的时间,在大连和抚顺等地开展审计工作,揭示了违规返还土地出让金等问题和一些线索。此外,沈阳市审计局积极配合中央巡视组、省市纪委查办案件和开展专项调查15起,延伸审计35个单位,有关部门根据审计线索查明违纪资金3324万元,移送司法机关2人,给予党纪政纪处分5人。

(余　宏)

【经济责任审计】 2014年,沈阳市两级审计机关认真落实“两办”规定和实施细则以及《沈阳市区县(市)党政主要领导干部经济责任同步审计办法(试行)》,紧紧围绕权力与责任两个方面,不断拓宽审计的广度和深度,探索和创新审计组织方式,共完成对253名领导干部的经济责任审计。在审计中,重点关注了领导干部履行法定职责情况,贯彻落实稳增长、调结构、惠民生、环境保护等重大经济政策措施情况,财政资金使用绩效和行政效能情况,以及是否依法科学决策、有无越权和滥用权力造成损失浪费等行为。此外,进一步完善了经济责任审计制度,起草了《沈阳市市管领导干部经济责任审计对象分类管理办法》,并初步搭建了市管领导干部经济责任审计数据库。

(余　宏)

【民生资金和项目审计】 两级审计机关牢固树立“民本审计”的理念,坚持把人民群众最关心、最直接、最现实的问题作为审计重点,加大了对“三农”、教育、文化、医疗卫生、社会保障等资金的审计力度,严肃查处挤占挪用资金、降低建设标准等侵害群众利益等行为。同时,从体制、机制层面提出有关建议,为领导决策提供有价值的依据。2014年,沈阳市审计局开展的农村“一事一议”道路改造和“玉米螟”防治专项资金等涉农审计,覆盖全市9个区县,涉及财政资金近10亿元,对5个单位7项违反国家规定的财政财务收支行为依法下达了审计决定给予处理;围绕社会关注的商品住宅维修资金管理使用情况进行了审计调查,揭示了维修资金交存环节和使用环节中存在的部分业主未缴存维修资金、维修资金违规列支经费、维修资金工程管理不规范等方面问题,提出了进一步落实维修资金所有权人决策机制、健全制度规范程序、丰富维修资金存储形式、确保保值增值等审计建议,沈阳市房产局依据审计建议,重新修订完善了相关制度;对42个新建和改扩建及维修改造的敬老院、119个原有敬老院资产处置情况开展了全面审计,揭示了敬老院闲置率较高、社会效益不高以及超额接收社会养员等问题,提出了加强敬老院的日常监督和管理、加大新建敬老院的宣传力度、尽快完善敬老院尚未完善的配套设施等审计建议。

(余　宏)

统　计

【综述】 2014年,沈阳市统计工作一是第三次全国经济普查工作取得新进展。2014年1月2日,副省长周忠轩和副市长顾春明对沈阳市“三经普”登记工作进行了视察和现场指导。1月9日,国家统计局副局长张为民到沈阳市进行督导检查。几位领导对“三经普”工作给予充分肯定。沈阳市作为辽宁省首个被抽中的国检城市,圆满完成迎检工作任务。二是统计服务工作再创新业绩。2014年,经多次向国家、辽宁省统计局申请,在2013年削减停报工业产值608亿元的基础上,2014年又削减基数309.1亿元,相当于提高全市工业总产值2%以上。全年共完成统计分析报告159篇,35篇(次)得到市领导批示。三是基础工作得到新巩固。2014年,市统计局成立了“双基三化四解决工程”领导机构,并组织了多次研讨,制订并下发了《沈阳市统计工作“双基三化四解决工程”实施方案》。“双基三化四解决工程”的试点工作在大东区和浑南区推行。四是制度创新实现新突破。2014年,市统计局着手建立了沈阳市战略性新兴产业统计指标体系;与市人社局共同完成《沈阳市人力资源和社会保障事业发展统计公报》;正式发刊了《沈阳服务业统计季报》。五是常规统计和专项调查工作展现新作为。完成了国家统计局开展的部分重点企业政策措施落实情况调查;完成了投入产出分析研究及课题招标等工作;完成了大城市劳动力调查工作;完成了2013年度区、县(市)市管党政领导班子满意度民意调查;开展了国家实施创新驱动战略的全国第二次企业创新调查等。六是法制建设迈出新步伐。2014年,市统计局制定下发了《2014年沈阳市统计法制工作要点》和统计执法检查工作计划,明确了全年法制工作的目标;按要求完成了行政执法专项检查工作;起草了全局依法行政工作自查报告;积极落实市"双进双解"各项工作部署,圆满完成两次市领导现场考察的迎检工作。七是干部队伍建设迎来新面貌。重新修订完善了2014年局考核办法,研究制定了《局处级年轻后备干部培养选拔办法》并组织实施,收到了良好的效果。八是党建工作形成新抓手。2014年,局党组高度重视党风廉政建设工作,坚持把党风廉政建设工作与统计工作同部署、同检查,有效地推动了工作开展。一是强化党风廉政建设责任制。二是强化民主集中制。三是强化党员干部思想教育。四是强化行政权力依法规范运行。五是强化机关作风和软环境建设。

(李宣澄)

【第三次全国经济普查】 沈阳市积极适应PDA采集的普查登记新方式,克服登记时间紧,数据处理平台多,数据审核程序不完善等困难,高标准完成了普查登记任务。全市共完成普查登记单位11.9万户,比二经普增加2.9万户,个体户35.6万户,与二经普基本持平;全市核查登记率113%。

(李宣澄)

【统计分析】 2014年,沈阳市统计局紧紧围绕转型升级、提质增效、创新驱动等全市经济发展过程中的核心问题,共完成了统计分析报告159篇,其中35篇(次)得到市领导批示。

(李宣澄)

【开展"双基三化四解决工程"】 2014年,沈阳市统计局组织开展了基层统计基础工作的相关调研,成立了"双基三化四解决工程"领导机构,(全面实现统计流程规范化、统计资料档案化、统计工作法制化,真正解决统计调查单位难找、统计工作人员难求、统计数据差错难免、统计基础工作难强四个问题,即"双基三化四解决"),制订并下发了《沈阳市统计工作"双基三化四解决工程"实施方案》。"双基三化四解决工程"的试点工作正在大东区和浑南区有序推行,力求2015年在巩固基层力量、夯实基础建设、完善统计制度等方面取得全面进展。

(李宣澄)

【建立新兴产业统计指标体系】 2014年,沈阳市统计局在国家尚未建立战略性新兴产业统计指标体系情况下,着手建立了沈阳市战略性新兴产业统计指标体系,并开展了测算工作,为沈阳市战略性新兴产业发展提供数据支持和统计服务。

(李宣澄)

质量技术监督

【简政放权】 2014年,沈阳市质量技术监督局采取分级放权的模式,取消、调整行政职权33项,对现行使的审批事项流程重新梳理,共取消多余要件45个,精简率达到46%;积极推动网上审批,实现计量类5个审批事项全部网上办理,承压类3个项目由现场确认调整为网上批准确认;进一步优化审批流程,各项审批事项时限大幅压缩,全年完成行政审批事项8.3万项,实现准确率、办结率、及时率3个100%;对561项行政权力进行梳理,初步梳理权力清单318项,并制定了行政自由裁量权基准;建章立制工作有序开展,确定废止17项,修改59项,新建立31项规章制度。

(冯　航)

【机构改革】 2014年,沈阳市质量技术监督局根据质监体系机构改革要求,完成了15个区、县(市)质监局和所属11家事业单位机构划转和人员编制移交工作;完成了食品生产监管处移交工作。

(冯　航)

【特种设备安全】 2014年,沈阳市质量技术监督局按照《特种设备安全法》的要求,首次组织开展了对全市电梯维保单位的考核工作。考核维保单位130余家,合格率90%;电梯应急救援处置平台建设稳步推进,市编办批准将沈阳市质量技术监督局核算中心更名为沈阳市电梯安全应急救援处置中心;开展了对全市400台使用15年以上的老旧电梯评估工作,优良率25%。通过实名制登记、收缴销毁超期(破损)不合格钢瓶、隐患排查等治理措施,进一步规范液化石油气的储存、充装、使用等行为。已完成登记1.9万只,报废回收约2万只。工业气瓶检验4.2万只,报废203只。开展了打击混充二甲醚、充装超期瓶和报废瓶的违法行为,处罚违法充装企业4家,二甲醚市场得到有效控制。强化特种设备作业人员的培训,共为2060家企业培训特种设备安全管理人员2977人。强化特种设备的监督检查,截至年底,全系统共检查特种设备使用单位3149家,检查各类特种设备1.19万台,排查治理各类安全隐患401处,处理电梯投诉1.34万件,解困乘客2.69万名。

(冯　航)

【标准化工作】 2014年,沈阳市质量技术监督局出台了《沈阳市人民政府关于实施标准化发展战略的意见》,标准化工作上升为全市战略,现代农业标准体系建设不断加快,3家国家级农业综合标准示范项目落户沈阳;出台了《沈阳市现代农业标准体系》,发布省地方标准6项,累计发布百余项,补充发布农业技术规范7项,累计发布农业标准规范297项。先进装备制造业标准化工作稳步推进,以197家规模以上装备制造业企业为样本,开展了装备制造业企业标准对标工作;服务业标准化工作扎实有效,联合市服务业委发布了首个沈阳市服务业标准规范,评选出"沈阳市旅游企业标准化工程示范单位"18家。

(冯　航)

【产品认证】 2014年,沈阳市质量技术监督局按照"全覆盖、零容忍、严执法、重实效"的总要求,对机动车辆生产、销售、改装、维修等各个环节进行全面排查清理。共检查企业247家,车辆及部件1155台(件);对全市14家机动车安检机构进行了巡查,抽查了近1800份检验报告,合格率100%;开展了有机产品认证市场专项检查,共检查有机获证企业、超市、认证机构27家、样品22批次,合格率100%;开展管理体系认证企业的监督检查工作,检查企业18家,合格率83%;开展了资质认证实验室省、市两级的监督抽查,共抽查实验室47家,规范了检测行为。

(冯　航)

【质量管理】 2014年,沈阳市质量技术监督局开展诚敬做产品活动和质量信用承诺活动,督促企业发布质量信用报告。已有沈化、沈鼓、新松机器人、北重4家企业发布质量信用报告,60多家企业签订了诚敬做产品质量信用承诺书;开展了"质量企业行"活动,深入全市23家大中型企业,引导企业落实主体责任。全年,沈阳的企业质量管理水平不断提高,沈阳机床集团获得中国质量奖提名奖,东软、特变电工沈变、三一重工等8家企业获得“省长质量奖”,省名牌产品达160种,市级名牌152种。此外,新增地理标志产品3种,全市地理标志保护产品达12种。

(冯　航)

【节能降耗】 2014年,沈阳市质量技术监督局在全市范围内选择60家重点用能单位,纳入《沈阳市2014年各地区节能减排任务分解表》中,对60家重点用能单位能源计量器具配备情况实行量化任务分解,作为沈阳市政府对各区县政府节能减排目标责任考核内容。通过开展企业自查,组织计量专家,逐户开展能源计量器具配备情况监督检查,来推动重点用能企业按规定配备能源计量器具;通过推广7家重点用能单位能源计量管理先进经验,开展学习交流,指导企业加强能源计量数据统计、使用和分析。被选择的60户重点耗能企业已全部具备达标标准。

(冯　航)

【行政执法】 2014年,沈阳市质量技术监督局开展了以儿童用品为重点的日用消费品、手机及其配套产品、打击“伪基站”、建材产品、农资产品、预应力混凝土管桩、能效标识管理、有机产品认证等专项整治和行政执法工作,立案232起,移送案件4起,其中办理大案要案16起,占案件总数的10%;按照“统一受理、依法转办、权责一致、规范办理”的原则,制定了《沈阳市质量技术监督局举报投诉管理办法》,印制了《“12365”举报投诉工作考核办法》,首次将举报投诉纳入对各区、县(市)政府质量绩效考核,有力推动了全市“12365”工作开展,全年共办理各类案件3375件,比上年增长52%,实现办结率、准确率、及时率3个100%。

(冯　航)

【质量监管】 2014年,沈阳市质量技术监督局共完成日用消费品、农业生产资料、建筑及装修材料、工业产品等6大类46种产品质量监督抽查,共监督抽查1847批次,平均批次合格率93%,抽查配装眼镜产品100批次,合格率为69%。首次向社会发布了配装眼镜产品质量安全风险预警通报;严格生产许可,全年共完成受理企业13家,对符合条件的552家获证企业实施分类监管评价;大力开展产品质量专项整治,对现有172家食品相关产品获证生产企业全覆盖检查,责令整改19家问题企业,立案8起。对液化石油气质量安全、建筑防水卷材进行了专项整治,处理投拆案件14起,立案10件。启动了电子商务产品质量监督抽查,共抽查16种产品98批次,合格率89.8%。

(冯　航)

食品药品监督管理

【综述】 2014年,面对严峻复杂的改革形势和繁重艰巨的工作任务,沈阳市食品药品监督管理系统深入贯彻“深化改革、稳定增长、改善民生、优化环境”的总体要求,充分运用教育实践活动和作风建设成果,通过履职与改革相结合,实现了食品安全监管机构、职能的平稳过渡和有序衔接;通过风险防控和问题治理相结合,实现了食品药品安全一些重点、难点和深层次问题的突破性进展;通过完善制度与创新机制相结合,实现了食品药品监管质量水平的明显提高;通过严格管理和有效培训相结合,实现了干部队伍素质能力的进一步提升,守住了不发生区域性、系统性重大食品药品安全问题的底线,确保了全市百姓的饮食用药安全。

(张金凯)

【餐饮环节食品安全】 2014年,沈阳市食品药品监督管理局进一步健全餐饮环节食品安全风险管控机制,针对重大节日、重要时段、重大活动,及时发布消费警示和风险预警,完善了风险成因分析、危害评估、防控和消除等治理体系。严格餐饮服务单位监管信用档案管理和量化分级管理工作,完成对全市1615家学校食堂(含托幼机构)及4022家中型以上餐饮单位信用档案建档工作,实现了对全市1.63万家持证餐饮单位量化分级管理率100%的总体目标,有效推动了食品安全规范化水平的整体提升。

(张金凯)

【食品生产流通领域集中整治】 2014年,沈阳市食品药品监督管理局深入开展食品生产流通环节企业状况调研,做到了底数清、情况实。顺利完成食品生产许可审批权限下放承接工作,严格食品生产许可受理、审查、检验、整改、审批,深化食品生产企业诚信体系建设工作,及时更新监管数据,完善企业诚信档案。严把流通环节食品经营准入关,深化较大型商场超市应予销毁食品规范化处置工作,监督食品生产经营企业严格按食品安全标准、要求组织生产经营。同时,以乳制品、肉制品、食用油等为重点品种,全面加大对小作坊、小食杂店等重点问题的综合治理,持续推进农村食品市场“四打击四规范”专项整治,依法严厉打击了各类违法违规食品生产经营行为。

(张金凯)

【药品生产流通领域集中整治】 2014年,沈阳市食品药品监督管理局全面推进新版药品GMP、GSP的规范实施和认证换证工作,全市32家药品生产企业130个生产范围通过了新版GMP认证现场检查,51家药品批发企业、14家连锁总部、506家药品零售企业通过了新版GSP认证现场检查。巩固扩大了药品“两打两建”整治成果,重点治理药品生产企业使用假冒伪劣中药材和增重染色、掺杂掺假的中药饮片以及药品经营企业擅自降低许可条件、医疗诊所药品非法购销等行为,加强了对疫苗、基本药物、特殊药品等高风险药品全品种全覆盖重点监管,进一步规范了药品生产经营秩序。

(张金凯)

【化妆品及保健食品领域监管】 2014年,沈阳市食品药品监督管理局继续保持打击保健食品“四非”的高压态势,严格保健食品、化妆品生产企业采购、使用、委托受托生产备案、企业阶段性停产再产安全监管,监督经营企业严格执行购销台账和索证索票制度。进一步加大对老年保健食品市场的监督力度,以“养生堂”、“体验馆”等形式的经营场所为重点,对声称具有减肥、辅助降血糖、降血压保健功能等重点品种以及质量可疑的保健食品进行了全覆盖监督抽验,同时,严厉打击以会议、讲座等形式违法违规销售保健食品行为,进一步净化了保健食品和化妆品生产经营市场秩序。

(张金凯)

【医疗器械监管】 2014年,沈阳市食品药品监督管理局以贯彻落实新修订的《医疗器械监督管理条例》为契机，以深入推进虚假注册申报、违规生产、非法经营、夸大宣传、使用无证产品等医疗器械“五整治”专项行动为抓手，进一步深化医疗器械日常监管体系建设，持续开展了注射用透明质酸钠、定制式义齿、高风险医疗器械关键环节、医用防护口罩和防护服、无菌性和植入性医疗器械、装饰性彩色平光隐形眼镜等多个专项监督检查工作，不断加大对高风险医疗器械品种的监督抽验力度，深化医疗器械不良事件报告监测工作，提高监管工作的靶向性和全程控制力度，降低安全风险，确保了百姓用械安全。

（张金凯）

【电子化监管和案件稽查】 2014年，沈阳市食品药品监督管理局以提高食品药品科学化监管水平为目标，进一步深化电子化监管系统建设，全面推进药品、医疗器械生产电子化监管系统平台分布式开发，全年完成对8家药品高风险企业、30家固体口服（片剂、丸剂、颗粒、硬胶囊）企业、41家医疗器械生产企业分布式拆分后的系统安装工作。同时，在药品经营环节，开展了标准代码库建设工作，进一步对监管系统进行了优化升级。全年累计办理食品药品案件628件，简易程序案件391件，向外地食药监部门移送案件16件，向公安机关移送案件23件，严厉打击了各类食品药品违法违规行为。

（张金凯）

安全生产监督管理

【概况】 2014年，沈阳市安全生产工作，坚持巩固与创新并重，以安全生产制度化、标准化、网格化、信息化建设为核心，进一步改进安全监管体制机制，完善安全生产责任体系，深入开展重点行业领域安全专项整治，持续推进安全生产基层基础建设，全面完成了安全生产各项工作任务，全市安全生产形势持续稳定。一是全市死亡总人数同比下降。共发生各类事故448起，死亡217人，死亡人数同比下降5.65%，低于辽宁省规定的控制指标（235人）。二是主要行业领域死亡人数均同比下降。工矿商贸领域事故死亡46人，同比下降6.12%，低于省定控制指标（54人）；生产经营性道路交通事故死亡169人，同比下降5.06%，低于辽宁省规定的控制指标（176人）；农业机械领域死亡2人，同比下降33.33%，低于辽宁省规定的控制指标（5人）。三是较大事故起数低于控制指标。共发生较大事故8起，低于辽宁省规定的指标（9起）。四是没有发生重大以上和有影响的安全生产事故。沈阳市被辽宁省政府评为全省安全生产先进城市，市安监局被评为辽宁省文明单位。

（孙茂丽）

【法律法规贯彻落实】 2014年，沈阳市安监局严格执行安全生产法律法规，完善地方规章政策体系。以市委、市政府文件下发了《沈阳市安全生产党政同责实施办法》，以市政府文件下发了《沈阳市各级政府及部门安全生产工作职责规定》。结合安全生产工作实际，在不同层面制定完善了安全生产工作制度、流程和标准，制定并严格执行安全生产年度执法监察计划，建立了重大行政处罚、行政审批及安全生产事故结案集体讨论审查机制，全年无行政复议、行政诉讼败诉案件。

（孙茂丽）

【危化品和烟花爆竹安全专项整治】 2014年，沈阳市安监局在危化品领域积极推进了“两重点一重大”危险化学品企业自动化控制系统改造工作，涉及“两重点一重大”的199家企业、442套设备、40个重大危险源全部完成改造任务。同时，组织协调各地区，共出动检查人员6177人次，检查企业553家，发现并整改隐患602处。烟花爆竹领域由17个部门组成领导小组实施协作联动，加强源头监管，严格烟花爆竹道路运输备案、许可工作。零售网点设置由1288个缩减到695个，各级安监部门共进行专项检查1789次，联合检查87次，排查整改隐患197个。

（孙茂丽）

【非煤矿山（尾矿库）安全专项整治】 2014年，沈阳市安监局在非煤矿山领域突出开展了汛期尾矿库和陆上石油安全检查，消除隐患148项。注销法库县和浑南区各1家非煤矿山企业的安全生产许可证，提请两地政府履行关闭程序。重点推进采矿边界距离不足300米的采石场改造整合，与市国土部门联合下发了《关于进一步落实小型露天采石场相邻矿山安全距离工作要求的通知》，涉及的10户企业进行整改。

（孙茂丽）

【职业卫生安全监管】 2014年，沈阳市安监局培训企业负责人和管理人员2800余人，完成职业病危害申报企业数5300家，70%的申报企业达到职业卫生基础建设要求。重点开展陶瓷、家具、制鞋、水泥、石材等行业领域职业卫生专项整治，全市有700家企业完成了检测评价工作，合格率86%。6家水泥制造和22家石材加工企业职业病危害因素检测率、接触职业病危害劳动者职业健康检查率、职业卫生基础建设活动达标率均达到100%。

（孙茂丽）

【铁路道口安全监管】 2014年，沈阳市安监局铁路道口领域完成对全市监护、无人、有人看守和专用线道口的网格化基础数据采集工作，深入实施分级管理，共开展各类检查70次，其中：专项检查6次，日查51次，夜查13次。采取边检查边排查的方式，共排查各类事故隐患27处，处罚违章机动车驾驶员及行人525人。

（孙茂丽）

【粉尘企业专项整治】 2014年，沈阳市安监局粉尘企业专项整治方面，建立了粉尘作业企业台账，检查涉爆企业223家，整改隐患812处。组成2个巡视组，分别对15个区、县（市）粉尘作业企业安全基础工作和职业卫生情况开展专项督查，共检查了30家企业，排查整改152处隐患。

（孙茂丽）

【安全生产长效机制建设】 2014年，沈阳市安监局以安全生产制度化、标准化、网格化、信息化建设为核心，推进安全生产长效机制建设。制度化方面，制定了市安委会、安监系统、生产经营单位三个层面40余个工作制度，完善制度体系。标准化方面，累计创建三级以上标准化企业2756家、小微标准化企业5506家。制定了安全生产综合执法、行政处罚、事故调查处理工作标准和工作流程，规范执法行为。网格化方面，建成15个区县网格，217个乡镇街网格和1734个社区网格，6.27万条企业信息已完成录入，实现在线运行。信息化方面，建成安全生产应急指挥平台，安全生产公共信息网、网格化信息网、综合业务网，企业基础信息库、隐患信息库、重大危险源数据库、安全生产专家库。

（孙茂丽）

【企业安全生产准入审批】 2014年，沈阳市安监局完成审批危险化学品经营许可证268个，完成9家企业二类非药品类易制毒化学品经营备案的首次申请和换证工作，督促区县完成14家三类的首次申请和换证工作，全部实现网上申请、网上审批。坚持严格依法审批。新建、改建、扩建等建设项目（工程）安全设施“三同时”审查、验收率100%，全年完成建设项目安全设施“三同时”审批103项。

（孙茂丽）

【应急救援和执法监察】 2014年，沈阳市安监局建设高效的应急救援体系。累计投资2275万元，开发建设了应急救援指挥、重大危险源动态监控、重大事故模拟分析、应急救援资源调度和应急救援信息五大体系，完成与辽宁省安监局互联互通。以“六打六治”为核心，重拳打击非法违法行为。市安委会下发了《沈阳市集中开展“六打六治”打非治违专项行动实施方案》，全市共组织执法检查2598次，开展联合执法289次，检查企业3.01万家，发现隐患1.51万处，累计投整改资金255.9万元。成功打掉沈阳市欣欣昌隆复合材料有限公司、沈阳碧铭特商贸有限公司2家非法经营危险化学品企业，查扣危险化学品260余吨。

（孙茂丽）

【夯实安全生产基层基础】 在安全社区创建方面，2014年沈阳市有13个社区（8个社区期满复评）通过国家验收，全市累计共有47个街道通过国家级验收，启动了农村型安全社区建设工作。全面完成安全文化建设示范企业评审及复审工作，评审市级示范企业15家，推荐省级示范企业3家，国家级示范企业1家。复审省级示范企业23家，市级示范企业58家。强化安全生产宣传教育工作，成功开展第十三个全国“安全生产月”活动，累计投入300余万元，设置宣传展板1000多块，咨询台500多处，发放宣传资料20多万份，悬挂张贴各类宣传标语、挂图10万余条，形成了浓厚的安全氛围。充分利用广播电视、报刊杂志、网络媒体等各种媒介，深入开展安全生产宣传教育，在各新闻媒体发表新闻279篇。进一步加强安全生产培训工作，依法组织开展全员培训和“三项岗位”人员的培训，共培训4.1万人次，各类人员持证上岗率达100%。

（孙茂丽）

工商行政管理

【各类市场主体登记】 2014年，沈阳市新登记公司2.26万户（含分支机构），同比增长74.50%。其中：内资有限公司2.02万户，同比增长83.50%；内资分公司2108户，同比增长33.67%。外资有限公司146户，同比下降8.18%；外资分公司168户，同比下降22.94%。新登记公司注册资本总额909.06亿元，同比增长122.01%。其中，内资公司注册资本总额736.12亿元，同比增长121.00%。外商投资公司注册资本总额172.94亿元，同比增长126.39%。新登记公司主要集中在第三产业，为1.88万户，占新登记公司的83.47%；注册资本总额724.15亿元，占新登记公司注册资本总额的79.66%。第一产业160户，占新登记公司的0.71%；注册资本总额14.30亿元，占新登记公司注册资本总额的1.57%。第二产业3570户，占新登记公司的15.82%；注册资本总额170.61亿元，占新登记公司注册资本总额的18.77%。

（姜晓林）

【职能服务】 2014年，沈阳市工商局开展了“双进双解”和“直通车”服务活动，积极为企业答疑解难；联合部分银行为受表彰的290户文明诚信私营企业、个体户颁发了“道德信贷金卡”，开辟了融资新渠道；深入实施商标战略，新认定驰（著）名商标50件，提高了企业核心竞争力；办理动产抵押登记292件，帮助企业融资54.7亿元；促进就业工作，实名安置就业5.26万人（次）；开展“扶贫帮困送温暖”活动，走访慰问会员及困难群众8178户。

（姜晓林）

【市场监管】 2014年，沈阳市工商局坚持以人为本，强化责任意识，紧密结合实际，通过划“块”设“区”方式，建立了以管理户数为基准，以制度为保障，以信息化为支撑，以细化考核为动力的监管工作新模式。市局机关加强顶层设计和业务指导，区、县（市）局克服资金、机构、人员等方面的困难，全市共有126个工商所划分了372个责任区，全面实行责任区监管模式，彻底改变了过去突击式、运动式的监管方式，构建了长效监管机制。重点打击了侵权假冒、违法广告、商业贿赂、“霸王条款”、传销、无照经营等违法行为，全系统共清理无照经营1.6万户，查结经济违法案件1669件，抽检农资、成品油等重点商品1354批次，维护了公平竞争的市场秩序。

（姜晓林）

【消费维权】 2014年，沈阳市工商局制定了《处理消费者投诉工作规范》和“12315”联动工作制度。全面贯彻宣传新《消法》，开展市民消费教育495场，发布消费警示120余条，建立消费者维权站159家，创建“放心消费示范店”296家。全年受理消费者诉求近3万件，为消费者挽回经济损失621万元；受理省网市线群众诉求600多件，办结率100%，群众满意率88.48%。

（姜晓林）

【工商管理体制调整】 2014年，沈阳市工商局积极稳妥地完成了管理体制改革。市局向各区县下放行政机构19个、事业机构33个、各类人员5193人。市局机关向食药监系统整建制划转处级部门1个、人员12人；各区、县（市）局向当地食药监系统划转工商所49个、人员767名。通过上下共同努力，全系统在非常时期保持了思想不乱、队伍不散、工作不断。

（姜晓林）

【工商登记制度改革】 2014年，沈阳市工商局将注册资本实缴制改为认缴制，放宽注册资本登记条件，改革许可经营项目审批，简化住所（经营场所）登记手续，激发了市场活力。全年全市新登记内资公司2.79万户，同比增长77.38%；新登记公司注册资本总额877.92亿元，同比增长118.15%。全面贯彻落实《企业信息公示暂行条例》和5部配套规章，将年检、验照制度改为年度报告公示制度,全市已完成年报申报的企业9.02万户、个体工商户3.50万户。

（姜晓林）

【企业“三证合一”登记】 2014年,沈阳市工商局对全市行政区域内的企业,按照“统一受理、联动审批、核发一照”的模式,将工商营业执照、组织机构代码证和税务登记证由工商、质监、国税、地税部门分别办理、各自发证(照),改为由工商部门统一受理,工商、质监、国税、地税部门联动审批、限时办结、核发一照。改革后,不再核发组织机构代码证和税务登记证,在营业执照上加载组织机构代码和税务登记号。市工商局代市政府起草了《实行企业“三证合一”登记管理实施方案》,在市政服务中心、新民市局和铁西区局进行试点,12月1日,在铁西区政务服务中心发出了辽宁省首张“三证合一”营业执照。全市核发“三证合一”营业执照521户。

（姜晓林）

【“个转企”工作】 个体工商户转型升级为企业工作(以下简称“个转企”)是2014年市政府主导的一项重要工作。市工商局作为这项工作牵头单位,代市政府起草了“个转企”工作一揽子方案和工作制度,多次组织召开调度会,进行工作督导,有力促进了工作开展。同时,充分发挥工商职能和政策优势,简化登记程序,开辟绿色通道。截至2014年底,全市有2109户个体工商户转型升级为企业、有3675户通过引导选择办理了个人独资企业或有限责任公司。

（姜晓林）

【管理手段创新】 针对一些企业设置账外账、随意修改删除财务数据等问题,市工商局研发了工商智能检查系统专用软件,将检查经验、技巧和计算机信息技术相结合,利用专用软件采集企业电子记账数据,利用程序模块分析归纳财务信息,核实企业公示信息,发现违法违规线索,显著提高了事中事后监管的效率。该做法得到国务院领导的肯定,李克强总理在国务院政策研究室送阅件上专门作出批示,国家工商总局、省局的主要领导也给予充分肯定。工商智能检查系统专用软件在区、县(市)局已经全面铺开,全年利用该系统采集企业财务电子数据账目157套,收到了良好的效果。

（姜晓林）

【队伍建设】 2014年,沈阳市工商局进行了“庸懒散”、“四风”突出问题和“转作风转职能优环境”专项整治,开展了反腐倡廉警示教育,解决了困扰工商部门多年的“吃拿卡要”、“搭车收费”问题,群众满意度大幅提升。加强了信息化建设,升级业务软件系统,实现了二维码的新版企业营业执照打印,为工商机制改革提供了可靠保障。开展了新法和登记制度改革等业务技能全员大培训和考试竞赛活动,全年共举办各类培训班45期,培训干部2.3万人次,在辽宁省工商系统法律知识竞赛中,市工商局获得团体第1名。加强行政执法监督,建立了行政权力清单,制定了《自由裁量权基准制度》、《执法办案监督办法》和《行政处罚案件评查办法》,明确了市局、区局和工商所职能划分,进一步规范了行政执法行为。

（姜晓林）

物价管理

【价格监督检查】 2014年,沈阳市物价局围绕宏观调控和改善民生,大力开展市场价格监管,规范价格收费秩序,维护群众合法权益。一是强化节日监管,规范价格秩序。分别开展了元旦、春节、“五一”劳动节、中秋节、国庆节等节假日期间市场价格监管。二是开展专项检查,优化发展环境。在做好传统价费专项检查及重点时段市场价格监管工作外,围绕群众关心的价格热点问题,开展价格行为专项检查,切实保障和改善民生。分别开展了殡葬服务市场价格行为专项检查、汽车4S店价格行为专项检查、涉农收费专项检查、涉企收费专项检查。全年,共查处各类价格违法案件280件。其中:简易程序查处186件,一般程序查处94件。经济制裁总额414.6万元,其中:没收金额146.4万元,罚款268.1万元。

（徐兴旺）

【价格诚信建设】 为贯彻落实市委、市政府“信用沈阳”建设工作要求,进一步拓展价格诚信建设领域,推进价格诚信体系建设,切实维护消费者的合法利益,沈阳市物价局在全市汽车4S店开展了创建“价格诚信单位”活动。创建活动从5月开始,经过实地考核、评审小组综合评分以及媒体公示等环节考核验收,从全市269家汽车4S店中评选出10家汽车4S店,命名为“2014年度价格诚信单位”,并于2014年11月26日举行了授牌仪式。

按照《沈阳市物价局2013－2017年加强市场价格监管五年规划》要求,选择殡葬行业出台明码标价实施细则,推动明码标价和价费公示落到实处。从7月初开始,下发《沈阳市物价局关于整顿和规范殡葬服务经营者明码标价的通知》;9月,对全市10家殡仪馆、19家经营性公墓、8家殡葬服务中介机构进行了集中考核验收,强化了殡葬服务经营者的价格法律、法规意识,落实了《通知》规范要求,明码标价和价格公示率达均到了100%的工作目标。

（徐兴旺）

【价格咨询举报】 遵照热情受理、快速办理、妥善处理的原则,充分利用“12358”价格举报电话、“民心网”和“96123”市民服务热线、官方政务微博等价格诉求平台,全力做好诉求办理工作。2014年,“民心网”直办件办理天数大幅下降,办案效率与办案质量同步提高。全年共受理价格举报和咨询1.33万件,按期办结率100%,按期反馈率100%。4月29日,沈阳市物价局以《坚持“五个到位”标准,做好民心网诉求办理工作》为题,在辽宁省民心网进行了经验介绍。

（徐兴旺）

【价格法制】 从2014年初开始,沈阳市陆续建立并完善了一系列价格行政执法工作制度,形成制度群,并加以贯彻落实。这些制度包括案件审理、案件审查、执法监督、过错追究、首问负责、案件回访、举报受理、行政处罚先例、行政处罚说明理由等方面。通过制度破除执法陋习,形成对具体行政行为的全程监督,有力推进了依法行政。为有效贯彻落实国家发改委新修订的《价格违法行为举报处理规定》和制定的《价格举报文书示范文本》,先后组织了3次集中培训。

（徐兴旺）

【价格监测】 2014年,沈阳市物价局监测品种及周期包括重要消费品和服务、汽车、房地产、粮油副食品、钢材、小农产品、成品粮、畜禽产品、成品油、能源、工业生产资料价格等12大类400多个品种和规格的日报、周报、旬报、月报。全年共完成《每日价格》254期，撰写的各类价格动态情况反映、价格分析预测文章和价格监测调查报告，有4篇中价网采用，有3篇获得市领导批示。价格监测中心被国家发改委评为2014年全国价格监测工作先进单位。

开展了重点时段和专题性价格监测调查工作。重点做好重点时段的价格监测工作，落实了“十一”、春节等节假日值班制度，安排采报价人员及时反映市场变化情况；重点关注了因天气变化等因素引发的市场异常波动情况，加强市场巡查巡视，及时上报非常规变化动态；先后开展了农业生产资料、生猪、鸡蛋、秋粮和秋菜等专题性价格监测及市场调查工作，服务农业生产，引导百姓消费。

（徐兴旺）

【价格认证】 2014年，沈阳市价格认证系统秉承“服务政府、服务司法、服务社会、服务系统”工作理念，在承担涉案财物价格认定、调处价格纠纷矛盾、从事价格公共服务方面，共办理各类案件4135件，认定金额4.51亿元。其中：刑事案件3409件，认定金额1.68亿元；认证案件466件，认证金额1.66亿元；行政案件191件，认定金额1.12亿元；民事案件62件，认定金额509.99万元；海关涉税案件7件，认定金额7.94万元。与上年相比，案件数量上升7.91%，认定金额上涨67.51%。一是牢固树立服务意识，高质量完成纪检监察案件价格认定工作。重点办理市纪检督办纪检监察案件，认定金额154万元；市检察院委托渎职案件，认定金额3960万元。二是服务政府车改工作，主动围绕公务用车配备使用制度改革开展认证工作，认证金额1603万元；完成市政府交办国有资产认证案件，认证金额9347万元。三是发挥价格公共服务职能，完成沈抚输油管线管输费用价格水平合理性认证，认证金额4710万元；完成市希望工程办等部门委托的慈善捐赠图书、食品认证。

（徐兴旺）

【成本调查】 依照《价格法》等法规政策规定，2014年，沈阳市物价局共计完成城市供水、供暖、浏览景点等91项成本定期监审，审核申报成本总金额65.55亿元。为市政府出台宏观价格调控政策及时提供了成本数据支撑。

2014年，共完成玉米、水稻、大豆、露地大白菜、设施黄瓜、设施西红柿、生猪、蛋鸡、肉鸡、奶牛等10个品种的年度生产成本与调查，完成玉米、水稻、大豆国家直报调查，完成生猪、蛋鸡生产成本与收益调查，完成种植意向、农资购买、生产预测等7项专题调查。共审核、汇总数据4.64万条，撰写分析报告20篇。

（徐兴旺）

【稳定价格总水平】 2014年，沈阳市物价局加强和改善价格调控，努力保持物价总水平稳定。通过加强价格监测和信息引导，进一步建立覆盖生产、流通、消费等各环节的实时价格监测体系。健全应对价格异常波动处理机制，完善了《沈阳市物价局应对突发事件应急预案》，提高了处置突发事件的应急能力。强化价格监督检查，先后开展了殡葬服务市场、汽车4S店价格行为、涉农收费、涉企收费等专项检查。为贯彻落实辽宁省有关规定，切实保障低收入群众生活，完善了社会救助和保障标准与物价上涨挂钩联动机制，确定联动机制启动和中止临界条件。在重点领域价格改革方面，市物价局按照国家、辽宁省关于价格改革的总体部署，密切关注沈阳消费价格总水平的变化，准确把握改革的时机和力度，审慎稳妥地推进价格改革。同时按照市政府清理整顿涉企收费的工作部署，对全市涉企经营服务性收费项目及标准进行了初步审核确认，并向市政府提出了取消3项涉企经营服务性收费的建议。在积极履行自身职责的基础上，市物价局与市场价格调控联席会议成员单位沟通协作，完成了保证生产供应、促进流通的各项工作任务。

（徐兴旺）

·小资料·

【大数据】 大数据是指无法在可承受的时间范围内用常规软件工具进行捕捉、管理和处理的数据集合。大数据技术的战略意义不在于掌握庞大的数据信息，而在于对这些含有意义的数据进行专业化处理。换言之，如果把大数据比作一种产业，那么这种产业实现盈利的关键，在于提高对数据的“加工能力”，通过“加工”实现数据的“增值”。

从技术上看，大数据与云计算的关系就像一枚硬币的正反面一样密不可分。大数据必然无法用单台的计算机进行处理，必须采用分布式架构。它的特色在于对海量数据进行分布式数据挖掘，但它必须依托云计算的分布式处理、分布式数据库和云存储、虚拟化技术。随着云时代的来临，大数据（Bigdata）也吸引了越来越多的关注。《著云台》的分析师团队认为，大数据（Bigdata）通常用来形容一个公司创造的大量非结构化数据和半结构化数据，这些数据在下载到关系型数据库用于分析时会花费过多时间和金钱。大数据分析常和云计算联系到一起，因为实时的大型数据集分析需要像MapReduce一样的框架来向数十、数百或甚至数千的电脑分配工作。

大数据需要特殊的技术，以有效地处理大量的容忍经过时间内的数据。适用于大数据的技术，包括大规模并行处理（MPP）数据库、数据挖掘电网、分布式文件系统、分布式数据库、云计算平台、互联网和可扩展的存储系统。大数据就是互联网发展到现今阶段的一种表象或特征而已，没有必要神话它或对它保持敬畏之心，在以云计算为代表的技术创新大幕的衬托下，这些原本很难收集和使用的数据开始容易被利用起来了，通过各行各业的不断创新，大数据会逐步为人类创造更多的价值。

大数据的意义

1.变革价值的力量。未来十年，决定中国是不是有大智慧的核心意义标准（那个”思想者”），就是国民幸福。一体现到民生上，通过大数据让事情变得澄明，看我们在人与人关系上，做得是否比以前更有意义；二体现在生态上，看我们在天与人关系上，做得是否比以前更有意义。总之，让我们从前10年的意义混沌时代，进入未来10年意义澄明时代。

2. 变革经济的力量。生产者是有价值的，消费者是价值的意义所在。有意义的才有价值，消费者不认同的，就卖不出去，就实现不了价值；只有消费者认同的，才卖得出去，才实现得了价值。大数据帮助我们从消费者这个源头识别意义，从而帮助生产者实现价值。这就是启动内需的原理。

3. 变革组织的力量。随着具有语义网特征的数据基础设施和数据资源发展起来，组织的变革就越来越显得不可避免。大数据将推动网络结构产生无组织的组织力量。最先反映这种结构特点的，是各种各样去中心化的 WEB2.0 应用，如 RSS、维基、博客等。大数据之所以成为时代变革力量，在于它通过追随意义而获得智慧。

大数据的用途

大数据可分成大数据技术、大数据工程、大数据科学和大数据应用等领域。目前人们谈论最多的是大数据技术和大数据应用。工程和科学问题尚未被重视。大数据工程指大数据的规划建设运营管理的系统工程；大数据科学关注大数据网络发展和运营过程中发现和验证大数据的规律及其与自然和社会活动之间的关系。

物联网、云计算、移动互联网、车联网、手机、平板电脑、PC 以及遍布地球各个角落的各种各样的传感器，无一不是数据来源或者承载的方式。有些例子包括网络日志，RFID，传感器网络，社会网络，社会数据（由于数据革命的社会），互联网文本和文件；互联网搜索索引；呼叫详细记录，天文学，大气科学，基因组学，生物地球化学，生物，和其他复杂和/或跨学科的科研，军事侦察，医疗记录；摄影档案馆视频档案；和大规模的电子商务。

大数据的弊端

虽然大数据的拥护者看到了使用大数据的巨大潜力，但也有隐私倡导者担心，因为越来越多的人开始收集相关数据，无论是他们是否会故意透露这些数据或通过社交媒体张贴，甚至他们在不知不觉中通过分享自己的生活而公布了一些具体的数字细节。分析这些巨大的数据集会使我们的预测能力产生虚假的信息，将导致作出许多重大和有害的错误决定。此外，数据被强大的人或机构滥用，自私的操纵议程达到他们想要的结果。

大数据的影响，增加了对信息管理专家的需求，甲骨文，IBM，微软和 SAP 花了超过 15 亿美元的在软件智能数据管理和分析的专业公司。这个行业自身价值超过 1000 亿美元，增长近 10%，每年两次，这大概是作为一个整体的软件业务的快速。

大数据已经出现，因为我们生活在一个有更多信息的社会中。有 46 亿全球移动电话用户有 20 亿人访问互联网。基本上，人们比以往任何时候都与数据或信息交互。1990 年至 2005 年，全球超过 1 亿人进入中产阶级，这意味着越来越多的人收益的这笔钱将反过来导致更多的信息增长。思科公司预计，到 2013 年，在互联网上流动的交通量将达到每年 667 艾字节。

大数据，其影响除了经济方面的，它同时也能在政治、文化等方面产生深远的影响，大数据可以帮助人们开启循“数”管理的模式，也是我们当下“大社会”的集中体现，三分技术，七分数据，得数据者得天下。

（鉴　闻）

财 政 · 税 收

财 政

【财政收支】 2014年,沈阳市一般公共预算收入完成785.5亿元,完成年度预算的89.6%,下降1.9%。财政支出结构得到进一步优化,完成市委市政府确定的各项收支任务。

1.一般公共预算收入。2014年,全市一般公共预算收入完成785.5亿元,完成年度预算的89.6%,下降1.9%。

(1)增值税85.2亿元,比上年增长30.4%。

(2)营业税164.8亿元,比上年下降15.8%。

(3)企业所得税83.5亿元,比上年增长2.3%。

(4)个人所得税21.4亿元,比上年增长8.1%。

(5)城市维护建设税36.1亿元,比上年下降0.2%。

(6)房产税28.2亿元,比上年增长12%。

(7)城镇土地使用税40.1亿元,比上年下降13.7%。

(8)契税38.6亿元,比上年下降38.4%。

(9)印花税8.9亿元,比上年下降4.3%。

(10)国有资本经营收入、国有资源有偿使用收入105.4亿元,比上年增长28.9%。

(11)行政性收费、罚没等收入45.8亿元,比上年下降0.7%。

(12)排污费、水资源费、教育费附加等专项收入23亿元,比上年增长11.4%。

2014年,全市基金收入完成437.1亿元,比上年下降27.2%。

2.一般公共预算支出。2014年,全市一般公共预算支出914.3亿元,比上年增长3.7%。

(1)一般公共服务支出93.6亿元,比上年下降1.9%。

(2)国防支出2.1亿元,比上年下降42.5%。

(3)公共安全支出45.9亿元,比上年增长3.2%。

(4)教育支出117.6亿元,比上年下降10.6%。

(5)科技支出26.6亿元,比上年下降4.3%。

(6)文化体育与传媒支出15.4亿元,比上年增长5.6%。

(7)社会保障和就业支出155.1亿元,比上年增长12.5%。

(8)医疗卫生支出44.6亿元,比上年增长23.3%。

(9)节能环保支出19.5亿元,比上年增长6.3%。

(10)城乡社区事务支出185亿元,比上年增长11%。

(11)农林水事务支出49.1亿元,比上年增长9.6%。

(12)交通运输支出37.5亿元,比上年增长22.1%。

(13)资源勘探电力信息等事务支出41.6亿元,比上年下降17.3%。

(14)商业服务业等事务支出19.2亿元,比上年增长28.6%。

(15)金融监管等事务支出1亿元,比上年下降53.8%。

(16)国土资源气象等事务支出4.5亿元,比上年增长18.3%。

(17)住房保障支出49.4亿元,比上年下降1.3%。

2014年,全市基金支出完成469.6亿元,比上年下降25.5%。

(赵秋艳)

【服务全市经济发展】 落实国家支持东北振兴和省、市稳增长政策,统筹资金104.3亿元,支持先进装备制造业、战略性新兴产业等重点产业发展,推动机器人、民用航空等重点企业发展,支持科技创新驱动和重点产业园区建设。稳定涵养税源,落实营改增改革以及小微企业减半征税扩围等政策,取消、缓征行政事业性收费和政府性基金项目,为企业减轻负担。

转变财政投入方式,通过股权投资、设立创业投资基金等方式,引导社会资本103.9亿元,累计实现投资22.7亿元,参股IC装备、航空航天等重点产业建设。为企业提供融资担保服务,在保余额达110.9亿元,缓解企业融资难题。

完善强农惠农政策体系,投入“三农”资金146.5亿元,落实各项强农惠农补贴,推动环城都市农业产业带、沈康现代农业示范带和蒲河生态经济带建设,支持农田水利基础设施建设和现代农业发展,推进一事一议村内道路、村庄亮化等村级公益设施建设。

结合省支持服务业发展四年计划,促进现代服务业加速发展。拨付资金3.8亿元,全面支持服务业聚集区和生产性服务业发展。继续推进国家现代服务业综合试点工作。安排市以上资金2.7亿元,实施“走出去”战略,支持外经贸发展。优化城乡环境。市本级积极筹措资金56.8亿元,推动东陵路、迎宾路高架等城市交通路网基础设施建设。筹集155.2亿元支持土地储备。统筹安排资金19.5亿元,促进节能环保及宜居乡村建设。支持各地区发展。累计安排各类转移支付199.3亿元,并统筹调度资金支持区县棚户区改造、基础设施建设、扶持就业等。

(赵秋艳)

【保障和改善民生】 全市民生投入762.2亿元,占一般公共预算支出的83.4%,凡是国家、省、市确定的民生政策全部落实到位,应保尽保。

1.支持健全多层次全覆盖的社保体系。投入补助资金76亿元,落实企业养老保险提标政策。筹集资金28亿元,落实各项医疗保障及基本公共卫生服务等补助提标政策,支持县级公立医院改革。

2. 做好就业保障及维护社会和谐稳定。拨付资金 10.3 亿元,以贷款贴息、培训补贴等方式促进就业困难群体就业再就业。投入城乡低保、五保等救助资金 8.4 亿元,保障困难群体基本生活。支持城乡养老机构、儿童福利中心、公立医院,急救中心、殡仪馆等公益设施硬件环境达全国领先水平,进一步提高村级组织和社区干部补助标准,保障基层组织正常运转。

3. 支持社会事业发展。投入资金 117.6 亿元,支持教育事业发展,各类教育生均水平达到或超过省标准。提高普惠性幼儿园运行奖补标准,新建改扩建 100 所幼儿园。投入资金 15.4 亿元,支持文化和体育事业发展。拨付资金14.2 亿元,推动棋盘山景观改造等旅游产业发展。全市投入资金 77.1 亿元,支持公交、地铁等公共交通事业发展。保障为城乡群众办实事项目全面完成。

(赵秋艳)

【深化财税体制改革】 全面贯彻落实新预算法,2015 年全市和市本级预算符合新预算法的规定,将全部财政性资金纳入部门预算管理,预算管理体系进一步健全,预算编制标准、定额进一步完善,预算绩效管理全面实施,预决算公开稳步推进。

深化国库管理制度改革。国库集中支付、非税收入收缴改革按要求落实到位,公务卡改革取得初步成效。继续清理财政专户,压缩非预算占压国库资金。强化财政资金调度管理,按规定做好财政资金保值增值工作。

加强政府性债务管理。编制政府性债务收支偿还预算,实行举债限额管理和审批,严控新增债务,把控提款进度,防范债务风险。提前偿还并置换高利息贷款项目,降低了项目贷款的融资成本。

落实清理规范专项转移支付要求,整合对下级专项转移支付项目,项目资金全部落实到项目和地区,并对第二年支出提前告知下达。

强化财政财务监管。加强政府采购监管,提高采购效率,推进政府购买服务。强化市本级公物仓管理,加强资产管理信息化建设。提高工程预结算审核服务水平。全面推进惠农(民)补贴资金"一卡通"发放,进一步提高了乡镇财政资金监管水平。制定财政部门行政事业单位和国有企业财务管理规程,制作财政政策制度汇编。开展贯彻执行中央八项规定严肃财经纪律和"小金库"专项治理,完善财政检审反馈应用机制和财政监督检查备案机制。

(赵秋艳)

【第六届会计活动日活动】 启动会计诚信建设年活动。在全市范围内集中组织一次会计行业诚信教育讲座;开展以会计诚信为主题的征文活动;利用市财政局"财会之家"网站进行多层次的理论研讨论坛交流活动;采取单位自查与财政部门组织力量重点抽查相结合的方式,加强会计基础工作,探索建立健全会计诚信建设长效机制。

4 月 27 日,围绕"会计 · 诚信与责任"主题,成功举办沈阳市第三届会计人才就业招聘会,参与招聘会的企业共有 100 家,提供了不同层次的 300 多个会计相关岗位,进场求职人数达到 5000 多人。此次招聘会的举办,有助于会计专业毕业生就业、会计人才合理流动,进一步促进了企业吸纳会计精英、加强会计力量。

4 月 28 日,市直和各区直事业单位的财务负责人及主管会计近 300 人,参加了全市事业单位会计制度高端培训。此次培训内容实用通俗,解决了工作中的难题和困惑,提升了财务人员的业务能力。

在全市开展以会计诚信为主题的征文活动,征文涵盖反映会计人员"诚信为本、操守为重、坚持准则、不做假账、恪守独立、客观公正"的职业道德理念,自觉抵制和揭发会计造假行为的论文、散文、诗歌等题材作品。本次活动征集的作品在"沈阳市财政局财会之窗"网站及《沈阳财政会计》杂志发表。

开创网上征集会计制度问题和答案新模式。活动从 3 月 24 日至 5 月 20 日分三个阶段进行,3 月 24 日至 4 月 18 日为问题征集阶段,4 月 21 日至 5 月 16 日为公示问题、征集答案阶段,5 月 20 日以后为组织评议阶段。本次网上征集活动从问题征集、公示问题和征集答案到专家评议均通过市财政局"财会之家"网站、"局长邮箱"等方式操作进行,实现全程"无纸化"。

(赵秋艳)

国　税

【税收收入】 2014 年,全市国税系统共完成全口径税收收入 577.7 亿元,同比增长9.7%,增收50.9亿元。地方级收入完成153.1亿元,同比增长18.6%,增收 24 亿元。全口径和地方级收入双双实现新突破。同时,围绕促改革、调结构、惠民生,国家相继出台了一系列结构性减税政策。一是加强政策宣传,强化辅导培训。针对营改增企业、小微企业等特定对象,通过多种途径,积极开展宣传辅导,提高政策知晓度。二是加强督导落实,提供优质服务。加强调研,周密组织,确保铁路运输、邮政和电信服务业营改增平稳运行。制定了一系列措施,使符合条件的近 2 万户小微企业都享受了税收优惠,受惠面达到 100%。三是做好数据分析,强化后续监控。充分利用 CTAIS 和综合数据平台,对营改增等各项政策进行效应分析,为完善管理和服务奠定基础。市国税局机关和铁西区局被评为全国文明单位,沈河区局被评为全国税务系统先进集体,和平区局等 14 个单位被评为辽宁省文明单位标兵或辽宁省文明单位,全系统 34 人次获得市级以上荣誉称号。

(徐希竹)

【纳税服务】 解放思想、转变观念,从机制制度层面找准转变职能、简政放权、优化服务的突破口,出台了"首问首办责任制"并在全市实施。"首问首办责任制"主要包括两项内容:一是调整审批权限,将办税服务厅打造成全职能、综合性的服务机构,实现纳税人依申请办理的事项在办税服务厅一站办结;二是从压缩办理时限、减少办理环节入手,全面优化办税流程,使 154 项纳税人常办业务中即时办结事项由 41 项增加到 115 项,比例达 75%,真正做到了"最大限度方便纳税人"。首问首办责任制实施 6 个月,全市办税服务厅受理业务 31 万件,即时办结 94%,累计减少办税环节签字 63 万次,节约办税时间近 20 万个工作日，平均每户纳税人节省办税时间12天，税收管理员总体工作量减少60%，为提升管理能力、转变管理方式创造了条件。该做法在全省国税系统推广，并作为省局的创新项目参加总局评选。

（徐希竹）

【依法治税】　全面清理自行制定的30个涉税规范性文件，对11个税收征管工作规范予以废止，降低基层干部执法风险。以康平县局为试点，开展法治税务示范基地建设，着力规范税收行政行为。全力推进政务公开，强化行政监督和问责，做好复议应诉等工作，依法化解征纳纠纷。开发“规范进户执法工作平台”，切实解决多头执法、重复检查问题。加强执法督察，对六方面问题进行全面剖析，狠抓整改落实，防范执法风险。加强税务稽查工作，通过科学选案、强化管查互动和税警联动，重点打击虚开代开发票等违法犯罪活动。集中力量查办大要案，开展七大重点行业的专项检查和专项整治。公布一批重大税收违法案件信息，发挥震慑警示作用，推动社会信用体系建设。

（徐希竹）

【税收管理】　围绕税收管理的重点方面和薄弱环节，落实好各税种征收管理措施，税收管理质量进一步提高。着力增强针对性，提高命中率，风险管理的作用有效发挥。关注境内关联企业税收管理，开展税收转移专项检查工作，防范企业利用总部经济和政策洼地效应侵蚀本地税基。开发增值税防伪税控电脑版普通发票比对系统，开展电脑版普通发票专项核查，使信息管税的思路得到充分验证，为更好地发挥以票控税的作用积累了经验。对二手车交易实行驻场征收，单车税负同比提高2.5倍。以混凝土行业为突破口探索企业所得税行业管理办法。密切监控跨国企业重大事项，积极应对税基侵蚀和利润转移问题。探索符合本地实际的大企业税收管理模式，强化税收风险管理。加强出口退税基础建设，优化制度流程，将提高退税效率和严防骗税有机结合。

（徐希竹）

【队伍建设】　坚持以人为本，倾情带队，善待严管，有效激发了队伍活力。在作风建设方面，17个基层单位以落实总局“三个三”要求为重点，聚焦解决“四风”问题，扎实开展第二批教育实践活动。充分发挥联系点制度和督导组作用，形成以上率下、层层跟进的良好局面。开展“三清”、“三察”、“三审”专项整治，取得突出成效。通过活动开展，参与活动的1847名党员干部切实受到一次群众观教育，思想认识进一步提高，工作作风进一步转变。铁西区局民主生活会和皇姑区局陵东所组织生活会分别作为全省基层局和税务所的示范加以推广。在能力建设方面，加大人才培养力度，组织年轻干部到扬州税务学院参加高端人才培训，组织全员业务考试和征管稽查业务竞赛，以考促学，以赛促训，系统上下学风更浓、素质更优，在省局举行的高素质人才选拔考试中，共入选18人，占全省此类名额的51%。在组织建设方面，按照层级管理原则，按照管理权限，理顺了科级以下干部管理体制，完善了处级非领导职务选拔任用办法，有力推动了系统组织建设规范化。坚持公开、公平、公正原则，选拔任用4名正处级、10名副处级领导干部，进一步充实了中层干部队伍。在党风廉政建设方面，认真落实廉政谈话和述廉考核制度，初步搭建了“教育网络平台、防范警示平台和文化展示平台”三位一体的廉政教育载体，尤其是组织开展的“以案说法”演讲比赛，不仅在系统内反响良好，还得到市纪委高度评价。加强廉政风险防控，形成上下联动、条块结合、全岗位覆盖的内控机制建设工作格局。

（徐希竹）

地　　税

【税费收入】　2014年，全市地税系统共组织各项税费收入811亿元。组织各项税收收入539.7亿元，下降11%。其中：市级公共财政预算收入457.2亿元，同比减收64.7亿元，下降12.4%，剔除“营改增”因素下降9.7%。征收社会保险费256.8亿元，增长7.5%；其中企业养老统筹部分104.5亿元，增长11.9%。另外，征收河道维护建设费2.1亿元，征收工会经费（筹备金）9.3亿元，征收残疾人就业保障金3.1亿元。

（张　威）

【挖潜增收】　市地税局将组织收入作为第一要务，深入分析税收形势，分行业、分税种、分征收单位研究对策，确定了35项挖潜增收措施。坚持抓早、抓实、抓出实效的原则，定期召开收入调度会，深入分析税源结构，每月倒排进度，咬定收入目标不放松，努力完成全年收入任务。一是开展地方税收大排查。全系统共组成500多个工作组，将年纳税额50万元以上纳税人全部纳入排查范围，采取集体约谈、自查整改、入户排查等方法，协助纳税人查找风险、纠正问题、补缴税款。全年共入户排查纳税人近2万户，排查入库税款9.6亿元，有效弥补了税源缺口。二是清理欠税取得新成效。全系统共对2.9万户欠税纳税人采取了清缴措施。其中：对欠税企业公告223户，责令限改2.4万户，限购发票4702户，阻止出境130户，扣缴存款99户，查封扣押11户。全年共清理陈欠税款3.6亿元，努力做到了应收尽收。三是组织开展了“奋力攻坚、大干一百天、努力完成全年税费收入任务”专项行动。从9月下旬开始，全系统采取超常举措，组织召开了全系统大干一百天工作推进会，对组织收入工作进行再动员、再部署，细化工作措施，加大挖潜力度，累计挖潜增收税款8.5亿元，专项行动取得了重大成果。四是规范行业管理。市地税局成立了6个税源专业化管理推进组，探索对房地产、建筑业等重点行业实行跨部门管理，初步确立了分析模型和指标体系。五是继续加强现金交易类行业管理，优化了发票摇奖办法，扩大了中奖面，改进了兑奖方式，摇奖3年新增税收13亿元。

（张　威）

【税种管理】　一是加强营业税管理。将营业税作为征管的重点税种，制定了32项挖潜增收措施，加大对重点建设项目的监控力度，在“营改增”税源减少的情况下，全年新增营业税收入2.5亿元。二是加强土地增值税管理。全系统把土地增值税清算作为挖潜增收的重点，全年清算审核项目213个，累计入库税款10.5亿元。三是加强城镇土地使用税管理。各基层局继续推进“以地管税”征管新模式，全年共入库城镇土地使用税6754万元。四是加强个人所得税管理。各基层局加强了股权变更个人所得税监控，追缴入库税款1.4亿元。

（张　威）

【社保费征收】 全系统在完成税收任务面临巨大压力的情况下,坚持“税费并重、税费统征”的原则,加大社保费征缴力度。在落实三个险种“减半征收”政策的情况下,全年社库费实现同比增长7.5%,可比增长11.5%,圆满完成社会保险费征收任务。

(张 威)

【征管改革】 市地税局举全系统之力,成功开发了税收风险管理平台,设计和开发各类风险指标163个,已经上线测试117个。2014年下半年,平台在全市上线运行后,共完成了3872户企业的风险应对任务,评估入库税费及滞纳金1.08亿元,风险管理改革取得了阶段性成果。该平台已经在全省推广。

(张 威)

【企业分立】 市地税局承担起全市工业企业分立工作牵头单位的重任后,立即着手制订了详尽的工作方案,组成了工作推进组,落实领导包户制度,全力推进企业分立工作。在全系统的共同努力下,全市共有263户工业企业实现分立,完成全年207户任务的127%,共分立出生产性服务业企业282户,沈阳市的工业企业分立生产性服务业工作走在全省前列。

(张 威)

【税务稽查】 市地税局各稽查局采取自查和专项检查相结合的方式,加强了对重点行业和重点税源企业的检查,严厉打击发票违法犯罪。全年共组织1889户纳税人开展自查,税务机关检查纳税人1476户,查补入库税费合计9亿元,有效发挥了稽查打击震慑作用。

(张 威)

【依法行政】 一是进一步规范税收执法行为。全系统坚持依法行政,加强了税收规范性文件的制定和清理,全年共制发税收规范性文件5件,清理出失效废止税收规范性文件87件。完善了重大税务案件审理制度,全年共审理重大税务案件10件,涉税金额达23亿元,提高了案件审理质效。严格执行税收个案批复工作规程,研究出台了行政处罚程序规范,制定处罚标准案卷范本,确保了行政处罚权的规范行使。二是切实防范执法风险。市地税局组织开展了税收执法督查工作,从落实组织收入原则、发票管理、注销清算、税收优惠政策落实等方面,对8个基层局进行了重点督查,对执法程序和文书使用等方面的问题进行了认真整改。全年共受理审查行政复议案件8件,充分发挥了执法监督效能。三是认真落实税收优惠政策。全年对小微企业困难减半征收房产税、城镇土地使用税8650万元;减免高新技术企业所得税2.7亿元;缓征河道工程修建维护费8.2亿元;落实“三险”减半征收政策,减轻企业负担9.5亿元。全年合计减免税费34亿元,较好发挥了税收对稳增长、转方式、调结构、惠民生的促进作用。

(张 威)

【纳税服务】 市地税局对现有征管业务流程进行全面梳理,共简化流程22个,简化办税环节65个,减少办税资料115件,最大限度减轻了纳税人的负担。试点推广了“一窗式”服务改革,实现了“一窗多能”、“先办后审”。全系统认真落实纳税服务规范,服务质量和效率不断提升。开发应用了“微信公众服务平台”。“12366”纳税服务热线全年接听电话16.7万个。通过新闻媒体、短信平台、纳税人学堂和门户网站等载体,组织开展了税收宣传和纳税辅导。与此同时,全系统广泛开展“便民办税春风行动”和“两转一优”等活动,仅在“双进双解”活动中,就为纳税人解决各类涉税问题179个,营造了良好的税收软环境。在国家税务总局2014年度纳税满意度调查中,沈阳市地税局在全国26个省会城市中排名第八。

(张 威)

【行政效能建设】 市地税局以升级内网和实行绩效管理为载体,推进行政效能改革取得新进展。以“智慧地税、数字机关”为目标,开发了全面覆盖、方便智能的网上办公平台,实现了多项工作的网上运行、全程记录、跟踪督办。同时,全面推行绩效考评工作,健全了绩效考评指标体系,设立了600多项考评指标,自行研发了绩效管理信息系统,实现了“打造一个链条、构筑一个闭环、形成一种格局、建立一套机制”的工作目标,有效发挥了绩效考评对各项工作的引领和评价作用。

(张 威)

【队伍建设】 一是以“三个叫响”实践活动为引领,着力推进领导班子建设。全系统继续开展了“叫响我是领导、我给群众打个样,我是共产党员、我给群众作表率,我是地税人、我为地税树形象”的“三个叫响”实践活动。在政治建设方面,市地税局党组组织全系统领导干部认真学习了十八届三中、四中全会以及习近平总书记系列重要讲话精神,自觉在思想上、行动上与党中央保持高度一致。在领导示范方面,着力推进“我是领导、我给群众打个样”活动,各级领导干部按照打样标准,主动亮出承诺,自觉接受群众监督,做好群众的带头人,增强了领导班子的战斗力和凝聚力。在组织建设方面,各级领导班子严格落实领导干部选拔任用规定,坚持正确的用人导向,圆满完成了领导干部竞争上岗工作。在作风建设方面,各级领导干部认真贯彻中央八项规定,大力整治“四风”,组织开展了办公用房、公车私用、公款吃喝等专项整治。二是以思想政治工作为推手,全面推进干部队伍建设。全系统将思想政治工作融入到全年重点工作中,扎实推进“三个叫响”实践活动,全体地税人层层亮出承诺,主动接受监督,一级做给一级看,一级带着一级干,激发了广大干部想事干事的正能量。同时,继续开展了创先争优打擂台活动和“双十佳”评选活动,为干部职工搭建了展示的舞台,充分发挥先进典型的引领示范乘数效应。

(张 威)

【廉政建设】 一是坚持惩防并举,健全反腐倡廉工作机制。全系统认真落实中央纪委四次、五次全会精神,积极推进惩防体系建设,自觉将党风廉政建设工作与税收工作同部署、同落实、同检查、同考核;在教育环节,全系统开展了多种形式的反腐倡廉主题教育;在预防环节,严格执行领导干部个人重大事项报告、出国(境)管理、诫勉谈话和专题民主生活会等制度,组织开展了述职述廉工作,在征管一线推广了廉政风险管理平台;在惩治环节,纪检监察部门严肃查处以税谋私等违纪违法行为。二是组织开展了“三难”和吃拿卡要专项整治活动。市地税局制订了整治方案,对基层局的办公场所、办税服务厅和税务所进行了暗访,将查出的问题在内网通报,认真组织整改,有效遏制了“三难”和吃拿卡要问题的发生。2014年,全系统18个基层局进入当地政风行风评议先进行列。

(张 威)

金　　融

综　述

【概况】 截至2014年末,沈阳市金融业总资产达到1.93万亿元,比2010年增长39.9%。金融业当年税收达到67.1亿元,是2010年的2.4倍。金融业税收占服务业税收17.67%,全市纳税百强企业中,金融企业20家。全市实现金融业增加值443亿元,比2010年增长88.4%。金融业已经成为沈阳市支柱性产业,区域金融中心建设成效卓著。2014年末,全市金融及金融服务机构达到725家,当年新增54家。其中,分行(分公司)以上金融机构131家,比2010年增加41家,增长45.1%。总部机构取得快速发展,盛京银行2013年底在香港成功上市,综合经营实力居东北城商行首位。华汇人寿保险总部在2011年成立,填补了沈阳市没有保险法人机构的空白。农商银行改制成立,金融支农主体地位进一步增强。2014年8月,国务院振兴东北28号文件出台,沈阳市紧抓政策契机,高效推动2家民营银行、3家金融租赁公司、1家消费金融公司等新型总部机构筹备工作。同时,推动5家互联网金融企业向人民银行总行申请全国性支付牌照,其中易支付科技、德付通科技已向人民银行递交申报材料。这些金融机构的设立填补沈阳市金融总部机构的多项空白。全市保险机构64家,证券营业部92家。小额贷款公司和融资性担保机构总量达到135家。金融对外开放步伐加快,2014年设立了第一家外资担保公司——新鸿基融资担保。渣打银行等外资银行招商步伐加快。一批金融中介机构纷至沓来,国际四大会计师事务所的毕马威、安永、普华永道先后入驻沈阳市。

(崔　增)

【金融体制改革】 沈阳市围绕建设东北区域金融中心,突出产业金融特点,大力推进为实体经济发展服务的金融产业。进一步完善了优化金融生态的规划体系、政策措施、管理体制和工作机制,加快发展多层次资本市场,推进全省首家股权投资示范基地建设,打造具有全国影响力的东北金融信息中心,组建沈阳联合产权交易所集团,支持盛京银行打造全国性股份制商业银行,支持诚浩证券等金融总部机构引入民营资本为主体的战略投资者。促进产业投资基金、创业(风险)投资基金和并购基金设立的便利化,探索开展碳排放权交易试点和排污权交易试点,支持沈阳环境资源交易所探索设立大宗商品交易等要素市场,做好设立民营银行的前期准备工作。加强社会信用体系建设,建立健全失信惩戒和守信激励机制。以金廊为载体,以沈阳金融商贸开发区优化金融生态改革试验核心区以及和平金融街、皇姑北站北等金融集聚区为支撑,加速金融机构集聚,提升金融集聚区能级,加快东北金融后援基地建设。

(崔　增)

【多层级资本市场建设】 多层次市场建设取得重大突破。沈阳联合产权交易所集团化发展取得重大突破,2014年底已注册成立。2010年以来交易资产总额超过500亿元,已发展国有产权、金融资产交易等10类专业平台,成为全国首批获得国务院国资委央企资产转让交易资质单位。全省惟一一家区域性股权交易市场——辽宁股权交易中心启动,是沈阳市构建多层次资本市场体系的重要突破,2014年创新设立了国内区域股权交易市场首个专项科技概念的板块,发布了国内首支区域股权交易市场发展指数,全省已有932家中小微和科技型企业在中心挂牌。东北首家金融资产交易市场——辽宁金融资产交易中心2014年在沈阳市正式运营,挂牌金融资产产品金额523亿元,产品覆盖辽、吉、黑、沪等多个省区。企业上市工作位居东北前列,沈阳市共有境内外上市企业49家(50只股票)。2010年以来,共有机器人、辉山乳业、盛京银行等9户企业成功上市,融资总额306亿元。贮备上市后备企业37家。全市已有63家基金和创投机构,股权投资市场正在加快发展。累计发行9支企业债券,融资总额106亿元,债券市场融资势头良好。

(崔　增)

【民营资本进入金融业】 盛京银行吸收民营资本增资扩股,盛京银行开展了增资扩股和二级资本债券发行等外源资本补充,有效提高资本充足水平。2014年4月,盛京银行完成增资扩股10亿股的资本募集工作,补充核心一级资本55亿元。沈阳市在推进股权融资的同时,大力推进资本市场上市工作,鼓励盛京银行研究并择机发行合格资本补充工具。经国家银监会和中国人民银行批准,2014年5月,盛京银行在银行间市场发行22亿元二级资本债券。2014年12月,盛京银行成功实现在香港上市。

民营银行相关工作已经启动。由省政府主导的民营银行——振兴银行有望成为国家第二批民营银行试点。按民营银行设立要求,沈阳市积极推荐民营企业股东。

(崔　增)

【普惠金融】 社区银行等普惠金融发展惠及民生。年初,沈阳市出台《关于加强社区建设的若干意见》,鼓励发展普惠金融,推进金融企业与社会商家联合在社区设立银行自助服务终端设备,开办网点,为辖区居民提供存取款、代缴费等金融服务,为小微企业、下岗失业人员、创业人员、居民等提供银行、保险、融资咨询等便民金融服务,推进金融等新型服务业态进社区,将金融服务送到百姓家门口。截至年底,盛京银行、民生银行、兴业银行、浦发银行等金融机构在全市各社区设立了便民金融服务站300余家。其中,盛京银行广泛设立了社区金融服务站。民生银行便民金融服务平台在社区全面启动。小额贷款公司已经开始在社区、乡镇设立代办点。

（崔 增）

【优化金融发展环境】 2014年，全市银行业不良贷款率降至2.24%，低于全省平均水平，比“十五”末期下降13个百分点。司法公信建设取得积极成果，金融审判庭为金融机构诉讼保全等方面工作开辟了绿色通道，帮助银行化解不良贷款，为金融机构提供司法保障。金融信用信息基础数据库平稳有效运行，信用评级市场得到培育和发展，中小企业和农村信用体系建设不断深化，全市纳入中小企业信用档案7000户，建立农户信用档案37万户。沈阳市信用数据平台自2011年12月启动运行以来，信用数据征集范围进一步扩大，失信黑名单企业数据库初步建立。非法集资处置工作力度加大，处置非法集资工作进一步加强，发案率呈下降趋势，一批大案要案得到妥善处置，在全市范围内组织开展了防范和打击非法集资宣传月活动，切实从源头上有效遏制防范非法集资活动。

（崔 增）

【盛京银行在香港上市】 2014年12月29日，盛京银行在香港联合交易所举行H股上市挂牌仪式，实现H股上市目标，成为继重庆银行、徽商银行、哈尔滨银行之后，第四家在香港联交所挂牌的城商行。盛京银行本次招股定价为每股7.56港元，净募集资金约为91.35亿港元，是四家在港上市的城商行中，发行价格最高、净募集金额最大的银行。

作为沈阳地区的总部银行，盛京银行积极履行金融企业的使命和责任，围绕打造“区域经济战略发展牵引型、新兴产业扶植型、中小支持型、市民贴身服务型”银行的战略目标，充分发挥总部银行金融资本放大、金融杠杆撬动和辐射带动效应等特质，通过吸纳领取全国各分行资金，优先安排信贷规模，持续加大对优质行业、优势项目的信贷投放力度，优先支持高端装备制造业、现代服务业、优质民生工程和战略性新兴产业发展，为沈阳区域经济发展和产业结构优化升级做出了突出贡献。

（崔 增）

【禾丰牧业实现上市】 2014年8月8日，辽宁禾丰牧业股份有限公司（以下简称“禾丰牧业”）在上海证券交易所主板顺利上市，股票代码为603609，公开发行8000万股，每股申购价格5.88元，融资总额4.7亿元。禾丰木业是年初IPO开闸以来，沈阳市首家上市企业。

禾丰牧业创立于1995年4月，2003年3月27日发起设立股份有限公司，注册资本4.74亿元。公司核心业务以饲料复合预混料、浓缩料、配合料为主，拥有近百家全资或控股分（子）公司，是中国东北最大的饲料企业集团。

（崔 增）

【萃华珠宝实现上市】 2014年11月4日，沈阳萃华金银珠宝股份有限公司在深圳证券交易所中小企业板顺利上市，股票代码为002731，公开发行3768万股，每股申购价格11.92元，融资总额4.49亿元。萃华珠宝是年初IPO开闸以来，沈阳市第二家上市企业。

萃华珠宝前身沈阳萃华金银珠宝制品实业有限公司于2004年9月成立，2008年7月31日整体变更为股份有限公司，此次发行后注册资本1.51亿元，是一家从事珠宝饰品设计、加工、批发和零售的“中华老字号”企业。

（崔 增）

【帝信通信等11户企业在“新三板”挂牌】 《沈阳市服务业发展专项资金管理暂行办法》得到了进一步修改完善，其中加大了对“新三板”的扶持力度。2014年，累计申报市级服务业发展专项资金360万元。市政府在年初全市金融工作会议上，对各区、县2014年工作做出部署，下发了2014年工作考核任务指标，将“新三板”挂牌指标列入到各区、县政府绩效考核体系，推进企业在“新三板”和区域股权市场挂牌融资、债券融资等工作，重点推进拟在“新三板”挂牌企业与券商的衔接。全年实现帝信通信等11户企业在“新三板”挂牌。

（崔 增）

银 行

·人民银行·

【征信工作】 2014年，人民银行切实履行征信管理职责，强化征信服务功能，推动沈阳市征信业规范健康发展，促进全市社会信用体系建设和信用水平的不断提升。

完善个人信用报告查询服务，拓展信用报告查询渠道。开展个人信用报告代理查询试点工作，在交通便利的金融商贸中心区和房产中介集中的区域选择商业银行为代理查询网点，在提高个人信用报告查询服务质量和效率方面发挥了重要作用，受到了社会公众的肯定。布置个人信用报告自助查询机并放置于金融机构网点，进一步拓展了查询渠道建设。全年，个人查询信用报告总量19.84万份。

做好贷款卡行政许可收尾工作。及时将国务院和总行关于停止贷款卡行政许可的文件下发至县（市）支行及金融机构，做好对社会的宣传解释工作，加强与金融机构的协调平稳过渡。2014年，共向企业、事业单位借款人新发放贷款卡2084张，自然人695张，共对9349户企业进行了贷款卡年审。

有序推进征信业和征信市场健康发展。根据《征信业管理条例》和《征信投诉办理规程》有关要求，规范开展征信投诉、异议处理和征信诉讼等业务工作，维护信用信息主体合法权益。完成对部分金融机构的检查工作，对检查中发现的问题向被检查机构下达了执法检查意见书，要求各金融机构限期整改并上报整改报告。拓展宣传渠道，扩大应收账款质押登记公示系统和融资租赁登记公示系统的影响力。进一步加大对金融机构的宣传工作力度，推进商业银行在应收账款质押融资、融资租赁中运用登记系统。

深入推进中小企业和农村信用体系建设，开展了沈阳市家庭农场信息采集和信用评价工作。通过征信促进金融对家庭农场、专业大户和农民合作社的支持。与沈阳市精神文明办公室联合发文推动开展“道德信贷”活动，在农村地区推介“道德信贷”、“信用农户”经验，增强农民诚信意识，协调金融机构为诚信农民在办理各项业务过程中提供优质服务。

积极推动信贷市场信用评级管理方式的改革，由偏重事前资质认可转变为着重进行事中、事后监测和信息披露，通过信用评级实地调查制严格监测信用评级机构评级流程及评级质量。稳步推进小额贷款公司和融资性担保公司评级试点工作，在业务范围和评级结果应用上进行有益探索。

继续推动机构信用代码工作。在做好日常发放工作的基础上，保持和扩大机构信用代码的覆盖面。推进机构信用代码在金融领域和其他领域的应用。不断提升机构信用代码工作规范化水平，确保机构信用代码的数据质量。全年，共发放机构信用代码证2.87万个。

以征信和社会信用体系建设为主题，开展多种形式的征信宣传，历时3个月，共有1108个金融机构网点参与宣传活动，举办活动518次，发放宣传材料、宣传品5.19万件，成效显著。

（杨天明）

【信贷运行】　一、人民币各项存款少增

截至2014年12月末，全市金融机构本外币各项存款余额1.25万亿元，比年初增加875.3亿元，同比少增254.5亿元；人民币各项存款余额1.23万亿元，比年初增加872.3亿元，同比少增284.7亿元；外币存款余额24.26亿美元，比年初增加4000万美元。分机构看，盛京银行和建设银行人民币存款余额比年初增加较多，人民币存款余额分别比年初增加244.4亿元和159.2亿元。

1. 单位存款少增。全市金融机构人民币单位存款余额6184亿元，比年初增加408.9亿元，同比少增52.3亿元。其中，单位活期存款余额2348.1亿元，比年初增加65.7亿元；单位定期存款余额1592.4亿元，比年初增加115.3亿元；单位通知存款余额71.5亿元，比年初减少21.9亿元；单位保证金存款余额673.2亿元，比年初增加10.7亿元。一季度，受经济增速逐步下滑和春节发放奖金和企业经营活动减少影响，企业资金周转速度下降，企业存款减少；二季度以后，随着企业经营活动日趋活跃，企业存款逐步增加。

2. 个人存款少增。全市金融机构人民币个人存款余额5314.2亿元，比年初增加375.5亿元，同比少增176.8亿元。其中，储蓄存款余额5147.6亿元，比年初增加382.2亿元；结构性存款余额161.5亿元，比年初减少9.1亿元。全年，网络金融继续呈现快速发展状态，证券市场呈现逐步上涨态势，但银行间货币市场利率逐步走低；证券投资基金和理财产品对个人存款分流作用依然存在，但分流速度减缓。

二、人民币各项贷款增势良好

截至2014年12月末，全市金融机构本外币各项贷款余额1.03万亿元，比年初增加1086.8亿元，同比多增35.2亿元；人民币各项贷款余额1.0万亿元，比年初增加1108.4亿元，同比多增100.4亿元；外币各项贷款余额39.26亿美元，比年初减少3.68亿美元。本外币贷款余额和人民币贷款余额突破1万亿元；受跨境人民币贸易结算和境外人民币贷款发展影响，外币贷款余额比较年初减少。

1. 短期贷款少增。全市金融机构人民币短期贷款余额2845.1亿元，比年初增加292.5亿元，同比少增160.7亿元。短期贷款中，个人贷款及透支余额377.6亿元，比年初增加61.1亿元；单位贷款及透支余额2244.9亿元、比年初增加198.3亿元，同比少增122.4亿元，其中短期经营贷款余额2200.1亿元，比年初增加197.2亿元，短期固定资产贷款余额39.8亿元，比年初减少2.8亿元。全年，短期单位经营性贷款余额同比少增，主要是因为各银行普遍认为经济增速逐步下滑，经济增长方式正处于转型过程中，特别是中小微企业的抗风险能力较差，各行虽然继续将中小微企业作为信贷支持的重点，但各银行通过发放短期单位经营性贷款对中小微企业给予信贷支持的力度逐步减弱。

2. 中长期贷款多增。全市金融机构人民币中长期贷款余额6802.6亿元，比年初增加669亿元，同比多增91亿元。中长期贷款中，个人贷款余额1511亿元，比年初增加166.8亿元，同比少增40.2亿元；单位贷款余额4792.4亿元，比年初增加296亿元，同比多增10.4亿元，其中中长期经营贷款余额534.2亿元，比年初增加18.2亿元，同比少增78.8亿元，中长期固定资产贷款余额4258.2亿元，比年初增加277.8亿元，同比多增89.2亿元，中长期银团贷款余额493.4亿元，比年初增加206.9亿元，同比多增119.1亿元。新一轮东北振兴政策措施的不断落实促使重点建设项目贷款需求增加，各银行加大中长期固定资产贷款和中长期银团贷款投放力度支持沈阳基础设施建设和保障房建设项目，为沈阳市的城市建设提供了充足的资金支持；中长期个人贷款的增长主要支持了个人住房消费。

3. 票据融资多增。全市金融机构人民币票据融资余额342亿元，比年初增加134.3亿元，同比多增159.1亿元。上半年，票据融资余额较为平稳；三季度，部分银行集中增加了票据融资余额。

4. 个人消费贷款保持增长。全市全部金融机构人民币个人短期消费贷款和个人中长期消费贷款余额1445.4亿元，比年初增加179.5亿元，同比少增30.5亿元。商品房和二手房成交量在上年高基数基础上呈现了销量下滑的态势，受房屋交易量减少影响，住房按揭贷款同比少增。各银行对以住房按揭贷款为主的个人消费贷款持续采取鼓励和支持态度，个人消费贷款余额继续保持增长，支持居民的住房消费。

5. 人民银行再贴现、再贷款资金支持沈阳经济发展。截至年末，人民银行再贴现余额10.5亿元，支农再贷款余额2亿元，对商业银行支持中小企业和涉农单位的贴现票据办理再贴现，引导金融机构加强对中小微企业的信贷支持。

（王　赞）

【居民储蓄】　截至2014年年末，沈阳市居民储蓄存款余额（含外币）5378.5亿元，比年初增加380.9亿元，同比增长7.62%。其中，人民币储蓄存款余额5352.9亿元，比年初增加380.1亿元，同比增长7.64%。纵观全年，全市居民储蓄存款呈现较大波动，增速同比微降；分季度看，居民储蓄在每季末都会出现较大幅度的增加，增加额均突破了百亿元关口，而四月份居民储蓄则出现较大幅度的负增长。从影响因素看，宏观经济政策调整对居民储蓄意愿影响较为直接，居民财富管理观念有所进步。

1. 居民储蓄意愿对宏观经济政策反应灵敏。4月沈阳市公积金贷款放松年龄限制，而且贷款额度提至35万元，8月限购松绑，刺激市场需求释放，居民储蓄向房市流动，房地产政策变动是造成4、8月份储蓄存款减少的主要原因之一。7月股市出现复苏迹象，吸引居民将目光再次投入到股市，因股市分流，8月居民储蓄存款微降。11月21日央行宣布下调金融机构人民币存、贷款基准利率，扩大存款利率浮动区间，银行业借势提高存款收益率以吸引储户，另因股市利好使之前部分投资者资金解套出货，11、12月居民储蓄存款明显增加。

2. 居民投资观念增强，理财产品市

场繁荣。居民购买理财产品意愿较往年有大幅提高,且在一季度达到峰值。从趋势看,在居民家庭主要金融产品中,投资需求正逐渐接近储蓄存款。在各类投资品种中,基金、股票和债券分列投资产品需求的前三甲,居民投资品选择以稳健性收入为主要考量。银行业金融机构为与互联网理财产品争夺市场,在年初纷纷推出多种高收益理财产品,依靠较高的银行信誉吸引传统投资者参与理财。从投资需求结构上看,不同收入居民对投资品种的选择也有所不同,收入越低的家庭对风险的承受能力越弱,对投资品的选择更注重资金的保障功能,国债和人寿保险作为低风险稳收益的产品最受欢迎,中等收入家庭有一定的风险承受能力,更倾向于实业投资,而高收入家庭风险承受能力较强,更愿购买民间借贷和收藏品等高风险投资产品。

3. 居民消费意愿稳步提升,旅游消费渐成主流。全市居民消费意愿逐季提升,年底选择愿意更多消费的居民超过了20%,为近年来较高水平。大件商品购买仍为消费首选,收入结构决定居民消费仍以满足基本生活需要为主,而近几年旅游消费渐成主流,部分季度甚至超过大件商品消费。从全年看,旅游消费季节性差别显著,第二、三季度旅游消费比较集中。因此,这两个季度内一些月份居民储蓄增速有所放缓。

(宋光宇)

·中国银行·

【概况】 2014年,中国银行沈阳分行坚持以"担当社会责任,做最好的银行"的战略目标为指引,突出以效益为中心,重点围绕"收入、清收、存款、产品、网点、机制、合规、作风"等8个关键词和40项工作要点,着力推进结构调整和业务转型,强化全面风险管理,深化机制建设、队伍建设和网点建设,提升内生动力,各项经营管理工作取得了明显成效。截至年末,本外币存款余额788亿元,本外币贷款余额482亿元。

(柏　雷)

【业务发展】 2014年,中国银行沈阳分行坚持集约经营,向规模增长、结构调整和成本节约要效益,经营效益保持稳定增长。按照"盘活存量、用好增量"的总体要求,大力拓展市场,扩大资产负债规模。年初,提出了努力将负债成本控制在全省平均水平、资产收益率达到全省平均水平以上、继续改善或保持合理的净息差水平的结构调整目标。从优化负债、资产、收入、客户结构等方面入手,加大结构调整力度。应对利率市场化趋势,加强负债管理,大力发展低成本存款;把握时机,优化信贷结构,将有限的信贷资源投向高回报、高收益、低拨备、低占用的行业和客户,在贷款规模、资本占用双重约束下,大力发展多渠道融资、理财、结售汇等轻资本占用产品,通过实施产品带动策略,拓宽收入渠道,优化收入结构。

在贷存比、存款偏离度、资金价格、流动性等多重约束的背景下,大力拓展核心存款。充分发挥产品带动作用,大力发展银行承兑汇票、多渠道融资、贸易融资等业务,积极争揽保证金存款。加大行政事业存款的拓展力度,专门成立行政事业机构部,通过高层营销、条线营销等点面带动,继续挖掘部队、财政、社保等重点客户资源,发展县区财政存款。以扩大客户基础、做大客户金融资产为主要抓手,加大业务创新与项目营销力度,实现"零售业务批发做",带动个人存款稳步增长。在控制成本的基础上,争揽低成本、规模大、稳定性强的同业存款,加大保险公司核心存款拓展力度,扩大市场份额。

加大战略性重点产品推广力度,采取"定项目、定指标、定奖励"等措施,取得积极进展。大力拓展代发薪业务,全年代发资金量同比增幅47.29%;加大中银辽通卡、全币种国际芯片卡、白金卡等优势产品的营销力度,新增有效卡总量市场份额由第5位提升至第3位;发挥海内外联动优势,拓展跨境人民币结算业务。截至年末,跨境人民币结算量同比增幅67.04%。继续加强银医项目营销,拓展市属医院居民健康卡项目,11月份实现在市属医院首发。截至年末,居民健康卡项目累计发卡22.93万张,增幅15.98%;电子银行业务实现快速发展,个人电子银行交易客户数同比增长100.47%,手机银行交易客户数同比增长631.58%,企业网银交易客户数同比增长22.92%。加大中银E社区项目推广力度,成为全国系统内第6个签约社区数量突破百家的分行。

(柏　雷)

【内控管理】 2014年,中国银行沈阳分行不断强化内控管理与案防工作,确保安全经营。加强内控管理工作,加大对重要区域、重要业务环节和人员的管控力度,密切关注干部员工特别是基层机构负责人的异常行为,认真执行强制休假、客户对账、录像查看等内控制度。加强对运营内控副职的管理,建立常态化、制度化的考核和后评价体系,提高履职能力,组织开展对异常风险数据进行核查、分析,及时消除风险隐患。针对案防工作的严峻形势,重点防控参与民间借贷、理财、票据、融资、银行卡、消贷、个人大额资金转账等高风险领域,严防内外部欺诈风险。在全辖组织开展了"双十禁"检查及"合规工作座谈",提高基层机构负责人案防意识和案防能力。开展了案防履职及合规经营教育、警示教育及案例分析讲座等活动,增强全员案防意识。加大违规问责力度,对违规违纪行为"零容忍",有责必究,问责必严。

(柏　雷)

【基础建设】 2014年,中国银行沈阳分行加快推进物理网点建设进程,全年新增设机构1家,完成网点迁址、原址改造9家,新建离行式自助银行6家。私人银行正式对外营业,成为辽宁中行系统内设立的第2家私人银行。以公司、中小、个贷、国内、国际结算等授信类业务下沉为主要手段,持续推动"全能化、大型化"网点建设。从网点环境建设标准化、业务操作流程标准化、销售服务流程标准化、网点管理标准化四大方面入手,集中开展了网点服务规范化、标准化专项整治工作,提高网点服务水平。继续坚持以"三个倾斜"为导向,按照"投入与产出挂钩、费用分配与效益挂钩"的费用分配原则,改进网点及营销人员营销费用的配置标准及配置方式。完善对一线柜员业务量的考核体系,细化对公司客户经理、理财经理、大堂经理、个贷经理等专业序列员工的考核办法,强化准入、退出、考核机制。全面梳理分行营业部组织架构,实行支行化管理模式。加强队伍建设,落实经营管理人员履职评价工作,圆满完成劳务派遣员工用工形式转换工作。分层级开展各类教育培训,其中十分关注青年员工成长,组织开展了塔基工程、基业成长、助力成长等系列培训。加强党风廉政建设，强化第一责任人"一岗双责"意识。深入落实总行任前廉政谈话和省行"四个谈话"要求，督促各级管理人员廉洁从业。按照中央和总省行的统一部署，完成了两批党的群众路线教育实践活动，并制订落实了整改方案。

（柏　雷）

·工商银行·

【存款业务】 2014年，工商银行辽宁省分行营业部全方位提升服务质量，积极满足各类客户资金保值、增值需求，通过提升窗口服务质量、优化渠道布局、增加自助设备等方式，截至年末，人民币全部存款余额达到1288.4亿元，比年初增加81.3亿元，增长6.74%。大力宣传总行存款利率优惠政策，积极为客户提供增值服务，开展投资健诊活动。在筹措对公存款中，全力为沈阳市工商企业客户特别是各类经济区、产业园区、高新园区等新发展园区的客户提供转帐结算、现金管理等综合性、个性化的一揽子金融服务。着力加强了存量客户维护，积极走访客户，密切了与客户的关系，根据客户需求，提供形式多样、个性化营销综合服务方案。出台了高端客户分层维护方案，按不同层级分别成立了维护团队，提高了维护服务质量。大力宣传工商银行对公、对私产品及服务，组织全行优秀对公及个人的客户经理为企业单位负责人做了专题讲座，详细讲解财智账户卡、账户信使、票据池、贵金属等业务，让客户感受到工行对客户的重视，体会到工行的产品的先进性和优越性对企业经营管理的帮助。定期组织理财沙龙、产品推介会，通过短信平台及时传递产品动态。持续推动网点贵金属示范区建设，使网点有区域、有标识、有展柜、有展品，满足了客户多元化金融需求。不断完善现金管理服务工作，在持续为现金管理大客户做好个性化服务的同时，积极发展支行级现金管理，推进优势产品应用。全面深化同业间往来业务合作，共同推动区域金融发展。

（刘琳娜）

【贷款业务】 2014年，工商银行辽宁省分行营业部紧跟东北老工业基地二次振兴的步伐，加大对重点建设项目、先进制造业、现代服务业、文化产业、教育、医疗、战略性新兴产业的支持力度，积极支持小微企业合理的资金需求，为居民融资理财提供多领域服务。截至年末，实体贷款余额759.5亿元，比上年末增加80.7亿元，增长11.9%。积极满足企业融资需求。组织和参加银政企项目对接会，共同对接融资和服务需求。对重点投放项目实行按日、按周、按月调度，确保贷款投放进度。前中后台密切配合，信贷服务效率进一步提升。全年累计投放大中型公司客户贷款394.3亿元。积极为小微企业提供信贷支持，实现了全省首笔项目项下供应链和房地产项下供应链业务突破。积极为小企业客户办理贴现业务，满足客户资金周转需求，全年小企业客户票据直贴余额及增量名列全省工行系统第一位。全年累计投放小企业贷款23.5亿元。为了不断满足个人客户住房金融消费需求，加大了对优质大型房地产项目个人按揭贷款的推广，坚持创新服务方式，开展了"坐商"变"行商"，走市场、广宣传的服务活动。同时，为了满足个人客户消费升级的需求，开展全产品的综合化金融服务，联合按揭资源渠道，根据目标客户的融资需求，提供住房贷款、家居消费贷款、自用车贷款等的产品渗透，不断丰富个贷产品的多元化。截至年末，累计投放个人贷款48.3亿元，个人贷款余额较年初净增30.2亿元。

（刘琳娜）

【金融服务】 2014年，工商银行辽宁省分行营业部在为广大客户提供存贷款业务的同时，不断加大产品和服务创新力度。围绕客户多样化的服务需求，开展了多业务、多系列、多层次的客户体验和营销活动。持续开展了网点服务大检查、大整治活动，把减少客户投诉、改善服务环境、减少客户等候时间。积极服务个人客户。实施了分层维护，建立了"四个信息传递渠道"，通过邮件发布总行最新产品，通过微信向客户发布最新产品资讯和市场信息，在网点信息栏张贴最新业务、最新理财资讯，利用户外LED设备按日更新产品信息及重点业务，为私人银行客户提供了全省首例远程委托私人银行产品。为优质对公客户开办了资产证券化业务、融资性理财业务、项目项下供应链和房地产项下供应链业务等多项新业务。自主研发的沈阳市存量房交易资金监管系统正式投产，与于洪区村镇银行实现银银平台合作，开办了大额黄金租赁业务。积极支持客户国际业务需求，针对客户业务特点及需求设计产品方案，创造性地为客户办理了全省工行系统首笔出口订单融资、远期择期结汇+客户卖出购汇期权组合产品。积极推广互联金融服务。联合腾讯大辽网，面向大辽网车友会会员，举办了以互联网金融为主要内容的客户体验活动；进入10余所大专院校举办了"工商银行新浪校园歌手争霸赛"系列活动。积极推动互联网金融业务在民生领域的应用，沈阳华热科技有限公司采暖费B2C线上支付业务及辽宁省（虎跃）快速汽车客运网上支付购票业务正式上线。全面提升服务质量。持续开展优质服务活动，通过深入开展服务整治。紧紧围绕创建"人民满意银行建设年"的目标，在行内设置了网点服务保障平台，处理援助保障问题。开展了中国银行业协会五星级网点示范单位创建活动，安装网点服务视频监控系统，推进了服务包点制。持续开展了服务培训考试、明星柜员评选活动。开展了网点服务规范化推广活动。在本部员工中开展了"一帮一挂点网点担当大堂服务"的活动。积极参加中国银行业协会五星级网点示范单位创建活动，大东支行营业室、奥体中心支行获中国银行业协会"文明优质服务千佳示范网点"荣誉称号。市府路支行、兴顺支行、黄河支行、太原支行获省银行业协会"优质文明服务示范网点"称号。在中央电视台、新浪、凤凰等网站，辽沈晚报等十余家媒体宣传表扬皇姑黄河支行堵截电信诈骗维护消费者利益的感人事迹，树立大行风范。在《沈阳日报》沈阳榜样评选中获"领袖大奖"，并被授予"沈阳城市发展杰出贡献奖"。在《沈阳日报》举办的最佳银行及员工评选活动中，黄河支行获得最佳支行称号、大堂经理孙闯获最佳大堂经理称号、奥体中心支行王香梅获最佳支行行长称号。按照人民银行、银监会及省行要求，组织开展营业部金融知识宣传普及月活动。各支行网点统一印制宣传折页并订购《银行业金融知识读本》下发支行。组织各支行利用网点LED显示屏、液晶电视等宣传载体展示活动口号,下载银监会消保局制作的宣传片进行宣传。认真学习落实人民银行《沈阳市银行业金融机构金融消费权益保护工作评估试点办法》。

(刘琳娜)

【经营管理】 2014年,工商银行辽宁省分行营业部积极应对经济增速放缓、各类风险不断演变的情况,持续夯实经营管理基础,进一步加大风险防范和内部控制力度,突出风险导向和问题导向,在大力支持前台部门开拓优质信贷市场,促进信贷结构调整的同时,狠抓信贷风险的防范与控制,突出加大对中小企业、房地产贷款、固融贷款和个人贷款的风险监测、分析、预警和检查工作力度,着力化解与压降信贷风险,确保全行信贷业务持续、稳健发展。出台了《关于进一步夯实信贷管理基础,有效提升信贷管理水平的指导意见》和《营业部信贷和信用卡从业人员违规处罚细则》。加强非现场监测与现场检查,提高风险识别的前瞻性和主动性。对到期贷款进行逐月排查,通过监测人员分析排查结果,化解风险隐患。按月监测个人贷款风险分类、支付方式等情况,及时完成风险分类工作。积极开展法人客户贷后管理专项治理工作。对贷后管理的时效和质量进行重点监测。继续保持现场检查的高压态势,采取飞行检查和现场检查的方式,弥补非现场监测的空白,全年开展了银行承兑汇票合规性检查、个人贷款专用章检查、质押贷款检查以及银行承兑汇票专项检查、房地产贷款现场检查、对由合作机构推荐或通过合作机构办理的尚未结清的个人消费类信贷业务的专项检查、个人贷款客户收入真实性检查,不断完善贷前尽职调查和贷后管理,推动信贷业务健康稳定可持续发展。全力推进合规经营。组织相关人员参加了中国人民银行2014年第四期金融业反洗钱岗位准入培训。开展了以“预防洗钱,维护金融安全”为主题的反洗钱宣传活动。全力配合内外部现场审计工作。配合辽宁银监局对下辖机构改革开展后评价、对下辖三个支行开展检查前问卷及对大东支行开展全面业务序时检查;完成对十二个支行“普惠金融”调查、信访业务协查、融资业务协查等,协调相关专业及网点向银监局及时完整提供相关资料。配合银监局对大东支行上半年进行全面业务检查,对辽宁分行上半年信用卡业务进行现场检查。开展了非法集资风险专项排查,全员签定了《员工不参与非法集资等相关活动承诺书》。

(刘琳娜)

·农业银行·

【概况】 中国农业银行股份有限公司辽宁省分行营业部(以下简称省农行营业部)全辖共设一级支行17个,营业中心1个;共有营业网点158个,其中支行营业部18个(含营业中心),二级支行84个,分理处56个;本级机关现有内设机构24个,在册人员4153人。

截至2014年末,省农行营业部全行各项存款余额达959.97亿元,净增88.2亿元;各项贷款余额达494.49亿元;净增74.26亿元;中间业务收入达4.47亿元(含委托);实现考核拨备后利润达15.67亿元;实现经济增加值7.22亿元。同时,经营基础逐步夯实,风控能力显著增强;党建工作、队伍建设及企业文化建设全面推进,员工精神风貌及农行的社会地位、品牌形象大幅提升。

(胡艳冰)

【存款业务】 2014年,省农行营业部牢固树立“存款兴行”的经营理念,将稳存增存作为工作的首要任务。一方面,充分发挥网点吸储揽存主力作用,以网点软硬转型为基础,深入推进“网点提质增效工程”,在全省农行系统率先推行网点标准化管理、开展“赢在大堂”销售、社区银行、智慧银行试点工作。加大对个人贵宾客户、优质法人客户的扩户营销力度,以资金流、结算流营销抓牢客户群。加大关联业务拓展力度,加强公私联动,强化理财拉动,实施产品带动策略,推进烟草直通车、票据池、E商管家等新兴业务产品,充分发挥产品组合对存款的锁定、稳固作用。另一方面,积极开展重点区域的重点客户营销,多渠道归集个人资金,城区支行以辖区内的CBD、特色商圈、高档社区、大型国企、优质房地产开发企业、上市公司、集团总部的中、高级管理人员等为目标组织存款,500万元以上客户新增资产8.34亿元。县域支行以提高惠农卡使用率、完善惠农支付通结算渠道,以种养殖、粮食批发类大户等为重点对象吸储揽存。截至12月末,本外币个人存款余额611.85亿元,较年初净增68.87亿元,日均增量69.55亿元;同业市场份额32.09%,同比提高1.42个百分点。

(胡艳冰)

【贷款管理】 2014年,省农行营业部以“扩户提质”为目的,以“产品带动”为策略,实现了信贷有效投放、结构调整和质量提升。对接上级行政策要求,进一步完善了对公营销体系建设,明确了以铁西、浑南、沈北三个开发区和四个县域为“扩户”重点,确定了重点项目、重点客户、重点业务,有贷法人客户比年初增加26户。同时,努力扶植小微企业发展,并在“振兴东北老工业基地”中发挥了积极作用,2.25亿元棚改区改造项目贷款已投放到位。在“三农”业务上,围绕“四点一线”和“千百工程”建设,“三农”重点领域金融服务水平有效提升,县域竞争优势明显增强。县域各项贷款比年初增加18.86亿元,增幅124.63%;县域法人授信客户比年初增加18户;省级以上农业产业化龙头企业整体金融覆盖率较年初提高10个百分点;“千百工程”达标客户新增6户。风险控制方面,以“重发展更重风险防控,重业绩更重遵章守纪”为主线,不断深化依法合规、稳健经营的“大风险”理念,持续加强“双基”管理,扎实开展各类风险排查,重点把控关键风险点,着力化解风险隐患,为建设区域主流银行营造和谐稳定的良好环境,努力实现新常态下业务发展的稳中有为、稳中提质、稳中创优。2014年,省农行营业部法人贷款净增21.05亿元,有力地支持了沈阳地区的经济发展。

(胡艳冰)

【中间业务】 2014年,省分行营业部把中间业务视作新形势实现转型升级、创新增收、规避风险的亮点工程,广泛培植、重点突破,使之成为经营特色和差异化竞争优势的新业务、新盈利增长点。在继续巩固电子银行、信用卡、个人贷款等传统业务优势的同时,大力发展行云卡、BMP收单、E商管家等新兴业务,实现了“多元发展”、“亮点纷呈”。

1. 个金中间业务方面。通过扩大产

品销售、增加发卡量、做大客户规模及加强机具布放等措施，业务创收能力不断增强。一是对私理财产品销售规模不断扩大。销量及业务收入同比均大幅增长，创历史之最。二是首发基金销量大幅提升，全总销量占了全省近六成份额。三是白银代理贵金属业务发展势头良好。由于国际金价持续下滑，贵金属销售受到一定影响，为提高收入，加大了白银及代理贵金属的推广力度，贵金属业务逐渐成为一个新的收入增长点。四是借记卡净增卡量、金融IC卡发卡量以及卡存款占比、卡均存款、卡均交易量系统内均排名第一。

2. 个贷业务方面。强化了个人住房贷款利率定价管理。在不影响同业市场竞争的前提下，实现同业保三争二的目标；制定了差别化计价政策，根据市场情况、同业竞争情况、市场需求和上级行的要求，按季适时调整了个贷计价政策，充分调动客户经理的营销积极性；加大了风险防控力度，通过计价引领对个人关注类贷款压降、权证办理进行奖惩、增强风险监测力度、严格落实停复牌管理、积极督导呆账核销工作、加强贷后业务检查等方式积极进行风险控制。

3. 电子银行业务方面。一是以提升分流率为抓手，提升对公客户电子渠道交易量占比。二是强化新旧产品组合营销，深入实施产品带动战略。重点加快移动近场支付、E商管家、电视银行等项目推进及营销推广。三是积极开展自助设备营销活动，将提升自助设备本代他收入作为营销重点，县域行抓住惠农服务点技术升级的有利条件，组织开展“用农行智付通、农行送惊喜”为主题的智付通缴费、转账等促销活动，提高惠农卡及智付通业务激活率。2014年，个人网银净增22.3万户，同比增长5%；个人消息服务净增56.3万户，同比增长37.8%；企业网银净增9000户，同比增长5%，全年电子银行业务收入1.09亿元，同比增加86万元。

4. 信用卡业务方面。一是实施重点产品带动战略，持续做好信用卡发卡营销宣传，提高价值能力创造。加强重点产品培训普及和宣传推介；进一步加大对优质客户的发卡营销力度，提高对个人优质客户的渗透率。合理利用各种宣传资源，加大信用卡品牌宣传、产品宣传，持续提升品牌的影响力。二是继续发掘汽车分期专职营销团队业务的营销广度及深度，积极稳妥推进分期付款业务健康发展。三是充分利用收单商户联合营销活动、商户联合促销活动等资源费用，以资源吸引商户，以卡端活动打开收单业务入口，降低营销难度，提高信贷客户收单业务归行率和业务渗透率。四是全力推进信用卡发卡全流程电子化建设。基于申请资料采集系统扫描影像方式委托总行外包服务公司集中录资料，节省网点录入环节人力物力，提高录入准确性与及时性。五是加强信用卡业务管理和风险监控。截至2014年年末，信用卡活动客户净增1.9万户；信用卡发卡量新增4.8万张，较上年增加2.4%，实现中间业务收入7709万元，同比增加1560万元。

（胡艳冰）

【国际业务】　国际业务具有通过结算及交易等附加值服务，从而真正创造中收的独有特点，是当前形势下银行业加快发展的重点。省农行营业部积极推进国际业务发展，紧盯市场、抢抓机遇、综合营销，强力扩户、细化管理，优化结构、多元增收，使国际业务呈现活力增强、效益提升、同业进位的良好发展势头。截至12月末，国际结算量29亿美元，实现中间业务收入1757万元。跨境人民币19.5亿元，同比上升13亿元。国际贸易融资量（全口径含国内证）5.4亿美元，同比上升1.9亿美元。结售汇量7.8亿元，同比上升3.3亿元。

（胡艳冰）

【风险控制】　2014年，省农行营业部牢固树立“大风险”理念，突出对信贷、运营、内控、案防、声誉风险及信访维稳等工作管控力度，积极营造了和谐稳定的良好环境。“平安农行”建设经验深受农总省及政府主管部门赞誉，获省公安厅2014年度安全保卫工作集体一等功和安保“先进集体”荣誉称号。

（胡艳冰）

【人本管理】　干部、人才和员工队伍是推动改革发展的核心要素。2014年，省农行营业部以“人本管理”为抓手，抓党建，促经营；带队伍，促执行；强文化，促和谐。持续开展了“立五气、争主流”企业文化深植和群众路线教育实践活动，凝聚激发了力量、助推了业务发展、塑造了品牌形象，先后获得总行“2014年中国农业银行五一劳动奖状”、“五四”红旗团委、“最佳服务银行”、“沈阳银行业领军企业”等荣誉称号。

（胡艳冰）

·盛京银行·

【概况】　2014年，盛京银行面对复杂多变的宏观经济金融形势和严峻艰难的经营管理环境，盛京银行认真把握政策变化趋势，不断深化经营模式转型和体制机制再造，大力开展金融改革与综合创新，持续强化风控体系和人才工程建设，成功实现香港H股上市的宏伟目标，经营工作继续保持快速健康发展态势。截至年末，盛京银行资产总额突破5000亿元，存、贷款余额分别突破3100亿元和1500亿元；沈阳地区缴纳各项税收近20亿元。

（李　阳）

【资产质量优化】　2014年，盛京银行不断加强优质客户和优势项目信贷投放，持续强化信贷资产管理和风险管控，切实提高全行资产质量。截至年末，不良贷款率0.44%，比年初下降0.02个百分点。一是优先支持优质客户和区域优势项目建设，持续拓展中直、国有及优质上市公司全方位合作，积极支持城镇化建设及高端装备制造、现代服务、民生工程、小微企业等领域发展，不断强化对新能源、新材料等战略性新兴产业和绿色信贷、循环经济等领域的支持力度，信贷结构、投向与资产质量进一步优化。全年，盛京银行累计向沈阳地区投放贷款近600亿元，为地区经济增长和民生改善做出了贡献。二是坚持重点领域、重点行业差异化风险管控策略，加强对房地产、政府平台和产能过剩行业的风险管理，调整优化风险资产结构，适时开展专项检查，切实防范系统性风险，有效提升信贷资产质量。三是加强创新业务风险管控，准确控制客户、项目和担保风险，优化业务模式及操作流程，强化第一还款来源的充足有效和抵押担保的风险全覆盖，序时开展风险评估，保障创新业务稳健运行和资产质量持续提升。

（李　阳）

【金融创新】　2014年，盛京银行深入实施创新发展战略，进一步提升综合金融服务能力。一是事业部制改革稳步推进。实施投资银行、金融市场专营部门制建设，取得资金运营中心、信用卡中心、小企业金融服务中心独立运营牌照，成立理财业务综合管理部，促进业务集约式增长和可持续发展。二是服务渠道创新力度进一步增强。搭建并形成了以网上银行、手机银行、现金管理系统、支付平台、短信平台为代表的金融互联网平台，并积极推进与第三方机构开展网关支付合作以及电视银行系统开发建设；依托专业化市场、高档社区、商户店铺，积极推进标准化的小微支行、社区支行建设，普及布放社区智能终端，改善客户服务体验。三是产品功能进一步丰富。不断加大理财产品的研发与推广力度，丰富“红玫瑰”系列理财产品种类，拓展理财产品投资、认购渠道，提高发行规模和频率；持续拓展银行卡功能，强化与战略客户在联名卡、柜面通业务等方面的合作，为优质代发工资客户设计专享“盛薪卡”，成功取得金融IC贷记卡发行资格，进一步提升银行卡竞争力。四是发挥科技创新优势，加快信息科技系统建设。完成系统开发项目124个，实现电脑、电视、手机和平板电脑“四屏贯通”的业务格局，为经营发展提供科技支撑。五是持续拓展机构网点布局。顺利实现了锦州、阜新、丹东分行正式运营，有序推进辽阳、铁岭分行筹建工作。截至年末，盛京银行在北京、上海、天津、长春及省内沈阳、大连等地设立了16家分行，机构网点总数达150家，业务拓展能力和市场占有率持续提升。

（李　阳）

【内控建设】　2014年，盛京银行不断完善内控机制建设，高度重视培育审慎、稳健的内部控制文化，有效实施“企业发展、内控先行”的经营理念，通过检查、考核、评价等方式，加大对分行合规经营以及内部控制考评力度，强化内部监督成效，有效提升内控效果和质量，确保各项业务高速度增长和高质量运行。一是完善内审工作体系。强化总行直审职能，设立分行稽核部门和非现场内审岗位，不断优化独立、垂直的内审组织架构。二是丰富内审内容。坚持开展常规稽核，加大对授信投资、渠道建设、信息科技等重点领域的审计力度，尝试开展关联交易、风险管理审计及内控评价工作，积极介入新产品论证、制度建设审查、系统开发招标等环节，强化非现场审计监督作用。三是深化前瞻性风控战略研究。搭建风险管理交流平台，建立区域风险应对策略研讨机制，完善重大疑难资产业务专家评审制，多维度研判区域性、系统性风险，针对性提出风控建议和措施，全面提升风险管理质效。四是完善全面、全流程风险管控。制定资产业务风险管控标准化手册，严格把控关键环节风险因素，强化后续保障条件跟踪落实，持续提升存量业务履约还款率，完善全面风险管理考核评价，进一步提高全面风险管理能力。五是强化风险隐患纠偏的落实及跟踪，加大问责处罚和责任追究力度，促进内控管理水平有效提升。六是加强全面合规管理。完善检查与考核机制，加大规章制度清理力度，严格对规章制度、合同协议、业务项目的把关审核，为全行发展保驾护航。

（李　阳）

·交通银行·

【概况】　交通银行辽宁省分行是交通银行股份有限公司在辽沈地区设立的省级金融机构，1987年5月在沈阳成立，原址位于沈阳市沈河区十一纬路100号，时名“交通银行沈阳分行”，初期管辖长春、吉林、四平、辽源、通化、延边等东北三省13家分行。2008年，更名为“交通银行辽宁省分行”。2014年5月，省分行办公楼迁址至沈阳市沈河区市府大路258号。全辖共有135个正常营业网点（包含3家普惠网点），员工约3800人，辐射沈阳、鞍山、抚顺、丹东、锦州、营口、辽阳、盘锦、葫芦岛、本溪、阜新11个地级市。

交通银行辽宁省分行坚决贯彻国家的各项经济政策、稳健货币政策及风险监管要求，积极作为、稳中求进，持续提升为实体经济服务的水平。以深化改革为动力，以转型发展为主题，以“抓存款、稳利润、控风险”为主线，激发交行的经营活力和市场竞争力。

交通银行辽宁省分行积极履行社会责任，密切关注民生，持续投身公益事业，以负责任的企业公民身份，为促进辽沈地区经济发展和社会和谐做出了应有的贡献，客户满意度和社会美誉度不断提高，获得“2014年度最佳电子银行”、“辽宁省最具影响力银行”等荣誉。

（杨　龙）

【业务经营】　2014年，交通银行辽宁省分行紧紧围绕“改革创新、转型发展”主题和“抓存款、稳利润、控风险”主线，以“增收入、降成本、控风险”提升转型发展，以“抓改革、促服务、强队伍”助力转型发展，各项经营管理工作平稳运行、符合预期。全行上下坚持“改革创新增动力，转型发展增活力”，积极做强做大信贷业务，努力吸收低成本存款，严控不良贷款风险，深化“三位一体”、“直营模式”、“用人、薪酬”等体制机制改革，强化产品、服务、管理等工作创新，有力地推动了各项经营管理工作。截至年底，资产总额943.01亿元、存款总额852.99亿元，贷款总额635.25亿元，不良贷款率1.52%，与上年基本持平，三家网点被评为中银协“千佳”网点，全年无重大案件、事件发生。

（杨　龙）

【资产管理】　一是加大减退加固力度。对房地产、钢铁、煤炭煤贸、造船、零贷业务群等领域贷款，对产能严重过剩行业、贷款集中度高的行业，对一般工业项目贷款、一般加工制造业流动资金贷款、房地产贷款和技术、市场不成熟企业、环境污染企业和集团客户，坚持审慎进入或者不进入，并加大风险排查力度，明确要求能退出则退出，不能退出则加固或重组，实在不行的实行“名单制”管理，并要求专业团队提前介入。二是成立信用风险管控专业团队。进一步加强对违约（含逾期、不良）、欠息、垫款、停产、项目失败等“五类客户”的动态管理，做好风险化解，并增设新增违约贷款和欠息控制指标，加大对潜在风险贷款的扣分考核力度，不断强化各单位及一把手“守土有责”意识。三是前移风险关口。成立了公司业务小中台，切实前移风险关口，逐步改变前台部门业务营销与风险管理“两张皮”的问题。

（杨　龙）

【内控管理】　一是加强操作风险管理。交通银行辽宁省分行制定并下发了《辽宁省分行2014年操作风险管理实施细则》，开展了因业务流程、人员、系统存在缺陷形成逾期及垫款,尤其是新放贷款逾期及银承、信用证垫款的自查工作。继续推进业务连续性管理工作,开展业务中断风险分析。进一步理顺了“贷、审、放”三个环节的协调机制,进一步提高放款管理的专业性,出台了《辽宁省分行放款印章管理暂行办法》,规范放款印章管理和使用,及时分析研究放款业务的突出问题和共性问题。二是加强案防风险管理。组织开展了违规放贷和非法集资案件风险专项排查工作和“案件防控特别行动”。其中,分行党委要求“案件防控特别行动”结合实际,有效督促责任落实到位,以案防目标的组织领导责任、制度建设与执行责任、监督检查责任和问责整改责任等“四个责任”落实情况作为检查重点,紧盯主要案件风险,以不良贷款、关注类贷款、营运及信贷业务案件易发环节、员工违规参与民间借贷等9个方面作为重点排查部位,并组成了联合检查组对辖属分行和沈阳市各中心(直属)支行进行了全面检查,检查覆盖面达100%。

(杨　龙)

·中信银行·

【概况】 中信银行沈阳分行于1995年成立,下辖抚顺、葫芦岛2家异地分行、1家营业部和25家同城支行,员工1297人。2014年,中信银行沈阳分行认真贯彻中国银行业监督管理委员会辽宁监管局、中国人民银行沈阳分行的各项监管要求和政策,执行落实中信集团、总行的各项决策部署,坚持合规经营,稳健发展,以加快战略转型为目标,以夯实基础、调整结构、强化管理为重点,经营总体趋势平稳向好。截至年末,全行一般性存款时点余额443.95亿元,其中,对公存款总量保持中小股份制银行第1位,储蓄存款总量位列中小股份制银行第2位。全行总体运行平稳,无重大差错和案件零发生。

(陶毅男)

【业务发展】 一是战略转型扎实推进。2014年,中信银行沈阳分行把“抓转型、调结构”作为执行战略的重要抓手,着力在“大客户经营能力、重点客户拓展能力、重点业务推进、网点产能”四个方面打造竞争优势。通过转思路,稳健经营理念深入人心,质量、效益、规模导向更加清晰;通过转打法,产品、方案、渠道等,综合服务能力增强,传统营销模式明显弱化;通过转机制,“对标卡位”责任管理有效落实,内生动力显著提升。部分大客户下移支行经营,细化了分层经营管理,优化了集中经营模式;加大支行重点客户拓展,推动经营单位强化对大客户、大项目的获取能力;积极推进托管、网络银行、保理业务,成为分行业务发展的新亮点;新建支行网点产能不断释放,支撑了全行负债业务基础。加大战略性行业结构调整,现代服务业竞争优势凸显,取得了教育、医疗等产业的新突破。

二是经营趋势平稳向好。资产业务克服经济下行、结构调整的不力影响,实现了规模维持、结构优化的目标。负债规模在结构调整中不断优化,在同业竞争中保持了领先优势,机构存款日均余额占公司一般性存款日均余额比年初提升5.05个百分点,对公保证金存款余额占比比年初下降1.7个百分点。一般性储蓄存款余额持续增长,基础地位不断巩固。客户基础不断夯实,结构进一步优化,对公基本账户客户、机构客户、零售管理资产有效客户总数均增长较快,主动退出风险较大、综合收益低或不符合发展战略的公司授信客户。中间业务收入比上年有了大幅增长,其中,代理业务各项产品销量均创历年新高;公司收入结构明显变化,财务咨询费大幅下降,以绿色为主的中间业务收入模式开始形成。

三是主线业务凸显优势。公司主线积极搭建“供应链、托管、保理、现金管理”四个基础平台,依托平台优势和产品创新运用有效突破重点客户、重点项目。零售主线突出转型与产能共进,分行管理资产余额存量和增量均创历年新高。国际主线在外贸增速下行的环境下,强化产品运用能力,先后突破资本项目下境内企业境外放款业务、贵金属租赁业务、境外机构投资者A股减持业务,超额完成收付汇量任务目标。机构业务通过对国开行省分行、于洪、苏家屯区政府战略合作签约,基本实现对区级财政客户营销全覆盖,同时储备了优质资源。投行业务突出结构融资、融资类理财产品对客户的拉动作用,积极开展客户营销。同业业务以做大做强票据业务为突破,积极向非利息收入转型。网络银行业务发展迅猛,全年新增个人网银客户、网络贷款累计发放额、全年新增移动银行客户增长明显。

(陶毅男)

【内部管理】 中信银行沈阳分行切实加强风险管控,全面防范操作风险,风险管控实现预期,有力保障了全行安全平稳运行。坚持稳健的风险偏好,突出全面、统一、垂直的风险管理模式,构建合规审计监督、信息科技防范的法保防控网和持续加强操作风险管理的工作机制,全面加强了风险管理体系建设,保障了分行合规与安全运营。授信审批工作认真贯彻执行国家宏观政策和产业政策、总行授信政策和权限,严格落实重大风险事件报告制度和全面风险管理要求,加强异地分行风险管理体制建设,通过推进专业审贷、实施风险前置审查、加班加点清理在审项目,项目审查审批效率得到提高。通过开展多项专项检查、专职贷后人员参加实地走访、加大行业风险预警和客户风险排查管理、加大信贷监测检查和授信客户主动退出管理、增加风险缓释手段等措施,成功退出、转化、压缩部分预警客户。集中优势打好清收攻坚战,加大诉讼清收力度,法律保全工作取得进展。

同时,中信银行沈阳分行不断提高内部管理水平,完善管理机制,深入推进合规建设,基础管理得到加强,安保工作严格到位。强化以战略导向为核心的绩效考评体系,最大限度地把控了战略执行与经营目标的紧密衔接,实现了战略落地。积极优化“薪酬、费用、信贷”资源配置模式,强化“投入”与“产出”之间的良性互动,加大对一线的营销支持,有效满足了重点行业、重点业务、重点客户需求。以内部合作为基础,加大主线联动营销、前中后台协同作战,外拓能力、内合效率明显改善。以迎接各类检查为契机,强化整改和制度完善,推动流程优化再造,加大问责力度,合规管理更加精细。通过加强柜面管理、督导检查、事后监督、强化培训等措施,会计工作实现了全年安全、稳健运行无事故。通过开展网络切换演练、加快业务系统开发、加强系统维护等措施,信息技术发挥了积极的支持保障作用。按照统一形象、完善功能、调整布局的总体原则,做好网点搬迁改造与新网点的筹建开业工作,最大限度地改善了软硬件环境,树立了分行新形象。其中,长白岛支行的成立标志着软硬件条件业内领先的智慧(旗舰)网点落户沈阳,葫芦岛兴城支行的成立标志着分行向县域发展迈出了第一步。全面落实党风廉政建设责任制,组织全行各单位签订党风廉政建设责任状,开展员工行为教育,强化风险排查和监督。加强安全保卫工作的常态化检查,堵塞漏洞,实现了安全保卫工作"三个无"的目标。

(陶毅男)

【企业文化】 中信银行沈阳分行坚持"以客户为中心"的服务理念,不断提升服务能力。通过抓服务质量提高、员工技能和服务礼仪培训、"服务之星"评比等工作,提高员工的业务能力和素质,打造分行的服务品牌。分行营业部、北站支行荣获2014年中国银行业文明规范服务千佳示范单位荣誉称号;分行获得"辽宁省银行业2013-2014年度文明规范服务百佳示范单位"称号。

党建工作以"四好班子"建设为目标,通过召开民主生活会、坚持党委集中制、理论中心组学习等措施,领导班子团结带领广大干部员工,紧紧聚焦"四风"和全行经营管理的重点难点问题,建立健全规章制度,强化长效机制建设,抓好党的群众路线教育实践活动整改落实工作,巩固了活动成果,有效改进了工作作风,推动了企业文化建设。

通过举办羽毛球赛、健步走等体育活动,向员工传达"加强锻炼、关爱健康"的理念。通关开展参观雷锋纪念馆和反腐警示教育基地、扶贫助学、反假币宣传等活动,让员工树立积极履行社会责任的意识,努力将员工培养成高素质的综合性人才。

(陶毅男)

保　　险

·人保财险·

【概况】 中国人保财险作为世界500强企业、中国人保集团旗下标志性主业,于2003年11月6日在香港联交所成功挂牌上市,成为中国内地大型国有金融企业海外上市"第一股"。凭借强大的综合实力,人保财险相继成为2008年北京奥运会、2010年上海世博会、2010年广州亚运会保险合作伙伴。2011年,人保财险在全球可比上市非寿险公司中排名第二位,亚洲排名第一。2013年,人保财险在亚洲保险竞争力排名研究中排名第一,荣获"2013亚洲最佳非寿险公司"大奖,连续六年获得了穆迪最高的A1级评级。

中国人保财险沈阳市分公司于1980年恢复经营,是沈阳市成立最早、规模最大、网点最多、实力最雄厚的财险公司,沈阳人保占据沈阳财险市场半壁江山,牢牢把握市场话语权。公司本部设置15个职能部门,各类用工1000余人,在全市各行政区、县下设22家分支机构,构建了完善的专、兼业代理网络,三农保险服务网点遍布城乡,形成了强大的营销和服务网络。公司开设各类保险300余种,险种覆盖经济和社会发展的各个领域,满足社会各阶层的保险需求,除常规车险、商业非车险外,公司还经营农险、专项健康险等政策性险种。2014年,公司累计承担社会风险总额9600亿,签单77万余件;累计处理各类保险案件24余万件,累计支付赔款12.36亿元,缴纳各种税费1.09亿元,有力地支持了沈阳地区经济建设。

2014年,公司先后被沈阳市委、市政府、市总工会授予"先进单位"、"爱心助残先进单位"、"定点扶贫先进单位"和"模范职工之家"等荣誉称号,被辽宁省理财规划师协会评选为"2014年度最具竞争力保险公司",被沈阳理财总评榜评选为"2014年度中国企业责任杰出贡献奖"、"2014年度最受信赖的保险公司"。

(段君毅)

【主要险种】 2014年,公司开设的险种覆盖经济和社会发展的各个领域,主要险种有机动车辆保险、企业财产保险、家庭财产保险、责任保险、货物运输保险、建筑工程保险、信用保证保险、农业保险、意外健康保险等300余种。

财险业务中,车险是大众化、普及率高的主体业务,全年全市车险保费55.39亿,同比增长15.8%;全市累计承保机动车264万台,同比增幅14.2%。

商业非车险主要包括企财险、家财险、工程险、责任险、货运险等,全年商业非车险保费15亿元,同比增长9%。

农业保险自2008年恢复开办,全年累计保费收入1.48亿元,共承保种植业(玉米、水稻、花生、大豆)27.09万公顷,承保面50.64%;森林14.01万公顷,全市公益林基本实现全覆盖;设施农业1106.67公顷,参保农户6400户;试点承保奶牛4.19万头、生猪1.75万头、能繁母猪3800头,养殖业承担风险总额28.46亿元。

防灾理赔。2014年,面对辽宁省遭遇的63年来最严重干旱,启动应急预案,成立农险旱灾理赔工作小组,9月2日,支付了全省第一笔农险旱灾赔款27万元,到10月底,完成全省第一家农险旱灾理赔工作,截至10月31日,共核赔通过1466笔农险旱灾赔案(剔除注销案件,结案率100%),支付赔款4343.6万元,涉及农户11.55万户;完成了省政府、省保监局和省公司提出的"到10月末农险旱灾要赔偿完毕"的工作要求,至11月5日,全年农险赔款支付完毕,共支付1714笔(含风灾、雨灾、病虫害等),金额4699万元,充分体现了"人民保险、服务人民"的责任与担当。

(段君毅)

【经营管理】 升级平台,优化细节,沈阳人保倾力构建金牌管家服务体系。升级工会保险平台,成立工会保险服务团队,与市总工会建立常态互动机制,有效对接各县区及产业工会,为全市120万工会会员保驾护航;升级三农网络平台,借沈阳市三农保险服务中心落户沈阳人保契机,沈阳人保积极构建三农服务网络,已搭建乡镇工作站77个,村屯服务站609个,覆盖沈阳县域全部地区,助推沈阳地区农村经济发展,切实贯彻服务三农的重大战略;升级车险客户服务平台,已形成"4大操作模块、6大服务板块、21项增值服务、2项专属方案、22家服务运营商"的运行模式,开通"沈阳人保一车生活"微信平台,实现PC端和移动端互联互通,开展多项创新营销活动,积极打造客户体验保险生态圈。

(段君毅)

·人保寿险·

【概况】 2014年沈阳市分公司实现保

费收入21.14亿元，同比增长7.1%。其中新单保费（含短险）9.98亿元，同比增长28.3%；短期险保费1.47亿元，同比增长4.3%。沈阳国寿总保费占区域寿险市场份额超过三成，继续保持领先地位。2014年，沈阳市分公司面对复杂的市场竞争，各销售渠道坚定信心、以强化转型发展为目标，以提升公司持续发展能力为目的，攻坚克难、业务发展取得了良好的效果。个险渠道一方面创新搭建销售平台，为业务发展提供了强有力的支持，另一方面分平台分层级追踪，密切关注县域的业务发展，借力新农合平台，实现建队伍、借助农村区域拓展项目，通过空白行政村全覆盖活动，实现占领市场，农网覆盖行政村数量达到了1252个，覆盖率为90.01%。团险渠道短期险提前一个月成功突破亿元大关，率先成为省内首家短险保费过亿元单位，创造了沈阳多年来的最好成绩，取得了历史性的突破。积极与地方主要媒体开展合作，企业文化建设取得新成果。积极与各媒体机构沟通，展示公司形象。在《沈阳日报》组织的“沈阳榜样”评选中，荣获“沈阳保险业领军企业大奖”称号；在《沈阳晚报》和辽宁省理财规划师协会组织的金融企业评选中，荣获2014年度“最有品牌价值保险公司”称号；在《沈阳企业》2014第7期中，以《肩负使命求发展、保障民生做服务》为标题，报道记述了奋勇前进的中国人寿沈阳市分公司。2014年4月，按照中央和上级公司党委部署，开展了第二批党的群众路线教育实践活动。在广泛征求意见的同时，紧密结合工作实际，积极动员部署，下发实施方案、学习计划，开展调研、查摆问题，落实整改、建章立制，活动开展既有创新特点又解决突出问题，确保活动落到实处，保质保量地完成了各阶段的工作任务。

（周天球）

·平安财险·

【概况】 中国平安财产保险股份有限公司辽宁分公司（以下简称“辽宁平安产险”）是中国平安保险（集团）股份有限公司旗下的省级金融机构（大连市辖区除外）。辽宁平安产险成立于1994年，业务范围包括车险、财产险、短期意外险和健康险等，拥有13家地市级机构，44家县区级机构。经过21年的跨越发展，年保费规模超过36亿，在职员工过千人，在辽宁保险市场上保费规模排名第二，在客户满意度名列市场前茅，多次被评为最受消费者信赖的金融单位。辽宁平安产险在辽宁市场拥有重要地位，为辽沈地区广大人民和企事业单位提供了全面的风险保障和专业理财服务。

（那　莹）

【业务发展】 平安财险近年来业务快速发展。2014年，辽宁产险全年保费增速超出行业平均增速近10个百分点；综合成本优于行业8个百分点，且年内分公司全辖13个市（地）级机构和沈阳市区7大销售渠道无一亏损；分公司保费规模已跨越30亿，逼近40亿，综合经营数据反映出平安产险辽宁分公司已步入“向提速、提质要双优”的业务发展快车道。全年分公司的综合经营指标已跻身平安产险系统综合考核排名的前三甲，是辽宁地区第二大财产保险公司。

（那　莹）

【管理体制】 坚持更加专业的出新变革，突破发展路径，以创新打破经营管理体制制约前行的桎梏壁垒。2014年，分公司通过以“创新、重组、再造”等方式，助推全省直销、车行、新渠道三个主要渠道为重点的销售渠道“蜕变”变革；改进、完善各类《销售基本法》；客服工作标准的不断升级优化等变革创新举措，有效提升销售潜能。组织了各专业渠道的全员MS岗位竞聘，通过标准公开、流程公平、筛选公正的程序、机制，择优重组了渠道经理和服务专员队伍，从而使整体队伍的组织销售功能更加精干、高效。按岗位职责进行了细化动作分工，理顺出了更加清晰的各专业全面发展的路径图。

（那　莹）

【队伍人才建设】 注重以新思维、新方略为引擎，全面打造适应公司未来更高、更强的持续发展预期的基础。思维前瞻，勇于改变。2014年，分公司通过对全辖中层干部进行大调整，调整面在90%以上，有力地增强了干部队伍的活力。

通过大力倡导合规文化，认真组织学习落实上级监管部门的相关文件、规定和公司的《红黄蓝牌处罚规定》，尤其是多种形式的思想道德方面的引导教育，大讲违规违纪带来的“断送了职业生涯，毁掉了声誉和家庭”等危害，使诚信、合规意识逐步深扎于干部、员工的头脑之中。

分公司一班人面对公司跨越发展的新时期，自觉把抓好干部队伍建设这一关键要素当做责任所系、使命所在。组织了对整体干部、员工队伍的胜任素质进行了分类梳理，引入岗位技能摸底考试、岗位轮换、年轻干部挂职锻炼等一系列制度举措，三年中挂职、轮岗的中层达54人。借助平安集团的“知鸟”微信培训平台，分公司人均学习各类培训课程达60门以上。两年间优化培训新员工114名，为整体队伍素质的改善注入了生机和活力。

（那　莹）

【重服务提升NPS】 倡导“以客为尊”用完美的客户体验增加客户信誉度。

平安大力倡导“以客为尊”的服务理念，现已根植于平安人的各项保险服务之中，它是平安产险对每一个客户的坚定承诺。平安产险通过微信平台、柜面调研、NPS系统等形式开展互动活动，收集客户声音，并及时、有效地将客户需求转化为各项保险服务行动；还围绕辽沈客户需求，大力开发特色服务，全方位开拓服务领域，打造好车主等客户良好生态圈，努力提升客户对平安的粘性；整合、优化销售、理赔、客服不同的客户分类标准，统一客户标识规则，优化客户信息系统；结合渠道特点，线上、线下结合媒体、车商、平安综合金融等资源平台，推动营销活动，实现服务融入经营的新境界。

2014年3月12日，辽宁省保险行业协会对沈阳市区各家保险公司车险理赔服务水平进行抽查。对平安理赔查勘服务规范大加赞赏。8月27日，辽宁保监局下发了上半年信访投诉量化考核通报，平安产险凭借良好的客户服务品质及科学严谨的投诉管理工作，在全省20家参与考核的财产保险机构中一举夺魁。优秀的服务质量，高等级的客户满意度，树立了平安辽宁产险行业领先的优质服务品牌形象。

分公司服务创新要以“门店建设、基础服务、增值服务”三大工程为重点，全面提升售前、售中、售后的客户服务满意度和品牌美誉度，通过多种方式不断提升客户保险过程中的愉悦服务体验，以增加客户的信誉度和信赖感。同时，为回馈客户、回馈社会，分公司将客服节活动贯穿全年，通过中超球赛、足球联谊、美食节、健步行、千人骑行等形式多样的主题活动，使更多客户享受到平安增值服务。全年共组织51场，覆盖人数约2万人，还为许多优秀企业创造了交流和沟通的机会，实现平安与客户的双赢。辽宁平安正着手推出好车主APP，通过互联网金融实现线上线下互动、保险公司和客户互动，在不损害客户利益前提下提高工作效率，降低经营成本，进一步提升客户体验的满意度。

（那　莹）

【综合金融发展】 为进一步推动地方政府与保险机构的密切合作，促进地方经济与保险金融服务业的协调可持续发展，2014年金融监管部门与平安共同推进金融服务平台建设。保险、银行、证券、信托、租赁等一系列金融服务建立长期战略合作机制，实现良好开局，2014年，平安产险以总分第一的评标结果，首席主承保沈阳地铁10号线工程险30%份额，此项目保额204亿，是有史以来东北地区最大单保险项目；承保京沈客运专线辽宁境内5标、7标、10标、12标四个标段，总保额81.96亿，平安以主承身份承保50%份额，份额内保额40.98亿；承保辽宁省沈阳至铁岭公路改扩建工程路第六、七、八、九标段，总保额13.5亿，平安份额100%；承运人责任险，全年累计为全省1500多个企业、个人客户提供464笔保单，保障金额297亿，支付赔款101万；安责险，全年为全省1900多个企业提供16.5亿风险保障，支付赔款368万。

（那　莹）

【社会公益事业】 平安公司开展客户服务节等社会公益活动回馈社会。在铁岭、朝阳共援建四所平安希望小学，组织爱心支教活动；对养老院、山区学校进行走访捐助；组织平安进校园活动，为中小学生普及交通安全；组织保险服务进社区，宣传保险行业核心价值理念。在春运期间，组织“平安护航、平安回家”公益行动，在省内主要高速路口设立爱心服务站，为过往车主免费提供矿泉水、药品等。举办“寻找平安文明驾驶人”、“放下爱车、让路全运”公益行动，号召市民全运期间绿色出行，为沈阳的蓝天贡献一份力量。近两年，平安财险辽宁分公司已为全省提供保险理赔服务资金达40亿元，为社会稳定和经济发展提供了保险保障。

（那　莹）

·太平洋财险·

【概述】 中国太平洋财产保险股份有限公司辽宁分公司是经中国保监会批准成立的专门从事财产保险业务的全国性公司，负责辽宁省区域内（不含大连市）财产保险业务的开展。

中国太平洋财产保险股份有限公司2001年11月9日注册成立，总部设在上海。注册资本为人民币95亿元。中国太平洋财产保险股份有限公司承保人民币和外币的各种财产保险、短期健康保险和意外伤害保险业务。公司在130多个国家和地区的350多个主要港口城市聘请了保险检验、理赔和追偿代理人，与国内外多家保险公司、再保险公司及有关机构建立了代理关系和业务往来关系。

中国太平洋保险在积极追求可持续价值增长的同时，致力于各类公益活动，履行企业公民的职责。已建立60余所希望小学，总投资超过了3000万元；在特大洪涝灾害、非典、南方雪灾、“5·12”抗震救灾期间踊跃捐款捐物，总额超过8000万元。

中国太平洋财产保险股份有限公司辽宁分公司成立于1994年；承保人民币和外币的各种财产保险、短期健康保险和意外伤害保险业务。公司承保业务涉及电力、汽车、机械、化工、电子、水利、建筑、桥梁、公路、航天航空、船舶以及高科技产业等各行各业、各个领域。

分公司在全省共设有53家分支机构，其中包括1个分公司，13个地市级中心支公司，39个县域支公司，共有正式员工1009人。

公司始终追求“诚信天下、稳健一生、追求卓越”的企业文化，始终坚持“一流的工作效率、一流的工作质量、一流的公司信誉”的建司宗旨，始终恪守“用心承诺，用爱负责”的服务承诺，以服务促业务。2014年，面对复杂多变的市场环境和巨大的经营压力，公司克服了辽宁经济增速放缓、行业竞争加剧、承保盈利空间收窄等不利因素影响，紧紧围绕“稳增长、重效益、转机制”的总体要求，强化发展基础，注重提升盈利能力，加大改革转型力度，公司各项改革顺利推进、业务平稳增长、盈利能力明显提升，先后发展了中国石油天然气集团公司、鞍山钢铁集团公司、中国铁道建筑总公司、沈阳地铁集团有限公司等一大批新老大客户，为发展辽宁经济、抵御自然灾害和安定城乡人民生活做出了积极贡献。截至年底，辽宁分公司保费收入突破16.22亿元，综合成本率保持优于行业平均水平，实现了可持续价值增长的目标。公司先后被评为“金融工作突出贡献单位”、“保险公众文化宣传贡献单位”、“沈阳榜样－保险业领军企业”、“最佳服务保险公司”、“沈阳保险行业领军企业”。

公司开办的财产保险业务，品种齐全，覆盖面广，服务效率高，诚实、守信。“95500”服务热线电话确保365天营业，24小时接受保险咨询和理赔服务。辽宁分公司将坚持不断提高服务水平，完善服务机制，开展服务创新，延伸服务内涵，构筑多功能、全方位和高效率的服务平台，全面打造精品服务工程，为客户提供阳光、快捷、便利、周到的服务，努力打造中国太平洋保险的服务品牌。

（周德志）

科 学 技 术

科学研究与发展

【综述】 2014年,沈阳市科技创新工作认真贯彻落实国家、省、市的决策部署,深化科技体制改革,落实创新驱动战略,各项工作取得良好成效。沈阳市科技局被科技部和国家知识产权局评为全国科技活动周先进单位、全国知识产权系统人才工作先进集体,深入总结远大创新经验做法的调研报告获曾维书记重要批示,并获全市软环境建设先进单位和人民满意窗口最佳单位。

全市实现高新技术产品增加值1740亿元,同比增长9.6%。发明专利申请量8963件,同比增长18.4%,占全省的48.7%,实现持续稳定增长;有效发明专利7208件,占全省的39.1%。获各级科技奖励357项。其中,国家级7项;省级140项,同比提高4.7个百分点,占全省的53.2%;市级210项。新增国家级科技企业孵化器1个,省级重点实验室10个、市级重点实验室4个,省级工程技术研究中心12个,省级产学研合作示范基地10个。实现技术合同成交额139.3亿元,占全省的55.5%。争取上级科技经费8.7亿元,同比增长10%。

(陈丹默)

【科技体制改革】 沈阳市落实国家、省市深化科技体制改革的总体安排,制订全市2014年深化科技体制改革方案,明确了改革科技管理机制、促进科技与经济紧密结合,提升以企业为主体的研发能力、加快高新技术产业发展,深化科技与金融结合、优化创新创业环境三条改革主线,完善项目形成机制、健全产学研协同创新机制等17项重点改革举措全面完成。

加快高新技术产业发展取得新成效。一是加快重大项目实施,新增重大专项13项,拓荆公司12英寸高产能生产型PECVD设备成功进入台湾市场,“R0110重型燃气轮机研制与调试”项目顺利通过国家863计划验收。部署了158个重大科技攻关及产业化项目,支持产业技术进步和技术创新产业化。二是突出企业创新主体,创新计划顶层设计,在全市重点领域顶层设计了20个重大项目。高新技术企业数量增至372个,同比增长13.4%。工业科技特派员累计向50家企业派出13批397人次科技专家。率先在全市开展“科技帮扶助力中小企业专项行动”,帮助“双进双解”企业解决创新发展难题53个。三是高效编制规划方案,积极争创国家自主创新示范区,凝炼发展重点,形成沈阳市自主创新示范区建设方案要点。编制完成新材料研发和高端装备规划,启动“十三五”科技创新规划14个分规划课题的研究编制工作。

完善科技创新体系,促进产学研深度融合,调整科技创新资金使用方式,大力支持以企业为主体的产学研深度合作。召开全市产业技术创新联盟推进工作座谈会,围绕加快产学研协同创新作出部署;新组建市工业设计联盟,市级联盟达到17个;强化产学研合作示范基地带动作用,省级产学研合作示范基地17个、市级21个。加强创新平台建设,顶层设计了沈北手机等5个科技公共服务平台,探索建立符合市场需求的平台运行管理体制机制,提升服务能力与水平。推进深化市院合作,与中科院签署共建区域创新平台合作协议。深化科技金融结合,科技风险资金等,在投资方式进行了新探索,新增股权投资4420万元,支持远大科技园等发展;7家企业新三板挂牌交易,182家企业在辽宁股权交易中心“科技板”成功挂牌。加强知识产权与金融融合,拓展专利保险新险种。

推动科技强农惠民,提高农业科技创新水平。持续开展农村科技特派行动,选派科技特派员1301人,引进和推广新技术、新品种306个,建立示范基地70个,累计培训农民2.3万人次。“青年农民上大学”327名学员取得证书;农村讲师团组织科技培训119场,培训农民7388人。于洪区获批国家科技富民强县试点县。加快社会发展创新步伐,深入实施科技惠民计划,针对糖尿病、眼病建立远程会诊平台,眼病筛查点18个,近9万群众受益,为其中1.3万余名患者建立了眼健康电子档案,培训基层医生1200余人次。基本完成国家科技支撑计划,针对城市老工业搬迁区功能重构和宜居环境,开发出多项关键共性技术,建成6项示范工程。法库县获批省级可持续发展实验区。加快推动科技服务业及文化创意和设计服务与相关产业融合发展。

优化科技创新环境呈现新局面。落实科技创新政策。制定《市政府关于支持机器人产业发展和科技创新的实施意见》,重新修订《市科学技术项目管理暂行办法》,强化“五位一体”监管。就研发费用加计扣除、加速折旧等创新政策对千余家企业进行辅导培训。加强知识产权工作,沈阳建筑大学项目首获中国专利奖发明专利金奖,7个项目获中国专利奖优秀奖;加大专利行政执法力度,检查流通领域商品6000余件,发现专利商品300余种,调解专利侵权纠纷案件4件,处理假冒专利案件27件。拓宽对外合作渠道,引进海外研发团队17个、高层次海外专家64人。5个重点科技团组出访,促成高新技术和产品出口意向合同额9000万元;邀请国外12个科技团组就16个项目达成合作意向。浓厚科技创新氛围,“远大模式”进一步完善总结,为科技体制改革和机制创新探索了新路径。新认定市级科普基地3个,2个晋升为省级科普基地,成功举办科技周、知识产权宣传周等活动。

此外,配合有关部门承担的综合配

套改革、信用体系建设、创建文明城市、节能减排、科技扶贫和援疆等工作均较好完成。

沈阳市科技体制改革工作以改革科技管理机制、提升以企业为主体的研发能力、深化科技与金融结合三条线为突破口确定的,17项改革任务得到全面落实。

改革科技管理机制,促进科技与经济紧密融合。试行自上而下的科技项目顶层设计和自下而上的科技项目申报流程。建立了会议评审、网上评审、异地评审、本地评审和混合评审等公开、透明、多样的项目评审方式,提高项目评审的科学性、实效性和公正性。建立"五位一体"的项目监管机制,出台的《沈阳市科技计划管理暂行办法》,规定每半年不少于1次对项目执行情况进行实地检查,及时发现项目执行中的有关问题。出台了《沈阳市科技局(知识产权局)行政问责办法》,更加强化职权管理和工作程序,对滥用职权违法行政行为进行问责。

为适应战略性新兴产业发展对科技提出的新需求,沈阳市在市科技局和市发改委分别增设机器人与智能装备处,为机器人产业的发展提供了组织保障。实施重大科技专项,通过技术突破,推动高端产业发展。以IC装备国家重大专项为重点,上下联动,采取直通车支持方式,重点对沈阳拓荆、沈阳科仪和富创精密等骨干企业进行培育,并予以重点支持。

提升以企业为主体的研发能力,加快高新技术产业发展。以沈阳鼓风机集团为试点,深入挖掘相关龙头企业的前瞻性、基础性等前沿技术,总结经验,推广应用。加强产业技术创新战略联盟建设,探索产学研协同创新机制。新组建了沈阳市工业设计产业技术创新战略联盟,使全市产业技术创新战略联盟达到17家。

围绕25个产业集群和"一区多园"发展需求,重点探索沈阳(金属)新材料、沈阳手机、文化与科技融合等服务平台的新型模式。推动企业和市属院所借鉴"远大模式",进行科技体制和研发机制创新,激发科技人才的创新活力,加快推进科技成果转化应用。

深化科技与金融结合,不断优化创新创业环境。积极推荐科技企业到辽宁股权交易中心"科技板"挂牌,通过股权、债权的直接融资,破解中小科技型企业融资难题。全年经过初审推荐,全市共有182家企业在辽宁省股权交易中心"科技板"挂牌成功,占全省37.8%,位居全省各市之首。

完善科技创新环境。为鼓励创新,促进专利运用,与市财政局联合制定出台了《沈阳市专利技术补助资金管理暂行办法》,进一步规范了补助范围及标准、申报条件、申请及审批和管理监督工作。制定印发了《关于加快科技成果转化若干政策措施》,为推广中关村自主创新示范区政策做好配套政策支持。加大了企业研究开发费用加计扣除、加速折旧政策落实力度,与市国税局、地税局联合印发了《关于开展2014年企业研究开发费用税前加计扣除事项的通知》,全面规范了工作内容、组织形式和工作程序。组织对千余家企业进行辅导培训,进一步增强了全市企业用好用足科技政策的主动性和开展研发活动的积极性。

(陈丹默)

【科技计划】 2014年,全市科技计划紧紧围绕科技创新驱动发展战略,推进创新型城市建设,进一步完善科技计划项目评选管理制度,优化科技计划项目组织安排方式,调整科技计划项目资金使用方法,实现科技计划工作的完善与提高,加快形成以企业为主体、市场为导向、产学研相结合的技术创新体系。共安排科技计划项目238项,资金2.83亿元。围绕支柱产业、新兴产业、集群产业、现代农业和现代科技服务业的重大技术需求,强化顶层设计项目,搭建公共技术平台,推动科技成果转化,加快提升自主创新能力,为做大做强全市经济、加快国家中心城市建设、推动老工业基地全面振兴提供创新发展的新动力。

(陈丹默)

【重点实验室建设】 重点实验室是科技创新体系的重要组成部分,是组织高水平应用研究,聚集和培养优秀科技人才,开展高水平科研活动的重要载体,是发展共性关键技术、增强技术辐射力、推动产学研结合的重要平台。2014年,沈阳市科技计划排重点实验室建设项目14项,资金1096万元。发挥高等院校和科研院所人才、设备、学科、信息等综合优势,一是加强对市属高校科研能力建设支持。重点安排了沈阳大学、沈阳医学院、沈阳电大等单位结合自身优势和学科建设承担的重点实验室项目。二是结合通用航空、现代建筑、生物制药、先进制造、食品安全、重大疾病等重要领域和方向,发挥在沈高校、院所技术优势,安排了"先进电磁控制自动化焊接技术重点实验室建设"等相关技术集成研究、科研方法研究、试验验证研究及成果熟化研究等方面的项目,为沈阳市相关产业发展提供源源不断的科技成果和技术储备。

(陈丹默)

【推进机器人产业科技创新】 开展机器人产业科技创新情况分析,组织有关单位对国内外机器人行业、企业以及我国各地发展机器人产业相关政策进行了深入分析,初步形成了近10万字的分析材料,为全面了解机器人产业发展情况、科学制定产业发展政策奠定了基础。

制定机器人产业科技创新政策,参与制定了《沈阳市人民政府关于支持机器人产业发展和科技创新的实施意见》,围绕鼓励研发创新、知识产权保护、人才引进、技术成果转移、孵化器、营造环境等方面提出了具体政策措施,为全市机器人产业科技创新工作提供了政策依据、明确了发展方向。

(陈丹默)

【编制《沈阳市重点节能减排技术目录》】 为贯彻落实《中华人民共和国节约能源法》,根据《沈阳市2014年节能减排工作要点》的工作分工,沈阳市科技局会同市发改委、经信委、环保局,面向全市征集节能减排技术,积极组织开展沈阳市重点节能减排技术目录的编制工作。通过专家评审,共有49项技术入选《沈阳市重点节能减排技术目录(第四批)》,内容涉及电力、交通、冶金、能源、化工、环保等行业。入选技术先进适用,节能减排效果明显。节能减排技术的遴选及目录的编制,对全市节能减排工作的开展,加快重点节能减排技术的推广,引导用能单位采用先进的节能减排新工艺、新技术和新设备,提高能源利用效率,减少污染物排放发挥积极的促进作用。

(陈丹默)

【应用基础研究】 2014年，沈阳市科技计划安排应用基础研究专项61项，资金305万元。重点围绕新兴技术领域、主要产业方向以及其它主导行业有重大应用前景的课题、有利于发挥沈阳市科技资源优势的课题以及当代最活跃的前沿课题，重点支持中科院科研单位、东北大学、沈阳工业大学、中国医科大学等在沈科研院所和高等院校的创新型人才，面向企业和市场需求，开展前沿技术研究，产业关键技术和研发核心技术的基础性、前瞻性研究，为高新技术产业发展提供技术储备、培育科技创新源和创新人才，抢占科技发展制高点，持续增强自主创新能力。

（陈丹默）

【实施国家重大科技专项】 截至2014年底，沈阳市共有中科仪、新松等6家企业承担了14项IC科技重大专项课题，累计获得国家资金支持6.95亿元。其中，2014年新立项3项，获得国拨资金1.63亿元。富创精密承担的“基于焊接和表面涂覆技术的大型铝件制造技术开发”项目将使大型铝件的加工能力达到国际领先水平。

经沈阳市科技局连续多年支持，沈阳市IC产业已经形成了“一项控制系统技术、四类重要整机装备、一批关键单元部件和一个精密零部件支撑平台”的配套体系和批量生产能力，在关键整机设备首台套应用及市场化等方面实现重大突破，成为我国重要的IC装备产业化基地。

（陈丹默）

【高新技术企业认定】 2014年，沈阳市积极开展了高新技术企业认定工作，在沈阳市科技信息网、沈阳市高新技术企业服务平台等媒体，对高新技术企业政策、认定流程等内容进行广泛宣传。组织宣讲团深入区、县（市）、开发区，开展了近20场高企申报培训会，累计共培训近千家企业，取得较好效果。

2014年全市共有59家企业获得高新技术企业资格，全市高新技术企业数量达到372家，占全省（不含大连市）41.4%。高新技术企业享受的所得税减免政策，为科技型企业节约了大量资金。据统计，全市高新技术企业在2014年减免税额约6.5亿元。持续的政策支持和税收优惠极大地调动了企业的研发积极性，为企业科技创新发展奠定了坚实的基础。

（陈丹默）

【争取国家项目支持】 2014年，沈阳市紧紧抓住国家新一轮东北振兴的有利契机，积极争取国家、省各类科技资金取得新突破。全年共争取上级资金8.7亿元，同比增长10.1%，是市本级科技创新资金的2.1倍。全年共上报国家科技支撑计划、“863”计划、重点新产品计划、中小企业科技创新资金计划等项目229项，获批106项，其中，国家重大科技专项13项，资金4.22亿元，为进一步增强沈阳市在IC装备、新一代数控机床、重大新药创制以及环境治理等领域的竞争力，抢占科技创新制高点奠定了有利的基础。承担上级科技计划项目，不仅标志了创新载体建设取得了新进展，创新能力稳步提升，更为沈阳市实施创新驱动战略，发展高新技术产业提供了重要的资金保障。

（陈丹默）

【沈阳工程技术研究中心建设】 2014年，沈阳市共支持工程技术研究中心建设项目4项，安排科技经费340万元。其中，工业气体工程技术研究中心建设项目和环境风险防控与维护工程技术研究中心建设项目的实施，为沈阳市经济社会发展运行，改善环境空气质量，促进节能减排，提高生产效率，增强安全生产因素提供了技术支撑。中国航空工业集团公司沈阳飞机设计研究所、沈阳发动机设计研究所等12家单位被辽宁省科技厅批准为省级工程技术研究中心组建单位，新批准组建中心数量占全省的36.4%。至此，沈阳市省级以上工程技术研究中心达到226家，占全省的40.6%。一批在国内较有影响的工程技术研究中心，为行业技术研究和工程化发挥了重要的引领和带动作用，为产业发展奠定了良好基础。

（陈丹默）

【工业企业科技特派员】 截至2014年底，市科技局与中科院沈阳分院共完成十三批次科技特派员派出任务，累计向沈阳机床（集团）有限责任公司、特变电工沈阳变压器集团有限公司等50家企业派出397人次科技专家，帮助企业引进、改进多项技术，开发新产品，申报国家专利，为企业提供咨询、技术服务近千次，为企业带来较大的经济效益。

工业企业科技特派员工作实施以来，已形成了以科研院所、高等院校为依托、以各类专家和科技人员为主体，以产学研合作为纽带，以科技企业为基础的工业科技创新服务体系，通过产学研相结合，建立了科技人员服务基层的体制和机制，更好地促进沈阳市工业企业快速发展、增强工业产业实力。

（陈丹默）

【实施国家科技惠民计划】 2014年，按照科技部、财政部《科技惠民计划管理办法（试行）》（国科发社〔2012〕127号）要求，沈阳市第一个国家科技惠民计划项目“糖尿病、眼病防治惠民体系建设综合示范”实施进展顺利。在全市初步建立起了糖尿病、眼病远程会诊平台，实现远程诊断、专家会诊等功能；建立了18家糖尿病、眼病筛查点，为近9万名市民进行了免费眼病筛查，并为其中的1.3万余名糖尿病患者建立了眼健康电子档案；举行了多次大型公共教育活动，累计培训基层医生1200余人次。通过科技惠民计划项目的实施，探索建立了符合区域创新和发展需求的组织机制，促进了科技资源的开放共享，提高了财政科技资金的效率，推动了民生科技产业的发展，科技成果和项目更多更直接地惠及到百姓。

（陈丹默）

【科技特派员示范工程】 2014年，本着“因地制宜、项目带动、典型示范、机制创新、利益驱动”的原则，沈阳市科技局继续深入开展科技特派员示范工程，鼓励科技特派团、特派组、特派员坚持深入农村生产一线，为发展农业特色产业和提供多形式的技术服务。为规范沈阳市农村科技特派员管理，系统总结科技特派员工作的进展情况、实施效果及工作经验，全面开展了科技特派员档案建立工作，2014年，全市共选派科技特派员1301人，实施科技特派员项目74个，引进和推广新技术、新品种306个，建立利益共同体43个，培训农民486场，累计培训2.3万人次，建立示范基地70个，示范面积2533.33公顷，累计增加效益2亿余元。围绕寒富苹果栽培，由辽宁省寒富苹果产业首席专家吕德国教授领衔的沈阳农业大学科技特派员团队，深入全市几十个农村果园常年巡回开展现场技术指导服务，得到果农的普遍赞许和欢迎。该团队研编的《寒富苹果标准化生产技术规程图册》一书和相关技术资料免费向果农赠送，被果农称为致富宝典。

(陈丹默)

【大学科技城建设】 2014年，沈阳市共承办全国工业设计高研班、中国机器人联盟高峰论坛等大型活动6次；积极协办浑南首届啤酒节、国际最新流行的彩色跑，与省科技馆、档案馆联合组织看新城等活动；接待欧洲华裔总商会等各类团组93个；在全国及省市媒体刊发宣传稿件240余篇；在莫子山和中央公园建设烧烤区、跑马场等休闲娱乐设施。

建立领办、协办、督办"三办合一"的工作机制，为项目单位提供全过程政企无缝对接服务，保证了教育园区、国际学校等一批社会事业项目投入使用，新松智慧产业园、麟龙物联网产业基地等一批产业项目建成投产，华茂、月星等一批商业综合体项目开始全面销售。

(陈丹默)

【知识产权宣传周】 2014年4月21－27日期间，以"保护·运用·发展"为主题的2014年沈阳市知识产权宣传周活动顺利举办。本次宣传周继续按照改进作风、求真务实的原则，取消启动仪式，以沈阳工业设计大赛作为宣传周的主体活动，同时开展青少年发明创造大赛、公布2013年度沈阳市十大知识产权司法保护典型案例、销毁盗版图书及音像制品、新商标法问答、知识产权培训咨询、专利行政执法宣传等各项活动，推进以"尊重知识、崇尚创新、诚信守法"为核心的知识产权文化建设，在全市营造浓厚的"崇尚创新精神，尊重知识产权"的社会环境，促进全市知识产权工作不断发展，为建设创新型城市贡献力量。

(陈丹默)

【国际科技交流】 2014年，为进一步推动沈阳市企业、科研院所和高校扩大对外科技合作与交流，沈阳市举办和组织参加了"海外学子创业周"、"亚洲生物技术商务对接会"、"中韩高新技术及产品展览会"等5个大型国际科技交流活动，组织国内外近300家单位围绕生物制药、节能环保、新材料等领域的最新科研成果和科技合作项目开展了对接洽谈，取得了较好的效果。

同时，针对沈阳市技术需求，邀请了来自美国、俄罗斯、瑞典、芬兰、捷克等国的12个科技团组来访，与全市16家单位开展项目对接洽谈；协助15家高新技术企业赴美、英、加、澳等国开展科技合作洽谈，推介沈阳市高新技术和产品，与外方签署5项合作协议。

(陈丹默)

【产学研合作】 2014年，沈阳市积极探索产学研用结合的新模式和新机制，优化创新资源配置，加强协同创新，促进科技成果转化，提升自主创新能力和产业核心竞争力。一是进一步强化了产业技术创新战略联盟工作。对现有的联盟进行了专题调研，提出了推动联盟建设与发展的举措和建议；组织召开了沈阳市产业技术创新战略联盟推进工作座谈会，总结交流了沈阳市在推进产业技术创新战略联盟建设中的成功经验、典型做法，对进一步推动产业技术创新联盟构建，加快产学研协同创新工作进行了部署；新组建了沈阳市工业设计产业技术创新战略联盟，沈阳市产业技术创新战略联盟达到17家；加大了对联盟的资金支持力度，增加市级产业技术创新联盟申报科技计划项目指标；加大了产业技术创新战略联盟的宣传，在沈阳日报等新闻媒体上对机器人产业技术创新联盟、IC装备产业技术创新战略联盟进行了宣传。二是以产学研合作示范基地为重点，着力提升产学研合作水平。经精心组织，积极推荐，沈阳市有大陆激光、何氏眼科、华晨汽车等10家单位被辽宁省科技厅认定为辽宁省第二批产学研合作示范基地。三是搭建产学研合作平台，推动产学研合作常态化。以开展"双进双解"活动、科技成果鉴定、计划项目验收等契机，积极搭建合作交流平台，推动成果转化。

(陈丹默)

科学普及

【概况】 2014年，沈阳市科普工作配合落实创新驱动战略，着力提升全市公众科学素养，实施科普惠民工程。一是举办全市科普活动。2014年科技周顺利实施，全市开展30余项科技活动，10余万人次参加。二是新增科普基地。中国科学院沈阳自动化研究所，北方广电智能网络高清电视有限公司，东北大学等3家单位被批准为市科普基地。二是科技资源进校园。市科技局与市教育局联合聘任了50名科技专家，作为中小学的制定辅导员，走进学校。使高等院校、科研院所的科技专业人员，乃至科学家面对面地指导学生开展科技创新活动，学生获取的知识将更前沿、更精确，实现了优质社会资源与青少年科技教育的紧密结合以及高质量科技教育的常态化。

(陈丹默)

【青年农民上大学】 为大力推进社会主义新农村建设，培养"留得住、用得上，懂技术、会经营"的农村新型实用科技人才，自2004年开始，沈阳市科技局探索实施了农村科技人才研修工程，举办"青年农民上大学"培训班，由政府出资，选拔优秀青年农民进入沈阳农业大学，免费对农民进行非学历、以农民需求为导向的农村专业技能培训。开设畜禽、蔬菜（含食用菌）、果树（含花卉）和经营管理（含农资）四个专业，每年招生两期，每期培训200人，采取集中授课、交流研讨、实践实习、参观考察相结合的方式，突出互动性、参与性、行动性，注重实践技能和综合素质的培养。2014年，沈阳市共有327名通过学习取得了沈阳农业大学颁发的结业证书，192名学员获得国家职业技能鉴定证书，198名学员获得省农民科技经纪人证书；确定40名沈阳市青年农民科技示范户，并给予相应的产业项目资助资金。

(陈丹默)

【科技活动周】 2014年5月16日，在沈阳中国工业博物馆举行了科技周启动仪式。辽宁省政府副秘书长上官玮星、辽宁省科技厅厅长刘晓东、沈阳市副市长姜军等省市领导，以及来自机关、企业、社区、大学的500余名各界群众参加了启动仪式；刘晓东厅长介绍了科技周的主要活动，主席台领导为新审批的省、市科普基地授牌；为沈阳市首批"科技专家进校园"的科技辅导专家发聘书；为社区代表赠送科普图书。启动仪式当天，沈阳中国工业博物馆举办了"科技创新助推老工业基地转型升级"主题展览，从工厂变迁、技术升级和百姓生活等多个角度反应了科技创新给铁西老工业基地带来的巨大变化。科技周期间，全市共开展各类科技活动30余项，累计有10万余人次受益，全市60家科普基地全部对外开放，累计2万余市民走进科普基地，近距离感受科技魅力。

（陈丹默）

【沈阳科学宫建设】 2014年，沈阳科学宫代表队的科学秀表演荣获全国科学表演大赛二等奖；沈阳科学宫数字科技馆荣获2013年度中国数字科技馆“优秀二级子站”称号；刘曦、张潇在全国科技活动周科普讲解大赛中分别荣获二等奖和三等奖；曹立新和郭晓翠在沈阳市首届讲解员大赛获得优秀奖；科学宫中鸣机器人培训班在中国青少年机器人竞赛中获得全国一等奖，在上海“金山杯”全国机器人比赛中获得亚军；围棋培训班在沈阳市围棋甲级联赛中获得第五名；沈阳科学宫被提名为沈阳市学雷锋青年志愿者活动的优秀组织单位；科普大篷车被提名为沈阳市学雷锋青年志愿者活动的优秀品牌项目；田明礼、何健两位同志被提名为沈阳市学雷锋青年志愿者活动的先进个人候选人；王勤瑾同志撰写的论文被第十六届中国科协年会论文集收录，并应邀参加了年会；2014年11月，全国科技馆发展论坛在安徽芜湖召开，刘志军、王勤瑾和薛利元三名同志受大会邀请进行现场发言交流。

全年接待参观人数25万人次；组织开展大型科普活动十余项，承办了沈阳市第二十九届青少年科技创新大赛和第七届沈阳市青少年电脑机器人竞赛，举办临时展览三个，科学秀表演百余场；科普大篷车巡展20场，捐建科普图书室2个，组织科普大讲堂专家报告会23场，科普大篷车、科普大讲堂、科普专家报告团受益人数6万人次；科普培训班累计培训各类学员1400人次，同比增长100%；科普特效影院安全放映835场；各类媒体宣传报道近60余次；会展中心累计承接各类展会50次（其中人才会24次），会议中心承接会议92次。全年无重大安全责任事故。

科学宫积极开拓科普大篷车巡展的新模式，把科学实验表演、防震减灾临时展、交通安全展览等加入到科普大篷车的展览当中，极大的丰富了大篷车的科普展览内容，在展览现场向学生们进行表演和展出，受到了农村中小学校师生认可和欢迎。

另外，科学宫在法库县、康平县选取了两所较为贫困的学校，出资捐建了两个科普图书室，并捐赠了各类青少年书籍3000余册，给予了当地学生实实在在的、长期的实惠，充分体现了沈阳科学宫科普公益的良好形象。

（陈丹默）

【科技服务“三农”】 2014年，沈阳市科协对基层农村专业技术协会和农业示范基地进行技术帮扶，采取“一站一业，定向服务”模式，新组建科普惠农服务站10家，全市科普惠农服务站发展到60家。推进科普惠农兴村计划项目组织实施工作，培育示范性农村专业技术协会、农业科普基地和农村科普带头人典型。2014年，全市有5个农村基层科普示范组织受到中国科协、财政部表彰，其中，辽中县种鸡养殖协会、新民市梁山镇西瓜协会、法库县马鞍山树莓科普示范基地和2名农村科普带头人获全国科普惠农兴村计划专项扶持。苏家屯区八一街道办事处绿色水稻高产基地、辽中县大光绿色农业科技协会被列为辽宁省科普信息化重点支持项目。深入开展科普之冬、科技备耕、专家下乡系列活动，全市科协系统共组织科技服务团队67个、农业科技人员540人，开展技术讲座、田间指导、农资推介等活动530场次，举办科普大集43次，发放科普宣传资料近10万份，推广农业实用技术239项，引进新品种193个，直接受益农民5.6万人。

（程卫东）

【社区科普益民】 2014年，沈阳市科协扎实抓好社区科普大学建设。将办学领域由市内五区向城乡结合部推进，在辽中、新民、法库、康平等涉农区县新办分校41所，全市社区科普大学总数由年初的325所发展到366所，覆盖42%以上社区。规范科普大学运行管理，改组教研中心，成立教学督导室，全年举办教师培训8次，培训教师320人次，开展教学巡视和督察12次，市级讲师团壮大到117人。继续推广“两级办学、三级管理、四个固定”、“以需定教，民主管理、自我服务”等办学经验，推动社区科普大学提质升级，全年开设专业科普课程30多门，累计组织课堂教学1.46万小时，配合课堂教学开展创业技能培训、才艺汇演、知识竞赛、学习成果展示、学员联谊、科普参观等群众性科普活动2.9万次，学员增至2.1万人。推进科普示范社区创建工作，4个社区获批成为全国社区科普益民项目，3个社区获批成为辽宁省社区科普益民项目。

（程卫东）

【青少年科技创新活动】 2014年，沈阳市科协推动青少年素质教育与校内外科技活动衔接，邀请学术年会参会院士专家、中国科学院老科学家科普演讲团、沈阳科普讲师团在中小学举办大型科普报告会35场；组织科普大篷车校园巡展、青少年科学调查体验、高校科学营等其他规模性活动10次；参加校内外科技活动的青少年达3.5万人。2014年全国青少年节粮科学调查体验活动，全市有136所中小学校近6.3万份调查数据成功进行网上申报，申报数量居全国前列。

第二十九届沈阳市青少年科技创新大赛3月19日在沈阳科学宫举行，市科协、市教育局、市科技局共同主办，主题为“创新·体验·成长”。大赛设学生、辅导员科技创新成果竞赛和少年儿童科学幻想绘画、青少年科技实践活动展示两个系列。全市115所中小学1300名青少年科技发明爱好者和科技辅导员参赛，共征集创新作品1200余项，评选出优秀作品324项，其中学生创新项目167项、教师项目95项、科技实践活动37项、科学DV作品25项。通过市级大赛推选，沈阳市选手在全国青少年科技创新大赛中荣获29个重要奖项，其中：青少年创新项目金奖3项、银奖3项、铜奖2项；社会公益科技创新和中鸣数码科技创新专项奖各1项；科技辅导员项目银奖3项、铜奖1项；青少年实践活动项目二等奖1项、科学幻想画项目二、三等奖14项。

第七届沈阳市青少年机器人竞赛4月25日在沈阳科学宫举行，沈阳市科协、沈阳市教育局联合主办。本届大赛共设机器人综合技能竞赛、机器人足球竞赛、FLL机器人工程挑战赛、VEX机器人工程挑战赛、机器人创意竞赛等五个比赛项目，来自全市中小学校的265支代表队近600名选手参赛，21支代表队获得辽宁省机器人大赛参赛资格。

（程卫东）

【科普设施资源建设】 2014年，沈阳市启动科普信息化建设试点工作,由市科协开发的《沈阳科普》微信平台于5月开通运行,至年底,共发送科普资讯240期共2800条;由和平区科协承担的"科普之家"项目取得重要进展,沈阳市首个社区多媒体科普体验室、首家数字型科普社区分别在文安路社区、丰泽社区建成。积极改善基层科普条件,全年在中小学建立青少年科技创新工作室40个,在乡村、街道社区、公园新建标准化科普画廊91座,维修旧损科普画廊近300座,印发城乡科普挂图142期5536套。

(*程卫东*)

【全国科普日】　2014年9月21日,由辽宁省全民科学素质领导小组、沈阳市全民科学素质领导小组主办,沈阳市科协、沈阳市教育局、沈阳市科技局、中科院沈阳分院承办的2014年全国科普日辽宁沈阳主场活动在于洪区阳光100社区启动。活动主题是"创新发展、全民行动"。仪式上,对获得2014年全国科普示范社区的单位进行了通报表彰,向沈阳市科普示范社区颁发奖牌,为在职党员科普志愿者颁发证书,向社区捐赠科普图书。当日,市科协在阳光100社区举办了科技创新成果展和沈阳社区科普大学文艺汇演,近千名市民参与。全国科普日期间,沈阳以"创新引领未来、创新改变生活、创新在你身边、创新圆我梦想"为主旋律,组织开展了"工业文明与科技发展"科普观展游园、科普教育基地和重点实验室开放、食品药品安全知识进万家、社区居民健康知识大赛、"科普改变生活,科学在我身边"民俗邻居节、网络科普知识答题、航空航天知识科普展览、青少年航模竞赛、院士专家进校园等一系列群众性、社会性科普宣传。

(*程卫东*)

【"大手拉小手"活动】　10月24－26日"大手拉小手——科普报告希望行"沈阳站活动在沈阳第二中学、沈阳市外国语学校、辽宁省实验学校、于洪区东平湖街第一小学、和平区望湖路小学、大东区辽沈二校举行,中国科协青少年活动中心、辽宁省科协青少年活动中心主办,沈阳市科协承办。中国科学院老科学家科普演讲团6位老科学家走进校园,围绕"超导材料与磁悬浮列车"、"GPS卫星导航"、"航空母舰与舰载机"、"世界末日会到来吗"、"神奇的爆破"、"守护地球"等专题,从地球与空间、资源环境、能源科技、航天遥感等领域,为300余名师生讲述青少年最为关心的科学热点问题,传播相关科学知识。

(*程卫东*)

科技成果

【科技奖励】　2014年,根据《沈阳市科学技术奖励办法》规定,经市科学技术奖励评审委员会评审,市政府决定,授予沈阳透平机械股份有限公司"大型LNG装置用离心压缩机组"等9项科技成果"2014年度沈阳市科技振兴奖";北方重工集团有限公司"超长距离大运量节能型越野带式输送机"等138项科技成果"2014年度沈阳市科技进步奖";辽宁辉山乳业集团有限公司"自营规模化奶牛场综合技术集成与示范"等33项科技成果"2014年度沈阳市农村科技推广奖";沈阳芯源微电子设备有限公司"半导体封装用厚胶膜旋涂方法"等30项科技成果"2014年度沈阳市专利奖"。此外,沈阳市7个项目获得国家级奖励;140个项目获得省级奖励,获奖项目数量占全省的53%。

2014年的科技奖励工作有如下特点,一是获奖项目科技成果水平高。沈阳新松机器人自动化股份有限公司"新型工业机器人及数字化制造装备研制"等4项科技成果获得2014年度辽宁省企业重大研发成果奖。二是推动经济社会发展效果明显。获奖项目中,技术开发类项目占到了总获奖数的80%以上,较好地解决了沈阳市重点产业和经济社会发展中的重点、难点问题。三是企业创新主体地位凸显。企业获奖项目占45.7%,企业与科研院所和高校协同创新的产学研合作作用彰显。四是突出体现面向成果应用。奖项评审更加注重项目的推广应用、社会效益和经济效益。

(*陈丹默*)

2014年度沈阳市获国家级科学技术奖项目

项目名称	主要完成单位
遗传病致病基因和致病基因组重排的新发现	何春涤(中国医科大学附属第一医院)
特厚煤层大采高综放开采关键技术及装备	煤科集团沈阳研究院有限公司
新型阴极结构铝电解槽重大节能技术的开发应用	东北大学
先进铁素体不锈钢关键制造技术与系列品种开发	东北大学
地铁施工安全风险控制成套技术及应用	东北大学
高等级中厚钢板连续辊式淬火关键技术、装备及应用	东北大学(第一完成单位)
大型铁矿山露天井下协同开采及风险防控关键技术与应用	东北大学

2014年度沈阳市获辽宁省科学技术奖项目

项目名称	完成单位
金属材料的纳米孪晶强化	中科院沈阳分院
辽西早期被子植物研究	沈阳师范大学
炎性痛和椎间盘源性腰腿痛的神经机制研究	沈阳军区联勤部
高效色谱分离材料与方法	中科院沈阳分院
适合复杂系统的非线性中药质量评价体系	沈阳药科大学
中国木生真菌多样性研究	中科院沈阳分院

合金元素在镍基单晶高温合金中的作用	沈阳工业大学
基于游离小孢子培养的芸薹属作物双单倍体纯系的创制及利用	沈阳农业大学
HTM系列车铣复合加工中心关键技术研究与开发	沈阳建筑大学
重金属超积累植物的系列发现及污染土壤修复关键新技术	中科院沈阳分院
自蔓延冶金法规模化清洁制备硼化物粉体技术	东北大学
高质量镁合金锭坯低频电磁半连铸技术	东北大学
铼离子液体的合成及应用	辽宁大学
基于痕量污染物控制的危险废物资源化利用技术	沈阳航空航天大学
优质超级粳稻新品种沈农9816选育及应用	沈阳农业大学
水稻高产高效养分管理关键技术研究与应用	辽宁省农业科学院
设施蔬菜栽培土壤质量演变规律及其调控技术研究与应用	沈阳农业大学,辽宁省土壤肥料总站
辽东山区水土流失规律及防控技术研究与应用	沈阳农业大学,辽宁省水土保持局
辽东山区天然次生林生态系统定位研究及应用	辽宁省林业科学研究院
辽宁生猪生产风险监测关键技术研究及应用	辽宁省动物卫生监测预警中心
高损伤容限铸造钛合金及其精密成形技术	沈阳铸造研究所
复杂环境适应型系列风电机组研制及产业化	沈阳工业大学,沈阳华创风能有限公司,东方汽轮机有限公司,沈阳华人风电科技有限公司
非结构化数据管理关键技术及应用	东北大学,国家海洋信息中心,中国矿业大学,大连大学
我国艾滋病疫情特点、疾病进展关键因素及防治措施研究	中国医科大学附属第一医院,首都医科大学附属北京佑安医院,清华大学,中国疾病预防控制中心性病艾滋病预防控制中心,云南省疾病预防控制中心,河南省疾病预防控制中心,中国科学院生物物理研究所
空气污染物对健康影响机制及其早期生物标志	沈阳医学院
缺血性心脏病的外科综合治疗及相关基础研究	沈阳军区总医院,辽宁医学院
数字化技术和微创外科技术在颌面外科中的应用	中国医科大学附属口腔医院
中药复方治疗缓慢性心律失常的机制与药效研究	辽宁中医药大学
中医药干预慢性心衰的基础和临床循证示范研究	辽宁中医药大学
优异热带玉米种质资源创新及利用	辽宁省农业科学院
花生系列新品种选育及其关键栽培技术研究与应用	沈阳农业大学,辽宁省农村经济委员会,辽宁省农业科学院,铁岭市农业科学院,锦州农业科学院
百合菊花新品种选育及生产技术集成研究与推广	辽宁省果蚕管理总站,辽宁省农科院花卉所
绿色农产品全程质量保障技术集成与应用	中国科学院沈阳应用生态研究所,辽宁省农产品质量安全中心
辽宁省外生菌根真菌多样性及其种质资源的繁殖保护研究	辽宁省林业科学研究院
美国白蜡抗逆性良种选育及滨海盐碱地土壤改良技术	辽宁省林业科学研究院
辽宁省核桃良种繁育及丰产栽培技术研究与推广	辽宁省林业技术推广站,辽宁省经济林研究所
大型PTA装置用离心压缩机组研制	沈阳鼓风机集团股份有限公司,沈阳透平机械股份有限公司
异形螺旋曲面数控制造关键技术与应用	沈阳工业大学,中国石油天然气股份有限公司辽河油田分公司,山西北方风雷工业集团有限公司,沈阳工大科技开发有限公司
1725mm热轧/1650mm冷轧高性能镁合金板材轧制成套装备	北方重工集团有限公司
大型煤基甲醇制烯烃装置用压缩机组研制	沈阳鼓风机集团股份有限公司,沈阳透平机械股份有限公司
高度集成化智能变电站技术研究与实践	国网辽宁省电力有限公司,许继集团有限公司,国网电力科学研究院,中国电力科学研究院
支持工业生产智能化的嵌入式关键技术及应用	东北大学,沈阳工业大学
多介质融合的智能配用电网通信关键技术研究与工程应用	国网辽宁省电力有限公司大连供电公司,国网辽宁省电力有限公司沈阳供电公司,华北电力大学

面向智能移动终端的室内精准定位系统	东软集团股份有限公司，东北大学
面向个人健康管理的智能监测终端与服务系统研发	东软集团股份有限公司，沈阳东软熙康医疗系统有限公司
辽宁省污染土壤与生态破坏区生态修复标准体系与应用示范	辽宁省环境保护厅，中国科学院沈阳应用生态研究所，沈阳环境科学研究院
辽河流域水环境风险评估与预警监控平台构建技术示范研究	辽宁省环境监测实验中心，辽宁省环境科学研究院，沈阳市环境监测中心站，中国科学院沈阳计算技术研究所
农用杀菌剂氟吗啉清洁生产工艺和应用技术研究及产业化	沈阳化工研究院有限公司，沈阳科创化学品有限公司
崩解时限测试标准物质研究与应用	辽宁省计量科学研究院
沥青路面预防性养护关键技术与应用效果评价研究	辽宁省交通科学研究院，高速公路养护技术交通行业重点实验室，辽宁省高速公路管理局
血小板活化因子与银屑病发病相关研究	沈阳军区总医院，第二军医大学第一附属医院
心血管疾病主动靶向治疗等新技术的基础与应用研究	辽宁省人民医院，沈阳药科大学
PAK激酶信号网络在胃癌中的作用机制及其小分子抑制剂研究	中国医科大学
肺癌侵袭转移机制及天然化合物对肺癌的治疗作用及分子机制研究	中国医科大学附属盛京医院
肺动脉高压5－羟色胺上下游环节调控机制与药物治疗靶点研究	中国医科大学
胃癌高发区自然人群遗传资源平台的建立与应用	中国医科大学附属第一医院，庄河市中心医院，庄河市疾病预防控制中心
枕寰枢复合体损伤及继发脊髓损伤的相关研究	沈阳军区总医院骨科，上海长征医院骨科
华蟾素应用于骨肉瘤新辅助化疗的基础与临床研究	中国医科大学附属第一医院
复杂和重症法洛四联症外科治疗关键技术的临床及应用基础研究	沈阳军区总医院
血肿瘤屏障开放的调控与胶质瘤的分子靶向治疗	中国医科大学附属盛京医院，中国医科大学
保留器官功能胰腺手术的临床研究与应用	中国医科大学附属第一医院
以法乐四联症为标志的疑难危重心血管手术麻醉的临床研究	中国人民解放军沈阳军区总医院
搜风祛痰法中药稳定动脉粥样硬化斑块的机制研究	辽宁中医药大学
多单元口服缓控释制剂的研究与开发	沈阳药科大学，西安德天药业股份有限公司，沈阳澳华制药股份有限公司
具血管形成抑制/诱导凋亡作用小分子SP1抑制剂——五环三萜类类似物	沈阳化工大学
农业环境智能监控管理系统研制与应用	辽宁省农业科学院
沈杂系列高粱杂交种选育及应用	沈阳市农业科学院
沈阳市农业科技服务模式创新与特色农业产业技术推广	辽宁省农业科学院
落地装配式全钢骨架结构日光温室研究与应用	沈阳农业大学，辽阳亚新农业设施加工有限公司
设施蔬菜秸秆生物反应堆技术集成推广	辽宁省农业技术推广总站，朝阳市设施农业管理中心，铁岭依农科技责任有限公司
基于流加复合发酵技术的树莓果醋关键工艺研发与应用	沈阳农业大学
辽宁省水利普查技术研究与成果应用	辽宁省水利水电科学研究院，辽宁省第一次全国水利普查领导小组办公室，辽宁省水文水资源勘测局
山洪灾害防御系统	辽宁省防汛抗旱指挥部办公室，辽宁省水利水电科学研究院，辽宁省水文局
新型微润灌溉系统研发与应用	辽宁省水利水电科学研究院
濒临灭绝荷包猪品种资源抢救性选育与开发利用	辽宁省畜牧科学研究院，辽宁医学院，辽宁省建昌县荷包猪保种场
畜禽饲料专用酶制剂的利用技术研究及应用	沈阳农业大学，辽宁禾丰牧业股份有限公司
豁眼鹅遗传资源评价与高效养殖技术研究	辽宁省农业科学院
T－2560w高速动梁龙门加工中心	中捷机床有限公司
NTY－53型周边传动中心搅拌式液压分段提耙浓缩机	北方重工集团有限公司
大中型水轮机用优质马氏体不锈钢铸件	沈阳铸造研究所

140Mvar800kV 并联电抗器	特变电工沈阳变压器集团有限公司
CMZY2－100/18 煤矿用岩巷钻装机	三一重型装备有限公司
新一代 V 形丝网激光制备新工艺	辽宁裕通石化机械仪表有限公司
智能设计与控制方法在车辆工程中的应用研究	沈阳理工大学
降低大规模风电接入对东北电网安全稳定影响关键技术研究	国网辽宁省电力有限公司，东北电力科学研究院有限公司，沈阳工业大学
五轴联动数控机床 A/C 复合转轴直接驱动装置	沈阳工业大学，大连光洋科技工程有限公司
飞机系统电气数字化协同设计与制造平台开发及应用	中国航空工业集团公司沈阳飞机设计研究所
配电网智能动态节能技术及应用平台开发	沈阳工程学院
受端电网无功补偿技术综合应用研究	国网辽宁省电力有限公司，国网智能电网研究院，荣信电力电子股份有限公司
数字影像精密反光镜	沈阳仪表科学研究院有限公司
基于云计算的通用网上阅卷系统	东北大学，辽宁省高中等教育招生考试委员会办公室
辽宁电力信息通信调度一体化技术支撑平台	国网辽宁省电力有限公司，国网电力科学研究院
智能变电站高压设备状态监测系统研究及应用	国网辽宁省电力有限公司，辽宁东科电力有限公司，国网电力科学研究院
NCSF 数控控制总线	中国科学院沈阳计算技术研究所有限公司，沈阳高精数控技术有限公司
聚德高清智能电子警察系统	沈阳聚德视频技术有限公司
电网 GIS 空间信息服务平台研究与应用	国网辽宁省电力有限公司，安徽南瑞继远软件有限公司
高可靠抗冲击位移传感器	沈阳仪表科学研究院有限公司
综合化工废水处理及资源化技术集成与应用	辽宁省环境科学研究院，辽宁北方环境保护有限公司
2 万吨/年五氟乙烷(R125)反应器(固定床氟化反应器)的国产化研制	沈阳东方钛业股份有限公司
微波芬顿一体化高浓有机废水处理工艺技术及设备	沈阳工业大学
医疗废物周转箱全自动清洗消毒成套设备研发	沈阳环境科学研究院
气力输送煤粉流动参数状态监测系统	东北大学
喷墨打印墨水种类及字迹形成时间鉴定技术与应用	辽宁警官高等专科学校
客运专线 CRTSⅢ型无砟轨道混凝土轨道板预制施工综合技术研究	中铁九局集团有限公司，北京交通大学
钢管煤矸石混凝土组合结构的抗震性能及工程应用	沈阳建筑大学
钢－混凝土组合结构转换体系研究与应用	沈阳建筑大学，中国建筑第五工程局有限公司，辽宁省基建办公室
中芬合作寒地居住建筑节能建造技术	沈阳建筑大学
地震灾害快速评估系统研究	沈阳建筑大学，辽宁工业大学，沈阳娅杰科技有限公司，
村镇建筑洪水中破坏机理及抗洪加固关键技术研究	沈阳建筑大学
《建筑中水回用技术规程》编制与中水技术应用研究	辽宁省建设科学研究院，辽宁中部环保有限公司
基于 MLS66 足尺沥青路面加速加载试验技术研究	辽宁省交通科学研究院，辽宁交通信息科技有限公司，高速公路养护技术交通行业重点实验室(沈阳)
辽宁省高速公路沥青路面典型结构研究	辽宁省交通规划设计院，辽宁省交通科学研究院
超强韧性快硬纤维混凝土 PPECC 在应急抢险工程中的应用控制技术	沈阳建筑大学，沈阳市市政工程养护管理处，沈阳美洋建设项目管理有限公司
侵蚀条件下橡胶支座的力学性能研究和安全性评定	辽宁省产品质量监督检验院，沈阳市政集团有限公司
沥青路面再生适用性分析与关键技术研究	辽宁省交通厅公路管理局，沈阳建筑大学，辽宁省交通规划设计院

沥青温拌剂及其添加系统研究与应用	辽宁省交通厅公路管理局,辽宁仁泰交通科技有限公司,东北大学
应激性精神障碍－PTSD发病致脑损害的分子机制的研究	中国医科大学
胃肠肿瘤耐药机理及耐药逆转研究	中国医科大学附属第一医院
急性农药中毒诊治的临床研究	中国医科大学附属盛京医院
血小板血型抗原基因的遗传多态性研究及其应用	辽宁省血液中心(沈阳中心血站)
缺血性脑血管病的治疗新策略及其机制的研究	中国医科大学附属盛京医院
胃癌新分期体系的完善及其指导综合治疗的研究与应用	沈阳市第五人民医院
早期乳腺癌超声位置标注及临床治疗的研究	辽宁省人民医院,中国医科大学附属一院
人羊膜促进皮肤创面修复再生的干细胞与分子机制	中国医科大学
调节性细胞在器官移植免疫耐受形成中的作用	中国医科大学附属第四医院
先天性心脏病的产前诊断及病因学研究	中国医科大学附属盛京医院
信号传导通路在病理性瘢痕发病机制中作用的研究	中国医科大学附属第一医院,南方医科大学南方医院,中国医学科学院整形外科医院
颅内动脉瘤TNFRSF13B基因位点多态性及其临床应用研究	中国医科大学附属第一医院
化瘀祛痰法防治动脉粥样硬化的机理及临床应用研究	辽宁中医药大学
色谱相关技术在手性药物质量控制及药物动力学研究中的应用	沈阳化工大学
提升辽宁产业丰厚度途径与对策研究	辽宁省软科学研究中心,辽宁省科学技术厅,大连理工大学
东北区域气候变化评估报告	沈阳区域气候中心,中国气象局沈阳大气环境研究所,黑龙江省气候中心
基于科技创新的沈阳装备制造业结构调整及优化升级对策研究	沈阳工业大学
辽宁省现代服务业发展战略研究	沈阳工业大学
水稻工厂化育秧大棚改良与推广	新民市鹤湖水稻生产专业合作社
ESPRTV带电喷涂防污闪长效涂料	辽宁华隆电力科技有限公司
新型工业机器人及数字化制造装备研制	沈阳新松机器人自动化股份有限公司
先进封装工艺专用设备国产化研发与产业化	沈阳芯源微电子设备有限公司
飞机数字化制造生产线	沈阳飞机工业(集团)有限公司
金杯大海狮H2L轻型客车的开发	华晨汽车集团控股有限公司

2014年度沈阳市专利奖获奖项目

一等奖

专利名称	专利权人
半导体封装用厚胶膜旋涂方法	沈阳芯源微电子设备有限公司
一种钻装机	三一重型装备有限公司

二等奖

专利名称	专利权人
SUV轿车	华晨汽车集团控股有限公司
一种数据存储及现场总线通信并用的一体化装置	沈阳新松机器人自动化股份有限公司
基于数字中频的可变带宽的CDMA数字滤波方法	奥维通信股份有限公司
基于传递时差的数控系统现场总线时间同步方法及装置	中国科学院沈阳计算技术研究所有限公司、沈阳高精数控技术有限公司
一种AOD阀架配气系统	沈阳铸造研究所
滤光片信噪比积分测量方法	沈阳仪表科学研究院、沈阳汇博光学技术有限公司
一种高效屏蔽泵	沈阳工业大学
用于实时监测钢筋腐蚀的方法	沈阳建筑大学

三等奖

专利名称	专利权人
中药材、中药提取物、土壤及含中药提取物的药物组合物的元素检测方法	沈阳药大药业有限责任公司
一种磨床曲轴加工配重装置	中国有色(沈阳)冶金机械有限公司

加工轴承保持架用数控车床	沈阳机床股份有限公司
纳米介孔分子筛协效膨胀阻燃橡胶及其制备方法	沈阳化工大学
固体绝缘独立接地开关	沈阳昊诚电气股份有限公司
一种运动部件位置的真空信号引出装置	中国科学院沈阳科学仪器股份有限公司
一种以菌糠为原料制造生物有机肥及其制备方法	辽宁省农业科学院
隔膜泵单向阀故障自动诊断方法及其所采用的装置	中国有色(沈阳)泵业有限公司
复合型单芯电力电缆	国家电网公司、国网辽宁省电力有限公司沈阳供电公司、沈阳电业局电缆厂
腹膜透析置管术用导丝/隧道针表面硬质防护膜制备方法	沈阳市红十字会医院
一种凸极同步电动机阻尼环结构	泰豪沈阳电机有限公司
自助借还书机	赵伟
显示装置外壳(55BE)	沈阳毅昌科技有限公司
一种便携式微机充电保护装置	沈阳工程学院
一种大容量处理黏性物料的干燥机	沈阳禹华环保有限公司
一种铠装移开式交流金属封闭开关设备	沈阳华利能源设备制造有限公司
精制不锈钢板垫纸及制造方法	沈阳思特雷斯纸业有限责任公司
电沉积波纹管成形装置	沈阳汇博热能设备有限公司
电力表箱智能锁具	荣科科技股份有限公司
一种纳米硅溶胶改性外墙乳胶漆及其制备方法	沈阳顺风新城建筑材料有限公司

2014 年度沈阳市科技振兴奖获奖项目

项目名称	完成单位
大型 LNG 装置用离心压缩机组	沈阳透平机械股份有限公司
特高压直流工程用系列换流变压器	特变电工沈阳变压器集团有限公司
政府业务支撑平台研制及应用	东软集团股份有限公司
面向汽车、电子等行业的机器人自动化成套装备	沈阳新松机器人自动化股份有限公司
堆取料机系列设备	北方重工集团有限公司
轻合金压力及差压铸造技术与成套设备研究	沈阳铸造研究所
小牛血去蛋白提取物眼用凝胶	沈阳兴齐眼药股份有限公司
TURNKEY32ntn 轮毂轴承自动生产线	沈阳机床股份有限公司
CMZY1－70/12 煤矿用岩巷钻装机	三一重型装备有限公司

2014 年沈阳市科技进步奖获奖项目

一等奖

项目名称	完成单位
超长距离大运量节能型越野带式输送机	北方重工集团有限公司
GHC 型高效永磁筒式磁选机	北方重工集团有限公司
大型空分装置用全新单缸外置冷却等温型离心压缩机组	沈阳鼓风机集团股份有限公司
连续重整装置 28 级离心压缩机组研制	沈阳鼓风机集团股份有限公司
西北二通道联网工程 750kV 自取能磁控式可控并联电抗器关键设备开发及产业化	特变电工沈阳变压器集团有限公司
火箭发动机用高温合金铸件精密成形技术及产品	沈阳铸造研究所
差厚板开发及其在汽车轻量化中的应用	东北大学
冶金高炉自动化焊接技术及装备	沈阳大学
螺杆泵转速优化方法研究及定子橡胶配方研制	沈阳工业大学
汽车自动变速箱自动化装配生产线	沈阳新松机器人自动化股份有限公司
多模态医学数据管理与分析关键技术及应用	东软集团股份有限公司
工业机器人智能化关键技术研究	沈阳工业大学
建筑外墙外保温体系防火泡沫混凝土的关键技术研究	沈阳建筑大学
饲用燕麦新品种选育与高产栽培技术研究及应用	沈阳市农业科学院
绿色农业产地环境评估与预警技术及应用	中国科学院沈阳应用生态研究所
创制高效杀菌剂唑菌酯及其产业化	沈阳化工研究院有限公司
反应风险研究新技术在农药安全生产、放大和工艺优化中的应用	沈阳科创化学品有限公司

色谱技术在手性药物光学质量控制及立体选择性药动学研究中应用	沈阳化工大学
人参皂甙 Rb1 抗心肌细胞凋亡机制研究	辽宁省人民医院
慢性心衰的病机实质及中西医结合治疗的循证医学研究	辽宁中医药大学附属医院
应激性精神障碍 – PTSD 发病致脑损害的分子机制的研究	中国医科大学
人羊膜促进皮肤创面修复再生的干细胞与分子机制	中国医科大学
华蟾素应用于骨肉瘤新辅助化疗的基础与临床研究	中国医科大学附属第一医院
血肿瘤屏障开放的调控与胶质瘤的分子靶向治疗	中国医科大学附属盛京医院
急性农药中毒诊治的临床研究	中国医科大学附属盛京医院

二等奖

项目名称	完成单位
EBZ260D 悬臂式掘进机（大坡度）	三一重型装备有限公司
大型硝酸装置用四合一压缩机组	沈阳鼓风机集团股份有限公司
新型无主片板翅式汽车中冷器	沈阳华铁汽车散热器有限公司
核主泵关键部件用材料的研制	沈阳科金特种材料有限公司
“核电工程”用超大容量700MVA、500kV 单相发电机变压器	特变电工沈阳变压器集团有限公司
VMG60200wmh 动梁龙门移动式加工中心	中捷机床有限公司
基于数字预失真技术和自动载波跟踪功能的数字光纤直放站	奥维通信股份有限公司
智能齿轮升降机控制器及远程监测平台的研制	沈阳汇博自动化仪表有限公司
汽车牌照自动识别一体机（日、巴、厄版）	沈阳聚德视频技术有限公司
核电站阀门用金属波纹管国产化研究	沈阳仪表科学研究院有限公司
绿色铸造材料产品的开发与应用	沈阳铸造研究所
具有最大功率的光伏电站灾变预测技术研究及应用	沈阳工程学院
轴向定尺寸盘铣刀非典型成形铣削内螺旋曲面数控制造技术及装备	沈阳工业大学
活动网络可靠性优化问题的研究与应用	沈阳工业大学
润滑系统特征部件流动特性研究及 LG – RHZ/6 石油润滑系统工作站研制	沈阳理工大学
密闭充气式免维护双层幕墙	沈阳远大铝业工程有限公司
绿色办公建筑节能与施工关键技术研究	中铁九局集团有限公司
侵蚀条件下橡胶支座的力学性能研究和安全性评定	辽宁省产品质量监督检验院
泡粒混凝土的研究与应用	沈阳金铠建筑科技股份有限公司
混凝土结构病害分析、监测、检测与加固技术应用研究	沈阳建筑大学
混杂纤维废丝混凝土性能优化关键技术研究与应用	沈阳大学
屠宰与肉类加工业污水处理工艺集成研究	沈阳环境科学研究院
沈阳市生态城市建设水环境功能达标技术对策的研究与应用	沈阳环境科学研究院
沈阳市风险源环境风险预警对策研究	沈阳环境科学研究院
产业积聚地区域大气污染综合预报及评估技术研究	沈阳市环境监测中心站
规模化畜禽养殖废水高效处理及回用关键技术研究与工程示范	沈阳出入境检验检疫局
出口中药材中农药残留高通量检测及病虫害防控技术研究与标准制定	沈阳出入境检验检疫局
白羽肉鸡健康生态养殖技术集成研发与应用	沈阳金科丰牧业科技有限公司
沈阳市城区水资源调查评价及优化利用技术研究	沈阳市水利科学研究所
普瑞巴林中间体氰二酯新工艺的研发与产业化	沈阳东瑞精细化工有限公司
前列地尔注射液	辽宁诺康生物制药有限责任公司
磷霉素右环氧新工艺的研究和产业化	东北制药集团股份有限公司
林下山参的品质评价及种植技术推广	辽宁中医药大学
针灸干预围绝经期抑郁症的作用机理与应用研究	辽宁中医药大学

基于眼针疗法治疗脑中风病的疗效机制研究	辽宁中医药大学
中药止痛巴布贴治疗骨转移癌痛的基础与临床研究	辽宁中医药大学附属医院
形觉剥夺性弱视的基础与临床研究	沈阳市第四人民医院
血小板脂质筏内胆固醇及神经节苷脂 GM1 含量与阿尔茨海默病的相关性研究	沈阳市第五人民医院
小干扰 RNA 沉默骨桥蛋白抑制大鼠颈动脉球囊损伤后内膜增生研究	沈阳市第一人民医院
中药黄芪注射液穴位注射对脑瘫患儿肌肉电生理及影像学影响研究	沈阳市儿童医院
孕期体重发展轨迹及常模建立的队列研究	沈阳市妇女儿童保健中心
沈阳市食品安全风险监测、评估体系建立的研究	沈阳市疾病预防控制中心
ELISPOT 技术对结核感染和活动性结核病诊断价值的研究	沈阳市胸科医院
生物活性降解膜应用的实验研究	沈阳医学院
中国辽宁锡伯族体质人类学与人类群体遗传学研究	沈阳医学院
内脏脂肪素与不稳定动脉粥样硬化斑块的相关性研究	沈阳医学院附属第二医院
肿瘤坏死因子－α 与分泌性中耳炎关系的研究	沈阳医学院附属第二医院
甘草次酸介导的中药姜黄素空间稳定纳米脂质载体主动靶向给药系统的研究	沈阳医学院附属中心医院
胰岛素抵抗致动脉粥样硬化病理生理机制研究及治疗靶点探索	中国医科大学附属第一医院
脑缺血后中枢神经系统修复的基础与临床研究	中国医科大学附属第一医院
数字化技术和微创外科技术在颌面外科中的应用	中国医科大学附属口腔医院
维生素 D 分子机制及功能研究	中国医科大学附属盛京医院
创新型企业研究	沈阳大学
沈阳经济区物流产业集群发展模式与规划研究	沈阳工业大学
工业化与城镇化协调发展的体制机制及对策建议研究	沈阳工业大学
沈阳市战略性新兴产业发展战略研究	沈阳市科学技术情报研究所
沈阳市优化发展环境战略研究	沈阳市科学技术情报研究所
关于构建沈阳特色政府绩效管理模式的研究	沈阳市人力资源和社会保障局
政府全口径预算决算审查和监督办法研究	沈阳市人民代表大会常务委员会

三等奖

项目名称	完成单位
中华 H530 系列轿车	华晨汽车集团控股有限公司
E3 系列汽油机研制开发(BM15T\BM15L)	华晨汽车集团控股有限公司
高精度铝合金圆波导管	辽宁华盛有色金属加工有限公司
精密高厚耐磨橡胶导轮	沈阳大强砂轮有限责任公司
煤焦油深加工关键设备(沥青预处理塔、焦油蒸馏主塔)	沈阳东方钛业股份有限公司
C919 大型客机复合材料构件关键制造技术研究	沈阳飞机工业(集团)有限公司
百万千瓦超超临界燃煤机组全容量凝结水泵	沈阳鼓风机集团股份有限公司
百万千瓦机组核电站核二级余热排出泵	沈阳鼓风机集团股份有限公司
百万千瓦核电站常规岛用海水循环泵	沈阳鼓风机集团股份有限公司
C2SR－12V/T1250－31.5 中式固体绝缘环网柜	沈阳昊诚电气股份有限公司
VMC0645h 高速立式加工中心	沈阳机床(集团)设计研究院有限公司
CMU001 车磨中心	沈阳机床股份有限公司
铜芯轧纹铜护套无机矿物绝缘柔性防火电缆	沈阳市艾克电缆厂
重型车辆启动加温装置	沈阳元圣燃烧器制造有限公司
智能节能燃气燃烧器	沈阳元圣燃烧器制造有限公司
高防护大推力立式笼型三相异步电动机研究与应用	泰豪沈阳电机有限公司
大功率高起动性三相同步电动机的研究与应用	泰豪沈阳电机有限公司
磨机专用高效无刷励磁三相同步电动机的研究与应用	泰豪沈阳电机有限公司
HMC160 卧式加工中心	中捷机床有限公司

MBD技术在新一代飞机研制中的应用	沈阳飞机工业(集团)有限公司
沈阳广播电视台高清全媒体播出系统	沈阳广播电视台
航电仿真器系统	沈阳航空航天大学
城市集中供热SCADA系统的研究	沈阳仪表科学研究院有限公司
FRP粘贴SRHC构件补强加固方法研究与应用	沈阳大学
地震灾害快速评估系统研究	沈阳建筑大学
钢管煤矸石混凝土组合结构的抗震性能及工程应用	沈阳建筑大学
用于结构健康监测的智能混凝土破坏过程的力－电场动态比拟	沈阳建筑大学
沈阳市规模化猪场重大传染病(猪繁殖与呼吸综合征病毒、猪圆环病毒及猪伪狂犬病病毒)监测与防控技术研究	沈阳出入境检验检疫局
河流水环境监测网络优化方法研究与应用	沈阳大学
微波芬顿一体化高浓有机废水处理工艺技术及设备	沈阳工业大学
沈阳市农业面源污染生态控制技术对策研究	沈阳环境科学研究院
沈阳市防汛水情监测及洪水预警预报系统技术研究报告	沈阳市水利科学研究所
Vc二步发酵新菌系的开发及应用	东北制药集团股份有限公司
吸附在典型载体上汽油残留物分析的时效性研究	公安部沈阳消防研究所
车用汽油中甲醇快速测定方法	辽宁省产品质量监督检验院
聚氧乙烯醚类表面活性剂安全性评价关键技术及毒性研究	沈阳出入境检验检疫局
气相防锈塑料缓冲包装片材	沈阳防锈包装材料有限责任公司
低温发泡专用PVC糊树脂开发	沈阳化工股份有限公司
荧光增白剂喷雾流化造粒分级技术	沈阳化工研究院有限公司
精制不锈钢板垫纸的研制	沈阳思特雷斯纸业有限责任公司
辽宁省低碳经济发展战略研究	辽宁省清洁生产指导中心
抗免疫性血小板减少性紫癜的中药新药研制与开发	辽宁中医药大学
痰瘀同治防治冠心病的基础与临床系列研究	辽宁中医药大学
中药复方对糖尿病肾病肾络氧化应激损伤的修复作用的研究	辽宁中医药大学
构建辽宁科技创新的金融支持体系研究	沈阳大学
Ⅱ型先天性厚甲综合症相关基因突变的研究	沈阳市第七人民医院
关于沈阳市6个月－3岁散居儿童不良饮食行为干预措施的关键技术研究	沈阳市妇女儿童保健中心
沈阳市男男性接触者(MSM)精神疾病与高危性行为关系的研究	沈阳市疾病预防控制中心
SIAH1在骨肉瘤中表达及调控关系的研究	沈阳医学院附属中心医院
胃肠肿瘤耐药机理及耐药逆转研究	中国医科大学附属第一医院
基于分布参数分析的药物质量评价方法研究	中国医科大学附属第一医院
颅内动脉瘤TNFRSF13B基因位点多态性及其临床应用研究	中国医科大学附属第一医院
肺癌侵袭转移机制及天然化合物对肺癌的治疗作用及分子机制研究	中国医科大学附属盛京医院
调节性细胞在器官移植免疫耐受形成中的作用	中国医科大学附属第四医院

2014年度沈阳市农村科技推广奖获奖项目

一等奖

项目名称	完成单位
自营规模化奶牛场综合技术集成与示范	辽宁辉山乳业集团有限公司
乳酸菌发酵关键技术集成与副产物综合利用技术推广	辽宁省农业科学院
水稻工厂化育秧大棚改良与推广	新民市鹤湖水稻生产专业合作社

二等奖

项目名称	完成单位
黑茶镳子、黑果腺肋花楸等珍贵经济树种集约栽培技术研究	辽宁省林业科学研究院
干鲜两用辣椒三系杂交种沈研16号、17号选育及应用	沈阳市农业科学院

沈阳地区牛羊寄生虫病防治技术研究与集成推广	沈阳市动物疫病预防控制中心
生猪健康养殖关键技术研究与集成示范	沈阳市畜牧兽医科学研究所
盐酸沃尼妙林预混剂10%推广应用	沈阳伟嘉牧业技术有限公司
高产、多抗、中熟水稻新品种美锋9号繁育与推广	辽宁美锋种业有限公司
设施葡萄优质高效栽培技术推广	沈阳市林业果树科学研究所
晚熟、高密、高抗玉米杂交种东单118号繁育与推广	辽宁东亚种业科技股份有限公司
高标准母仔猪饲料的产业化及推广	辽宁禾丰牧业股份有限公司
猪育种中产仔主效基因关键技术的研究	沈阳市种畜禽监督管理站

三等奖

项目名称	完成单位
玉米收获耕整动力优配创新设计技术集成	沈阳市农业机械化研究所
动植物产品中农、兽药残留胶体金快速检测关键技术研究与产品开发	沈阳出入境检验检疫局
玉米收获机械化技术示范推广	沈阳市农业机械化技术推广站
耐密型优新玉米品种辽单1211、辽单111示范与推广	辽宁省农业科学院
出口小浆果病虫害检疫防控及果品质量控制技术研究与推广	沈阳检验检疫科学研究院
水稻加工副产物生产蛋白粉的研究	沈阳市粮油食品科学研究所
北冬虫夏草新品种引进筛选及栽培关键技术示范推广	沈阳辽北万鑫北虫草培植专业合作社
动物微生态饲料的研究与应用	沈阳市种猪种鸡繁育中心
畜禽饲料营养源替代增效技术研究与推广	辽宁德宝农牧集团有限公司
设施蔬菜高产栽培技术开发	沈阳久恒田园农业有限公司
高产、优质、广适玉米新品种沈玉35号选育及应用	沈阳市农业科学院
优质水质改良剂在水产健康养殖中的应用研究与技术攻关	沈阳市金山水产养殖公司
耕整机优选应用及创新设计	沈阳市农业机械化研究所
米糠营养素产业化关键技术的研究	沈阳市粮油食品科学研究所
康平县干旱监测预警与玉米抗旱配套技术示范推广	康平县气象局
树莓单体速冻关键技术应用推广	辽宁新大地实业发展集团有限公司
新中兽药“屏风解毒颗粒”的研发与推广	沈阳中亚兽药有限公司
沈阳市水功能区水质监测分析研究与应用	沈阳市水利科学研究所
辽育白牛高效养殖技术的开发与应用	法库县种畜禽监督管理站
“法库牛肉”标准化生产技术的研究及推广	法库县动物疫病预防控制中心

气　象

【气象服务】 2014年,沈阳市气象局开通“沈阳气象”微信公众账号。“沈阳天气96121”微博粉丝超过7万人,进入辽宁省厅局机构新浪网微博影响力10强。全年发布决策气象信息206期,决策气象服务满意率100%,很满意率77%。准确预报13次中雨(雪)以上天气过程。发布预警信号329个,强对流预警发布时间平均提前20分钟以上。提前24小时准确预报7月21日大到暴雨天气过程,市政府依据气象预警启动城市防汛二级橙色预警。发布气象监测预报预警手机飞信5万多条次。为市政府、春运、中高考、森林防火等提供专项气象服务400余期。建立林火卫星遥感监测业务。开展人工增雨(雪)作业15次,累计增加降水3.46亿立方米。完成1266个农村气象预警接收机(大喇叭)升级改造。全市乡镇(102个)建成气象信息电子显示屏131个。建立市县两级、部门内外为农服务专家队伍78人。建立直通式重点气象服务对象2787个。与涉农部门和农民专业合作组织签订合作协议26个。制作发布农业气象服务产品392期。开展干旱人工土壤墒情加密观测19次。完成4个“三农”气象服务专项实施县建设。与市城建局合作,共享城区40个雨量站监测信息。与市交警支队合作,引进16个重点交通路段的道路实景监控信息。组织召开东北三省大城市气象防灾减灾工作研讨会。举行沈阳市防御暴雨灾害应急演练。编制《沈阳市气象局重污染天气应急预案》。更新全市决策气象服务用户信息3716人。更新建筑行业气象预警信息接收用户信息166人。在沈阳科学宫、市第四中学举办三场《认识雾霾、应对雾霾》专题报告。市气象科普基地科普宣传接待达7500人次。与市环保局联合成立监测预测专家组,建成环保气象数据共享平台。与市教育局合作开展校园示范气象站建设。完成5个校园气象科普教育气象观测站、1个大气成分站、7个GPS/MET站以及4个新型自动站建设。

开发电台专业服务网页，实现3小时精细化天气预报和每小时实况的实时更新。市政府召开全市人工影响天气工作会议、农村气象灾害防御专题会议，印发《沈阳市人民政府关于加快推进气象现代化的实施意见》、《关于进一步做好突发事件预警信息发布工作的通知》、《关于进一步加强全市人工影响天气工作的实施意见》。市科技局批准立项1项。完成16项市气象局科研课题立项。完成4项市气象局预报员专项立项。发表科技论文14篇。科技研发成果向业务服务转化项目1项。《康平县干旱监测预警与玉米抗旱配套技术示范推广》科研项目荣获沈阳市农村科技推广奖三等奖。4个市级电台已全部开通插播气象信息。浑南区完成地面高空一体化改革。与市执法局联合印发《关于加强施放系留气球安全管理工作的通知》。与安监局联合印发《关于加强防雷安全工作的通知》。与市安监局、沈空航空管制处共同成立施放气球单位资质评审委员会。办理行政许可1017件，办结率为100%。与沈阳市发改委、安监局、建委等联合开展执法检查6次。开展施放气球活动安全检查220余处。开展易燃易爆场所、城镇燃气和输油气管道、粉尘企业等防雷安全检查1516处。完成950家易燃易爆及危化场所防雷安全检测。爆炸和火灾危险环境场所防雷装置检测覆盖率和执法监督到位率达到100%。

（于 璐）

【天气监测预报】 预报准确率稳步提高。2014年沈阳市气象台晴雨预报准确率91.8%；最高温度预报TS评分为87.9%；最低温度预报TS评分为80.9%。此三项预报准确率较2013年分别提高了3.7%、8.2%、3.2%。

重大过程预报准确无误。2014年沈阳市共出现中雨（雪）以上天气过程13次，均做出准确预报；提前24小时准确预报7月21日大到暴雨天气过程。

精细化预报业务取得实质进展。继续完善发展大城市精细化预报业务，实现沈阳市短时临近预警业务集成平台的本地化应用和升级。每天六次发布沈阳市11个站点逐6小时精细化要素预报，并通过电台、手机短信等对外发布。8月，沈阳市出现旱情期间密切关注旱情发展，及时上报灾情，加发6期相关气象信息。

（于 璐）

【重大社会活动气象服务保障】 2014年，市气象台决策气象服务中心共发布《沈阳气象信息》206期，为市政府、春运、中高考、森林防火等提供专项气象服务400余期，其中包括《市政府气象服务专报》260余期、《2014年春运气象服务专报》42期、《2014沈阳法库国际飞行大会专题气象服务》10期、《2014年沈阳中考专题气象服务》5期、《森林防火气象服务专报》62期、《2013中国沈阳国际农业博览会气象服务》9期、《2014年沈阳高考专题气象服务》5期，另外还有临时专项服务10余期。通过飞信向相关部门及人员共发布预警信息、天气预报、天气通报、雨情、雨情报告五万余条次。继续与环保局、国土局以及地质监测总站合作，每日提供天气分析资料和预报，为市防、城防、农业、水利、环保、国土、消防、交通、建委等部门提供即时气象服务等。

（李 崇）

【农作物生长季气候评价】 一、作物生长季农业气象条件综述

2014年，沈阳作物生长季总的天气气候特点：春、夏季气温偏高，热量条件较好；降水量时空分布不均，夏、秋季持续偏少；日照时数正常略少，满足作物生长需要。作物生长关键期降水严重不足，大田作物生长受到伏旱影响。

1.气温。作物生长季（4－9月）温度变化趋势：春、夏季气温持续偏高，生长季后期气温略低。

4－9月全市平均气温为19.9℃，较历年同期偏高0.8℃，比上年同期高0.7℃。其中4月平均气温13.3℃，比历年同期偏高3.1℃，位居历史同期高值第二位；除9月份气温偏低外，其它各月温度均高于历年同期。稳定通过10℃日期为4月7日，较历年平均日期早14天；稳定通过20℃的日期为5月22日，比历年平均提前23天。4－9月10℃以上活动积温为3580.8℃，比历年同期多20.2℃；20℃以上活动积温为2452.6℃，比历年偏多295.4℃，热量条件好，满足作物生长需要。日最高气温≥30℃首日出现在5月23日，日最高气温≥30℃的日数多达58天，比历年平均多28天，比上年多12天；日最高气温≥33℃的高温日数为2天。极端最高温度为35.4℃，出现在8月2日。

2.降水。作物生长季（4～9月）降水总趋势：春季前少后多，夏、秋季持续偏少。

4－9月全市七县区平均总降水量为348.6毫米，比历年同期少195.2毫米，仅有历年同期的6成。其中法库降水量较历年同期偏多1成；其它地区降水量偏少，为历年同期的4～9成。降水时空分布不均，5－6月降水偏多，降水量分别为历年同期的1.4和1.6倍；其他各月降水量较历年同期偏少，其中4月降水特少，几乎没有有效降水，7月、8月、9月仅有历年同期的5成、3成和5成。春季前期降水特少，3月末至5月初持续无降水，最长无降水日数长达33天。夏季降水量少，7月下旬至8月上旬持续无降水，汛期未出现≥50毫米区域性暴雨过程；6～8月仅沈北、康平、法库各出现1次、1次、3次≥50毫米降水；日最大降水量为80.9毫米，7月21日出现在法库地区。

3.日照。2014年4～9月日照时数合计为1364.3小时，比历年同期少7.3小时。其中4月、8月、9月日照时数分别比历年同期多32.5、14.9和11.9小时，5月、6月、7月分别比历年同期少17.9、45.3和3.4小时。

二、气候条件对粮食作物生产的影响

1.有利气候条件及影响。春季气温偏高，解冻早，土壤化通日期提前，有利于春播春种工作的开展，各类作物播种期普遍提早。5－6月雨量充沛，各地土壤墒情适宜，大部分地区春播进展顺利，玉米拔节期、水稻分蘖期生长较好。5月下旬气温上升快，积温条件较好，水稻插秧早，缓苗快，苗齐苗壮。8月24－25日，沈阳市出现难得的大雨天气，有效增加了土壤墒情，部分地区旱情得到缓解。各地暴雨、雷电、大风、冰雹等各类农业气象灾害发生较少，利于丰产。

2.不利气候条件及农业气象灾害影响。5月上旬平均气温较低，玉米播种较早的地区叶片出现了轻微冻害，但后期得到了缓解，水稻移栽较早的辽中地

区水田出现缓苗慢的现象。7月22日至8月10日连续20天无有效降水，局部地区大田作物受到伏旱影响，坡岗地作物受灾较重。虽然8月份各地均有不同程度的降水，但降水分布不均，且作物发育关键期生长障碍已经形成，旱情较重的地区未能有效缓解旱情。

综上所述，2014年沈阳作物生长季总的天气气候特点：春、夏季气温偏高，热量条件较好；降水量时空分布不均，夏、秋季持续偏少；日照时数正常略少，满足作物生长需要。总体来看，作物生长季热量条件好，各类农业气象灾害发生较少，但作物生长关键期降水严重不足，温、光、水匹配不理想，大田作物生长受到阶段性伏旱影响。

（张　菁）

【气候特点】 2014年沈阳市气候概况为：气温偏高、降水偏少且时空分布不均、日照时数正常略少，满足作物生长需要。作物生长关键期降水严重不足，大田作物生长受到阶段性伏旱影响。

热量条件。1. 全市平均气温为9.4℃，较历年平均偏高1.2℃。冬季（2013年12月~2014年2月）平均气温为-7.1℃，比历年同期高1.7℃；春季（3~5月）为11.6℃，比历年同期高2.1℃；夏季（6~8月）为23.7℃，比历年同期高0.5℃；秋季（9~11月）为10.2℃，比历年同期高1.2℃。作物生长季（4~9月）平均气温为19.9℃，较历年同期偏高0.8℃。

2. 日平均气温稳定通过10℃日期为4月7日，较历年平均早12天；气温稳定通过20℃的日期为5月22日，比历年平均早23天。作物生长季（4~9月）10℃以上活动积温为3580.8℃，比历年同期多20.2℃；20℃以上活动积温为2452.6℃，比历年偏多295.4℃，热量条件好，满足作物生长需要。

3. 日最高气温≥30℃首日出现在5月23日，日最高气温≥30℃的日数多达58天，比历年平均多28天，比2013年多12天。全年极端最低气温-25.9℃，出现在12月17日；全年极端最高温度为35.4℃，出现在8月2日。

4. 全市平均初霜日期为10月2日，较常年偏早3天。浑南、辽中、康平、法库、沈北、苏家屯等多数地区初霜日均出现在9月30日，新民初霜日偏晚，为10月14日。

降水条件。全市平均降水量为398.9毫米，比历年平均少226.2毫米，仅为历年平均的6成。降水时空分布不均，5月、6月、12月降水量多于历年同期，其余9个月降水量较历年同期偏少。

冬季（2013年12月~2014年2月）为11.4毫米，比历年同期少5.2毫米；春季（3~5月）降水量为73.0毫米，比历年同期少24.9毫米；夏季（6~8月）降水量为251.1毫米，比历年同期少150.9毫米；秋季（9~11月）降水量为59.4毫米，比历年同期少49.2毫米。作物生长季（4~9月）降水量为348.6毫米，为历年同期的6成。

日照条件。年总日照时数为2445.5小时，较历年平均少93.4小时。冬季（2013年12月~2014年2月）日照时数为497.3小时，比历年同期少48.6小时；春季（3~5月）日照时数为742.9小时，比历年同期多28.9小时；夏季（6~8月）日照时数为623.4，比历年同期少33.8小时；秋季（9~11月）日照时数为579.5小时，比历年同期少42.3小时。作物生长季（4~9月）日照时数为1364.3小时，比历年同期仅少7.3小时，光照条件较好。

2014年沈阳地区总的气候特点是气温偏高、年降水量偏少、日照时数正常略少。春、夏季气温偏高，热量条件较好；降水量时空分布不均，夏、秋季持续偏少；日照时数正常略少，满足作物生长需要。作物生长季各地暴雨、雷电、大风、冰雹等各类农业气象灾害发生较少，对农作物生长有利。但关键期降水不足，受夏秋连旱影响，局部地区大田作物受灾。其中春季土壤化通日期提前，有利于春耕春种的开展，各类作物播种期普遍提早。5月上旬受阶段性低温影响，玉米早播的地区叶片出现轻微冻害，后期得到缓解。7~8月全市气温偏高，降水持续偏少，特别是7月22日至8月10日连续20天无有效降水，大田作物受到伏旱影响，多个县（市）、区作物地块出现不同程度的干旱，坡岗地作物受灾较重。正值大田作物籽粒形成期，高温少雨给作物灌浆造成一定影响，部分地区产量受到影响。

（张　菁）

2014年主要气象资料

月份	平均气温（度）	降水量（毫米）	有效降水日数（天）	日照时数（小时）
1	-8.2	3.8	2.4	176.1
2	-5.6	4.8	2.1	160.0
3	3.8	7.5	2.1	244.7
4	13.3	0.1	0.4	264.1
5	17.6	65.5	9.9	234.0
6	22.5	133.3	14.7	191.2
7	24.7	79.9	5.6	198.0
8	24.0	38.0	5.7	234.2
9	17.2	32.1	9.6	242.8
10	10.9	23.3	3.4	172.4
11	2.5	4.4	2.4	164.2
12	-9.4	6.7	2.9	163.7

（李　崇）

地　震

【地震监测预报】 2014年，沈阳市地震局台网监测能力进一步提高，完成了沈阳市局台网中心配电，苏家屯、法库、康平3个台观测室，以及苏家屯、新民、法库3台避雷接地技术改造，保障了台网的高效安全运行。市地震局信息节点工作质量获全国评比第三名，沈北台地电阻率观测项目获辽宁省第一名，新民台水温观测项目获辽宁省第三名。地震趋势会商报告获得全省评比三等奖。完成了辽中台地磁项目改造，新增了新民台体应变、法库台倾斜观测项目，观测手段日益丰富，台网观测设备达55台套。加强宏观观测工作，调整宏观点3个，新增宏观点4个，全市共有宏观测报站8个、宏观测报点51个。在沈水湾公园建设的F6断层形变观测场，开展了12期测量，采集形变数据480个。组织了地震速报业务考核评比，地震业务能力得到提升。建立地震学科组，促进地震台站震情分析研究工作。参加了由全国20个市级地震部门组成的郯庐地震带合作组织技术交流，扩展了业务人员的视野。

（胡舒颖）

【建设工程抗震设防要求管理】 2014年，沈阳市地震局简政放权进一步提高审批效率，按照市委、市政府关于“职能下沉”、“简政放权”的有关要求，对建设工程抗震设防要求工作进行全面梳理，依照《沈阳市地震行政审批窗口服务标准》，严格执行一次性告知和限时办结，重新编制了《地震行政审批指南》，切实提高了审批服务效率和质量。工程性防御进一步加强。全年完成了新世界、华润中心三期等重大工程项目地震安全性评价审批15项，依法提高了新建或改建的57所学校和医院的抗震设防标准，地震部门一般工程备案600余项。举办了2次审批工作业务培训，指导区、县推进地震小区划成果的应用，完成全年区县建设工程抗震设防要求管理信息月报统计工作。

（胡舒颖）

【突发事件应急处置】 5月15日开始，沈阳市出现了将发生破坏性地震的谣传，经调查了解，地震谣传有逐步扩散之势。为了快速平息谣传，沈阳市地震局迅速启动应急预案，第一时间编写《震情简报》（特刊），将有关情况上报市政府、市委（市委宣传部）；统一对外宣传口径，安排人员电话值守，回答市民咨询，宣传地震知识；指导区县地震部门，监控社情、舆情动向，做好市民电话咨询解答工作；积极开展舆论引导，与沈城各主流媒体协作，通过省内黄金档新闻节目进行宣传报道。由于沈阳市地震局积极应对、果断处置，5月16日晚谣传被平息，全市社会生产秩序没有受到影响。

（胡舒颖）

【防震减灾规划重点项目】 沈阳市“强震烈度速报台网建设”项目顺利实施。该项目主要由分布在沈阳市辖区的12个强震烈度速报台和一个台网中心组成，每个子台主要由数据采集单元（含加速度计、强震动采集器、GPS接收器、台站状态监视单元等设备）、台站供电单元、综合避雷单元、数据传输设备等组成。该项目顺利通过了专家组验收，并已纳入全省烈度速报网络投入正式观测。为进一步深化地震安全示范工作，沈阳市地震局组织创建完成了一批新的示范工程。经评审浑南区嘉华社区等7个社区被授予“沈阳市地震安全示范社区”，新民市实验小学等2所学校被授予“沈阳市地震安全示范学校”，法库县东农村被授予“沈阳市地震安全示范村屯”。经国家、省地震局相关评审，沈河区五里河街道地王花园社区等4个社区被授予“辽宁省地震安全示范社区”，大东区津桥街道莱茵河畔社区和铁西区霁虹街道新湖社区被授予“国家地震安全示范社区”。

（胡舒颖）

【防震减灾科普宣教】 加强防震减灾文化建设，在“5·12防灾减灾日”等重点时段开展宣传活动期间，免费发放宣传材料给示范社区、示范学校和社会公众。与辽宁省地震局、市减灾委、市教育局、沈阳科学宫及《华商晨报》社策划了“三进活动”、“小记者体验地震”等主题宣传活动。成功组织了由中国地震局等单位主办的“平安中国”防灾宣导系列公益活动——千城大行动，获得较大的社会反响，社会效益显著。沈阳市地震局举办了全市地震系统第一届防震减灾科普课件评比活动，6个课件获奖，6名选手被聘为沈阳市防震减灾宣讲团成员，大东区地震局等3个单位获优秀组织奖，极大地促进了沈阳市防震减灾宣教队伍的建设。与市教育局联合在全市中小学校开展地震安全课活动，全市60余万中小学生在地震安全课上观看了《地震安全逃生》科普片，开展了一次地震应急疏散逃生演练，有效提升了中小学生减灾意识和逃生避险能力。

（胡舒颖）

【新民市防震减灾科普馆竣工】 2014年，沈阳市4A级景区新民市三农博览园内的新民市地震科普馆竣工，展馆面积210平方米，展区由发展中的新民防震减灾工作、地震基础知识、地震灾害、地震自救互救技能等四部分组成，包含地震体验小屋、地震灾害场景再现、地震成因解析等多件展品，互动性强，寓教于乐，是我市市民特别是中小学生了解防震减灾知识的又一个好去处。截至年底，全市已建成地震科普教育基地12个，其中2个荣获国家级防震减灾科普教育基地称号。（胡舒颖）

2014年沈阳市地震活动

序号	日　期	发震时刻	纬　度	经　度	深　度	震级(ML)
1	3月17日	04:21:21.7	41.73	123.18	6	1.9
2	4月4日	01:04:48.8	41.60	123.38	6	1.9
3	8月15日	21:13:05.8	41.63	123.56	6	2.2
4	11月27日	03:35:59.1	42.74	123.04	6	3.3
5	12月2日	21:32:57.3	42.75	123.04	0	3.7

（胡舒颖）

教　　育

综　述

【概况】 2014年，沈阳市有各级各类学校1783所，其中：高等教育机构79所，幼儿园1157所，义务教育阶段学校507所，普通高中87所，中等职业学校82所；在校生142万人，在职教师9.08万人。全市3岁以上儿童入园率94.1%，义务教育阶段入学率100%。2014年，全市教育工作围绕加快推进教育现代化这一核心，以培养学生终身学习能力和职业素养为主线，突出深化改革，深入实施素质教育，圆满完成了各项工作任务，教育事业继续保持健康快速发展的良好势头。

（教育局）

【教育督导】 推进沈阳市教育强区建设。全面启动第三批创建工作，完成了对于洪区、沈北新区、辽中县、新民市的教育强区评估验收，完成了法库县义务教育高水平均衡发展督导评估验收。6月，大东区、浑南新区、苏家屯区、于洪区、皇姑区等5区县完成省教育强区的评估验收。12月，沈北新区、辽中县、新民市、法库县、康平县完成省创建基础教育强区审核评估工作。9月，沈河区、大东区、浑南新区、苏家屯区、于洪区5区通过国家教育部对义务教育基本均衡县的认定。

（高　翔）

【教育立法】 2014年，《沈阳市学前教育条例》由沈阳市十五届人大常委会第十三次会议通过，经辽宁省十二届人大常委会第十四次会议批准，自2015年1月1日起施行。《条例》分总则、规划与建设、设立与审批、保育和教育、教职工资格与权益、保障与监督、法律责任、附则共八章三十八条，对促进沈阳市学前教育发展具有里程碑意义。启动校车安全管理立法项目，起草了《沈阳市校车安全管理办法（草案）》。《沈阳市中小学校章程制定暂行办法》和《沈阳市普通中小学家长委员会建设与管理办法（试行）》等两部规范性文件经市人民政府批准并发布施行。

（梁春秋）

【培育和践行社会主义核心价值观主题活动】 印发《关于深入推进培育和践行社会主义核心价值观的实施意见》，积极推进社会主义核心价值观进教材、进课堂、进师生头脑。3月至6月，在全市中小学生中开展“诚信”系列征集活动。5月26日，启动沈阳市中小学诚信主题教育活动。6月19日，在沈阳市第十一中学举办沈阳市青少年践行社会主义核心价值观经验交流会。组织开展“学习雷锋争做践行社会主义核心价值观的小模范”公益日活动。围绕社会主义核心价值观、“三爱”（爱学习、爱劳动、爱祖国）、“三节”（节粮、节水、节电）等主要内容开展了“中国梦，我的梦”演讲活动等。

（孔庆琳）

【“做一个有道德的人”主题活动】 围绕《全国未成年人思想道德建设工作测评体系》，广泛开展“学习雷锋做一个有道德的人”主题活动。包括洒扫应对，教孩子待人接物；认星争优，引导孩子自我提升；日行一善，用实践养成长道德心。开展网上祭英烈、做一个有道德的人网上签名寄语、童心向党歌咏以及向国旗敬礼网上签名寄语等活动。

（孔庆琳）

【中小学生社会实践活动】 3月28日，组织全市中小学生代表参加“志愿军烈士遗骸回国迎接仪式”。组织全市中小学生参观沈阳市城市规划展示馆，让学生进一步了解沈阳城市基本规划知识及未来发展规划。9月30日，组织264名学生代表参加了“辽宁省暨沈阳市向烈士纪念碑敬献花篮仪式”。10月29日，组织200名学生代表参加了在韩志愿军烈士遗骸安葬仪式。

（孔庆琳）

【青少年控烟知识竞赛】 12月12日，由沈阳市委宣传部、市教育局、市卫生计生委联合主办，市健康教育中心承办的“大手拉小手，共建文明城”沈阳市青少年控烟知识竞赛在铁西区兴工四校举行。来自市内五区的百名学生参加了比赛，沈河区代表队获冠军。

（孔庆琳）

【优秀传统文化教育巡讲活动】 4月11日，在浑南二中附属小学举行沈阳市中小学优秀传统文化教育巡讲启动仪式。巡讲活动历时2个多月，覆盖全市13个区、县（市），为近2000名教师和3000余名学生进行了26节课程展示和13场报告。

（孔庆琳）

【德育队伍能力提升培训】 4月10－11日，在市外国语学校举办沈阳市骨干德育主任培训，培训采取名家讲座、现场考察和网络学习相结合的形式进行，全市200名骨干德育主任参加。4月18－22日，组织全市中小学骨干班主任共计200人参加在沈阳市举行的全国班主任专业技能提升培训。6月，组织开展了全市中小学骨干班主任心理健康教育培训。

（孔庆琳）

【提升体育教学质量】 按照省教育厅关于开展2014年学校体育质量提升工程创新争先系列活动要求，组织开展全市体育教学评优、体育教师基本功大赛以及体育艺术2+1示范区、示范校评估等。在省教育厅开展的体育质量提升工程创新争先系列评比活动中，沈阳市3名体育教学名师、7个优秀体育教研组、7节体育精品课、9所体育艺术2+1项目先进学校全部获奖。沈河区以总分第一的成绩通过省体育艺术2+1示范区验收，成为沈阳市第二个获得此项殊荣的区县。在全国十城市第26届体育教学观摩研讨会上，和平区铁路五校刘丹获得大会现场课一等奖；市第六十三中学高波、佟沟九年一贯制学校张金凤获录像课一等奖、大东区大东四校徐冰等4名教师分获录像课二、三等奖；沈阳市教育研究院郭巍等13名教师的论文分获一、二、三等奖。

（乔恒君）

【推进校园足球运动】 2014年，在校园足球联赛的基础上，沈阳市承办了两期全国青少年校园足球夏令营活动，举办了精英赛和精英教练进校园活动。此外，举办指导员中级培训班和D级教练员培训班。在沈阳市学校体育协会的框架下成立足球分会，并举办两届协会杯足球赛，进一步推动足球运动的普及和提高。

（乔恒君）

【体育竞赛】 2014年，沈阳市教育局与市体育局共同举办了市级田径、篮球、排球、三棋、乒乓球、足球和健美操竞赛活动，并在田径运动会中开展综合素质测试，将参赛校学生身体素质抽测指标计入比赛成绩，七项竞赛共有参赛队232个，参赛队员3292人，全部赛事活动实现安全无事故。市第一七六中学男女橄榄球队和市第五中学男子手球队代表沈阳市参加辽宁省第十二届运动会夺得九块金牌；东北中山中学、市第十一中学、东北育才学校、市第三十一中学代表辽宁省参加全国第十二届学生运动会，分获健美操团体第六名、混五第二、混双第六、啦啦操第十名，乒乓球女团第四、混双第三、女双第四、男单第六、第七、男蓝第四名的成绩。

（乔恒君）

【学校食品安全检查】 市教育局分别于3月和9月开学初组织各区、县（市）开展学校食品安全拉网式筛查，并与市食药监局联合对各区县学校教学卫生、食品安全工作进行了飞行检查，检查结果在全市通报。会同市食安办在和平一校联合举行了沈阳市食品安全宣传月推进会，和平一校被确定为市级食品安全宣传教育示范校。

（乔恒君）

【卫生保健教师培训】 2014年6月，市教育局与北京大学儿童青少年卫生研究所共同举办了沈阳市学校卫生保健管理干部高级研修班，各区、县（市）教育局主管局长、体卫艺科长、保健所所长、示范校校长50余人参加培训。这是沈阳市首次开展的学校卫生保健管理干部高级研修班，也是全国范围内首次开展的针对学校卫生保健管理干部的培训。7月，市教育局与沈阳医学院合作举办沈阳市学校卫生保健人员全员培训。通过审验、考核，全市970余名从事学校卫生保健工作人员换发了新的上岗资格证书。

（乔恒君）

【学生体质监测与调研】 根据教育部等六部门《关于开展2014年全国学生体质与健康调研工作的通知》精神，沈阳市制订了《2014年学生体质与健康调研方案》，建立健全了组织机构，完成了人员培训、市级督导、数据录入及审核上报等相关工作，并迎接国家督导检查。调研涉及13个区、县（市）的58所普通中小学及1.7万名6～18岁学生。其中新民市、和平区分别代表沈阳市农村、城市样本向辽宁省和国家上报了体质监测数据。

（乔恒君）

【体育艺术学科教学】 市教育研究院对皇姑区、浑南区、苏家屯区、康平县、辽中县、沈阳市朝鲜族第一中学、东北育才双语学校、市外国语学校、市第二中学等开展了艺术学科教育教学指导。深入21所中小学校开展调研活动，面向一线艺术教师进行了50场面对面的交流指导，对5个区县和21所学校进行总体反馈。11月14日，在浑南三校召开了《体育艺术2+1项目与课堂教学融合的行动研究》开题会，20所实验校负责人参加。与沈阳大学合作对全市中小学音乐、美术骨干教师进行了为期一周的声乐、器乐、舞蹈、合唱指挥及书法、国画等学科培训。

（乔恒君）

【艺术教师岗位大练兵】 组织中小学艺术学科教师、教研员分别在沈河区文艺二小学、文萃小学和市第一三四中学开展了岗位大练兵市级单项展示活动，举办教研员岗位大练兵内容区域性业务指导讲座，各学科市级教研员对全市学科教研员进行了专题培训，参加教师岗位大练兵的教师进行了全员展示，并从中遴选出83名优秀教师进行了市级展示。

（乔恒君）

【小乐器进课堂专项考评】 对市内五区百所实验校（每区20所）的1.57万名小学生的铝板琴集体演奏、竖笛集体演奏、竖笛个人演奏进行了综合考核。考评以现场纠错和面对面座谈的方式，及时纠正了学生不正确的演奏方法，并对音乐教师课堂乐器教授方法和演奏技巧进行了现场指导，提升被考核学校教师的小乐器教学能力和师生的小乐器演奏技能。

（乔恒君）

【举办艺术大赛】 2014年3－10月，市教育局举办了全市中小学师生书法临帖大赛，共征集师生书法作品600余幅。10月16日，遴选出的186名师生在浑南一中进行了市级现场临帖大赛，聘请知名书法、篆刻家朱成国、张振忠、张殿忠担任评委，进行了现场点评。5月28－30日，开展了中小学音乐教师合唱指挥比赛，集中展示2013年度中小学合唱团队指导教师指挥培训成果。6月21－22日，组织7所学校的管乐队参加了辽宁省首届中小学生管乐比赛，浑南区第一小学、沈阳市军乐学校、市第九中学、东北育才双语学校管乐队获得一等奖，沈河区文艺二校、皇姑区航空实验小学、市第三十一中学管乐队获得二等奖。

（乔恒君）

【国防教育】 2014年，沈阳市共有6.8万余名新生参加了军训。9月，组织全市中小学生举办"勿忘国耻、强我国防"主题升旗仪式。市教育局配合市国防教育办公室开展了全市青少年国防教育展演。组织中小学生参加了"九一八"撞钟鸣警仪式。

（乔恒君）

【校车安全管理】 深入贯彻《校车安全管理条例》，充分发挥政府主导和统筹作用，加强对接送学生（幼儿）车辆的安全监管工作。召开两次校车安全管理工作联席会议,总结工作,部署任务。对全市校车行驶线路、运营模式、乘降站点、乘车人员等进行摸底调查,形成《关于校车安全有关问题的调研报告》。研究制订校车运营服务方案。明确校车运营公司和学校安全管理责任,签订安全管理责任书,建立学生乘车"实名制"工作档案,实现"一车一档"。制发《关于组织校车更新补贴核定审查的通知》,核发校车更新补贴资金1988.55万元,补贴更新车辆572台。制发《关于组织校车安全管理工作检查的通知》,联合公安、交通等部门,开展校车安全工作专项检查两次。组织各区、县(市)校车办开展校车安检和开学前安全培训工作。协调有关部门全面推进校车北斗监控平台体系建设。4月14-22日,集中开展了校车安全工作专项大检查,重点检查了学生"实名制"乘车、车辆更新、许可发放等情况。

(苗道国)

【安全宣传教育】 4月,开展"学习消防安全知识,增强自我保护能力"主题教育活动。5月16日,利用第七节课时间,以"防灾减灾"为主题,组织全市中小学统一开展应急疏散演练。6月,以"强化安全工作红线意识,推进平安和谐校园建设"为主题,组织中小学校参加省市安全生产"咨询日"活动。9月,联合市公安局、防范办、辽宁法制报开展沈阳市"首届少年法制互动节"活动,活动持续25天,全市近2万名小学生、2000名学生家长参加。10月,开展了"应急宣传教育周"活动,并联合市检察院,集中开展了安全知识讲座、主题教育班(团、队)会、应急疏散演练、法制教育、反邪教教育和反恐训练等系列宣传教育活动。

(苗道国)

【整治校园周边环境】 2014年,以创建全国文明城市为契机,先后召开六次校园及周边治安综合治理工作会议,制发《关于开展校园周边治安乱点、难点问题集中排查整治行动的通知》,集中开展校园周边治安乱点、难点问题集中排查整治行动。3月和9月,组织各地区教育局会同公安、工商、文体、卫生、食药监、行政执法等部门,对辖区内学校周边饭店、超市、流动商贩、200米内网吧、"三厅一社"等进行了排查整治。推进"平安和谐校园"创建工作,2014年评选市级"平安和谐校园"96所。

(苗道国)

【校园安全隐患排查治理】 2014年,先后制发了《关于全市中小学幼儿园集中开展火灾隐患专项整治行动的通知》、《关于集中开展中小学幼儿园消防通道专项整治工作的通知》。按照市消安委的要求,在全市中小学集中开展了消防隐患专项排查整治行动。印发了《关于开展特种设备专项检查隐患整改工作的通知》,就学校食堂燃气供应系统、食堂杂货电梯和乘客电梯、非法安装改造特种设备、学校特种设备安全管理制度建立等内容开展专项排查。3月3日,组成5个检查组,对全市中小学开学安全工作进行大检查;5月,对学校保安队伍、视频监控系统、值班和领导带班等安全保卫工作进行了检查;9月,对各区县开学安全工作情况进行了专门检查调研;11月,联合公安、交通部门组成3个检查组,对冬季学生乘车安全工作进行明查暗访。2014年,市教育局集中组织各类安全工作大检查6次,检查抽查学校219所,发现安全隐患和问题516处,并在全市进行通报。

(苗道国)

学前教育

【概况】 2014年,全市有各级各类幼儿园1157所,其中:公办幼儿园309所,民办幼儿园848所,在园儿童约15.2万人,教职工约2万人,学前3年儿童毛入园率为94.1%。

(董素靖 段志慧)

【增加学前教育资源】 继续落实学前教育3年学位扩增计划。多渠道扩大学前教育学位,通过新建、扩建公办幼儿园、接收小区配套幼儿园、审批民办幼儿园等途径,扩增学前教育学位1.5万余个,入园率比2013年提高了5.3个百分点,进一步缓解了"入园难"的问题。全年新建、改扩建和综合改造100所幼儿园。

(董素靖 段志慧)

【建立财政保障机制】 2014年,全市继续加大学前教育投入力度,累计投入学前教育专项资金约3亿元,包括办实事项目建设经费、学前教育奖补资金、特殊群体入园资助、教师队伍培训经费以及设备配备经费,涵盖了国家要求"四大类"项目,逐步提高了财政性学前教育经费占财政性教育经费比例,为学前教育发展提供了有力资金保障。

(董素靖 段志慧)

【普惠性幼儿园生均奖励补助政策】 2014年,继续对提供普惠性服务的公办和民办幼儿园实施奖励补助,将奖补标准由原来的每生每月100元,调整为每生每月200元,全年计入奖补的儿童数7.4万人,比2013年增加了一倍。通过奖补政策的推行,幼儿园依法用工行为逐步得到规范,保障了广大教师合法权益,并为逐步建立政府、家庭合理分担办园成本机制奠定了基础。

(董素靖 段志慧)

【提高师资整体水平】 2014年,继续采取"点面结合"的方式抓队伍建设。遴选20名园长工作站主持人,以"点对点"的方式,提升跟岗园长和教师素质,100所幼儿园受益;委派147名专家资源库成员担任保育教育工作视教员,每人承担本区一所薄弱幼儿园帮扶任务,进行"一对一"跟踪式业务指导,帮扶幼儿园全面提高办园质量;开展保育员培训、骨干园长、教师培训和园长任职资格培训、幼儿教师教学基本功大赛等活动。举办了第三届沈阳市幼儿园自制玩教具展评活动,并在辽宁省第三届幼儿园自制玩教具比赛中获得团体第一名;6件作品在国家比赛中获奖,其中:一等奖1个、二等奖3个、三等奖2个。

(董素靖 段志慧)

【提高幼儿园办园质量】 根据《辽宁省幼儿园评估定级标准》开展了幼儿园评估定级工作,引导和激励幼儿园改善办园条件和提高科学保教水平,在各区、县

(市)完成三星级及以下幼儿园评估定级基础上,组织专家完成了四星级以上幼儿园评估工作,全市600余所幼儿园(不包括等级外管理的小规模幼儿园)评估定级工作全部完成。同时,以落实教育部《3-6岁儿童学习与发展指南》为契机,通过行政推动、科研引领、专家指导、典型示范等途径,加大防止和纠正"小学化"倾向的工作力度,不断提升保育教育质量。

(董素靖　段志慧)

【推进学前教育立法】　2014年,启动了《学前教育条例》立法工作,组成了立法调研起草小组,多次召开园长、教师、社会、家长等不同层面代表参加的座谈会、研讨会,广泛听取意见,撰写了《沈阳市立法工作调研报告》及《沈阳市学前教育条例(草案)》。《沈阳市学前教育条例》由市第十五届人大常委会第十三次会议于10月29日通过,并由省第十二届人大常委会第十四次会议于11月27日批准,自2015年1月1日起正式实施。该条例填补了沈阳市学前教育立法空白,为学前教育发展提供强有力的法律保障。

(董素靖　段志慧)

义务教育

【概况】　2014年,沈阳市共有普通中小学校584所(含民办中小学)。其中:普通初中233所,普通小学320所。在校学生51万人,其中:普通初中16.5万人,普通小学34.5万人。教职工4.4万人(普通初中1.9万人,普通小学2.5万人),其中专任教师3.7万人(普通初中1.5万人,普通小学2.2万人)。全年围绕沈阳市义务教育优质均衡发展核心目标,积极推进百所提升校工程,全面深化课程改革,实施就近入学政策,支持义务教育教育集团化向纵深发展。

(安　凯)

【百所学校提升工程】　召开2014年提升学校工作会议,全市提升工程项目学校数量达到283所。各区、县(市)进一步完善本区域提升工作的实施方案。各学校对提升计划进行设计和修改,经区县(市)教育局审核,形成提升学校发展三年行动计划。9月18-28日,在上海交通大学开展了百所提升学校校长高端培训。10月10-18日,第二批百所提升学校校长高端培训在北京大学进行。

(安　凯)

【课程建设】　编制完成《综合实践活动课程整合方案》和《实施标准》,建设14个素质教育综合实践基地,在全市义务教育学校全面开设综合实践类课程。组织课程专家、科研人员和一线教师,历时两年,编制出台了《沈阳市中小学学业质量评价标准》。2014年1月,在辽宁省首届中小学优秀校本课程征集评选活动中,皇姑区童晖小学等7所小学、市第一二七中学等2所初中获一等奖;和平区南京一校等7所小学、市第一三六中学等6所初中获二等奖;和平区望湖路小学等9所小学、市回族初级中学等3所初中获三等奖。

(安　凯)

【保障学生受教育权利】　根据教育部和省教育厅的工作要求及部署,沈阳市结合工作实际,科学制订工作方案,全面部署免试就近入学工作。召开新闻媒体说明会,向社会宣传免试就近入学的政策。采取"单校就近划片"方式,严格实行"一人一籍、籍随人走",为每一所学校合理确定招生范围,严禁跨区招生。各区县结合当地情况,根据本地适龄学生人数,结合学校分布、学校规模、师生配置和交通状况等因素,科学合理制订本地区学区划分实施方案。将学区划分方案和招生计划通过网站、报纸等媒体向社会进行公布,接受社会监督。在沈务工人员子女享有公办学校的学位权利,和本地孩子一起进行"阳光分班"。对随迁子女集中的地方,采取扩大学校容量、增加学位的办法,加大民办学校接收务工人员子女学校的支持力度,满足务工人员子女入学需求。连续三年在全市中小学初始年级中实行"阳光分班"。2014年,全市共有小学新生6.07万人、初中新生4.56万人参加了"阳光分班",消除了过去学校自行招生编班引发的乱象,有效解决了大班额、重点班、实验班等现象。

(安　凯)

【标准化学校建设】　辽宁省教育厅下发了《辽宁省教育厅关于进一步加强义务教育学校标准化建设工作的通知》,从生均教学及辅助用房面积、生均体育运动场馆面积、生均教学仪器设备值、每百名学生拥有计算机台数、生均图书册数、职生比、生均高于规定学历教师数、生均中级及以上专业技术职务教师数等八个方面加强义务教育学校标准化建设。2014年,沈阳市完成110所标准化学校建设。

(安　凯)

【数字校园建设】　2014年,沈阳市启动中小学数字校园建设,并列入政府办实事项目中,围绕基础设施建设、应用服务建设、教师信息化能力建设、学校信息化发展力建设等内容,全面提升中小学教育信息化水平。全年共计投入9000万元,建成310所数字校园一星级以上标准学校。

(安　凯)

普通高中教育

【概况】　2014年,沈阳市有普通高中79所,其中:公办普通高中59所,民办普通高中20所;省级重点(示范)高中30所,市级重点高中31所,一般高中18所。普通高中在校生10.74万人,教职工1.11万人,其中专任教师9245人。积极推进标准化建设、精细化管理和特色化发展,截至2014年底,有市级标准学校36所,省级特色实验校8所,市级特色实验校26所。

(安　凯)

【标准化和数字化建设】　2014年,修订制发了《沈阳市普通高中办学标准(试行)》,根据达标一所评估验收一所的工作原则,对市第三十八中学和市第三十六中学标准化建设进行评估验收,两所学校晋升为沈阳市标准化普通高中。确定45所普通高中实施数字校园建设项目，要求学校建设校园网站，鼓励学校设立微信公众账号，利用“自媒体”开展宣传，鼓励有条件的学校系统录制微课程。

（安　凯）

【精细化管理】　改革普通高中发展模式，深入推进精细化管理，促进普通高中发展模式实现从粗放管理向精细管理的转变。开展了精细化管理网上校长论坛，征集了案例并在沈阳教育网上发布，在市第十一中学召开历史特色学科建设暨沈阳市普通高中精细化管理经验推介会。开展了普通高中学生学习成就增值评估和普通高中综合评估工作。组织完成了高中学生学业水平考查工作。组织开展了沈阳经济区招生工作。

（安　凯）

【特色化和多样化发展】　深化课程改革，全面建立起以国家课程为基础、以拓展课程为延伸、以丰富的社团活动课程和假期实践活动课程为补充的完善的学校课程体系。举办第二届高中生戏剧节、第一届高中生读书节、第一届高中生科技节，开展首届优秀社团评选工作。鼓励以区、县（市）为单位建立普通高中综合素质教育基地，沈河区、铁西区已经初步完成基地建设。改革课堂教学模式，深入推进小班化教学试点，实施引桥课程，探索个别化教育。30所学校班额控制在42人以下，其中市第三十八中学等14所学校班额控制在36人以下。制定下发《沈阳市教育局关于做好普通高中特色学科建设的通知》，在北京十一学校举办沈阳市高中学科教师高级研修班，在市第一二〇中学召开走班教学改革现场推介会，全市36所学校启动走班教育改革，走班选修学科覆盖了所有高考学科。组织召开了分层走班改革记者见面会。推进市第一中学、市第十一中学、市第一二〇中学创建辽宁省特色普通高中实验学校，3所学校均顺利通过了省教育厅的指导性评估验收，沈阳市省级特色普通高中实验学校已达8所，覆盖了人文、数理、外语、科技、体育、艺术六大特色类别，省级特色普通高中实验学校数量位列全省第一。

（安　凯）

【招生制度改革】　积极探索高中学校录取制度调整，从录取批次、招生计划、最低控制分数线，以及志愿设置、录取办法等入手，逐一开展调研论证，广泛征求意见，并对所有意见和建议逐条进行了利弊分析。开展了普通高中均衡编班工作。召开了普通高中校长大会，通过省级示范性普通高中复检工作。

（安　凯）

高等教育

【概况】　2014年，沈阳市有普通高等学校43所，成人高等学校7所，在校学生总计67.4万人，在职教职工3.24万人，其中专任教师2.16万人。在沈高校中“两院”院士11人，长江学者28人，国家杰出人才基金获得者30人，博士生导师1299人，硕士生导师5703人，国家重点一级学科3个，国家重点二级学科18个，省部级重点一级学科49个，省部级重点二级学科145个，博士点327个，硕士点950个，国家重点实验室8个，国家工程研究（技术）中心6个，省部级重点实验室394个，博士后流动站42个，研究生就业率82.70%，本科毕业生年终就业率89.01%。

2014年，沈阳市市属高校共四所，分别是沈阳大学、沈阳医学院、沈阳职业技术学院、沈阳广播电视大学。市属高校总体占地面积139.56万平方米，建筑面积103.21万平方米，在职教职工总数3952人，其中专任教师2465人，长江学者1人，享受国务院政府特殊津贴7人，省百千万人才56人，博士后32人；在校生总计9.17万人，其中：博士研究生6人，硕士研究生619人，本科生2.15万人，成人教育4.74万人。

（张蔚里）

【学科建设】　2014年，在沈高校直接用于学科、专业、实验室建设资金达12.5亿元，较2013年增加24.4%。新增博士后流动站7个、博士点9个、硕士点38个、省级示范专业12个、本科专业29个、省级工程研究（技术）中心9个。省部级重点学科中，有140余个与沈阳市支柱产业和战略性新兴产业直接对应。辽宁大学应用经济学、中国医科大学临床医学、沈阳师范大学教育学等42个学科入选辽宁省高等学校一流特色重点学科，占全省54.5%。沈阳药科大学药理与毒理学学科进入世界前100强，排名第60位。

（张蔚里）

【人才培养和引进】　2014年，在沈高校用于高层次人才培养和引进资金超过4亿元，高层次人才队伍建设取得阶段性突破。新增长江学者3人，国家杰出人才基金获得者3人，新引进3名国家“千人计划”人才，新入选国家“百千万人才”工程4人。东北大学形成了由5位“两院”院士、21位长江学者、30位国家杰出人才基金获得者、102位教育部新世纪优秀人才、12位国家“百千万人才”构成的高层次人才集群。

（张蔚里）

【学生创业创新】　2014年，东北大学、辽宁大学、沈阳师范大学构建厚基础、宽口径、复合型人才培养体系；中国医科大学、沈阳理工大学、沈阳化工大学、沈阳医学院努力构建特色鲜明、多元发展、注重应用的人才培养体系；辽宁省交通高等专科学校、沈阳职业技术学院强化技能应用型人才培养。东北大学将创业创新教育纳入人才培养方案，对学生开展创业精神、创业知识、创业实践、创业技能等系统化教育，并荣膺中央电视台“中国创业榜样”大奖；沈阳师范大学专门成立大学生创业创新中心，为大学生创业创新能力培养搭建立体化综合平台；沈阳大学实施以企业命名班级为主要内容的校企合作模式，助推学校转型发展，构建与实践零对接的协同育人新体系；辽宁林业职业技术学院荣获教育部“2014年度全国毕业生就业典型经验50强高校”殊荣。

（张蔚里）

【教育教学改革】　2014年，在沈高校用于教学方面的投入达到13.9亿元，占全年内涵建设总投入的49.5%。全年多媒体教室座位数增加1.4万位，图书馆藏书增加40.0万册，新增省本科实验教学示范中心19个、省级优秀教学团队

75 个、省优秀本科教学名师 16 人，建成 56 门国家级精品课、351 门省级精品课。

（张蔚里）

【科技产出】 2014 年，在沈高校承接国家级课题 639 项、省级课题 1801 项、市级课题 408 项，呈现出参与院校广、领域覆盖面宽、研究层次高的特点。科研经费到款 11.3 亿元，占全省高校的 45.7%，其中：获得国家级课题经费4.7亿元，省级课题经费2.2亿元，市级课题经费 3547 万元，横向科研经费 5 亿元。全年出版专著 363 部，被三大检索系统收录论文 3610 篇；申请发明专利 1414 项，获得授权 545 项；共获 232 项科研工作成果奖励，其中：国家科技进步二等奖 5 项，省部级一等奖 21 项，省部级二等奖 51 项，获得沈阳市科技奖励 194 项；有 584 个科研成果实现转化，较 2013 年增加了 264 个，成果转化收入达到 6515.4万元。

（张蔚里）

【综合改革】 2014 年，在沈高校积极推进大学章程建设，不断完善学校内部治理结构，深化校内管理体制改革，推进管理体制与机制创新。推行了以专业技术职务聘任制为核心的全员聘任制，建立竞争、开放、流动的现代用人机制；建立和完善了现代大学管理制度体系；后勤管理社会化改革遗留问题、高校债务问题等均得到有效化解。东北大学以“深化综合改革，开放发展，推进学校治理体系和治理能力现代化”为主题拉开学校深化综合改革工作序幕；辽宁大学、沈阳师范大学作为辽宁首批章程建设试点高校，学校章程顺利通过辽宁省教育厅核准生效；沈阳农业大学、沈阳建筑大学、沈阳师范大学等高校完善教师科研业绩量化考核机制。辽宁大学经济学院被评为“全国教育系统先进集体”。

（张蔚里）

【服务沈阳】 举办高校优势资源发布会，面向沈阳开放 128 个科技创新平台，并集中发布 155 项拟在沈转化的科研成果；邀请专家讲解沈阳经济发展形势，促进高校精准把握服务沈阳的切入点，提升服务实效；举办沈阳高校与铁西区产学研合作工作座谈会，牵线沈阳工程学院与沈北新区共建国家级大学科技园；召开“企业转型与升级”研讨会，组织高校专家为企业发展把脉，推动高校与驻沈企业深度对接；开展专题培训，组织座谈交流，提高服务意识和服务能力；组织开展高校艺术惠民工程和文化惠民活动，推动高校文博体艺场馆面向社会开放，全年 1748 名专家学者参与社会服务 6000 余人次，文化艺术惠民 107 万人次；鼓励高校开展对外合作交流，支持高校举办和承办全国性重要会议和大型活动；评选“十大服务沈阳贡献项目”，扶持服务沈阳重点项目，加强政策引领。

2014 年，沈阳高校围绕创新型城市建设和沈阳市支柱产业、战略性新兴产业发展，开展产学研合作项目 2116 项，实现产值 76 亿元；转化科技成果 413 项，产值超过 40 亿元。沈阳职业技术学院全方位对接装备制造、信息技术、现代服务业等产业集群开设专业，为沈阳机床集团、沈阳金杯等企业提供适用人才，面向沈阳地铁新增的城市轨道交通控制、城市轨道交通运营管理和电气化铁道技术培养专业人才。东北大学大力推进云计算、金属材料和健康产业园建设，打造面向新型工业化的大制造平台、面向信息化的大数据平台、面向政府决策的大智库平台和起支撑作用的超算、云计算平台。2014 年，东北大学高新技术企业集群创收 106 亿元，实现税金 6.5 亿元。

（张蔚里）

职业教育

【概况】 2014 年，沈阳市中等职业学校共 108 所，在校学生 10 万人，教职工总数 8079 人，其中专任教师 5520 人；有国家改革发展示范校 9 所，辽宁省改革发展示范校 4 所；全市中等职业教育共设 108 个专业，其中：国家级示范专业 5 个，辽宁省对接产业集群示范专业 52 个，辽宁省创新型实训基地 37 个，辽宁省技能大师工作室 2 个，辽宁省公共实训基地 1 个。全市职业教育以创建国家职业教育试验区为重要载体，进一步深化职业教育改革，加强职业学校内涵建设，努力提升职业学校办学实力。

（汤　镇）

【发展顶层设计】 研究制定了《沈阳职业教育 2014 年 – 2018 年五年规划》和《2014 – 2016 年三年行动计划》。组建了职业学校标准化课题组，加强职业教育研究。以国家职业教育改革发展示范项目学校为依托，筹备成立沈阳联合高职学校。做好“3 + 2”、“3 + 4”以及五年制衔接工作。

（汤　镇）

【资源重组和专业建设】 对新接收的由市经信委、市交通局和市燃气公司等部门办学的 3 所学校进行资源重组。支持服务经济并与市场联系紧密的专业和实训基地建设，开展生产性实训基地建设。2014 年，全市职业教育共有 108 个专业，重点建设 10 ~ 20 个国家级示范专业，省级对接产业集群示范专业 13 个，基本形成了与沈阳装备制造、汽车装配、化工医药等支柱产业对接的专业布局。

（汤　镇）

【提升教育质量】 进一步规范中等职业学校教学常规管理，合理使用和科学开发各种教育资源，营造职业教育教学文化氛围，全面提升教学质量、效率和管理水平。2014 年，全市有 5 个项目获得国家教学成果奖，24 个项目获得辽宁省教学成果奖。市教育局获 2014 年辽宁省职业院校学生技能大赛优秀组织奖；沈阳市外事服务学校等 4 所学校全部通过第二批国家发展改革示范学校验收；沈阳市中医药学校被确定为第二批省级发展改革示范学校；市教育局公用实训基地建设平台成为全省惟一的中职公共实训平台。开展 2014 年沈阳市中职学校学生技能大比武，61 人获一等奖，102 人获二等奖；在 2014 年全国职业院校技能大赛中，沈阳市取得 7 金、12 银、18 铜共 37 块奖牌的好成绩。

（汤　镇）

【教师队伍建设】 开展教师进企业实践顶岗培训，组织职业学校校长参加国家、省培训，选派 6 所国家发展改革示范校校长参加高端培训，与华晨宝马联合举办校长高端培训班。拓宽专业教师引进渠道，招聘国家重点专业院校毕业生和社会企业行业优秀技术人才，面向社会公开招聘文化课教师。落实《沈阳市中等职业教育专业教师进企业实践的实施方案》，巩固和完善教师培训市级基地，继续实施职业学校专业教师企业岗位计划。落实《沈阳市中等职业学校外聘教师管理办法》，支持职业学校聘用高质量校外教师。开展职业学校校级、中层管理干部培训。2014年，沈阳市外事服务学校获全国职业教育先进单位荣誉称号、沈阳市装备制造工程学校教师肖友才被评为全国职业教育先进个人。

（汤　镇）

【推进校企深度融合】 全面落实《沈阳市职业教育校企合作促进办法》，推进校企深度融合。推动职业教育集团建设，成立辽宁省电梯职教集团、沈阳医药化工职教集团，成立市服装学校美体中心并实现对外营业。5月28日，辽宁省电梯职教集团在沈阳市汽车工程学校成立，汽车工程学校工厂化办学模式正式启动，沈阳市汽车工程学校与沈阳市电梯安装维保协会合作，共同建设省内首家大型电梯生产性实训基地，该基地建筑面积6000平方米，建设投入总金额3000万元，可提供百个现场实训工位。刘敬贤、杨建华工作室被确定为省级大师工作室。

（汤　镇）

特殊教育

【概况】 2014年，沈阳市共有14所特殊教育学校，分布在10个区县，其中：培智类学校5所，聋学3所，盲校1所，综合类特教学校5所；在编专任特教教师364人。在特教学校就读的残疾学生1177人（含6－14岁712人），普通学校随班就读学生476人，送教上门学生36人。2014年，全市14所特教学校投入特殊教育经费6222万元。其中：特教学校资源教室140万元，资源中心275万元，设备购置专项经费5807万元，大东区聋校设备购置专项经费150万元。

（王　军）

【申报国家特殊教育改革实验区】 2014年10月，市教育局组织皇姑区、铁西区申报国家特殊教育改革实验区，力争通过推进随班就读实验，进一步探索沈阳市特教改革的相关配套政策，以此推动和建立健全沈阳市特殊教育保障机制和工作机制。

（王　军）

【制订《特殊教育提升计划实施方案》】 2014年，国家下发了《特殊教育提升计划（2014—2016年）》。11月，辽宁省制定了《特殊教育提升计划》。市教育局根据国家、省相关要求，结合沈阳实际，并协调相关部门起草了《沈阳市特殊教育提升计划实施方案》。

（王　军）

【干部教师培训】 2014年4月，市教育局委托北京师范师大学育学部培训学院对全市特教学校骨干教师进行特教专业教师影子培训。9月，组织全市随班就读试点学校校长、资源教师在华东师范大学开展随班就读学校资源教师培训。12月，组织全市培智类特教学校骨干教师到哈尔滨医科大学参加第二期中国儿童孤独症康复训练师培训班。

（王　军）

终身教育

【概况】 2014年，沈阳市以构建终身教育体系、创建学习型城市为目标，积极推进学习型组织建设、社区教育、成人教育等重点工作深入开展。全年开展农民转移培训1329场次，参加人员5.24万人次。沈阳市被列为首批全国学习型城市建设联盟城市和中国学习型城市建设案例城市，连续九年获全国全民终身学习活动周优秀组织奖。

（王　煜）

【推进学习型城市建设工作会议】 10月21日，中共沈阳市委召开沈阳市推进学习型城市建设工作会议暨2014年全市全民终身学习活动周启动仪式。市委副书记邢凯，市委常委、市委宣传部长王凤波，市人大副主任徐璐，市政府副市长姜军等出席会议，副市长姜军作工作报告。活动周期间，全市免费开放各级各类公益教育、科技、文化、健身机构等场所与设施，举办政策法规、文明礼仪、人文历史等活动1500项，参与市民达到30余万人。

（王　煜）

【推进社区教育发展】 8月24日，市政府出台《沈阳市人民政府办公厅关于推进社区教育发展的实施意见》，明确了推进社区教育的指导思想、工作目标、工作任务和保障措施等。同时，市政府教育督导室和市教育局联合下发《关于印发〈沈阳市区、县（市）社区教育督导评估细则（试行）〉的通知》，加强对社会教育的监督和指导。

（王　煜）

【农村成人教育专职干部培训】 2014年6月18－20日，在沈阳农业大学继续教育学院举办了沈阳市农村成人教育第一期专职干部培训班。培训依托沈阳农业大学专家团队，采取讲座、座谈研讨与交流、现场教学等形式进行。先后开展了《当前农村成人教育面临的形势和主要任务》、《沈阳农业大学实验基地建设及校园文化》、《关于农产品质量安全》、《转变发展方式，构建现代农业发展体系》、《转基因生物安全》等方面的系列讲座，大连市和铁岭市分别作了《大连市农村成人教育及乡镇职业学校发展与思考》和《与时俱进做好农村成人教育工作》报告。全市各区、县（市）教育局职成（终身教育）科、职教中心负责人以及乡镇成人教育专职干部（校长）近百人参加。

（王　煜）

【社区教育管理干部高级研修班】 2014年10月27日至11月2日，在上海开放大学举办了沈阳市社区教育管理干部高级研修班，各区、县（市）教育局主管局长、科长、社区学院院长等44人参加。培训采取专家讲授与实地考察相结合的方式进行，先后开设了《关于上海社区教育的发展现状与趋势》、《学习型社会与学习型组织建设》、《社区教育信息化建设与应用》等七个方面的专题讲座，并组织学员实地考察了上海宝山区社区学院和上钢新村街道社区学校。

（王　煜）

【开展“学校放假社区开学”活动】 7月22日，2014年沈阳市中小学生“学校放假、社区开学”社会实践活动启动仪式在大东区莱茵河畔社区举行。活动期间，全市13个区、县（市）的850多个社区共举办主题教育参观展345场、学生教育报告722场、社区课堂培训861场，开放自习室4002次，全市共1.17万名社区志愿者、6.8万余名中小学生参与，社区志愿者服务总时数达2.06万小时。

（王　煜）

民办教育

【概况】 2014年，全市共有民办学历教育学校70所，在校学生7.11万人，教职工总数5760人。其中：民办普通中小学39所，在校生6.07万人，教职工总数3899人，其中专任教师2597人，校舍占地总面积98.7万平方米，固定资产总值5亿元；民办中等职业学校31所，在校生1.04万人，教职工总数1861人，其中专任教师1086人，校舍占地总面积62.2万平方米，固定资产总值1亿元。2014年，全市民办高中毕业生1.05万人，其中：民办普通高中8500人，民办中等职业学校2000人；全市义务教育阶段民办学校在校学生4.19万人，其中：小学1.24万人，初中2.96万人。

（王立华）

【年度检查评估】 3月25日－5月6日，沈阳市对全市民办学校2014年度综合办学情况进行评价。检查评估总分设100分，70分及以上为“合格”，给予正常办理许可证年检和招生；60～69分之间为“基本合格”，限期三个月整改，整改期满经复查符合规定的，允许办理许可证年检和招生；59分以下为“不合格”，整改期为一年，暂停招生，整改期满经检查仍不合格的，停止招生并不予换发新办学许可证。共评估61所学校，其中：59所学校合格，2所学校基本合格，评估结果在全市进行通报并在媒体上公布。

（王立华）

【学业成就增值评估】 印发《关于沈阳市民办普通高中开展学生学业成就增值评估的通知》，全市17所民办高中的6881学生名参与评估。文理合计一本以上实现率，省示范高中为158.9%，市重点高中为1060%，一般高中为233.33%。结果显示，市重点高中的实现率最高，民办高中的教育教学质量还有待提高。

（王立华）

【财务审计】 通过政府采购渠道，委托辽宁恒信达会计师事务所对全市民办学校2013年度资产和财务情况进行审计，并出具审计报告。共审计68所学校，其中：民办普通中小学39所，民办中等职业学校29所。2013年度民办学历教育学校固定资产总值达6亿元，累计收入10.48亿元，支出13.70亿元，收支基本平衡。

（王立华）

【课程改革】 2014年11月，沈阳市民办中小学课改典型推介会在沈阳市绿岛学校成功召开，绿岛学校推出八个年级、八位教师的课改观摩课、推介课。全市37所民办中小学校的校长、教学副校长及相关学科（语、数、外）教师共300余人参加了观摩。同时，从政策、资金、服务等多方面入手，不断扶持民办学校发展，指导沈师大附属学校、洪庆中学做好迎接省示范高中复检工作。

（王立华）

【规范办学行为】 面向全市民办中小学、民办中等职业学校开展清理整治违规联合办学专项检查。主要检查民办学校在办学过程中，是否存在与企业事业组织、社会团体及其他社会组织、个人等联合办学或合作办学行为，包括招生、教学、科研、技术开发和推广等多种形式的联合及合作，以及发布招生广告（简章）与市、区教育局备案内容是否一致。检查分自查、检查、整改和复查四个阶段。

（王立华）

【许可证换发及毕业证验印】 根据《沈阳市民办学校办学许可证管理办法》，启动民办学校办学许可证换发工作。经核审，共为60所民办学校换发新证，11所学校办理了延期手续。对民办普通高中和职业学校2014届1.05万名毕业生进行信息核对、毕业证验印，确保学生如期顺利毕业。

（王立华）

文　化

综　述

【公共文化服务】 2014年，沈阳市文化系统围绕文化惠民，开展各类群众文化活动1.8万场，开展公益性艺术培训2700场次，组织公益性文艺演出700场，启动“沈阳百万市民走进博物馆”活动，向中小学生发放参观指南50万份，22家博物馆成为中小学生的第二课堂；围绕打造市民生活“第三空间”，“星期六剧场”、“少图讲坛”等艺术惠民品牌影响力不断扩大；开展流动文化服务，推出图书流动站、流动博物馆“四进”等活动，把文化食粮送到百姓身边；文化志愿者队伍不断壮大，实施了“百千万”文化服务建设工程，进一步提高了公共文化服务的能力。皇姑区着力打造群众文化服务“零距离”模式；浑南区围绕群众需求，推出“文化超市，菜单式服务”；法库县积极吸纳企业注资城乡文化活动开展。

成功举办了中国沈阳首届合唱音乐季、第十三届沈阳大学生文化艺术节、朝鲜族民俗文化节、“同一蓝天·沈阳有爱”外来务工人员定向文化知识讲座和“中国梦我的梦”全市农村文化系列活动。和平区、沈河区、大东区获评文化部“中国民间文化艺术之乡”。区、县（市）级文化活动异彩纷呈，铁西区“追逐中国梦、唱响新铁西”社区文化艺术活动、于洪区第五届文化节、苏家屯“四季风雪松文化广场”活动、沈北新区“舞动欢乐唱响沈北”群众大舞台和纪念锡伯族西迁250周年系列活动、新民市送文化下乡巡演、康平县“红红火火过大年”和辽中县全民大合唱系列活动，主题鲜明、各具特色，丰富了百姓的文化生活。

（白旭　赵百龙）

【文化产业】 推动文化与科技、旅游、金融业深度融合，促进动漫游戏、创意设计、文化旅游、演艺娱乐等业态发展。努力搭建文化产业服务平台，加强文化产业示范园区、基地的选树培育。组织开展了沈阳市第二批文化产业示范园区、第三批文化产业示范基地的评选，开展第五批国家级文化产业示范园区和第六批文化产业示范基地申报工作。积极扶持铁西区1905文化创意产业园、沈河区11号院艺术园区等特色文化产业项目。大力发展文化会展产业，成功举办了第十二届东北印展会，组织参展第三届辽宁（沈阳）精品文化节。

文化旅游、演艺娱乐、动漫游戏等特色产业发展实现新突破。沈阳故宫、帅府改善服务手段，创新服务方式，打造文化旅游品牌，海内外知名度不断提升。故宫、帅府全年接待游客人数和门票收入呈两位数增长，再创新高。2014年，全市电影市场进一步扩容，票房收入达到4.23亿元，同比增长27.8%，高居东北各大城市之首。

（白旭　赵百龙）

【平安文化市场建设】 坚持一手抓管理，一手促繁荣，促进全市文化市场健康有序发展。继续深化简政放权，取消行政审批项目5项，下放审批项目8项。完成市区两级软件正版化工作，通过了国务院检查组对沈阳市软件正版化工作检查验收。深入开展“扫黄打非”斗争，在全市范围内开展“清源”、“秋风”、“净网”专项行动。加强部门间协作联动，大力对出版物、网吧、游艺娱乐、广播电视、文物、工艺美术品、高危体育项目等文化经营场所的执法检查力度，全年共受理文化市场各类举报案件91件，办复率100%，查获非法无线广播电台19起，收缴各种非法出版物12万余件，会同公安部门破获刑事案件13起，抓获犯罪嫌疑人20人，有力打击了各类非法行为，文化市场在持续繁荣中实现了健康发展。

舆论导向把握有力。紧紧围绕党的十八届三中、四中全会这一主线，努力营造积极向上的舆论氛围。严格对广播电视台（站）播出节目监听监视，并以《沈阳市广播电视节目播出监管信息简报》形式，每月一期向全系统通报，实现两节期间、两会期间、“六四”敏感时期的宣传工作零事故；加强对报刊等宣传舆论阵地的监管，通过开展调研审读、专项审读、辅导审读等方式，及时对发现的问题进行处置，不断提升报刊质量；开展新闻采编人员业务理论培训，引导广大新闻从业人员正确的舆论把握能力。

（白旭　赵百龙）

【公共文化服务体系示范区创建督导】 2014年10月15－17日，文化部第二批公共文化服务体系示范区中期督查组一行5人，对沈河区创建国家公共文化服务体系示范区创建工作进行中期督导。督导组到沈河区五里河街道文化中心、泉园街道御龙社区、马官桥街道福陵社区进行了视察，并听取沈河区区长曾波的创建工作汇报，对沈河区公共文化服务体系示范区的创建工作给予了充分肯定。专家组认为，沈阳市沈河区对示范区制度设计研究工作比较重视，研究力量精干，研究工作比较规范。课题组在研究中把“制度设计与政策试行”、“重点研究领域与创建工作重点”、“制度设计与促进惠民便民”有机结合，制度成果转化较为丰富，较好地体现了课题研究与创新同步推进的工作思路，对示范区创建工作具有较好的指导意义。

专家组建议，沈阳市沈河区要加快推进制度设计课题研究进度，尽快完成《沈河区公共文化资源整合、共建共享制度设计研究》起草完善工作；进一步提升理论研究水平，以理论带动制度创新；调整总报告内容结构，强化对策的针对性，主要围绕建立机制进行研究。

（白旭　赵百龙）

群众文化

【公共文化设施建设】 2014年共实施公共文化设施建设项目46个，其中：市本级18个，区、县（市）28个。盛京大剧院、大东区天后宫博物馆建成并投入使用；沈阳艺术大厦、沈阳广播电视台主频道高清升级改造、市图书馆改造、故宫房屋维修改造、社区书屋等项目全部竣工；皇姑区、于洪区、法库县、康平县7个项目主体完工；市少儿图书馆迁建改造、艺术学校迁建等11个项目进展顺利；盛京碑林等6个项目开工建设。

（曲　兵）

【社区公共电子阅览室建设】 2014年完成824个社区公共电子阅览室的建设。社区公共电子阅览室建设是"公共文化提升工程"的重点项目，市文广局与市财政局共同制发了《沈阳市公共电子阅览室建设实施方案》，市区两级财政共同投入3216万元。社区公共电子阅览室的建成和免费开放，进一步提升了基层文化阵地的功能，丰富和改善了社区居民的文化生活。

（曲　兵）

【三城区荣获"中国民间文化艺术之乡"称号】 为传承和弘扬我国优秀传统文化，推动我国民间文化艺术的发展和繁荣，加强基层公共文化服务体系建设，文化部于2014年在全国组织开展了2014—2016年度"中国民间文化艺术之乡"评审命名工作。沈河区（摄影）、大东区（合唱）、和平区（秧歌）被命名为2014—2016年度"中国民间文化艺术之乡"。

（牟毅兵）

【集贤街道等单位获评辽宁文化先进街道】 2014年4月18日，辽宁省文化厅发布《关于命名2013年度辽宁省民间文化艺术之乡、文化先进乡镇（街道）、村（社区）的通知》，和平区集贤街道、苏家屯区白清街道、沈北新区尹家街道、新民市周坨子镇、法库县孟家镇被评为省文化先进乡镇（街道）。和平区长白街道万科城社区、沈河区大南街道多福社区、大东区上园街道新华社区、皇姑区黄河街道珠东社区、苏家屯区八一街道佟罗堡村、东陵区沈抚新城汪南社区、于洪区城东湖街道阳光100社区、新民市辽滨街道南塔社区、辽中县茨于坨镇太平村、法库县孟家镇西大房申村被评为省文化先进村（社区）。

（牟毅兵）

【参加辽宁省"七个一百"评选】 2014年9月17日，省委宣传部、省文化厅、省文学艺术界联合会发布《关于2013年度辽宁省"七个一百"基层群众文化项目评审结果的通知》，皇姑区剪纸活动基地、沈河区摄影活动基地、大东区歌咏活动基地、铁西区少儿舞蹈艺术活动基地被评为区县特色文化基地；于洪区和谐广场、大东区新华广场、苏家屯区雪松文化广场被评为基层文化活动示范广场；沈阳市群众艺术馆文化志愿者演出队、辽中县群星艺术团、法库县文化馆艺术惠民演出团被评为文艺下基层骨干队伍；东北大学省剧协辅导基地、康平县省摄协创作基地、苏家屯区省书协创作基地、铁西区文化馆群众合唱基地被评为群众文化辅导基地；于洪区群英艺术团、法库县文化馆业余剧团、康平县丁友军文化户被评为群众自办文化典型；合唱《夸夸浑南我的家》、舞蹈《心莲若梦》、"二人转"《文化直通车》被评为群众原创优秀文艺作品；白旭、关静姝、张绍洪被评为"群文之星"。

（牟毅兵）

【沈阳市文广局被授予"辽宁省文化志愿服务优秀组织单位"】 2014年，辽宁省文化厅在全省范围组织开展了"文化志愿者走基层"、"文化志愿者基层服务年"活动，并下发了《辽宁省文化厅关于表彰全省文化志愿服务优秀典型的通报》，沈阳市文广局被授予"辽宁省文化志愿服务优秀组织单位"称号；沈阳市群众艺术馆被授予"辽宁省文化志愿服务优秀团队"称号；沈阳市五环京剧团团长张绍洪等三名同志分别荣获"辽宁省优秀文化志愿者"、"辽宁省文化志愿服务组织先进个人"称号。沈阳市在辽宁省第十五届"群星奖"评奖中荣获音乐类、舞蹈类、曲艺类三枚金奖，舞蹈类、戏剧类三枚银奖，音乐类、曲艺类二枚铜奖的好成绩。

（蔡怀平）

【大学生文化节】 第十三届沈阳大学生文化节期间，沈阳29所高校累计举办校级校园文化活动600多项，围绕城市文化建设开展实践及服务活动235项，校际文化交流活动98项，名家讲座186场，参与大学生60余万人次。特别是依托"花样年华"全国大学生短剧小品大赛，吸引了来自全国16个省市的61所高校师生莅临沈阳，通过短剧小品比赛与沈阳高校进行了精彩互动交流，沈阳高校校园文化活动的影响力和承载力进一步提升。

（蔡怀平）

【中国·沈阳首届合唱音乐季】 2014年8月上旬至12月初，市委宣传部、市文广局等11家单位共同主办了中国·沈阳首届合唱音乐季。活动以"共筑中国梦唱响沈阳城"为主题，推动了沈阳"艺术惠民之城"、"北方合唱之都"建设，市、区、县（市）、街道、乡镇及部分社区、村屯共举办合唱比赛及展演活动242场次，参加人数近60余万人次。

（蔡怀平）

【农村文化系列活动】 2014年8月15日至10月15日，以"中国梦·我的梦"为主题举办了沈阳市农村文化系列活动。活动期间，共举办了"田园放歌"农民歌咏比赛、"缤纷天地"农民才艺大赛、"抒情田园"农民朗诵比赛、"流金岁月"寻找记忆中的民俗比赛、展演、展示活动、"播种春天"知识讲座与辅导活动等8项市级主体活动。市、区、县（市）送演出、辅导培训下乡100余场次，参与全市农村文化系列活动的城乡群众达到23万人次，全面展示了农村文化系列活动全貌，社会影响深远。

（蔡怀平）

文艺创作与表演

【精品生产】 坚持思想性、艺术性、观赏性统一，创复排100余个剧（节）目推向市场，多元化演出市场格局初步形成。

沈阳演艺集团创排的大型新编历史京剧《将军道》，荣获中宣部第十三届精神文明建设“五个一工程”奖，彰显了沈阳京剧艺术在全国的领军地位。

（江叁　米佳）

【艺术惠民】　沈阳市属专业艺术院团积极开展各类艺术惠民演出活动。沈阳演艺集团每周六、周日及“春节”、“十一”等假日在市文化宫开展京剧、评剧、歌舞、曲艺、杂技等艺术惠民演出活动，汤敏、吴丹阳、李冬梅、刘宝禄等国家一级演员悉数登场；沈阳话剧团周六、周日及节假日在张氏帅府博物馆广场进行公益演出；沈阳交响乐团每周向市民展示开放式排练，排演多首中外名曲；此外，各院团还开展了到工厂、学校、社区、公园、农村下基层演出活动。2014 年，各院团开展艺术惠民演出 600 余场，受益观众超 100 万人次。

（张志国）

【拓展演出市场】　继续打造《盛京红磨坊》，不断推出新版演出季，坚持天天常态演出。在强化营销、扩大宣传上也做出多种尝试，上座率提高到七成左右，社会关注度与市场收益均有所提升。小剧场话剧、儿童剧方面进行了院线演出推广与股份制剧目运作的全新尝试。新创排的《木偶奇遇记》、《小飞侠》、《绿野仙踪》等剧目，牢牢占据本地儿童演出市场。积极开拓外阜演出市场，新创排的惊悚话剧《苍新路 5 号》省外巡演 80 余场，沈阳杂技团赴欧美演出 100 余场，《太阳鸟》在北美进行巡演。市属各院团全年实现了演出超千场，演出收入超百万元的目标。倾力打造高雅艺术殿堂，采取国际通行的委托经营管理方式，引入一流管理团队北京保利剧院管理有限公司运营管理盛京大剧院，10 月 1 日首演，11 月中旬《盛京大剧院 2014—2015 首演季》启幕，市场反映火爆。

（江叁　米佳）

【盛京大剧院投入使用】　2014 年 10 月 1 日，沈阳投资兴建的盛京大剧院正式投入使用。建筑主要由 1800 座的综合剧场、1200 座的音乐厅和 500 座的多功能厅三部分组成，可以举办大型歌剧、舞剧、话剧、大型交响乐等多种类的演出。从 2015 年起，盛京大剧院每年将演出 200 余场，其中组织政府补贴演出 100 场以上，每年推出国内外高端的一流演出不少于 35 场。户外太阳广场将作为公益惠民场地、全年设立 12 天市民开放日等举措，将为市民提供演出、讲座、开放式排练等丰富多样的公益服务。

（江　叁）

【京剧《将军道》荣获国家“五个一工程”奖】　2014 年，在中共中央宣传部组织的第十三届精神文明建设“五个一工程”评选中，沈阳演艺集团创排的大型新编历史京剧《将军道》，成为本届评选中惟一一部获奖的京剧作品。此前，《将军道》已经连获第六届中国京剧艺术节金奖、第二十届曹禺戏剧文学奖、第十届中国艺术节暨第十四届文华奖文华优秀剧目奖，并入选 2011—2012 年度国家舞台艺术精品工程重点资助剧目。这标志着《将军道》实现了国家全部重要奖项的“大满贯”。

（张志国）

【对外文化艺术交流】　2014 年，对外文化交流活动深入发展，共办理了 9 个文化交流团组进行文化交流活动，其中：7 个团组 84 人次出国境，2 个团组 21 人次赴香港、台湾。积极开拓海外演出市场，沈阳杂技团赴德、美、法等国以及香港演出 312 场。有序开展对外对台交流，沈阳“九一八”历史博物馆出访韩国洽谈交互举办展览，市图书馆赴加拿大、美国洽谈引进图书馆管理技术，张氏帅府博物馆赴台参加“张学良故居纪念馆新馆开幕典礼暨第五届两岸三馆馆长年会系列活动”。举办了第十七届中韩美术摄影艺术作品交流展。

（谭　兰）

文物保护

【文博基础建设】　进一步完善市级文物保护单位的“四有”工作，完成第二、三批市保保护范围和建设控制地带划定工作，推进第四批市保保护标志碑（牌）及界桩的制作安装，启动四批市保文物保护单位测绘；完成了全市文物看护人员备案；完成《沈阳市文物普查名录》出版印刷，启动《沈阳市文物志（新编）》编撰；积极推进重点文物保护工程，完成审判庭、讲武堂等项目的建设和沈阳故宫及新乐遗址保护规划编制工作，故宫消防改造、石台子山城本体维修保护、那尔苏陵寝及韩佥事大院的文物保护工程进入到工程施工阶段；启动文物平安工程，积极落实文物保护属地管理，与各区、县（市）文体局签订了文物安全责任书；开展全市文物保护业务培训及全市安全大检查活动；落实国家文物局关于古城文物违法与消防安全专项督查工作；积极查处各类文物违法案件。

（吴　婉）

【博物馆建设及宣传】　2014 年，沈阳市经省级文物行政部门批准设立的博物馆共有 16 个，沈阳“九一八”历史博物馆为国家一级博物馆，沈阳故宫博物院、张氏帅府博物馆、沈阳新乐遗址博物馆为二级博物馆。市属文博单位共有可移动文物 6.2 万件，其中珍贵文物 2 万余件。沈阳工业博物馆《铁西百年记忆陈列》荣获第十一届全国博物馆陈列展览优秀奖。沈阳审判日本战犯法庭旧址陈列馆建成开馆。第一次全国可移动文物普查和博物馆文化惠民工程全面推进。启动“沈阳百万市民走进博物馆”活动，向中小学生发放参观指南 50 万份，22 家博物馆成为中小学生的第二课堂。2014 年，市属博物馆共接待观众 374.5 万人次，免费接待观众 177.5 万人次。

（窦英男）

【非物质文化遗产保护】　成功举办了“2014 首届沈阳非物质文化遗产主题庙会”，组织了第六批市级非遗项目名录评审工作，制定下发了《沈阳市非物质文化遗产项目管理办法》，建立了“沈阳市市级锡伯族文化生态保护区”。沈阳市申报的“辽菜传统烹饪技艺”成功入选第四批国家级非物质文化遗产代表性项目目录，填补了沈阳市国家级非遗保护项目传统技艺（饮食）类别的空白。市文广局在省文化厅举办的“全国第九个文化遗产日辽宁省非物质文化遗产展示展演活动”中获得“组织工作奖”，选送的沈阳胡魁章制笔工艺、马家烧麦制作技艺获“技艺展示金奖”，沈阳“面人汤”、老边饺子传统制作技艺获“技艺展示银奖”，钟氏刻瓷技艺获“技艺展示奖”。

（陈延军）

【市保保护范围和建设控制地带划定】 为保护全市文物保护单位的环境风貌,根据《中华人民共和国文物保护法》、《中华人民共和国文物保护法实施条例》的有关规定,结合文保单位周围环境,市文广局会同规划局共同完成了第二、三批市保保护范围和建设控制地带划定工作,并以市政府名义发布了《沈阳市人民政府关于公布沈阳市第二批、第三批市级文物保护单位保护范围和建设控制地带的通知》,使全市59处市级文物保护单位得到有效保护。

(于 东)

【般若寺等文保单位成为省级文物保护单位】 2014年10月,辽宁省政府印发了《辽宁省人民政府关于公布第九批省级文物保护单位的通知》。其中沈阳市般若寺、东三省总督府旧址、同泽女子中学、铁西工人村建筑群等31处文物保护单位纳入九批省保名录。至此,全市省级文物保护单位达到63处。

(罗 澜)

【文物安全大检查】 2014年5月,市文广局会同市公安局、市安监局、市气象局联合下发了《沈阳市联合开展文物安全隐患大检查实施方案》,对文物安全检查的时间、内容、形式等进行了明确。6月,组织开展了全市文物安全知识培训,就文物安全管理,执法检查,文博单位防盗抢、防暴恐、防雷和安全生产等方面知识进行了授课。通过联合检查,增强了各单位责任意识和安全防范意识,发现并纠正了一些问题,使沈阳市的文物安全整体水平得到提升,多部门联合开展安全检查的机制正式确立。

(孟繁涛)

【《沈阳市文物普查名录汇编》编辑出版】 经第三次全国文物普查,沈阳市共登记不可移动文物1530处,其中:新发现718处,复查812处,发现了一批具有较高历史、艺术和科学价值的不可移动文物。为全面反映沈阳市文物普查成果,沈阳市文物局在汇总整理全市文物普查数据的基础上,查阅相关历史文献,并吸收相关专家意见,经过近两年时间,于2014年12月编辑出版了《沈阳市文物普查名录汇编》。该书是沈阳市第三次全国文物普查成果的集成,通过该书,读者可以了解沈阳市文物资源的基本情况,从而进一步推进沈阳历史文化名城的保护与建设。

(吴 姣)

【纪念"5·18国际博物馆日"系列活动】 2014年国际博物馆日的主题是"博物馆藏品架起沟通的桥梁"。为纪念这一节日,市文广局推出了纪念"5·18国际博物馆日"系列活动。其中:主会场活动为沈阳审判日本战犯法庭旧址陈列馆开馆仪式,分会场活动包括沈阳故宫博物院志愿者就职宣誓仪式、张氏帅府博物馆志愿者服务基地授牌仪式、"九一八"历史博物馆抗战电影展映、新乐遗址博物馆模拟考古活动等。

(窦英男)

【沈阳审判日本战犯法庭旧址陈列馆开馆】 5月18日,市文广局举办了纪念"5·18国际博物馆日"暨中国(沈阳)审判日本战犯法庭旧址陈列馆开馆仪式。市委常委、宣传部部长王凤波,市政府副市长姜军以及各博物馆代表、媒体记者、部队官兵、学生和市民代表等200余人参加了仪式。"九一八"历史博物馆馆长井晓光介绍了陈列馆的建设情况。2014年5月18日起,该馆正式对社会免费开放。

(窦英男)

【"勿忘九一八"撞钟鸣警仪式】 9月18日上午,沈阳市在"九一八"历史博物馆残历碑广场举行了"勿忘九一八"撞钟鸣警仪式。中共中央政治局常委、中央书记处书记刘云山出席仪式并讲话。之后,刘云山和群众代表推动钟槌击响"警世钟"。刘云山还同各界群众代表一道参观了"九一八"历史博物馆。刘奇葆、汪洋、张平、罗富和和张阳出席仪式。参加过抗日战争的老战士和老同志代表,抗战烈士亲属代表,中央党政军群有关部门和黑、吉、辽三省负责同志,各界群众代表等1000余人参加仪式。

(窦英男)

【可移动文物普查】 组织各区、县(市)普查办对全市1.1万余家国有单位的文物收藏情况进行了调查,初步确定了94家国有文物收藏单位;建立了沈阳市可移动文物普查专家库。对全市可移动文物普查的组织管理人员、文物摄影人员、数据采集和信息登录人员、文物专家等分期、分批进行了专业培训。组织专家对国有文物收藏单位的1.3万余件(套)疑似文物进行了现场文物认定和定级,指导各文物收藏单位进行普查数据录入等。

(窦英男)

【首届沈阳非物质文化遗产主题庙会】 6月13－15日,"2014首届沈阳非物质文化遗产主题庙会"在老北市文化园举办。此次庙会共组织了130多个项目参展,有60多位传承人在现场进行了集中展演、展示,吸引观众和游客20多万人次。通过举办"非遗"庙会,达到了使"非遗"走近百姓、走进民间的目的,取得了较好的社会效果。

(陈延军)

【辽宁省非物质文化遗产展示展演活动】 组织沈阳市非遗项目参加省文化厅举办的"全国第九个文化遗产日辽宁省非物质文化遗产展示展演活动"获"组织工作奖"。选送的沈阳胡魁章制笔工艺、马家烧麦制作技艺获"技艺展示金奖",沈阳"面人汤"、老边饺子传统制作技艺获"技艺展示银奖",钟氏刻瓷技艺获"技艺展示奖"。

(陈延军)

【《沈阳市非物质文化遗产项目管理办法》颁布施行】 为进一步规范非遗项目评审及管理工作,沈阳市文广局起草了《沈阳市非物质文化遗产项目管理办法》,多次征求市法制办以及市非遗保护工作联席会议成员单位意见,并进行认真修改和完善。经市政府审核同意后,于2014年12月1日起颁布实施。《沈阳市非物质文化遗产项目管理办法》的颁布实施,有力地促进了全市非遗保护工作的更好开展。

(陈延军)

【"辽菜传统烹饪技艺"入选国家级非物质文化遗产项目名录】 2014年11月11日,国务院公布了第四批国家级非物质文化遗产代表性项目名录。沈阳市申报的"辽菜传统烹饪技艺"成功入选第四批国家级非物质文化遗产代表性项目名录,填补了沈阳市国家级非遗保护项目传统技艺(饮食)类别的空白。"辽菜"是辽宁菜系的简称,它是根据辽宁地区的民族特点、区域特点、饮食习俗、烹饪技艺而形成的一种地方菜系。辽菜擅长扒、熘等30余种技法,菜肴具有一菜多味、咸甜分明等特点,是中国饮食文化重要组成部分,具有深厚的文化底蕴,是辽宁社会发展的历史见证,有十分重要的历史、文化价值。

（王大军）

【批准设立“沈阳市市级锡伯族文化生态保护区”】 沈阳是全国最大的锡伯族聚居区,有锡伯人口5.5万余人,是新疆锡伯人的故乡。为更好地对锡伯族非物质文化遗产进行整体性保护,沈阳市在沈北新区着手建设锡伯族文化生态保护区。2014年1月,市文广局参照《文化部关于加强国家级文化生态保护区建设的指导意见》,依据《沈阳市市级文化生态保护区认定与管理暂行办法》规定的程序,组织专家评审小组实地考察,对保护规划纲要进行论证、评审,认为沈北新区锡伯族文化生态保护区建设工作符合文化形态整体性保护的要求。批准沈北新区设立“沈阳市市级锡伯族文化生态保护区”。

（王大军）

文化市场管理

【概况】 2014年,沈阳市文化经营业户共计1882家,其中:歌舞娱乐场所449家,游艺娱乐场所200家,营业性演出场所46家,文艺表演团体99家,网吧1088家。

编制《沈阳市文广系统审批业务指导手册》,科学制定行政审批流程和具体实施办法,市、区两级行政审批流程完整,标准统一,基本实现行政审批的规范化、便民化、制度化,全年共完成行政审批350项。完成了第三轮涉及文广系统的简政放权工作,将原有45项审批项目取消5项,下放8项,合并7项。聘请全国文化市场技术监管与服务平台应用专家为授课老师,对各区、县(市)162名一线审批及执法人员进行上线前的培训,并制订上线实施应用方案,确保了文化市场技术监管与服务平台应用系统正式上线平稳运行。

（宋婉雯）

【网络文化市场监管】 沈阳市文化市场行政执法总队不断加强对网吧场所和网络文化经营单位的日常监管,切实维护网络文化市场经营秩序。结合国家法定节假日以及学校寒暑假等时间节点,开展网吧场所集中整治行动,从严查处了一批接纳未成年人进入等违规经营行为的网吧场所。全年共检查网吧场所4543家(次),查处各类违规网吧463家。此外,还印制了未成年人禁入标识,免费发放到全市每个网吧场所。积极开展网络文化执法工作,相继查处沈阳国美电器有限公司使用侵权计算机软件案、沈阳芝麻开门科技有限公司经营非法网络游戏案等一批网络文化案件。2014年5月,国家版权局授予市文化执法总队直属二大队“2013年度查处侵权盗版案件有功单位”二等奖。

（市场办）

【娱乐和演出市场监管】 沈阳市文化市场行政执法总队不断加强对全市电子游戏厅、歌厅、舞厅等娱乐场所的监管,全面排查歌舞娱乐场所违法违规经营行为。全年共清查歌舞娱乐场所1372家次,立案处理违规经营案件60余起。加大对演出市场的监管力度,清查演出经营场所201家(次),有力地维护了娱乐演出市场正常经营秩序。

（市场办）

【广电和体育市场监管】 沈阳市文化市场行政执法总队对全市三星级以上宾馆酒店卫星电视接收情况进行执法检查,对沈阳雅仕快捷酒店等5家宾馆酒店进行立案查处。同时,还开展了针对居民个人非法安装使用卫星电视广播地面接收设施行为的专项整治工作,对西塔等重点地区进行了集中治理。全市共拆除违规安装的卫星电视地面接收设施4880余套,其中:自行拆除1400余套,强制拆除3880余套。沈阳市文化市场行政执法总队会同市无委会、公安局对全市擅自设立广播电台的违法行为进行了执法检查,共查处取缔擅自设立的广播电台案件19起,罚没发射设施15套。加强对电影市场的监管,除了一般性检查电影放映许可证及放映的影片外,还要求院方提供一年内的电影放映日志进行调查存档。查处了辽宁艾米电影文化发展有限公司未经著作人许可放映其作品案。加强体育市场监管,对全市的高危险性体育项目经营场所进行了巡查走访,重点对4家滑雪经营场所及70余家游泳馆进行了检查,确保了高危险性体育项目经营场所的安全稳定。

（市场办）

【文物美术品市场监管】 沈阳市文化市场行政执法总队与市文物局联合,对全市部分市级以上文物保护单位进行了巡视和走访,确保了文物安全。查处了盾安新一城等3起未在文化部门备案案件和沈河区建设局通天街改造工程未经文物部门批准在国家级文物保护单位保护范围内施工案。开展了文物美术品市场大调研活动,通过对全市10家古玩及美术品集中经营场所全面走访、深入调研,形成了《沈阳市艺术品市场调研报告》,得到了市领导和上级主管部门的充分肯定,中国文化市场网予以刊发,为领导决策提供了重要参考。

（市场办）

【出版物市场监管】 沈阳市文化市场行政执法总队通过强化日常监管、突出重点打击和开展专项行动,全市出版物市场特别是78个重点地区、部位和场所的非法出版物数量明显减少,经营秩序进一步好转。2014年,全市文化执法系统共出动执法人员9300余人次,检查出版物经营场所4576家次,收缴侵权盗版出版物12万余盘册,查处各类出版物市场案件50余起,清理取缔无证经营摊点及游商走贩2000余家(次)。

（市场办）

【“扫黄打非”】 沈阳市“扫黄打非”办公室按照国家和省“扫黄打非”工作小组的统一部署,积极开展“秋风”、“清源”、“净网”、“固边”等专项整治行动,对制售各类非法出版物、侵权盗版出版物、网络淫秽色情信息等实施了全面有效打击,净化了社会文化环境。先后五次召开“扫黄打非”工作联席会议,切实加强“扫黄打非”督查督办工作。沈阳市“扫黄打非”办公室承办了“4.24”全国侵权盗版及非法出版物集中销毁行动辽宁分会场工作,并开展文化市场法律法规宣传活动,在全社会营造保护知识产权、建设和谐文化市场的良好氛围。2014年,沈阳市“扫黄打非”办公室重新修订了《沈阳市“扫黄打非”责任制度》,对各区、县(市)和各部门承担的“扫黄打非”责任进一步明确,并建立了追责机制。加强了“扫黄打非”督导工作，组织开展了对各区、县(市)“扫黄打非”工作全面督导检查，有力推动了全市“扫黄打非”工作深入开展。

（市场办）

【下放文化执法权限】 为贯彻落实中央和省市关于全面深化改革、简政放权、管理重心下移的指示精神，沈阳市文化市场行政执法总队在深入调研、充分论证基础上，将三星级以上宾馆、市级以上文保单位、出版物印刷、出版物二级批发等绝大部分文化市场经营项目下放给区县管理，使区县大队的行政执法范围达到全市文化市场经营单位和业户总量的96%以上，极大地调动了区县大队的工作积极性，提高了执法效率，降低了执法成本。

（市场办）

文化产业

【概况】 2014年，沈阳市文化产业健康发展，园区基地建设取得新成效，文化会展取得新拓展，文化产业实力显著增强。努力搭建文化产业服务平台，加强文化产业示范园区、基地的选树培育，启动了沈阳市第二批文化产业示范园区、第三批文化产业示范基地的评选命名工作，组织开展第五批国家级文化产业示范园区和第六批文化产业示范基地的申报工作，召开全市文化产业示范园区(基地)建设工作座谈会。积极扶持铁西区1905文化创意产业园、沈河区11号院艺术园区等特色文化产业项目。大力发展文化会展产业，文化旅游、演艺娱乐、动漫游戏等特色产业发展实现新突破。成功举办了第十二届东北印展会、第六届中国沈阳动漫电玩博览会、第四届中国(沈阳)古玩艺术品交易会，组织全市13个区、县(市)参展第三届辽宁(沈阳)精品文化节，积极筹备第六届东北文博会，开展文化展会市场化运作专题调研，探索市场化运作新思路。

（李笑逸）

【第三届辽宁工艺精品文化节】 2014年8月28日至9月1日，由辽宁省文化厅和辽展集团共同主办的“第三届辽宁(沈阳)工艺精品文化节”在辽宁工业展览馆举行。沈阳市文广局精心组织，全程协调服务，来自全市13个区、县(市)的展示作品赢得了观众和业内人士的肯定与好评。沈阳市参展作品取得一金、一银、两铜的好成绩，其中：浑南区3D羽毛画《维亚特卡省的森林》获传统手工艺品类文化创意设计奖“金奖”，苏家屯区辽绣《最后的部落》获传统手工艺品类文化创意设计奖“银奖”，沈河区手工制作毛笔《一品当朝》获传统手工艺品类文化创意设计奖“铜奖”，沈河区岫玉《百福》获辽宁八宝类文化创意设计奖“铜奖”。

（李笑逸）

【三单位被命名为省级文化产业示范园区、示范基地】 2014年12月，经市文广局推荐申报，省文化厅厅务会审定，沈北新区文化产业园获第二批辽宁省文化产业示范园区称号(全省共3家)，大东区的沈阳龙之梦国际文化艺术交流有限公司、苏家屯区的沈阳国际展览中心管理有限公司获第二批辽宁省文化产业示范基地称号(全省共23家)。沈阳市已拥有省级文化产业示范园区2个，省级文化产业示范基地5个。

（李笑逸）

档　案

【“走进档案——聆听沈阳老歌观赏沈阳老片”活动】 为挖掘和传承沈阳历史文化，丰富百姓业余文化生活，2014年6月，市档案馆举办了“走进档案——聆听沈阳老歌观赏沈阳老片”活动，向社会公众开放的是与沈阳息息相关的老歌曲10首、老纪录片10部。活动期间，社会各界群众、中小学生等2000余人走进市档案馆，听老歌，赏老片，感受档案文化魅力。该活动是市档案馆深入开发档案信息资源并将开发成果惠及百姓的创新举措。

（张　琪）

【方祖岐上将档案资料捐赠仪式】 7月9日，市档案馆举行了“方祖岐上将档案资料捐赠仪式”。方祖岐上将和夫人、沈阳军区政治部副主任黄永贤少将等出席仪式。仪式由市档案馆馆长荆绍福主持。市委常委、副市长闵学冲代表市政府向方祖岐将军颁发了捐赠证书，市委副书记邢凯、方祖岐将军分别在捐赠仪式上讲话。方祖岐上将系南京军区原政治委员，曾长期在沈阳军区工作，从事部队思想政治工作和作战指挥研究。他在公务之余潜心研究创作中国古典诗词书画，具有很高的艺术造诣，被誉为将军诗人。此次捐赠的资料包括被授予和晋升少将、中将、上将军衔的命令，1953年抗美援朝立功喜报，在沈阳军区工作期间部分的文稿、照片、录像，以及业余创作的榜书“梦成真”等书画作品，共计90余件。这些资料为市档案馆藏增添了珍贵的军旅记忆，是不可多得的精神财富。

（张　琪）

【《家庭档案之歌》合唱大赛】 为宣传家庭建档工作，传承社会文明，市档案局、市家庭档案研究会联合举办了《家庭档案之歌》合唱大赛。经过各区档案局选拔推荐和全市预赛，共有10支代表队进入决赛。决赛于9月25日在东北大学汉卿会堂隆重举行，500余人观看了决赛。决赛由《家庭档案之歌》曲作者、著名作曲家铁源，词作者、著名军旅作家胡世宗等担任评委。省档案局局长赵焕林、市文史馆馆长许光明等领导出席决赛并为获奖代表队颁奖。《家庭档案之歌》合唱大赛历时近两个月，千余人直接参与演唱，进一步提高了全社会的档案意识。

（张　琪）

【一百年前法国人眼中的盛京影像展览】 为纪念中法建交五十周年，12月2日，市档案馆、市外办、法国驻沈阳总领事馆与法国上塞纳省议会联合举办了“一百年前法国人眼中的盛京影像展览”。展览分为盛京城阙、四平商汇、市井风情三部分，共选用1909年黑白照片16幅、1912年彩色照片41幅。展览以图片展板为主，同时还依据照片和档案资料制作了U型幕裸眼3D立体影像——中街淡往。展览引起了社会的强烈反响，受到百姓的高度关注。截至2014年底，共接待了省内各地参观群众6400余人。

（张　琪）

【档案工作绩效考评】 2014年，市档案局继续在全市市直机关中开展档案工作考评，并将档案工作考评结果纳入市政府绩效考评体系。市档案局下发了《关于开展档案工作考评的通知》，对考评内容、程序、时间及考评分组安排等做出明确规定。市档案局由局领导带队，实地对全市75家机关单位2013年度文件材料的齐全完整、档案整理、档案安全保管等方面情况进行实地考评。该项工作进一步提高了机关单位领导对档案工作的重视程度和机关工作人员的档案意识，对于确保机关文件材料齐全完整、提高机关档案工作水平是一次强有力的推动。

（蒋　贺）

【档案工作前沿理论培训班】　7月28日，市档案局、市档案学会联合举办为期一周的辽海·沈阳讲坛暨全市档案部门领导干部学习班，这是市档案局首次举办档案领导干部档案工作前沿理论培训班。来自全市各机关、企事业单位档案部门负责人、区县（市）档案局局长及业务科长、市档案局处级以上干部100余人参加学习。学习班邀请中国档案学会秘书长方鸣，省档案局局长赵焕林、副局长许桂清，长春市档案局局长梁伟、副局长赵欣，辽宁大学教授丁海斌等档案行业知名人士、资深专家主讲，内容包括"档案事业的建设与发展"、"档案强国与文化建设"、"大数据时代档案与社会"、"档案人员职业道德建设"、"档案时空观"、"盛京古城"等。

（李　琳）

【区、县（市）档案馆工作专项检查】　为贯彻全国档案馆工作会议精神，进一步提高全市各级国家综合档案馆的工作水平和服务能力，5月至11月，市档案局组成区、县（市）档案馆工作检查组，先后对13个区、县（市）档案馆工作进行了全面的检查与摸底。依据国家档案局2013年制定的《市、县级国家综合档案馆测评细则》，下发了《关于对区、县（市）档案馆工作进行全面检查的通知》，重点检查了条件保障、基础业务、开发利用、信息化建设等方面。通过专项检查，检查组了解区、县（市）档案工作的基本情况，找出了基层档案馆工作中存在的问题。

（蒋　贺）

【档案数字化】　2014年，市档案馆馆藏档案文件级目录数字化项目全面完成，完成了馆藏318个全宗、24.01万卷档案文件级目录数字化，共形成千万条文件级目录。至此，历时近3年的馆藏档案文件级目录数字化工作全面完成。与此同时，馆藏档案全文数字化项目正式启动，共完成了9035卷、约97万页全文数字化工作。

（张　鹏）

【提升市档案馆服务能力】　一是大力改善服务窗口的硬环境，重新制作了查档大厅的接待利用服务台，配置了高清LED显示屏，面向查档利用者及时公示有关档案查询利用信息等，在每个阅览桌上摆放了查档温馨提示牌，为利用者提供方便快捷的档案利用指南。二是不断提升窗口服务的软环境，以创建人民满意窗口为抓手，发挥"青年文明号"青年集体的生力军作用，大力加强窗口建设，规范查档利用流程，简化利用手续。三是编辑完成《沈阳友城》，该书文字量5万余字，采用图片700余幅，全书220页，详细介绍了沈阳与18个国外友好城市交往的历史。

（张　鹏）

【档案征集】　2014年，市档案馆先后赴中央新闻纪录电影制片厂等单位征集到反映沈阳历史的老纪录片15部，甄选照片图样3100余幅；征集进馆著名作曲家铁源和著名作家刘齐等名人档案资料1520余件（盘、张）；赴澳大利亚国家档案馆、新南威尔士州立图书馆，新西兰国家档案馆、国家图书馆，韩国南山图书馆等征集档案，征集到1905年沈阳老照片、1920年前沈阳明信片、国内一些地区1920年前老照片等700余张，涉及沈阳市文字档案资料1000余页。

（张　鹏）

新闻出版

【概况】　截至2014年底，沈阳市属公开出版报纸18种，总印数为2.66亿份，定价总金额为1.59亿元，总收入为2.42亿元；期刊出版40种，期平均发行量为30.3万册，全年总印数为468.7万册，定价总金额为3811万元，总收入为3323.7万元；内部报刊76种，其中：报纸14种，刊型62种；全市新闻从业人员达1300余人。市属三家出版社共出版图书2171种，其中：新版图书1384种，再版图书787种，再版率为36%。全市共有各类印刷企业1350家，其中：印刷厂839家，打字复印单位511家；印刷企业总产值52亿元，从业人员1.5万人。年产值5000万元以上印刷企业12家。全市共有出版物批发单位123家，零售单位763家（其中：图书、报刊零售单位553家，电子出版物零售单位47家，音像制品经营单位163家），年销售码洋6亿多元，年销售各类出版物7000多万册（盘），从业人员达3000人。

沈阳市印刷企业通过产业结构调整和促进产业升级等政策支持，包装装潢印刷企业数量已占全市的65%，产值比重已占到75%以上；民营印刷企业数量已占全市的90%以上，产值比重已占到80%以上。积极吸引国内外资金投资沈阳印刷产业，南方等省份投资人投资设立的印刷企业已占到全市总量的10%以上。

沈阳市出版物发行行业已基本形成了多种经济成分、多种购销形式、多条流通渠道并存的出版物市场体系，成为东北地区图书、报刊、音像以及电子出版物批销中心。沈阳市新华书店系统2014年销售码洋达3亿元，利润26万元。中国沈阳书刊批发市场2014年销售码洋达3亿多元。

（孙茂双）

【版权保护】　2014年，沈阳市推进实施《沈阳市知识产权战略纲要》，进一步提高版权创造、运用、保护和管理能力，全面提升版权工作整体水平。

软件正版化工作成果明显。积极推进政府机关软件正版化工作，采取市区（县）集中采购方式，通过集中谈判和统一采购，共投入经费2210万元，以全省最低价位分别与微软公司和金山公司签订了正版软件采购协议。并制定了《沈阳市党政机关软件资产管理办法》，逐步建立沈阳市软件正版化工作长效机制。

深入开展专项行动，出版物市场秩序进一步好转。按照国务院"双打"专项行动领导小组的要求,在全市相继开展印刷复制市场专项行动、中小学教辅材料市场专项清理检查行动,重点打击了政治性非法出版物、淫秽色情、封建迷信出版物、非法小报及盗版出版物的违法经营行为。2014年,全市共清查出版物市场经营场所、印刷复制企业7400余家次,查处各类侵权盗版案件71起,取缔无证店档摊点及游商走贩1920个(次),收缴各类非法出版物10.5万余件。有力打击了侵权盗版行为,推动了全市出版物市场经营秩序的进一步好转,为出版物有序发展营造了良好的市场环境。

完善版权公共服务机制,提高版权公共服务水平。受市中级法院委托,市版权协会承担了版权纠纷调解职能,共受理侵犯著作权案件22起,成功调解了北京华盖创意图像公司等10起著作权纠纷案件。经向省局申报批准,设立了3家版权保护工作站,积极为权利人和企业提供高质量的服务,并帮助部分企业建立了符合自身发展的版权保护制度,版权公共服务水平得到进一步提高。

(齐德江)

【社区书屋建设】 截至2014年底,沈阳市共建成城市社区书屋471个。市财政共投入社区书屋建设资金457.3万元,购买图书33.92万册;各区、县(市)财政也都结合各自实际投入了近1400万元,每个书屋总价不少于4万元,用于图书、书架(柜)、阅读桌椅等配套设施的采购。每个社区书屋按照社区人口数量5000人以下配置1500册,5000人以上配置2000册的各类图书,每个社区书屋的可使用面积均在20平方米以上,具备了摆放书架(柜)、桌椅等设施和陈列、存放、阅读书籍的基本条件。书屋已全部向社区群众开放使用,发挥其传播先进文化、丰富群众文化生活的作用。

(侯　锐)

【业务培训】 以深入学习领会"十八大"精神,不断增强新闻出版从业人员政治意识和责任意识,强化舆论引导,用优秀文化传播社会主义核心价值观为宗旨,组织了3期新闻采编人员业务培训,参加人员达300多人次。进一步拓宽了新闻采编人员视野和选题思路,加强了新闻出版队伍建设,提升了采编人员业务素质,促进了全市新闻出版工作科学有序、健康发展。

(孙茂双)

【创新审读模式】 2014年先后组织审读员深入到《沈阳晚报》、《诗潮》、《地铁第一时间》、《芒种》、各企业报等单位,直接面对一线采编人员,具体点评报刊,帮助会诊把脉,并将审读意见编辑为《审读通讯》下发指导,全年共编发6期《审读通讯》,促进了各报刊质量不断提高。全年无一例导向错误、重大失实报道事件发生,保证了出版安全。

(孙茂双)

【新闻采编人员岗位考试】 按照国家新闻出版广电总局统一部署,2014年1月18日,沈阳市第一批新闻采编人员岗位考试在辽宁大学进行。市属报刊社、广播电视台、中央媒体驻沈阳记者站等新闻单位597名采编人员参加了考试,其中412名成绩优秀,优秀率74.4%,在全省排在前列。此次考试以《新闻记者培训教材2013》的内容为主,包括"中国特色社会主义"、"马克思主义新闻观"、"新闻伦理"、"新闻法规"、"新闻采编规范"和"防止虚假新闻"等6个专题课程及我国主要新闻法规规章。此次新闻采编考试采取统一闭卷方式,考试操作规范,考风考纪严谨。

(孙茂双)

【"第十一届优秀图书(单项)评选"活动】 为进一步推进"出版精品战略"工作,推出更多优秀精品图书,2014年6月,市文广局组织开展了"沈阳市第十一届优秀图书(单项)评选"活动。此次评选分"优秀选题"、"优秀封面"、"优秀校对"三个单项,将各出版社的优秀图书推荐参选。各出版社推荐上报具备学术价值、社会价值和突出本地特色文化的图书50余种,共评选出优秀选题一等奖5个、二等奖7个,优秀封面一等奖2个、二等奖6个,优秀校对2个。

(孙茂双)

【国务院软件检查组检查验收】 2014年3月,国务院推进正版软件工作检查组对沈阳市政府机关软件正版化工作情况进行督导检查。针对存在的问题,市政府办公厅于9月17日组织召开了沈阳市党政机关开展正版软件使用与管理工作会议,认真传达学习了《沈阳市党政机关使用正版软件管理办法》,部署了全市政府机关软件正版化长效机制等相关工作。下发了《关于组织开展全市政府机关软件正版化自查整改的紧急通知》,要求各地区、各部门对照国家检查组提出的意见,全面落实自查和整改工作。2014年11月,国务院检查组对沈阳市进行了检查验收,姜军副市长代表市政府做了工作汇报,检查组实地进行了检查,对沈阳市完成市政府机关正版软件的工作给予充分了肯定。

(齐德江)

【版权宣传】 以"4.26世界知识产权日"为平台,开展主题为"保护·运用·发展"知识产权宣传教育活动,设立了3家版权保护工作站,初步建立起符合企业自身发展的版权保护制度。为加大版权知识宣传,提高版权保护能力,组织开展了共11期版权法律知识、正版软件使用大型宣传培训讲座,全市各级党政机关及企业3000余人参加了会议。

(齐德江)

广播影视

【宣传管理】 紧紧围绕党的十八届三中、四中全会这一主线,努力营造积极向上的舆论氛围,舆论导向把握有力,实现两节期间、两会期间、"六四"敏感时期的宣传工作零事故。组织参加辽宁省广播电视大奖县(区)节目奖评奖,共评出一等奖17件、二等奖18件、三等奖14件。

(王　亮)

【规范媒体播出新秩序】 严格对广播电视台(站)播出节目监听监视,并以《沈阳市广播电视节目播出监管信息简报》形式每月一期向全系统通报,加强对各个播出机构的广播电视节目、广告节目的监测工作,全年共查处了沈阳广播电视台3起违规播出药品广告。加大对低俗涉性广播电视节目、广播电视广告等重点内容的监管力度,对违规的电视节目进行清理整顿。组织召开了全市卫星电视专项整治联席会议,部署打击非法销售、安装和使用的卫星设施的行为。居民自行拆除卫星电视地面接收设施500余套,强制拆除3600余套。专项行动得到了省局的表扬和肯定,国家总局转发了沈阳市的经验和做法。

（王　亮）

【网络视听节目合法有序】 积极引导各服务单位,切实履行职责,承担大众传媒的社会责任,对播出的网络剧、微电影等网络视听节目负责,引导会员单位传播健康有益的视听节目。

（王　亮）

【推进有线电视网络建设】 2014年,对20户以上未通电盲村和20户以下已通电盲村中的6432户用户进行统计确认,保证及时看上了电视节目,对零星偏远的634用户通过发放直播卫星方式让每个用户都看上了电视节目。

（王　亮）

【打击非法电台】 按照省局确定的绩效考核工作要求,加大了非法电台的监测工作,制定了监测工作制度。2014年共查处19起非法电台,其中端掉16套非法电台设施。

（王　亮）

【"百万市民看电影"活动】 2014年,沈阳"百万市民看电影"活动城乡累计放映2.43万场,观众达400万人次。成功启动国产电影"进村入区"冬季公益放映活动,在城乡10个室内放映点放映,结束沈阳市无冬季公益电影放映的历史。数字影院建设均已完成,实现了县级数字影院的全覆盖。2014年,全市数字影院增加到49家,落地院线增加到14条,全年电影票房收入达4.23亿元,在全国百个城市排名中名列第15,仍稳居东北三省各市之首。

（王　亮）

·沈阳广播电视台·

【概况】 2014年,沈阳广播电视台新闻宣传围绕中心、服务大局、贴近百姓,主流媒体的公信力和影响力持续提升;加大节目研发、创新力度,进一步丰富了节目内容;始终坚持技术领先战略,充分利用新媒体平台,拓宽了传播渠道;开阔营销思路,把握市场风向,促进了广告经营的稳定增长;强化服务保障,后勤管理有了新的改进;领导班子率先垂范,职工队伍倾情奉献,营造了良好的、健康向上的广电大家庭的浓浓氛围。沈阳广播电视台童声合唱团成立之初,首战就夺得"第十二届中国国际合唱节"童声组银奖。沈阳广播电视台原创广播剧《照片中的回忆》荣获第十三届精神文明建设"五个一工程奖"。

（陈　萍）

【新闻宣传报道】 沈阳广播电视台新闻宣传紧紧围绕市委、市政府的中心工作,围绕深化改革、稳定增长、改善民生、优化环境、践行社会主义核心价值观、群众路线教育实践活动、创建全国文明城市等重点工作,电视节目开设专栏32个,推出系列报道45个,播发相关主题报道近500篇。广播节目推出18个主题报道,播出相关稿件1300多篇。圆满完成了市委全会、市"两会"等重大时政新闻和其他重大活动的报道任务,实现了报道零差错、无纰漏,宣传报道高质量、有创新,有力地引导了舆论,传播了正能量。

（陈　萍）

【拓展"大东北"宣传合作方式】 2014年初,沈阳广播电视台策划了百集系列报道《振兴十年》,与哈尔滨、长春、大连等四城市新闻广播联合推出,以"大东北"的视角,展示了东北各地十年来特别是近五年的发展成就,总结了东北老工业基地在过去十年中主导产业培育、基础设施建设、民生发展、社会建设、开发合作等方面发生的巨大变化。报道分为"企业承载振兴希望、产业提供振兴动力、创新创造振兴支点、市民共享振兴成果"四大部分,全部为录音报道,每篇3分钟左右,共100集。年中,四城市又共同推出了"2014倾听美丽大东北——魅力夏天"东北三省四市大型跨媒体直播,宣传了融旅游、经贸、体育、音乐、艺术为一体的城市新的发展进程,展示了东北三省四市全新的城市文化发展成就,扩大了城市知名度和美誉度。

（陈　萍）

【打造弘扬主旋律媒体平台】 2014年初,沈阳广播电视台开办"最美沈阳人"专栏,搭建传递社会正能量的媒体平台,在培育和践行社会主义核心价值观上发挥媒体的重要作用。专栏全年共报道了100多个人物典型和团队典型,他们都是助人为乐、见义勇为、诚实守信、敬业奉献、孝老爱亲方面的道德模范,是代表沈阳人民良好形象的先进典型。"最美沈阳人"专栏开设以来,收到了良好的社会效果。很多热心观众拨打新闻频道观众热线"96196",对这些人物的先进事迹进行了评价。其中《马成良:让旅客温暖出行》在中央电视台《新闻联播》节目中播出。

（陈　萍）

【民生新闻服务百姓】 沈阳广播电视台民生新闻节目以服务民生为己任,致力于解决老百姓遇到的实际困难,为近千户居民解决了各种难题。民生新闻栏目《看今天》坚持走进社区、服务百姓的定位,塑造草根明星,讲述百姓故事,服务市民生活。省委常委、市委书记曾维对《看今天》栏目服务民生的经验做法做出了专门批示,接见了栏目组主创人员,并给予高度评价。市委宣传部召开了"民生情怀·媒体力量——推进民生新闻宣传工作座谈会",重点推广《看今天》栏目服务民生的典型经验。民生新闻为党和政府与市民百姓间架起了桥梁,在发挥党的喉舌和表达百姓诉求间找准了切入点。

（陈　萍）

【品读经典】 由市委宣传部主办、沈阳广播电视台承办的《品读经典——马克思主义经典著作诵读会》,通过诵读的艺术形式让广大党员干部对于马克思主义的经典论述有更直接、更鲜活、更深刻的理解和认识,准确的定位与把控,使党课的内容既有理论诵读,又有深入解读。现场既有视频画面,又有舞台表现,全新的视角、生动的表演使枯燥的理论学习变得生动又容易接受,是学习经典的另一个更为生动的课堂,是一次有温度的党课。《品读经典——马克思主义经典著作诵读会》共举办了9场,省、市各级领导干部和党员以及大专院校师生累计参与学习的达2000多人,节目制作的视频资料仍在广泛传播之中。此次党课的成功举办,受到了省市领导和党员们的高度评价。

（陈　萍）

【举办七古都外国人才艺秀】 为了促进中华优秀传统文化的传承与发展,加大城市外宣工作力度,充分发掘和传扬古都文化,推动城市台的合作与交流,沈阳广播电视台举办了大型文化交流活动《中国美古都情》——中国古都七城市外国人才艺秀活动。此活动以“倡古都神韵、扬七城汉风、促文化交流”为主题，联合了北京、南京、郑州、成都、西安、开封等城市共同举办。活动主体内容为“外国人看沈阳”，活动期间邀请了来自七个国家的外国友人前往故宫、西塔街、五爱市场、工业博物馆等地，考察观摩沈阳历史文化、城市建设、自然风光等方面内容，最后以一台晚会的形式进行呈现和展示。晚会展现了浓郁的地域风情、强烈的中国元素和扑面而来的流行风尚。节目不仅精彩好看，更展示出了七个古都多姿多彩的文化魅力与和谐发展的勃勃生机。晚会同时在七大城市同步播出，赢得了较高的收视率和广泛的社会反响。

（陈　萍）

【《照片中的回忆》获全国“五个一工程奖”】 2014年，沈阳广播电视台原创广播剧《照片中的回忆》荣获了第十三届精神文明建设“五个一工程奖”，这是继广播剧《国歌响起》后第二次获得该大奖。广播剧《照片中的回忆》讲的是原沈阳飞机制造有限公司总经理罗阳献身航空事业的真实故事，这是全国惟一获得中航工业审核通过的反映罗阳事迹的广播剧。该剧创作历时一年半，录音初稿就获得了中国广播剧研究会颁发的全国广播剧金奖，这是沈阳广播电视台原创广播剧连续五年获得金奖。来自全国各地的60多位广播剧制作人齐聚沈阳共同分享“沈阳经验”，并观看了同名舞台剧《照片中的回忆》演出，对主旋律剧目的舞台展示深表敬意。广播舞台剧《照片中的回忆》作为全国道德模范先进事迹巡演活动重点剧目受邀公演。

（陈　萍）

【节目内容整合升级】 面对广电传媒市场的激烈竞争，沈阳广播电视台开展了节目内容整合升级工作，以频道为主体，以制度为保证，以创意大赛为抓手，进一步拓展节目源。内部广开思路，全员参与；外部开展合作，引进吸收，实现节目的整合升级。一是建立了一系列内容整合升级的相关配套制度，与专业公司合作完成了公共频道节目定位的论证工作。二是举办了电视节目创意大赛第一季——“翻墙行动”。整个比赛历时近4个月，全台共报送创意文案137件，其中：自由式创意117件，命题式创意20件。通过这次大赛，既锻炼了队伍，也发现了人才，一些获奖的原创作品对于补充全台节目内容提供了源泉。

（陈　萍）

【事业发展稳步提升】 2014年，沈阳广播电视台积极与新媒体融合，广播和电视几乎所有节目都有自己的微博、微信、客户端，网络广播电视台也不断升级。新闻频道启动了高清试播。与上海广播电视台签订了新媒体战略合作协议，全面推进了新媒体融合发展。2014年也是沈阳广播电视台与辽台战略合作后首次独自承担广告创收任务的第一年。沈阳广播电视台洞察市场、对位营销、拓展产业，探索不同的商业模式和运营模式，取得了一些经验和成果。特别是首次试水的巴黎男童合唱团文化交流商演的巨大成功，有效提升推广了沈阳广电的品牌价值，加快了沈阳广播电视台产业发展的步伐。

（陈　萍）

【改革内部运行机制】 沈阳广播电视台在优秀人才的考评和聘用方面进行了有效尝试。沈阳广播电视台聘用的派遣制员工已超过600人，已经成为广电事业发展的生力军。为激发和调动派遣制员工的工作积极性，增强归属感与责任感，在聘用制度上进行了尝试性改革，即对考评优秀、为广电事业发展做出极大贡献的派遣制员工可以转为台聘，工资、福利待遇会有大幅提高。综合频道节目主持人关键成为了转为台聘的第一人，极大地激发了派遣制员工的工作热情。

（陈　萍）

卫 生 · 体 育

卫 生

【医药卫生体制改革】 2014 年,根据《沈阳市 2014 年医药卫生体制改革工作要点》确定的责任分工,市医改办加强对各部门各地区医改工作推进情况的跟踪监测,督促各地区各部门认真落实年初市政府确定的 2014 年 5 个方面 52 项医改任务目标。

1. 城乡居民大病保险工作全面实施。根据国家政策要求,省政府办公厅印发了《关于印发开展城乡居民大病保险工作实施意见的通知》文件。2013 年,沈阳市启动新农合大病保险。2014 年初,市人社局启动城市居民大病保险工作,至此沈阳市城乡居大病保障工作全部启动。截至 8 月底,沈阳市城乡居民大病保险工作全面开展,新农合大病保险投入资金 4563.6 万元,补偿 4551 人次,补偿额 2154.83 万元。城市居民大病保险投入资金 2440 万元,补偿 78 人次,补偿额 64 万元。

2. 国家基本药物制度和基层运行新机制得到巩固和加强。年初以来,全市各区、(县)市深入贯彻落实国务院办公厅《关于巩固完善基本药物制度和基层运行新机制的意见》,严格执行国家基本药物制度。和平、沈河、铁西等地区均将基层医疗机构专项补助费用和经常性收支差额费用纳入财政预算并及时足额落实到位。其中,铁西区还开展村卫生室实施国家基本药物制度专项督导检查,并根据考核情况共拨付一季度标准化村卫生室实施国家基本药物制度补偿资金共计 46.2 万元。法库县对村医实施国家基本药药物进行抽检,结合业务开展情况,通过市县财政补助和新农合资金补助给村医补偿,近 1000 万元补偿资金全部到位,保证村医的收入没有明显减少。苏家屯区成立以新农合、医政、防疫等部门为成员的基本药物制度督导检查小组,不定期进行检查,上半年共抽查 8 家卫生院 3 家社区服务中心 30 家村卫生室,发现问题及时处理。

在保证基层机构正常运转的同时,各区还进一步转变服务方式,采取上门服务、签约服务等方式,热情为辖区内居民服务。皇姑区通过“三进”的途径,提高社区卫生服务工作的品质。一是大医院进基层;二是医疗专家进社区;三是责任医师团队进家庭。共组建成立了 124 个责任医师团队,覆盖 124 个社区。实行分片包干,责任制管理,让群众切实感受到基层医改带来的实惠。

3. 积极推进辽中、法库县级公立医院改革。根据要点工作安排,年底启动辽中、法库县级公立医院改革。市医改办积极调度指导辽中、法库开展县级公立医院启动前期准备工作,7 月初,医改办组织市编办、财政、物价、人社等部门与辽中、法库县政府进行现场工作对接,进一步明确了任务要求和启动时间安排。

4. 基本建设项目工作全面推进。市直卫生系统 9 个建设项目,其中 5 个续建设项目,已有 4 个项目开始建设。市儿童医院二期、第一医院二期已完成主体进入内外装。4 个新建项积极办理各项开工手续,截至 9 月 30 日,已全部开工建设。市公共卫生服务中心项目,10 月开工建设。

(卫计委)

【疾病预防控制和卫生应急】 一、疾病预防控制工作取得新进展

1. 疾病预防控制体系建设不断加强。创新“医防合作”模式和机制。按照省卫生计生委加强医防结合的总体部署,在构建医防合作的新模式和新机制上进行了研究和探索,全市 100% 的二级以上医疗机构在原预防科基础上组建了疾病预防控制科,切实提高了各级医疗机构疾病预防控制工作能力和水平。实施农村地区对口支援。制订定了《沈阳市疾病预防控制和精神卫生机构对口支援工作实施方案》,组织市疾控中心、市精神卫生中心开展了对新民、辽中、康平、法库四县(市)以人才培养和重点学科建设为核心的对口支援,有效提升了受援地区疾控工作能力和水平。

2. 重点传染病防控有序进行。加强传染病防治分级分类管理,完善了与教育、农业、出入境等部门的联动工作机制,强化重点传染病监测预警和分析研判,有针对性地落实了传染病综合性防控措施。年内 354 家传染病直报单位网络正常运行率每月均达到 100%,乙类传染病报告发病率控制在 213.39/10 万。加大麻疹防控工作力度。为有效遏制麻疹疫情上升势头,市卫生计生委成立领导小组,制发方案,召开会议专项部署,并于 3 月 17 日启动历时 1 个月,分三阶段实施,全市 2000 余名专业人员参与的麻疹防控专项整治行动。行动期间,全市累计印发宣传单 7 万余份,悬挂条幅 500 余幅,补种麻疹类疫苗 3.18 万人,应急接种 1282 人,次月麻疹疫情即同比下降 33.86%,快速上升势头得到有效遏制。密切关注人感染 H7N9 禽流感疫情动态。针对南方人感染 H7N9 禽流感疫情,强化了 18 家流感哨点医院和 52 家二级以上医院流感样病例和不明原因肺炎监测工作,结合防病工作实际需要,1 月 29 日召开了全市人感染 H7N9 禽流感疫情防控紧急会议,分析研判疫情流行趋势,并提出科学

防控措施,全市无人感染H7N9禽流感病例报告。稳步推进艾滋病防治工作。2014年累计完成自愿咨询检测2.5万人,高危人群干预12.4万人次,艾滋病感染者和病人免费抗病毒治疗覆盖率达到91.1%,免费病毒载量检测比例达98.9%。年内新增艾滋病筛查实验室7家,全市115家筛查实验室共开展艾滋病血清学检测126万人次。继续落实"四免一关怀"政策,年内落实艾滋病及常见机会性感染医疗补助经费330万元,累计投入达到1194万元。

提高结核病防控能力。2014年共发现活动性肺结核患者3902例,新涂阳患者治愈率93.88%,病人系统管理率96.37%,筛查涂阳患者密切接触者4958例,筛查率达96.85%以上,艾滋病病毒感染者筛查率达100%。依托沈阳市胸科医院优质资源,开展耐多药肺结核规范化诊治工作,共诊治患者74例。年内及时妥善处置了沈阳工业大学肺结核病聚集性疫情,由于措施得当,未构成突发公共卫生事件。提高全市狂犬病综合防治能力和水平。加强了对各区县(市)狂犬疫苗接种门诊的设置与管理,组织开展了门诊专职人员岗前培训,规范对狂犬病暴露人群的免疫接种服务,全市共建立24小时狂犬疫苗接种门诊15家。有效控制自然疫源性传染病。继续落实以灭鼠、疫苗接种和健康教育为主的流行性出血热综合防治措施,完成重点地区、重点人群流行性出血热免疫1.16万针次,接种率达到95%以上。

3.扩大免疫规划工作成果显著。夯实常规免疫接种工作成果。2014年,完成适龄儿童常规免疫接种156.8万针次,11种国家免疫规划疫苗的单苗接种率达98%以上。继续巩固消灭脊灰成果,共报告AFP病例33例,报告发病率为4.08/10万。已连续20余年无野病毒株脊髓灰质炎、儿童白喉病例,严重危害儿童健康的百日咳、破伤风等疫苗针对传染病发病率降至历史较低水平,疫苗针对传染病得到有效控制。全面提高预防接种服务水平。按照"全面规划、示范带动、分步推进"的原则,会同市财政局制发《2014年沈阳市数字化预防接种门诊建设方案》,申请奖补资金200万元,年内新建数字化预防接种门诊20家,全市数字化预防接种门诊已达58家。进一步规范免疫接种异常反应处置流程。在全省率先出台市级预防接种异常反应补偿政策的基础上,进一步疏通异常反应处置和补偿渠道,妥善处置异常反应4例。

4.健康教育工作深入推进。落实市政府办实事健康大讲堂工作任务。年初制发了《市卫生局关于开展市民健康大讲堂实施方案》,细化了责任和指标,为真正把好事办好,实事办实,市卫计委加大了督导力度,制发通报,总结经验和成果,各区、县(市)和委属各单位按照方案要求,结合自身优势,精心制定授课计划,合理安排授课讲师,满足广大市民健康教育需求。市区两级医疗卫生机构面向社会、面向广大公众举办市民健康大讲堂讲座1215场,直接受益听众6万余人。强化健康知识传播。以"健康沈阳行——全民健康促进行动"、"全民健康生活方式行动"为抓手,通过电视、广播、报纸、网络等多渠道,开展有侧重、有分工、面向不同人群的大众健康知识传播。全年市、区(县)两级共开展各类卫生日主题宣传活动160余次,累计发放宣传材料46万余份,在各类媒体发布健康信息(报道)236条,覆盖全市13各区、县(市),收到较好的社会效果。继续开展示范创建工作。推广沈河区大南街道红巾社区等7家典型单位的成功经验,全市共创建医院、学校、社区等场所在内的健康教育示范基地23家,其中沈阳市第五医院等5家单位申报了省级示范基地。此外全市共新建健康社区、健康单位、健康学校、健康食堂、健康餐厅(酒店)等健康机构63家,健康小屋4家,健康步道8处,健康主题公园5所,并对已建设的健康支持性环境加强了维护和动态管理。巩固医疗卫生系统控烟工作成果。以创建文明城市为契机,提升医疗卫生机构无烟环境建设工作水平,全年多次对全市各级各类医疗卫生机构的无烟环境创建工作进行了督导检查,并对各机构存在的问题进行了通报,确保医疗卫生系统全面禁烟工作落到实处。

5.精神病防治工作取得突破。继续在全市范围内推广重性精神疾病管理治疗项目。13个区、县(市)全部开展了国家重性精神疾病管理治疗项目,年内新增重性精神疾病患者3002人,建档立卡重性精神疾病患者达到2.68万人,重性精神疾病防治网络覆盖率和患者随访管理率均达到100%。同时进一步强化了肇事肇祸精神障碍患者管理,制发《关于进一步加强重性精神疾病患者治疗管理工作的通知》,对重性精神病患者的检出发现、随访管理、医疗救治提出了具体要求。加大贫困重性精神疾病患者救助力度。积极争取财政部门支持,将5000名重性精神疾病患者免费药品救助标准由每人每年300元调整至500元,每年救助总额达到250万元。启动了沈阳市农村困难家庭重性精神病患者救治工作,全市已累计纳入住院救助病人617人,落实补助费用955万余元。

6.慢性病、地方病防治工作进展顺利。开展慢病示范区创建工作。推广和平区创建国家级慢病示范区的成功经验,沈河区通过第二批国家示范区评审,皇姑、大东和铁西区迈入全省慢病防控综合示范区行列,提前超额完成省慢病示范区创建工作指标。巩固地方病防治工作成果。以中央转移支付项目为依托,继续开展饮水型地方性氟中毒监测和病区改水进度调查工作,按期完成了碘盐监测、重点人群碘营养水平监测和实验室碘盐质控考核等阶段性指标。

二、卫生应急工作能力持续提升

完善卫生应急管理体系建设。市及区、县(市)级卫生计生行政部门、疾病预防控制中心、卫生监督所以及二级以上医疗机构设立了专兼职卫生应急管理机构和人员。

推进卫生应急核心能力建设。制订全市及卫生计生系统实施方案,建立了部门协作工作机制,并对卫生计生系统的卫生应急核心能力建设开展自查评估,各项指标达到省工作要求。加快卫生应急平台建设。完成了市级、和平区应急指挥平台相关设备采购,与沈阳市联通公司签订了“电路租用协议”,并完成了网络架设连接工作,确保实现国家、省、市、区的互联互通。加强监测预警和风险评估。共开展日常风险评估12次、专题评估6次。妥善处置一般级突发公共卫生事件2起,事件处置和报告的“五率”均达到100%。提升队伍能力和水平。组织开展卫生应急强化月系列活动。开展市级卫生应急专业人员培训3次,培训各级各类医疗卫生专业人员及师资500人次。组织市区两级卫生应急机动队开展了救灾防病、中毒与核辐射防控、埃博拉出血热防控、鼠疫防控等卫生应急演练4次,拉动卫生应急队员近500名。

(*卫计委*)

【社区卫生工作】 2014年,沈阳市社区卫生工作在体系建设、内涵提升和落实国家新医改工作任务中,全面完成了年初确定的各项工作任务。

一是完善社区卫生服务网络。继续贯彻落实《沈阳市城市社区卫生服务机构设置规划(2011-2015年)》的阶段性要求,加快社区卫生服务机构建设,完善基层医疗卫生服务网络,紧跟城市化进程,截至2014年底,全市共有社区卫生服务机构253个,其中社区卫生服务中心84个,社区卫生服务站169个。二是加强居民健康档案的管理。严格落实国家基本公共卫生服务项目规范,加强督导和检查,通过基本公共卫生服务项目督导考核、社区卫生服务绩效考核等多种形式,不断推进规范化电子健康档案工作进度和工作质量,不断提高城市居民健康档案的完整性、规范性,截至年底,城市居民规范化电子建档率70%以上。三是规范社区卫生服务管理。组织全市社区卫生服务中心主任参加全省基层医疗机构管理能力培训班,并下发了《关于开展社区卫生服务规范管理自查的通知》,组织各区卫生局对全市社区卫生服务机构开展了专项自查自纠活动,进一步规范社区卫生服务机构管理。四是加强基层医疗卫生机构培训。开展全市13个区、县(市)开展基层卫生人员高血压、糖尿病防治技术培训,组织9场共2800余名基层医务人员参加培训,覆盖全市所有基层医疗卫生机构,全面提升了社区卫生服务业务能力。五是推进以全科医生为核心的团队签约服务。制发《关于印发开展社区以全科医生为核心团队签约服务试点工作实施的通知》文件,并邀请省专家进行专题培训,为稳步推进试点奠定基础。全市9个区以21个全国和省级示范社区卫生服务中心为重点,全面推开了签约服务试点工作。六是加强社区卫生服务绩效考核工作。结合省、市各级社区卫生及医改重点工作,及时调整和修订了2014年社区卫生服务绩效考核指标,组织专家对全市9个区开展了社区卫生服务绩效考核并全市通报,有效促进了社区卫生服务工作的落实,巩固国家级和省级示范社区卫生服务中心创建成果。

2014年全市2个社区卫生服务中心荣获国家“群众满意的社区卫生服务机构;2名医生荣获国家“群众满意的社区卫生服务医生;2名护士荣获国家“群众满意的社区卫生服务护士”。

(*卫计委*)

【农村卫生】 按照国家及省、市关于新农合及农村卫生工作的要求,沈阳市积极筹划,精心部署,新农合、农村卫生体系建设取得了长远进步。

1. 新农合基本保险运行平稳成效显著。一是参合率保持稳定。参合农民达到228.18万人,参合率99.2%,基本实现了应保尽保。二是筹资标准进一步提高。2014年新农合筹资标准达到400元,其中政府补助320元,农民个人缴费80元。三是参合农民受益面增加。全年农民受益面达到89.99%,其中住院受益面达到8.18%,门诊受益面达到81.81%,全年约有205万人得到了新农合的补偿。四是人均补偿比例提高。统筹地区政策范围内补偿比达到75%。其中,对农村特困群体实行新农合与医疗救助相结合的政策,使这部分人的补偿比例达到90%以上。

2. 推进农村居民大病保险及重大疾病保障。2013年沈阳市率先启动了农村居民大病保险,发改委、卫生局等5部门联合下发《关于印发开展新农合大病保险工作的实施方案(试行)》(沈发改〔2013〕292号文件)。2014年继续推进农村居民大病保险工作,补偿方案对个人自付部分合规费用在1万元以上部分给予50%补偿,不设封顶线。大病保险补偿1.09万人次,补偿5656.5万元。同时,认真落实22种重大疾病保障试点工作,全年重大疾病累计补偿3.94万人次,补偿9612.4万元。

3. 加强农村基层服务体系建设。一是积极推行乡镇卫生院回收工作,实现一乡一所政府办卫生院。按照省委、省政府办公厅《关于推进乡镇卫生院建设工作的通知》要求,积极推进乡镇卫生院回收工作。7所待回收乡镇卫生院中已有2所开工新建,预计回收工作于2015年底完成。二是开展等级乡镇卫生院评审工作,提升乡镇卫生院内涵建设,以评促建。年内,浑南区深井子乡镇卫生院获得了“辽宁省示范乡镇卫生院”称号,新民市大柳屯中医院等30余家乡镇卫生院获得省新农合诚信单位称号,苏家屯区永乐乡中心卫生院被列为省乡镇卫生院血液透析室建设单位。三是在乡镇卫生院推广心电远程会诊技术。已有86家开展了远程会诊。四是开展人员培训,累计培训400多人次。乡村医生培训近8000人次,完成了乡村医生执业注册考核工作。五是开展签约服务试点。全市试点乡镇44个,试点村卫生室417个,累计签约59.94万人。

(*卫计委*)

【医政工作】 1. 坚定不移深化改革,全面落实医改任务。建立沈阳市医疗纠纷人民调解委员会,召开沈阳市医疗纠纷人民调解委员会成立大会。完成医疗责任保险经纪人公开比选工作,聘请中汇国际保险经纪公司为医疗责任保险经纪人。启动医疗责任保险工作,保险经纪人已完成医疗责任保险共保体组建工作并召开全市医疗责任保险启动会议。协调市综治办、市委宣传部、市中级人民法院、市公安局、市司法局、市财政局、市民政局、市审计局、市保险行业协会完成了《沈阳市医疗纠纷预防与处置办法》会签工作。推进同级医疗机构检查、检验结果互认。印发《2014年医疗机构间医学检验、医学影像检查结果互认名单》，全市43家医疗机构实现影像结果互认，146家医疗机构实现检验结果互认。在加强质量控制基础上，促进合理检查，降低患者就诊费用。组织实施"百万贫困白内障患者复明工程"项目，年内完成手术992例，超额完成目标。

2. 加强医院运行管理，不断提升医疗服务水平。继续深入推进"三好一满意"活动，推进和谐医患关系切实解决群众反映强烈的突出问题，改善群众感受，提高群众和社会满意度，保障人民群众健康权益。开展2014年"服务百姓健康行动"全国大型义诊活动周，全市二级以上（含二级）医院共69家参加了义诊活动，参加义诊医师595人，义诊药师58人，义诊护士307人，义诊人次8.1万人，参加大讲堂人次数9275人，发放宣传材料数近9万份，义诊患者收住院人数3222人，住院患者义诊手术台次2790台，减免患者费用945万元。

严格准入管理。顺利完成2014年全国医师资格考试组织和考务管理工作。全市共有3268名考生通过省厅审核，报送考区资格审核资料符合率高于97%。规范医师执业资格考试的组织实施工作，细化各个环节，改革考试规模，合并了原来6个考试基地的模式，为1个临床实践技能考试基地（沈阳医学院附属中心医院）和1个公卫实践技能考试基地（沈阳市疾控中心），完成了全市2805名考生和省内外市202名考生考试任务，并得到了国家、省巡视组的一致好评和肯定。完成了全市3144名考生理论考试任务，并联系市公安局、市招办、市保密局、市无线电委员会以及金融押运等相关部门，以保障考试前试卷的运输和考试全过程的安全。规范人体器官捐献与移植管理工作。联合市红十字会印发了《关于开展人体器官（眼组织）捐献相关工作的通知》。并将人体器官捐献工作纳入区、县（市）政府及市属医疗机构的卫生工作目标责任考核中。联合市红十字会组织举办全市人体器官（眼组织）捐献工作培训，全市驻沈省、部队属医疗机构、市登记管理医疗机构以及区、县（市）属医疗机构的信息联络员共计500余人参加了培训。截至2014年12月底，全市共上报OPO组织潜在捐献者33例（其中3例是眼组织，1例是遗体捐献）。举办医院管理培训班。为提高医院管理水平，举办了医院管理培训班，内容包括医院管理、护理管理、院感管理、药事管理、癌痛规范化治疗、重症医学专业、器官捐献等7场讲座，全市各级各类医疗机构3000余人次参加培训，促进了医疗机构加强自身建设和管理，提高了工作人员专业技术水平，保证医疗安全。组织全市医院管理干部300余人到沈阳军区总院、中国医科大学附属盛京医院参观学习，使全市医院管理干部了解沈阳军区总院和中国医科大学附属盛京医院的医院管理、医疗干部队伍建设、学科发展等方面的先进经验，查找差距，弥补不足，全面提升医疗服务能力和水平，更好地为保障沈城人民身体健康服务。

3. 强化医疗质量控制，稳步提高医疗安全监管能力。成立口腔、医疗美容和血液净化3个专业类质量控制中心。分别挂靠在市口腔医院、沈阳军区总医院。专业类质控中心针对临床各专业的医疗技术能力与水平开展检查，不断提高临床各专业的诊疗质量。各质控中心切实履行职责，扎实开展医疗质量控制工作；各质控中心挂靠单位高度重视和支持质控中心工作，在人员、设备、时间及经费上予以充分保证，为各质控中心开展工作提供有力保障。研究制订了针对二级以上医疗机构适用的《2014年度沈阳市医疗质量控制评价考核细则》。《细则》从认真落实各项医疗核心制度等方面对登记管理二级以上医疗机构医疗质量管理与控制工作做出了详细的要求，同时兼顾了各医疗机构专科侧重有所不同，分别制定了儿童医院、妇婴医院和肿瘤医院的不同细则。制发口腔质量控制细则，为进一步加强全市口腔质量控制工作，提升口腔质量管理与控制工作的科学性、专业性和规范性，全面、客观地评价医疗机构临床口腔工作质量情况，确保医疗安全，研究制订了针对全市开展口腔专业医疗机构适用的《2014年度沈阳市口腔质量控制评价考核细则》。深化优质护理服务示范工程。积极推进护理垂直管理，充实临床一线护士数量，完善并落实临床护理专业人员配备、岗位管理和内部收入分配等政策。全市19所局属医疗机构（100%）的345个病区、63所二、三级医院（100%）的316个病区开展了301个优质护理服务病区，各占三级医院病区总数、二级试点医院病区总数的100%和95.3%。全市各级医院分期分批开展了护士岗位管理试点工作，探索优质护理服务长效机制建设。开展医院感染管理工作专项检查。为进一步加强医院感染管理工作，确保医疗质量和安全，2014年初，组织30名院感专家对全市范围内14个区、县（市）属医疗机构，市登记管理各医疗机构共计330余家医院院感防控工作及开展医务人员手卫生专项活动等方面进行了全面检查，对各单位院感工作存在的薄弱环节进行指导，对相关科室房屋布局不符合卫生学要求、相关管理工作达不到要求存在重大隐患的医疗机构责令限期改正或停业改正。责令77家医疗机构142个科室限期整改，41家医疗机构的34个科室停业整改。

毒、麻精药品管理工作专项检查。组织专家对沈阳市各区、县（市）卫生局麻、精药品管理情况进行了抽查，并对医疗机构在麻、精药品规章制度、入库、验收、储存、保管、调配、使用、销毁、处方书写与使用、人员培训及是否出现药品流弊等各个环节进行集中督导检查，对各单位麻、精药品管理工作存在的薄弱环节进行指导，同时对4家存在麻、精药品管理安全隐患的医疗机构作出了暂停麻醉和第一类精神药品申购资格的处理意见。有效地规范了沈阳市各级各类医疗机构麻、精药品的管理，保证麻、精药品合法、安全合理的使用。

继续加强医疗机构抗菌药物临床应

用管理工作。继续加强抗菌药物临床应用管理工作,特别是基层医疗机构的抗菌药物临床应用管理工作,按照省卫生计生委的工作要求与统一部署,依据《辽宁省抗菌药物临床应用专项整治活动工作方案》于2014年9月15日至10月9日采取抽查的方式对沈阳市委直属12家、厂企10家、民营30家、县区64家总计116家医疗机构的抗菌药物临床应用管理进行了督导检查,重点检查了抗菌药物临床应用管理组织与制度的建立、对医务人员合理应用抗菌药物知识的培训考核、抗菌药物临床应用相关指标、抗菌药物分级管理制度的落实情况、抗菌药物购用品种、品规是否符合要求、抗菌药物使用前微生物标本检测、抗菌药物处方及医嘱点评工作开展情况、抗菌药物临床应用情况通报和诫勉谈话制度的建立。

做好对外委托鉴定,妥善处理医疗事故争议。完成尸检委托22例及医疗事故技术鉴定委托15例。妥善处理疑难医疗事故争议案,积极承担起委托职责,完成对外委托任务,组织重大医疗纠纷争议的调查工作,制发《沈阳市卫生局关于近期四起医疗安全事件处理情况的通报》。严格处理医疗事故责任人。进一步加强各医疗机构医疗安全管理,促进各医疗机构建立健全内部医疗事故追责体系,降低医疗事故发生率。对11起医疗事故进行处理并制发《沈阳市卫生局关于九起医疗事故处理情况的通报》和《沈阳市卫生局关于两起医疗事故处理情况的通报》。

4.突出重点,夯实基础,努力做好社会医疗工作。加强急救网络建设,全力做好社会医疗工作。进一步加强急救网络建设,着力解决院前急救在急救网络、通讯网络、急救装备建设及人员需求等方面的实际困难,努力提升应急医疗救治水平。加强医疗急救指挥调度系统、急救绿色通道系统的建设,加快院前急救专业化进程。加强院前、院内急诊急救人员专业培训,建立并实施急诊、急救医师培训、考核制度,提高急诊、急救队伍的总体水平,不断提高院前急救体系应急反应能力和医疗救治水平。建立并强化基层医疗卫生机构与城市大医院的对口合作关系。制订《关于印发2014年沈阳市城乡医院对口支援工作实施方案的通知(沈卫办〔2014〕245号)》;《关于城市医生申报高级(副高)专业技术资格前到农村服务有关问题的通知》(沈卫发〔2014〕5号)。实现了四个突破,一是首次将驻沈部队、高校医院纳入支援方;二是首次实现全域覆盖;三是首次启动区县二级医院支援一般卫生院;四是首次提出整体与专科并行的支援模式。整体对口支援方面以辽宁省直医院和部队医院为支援单位,做好新民市人民医院等8所县区级综合医院接受整体对口支援工作;以沈阳市管医疗机构、计划生育服务机构为支援单位,做好17所县级专科医院、中医院和30所中心乡镇卫生院对口支援工作,并实现全覆盖。各县(市)卫生计生行政部门组织县级医院开展至少四所乡镇一般卫生院整体对口支援工作。专科专病对口支援方面以沈阳医学院附属第二医院(心血管内科)等13个沈阳市临床一级重点科系为支援单位帮扶新民市人民医院等4所县(市)中心医院。重点帮助受援医疗机构加强专科专病技术建设,提升受援学科建设水平。2014年共派出对口支援农村的城市医务人员149名,门诊接诊病人1.56万人次,收治住院患者1597人次,手术236例,开展会诊445次,专业技术讲座336次。不断加强临床用血单位科学合理用血的培训、指导及监督管理力度,保证了临床用血的充足、合理、有效,各种血液成分100%满足临床需求,临床用血100%来自于自愿无偿献血:全年无偿献血总人次8.98万人,同比下降0.4%。采血总量:33.87吨,同比下降1.54%;供血33.69吨,同比下降2.32%;红细胞分离率98%以上;无偿捐献机采血小板1.17万人次,1.56万单位,同比下降1.24%;预约送血2110车次,行程56.92多万公里,送血量26.51吨;急诊送血3175车次,送血量2.57吨;送血总量占总用血量的86.3%,预约送血率100%;服务满意率为100%。启动"仁医仁爱——沈阳市卫生系统应急献血队"紧急献血,医大一院、医大二院、医大四院、省人民医院、辽宁中医院、辽宁中医附属二院、市一院、沈医二院、市四院、市五院、市六院、市七院、市八院、市妇婴医院、市儿童医院等15家医疗单位组织进行了应急献血,共有2306名医护人员参加了献血,献血总量60万毫升,迅速缓解了血液供应紧张的状态。

(卫计委)

【中医工作】 2014年,在全市中医药系统全体同志们的共同努力下,按照全市中医工作会议部署,以提升农村中医药服务能力和水平为目标,取得了丰硕成果。

1.继续推进创建全国基层中医药工进单位工作。以创建全国基层中医药工作先进市为抓手,积极推进基层中医药先进单位(先进区、先进县)创建工作。对沈北新区进行创建工作的培训及督导,多次到相关区县召开现场会议,督促、检查、指导项目单位不断完善内涵建设。截至2014年底,全市全国基层中医药工作先进区比率超过70%,符合国家中医药管理局相关文件要求,已于12月向省卫生计生委提出申请参加全国基层中医药工作先进市评审。康平县被确定为辽宁省基层中医药工作先进单位。

2.逐步完善各级中医药服务网络建设工作。一是继续开展"中医适宜技术推广年"活动。近三年来,沈阳市积极开展"中医适宜技术推广年"活动,已达到每个基层卫生服务机构掌握10种以上中医适宜技术的目标。同时为2000家基层卫生服务单位(社区卫生服务中心、乡镇卫生院、社区卫生服务站和村卫生室)各配备了一台特定电磁波谱治疗器。通过不断推广中医适宜技术,基层医疗卫生服务机构中医药服务水平日益提高,逐步满足了人民群众对中医药服务日益增长的需求。二是在国家组织的基层中医药服务能力提升工程评估工作中,沈阳市基层中医药服务能力提升工作排序位列全省第一(已上报国家)。和平区和康平县代表沈阳市接受了省专家组对中医药服务能力提升工程工作的考核,和平区卫生局在全省基层中医药服务能力提升工程推进会上向全省介绍了经验。三是沈阳市胸科医院经过不懈努力、精心准备,一次性通过了国家中医药管理局全国综合医院中医药工作先进单位的评审。

3. 深入开展中医(中西医结合)等级医院评审。2014 年全市共有 7 所中医机构(皇姑区中医院、沈河区第二中医院、苏家屯区中西医结合医院、新民市中医院、康平县中医院、中环中医院、西城中医院)通过了专家组评审,进入了国家二级甲等中医院行列。

4. 不断提高卫生中医药人才队伍水平。举办了基层中医药适宜技术推广培训班,筛选安全、简便、有效的中医适宜技术,面向全市各区、县(市)开展培训,全市共培训2000 余人次,发放培训教材3000 册,光盘 3000 张。提高了全市基层卫生医疗机构医生,特别是社区卫生服务机构、乡镇卫生院、及村卫生室卫生服务人员的中医药理论和适宜技术水平。沈阳市作为省内中医住院医师规范化培训试点单位,开展了中医住院医师规范化培训学员选拔工作,经过层层推荐和基地选拔,有 15 名学员已进入培训阶段。

5. 广泛开展传统中医药文化宣传活动。在全市范围内开展了沈阳市中医药文化"进乡村·进社区·进家庭"活动和中医药文化宣传周活动。分别于 5 月和 9 月开展两次大型义诊活动,市内 17 所中医医疗机构的 140 余名中医医护人员参加了义诊活动,各义诊单位以提供诊疗检查、发放健康宣传资料、免费发放药品、提供健康指导咨询等多种形式为群众进行义诊,切实为群众提供方便实惠的中医药服务。活动期间,市内多所中医医疗机构的 40 余名专家深入建业社区、创意社区等 20 个社区为群众提供中医药义诊咨询服务。各区、县(市)卫生局也积极组织本辖区内中医医疗机构,深入乡村、社区、家庭,举办形式多样、群众喜闻乐见的中医药文化科普宣传活动,活动期间累计组织市内 33 家中医医疗机构,出动约 400 名医护人员,义诊 2.2 万余人次,发放宣传资料 2.4 万余份。通过此次活动,让百姓真正感受到中医药健康服务"简、便、验、廉"的特色和优势,树立了全市中医医疗系统的良好形象。积极打造符合中医药文化特色的中医综合服务区。每个基层社区卫生服务中心和乡镇卫生院都按照全市的总体要求,将基层机构内的中医药服务资源进行整合、调整,集中设置,并进行中医药文化特色装修,建成具有中医药文化特色的中医综合服务区。参加了辽宁省 2012 - 2014 年全国中医药公共卫生服务补助资金项目绩效考核工作,共涉及 9 个项目单位。辽中县和康平县圆满完成了中药资源普查试点工作。在辽宁省中医药知识普查工作中,全市 13 个区、县卫生局通过上门走访、集中座谈等多种形式,筛选 34 项中医药知识普查项目上报省中医药管理局。

(卫计委)

【卫生监督】 2014 年,按照省卫生计生委的部署和要求,以"完善体系、创新机制、综合监管、提升能力"为核心,以"文明执法、热情服务、打树并举、繁荣行业"为原则,以保障人民群众健康为目标,振奋精神、迎难而上、真抓实干,统筹推进各项综合监督工作,圆满完成了 2014 年综合监督工作。

一、强化管理,创新执法模式,提升监督执法能力

1. 实行综合执法,完善监督网络建设,全面开展协管服务。为了克服人员少,工作量大的困难,在执法活动中打破专业界限,实行了综合执法,提高了工作能力和效率。建立了监督协管服务管理制度,扩大监督协管员队伍,全市聘任 422 名卫生监督协管人员并进行了 100% 全员培训,参与医疗卫生、学校卫生、公共场所以及生活饮用水等综合监督执法、巡查工作,实现了协管服务对全市乡镇(街道)以及村屯(社区)"高标准,全覆盖"工作目标。

2. 积极创造综合监督人员、编制、车辆等保障条件,夯实工作基础。积极同市财政局进行沟通申请公共卫生及抽检工作所需经费 90 万元。将人员、编制、车辆等有关配备要求纳入《市区综合目标责任书》、《沈阳市地方卫生规划》、《沈阳市卫生计生十三五规划》,同市人大、市财政局沟通协调补充监督机构人员编制以及车辆,有计划逐步达到国家及省的标准要求。

3. 积极推进综合监督信息化建设,实现信息共享。强化综合监督信息报告工作,各项综合监督信息报告率达到 98.98%。全面推广利用手持执法终端进行现场监督执法,手持执法终端覆盖 100% 县区,全市综合监督机构配置使用手持执法终端 155 台、便携式打印机 89 台,上报信息 4856 条,监督本底数据信息实现了全市共享,提高了工作效率。

4. 加强综合监督人员培训,提高执法能力。通过组织开展法律法规培训、国家网络培训、处罚案卷评查、典型案例巡回点评、模拟现场及应急拉练演习等方式,对全市综合监督人员进行了培训,不断增强综合监督人员综合监督执法的能力和水平。

5. 打破界限,开展市区两级层级稽查。通过卫生行政处罚案卷回访等形式,稽查 2014 年重点工作、日常工作落实、行政自由裁量权行使和卫生行政处罚履职等情况,查找问题与发掘亮点并举,推动全市综合监督工作依法、规范、高效开展,市级案卷稽查率 100%,履行率 100%,受理各类投诉举报 100 余件,办结率、反馈率均达 100%。

二、广泛宣传,营造社会氛围,树立良好形象

加强了与新闻媒体的联系与沟通,通过省、市主流媒体报道综合监督工作成果、曝光典型案例、曝光共性问题,震慑违法违规行为;通过《连心桥—政务公开热线》等栏目大力宣传、普及医疗卫生相关法律法规基本知识,提高群众安全就医和自我保护意识;加大相关机构和场所相关信息的公开公示力度,在机构和场所显著位置公开许可范围、人员资质、投诉举报电话等基本信息;通过新闻媒体向社会公布了市、区两级 14 部投诉举报电话,发动群众提供各种线索,

依靠群众参与监督。全面树立了综合监督人员的良好形象，报刊新闻报道30余篇、网络媒体报道70余篇。

三、严格执法，热情周到服务，提高监督力度

按照省卫生计生委要求，全面开展综合监督各项蓝盾行动，制定了各专项的工作方案，并召开工作部署会，摸清底数，掌握管理相对人信息，全面推进了各项综合监督执法工作的落实，取得了显著效果。

1. 加大医疗监管力度，维护医疗市场秩序。按照国家卫计委等6部委专项工作部署，结合省卫计委工作要求，在全市范围内，开展了为期1年的进一步整顿医疗秩序、打击非法行医专项行动，并结合沈阳工作实际，开展了为期3个月的医疗美容专项整治行动，严厉打击各种非法行医行为，保障市民就医安全、妇幼健康。由市卫计委牵头，联合公安、食药监、部队、武警等部门成立了专项行动工作领导小组，建立了联合行动机制，明确了责任分工，落实了工作任务，组建了监督检查专家组，制发了专项行动工作方案，组织召开专题会议，逐项落实了各项工作。累计派出综合监督人员3000余人次、车辆500余台次，先后查处各类案件261件，罚没款项33万余元，下达卫生监督意见书1716份，对存在问题的52家机构提出了整改意见，对3家违法情节严重的医疗美容机构给予吊销《医疗机构执业许可证》的行政处罚，加强医疗广告监测，监测报刊媒体4260版，查处违法发布医疗广告案件63起，全面净化医疗市场环境。省卫生计生委在全省推广了沈阳市医疗美容监管模式。

2. 推进生活饮用水监管工作，保证市民饮水安全。一是组织开展了2014年国家饮用水卫生重点监督检查、省蓝盾三号专项检查及沈阳市饮用水重点监督工作，对2000余户供水单位进行监督检查，现场检测水质消毒剂余量1506份；二是组织开展国家饮用水卫生专项监督检查工作，共检查千吨以上城镇公共供水、自建设施供水及农村饮水安全工程单位48户；三是开展国家饮用水卫生保障在线监测项目试点工作，参与制定《生活饮用水在线水质卫生监测规范（初稿）》；四是为全面掌握供水水质情况，对全市出厂水、末梢水、二次供水和学校自备水的水质进行抽检，共抽检样品256份；五是组织召开全市饮用水卫生安全专项会议，总结先进经验，研讨饮用水卫生监管存在的问题及应对措施。

3. 加大公共场所监管力度，实施量化分级管理。一是完成了四类主要公共场所量化分级管理工作。完成住宿、沐浴、游泳和美容美发四类场所3801家单位的量化分级评定，拟进行卫生信誉度等级公示；二是开展了生活美容场所、温泉场所、大型商超等专项检查，检查公共场所单位1万余户次；三是组织开展公共场所集中空调通风系统专项整治，共检查使用空调单位226户。

4. 增强健康相关产品监管力度，确保市民健康安全。一是为规范全市餐饮具集中消毒单位生产经营活动，召开了2014年餐饮具集中消毒单位专题培训工作会议，联合沈阳晚报等新闻媒体开展了餐饮具集中消毒单位专项监督检查和卫生抽检，及时上报工作信息，对2家违规单位进行了查处，将餐饮具抽检合格名单和查处名单向市工商局、食品药品监督管理局通报并在沈阳市卫生信息网上公示；二是完成49户涉水产品专项检查工作，发现存在问题企业13户，其中责令停产2户、整改11户、督促换证10户；三是完成82户次消毒产品生产企业的监督检查工作，其中发现存在问题企业32户，整改32户，督促换证15户。

5. 加强医疗废物监管，推广集中管理模式。加强对医疗废物的卫生监管，在城区开展对社区卫生服务中心以下的医疗机构上门收取医疗废物，在农村推广铁西区四方台乡卫生院对村卫生室医疗废物的集中管理模式，加强医疗废物处置转运的有效衔接和管理，促进各单位间工作的协调配合，提高了工作效率，维护了公众健康和环境安全。完成了3446家医疗机构的监督检查，其中一级以上医疗机构监督覆盖率100%，查处违法医疗机构111家，罚款6.84万元。

6. 加强学校综合监督工作，保障重点人群身心健康。完成了2014年学校综合监督重点检查计划、学校综合监督专项检查、《学校卫生工作条例》落实情况专项检查3个专项行动，对辖区内学校传染病防控、生活饮用水、学校内公共场所、教学生活环境进行全面综合卫生监督，全年共检查大专院校38所、中小学666所、托幼机构731家，完成了春季传染病防控、高校埃博拉出血热防控措施落实等专项检查工作，成功解决辽宁广告职业学院重大供水安全隐患事件，保障全市学校、托幼机构的卫生安全。

7. 强化职业、放射卫生工作，确保工作健康发展。一是开展了以“防治职业病，职业要健康”为主题的职业病防治宣传周活动；二是加强放射诊疗机构监督检查，完成600余台放射诊疗设备的统一编号贴牌工作；三是检查高考体检机构13户、中考体检机构11户，对存在违法行为的3户中考体检机构进行立案查处；四是组织开展全市放射诊疗机构、职业健康检查机构的业务培训会议，邀请专家对《医用X射线诊断放射防护要求》、《职业健康监护技术规范》等卫生标准进行培训，提高相关人员工作水平。

四、健全体系，全面监测，保证食品安全

强化食品安全风险监测。健全食品安全风险监测网络体系，实现全市所有行政区域食源性疾病监测哨点医院100%全覆盖；加强食品安全风险监测点建设，加强食品安全风险监测质量控制工作。扎实开展食品安全标准宣传贯彻工作，切实提高公众对食品安全标准的知晓率。

五、加强培训，促进合法经营，增强行业自律意识

坚持监管、服务相结合的工作原则，促进健康相关行业良性发展。探索健康相关行业创新发展体制机制，进行集中整顿治理，加强从业人员管理、规范广告宣传等工作，与52家医疗机构负责人签订了依法执业承诺书，召开了相关行业法人参加的依法执业培训班，培训法人

200余人次。培育和扶持信誉好、服务优、依法规范发展的机构，打造行业品牌，召开相关机构法人参加的经验交流座谈会，及时收集管理相对人的意见建议，改进工作作风和方法，增强了相关的行业依法执业、守法经营意识，推动行业自律、规范服务、提高质量、可持续发展。

（卫计委）

【科教工作】 2014年，以特色重点学科建设为重点，着力打造专业品牌，加强科研攻关，科技工作取得了历史突破；深入开展基层卫生人员培训，人员队伍素质进一步提高；全面加强生物实验室安全管理，生物实验室安全保持稳定，全市卫生科技教育工作继续蓬勃发展。

一、科技建设稳步推进，科技实力逐渐增强

1. 积极科技攻关，科研硕果累累。全年累计申请到国际合作课题1项，国家课题及协作课题23项，其中一项是国家青年自然基金，市属医疗卫生机构已经连续两年获得国家自然基金项目，省级课题14项、省级协作课题3项，市级课题30项。各级别课题数量均超过上年的同期水平，课题数量、质量明显提升，与其他大专院校、科研院所的合作进一步加强。获得省科技进步三等奖3项，市科技进步二等奖10项，三等奖5项，发表SCI论文40篇，北大核心期刊论文235篇。

2. 加强人才队伍建设，提升人才服务能力。全市共有12人赴国外进修学习，到国内知名院校、上级医院进修人员达216次，通过进修学习加强了对外交流合作，提升了各学科的医疗服务水平。

二、实验室生物安全管理

积极开展二级微生物实验室的备案工作，配合市应急办完成二级微生物实验室应急预案。组织专家对市胸科医院病原微生物实验室等病原微生物实验室进行实地审查，对符合《规定》标准7个实验室准予备案，确定该实验室做为沈阳市病原微生物实验室管理试点单位。

按照省卫计委关于部分行政审批权限下放的要求，承担了沈阳市行政区域内高致病性病原微生物菌（毒）种株及样本转运审批工作，同时为服务对象考虑，创新工作方法、规范审批流程，采取集中办件模式，强化现场取证环节，保证了审批质量。共办理转运证审批件271件，为服务对象提供了快捷方便的审批服务。

三、基层卫生技术人员培训

1. 加强队伍建设，进行多样的基层卫生人员培训工作。按照省基层卫生人员培训方案，全年开展了24项培训项目，累计培训达到11.3万人次。其中：社区卫生人员培训累计3971人次，开展了全科医生理论强化培训（205人）、社区药学专业培训（205人）、社区康复专业人员培训（205人）、社区儿科专业培训（205人）；完成社区临床医师血液制品合理应用培训（1362人）；分批次选送全科医学骨干（51人）和社区精神与心理卫生人员（67人）及全科医生转岗培训实践技能考核师资人员（4人）去中国医科大学短期脱产进修；组织社区护士岗位培训（1626人）；安排全科医生转岗培训（41人）参加省统一考试。

农村卫生人员培训累计9688人次，组织乡镇卫生院全科医生转岗培训（38人）、乡镇卫生院医生（34人）进行半年脱产进修、乡镇卫生院护士岗位培训（775人）；分批选送县中心医院卫生技术人员（8人）进行半年脱产培训、选送县中心医院9类专科骨干医生（36人）赴医科大学进修、选送县中心医院护士骨干（8人）进行实践技能培训、选送县中心医院科主任（16人）进行专科技能培训；组织县乡医院精神与卫生师资（20人）培训、县乡医疗机构药学专业培训（121人）、县乡医务人员血液制品合理应用培训（6080人）；年末完成全市的乡村医生（2552人）培训。同时还积极开展了护士职业素养与行为规范（1.93万人）、血液制品临床合理应用（3.9万人）及埃博拉出血热疫情防治知识（4.12万人）3个项目的全员培训。鼓励符合条件的县医院、乡镇卫生院及乡村医生参加中国医科大学继续教育学院承办的2014年农村免费高等学历教育考试，成功申报本科人数52人，专科人数157人，护理网络学院优先录取35人。

2. 加强督导，稳步推进住院医师规范化培训工作。为更好地规范住院医师规范化培训工作，按照省卫计委的要求，上半年组织全市535名符合条件人员参加了住院医师规范化培训摸底考试。同时按照省有关住院医师规范化培训基地抽检的文件精神，组织开展各住院医师规范化培训基地自查，对部分住院医师规范化培训基地进行了督查，清退不合格学员71人，要求基地进行整改。成功推荐市中心医院、市七院、市儿童医院、市精神卫生中心为首批国家级住院医师规范化培基地。年末，组织开展了2014年度的住院医师规培招录工作，经审核，全市共有1366名符合条件的学员参加了考试，此次考试规模和人数都创历史最高数量。

3. 加强管理，不断提升继续医学教育工作质量。2014年申报并获批国家级继续医学教育项目24项、省级项目84项、市级项目1513项，其中已完成的继教项目国家级24项、省级83项、市级1513项，累计参加继教人数7.59万人次。同时还申报了2015年国家级继续医学教育项目19项，2015年省级继续医学教育项目76项。经省继教委员会严格审查，全年上报继教合格证1415个，合格率达到99.71%。

（卫计委）

【妇幼卫生】 2014年，全市的妇幼工作以《两纲》指标要求为核心，不断完善妇幼卫生工作，深入开展重大公共卫生服务项目等多项工作，全面完成了省、市政府绩效考核及目标责任状的各项工作指标。

1. 实施国家重大公共卫生项目有新突破。2014年，重大公共卫生服务项目顺利推进。全年农村孕产妇住院分娩补助1.41万人，目标人群（1.4万人）完成率为101%；农村孕妇免费补服叶酸新增1.49万人，目标人群（1.4万人）完成率为106.5%；（苏家屯区）开展免费宫颈癌检查1.26万人，开展免费乳腺癌检查3009人，目标人群（1.4万人）完成率为111.5%，全面完成省市政府绩效考核及政府卫生工作目标责任状的工作目标要求。

2. 孕产妇和婴儿死亡率得到有效控制。一是组织全市的助产和节育人员全面、系统的培训和考核。共有60余家助产机构及14家妇幼保健机构的2000余人参加。二是注重发挥市妇婴医院和市儿童医院作为孕产妇和儿童急救的“绿色通道”的作用,全年市妇婴医院共抢救危重孕产妇抢救成功率98.52%;市儿童医院共免费转运抢救重危儿童456人,抢救成功率100%。三是“预防艾滋病梅毒乙肝母婴传播”工作进展顺利。四是邀请省内知名妇产科专家和儿科专家组成沈阳市孕产妇和儿童死亡评审组,全年召开评审会两次,通过对死亡病例进行讲评和分组讨论,找出了致死因素,及时总结经验和教训,促进妇幼卫生服务技术水平不断得到提高。

2014年,妇幼卫生工作各项指标全面达标,全市孕产妇死亡率为11.4/10万,婴儿死亡率为3.59‰,高危孕产妇管理率为100%,高危住院分娩率为100%。孕产妇系统管理率为95.15%,产后访视率为95.80%,儿童系统管理率为95.54%。

3. 实施母婴安全工程和降低出生缺陷干预工程,有效预防和控制了出生缺陷。通过加大宣传力度,积极营造社会舆论氛围;通过规范开展孕前保健工作,保障服务质量;在全市范围内实行免费婚前医学检查和免费孕前优生健康检查,推行婚育综合服务平台建设;同时充分利用市妇女儿童保健中心的技术优势,积极引导群众进行科学孕检,不断拓展服务功能,减少出生缺陷的发生。

(卫计委)

【药械工作】 2014年,按照省、市卫生工作要点和沈阳市卫生工作目标责任书要求,结合工作职责,制定了《2014年沈阳市卫生局药械工作要点》(沈卫办〔2014〕122号)(以下简称《要点》)下发到各区县(市)、市属及市管厂企医疗卫生机构。《要点》明确了全年药械工作目标

一、贯彻落实国家基本药物制度方面

1. 实施国家基本药物制度。按照省、市卫生工作要求,年初完成了《2014年实施基本药物制度工作要点》作为2014年对各个区、县(市)落实基本药物制度工作考评依据。《要点》就2014年贯彻落实国家基本药物制度工作各项指标进行了细化、明确责任分工。

2. 为提高医疗机构医务人员国家基本药物制度政策水平和基本药物临床应用能力,确保优先合理使用基本药物,市卫生计生委制定并下发了《沈阳市卫生计生委关于印发2014年度沈阳市国家基本药物临床应用指南及处方集培训工作方案的通知》(沈卫办〔2014〕427号),邀请专家于12月16日、17日分别对基层医疗卫生机构和县级以上公立医院业务骨干共700余人进行了集中培训,为各地下发培训学习资料700余套。

3. 为全面了解掌握全市基层医疗卫生机构实施国家基本药物制度情况,按照省卫生计生委统一部署,完成了2014年全市实施国家基本药物制度年度监测评价工作。从监测情况看,全年基层医疗卫生机构网上采购基本药物1.34亿元,同比增长5%,基层医疗卫生机构用药行为逐步规范。

4. 组织完成了对各区、县(市)及二级以上医疗机构低价药品挂网采购议价的培训工作。

二、执行以省为单位药品、高值耗材集中采购

按照《关于执行首次以省为单位药品集中采购中标结果的通知》(辽药采领字〔2010〕2号)文件要求,县级及县级以上人民政府、国有企业(含国有控股企业)举办的非营利性医疗机构采购药品,必须全部参加以省为单位的网上药品集中采购。年初,由于区域卫生规划调整,对全市公立医疗机构重新核实,有2家医疗机构符合参加以省为单位药品集中采购条件,遂立即上报,经省卫生计生委批准,已开始执行以省为单位药品集中采购,确保全市57家县级以上公立医疗机构全部参加以省为单位药品集中采购。

全年向省卫生计生委申请备案药品298品规,满足临床药品需求。同时为加强对重点监控药品管理,重申了医疗机构重点监控药品定期报备制度。《转发辽宁省卫生厅等六部门关于印发辽宁省医疗机构高值医用耗材集中采购实施方案的通知》,按照省卫生计生委要求,启动了县级以上公立医院以省为单位高值医用耗材集中采购工作现运行平稳,认真落实反商业贿赂,组织各单位签订反商业贿赂合同。

三、规范医疗机构医用设备采购管理

为规范沈阳市市属医疗卫生机构医用设备采购管理工作,依据国家及省相关文件要求,制定并下发了关于印发《沈阳市市属医疗机构医疗设备购置论证审批程序》的通知,通知就医疗设备购置论证审批范围、审批步骤、论证内容、后续监管等作出规定,使医疗机构在医用设备的采购管理工作中有章可循。

四、履行好监管职责

为确保完成全年药械工作目标,履行好监管职责,按照《2014年沈阳市卫生局药械工作要点》工作安排,5月下旬至7月中旬对全市各地基本药物制度落实情况、县级以上医疗机构药品、高值耗材集中采购情况和医用设备采购管理工作进行了专项督导检查,检查结果形成《沈阳市卫生计生委关于2014年上半年实施国家基本药物制度、药品耗材集中采购情况的通报》(沈卫〔2014〕66号),已向各地及所有县级以上公立医疗机构进行了通报并纳入年终考核成绩。

根据以省为单位药品集中采购网上监测统计,全市基层医疗卫生机构网上采购基本药物总采购金额1.34亿元,县级以上公立医院网上药品采购总金额33.38亿元。高值耗材采购总金额2369万元。

(卫计委)

体　育

【辽宁省第十二届运动会】 辽宁省第十二届运动会于2014年8月22－30日在丹东举行,沈阳市代表团共1400多名运动员参加了29个大项中的26个项目

的比赛。在历时7个多月的艰苦征战中,全团上下牢记使命,不畏强手,顽强拼搏,最终赢得金牌339.5枚、银牌213.4枚、铜牌180.6枚、奖牌733.5枚、总分6947.8分,获得比赛成绩金牌、奖牌、总分三项第一,荣获体育道德风尚奖,实现了体育竞赛和精神文明的双丰收,全面完成了市委、市政府赋予的参赛任务,充分展现了沈阳的新形象。

(叶　新)

【沈阳市少年组常规比赛】 沈阳市少年组常规比赛,2014年4－10月举行。比赛分少年一组、少年二组两个组别,设田径、射击、跆拳道、柔道、举重、击剑、武术、散打、乒乓球等16个项目,来自13个区、县(市)2200余人参赛,经过激烈角逐,和平区、皇姑区、沈河区分获少年一组团体总分前三名;辽中县、浑南区、新民市分获少年二组团体总分前三名。

(叶　新)

【肯德基全国青少年三人篮球冠军挑战赛(沈阳赛区)】 2014年9—11月在沈阳举行。中国篮球协会与百胜餐饮集团中国事业部共同主办,沈阳市承办。指导和组织近54家肯德基店、447支队伍参加比赛,选派近100名裁判员参加比赛执法工作。经过激烈角逐,沈阳第二中学代表队获得第一名,代表沈阳市参加全省选拔赛。

(叶　新)

【第28届奥林匹克日长跑(沈阳站)】 2014年6月21日,沈阳近5000名跑步健身爱好者汇集沈阳奥体中心门前,以长跑的方式,在共同庆贺奥林匹克诞辰的同时,也奏响了“全民健身共享全运”的全运新篇章。第28届中国奥委会奥林匹克日长跑活动,除了在沈阳有数千名长跑爱好者积极参与外,在北京、上海、青岛等19座城市也同时联动举行。奥跑日沈阳站的主题为“沈阳不止步”,跑步爱好者们从奥体中心南广场出发,围绕乒乓球馆、篮球馆、辽宁省体育局、网球馆一路跑回奥体中心,全程共计4公里。

(叶　新)

【2014彩色跑(沈阳站)】 2014年7月5日,近万名“彩色跑”(colorrun)报名者齐聚沈阳全运村,彩色跑中国第四站活动在这里鸣枪开跑。参与者们身上缤纷的颜色、手中抛洒的彩粉都在诠释着这项运动所追求的“最快乐、最疯狂”的宗旨。

“彩色跑”是一项非常年轻的运动,2011年起源于美国。与传统的跑步比赛相比,彩色跑没有计时员,也不排名次。而是在赛道的每公里处设立一个彩色站,共有粉色、蓝色、绿色、橙色四种颜色。当参与者经过彩色站的时候,会有工作人员向他们抛洒彩粉。彩色站同样提供彩粉让参与者们互相“增光添彩”。刚刚3岁的彩色跑迅速风靡全球,是因为它摒弃了一切功利的元素,只为单纯追求原始的快乐。

(叶　新)

【沈阳首届国际冬泳邀请赛】 2014年12月30日,沈阳首届国际冬泳邀请赛在于洪区丁香湖畔隆重举行。来自国内42个城市和俄罗斯、乌克兰、新加坡等国家以及香港、台湾地区的350余名冬泳运动员和冬泳爱好者参加。

沈阳冬泳人群逐渐增多,沈阳冬泳协会也从最初的几十人,发展到如今拥有1000余人的注册会员。冬泳赛事年年都有,2014年已发展为“国际邀请赛”,赛事覆盖人群范围广,参与选手人数众多,在很大程度上提升了沈阳冬泳运动在国内外的影响力。

(叶　新)

【国民体质监测】 全国第四次国民体质检测工作于2014年5月12至6月26日进行,市科研所体质监测队对沈阳市和平区、苏家屯区、法库县三个地区的人群进行了体质测试,监测内容包括人体形态、机能和素质三个方面。监测对象为3至69岁的中国公民,分为幼儿(3至6岁)、儿童青少年(7至19岁)、成年人(20至59岁)、老年人(60至69岁)四个年龄段。监测采取随机抽样调查的方式进行,经过对3134人抽样监测得出结论:幼儿、儿童青少年身体素质较前两次监测,身体素质明显改善,整体向好的方向发展,合格率为90.2%。成年及老年人因体重、胸围、腰围、臀围上升等原因,致体质有所下降,合格率分别为88.2%和80.4%。

(叶　新)

社 会 民 生

百姓关注

【规划新建 10 处公共停车场】 截至 2014 年年底,沈阳市机动车保有量已突破 146 万辆,加之外埠来沈车辆,沈阳市实际拥有车辆已突破 166 万辆,停车难成为一大热点问题。为缓解停车难,沈阳规划建设 10 处公共停车场。

迎宾街(君悦酒店)公共停车场。该项目位于沈河区北站君悦酒店西侧(沈河区北站一路与迎宾街交汇),规划建设停车泊位 520 个。

地铁太原街站公共停车场。该项目位于地铁太原街站 A 出口(中华路与南昌路交汇处),规划建设停车泊位 200 个。

沈阳北站北广场地下公共停车场。该项目是由市建委实施的沈阳北站综合交通枢纽改扩建工程北广场工程的重要组成部分,位于沈阳北站新建北站房地块地下二层(黑龙江街与昆山东路交口处,北侧为乐天商业地块),规划建设 300 个停车泊位。

沈阳南站东广场地下公共停车场。该项目位于沈阳南站东广场的地下一层和地下二层,规划建设停车泊位数 1235 个。

太原街地下公共停车场。该项目位于和平区太原街商圈,东临同泽北街,西临天津北街,南临北一马路,北临吉安路,规划建设停车泊位 352 个。

地铁青年大街站公共停车场。该项目位于青年大街市委对过(北侧大西路,西邻青年大街),规划建设停车泊位 292 个。

辽宁中医公共停车场。该项目位于辽宁中医院内,规划建设停车泊位 140 个。

沈阳站西广场地下公共停车场。该项目位于沈阳站西广场地下负二层,规划建设停车泊位 1275 个。

五爱市场公共停车场。该项目位于五爱市场中心地段,北临五爱一期(内衣城)、南侧为翰林路、东西介于风雨坛街和小南街中间,规划建设停车泊位 150 个。

地铁师范大学站生态公共停车场。该项目位于地铁二号线师范大学站(沈阳师范大学西门对过),规划建设停车泊位 150 个。

(鉴 闻)

【百个老旧小区翻新变"花园"】 2014 年,作为市政府为城乡群众"办实事"的重要内容之一,改善 100 个旧住宅区居住环境建设工程年内竣工。

小区改造共 17 项内容。此次改造本着"功能齐备、设施完善、环境优美、住用安全"的原则,在全市老旧小区范围内选择 100 个住宅区,通过改造全面提升旧住宅区管理水平。

改造工程包括实施绿化提升工程、增设健身娱乐设施、增设安全防范设施、整修破损道路等 5 大项 17 小项改造内容。绿化提升工程包括植树、铺设边石、方砖等;增设健身娱乐设施,包括安装健身器材、石桌、石凳,室外乒乓球台等项目;增设安全防范设施,包括安装挡车器、新建门卫(监控室)、修建小区围墙、维修外墙空鼓、安装监控探头。还有整修破损道路、设置垃圾箱、修缮部分单元门窗等项目。

老旧小区变身花园小区。皇姑区电校南小区是全市较早建成的小区,平均楼龄达到 30 年。4 月,皇姑区对小区楼房粉刷墙体、重铺柏油路、补植树木、安装晾衣架和健身器材。

安装监控实行封闭管理。市房产部门采取委托社区管理、聘请物业公司专业化管理、业主自行管理等模式,落实了老旧小区的后续管理。改造后的老旧小区不管采取哪种物业管理模式,都要达到保安、保洁、维护、绿化等基本物业服务标准。小区安装了监控设备,除了专门的保安人员外,居民志愿者们还自发地组成了巡逻队,对园区进行巡视。

(鉴 闻)

【农村困难家庭重性精神病患者可获免费救治】 2014 年,沈阳市卫生计生委和市民政局联合下发了《沈阳市农村困难家庭重性精神疾病患者救治工作方案》,沈阳市户籍的农村困难家庭重性精神病患者可得到免费救治。

重性精神疾病不仅给患者造成严重的健康损害和精神痛苦,也给患者家庭带来沉重的经济负担和生活压力,尤其在农村困难家庭中,重性精神疾病已经成为因病致贫、因病返贫的主要原因。方案规定,本次免费救治对象主要为经精神专科医疗机构诊断为需住院救治的沈阳市农村低保家庭中参加新农合的重性精神疾病患者,救治病症包括:精神分裂症、分裂情感障碍、双相情感障碍、偏执性精神障碍、癫痫所致精神障碍、精神发育迟滞伴发精神障碍。

按照方案要求,沈阳市的救治方式实行定点救治、定额补助、逐级转诊。已确定沈阳市精神卫生中心为市级定点医院,铁西区精神卫生中心、于洪区中医院、沈北新区清水二井医院、苏家屯区红十字会医院、新民市康复医院、辽中县精神病院、康平县精神病防治院等 7 家医疗机构为区县级定点医院,范围已覆盖全市。符合救助条件的患者,在定点医院住院治疗期间按照住院床日实行定额补助,个人将不再承担住院及治疗费用。

(鉴 闻)

【调整城乡居民最低生活保障标准】 2014 年,沈阳市民政局、市财政局联合印发《关于调整城乡居民最低生活保障标准和农村五保供养标准的通知》,再次调整城乡居民低保标准,其中 9 个城区城市低保标准从每人每月 490 元调整至每人每月 540 元。

城乡低保标准、农村五保供养标准

从2014年7月1日起执行，各区、县(市)应自2014年7月开始按新的标准为城乡低保对象和农村五保对象核发低保金(供养金)。此外，《沈阳市低收入居民家庭经济状况核对办法》于2014年6月1日起实施。长期以来，在以城乡居民最低生活保障为基本的社会救助工作中，存在着居民经济状况核对、核查难的问题，申请社会救助时虚报、瞒报现象时有发生。根据《辽宁省人民政府办公厅关于提高城乡居民最低生活保障和农村五保对象供养标准的通知》(辽政办发〔2014〕10号)文件精神，经市政府同意，沈阳市对城乡居民最低生活保障标准和农村五保供养标准进行调整：

城市低保标准。9个城区从每人每月490元调整为每人每月540元；4个县(市)从每人每月420元调整为每人每月465元。

农村低保标准。9个城区及开发区从每人每月285元调整为每人每月315元；4个县(市)从每人每月230元调整为每人每月255元。

城市低保边缘户标准。9个城区从每人每月490－560元调整为每人每月540－648元；4个县(市)从每人每月420－490元调整为每人每月465－558元。

农村低保边缘户标准。9个城区从每人每月285－340元调整为每人每月315－378元；4个县(市)从每人每月230－280元调整为每人每月255－306元。

农村分散供养五保对象供养标准。9个城区从每人每月348元调整为每人每月385元；4个县(市)从每人每月297元调整为每人每月330元。

农村集中供养五保对象供养标准。9个城区从每人每月559元调整为每人每月620元；4个县(市)从每人每月509元调整为每人每月565元。

(鉴　闻)

【沈阳燃气集团推出便民举措】　为让用户早日开栓用上燃气，该集团推出了“私人定制”业务。单位用户可以先办理施工合同，再补交燃气开栓相关手续。个人用户可以根据需求，进行个性化安装家里表后燃气管线。用户在办理燃气受理、预算、施工合同签订、收款和开栓等燃气业务时，对于确实有困难的用户，经燃气工作人员审核确认后，均可享受“私人定制”业务服务。同时，用户家里表后的燃气管线铺设也可以享受“私人定制”业务。只要不存在安全隐患，燃气集团都可以根据用户的需求进行个性化安装；对特殊群体常年提供免费整改燃气安全隐患的服务，用户可随时拨打燃气集团24小时服务专线“96177”咨询。

(鉴　闻)

【沈阳地铁成立首个“郭明义爱心车站”】　2014年5月20日，地铁二号线工业展览馆站举行“郭明义爱心车站”揭牌仪式，沈城地铁首个郭明义爱心车站正式成立。

工业展览馆站共有站务人员30名，平均年龄27岁。自地铁二号线开通试运营以来，工业展览馆站始终秉承沈阳地铁“乘客至上、服务一流”的理念，在全心全意为乘客提供快捷、便利、舒适服务的基础上，深入学习全国道德模范郭明义的先进事迹和崇高精神，竭尽所能关爱困难群体，奉献社会。车站员工不仅在日常工作中多次捡拾并主动偿还乘客大额现金和贵重物品。

(鉴　闻)

【两家庭荣获全国“最美家庭”】　2014年5月15日，全国妇联在北京召开全国“最美家庭”暨全国五好文明家庭表彰会。会上揭晓了百户全国“最美家庭”，表彰了百户全国五好文明家庭标兵和千户全国五好文明家庭。沈阳市李秀凤、胡世宗两个家庭获得全国“最美家庭”荣誉称号(辽宁省共有3户家庭入选)。

同时，李秀凤家庭还荣获全国五好文明家庭标兵，胡世宗、万春春、屈长友、王跃等4户家庭荣获全国五好文明家庭荣誉称号。

(鉴　闻)

【3名“沈阳好人”荣登“中国好人榜”】　2014年5月5日，由中央文明办主办、中国文明网承办的“我推荐、我评议身边好人”活动，4月“中国好人榜”名单揭晓，阎龙、高奇、宫殿凯等3名沈阳市“身边好人”荣登4月份“中国好人榜”。

阎龙系沈阳市邮政局大东分局邮递员。工作7年多，他每天坚持投递200余户，无论是错信、死信、还是别人找不到的地址，他都能将信件准确及时地送到客户手中。送信路上，他帮助残疾人、爱护老年人、关心农民工子女，被人们称为“最美邮递员”。

高奇、宫殿凯系沈阳农业大学在读硕士研究生。2014年2月20日，海南省三亚市某水稻试验基地附近发生四车连撞交通事故。事故中一辆重型卡车翻进排污河，司机被困。正跟随导师在三亚实习的高奇和宫殿凯，跳进排污河中救人。二人撬开变形的驾驶室，把被困司机救出抬到岸边后，悄然离开。

(鉴　闻)

【退休人员医保个人账户上调】　2014年1月13日，沈阳市人力资源和社会保障局、沈阳市财政局下发了“关于调整城镇职工基本医疗保险退休人员个人账户划账基数等有关问题”的通知。沈阳市退休人员医保划账基数已上调，划账比例和定额划拨标准没有变化，这意味着参保的退休人员医保卡里的钱有所增加。如果按照按最低基数划账，调整后退休人员医保个人账户最少每月上涨10.58元。

划账基数：按照上年社会平均退休费。此前，沈阳城镇职工退休人员医保个人账户划账基数，高于上年底社会平均退休费的，按照2011年底退休人员实际退休费作为划账基数。此次调整后，是以退休人员6月份当月应发实际退休费用作为7月至次年6月份个人账户划账基数。低于社会平均退休费的，按上年社会平均退休费作为划账基数。6月份退休费为预发养老金的退休人员，养老金调整后再予以比对划拨。之前低于社会平均退休费的，是按照2011年的社会平均退休金作为划账基数，即1378元。因为社会月平均退休费提高，因此调整后，低于社平退休费的，将按照2013年的月社平退休费，即1608元进行计算。

划账比例：按照实际年龄段有所调整。退休人员个人账户的划账比例没有变化，仍为按照退休人员的实际年龄段制定划账比例，50周岁以下(含50周岁)为4.6%、51－60周岁为5.2%、61－70为5.8%、71以上为6.4%。遇年龄调整划账比例时间为达到规定年龄的次月起，退休人员个人账户划账基数每年7月份核定。在定额划拨上也有调整，以前是退休金增加部分按年龄定额计算。此次调整后，无论退休金是否增加，都对医保个人账户实行定额划拨。通知规定，参保人员自享受退休人员医疗保险待遇次年起，在按比例划账的基础上，个人账户每年7月份进行定额划拨。具体标准为：50周岁及以下每人30元；51－60周岁40元；61－70周岁50元；71－75周岁60元；76－80周岁70元；81－85周岁80元；86－90周岁90元；91周岁及以上100元。

（鉴　闻）

【体验式惠民幼儿园开园】　2014年，沈阳市首个体验式惠民幼儿园在沈河区文艺二校幼儿园（五爱部）正式开园。幼儿园内各项设施和育儿理念十分先进，每名幼儿每个月收费1080元。

活动室宽敞温暖。该幼儿园是沈河区致力打造文艺二校等教育集团，实现教育高水平均衡发展的民生工程。已有100多名幼儿入园。走进幼儿园，时时可以感受到专门为孩子们精心设计的各种细节。数百平方米的阳光活动室宽敞温暖，而且地面防滑、防潮，小宝贝们踩上去柔软、安全。彩色的篮球架、蓝色的足球门，完全按照小家伙们的身体条件设立。在幼儿的活动区域及休息室，人性化的设计处处可见。

在体验区可扮演各种角色。该园最大的特点是专门为小朋友设立的、整整一层楼的“梦想方舟社会生活体验馆”。该层共分7个体验区，分别为：乐乐购超市馆、爱心医院馆、探索发现馆、DIY创艺美劳馆、书程小驿馆、星辰影院馆及香飘飘厨房馆等。小朋友们在这里可以扮演各种角色，现场体验去超市购物、医生为病人看病、探索宇宙、自编自演木偶剧等。通过亲历体验，培养孩子们独立、思考、动手、探索的能力。

（鉴　闻）

人口与计划生育

【人口指标】　2014年，全市共出生人口5.81万人，人口出生率7.51‰，人口自然增长率0.83‰，计划生育率98.46%。

（张　超）

【实施“单独两孩”政策】　3月27日，辽宁省“单独两孩”生育政策正式实施。按照全省的统一部署和要求，计生部门提前谋划，对政策实施后可能出现的人口情况进行充分调研，在政策实施后，通过组织宣传、培训等工作，使该政策进社区、进企业、进乡村，达到了家喻户晓，人人皆智。全年共审批“单独两孩”指标3668例，没有出现违纪案件。

（张　超）

【开展流动人口服务月活动】　2014年1－3月，沈阳市计生部门组织全市开展了流动人口“关怀关爱”行动。在活动期间，累计发放宣传单近2万余份、刷新标语900余条、悬挂横幅200余幅、发放公开信3000张，受理咨询解答达3000余人次，为流动人口办理《流动人口婚育证明》89份，查验《流动人口婚育证明》520份，走访慰问流动人口困难家庭1000余人次，送去米、面、油等生活用品折合人民币6万余元。

（张　超）

【依法行政落实利益导向】　全市在落实0－14岁计划生育奖励待遇的基础上，圆满完成了2010年12月31日前无业下岗人员、退休人员每人一次性2000元的独生子女父母补助费发放工作，共计发放资金7560.4万元，涉及市属人数3.78万人、省直人数1638人，至此，困扰沈阳市多年的无业下岗人员独生子女父母奖励费终于划上了的句号。

（张　超）

【“两项制度”资金发放到位】　截至2014年11月底，全市共确认“两项制度”人数为7.03万人，（农村部分计划生育家庭奖励扶助制度、计划生育家庭特别扶助制度）累计发放奖扶资金1.09亿元。“两项制度”资金全部通过代发银行（邮政储蓄银行）发放到位。同时，全市通过计生协会对1093户计生家庭实施了一次性帮扶工作，全年共发放资金129.4万元。

（张　超）

【开展免费孕前优生健康检查】　2014年，沈阳市在13个区、县（市）通过加强组织领导、扩大宣传、精心组织、全力推进等方面的工作，共为1.80万人提供了免费孕前优生健康检查。

（张　超）

【开展打击“两非”专项行动】　2014年，沈阳市卫计委联合公安、药监等部门联合开展打击“两非”专项执法行动，（非医学需要的胎儿性别鉴定、非医学需要的人工终止妊娠）全市出生人口性别比处于正常值范围。同时，开展了婚育新风进万家——“关爱女孩活动”和“圆梦女孩志愿行动”主题活动。与辽宁大学人口研究所联合建立了大学生自愿者队伍，开展“结对子”帮扶活动，取得良好的社会效果。

（张　超）

人力资源管理

【概述】　截至2014年末，沈阳市各项就业创业指标均按时间进度完成。实现实名制就业21.4万人，扶持创业带头人5713人、带动就业3.37万人，普惠制培训城乡劳动力3.93万人，创业培训3083人，城镇登记失业率保持在3.03%。全市养老、医保、生育、工伤、失业保险参保人数分别达到342.7万人、491.8万人、292.5万人、186.8万人、138.3万人，统筹基金收入将达到143.86亿元，为全市102.5万退休人员调整了养老金，人均调标190.7元；推进新农保和城居保合并实施，出台了科学的实施方案，实施居民大病医保制度，启动了居民补充医疗保险。沈阳市重点突出人才引进、使用、保护三个环节，加强人才队伍建设，新增47名享受国务院特贴人员以及11名国家级、203名省级“百千万人才工程”人选，推荐中华技能大奖3人、全国技术能手6人；组织高技能人才培训班10期，培养高技能人才4500人；引进海外研发团队50个，引进国外技术、管理人才项目计划27项，开展了2个“外专千人计划”项目，5人荣获“辽宁友谊奖”，7人荣获“辽宁省外国专家荣誉奖”，完成了13个团组、214人赴国（境）外培训。招录公务员913名，清理“吃空饷”21人、在编不在岗人员1890人；完成716名计划分配军转干部安置，完成了6万人的职业技能鉴定和14万余人参加的40项各类考试。劳动合同签订率达到97%；企业集体合同签订率达到83%，加大劳动争议仲裁调解力度，仲裁案件按期结案率达到100%，维护了社会和谐稳定。

（王海峰）

【高校毕业生就业】　2014年，沈阳市开展实名登记进家庭活动,全方位掌握毕业生真实情况,提高了实名制基础数据库的质量。强化困难家庭高校毕业生就业服务,分工包干逐个落实就业援助,开发公益性岗位等措施安置高校毕业生,全市141名困难家庭高校毕业生全部实现就业。出台了《关于做好沈阳市困难家庭高校毕业生求职补贴发放工作的通知》等文件,在灵活就业养老和医疗保险补贴、企业吸纳高校毕业生社保补贴、求职补贴、创业等方面实现政策创新。为118人发放医疗保险补贴,补贴金额12万元。为享受城乡居民最低生活保障家庭或本人残疾的有就业愿望的835名普通高校毕业生,发放一次性求职补贴500元。扎实推进高校毕业生就业见习和"三支一扶"工作。规范流程,严格管理,精心服务,参加"千企万岗"就业见习人员共1052人,"三支一扶"高校毕业生7人。

(王海峰)

【创业带动就业】 2014年,沈阳市继续开展创业大讲堂和创业明星巡演活动。全年共组织创业大讲堂12场,参与人数1984人;创业明星巡演7场,参与人数1484人。成立了沈阳创业联盟,联盟采取全部免费扶助的方式为创业者和创业企业搭建交流和互助的平台。创业孵化基地功能充分发挥。截至年底孵化基地入孵企业29家,吸纳人员就业620人。积极扶持创业带头人。全年共扶持创业带头人4163人,带动2.5万人就业。

(王海峰)

【基层平台建设】 2014年,沈阳市开展街道(乡镇)就业服务业务培训,对全市1130名基层就业服务人员开展为期两周7个班次的业务培训。推进基层就业平台的"四级"网络改造。实现街道2兆专线联网、乡镇(社区、村)2兆VPDN联网改造。加强公益性岗位管理,完成了公益性岗位重新上岗人员的登记以及劳务续签工作,为1.9万名公益性岗位人员发放岗位和社保补贴资金4.97亿元。

(王海峰)

【困难群体就业】 2014年,沈阳市开展了就业困难群体摸底调查,走访就业困难人员和零就业家庭8625户,登记认定未就业困难人员3283人,有2956人实现就业。零就业家庭动态为零。开展"就业援助月"、"春风行动"、"民营企业服务周"、"就业困难人员援助专场招聘会"及"送岗位进社区"等活动,形成了对就业困难人员的日常服务机制,促进困难群体的就业。继续实行大龄灵活就业人员社保补贴政策,为6.1万名"4050"大龄灵活就业人员发放补贴资金4.2亿元。举办就业困难群体专项招聘会50多场,涉及就业困难人员6000余人,达成就业意向60%以上。

(王海峰)

【职业介绍工作】 充分发挥市人力资源市场公共服务功能,组织开展装备制造业等各类专场招聘会161场,参会企业4322家,参会人数达2.6万人,求职登记780人次,业务咨询1.5万人。组织开展2014年沈阳市民营企业招聘周活动,有883家民企参会,提供岗位10278个,签订就业意向2485人。组织开展特色专场招聘活动,为农民工、妇女等重点群体提供就业服务。

(王海峰)

【"春风行动"】 2014年,沈阳市举办了市"春风行动"专场招聘会,组织1400多家用人单位,提供3万余个适合农民工的就业岗位。制订了全市人社系统"春运"工作方案,有序推进各项任务,各项工作顺利完成。家庭服务业招聘活动效果明显,组织家庭服务企业赴抚顺招聘家庭服务人员,提供岗位达3000余个。

(王海峰)

社会保障

【医疗保障】 2014年,沈阳市开展厂办大集体困难企业员工参保调研及准备工作;推广准新生儿参保业务,向生育保险定点医疗机构发放准新生儿宣传单。强化续保工作。灵活就业业务全部采用社会保障卡缴费,建立无卡缴费模式;灵活就业人员缴费收据打印银行网点增加到11个;规范居民医疗保险参保业务操作流程。建立居民网上业务平台,开发网上参保缴费功能;居民缴费收据实现在社区或学校直接打印,就近领取;对大学生困难群体参保情况进行实地考查及信息比对;排查外地领取养老金老年人在沈阳市参保情况。提高居民医疗保险筹资标准和财政补助水平,年人均补助标准达345.64元,其中普通居民年人均补助标准为320元,困难及特殊群体年人均补助标准为621.23元。完善基本医疗保险关系转移接续办法,实现医疗保险关系顺畅转移接续。加强管理,保障基金安全运行,制订了《市医保局基金财务制度》和《基金财务处业务操作规范》,对基金的收支管理进行明确规定,从制度上保证基金安全运行,同时细化各岗位的业务操作流程和办理时限。做好预、决算及统计工作。加大力度,监管"两定"机构服务行为。以单病种信息审核系统为依托,对定点医院住院结算单病种进行三级审核;完善智能审核系统建设,增设规则维护功能模块。不断完善基础库信息。修订、完善药品库、病种编码目录;调整医用材料管理项目;完成定点医疗机构医保医师年审,共审核690家、2.67万人次。继续完善定点药店网上结算工作,实现药店结算的网络管理、批量处理及网上结算打印功能;开展药店"义务监督日"检查工作,共处理违规定点医疗机构87家次,收缴违约金237.14万元,扣除保证金184.96万元,合计422.1万元,处理违规医保医师75人,处理违规药店124家,共缴纳违约金148.7万元。保障待遇,积极开展便民惠民服务。制作社保卡265.76万张,累计发放255.89万张。社保卡的社保功能激活119.76万张,占总发卡数的53.02%;金融功能激活71.43万张,占总发卡数的27.91%。放宽开药时限,保证共享有门诊规定病种待遇;逐步取消门诊规定病种证,实现门诊规定病种患者直接持医保卡在所选定的定点医院就医。开通参保单位小额欠费补缴后解除医疗待遇封锁和人员变动封锁业务。简化生育保险门诊就医审批手续。推进门诊统筹工作。有96.8万居民、74万参保职工选定了门诊统筹定点医疗机构。城镇居民门诊统筹发生医疗费总额252.2万元,统筹基金使用78.2万元。职工门诊统筹发生医疗费总额3272.5万元,统筹基金使用1413.3万元;门诊统筹手术治疗病种发生医疗费总额50.1万元,统筹基金使用44.7万元。

(王海峰)

【养老保险制度】 2014年,沈阳市以扩面征缴工作为重点，努力提升企业养老保险业务经办质量，制发《关于印发开展企业基本养老保险扩面征缴工作实施方案的通知》，组织开展系列养老保险政策宣传活动，及时、准确、足额为各类人群调整和发放各项待遇，圆满完成独生子女费等代发工作，认真进行“五七家属工”参保缴费核定，细致做好参保人员的转移接续工作，积极研究城乡养老保险制度衔接工作和厂办大集体困难企业职工补缴工作，充实完善退休人员领取养老金资格认证办法，组织“今又重阳日、夕阳别样红”重阳文化周系列活动，不断加强对业务权限管理的监督、检查和考核。以事业单位改革为驱动，集中精力做好事业养老保险日常工作，继续加大保险费征缴核定及个人账户记清工作力度，认真进行离退休人员养老金的核定及拨付的审核工作，按时足额发放和拨付离退休人员基本养老金，准确退付已停保全额拨款事业单位退休职工的个人账户，全面清理事业在职及离退休人员身份证错误信息，配合完成机关事业单位改革相关数据的采集工作。以两险合并实施为契机，不断夯实城乡居民养老保险工作基础。精心做好待遇领取人员资格认证及月养老金发放工作，如期完成辽宁省社保局赋予的新农保和城居保重复领取待遇集中核查任务，制定《城乡养老保险制度衔接暂行办法》。以保障工伤职工权益为目的，全力构筑工伤保险“安全网”。实时调整并及时足额支付工伤职工各项待遇，严密组织工亡职工供养亲属生存认证，继续做好事业单位参加工伤保险工作，不断加大对定点医疗机构的培训和考核力度，逐步规范医疗待遇审批流程，下大力狠抓结算质保金制度落实，积极开展工伤预防工作。

（王海峰）

【失业保险】 2014年，沈阳市开展失业保险参保扩面宣传活动，将农民工失业保险经办纳入城镇职工参保统一管理范围，保障了农民工的基本利益，此项工作共惠及10.7万名参保农民工。个人缴费记录建账率达到100%，做实率达到98%。领取失业保险金人员为1.8万人，失业保险金和其他失业保险待遇发放率为100%。进一步强化了失业保险金的资格认定、申领和发放工作，坚持申领时间、地点、方式“三个统一”。在有条件社区实行在领失业人员公示制度，使领取失业保险金的人员受到群众的监督。通过加大政策宣传力度推动失业人员参加医保政策的落实，保证了每位失业人员都能接续上医疗保险待遇，及时用卡看病、买药。实行同城失业登记，失业保险金按月发放，使失业保险管理体制走上了规范化的轨道。扎实推进，预警为稳定就业形势提供有力支撑。完成了国家级失业动态监测100户企业和省级重点监测40户企业的数据上报工作。精细监管，失业保险基金实现安全运行。强化与财政资金账户进行对帐，确保失业保险基金的专款专用。全年严格按照编制的2014年基金预算执行，并编制了2015年失业保险基金预算，努力实现基金管理的“零差错”。

（王海峰）

【工伤保险】 2014年，沈阳市制订工伤认定工作规程，强化程序合法合规。为保证工伤认定工作规范有序，公平公正、合理合法，印发了《沈阳市关于规范工伤认定工作程序和文书的通知》，统一规范工伤认定相关文书；明确工伤申报登记、申请时限延长、申请材料接收、调查笔录等15个方面的具体要求。在工作流程方面，为防止出现作假、冒领现象，每月将全市认定工伤人员名单汇总后转发工伤保险经办机构、劳动鉴定康复管理办公室等相关部门，经相关部门核对后，方能支付工伤待遇和伤残等级鉴定。研究工伤定点医疗机构资格确认办法及监督检查措施，下发《关于规范沈阳市工伤保险定点医疗机构资格确认办法的通知》，所有的定点医疗机构重新申报相关材料，进行资格确认。发布最新确认的市工伤保险定点医疗机构名单。对鞍山钢铁集团公司总医院等6所申请定点资格的医疗机构进行书面审查、专家验收，最终授予沈阳市工伤保险定点医疗机构资格。开展工伤预防工作，做好安全生产和工伤预防工作。

（王海峰）

【人才队伍建设】 一是人才队伍不断优化。以“2014年沈阳市招才引智系列活动”为牵引，围绕先进装备制造、信息、生物医药、航空、新材料、新能源、节能环保7个战略性新兴产业和重点园区及其重点企事业单位的人才需求，吸引一批“985”、“211”工程院校硕士、博士来沈服务。制订了《2014年沈阳市赴外埠招才引智系列活动工作方案》，从实际高层次人才需求出发，有机结合“请进来”与“走出去”两种方式开展工作。组织企、事业单位赴外埠开展招才引智活动，面向全市征集到266家单位的人才需求信息，其中高层次人才需求单位28家，需求岗位329个、共需811人，其中博士197人，急需紧缺硕士258人。组织重点企、事业单位开展重点高校走访对接活动，先后赴天津大学、南开大学开展人才政策宣传，发布了高层次人才需求信息。向各重点高校人才发出博士“沈阳行”活动公告，博士“沈阳行”活动分成“机械材料博士团”、“医药化工博士团”、“文哲社科博士团”并同时在沈开展活动，并在现场与28名博士对接，组织各用人单位与人才进行了面对面的详谈，有5名博士有意来沈参加面试。以“享受国务院政府特殊津贴专家”为抓手，有效选拔培养人才。选拔推荐享受国务院政府特殊津贴专家，全市共有2家企业的6名高技能人才进行了申报。推荐第五届“全国杰出专业技术人才”和“专业技术人才先进集体”；选拔推荐国家、辽宁省“百千万人才工程”人选，11名国家百千万人才工程人选候选人，及14名辽宁“双千计划”百千万工程领军人才候选人。

二是海外高端人才引进不断提升。完成了“高端外国专家”入选项目信息确认工作；完成了5个经技类、3个文教类立项“高端外国专家”项目的执行材料审核、上报和专项经费核销工作。面向全市重点企、事业单位，开展了第五批“外专千人计划”和2015年“高端外国专家项目”申报工作。向国家外专局推荐了沈阳远大科技园有限公司等2家引智单位的2个项目申报“外专千人计划”长期项目，拟聘请德国、日本专家2人次；推荐了沈阳工业大学等2家引智单位的2个项目申报“外专千人计划”短期项目，拟聘请德国、俄罗斯专家2人次；推荐了中航沈飞民用飞机有限责任公司等9家引智单位的9位专家申报2015年经技类“高端外国专家项目”；按需引进，联动开展海外高层次人才引进工作，组织参加国内海外人才交流活动。组织东大软件学院等6家单位赴京参加了2014外籍人才招聘会（北京），组织金杯汽车股份有限公司等30家引智单位参加了“2014海外高层次人才项目洽谈对接会暨海外学人辽宁行”活动，促成沈阳远大科技园有限公司、辽宁立德电力工程设计有限公司2家公司分别与以色列专家奥姆·可汗和乌克兰专家维塔利签订了合作协议。

三是高级人才工作实现高点起步。组织参与城市联合招聘活动。组织9城区60余家企业参加在南京、北京举办的跨区域城市联合招聘活动。接收简历1210份，达成来沈意向478人。创建了沈阳市高级人才服务网，并于9月初正式投入运行。举办了首届中高级人才专场洽谈会。实行用人单位实名、入场人员实名的“双实名制”的招聘模式，活动中百家企业提供中高级人才岗位1300余个，入场求职1820人，达成意向627人。

（王海峰）

【人事制度改革】 2014年，沈阳市扎实做好公务员考核备案、职务管理、公务员登记、规范评比达标表彰工作，全面开展超配备干部问题专项整治工作，政府公务员管理工作更加科学规范。圆满完成公务员招录工作，录用913名。开展了“践行公务员精神、实现岗位梦想”主题活动，利用“沈阳市公务员在线学习网”推进在线学习，开展了公务员四类培训、职业道德建设基本功训练和送教下基层活动，共培训5.5万人次。完成了事业单位岗位设置的收尾工作，为68家编制变化的单位重新进行了核准，指导全市事业单位开展了岗位聘用工作，并进行了审核备案，市属事业单位工作人员聘用合同签订率达到98%、区县达到87%；清理“吃空饷”21人、在编不在岗人员1890人；圆满完成了716名计划分配军转干部安置，以及3200余名自主择业和8000余名企业军转干部管理服务工作；研究制定了政府绩效考评体系，科学设定考核指标，加大了对能源、环境、生态文明等方面的考核，创新评分办法，健全考评机制，考评工作更加科学规范。圆满完成了6万人的职业技能鉴定和14万余人参加的40项各类考试。

（王海峰）

【工资收入分配】 一是机关事业单位工作收入分配制度改革不断深化。做好了公务员工资收入水平试调查工作，掌握了同类城市机关事业单位人员的收入分配情况，为推进此方面工作进行积极准备。以分行业推进事业单位实施绩效工资工作为重点，深化事业单位收入分配制度改革。以文化、卫生、城建、民政等系统为重点，采取调研与指导相结合的方式，分行业深入推进了其他事业单位实施绩效工资工作。开展了全市事业单位绩效工资总量管理办法和相关程序、措施的研究制定工作。切实做好了机关事业单位工作人员应休未休年休假工资报酬的规范工作。设计了规范机关事业单位工作人员应休未休年休假工资报酬的实施方案及操作办法；开展有针对性的指导，及时解决各单位在实施过程中遇到的矛盾和问题；集中审核，严格把关，为市直机关事业单位4.1万名工作人员核定未休假报酬；认真做好了部分市直全额拨款事业单位核增工资总额工作。

二是着力加强了机关事业单位工勤人员管理工作。完善机关事业单位工勤人员信息数据库，推进了全市机关事业单位工勤人员实行实名制管理工作；加强指导，深入推进了区县工勤技能岗位设置管理工作；开展了规范机关事业单位临时用工管理的调查研究工作，对市直单位临时用工人员进行了实名制统计和登记。深化机关事业单位“考工”改进工作，推进了公信阳光的晋升考核机制，指导区县组织开展了2014年度中级工及以下技术等级考工工作；开展了公车改革相关事项的前期准备工作，开展了全市现有党政机关、参公单位人员实有数及职级构成情况的统计、测算工作和司勤人员基础信息数据采集汇总。

（王海峰）

【劳动关系】 规范劳务派遣用工工作稳步推进。积极开展劳务派遣行政许可工作，进一步完善了内部审批流程，细化法律文书，严格按规定条件把好审批关，从源头上加强对劳务派遣行为的管理。加强对劳务派遣企业及劳务派遣用工单位的管理，建立了劳务派遣企业统计管理台账，及时掌握相关信息。规范沈阳市劳务派遣行为，维护被派遣劳动者合法权益，促进沈阳市劳动关系和谐稳定。

不断改进和加强对企业工资分配的宏观指导调控。发布了2014年企业工资指导线，确定了沈阳市企业工资增长基准线为12%；企业工资增长上线为17%；企业工资增长下线为5%。发布了2014年沈阳市人力资源市场工资指导价位，促进劳动者稳定就业，更好地指导企业搞好内部分配，为用人单位招聘、劳动者求职、各类企业开展工资集体协商，及新办企业在确定员工初始工资水平提供参考依据。

积极推行劳动标准化工作，全面落实劳动用工备案制度。重新修订了《劳动合同》文本，积极开展政策法律宣传，讲解和宣传《劳动法》、《劳动合同法》以及工时制度、休息休假制度、高温劳动保护等相关法律法规，提高用人单位领导和人力资源管理人员知法、懂法、守法意识；及时掌握全市劳动合同的签订、续签、变更、终止和解除等情况，逐步建立和完善劳动用工信息数据库，实现对用人单位劳动用工及劳动合同制度实施情况的动态管理，办理企业招工备案达到30万人次。

加强劳动监察和信访仲裁工作，促进劳动关系和谐。以加大劳动监察执法效能建设为重点，完善劳动者权益维护机制，进一步畅通举报投诉渠道，强化突出违法问题整治，综合运用各类执法方式，加大劳动保障监察执法力度，集中开展了农民工工资支付专项检查、清理整顿人力资源市场秩序专项检查和用人单位遵守劳动保障法律法规专项检查，全力推进各项法律法规和政策的落实。为维护农民工的合法权益，组织开展了农民工工资支付专项行动，强力推进农民工工资清欠工作，检查用人单位1737户，涉及职工10.6万人，其中农民工10.1万人，清理拖欠工资3315万元，涉及农民工2368人。信访仲裁实现按期结案率100%、归档率100%、数据准确率100%、案件调撤率57%、立案准确率100%，受理劳动人事争议请求事项4734件，审结4542件，为维护劳动者的合法权益。

（王海峰）

民　政

【城乡居民最低生活保障】 2014年，按照省、市民政工作的总体部署和要求，以深化落实国务院《社会救助暂行办法》为主线，沈阳市社会救助工作以提高保障水平、加大临时救助力度为重点，创新机制、完善制度、提升能力、强化管理，进一步完善社会救助工作体系。

一、进一步完善社会救助政策制度建设

1. 出台了《沈阳市人民政府关于进一步加强和改进最低生活保障工作的意见》（沈政发〔2014〕1 号），从低保对象认定、审批、核对机制、动态管理、工作监管和制度衔接六个方面做了明确的规定。

2. 出台了《中共沈阳市委办公厅沈阳市人民政府办公厅关于做好 2014 年扶贫帮困方案的通知》（沈政办发〔2014〕4 号）；通过完善救助政策制度，提升救助水平，推进社会救助工作规范化、科学化和法制化。

二、全面提高社会救助水平

1. 全面完成城乡低保提标工作任务。2014 年 5 月 12 日，经市政府批准，与市财政局联合下发《关于调整城乡居民最低生活保障和农村五保供养标准的通知》（沈民〔2014〕72 号），规定从 2014 年 7 月 1 日起，调整城乡低保标准。其中城市低保标准：9 区及开发区从每人每月 490 元调整为 540 元，提高 10.2%；4 县（市）从每人每月 420 元调整为 465 元，提高 10.2%；农村低保标准：9 区及开发区从每人每月 285 元调整为每人每月 315 元，提高 10.5%；4 县（市）从每人每月 230 元调整为每人每 255 元，提高 10.5%。

截至到 2014 年 12 月底，城市低保共保障 5.23 万户 8.13 万人，保障面为 1.79%，人均救助额 397.91 元，累计救助资金支出 3.87 亿元；农村低保共保障 3.37 万户 6.12 万人，保障面为 2.34%，月人均救助额 117.54 元，累计救助资金 1.17 亿元。城市低保边缘户救助 3363 户，7375 人，占全市非农人口 0.16%。

2. 继续扩大分类救助范围。2014 年开始，沈阳市对城乡低保户和低保边缘户中的 80－89 周岁老人给予每月 50 元的补贴；同时，将所有残疾人都纳入分类救助范畴，二级以上重度残疾人在当地低保标准基础上上浮 30% 享受分类救助，二级以下的残疾人上浮 20% 享受分类救助。

3. 采暖救助城乡全覆盖工作逐步推进。逐步实现城乡低保对象采暖救助全覆盖。对低保对象采暖救助政策由城市向农村延伸，落实三县一市集中供暖采暖救助政策。城市低保冬季供暖保障 3.51 万户，取暖救助资金总投入 3704 万元。

4. 做好“两节”救助工作。“两节”生活救助有序开展，按城乡低保户每户 600 元、城乡低保边缘户每户 360 元给予一次性的节日生活救助。2014 年元旦、春节期间年全市共发放城乡低保（边缘）户“两节”救助资金 7829 万元。

（车　莹）

【建立居民家庭经济状况核对机制】 2014 年 6 月底，市、区（县、市）两级 14 家居民家庭经济状况核对机构已经全部建立。其中，市级核对中心为正处级全额事业单位，核定人员编制 20 名。2014 年 4 月 17 日以政府令形式发布《沈阳市低收入居民家庭经济状况核对办法》（沈阳市人民政府令第 43 号），6 月 1 日起正式实施。截至年底各级核对机构办公场所装修、软硬件系统设备采购工作基本完成，相关制度、流程已经制定，工作人员已经到岗工作，已经开展核对工作。

1. 中心筹建工作完成。一是完成了中心《法人登记证》、《组织机构代码证》、事业单位登记注册、中心公章和法人章的刻制等工作。二是以劳务派遣方式，通过市人才中心面向社会公开招聘工作人员。6 月初，首批工作人员全部到位，并正式开展工作。三是与市财政局积极协调，争取到 76.8 万元开办经费。同时，积极协调市发改委、财政局、经信委，落实网络及弱电建设经费 120 万元。四是公开招标对办公场所进行改造。施工期间采用旁站式监理，确保工程进度及工程质量。五是公开招标，采购了电脑等必要设备。六是确定核对信息系统构架，规范了核对业务流程；明确了中心岗位职责、部门职责及各区、县（市）核对中心工作职责。七是制定了一系列内部工作管理规定。

2. 核对体系建设。一是深入开展调研工作。一方面赴上海、杭州、大连等地开展调研工作，学习各地先进经验。积极参加民政部核对业务理论知识培训。同时，对中心工作人员开展低保政策、工作流程和核对业务培训。另一方面采取深入区、县（市）调研、邀请各区、县（市）相关人员和软件公司工作人员召开核对业务座谈会。二是推进核对业务开展。中心已与市公安局、人社局、房产局、工商局、税务局、公积金中心正式开展数据对接工作，对户籍、车辆、出入境、养老保险、医疗保险、死亡、房产、工商、税务、公积金等信息进行查询。三是指导督办区、县（市）工作。在全市 13 个区、县（市）开展督办工作，与各区、县（市）民政局主要负责人进行深入沟通、了解各区、县（市）核对中心筹建情况，交流各地区先进经验，加强工作指导，积极推动各区、县（市）核对中心建设。上半年，全市 13 个区、县（市）已全部成立核对中心，圆满完成了省政府对沈阳市 2014 年绩效考核半年工作目标。全市各区、县（市）已经全面开展核对业务。四是核对系统已顺利上线。根据核对业务实际需求，9 月 26 日，核对系统已研发完成并顺利上线，满足区、县（市）及下属各街道工作需求。

3. 核对工作开展。通过召开核对业务座谈会、组建工作组深入区、县（市）调研等方式，实地查阅低保档案资料、确认低保审批工作流程，并与试点区、县（市）、街道及社区低保工作人员进行面对面交流，共同研究、明确职责、细化分工，初步研究制订了统一操作方案，进一步规范了核对试点工作流程。截至 12 月底，对全市新申请低保及现有低保待遇家庭 4404 户家庭 7051 人进行了核对，共出具核对报告 4404 份。

（张盼盼）

【城乡医疗救助】 从 2014 年 1 月 1 日起，城乡低保人员在居民医保和新农合统筹报销以及大病医疗保险的基础上，对其个人自付部分的 60% 给予救助，边缘户按照 36% 给予救助。全面完成了国务院、省政府对医疗救助政策的要求，实现了惠民便民的医疗救助体系；2014 年沈阳城乡医疗救助共计 4.69 万人次，其中门诊救助 6472 人次，住院救助 4.05 万人次；救助资金支出共计 4702.89 万元，其中门诊救助 230.17 万元，住院救助

4472.72万元。政府资助低保户、五保户和边缘户共计约17.52万人参保参合,资金累计支出约4992.07万元。

城市医疗救助共计1.48万人次,其中门诊救助2137人次,住院救助1.27万人次;救助资金支出共计1049.78万元,其中门诊救助10.02万元,住院救助1039.76万元;政府资助城市低保户和边缘户共计7.55万人参保,资金支出约4238.49万元。农村医疗救助共计3.21万人次,其中:门诊救助4335人次,住院救助2.78万人次;救助资金共计3653.11万元,其中门诊救助220.15万元,住院救助3432.96万元;政府资助农村低保户、五保户和边缘户共计9.96万人参合,资金支出约752.58万元。

(车　莹)

【农村五保供养】 截至2014年底,沈阳市农村五保供养对象为1.38万户、1.43万人,占全市农业人口的0.56%。其中:分散供养对象1.03万户、1.08万人、集中供养对象3516户、3558人,发放全年保障金7161.29万元。农村敬老院38所。

1.提高了农村五保供养对象供养标准。从2014年7月1日开始,农村分散供养标准:4县(市)从每人每年3560元调整为每人每年3960元,人月均330元,其他区从每人每年4170元调整为每人每年4620元,人月均385元。农村集中供养标准:4县(市)从每人每年6110元调整为每人每年6780元,人月均565元,其他区从每人每年6710元调整为每人每年7440元,人月均620元。调整标准所需资金由市、区两级财政按渠道、配比方式解决。并实行供养金月发放制度。

2.推进了农村五保供养服务机构法人登记工作。全市现有38所农村中心敬老院,床位8412张,已完成法人登记的中心敬老院37所,占机构总数的97%。

3.规范了农村五保供养档案管理。按照《转发民政部、国家档案局关于印发农村五保供养档案管理办法的通知》(沈民[2013]84号)文件精神,市民政局、市档案局联合对全市农村五保档案规范化管理工作进行督查。全市农村五保供养档案收集齐全、装具规范、完整有序,符合农村五保档案质量要求。

4.加强了农村中心敬老院的安全管理工作。根据《关于印发市民政局在全市养老机构开展防灾减灾知识培训和应急演练活动的实施方案的通知》(沈民办发[2014]40号)文件精神,全市开展农村中心敬老院安全管理检查工作,全面落实防灾减灾知识学习和应急演练活动。并通过培训的形式,掌握和了解五保信息采集和日常操作管理,老年人健康护理和日常照料,养老机构责任保险投保指导,敬老院规避风险。全市农村敬老院还没有发生或出现任何问题。

5.开展了"关爱夕阳—援助农村中心敬老院监控设施和锅炉改造项目"活动。市慈善总会投资270万元,分别为全市农村21所农村中心敬老院配备监控设备和对18所农村中心敬老院进行锅炉维修改造。

(于友成)

【救灾救济】 2014年,沈阳市实施冬春救助,确保灾民基本生活。对2013年遭受自然灾害的新民、辽中、康平、法库、沈北新区、苏家屯区六个区、县(市)下拨了1150万元自然灾害生活救助资金,用于解决2013年冬和2014年春受灾群众的住房、口粮、衣被等方面的生活困难。针对夏季发生的旱情,按照市委、市政府的要求,进一步强化各项救灾工作措施,下拨了100万元旱灾临时救助资金,确保了受灾群众有饭吃,有衣穿,有干净水喝,有病能及时得到医治,保障了受灾群众的基本生活。

(于友成)

【扶贫帮困送温暖】 自2001年省委、省政府开展对口支援活动以来,沈阳市根据《关于在全省开展"送温暖、献爱心"社会捐助活动的通知》的指示精神,与阜新市形成多年的扶贫对口援建关系。沈阳市共向阜新捐赠帮扶资金和物资1.93亿元。其中,2014年捐赠阜新市帮扶资金1500万元。

多年来,所资助款物帮助阜新市新建了1所光荣院、12所区域性中心敬老院,改造了21所高标准敬老院,为1654户老复员军人建新房5123间,援助4595户农村贫困户建房1.38万间,累计救助城乡贫困群众34.2万户。切实解决了阜新市的困难群体最关心、最直接、最现实的利益问题。

(王晓峰)

【基层政权和社区建设】 一、城乡社区建设

1.全面落实沈阳市社区工作会议精神,在全市推行社区准入制度和星级社区考评制度。通过建立健全社区管理的工作机构,制定和完善相关工作制度,进一步明确市社区建设工作委员会的主要职责以及准入审批流程和星级评定主要流程,制定下发了《关于印发加强社区社区建设若干意见任务分解表的通知》(沈社委办发[2014]1号)、《关于印发沈阳市社区建设工作委员会及其办公室运行规则的通知》(沈社委办发[2014]2号)、《关于印发沈阳市社区事务听证制度》(沈民[2014]173号),同时积极筹备全市第九届社区换届选举工作。

2.加强社区工作者队伍建设。2014年全市统一公开招考社区工作者,计划招聘697人,报名应试者达1.67万人,招聘比例约24:1。对社区工作者实行日常培训和专家培训相结合的方式,组织270余名社区工作者参加了民政部组织的专家培训以外,自2011年开始由市民政局委托沈阳大学社区学院向全市社区工作者开展了远程教育全员培训,截至2014年底,全市共有9.20万人次参加了培训,及格率达96.96%。

3.再次提高社区工作者补贴标准。经市政府批准,由市民政局和市财政局联合下发了《关于提高社区工作者补贴标准的通知》(沈民[2014]179号)。从2014年7月1日起再次提高城市社区工作者生活补贴,每人每月平均提高572元。增加的补贴资金由市区两级财政按照4:6的比例承担。调整后的补贴标准为:和平区、沈河区、大东区、皇姑区、铁西区、苏家屯区、浑南区、沈北新区、于洪区的社区书记每月3200元,社区副书记3000元,委员(干事)2800元;新民市、辽中县、康平县、法库县社区书记每月2700元,社区副书记2500元,委员(干事)每月2300元;取得国家社会工作师资格的每人每月增加100元,取得国家助理社会工作师资格的每人每月增加50元。

4.继续加大农村社区服务中心建设,全市新建104处农村社区服务中心

和111处文体活动广场。

二、村务公开和民主管理

1. 在认真落实村务公开民主管理各项规章制度的基础上，在全市推进村务公开民主管理"五个一"的工作体制，扎实开展村务公开民主管理实践活动，制定印发了《关于进一步加强和完善村务公开民主管理工作的通知》（沈民办发[2014]36号）。

2. 与市妇联和市农经委联合制发了《沈阳市进一步修订完善村规民约工作的实施方案》的通知（沈妇发[2014]9号）；

3. 为保障村级组织运转，充分调动村干部投入农村公益事业一事一议财政奖补项目建设和农村公共服务运行维护机制建设工作的积极性，市民政局与市财政局、市委组织部、市农经委联合制发了《关于调整村干部基本报酬补助标准的通知》（沈民[2014]103号），对在任的村"两委"班子主要成员实行固定补贴，村干部基本报酬补贴标准调整为：新民、辽中、法库、康平4县市每人每年1.78万元；和平、大东等9区每人每年2.16万元。

（尹　琦）

【养老服务社会化】　2014年，沈阳市户籍老年人口为152万人，占户籍总人口的20.8%。已提前全国十年进入老年人口快速增长期。

为满足日益增长的养老服务需求，沈阳市建立了以居家养老为基础、社区养老为依托、机构养老为支撑、企事业单位参与为补充、中介服务为纽带的"4+1"社会化养老服务体系。养老方式主要分为机构养老和居家养老两种方式。

机构养老服务。沈阳市现有养老机构161家，拥有床位3.5万张。其中城镇公办养老机构17家，床位7500万张；农村中心敬老院43所，床位8200万张；民营养老机构101家，床位1.8万张；社区日间站床位1400万张。

社区养老服务。沈阳市共有社区老年人日间照料站707个，占现有城镇社区总数的82%以上，从而满足老年人居家养老和社区照料服务的需求。从2008年起市政府累计投资6000万，新建600个集生活照料、医疗康复、精神慰藉三大服务功能为一体的示范性社区日间照料站，为老人提供日常照料服务。

居家养老服务。市政府为居家养老服务工作配备公益性岗位人员1600余人，为三无、低保、特困空巢老人、老劳模、老优抚对象等提供服务。并投入财政专项资金，为4.3万户空巢高龄、特困老年人家庭免费安装了应急呼叫器，为老年人提供居家生活应急服务。

依托企业事业单位养老服务。全市各级党政机关、企事业单位加大投入，积极主动地承担尊老、敬老和助老社会责任，新建、改建和扩建了一批以服务离退休干部（职工）为重点的活动中心（站、室），中央、省和市直及区（市）各级各类的活动中心（室、站），全年共为30.8万人次离退休人员提供了以开展老年文体娱乐和健身康复活动为重点的服务。

扶持养老事业发展的资助政策。根据国家扶持养老事业发展的意见，鼓励社会民间资本积极利用闲置学校、仓库、医院、宾馆等社会公共服务场所开办养老机构，实行了积极的鼓励政策。给予新建民办养老机构两年内每年每张床位2000元标准的床位建设补贴，对民办养老机构给予每人每月80-100元标准的运营补助（试点）。政策出台以来，共有31家民办养老机构受益，政府扶持、政策驱动对推进养老服务业发展发挥了良好的效应。

（赵重超）

【婚姻登记管理】　2014年，全市13个婚姻登记处共办理国内居民结婚登记7.36万对，比上年增长19.9%；离婚登记3.09万对，比上年下降9%；补领结婚登记3.27万对，补领离婚登记3242对；出具无婚姻记录证明23.63万件。开展婚姻登记机关标准化建设工作，组织全市80余名婚姻登记工作人员参加岗位资格培训班并发放登记资格证书。按照辽宁省民政厅要求，积极稳妥地开展婚姻登记简政放权工作，在9个乡镇设立婚姻登记中心，各乡镇婚姻登记处都已顺利、有序、全面开展工作。

（杨春光）

【儿童福利事业】　一、全市孤儿的基本情况

2014年，沈阳市孤儿总数为1198人（1-18岁），其中：城市孤儿人数为653人，农村孤儿为569人，城市孤儿占孤儿总数的53.4%，农村孤儿占孤儿总数的46.6%。其中机构供养620人（市儿童福利院供养421人、孤儿学校就读199人），占孤儿总数的48.2%、分散供养578人，占孤儿总数的51.8%。孤儿基本生活最低养育标准集中供养每人每月1400元，散居孤儿每人每月1000元。

二、孤儿保障政策落实情况

孤儿在供养、教育、医疗、康复、就业、住房等方面存在的主要问题及成因。从《全省孤儿享受社会救助情况调查统计表》和《全省孤儿医疗和住房情况调查统计表》可以看出，沈阳市对孤儿的重视程度较高，在供养、教育、医疗、康复、就业、等方面都得到了很好地解决，在2014年共计解决13名孤残儿童住房方面问题。

对全市的孤儿进行了排查工作，完成了孤儿随访手册的编制。组织区、县（市）参加辽宁省孤儿学校庆祝"六一"活动，携带慰问金和慰问品看望在校孤儿。同时安排各区、县（市）民政局走访慰问城乡散居孤儿。孤儿保障和监管工作逐步加强。一是孤儿生活费实现社会化发放，确保生活费安全、及时到账。二是组织各区县（市）开展走访省孤儿学校和慰问散居孤儿活动，全市发放慰问金28万元。三是对全市682名散居孤儿开展散居孤儿生存状况调查，要求区县提出解决办法。四是在全市范围内对困境家庭及困境儿童普查，对1216名孤儿进行了实地走访。五是对全市符合孤儿收养条件的家庭办理收养手续，截至10月15日，共计办理孤儿收养18件，解除收养登记2件。六是继续推进沈阳孤残儿童特殊教育学校工作，扩大学校影响。七是为孤残儿童实施"明天计划"，全年手术17例，手术成功率100%。

三、加强孤儿信息管理规范化建设

2014年，沈阳市民政局将孤儿信息管理规范化建设的重点放在管理效能的提高上，依托《全国儿福信息管理系统》作为开展孤儿保障工作的重要依据。市民政局对经报批审核通过的孤儿进行网上系统的上报审批、对网上退件进行处理、掌握网上实时数据的有效性进行统计等相关操作，同时，建立和完善孤儿的纸质档案和电子档案，对孤儿进行登记

造册,不定期组织人员深入福利机构和区县部门进行监督检查,对孤儿的生存状态、数据统计、档案保管等项工作处于实时、有效的动态管理,从而确保孤儿信息管理处于规范化建设的轨道中。

(王晓峰)

【流浪乞讨人员救助管理】 2014年,全市共救助各类人员6604人次。其中:未成年人170人次,老年人1366人次,残疾人199人次,危重病人和精神病人559人次,安置无家可归人员39人,为无能力返乡提供乘车凭证2650人次,护送老年人、未成年人、精神病人和救治康复人员返乡902人次。

(卜恩国 邢月)

【社会组织登记管理】 2014年,沈阳市积极稳妥推进社会组织登记管理制度改革,着力从加强社会组织规范化建设、加大执法监察力度、完善综合监管体系等方面开展社会组织登记管理工作。截至年末,全市共有社会组织8863家,其中注册登记的社会团体1462个、民办非企业单位2549个,备案的城乡基层社会组织4852个。

引导社会组织加强自治建设,市民政局出台了《关于印发沈阳市社会团体内部管理制度指引的通知》(沈民〔2014〕79号),研究制定了社会组织民主选举、会员(代表)大会、理事会、财务管理、重大活动备案报告和信息公开制度等10项社会团体内部管理制度示范文本。加大执法力度,对沈阳朗文外语培训中心等154家未按规定参加年度检查的民办非企业单位作出撤销登记的行政处罚。开展社会组织等级评估,首次将民办非企业单位列入评估范围,市本级共有27个社会组织被评为2A以上等级。加强社会组织信息宣传,沈阳市民政局被《中国社会报》评为2014年度"社会组织新闻宣传工作先进单位"。

开展社会组织清理规范工作。按照《中共沈阳市委办公厅沈阳市人民政府办公厅关于印发<沈阳市党政机关办协会清理规范工作方案>的通知》要求,开展全市党政机关办协会清理规范工作。清理规范前,在市民政局注册登记的市级社会团体共581个,其中:行业协会商会230个,行业协会商会以外社会团体351个。通过清理整顿,保留420个社会团体,占原社会团体总数的72.28%,其中有139个行业协会商会与行政机关实现机构、人员、财务、资产"五脱钩"。拟注销、撤销的有157个社会团体,占总数的27.02%;321名在职或退(离)休处级以上领导干部退出社会团体领导岗位;清理清退社会团体与业务主管单位合署办公场所59处;社会团体新建独立账号22个;清退社会团体占用的国有资产647.44万元。

(锡 杨)

【双拥优抚】 2014年,沈阳市的双拥工作,紧紧围绕推进军民融合深度发展,支持部队各级部门军事斗争准备使命任务,新形势下,坚持把双拥工作目标任务向部队"能打仗、打胜仗"聚焦、向维护和发展广大军民切身利益聚力、向国防建设与经济社会建设统筹发展聚合,始终坚持高层次领导、高起点开局、高端位运行,双拥工作整体水平不断提升,取得了"八连冠"创建活动整体推进、持续发展的良好态势。1月24日,全国双拥工作领导小组、民政部、总政治部在北京举办2014年军民迎新春茶话会。沈阳市委副书记邢凯、沈阳警备区原政委李德民,作为全国双拥模范城代表特邀赴京参加了茶话会,并受到习近平总书记、李克强总理等党和国家领导人的亲切接见。2014年3月,辽宁嘉荣耀商贸有限公司董事长张洪杰被《中国双拥》年度人物推选工作组织委员会评为"2013《中国双拥》年度人物——'社会拥军典范'提名奖"。

创新载体、营造氛围,国防教育活动不断深化。配合国家民政部和省民政厅,圆满完成了437具在韩志愿军烈士遗骸归国接收安葬工作。9月18日,沈阳举行"勿忘国耻,九一八撞钟鸣警仪式",刘云山等中央领导、省市领导及各界群众1000余人参加仪式。9月30日,是我国首个"烈士纪念日",辽宁省暨沈阳市,沈阳驻军等部门举行公祭活动,省、市领导走访慰问重点优抚对象。

加大投入、重点保障,支持部队军事斗争准备工作整体推进。积极支持部队新型作战力量建设,支持部队信息化建设,进一步加强国防动员建设,支援部队后勤社会化保障。全年共为驻沈"65058"部队等4支部队划拨军事用地4宗,涉及土地面积5.54万平方米,减免城市基础设施配套费767万元。市、区政府共投资近5000万元资金,先后为"65112"、"65147"、"95303"、"65167"部队和省警卫训练基地新修营区道路3000延长米,改造排水设施、铺设安装路灯等项目。

关注重点、解决难点,推进基层双拥工作创新发展。军转干部、退役士兵安置工作圆满完成,优待标准进一步提高。大幅度提高义务兵自主就业经济补助标准。城镇居民义务兵(含退役后选择复学的在校大学生)自主就业补助标准为7.3万元(含优待金),农村居民义务兵为5.3万元(含优待金),全市重点优抚对象抚恤补助标准再次提高;完成了全市各类优抚对象数据库录入工作;组织全市186名军人、公务员、警察伤残体检;组织60名优抚对象参加省"爱心献功臣"健康疗养;依托市光荣院,组织5批130名城乡重点优抚对象开展健康疗养;会同辽宁省优抚医院为农村重点优抚对象免费送医送药,为全市城乡2427户困难重点优抚对象纳入低保;按照国家民政部的部署及省民政厅的统一安排,8-9月对全市4300余名残疾军人统一更换《残疾军人证》,为730名烈士遗属更换《烈士证明书》;由市双拥办组织举办全市驻军随军家属就业技能培训班,驻沈部队206名随军家属参加了会计、人力资源管理、幼儿教育、烹饪、计算机等6个专业课系统培训并获得结业证书。

践行宗旨、履行使命,拥政爱民工作再创佳绩。驻沈部队和民兵预备役人员,集中人力、物力和智力等资源优势,出色完成了驻地基础设施、生态环境、扶贫帮困、抢险救灾、维稳安保等重大任务。在军民共建方面发挥"宣传队"作用。在支持地方急难险重任务中发挥"突击队"作用。在构建平安沈阳建设中发挥"战斗队"的作用。在加强民生工作建设中发挥"富民队"作用。

(邹 鹏)

【退役士兵安置】 2014年,沈阳市深入贯彻落实国务院、中央军委和省政府关于退役士兵安置工作改革的决策部署,全力推动实施新型安置政策,扎实开展退役士兵职业教育和技能培训,创新完善退役士兵就业服务机制，有力保障了指令性安置任务的有效落实，有力促进了自主就业退役士兵就业创业。

1. 积极完善政策措施，退役士兵安置制度改革取得成效。退役士兵安置改革政策支持体系逐步健全。市政府下发了《沈阳市人民政府关于做好2014年度退役士兵接收安置工作的通知》，在退役士兵安置就业、扶持就业、教育技能培训方面提出了具体实施意见。市民政局出台了《关于做好符合安排工作退役士兵安置工作的通知》，强化了公开、公平安置机制。市财政局、市国税局、市民政局联合转发了《省财政厅、省国税局、省民政厅关于调整完善扶持自主就业退役士兵创业就业有关税收政策的通知》，不断完善了扶持自主就业退役士兵创业就业政策。3月17日，沈阳市接受了全国退役士兵安置领导小组对安置改革政策落实情况的调研检查，退役士兵安置政策落实情况得到了充分肯定。退役士兵安置改革任务得到了落实。2731名自主就业退役士兵、669名退役复学大学生退役士兵，按照新的安置政策，享受了地方政府经济补助、教育技能培训、促进就业等优待政策。

2. 坚持政府主导调控，依法保障了符合安排工作条件退役士兵的岗位落实。市政府向全市161家单位指令性下达了安置计划任务。市民政局召开了2014年度退役士兵安置计划工作会议，全市符合安排工作退役士兵的就业岗位得到了较好落实。市、区县（市）两级安置部门通过多种公开择优、公平有序的安置方式，符合安排工作条件的退役士兵得到了妥善安置。

3. 统筹开展技能培训，积极促进了退役士兵就业、创业。全市通过政府组织、购买服务等多种方式，最大限度地满足了退役士兵接受各类职业教育和技能培训的需求。以就业为导向，组织退役士兵参加了数控车工、钳工、焊工、汽车制造与维修、商业管理、城市公交驾驶等近30个专业项目培训。共订单式培训退役士兵就业582人，市级财政共投入订单式就业培训费459万元。以提升就业能力为导向，全力推进了自主就业退役士兵免费教育培训。共举办各类培训15期，共培训退役士兵2458人，为退役士兵适应社会和实现就业创造了条件。

4. 创新就业服务机制，扎实助推了退役士兵有效就业。市、区县（市）两级安置部门联系全市近200家企业和多家培训机构，共为退役士兵量身预定培训及就业岗位3000余个。通过微信、短信、就业服务网、双拥网、社区入户、开会动员、面对面讲解等多种形式，共发布培训及就业类通知、信息近8000人次。组织全市近500名退役士兵及家长参加了沈阳区域退役士兵培训就业大型说明会。7月17日，召开了沈阳市退役士兵就业与培训工作洽谈会，共提供培训就业岗位2700多个。94家单位和2300余名退役士兵参加了洽谈会，1105名退役士兵与企业签订了用工意向。辽宁日报、沈阳电视台等多家媒体给予了报道。2014年全市共组织各类招聘洽谈活动20余场，全市指令性安置就业以外，共有1702名自主就业（含自谋职业）退役士兵被国有、民营、个体工商企业录用，28名退役士兵实现了创业梦想，创办、联办了企业和经济实体。

5. 落实经济补助政策，引导吸引了退役士兵多途径就业。退役士兵待安置生活补助、自谋职业一次性经济补助、自主就业退役士兵经济补助、退役复学大学生经济补助，全部列入了财政预算，给予了资金保障，得到了按时足额发放。全市共有615名符合安排工作条件的退役士兵享受了待分配期间的生活补助，共发放补助资金93.74万元。共有255名（当年度113人，往年度142人）符合安排工作条件的退役士兵申请了自谋职业，共发放一次性经济补助1368.69万元。共有2913名（当年度2731人，往年度182人）名退役士兵选择了自主就业，共发放自主就业经济补助1.09亿元。共有670名（当年度669人，往年度1人）退役大学生士兵选择了复学，共发放复学经济补助4219.6万元。全年市、区县（市）两级财政共落实上述经济补助资金1.6亿元。

（蒋志刚）

【军休干部管理与服务】 2014年，全市接收安置部队休干（士官）392人，其中伤残休干36人。完成了第五批1293名、第六批1041名无军籍退休职工的接收安置，及时调整军休干部定期增长工资、生活补贴、护理费以及特殊津贴。共发放军休人员工资和各种补贴经费9.91亿元；核拨报销休干、家属遗属医疗费、体检费及投保资金1.05亿元；为新接收休干全部办理干诊及医保手续，保证新接收休干及时享受医疗和医保待遇；组织全市的军休干部进行身体健康检查；落实军休干部房改政策，为第三批887名休干发放房改补贴经费9314万元；办理6处购置军休中心休干活动用房申报手续，为军休干部就近就便参加活动创造了条件；发挥老年大学和各类协会、兴趣小组作用，开展形式多样的文体活动，满足军休干部的精神需求。沈阳市军队离退休干部砂山中心休干踢踏舞队参加民政部组织的休干庆祝建国65周年文艺汇演获得舞蹈类第三名的好成绩；按照辽宁省民政厅部署，分三批次，组织396名休干前往丹东进行疗养。

持续开展"军休服务管理年"的各项工作。充实完善服务管理内容，推动了服务管理规范化建设。在民政部总政治部对全国军休系统的表彰中，沈阳市军队离休退休干部五里河服务管理中心休干冯荆育、沈阳市军队离休退休干部常德服务管理中心休干王力平二人获"全国先进军队离退休干部"荣誉称号；沈阳市军队离休退休干部常德服务管理中心主任何迎春获"全国军休工作先进个人"荣誉称号；沈阳市军队离休退休干部北陵服务管理中心获"全国军休工作先进单位"荣誉称号。

（林　琳）

【慈善事业】 2014年，沈阳市慈善工作以党的十八届三中全会精神为指导，紧紧围绕"慈善济困，和谐沈阳"的主题，以内容丰富、形式多样的慈善济困项目为载体；以提升品牌项目影响力为重点；以解决贫困弱势群体实际困难为工作目标；以调动社会各界广泛参与慈善济困服务为手段，营造生动热烈、踊跃奉献的慈善济困氛围，推动慈善工作向广覆盖、多领域方向发展。

顺利完成了沈阳市第七次慈善联席会议，确立了"慈善济困，和谐沈阳"的主题，围绕"沈阳慈善日"主题，全市各慈善公益组织共开展150多项济困项目，受益人数为32.47万人，善款金额为4000万元。积极开展"慈善济困，和谐沈阳”评选，共有28名个人，19个单位，11个项目分别被评为先进个人、优秀项目、先进集体。与市文明办及20个慈善公益组织共同开展“慈善济困，身边好人”评选，经过网络投票，共有100名个人获得“慈善济困，身边好人”荣誉称号。

（侯志毅）

【慈善总会资助】 助学方面：一是携手浙商银行沈阳分行出资25万元，向辽宁大学50名品学兼优的贫困大学生发放助学金；二是由深圳宝能投资集团沈阳公司出资30万元为东北大学等10所高校千名大学生提供返乡路费；三是为沈阳慈善汶川班捐赠助学款60万元，用于资助在沈阳音乐学院就读的百名川籍学子的学习和生活费用；四是联合市妇联开展“同享蓝天——援建留守流动儿童之家”项目，出资60万元在皇姑区、沈北新区、康平县援建3所儿童之家；五是“六一”前夕，联合沈阳远大企业集团向柳河沟九年制学校捐赠人民币20万元，用于改善学校的软、硬件环境；联合深圳宝能集团沈阳公司出资15万元，为沈河区大南三校等5所农民工子弟小学援建图书美术教室；联合沈阳奥体万达广场有限公司出资4万元为浑南区第六小学援建慈善图书室；六是联合共青团沈阳市委、盛京银行股份有限公司开展助学项目，由盛京银行出资100万元，为沈阳市高校大学生提供见习、实习岗位援助，为高校志愿者提供学费、生活费援助；七是联合时代商报开展“兴建百所乡村小学图书馆”，该媒体通过接收爱心企业捐款购置图书，收到善款7万元，已经购置市场价20多万元的图书赠与14所贫困小学；八是为全市500名贫困家庭的大学新生提供150万元入学补助；九是由中兴——沈阳商业大厦（集团）股份有限公司提供总价值15万元的旅行箱包赠与沈阳市刚考入大学的百名贫困学子；十是由中华慈善总会宝马基金会出资20万元，援建3所农村中小学图书；另外为东北育才学校新疆班捐赠羽绒服100件。

助老方面：开展了“关爱夕阳”系列援助项目，出资290万元为康平、法库、新民、辽中县、铁西区、东陵区、于洪区、苏家屯区等29所农村中心敬老院，提供庭院修缮、洗浴设备设施更新等援助；出资200万元，为法库依牛堡敬老院等10所农村地区（保留）敬老院援建蔬菜大棚和猪舍；携手乐星农业装备（青岛）有限公司（韩资企业）和LS农场（新民市鹤湖水稻生产合作社）共为新民市大民屯等四所乡镇中心敬老院捐赠价值6万元的大米。

助医方面：一是启动“2014年姐妹情——贫困妇女两癌筛查及诊疗项目”，为沈阳市3万名贫困妇女进行两癌筛查，并部分予以手术援助；二是继续开展“中国移动爱心行动—沈阳市贫困先心病儿童援助项目”，通过筛查，已有25名患儿入院获免费手术；三是启动蓓蕾慈善救助行动，为20余名患有先心病的（18周岁以下）青少年提供医疗费用补助；四是联合沈阳双益餐饮管理有限公司，出资10万元，为血友病患儿提供医疗补助；五是开展阳光助医项目，与中华慈善总会共同为癌症患者病人免费赠药，全年共为600余人次发放药品。

济困方面：在2014年新春佳节来临之际，开展了“慈善情暖万家”等主题扶贫济困活动。一是携手沈阳永辉超市股份有限公司出资30万元为铁西区等区县的300户贫困家庭发放超市购物卡；二是联合市妇联开展“关爱单亲母亲、慈善情暖万家”两节慰问捐赠活动，为百名单亲母亲每人发放了1000元慰问金和油、面、饮料等节日用品；三是联合中恒银座房屋开发有限公司出资4.9万元，向全市13个区县（市）的49户军烈属中的低保家庭发放慰问金；五是携手沈阳苏宁电器有限公司出资6万元，为3所农村中心敬老院购置洗衣机、冰柜、电视等电器设备。

助残方面。在2014年助残月，出资80万元，开展“残建同行之一脑瘫儿童康复中心援建项目”为沈阳市残疾人康复中心、沈阳市皇姑区聋人学校、沈阳市皇姑区启智幼儿园、沈阳市何氏眼科医院、沈阳市铁西区春晖学校5家脑瘫康复基地实施援助。

（王 革）

【老龄事业】 2014年，市老龄办认真贯彻党的十八届三中全会提出的“积极应对人口老龄化，加快建立社会养老服务体系和发展老年服务产业”的要求，充分发挥综合协调作用，加强督促指导工作，推动新修订的《老年人权益保障法》和国务院《关于加快发展养老服务业的若干意见》的实施，全面落实老年人优待政策，推动老龄事业持续健康发展，让振兴发展成果更多、更公平地惠及广大老年人，助推沈阳“国家中心城市”和“文明城市”建设。为进一步维护老年人的合法权益，弘扬孝道与责任的老龄事业核心价值观，9月17日，由沈阳市老龄办和辽宁申扬律师事务所共同主办的2014《老年法》宣传“七进”大型公益活动在和平区公安消防大队正式启动，本次活动通过进军营、进院所、进村屯、进学校、进机关、进公园、进社区开展老年法宣传，发放《老年人权益保障法》和《老年人法律援助手册》，并宣传新版二十四孝图。9月23日，市直机关工委、市老龄办在中共沈阳市委党校举办了主题为《传承孝道文化培育和践行社会主义核心价值观》的孝道讲堂报告会。全市700余名市直机关工作人员参加了报告会。10月，市老龄办组织开展以“敬老爱老构建和谐”为主题的“敬老月”活动。“敬老月”期间，全市共走访慰问各类老年人1.9万多名，送慰问金83万元，送价值900余万元慰问品。

1. 下放“两证”及“百周岁及以上老年人生活补贴”发放权限。市老龄办印发《关于下放老年证、优待证办理和高龄老人补贴发放权限的通知》（沈老委办发［2013］18号），决定从2014年1月开始，将“辽宁省老年人老年证”和“辽宁省老年人优待证”办理权限、“百周岁及以上老年人生活补贴”发放权限，下放到各区（县市）老龄办。

2. 印发《关于调整沈阳市高龄老人补贴标准的通知》。12月25日，经市政府批准，市民政局、财政局、老龄办联合印发了《关于调整沈阳市高龄老人补贴标准的通知》（沈老委办发［2014］13号）。确定从2015年1月1日起将户籍在本市行政区域内的百岁及以上老人高龄补贴由每人每月300元提高到500元；90－99岁老人高龄补贴由每人每月100元提高到200元；80－89周岁的城乡低收入老年人（城乡低保对象和低保边缘对象中的老年人）高龄津贴由每人每月50元提高到100元（不计算家庭收入之中)。《通知》对高龄补贴发放的提高标准、资金来源、审批及发放程序、执行时间和有关要求做了明确规定,保证了此项工作的顺利开展。

3. 开展沈阳市"寻找最美好儿女"评选活动。市老龄办与市文明办,协同市委党校、市民政局、市教育局、市文广局、市妇联、沈阳日报、沈阳广播电视台、沈阳晚报共同开展"寻找最美好儿女"评选活动。通过沈阳文明网、沈阳日报、沈阳晚报进行公众通票,李德英、张鹏、刘新、王秀夫、朱振全、王东雪、万春春、梁思源、孙艳萍、唐义凤被评选为沈阳市"最美好儿女"。9 月 29 日,市老龄办与市文明办、沈阳广播电视台举办"孝行天下情暖夕阳沈阳市庆祝老年节文艺演出暨最美好儿女颁奖仪式",为 10 名"最美好儿女"颁奖。

4. 制定 2014 年度政府绩效考评"发展老龄事业"实施细则。按照市绩效办对 A 类单位考核要求,市老龄办结合省绩效考核指标,制定了"发展老龄事业"绩效考评实施细则。细则对 80 - 89 周岁低收入老年人津贴按时足额发放情况和养老服务业及产业扶持政策措施落实情况指标内容提出明确要求,并开展绩效考评工作,确保 80 - 89 周岁低收入老年人高龄津贴及时足额发放。

5. 研究制定《沈阳市老年人权益保障办法(草案)》。启动制订《沈阳市老年人权益保障办法》的调研工作。对沈阳市及其他副省级城市贯彻落实新修订的《老年法》情况,特别是养老服务业发展情况进行广泛深入调研。在此基础上,制定了《沈阳市老年人权益保障办法(草案)》,对老年人家庭赡养与扶养、社会保障、社会服务、社会优待、宜居环境、参与社会发展和法律责任等方面做出了明确具体的规定。

6. 举办第五届中国(沈阳)老年人、残疾人用品展览会。7 月 18 日—20 日,第五届中国(沈阳)老年人、残疾人用品展览会在辽宁工业展览馆隆重举办。本届展会展览面积 1.2 万平方米,共有 536 个国际标准展位,330 家国内外参展商。展会实现现场交易额 230 万元,协议销售额 4600 万元,达成项目合作意向 305 个,吸引了约 5 万人参观。

7. 成立沈阳市老龄产业协会。经市民政局批准,沈阳市于 2014 年 1 月 28 日召开沈阳市老龄产业协会成立大会,协会共有会员单位 51 个。全市老龄产业以此为契机,积极开发拓展老年用品市场,打造"沈彩乐龄"老年人旅游品牌,改善民生,构建和谐社会。

(王晓飞)

【殡葬管理和服务】 2014 年,全市殡仪馆共火化遗体 5.54 万具,死亡人口火化率达到 96.69%。全市 30 余家殡仪单位全年共接待办理丧事的和前来祭祀的群众近千万人次,无责任事故发生。

1. 殡葬改革工作有序推进。认真落实中办、国办和省委、省政府《关于发挥党员干部带头作用全面推进殡葬改革的实施意见》精神。市政府与各区、县(市)签订了《殡葬工作责任状》,明确了殡葬工作任务和目标。以市政府名义印发了《关于整顿非法殡仪车辆的通告》,民政和执法部门对全市非法殡仪车辆进行为期半年的专项整治,查扣非法接运遗体车辆 16 台。全年迁平坟 2000 余座。

2. 文明祭祀宣传工作不断加大。清明期间,市民政局联合市文明办及沈阳晚报、辽沈晚报、华商晨报、时代商报等多家新闻媒体,共同开展了"文明祭祀"系列宣传活动。新开通了"爱之堂—沈阳祭祀"微信平台,及时发布各类即时殡葬相关信息,多方式、多渠道强化了舆论宣传工作。清明节期间,中央电视台、人民日报及省、市新闻媒体对全市纪念英烈、启动公益性公墓、海葬、网上祭祀等情况进行了报道,为引导文明祭祀新风发挥了积极作用。

3. 文明祭祀活动内容丰富多彩。清明期间,市民政局、市文明办在沈阳市龙泉古园、沈河区万莲街道、南湖公园分别举办了百名沈城共产党员集体公祭和社区居民集体公祭活动;铁西区保工街道近百名市民用风筝放飞思念,把家中平安的消息托付蓝天带给亲人;沈河区西华社区以"清明"为题写诗诵读,树立正气,摒弃陋俗;大东区取义社区开展集体追思活动,倡议清明节期间不焚香烧纸;沈阳市龙泉古园举行了"公祭东北抗日义勇军"活动。市西郊卧龙公墓联合省红十字会、市文明办、沈阳晚报举办了第六届"西郊卧龙杯"早春行动活动。清明节期间,市民开始关注"爱之堂—沈阳祭祀"微信平台,并积极留言。沈阳殡葬网累计点击率达 428 万次,建立网上纪念堂 4670 个,留言 4.2 万余条。多种祭祀形式使文明节俭、低碳环保理念得到推广。

4. 清明祭祀部门联动机制更加健全。清明期间,市委宣传部、文明办、民政局、公安局等 10 个部门联合制发了《关于做好 2014 年清明节期间殡葬管理与服务工作的通知》。市政府召开了"文明祭祀"工作会议,市委常委、宣传部部长王凤波、副市长祁鸣分别对清明服务和保障工作提出了具体要求。各相关部门建立了清明节工作机制。清明节期间,全市殡仪单位累计接待祭祀群众达 403.8 万人,比上年同期增加 3.8 万人次,实现了"安全、文明、有序"的工作目标。

5. 骨灰撒海活动持续开展。2014 年共组织骨灰撒海活动 38 期,有 1841 盒骨灰撒入大海,有 5200 余名群众参加,骨灰撒海数量比上年同期增加 5%。为群众减免费用 220.92 万元。从 1997 年开始组织骨灰撒海活动以来,全市有 2.4 万余名群众参加了海葬活动,将 8700 余盒骨灰撒入大海。

6. 殡葬基础设施建设和改造按计划落实。切实落实《城乡公益性公墓建设三年发展规划》,市政府组织召开了公益性公墓定价工作会议;市民政局在康平县召开了城乡公益性公墓建设工作现场会。2013 年和 2014 年全市共建公益性公墓 14 处。新民殡仪馆将办公楼改为守灵服务场所,提供个性化服务;苏家屯殡仪馆建立了殡仪服务楼,对告别厅进行了修饰改造;康平县殡仪馆新建了综合服务楼,满足群众多样化的需求。

7. 殡仪服务质量和能力不断提高。全市殡葬系统组织开展了"优质服务月"活动。各单位将活动与加强殡葬系统软环境建设紧密结合起来,不断健全工作制度、创新服务方式,提升职工素质。在全市推广了影像、鲜花、烛光、钢琴演奏及视频播放等告别服务方式。市回龙岗革命公墓建立ISO9001质量管理体系,规范了工作流程。对全市10家殡仪馆职工进行了《殡葬服务术语》等7项服务标准培训,提高了职工服务能力。

8.行风建设监督措施得到加强。认真做好辽宁省民心网、"96123"沈阳市民热线、市民政局行风热线等群众诉求平台的接待、解答及反馈工作,全年共办复完成群众诉求20件。"96144"殡仪服务专线共接听电话5万余次,满意率为98%。坚持电话回访机制,全年电话回访群众近万人次,满意率为99%。全年为2769名低保人员减免费用约278万元;在棋盘山骨灰入土植树纪念林为110户低保对象逝者进行了免费安葬;在龙泉古园推行免费的草坪葬模式。10月23日、11月14日,在市人大统筹安排下,内务司法委员会先后两次组织部分人大代表对沈阳殡葬工作进行视察,实地考察了沈阳市回龙岗革命公墓殡葬设施建设及服务情况,对殡葬工作的发展提出了很好的意见和建议。

（刘　伟）

【福利彩票发行管理】 2014年,沈阳市福利彩票年销量达22亿元,同比增长12.7%,其中,电脑票(含"快乐12")15.57亿元,中福在线5.26亿元,网点即开票1.17亿元,实现新突破,有力地助推全省销量跨越100亿元。全年筹集彩票公益金7亿元,代扣代缴个人所得税1000余万元,从业人员达3000多人。

品牌营销销售亮点频出。一是把握一季度沈阳频出大奖和年底双色球大派奖的有利时机,在平面媒体、公交移动、楼宇电视、地铁视频和户外屏幕连续宣传造势。二是强化时效性营销。精心策划快乐12派奖活动,派奖期间销售额同比翻了一番;组织2次即开票促销活动,提高了站点销售积极性;开展3次中福在线促销,深受彩民欢迎,确保销售可持续增长。

公益慈善履行社会责任。一是开展受资助学子勤工俭学公益活动,46名往届福彩学子在沈阳10个中福在线销售厅参与社会实践,减轻其家庭经济负担。二是福彩助学活动,投入公益金68万元,资助216人,提升福彩社会公益形象。三是助老行动,投入福彩公益金20万元,并追加15万元发行费,共计35万元,为34家养老服务机构提供了200张康复医疗特护床和200台半自动双缸洗衣机,扩大了社会影响,营造了公益氛围。

（敦　阳）

【福利企业管理】 一是完成全市福利企业年度资格年检认定工作。参加年检福利企业389户,经认定合格企业350户,不合格企业39户。全市福利企业347户,安置残疾人职工6345人,新办福利企业5户,新增安置残疾人职工68人。

二是成功举办福利企业残疾职工岗位培训暨技能竞赛活动。9月29日,根据辽宁省民政厅工作部署,企管处组织开展了辽宁省第三届福利企业残疾职工岗位培训暨职业技能竞赛——沈阳分赛场的竞赛活动。全市部分社会福利企业的280名残疾职工参加了培训及竞赛活动。辽宁电视台、沈阳日报、沈阳晚报、于洪区电视台等多家媒体对此次活动进行了全程关注和报道。

三是9户企业被评为辽宁省50强福利企业。9月,辽宁省福利企业协会在全省范围内开展了"辽宁省50强福利企业"评选活动,沈阳市沈阳精密铸造厂等9户福利企业被评为"辽宁省50强福利企业(首批)"。6月,还选派和平区福利企业沈阳民生胶版印刷有限公司,代表全市参加了国家税务总局在北京召开的有关税收优惠政策问题座谈会。

（刘元春）

【地名管理】 2014年,沈阳市承办54条道路命名、更名审核报批工作,其中:道路命名47条、道路更名2条、延长道路命名5条。办理大型建筑物名称登记123件,其中命名121件,更名2件;全年共办理人大、政协提案3件,其中人大建议主办2件;政协提案主办1件。共受理"96123"诉求件22件,民心网诉求7件,市长信箱诉求3件。同时会同市建委、文广局等部门,做好20块历史文化街区地名导向标识设置工作。

2014年3月24日,沈阳市人民政府办公厅下发《沈阳市人民政府办公厅转发市民政局关于沈阳市地名管理办法实施细则的通知》(沈政办发[2014]12号)。

2014年8月29日,沈阳市民政局印发《关于印发沈阳市地名总体规划的通知》(沈民[2014]132号)。

2014年12月29日,沈阳市人民政府下发《沈阳市人民政府关于开展全市第二次地名普查的通知》(沈政发[2014]55号)。

（杨树文）

【界线管理】 2014年,沈阳市完成了与锦州市、阜新市、辽阳市市级行政区域界线联检及成果资料上报以及沈阳市与铁岭市市级行政区域界线界桩补设工作。

完成了大东区与沈河区、大东区与皇姑区、沈北新区与皇姑区联合勘定行政区域界线协议书的报批确认工作。出版了《2014版沈阳市城区政区图》。

（杨树文）

【农村困难家庭常年病人集中康复托管】 一是托管机构基本情况。沈阳市共建有农村常年病人托管中心6所,分别是新民市农村常年病人托管中心、辽中县农村常年病人托管中心、辽中县六间房农村常年病人托管中心(民办)、康平县农村常年病人托管中心、法库县农村常年病人托管中心、苏家屯区农村常年病人托管中心。主要分为四种模式,一是新建部分场所并对原有设施进行改造,如新民市和康平县;二是依托中心敬老院建设,增加和改进其功能,托管中心与中心敬老院是一个机构两个牌子,如辽中县和法库县;三是对原有的建筑进行装修改造,如苏家屯区托管中心是对原福利院的两座旧楼进行了改造;四是借助民营机构进行托管服务,如辽中县六间房农村常年病人托管中心。

二是托管机构运行情况。沈阳市6所托管服务中心托管对象的生活费用、护工工资和机构运行经费除每年年终省民政厅按照收治托管人员400元/月补助外,均由所辖县区财政负担。托管对象的医疗保障由托管机构所在地区县民政部门统一指定医疗机构负责。新民市农村常年病人托管中心现有在住托管对象25人、辽中县农村常年病人托管中心现有在住托管对象26人、辽中县六间房农村常年病人托管中心(民办)现有在住托管对象180人、康平县农村常年病人托管中心现有在住托管对象7人、法库县农村常年病人托管中心现有在住托管对象35人、苏家屯区农村常年病人托管中心现有在住托管对象6人。

三是托管机构管理情况。沈阳市各托管服务机构,按照《沈阳市农村困难家庭常年病人统计表》和《托管对象审批表》要求,进一步完善了托管人员档案管理,认真填写托管人员基本状况、托管人员家庭主要人员及直系亲属状况、家庭财产状况、家庭年收入情况和审批情况。同时加强了对托管工作督查指导,要求各地摸清本行政区内符合托管条件的人数、家庭状况等详细信息,进一步完善托管人员信息资料档案,切实做到人员情况清,手续齐全,程序完备,流程规范,档案完善,制度健全,阳光操作。

(王晓峰)

【防灾减灾】 开展"5.12"防灾减灾日大型宣传活动。2014年5月12日是全国第六个"防灾减灾日",由辽宁省减灾委员会和沈阳市减灾委员会联合主办、沈阳市减灾委员会办公室与沈阳市科技局具体承办,在沈阳市科学宫广场举办了防灾减灾知识大型宣传活动,市政府祁鸣副市长、辽宁省民政厅冯韧厅长等领导出席了现场活动。到场观众达500余人。

开展防灾减灾知识"三进"活动和减灾示范社区创建活动。由市减灾委办公室组织,5月16日下午,在全市中小学校统一开展了防地震应急疏散演练活动。全市600多所学校和62余万中小学生参加了演练。根据"三进"工作安排,6月中旬到7月中旬,全市养老服务机构和民政局直属单位开展了防灾减灾知识培训和应急演练活动,取得了很好的社会影响和效果。积极推进"减灾示范社区"创建活动。全年,创建省减灾示范社区5个。

举办灾害信息管理培训,提高基层灾害信息报送水平。7月25日,市减灾委办公室举办了一期灾害信息管理培训班,各区、县(市)民政局救灾(社会)科长和从事救灾工作人员及各乡镇(街道)民政助理(干事)共计230人参加了此次培训。通过培训,进一步提高了全市各级民政部门灾害信息管理能力和救灾应急反应能力,保证了重大应急信息报告及时、准确、畅通,为各级政府的科学决策,提供了信息保障。

(于友成)

【救灾救济物资管理】 2014年,沈阳市救灾救济物资管理中心严格落实各项规章制度,按照工作程序,依据上级指令,认真完成救灾救济储备物资管理、接收、发放服务工作。对14万件库存储备救灾救济物资进行盘点,按类、分品种登记入册,重新装箱、装袋。对清理出的非人为因素造成的损耗、损坏物资,及时报告并提出处理意见和建议,在得到支持和批复后,对因长期储存已变性(鞋面漆皮脱落、开胶、断底、断帮)的240双女长靴、76双单鞋作报废处理。同时,结合季节变换,定期对物资进行维护、晾晒,共投放卫生球1500余袋,晾晒棉被(褥)200余包1000多床(件),棉鞋2000余双,更换破旧包装箱、袋近3000个。实现了库存物资管理底数清、分类存放、排列有序、标的明确、帐物相符。

(闫桂良)

民　　族

【全市民族宗教工作会议】 2014年1月23日,沈阳市民族宗教工作会议在沈阳宾馆召开。市委常委闵学冲出席会议并讲话,市政府副秘书长陈军主持会议,市民委委员单位、市宗教工作领导小组成员单位负责同志,各区、县(市)政府分管领导、民宗委负责人等参加会议。

会议明确了2014年全市民族宗教工作总体要求:认真学习贯彻党的十八大和十八届二中、三中全会精神,牢牢把握"两个共同"的民族工作主题,全面贯彻党的民族政策和宗教工作基本方针,推动民族团结进步事业繁荣发展,实现宗教领域和谐稳定有序,凝心聚力,真抓实干,为服务市委、市政府中心工作,发挥宗教界人士和信教群众积极作用,推动少数民族和民族地区与全市发展相适应,促进沈阳老工业基地振兴发展推向新阶段做出新贡献。

会议强调了九个方面的重点工作:一是抓好项目管理,加大扶持力度,积极推动少数民族和民族地区实现经济发展。二是完善举措,搞好结合,推动扶贫帮困工作深入开展。筹备、策划和组织好纪念锡伯族西迁、少数民族传统体育运动会等活动,促进民族文化社会事业繁荣。三是广泛开展民族团结进步宣传教育和创建活动,推进城市民族工作,提升民族事务治理能力。四是加强宗教资产和财务监督的依法管理,切实维护和保障宗教界合法权益。五是推动宗教活动场所建设改造,布局合理,推动解决宗教领域重难点问题;六是加强宗教领域服务引导,继续开展"教风年"、"宣传月"、"慈善周"活动。七是加强宗教界及宗教界上层人士队伍建设,培养和造就一批爱国爱教宗教界代表人士。八是建立民族宗教工作信息网络,完善"三级网络二级责任制",推动民族宗教工作预警机制和信息网络高效运转。九是加强民族宗教干部队伍建设,打牢区县民族宗教工作基础,强化学习培训,提升工作能力,推动全市民族宗教工作科学创新发展。

(吴国峰　李炜)

【沈阳锡伯家庙被国家民委命名为全国民族团结进步教育基地】 2014年4月11日,沈阳市首个全国民族团结进步教育基地锡伯家庙正式揭牌。沈阳锡伯家庙又称太平寺,是在海内外素有盛名的民族标志性历史文物古迹,始建于1707年,也是全国惟一锡伯族家庙。每年的农历4月18日为锡伯族"西迁节",来自全国各地及海外的锡伯族同胞都会汇聚在家庙纪念先人的西迁壮举。

为弘扬民族文化和爱国主义精神,2003年,沈阳市投资4000余万元,对锡伯家庙整体环境进行改造,恢复家庙历史原貌。2006年,锡伯家庙被国务院批准列入第六批全国重点文物保护单位。

近年,沈阳市又投入500余万元对锡伯家庙进行修缮,并在保持原貌的基础上增设了锡伯族历史文化展馆,全面展示了锡伯族的历史、文化、习俗及沈阳市民族团结进步创建工作,成为开展民族团结进步宣传教育新的平台。2011年锡伯族家庙被命名为辽宁省和沈阳市首批民族团结进步教育基地。2014年3月,沈阳锡伯家庙正式被国家民委命名为第四批全国民族团结进步教育基地。

(吴国峰 李炜)

【蒙古族联谊会选举产生新一届理事会】 2014年4月19日,市蒙古族联谊会召开第五届会员代表大会,选举产生了第五届理事会。原辽宁省民委少数民族语文工作处处长李志杰同志担任联谊会新一届会长。省政协民宗委主任包玉梅,市民委主任张昕光、副主任关艳萍出席会议。

关艳萍代表市民委祝贺蒙古族联谊会顺利完成换届工作,并希望新一届联谊会领导班子正确认识自身的地位和作用,以"内强素质、外树形象、发挥作用"为目标,充分发挥联谊会的桥梁纽带、宣传普及和参谋助手三大作用,不断提高依法办事、服务社会、组织协调和经营管理四种能力,深刻理解和把握党和国家民族政策法规,不断增强为经济社会发展做贡献的大局意识,全力维护社会和谐稳定的责任意识,真心实意为少数民族群众办实事的服务意识,兢兢业业做好本职工作的敬业意识,从思想上、组织上、作风上、制度上全面推进团体建设,努力把联谊会建设成为党和政府所信赖,为广大少数民族群众所拥护,为社会和谐稳定发展所需要的社团组织。

(吴国峰 李炜)

【纪念锡伯族西迁250周年活动】 2014年5月16日(农历四月十八日),由沈阳市民委、沈北新区人民政府主办的锡伯族西迁250周年纪念大会在沈北新区隆重举行。市委常委、副市长闵学冲,市政府副秘书长张国祥,省民委副主任张智光,市民委主任张昕光及沈北新区四大班子主要领导出席纪念大会。新疆察布查尔锡伯自治县党政领导及锡伯族嘉宾代表团应邀到会。

张昕光在致辞讲话时表示,举办锡伯族西迁250周年纪念活动,既是让锡伯族同胞见证血浓于水、相互畅叙亲情的节日聚会,更是彰显民族团结、共谋发展的友谊盛会。"西迁"壮举虽然已过去了250年,但它所蕴含的坚忍不拔、敢于担当、英勇奉献、保家卫国的伟大爱国主义精神,依旧闪耀着时代光芒。

整个纪念活动还包括中国锡伯族博物馆建设工程启动仪式、锡伯族传统体育项目比赛、锡伯人家游览活动、"沈北新区锡伯族图书首发式"和"民族魂·中国梦"广场文艺晚会等。

(吴国峰 李炜)

【满族联谊会召开第七次代表大会】 2014年6月28日,市满族联谊会召开第七次代表大会,会议听取了联谊会第六届理事会的工作报告,研究通过了联谊会章程的修改草案,选举产生了新一届理事会成员。肇乐群当选为会长,傅虹烈等当选为副会长,洪海波当选为秘书长。市民委主任张昕光、副主任关艳萍出席会议。

关艳萍代表市民委,向新一届理事会表示祝贺,并希望满族联谊会大力弘扬以爱国主义为核心的中华民族精神,最大限度地团结广大群众,共建和谐沈阳;大力开展民族团结进步创建活动,发挥人身资源优势,打造创建活动品牌;大力维护民族团结、社会和谐,关注民族关系发展变化,传递民族团结进步正能量。

肇乐群表示,将充分发挥社团作用,引领全市满族各界群众,为维护民族团结大局、推进沈阳经济社会发展做出新的贡献。

(吴国峰 李炜)

【第七届少数民族传统体育运动会】 2014年7月3日,沈阳市第七届少数民族传统体育运动会开幕式在沈阳航空航天大学体育馆举行。市长陈海波、市人大主任赵长义、市政协主席姜宏,以及市委常委、市委宣传部部长王凤波,市委常委、副市长闵学冲,省民委副主任张智光,沈阳航空航天大学党委书记王维,副市级干部、沈北新区区委书记庞洪波,市政府秘书长连茂君等领导出席开幕式。开幕式由市民委主任张昕光主持,闵学冲致开幕词并宣布运动会开幕。

沈阳市少数民族传统体育运动会是每四年举办一届的具有较高水平、较大规模的全市性民族体育盛会。本届民族运动会由沈阳市人民政府主办,市民委、市体育局、市文化局以及沈北新区人民政府共同承办。

上午10时,在国旗手的护卫下,鲜艳的五星红旗和民运会会旗、会徽步入场中,沈阳市第七届少数民族传统体育运动会开幕式拉开帷幕。在喜庆、热烈、欢快的氛围中,运动员、裁判员和各代表团表演方队先后入场,各具特色的文体表演一次次把现场的气氛推向高潮。

入场式结束后,大会进行了庄严的升旗仪式,沈北新区区长金志生致欢迎词,运动员、裁判员代表分别向大会宣誓,沈北新区向下一届少数民族传统体育运动会承办地皇姑区移交会旗。最后,市委常委、副市长闵学冲致开幕词并宣布沈阳市第七届少数民族传统体育运动会开幕。

随后,在欢快的音乐声中,开幕式文体表演拉开帷幕。"民族盛会"、"中华神韵"、"盛世欢歌"、"相约皇姑"四大篇章竞相展开,《围猎神鼓》、《爱我中华》等大型歌舞表演紧扣"共塑民族情、同筑中国梦"主题,将大美沈阳民族团结、安乐幸福的和谐盛景展现的淋漓尽致。开幕式结尾,下一届少数民族传统体育运动会承办地皇姑区用一组精彩的《皇姑风采》舞蹈,向全市少数民族同胞发出了再聚皇姑的盛情邀请,也为整个开幕式画上了圆满的句号。

本届民族运动会历时11天,共设10个竞赛项目和4个民族体育趣味项目,共有来自全市13个区、县(市)及沈阳飞机工业集团的14支代表队1200多名运动员参加比赛。部分项目预赛已于6月23日开赛。为提高民族体育运动普及度,鼓励更多的群众共同参与,本届民族运动会参照全国和省民族运动会做法,淡化金牌和奖牌意识,不设奖牌榜。开幕式当天还举行了男女毽球项目的决赛。

(吴国峰 李炜)

【民族团结进步示范单位试点】 为抓

好国家民委《关于推动民族团结进步创建活动进机关、企业、社区、乡镇、学校、寺庙的实施意见》的贯彻落实，7 月 22 日，沈阳市民委印发通知，在全市范围内启动创建民族团结进步示范单位试点工作。

此次试点工作以《实施意见》为指导，以“六进”为主要载体，以测评指标为标准，结合沈阳实际，开展各种类型的创建民族团结进步示范单位试点工作，培育一批市级民族团结进步示范单位，探索总结不同类型单位开展民族团结进步创建活动的有效途径和具体举措，从而促进创建活动的不断深化。

此次试点工作自 7 月份开始，分为试点准备、推进、检查验收、总结推广等 4 个阶段进行，计划于 2015 年 6 月完成。届时，验收合格的试点单位将予以命名为沈阳市民族团结进步示范单位，并给予适当的资金支持。同时，对部分单位予以重点培养，争取打造更高级别的示范单位。

（吴国峰　李炜）

【第五届蒙古族那达慕大会】 为传承和弘扬民族优秀传统文化，丰富广大蒙古族群众的业余文化生活，结合开展“沈阳市民族团结进步宣传月”活动，沈阳市蒙古族联谊会于 9 月 30 日举办了沈阳市第五届蒙古族那达慕活动。

市委常委、政法委书记常明，副市级干部、法库县委书记冯守权，市民委主任张昕光、副主任光艳萍，法库县有关部门负责同志及近千名蒙古族同胞出席了开幕式。常明宣布那达慕大会正式开幕。

本届那达慕是蒙古族联谊会与法库县四家子蒙古族中心小学联合举办。在学校秋季学生运动会的基础上，增加蒙古式摔跤、蒙古象棋等一些小型那达慕项目，既达到了学校秋季运动会的目的，又满足了蒙古族群众喜闻乐见的那达慕要求，同时，展现了蒙古族同胞积极向上的精神风貌。推动蒙古族乡镇的民族文化建设，提高民族素质，振奋民族精神，加强和巩固民族团结，促推全市文化大繁荣、大发展，发挥自身的作用。

（吴国峰　李炜）

【第六次民族团结表彰大会】 2014 年 12 月 18 日，沈阳市召开民族工作会议暨第六次民族团结进步表彰大会。辽宁省委常委、市委书记曾维出席会议并讲话，市人大常委会主任赵长义、市政协主席姜宏出席会议。

会议由市委副书记邢凯主持。市委常委、常务副市长顾春明宣读《沈阳市人民政府关于表彰民族团结进步模范集体和模范个人的决定》。市委常委、副市长闵学冲作全市民族工作情况报告。铁西区委、市发展改革委等四个单位作经验交流。

会议指出，全市民族工作的主要任务是深入学习贯彻习近平总书记系列重要讲话精神和中央、省民族工作会议精神，全面执行党的民族政策，认真落实党中央、国务院《关于加强和改进新形势下民族工作的意见》，扎实做好城市民族工作，着力改善少数民族民生，大力加快民族乡村经济发展，积极弘扬少数民族优秀传统文化，进一步加强组织领导，不断繁荣发展民族团结进步事业，以民族大团结推动沈阳大发展。

会议强调，要深入学习贯彻中央民族工作会议精神，以高度的政治责任感和历史使命感抓好民族工作。站在全局和战略的高度审视民族工作、谋划民族工作、推进民族工作，不断开创民族团结进步事业新局面。要抓住关键环节全力突破，大力推进经济发展、不断夯实民族团结进步的物质基础；着力保障改善民生，努力实现振兴发展成果共建共享；大力弘扬优秀文化，打造富有沈阳特色的民族文化品牌，全力维护团结大局，进一步巩固社会和谐稳定的良好态势，努力推动全市民族工作不断跃上新的台阶。要加强组织领导，加大民族工作的责任落实力度，加强民族工作民族工作部门和干部队伍建设，形成各方面共同推进民族工作的强大合力，为进一步做好民族工作提供坚强保障。

（吴国峰　李炜）

【全市民族宗教工作会议】 为认真贯彻全市民族工作会议精神，12 月 18 日，市民委在沈阳宾馆沈阳厅召开了全市民族宗教工作会议，对 2014 年全市民族宗教工作进行了全面总结，并对 2015 年工作进行了部署。

2014 年，全市民族宗教工作坚持以科学发展观为指导，紧紧围绕全市中心工作，广泛凝聚社会各界力量，牢牢把握稳中求进的总基调，不断巩固和发展平等团结互助和谐的社会主义民族关系，充分发挥宗教界人士和信教群众在促进经济发展、社会和谐和文化繁荣中的积极作用，维护了全市民族团结、宗教和谐大局。

在民族工作领域，全市民族团结进步事业成果丰硕，少数民族群众合法权益得到进一步维护，民族乡村经济较快发展，少数民族群众生产生活条件进一步改善，民族传统文化体育活动丰富多彩，少数民族文化事业繁荣兴旺。在宗教工作领域，宗教事务依法管理深入推进，宗教事务科学化管理水平进一步提升，爱国宗教团体和宗教工作“三支队伍”建设不断加强，宗教工作基础更加牢固，正面引导和服务保障工作扎实有效。

会议还对 2014 年全市民族宗教信息工作进行了总结表彰，市民委副主任关艳萍宣读了表彰通报，市民委副主任金翔副主持会议并就如何贯彻会议精神提出具体意见。

（吴国峰　李炜）

宗　教

【宗教团体述职评议】 根据沈阳市《宗教团体负责人年度述职评议制度》规定，市宗教局于春节后对市佛教协会、市道教协会、市伊斯兰教协会、市基督教协会、市天主教协会进行了 2013 年度述职评议工作，并对副会长以上人员进行民主测评。

开展宗教团体负责人年度述职评议在沈阳市尚属首次。为创新宗教事务管理方式，深入贯彻国家宗教局有关教风建设的要求，根据国家、省有关宗教政策法规规定，2013 年市宗教局在充分调研并广泛征求意见基础上，借鉴外地有关做法，制定实施了《沈阳市宗教团体负责人年度述职报告制度》,以制度建设推动宗教团体规范化管理,提升队伍建设水平,努力营造沈阳市宗教界风清气正的良好环境。述职评议工作得到了全市各爱国宗教团体的积极响应,部分宗教团体扩大参会人员范围,广泛征求团体内部对年度工作完成情况的意见建议,对提升宗教团体班子队伍建设水平,引领信众走正信正行道路,积极适应社会、服务社会筑牢了坚实基础。

(吴国峰　李炜)

【宗教活动场所管理和周边突出问题的整治】 2014年,沈阳市宗教局深入贯彻落实全市宗教活动场所周边社会管理突出问题专项整治工作会议精神。为贯彻落实全市宗教活动场所周边社会管理突出问题专项整治工作会议精神,加强宗教活动场所管理和周边突出问题的整治,维护宗教工作领域安全稳定,4月11日,市宗教局召开各区县(市)宗教局长会议,对专项整治工作进行安排部署。根据全市专项整治工作会议的安排部署,市宗教局制订工作方案,成立领导小组,积极推进宗教活动场所周边环境治理,保障宗教活动场所安全。全市宗教活动场所周边社会管理突出问题专项整治工作已初见成效。

(吴国峰　李炜)

【宗教政策法规学习月网上答题活动】 2014年宗教政策法规学习月网上答题活动历时40天,于7月10日圆满结束,共有1.16万人参与了此次活动。此次抽取的获奖名单,市宗教局在沈阳民族宗教网公布。

此次活动,设一等奖5名。二等奖10名、三等奖15名。纪念奖30名。

(吴国峰　李炜)

【穆斯林欢度古尔邦节】 2014年7月29日,是穆斯林群众的传统节日——开斋节(伊斯兰教历十月一日),沈阳市各界穆斯林群众3万余人参加了清真南寺举办的开斋节庆祝活动。市委常委、副市长闵学冲,省宗教局副局长赵佐贤,市政府副秘书长张国祥,市委统战部副部长李书鲤,市宗教局局长张昕光,副局长金翔、关艳萍,市人大民侨外委副主任委员郑继俊等领导出席庆祝活动,向全市穆斯林群众祝贺节日,并到伊斯兰文化展览中心参观了回族文化教育经济成果展。

(吴国峰　李炜)

【"宗教慈善周"】 2014年9月15－21日,沈阳市两级宗教工作部门号召全市宗教界开展了以"慈爱人间·五教同行"为主题的"宗教慈善周"活动。同时,市宗教局创新开展宗教"日行一善"活动,积极探索宗教公益慈善活动新途径,推进发行宗教公益慈善联名卡事宜。

此次"宗教慈善周"活动,得到了全市各爱国宗教团体、宗教活动场所和广大信教群众的积极响应,活动主体、内容、方式较为丰富,既有爱国宗教团体、宗教活动场所集体组织的公益慈善活动,也有个别宗教教职人员、部分信教群众自发、自愿开展的捐资、助学、义务劳动、义诊、献血等活动。此次"宗教慈善周"活动期间,全市宗教界共开展各类公益慈善活动460余次,参与活动宗教活动场所180多处,资助贫困家庭260余户,共筹集宗教慈善资金约50万元,捐助物资折合人民币约40万元。

市道教协会资助贫困大学生,市伊斯兰协会资助回民中学困难学生,市基督教协会为患病贫困教友捐款,市天主教两会开展助老助孤活动;皇姑区宗教局组织宗教界为社会无偿献血1.36万毫升,苏家屯区红菱教堂积极为因病失学的张宇航家庭筹集医疗费4万元,辽中县各基督教场所组织信教群众到县光荣院、康利养老院慰问,城区基督教堂开展孝行天下慈善活动,永吉寺到老大房镇开展捐资助学、到于家房镇开展扶贫帮困活动,城区基督教堂组织信教群众为蒲东街道回民村少数民族困难群众捐款等活动均收到良好社会效果。

(吴国峰　李炜)

【国家宗教局副局长陈宗荣来沈调研】 国庆节前夕,国家宗教局副局长陈宗荣来沈调研宗教工作。辽宁省宗教局局长王德波,市委常委、副市长闵学冲,市宗教局局长张昕光、副局长金翔陪同调研。

陈宗荣详细了解了沈阳市宗教工作情况,实地走访了沈阳实胜寺、南关天主教堂、沈阳东关基督教堂等宗教活动场所,并与部分宗教界人士进行了座谈交流。

(吴国峰　李炜)

区、县(市)及开发区

和 平 区

【经济总量】 2014年,和平区完成地区生产总值753.7亿元,增长5.2%;公共财政预算收入完成98.2亿元,下降3.2%;固定资产投资完成706.1亿元,增长18.9%;社会消费品零售总额完成698.1亿元,增长11%;实际利用外资8.3亿美元,下降4.5%;城市居民人均可支配收入完成3.43万元,增长9%。

商业领军地位持续巩固。总部楼宇规模进一步壮大,大型商务楼宇达117座。商务会展、信息咨询、电子商务等现代服务业加快发展,现代服务业占服务业比重达68%,服务业发展质量、规模均稳步提升。中小微企业服务体系不断完善,新增有限责任公司1776户,同比增长79%,民营经济占GDP比重达66%,为经济全面均衡发展注入新活力。依托中兴实体店的中兴云购网正式运营,华润万象城名品效应进一步显现。

金融业发展势头强劲。新韩银行、平安银行、朝阳银行三家沈阳分行正式运营。盛京银行于2014年年底前上市,投资过百亿元的总部大厦项目进展顺利。承办首届中国(沈阳)国际金融高层峰会,吸引了来自25个国家和地区的世界500强及行业领军企业,金融集聚效应进一步彰显。以全省首家省级股权投资示范基地为依托,所罗门投资管理有限公司等十余家股权投资机构集中入驻金融街,有力推动了多层次资本市场的发展。

文化产业发展更加繁荣。沈阳出版发行集团年营业额突破5亿元,工艺美术商厦年营业额超亿元,省市广播电视台等主流媒体彰显强大发展张力。传统文化影响力不断攀升,国字号艺术媒体美术报暨北方文化艺术中心入驻老北市文化园,"穿越老北市"风情演绎、中华老字号美食等活动让老沈阳的民俗风情魅力再现,以老北市剧场为依托,传统民间艺术表演异彩纷呈。

科技创新成效显著。成功打造"文化科技融合孵化、数字文化服务、创新性创业孵化"三大平台,演艺装备和数字科技服务、"云管端"等项目全面推进,生产力中心项目加快建设,"沈阳市网络文化大厦"落户和平,24家科技企业集中进驻。科技计划立项120项,专利申请总量2448件,科技创新步入发展快车道。

项目建设、招商引资、税源建设等工作均高效推进。25个市重点项目全部开复工,投资亿元以上新开工项目49个,3000万元以上在建项目210个,亿元以上在建项目150个,项目支撑作用明显增强。招商引资成果显著,7个地块实现摘牌,签约落地项目70个。新注册外商投资企业26家,同比增长23.8%,华信能源等一批总部型企业入驻。对252家税源型企业实行重点包保,领军型税源企业不断壮大,综合治税成效初显,财税总量和质量实现"双提升"。长白岛经济区征收土地95.5公顷,涉及居民937户;老城区汽配东城等7个地块实现净地,极大地释放了空间发展潜力。

(郑 伟)

【重大项目建设】 太原街商气人气加快集聚。朗勤商道、人和新天地休闲购物广场正式运营,地上地下交相呼应的立体商业网络初步形成,商业综合服务功能大幅提升。华润停车场、香鑫置地商业中心、东北医药城二期等项目加快推进,闲置七年的上海城开中心项目地块已建设到正负零。财道大厦已经封顶。全国面积最大的"庆丰包子铺"旗舰连锁店落户太原街。成功举办"首届沈阳太原街国际啤酒节"、"舌尖胡同暨沈阳2014首届太原街美食节"等特色活动,商业活力持续凸显。

北市、西塔、中山路及金廊发展各具特色。沈阳老北市文化园花卉艺术品交易中心、古玩艺术品精品街正式营业。北市场宏亿皇寺艺术馆盛大开业,公开展出7位国家级艺术大师的经典作品3000余件。韩国名品大奥莱项目进驻西塔,"韩国周"活动历久弥新,对外开放大格局持续拓展。外省驻沈的18家商会已进驻和平区,中山路欧风街文化积淀的溢出效应不断显现,休闲娱乐产业带初具规模。金廊项目建设顺利推进,华航商业城一期投入使用,世茂希尔顿酒店开业在即,新世界酒店、诚大数码国际广场等项目主体竣工,德国驻沈阳总领事馆进驻华润大厦,五星级酒店群领军全市,现代服务业发展更加强劲,商务会展服务功能持续增强。

长白岛经济区发展步伐不断加快。总投资200亿元的中海和平之门等重大项目开工建设。搁置已久的原辽台地块以28.4亿元成功出让。满融地区农村改造稳步实施,云龙湖桥、三环下河湾出口接线路、浑河左岸堤防工程等项目加快推进,城市建设步伐全面提速。

三好街回归实现平稳有序。三好街地区的经济管理权限于2014年11月1日正式由浑南区回归和平,6923户企业和个体商户顺利接转,各类服务保障无缝对接,整体接管平稳有序。

(郑 伟)

【城市建设】 基础设施建设成果显著。整修改造中兴街、满融大道等20余条11万平方米街路。维护道路263条,养护路面17万平方米。新建、更换、改造排水管线4.9公里。提升和平大街等4条共12公里街路景观,完成南京街、浑河水系等夜景灯饰维护和亮化,八一公园景观提升工程全面竣工。

生态环境持续优化。狠抓污染减排落实,减排二氧化硫1058吨,实现非电燃煤总量连续七年负增长。完成拆除联网和煤改清洁能源锅炉房51座,对14家重点污染源开展专项环境执法监察。

城市管理日益规范。拆除违建3.8万平方米、违规户外广告牌匾4500平方米。实现全区专业扫保无死角，环境卫生综合整治能力不断提升。全年新增停车位1.54万个。创城工作取得实效，城区公共文明水平显著提高。

（郑　伟）

【社会事业】 居民生活环境不断提升。投资5.94亿元改造棚户区2.81万平方米，回迁安置居民1282户，完成42.86万平方米“暖房子”工程。170个旧住宅区环境提升达标工程进展顺利。实施社区工作准入制度，投入2000万元升级改造和购置14个社区公共用房。将5000元以下应急维修资金使用权限下放社区，为全区103个社区列支惠民基金2060万元。

就业和社会保障体系更加完善。全区实名制就业3.3万人，开发就业岗位3.3万个，城镇登记失业率2.88%。残疾人、失地农民等就业困难群体社保补贴发放率达100%。建设长白地区新的劳务市场，为务工人员提供规范有序的求职场所。在全市率先成立居民家庭经济状况核对中心，率先启动社会救助“救急难”工作试点。建成全市首家区域性居家养老服务中心和12个示范性社区老年日间照料站。建设残疾人社区康复中心12家、家庭康复点100个，“一站式康复服务圈”全面建成。创建全省首家区县级国家二级残疾人辅具中心，东三省首家“中途之家”落户和平。

教育事业创新发展。启动建设南京一校二分校、望湖路小学长白分校，正式启用126中学长白校区、南宁幼儿园金沙湾分园和长白新城分园3所学校，优质教育资源覆盖范围不断扩大。全面完成19所学校燃气进校园工程和33所数字校园建设。积极推进中小学生营养膳食计划。在全市首推“零起点”教学，并在中国教育电视台专题播报。

卫生计生事业扎实推进。与三级医院联合服务等工作机制不断完善，实现医大一院专家到社区卫生服务中心查房工作常态化，医药卫生体制改革深入推进。与盛京医院合作启动“区域协同模式研究与示范工程建设”国家863计划项目。顺利通过全国中医药特色社区卫生服务示范区复核，建成全省领先的区域中心实验室，获评国家“健康口腔，幸福家庭”项目示范区和第三轮全国艾滋病综合防治示范区，卫生计生服务水平大幅提升。

文体事业蓬勃发展。组织开展文化活动1164场次，惠及群众20余万人。宋雨桂艺术馆正式开馆，成为沈阳艺术惠民的城市新坐标。投资16亿元的文化艺术中心综合体开始建设，《辽菜传统烹饪技艺》被列入国家级非物质文化遗产名录。锡伯家庙被授予“全国民族团结进步教育基地”，接待群众10万余人次。通过全国高水平体育后备人才基地的中期考评，沈水湾公园被评为“国家级全民健身示范基地”。在市少数民族运动会上，和平区取得了奖牌总数、金牌总数、团体总分三个第一的优异成绩。

（郑　伟）

【社会管理】 历史包袱得到有效化解。全年累计筹措资金23.5亿元，为1300户居民集中发放陈欠已久的拆迁补偿款，彻底解决了长白地区遗留多年的群众难题。深入开展“大接访”活动，全面落实信访工作责任制，投入资金3000余万元，解决涉及企业改制等历史疑难案件56件。遗留多年的凤凰大厦377户居民已经安置，幼儿园改制等复杂问题得到有效解决。五洲商业广场盘活取得重大突破。

社会管理更加精细。持续加强数字城管智能服务，实现城区网络监控全覆盖。打造高效民意诉求统一服务平台，实现省市区三级民意诉求一站式受理。应急管理不断强化，切实提高突发事件应急处置能力。社区工作者队伍专业化、职业化水平进一步提高。实施15个非物业小区试点自治，不断完善居民自治共建管理长效机制。安全生产平稳有序，责任体系逐步完善。强力推进食品药品监管，切实保障百姓健康权益。

社会治安防控体系逐步完善。社区信息化建设水平不断提升，平安社区建设深入推进。强势开展社会管理突出问题专项整治行动，组建203个巡逻队、1013个群防群治联勤组开展大巡逻，社会治安防控网络更加严密。

（郑　伟）

【依法行政】 简政放权工作深入开展。全年承接、取消和下放行政职权分别为373项、151项和46项。区三级政务服务体系建设全面启动，街道政务服务中心和社区政务服务站实现网络化和标准化。区政务服务中心搬迁升级，软硬件设施全市最优，179项审批事项全部进厅，公共服务效率大幅提升。民主法制进程加快推进。自觉接受区人大依法监督和区政协民主监督，承办人大代表建议和政协提案361件，办复率100%、办结率98%。进一步完善政府工作规则，着力发挥监察、审计和社会监督作用，严格落实民主集中制和重大事项集体决策机制。积极推行政务公开，坚持重大事项公示和听证制度，网上公开信息4516条，全区共办理各类民生诉求11.6万件。加大法律知识宣传和培训，党员干部法治思维和依法办事能力不断提高。积极推进“六五”普法工作，社会法治意识明显增强。

廉洁政府建设不断加强。全面落实中央“八项规定”，“三公经费”支出可比口径同比下降50.4%。深入开展国有资产“大清查”活动，国有资产管理更加规范，国企改革稳步推进。在全市首先成立投融资管理委员会，率先形成了系统的政府融资议事程序和审批流程，切实防范债务风险，提高资金使用效益。严格落实党风廉政建设责任制和行政领导问责制，作风建设取得明显成效。

民族工作取得显著成果，西塔街道办事处获得“全国民族团结进步模范集体”、“全国民族团结进步创建活动示范单位”称号。宗教、双拥、人防和民兵预备役等工作也都取得了可喜成绩。各驻区单位积极参与和平建设，为全区发展作出了积极贡献。

（郑　伟）

沈　河　区

【经济发展】 2014年，沈河区地区生产总值完成883.8亿元，同比增长7.6%；服务业增加值完成812亿元，增长6.7%；公共财政预算收入完成102.2亿元，增长0.2%；地方税收收入完成90.1亿元，增长1%；固定资产投资完成718.3亿元，增长26.4%；社会消费品零售总额完成957.6亿元，增长13%；出口总额完成5.48亿美元，增长13.1%；城市居民人均可支配收入达3.42万元，增长9.6%。

（齐建军）

【财政税收】 财税运行稳中有进。完善税收收入调度机制，强化税收结构分析，提高税收征管质量，确保应收尽收。积极培育骨干税源，入区库税收百万元以上企业达342户。全力稳定存量税源,3134户入区库税收3万元以上税源企业运行平稳。扎实开展综合治税,清回异地纳税企业98户,新增入区库税收1136.49万元。积极推行阳光财政,公开110家预算单位“三公”经费。加强财政支出管理,规范采购标准及流程,保障民生等重点支出,资金使用效益明显提高。

(齐建军)

【金融中心建设】 金融中心建设扎实推进。强化金融产业的主导地位,举全区之力加快东北区域金融中心建设。开展国家优化金融生态改革试验。启动开发区体制机制改革。完成开发区扩区,辖区面积增至5.9平方公里。加快金融产业集聚,引进金融类企业64家,金融业税收贡献率达45.2%,同比提升3个百分点,存贷款余额分别占全市的35%和53%,开发区单位面积金融贡献率稳居东北之首。成立沈阳金融中心控股有限责任公司,一批金融创新项目正在积极推进。举办中国(沈阳)国际金融高层峰会,承办中国金融论坛2014东北分论坛和2014首届中国东北(沈阳)金融交易博览会,开发区影响力不断提升。

(齐建军)

【现代服务业发展】 沈河区始终坚持现代服务业立区方针,加快转变经济发展方式,不断调整优化产业结构,现代服务业继续保持良好发展势头,沈阳金融商贸开发区、大中街商贸文化集聚区、南塔商贸物流集聚区、五里河国际商务集聚区、沈河东部新城集聚区的主营业务收入实现了快速增长。2014年,各集聚区实现主营业务收入1783亿元,同比增长33.07%。其中:省级集聚区北站金融商贸集聚区实现主营业务收入783亿元,同比增长34.77%;大中街商贸文化集聚区实现主营业务收入839亿元,同比增长32.54%。新建先农坛农贸市场、祥润农贸超市等2处菜市场,总投资额1000余万元。

(齐建军)

【区划调整】 区域划分更为清晰。依据沈河发展的空间规划和资源分布,将全区划分为东北区域金融中心、沈河东部新城、五爱商贸物流、皇城商贸文博旅游和南塔商贸物流五大功能区,完成了五大功能区的权属划分和机构组建,并承接了辖区经济发展、城市规划和特色产业培育等职责,区域发展协调能力进一步增强。各功能区产业规划制定、土地征收整理、招商引资等工作均在快速推进。

(齐建军)

【项目建设】 项目建设进展顺利。强化项目拉动作用,依托“双进双解”、“两包四联系”载体和项目运行管理平台,完善调度机制,加强跟踪服务,解决项目挡光等重点问题22个。宝能环球国际金融中心等16个市重点项目达到形象进度,总投资738亿元,占全市的十分之一;总建筑面积835万平方米,占全市的九分之一。新卓越大厦等15个50万平方米存量资源成功盘活。

(齐建军)

【重点商贸区发展】 东部新城功能区编制完善东部发展规划、控详规划、综合管网规划和专项规划,推进道路、市政管网等基础设施改造和重点项目建设。加速土地整理及组卷报批,《低效用地再开发实施方案》通过省级审批,储备再开发用地面积达134万平方米。凌云六药地块居民产权调换房开工建设。皇城功能区投入2亿元,推进皇城地区综合改造,头条胡同、翰墨轩巷等6条特色胡同文化提升工程基本完成,特色胡同经济初具形象。中街豫珑城、皇城里等商旅文综合体项目即将运营。辽宁蓝猫文化创意作品作为全省惟一代表,获文化部“2014年弘扬社会主义核心价值观动漫扶持计划”专项支持。五爱和南塔功能区加快发展。五爱购和阿里巴巴南塔产业带网上批发电商平台运行良好。群升二期城市综合体项目竣工,沈阳国际皮具城等项目开业运营。五爱集团被评为省服务业领军企业。五爱和南塔功能区市场年成交额分别达到392亿元和205亿元,继续保持了东北地区批发零售业的领军地位。

(齐建军)

【城市建设管理】 城区环境品质稳步提升。围绕打造美丽沈河,把握城区管理精细化主线,累计投入近9亿元,全面开展绿化、亮化、美化、净化等工作,城区环境面貌明显改观。完成马宋公路等13条道路改扩建和万柳塘公园改造。对凌云街等82条市政道路和排水设施、万泉街等23处积水点进行维修改造,翻建排水管线1.5万延长米,翻建和维护市政井3800座,新建窨雨井1722座。对重点区域街路楼体和绿地实施夜景灯饰亮化工程。对方家栏路等8条街路行道树和市府大路等5条重点街路环岛绿化进行补植。对青年大街等13条精品街路实施全时保洁和全域管理。对38条主要街路和9大重点区域进行集中整治,清理占道经营和店外经营1.1万人次、落地灯箱牌匾900余个、街路小招贴和喷涂2.4万余处,拆除各类违章建筑3.6万平方米。增配专业化除雪设备,新增专业化除运雪面积408万平方米。推进五爱、皇城、北站地区动静态交通整治,增设智能停车诱导系统和违停抓拍系统,重点区域交通拥堵有所缓解。深入实施“蓝天工程”,超额完成二氧化硫、氮氧化物减排任务。完成祝家供暖公司等4家单位燃煤锅炉清洁能源改造和新北电厂脱硫脱硝改造。完成燃煤锅炉拆小并大工程23处,拆除锅炉33台,涉及联网面积72.5万平方米。加快推进满堂河综合治理,樱花岛湿地工程投入运行。

(齐建军)

【民生工程】 百姓民生福祉稳步提升。坚持把建设幸福沈河作为最大的民生工程,市区两级累计投入22.9亿元,提升为民、便民、利民、惠民水平,构建了立体式、多元化、全覆盖的为民服务格局。完成老旧弃管小区综合改造,基本实现“路平、草绿、灯亮、门严”目标。全区416个879万平方米老旧住宅区上水管线改造完毕,有效解决了老旧住宅区上水管线老化问题,受益居民达8万余户。加强社区用房标准化建设,全面启动12处不达标社区用房改造,社区用房面积在全市率先全部达到600平方米以上。完成五里河等3个街道和多福等4个社区公共服务综合信息平台建设。打造了以曲苑文化为代表的3个特色文化社区。推进幸福社区创建工作,开展“5·25和谐社区日”等系列活动。培育社会服务组织,建立区、街、社区三级社会组织孵化基地。完成智慧沈河顶层设计,启动公共信息平台、智慧教育、智慧社区、智慧金融等重点项目。获得中国社区治理十大创新成果奖、全国社会组织建设创新示范区和全国和谐社区建设示范区。朱剪炉街道回民社区被国务院授予“全国民族团结进步模范集体”称号。密切关注基本民生和底线民生,推进15分钟就业服务圈建设,完成实名制就业3.8万人，帮助22名困难家庭毕业生全部就业。征缴养老保险费30.28亿元。发放小额担保贷款2400万元。启动沈阳乐居高端养老院等民营养老机构建设，基本完成大南龙凤寺巷养老一条街改造和2个为老服务分中心建设，新增养老床位300张。坚持市场化运作，推进82家日间照料站连锁经营。完成50个社区无障碍改造，为1283名残疾人适配辅助器具。为所有90岁以上老年人发放生活补贴595万元。为所有80岁以上老年人发放“安全四宝”。为4.86万户低保户发放救助金3027万元。加快八里堡地块29万平方米棚户区和西华北里等4个地块3.6万平方米危房改造，受益居民达2507户。国家公共文化服务体系示范区创建工作通过文化部中期评估。区文化体育中心开工建设。打造了五里河街道文体中心等5处规模超千平方米的基层文化活动阵地。社区书屋和电子阅览室建设位于全市前列。举办2014盛京城灯会庙会等各类群众文化体育活动110场次。被评为全国社区教育示范区、国家义务教育发展基本均衡区、省中小学体育艺术示范区和省中小学图书馆工作示范区。完成149中等5个综合楼项目建设及共青团实验中学等17所学校校舍维修改造。完成沈河区社区学院和32所学校“数字化校园”建设及11所幼儿园改造，新增学前教育学位1063个。通过国家慢病综合防控示范区和国家基本公共卫生服务项目验收。深化全科医生包户、家庭医生签约等社区卫生服务内涵，累计上门服务3.2万人次。加强社区卫生信息化建设，为68.9万人建立规范化电子健康档案。

（齐建军）

【平安城区建设】 加强和谐平安沈河建设。深化国家级平安区建设成果，“全社会调解”工作模式被国家信访局认定为都市版“枫桥经验”，在深化平安中国建设会议上向全国推广。强化初访案件受理和信访积案化解，开展领导干部包案接访并取得明显成效。全年受理来信来访1106案6325批次，按期结案率100%，息访率95.8%。圆满完成重要时段信访稳控任务，信访积案百日攻坚行动息访率市内五区排名第一。开展治安热点问题及重点区域社会管理突出问题专项整治。组建专业武装巡逻队伍，对全区20个巡段开展全天候巡逻防控。投入2615万元，新建泉园和南塔派出所。投入818万元，升级区视频监控系统，实现重点地区、重点街路和住宅小区监控全覆盖。完善安全生产责任体系，健全四级安全监管网络。开展食品安全和消防安全隐患整治，保障群众饮食安全，有效遏制重特大火灾事故。开展安全生产基础信息普查核实综合整治，排查隐患3460处。大南等8个街道通过国家级安全社区复评。

（齐建军）

【政府自身建设】 政府自身建设水平稳步提升。深入开展党的群众路线教育实践活动，查摆“四风”突出问题195个，整改181个，正在整改并将长期坚持的14个。承接省市政府下放的管理权限271项，加强审批管理，提高工作效率。成立区政府采购中心，强化区属经营性房产管理，提高国有资产使用效益。完成预算执行审计及专项审计调查项目20个，配合上级部门完成土地出让金审计。自觉接受区人大依法监督和区政协民主监督，承办代表建议和政协提案414件，办复率和满意率均为100%。向人大专题报告工作9次，接受代表委员视察检查15次。沈河区作为惟一区县政府代表，在全市建议提案办理经验交流会上介绍经验。加强人民调解组织网格化建设，调解纠纷3608件，成功率97%。被评为全国“六五”普法中期检查先进区。搭建市民公共服务中心平台，安排2700万元专项资金，推行“先处置，后确权，再追责”工作新举措，“先予处置”工作模式在全市推广。整合卫生应急处理、疾病防控、卫生监督、妇幼保健、健康教育、计生服务等医疗资源，打造东北首家区域性综合公共卫生服务中心平台，为群众提供“一站式”服务。按照全省示范、东北领先、全国一流标准，在交通便利的沈河中部地区建成了集行政审批、公共服务、资源配置、效能监察等功能于一体的政务服务中心平台，政务服务效能不断提升。

（齐建军）

大 东 区

【概况】 大东区是沈阳市内主城区之一，位于大东边门外，故而得名。东与棋盘山风景区为邻，南与沈河区、西与皇姑区相连，北与沈北新区接壤；大东区行政区域面积约101平方公里，现有14个街道办事处、117个社区，总人口约80余万人。按照沈阳市“东汽、西重、南高、北农、中金融”重点空间功能定位和全区“十二五”规划总体要求，将大东区规划为老区、新城、开发区三大板块和“北汽南商”两大区域。在二环以北，按照2011年市政府批准的汽车城总体规划和控制性详细规划要求，大东区举全区之力推进沈阳汽车城开发建设，一方面全力做大做强汽车产业，加快整车扩建项目建设，另一方面，加快推进大东新城基础设施建设、商务服务配套和生态环境提升，努力建设一座融行政、文化、商业、居住、产业、生态于一体的现代化新城。在二环以南的老城区，积极构建以东中街商业区为核心，吉祥特色商业区、黎明、新东、东站区域商业组团共进发展的“一核心多组团”格局，打造传统、现代、新兴等各类服务业竞相发展的沈阳东部现代服务业新高地。大东区已形成了汽车产业、新城建设和老城区改造的“2+1”式发展格局。另外，区内拥有12公里长的环城水系和辉山水库等城市重要水资源，加上新划入的东北绿楔地区的丘陵林地，使大东区成为拥有山水两项资源的中心区。以沈海公园、万泉公园、大东公园等为核心实施绿化工程，绿化覆盖率37.5%，人均公共绿地达到26平方米。蒲河支流（南小河）、南运河、新开河等水体的生态保护日趋完善，大东区晋升为省级生态城区。

（马 欣）

【区域经济】 汽车产业规模持续壮大，整车贡献突出，整车企业支撑明显。全区整车产量达到84.5万辆，同比增长3.6%；产值1120.5亿元，同比增长6.1%，大东汽车及零部件产业集群获批“国家级汽车产业示范基地”。整车扩建项目稳步推进。宝马大东工厂扩建项目土地交付使用，主体厂房封顶，基本完成给排水、供热、燃气等配套建设，电力配套正在施工；宝马X3项目签约，项目用地已完成征收。北盛三期投产，新型雪佛兰科鲁兹轿车下线。华晨金杯J11技术改造项目试生产。零部件配套能力进一步增强。伟巴斯特等22个项目投产，平和法雷奥等9个项目开工，金杯汽车零部件产业园等14个项目签约,全年零部件供地面积95万平方米。零部件企业对全区经济发展的贡献逐步体现,全年完成产值103亿元,同比增长20%。服务业结构优化调整,新兴产业快速发展。服务业总量扩大、结构优化。通过完善政策体系、强化小额担保贷款、搭建中小企业服务平台、申报省专项资金等措施,抓增量、调结构,新增限额以上企业135户。萃华公司在深交所上市,仪表研究院、春萌服饰晋级全国驰名商标,新光科技园投入运营,东方银座酒店等项目营业。东中街新兴业态快速发展。实施东中街地区动、静态智能交通管理。举办东中街"风尚节"等系列活动,扩大东中街的影响力。以龙之梦电商大厦为载体,实现新浪辽宁、盛京门户网25户电商企业落地。强化旅游体验产业招商,大悦城艾米文化、龙之梦蜡像馆、龙之梦卡丁车正式营业。积极拓展总部经济,筷道餐饮、小南国餐饮、辽宁运联等总部项目落地。外经贸工作取得新成果。强化对外对内招商,新批外商投资企业6户,10户外资企业在大东区设立分公司,引进内资项目209个。坚持出口拉动,搭建整车出口服务平台,成功申报"省级出口汽车产品质量安全示范区"。全年完成外贸出口4.7亿美元,同比增长27.4%。

(马　欣)

【城市建设与管理】　城市建管水平不断加强,城区面貌不断改善。旧城区和村屯改造力度加大。推进低效用地改造,完成征地1.32平方公里。实施23个征收项目,总占地面积176万平方米,涉及住宅8000余户、非住宅600多家。积极推进房地产发展,完成商业开发供地20.8万平方米,富力、金地等一批项目开工建设。基础设施建设不断完善。新建轩盛路、劳动路等道路19条,改造道路22条。上通北盛产业园区道路、路灯、电力等基础设施配套全部完成。投入资金9000万元,完成70个老旧小区庭院改造,改造小区道路21.6万平方米、下水管线10.2万米,屋面防水修缮11.8万平方米。城市治理切实加强。围绕"创建国家级文明城市",进一步加大基础性投入,购置护栏清洗车等专业车辆49台,一批交通设施投入使用。整治地下停车场36处。拆除违章建筑5000余平方米。完成东一环楼体全线亮化、小北街等6条道路沿街牌匾规范改造和东顺城街等5条街路台阶改造。强化老旧小区后续管理,八王寺等3个小区实行居民自治、非营利性机构管理等模式。实施村屯环境整治,增加市政设施,增加环卫设备和人员,实现长效管理。数字化城管实现全覆盖。生态环境显著提升。高质量完成东望街延长线、榆林大街、牤牛河河道景观绿化等工程。新建二台子、汽车广场等市民休闲广场。完成11处公共绿地提升改造和10处公共绿地建设,新增公共绿地4万平方米。完成山梨河污水处理厂改造,水体质量切实改善。实施2家单位脱硫治理维护,拆除锅炉房10处、锅炉18台,改造供热外网13.1公里,联网面积59.9万平方米。完成2家单位煤改气和15户企业燃煤锅炉转化清洁能源。

(马　欣)

【社会民生】　实现城镇实名制就业2.52万人,其中:高校毕业生实名制就业1169人。全年发放低保金4720.92万元,两节救助金497.39万元,慈善和红十字援助107万元,保障性住房补贴、经济适用住房货币补贴3000余万元。设立大病救助基金和临时救助基金,累计救助大病居民33人,其他疾病救助1803人次。推进社会化养老事业,加大残疾人扶持力度,努力打造阳光家园。养老、医疗、失业、工伤等保险覆盖面更加广泛。高水平通过省教育强区和国家级义务教育发展基本均衡区的评估验收。完成35中学、136中学建设工程和55所学校维修改造,素质教育基地主体封顶。1中通过省外语特色实验校评估。完成30个校区数字校园建设,完成14所幼儿园改造,奖补公办幼儿园和普惠性幼儿园348万余元。全区中高考成绩优异。完善卫生区划布局,提升管理水平。新疾控中心、妇保所、新东社区卫生服务中心投入使用。东站、长安社区卫生服务中心改造完工。完成医大一院托管区医院、省肿瘤医院托管区中医院。推行卫生技术人员合同制管理。落实计划生育奖励政策资金2300余万元。实施公共文化设施提升工程。完成三皇庙遗址修缮。启动区文化馆整体改造。新建10处群众健身场地,安装163套健身器材。完成65个社区书屋改造,新建103个社区公共电子阅览室。社会治理进一步加强。健全三级政务服务体系,街道实现政务服务中心全覆盖。推进数字大东建设,全区机关、单位、社区实现互联互通。投入资金3000万元,实施44处社区公共用房改造,新增社区公共用房1.16万平方米,公共用房单体建筑面积达到1000平方米的社区从1个增加到19个。为每个社区拨付10万元惠民资金。创新工作机制,积极响应群众急需,完成应急维修7376件、自来水维修969件。完成八家子等2个小区自备井改造。

(马　欣)

【社会环境】　深入落实安全生产责任制,完善食品药品安全管理体系,严厉打击各类刑事犯罪活动,未发生较为严重的安全事故。强化平安城市建设,1200路高清视频信号全部开通并联入上级公安平台。加大民心网、96123热线办理力度,全年办理群众来信、来电8328件。加强民兵建设,大东区荣获全国民兵高炮分队大比武第一名。历史遗留问题解决有力。坚持信访联席会议、区级领导接访和司法介入等机制,开展"百日攻坚行动",有力化解了信访积案。完成被占用保障性住房清理工作。万方园、世博家园复工。中德国际花园确定安置地点。八王寺完成回迁。北大营街100－5甲居民妥善安置。为德邻家园、东方欧博城1157户业主办理房证。解决幻景家园等遗留问题。加大资金调配力度,城建和谐城、榆林安置房完成外部装饰,大观苑三期主体封顶,三家子安置房开始建设。行政管理改革不断深入。实行公车制度改革。强化国有资产管理,全面收回出租房产,清理企业资产,规范使用、出售。制定政府投资项目管理办法,严格项目招投标,严格财政资金管理和支出审计。工作机制日趋完善。坚持向区人大、区政协报告、通报工作制度,办理区人大代表建议和政协委员提案353件,满意率达到98%。建立集中高效的议事决策机制、快速畅达的问题反馈机制,促进了征收拆迁、基本建设、招商引资等工作。完善绩效考核体系,加快了各项工作任务落实。发展软环境更加优化。大东区被纳入《全国老工业基地调整改造规划(2013—2022年)》,汽车及零部件产业集群通过国家新型工业化产业示范基地评审,综合配套改革试验区得到省级批准。深入企业开展"双进双解、双推双促"及"每周大走访"

工作，不断压缩行政审批事项，认真处理“民心网”、“96123 市民服务热线”反映的问题，“便企利民”更加富有成效。启动“数字大东”网络工程建设。制定完善公务员行为规范。大力倡导多掌握问题、多召开业务会议、多深入现场、多协调市直部门的作风，促进了效率提升、任务落实和成果体现。

（马　欣）

【沈阳欧盟经济开发区入选国家新型工业化产业示范基地】　2014 年初，国家工信部公布第五批“国家新型工业化产业示范基地”名单，全国 36 家申报单位通过审核予以公示，汽车产业沈阳欧盟经济开发区名列其中。这是辽宁省第 12 家、沈阳市第 3 家获批的“国家新型工业化产业示范基地”，也是大东区产业集群工作实现国家新型工业化产业示范基地“零”的突破。

（马　欣）

【华晨宝马大东工厂第七代新五系项目开工】　2014 年 5 月，总投资 70 亿元，年产整车 20 万辆的华晨宝马大东工厂第七代新五系建设项目开工。该项目位于东望路东原华晨宝马大东工厂北侧，新增占地面积 47.4 万平方米，新增建筑面积 18.7 万平方米，拟建设冲压车身和涂装车间。项目供地、土石方工程、静压桩工程等配套工程都已经完成，厂区建设工作已经正式实施，正式水、临时热源厂、燃气调压站等配套工程已经启动。

（马　欣）

【打造居家养老服务新模式】　2014 年，为积极应对人口老龄化的严峻形势，加快养老服务发展，大东区依托社区现有资源，整合社会各界力量，成立了沈阳市首家居家养老服务站，开启了全新养老服务模式。提供特色就餐服务。联合家政服务公司按照老年人的营养饮食科学搭配，提供自助早餐、营养午餐、定制晚餐，按照预约定制、免费送餐等方式，全年共为 9000 余位老人解决了老年人就餐难题。提供健康保健服务。服务中心设立日间照料，在社区内引进专业医疗机构，为老年人讲解养生保健知识，有针对性地先后为 4800 多名社区老年人进行健康检查和医疗康复。提供文体娱乐服务。建立多功能老年活动室，组织老年人开展演艺、太极拳等各种文体娱乐活动，全年共组织近万名老人开展了 150 多场文体娱乐活动，极大地丰富了老年人的休闲娱乐生活。提供家政护理服务。建立以居家养老为主、集中日托的日间照料，为 4000 多名社区老年人提供家政、保洁、护理等生活服务，针对高龄老人，还可提供上门护理。

（马　欣）

皇　姑　区

【概况】　2014 年，皇姑区实现地区生产总值 438.8 亿元，增长 5%；服务业增加值 356.6 亿元，增长 7.2%；公共财政预算收入 37.64 亿元，增长 5.5%；税收收入 33.95 亿元，增长 2.1%；固定资产投资 600.5 亿元，增长 27.6%；实际利用外资 3.08 亿美元，增长 2.5%；社会消费品零售总额 284 亿元，增长 12.9%；城市居民人均可支配收入 3.12 万元，增长 9.4%。

（王　茁）

【经济发展】　新开工 3000 万元以上项目 81 个，竣工 65 个。全区各类项目达 102 个，总占地面积 295.2 万平方米，总建筑面积 1062.5 万平方米，总投资 750 亿元。其中列入市级重点项目 15 个，增长 190%。乐天百货、沈阳天地、中海环宇城投入运营；荣盛、金地、北京明天、华润、保利等综合体成功落地。成功交易 12 宗地块，总出让面积 53.95 万平方米，金额 42.33 亿元，分别占市本级出让面积和收入的 56.51% 和 56.86%。精心策划包装 45 个优质招商地块和楼宇，接待国内外来访客商 200 余批 500 多人次，先后赴京沪、深圳、港澳台、韩国、东南亚、澳大利亚等国家和地区招商，洽谈推进德稻集团、嘉科工程、均瑶智慧城市、金融超市、东北资源交易中心、鞍山银行、法国安盟保险、中国工业设计、北京首都体育之窗等项目。省级集聚区环北陵商务集聚区，营业收入首次突破百亿元，成为皇姑区服务业发展的重要支撑。引进抚顺银行、东方证券、台湾富邦财险、新华人寿等金融总部，区域金融机构达 178 家，财税贡献率占全区财政收入 10% 以上。省福彩、省农村信用社等 3 家新引进企业，年新增全口径税收达 1.5 亿元以上。与国家工信部、中国工业设计协会正式签约，中国装备制造设计中心落户皇姑。新引进科技企业 66 家，国家级高新技术企业达到 11 家。移动互联网服务平台项目被市科技局列为重点扶持项目。推进长江南街电子商务产业园、中海广场电子商务基地建设，辽宁峰云电子、沈阳鸿凯电子等 27 家知名电商在此落户。投入 3000 万元，重点打造东北篦街、星吧街、户外运动休闲街等特色街，东北篦街被授予沈阳市“旅游餐饮特色名街”、“餐饮服务食品安全示范街”称号，夜经济和特色经济形成新的经济增长点。具有民国风格的“皇姑屯事件”历史博物馆正在规划建设，第二届中国沈阳国际啤酒节、皇姑房地产展示交易会、四季旅游主题节庆等活动共接待游客超过 50 万人次，为皇姑区服务业加快发展起到推动作用。

（王　茁）

【城区环境】　拆除违建 28.4 万平方米，拆除违规牌匾、旗标广告 1836 块。在 8 个重点区域开展“治脏、治乱、治破、治堵、治假”专项行动，取缔 6 处占道市场，联合执法整治昆山西路“二手车”非法占道扰民市场，处置违规车辆 635 台。对全区 22.8 公里的铁路沿线开展环境整治。城建投资突破 2 亿元。总投资 9400 万元的陵园北街贯通工程和七二四明渠改造工程正在施工。投入 5000 万元，打通铁山路、北塔北街等 12 条断头路，整修鸭绿江西街、文储路东段等 300 余条道路；投入 880 万元，实施中海寰宇天下、亿海阳光等 4 条规划道路建设。投资 5000 万元，占地 13.5 万平方米的首府公园建设顺利。投入 2000 万元，完成半屏山路广场、珠江桥东广场等惠民工程。铺装改造潭江广场、长江街人行道，实施北陵小区污水改造工程。投入 800 万元，对泾河东街、戴云山路等 8 条街路进行排水改造。完成北陵大街全线亮化提升设计，增加泰山路、长江街、黄河大街、崇山路等重要街路沿线亮化设施。对崇山路、泰山中路、黄河大街进行景观提升改造，64 条街路及五大公园补植树木 7650 株，13 所中小学栽种绿墙 1.04 万株，新增绿地面积 4510 平方米。8 条精品街路实施机扫、机保、冲洗、刷洗及人工保洁“五位一体”作业模式。建设 6.4 万平方米的华山、闽江街等 7 块广场绿化景观。创建省、市级卫生单位、卫生社区、卫生小区 60 家，完成 30 家重点单位噪声整治。上门收集垃圾街路扩大到 47 条，整修排查 48 座公厕,对46处垃圾压缩台(点)规范化管理,在中海寰宇天下建设皇姑区第一座封闭式砖混垃圾压缩站。

(王　苗)

【民生工程】 投入1.5亿元,办成28件民生实事。城镇实名制就业3.11万人,城镇登记失业率控制在2.68%以下。城镇职工基本医疗保险扩面新增1.19万人,居民医疗保险扩面13.42万人,失业保险扩面13.25万人。投资21.4亿元,上岗子、田义、东窑等村屯和三台子等中心城区改造项目产权调换房建设全面开工。投资16亿元,全力推进占地24万平方米的14个棚户区改造工程,惠及居民2149户。投入700万元,新建金山公园、淮河广场等10处市民休闲广场。投入500万元,启动区民生服务平台建设。具有皇姑独特品牌、延伸政府服务职能的18家综合性服务平台"024便利店"开张营业。投资632万元,对胜利、春江园等7个老旧小区进行提升改造。投资1600万元,更换晨报、柳江等28个小区188栋居民楼上水管线。对35万平方米的武功山、太平庄等5个老旧小区实施暖房子工程。投资100万元,清掏全区老旧小区全部下水井。投入612万元,做好区属企业下岗职工安置、并轨和参保工作。发放低保救助金4670万元,发放经济适用住房货币补贴180户,公共租赁住房签约908户,廉租房租赁补贴新增233户。投资60万元,改扩建6处社区日间照料站。妥善化解信访积案290件,累计接待信访群众2789件次、7667人次,80%以上到信访大厅的初信初访都能得到及时化解。扎实推进"六五"普法工作,组织7000余人次参加法律知识讲座183次,法律援助583件。完善社会治安防控体系建设,共侦破各类刑事案件3378起,抓获各类逃犯305人,切实保障人民群众生命财产安全。

(王　苗)

【社会事业】 通过辽宁省基础教育强区评估验收。进一步深化一体化集团办学模式,撤并新北、黄河、金山、万方4所小学,珠五溪湖校区和43中天山校区建成招生;组建3个共同体式教育集团。完成陵西小学、光明中学等10所学校教学楼、体育馆建设;投入3700万元,完成26所中小学数字化校园建设,完成8所公办幼儿园建设,新增学位1336个。为特殊教育学校196名学生提供免费午餐,皇姑区成为全省惟一申报国家特殊教育改革实验区。招聘专才教师和雇员100名。区中心医院等7家医疗机构改扩建工程进展顺利,增加建筑面积9800平方米;完成北塔社区卫生服务中心装修改造和置换,新建向工、昆山2个数字化预防接种门诊;累计投入500余万元,购置先进医疗设备。成立区体检中心,为全区5474名干部职工进行健康检查。累计开展家庭医生服务1688次,建立居民健康档案71万份,建档率达到87.7%。累计投入1.4亿元,推进公共文化设施提升。区文化艺术中心建设进展顺利。新建社区书屋45个,电子阅览室115个,举办群众文化活动200余场次。区文体中心向社会开放,新增健身站点45处,安装健身器材120件,十分钟健身圈初具规模。举办全民健身活动60余场,培训社会体育指导员460名。荣获省群众体育先进单位、市艺术惠民"双百万"工程优秀基层单位。

(王　苗)

【政府自身建设】 自觉接受区人大的依法监督和区政协的民主监督,先后就经济发展、政府运行、项目建设等重大事项向区人大报告、向区政协通报。办理人大代表建议216件,政协提案150件,办复率、满意率均为100%。落实行政执法责任制,强化行政执法监督。加强政府信息公开,行政权力运行更加公开、透明。承接市政府下放经济管理权限49项、简政放权225项。累计办理政务服务事项50万件,新办企业1270户。进一步完善行政决策机制,健全重大行政决策制度。深化职能调整改革,实现工商、质监和食药监局整建制转属。实行登记制度改革,新设立企业2150户,同比增长49%,规模企业同比增长108%。集中清理在编不在岗人员147人,完成308名科级以下干部交流,激发干部队伍活力。结合党的群众路线教育实践活动,严格落实中央"八项规定","三公"经费压缩35%,接待费下降96%,减少办公用房2万平方米。完成230项建设工程、17个地块20项拆除工程、政府集中采购等招标项目,金额23.7亿元,节支5800万元。加大对土地征收、政府采购、建设工程等方面的专项监察和审计监督力度,圆满完成国家审计署土地专项审计。认真落实首问负责制,全面提升电子政务水平,受理96123市民服务热线、省"民心网"诉求7819件,办结率100%。

(王　苗)

铁　西　区

【经济发展】 2014年,铁西区实现地区生产总值1002.7亿元,增长5.1%;固定资产投资703亿元,下降4.3%;公共财政预算收入122.9亿元,增长2.3%;社会消费品零售总额541.4亿元,增长10.7%;城市居民人均可支配收入3.14万元,增长9.4%。

(高禹明)

【工业经济】 发展空间不断拓展。中德高端装备制造产业园总体规划、产业规划编制工作有序开展,起步区建设抓紧推进,与国家和省市相关部门的政策对接工作成效明显。中法沈阳生态园规划建设、生态指标体系编制快速推进,市场化运营模式的探索取得进展。铁西金谷生产性服务业聚集区建设规划有序实施,区域内企业加快搬迁。化工园总体规划修编工作进展顺利,细河新城总体规划编制完成。滨河生态新城和宝马汽车产业新城的城市功能不断完善。土地征收和闲置土地清理力度进一步加大。开发区征收土地1200万平方米,依法依规清理闲置土地81.9万平方米,城区腾迁土地64万平方米。全区收储土地892.7万平方米,出让土地201万平方米。

项目建设加快推进。全年新开工3000万元以上项目118个、竣工项目111个。41个市重点项目全部开复工,完成投资373亿元,增长11.2%。投资88亿元的宝马铁西工厂三期建设加快,投资58亿元的宝马发动机一期主体完工,投资50亿元的米其林三期扩产筹建工作进展顺利,沈化股份、普利司通等搬迁改造项目加快推进,东方银座铂尔曼酒店、丰田纺织等一批项目竣工。同时,全年争取各类上级支持资金17.3亿元。

工业规模持续壮大。实现装备制造业产值2290亿元,增长13.2%,占全区规模以上工业总产值的75.6%。汽车及零部件产业产值723亿元,其中宝马铁西工厂生产整车14.5万辆,产值390

亿元,增长62.5%,拉动全区工业增长4.2个百分点。现代建筑产业产值660亿元,增长5.1%。实施装配式建筑工程182.2万平方米,在全市领先。医药化工产业产值320亿元。重点医药化工企业实现扭亏为盈。同时,区内工业产品协作配套额达到106亿元,增长63%。

科技创新取得实效。国家级两化融合示范区创建工作进一步加快,发展规划编制完成,企业样本库初步建立。沈鼓集团云制造平台在线租用、北方重工数字化工厂营销成效明显。骨干企业重大技术装备国产化取得新成果。远大科技园运行经验在全国推广。新增10户高新技术企业、2个省级重点实验室和2个省级工程技术研究中心,荣获省市科学技术奖项65项,创新型中小企业增至31户。

(高禹明)

【城乡建设与管理】 基础设施日趋完善。投入36.5亿元,实施各类城建项目485项。新建规划路51公里,完成市政管网建设66.1公里。谟家三环桥、开发大路公铁桥、开发22路宝马公铁桥投入使用,宝马铁路专用线建成通车。开发22路三环桥、中央大街连接二环路、重工街全线高架桥开工建设。总长12公里的"三横一纵"农村路网投入使用。完成金谷地区3条道路建设。改造小街巷路26条。建设4座公交停车场和2座港湾式公交车站,开发区新开通2条公交线路,总长33.4公里,城乡公共交通基础设施进一步完善。

城市管理不断加强。创新城管执法机制,将工作重心向街道下沉,构建了部门联动、信息共享、责任明晰的管理体系,全年处理各类城管问题4.8万件。实施沈辽路、兴工街、建设大路等重点街路亮化提升工程。街路扫保、道路养护、除运雪等工作及时高效。扎实推进"创城"工作。重点整治了占道经营、露天烧烤、机动车乱停乱放等市容顽疾,拆除了一批违章建筑和违规牌匾,解决了十三路市场周边占道经营等突出问题。卫工街等6条街路成为"市级静态交通管理示范路"。

生态环境持续优化。巩固国家级生态工业示范区创建成果。开发区环保总体规划及化工园环境控制规划编制进展顺利,沈阳绿色铅蓄电池产业园规划环评通过审批。开发区成为国家首批低碳工业试点园区。深入实施"蓝天碧水"工程。开展热电企业脱硝除尘专项治理,拆除小锅炉房22座,新增集中供热面积181.3万平方米。西部污水处理厂加紧扩建,谟家地区塑料黑加工点等105处污染源被依法取缔,细河治污取得阶段性成果。浑河西峡谷、细河U谷、宝马公园等生态景观工程建设取得重要进展。全年植树21.4万株,新增绿地93万平方米,绿化覆盖率达到40.6%。完成建设大路、保工街、中央大街等34条街路绿化提升工程。宜居乡村建设全面铺开,村屯环境得到有效治理,村容村貌明显改观。铁西成为全省3个生态文明体制改革试点区之一。

(高禹明)

【招商引资】 举办了中德装备制造业合作项目说明会,签署了中法沈阳生态园经贸合作协议,在轨道交通装备、智能装备和新能源项目引进上取得较大进展,推进了德国福伊特轨道交通等105个重点项目,法国万喜垃圾焚烧处理、日本IHI等一批项目落户铁西。在"东北振兴央企辽宁行"和"上海企业辽宁行"活动中取得成效,13户企业与央企达成合作意向,中化集团产业基地、东北轨道交通产业基地等72个重点项目加紧推进。全年实际利用外资9.4亿美元,实际调入内资145亿元。完成出口总额20.6亿美元,20户重点企业出口12.7亿美元。

(高禹明)

【民生工作】 社会保障工作扎实推进。实名制安置就业2.3万人,困难家庭高校毕业生全部就业。社会保险覆盖面不断扩大。投入2.5亿元,将1.8万名被征地农民养老保险纳入市级统筹。加大对城乡困难群众的帮扶救助力度,发放低保金等各类救助金6500万元。社区居家养老服务对象达到3.5万人,老年人营养午餐工程正式启动,5个示范性日间照料站投入使用。率先在全省成立社会组织孵化基地,社区各类社会组织超过1500个,铁西成为全国社会组织建设创新示范区。对30个社区和300户残疾人家庭实施了无障碍改造,免费为1583户贫困残疾人家庭提供辅助器具。投资6100万元推进社区标准化建设,社区办公条件进一步改善。保障房建设和危旧房屋改造顺利推进。推行了老旧小区物业化管理,完成50个老旧小区维修改造和51万平方米暖房工程。解决了4800户居民燃气开栓和7000户居民疑难房产证办理问题。开展农村饮水安全专项治理,解决了1000户农民饮水问题。33项为群众办实事工作全部完成。

各项社会事业蓬勃发展。实施65项教育基础设施建设工程,启动了45个"数字校园"建设。公办民办教育协调发展,教育资源配置更趋均衡。义务教育集团化办学成效显著,勋望景星校区交付使用,勋望北校区新教学楼开工。高中教育教学质量稳步提升。学前教育实现了"一街三园"和"一乡一园"目标,幼儿园新增学位2660个。实施22个卫生基建项目,医疗院所设施条件得到进一步改善。启动了北京积水潭沈阳医院、精神卫生中心病房楼和医疗卫生信息化平台建设。认真落实国家基本药物制度。免费为参加新农合的农民办理了大病医疗保险。城乡公共文化服务体系不断完善。总面积4.5万平方米的区文化活动中心开工建设,45个社区书屋和11座职工健身广场交付使用,15处公益性体育设施向社会开放,举办各类活动1000余场。

(高禹明)

浑 南 区

【经济发展】 2014年,浑南区实现地区生产总值478.0亿元,比上年增长3.6%。其中:第一产业实现增加值6.4亿元,比上年减少19.6%;第二产业实现增加值281.1亿元,比上年增长4.5%;第三产业实现增加值190.5亿元,比上年增长3.3%。公共财政预算收入83.9亿元,其中:税收收入67.7亿元,非税收入16.1亿元。基金收入53.3亿元。公共财政预算支出57.7亿元,其中:教育支出4.5亿元,科技支出4.0亿元,农业水利支出2.4亿元,社会保障和就业支出1.9亿元,医疗卫生支出2.0亿元。基金支出53.3亿元。

人民生活水平稳步提高,全区城镇居民可支配收入3.21万元,比上年增长9%。城镇居民消费性支出2.39万元,比上年增长2.5%。全区农村居民人均纯收入为1.69万元,比上年增长

11.3%;农村居民人均生活消费支出1.38万元,比上年增长53.6%。

(金希赞)

【第一产业】 2014年,全区农业总产值实现14亿元,同比减少22%;实现粮食总产量12.8万吨,比上年减少7.3%。农作物播种面积2.15万公顷,比上年减少9.5%,其中粮食作物播种面积1.94万公顷。粮食总产量12.8万吨

特色产业稳步发展。寒富苹果种植面积达2000公顷,总产量2.4万吨,产值近亿元,惠及农户3500余户,果农户均增收超5000元。绿色蔬菜生产面积600公顷,花卉生产面积133公顷,生产企业30余家,树莓面积基本稳定在333公顷,年产量2000吨。新增"三品"认证面积2467公顷、认证企业11家。对3家大型猪场进行污染治理改造,新建粪便堆集发酵场1200平方米,污水沉淀处理池1.7万立方米,续建污水处理池1.3万立方米,使养殖场产生的粪便污水转化成有机肥还田。在8家生猪养殖场建设无害化处理设施,畜牧业逐步向生态化发展。

加快推进都市休闲农业和农业产业化重点项目。高标准建设都市农业点位13个,其中:都市农业休闲园区5个,标准化采摘园5个,休闲农业专业村2个,示范家庭农场1个。都市农业项目占地面积667公顷,投资额近4亿元,实现年接待游客13万人次左右,年利润8000万元,带动农户4000户,解决农村劳动力6000余人。做好龙头企业跟踪服务工作,为2个投资10亿元项目申报固定资产补贴,对7家省市龙头企业进行监测、检查、管理,申报4家市级龙头企业,完成2家农事企业出口补贴工作,开展"双进双解"帮扶工作,为企业解决5个难题。

(金希赞)

【第二产业】 2014年,全区规模以上工业企业313户,产值亿元以上企业148家,形成了以电子信息、先进制造、生物与医药、新能源产业为重点的工业体系。全区规模以上工业企业实现总产值1010.2亿元,比上年增长5.74%。

在推进国家新型工业化(电子信息)产业示范基地工作的带动下,重点完善六大公共服务平台建设,推进机器人、民用航空、软件、IC装备、大数据等重点产业和项目建设,加快促进两化融合步伐,构建新的产业优势,软件和电子信息产业集群实现销售收入500亿元,同比增长15%。骨干企业迎来了快发展的难得机遇。新松机器人作为国内机器人行业的龙头企业,近几年持续保持20%以上的增长速度,今年实现产值14.5亿元,同比增长20%。东软集团已成为国内软件行业的龙头企业,开始进军云服务和健康医疗等行业,不断扩大信息技术应用领域,抢占国内外市场,全年实现产值35亿元。辽宁禾丰牧业公司于2014年8月上市,2014年实现产值122亿元,同比增长9%。沈飞民机公司承担了8个国家、14家民用飞机制造商和航空公司的转包生产订单,并与波音、空客、庞巴迪等国际著名航空制造企业建立了稳定的国际合作关系。2014年实现产值7.9亿元,同比增长8%。航天三菱发动机公司全年实现产值50亿元,同比增长8%,4K1高效节能发动机项目已启动实施。辽宁成大生物医药公司现有生产车间已全部获得新版GMP认证,全年实现产值13.5亿元,同比增长8.3%,全区年产值10亿元以上13户企业实现产值400亿元,增长12.7%,占工业总量的38.6%。

推进两化融合,企业转型升级步伐加快。全区工业企业已由自身实现信息化集成应用,开始向产业链客户延伸、向行业集群渗透,建立供应链管理、协同研发设计制造系统和跨地域经营管理系统,使企业由单一生产型向信息服务型迈进,大大提高了企业市场竞争力。推动重大工业项目加快实施进程。为加快促进产业发展,将工作重心从抓好工业经济运行,及时调整到抓好运行和引进重大项目并重上来,瞄准信息时代产业发展的必然趋势和能带动全区工业发展的重大项目,创新开展工作。重点推进民用航空产业项目进区。先后配合完成波音完成中心项目问卷,庞巴迪整机合资生产项目问卷等系列前期工作,推进沈飞民机与以色列飞机工业公司合资生产客机改货机项目。

(金希赞)

【第三产业】 国内贸易业平稳增长。全年批发和零售业实现增加值15.9亿元,比上年增长5.2%;住宿和餐饮业实现增加值5.6亿元,比上年减少0.1%。

消费品市场活跃。全年实现社会消费品零售额191.4亿元,比上年增长17.7%。其中:限额以上企业社会消费品零售额181.3亿元,同比增长16.7%,限额以下企业社会消费品售额10.1亿元,同比增长37.7%。

(金希赞)

【房地产】 2014年,房地产开发投资完成276.7亿元,同比下降28.4%;施工面积2316.5万平方米,同比增长1.2%;新开工面积220.7万平方米,同比下降68.6%;商品房销售面积184.0万平方米,同比下降15.0%;商品房销售额114.3亿元,同比下降28.4%。

外经外贸。2014年,全区完成出口创汇136561万美元。现有外资企业288家,其中:世界五百强企业38家,进出口创汇企业116家。全年新批外商投资企业13家,变更126家。实际利用外资1.72亿美元,同比减少71.9%。

(金希赞)

【城乡建设】 2014年,沈阳新南站项目累计完成55.3亿元,沈阳国际软件园项目累计完成58.5亿元,新松浑南智慧产业园建设项目累计完成19.0亿元,东北大学浑南新校区项目累计完成11.9亿元,中国医科大学国际医院项目累计完成9.3亿元,鲁迅美术学院新校区建设项目累计完成5.1亿元,桃仙机场航站区扩建项目、莫子山国际会议中心项目、辽宁省图书馆等项目均已竣工。2014年,全区共完成市政基础设施投资43亿元,新建道路总长34.9公里,综合管网86公里,绿化面积50.9万平方米,道路维护15.3万平方米。建成区市政设施建设水平继续提升,项目配套建设工作不断完善,共完成22个建设项目,固定资产投资4.24亿元。其中道路建设18.1公里,实现了"南北通畅、东西贯通"的路网格局;完成综合管线建设72公里。

白塔河市政规划路、三环南二路、文溯南街等道路已顺利通车。白塔河市政规划路成为沈阳首创利用河道范围内建设的一条重要的交通主干道,解决了区东西向交通干道不足的难题。三环南二路、文溯南街的建成,提升了新兴产业园电商基地、医药产业园和大连毅都等重点项目的建设投资环境。

完成沈抚大道、祝科东二街等多条道路的绿化工程,新增绿地面积31.3万平方米,改建绿地面积2.2万平方米,栽植各类乔木3.3万株,花灌木5.3平方

米,栽植草花130万株,栽植宿根花卉7.1万平方米,道路及广场铺装1.3万平方米。全年,共改造王宝石寨、营城子、李相、龙三家子等村内道路20公里,总投资1115万元。

(金希赞)

【社会保障】 城镇实名制就业4746人,农村实名制转移输出就业9320人,扶持创业带头人119人,创业带动就业714人,新增创业人数750人,发放小额担保贷款574万元。城镇登记失业人数控制在4000人以内,零就业家庭每户至少一人实现稳定就业,零就业家庭保持动态管理为零。培训城乡劳动力2054人,培养紧缺高技能人才400人;新就业人员、登记失业人员办理《就业失业登记证》8555本,发放和登记率达到100%。

全年城镇养老保险参保28.7万人,个体养老保险保险金征收3.68亿元。全年累计支付养老金3.5亿元;失业保险参保12.51万人;城镇职工医疗保险新增参人8300人;城镇职工工伤保险参保16.39万人;城镇居民医疗保险参保6.7万人;新农保参保3.1万人。全面落实社会救助政策。全年累计发放各类保障金、救助金2643万元,保障面为1.1%。

(金希赞)

【社会事业】 科学技术。落实02专项配套资金。申请落实市级配套资金1.48亿元,推动02专项顺利结题验收,2014年,新立项3项,获得国家资金支持1.63亿元。建成了首个IC装备关键零部件集成制造技术与加工平台。

教育。投入资金787万元,进一步改善全区学校办学条件,100%达到省定标准;投入资金1152万元,为区15所学校、16个校区建设数字化校园。着力改善薄弱学校办学条件,整合浑河站小学与浑南四校等校际资源,有效缩小城市、农村校际间差异系数。引进远见国际学校,解决了在省外籍人员子女就学问题;引进北京师范大学,创建了沈阳附属学校;引进加拿大国际教育投资集团,与51中学合作创办沈阳中加国际学校。

文化、体育。先后举办了"新春交响,浑南华章"民族器乐新春音乐会、"赞浑南、爱家乡"艺术惠民合唱展演、雪花啤酒节主题文艺演出等活动60余场次。争取上级补助资金950万元,对全区11个社区文化活动中心进行改造升级,为社区活动室并配备音响、电子琴、电脑等设备设施,新建23个社区书屋和10个社区电子阅览室。

全年组织开展各类群众体育活动60余次,新建健身站点48个,先后举办了体育舞蹈、太极拳和健身气功、柔力球等社会体育指导员培训班20余期,培训体育骨干1260人,带动了全区5万余名群众参与体育锻炼。

卫生。各社区卫生服务中心和基层卫生院都设立了中医科,开展11项中医适宜技术。采取集中访视、上门服务和预约体检等方式,为社区居民提供上门服务达2万余人次,签订家庭医生服务协议书4100余份,建立居民健规范化电子档案26.48万份。各医疗机构共走访帮扶特困家庭202户,免费诊治3229人次,免费送药价值约5.3万余元,减免各种诊查费近180余万元。新农合筹资标准达460元、参合率达99.87%。

(金希赞)

于洪区

【概况】 2014年,于洪区实现地区生产总值466.5亿元,增长7.9%。其中:第一产业实现增加值11.3亿元,增长0.9%;第二产业实现增加值313.1亿元,增长7%;第三产业实现增加值142.1亿元,增长10.4%。完成固定资产投资额433.6亿元,增长4.5%;完成公共财政预算收入43.2亿元,增长4%;实现社会消费品零售总额92.1亿元,增长15%;城镇居民人均可支配收入3.24万元,增长9.9%;农民人均纯收入1.34万元,增长11.1%。

(田洪伟)

【现代农业】 新建都市农业示范园10个,实现无公害农产品、绿色食品认证1.6万公顷,新增农民专业合作社47家。小浑河春季灌排配套工程、边台等3座排水站改造工程完工,高标准农田建设项目基本完成。旅游农业发展迅速,获评辽宁省休闲农业与乡村旅游示范县区,大德农博乐园成为AAA级景区。

(田洪伟)

【工业经济】 规模以上工业企业增至482户,完成工业总产值1332亿元,实现税收8.3亿元。装备制造及配套产业完成产值702亿元,占全区规模以上工业总产值的52.8%,主导产业支撑作用更加突出。和泰生物科技产业园、中集车辆园等工业地产项目开工建设,中国沈阳机械基础零部件产业园C区7.6万平方米标准化厂房、蒲河科技产业园等园区项目主体竣工,联恒汽车产业园等项目投入运营,产业集群规模以上工业产值占全区总量的66.7%,产业集中度不断提升。申报发明专利248项,新增国家级高新技术企业7户、企业技术中心9家、产学研联盟70家,沈阳陆正重工集团有限公司的氨吸收器获批辽宁省首台(套)重大技术装备,科技创新能力不断提升。

(田洪伟)

【服务业】 商贸服务业加快发展,维宜电商产业园落地实施,安吉物流园等项目开工,深国际物流园完成4万平方米仓储区建设,五洲工业博览城、朝鲜民族风情街一期及红星美凯龙家居广场(于洪店)主体竣工,碧桂园商业中心、机床城博览中心、润恒城和东北食品城一期正式或即将投入运营。新建和改造巢湖等农副产品市场6个,新增社区商业网点2.7万平方米,引进华夏银行等金融网点3个。成功举办区第五届房交会,全年商品房销售面积285万平方米,销售总额176亿元。

(田洪伟)

【项目建设】 引进总投资50亿元的武汉卓尔电商城、总投资7亿元的德国环保产业园等重大项目41个,协议投资额超过300亿元。完成电力及电信排迁工程55项,迁移线路120公里,完成市场供地24宗,成交面积136公顷。全年开复工重点项目113个,施工面积超过1400万平方米,65个项目主体竣工。

(田洪伟)

【城乡建设】 基础设施加快配套,新改扩建城乡道路68条,其中:中央大街、太湖街等重点市政道路及36.4公里农村公路维修改造工程全部竣工,启动实施京沈高铁于洪段、西北二环高架桥、迎宾路高架桥和浑河北堤南移工程,新开通公交线路3条,铺设各类市政管线30公里,中央大街、沈于线等给水及燃气管线全线贯通,平罗湾热源厂主体竣工,机床城、平罗、温泉小镇3座配水厂建成,新立、五金、家具、广源4座变电站开始运行。生态质量持续提升,全面启动国家级生态文明示范区建设,实施"丁香水巷"生态改造工程,建成生态景观50万平方米,开工并完成小浑河河湖贯通水利工程,完成蒲河生态湿地景观建设,改造公园5个、精品绿地11块,新增绿化面积173万平方米,马三家污水处理厂主体竣工,沙岭、造化污水处理厂投入使用。

(田洪伟)

【重点领域改革】 全面深化改革,在继续推进统筹城乡发展综合配套改革的基础上,启动经济体制、民主法制、社会管理等专项改革,编制《产城互动先导试验区改革专项方案》等配套文件10余项。稳步推进行政管理体制改革,成功组建主城行政商务经济区等7大经济区,将区工商、质监、食药监分局整建制划入区政府工作部门序列,顺利完成公务用车改革。深化农村产权制度改革,完成22个村4667公顷土地实测,流转土地2000公顷,新增土地承包经营权抵押贷款1460万元。

(田洪伟)

【民生保障】 建成统筹城乡就业安置基地50家、培训基地10家,完成普惠制培训3127人,城乡实名制就业1.5万人,新增创业695人,发放小额担保贷款1079万元。全面推进城乡居民养老保险扩面,参加基本养老保险、征地农民养老保险人数分别达13.4万人和2.8万人。新农合筹资标准提高到每人每年400元,门诊报销比例提高到45%,大病商业保险人均报销比例提高到80%以上,报销封顶线提高到22.5万元。启动社保预留资金,解决11个村共5200余名被征地农民养老保障问题。全年共发放低保金、医疗救助金、临时救助金等补助资金3800余万元。在35个社区推广社区养老、居家养老服务模式,新增社区日间照料站6家,全面建成区残疾人托养康复中心。五彩阳光城养老中心投入使用,在全国首创居家、社区、机构"三位一体"养老新模式。加快"于洪新居"建设,开复工建设项目7个,总面积达73.5万平方米,竣工项目5个,回迁居民8000余户。完成"暖房工程"40万平方米。建成五星级和谐社区10个,获评辽宁省和谐社区建设示范城区。

(田洪伟)

【社会事业】 启动于洪北部文化艺术中心建设,建成社区书屋31家,举办第五届文化节系列活动,开展"丁香湖微旅行"、"百万市民看于洪"、"印象于洪摄影赛"等活动。完成幼儿园新改扩建和学校改造提升各9所,省实验中学阳光小学、省实验学校于洪分校投入使用,通过省市教育强区和国家义务教育发展基本均衡区验收。完成区医院急救中心工程建设,5家社区卫生服务站投入运行,签订社区医生服务协议1200余户,累计建立居民规范化电子健康档案28.6万人,通过省卫生应急示范区验收。

(田洪伟)

苏家屯区

【第一产业】 建设国家级万亩粮食高产创建示范片,共落实国家级万亩高产创建示范片12个,通过省农委的中期检查和秋季测产验收并达到国家验收标准。完成市级万亩高产创建示范片2个,通过验收达标。验收合格高标准温室小区1个,特色温室小区1个,精品冷棚小区7个。完成都市农业示范园区项目2个、高标准连栋温室项目1个、休闲农业专业村2个及休闲农业采摘园项目3个。新增规模以上农事龙头企业10家,申报国家级龙头企业1家,省级龙头企业2家。申报AA级示范社1家。成功组织了16家企业和合作社参加第八届中国辽宁(沈阳)国际农业博览会,共有60个品种优质农产品进行参展。新建畜禽标准规模养殖场10家。共发放"盐酸克伦特罗"快速检测卡120盒近5000条,"莱克多巴胺"和"沙丁胺醇"快速检测卡各60盒1000余条。全区水田、旱田的整地作业已全部实现机械化作业,争取农机购置补贴资金499.99万元,补贴各类农机具538台,受益农户285户。推广新建节能炕600铺,节能炉900个。对全区近几年所修建的沼气池进行了大排查,沼肥的综合利用广泛开展,在林盛街道林盛村推广67公顷有机稻。种植业参保面积为1.85万公顷,其中:1.55万公顷、水稻2958公顷、大豆27公顷、花生14公顷。永乐农业经济区全面完成了2014年度设施面积发展67公顷的任务指标,完成签约策划项目1个,完成政府投资的254万元的永乐都市农业产业园区基础设施建设项目,来胜都市农业产业园已基本完成河道修砌、整形绿化、园区内路网等建设并初具规模和形象。

(王夕雨)

【第二产业】 规模以上工业总产值935.9亿元,同比增长3.3%,新增规上企业30户,万元GDP单位能耗同比下降3.77%,工业增加值能耗同比下降5%。加大对工业生产的组织、协调、调度力度,"双进双解"走进企业35户,累计走访百余人次,帮助解决特种无缝房产证问题、冀东水泥市场及原料采购等问题,切实为企业做好服务。为东宝海星汽车差厚板项目争取市工业发展专项资金中有偿补助(股权投资支持)2000万元。电力配套基础设施建设项目总投资1.55亿元,金属新材料产业园区用电线路配套工程已开工建设,66千伏达连变电站进线工程已做好施工准备,66千伏文桃线线路改造工程辖区内塔基土建基本完工,66千伏李陈线线路改造工程线路隧道及杆塔组建完工,五洲城供电线路工程两条主供线路土建部分完工。积极争取电力配套基础设施资金,争取达连变10千伏联网工程2500余万元,连续两年争取66千伏达连及苏桃两座变电站约1亿元。

(王夕雨)

【第三产业】 项目集聚,态势强劲。限上企业163家,服务业增加值100.2亿元,社会消费品零售总额达138.6亿元。一是会展商贸产业板块。投资231亿元的奥园城市综合体建筑面积270万平方米,已建设完成160万平方米;总投资300亿元的五洲商贸城已投入30亿元,建设完成56万平方米3个商贸馆及16万平方米物流总部;投资35亿元的华翔·东北亚五金城建筑面积120万平方米,一期29万平方米主体封顶;投资10亿元的名京商业综合体建筑面积22万平方米,正筹备试营业。二是空港商务产业板块。总投资128亿元的绿地-南航国际航空商务城占地227公顷,已摘牌土地27公顷,项目招商中心已封顶;投资12亿元的普泽临空国际商贸产业园、投资10亿元的普洛斯航空商务物流园等项目异军突起。三是休闲旅游产业板块。东部马耳山、广福寺、沈阳水洞、白清寨滑雪场等特色旅游项目方兴未艾。此外,投资16亿元津通科技园(一期14栋办公楼全部封顶)生产性服务业项目、金宝台二手车电子商务项目扎实推进,华夏孔雀城、奥园国际城、泰盈十里锦城、碧桂园凤凰城、恒大名都、华府丹郡等房地产项目持续热销。

(王夕雨)

【对外开放】 坚持"走出去、请进来"战略,构建项目招商、城市营销大开放格局。举办国内外大型招商活动14次,接待实地考察企业300余家。三精铝箔工业园、佛山禅城工业园、法国佛吉亚汽配等工业项目,普洛斯航空商务物流园、苏宁生活广场等商贸项目,普泽商务、格力电器等总部项目,台湾绿能永续新型城镇化项目纷纷签约落地。包装策划了商业综合体、商贸综合体、都市现代农业、休闲旅游、金属新材料等10个项目。设计完成了新版《苏家屯区投资指南》,按时出刊《招商》杂志,更新绘制招商地图,与凤凰网辽宁频道辽宁站合作,推广区招商动态、最新规划、招商项目、项目进展等招商引资工作要点。

(王夕雨)

【城乡建设】 深化全区发展战略规划,完成重点功能区产业规划和宏观、微观城市设计,完成全区规划建设审批导则及电力、水系等基础设施专项规划,聘请新加坡DP公司高标准编制老城区改造规划,初步构建全区发展"一张图、一盘棋"的科学规划体系。夯实重点基础设施建设,完成金属新材料产业园一期道路排水及泵站、二期5条道路排水管网等工程,提升国际会展商贸城四环沿线供水、供气、供热等配套能力,实现沈水生态科技创新城中央大街、郁金香街等道路建成通车,空港商务城总投资35亿元华润热电联产项目签约落地。达连变电站等5项电力配套工程开工建设,中央大街浑河桥工程获批,雪松路沈大高速跨线桥启动规划设计。

全面开展星级住宅小区创建,整修桂花街等30余条城区街路,提升4处公园休闲运动功能,新增、改造城市绿地1.7万平方米,完成乔松路农贸市场主体建设。投入1830万元,完成15个老旧小区1.1万户燃气改造工程。投入7000万元,实施129公里公路大中修改造工程,新增交通安全设施92处。投入430万元,按照"村保洁、街收集、区转运"模式整治农村生活垃圾。投入2700万元,完成惠及18个村1.5万人饮水安全工程。

(王夕雨)

【社会事业】 通过省级教育强区验收和全国义务教育发展基本均衡区评估认定,名师工作室和集团化办学取得新进展,3所公办幼儿园投入使用,176中学、华夏幸福学校、奥园京师实验学校加快建设,30中学高考成绩再夺郊联体第一名。4家区属医院与国内名院建立联盟协作机制,区中心医院晋升三级综合医院,区中西医结合医院晋升二级甲等医院。投入5000万元扶贫救困。城市规划展示馆、启蒙之光图书馆对外开放,文化艺术中心项目启动建设,雪松文化广场获评省群星奖。区广播电台"105.6"经典音乐频道开播。

资助学前困难幼儿13名,共投入资助资金3万余元;投入义务教育阶段"两免一补"资金567.06万元,为3.06万名学生免了杂费,为224名学生免了课本费,对12名学生给予了住宿补助;为特殊教育学校77名学生提供了20万元生活补助;为198名高中生发放高中助学金29.55万元;资助了25名当年考入大学的家庭困难学生,为75人办理了生源地贷款服务。

(王夕雨)

【苏家屯区被授予全国义务教育发展基本均衡区】 2014年9月24—25日,国家义务教育发展基本均衡县(市、区)认定评估组对苏家屯区进行了义务教育发展基本均衡县(市、区)督导认定。督导组查阅了县级档案材料,召开了人大代表与政协委员、校长、教师、家长座谈会,开展了县域义务教育均衡发展公众满意度问卷调查,实地检查了沙柳路小学、湖西街小学、朝鲜族中心小学、一八四中学、朝鲜族第二中学、陈相九年一贯制学校。苏家屯区顺利通过了国家义务教育发展基本均衡县(市、区)的认定。

(王夕雨)

沈北新区

【概况】 沈北新区位于沈阳市北部,2006年3月1日,沈阳市委、市政府将新城子区与辉山农高区合署办公,组建沈北新区;同年10月8日,新区经国务院正式批准成立。新区区域面积819平方公里,辖区共有11个街道办事处、141个涉农社区、40个城市社区,户籍人口31.2万人。全区居住的民族除汉族外,还有满、锡伯、朝鲜、回族等39个少数民族。区政府位于沈阳市辉山农业高新区明珠路1号。沈北新区有着丰富的自然资源,是名副其实的"鱼米之乡"。境内蕴藏着丰富的煤炭和优质矿泉水资源,东部山区有大量的石灰石、大理石、滑石和硅石等矿产。东部的石人山自然生态区,森林茂密,动植物资源丰富,是省内罕见的野生动植物宝库。区内有辽河、蒲河等7条河流蜿蜒流过。有辽河石佛寺水库等大、中、小型水库4座,灌溉和防洪条件优越。新区还有丰富的地热资源,已探明地热田364平方公里,储水量高达30亿吨以上。同时,新区具有浓厚的历史文化底蕴和现代人文基础,汇集多家高等院校、科研院所和研究中心。

(贺 亮)

【产业发展】 新兴工业加速集聚。食品医药产业加快转型升级,引进飞龙伟业健康园等一批项目,好丽友食品投产运营,农产品深加工产业向高端食品、生物医药产业转型升级。移动互联网产业规模不断壮大,引进蓝天手机、纳诺光电园等核心产业项目,建成北斗导航服务平台,推进中移动位置基地等重大项目开工建设,导航与位置服务产业被确定为沈阳市两大战略性支柱产业之一;扶持入区企业扩大产能,手机等智能终端制造产能达到4600万部。汽车产业集聚度不断增强,引进平安汽车、新阳光有轨电车、德尔福汽车零部件等项目,产业发展重点由特种车、汽车零部件向整车制造方向转移。航空产业高起点起步,辽宁省航空运动基地、沈飞航天制造、中航工业通用航空产业基地等项目落户沈北,辽宁联合航空公司组建成立,产业聚集效应逐步显现。

现代服务业发展步伐加快。引进华夏银行、哈尔滨银行、昊堃金融大厦、安华农业保险等金融项目,金融后援基地建设全面提速。积极推进大型实体店、电子商务等专业化市场和平台建设,雨润农副产品全球采购中心实现年销售收入80亿元;沙溪国际酒店用品商城已有300余家商户入驻并试运营,大商新玛特、兴隆大家庭两大商业项目进驻沈北，新区商业氛围日益浓厚。进一步完善公共服务水平，积极促进房地产业健康发展，商品房销售近100万平方米，销售总量位于全市前列。引进世界温泉论坛永久会址、伯氏马业等项目，推进仟睿达水上世界投入运营，成功举办“百万市民看沈北”、冰雪温泉节等主题活动，全年接待游客近300万人次，新区已成为广大市民休闲健身、旅游观光的首选之地，被评为辽宁省十大最美县区之一。

农业现代化水平不断提高。持续增加农业投入，总投资3.4亿元的沈康高速示范带基础设施建设全面完成，2.2万户农民从中受益。大力发展都市观光农业，成功引进猕猴桃种植基地、有机红树莓种植及加工基地等重点农事项目，促进东亚种业、尹家花卉等5个示范项目建成运营，有效带动周边农民增收。积极推进农业规模化生产，以辉山乳业青贮种植、奶牛养殖项目为龙头，推动土地承包经营权流转，新区土地流转率达到65%，居全国前列。

（贺　亮）

【项目建设】 项目引进提质增效。围绕主导产业发展方向，规范招商政策，注重效益核算，全年引进项目102个，计划总投资1070亿元，包括总投资206亿元的央视沈阳影视基地、155亿元的同联生物医药园等一批投资规模大、质量效益优、带动作用强的项目，储备了创新芯片基地等74个重点在谈项目，为新区经济发展奠定了重要基础。

项目开工全市领先。强化责任落实，狠抓要素保障，加快开工手续办理，全年开工项目119个，新开工面积达470万平方米，其中市重点项目46个。太平洋工业城开工46万平方米，已引进企业90余家；双汇食品园一期13万平方米全部封顶；同联生物医药园一期15万平方米厂区主体完工；辉山乳品城即将试生产；海尔冰箱厂等一批重大产业项目投入运营，新区项目建设位居全市前列。

企业服务水平有所提高。深入开展“双进双解”和“两包四联系”活动，落实产业发展资金2亿元，组建完成产业发展基金5亿元，帮助一批企业解决了发展中的问题。进一步拓展服务领域，手机检测、食品检验等公共平台服务功能日益突出；着力扶持投产企业发展壮大，新增高新技术企业11家，辽宁禾丰牧业、沈阳帝信通讯两家企业成功上市。

（贺　亮）

【环境建设】 基础设施日趋完善。以城市发展规划为引领，地铁建设、城乡路网、配套设施等工程有序推进。新建、整修城市路网88公里、农村公路74公里，路网布局更加合理，运行质量明显改善；完成虎韩甲等5条高压线迁移、辉山220KV变电所等30项电力工程，形成布局合理、保障能力较强的电力网络；在蒲河沿线新增烧烤区、体育活动场地、停车场等综合服务设施，蒲河廊道休闲娱乐功能进一步提升。

生态环境持续改善。实施节能减排，强化区域环境监管，开展大气、水环境专项整治行动，煤改清洁能源成效明显；强化对各类污染源监管，监督企业治污设施稳定运行，对区内河流进行全域监测，保证了新区环境安全。大力实施七星广场、道义大街等节点景观提升工程，新增绿化面积54万平方米。新区生态品牌更具影响力。

城市管理水平逐步提高。以沈阳市创建全国文明城市为契机，全面实施规范化、网格化、精细化管理。新建、整合全区4000个视频监控信号源，视频监控网络全域覆盖；大力开展专项整治，强化执法检查，占道经营、违章建筑、非法营运等问题得到有效控制，城市管理水平有所提升。实施村屯环境整治，清水、兴隆台、黄家3座垃圾压缩中转站正式启用，村村配齐保洁人员、配全保洁设施，农村生活垃圾“村收集、街中转、区处置”模式全域推广，垃圾围村现象得到有效解决。

（贺　亮）

【民生及社会事业】 民生工程顺利实施。千方百计扩大就业，建成人力资源市场，拓宽困难群体就业渠道，全年实现实名制就业1.1万人。切实改善人居环境，全面完成20个老旧小区综合改造工程和40万平方米“暖房子”工程；筹集资金18亿元，全面推进清水煤矿棚户区改造；集中力量解决了31个小区、近4万户居民煤气开栓问题。新农村建设取得新进展，投资7200万元，完成首批15个行政村宜居乡村建设，全面实施了百村亮化工程，村屯面貌大为改观；完成财落、黄家净水厂建设和农村饮水更新改造工程，居民饮水状况得到明显改善；筹集资金2.3亿元，将符合条件的被征地农民全部纳入市级养老统筹范围；全年发放各类救助资金1500万元，实现城乡困难群体同等救助标准，1900户贫困家庭受益，城乡二元结构逐步破解。

社会事业全面发展。着力推进集团化办学，新兴中学等首批4个教育集团运转良好，矿务局高中异地新建项目启动实施，教育强区创建工作顺利通过市级验收；扎实推进医药卫生体制改革，区中心医院、街道卫生服务中心（乡镇卫生院）、社区卫生服务站（标准化村卫生室）三级医疗卫生服务体系基本形成，基本药物制度实现全覆盖，有效缓解百姓就医难问题；多元化发展文化事业，成功承办沈阳市第七届少数民族传统体育运动会、锡伯族西迁250周年系列纪念活动，启动锡伯族博物馆建设，全年组织群众文体活动800余场次，群众文化生活水平显著提高。

服务群众能力进一步增强。扎实推进服务群众工作重心下移、力量下沉、权限下放，26个城市社区服务中心和114个农村社区服务站组建完毕，办公用房和设备全部落实到位，抽调的273名公职人员、500名社区工作者到岗工作，有效承接了各类行政性审批、代办服务。26个社区警务室配齐警力，社区卫生服务站、日间照料站、社区书屋全部向居民开放，为群众提供更多便利。

（贺　亮）

【社会管理】 进一步畅通“96123”、“96129”等各类诉求渠道，受理案件1.5万件，办结率达95%；全面推行全社会调解工作模式，开展信访积案“百日攻坚”行动，有效化解了一批信访疑难案件。进一步健全安全生产工作机制，“三线一运”、“打非治违”等专项整治行动收效明显；切实加强森林防火体系建设，配齐配全专业扑火队伍和设施装备，增强了防火工作效果；始终保持打击违法犯罪高压态势，实行覆盖全区的“大巡逻、大防控”，“平安沈北”建设取得实效。

（贺　亮）

【政府自身建设】 扎实开展党的群众路线教育实践活动，承接的260项政府方面问题基本完成整改；深入开展机关干部包保帮扶工作，访民情、送温暖、解民忧，密切了干群关系；坚决贯彻落实中央八项规定，不折不扣执行办公用房、公务用车等方面规定，全年“三公”经费同比下降43%。进一步深化行政体制改革，主动承接、积极落实上级政府下放的397项职能；简政放权，将政府41项行政管理权限下放到功能区、街道，保障了功能区高效运行；制定出台行政问责办法，扎实推进“两转一优”工作，政风行风进一步好转；积极构建“大监管、大执法、大审批”格局，着手筹备区行政审批服务局，组建完成区市场监督管理局、综合行政执法局，行政效能大幅提升。自觉接受人大法律监督和政协民主监督，认真办理人大建议和政协提案，满意率达100%。以“法律六进”为载体，全面开展“六五”普法宣教工作；完善法律顾问制度和政务公开制度，聘请18名政府监督员，依法行政工作效果明显。

（贺　亮）

【举办纪念锡伯族西迁250周年系列活动】 为大力弘扬锡伯族爱国主义精神和中华民族优秀传统文化，促进民族大团结，增进各民族和睦，同心共圆“中国梦”豪情，激发广大群众爱家乡、爱祖国情怀，新区于2014年5月16日举办纪念锡伯族“西迁”250周年系列活动。包括锡伯家庙祭祖、锡伯族西迁250周年纪念大会暨中国锡伯族博物馆启动仪式、欻嘎拉哈邀请赛和射箭表演、“民族魂中国梦”纪念锡伯族西迁250周年大型广场文艺晚会等四大主题活动。来自新疆察布查尔锡伯族自治县、新疆塔城市、新疆锡伯族语言学会及全国各地锡伯族知名人士共计200余人参加了纪念活动。

（贺　亮）

【承办沈阳市第七届少数民族传统体育运动会】 2014年7月3日，沈阳市第七届少数民族传统体育运动会在沈北新区沈阳航空航天大学体育馆隆重开幕。本届民运会以“共塑民族情，同筑中国梦”主题共设置正式比赛项目10个，表演项目4个。各区、县（市）及沈阳飞机工业集团共14个代表队、1000多名各民族运动员参加，项目数量、参赛人数均创历届民运会新高。本届民运会还首次接纳特大型国企单独组团参赛，并首次将“欻嘎拉哈”列为正式比赛项目。

（贺　亮）

辽中县

【概况】 2014年，辽中县地区生产总值实现395亿元，增长5.3%；固定资产投资实现391.2亿元，增长0.6%；公共财政预算收入实现24.97亿元，增长1.5%；规模以上工业总产值完成1099.4亿元，增长4.4%；社会消费品零售总额实现95.9亿元，增长12.6%；城市居民人均可支配收入达到2.77万元，农村居民人均可支配收入达到1.29万元。

（杨　波）

【农业】 粮食产量突破63万吨，实现“十一连丰”，获得了全国粮食生产先进县称号。建设高产示范区35个，农民专业合作社达到641家、家庭农场35家。启动了精细农产品深加工产业园区规划建设，沈阳农业大学辽中院士工作站、欣禾种苗繁育、惠泰种貂养殖培育等3个基地投入运营。创新农业生产关系，开展了农村土地承包确权试点，推进了农村土地信托流转工作。

（杨　波）

【工业】 全县规模以上工业企业已发展到390家。以服务工业企业为主要功能的辽中经济网正式开通。着力壮大集群规模，铸锻造、有色金属、机加泵阀三大传统产业集群实现产值540亿元。加速推进了卡车及特种车、先进装备部件、新材料等三个新兴重点产业集群建设，近海工业新城汽车产业园控详规划及区域环评已经完成，卡车及特种车产业集群已有10余个汽车整车及零部件项目正式落户，并已陆续开工建设，部分已竣工投产。

（杨　波）

【现代服务业】 “一市三县”单体规模最大的豪林购物中心全面竣工，兴隆生活广场项目全面提升县域商业能级。成功举办了生态水城房交会，展会销售面积4.3万平方米，成交金额达1.56亿元。积极推进蒲河经济带建设，珍珠水城12.1平方公里核心区控详规划已通过县人大审议，花溪地温泉旅游项目投入试运营。近海之星游乐园实现运营，蒲河北桥人行景观桥全面通行。成功举办了辽中县第四届湿地旅游节暨第七届近海文化节，全面提升了辽中生态旅游的知名度。

（杨　波）

【基础设施建设】 着力提升城市功能。投资1282万元，完成了新城“两路一街”道路及排水工程。投资1166万元，完成了老城北四路、商业街南段等道路续建工程。完成了政府路等主要街路整修补修、小街小巷道路改造以及沈环绕城线中心街至商业街段扩建等工程。投资1.5亿元，完成了县以上普通公路大中修、农村公路维修改造和“一事一议”村内道路建设等重点工程。完成了主城区及近海经济区主要街路绿化带的新建补植工作。精细化管理城市，着重对私建乱建、违章停放、占道经营等突出问题进行了集中整治，对未批先建项目按规定予以处罚。深入开展了宜居乡村创建工作，投入1200万元，实施了8个省美丽乡村、1个美丽乡镇的创建工程。满都户、城郊镇获批全省首批宜居乡村建设示范镇试点单位，茨榆坨、杨士岗镇入选全国重点镇，辽中县获得全国县级文明城市提名。

（杨　波）

【社会事业】 大力实施惠民财政，为城乡低保户、农村五保户、残疾人等弱势困难群体发放资金1.5亿元。新农保参保率达到93%，城保参保率达到92%。投资1.12亿元，改造饮水工程29处。全县14个农村污水处理设施全面运行，实现了大气、水污染物减排目标。投资3222万元，完成暖房工程50万平方米。完成弃管小区改造128个。基本完成了年初确定的棚户区及危房改造任务。实施合同能源管理新模式，对新老城区老旧路灯实施了节能升级改造。推进了殡葬改革和供暖改革等工作。教育强县创建工作通过省级预验收，成功获批国家级成人教育与职业教育示范县，实施了教育综合改革，组建了辽中县城镇二中教育集团。制定了《县级公立医院改革实施方案》，县医院实现药品零差率销售,基本药物制度实现村级全覆盖。新农合常住人口参合率实现99.9%。县中心敬老院和冷子堡中心敬老院项目主体封顶,牛心坨西房身回迁楼工程已竣工。投资1.7亿元的新一高中主体完工,投资1.53亿元的全民健身中心正式对外开放。成功举办了县第十三届全民运动会等活动。

(杨 波)

【农业标准化生产示范区建设】 农业产业结构加快升级。发展花卉、花生、两瓜等特色种植业4667公顷,实现产值6.02亿元;寒富苹果盛果期面积达3333公顷,产量10万吨,实现产值4亿元。建设及旧改设施农业小区27个,新增设施面积107公顷。全县蔬菜播种面积1.64万公顷,总产量达130万吨,产值24.71亿元。通过项目建设加大新品种、新技术引进推广力度。新建占地16公顷、连栋温室5000平方米的沈阳欣禾蔬菜工厂化育苗中心,建设3个国家蔬菜标准园和1个国家北方城市冬季设施蔬菜开发试点,建设冷子堡社甲、养士堡养前、潘家堡珍帝、刘二堡皮富、杨士岗前尖山5个设施农业科技示范园。加快淡水渔业结构调整。实施了农业部水产养殖管理信息系统平台示范县、渔业标准化示范县、水产基层技术推广体系建设等项目,全力推进淡水鱼"一县一业"省级示范县申报工作。新增部、省、市健康养殖示范场17个,获批辽宁省首批现代渔业园区,"辽中鲫鱼"获评辽宁省十大水产品品牌。

农业产业化取得长足发展。认真落实省市惠农政策,大力推进招商引资工作,争取基础设施建设项目补贴资金1000万元,积极推进辽中县农产品精深加工园区规划建设。投资10亿元的辽宁康森粮食集团30万吨留芽米生产基地项目和投资3000万元的沈阳市新丰生物科技服务有限公司赤眼蜂繁育项目均已开工建设;投资2.5亿元的沈阳威云寒富苹果深加工项目于2014年9月正式投入运营,出口结汇额可达600万美元以上。沈阳市新丰生物科技有限公司赤眼蜂繁殖项目一期工程完成投资2000万元,项目建成后可年繁殖赤眼蜂4000亿头,可满足省内周边地区玉米螟生物防治工作。

农产品质量安全工作再上新台阶。成立了农资监管专项整治领导小组,全年共出动执法人员550余人次,出动执法车辆140余台次,检查农资经营单位700多家,发放识假辨劣农资产品宣传单3500份、合理使用农业化学投入品手册1200余册,发放进销货台帐2000本。查处违法农业行政处罚案件17起,结案17起,罚款额3.4万元;调解因种子质量问题产生的纠纷3起,为农民挽回直接经济损失15万元,2014年获得省农业投入品监管示范县荣誉。辽中县农产品质量安全检验检测中心通过省技术监督局实验室计量认证评审和省农委实验室资质认证评审"双认证"。辽中县以96分的高分顺利完成国家级农产品出口质量安全示范区考核验收工作。

农业品牌建设成果显现。成立地标发展工作领导小组,精选10家农事企业(合作社)作为地标农产品示范基地,有4家大米、6家葡萄、2家葡萄、1家鲫鱼共13家生产企业申报使用地标品牌。加大"辽中鲫鱼"等5个地理标志保护产品的宣传推介力度,先后举办了"2014年珍珠湖'辽中鲫鱼'捕捞节"和"辽中寒富苹果品尝节"等活动。9月,举办的"2014年沈阳市果业协会成立大会暨农产品经贸洽谈会",吸引了来自俄罗斯、满州里及辽南地区100余家企业到辽中县洽谈农产品贸易,成交金额达21.5亿元。建立了"辽中农业"微信平台,加强与各个专业技术协会的信息交流,强化农产品生产流通供求信息的互动,广泛宣传辽中六大优势农业主导产业,放大辽中地标产品品牌效应。

(杨 波)

新 民 市

【概况】 2014年,新民市地区生产总值实现442.5亿元,比上年增长5.3%,其中:第一产业增加值80.1亿元,增长4.5%;第二产业增加值270.4亿元,增长6.3%;第三产业增加值92亿元,增长2.8%。公共财政预算收入实现30.35亿元,增长1.3%;公共财政一般预算收入占地区生产总值比重为6.84%,比上年提高0.74个百分点。在公共财政一般预算收入中,税收收入实现23.38亿元,增长4.5%。农业总产值156亿元,增长3.39%。规模以上工业企业304家,创造工业总产值1239.9亿元,增长5.3%。社会消费品零售总额121.5亿元,增长13.9%。固定资产投资实现459.5亿元,增长15.6%。实际利用外资8525万美元,增长5.3%;出口总额1.33亿美元,增长14.4%。农民人均可支配收入达到1.25万元。

(张 强)

【农业】 2014年,新民市农作物总播种面积达到21.05万公顷,猪、牛、羊、禽饲养量分别达到238.59万头、24.77万头、47.30万只、4875.73万只,水产品总产量6万吨。农业总产值156亿元,比上年增长3.39%。其中:种植业产值68.49亿元,增长0.37%;林业产值1.40亿元,增长39.55%;畜牧业产值74.25亿元,增长6.51%;渔业产值8.08亿元,下降3.31%;农、林、牧、渔服务业产值4.19亿元,增长5.60%。

规模经营、现代化设施、基础工程建设、创汇农业大发展。新建标准化规模养殖场20个。农业综合机械化水平达到84%,全市农机总动力实现110万千瓦时,跃升为全省农机第一县。整治柳河等险工7处,完成节水滴灌工程1000公顷,农建清淤土方300万立方米。出口农产品质量安全示范基地通过国家级验收。恒丰源肉业、福来食品等农事龙头企业健康运行,全市农产品出口创汇额达到4000万美元,位居全省前列。新注册家庭农场123家,累计达130家;新增农民专业合作社230家,累计达1147家;大民屯福德蔬菜合作社等3家合作社被评为全国示范社。

(张 强)

【工业】 2014年,全市规模以上工业总产值实现1240亿元,增长4.5%;工业利税实现79.8亿元,下降27%。"五大工程"强势推进。企业培强工程,新增规上企业14家,新华恒、龙士达等210家规上企业经营企稳回升,新增产值118亿元,沈阳正益装饰材料有限公司在上海股权托管交易中心挂牌上市,龙士达控股集团等3家企业在省股权中心挂牌。项目推进工程,举办"面向浙商招商推介会”等推介活动6次，洽谈推进项目86个，卓达蒲河产业新城等21个项目成功签约。空间优化工程，胡台新城完成总体规划中期成果和环评前期基础工作，栽植乔木5000株，补植灌木2000株、花卉1万株，整修人行路面6公里，完成振兴四街等3条道路及排水工程招标工作；经济开发区铺设黑色路面15万平方米、管网11公里，世纪大街等道路竣工通车，园区实现雨污分流，完成绿化面积3.7万平方米；兴隆温泉城完成城网自来水改造工程，铺设供暖管网3公里，栽植乔木1000余株、灌木1万余株；大民屯镇完成大新线4.9公里扩宽改造工程和五十家子带状公园基础设施配套工程；兴隆堡农产品深加工产业园、罗家房装备制造配套产业园正式启动。产业升级工程，胡台新城成功举办“2014年度东北三省塑料产业峰会”，包印产业集群成为大连工业大学实践基地，产值达310亿元；医药产业集群纳入沈阳市重点发展规划，产值达160亿元；电光源、机加、地板、农产品深加工等产业集群稳步发展。扶持助推工程，制定支持非公企业发展优惠政策；深入开展“双进双解”活动，解决企业发展难题46个；东新药业产学研转化基地项目投入使用；众友饲料等5种产品荣获省、沈阳市名牌产品称号。

（张　强）

【第三产业】　2014年，新民市实现社会消费品零售总额121.5亿元，比上年增长13.9%。新建农机商贸城果蔬市场、在建的家乐福商业综合体项目将为新民城区增添消费场地。完成102线大中修工程、叶苗线大修工程，完成农村公路维修改造工程96.15公里、“一事一议”财政奖补村内道路95.6公里，完成39个自然屯通油路建设工程，实施沈阜开发大道改扩建工程。栽植公路绿化树木11.2万株、灌木55万株。房地产业平稳发展，全年开工房地产项目54个，开发面积248.7万平方米，完成投资16.7亿元，销售面积59.7万平方米，成功举办春、秋两季房交会。金汇温泉养生馆竣工营业，金牛水世界旅游开发项目、宽悦·红美莱广场项目开工建设。新民文化博览园被评为“辽宁十佳人文景观”。成功举办第13届荷花节、马术游乐节、小梁山西瓜节、苹果采摘节等节庆活动。全年温泉游、采摘游、观光游等接待游客90万人次，营业收入1.3亿元。成功入选“2014中国最具价值文化（遗产）旅游目的地”。

（张　强）

【城市建设】　基础设施更加完善。改造辽河大街、南郊路等城区道路20条，铺设黑色路面21.5公里，改造人行路15万平方米，新区南路、南环西路实现路面贯通，东营北三路跨河桥主体完工，城区路网进一步完善。城市绿化栽植乔木1万余株、灌木22万株、草本花卉40万株、草坪4万平方米。实施供水、供暖管网改造工程。完成暖房工程10万平方米。维修改造老旧住宅楼45栋、13万平方米。完成客运站广场、郭屯广场升级改造。新增棚式公交候车亭26个、城区路口路牌25套。亮化改造行政村129个。绿化辽河沿岸村庄80个，植树总量74万株，铺设巨流河至毓宝台段13公里堤顶路黑色路面。蒲河沿线实施景观路沿线补植、湿地维护等工程，生态化、景观化建设成果得到巩固。张家屯等5处乡镇污水处理设施通水运行。罗家房镇新兴村等7个村被确定为省级“美丽乡村”示范村。兴隆堡镇、大民屯镇被评为全省辽河生态文明示范区宜居乡镇。前当堡镇、大民屯镇被确定为小城镇建设全国重点镇。大民屯镇方巾牛村、张家屯镇后大河泡村村民回迁楼竣工使用。

城乡管理更加规范。完成城市总体规划编制工作，完善“两城两镇”控详规划。城区扫保和行政执法实现“网格化”管理。依法拆除违章建筑3618平方米，对辽河大街等主要街路商户牌匾进行规范，清理店外经营6610处，拆除违规占道书报亭20个。开展噪声整治专项行动6次。完成京沈客专、沈阜开发大道等重点工程征迁工作。开展整顿运输市场经营秩序、运输车辆安全隐患排查等专项行动，取缔黑车37台，处罚违章车辆615台次，纠正违章车辆2320台次。

（张　强）

【社会民生】　全年城镇实名制就业4527人，农村实名制转移输出6822人，扶持创业带头人55人。保险扩面工作扎实推进，新农保、新城保参保人数达28.3万人；对城乡低保进行重新核查，停发6373户、1.25万人；交付廉租房149套；开展城乡困难家庭0—14周岁先天性心脏病患儿免费治疗活动，通过国家级残疾人辅助器具服务示范县（市）验收。县级公立医院综合改革继续深化，市医院妇产科病房楼建成使用；完成兴隆镇等4所农村卫生院新建项目；在全省率先完成居民健康卡发放工作；全年人口出生率6.31‰，自然增长率-0.8‰。投资2500万新建、改扩建陶家屯镇兰旗村等11所大村幼儿园，投资288万元，改造建城区一小等4所学校幼儿园，投资1954万元易地建设第二高级中学；完成338个教学班“班班通”工程和24所学校数字化校园建设工作；中高考成绩稳步提升，高考600分以上的72人；组织招聘农村艺术类薄弱学科特岗教师132名；教育强市创建工作顺利通过沈阳市第一阶段验收和省级预检。文化艺术中心项目完成规划设计，组织“全民健身日”等文体活动30场，全年放映电影5500场，组织送文化下乡惠民演出45场，开展公益培训、名家讲坛24期，开展全国第一次可移动文物普查工作；完成前当堡镇中古城子村等30个村级文体广场建设，完成14个社区书屋建设。组织科技培训7.1万人次，建立科技示范基地5家，培育农民科技示范户255户，培养农村科技骨干64名。新建村级政务服务中心48个，公开招聘社区干事51名，新柳街道铁路社区等3个社区被评为辽宁省卫生社区。

（张　强）

法　库　县

【概况】　2014年，全县实现地区生产总值311.5亿元，同比增长4.3%；公共财政预算收入27.8亿元，同比增长0.4%；固定资产投资370.7亿元，同比增长10.8%；规模以上工业总产值1244亿元，同比增长3.5%；工业用电量10.8亿千瓦时，同比增长10.4%；社会消费品零售总额60亿元，同比增长12.5%；出口创汇1450万美元，同比增长25%；农村居民人均纯收入1.18万元,同比增长10.7%。

全年赴国内外开展招商活动60余次;成功举办了沈法经济走廊招商推介会、重点产业招商推介会、走进温州商会、走进福建商会座谈会等活动,法库域外吸引力、影响力显著提升。全县共签约引进项目110个,新注册企业939家,引资额突破60亿元。全县开复工3000万元以上重点项目156个,其中超亿元项目达64个,为历年来最多。辽风小镇、正大农业产业化、开发区国家级循环化改造示范试点3个项目列入省重大项目,晟和景观陶瓷、通飞简十飞机等14个项目列入市重点项目,创历年新高。一大批重点项目的落地开工,为全县主导产业发展增添了新引擎。

(戴国富)

【农业经济】 产业化规模不断放大。土地确权登记试点工作进展顺利,按照依法、自愿、有偿原则,累计流转土地2.8万公顷,"企业家庭农场(农业专业合作社)专家"发展模式稳步推广。全县累计发展家庭农场110个,培育市级以上农事龙头企业38家,实现出口创汇1100万美元。

特色农业提质增效。沈康现代农业示范带通过市级验收,秀水河流域现代农业示范带建设进展顺利。充分发挥国家级出口农产品质量安全示范区优势,发展辣椒、树莓等出口农业1.3万公顷。新增"三品一标"100个,叶茂台花生、五龙山葡萄获批为国家地理标志保护产品。在第十四届辽宁(沈阳)国际农博会上,法库县的新东胜树莓、珍食绿色蔬菜等30余个品牌产品广受好评。

牛产业稳步发展。牛饲养量达到70万头,其中奶牛存栏6.2万头。涌鑫牧业、鑫金清真肉业等重点企业运行良好。兽医分子生物学实验室晋升为省级实验室,动物疫病检测防控水平显著提升。"法库牛肉"地标品牌影响力进一步扩大。辉山乳业一期运行良好,二期项目开工建设,辉山乳业形成了牧草种植、奶牛饲养、生产研发、全程品质控制的最完整全产业链发展模式,被工信部确定为首批乳粉企业质量安全追溯体系建设试点。生产条件不断改善。落实农机补贴2210万元,新增农机具760台(套),农业机械化水平稳步提升。完成了马家沟河、拉马河等流域水土保持综合治理,法库县荣获"大禹杯"竞赛优胜单位。新增节水增粮面积1867公顷、土地整理面积8000公顷,创建国家级玉米高产示范片8个。测土配方施肥标准化实验室通过国家级验收。农业监测站通过国家级考核、计量"双认证",全省农产品质量安全监管工作现场会在法库县召开。经农业部专家组测产评定,依牛堡子镇东润泽家庭农场的玉米荣获东北四省区雨养农业区"玉米王"称号。

(戴国富)

【工业经济】 陶瓷产业集群不断壮大。以建设国家级循环化改造示范试点园区为契机,推进陶瓷产业进档升级、清洁生产和品牌化发展,累计引进企业242家,安排就业7.5万人,陶瓷工业年产值达到600亿元。基础设施建设顺利实施,瓷都变电所一期、三泉变电所1号主变投入使用,园区给水工程建成输配水管网30公里。陶瓷产业结构逐步优化,苏泊尔卫浴、金美佳陶瓷正式投产,兴辉陶瓷等企业完成了技术改造升级,金典K金砖、红运仿古砖开始试生产。陶瓷创意中心运行良好,近百位国内外知名书画家成立了工作室,新永德陶瓷刀、辽金源日用瓷、鸿蒙艺术瓷等创意陶瓷项目进驻中心。循环化经济加速发展,园区年循环利用各类陶瓷废料达109万吨,亿胜达陶瓷、中法环保建材等项目进展顺利,陶瓷研发中心研制的利永胜发泡陶瓷正式批量生产。品牌化建设成效明显,五洲震耀、王者陶瓷被评为辽宁省创新型企业,亿友瓷瓦荣获中国驰名商标,日日顺、浩松等40余种产品荣获辽宁名牌称号。

通用航空产业加速集聚。通航基地基础设施建设稳步推进,投资环境逐步优化。辽宁通飞、辽宁锐翔获得运行合格证。联航神燕与意大利泰克南正式签约。美国派珀、澳大利亚海鸟、俄罗斯别103水陆两栖飞机等国际先进机型落户基地。全国首款锐翔电动双座轻型飞机在基地顺利完成33项试飞科目,成功取得适航许可证,通用飞机"法库制造"已经达到国际先进水平。沈航大学首批60名学员在基地正式开始飞行实践培训。亚洲航空特技飞行运动联合会、美国威奇托市中国航空代表处沈阳分部正式成立。法库通航产业基地影响力和知名度进一步提升。

辽河经济区发展势头良好,紧紧围绕新能源、新型建材、机电设备三大主导产业,强力推进项目建设,全年开复工3000万元以上重点项目15个,签约引进绿恒集团微风发电等项目7个。孟家绿色食品加工区加快发展,核心区基础设施更加完善,东润桃山白酒、民生有机食品等企业运行良好,园区累计入驻企业48家,其中省、市级农事龙头企业9家。拉马河经济区全面起步,规划、招商等工作有序展开,伊德保健食品、光伏蔬菜工厂等项目稳步推进,经济区被列为沈阳市新建农事开发区重点扶持单位。绿色能源产业稳步发展,大唐国际五龙山风电项目开工建设,依牛堡子生物质气化站主体竣工,生物炭基缓释肥项目正在进行设备安装调试,法库县位列全国新能源产业百强县第4位。

(戴国富)

【第三产业】 区域中心市场建设成效明显,以营口港法库陆港为龙头的东湖新城市场群初具形象。完成了龙山市场、龙山路早市整体搬迁,中贸国际商城一期五金家居城、二期农副产品交易中心入驻商户近千家。东北种子农资大市场一期投入使用,69家业户运营良好。沈阳中港大宗商品交易市场签约落地。

陶瓷生产性服务业快速发展,中国陶瓷谷大市场"买全国、卖全国"格局基本形成。总投资6亿元的海特曼商贸物流园投入运营,被列为沈阳市服务业重点扶持项目。中冠、大东北、恒大国际等陶瓷市场总面积达到135万平方米,2014年销售额突破百亿元。

会展旅游业持续发展。举办了春秋两届国际陶博会、国际飞行大会、首届中国东北商品交易会、房交会,以及白鹤节、登山节、荷花节、古枫节、葡萄节、冰雪节等活动,法库域外知名度显著提升。成功推出了多条一日游线路。獾子洞国家湿地公园被授予"国际自然课堂环境教育基地"。祖家坊、五龙山、财湖成为AAA级景区,巴尔虎山成为A级景区。全年接待游客120万人次,旅游全口径收入实现1.2亿元。

财政金融工作得到加强。强化财税

征管,完成税收收入22.4亿元,占公共财政预算收入的80.6%,收入质量显著提高。依法依规管理使用财政资金,进一步完善集中支付、资金监控制度,精心安排预算支出,全面推进非税收入、公务卡改革。融资工作取得新进展,为县域发展提供了有力支撑。全县金融机构各项存款余额91.2亿元,各项贷款余额60.8亿元。成立了允升、华新财富两家小额贷款公司。建设银行、哈尔滨银行在法库县设立了分支机构。

（戴国富）

【城乡建设】 东湖新城建设力度加大。开复工房地产项目24个,施工面积140万平方米,商品房销售面积30万平方米。辽风小镇"三纵三横"路网建设稳步推进。完成了孟家变电所联网工程。东湖新城、孟家园区供电保障能力进一步提升。新城水系综合改造、金沙河治理进展顺利。文化馆、图书馆、体育馆、广电中心、少年宫、欢乐广场、987广场等一大批公共文化服务设施投入使用。家百惠生活广场正式开业。原种厂、果子园、东沟村、民安佳园等区域顺利完成回迁。

老城区改造稳步推进。热电联产集中供热工程累计投资近5亿元,装备改造供热设备9台,铺设维修供热管网25条50公里,建成换热站29座,实现了城区400万平方米稳定高效集中供热,多年来供热质量不高问题得到彻底根治,这项温暖民心、普惠民生的重点工程取得了可喜成效。深入实施"三小一暖"工程,完成了粮食小区整体改造,实施了县幼儿园、红街东辅路等小街小巷路面维修,重新铺装人行路8万平方米,40万平方米老旧小区外墙保温改造成效明显。成立了物业行业协会,统一物业服务标准,弃管小区居住环境得到改善。

宜居乡村建设全面启动。实施畅通工程,48.2公里明沈线大中修工程被评为交通部优质工程,完成了8.8公里东五线,以及83个村屯203公里农村道路维修改造。实施村屯亮化工程,为141个村安装太阳能路灯2115盏。加强农村环境连片整治,污水处理厂、垃圾集中回收点运行良好。大孤家子镇被评为全省宜居示范乡镇,柏家沟镇大六家子等6个村被评为全省宜居示范村,秀水河子镇杨家堡等47个村被评为全省宜居达标村,登仕堡子镇张家堡村被评为沈阳市"美丽乡村"。

生态建设成效显著。扎实推进"碧水、青山、蓝天"工程。辽河治理保护得到加强,省重点水利工程完成了400万平方米工程征地任务,一期工程进展顺利,二期工程实施了勘测、设计和招标,11座中小型水库除险加固工程提前竣工。完成植树造林6533公顷,与省固沙研究所合作,开展了八虎山彰武松、马家店云杉2个生态林科技示范工程。热电联产集中供热工程的实施极大地改善了城区空气质量。深入开展环保专项行动,强力推进节能减排,拆除小锅炉43座,210家企业纳入排污申报核定。全县万元GDP能耗下降4.1%,二氧化硫、氮氧化物、农业源化学需氧量、氨氮削减量均圆满完成了市政府下达的减排任务。

（戴国富）

【社会事业】 教育综合实力大幅增强。东湖中学运行良好,完善了图书馆、体育场、校园绿化、周边路网等设施,教育教学管理水平进一步提升,平均分明显提高,校际差明显减小,特色教育逐步形成,增进了对外交流,开拓了学生视野,成功举办了首届校长论坛、校园文化艺术节,教育部和省、市各级领导多次实地考察,对学校建设发展给予了充分肯定。高中体育馆、第二幼儿园教学楼等18个教育重点项目全部竣工。法库高中通过省级示范高中复检。县幼儿园、白鹤幼儿园晋升为市级示范园。教育强县创建工作提前一年通过市级评估验收和省级预检。

科技创新工作扎实推进。正式获批为辽宁省可持续发展实验区。与省农科院、沈阳农大开展了科技共建,产学研合作取得新进展,建立现代农业产业基地、现代农业示范园20个,新型科技服务站项目稳步实施,全年开展专家培训30多场(次),培训产业带头人2500人。陶瓷研发中心完成了呼吸砖等重点课题研发工作,全年新增发明专利15项。与沈阳化工大学开展广泛合作,建立了实践教育基地、辽白瓷研究院。

医疗综合服务水平不断提高。县中心医院增设了重症、康复、血液透析等科系,组建了专家库,20余名国内知名专家可随时到法库县开展诊疗活动,公立医院改革顺利启动,全年门诊量突破22万人次,住院患者达1.5万人次。19个乡镇卫生院收归政府管理,一年来运行平稳,医院环境和服务能力得到提升。新农合筹资水平提升到400元,常住人口参合率达到99.7%,全年共支付医药费1.12亿元,受益农民3.25万人次。兑现计划生育奖扶政策1.98万户1070万元,法库县被评为全国计划生育优质服务先进县。

文体事业蓬勃发展。辽文化底蕴得到充分展示,召开了第二届辽文化年会,出版4辑《辽文化研究》丛书,辽风小镇、辽文化博物馆建设稳步推进,司马第、县丞府等文化府院竣工。建设"足球之乡、小提琴之乡、山水画之乡"步伐加快,开展了首届足球联赛、小提琴音乐会、书画展等活动,新华网、人民日报等多家媒体对法库县校园足球发展进行了详细报道,在教育部推进全国校园足球会议上,法库县介绍了典型经验和做法。群众文化活动丰富多彩,召开了首届法库国际青少年夏令营、《法库姑娘》广场舞大赛等活动780多场。12个乡镇综合文化站投入使用。《秀水河子歼灭战》荣获第14届百合奖优秀故事片二等奖。

社会保障日趋完善。就业创业工作扎实开展,新增实名制就业4614人、农村劳动力转移8306人,城镇登记失业率控制在2.8%。社会保险扩面成果显著,征缴养老保险费1.6亿元。完成了21个农村互助幸福院建设,对县养老院进行了维修改造。低保救助标准逐步提高,低保群体实现全覆盖,全年累计发放低保金2741万元,城乡低保户、低保边缘户全部免费参保参合。

（戴国富）

康 平 县

【综述】 2014年,康平县地区生产总值实现198.5亿元,增长7.2%。固定资产投资实现233.8亿元,增长15.1%。公共财政预算收入实现17.2亿元,增长

1.2%;其中税收收入实现14.04亿元,增长2%。社会消费品零售额实现46.9亿元,增长13.8%。实际利用外资6896万美元,增长72.4%。出口总额3918万美元,增长111.8%。农民人均纯收入达到1.15万元,增长11%。

(赵海军)

【改革创新】 2014年,全县积极推进行政管理体制改革,卫生计生、农业农经、督查考评等部门完成组合优化,进一步加大了简政放权力度,实现了工作下移、重心下沉、权力下放。农村改革统筹推进,农村宅基地确权登记国家试点工作顺利实施,土地承包经营权确权市级试点前期工作有序开展。生态文明体制改革不断加强,编制了《康平县生态文明体制改革规划》,制定了生态改革量化考核细则,建立了乡村环境管理体制和运行机制,实现了城乡环境监管全覆盖。民生领域改革全面启动,县医院公立医院改革全面完成,校企合作全面开展。社会管理体制、信访工作模式不断创新,监察议事协调机制得到改进。

(赵海军)

【招商引资】 2014年,全县进一步健全招商引资体制机制,强化招商责任,拓展招商渠道,珠穆朗玛食品、铭辉新天地等项目签约落地,卧龙湖影视基地、水上乐园、生态文化旅游综合体等重大项目达成投资意向。全年新开工3000万元以上项目26个,计划总投资152亿元,其中亿元以上项目12个,为县域经济发展提供了强大的项目支撑。

(赵海军)

【生态建设】 2014年,卧龙湖生态区经过了3年紧张建设,滨湖绿化带、湿地公园等37项工程竣工,卧龙湖景区6月1日正式面向社会开放,提前实现了市委、市政府确定的"三年初具形象"目标。完成造林8000公顷,王平房风口"新万亩松"栽植任务完成。高标准建设沈康高速现代农业示范带,形成了以寒富苹果、设施农业等为主的多元生态农业产业带。辽河干流河道综合治理、老山头水环境生态治理等工程竣工,郭家口湿地、青龙山景区等节点生态逐步恢复,百里辽河原生态湿地景观初步形成。

全县投资3.5亿元,在全省率先实现"一根烟囱"集中供热工程,新老城区集中供热面积达到345万平方米,供暖质量明显提升,节能减排效果显著。城北污水处理厂、孔家污水处理厂正常运转,城区园区污水实现达标排放。宜居乡村建设全面启动,建立起农村垃圾清理保洁长效体制机制,各地区全部成立了环卫所,99个村组建了专职环卫保洁队伍。全县生态环境持续好转,生态助推发展优势更趋明显,被环保部正式命名为"国家生态文明建设示范区"。

(赵海军)

【农业】 2014年,全县不断壮大苹果、花生等特色主导产业规模,寒富苹果"一县一业"创建步伐加快,花生、蔬菜、薯类面积分别达到2.4万公顷、6667公顷、6000公顷,标准化规模养殖场达到189个。市级以上农业产业化龙头企业达到27家,家庭农场达到28个,流转土地1.03万公顷。二牛粮库建设项目投入使用,列入省粮食产业化发展中心库。引进、推广农业新品种50个、新技术30项,积极采取人工增雨、打井灌溉等抗旱自救措施,全县粮食总产量稳中有增,农业实现了持续稳定健康发展。

(赵海军)

【工业】 2014年,全县规模以上工业企业达到458户,实现工业总产值649.7亿元,增长8.8%。四大产业集群实现工业产值272亿元。康平电厂发电46.5亿千瓦时,实现产值15.23亿元。龙源、优能、华源、金山等风电企业发电9亿度,实现产值5亿元。大强煤矿建设完成。珠穆朗玛食品、惠康豆制品二期工程开工建设,华源柳树屯风场、国电小城子风场等风电项目前期工作进展顺利,碳纤维二期项目开始规划论证。特别是总投资近百亿元的辉山乳业奶粉加工全产业链项目全面启动,首批18个牛场建设已近尾声,二批8个牛场和乳制品加工项目进场施工,饲料厂、加气站选址已完成,开发区热源厂框架协议已经签订,工业实力得到进一步增强

(赵海军)

【服务业】 2014年,全县出台了《关于加快发展服务业的实施意见》,城乡各类商贸企业达到3192家。康平新城成功晋升省级现代服务业集聚区。大辽圣市商业街土建工程完工,景观建设持续推进,专业招商全面展开。康平大市场即将交付使用,建材商贸城建设进展顺利。龙湖御景、亿居地中海二期等房地产项目开工建设,房地产开发面积达到40万平方米。《康平县域旅游发展总体规划》作为沈阳市第一个县域旅游规划,通过市级评审。卧龙湖风景区、卧龙谷旅游集散中心成功创建国家AAA级旅游景区。举办了卧龙湖大辽文化冬捕节、羊汤节、观鸟节、采摘节等节庆活动,累计接待游客近30万人次。

(赵海军)

【基础设施建设】 2014年,全县投资5.3亿元,积极推进新老城区建设。老政府地块征收工作顺利完成,改造弃管小区16个,县医院门前停车场交付使用,中心街路绿化工程高标准完成,新城区五横六纵11条道路收尾工程、66千伏卧龙变电所及通讯、绿化、铺装等配套工程全部竣工,中央公园、绿丘公园、市民广场等项目投入使用,档案馆、规划展示馆、腾龙阁等工程有序推进,城市基础设施、形象功能进一步提升。

投资1.1亿元,全面加强园区基础设施建设,园区排水、纺织园道路、高性能纤维材料产业基地变电所等基础设施工程和园区绿化、节点景观提升等配套工程全部完工,塑业研发检测平台正式投入使用,即将获得省级检测资质,标准化厂房、塑编展示馆全部建成,开发区项目承载能力与园区整体形象不断改进。

投资8.1亿元,进一步完善农田、道路、林网等农业基础设施,强化耕地保护,积极推进土地整理、高标准基本农田、涝区治理等农田水利基本建设工程,农业综合生产能力和抵御自然灾害能力不断提高。农机总动力达到36.5万千瓦,落实农机补贴1788万元。强化乡村环境治理,嘎叭屯新农村建设工程完工。投资3.5亿元,全力推进域内道路建设,15公里卧龙湖环湖路、27公里辽河生态文明示范区道路一期、48公里明沈线国检工程、87公里财政奖补村路建设等道路工程全面完成,道路通行能力进一步加强。

(赵海军)

【社会事业】 2014年,全县教育水平稳步提高,康平高中综合实力位于市郊联体前列,康平二中扩招稳步推进,滨湖小学完成规划论证,8所幼儿园新建改造工程顺利实施,教育资源布局更趋合理,"教育强县"基础初步奠定。医疗卫生工作扎实推进,医疗预防体系全面建立,中医院门诊病房楼工程开工建设,6所乡镇卫生院附属设施工程、胜利卫生院业务用房工程全部竣工,120急救中心

投入使用。文体事业蓬勃发展，康平历史暨辽金文化研究会正式成立，文化传媒中心交付使用，博物馆布展工作有序推进。举办各类群众文化活动700余场次，6所学校体育场馆面向社会开放，全民健身扎实开展。农村有线电视主干光纤网络建设工程顺利完成，县域有线数字电视双向网络建成并全部开通。

（赵海军）

【民生工程】 2014年，全县共投资2.7亿元，翻建维修农村危旧房屋521座，新建农村安全饮水水源井39处，农村群众生活条件进一步改善。实施到户扶贫项目30个、产业扶贫示范项目2个，扶贫移民搬迁92户。康平县第一个老年文化活动中心在朝阳社区交付使用，14个农村社区服务中心、12个农村室外文体广场投入使用，全县社区办公、活动条件进一步改善。农产品质量检测中心一期建设完成，群众食品安全保障水平得到提升。

加快完善覆盖城乡的社会保障体系，精细化救助和分类救助水平不断提高。农村低保、城镇低保所占比例分别为3.8%、4.2%，新农合参合率达到99.8%，辖区住院报销比例提高至70%以上。新农保参保率达到97.5%，参保人数达到13.2万人。城镇新增实名制就业4580人，城镇登记失业率为2.97%。

（赵海军）

沈阳经济技术开发区

【概况】 2014年，沈阳经济技术开发区规模以上工业总产值3026.1亿元，增长5.5%；规模以上工业增加值760.5亿元，增长6.4%；固定资产投资473.4亿元，增长1.3%；公共财政预算收入58.1亿元，增长13%；实际利用外资8.5亿美元，下降13.3%。

发展空间。中德高端装备制造产业园开展了总体规划、产业规划编制工作，起步区建设得到推进。中法沈阳生态园规划建设、生态指标体系编制工作得到推进，并探索市场化运营模式。化工园开展了总体规划修编工作，细河新城总体规划编制完成。滨河生态新城和宝马汽车产业新城的城市功能得到完善。开发区征收土地1200万平方米，依法依规清理闲置土地81.9万平方米。全区收储土地892.7万平方米，出让土地201万平方米。

项目建设。2014年，新开工3000万元以上项目118个、竣工项目111个。41个市重点项目全部开复工，完成投资373亿元，增长11.2%。投资88亿元建设宝马铁西工厂三期，投资58亿元的宝马发动机一期主体完工，投资50亿元的米其林三期扩产项目开始筹建，沈化股份、普利司通等搬迁改造项目加快推进，东方银座铂尔曼酒店、丰田纺织等一批项目竣工。2014年，争取各类上级支持资金17.3亿元。

工业规模。2014年，装备制造业产值2290亿元，增长13.2%，占全区规模以上工业总产值的75.6%。汽车及零部件产业产值723亿元，其中宝马铁西工厂生产整车14.5万辆，产值390亿元，增长62.5%，拉动全区工业增长4.2个百分点。现代建筑产业产值660亿元，增长5.1%。实施装配式建筑工程182.2万平方米，在全市领先。医药化工产业产值320亿元。重点医药化工企业实现扭亏为盈。同时，区内工业产品协作配套额达到106亿元，增长63%。

农业发展。2014年，沈阳经济技术开发区农业总产值21.6亿元，增长6.1%。粮食总产量16.5万吨。农民人均纯收入1.62万元，增长8%。实施农产品“三品”认证1.02万公顷，都市观光农业发展得到推进，开展了农村土地承包经营权确权颁证改革试点及林地林权制度改革工作。2014年，种植粮食作物1.47万公顷，8000公顷玉米生产绿色防控全覆盖，6667公顷水稻生产实现全程机械化。建设高标准农田3667公顷，粮食总产量达到3.3亿斤，增长12%，现代农业取得新成果；新增设施农业面积667公顷，设施农业生产面积达到1720公顷，设施农业持续发展；农民合作社达到158家，已注册的家庭农场达到12家，培育了28家市级示范社、3家省级示范社、2家市级家庭农场，新型农业经营主体不断壮大；完成22.5公里细河清淤任务，完成农业农村水利设施建设投资454万元，32项农田灌排工程建设全面竣工，水利工程建设和生态治理取得新成效；维修改造农村公路12.5公里，绿化植树5500株，新建农村垃圾池170个，新增农村无害化厕所800个，农村基础设施建设进一步加强。

科技创新。国家级两化融合示范区发展规划编制完成，企业样本库初步建立。沈鼓集团云制造平台在线租用、北方重工数字化工厂营销成效明显。骨干企业重大技术装备国产化取得新成果。远大科技园运行经验在全国推广。新增10户高新技术企业、2个省级重点实验室和2个省级工程技术研究中心，荣获省市科学技术奖项65项，创新型中小企业增至31户。

生态环境。沈阳经济技术开发区成为国家首批低碳工业试点园区。2014年，开展热电企业脱硝除尘专项治理，拆除小锅炉房22座，新增集中供热面积181.3万平方米。细河治污取得阶段性成果，对西部污水处理厂进行扩建，依法取缔谟家地区塑料黑加工点等105处污染源。浑河西峡谷、细河U谷、宝马公园等生态景观工程建设取得重要进展。

（黄　颖）

【生产性服务业发展】 2014年，沈阳经济技术开发区工业企业分离的60户生产性服务业企业实现收入58亿元。开发区服务业大厦对存量资源进行二次开发利用，建成面积1万平方米。截至2014年底，入驻嘉泰电子商务、达美物流、中资产权交易等各类生产性服务业企业（机构）48家，其中30家企业（机构）正常运营。基本形成以金融机构为主，集电子商务、工业设计、检测检验、信息服务、现代物流为一体、服务装备制造业等企业的综合性服务大楼。

（黄　颖）

【全省第一家股权交易分中心成立】 2014年4月25日，沈阳经济技术开发区管委会与辽宁股权交易中心签署《金融服务战略合作框架协议》，约定共同设立辽宁股权交易中心铁西中心。

辽宁股权交易中心铁西中心于2014年8月19日在沈阳经济技术开发区正式挂牌运营，是辽宁股权交易中心在省内设立的第一家分支机构。开发区在辽宁股权交易中心挂牌的企业可通过股权定向增资、股权质押、专利权质押、备案发行私募债等方式，吸引银行、PE、VC、科技基金、小贷公司等机构基金，促进企业发展。2014年，有55家企业成功在辽宁股权交易中心铁西中心挂牌。

（黄　颖）

【成立中法生态园】 2014年3月，中法两国正式签署《关于生态园区经贸合作的谅解备忘录》,标志中法园的开发建设进入实质性操作阶段。2014 年 7 月,沈阳经济技术开发区正式组建中法生态园管委会,采取新模式进行园区整体开发建设。

2014 年,园区累计洽谈推进了法国万喜集团垃圾焚烧发电项目、法国电力集团电力基础设施建设项目、法国威立雅集团再生水处理项目、法国盛瑞资金集团足球学校项目、法国 CRR 建筑设计公司项目、德国西诺公司汽车零部件项目、德国 EWS 公司数控机床刀具生产项目、德国 KTC 公司机床零部件生产等 44 个项目,完成注册项目 7 个,开发策划项目 5 个,签约落地项目 4 个。

(黄　颖)

【在全省率先实行“三证合一”】 2014 年,铁西区被列为辽宁省“三证合一”工作试点单位。“三证合一”登记制度,是指在不改变工商行政管理、质量技术监督、国税、地税部门审批职能,不改变原有证号编码规则的前提下,将组织机构代码证、税务登记证和工商营业执照合一,向企业颁发加载组织机构代码、税务登记号的营业执照,不再另行颁发组织机构代码证、税务登记证的登记制度。

沈阳经济技术开发区实行“三证合一”,简化准入手续,缩短办理时限,推进登记制度便利化,促进市场主体加快发展。实现一个窗口办理、一套材料申报、信息共享、信用惩戒、联动监管和严格市场退出。实行“三证合一”后,企业设立登记时限由原来的 15 个工作日缩短成 8 个工作日,最短达到 5 - 6 个工作日完成。

(黄　颖)

【华晨宝马新发动机工厂第一个铸件下线】 2014 年 11 月 28 日,华晨宝马新发动机工厂铸造车间第一个铸件下线,这是宝马集团首次在德国之外斥巨资投资铸造生产。华晨宝马新发动机工厂轻金属铸造车间采用宝马最新的低压金属型成型技术,同时应用新型的无机环保黏合剂替代传统的有机黏合剂制造砂芯,使生产过程中有害物质排放接近于零。应用这一创新生产技术,宝马的轻金属铸造生产可使发动机内燃残留物的排放降低 98%。华晨宝马新铸造车间的设计和建设致力于在德国宝马最新技术上的再次创新,建成后将成为国际最先进的现代化生产车间,全面引领国内轻金属铸造行业的发展。

2014 年,华晨宝马铁西工厂工业总产值 376.91 亿,同比增长 58.85%,占沈阳华晨宝马工厂总产值的 37.55%,较 2013 年占比提高 8.55%;全年宝马铁西工厂累计产量 14.44 万辆,同比增长 64%。

(黄　颖)

沈阳金融商贸开发区

【概况】 沈阳金融商贸开发区,成立于 1991 年,占地面积 5.9 平方公里,东南西北各与一个友邻城区接壤,地处城市中央,坐拥沈阳“中央都市走廊”核心地段,是沈阳的中央商务区、东北区域金融中心核心功能区、辽沈地区现代商贸业聚集区、东北最具有都市形象总部聚集区、国家优化金融生态改革试验示范区。沈阳金融商贸开发区凭借着得天独厚的区位优势,以东北区域金融中心建设为目标,以商务楼宇建设为载体,以金融机构引进为主攻方向,初步形成了以金融商贸为主导,以总部经济和流量经济为重点,以房地产、信息服务、咨询中介等配套设施产业为支撑的产业发展格局。2002 年,沈阳金融商贸开发区被辽宁省政府批准为省级开发区,肩负着国家、辽宁省委、省政府和沈阳市委、市政府赋予的建设东北区域金融中心的光荣使命。2010 年 4 月 6 日和 2011 年 9 月 16 日,国务院先后批复了《沈阳经济区新型工业化综合配套改革框架方案》和《沈阳经济区新型工业化综合配套改革试验总体方案》,明确提出:“以沈阳金融商贸开发区为主体,开展国家优化金融生态改革试验,加快建设区域性金融中心”。建设东北区域金融中心成为国家对沈阳经济区的“三大定位”之一,沈阳金融商贸开发区建设国家优化金融生态改革试验区和东北区域金融中心正式上升为国家战略。2013 年 12 月 23 日,国务院同意,国家发改委、人民银行、银监会、证监会、保监会五部委联合批复《沈阳经济区优化金融生态改革试验专项方案》(发改经体〔2013〕2588 号),批准沈阳经济区开展优化金融生态改革试验,明确了沈阳金融商贸开发区作为东北区域金融中心核心功能区和国家优化金融生态改革示范区定位,提出“以沈阳金融商贸开发区为核心功能区,在金融市场、机构、产品、监管等方面开展优化金融生态改革试验,为沈阳经济区推动新型工业化综合配套改革试验和东北等老工业基地全面振兴发挥核心支撑作用”。沈阳金融商贸开发区成为继上海浦东新区、天津滨海新区之后中国第三个金融创新先行先试区,迈入新的发展历程。

(曹兴国)

【招商引资】 2014 年,为更好完成国家和省市赋予的东北区域金融中心核心区建设和开展国家优化金融生态改革试验历史使命,沈阳金融商贸开发区积极调整招商引资工作方向,将招商重点由面向内外资银行向新型金融机构转变,大力引进银行、信托、金融租赁、消费金融、小额贷款、融资担保、产业基金及金融要素市场等金融服务业,以及法律、会计、咨询、评估等商务服务业。截至 2014 年 12 月底,沈阳金融商贸开发区已集聚各类金融机构和金融相关企业 784 家,包括银行、保险、证券期货等金融机构 181 家,小额贷款、融资担保、保险经纪等金融类机构 184 家,投资管理、咨询、投资担保等金融服务类机构 419 家;引进注册资金 3 亿元的沈阳金融商贸开发区瀚华科技小额贷款有限公司、注册资金 10 亿元的辽宁海通新能源低碳产业股权投资基金有限公司、注册资金 1000 万美元的华金银融资租赁有限公司等总部及 500 强企业 75 家,全面完成全年招商任务目标。

(曹兴国)

【规划建设】 2014 年,为满足建设东北区域金融中心核心区和开展国家优化金融生态改革试验对发展空间的现实需要,沈阳金融商贸开发区坚持高标准、大手笔、国际化原则,不断拓展发展空间、完善规划建设体系,不断取得新突破。一是发展空间得到进一步拓展。继 2002 年开发区一期 1.12 平方公里经省政府正式批准晋升为省级开发区后,2014 年 7 月,省、市发改委先后批复沈阳金融商贸开发区三期扩区请示,同意沈阳金融商贸开发区扩区至 5.9 平方公里,总体形成了“一期完善、二期提升、三期深度开发改造”的战略布局。扩区后,沈阳金融商贸开发区新增规划面积达到 880 万平方米,相当于再造一个金融商贸开发区，使沈阳金融商贸开发区作为东北区域金融中心核心区和国家优化金融生态改革试验示范区的品质得到大幅提升。二是启动地下空间建设。沈阳金融商贸开发区配合市规划和建设部门完成了区域内地下空间建设的控详规划编制工作，在做好地上楼宇载体建设的同时，超前做好区域地下空间建设，同时不断加大立体停车楼（场）建设力度，为进一步做大区域底盘、整合金融资源、加快金融载体建设奠定了坚实基础，使沈阳金融商贸开发区向国际化迈进。三是启动科学数据统计体系建设。为确保沈阳金融商贸开发区能够及时准确掌握扩区后区域内各类经济统计数据，更好发挥沈阳金融商贸开发区作为沈河区发展金融产业金融办的积极作用，将沈河区全区范围内金融企业和类金融企业经济数据统计也一并纳入此统计体系，总体上形成条块结合、内容完备、封闭运行的大金融统计模式，充分发挥金融统计在管理和服务中的信息、咨询与监督作用，为科学决策沈阳金融商贸开发区未来发展提供基础性的数据支持，为加速推进东北区域金融中心核心区建设和开展优化金融生态改革试验，以及助推沈阳金融商贸开发区晋升为国家级开发区奠定详实可靠的数据基础。

（曹兴国）

【投资环境】 2014 年，为营造一个适宜建设东北区域金融中心核心区和开展优化金融生态改革试验的良好环境，沈阳金融商贸开发区多层面、多角度不断加大投资环境建设力度。一是紧扣开展优化金融生态改革试验的相关要求，不断完善区域政策支持体系建设，对《沈阳金融商贸开发区管委会促进金融业发展鼓励政策》进行修改和完善，并制定了《沈阳金融商贸开发区促进金融相关产业发展鼓励政策》（初稿）。二是不断加大平台建设推进力度。沈阳金融商贸开发区与深圳中兴通讯集团签署战略合作协议，开展金融创新研究院、金融云谷和第二金融安全平台建设等项目合作；辽宁股权交易中心签订《金融服务战略合作协议》，围绕做大做强区域股权交易市场开展相关战略合作；与国家智慧城市产业技术创新战略联盟开展战略合作，重点推进智慧城市建设项目落地。三是不断增强国有资本的导向作用。为增强国有资本在金融中心建设中的引导和带动示范作用，强化国有资本在金融中心建设中的话语权，沈阳金融商贸开发区正式组建沈阳金融中心控股有限责任公司，积极采取走出去和引进来相结合的举措，不断加强国有资本的资产规模、引导性投入和市场化运作，使沈阳金融中心控股有限责任公司成为金融中心建设的运作平台和投资平台。四是不断增强金融监管工作力度。贯彻落实国家和省市《关于清理规范非融资性担保公司的通知》有关精神，沈阳金融商贸开发区集中开展非融资性担保企业清理整顿工作，对区内 232 家非融资性担保公司进行清理规范工作告知，确定失联 142 家，通知并整改 90 家，其中：辽宁安盾融资担保有限公司等 10 家企业有继续从事非融资担保业务意向，经审核符合相关认定标准，上报市金融办审核。五是完善金融人才服务体系。2014 年，沈阳金融商贸开发区先后两次邀请华汇人寿、阳光财险沈阳农商行、亚联财、恒信担保等 32 家有代表性的金融企业，就人才需求方向召开了座谈会；邀请了安永会计师事务所专家，为全区经济部门和招商部门人员有针对性开展了企业上市知识培训。六是改造区域社会环境。2014 年，沈阳金融商贸开发区相继完成了敬宾东二街、北站东一路道路改造、团结路延长线和北站北巷工程、北站家乐福等 7 块绿地的景观提升工作，协调处理东北金融大厦在建施工围挡占道问题，做好惠工街夜景亮化工作，对恒基大厦等 9 栋楼体实施夜景亮化工程，使区域环境得到极大改善。七是全面做好“两包四联系”和“双进双解”工作。沈阳金融商贸开发区围绕深入贯彻落实党的十八届三中全会精神，积极开展党的群众路线教育实践等各项活动，认真做好“两包四联系”和“双进双解”工作，深入宣传惠及企业、群众的有关政策，详细了解企业在发展中遇到的各种问题，并积极协调有关部门加以解决，切实把延伸服务当做推动经济工作的重中之重抓好抓实。

（曹兴国）

【经济发展】 2014 年，是《沈阳经济区优化金融生态改革试验专项方案》获批后组织实施的起步年，沈阳金融商贸开发区以建设东北区域金融中心核心区和开展优化金融生态改革试验为统领，以发展现代服务业和楼宇经济为重点，金融产业和重大项目加速聚集，综合经济实力明显增强，发展空间不断拓展，金融中心核心区形象大幅提升，各项经济发展指标持续上升。地区生产总值完成 370 亿元，同比增长 7.5%；固定资产投资完成 190 亿元，同比增长 21%；服务业增加值达到 318 亿元，占地区生产总值的 85.9%；区域税收收入实现 51.5 亿元；金融机构存款余额达到 4171 亿元，贷款余额达到 5090 亿元，分别占沈阳市的 35% 和 53%；金融业省级以下税收占区域省级以下税收总量的 62.4%。沈阳金融商贸开发区单位面积地区生产总值、投资强度、财政收入和金融业集聚程度继续稳居东北地区首位。

（曹兴国）

【社会活动】 2014 年 5 月 8 日，沈阳金融商贸开发区与其他城区共同成功承办了第一届“中国（沈阳）国际金融高层峰会”，沈阳金融商贸开发区管委会主任在峰会上进行了主旨发言，宣传推介沈阳金融商贸开发区加速推进东北区域金融中心建设最新进展情况，并组织招商部门在会议期间与参会金融机构和企业代表就开展有关合作进行对接，成果显著。2014 年 8 月 28 日，由沈阳市人民政府驻北京办事处和中国美国商会主办，沈阳金融商贸开发区承办的“2014 构筑东北区域金融中心推介会”在北京举行，沈阳市人民政府驻北京办事处主任李国栋，沈河区及沈阳金融商贸开发区管委会领导，中国美国商会副会长王晓平，摩根大通银行、渣打银行、美亚财产保险等 34 家国内外知名企业代表应邀参加会议。2014 年 11 月 1 日，沈阳金融商贸开发区在沈阳东北大厦再次成功承办“中国金融论坛 2014 东北分论坛”，会议邀请 20 余位国内外金融专家和学者（首次邀请副国级领导参加会议），围绕“新金融、新机制、新振兴——以金融振兴统领东北振兴”主题，对“改革金融支持实体经济发展方式”、“以优化金融生态推进东北区域金融中心建设”、“产业与金融双向融合趋势”、“面向东北亚的金融开放”等方面问题进行了深入交流与探讨，为东北老工业基地全面振兴探求改革新思路、新措施。此次会议与往届相比，规模历届最大，参会人员达 450 余人，成本最低，社会影响力最广泛，使沈阳金融商贸开发区在舆论领域占据了制高点。

（曹兴国）

人 物

新任副市级领导

【王德波】 1978年8月至1981年12月桓仁县种畜场团支部书记;1981年12月至1987年7月桓仁县城郊林场副场长(其间:1985年7月-1987年6月在桓仁县委党校行政干部专业在职学习);1987年7月至1993年7月桓仁县林业局林业基金征收管理站站长(其间:1987年8月-1990年7月在本溪市委党校经济管理专业在职大专学习);1993年7月至1994年12月桓仁满族自治县林业局副局长、党委书记;1994年12月至1997年11月桓仁满族自治县木盂子镇党委书记;1997年11月至1998年6月桓仁满族自治县委常委、纪委书记;(1995年9月-1997年12月在中央党校函授学院经济管理专业在职大学学习);1998年6月至1999年11月桓仁满族自治县副县长;1999年11月至2000年7月桓仁满族自治县县委副书记;2000年7月至2001年1月桓仁满族自治县县委副书记、代县长;2001年1月至2001年12月桓仁满族自治县县委副书记、县长;(1999年9月-2001年2月在中国政法大学法学理论专业在职研究生班学习);2001年12月至2006年6月桓仁满族自治县县委书记(其间:2003年3月-2003年5月中共辽宁省委党校中青年干部培训班学习);2006年6月至2009年3月葫芦岛市政府副市长;2009年3月至2010年8月葫芦岛市委常委,市纪委书记(其间:2009年11月-2009年12月中共辽宁省委党校第37期市厅级干部进修班学习);2010年8月至2013年3月辽宁省纪委常委;2013年3月至2014年12月辽宁省民族事务委员会(宗教局)主任(局长)、党组书记;2014年12月至今沈阳市委常委,市纪委书记

【赵俊才】 1978年2月至1981年9月某守备师某团直属120炮连战士;1981年9月至1982年7月大连陆军学院后勤专业学员;1982年7月至1983年5月某守备师某团司令部管理股管理员;1983年5月至1983年8月某守备师某团政治处组织股干事;1983年8月至1984年8月某守备师政治部组织科干事;1984年8月至1988年4月某守备师某团通信连指导员、党支部书记(其间:1986年2月-1988年2月在南京政治学院军队政治工作专业在职大专学习);1988年4月至1990年2月某守备师政治部组织科干事;1990年2月至1993年12月某集团军政治部组织处干事;1993年12月至1995年8月沈阳军区政治部干部部生产经营干部管理处干事;1995年8月至2000年3月军区政治部干部部生产经营干部管理处处长(其间:1998年2月-2000年1月在国防大学基本系战区联合战役指挥专业在职大学学习);2000年3月至2003年4月某师政治部主任、党委常委;(2000年1月-2002年1月在国防大学军队政治工作学专业在职研究生学习);2003年4月至2008年12月陆军航空兵某团政治委员(副师职)、党委书记;2008年12月至2014年2月葫芦岛军分区政治委员、党委书记,葫芦岛市委常委;2014年2月至2014年7月沈阳警备区政治委员、党委书记;2014年7月至今沈阳市委常委,沈阳警备区政委、党委书记

【刘桂香】 1979年9月至1981年8月鞍山师范专科学校中文系中文专业学习;1981年8月至1983年5月海城滑石矿团委干事、副书记;1983年5月至1984年10月鞍山市建材局团委负责人、书记;1984年10月至1993年2月共青团鞍山市委副书记(其间:1989年5月-1991年12月在辽宁省委党校行政管理专业在职大学学习);1993年2月至1999年11月鞍山市民政局副局长(其间:1994年12月-1996年12月在中国人民大学研究生院行政管理专业在职研究生课程进修班学习);1999年11月至2000年10月鞍山市民政局副局长、调研员;2000年10月至2003年1月鞍山市民政局局长;2003年1月至2008年5月鞍山市副市长(其间:2005年3月-2005年4月在中国浦东干部学院市长发展研究班学习;2006年3-5月在中共辽宁省委党校第29期市厅级干部进修班学习);2008年5月至2011年4月鞍山市委常委、副市长;2011年4月至2013年1月鞍山市委常委、常务副市长;2013年1月至2013年2月鞍山市委常委;2013年2月至2014年9月鞍山市委副书记;2014年9月至今沈阳市委常委、组织部部长。

(组织部)

感动沈阳人物

【万春春】 28年前,万家听说当年的老保姆孤苦无依,他们就将79岁的老人接进家里赡养,父母先后离世,他们的子女万春春接力无怨无悔照顾老人,如今,已经107岁高龄老人被不是亲人却胜似亲人的万春春一家奉养,万家第三代子女也心甘情愿地尽守孝道。

【亢秉铨】 他是一名78岁高龄的社区志愿者,常年服务社区,一年四季都在社区巡逻、走访居民、调解纠纷、扶贫助困、义务维修。2012年他成立亢秉铨劳模大集,每周四带领志愿者们直接把批发来的蔬菜和生活用品不加价卖给居民,

把服务送到居民家门口,深受百姓欢迎。

【王胜国】 2014年9月12日17时许,68岁的抚顺大爷雷云普在骑摩托车经过抚顺发电厂附近时突然摔倒,头部受到严重撞击,昏倒在地。经过此地的王胜国看到后,当即搬来石块等东西将老人围住,以防来往车辆对老人再次造成伤害,又拨打"110"、"120"进行报警、报医,并随救护车一同来到医院,将身上仅有的2000元钱交了住院费,在确认警方联系到其家属后,离开了医院。

【吴绍新】 他连续4年到养老院做义工,平时帮助老人洗脚,陪老人聊天,给老人包饺子,任劳任怨。连续多年,他的除夕夜都是在养老院过的,为了哄老人们开心,吴绍新干脆管老人叫"爸"、"妈",他是养老院里老人们的干儿子。2014年初确诊癌症晚期,4月份在弥留之际,在妻子、女儿的全力支持下,他毅然在"捐遗公证书"上签下名字。5月5日追悼会当天,在家人的帮助下,完成了吴绍新的捐遗心愿。

【李志强班】 多年来,这支被誉为"装配铁军"的团队,不畏挑战、迎难而上,相继攻克了国家重点型号航空发动机装配关键技术,首创航空发动机装配"倒班操作法",实现工艺创新126项,自行研制工装工具312件,创造了99天完成全年装配发动机任务的全行业最高纪录,曾荣获"中央企业红旗班组"等荣誉称号,2013年8月受到习近平总书记的亲切接见。

【杨建夫】 28年来,他始终扎根在北陵社区,是全市公安机关在同一个社区工作时间最长的社区民警。他恪尽职守,清正廉洁,坚守共产党员的精神高地。他情系百姓,甘于奉献,对北陵社区4410户居民、1.8万多名常驻人口、2000多名流动人口情况进行收集,28年来累积行程5万多公里,采集各类工作信息100余万条,深受社区群众的喜爱和拥戴,被百姓称为社区的"大管家"。

【徐海洋、徐云亮、张晓宇】 2014年3月29日中午,在葫芦岛海边游玩时发现一名投海男子,他们做出非常快速反应:电话报警、借船、出海……最终从大海中"抢"出了一条年轻的生命。他们的英勇壮举,感动了沈城,照亮了人心,温暖了社会,传递了人间的真情。

【格桑花的守护者】 12年来,在沈阳市第十一中学活跃着一支被誉为"格桑花的守护者"团队,他们在工作中牢固树立"民族教育无小事"思想,精心策划每一项活动,细心呵护每一名藏生,耐心解决每一个难题。他们每天与孩子们零距离接触、守候式服务。他们一年365天,一天24小时和西藏生在一起,被教育部民族教育司司长称其为"36524部队"。他们是185名西藏孩子心中的"阿爸"、"阿妈"。

【梁思源】 他自幼残疾,走路只能靠板凳往前挪。拖着羸弱的身体,他仍然将80多岁的老母亲照顾得井井有条,穿衣、吃饭、上厕所、洗脸、梳头、按摩,正常人做起来都嫌繁琐的事情,他做起来总是有条不紊。他不向命运屈服,坚持自学书法和英语,只为让母亲看到一个积极乐观的儿子。

【梅桂兰、骆常山】 作为浑南区的一对夫妻环卫工人,梅桂兰和骆常山每天早出晚归,风雨无阻,几年如一日,不管冬寒夏暑,凌晨深夜,穿行在大街小巷,坚守着那份敬业奉献的信念。尤其是这一对夫妻在全运会和沈阳创建全国文明城市期间,为打扫场馆周边环境卫生,确保自己承担的责任区域干净整洁,每天加班加点,辛勤工作,他们用辛勤的汗水实现着不求名利,但求奉献的承诺,受到所在辖区内临街门市业主和领导的一致好评,为其他工人树立了良好榜样。

(杨　光)

市管领导干部名单

市　委

副秘书长:王　镇　陈国强(兼)　赵日刚　朱文蔚(兼)　赵　颖　袁　昭　张小虎

市纪委

副书记:李林畔　孟凡伟

监察局局长:李林畔(兼)

副局长:于克力　张　淼(兼)　刘正凡(兼)

常　委:张　淼　么汝兴　赵　岩　刘正凡　崔嘉林　刘恩举　李　丹

副局级室主任:毕成伟　赵久平　于　凯　关卫民　范红刚　孔宪才　闫　东　张中人　胡　光　翟　威　候　军　何增春　骆　峰　程　洁　杨　军　王　峰　李黎明　马　琳　潘　涛　毕　军

市委办公厅

主　任:王　镇

副主任:曲向军(兼)　马志军(兼)　刘　波　赵煜昊　李志民　李伟梁

副巡视员:柳　鹰　郑立姝　张　泉

市委机要局

局　长:贾　群

市委保密局

局　长:马志军

副局长:马万云

市委督查室

主　任:程谟刚

督查专员:李新和

信息综合室

主　任:王　宏

市委组织部

常务副部长:安俊辉

副部长:赵　阳　吴奇汉　韩春声　徐凤翔　凌正康

副巡视员:李宝纯　马　旭

市人才办

主　任:安俊辉(兼)

常务副主任:刘阳春

市委非公有制经济组织和社会组织工作委员会

书　记:吴奇汉(兼)

副书记:李书鲤(兼)　李东辉(兼)　张国宾(兼)　闫守祝(兼)

市委宣传部

副部长:马　丽(兼)　王久成(兼)　张春风　刘晓虹

副巡视员:周振亚　李　颖　叶朝辉

市外宣办

主　任:刘壮野

市文明办

主　任:刘庚杰

市思想政治工作研究会

会　长:王久成(兼)

专职副会长:廉　辉

市委讲师团

团　长:张龙海

市互联网信息办公室

副主任:赵　晖

市国防动员委员会政治动员(国防教育)办公室

主　任:姜羞卉

市委教科工委

副书记:蔡效军　赵月英　齐　舒

巡视员:王　强

市委统战部

常务副部长:任桂芳

副部长:李书鲤　杨志宏　张文滨　张昕光

副巡视员:杨维德

市委政法委

常务副书记:洪运力

副书记:袁　昭　徐　明

组检组组长:张　虹

巡视员:刘大刚

副巡视员:王尖锋　王粤宁　吕会文　宋　颂

市综治办

副主任:孙超武　李雪冰

市防邪办

主　任:洪运力(兼)

副主任:李俊杰

市法学会

副会长:蔡　彤

市委政研室

主　任:朱文蔚

副主任:于久元　袁国华　刘文生

决策咨询委员会秘书长:谢丽萍

副巡视员:吕建军

市台办

主　任:张文滨

副主任:王羽轻　蒋　新　朱　军

副巡视员:王　野

市直机关工委

常务副书记:姜　萍

副书记:战　捷　孟宪杰　姜　明

委　员:陈景红　彭铁岩　王桂梅

巡视员:姜书坤

副巡视员:许合春

市委中省直企业工委

书　记:王亚忠

副书记:李本石　杨德东

副巡视员:童汝军

市编委办

主　任:雷雨润

副主任:王文波　王风达　王　延

副巡视员:王华君

市委老干部局

局　长:凌正康

副局长:李　炜　张　续　刘　朋

副巡视员:范达方

市人大常委会

秘书长:张　宁

副秘书长:孟昭贵　朱　杰　侯吉庆

驻会委员:宫文义　李亚光　李英民　张　利　郭翼青　赵恒波　郭君达　董文志　王　谦　张伟明　王毅明　赵正心　刘阁臣　李　铁　唐　励　陈玉海　崔敬禹　郑继俊　陈维忠　王　桅　张良荣　李　萍　王建国　王柏岩　梁志新

副巡视员:顾丽雅　王凯旋　郭　直　谭家辉　段希才　顾　健　刘铁男　曾宪刚

市人大内司委

主任委员:宫文义

副主任委员:李亚光　李英民　王凯功

市人大财经委

主任委员:张　利

副主任委员:郭翼青　赵恒波　郎文杰

市人大农业与农村委

主任委员:郭君达

副主任委员:董文志　王　谦　张慧娟　张　鑫

市人大环资委

主任委员:张伟明

副主任委员:王毅明　赵正心　刘阁臣　黄　颖

市人大教科文卫委

主任委员:李　铁

副主任委员:唐　励　陈玉海　范　丽

市人大民侨外委

主任委员:崔敬禹

副主任委员:郑继俊　范泉水　金光爱

市人大法制委

主任委员:陈维忠

副主任委员:王　桅　张良荣　李　萍　刘　野

市人大常委会办公厅

主　任:孟昭贵

副主任:袁立斌　姜　欣　范景伟

市人大常委会法工委

主　任:陈维忠

市人大常委会人事工委

主　任:王柏岩

副主任:王　义　李　玉

市人大常委会研究室

主　任:王建国

副主任:郭玉春

市人大常委会申诉控告工委

主　任:金　平

副主任:顾元明

市人大常委会预算工委

副主任:杨博览

市政府

秘书长:连茂君

副秘书长:肖　枫(兼)　张士勇
公维伦　张国祥
曲向军　王欢苗
陈双伟　闫卫东
高　杨　王晓林
曹　鹏　王新北
陈　涛

市政府办公厅
主　任:肖　枫
纪检组组长:韩庆升
副主任:孙振山(兼)　李世勇
孙鸿庆　葛　明
副巡视员:王　利　路勤学
刘淑云

市政府参事室
主　任:张　荣

市政府应急办
专职副主任:闫占峰

市政府督查室
主　任:孙振山
督查专员:邸　峻　彭岩峰

市政府驻北京办
主任、党组书记:李国栋
副巡视员:李爱平　郭维平

市政府驻上海办
主　任:刘　帅
副巡视员:孙万山

市政府驻浙江办
主　任:高　岩

市政府驻闽南办(福建办)
主　任:刘振宁

市政府驻深圳办
(广东办、香港经贸代表处)
主　任:叶天勇

市民委(市宗教局)
主任(局　长)、党组书记:张昕光
副主任(副局长):金　翔　关艳萍
副巡视员:马宏伦

市公安局
副局长:刘晓竞　许树文
张振铎　王晓刚
王晓东　王佩军
邓万宏　于　江
孟　炜
纪委书记:田　维
政治部主任:赵金府
工会主席:崔明秀
指挥中心主任:牟国明
警卫保障部主任:吴东风
警卫处处长:王景林
消防支队政治委员:牛晋丛
副巡视员:张　民　陈辽东
赵玉林　黄志勤
单忠福　邱文喜
侯少凯
交警支队支队长:赵　跃
政委:刘克军
巡警支队支队长:孙　波
政委:刘秀娟
刑警支队支队长:李学民
政委:秦　牧
特警支队支队长:郑　义
政委:张明杰
治安支队支队长:赵秀海
政委:刘晓光
技侦支队支队长:朴　强
政委:金维民
国保支队支队长:蹇　威
政委:贾连成
监管支队支队长:刘　学
政委:温志成
反恐支队支队长:刘志海
政委:陈景哲
辽河保护区分局局长:曲戈平
政委:陶　枫
公交(地铁)分局局长:王　斌
政委:关立光
禁毒支队支队长:战　涛
经侦支队支队长:裴学臣
政委:程　山
和平分局局长:董德高
政委:邹　飞
铁西分局局长:曹力钧
政委:窦鸿良
沈河分局局长:郭忠涛
政委:徐　洪
皇姑分局局长:王世辉
政委:张野驰
大东分局局长:董　斌
政委:李钢城
浑南分局局长:宁　勇
政委:王效伟
于洪分局局长:王大海
政委:穆　雷
苏家屯分局局长:曲廷会
政委:周小龙
沈北新区分局局长:关　强
政委:陈亚明
北站地区分局局长:杜宏达
政委:刘牧野
经济技术开发区分局局长:年　军
政委:吴东林
市维稳办常务副主任:许树文
副主任:高玉斌　尤泽余

市民政局
局长、党组副书记:刘　祥
党组书记、副局长:张　哲
副局长:李东辉　冯　凯
陈连宽　徐　阳
纪检组组长:王　宏
副巡视员:王克宏　李　炬
刘　宁

市老龄工作办
主　任:关赞梅

市司法局
局长、党组书记:董开德
副局长:刘　晶　侯绍立
刘　京　朱少飞
政治部主任:庞　挺
纪检组组长:陶克辉
副巡视员:李志新　董华光
代微佳

市人力资源社会保障局
局长、党组书记:徐凤翔
副局长:王　军　杨顺昌
冯　志　魏喜春
王　群
纪检组组长:张　强
就业和人才服务局局长:张剑光
外专局副局长:王义东
社会医疗保险管理局局长:韩春丽
军转办主任:崔剑平
劳动监察局局长:岳茂新
市劳动人事争议仲裁院
院　长:金　凡
副巡视员:蔡　力　韩宏兴
李一民　张万东
栾洪良　张景伟

市外国专家局
副局长:王义东

市社会养老和工伤保险管理局
局　长:蒋晶磊
党委书记:乔佐文
市外办
主任、党组书记:方向东
副主任:罗　丽　孙　利
马立新　周宝峰
沙合木·木里台
纪检组组长:边国江
副巡视员:胡冷菲　刘振家
市人民对外友好协会
主　任:方向东(兼)
副秘书长:王子江
东北亚论坛秘书处
副秘书长:李　榕
市信访局
局长、党组书记:陈国强
副局长:张雅书　何　畏
刘　军　王　静
纪检组组长:梁　威
副巡视员:王　刚　崔革新
赵汝淮　王世海
高诚慧
市法制办
主任、党组书记:王武范
副主任:裴胡锁　宋坤赤
孙国远
副巡视员:孟繁凯
市仲裁办
主　任:王武范
副主任:孙国远
市政府研究室
主任、党组书记:赵　斌
副主任:孙玉娟　穆淑娟
副巡视员:石其钢　王东辉
市发展改革委
副主任、党组副书记:李忠信
副主任:张坚强　于　沈
赵继凯　孙大军
程　育　王政宇
沈阳经济区工作办
主　任:梁洪杰
总经济师:刘伟奇
纪检组组长:闫　伟
重点项目管理办公室主任:杨廷威
重点项目稽查办公室主任:李　涓
市开发性金融合作协调办公室
副主任:张洪涛
市绿色工程领导小组办公室
主　任:孙洪科
市信用中心主任:倪庆东
沈阳铁西改造经济技术开发总公司
副总经理:李　雷
巡视员:王秋克　崔耀宗
谢东明　马学山
副巡视员:赵大为　关嘉玉
陆　兵　刘耀国
伊丽华　姜柏林
张　影
市经济和信息化委
主任、党组书记:隋　莉
副主任、党组副书记:陈大为
副主任:刘玉新　马　达
葛　苏　孟　然
刘永熙　关　怀
曹晓玲　栗文安
李　芃
纪检组组长:常　征
老干部局局长:李越力
沈阳机电设备招标公司
副总经理:宋　军　曹慧卿
鞠秀智　胥　薇
市技术改造基金领导小组办公室
主　任:马　征(兼)
巡视员:刘一民　张翼鲜
副巡视员:白树友　马凤君
吴庆炜　李志平
市教育局
局长、党组书记:苏文捷
副局长、党组副书记:韩燕子
副局长:赵仁君　胡长胜
张晓军
纪检组组长:李春宇
市政府教育督导室
主　任:徐爱秋
副主任:刘　辉(兼)　高　琛(兼)
刘志民
市招生考试委员会办公室
主　任:卢　娜
副主任:郑　卫
副巡视员:李志祥
市科技局(市知识产权局)
局长、党组书记:宋锡坤
副局长、沈阳科技总院院长:吴希平
纪检组组长:张引平
副局长:王义清　郭玉福
沈阳科学技术总院
副院长:于　胜
副巡视员:吕尊方　张　玲
市财政局
局长、党组书记:陈　勇
副局长、党组副书记:张恒玺
副局长:吴景峰　刘莹光
邱立全
总会计师:陈　青
纪检组组长:杨国凯
市投融资管理中心
副主任:刘锦荣　牛　良
市财政监督检查局
局　长:孙　丽
市农村综合改革办公室
主　任:赵　霞
巡视员:张　弘　吴　玲
副巡视员:贺煜光　刘　力
宋　莉　任传玉
市规划国土局(市地理信息局)
局长、党组书记:李　强
副局长:严文复　曾庆元
沈　跃　曲长令
赵　辉
总规划师:于丽新
纪检组组长:刘　岩
市土地交易中心
主　任:李逸群
市土地储备中心
主　任:刘镇川
副巡视员:丁景华
市环保局
局长、党组书记:李　超
副局长:李　刚　王　莉
王　阳　李国宏
纪检组组长:张　浩
总工程师:索丽珍
巡视员:王　晖　丁洪彦
齐　放
副巡视员:单伟民
市建委
主任、党组书记:于振明
党组副书记:张立文
副主任:鲁　博　张志刚
隋明悦　崔雪东
总工程师:孙百如
工会主席:张海伏
市村镇建设办公室

主　任:张雪松
市城市地下空间开发建设管理办公室
专职副主任:张振宁
市现代建筑产业化管理办公室
主　任:居理宏
市快速干道建设指挥部
副总指挥:张伯辽
副巡视员:李宁生　赵焕阳

市城管局
局长、党组副书记:孙晓光
党组书记、副局长:王海玉
副局长:罗光祥　矫　琚
刘　伟　李荣波
工会主席:李晓东
纪检组组长:商雅林
总工程师:关正君
副巡视员:杨万成　洪　毅
金振库　董魏巍

市执法局
局长、党组副书记:孙　明
党组书记、副局长:罗建春
副局长:张长胜　徐　强
薛春毅　丁奇志
副巡视员:何永连　申　理

市房产局
局长、党组书记:纪　凯
副局长、党组副书记:何　军
副局长:范　民　王　镭
侯　冰
总工程师:刘　戈
纪检组组长:张　雷
巡视员:李守东
副巡视员:黄殿忠　王立志
孙　杰　钟　杨

市交通局
局长、党组副书记:李宏德
党组书记、副局长:余新民
副局长:高　虹　石　坚
王晓民　赵　光
工会主席:汤　泓
纪检组组长:杨久兴
市城际轨道交通建设办公室
副主任:左志清
副巡视员:赵　捷　刘玉琳

市农经委
主任、党组书记:郭向文
副主任、党组副书记:李四文
副主任:朱文波　杨松林
刘　奇　崔　颖
张俊华　李　晔
邸瑞峰　张丽君
纪检组组长:王长国
市社会主义新农村建设办公室
副主任:李春禄
巡视员:陈永祥　王　彦
高　潮
副巡视员:全奎国　张庆玲
孙可兵　曹月顺
石福祥

市水利局
局长、党组书记:衣　甫
副局长:石　军　赵晓明
市防汛抗旱指挥部办公室
主　任:杨绍华
按正局级待遇:白恩波
副巡视员:王铁声

市林业局
局长、党组书记:陈建智
副局长、党组副书记:房东辉
副局长:付毅慧　张国强
市森林公安局局长:张国强
副局长:叶　舒
巡视员:尚明铸
副巡视员:孙　强　魏英健

市服务业委
主任、党组书记:李　军
副主任:马　闯　石宝晔
张　利　李　斌
卜立山
纪检组组长:张国荣
巡视员:刘杰然
副巡视员:王增兴　许云诚
陈　冲　任凤云

市外经贸局
局长、党组书记:高　航
副局长、党组副书记:李　屹
副局长:崔建英　赵　烈
宋　超　岳贵君
杨　卓　陈立元
纪检组组长:凌伯山
市政府驻韩国经贸代表处
副主任:孙锦花　朴京善
市政府驻东南亚经贸代表处
主　任:李力铭
市政府驻日本经贸代表处
主　任:王晶莹
市政府驻日本经贸代表处
副主任:马　宁
市政府驻欧洲经贸代表处
主　任:杨耀志
市政府驻美国经贸代表处
主　任:李旭臣
市政府驻欧洲招商代表处
主　任:李雪梅
巡视员:米鸿森
副巡视员:王维信

市文广局
局长、党组书记:冯　彦
党组副书记、纪检组组长:杜春华
副局长:杨　弘　宋振虹(兼)
王建华　张宪宏
马　今
市文化市场行政执法总队
总队长:轩维平
副巡视员:金　铎　张晓伟
王大庆

市体育局
局长、党组书记:杨　树
副局长:张心江　张晓权
马　强
副巡视员:董蓓蓓

市旅游局
局　长:于　龙
党组书记:黄　立
副局长:刘延民　刘智勇
巡视员:陈日杰
副巡视员:刘　洋　张振深

市卫计委
主任、党组书记:陶庆才
副主任、党组副书记:都英杰
副主任:裴庆双(兼)　苏立明(兼)
毛印百　许　明(兼)
丛雪枫　富宏鹏
闫　石
市医改领导小组综合办公室
副主任:张　明
市疾病预防控制中心
主　任:董丽君
党委书记:张春青
副巡视员:杨伟华　罗永荣
高乐娟

市审计局
局长、党组书记:韩　力

副局长:陈玉涛 高洪光
刘宝石 周成铀
纪检组组长:张秋艳
市经济责任审计联席会议办公室
主 任:石静华
巡视员:付 立
副巡视员:王 靖
市工商局
局长、党组书记:许艺伟
副局长、党组副书记:张国宾
副局长:杨利群 王伟民
杨述静 王延学
副巡视员:郝燕妮
市质监局
局长、党组书记:陈 弘
副局长、党组副书记:于 力
副局长、纪检组组长:侯树纲
副局长:刘 波 黄志勇
巡视员:王运波
副巡视员:赵树君 李 军
滕子文
市食品药品监管局
局长、党组书记:王黎宁
副局长:袁 革 苏立明(兼)
许 明(兼) 王世林
王长钟
食品药品安全总监:高丽莎
副巡视员:孙经财 王世庆
市统计局
局长、党组书记:李长斌
副局长:陈伟昌 李争时
董 玥
副巡视员:张振川 康 勇
市安监局
局长、党组书记:陈 杰
副局长、党组副书记:陈树奎
副局长:孙有铁 庆会利
纪检组组长:刘 强
总工程师:谢 辉
副巡视员:王德周 陈国彪
市金融办
主任、党组书记:马智天
副主任:宁 纯 那 娜
赵永强
副巡视员:费英刚
市人防办
主任、党组书记:徐学东
副主任:武利华 牛 勇
总工程师:冯 勇
纪检组组长:成 勃
副巡视员:颜志华 高 鹏
耿晓锋
市国资委
主任、党委书记:刘彦学
副主任、党委副书记:张殿军
副主任:孟 宏 郭志祥
党委副书记、纪委书记:孙久红
工会主席:牟 莉
沈阳联合产权交易所
主 任:王琳琳
市国有企业监事会工作办公室
专职监事会
主 席:杨志安 赵庆春
赵庆文 李 军
王军锋 石晓峰
副巡视员:汪惠泳
沈阳综合保税区管委会
常务副主任、党组副书记:刘澜波
副主任:张江徽(兼) 赖立明
徐 磊 王晓伟
沈阳市政务服务管理办公室
(沈阳市公共资源交易管理办公室)
主任、党组书记:邹 昊
副主任:崔 放 付晓慧
龙 加
纪检组组长:张超波
副巡视员:王承先 高志刚
市政协
秘书长:徐大地
副秘书长:祁荣安 李 力
李宏吉
副巡视员:宋晓星 杨 帆
刘传甲
市政协提案委
主 任:苏效众
市政协经济委
主 任:于喆光
副主任:薛 野
市政协人口资源环境和城乡建设委
主 任:王晓非
市政协教科文卫体委
主 任:李 力
副主任:李 彤
市政协社会和法制委
主 任:王文忠
市政协民族和宗教委员会
主 任:刘仁刚
市政协学习宣传文史委
主 任:石 敏
市政协港奥台侨联络与外事委
主 任:赵 丹
市政协委员工作委
主 任:马建萍
副主任:陈 辉
市政协办公厅
主 任:徐大地
副主任:宗景海 孙立河
市政协研究室
主 任:周 斌
副主任:隋吉行
市政协开发区工委
主 任:王 杰
市法院
副院长、党组副书记:孙建军
副院长:孙淑华 孔 岩
曲阿翔 张延丹
政治部主任:聂雪松
纪检组组长:杨 丽
监察专员:田爱群
副巡视员:王 曦 郭图新
杨洪斌 金一平
丛雁民
按正局级待遇:范雅忠
市法院执行局
局 长:白云良
政 委:吴红专
市法院审判委员会
专职委员:朱晓光 王世光
任 燕
沈阳经济技术开发区人民法院
院 长:王文艳
沈阳高新技术产业开发区人民法院
院 长:宋丽君
市检察院
副检察长、党组副书记:梁建勇
副检察长:吴 冬 王 勇
高 峰 贾海洋
吴 威
政治部主任:李冠山
纪检组组长:李 然
反渎职侵权局局长:刘晓东
反贪局局长:方世义
监察专员:魏武宁
副巡视员:周宝贵 王兵心

市检察院检察委员会
专职委员:李雅君
市城郊检察院
检察长:肖　爽
沈阳经济技术开发区人民检察院
检察长:韩　壮
高新技术产业开发区人民检察院
检察长:郑　郁
市总工会
副主席、党组副书记:周荣生
副主席:张　梅　段　阳(兼)
邵敬联　曹　洪
王　勤　韩玉芹(兼)
杨顺昌(兼)
纪检组组长:王　静
市农民工维权中心主任:傅宏宁
经费审查委员会主任:陈国青
副巡视员:杨俊杰　唐荣武
毛积涛
团市委
副书记、党组副书记:赵永圣
副书记:吴　波　张　德
马　宁
市妇联
主席、党组书记:初立华
副主席:刘　文　韩玉芹(兼)
张怡文　段　阳(兼)
高　峰(兼)　韩春丽(兼)
副巡视员:李　婷
民革沈阳市委
副主任委员:高孝杰
民盟沈阳市委
副主任委员:王　东
民建沈阳市委
副主任委员:赵丽娟
民进沈阳市委
副主任委员:刘　斌
农工党沈阳市委
副主任委员:王　莉
致工党沈阳市委
副主任委员:李展超
九三学社沈阳市委
副主任委员:张　颖
台盟沈阳市委
副主任委员兼秘书长:赵文江
沈阳市科学技术协会
党组书记、副主席:倪　左
副主席:张丽茹　李宏印
吕　波
巡视员:陈　刚
副巡视员:田新娟
沈阳市社会科学界联合会
主　席:王　民
副主席:唐丽娟
副巡视员:刘　杰
沈阳市文学艺术界联合会
主席、党组书记:关蓉晖
副主席:王哲年　王英辉
沈阳市归国华侨联合会
主席、党组书记:王庆伟
副巡视员:傅晨松
沈阳市台湾同胞联谊会
党组书记:杨志宏(兼)
驻会副会长:廖艳芳
沈阳市残疾人联合会
理事长、党组书记:沙　钢
副理事长、党组副书记:孙淑君
副理事长:马爱民　才　利
纪检组组长:王伟华
副巡视员:朱继勋　付　军
中国国际贸易促进委员会沈阳市分会
(中国国际商会沈阳商会)
会　长:赵　凯
党组书记:闫凤霞
副会长:王丽杰　方　捷
巡视员:常　亮
沈阳市工商业联合会
党组书记:李书鲤(兼)
副主席:王　罡　王英勤
闫守祝(兼)
沈阳市红十字会
副会长、党组书记:宿　鲁
副会长:刘桂荣
沈阳市委党校(沈阳行政学院、沈阳市社会主义学院)
常务副校(院)长:徐兴家
副校(院)长:李振林　王传民
陈　静　孙德平
校委委员:王凤敏　阎质杰
副巡视员:张光宏　徐启元
沈阳市委党史研究室
主　任:赵　阳(兼)
副主任:鲁　颖　金国范
副巡视员:孙绳禄
沈阳市档案局(馆)
局(馆)长、党组书记:荆绍福
副局(馆)长:赵建伟　马凤云
甄　晖
副巡视员:徐丽萍
沈阳市地震局
局长、党组书记:程文海
副局长:石盛昌
沈阳市地方志办公室
主　任:吴　歌
副主任:孙　勇
副巡视员:卜　克
沈阳市接待办公室
主任、党组书记:王新北
副主任:杨　良　于振伟
佟永明
沈阳市文史研究馆
馆　长:许光明
副馆长:王　鑫
沈阳市供销合作社联合社
主任、党组副书记:王帅英
党组书记、副主任:王兴国
副主任:孔德树　侯景林
刘　成　王玉晗
林福国
纪检组组长:邓　颂
副巡视员:王芳财　张秀山
沈阳公共资源交易中心
主任、党组书记:许　健
副主任:张学伟　赵丹宁
沈阳住房公积金管理中心
主任、党组书记:唐玉辉
副主任:王　彦　赵　雷
纪检组组长:富晓露
沈阳市辽河保护区管理局
局长、党组书记:陈　勇
副局长:姜　涛　孙　博
曲戈平(兼)
沈阳市地铁建设指挥部
总指挥、党组书记:卢春风
党组副书记、常务副总指挥:王　刚
纪检组组长:赵　旸
副总指挥:仝学让　张　锐
邱　耘
总会计师:岳红旗
总工程师:高云胜
总经济师:巴　放
沈阳日报报业集团
总裁、党委书记、总编辑:姜　军

党委副书记、副总编辑：陈　波
党委副书记、纪委书记：佟伟仁
副总裁：兰宝刚　吴秀娥
罗宪杰　李　兵
享受正局级待遇：葛　君　潘艳君

沈阳广播电视台
台长、党委书记：张东毅
总编辑、党委副书记：袁　柳
副台长：廉　杨　关　金
陈　真　莫　克
贾　欧
纪委书记：张复忠

沈阳大学
党委副书记、纪委书记：王明友
副校长：李　鹏　李露萍
刘克斌　王晓初
原忠虎　王淑梅
副校级调研员：傅　刚

沈阳医学院
党委书记：张广印
院长、党委副书记：肖纯凌
党委副书记、纪委书记：王凯军
副院长：朱启文　刘成果
任　冰　韩　松
毕　建

沈阳广播电视大学
党委书记：阴训法
校长、党委副书记：王　滨
党委副书记、纪委书记：曾丽艳
副校长：周东辉　游　洪
樊　杰　吕玉明
正校级调研员：都兴汉　关德章

沈阳职业技术学院
党委书记：高秀兰
院长、党委副书记：张黎明
党委副书记、纪委书记：杨　明
副院长：李晓峰　夏宗光
李　静　管俊杰

沈阳中兴商业集团有限公司
董事长：刘芝旭
党委书记：李晓航
总经理：李文鹤
副总经理：高　仲　屈大勇
朱会君　陶连杰
工会主席：迟海林
党委副书记、纪委书记：曹　青

沈阳副食集团公司
董事长、党委书记：李　军
总经理、党委副书记：刘玉东
副总经理：张定国　仉树立
顾清华
党委副书记、纪委书记、工会主席：
李　澍

沈阳物资集团有限责任公司
董事长、党委书记：孟凡凯
总经理、党委副书记：孙忠霖
副总经理：杨艳华　尚　皓
申　勇　王纯利

沈阳水务集团有限公司
董事长、党委书记：陈　阳
总经理、党委副书记：陈显利
副总经理：张英健　闫　明
张亚峰　刘　石
刘继扬
工会主席：邹　军
副总经理：王　毅
党委副书记、纪委书记：汪　丽

中国沈阳国际经济技术合作公司
总经理：唐乐珍
副总经理：范希臣　任月强
王宝东　高彦松
党委副书记、纪委书记、工会主席：
王红军

盛京银行股份有限公司
董事长、党委书记：张玉坤
行　长：王春生
监事长：杨　林
总稽核、纪委书记：胡　光
副行长：赵光伟　王亦工
吴　刚　孙永生
党委副书记、工会主席：张　涛

沈阳机床（集团）有限责任公司
董事长、党委书记：关锡友
副董事长（总经理、党委副书记）：
刘鹤群

东北制药集团有限责任公司
董事长、党委书记：魏海军
总经理、党委副书记：汲　涌
副总经理：周　凯　刘　琰
孙景成
工会主席：王　燕
保留市管企业副职待遇：张正伟
党委副书记、纪委书记：吴　涛

北方重工集团有限公司
董事长、党委书记：耿洪臣
副董事长（总经理、党委副书记）：
王学民

沈阳鼓风机集团股份有限公司
董事长：苏永强
党委书记：董　峰

沈阳基础产业建设发展集团有限公司
董事长、总经理：董　强
副总经理：李　侠　李治民
李文彦

沈阳产业投资发展集团有限公司
董事长、总经理、党委书记：苏庆祥
副总经理：韩　波　李建伟

沈阳出版发行集团
董事长、党委书记、总经理：王　京
党委副书记、常务副总经理：田雪峰
副总经理：郑索军　盛利民
工会主席：刘　颖
党委副书记、纪委书记：高鹏举

沈阳沈西燃气有限公司
董事长、党委书记：卢　俊（兼）
总经理：刘旭辉（兼）
党委副书记、纪委书记、工会主席：
冯　民

沈阳市装备制造工程学校
校　长：张春雨
党委书记：杨　克

沈阳市化工学校
校　长：胡显伟
党委书记：贲志宇

沈阳现代制造服务学校
校　长：杨维满
党委书记：李富全

沈阳市教育研究院
院　长：符泰民
党委书记：穆道欣

铁　西　区

区委
副书记：程晓龙　刘　斌
常　委：刘树敏　黄士硕
杨振清　韩　博
李宝军　孙常福
赵　安　宁兴华
杨松涛　刘亚杰

区人大
主　任:彭俊和
副主任:姜玉田　李奇星
陈卓桃　陈政卫
刘文博
区政府
区　长:程晓龙
副区长:黄士硕　韩　博
曹力钧　胡旺阳
佟　颖　安亩沙
李景祥
区政协
主　席:王泽胜
副主席:申维民　李海波
金　文　姜晓娟
袁庆伟
区法院院长:张东波
区检察院检察长:邵　杰
沈阳经济技术开发区
主　任:程晓龙
副主任:刘树敏　王玉辰
张洪利　年　军
张　明
总工会主席:孟祥锁
副巡视员:赵　建　牛树森
按副局级待遇:任德林　张砚瓒
李　高　周建忠
于　夫
副区级调研员:张　林　刘　放
李　卫　高光顺
崔宜华　宁显君
李胜坤
沈阳化学工业园
主　任:李纪宁
副主任:王铁利　王林祥
沈阳冶金工业园
副主任:高　潮　任宝箭
李　贤
区纪委
书　记:杨振清
副书记:何元柱　李东时
杜长青

和　平　区

区委
书　记:王洪涛
副书记:田　家(兼)　王　菁
常　委:吴智丰　周以胜
厉　馨　权晓艳
黄福生　解润泽
安建晔
区人大
主　任:张维伦
副主任:李艳萍　张　伟
詹爱云　金　川
于　洋
区政府
区　长:田　家
副区长:宋　丽　朱　翎
吴开华　王泓伟
董德高
区政协
主　席:孙源志
副主席:李红光　康景波
初良广　李红实
朴哲虎
区法院院长:李清杰
区检察院检察长:史启林
沈阳长白岛经济区
主　任:田　家
副主任:高　斌　杨　波
沈阳满融经济区
主　任:田　家(兼)
按正区级待遇:周　伟
副区级调研员:黄兆平　李蓬勃
荆　伟　蔡玉芬
区纪委
书　记:厉　馨
副书记:刘庆霞

沈　河　区

区委
书　记:王　健
副书记:曾　波
常　委:张顺成　张明强
王志刚　王　林
孙伟山　杨文凯
骆　颖　赵立伏
区人大
主　任:吴晓冰
副主任:王敬党　高　璇
张怡中　巩俊海
桑玺元
区政府
区　长:曾　波
副区长:孙伟山　董雪峰
田晓晶　徐　强
袁长跃　郭忠涛
区政协
主　席:赵玉文
副主席:任永辉　王卓刚
戴丽梅　李　哲
刘　颖
区法院院长:李万涛
区检察院检察长:黄　伟
沈阳金融商贸开发区
党组书记:王　健
主　任:李晓东
副主任:曹连全　杜宏达
王　旭　吴　军
副巡视员:秦路捷　项洪峰
林维光　宋丽娜
林治俊
享受正区级待遇:肖振亮
按副区级待遇:龙世泽　洛传光
刘　锋
区纪委
书　记:张顺成
副书记:王海廷　吴宝军

大　东　区

区委
书　记:王　健
副书记:李　军
常　委:王庆海　刘志寰
冷雪峰　张鸿雁
王永刚　叶　胜
刘凤岐
区人大
主　任:白　实
副主任:杨大巍　王　东
哈　林　许国安
刘希刚
区政府
区　长:李　军

副区长：王庆海　张艳红
　　董　斌　孟广川
　　栾　峰　牟丽博
区政协
主　席：陈玉光
副主席：王芝庭　邢　军
　　郭　玲　康长安
　　田　亮
区法院院长：马　巍
区检察院检察长：田桂娟
沈阳－欧盟经济开发区
主　任：李英华
副主任：赵　韬　杜献忠
　　盛　力　高　岩
副区级调研员：陈元洪
享受副区级待遇：邱立民　王戈利
区纪委
书　记：刘凤岐
副书记：高　明　刘钊惠

皇　姑　区

区委
副书记：李鹏宇　刘守宇
常　委：于明海　张红军
　　李　凯　林学家
　　刘占福　谷军营
　　潘晓宏　蔡云波
区人大
主　任：柏　野
副主任：石宝焕　常胜权
　　赵晓明　张传东
　　邓　华
区政府
区　长：李鹏宇
副区长：李　凯　吴　迪
　　贺　燕　戴纪锋
　　唐　纲　王世辉
区政协
主　席：张黎光
副主席：徐国瑾　李　跃
　　蓝东芝　刘庆瑞
区法院院长：张立斌
区检察院检察长：徐宏捷
北部经济区
主　任：高政威
享受正区级待遇：张　敏
副区级调研员：林宝山　任秉华
　　周召平　张树华
　　李寿鸣
按副区级待遇：董显声　马春清
区纪委
书　记：于明海
副书记：宋宝岩　王文涛

浑　南　区

区委
副书记：吕　凡（兼）　白风华
常　委：郭士全　高华山
　　孙晓慧　王信权
　　纪德宇　李广杰
　　林宇航　周再强
区人大
主　任：贺程鹏
副主任：孙　敏　朱　杰
　　唐绍远　刘汉君
　　赵恒君
区政府
区　长：吕　凡
副区长：顾　瑛　宁　勇
　　孙含欣　陆长春
　　汪德军
区政协
主　席：李桂盛
副主席：隆　楠　宋崴嵬
　　郭福有　苏丽岩
　　郑向东
区法院院长：程起华
区检察院检察长：吴　波
沈阳高新区
主　任：吕　凡（兼）
副书记：白风华
副主任：银　鹰　郝　欣
　　方铁林　金光熙
　　裴希岩　周　武
　　刘绍东
纪工委书记：高华山
工会主席：王颖坤
沈阳国家大学科技城
主　任：郝　欣
副主任：赵　戈　任立辉
　　张书炜　张奎夫
沈阳沈抚新城
主　任：方铁林
副主任：高　峰（兼）　徐　莉
　　卫大同　范光跃
　　焦志勇
国际新兴产业园区
主　任：裴希岩
副主任：杨　琦
现代商贸区
主　任：刘绍东
副主任：郝　毅　乔　伟
现代农业示范区
主　任：周　武
生态观光区
主　任：刘建立
棋盘山风景名胜区管理局
局　长：吕　凡（兼）
副局长：洪　波　钱乃生
　　吴　琼
沈阳泗水科技新城
主　任：高　峰（兼）
副主任：刘凤楠
按正区级待遇：张　英　张晓力
　　刘文选　江　勇
　　王忠武
副区级调研员：李东亚　王宏军
　　宋　军　胡　颖
　　赵　震　胡光耀
　　王苏磊　王宏兴
　　宗先奎　吴永强
按副区级待遇：杨建明　孙树旗
　　王家会
区纪委
书　记：高华山
副书记：罗金凯　季春辉　丁洪彪

于　洪　区

区委
书　记：戴贺臣
副书记：王忠昆（兼）
常　委：戚　宇　赵胜龄
　　黄宝晖　赵伟祺
　　郭忠孝　张海涛
　　戴英杰　李英明

区人大
主　任:孙铁夫
副主任:刘俊英　曲万成
黄　斌　宋　威
马占信
区政府
区　长:王忠昆
副区长:戚　宇　郭忠孝
石广鹏　罗丽萍
王大海　张　泰
白　纯
区政协
主　席:姜　雷
副主席:付彦明　韩立克
何　伟　刘志强
李永贺
区法院院长:李　阳
区检察院检察长:徐　适
北陵国家星火技术密集区
主　任:胡　良
沈阳大工业区
主　任:王忠昆(兼)
副主任:李福天　焦　幂
丁香湖新城
主　任:王忠昆(兼)
副区级调研员:孙海洋　王国印
王彦仁　张玉忠
按副区级待遇:韩维臣
区纪委
书　记:张海涛
副书记:刘文权　关　伟
光辉现代农业示范区
(市农垦联合企业总公司)
主　任:王忠昆(兼)
副主任:史仕成　夏君轶
卢文经　曹承佳
党工委副书记、纪工委书记:黄　强

苏家屯区

区委
书　记:赵世宏
副书记:蹇　骞(兼)　侯晓东
程　心　赵志坚
徐晓勇　王海波
刘显锋　李志强
陈　材
区人大
主　任:李剑秋
副主任:赵德林　孟令山
吴旭日　沈凤娟
何有祥
区政府
区　长:蹇　骞
副区长:徐晓勇　刘金英
王志刚　曲廷会
王知非　王兆生
区政协
主　席:李洪吉
副主席:田志远　王德利
羿冰华　关　英
崔浩然
区法院院长:高铁军
区检察院检察长:张丰才
浑河新城
主　任:蹇　骞(兼)
副主任:张信宇　佟文刚
按正区级待遇:王大力
副区级调研员:吴秀丽　李英杰
马祥春
按副区级待遇:邹学英　王荣良
区纪委
书　记:王海波
副书记:郑立军　于文武
金志生　刘东耀
常　委:陈国聆　金玉龙
刘克武　杨宇光
蒋　勇

沈北新区

区委
常　委:衣丽娜　李　盛
刘　欣　陈　亮
董新伟
区人大
主　任:陈　航
副主任:王　艳　曹永刚
韩奎全　付献春
李春鹏
区政府
区　长:金志生
副区长:金玉龙　刘克武
侯　巍　关　强
张文国　方万斌
张　玲
区政协
主　席:于宜贤
副主席:孙兴武　周海杰
王凤久　吴凤立
梁彦龙
区法院院长:侯献生
区检察院检察长:孟秋野
沈阳蒲河新城
主　任:金志生
副书记:刘东耀　宋永贵
副主任:周鹏举　卜世杰
李　莹
按正局级待遇:孙永刚　王东红
按副局级待遇:王金钟　刘志峰
慈维德
副区级调研员:陆晓川　王宏新
田树军
区纪委
书　记:杨宇光
副书记:计会波　王冬梅

辽　中　县

县委
书　记:陈世海
副书记:张江徽(兼)
常　委:翟　克　葛海军
马立伟　陶志伟
高　东　孙宪锋
王洪超
县人大
主　任:姜　涛

副主任：闵加奇　年桂菊
　　李徽章　王玉杰

县政府

县　长：张江徽

副县长：葛海军　张新波
　　刘艳玲　张　堃

县政协

主　席：丁　宇

副主席：郭　兵　张荣国
　　何　岩　万秀英

县法院院长：张海军

县检察院检察长：颜国军

沈阳近海经济区

主　任：张江徽

副县级调研员：井秀林　李宝权
　　尹振东　刘春来
　　王连方　王　勤

按副县级待遇：王大勇　李雅儒
　　李　丹

县纪委

书　记：马立伟

副书记：郑延蛟　秦玮键

新　民　市

市委

书　记：顾少清

副书记：邢　鹏（兼）　赵志一

常　委：孟繁凯　李淑文
　　张春彦　邵　锐
　　宋一甲　张广辉
　　柴静祥　刘　刚

市人大

主　任：杨树德

副主任：钱静菊　王宏伟
　　王昌佑　李泽民

市政府

市　长：邢　鹏

副市长：宋一甲　孟繁凯
　　范庆军　李晓萌
　　曾　彦

市政协

主　席：吕建伟

副主席：徐占海　赵　潇
　　赵红霞　安　秋

市法院院长：樊志军

市检察院检察长：张遂志

沈阳胡台新城

主　任：邢　鹏（兼）

副主任：孙海燕　吴绍斌
　　佟宏伟

经济开发区

主　任：郭浩然

副市级调研员：刘　正　白晓东
　　陈文志　马运忠

按副市级待遇：关　英　王　铁

市纪委

书　记：刘　刚

副书记：曹庆伟　王德来

法　库　县

县委

副书记：陈佳标（兼）　周长旭

常　委：刘连恒　赵　丹
　　林　涛　周　左
　　郝志文　付玉来

县人大

主　任：段秀华

副主任：银海泉　段绍英
　　何云波　霍福来

县政府

县　长：陈佳标

副县长：林　涛　盖燕风
　　王冠木　杜　波
　　鄂继怀

县政协

主　席：苗初印

副主席：乔治国　田久荣
　　王桂艳

县法院院长：王文革

县检察院检察长：靳　伟

沈阳法库通用航空产业基地

主　任：陈佳标（兼）

副主任：王大为

辽宁法库经济开发区

主　任：姜春杰

副县级调研员：刘洪生　张国祥
　　刘洪义

按副县级待遇：王天泉　褚秀芹
　　李　恒

县纪委

书　记：郝志文

副书记：万　方　田　华

康　平　县

县委

书　记：王一兵

副书记：王志刚

常　委：王一平　代国斌
　　吕明臣　张继明
　　刘景山　高　原
　　金维中　王守刚

县人大

主　任：李鸿志

副主任：安景才　李奎兴
　　田立爽　刘　财

县政府

县　长：王志刚

副县长：吕明臣　张继明
　　孔德军　包艳艳
　　张　龙　王天明

县政协

主　席：尹　凛

副主席：张首先　葛　峰
　　窦海龙　杨　泉

县法院院长：张　宁

县检察院检察长：赵永林

经济开发区

主　任：魏继彦

副县级调研员：温凤霞　刘　忠
　　李绍华　郭树佳

按副县级待遇：吴　峰　姜　波

县纪委

书　记：代国斌

副书记：黄立国　黄　明

［注］此名单依据2014年12月31日在职干部名册列出，由市委组织部提供。

光 荣 榜

全国劳动模范(先进工作者)

姜　妍　沈阳鼓风机集团股份有限公司透平设计部设计三室主任
孙忠军　沈阳华晨金杯汽车有限公司车身一车间设备主管
徐宝军　沈阳第一机床厂车铣复合产品线技术部客户工艺室数控调试车工
李志强　中航工业沈阳黎明航空发动机(集团)有限责任公司发动机装配厂李志强班班长
王　阳　沈阳航天新光集团有限公司数控加工车间车工班班长
于东海　辽沈工业集团有限公司工具制造厂热处理工段工段长
韩　敏　中兴－沈阳商业大厦(集团)股份有限公司招商部副主管
汪义刚　沈阳夏云龙房屋修缮有限公司队长
王祖来　沈阳燃气集团有限公司管网输配分公司(抢修中心)经理
李　萍　沈阳客运集团公司230路驾驶员
褚晓文　沈阳飞机设计研究所党委书记
张化光　东北大学信息学院电器自动化研究所所长
陈温福　沈阳农业大学水稻研究所所长、辽宁省生物炭工程技术研究中心主任
冯玉萍　沈阳市文学艺术界联合会冯玉萍艺术工作室负责人
杨成东　沈阳市公安局特警支队副支队长
曹淑君　沈阳市第七中学校长
徐占海　新民市周坨子镇党委第一书记兼新民政协副主席
董　健　沈阳市浑南区中心敬老院院长
程　革　中国人民银行沈阳分行营业管理部主任科员
叶　军　特变电工沈阳变压器集团有限公司董事长兼党委书记
张玉坤　盛京银行股份有限公司董事长、党委书记
王大壮　沈阳化工集团有限公司总经理、党委书记
陆永飞　江苏南通二建集团有限公司项目经理
袁桂梵　沈阳市法库县双台子乡侯家堡村党支部书记
李晓春　辽中县六间房镇马龙村农民
王宝新　沈阳航天新光集团有限公司研究四室室主任
李　玲　辽沈工业集团有限公司检验部技术四室室主任
张子军　中国航空工业集团公司沈阳飞机设计研究所副总师
马长好　沈阳鼓风机集团股份有限公司转子车间车工
池贵义　华晨中华汽车公司生产值班长
戚　勇　沈阳机床股份有限公司营销服务事业部工程技术部工程师
齐志娟　沈阳兴隆大天地购物中心有限公司兴隆超市商场管理经理
李懿祺　沈阳商业城股份有限公司超市经理
孙思予　中国医科大学附属盛京医院消化内镜诊治中心主任
陈　亮　沈阳市房屋登记中心疑难登记部部长
王　涛　中建三局东北公司沈阳宝能环球金融中心项目项目经理
吴红军　沈阳市和平区房屋维修服务中心电工
曲鸿雁　东芝电梯(沈阳)有限公司保管员
杨长胜　辽中县农业综合开发办公室主任
杨　宏　康平县农业技术推广中心农产品检测中心主任
孟凡彪　沈阳市中级人民法院司法检查支队副支队长
刘福满　沈阳市大南百货商店董事长
韩　晶　沈阳茗华苑商业广场有限公司董事长
孙玉强　沈阳亿友陶瓷有限公司董事长
王希科　沈阳工业国有资产经营有限公司董事长
陈云环　新民市富盟经贸有限责任公司总经理
李振东　沈阳三铭重工机械有限公司副总经理
王建华　东北大学理学院院长
苏晓明　沈阳工业大学理学院院长
王丽君　铁西区精神卫生中心院长
李春英　沈阳金飞马制漆有限公司副经理
周廷昌　皇姑区人民法院副院长
詹　军　沈阳市总工会城建交通农林工会主席
黄彦红　沈阳市妇女儿童保健中心主任
王家强　辽宁东鹰电器集团有限公司结构工程师
景亚栋　锦绣嘉伦美术设计公司设计师
王义华　沈阳市新市民家庭服务中心主任

辽宁省“五一”劳动奖章

张树文　沈阳黎明航空发动机(集团)有限责任公司钣焊加工厂郭维林班班长

辽宁省“五一”劳动奖状

沈阳市和平区发展和改革局
沈阳市铁西区房产局
沈北新区劳动争议调解中心
沈阳市新民市周坨子镇人民政府
沈阳市公安局出入境管理局
辽宁中医药大学附属医院

沈阳市"五一"劳动奖章

郑秋菊(女) 中航工业沈阳飞机工业(集团)有限公司线束厂电缆工段段长
梁春生 北方重工集团有限公司电站设备分公司营销部部长
吴文远 北方重工集团有限公司重大部件加工分公司机加一车间机加一班班长
李 伟 特变电工沈阳变压器集团有限公司电气组件分公司经理
郭天纲 北方重工集团有限公司装卸设备分公司经理
马 麟 特变电工沈阳变压器集团有限公司装备车间装配B组班长
金 山 北方重工集团有限公司销售分公司销售员
宁 宏 东北制药集团股份有限公司原料药营销公司VC销售总监
曹凤春 北方重工集团有限公司盾构机分公司装配车间钳工一班班长
陈 广 红塔辽宁烟草有限责任公司沈阳卷烟厂制丝车间电气维修组组长
陈卫华 华晨宝马汽车有限公司铁西工厂涂装车间主任
袁 旭 北方重工集团有限公司矿山机械分公司结构车间结构一班工人
李 军 沈阳化工股份有限公司搬迁改造项目部工程处安装施工员
李 斌 北方重工集团沈阳铸锻工业有限公司铸钢分公司仓储车间主任
张 涛(女) 华晨宝马汽车有限公司大东工厂总装车间主任
焦 旭 沈阳机床股份有限公司营销服务事业部区域总监
于 洋 沈阳石蜡化工有限公司聚乙烯分厂工程师
曹 阳(女) 华晨宝马汽车有限公司人力资源部主任
韩继堂 沈阳金杯车辆制造有限公司规划发展处处长
袁钟超 沈阳化工股份有限公司氯碱分厂盐水工段段长
叶 青(女) 华晨宝马汽车有限公司财务部总监
徐凤亮 沈阳机床股份有限公司中捷立加分公司立式加工中心产品线经理
王晓丹 沈阳华晨金杯汽车有限公司总装Ⅱ车间工艺主管
邹 威 华晨宝马汽车有限公司原型车生产部总装车间主管
赵 宁 沈阳机床股份有限公司齿轮分公司磨齿工段工人
张 辉 华晨中华汽车公司总装车间工艺技术处处长
李红权 沈阳机床股份有限公司工业服务事业部区域总经理
王学智 沈阳金杯江森自控汽车内饰件有限公司商务科主任
马晓波 沈阳机床(集团)设计研究院有限公司实验室主任
戴 峻 华晨汽车工程研究院H2/JII平台总监
薛 岩 华晨汽车集团控股有限公司整车事业部销售公司区域代表
孙 浩 沈阳金发汽车钢圈制造有限公司涂装车间主任
母晓东 沈阳机床股份有限公司再制造事业部再制造车间工人
王 辉 上海通用(沈阳)北盛汽车有限公司冲压车间模具维修技术主管
金玉淑(女) 沈阳鼓风机集团股份有限公司核电公司副总工程师
周艳峰 东北制药集团沈阳第一制药有限公司101车间片剂生产线线长
房 莹(女) 沈阳同联集团有限公司财务部部长
王 帅 沈阳鼓风机集团股份有限公司总装车间钳工组组长
郎 勇 东北制药集团销售有限公司推广专员
朱海雷 沈阳鼓风机集团股份有限公司往复机事业部设计二室主任
赵 阳 沈阳兴远东汽车零部件有限公司技术质量处处长
刘 鑫 东北制药集团供销有限公司快批事业部经理
常殿平 华润雪花啤酒(辽宁)有限公司生产部经理
邹德辉 中国有色(沈阳)冶金机械有限公司金属结构车间铆工班班长
郭 涛 东北制药集团股份有限公司原料药生产事业部201车间三工段工段长
齐红彦 中国有色(沈阳)冶金机械有限公司自动化控制研究所副所长
倪爱武(女) 东北制药集团股份有限公司工会办公室主任
李晓刚 沈阳鼓风机集团股份有限公司设计院设计一室主任
李 祎(女) 北方重工集团有限公司营销本部科员
车欣嘉 沈阳机床(集团)有限责任公司工会主席
李 军 红塔辽宁烟草有限责任公司沈阳卷烟厂厂长
苑春林 沈阳华晨东兴汽车零部件有限公司总经理、党委书记
吴春宇 沈阳第一机床厂总经理、党委书记
陈晓旭 上海通用(沈阳)北盛汽车有限公司总经理
李树阳 中航工业沈阳飞机工业(集团)有限公司二十二厂数控工段数控班工人
王学航 中航工业沈阳飞机工业(集团)有限公司四十五厂一工段铣工班工人
蔺新成 中航工业沈阳飞机工业(集团)有限公司技术装备中心工具单元刀具工段外磨班工人

李　凡(女) 中航工业沈阳飞机工业(集团)有限公司十二厂二工段钳工班工人
于加勇 中航工业沈阳黎明航空发动机(集团)有限责任公司盘轴加工厂鼓筒工段鼓筒班工人
宋　成 中航工业沈阳黎明航空发动机(集团)有限责任公司叶片加工厂三级技术专家
王虎威 中航工业沈阳黎明航空发动机(集团)有限责任公司发动机大修厂钣焊工段燃烧室班工人
杨海涛 中航工业沈阳黎明航空发动机(集团)有限责任公司国际业务分公司外贸机加厂数控立车班工人
郭　锐 辽沈工业集团有限公司第一机械厂 D08 工段工长
曹成壮 辽沈工业集团有限公司研发中心设计二所室主任
郭　锴 辽沈工业集团有限公司 116 车间技术组组长
廉　彬(女) 沈阳航天新光集团有限公司动力附件研究室主任
于海龙 沈阳航天新光集团有限公司数控加工车间数控三班班长
彭　岩 沈阳航天新光集团有限公司装配实验车间一班班长
徐　雪 中航工业沈阳发动机设计研究所预研总体设计部设计员
邹维明 沈阳兴华航空电器有限责任公司质量保证部技术员
孙海滨 中国北车集团沈阳机车车辆有限责任公司运营部货修分厂分解鉴定组检修鉴定员
陈家义 中国北车集团沈阳机车车辆有限责任公司落成分厂整备班工人
王建明 沈阳航天新乐有限责任公司特种车辆 17 厂厂长
杜占军 沈阳辽海装备有限责任公司设计所线路二室主任
黄仲秋 沈阳航天新星机电有限责任公司地面设备制造分公司钳工班工人
何　岩(女) 中国人民解放军第六九零三工厂技术部研发一室主任
官　伟 中车集团沈阳汽车车桥制造有限公司试制车间主任
李忠智 沈阳航天誉兴机械制造有限公司工装车间一工段一班工人
张向东 际华三五二三特种装备有限公司动力能源环保办公室主任
任中岩 沈阳黎明航空零部件制造有限公司接头工段六角车工班班长
王铁林 中航工业沈飞民用飞机有限责任公司 35 厂 C919 班班长
张殊慧(女) 沈阳造币有限公司模具设计制作中心主管工程师
谢春财 沈阳华润热电有限公司技术支持部副部长
陈　硕 国电康平发电有限公司中水部主任
祝淑芹(女) 中国能源建设集团沈阳电力机械总厂有限公司结构车间电焊班班长
吴　迪 中智沈阳经济技术合作有限公司劳务派遣工
韩丹丹(女) 中国移动通信集团辽宁有限公司沈阳分公司和平区分公司综合部行政管理
刘晓梅(女) 中国移动通信集团辽宁有限公司沈阳分公司沈河区分公司业务管理管理员
李竹羽 沈阳联通公司网络管理维护中心监控部主任
郭慧中 沈阳联通公司信息化服务中心网络支撑班班长
修　凯 沈阳市邮政分公司建设大路邮政支局局长
王春阳 沈阳市邮政分公司塔湾街支局局长
王玉杰(女) 中国电信集团公司辽宁省沈阳市电信分公司市场部主任
王铁岩 沈阳中航动力精密铸造科技有限公司真空熔注工段工人
汪志平 中航工业沈阳黎明航空发动机(集团)有限责任公司工会高级专务
周卫东 中国移动通信集团辽宁有限公司沈阳分公司沈河区分公司政企客户部客户经理
陈兰华 沈阳航天三菱汽车发动机制造有限公司常务副总经理
杨　旭 中航工业沈阳飞机设计研究所总师办副总设计师
仇文伟 中航工业沈阳飞机设计研究所总师办副总设计师
尚守堂 中航工业沈阳发动机设计研究所总师办副总设计师
赵长辉 中航工业空气动力研究院实验技术部副总工程师
钱战森 中航工业空气动力研究院气动发展部副部长
林福清 中国人民解放军第六九零三工厂工会主席
田惠杰 中国北车集团沈阳机车车辆有限责任公司工会副主席
王永红 中铝沈阳有色金属加工有限公司总经理、党委书记
程锦钰 中储发展股份有限公司辽宁事业部总经理、党委书记
郑　昕(女) 沈阳家乐福商业有限公司龙之梦店店长
金仲儒 中国石油天然气股份有限公司辽宁沈阳苏家屯经营部经理
卢　钢 沈阳铁西百货大楼有限公司后勤处团购客服部经理
张　娇(女) 吉林银行股份有限公司沈阳分行营业室主任
刘　峰 人民银行沈阳分行营业管理部货币金银处主任科员
马肖智 沈阳金融护卫中心四大队队长
刘同舒 交通银行股份有限公司辽宁省分行工会干事

田大勇 交通银行股份有限公司沈阳和平支行综合部后勤管理员
蔡广生 中兴—沈阳商业大厦(股份)有限公司儿童商场用品部童车组营业员
韩延生 中国建设银行股份有限公司沈阳浑南支行行长助理
董 利 沈阳市直属粮食储备库储运部部长
陈美玲(女)中国工商银行辽宁省分行营业部小白楼支行网点经理
王志艳(女)沈阳大东兴隆百货有限公司百货食品商场收银员
周凤英(女)沈阳长生产业集团股份有限公司工程物业部保洁班长
李 楠(女)沈阳东副超市有限公司收银班长
刘广明 沈阳长生产业集团股份有限公司市场发展部主任
陈素君(女)沈阳粮油集团有限公司储运部副部长
乔建国 沈阳兴隆大家庭购物中心有限公司新百伦专柜营业员
姚立猛 沈阳兴隆大家庭购物中心有限公司兴隆大奥莱分公司名品二部经理
王天罡 沈阳兴隆大家庭购物中心有限公司兴隆大奥莱分公司执行经理
段 拓(女)沈阳兴隆大天地购物中心有限公司黄金屋商场营业员
黄玲玲(女)沈阳金秋实农资有限公司辽中配送中心销售员
张 弘(女)辽宁金秋实物业管理有限公司开发部经理
陆 刚 沈阳物资集团有限责任公司老企业中心主任
于 涛 中兴—沈阳商业大厦(股份)有限公司卖区鞋帽商场经理
刘 原 沈阳家乐福商业有限公司IT部员工
张洪涛 沈阳钢材配送中心有限公司装卸站站长
陈显峰 沈阳张士农副产品股份有限公司安保部门禁收费班班长
陈兴国 中国石油天然气股份有限公司辽宁沈阳销售分公司铁北加油站站长
王振松 中国人民财产保险股份有限公司沈阳市分公司业务经理
王志强 中国人民财产保险股份有限公司沈阳市分公司农险部经理
王亦工 盛京银行股份有限公司副行长
金 丽(女)沈阳商业城股份有限公司营运总监
谷昭钢 哈尔滨银行股份有限公司沈阳铁西支行行长
张亚男(女)中国农业银行股份有限公司沈阳大东支行行长
刘 欣(女)沈阳王氏天兴蜂蜜有限公司副总经理
刘喜军(女)沈阳兴隆大家庭购物中心有限公司工会主席
宋 刚 中国邮政储蓄银行股份有限公司沈阳市分行党委书记、行长
郭明东 中国人民财产保险股份有限公司沈阳市分公司党委书记、总经理
王淑燕(女)沈阳市社会养老和工伤保险管理局计算中心主任
杨其田 沈阳中街冰点城食品有限公司董事长
宋宸宏(女)沈阳米旗食品有限公司总经理
邹海顺 建设银行辽宁省分行个人金融部总经理
冯玉龙 沈阳农业大学生物科学技术学院教师
刘晓明(女)沈阳工业大学电气工程学院教师
景 浩 辽宁中医药大学经济管理学院教师
邹莉波(女)沈阳药科大学药理毒理系教师
李帼昌(女)沈阳建筑大学协同创新中心主任
巴 鹏 沈阳理工大学机械工程学院教师
但 菲(女)沈阳师范大学学前与初等教育学院教师
张永明 沈阳化工大学材料科学与工程学院教师
林子清 中国刑事警察学院法医系教师
赵冰梅(女)沈阳航空航天大学马克思主义学院教师
张西振 辽宁省交通高等专科学校汽车专业教师
程春雨 辽宁林业职业技术学院林业专业教师
周 乐(女)沈阳大学建筑工程学院教师
张 伟 沈阳广播电视大学文法学院教师
苏振敏(女)东北育才学校工会主席
王 淑(女)沈阳市第二中学科学高中部教务主任
肖友才 沈阳市装备制造工程学校工程专业教师
张冬冬 沈阳市化工学校数控专业教师
韩 金 沈阳市教育研究院远程教育教师
王 颖(女)沈阳铁路实验中学校长
王士波 沈阳市第七中学八十二中学校区校长
王法旭 沈阳市广全中学校长
沈 健 沈河区一经街第二小学校长
张 平 中国建筑东北设计研究院有限公司第四设计所所长
马国泰 中交煤气热力研究设计院有限公司市场总监
于春睿 中国中化集团沈阳化工研究院农药研究专题组组长
胡子阳 中国电子科技集团公司第四十七研究所高级专家
郭科军(女)中国医科大学附属第一医院妇产科主任
窦晓光(女)中国医科大学附属盛京医院感染科主任
张忠提 中国医科大学附属口腔医院干诊科副主任
李济强 沈阳市口腔医院口腔临床质控中心副主任
邬 波 沈阳市骨科医院骨科研究所所长
孙 萍(女)东北大学文法学院副院长
姚 江 中国医科大学教务处处长
李淑云(女)辽宁大学党委组织部部长
林勇虎 沈阳体育学院教务处处长
王力明(女)鲁迅美术学院纪委书记

栾好利 沈阳工程学院人事处处长
马淑坤(女) 沈阳医学院图书馆馆长
张 丹 沈阳市汽车工程学校校长
钟 岩(女) 沈阳市信息工程学校党委书记
赵桂云(女) 沈阳市教育局会计核算中心副主任
付丽君(女) 辽中县教育局工会主席
谭许伟 沈阳市规划设计研究院副院长
耿庆妍(女) 沈阳医学院附属中心医院党委副书记纪委书记
张黎明 沈阳职业技术学院院长
白景富 辽宁水利职业学院院长
王 汎 沈阳市招生考试委员会办公室高教自考处处长
侯 玲(女) 沈阳市青少年教育保护办公室副主任
邵春岩 沈阳环境科学研究院院长
朱起东 沈阳市肛肠医院院长
阎 波(女) 沈阳市第九人民医院院长
徐桂娟(女) 沈阳市安宁医院院长
刘 爽 沈阳地铁集团有限公司工程二处处长
毕明涛 沈阳市城市建设项目办公室工程师
刘志昕 沈阳市房地产信息中心技术员
陈 岩(女) 沈阳市园林科学研究院乡土植物繁育重点实验室副主任
姜会洪 市城市管理沈河综合监管中心监察一科科长
张 洋(女) 沈阳市道路运输主枢纽信息调度指挥中心服务热线综合管理科科长
杨 斌(女) 沈阳经纬客运有限公司总站值班室站长
王丽秀(女) 沈阳天益巴士有限公司158车队队长
赵 江 沈阳通利公共交通有限公司211路驾驶员
苏延祥 沈阳水务集团九水厂生产科科长
曹宏志 沈阳水务集团大东营业分公司维修班班长
赵桂军 沈阳燃气集团有限公司储配分公司生产安全部部长
杨 凯 沈阳燃气集团有限公司沈河营业分公司地区经营管理员
吕太兵 沈阳燃气集团有限公司铁西营业分公司售后服务员
贺祖团 沈阳地铁集团有限公司运营分公司机电中心供电部部长
王 振 沈阳地铁公共交通有限公司296车队驾驶员
杨 光 中建一局集团(辽宁)有限公司沈阳市文化艺术中心项目执行经理
刘 帅 中建二局东北分公司生产经理部经理
陈 浩 中建三局东北公司沈阳隆玺项目部经理
聂海波 中建五局东北公司辽宁省博物馆项目部经理
陈海荣 沈阳热电厂设备检修部副总工程师
周 岩 沈阳炼焦煤气有限公司安全员
慈 君 沈阳安运公共交通有限公司111线路驾驶员
孙彦忱 沈阳安运巴士有限公司166线路队长
沈 凌 中建三局东北公司宝能项目部会计
陈振宏 中建三局东北公司第一经理部华润置地项目工会主席
路 瑶(女) 中建二局东北分公司沈阳裕景中心项目工会主席
于树纯 沈阳高等级公路建设总公司沈高公路一公司安全设备科科长
宋亚刚 沈阳市市政工程建设处工会主席
金 阁 沈阳市交通驾驶人培训有限公司副经理
王大军 国电东北环保产业集团有限公司纪委书记
万木林 国电沈阳热电有限公司工会主席
孙明清 沈阳市建设工程安全监督站站长
黄绍志 沈阳市国有土地房屋征收管理办公室主任
李晓波(女) 沈阳市绿化管理处副主任
王卫东 沈阳市交通局铁西分局局长
王晓东 沈阳市房产局住房保障处处长
杨洪仲 沈阳市供热管理办公室主任
安大龙 沈阳爱思开汽车客运站有限公司综合办公室主任
李君花(女) 沈阳市和平区城市管理局南市场城管环卫管理所工人
李 威(女) 沈阳市和平区房屋维修服务中心接线员
严冬云(女) 沈阳市和平区人民法院民事审判二庭审判员
张 楠(女) 沈阳市和平区国家税务局政策法规科科员
于 莹(女) 沈阳铁路第五小学校长
王永强 沈阳市城市管理行政执法局和平分局主任科员
杨 琳(女) 沈阳市和平区南站社区卫生服务中心副主任医师
孙宇红(女) 沈阳市和平区集贤街道湖畔社区党委书记
王 斌 沈阳九洲福尔房地产开发有限公司财务审计部总监
张 博 沈阳市公安局和平分局南湖派出所副所长
张佑中 沈阳市和平区地方税务局契税窗口副科长
赵杰英 沈阳市和平区统计局数据处理科副处级调研员
李 梅(女) 沈阳市和平区会计核算中心主任
吴男嘉 沈阳新海扬帆系统集成有限公司总经理
刘绍明 沈阳市沈河区财政局预算科主任科员
李 敏(女) 沈阳市育源中学校长、党委书记
周黎伟(女) 沈阳市沈河区滨河街道圣天社区委员会党委书记、主任
李秀荣(女) 沈阳市沈河区丰乐街道和泰社区委员会党委书记、主任
王占峰 沈阳夏云龙房屋修缮有限公司工人
房沈川 沈河区环境卫生汽车队工人
王 浩 沈阳市第七中学副校长
王太文 沈河区建筑市场管理办公室安全站主任科员

华　欣　沈阳市环境保护局沈河分局污染防治科科长
孙兴名　沈河区国有土地房屋征收补偿服务中心副主任
冯卫东　沈阳市沈河区总工会综合保障部部长
孙照明　中国共产党沈阳市沈河区委员会群众工作部综合协调办公室主任
徐明泉　沈阳市沈河区文体局局长
房建民　沈阳市沈河区大南街道办事处党工委书记
苏　伟　沈阳市沈河区工商行政管理局副局长
王松岩　沈阳市沈河区人民检察院反贪污贿赂局局长
董怡芳(女)铁西区勋望小学教师
马　琳(女)博宇金属股份有限公司招商部经理
王　静(女)铁西区七路街道创意社区党委书记
刘　越　沈阳安运出租汽车有限公司驾驶员
门长杰(女)铁西区信访局副主任科员
胡　喆(女)铁西区翟家社区卫生服务中心主任
秦国峰　铁西区市政集团有限公司农民工
韩志琦(女)铁西区工人村街道办事处工会常务副主席
王　闯　沈阳宜家家居设施部工程师
谈　宁　铁西区工人村派出所警长
王兴霞(女)沈阳市铁西区兴工环境卫生管理所工人
贾　煜　辽宁百涛律师事务所律师
邱庆善　沈阳市城市管理行政执法局铁西区分局指挥调度科副科长
金珂华(女)铁西区工商局人事科科长
孙延霞(女)铁西区民政局社区建设指导科科长
杨瑞玲(女)铁西区新佳能图文制作中心总经理
栗　晖(女)铁西区文明办副主任
初　放(女)皇姑区总工会组织部副主任科员
孔庆国　皇姑区地方税务局长江税务所副主任科员
孟令中　皇姑区财政局社保科主任科员
周战捷(女)皇姑区童晖小学校长
吴振馥(女)皇姑区华山街道汇宝社区党委书记
赵佩东(女)皇姑区聋人学校教师
吴　岳(女)皇姑区启智幼儿园教师
王学超　美食百姓风味楼大堂经理
郑晓翠(女)皇姑区黄河街道珠东社区党委书记
任　冬　沈阳奥思特安全技术服务集团有限公司矿山评价室主任
佟宁芳(女)皇姑区珠江五校校长
梁卓然(女)中共沈阳市皇姑区委宣传部新闻报道科科长
赵云鹏　皇姑区信访局接访科科长
訾景成　中共皇姑区委组织部干部一科科长
王卫东　市城市管理行政执法局皇姑分局副局长
罗永新　皇姑区首府新区管委会副主任
张　瑛(女)皇姑区人民法院副院长
沙雪晶(女)大东区工业总公司工会干事
朱家喃　沈阳中外运长航物流发展有限公司运营部安全员
张　铭　中建七局第一建筑有限公司国瑞城项目部工会主席
张立华(女)大东区大北街道办事处工会副主席
杨　君(女)大东区上园街道办事处工会副主席
徐美艳(女)沈阳市博才初级中学校长
邱海燕(女)大东区上园一校校长
颜万军　沈阳北方建设股份有限公司装配式砼施工研究中心副主任
林　伟(女)大东区人力资源和社会保障局退休职管中心主任科员
刘　博　大东区信访局应急科主任科员
张文杰　大东区机构编制委员会办公室机构编制管理科主任科员
汪　镝　中共大东区委宣传部新闻中心副主任科员
邓　楷　沈阳市大东区顺发木材加工厂业务经理
郑　笑　沈阳－欧盟经济开发区管理委员会办公室综合科科长
孙　鲲　沈阳市城市管理行政执法局大东分局指挥调度科科长
韩　桥　大东区国税局魁星税务所所长
祁　岩　大东区东塔街道党工委书记
李永强　沈阳延锋江森座椅有限责任公司总经理
卜素梅(女)沈阳森林动物园管理有限公司中国沈阳鹤类繁育研究基地育雏班班长
袁　斌　浑南区嘉华学校校长
衡　雄　东陵区热力供暖公司生产科科员
夏国锋　浑南区城市管理和行政执法局车辆维修中心主任
王会有　沈抚新城管理委员会土地房屋征收办公室项目组组长
孙百春(女)沈阳同方多媒体科技有限公司计划部副经理
李　晔(女)奥维通信股份有限公司办公室主任
刘　敏(女)沃尔玛(辽宁)百货有限公司沈阳浑南西路分店人力资源经理
王　巍　沈阳市地方税务局高新技术产业开发区分局计划财务科科员
冯　岩(女)沈阳红星美凯龙世博家居有限公司办公室主任
张怀东　沈阳芯源微电子设备有限公司高端封装事业部副部长
孟庆林　浑南区卫生监督所所长
陈明洲　浑南区公路管理处主任
赵淮林　沈阳全密封变压器股份有限公司总经理
王军海　辽宁圣宸建筑工程有限公司董事长
孔令江　沈阳市规划和国土资源局于洪分局耕保科科员

宋　芳(女) 于洪区城东湖街道碧桂园社区书记、主任
王丽霞(女) 于洪区教师学校教师
房秀娟(女) 于洪区信访局办公室主任科员
钱彩红(女) 于洪区城东湖街道办事处社会事务办公室主任科员
刘慧娣(女) 沈阳华锐置业有限公司区域副总裁
唐　杰(女) 沈阳中港地产有限公司合约部经理
刘　浩　于洪区主城行政商务经济区招商中心主任
佟　鹰　沈阳市苏家屯区市民诉求专线服务中心主任科员
冯英群　沈阳市苏家屯区市政设施维护管理处综合维修队队长
杨延军(女) 沈阳浑南矿业有限责任公司综合部部长
佟文俊　沈阳浑河新城管理委员会建设处主任科员
黄　伟　沈阳圆通速递有限公司分拨中心主任
艾　冰(女) 沈阳市苏家屯区总工会基层工作部部长
石红艳(女) 沈阳市苏家屯区工商局企业注册科科长
徐铁兵　沈阳市苏家屯区妇婴医院院长
郎东晖(女) 沈北新区辉山街道森林里社区副主任
滕玉凯　沈阳市交警支队沈北新区大队副大队长
赵春阳　沈北新区信访局驻京维稳办科员
杨绍威　沈北现代农业开发区财税科副科长
石　磊　沈阳手机产业园管委会招商一科科员
李永强　蒙牛乳业(沈阳)有限责任公司运营班班长
孙连明　中共沈北新区纪律检查委员会纪检监察室副主任
贾　磊　沈阳东北总部基地开发建设有限公司工会主席
初风敏　沈阳伊利乳业有限责任公司总经理
陈　亮　新民市水利局水土保持监督管理处科员
王兴泽　新民市农村合作经济经营管理局科员
李井明　新民市信访局科员
蒋　章　辽宁龙士达钢结构股份有限公司生产车间生产工段段长
邴立友　沈阳三九药业有限公司生产车间主任
林　宇　新民市公安局巡特警大队队长
成树江　新民市人民医院副院长
郑洪生　沈阳腾浩房地产开发有限公司董事长
徐　萍(女) 辽中县农村经济局种植科科长
王　岩　辽宁远通物流有限公司调度员
王克伟　沈阳近海经济区管委会行政审批服务中心副主任
燕　君(女) 辽中县冷子堡镇政府合管办办事员
王明才　辽中县统计局综合科科长
张秀丽(女) 辽中县信访局市民投诉中心副主任
李雪凤　沈阳星河铜业有限公司铜带车间工人
王洪海　辽中县蒲东街道党工委书记
张文良　辽中县教育局局长
王文忠　辽中县总工会副主席
迟少光　沈阳天阔新城房地产开发有限公司技术员
李　复(女) 法库县城镇环境卫生管理处工人
马　超　法库县东湖三中教师
赵志坚　法库县东湖中学教师
郭俊武　沈阳天玉龙陶瓷有限公司技术员
刘绍海　沈阳盛博节能设备有限公司副总经理
林继文　沈阳隆盛陶瓷公司董事长
梁振宝　康平县郝官屯镇九年一贯制学校校长
周春伶(女) 康平县人民医院检验科主任
王国宇　康平县供热公司维修队副队长
陈立平　沈阳德力嘉汽车零部件有限公司涂装车间主任
刘　洋　康平县公路管理处养护公司维修队队长
崔文秀　康平县东升满族蒙古族乡人民政府工会主席
张　凯　康平县委宣传部常务副部长
闫凌宇　沈阳远大企业集团风力发电系统工艺员
施　燚　沈阳中光电子有限公司62生产组组长
衣　斌　沈阳上汽汽车变速器有限公司生产调度
李卫国　沈阳中辰钢结构工程有限公司项目经理
赵旭光　沈阳电缆产业有限公司生产部部长
刘　波　沈阳经济技术开发区公安分局主任科员
辛德铮　可口可乐辽宁(北)饮料有限公司塑料瓶生产车间主任
王昌刚　沈阳华德海泰电器有限公司APG车间主任
宋承名　沈阳市地方税务局经济技术开发区分局主任科员
孙长海　沈阳久利建材有限公司管材车间主任
韩耀元　沈阳紫光交通设施有限公司生产部部长
朱　立　沈阳潜水泵业有限公司副总经理
吴佳梁　三一重装国际控股有限公司副总经理
于东云(女) 沈阳三新实业有限公司董事长
吴　琦(女) 沈阳市对外贸易经济合作局日本投资促进处主任科员
宣　月(女) 沈阳市新华书店教材营销部经理
王金一　市委办公厅行政处食堂管理科科长
马　凝(女) 沈阳市人力资源和社会保障局沈阳市社会医疗保险管理局保险处处长
沈　莹(女) 沈阳市中级人民法院刑三庭副庭长
金丽华(女) 市政府办公厅流通处调研员
王琦伟(女) 沈阳市地方税务局社会保险费处副处长
彭　东　沈阳市总工会第二疗养院副院长
文　勇　市发展和改革委员会办公室主任
宁　樑　市质监局测量测试院院长、党委副书记
许世萍(女) 沈阳市安监局监督四处处长
张淑华(女) 市文联办公室主任
陈景江　市委政法委办公室主任
陈宝生　沈阳市服务委市场建设处处长

周志海　沈阳市体育局人事处处长
王　迅　沈阳市农村经济委员会财务审计处处长
李志勇　沈阳市科技局发展计划处处长
吴铁汉　沈阳市政务服务管理办公室政务公开处处长
苗立义　中共沈阳市委统战部办公室主任
张新宇　沈阳青年国际旅行社有限公司总经理
苏　辉　沈阳市总工会机械轻化工会主席
闫铁军　沈阳市地方税务局人事处处长
高殿升　沈阳市地方税务局货物和劳务税处处长
任成功　沈阳市工商局办公室主任
史天文　沈阳市机构编制委员会办公室综合督查处处长
李　群　市国家安全局工作人员
庞景岩　沈阳惠天热电股份有限公司沈河三分公司100号换热站站长
宋　娜(女)沈阳市煤气总公司离退休人员管理部综合管理员
陈贵范　沈阳城市公用集团有限公司党委副书记
白　旭　沈阳市文化广电新闻出版局主任科员
曾　阳(女)沈阳故宫博物院社教部主任
王永东　沈阳市救助管理站工人
张宝利　监管支队二四二医院监管病区副大队长
杨建夫　沈阳市公安局皇姑分局新乐派出所民警
黄　维　沈阳市公安局禁毒警察支队大队长
刘贵福　沈阳市公安局铁西分局兴华派出所主任科员
赵振金　沈阳市公安局沈北新区分局巡警大队副大队长
杨　宇　沈阳市公安局便衣警察支队侦查三大队大队长
李永嘉　经济技术开发区分局昆明湖派出所教导员
李晓莉(女)沈阳市公安局监管医疗大队监管分院院长
郑　义　沈阳市公安局特警支队支队长
张兴业　沈阳市公安局视频侦查支队支队长
刘天昊　沈阳市公安局法制支队副支队长
王明鑫　沈阳市公安局政治部副主任
靳达宇(女)沈阳市司法局组织处主任科员
姚宏宇　沈阳市康家山监狱一监区监区长
郭俊峰　沈阳市城市管理行政执法局市容执法调度科科长
刘　萍(女)沈阳机床股份有限公司沈一车床厂i5团队技术室工程师
包立成　中航工业沈阳黎明航天发动机(集团)有限责任公司板焊加工厂机修室工人
李天宝　沈阳飞机工业(集团)有限公司数控加工中心一单元一工段焊接班工人
张艳敏(女)沈阳鼓风机集团有限公司核电公司工艺部高级工程师
孙玉龙　特变电工沈阳变压器集团有限公司劳模协会秘书长
闫慧敏(女)沈阳兴隆大家庭购物中心有限公司水吧组营业员
杨茂林　中铁五局沈阳地铁项目部工区长
马　跃(女)沈阳冬冬食品工业有限公司烤制组组长
杨新华　沈阳市运河管理处南运河园林管理所工人
隋艳平(女)铁西区张记海鲜酒楼大堂经理
朱占伟　鲁园农民工工会服装分工会主席

沈阳市"五一"劳动奖状

沈阳机床成套设备有限责任公司
沈阳金杯恒隆汽车转向系统有限公司
沈阳航天誉兴机械制造有限公司
沈阳外国企业服务总公司
沈阳物资集团供热有限公司
招商银行沈阳分行营业部
永安财产保险股份有限公司辽宁分公司
中国人民财产保险股份有限公司沈阳市分公司
沈阳澍熙航空服务有限公司
沈阳市红十字会医院
辽宁医药职业学院
沈阳市环境监测中心站
沈河区朝阳街第一小学
沈阳市城市建设档案馆
沈阳市北陵公园管理中心
中建二局建筑工程(辽宁)有限公司
沈阳市交通局行政执法支队
中建五局(辽宁)建设有限公司
沈阳市公路管理处
沈阳市和平区卫生和计划生育局
沈阳市沈河区民政局
沈阳市沈河区第二人民医院
辽宁中金欧亚珠宝有限公司
沈阳市沈河区五里河公园
铁西区残疾人托养康复中心
铁西区霁虹街道办事处
铁西区文体广电新闻出版局
皇姑区首府新区管委会
皇姑区审计局
大东区地方税务局
大东区小东街道办事处
浑南区机关餐饮服务中心
沈阳伍享工业有限公司
于洪区平罗镇卫生院
沈阳市苏家屯区审计局
沈北新区沈北街道办事处

沈阳辉山国家农业科技园区管理委员会
新民市国家税务局
辽中县满都户镇人民政府
沈阳通用航空产业基地管理委员会
辽宁凌勃防腐工程科技有限公司
沈阳统一企业有限公司
沈阳洪生气体有限公司
沈阳市社会医疗保险管理局
沈阳市出入境检验检疫局
沈阳工业国有资产经营有限公司
沈阳演艺集团
沈阳市回龙岗革命公墓
沈阳市公安局禁毒警察支队
沈阳市第一公证处

全国“三八”红旗手

李　鸥　铁西区教育局局长兼党委副书记

辽宁省“三八”红旗手标兵

熊　瑛　中航工业沈阳黎明航空发动机（集团）有限责任公司总质量师

辽宁省“三八”红旗手

岳　健　沈阳鼓风机集团股份有限公司定子车间吊车工
高金萍　法库县冯贝堡镇务名屯村党支部书记
王秋月　中国医科大学附属第一医院内分泌科教授、博士生导师、科室副主任
宋建嫱　沈阳市市政工程设计研究院道桥一所副所长
王恩惠　沈阳市人民检察院反贪污贿赂局指挥中心办案组组长
赵偲朦　沈阳市地方税务局收入规划核算处处长
马丽梅　沈阳市妇联组织联络部部长
苏俊斌　沈阳市和平区妇联主席

辽宁省“三八”红旗集体

沈阳金山能源股份有限公司供热分场解放换热站
沈阳市于洪区农管委农业科技服务科
沈阳市妇女儿童保健中心
沈阳地铁二号线沈阳北站站
沈阳市公安局大东分局社区警务大队

沈阳市“三八”红旗手标兵

（按姓氏笔画排序）

孔令侠　法库县和平乡曹四家子村党支部书记
刘宏立　市人民检察院民事行政检察处副处长
张明香　市第六人民医院副院长
张　柳　沈阳锡伯龙地创意农业产业园项目经理
陈　颖　铁西区凌空街道办事处党工委书记
周　慧　沈阳鼓风机集团股份有限公司出口产品开发室主任
季　飞　沈阳地铁集团有限公司运营分公司站务中心综合部副部长
姚　娜　市中级人民法院执行四庭庭长
梁海红　新民市金慧幼儿园园长
蒋　敏　东北大学材料与冶金学院副院长

沈阳市“三八”红旗手

（按姓氏笔画排序）

丁　勇　辽宁大学物理学院副院长
丁　霞　沈阳兴华航空电器有限责任公司电连接器装配分厂 ZH 生产线班长
丁雪松　浑南分局政治处副主任
于　英　沈阳东副超市有限公司收银班长
于秀丽　辽中县人民法院刘二堡人民法庭庭长
马　冰　市人大常委会办公厅人事处处长
马晓欣　中国医科大学附属盛京医院妇产科副主任
尹琳琳　和平分局出入境管理大队副大队长
王　琰　保安管理支队副科长
王　丹　沈河区妇联基层工作指导部部长
王　莹　经济技术开发区国家税务局办公室副主任
王　鹤　市司法局审计处处长
王玉红　市就业和人才服务局人力资源代理中心主任
王彩丽　沈阳晚报记者
王铭东　皇姑区宣传部副部长
王惠丽　浑南区工商局机关党委办公室副处级调研员
从莲芳　浑南区第二小学校长
兰玉清　新民市人民医院儿科主任

史艳杰　法库县动物卫生监督管理局畜牧科副科长
田　琳　苏家屯分局控申科民警
白　颖　市民政局计划财务处处长
白　杰　市公安局妇委会主任
白丽宏　铁西区妇联主席
龙晓宏　解放军第四六三医院手术室护士长
刘　丽　沈阳职业技术学院教研室主任
刘　彬　市直属机关工作委员会办公室科员
刘　晖　沈北新区道义街道正良社区副书记
刘月玲　康平县人民医院妇产科副主任
刘月萍　市审计局科教文卫审计处调研员
刘会茹　康平县第二中学教师
刘丽光　出入境管理局境外人员管理科民警
刘彦力　辽中县妇联主席
刘晓伟　康平县北四家子乡朝阳村主任
刘继新　东北制药集团股份有限公司204车间经理
刘慧娟　辽沈工业集团有限公司研发中心设计员
吕　辉　市经济和信息化委员会机关党委专职副书记
孙海坚　铁西区地税局人事教育科科长
孙智超　沈阳地铁第一时间报副总编辑
安　丽　市环保局机关党委专职副书记
朱　晖　铁西区启工街道第三小学校长
朱小凤　新民市新星公主蛋鸡饲养专业合作社副理事长
朱春华　苏家屯区繁林花卉种植园总经理
朱春红　铁西区政务服务管理办公室主任
祁英华　沈北新区教育局党委宣传员
闫志宏　沈阳出版社副总编辑
何　雪　市富成蔬菜种植专业合作社理事长
何雪艳　沈阳惠天热电股份有限公司东部供热公司办公室主任
佟晓萍　盛京银行沈阳市正浩支行行长
吴　川　治安警察支队民警
吴桂华　沈河公安分局社区警务大队主任科员
吴海宁　和平区直属机关工委妇委会主任
宋　钰　市健康教育中心主任
宋晓英　皇姑区妇联主席
张　帅　新民市公安局西北派出所民警
张　旭　大东区第二〇二小学校长
张　蕾　沈阳万润新城投资管理有限公司财务部副部长
张　蕾　皇姑区小哈津幼儿园园长
张丽霞　辽中县茨榆坨镇丽霞食用菌种植专业合作社理事长
张秀兰　和平区新华街道丰泽社区书记
张秀芹　市锦绣童装厂厂长
张建华　保利达地产佳伴(沈阳)有限公司总经理
张桂华　沈阳兴盈果木专业合作社理事长
李　宁　中国人民解放军第二〇二医院口腔科主治医师
李　媚　沈阳演艺集团艺术研究策划部部长
李　杰　中国北车集团沈阳机车车辆有限责任公司会计
李　娜　市第四人民医院北院区院长
李晓玲　辽宁省肿瘤医院内科主任
李晓博　浑南区城市管理局助理工程师
李爱军　铁西区贵和街道广场社区书记
李淑芳　沈阳和佳道桥工程有限公司董事长
杨　柳　市妇幼保健中心副主任
杨　斌　沈阳经纬客运有限公司总站值班站长
杨　鑫　市纪委办公厅秘书处处长
杨玉秀　铁西区笃工环卫所环卫工人
杨竹梅　沈北新区委员会办公室副主任
杨美琦　市发展和改革委员会副主任科员
邹悦平　市人民检察院案件管理处副处长
邹莉波　沈阳药科大学生命科学与生物制药学院药理毒理系主任
陆颖佳　沈河区山东庙街道办事处党工委书记
陈　晨　皇姑分局政治处组织干事
陈　阳　市沈新强制隔离戒毒所财务科科长
陈　艳　大东区上园街道高教社区书记
陈乃颖　沈阳富天暖通制造有限公司总经理
陈玉艳　法库县妇联主席
单红艳　华晨汽车工程研究院院长助理
周　新　沈阳惠涌供热有限责任公司生产运营公司副经理
周晓丹　市交通局浑南分局局长
孟兰英　和平区卫生局办公室主任
宝兆明　市妇联机关党委专职副书记
郑丽才　市人力资源和社会保障局财务处处长
金　鹰　华晨宝马汽车有限公司人力资源部招聘组经理
金娜妮　北方重工集团有限公司进出口分公司销售员
侯　路　沈阳市统计局社科文处处长
宫　静　苏家屯区妇联科员
段玉春　沈阳机床中捷立加分公司质保部质量检验员
胡　旭　大东区妇联指导部部长
赵　蕊　市委办公厅行政处常委食堂管理员
赵　霞　辽宁华信律师事务所律师
赵延红　大东区大北社区卫生服务中心党支部书记
赵艳荣　皇姑区塔湾街道办事处行政办公室主任
唐　影　市城市管理行政执法局和平分局信访办副主任

夏　洁　市信访局市民诉求专线副处长
徐　晋　市城市管理浑南区综合监管中心副主任
徐　爽　沈阳铸造研究所综合办公室主任
徐　丹　市国家安全局
徐盛梅　铁西分局经侦大队教导员
柴　淼　市出租汽车市场管理办公室车辆科科长
栾丹丹　中兴—沈阳商业大厦(集团)股份有限公司总经办主任
郭　艳　中航工业沈飞工会女工生活部部长
郭志英　沈阳广播电视台都市广播总监
高　婵　辽中县老观坨九年一贯制学校教师
高文珍　市第五十六中学教师
崔恩皎　沈阳水务集团有限公司三水厂加氯班长
曹红波　皇姑区中心医院院长
傅　兵　市政协社会和法制委员会办公室主任
富晓东　解放军第四六三医院神经内科护士长
温晓霞　市中级人民法院刑一庭审判员
程　瑾　禁毒支队政治处民警
程永红　市第四十中学党总支书记
董素靖　市教育局学前教育处处长
蒋涤非　沈阳广播电视台综合频道总监
谢　芳　市医学服务中心主任
慕　琳　市第二中医医院护士
潘玉杰　铁西区四方台镇太平庄村农民

沈阳市“三八”红旗集体

和平区会计核算中心
沈河区南塔社区卫生服务中心
铁西区兴工街道九委社区连霞居家养老服务中心
皇姑区政务服务管理办公室
大东区国库收付中心
浑南区机关餐饮服务中心
于洪区中心敬老院
沈北新区虎石台街道办事处
沈阳福林特种变压器有限公司变压器车间铁芯班
沈阳检验检疫局检务处
市烟草局卷烟配送中心异型烟分拣班组
市房屋登记中心浑南分中心
沈阳联通公司客户维系中心
沈阳移动公司客户服务中心
中国医科大学附属口腔医院手术室
沈阳工程学院思想政治理论课教学科研部
市口腔医院
沈阳瑞志城建置业发展有限公司
地铁集团有限公司运营分公司票务中心收益部票务处理二组
市公安局出入境管理局中国公民出境审批科
市东陵监狱财务科
盛京银行总行营业部
新民市公主屯法庭“三八”合议庭
解放军第四六三医院援利抗埃护理团队
沈阳医学院病原生物学教研室
中国石油辽宁沈阳销售分公司八姐妹爱心服务队
沈阳燃气集团客服中心专线“96177”
沈阳供电公司大东客服分中心营业一班

沈阳市“五四”奖章

沈阳十佳青年道德模范

王倩月　东北制药集团销售有限公司数据管理中心主管
刘　敏　沈阳市康平县海洲乡王权村村民
刘　雷　东北大学第十六届研究生支教团团长
刘高鑫　沈阳市信息工程学校学生
孙冠儒　沈阳市同泽中学学生
杨　烁　沈阳市中华劳模出租汽车有限公司学雷锋志愿服务车队队长
杨　笑　解放军第四六三医院干部病房护士长
李　洋　辽宁画院专职书画家
周君龙　沈阳市辽中县人民医院血库工作人员
赵　弼　沈阳市沈北新区石佛寺街道石佛二村村民

沈阳十佳青年企业家

马宏伟　沈阳建投资产经营有限公司总经理
巴　放　沈阳市地铁建设指挥部总经济师
刘庆裕　沈阳山爱商贸有限公司总经理
刘志禹　辽宁志远装饰设计工程有限公司沈阳分公司总经理
杨继野　辽宁罕王投资有限公司董事长
张新宇　沈阳青年国际旅行社有限公司总经理
李小智　沈阳永金投资管理有限公司董事长
李云峰　沈阳新华银金融网络技术有限公司董事长

赵春艳　沈阳荣成园林景观建设工程有限公司总经理
钱大纪　沈阳铭航盛惠资产管理有限公司董事长

沈阳十佳青年卫士

弋　戈　沈阳市工商行政管理局经济检查分局主任科员
王　勇　中国医科大学附属第四医院副院长
刘　刚　沈阳边防检查站副政治委员
李　丹　沈阳市人民检察院未检处主任科员
张　靓　中共沈阳市委政法委综治办综治二处副处长
李志强　沈阳市公安局禁毒支队情报信息大队副大队长
李晓丰　沈阳中心血站（辽宁省血液中心）输血医学研究所副主任
林　岩　沈阳市地方税务局金融商贸开发区分局主任科员
查　岩　中共沈阳市纪委第四纪检监察室副处级纪检监察员
杨鑫雨　沈阳市互联网信息办公室网络管理处处长

沈阳十佳青年岗位能手

任笑言　沈阳市社会养老和工伤保险管理局铁西分局企业科经办员
杨　帆　国网新民市供电公司副经理
李　立　中航工业沈飞网络信息中心技术员
张　瑞　沈阳化工股份有限公司证券办主任
张鹏飞　沈阳鼓风机集团股份有限公司设计院压缩机主机设计室副主任
金　钰　沈阳广播电视台多媒体工作室导演
赵宇旭　沈阳市皇姑区服务业局局长
贾　喆　沈阳住房公积金管理中心机关团委书记
郭　磊　东北大学教授
梁　咏　沈阳市人民政府办公厅文电处主任科员

沈阳十佳农村青年致富带头人

冯　斗　沈阳新城石油机械制造有限公司经理
皮　科　沈阳市榆树屯苗圃生产销售人员
孙丽金　沈阳农业大学经济管理学院博士在读
张　强　沈阳市农经委畜牧处处长
张宝吉　铁西区新民屯镇张三家子村党支部书记
姚立杰　沈阳市立杰食品有限公司总经理
郭　锐　沈阳郭玉海蔬菜种植专业合作社理事长、沈阳市辽蔬种植专业合作联社理事长
高红治　沈阳市农业科学院科技管理中心主任
常佳洺　沈阳鑫叶蔬菜种植专业合作社总经理
崔贺岗　沈阳市鑫聚源粮食商贸有限公司总经理

沈阳十佳创业青年标兵

马万琛　沈阳梧桐谷创业投资管理有限公司董事长
史宏宇　沈阳凯科斯商贸有限公司总经理
匡永双　沈阳中嘉博众集团董事长
刘俊楠　沈阳今中爱进出口有限公司总经理
杨澍熙　沈阳澍熙航空服务有限公司董事长
何海英　沈阳卓康商贸有限公司副总经理
邱吉星　辽宁田鑫雨投资有限公司总经理
周明辛　辽宁绿生源物流有限公司总经理
姜长海　沈阳加猫教育咨询有限公司总经理
韩　莹　辽宁同方律师事务所高级合伙人

沈阳十佳青少年思想道德建设工作者

王　阳　沈阳市铁西区启工二校团委书记
尤　彬　中兴—沈阳商业大厦（集团）股份有限公司团委书记
文菁菁　沈阳市旅游学校团委书记
刘松岩　沈阳市青少年教育保护办公室科长
李志强　沈阳体育学院团委书记
张玉宝　东北大学团委书记
陈延军　东北育才学校教师
韩吉平　中航工业沈阳发动机设计研究所人力资源外事党支部书记、人力资源部副部长
谢　冰　共青团皇姑区委员会副书记
臧　丽　沈阳市直属机关团工委副书记

沈阳十佳社会公益青年

于　川　沈阳市和平区西塔街道安图社区副书记
江　菲　利州扶贫发展服务中心主任、发起人
孙浩人　沈阳青春志愿者协会常务会长

李云峰 沈阳市蓝天救援队队长
肖会红 沈阳市外事服务学校商贸系副主任
吴　超 沈阳市铁西区乐和社区“敲敲的爱”公益项目执行负责人
陈　丹 沈阳移动公司销售中心和平支部团支书、十一纬路营业厅值班经理
哈　静 沈阳建筑大学教授
曹　妍 沈阳音乐学院“点亮星光”关爱自闭症儿童志愿者团队队长
景亚栋 沈阳市沈河区锦绣嘉伦美术图文设计中心店长

追授沈阳市“五四”奖章

袁　哲 原沈阳市公安局和平分局太原街派出所民警

沈阳市“五四”荣誉奖章获得者

王　刚 沈阳市信访局副巡视员
刘雁冰 金杯汽车股份有限公司党委副书记、纪委书记
李广杰 中共浑南区委常委、区总工会主席、群团工作部部长
吴　涛 东北制药集团有限责任公司党委副书记、纪委书记
吴秀娥 沈阳日报报业集团副总裁、副总编辑、集团公司总经理
宋　莉 沈阳市财政局副局级巡视员、行政政法处处长
尚涤尘 沈阳工程学院党委副书记、纪委书记
单伟民 沈阳市环境保护局副巡视员
赵金府 沈阳市公安局政治部主任、党委委员
康　健 中国医科大学附属第一医院党委书记

沈阳市“五四”奖状

共青团沈阳市沈河区委员会
共青团沈阳市浑南区委员会
共青团沈阳水务集团有限公司委员会
共青团盛京银行股份有限公司委员会
共青团沈阳飞机设计研究所委员会
共青团辽宁大学委员会
共青团沈阳化工大学委员会
沈阳广播电视台《沈视早报》栏目
沈阳市和平区地方税务局综合业务一科
安利(中国)日用品有限公司辽宁分公司

统 计 资 料

1—1 行 政 区 划
Administrative Divisions

单位:个 (unit)

地 区	Region	街道办事处 Subdisrtict Offices	社区管委会 Resident's Committees	乡人民政府 Township Government	镇人民政府 Town Government	村民委员会 Village Committees
全 市	**Total**	**141**	**878**	**18**	**55**	**1509**
市 区	**Districts under City Administration**	**131**	**804**			**560**
5 个中心区	**Five Central Districts**	**74**	**569**			**77**
和平区	Heping	13	92			10
沈河区	Shenhe	15	108			
大东区	Dadong	14	119			
皇姑区	Huanggu	12	122			3
铁西区	Tiexi	20	128			64
其它 4 个区	**Other Four Districts**	**57**	**235**			**483**
苏家屯区	Shujiatun	17	52			121
浑南区	Hunnan	14	44			139
沈北新区	Shenbei New	14	47			141
于洪区	Yuhong	12	92			82
市辖县(市)	**Counties under City Administration**	**10**	**74**	**18**	**55**	**949**
辽中县	Liaozhong	2	21		18	218
康平县	Kangping	3	12	7	5	163
法库县	Faku		8	5	14	233
新民市	Xinmin	5	33	6	18	335

1—2 分地区土地面积、户数和人口数
Land Area, Households and Population By Region

地 区	Region	土地面积（平方公里）Land Area (sq. km)	户 数（万户）House Hold (10000 units)	人口数（万人）Population (10000 persons)	人口密度（人/平方公里）Population Density (person/sq. km)
全 市	**Total**	**12860**	**263**	**730.8**	**568**
市 区		**3471**	**192.9**	**528.4**	**1523**
和平区	Heping	59	23.1	64.5	10849
沈河区	Shenhe	60	26.3	71.6	12037
大东区	Dadong	100	25.7	69.0	6887
皇姑区	Huanggu	66	29.2	81.7	12349
铁西区	Tiexi	286	33.7	90.7	3171
苏家屯区	Shujiatun	782	16.0	42.9	548
浑南区	Hunnan	734	11.7	32.4	442
沈北新区	Shenbei New	884	11.3	32.0	362
于洪区	Yuhong	499	16.0	43.5	872
市辖县（市）		**9389**	**70.0**	**202.4**	**216**
辽中县	Liaozhong	1645	19.2	53.3	324
康平县	Kangping	2167	12.0	35.2	163
法库县	Faku	2281	13.8	44.8	196
新民市	Xinmin	3297	25.0	69.1	210

1—3 人民物质文化生活
People's Material and Cultural Life

指 标	Item	2000	2005	2010	2014
城镇非私营单位从业人员平均工资（元）	Average Wage of Employeers in Non－private Sector in Cities and Towns (yuan)	9394	19580	40565	54762
城市居民人均可支配收入（元）	Per Capita Annual Disposable Income of Residents (yuan)	5850	10098	20541	31720
农村居民人均可支配收入（元）	Per Capita Annual Net Income of Rural Residents (yuan)	3135	5050	10022	15945
人均社会消费品零售总额（元）	Per Capita Retail Sales of Consumer Goods (yuan)	8310	13144	25675	43081
人均储蓄额（元）	Per Capita Balance of Saving Deposit (yuan)	14152	25028	46390	70438
城市人均住宅建筑面积（平方米）	Per Capita Living Floor Space of Building Construction in Urban Areas (sq. m)	17.4	23.4	32.8	31.7
农民人均住房面积（平方米）	Per Capita Housing Floor Space of Rural (sq. m)	21.8	25.1	26.51	32.5
燃气普及率（%）	Percentage of Households With Access to Tap Gas %	97.3	92.5	100.0	100.0
人均日生活用水（升）	Per Capita Water Consumption For Living (litre)	192.2	143.4	152.46	173.3
人均日生活用电（千瓦/小时）	Per Capita Electricity Consumption for Living (kwh)	0.9	1.2	1.7	1.6
每百户城市居民家庭拥有	Number of Sets Per 100 Households in City				
家用汽车（辆）	Home Cars (set)	1.0	2.4	14.8	24.6
家用电脑（台）	Home Computer (set)	9.6	45.8	88.2	89.3
移动电话（部）	Mobile Telephone (set)	18.8	104.0	206	217.1
每千人口拥有医院床位（张）	Number of Beds in Hospital Per 1000 Persons (unit)	5.30	4.89	5.96	7.63
建成区绿化覆盖率（%）	Green Land Coverage Rate in Eslablished Zone (rate)	23.9	40.7	42.01	41.78
城区人均公园绿地面积（平方米）＊	Per Capita Park Green Land Area in Urban Areas (sq. m)	4.3	12.0	12.72	14.10

注：城区人均公园绿地面积2005年及以前为建成区人均公共绿地面积。城镇非私营单位从业人员平均工资指标2010年及以前为职工平均工资口径。

Note: It was per capita public green land area in established zone before 2005. The index of the employeers of non－private sector in cities and towns before 2010 was the index of average wage of employeers.

1—4 平均每天主要社会经济活动
Average Daily Main Social and Economic Indicators

指　　标	Item	2000	2005	2010	2014
每天创造的财富	**Daily Production**				
地区生产总值(万元)	Gross Domestic Product(10000 yuan)	29233	57100	137467	194485
农林牧渔业总产值(万元)	Cross Output Value of Agriculture, Forestry, Animal Husbandry and Fishery(10000 yuan)	3659	6522	12189	17956
一般公共预算收入(万元)	General Public Budget Revenue(10000 yuan)	1624	3785	12749	21521
每天服务量	**Daily Service Supply**				
用电量(万千瓦/时)	Output of Electricity(10000 kwh)	3107	4226	6523	8119
供水量(万吨)	Output of Water(10000 tons)	162.4	153.4	143.7	156.6
货运量(万吨)	Freight Traffic(10000 tons)	41.7	42.7	47.5	64.4
铁路、公路、民航客运量(万人)	Passenger Traffic of Railways, Highways and CivilAviation (10000 persons)	18.1	23.6	84.0	69.6
市内公交客运量(万人次)	Passenger Traffic of Buses in City(10000 persons)	221.1	229.5	328.8	315.3
邮电业务量(万元)	Telecommunication Services(10000 yuan)	1261.4	3152.1	7671.6	4487.6
每天人口变动	**Population**				
出生人口(人)	Birth(person)	156	135	149	197
死亡人口(人)	Death(person)	126	118	161	158
迁入人口(人)	Move In(person)	196	246	191	147
迁出人口(人)	Move Out(person)	121	134	100	85

1—5 国民经济和社会发展结构
Structure on National Economic and Social Development

指　　标	Item	2000	2005	2010	2014
人口结构	Struture of Population				
男　性	Male	50.6	50.2	49.8	49.6
女　性	Female	49.4	49.8	50.2	50.4
地区生产总值结构	Structure of Gross Domestic Product by Region				
#工业	#Industrial	34.5	37.7	45.8	44.5
第一产业	Primary Industry	7.0	6.1	4.6	4.6
第二产业	Secondary Industry	39.0	43.5	50.4	49.9
第三产业	Tertiary Industry	54.0	50.4	44.9	45.5
固定资产投资结构	Structure of Tolal Investment in Fixed				
#房地产开发	#Real Estate Development Assets	24.4	30.3	35.0	30.1
第一产业	Primary Industry	2.9	1.8	2.0	1.6
第二产业	Secondary Industry	28.9	38.2	35.7	38.6
第三产业	Tertiary Industry	68.2	60.0	62.3	59.9
规模以上工业总产值结构	Structure of Gross Industrial Output Value above Designated Size				
轻工业	Light Industry	23.8	26.2	26.1	25.3
重工业	Heavy Industry	76.2	73.8	73.9	74.7
农林牧渔业总产值结构	Structure of Gross Output Value of Farming, Foresty, Animal Husbandry and Fishery				
农　业	Farming	54.5	38.4	39.2	38.7
林　业	Forestry	1.0	2.2	1.7	1.9
牧　业	Husbandry	37.5	48.7	50.6	51.8
渔　业	Fishery	7.0	6.7	4.5	4.0
农林牧渔服务业	Farming, Forestry, Animal Husbandry, Fishery and Service		4.0	4.0	3.7

注:从 2000 年起调整为新行业分类口径。

Note: It was adjusted to a new principle of industrial classification from 2000.

1—6 国民经济主要指标
Main Indicators of National Economy

指标	Item	2000	2005	2010	2014
年末总人口(户籍人口)(万人)	Year—end Total Population(10000 persons)	685.1	698.6	719.6	730.8
#市区人口	Urban	485.0	495.9	515.4	528.4
城镇非私营单位从业人员数(万人)	Employees in Non - private Sector in Cities and Towns(10000 persons)	127.8	100.2	110.4	153.7
地区生产总值(亿元)	Gross Domestic Product(100 million yuan)	1067.0	2084.1	5017.5	7098.7
#工业	#Industry	367.7	786.3	2283.5	3162.1
第一产业	Primary Industry	74.3	126.3	232.7	325.3
第二产业	Secondary Industry	416.4	906.3	2529.9	3541.2
第三产业	Tertiary Industry	576.4	1051.5	2254.9	3232.3
人均地区生产总值(元)	Per Capita Gross Domestic Product(yuan)	14911	28089	62357	85816
规模以上工业总产值(亿元)	Gross Industrial Output Value(100 million yuan)	714.3	2195.2	9612.5	13759.1
规模以上工业高新技术产品产值(亿元)	High - new Technology Industrial Output Value above Designated Size(100 million yuan)		977.8	3890.0	5757.4
规模以上工业增加值(亿元)	Value - added of Industry above Designated Size Industrial Enterprises(100 million yuan)	190.0	652.1	2361.4	3614.9
规模以上工业主营业务收入(亿元)	Revenue from Principal Business above Designate Size Industrial Enterprises(100 million yuan)	705.3	2045.5	9399.6	13596.1
规模以上工业实现利润(亿元)	Profit on Industry above Designated Size Industrial Enterprises(100 million yuan)	29.1	46.2	673.3	747.1
规模以上工业实现利税(亿元)	Pre—tax Profit on Industry above Designated Size Industrial Enterprises(100 million yuan)	64.2	118.5	996.8	1173.3
规模以上工业能源最终消耗总量(万吨标煤)	Total Energy Consumption above Designate Size Industrial Enterprises(10000 tons of SCE)		805.5	1334.1	1285.5
#工业生产用(万吨标煤)	#Industry(10000 tons of SCE)		782.2	1244.5	1266.5
农林牧渔业总产值(亿元)	Total Output Value of Farming, Forestry, Animal Husbandry and Fishery(100 million yuan)	133.5	238.0	444.9	655.4
固定资产投资(亿元)	Total Investment in Fixed Assets(100 million yuan)	262.2	1363.2	4139.1	6564.1
#第一产业	#State - owned Investment in Fixed Assets	7.6	24.7	84.0	102.2
第二产业	Investment of Collective Units in Fixed Assets	75.9	520.3	1476.3	2532.4
第三产业	Investment of Individuals on Buildings	68.7	818.2	2578.9	3929.5
社会消费品零售总额(亿元)	Total Retail Sales Value of Consumer Goods(100 million yuan)	566.0	915.1	2105.6	3570.1
进出口总额(亿美元)	Total Exports and Imports (USD 100 million)	26.8	45.9	78.6	158.0
出口总额(亿美元)	Total Exports(USD 100 million)	13.0	23.7	40.8	71.4
进口总额(亿美元)	Total Imports(USD 100 million)	13.9	22.2	37.8	86.6
实际利用外资(亿美元)	Total Foreign Capital Actually Used(USD100 million)	7.1	21.2	50.5	44.6
全社会用电量(亿千瓦时)	Total Electricity Consumption(100 million kwh)	110.4	154.3	238.1	296.3
货运总量(万吨)	Total Freight Traffic(10000 tons)	15221	15571	17348	23489
客运总量(万人)	Total Passenger traffic(10000 persons)	6620	8629	30658	25397
一般公共预算收入(亿元)	Budgetary Revenue of Public Finance(100 million yuan)	59.3	138.1	465.3	785.5
一般公共预算支出(亿元)	Budgetary Expenditure of Public Finance(100 million yuan)	89.4	217.0	516.6	914.4
金融机构本外币存款余额(亿元)	Deposits of Banking System including Ren Ming Bi and Foreign Currency(100 million yuan)		3696.6	8254.2	1245.8
金融机构本外币贷款余额(亿元)	Loans of Banking System including Ren Ming Bi and Foreign Currency(100 million yuan)		2355.7	6068.4	10267.2
城乡居民储蓄本外币年末余额(亿元)	Year—end Deposit of Residents including Ren Ming Bi and Foreign Currency(100 million yuan)		1847.1	3394.9	5208.3
在校学生总数(万人)	Total Students Enrollment(10000 persons)	189.3	125.5	119.4	120.7
#高等教育院校在校学生数	#Institutions of Higher Education	20.6	35.3	42.8	48.3
中等专业学校在校学生数	Secondary Schools	3.7	5.8	7.5	5.13
普通中学在校学生数	Regular Secondary Schools	36.5	37.2	30.2	27.5
小学在校学生数	Primary Schools	52.5	39.7	33.8	35.1
各种卫生机构床位数(万张)	Number of Beds in Health Institutions(10000 units)	36116	34033	42822	55775
医生数(万人)	Number of Doctors(10000 persons)	20656	19255	20859	23815
居民消费价格指数(%)	General Consumer Price Indices(%)	100.1	100.7	102.9	102.2
商品零售价格总指数(%)	General Retail Price Indices of Commodities(%)	98.0	99.3	102.6	101.3
城市居民人均可支配收入(元)	Per Capita Annual Disposable Income of UrbanResidents(yuan)	5850	10098	20541	31720
农村居民人均可支配收入(元)	Per capita Annual Net Income of Rural Residents(yuan)	3135	5050	10022	15945
城镇非私营单位从业人员工资总额(亿元)	Total Salary of Staff in Non - private Sector in Cities and Towns(100 million yuan)	121.7	196.7	446.2	856.8
城镇非私营单位从业人员年平均工资(元)	Per Capita Salary of Staff in Non - private Sector in Cities and Towns(yuan)	9394	19580	40565	54762

注:①在校学生总数包括普通教育和成人教育;②公共财政预算收入指标口径历年有调整;③固定资产投资指标2010年及以前为全社会口径;④2013 - 2014年地区生产总值按第三次全国经济普查数据修订,以前年份数据待国家历史数据修订方案出台后再作调整,三次产业分类采用《三次产业划分规定》(2012年),故总量、速度及结构与三经普前年度不可比。下同。

Note: ①The total number of students at school includes general education and adult education. ②The caliber of the budgetary revenue of has been adjusted over the years. ③The caliber of total investment in fixed assets has been adjusted since 2011. Before 2010, it was the range of total society. ④The GDP in 2013 - 2014 has been revised according to the data of 3rd China Economic Census(3rd CEC). The data of the past few years should be adjusted after the publishment of Nalional historical data revision program. The classification of three industries should be according to the Three Industrial Division(2012). Therefore, the amount, speed and proportion cannot be compared with those before 3rd CEC. The same below.

1—7 国民经济主要指标发展速度
Major Indicators of Development Speed of National Economy

上年为100%(Preceding Year=100)

指　　标	Item	2000	2005	2010	2014
年末总人口(户籍人口)	Year—end Total Population	101.2	100.7	100.4	100.5
#市区人口	Urban	100.7	100.7	100.6	100.7
城镇非私营单位从业人员数	Year-end staff in Non-private Sector in Cities and Towns	94.0	100.4	104.9	100.6
地区生产总值	Gross Domestic Product	110.3	116.0	114.1	106.0
#工业	#Industry	109.9	122.2	115.1	105.0
第一产业	Primary Industry	101.9	109.4	106.0	103.2
第二产业	Secondary Industry	109.8	122.3	115.2	105.3
第三产业	Tertiary Industry	112.4	111.7	113.7	106.9
人均地区生产总值	Per Capita Gross Domestic Product	108.8	115.4	112.5	105.6
规模以上工业总产值	Gross Industrial Output Value	122.6	139.0	125.9	100.2
规模以上工业高新技术产品产值	High-new Technology Industrial Output Value above Designated Size		129.5	121.0	106.4
规模以上工业增加值	Value-added of Industry above Designated Size Industrial Enterprises(100 million yuan)	114.0	140.5	119.1	104.9
规模以上工业主营业务收入	Revenue from Principal Business above Designated Size Industrial Enterprises	128.2	139.0	126.3	101.3
规模以上工业固定资产净值	Size Industrial Enterprises	122.3	107.2	112.9	105.8
规模以上工业实现利润	Profit on Industrial above Designated Size Industrial Enterprises	177.4	83.8	175.8	96.7
规模以上工业实现利税	Pre—tax Profit on Industry above Designated Size Industrial Enterprises	141.4	105.7	143.7	97.0
农林牧渔业总产值	Total Output Value of Farming, Forestry, Animal Husbandry and Fishery	103.2	110.4	106.5	103.8
固定资产投资	Total Investment in Fixed Assets	109.2	140.3	122.5	102.8
第一产业	Primary Industry	119.1	167.8	122	148.4
第二产业	Secondary Industry	124.4	171.5	118.5	115.5
第三产业	Tertiary Industry	103.5	125.3	124.9	95.3
社会消费品零售总额	Total Retail Sales Value of Consumer Goods	109.7	113.1	118.4	112.1
进出口总额	Total Value of Imports and Exports	147.7	87.4	119.5	110.6
出口总额	Total Exports	162.5	98.8	115.7	102.1
进口总额	Total Imports	136.3	77.8	124.0	118.7
实际利用外商直接投资	Total Foreign Capigal Actually Used	142.9	87.6	93.4	76.8
全社会用电量	Total Electricity Consumption	109.7	108.5	114.6	102.6
货运总量	Total Freight Traffic	98.9	105.5	114.4	109.2
客运量	Total Passenger traffic	86.4	108.4	110.8	103.7
一般公共预算收入	General Public Budget Revenue	110.0	126.1	117.6	98.1
一般公共预算支出	General Public Budget Expenditure	117.3	126.4	108.6	103.8
金融机构本外币存款余额	Deposits of Banking System including Ren Ming Bi and Foreign Currency		115.3	121.2	107.6
金融机构本外币贷款余额	Loans of Banking System including Ren Ming Bi and Foreign Currency		99.3	117.4	112.5
城乡居民本外币储蓄年末余额	Year—end Deposit of Residents including Ren Ming Bi and Foreign Currency		110.5	112.7	108
在校学生总数	Total Students Enrollment	100.3	98.7	97.6	100.6
#高等教育院校在校学生数	#Institutions of Higher Education	120.2	109.8	98.4	101.5
中等专业学校在校学生数	Secondary Schools	92.5	90.8	105.6	89.5
普通中学在校学生数	Regular Secondary Schools	109.3	97.7	95.6	101.1
小学在校学生数	Primary Schools	93.9	95.2	98.5	101.7
各种卫生机构床位数	Number of Beds in Health Institutions	96.6	101.3	113.2	104.2
医生数	Number of Doctors	100.8	106.3	105.0	101.8
城市居民人均可支配收入	Per Capita Annual Disposable Income of Urban Residents	109.1	113.2	111.2	109.1
农村居民人均可支配收入	Per capita Annual Net Income of Rural Residents	101.1	116.2	114.5	110.2
城镇非私营单位从业人员工资总额	Total Salary of Staff in Non-private Sector in Cities and Towns	102.5	114.6	114.2	106.3
城镇非私营单位从业人员年平均工资	Per Capita Salary of Staff in Non-private Sector in Cities and Towns	111.1	115.7	108.6	107.3

注:2005年起,规模以上工业增加值发展速度为可比价之比。

Note: From 2005, the development speed of above-scale industrial added value has been the ratio of comparable price.

1—8 地区生产总值及指数
Cross Domestic Product and Indices

年 份 year	地区生产总值（万元） GDP(10000 yuan)	第一产业 Primary Industry	第二产业 Secondary Industry	第三产业 Tertiary Industry	地区生产总值指数(%)	（以上年为100） Indices(Indices Preceding Year = 100) 第一产业 Primary Industry	第二产业 Secondary Industry	第三产业 Tertiary Industry
1986	1255307	115992	720955	418360	110.0	97.0	111.7	110.0
1987	1541602	145997	852985	542620	114.2	112.7	111.4	119.8
1988	1937656	201048	993239	743369	110.6	117.9	105.9	117.3
1989	2175936	164028	1104194	907714	101.2	73.9	100.1	108.3
1990	2348819	238243	1071207	1039369	105.5	144.2	97.4	112.1
1991	2547241	254456	1133609	1159176	104.4	106.4	103.8	104.5
1992	3266072	292526	1506390	1467156	117.8	113.2	123.1	113.3
1993	4245977	349600	1955557	1940820	114.1	109.1	118.7	110.0
1994	5520457	447409	2464203	2608845	112.5	90.4	117.4	111.6
1995	6728642	513541	2848009	3367091	109.9	103.0	109.5	111.7
1996	7476656	549340	3021457	3905859	110.0	105.8	111.4	108.9
1997	8258248	590113	3364808	4303326	110.0	101.8	112.8	107.5
1998	9070368	653720	3620331	4796317	110.9	114.8	111.2	109.8
1999	9716730	703659	3815358	5197713	110.0	107.7	111.1	108.7
2000	10669908	742519	4163501	5763887	110.3	101.9	109.8	112.4
2001	11740239	801228	4463658	6475353	110.1	106.4	110.2	110.5
2002	13260183	874178	4956707	7429298	113.1	108.0	114.6	112.5
2003	15018961	893233	5974341	8151387	114.2	106.8	121.6	108.1
2004	17729334	1140852	7262813	9325668	115.5	114.2	119.8	111.1
2005	20841339	1263299	9062862	10515178	116.0	109.4	122.3	111.7
2006	25196339	1351958	11391228	12453153	116.7	104.1	122.2	113.6
2007	31596939	1661506	15004185	14931247	120.5	106.1	127.0	116.1
2008	37808727	1836782	18648432	17323513	116.3	108.0	118.3	115.0
2009	42685137	2070681	21274319	19340137	114.1	107.3	116.4	112.3
2010	50175427	2327484	25299343	22548600	114.1	106.0	115.2	113.7
2011	59157142	2790615	30268802	26097725	112.3	106.5	114.0	111.0
2012	66025865	3152016	33831544	29042305	110.0	105.1	111.3	108.9
2013	67681194	3216129	34148230	30316835				
2014	70987051	3252872	35411488	32322691	106.0	103.2	105.3	106.9

2—1 人口及构成
Population and It’s Composition

单位:人 （年底数）(year—end) (person)

年份 Year	总人口 Total Population	按性别分 By Sex 男 Male	按性别分 By Sex 女 Female	按农业非农业分 By Agriculture 农业人口 Agriculture Population	按农业非农业分 By Agriculture 非农业人口 Non—agriculture Population
1949	2942443	1548628	1393815	1796406	1146037
1952	3295179	1753754	1541425	1763036	1532143
1957	4251709	2221391	2030318	1755161	2496548
1962	4376555	2251101	2125454	1818709	2557846
1965	4845081	2492378	2352703	2042320	2802761
1970	4897417	2504140	2393277	2543171	2354246
1975	5187372	2640878	2546494	2700459	2486913
1978	5404700	2751185	2653515	2756720	2647980
1980	5667669	2881247	2786422	2631852	3035817
1985	6063377	3084886	2978491	2549105	3514272
1990	6460649	3282141	3178508	2572537	3888112
1995	6667917	3384270	3283647	2517142	4150775
1996	6710376	3401134	3309242	2512109	4198267
1997	6737910	3412197	3325713	2511640	4226270
1998	6748628	3416423	3332205	2506427	4242201
1999	6770792	3423899	3346893	2505546	4265246
2000	6850969	3464878	3386091	2517760	4333209
2001	6893397	3480301	3413096	2536439	4356958
2002	6889182	3473915	3415267	2506510	4382672
2003	6890947	3468893	3422054	2485201	4405746
2004	6938708	3484920	3453788	2475337	4463371
2005	6985663	3503856	3481807	2477089	4503735
2006	7035617	3524664	3510953	2486188	4546156
2007	7097715	3551216	3546499	2537032	4557554
2008	7135053	3563878	3571175	2524076	4604896
2009	7165490	3573438	3592052	2521086	4640956
2010	7196048	3584164	3611884	2498483	4692388
2011	7226910	3595345	3631565	–	–
2012	7247929	3602013	3645916	–	–
2013	7271126	3608601	3662525	–	–
2014	7308396	3622010	3686386	–	–

注:从 2005 年起,因有“未落常住户口人员”,故“农业人口”+“非农业人口”小于合计。

Note: Because having not signed number of households, total population from 2005 was less than Agriculture population added non – agriculture population.

2—2 人口自然变动情况
Natural Change of Population

年 份 Year	出生人口(人) Birth (person)	出生率(‰) Birth Rate (‰)	死亡人口(人) Death (person)	死亡率(‰) Death Rate (‰)	自然增长率(‰) Natural Growth Rate(‰)
全市数 Total					
1980	86089	15.4	30846	5.5	9.9
1985	81526	13.5	34028	5.6	7.9
1990	79799	12.4	37894	5.9	6.5
1995	53100	7.99	40957	6.16	1.83
1996	52466	7.84	43268	6.47	1.37
1997	49443	7.35	43118	6.41	0.94
1998	43627	6.47	42760	6.34	0.13
1999	44189	6.54	44829	6.63	-0.09
2000	57008	8.37	46094	6.77	1.60
2001	43950	6.40	38166	5.55	0.85
2002	45609	6.62	39785	5.77	0.85
2003	36731	5.33	42323	6.14	-0.81
2004	47795	6.91	47605	6.88	0.03
2005	49381	7.09	43150	6.20	0.89
2006	48554	6.93	40725	5.81	1.12
2007	58089	8.22	41442	5.86	2.36
2008	54821	7.70	60720	8.53	-0.83
2009	52206	7.30	51014	7.13	0.17
2010	54378	7.57	58637	8.17	-0.59
2011	55736	7.73	56625	7.85	-0.12
2012	62597	8.65	63231	8.74	-0.09
2013	58056	8.00	57205	7.88	0.12
2014	71926	9.87	57811	7.93	1.94
市区数 Districts under					
1980	52863	14.02	20057	5.32	8.70
1985	55851	13.40	22461	5.39	8.01
1990	49412	10.93	26600	5.88	5.05
1995	32324	6.86	29318	6.23	0.63
1996	31615	6.66	31120	6.56	0.10
1997	29980	6.27	30999	6.49	-0.22
1998	25690	5.36	31079	6.48	-1.12
1999	26756	5.57	31770	6.61	-1.04
2000	32874	6.80	34330	7.10	-0.30
2001	26194	5.39	30438	6.26	-0.87
2002	28888	5.92	32518	6.66	-0.74
2003	21105	4.32	33825	6.92	-2.60
2004	27359	5.58	35253	7.19	-1.61
2005	29425	5.95	36624	7.41	-1.46
2006	29849	6.00	34979	7.03	-1.03
2007	38397	7.64	35345	7.04	0.60
2008	35833	7.07	36824	7.26	-0.19
2009	35928	7.04	37078	7.26	-0.23
2010	36908	7.18	39728	7.73	-0.55
2011	39823	7.70	39082	7.56	0.14
2012	47284	9.08	41837	8.04	1.05
2013	43869	8.38	41964	8.02	0.36
2014	55740	10.59	43074	8.18	2.41

2—3 总户数及总人口
Total Households and Population

单位:户、人 (household, person)

指标	Item	2000	2005	2010	2014
总户数	**Total Households**	**2181144**	**2319795**	**2512831**	**2629692**
市 区	**District under**	**1554476**	**1675849**	**1823458**	**1929477**
和平区	Heping	203271	213799	226335	231143
沈河区	Shenhe	196165	207049	262859	262924
大东区	Dadong	211195	231315	252474	256884
皇姑区	Huanggu	224230	247580	279700	291801
铁西区	Tiexi	245918	276746	310208	337125
苏家屯区	Sujiatun	135484	145668	156293	159808
浑南区	Hunnan	129544	138179	91896	116713
沈北新区	Shenbei New	90606	93282	109811	113138
于洪区	Yuhong	118063	122231	133882	159941
市辖县(市)	**Counties under**	**410653**	**425971**	**689373**	**700215**
辽中县	Liaozhong	176763	182591	191494	191933
康平县	Kangping	102403	108083	118007	120377
法库县	Faku	131487	135297	138195	138270
新民市	Xinmin City	216015	217975	241677	249635
总人口数	**Total Households**	**6850969**	**6985663**	**7196048**	**7308396**
市 区	**District under**	**4850371**	**4958861**	**5154241**	**5284407**
和平区	Heping	633932	640541	656271	645399
沈河区	Shenhe	599707	613365	735333	716417
大东区	Dadong	641664	645848	702987	689576
皇姑区	Huanggu	714447	752289	808460	817288
铁西区	Tiexi	760325	803188	857827	907091
苏家屯区	Sujiatun	413498	422014	428730	428859
浑南区	Hunnan	413690	421854	257855	324074
沈北新区	Shenbei New	296069	291707	318809	320370
于洪区	Yuhong	377039	368055	387969	435333
市辖县(市)	**Counties under**	**1312365**	**1330893**	**2041807**	**2023989**
辽中县	Liaozhong	522248	534156	541714	532900
康平县	Kangping	344456	349559	353605	352434
法库县	Faku	445661	447178	448107	447952
新民市	Xinmin City	688233	695909	698381	690703

2—4 从业人员

Number of Employees in Non – private Sector in Cities and Towns

单位:万人 （年末数）(year – end) (10000 persons)

年 份 Year	从业人员年末人数 Staff	国有单位 State – owned Units	集体单位 Collective owned Units
1980	186.4	121.2	65.2
1985	218.7	133.7	79.0
1990	230.5	146.9	75.3
1995	225.5	139.6	66.8
1996	218.7	137.0	61.7
1997	210.2	133.9	55.5
1998	193.5	123.0	44.1
1999	181.2	115.8	39.0
2000	175.8	110.8	36.1
2001	162.5	96.5	34.2
2002	142.2	82.6	25.6
2003	126.0	71.4	20.5
2004	119.3	65.6	18.4
2005	100.17	57.95	7.81
2006	100.19	59.34	6.99
2007	100.26	59.41	6.74
2008	104.42	60.75	6.67
2009	105.22	60.75	6.12
2010	110.42	62.21	5.73
2011	120.80	66.39	5.74
2012	121.95	66.75	5.53
2013	152.78	63.20	5.60
2014	153.66	65.92	4.39

注:统计口径为城镇非私营单位,含铁路。2004 年及以前为职工人数。
Note:The statistical standards has been urban non – private unit,included railway. Before 2004 it was the number of employees.

2—5 从业人员工资总额和平均工资

Total and Average Wages of Employees in Non－private Sector in Cities and Towns

年份 Year	工资总额(亿元) Total Wages (100 million yuan)	国有 State－owned Units	集体 Collective－owned Units	为上年(%) Compare With last year	平均工资(元) Average Wages (yuan)	国有 State－owned Units	集体 Collective－owned Units	为上年(%) Compare With last year
1980	14.07	10.19	3.88		755	841	595	
1985	25.29	16.24	8.29	125.3	1156	1215	1049	123.0
1990	52.56	37.12	13.60	110.2	2309	2527	1806	109.2
1995	110.45	77.81	21.22	109.4	4900	5593	3164	111.3
1996	113.79	81.51	20.31	103.0	5198	5939	3283	106.1
1997	122.86	88.36	20.02	108.0	5801	6547	3564	111.6
1998	119.59	86.33	15.42	97.3	6090	6910	3491	105.0
1999	120.36	87.36	13.72	100.6	6517	7371	3472	107.0
2000	123.46	89.57	12.12	102.6	6995	8052	3296	107.3
2001	139.20	96.98	11.36	112.7	8249	9608	3264	117.9
2002	149.87	100.30	9.91	107.7	9811	11174	3662	118.9
2003	157.98	102.93	8.87	105.4	11630	13256	4001	118.5
2004	170.10	109.04	8.23	107.7	13815	15781	4341	118.8
2005	196.73	125.03	8.14	114.6	19580	21173	10053	115.7
2006	228.78	152.05	8.49	116.3	22832	25651	11627	116.6
2007	271.97	185.36	9.46	118.9	26696	30740	13319	116.9
2008	340.32	229.00	10.85	125.1	32469	37534	15927	121.6
2009	390.73	261.05	12.57	114.8	37361	43625	19781	115.1
2010	446.16	287.95	14.12	114.2	40565	46895	24434	108.6
2011	530.13	325.20	14.95	118.8	44585	49999	26545	109.9
2012	602.79	365.06	19.08	113.7	48719	53823	34700	109.3
2013	805.95	358.26	20.97	133.7	51042	57712	37600	104.8
2014	856.82	383.24	18.42	106.3	54762	59671	41405	107.3

注:统计口径为城镇非私营单位,含铁路。2004 年及以前为职工工资。

Note: Statistical standards has been urban non－ptivate unit, included railway. Before 2004 they were wages of workers.

3—1 农 林 牧 渔
Gross Output Value of Farming, Forestry, Animal

单位:万元

项 目	Item	沈阳市 Total	苏家屯 Sujiatun
农林牧渔业合计	**Total**	**6553873**	**625116**
农业产值	**Farming**	**2536549**	**201268**
谷物及其他作物	Cereal and other Farm Crops	966196	53121
谷 物	Cereal	805318	51978
小 麦	Wheat	1305	
稻 谷	Rice	270214	23961
玉 米	Corn	529872	28017
薯 类	Tubers	11944	74
油 料	Oil – bearing Crops	76710	418
花 生	Peanuts	74733	418
豆 类	Beans	14767	651
大 豆	Soy Bean	13892	651
棉 花	Cotton		
糖 类	Sugar Crops		
其他农作物	Other Crops	57457	
饲料作物	Drinke crops	48626	
蔬菜、食用菌及花卉盆景园艺产品	Vegetables、Mushrooms、Flowers and Rockery	1259988	97761
蔬 菜(含菜用瓜)	Vegetables(include Melon)	1162469	67222
食用菌	Mushrooms	31264	53
花卉	Flowers	66255	30486
盆景园艺	Rockery		
水果、坚果、饮料和香料作物	Fruits	309204	50386
水果(含瓜果类)	Fruit and Nut	306932	50266
苹 果	Apples	76810	4445
梨	Pears	16745	12313
中药材	Traditional Chinese Medicine	1161	
林业产值	**Forestry**	**122145**	**1637**
林木的培育和种植	Woods	94253	1625
育种育苗	Breading and Growing seedlings	3317	5
造 林	Afforestation	53053	660
抚育和管理	Fostering and Management	37883	960
竹木的采运	Timber Cutting	26877	12
村及村以下	Timber Cutting by village	181	
林产品	Woods Products	1015	
牧业产值	**Animal Husbandary**	**3394014**	**398100**
牲畜饲养	Raising livestock	1113140	48365
牛的饲养	Cow	851829	33940
羊的饲养	Sheep and Goats	83556	4220
其他牲畜饲养	Others	8087	125
奶产品	Milk	160315	9962
牛 奶	Cow Milk	159951	9962
毛绒产品	Cashmere Products	4974	118
羊 毛	Sheep Wool	4749	39
羊 绒	Cashmere	202	57
其他牲畜副产品	Others	4379	
猪的饲养	Raising Pork	973106	70874
家禽饲养	Raising Poultry	1267612	273270
肉 禽	Meat	621660	197925
禽 蛋	Eggs	645952	75345
狩猎和捕捉动物		2535	
其他畜牧业	Others	37621	5591
蚕 茧	Silkworn	75	75
兔	Rabbit	4046	16
渔业产值	**Fishery**	**260674**	**16656**
农林牧渔服务业	**Farming, Forestry, Animal Husbandry, Fishery and Service**	**240491**	**7455**

业 总 产 值 （现价）
Husbandry and Fishery（at current price）

（10000 yuan）

浑南区 Hun nan	沈北新区 Shen bei new	于洪区 Yu hong	辽中县 Liao zhong	康平县 Kang ping	法库县 Fa ku	新民市 Xin min
139877	**621824**	**226454**	**1494541**	**692090**	**978411**	**1564167**
78609	**225409**	**149058**	**476078**	**258204**	**351094**	**684864**
29379	57846	41424	151225	157382	218395	237593
27416	48581	41118	146397	100857	148226	221621
		51	604	154	292	204
1502	26786	18591	90916	5404	11861	78659
25896	21788	22394	54877	92784	134768	142758
453		155	349	3102	2708	5033
937	242		2582	48215	15859	8020
937	242		2582	48215	15702	6200
573	280	151	1897	4974	3122	2919
573	280	151	1897	4336	2901	2919
	8743			234	48480	
	8743			234	39649	
33664	155713	103655	284064	76532	78162	358224
28593	140910	80178	274407	76426	77090	345780
126	993	21086	682	28		8296
4945	13810	2391	8975	78	1072	4148
15566	10707	3979	40771	24290	54537	89047
15466	10707	3979	40771	22238	54537	89047
6462	2325	2054	27105	17420	4302	10485
645	1889		163	154	778	77
	1143		18			
7787	**1650**	**6755**	**23967**	**29200**	**36865**	**14055**
7772	1141	6755	19157	18093	33755	5855
525		263	1076	1312	136	
473	1141	6492	16179	11363	10790	5855
6774			1902	5418	22829	
	509		4810	10107	3110	8200
	6			175		
15				1000		
44940	**345475**	**44162**	**802949**	**378527**	**561549**	**742545**
13071	100481	7891	374088	132545	293176	140390
4710	47007	5238	357283	103443	220243	78111
2239	6092	1086	6205	20288	22086	20887
30	5		753	1996	2975	2192
6039	47213	1305	9722	1179	47472	36611
6039	47213	1305	9722	1127	47171	36609
53	164	262	125	1260	400	2589
42	164	262	115	1259	398	2467
11			10		2	122
				4379		
16660	53175	24834	224159	128862	153449	261971
15209	191819	9902	177672	111120	114924	340184
4473	95552	3651	85364	85915	51572	90918
10736	96267	6251	92308	25205	63352	249266
		1535		1000		
			27030	5000		
			30	4000		
118	**12958**	**10605**	**116201**	**4340**	**3254**	**80833**
8423	**36332**	**15874**	**75346**	**21819**	**25649**	**41870**

3—2 农 林 牧 渔
Gross Output Value of Farming, Forestry, Animal

单位:万元

项目	Item	沈阳市 Total	苏家屯 Sujiatun
农林牧渔业合计	**Total**	**6676483**	**629758**
农业产值	**Farming**	**2598860**	**204684**
谷物及其他作物	Cereal and other Farm Crops	984602	54092
谷物	Cereal	819902	52919
小麦	Wheat	1347	
稻谷	Rice	275448	24425
玉米	Corn	530913	28072
薯类	Tubers	11769	73
油料	Oil - bearing Crops	80476	439
花生	Peanuts	78402	439
豆类	Beans	14998	661
大豆	Soy Bean	14109	661
棉花	Cotton		
糖料	Sugar Crops		
其他农作物	Other Crops	57457	
饲料作物	Drinke crops	48626	
蔬菜、食用菌及花卉盆景园艺产品	Vegetables、Mushrooms、Flowers and Rockery	1303755	100187
蔬菜(含菜用瓜)	Vegetables(include Melon)	1210779	70016
食用菌	Mushrooms	27507	47
花卉	Flowers	65469	30125
盆景园艺	Rockery		
水果、坚果、饮料和香料作物	Fruits	309313	50405
水果(含瓜果类)	Fruit and Nut	307055	50286
苹果	Apples	76841	4447
梨	Pears	16752	12318
中药材	Traditional Chinese Medicine	1190	
林业产值	**Forestry**	**119282**	**1599**
林木的培育和种植	Woods	92044	1587
育种育苗	Breading and Growing seedlings	3239	5
造林	Afforestation	51810	645
抚育和管理	Fostering and Management	36995	938
林木的培训和种植	Timber Cutting	26247	12
村及村以下	Tibe Cutting by village	177	
林产品	Woods Products	991	
牧业产值	**Animal Husbandary**	**3452711**	**399024**
牲畜饲养	Raising livestock	1101518	47878
牛的饲养	Cow	838662	33415
羊的饲养	Sheep and Goats	87548	4422
其他牲畜饲养	Others	8087	125
奶产品	Milk	157558	9791
牛奶	Cow Milk	157200	9791
毛绒产品	Cashmere Products	5284	125
羊毛	Sheep Wool	4950	41
羊绒	Cashmere	208	59
其他牲畜副产品	Others	4380	
猪的饲养	Raising Pork	1069774	77915
家禽饲养	Raising Poultry	1241719	267706
肉禽	Meat	609053	193911
禽蛋	Eggs	632666	73795
狩猎和捕捉动物		2525	
其他畜牧业	Others	37175	5525
蚕茧	Silkworn	75	75
兔	Rabbit	4046	16
渔业产值	**Fishery**	**266811**	**17048**
农林牧渔服务业产值	**Farming, Forestry, Animal Husbandry, Fishery and Service**	**238819**	**7403**

业总产值（可比价）
Husbandry and Fishery (at comparable price)

(10000 yuan)

浑南区 Hun nan	沈北新区 Shen bei new	于洪区 Yu hong	辽中县 Liao zhong	康平县 Kang ping	法库县 Fa ku	新民市 Xin min
142581	**628466**	**230174**	**1523158**	**708657**	**993884**	**1601563**
80274	**231910**	**150574**	**490113**	**265599**	**357779**	**702603**
29924	58742	42169	154028	161608	221867	241972
27913	49461	41863	149048	102684	150910	225635
		53	624	159	301	211
1531	27305	18951	92677	5509	12091	80182
25947	21831	22438	54985	92966	135033	143038
446		153	344	3056	2668	4959
983	254		2709	50582	16638	8414
983	254		2709	50582	16473	6504
582	284	153	1927	5052	3171	2965
582	284	153	1927	4404	2946	2965
	8743			234	48480	
	8743			234	39649	
34778	161286	104425	295279	79704	81353	371548
29781	146766	83510	285811	79602	80294	360150
111	874	18552	600	25		7299
4886	13646	2363	8869	77	1059	4099
15572	10711	3981	40787	24287	54559	89083
15472	10711	3981	40787	22247	54559	89083
6465	2326	2055	27116	17427	4304	10489
645	1890		163	154	778	77
	1171		18			
7604	**1611**	**6597**	**23405**	**28516**	**36001**	**13726**
7590	1114	6597	18708	17669	32964	5718
513		257	1051	1281	133	
462	1114	6340	15800	11097	10537	5718
6615			1857	5291	22294	
	497		4697	9870	3037	8008
	6			171		
15				977		
46217	**345602**	**46385**	**815881**	**388433**	**571303**	**760920**
13005	99244	7856	368702	131974	290035	139712
4637	46280	5157	351760	101844	216839	76904
2346	6383	1138	6501	21257	23141	21885
30	5		753	1996	2975	2192
5935	46401	1283	9555	1159	46656	35981
5935	46401	1283	9555	1108	46360	35979
56	174	278	133	1338	425	2750
44	171	273	120	1312	415	2572
11			10		2	126
				4380		
18315	58457	27301	246427	141663	168693	287995
14897	187901	9699	174042	108859	112575	333213
4382	93614	3577	83633	84173	50526	89074
10515	94287	6122	90409	24687	62049	244139
		1529		996		
			26709	4941		
			30	4000		
121	**13263**	**10855**	**118937**	**4442**	**3331**	**82736**
8364	**36079**	**15764**	**74822**	**21667**	**25471**	**41579**

3—3 农 林 牧 渔
Value - added of Farming, Forestry, Animal

单位:万元

指 标	Item	沈阳市 Total	苏家屯 sujiatun
农林牧渔业	**Farming, Forestry, Animal Husbandry and Fishery**		
总产值	Gross Output Value	6553873	625116
中间消耗	Middle Consume	3159100	316121
增加值	Value - added	3394773	308995
农 业	**Farming**		
总产值	Gross Output Value	2536549	201268
中间消耗	Middle Consume	1091891	82915
增加值	Value - added	1444658	118353
林 业	**Forestry**		
总产值	Gross Output Value	122145	1637
中间消耗	Middle Consume	53064	657
增加值	Value - added	69081	980
牧 业	**Amimal Husbandry**		
总产值	Gross Output Value	3394014	398100
中间消耗	Middle Consume	1777003	219651
增加值	Value - added	1617011	178449
渔 业	**Fishery**		
总产值	Gross Output Value	260674	16656
中间消耗	Middle Consume	138552	10198
增加值	Value - added	122122	6458
服务业	**Service**		
总产值	Gross Output Value	240491	7455
中间消耗	Middle Consume	98590	2700
增加值	Value - added	141901	4755

业 增 加 值
Husbandry and Fishery

(10000 yuan)

浑南区 Hun nan	沈北新区 Shen bei new	于洪区 Yu hong	辽中县 Liao zhong	康平县 Kang ping	法库县 Fa ku	新民市 Xin min
139877	621824	226454	1494541	692090	978411	1564167
71878	295403	104032	701206	327997	495844	738124
67999	326421	122422	793335	364093	482567	826043
78609	225409	149058	476078	258204	351094	684864
38758	92379	66006	196057	110716	165987	288703
39851	133030	83052	280021	147488	185107	396161
7787	1650	6755	23967	29200	36865	14055
3421	1089	2815	9878	13336	16262	5525
4366	561	3940	14089	15864	20603	8530
44940	345475	44162	802949	378527	561549	742545
25474	178901	22833	404463	192872	302214	386018
19466	166574	21329	398486	185655	259335	356527
118	12958	10605	116201	4340	3254	80833
83	7057	5657	60228	2233	1460	41244
35	5901	4948	55973	2107	1794	39589
8423	36332	15874	75346	21819	25649	41870
4142	15977	6721	30580	8840	9921	16634
4281	20355	9153	44766	12979	15728	25236

3—4 农村基层组织、户数、人口及劳动力
Farm, Township and Towns, Population and Labor Force

单位:个、户、人 (unit, person)

指　标	Item	2000	2005	2010	2014
乡镇场个数	Number of Farms, Township and Towns	208	166	98	81
村　数	Number of Villages	1938	1537	1252	1509
乡镇场户数	Number of Households of Farms, Township and Towns	772472	804681	911432	883338
乡镇场人口数	Population of Farms, Township and Towns	2680574	2708885	2844962	2752314
农村劳动力资源	Rural Labor Force	1199985	1482438	1674832	1627751
劳动力年龄内人口	Number of Laborers within Labor Ages	1178311	1272312	1456802	1439987
实有从业人员	Real Employment	1065350	1233875	1432356	1407731
按三次产业分	According to The Three Industries Groups				
第一产业从业人员	Employment of Primary Industry	700193	778440	770874	731145
第二产业从业人员	Employment of Secondary Industry	136879	188834	277966	301572
第三产业从业人员	Employment of Tertiary Industry	137033	266601	496195	375014
按国民经济行业分	According to the Group of National Economy				
工　业	Industry	89270	118367	179146	195383
建筑业	Construction	47609	70467	98820	106189
交通、运输、邮电、仓储	Transportation, Storage, Post and Telecommunication	42378	45663	55495	55349
贸易、餐饮	Trade and Catering Services	51589	84797	136358	141575
其　它	Others	18032	136141	191663	167907

3—5 农作物播种面积
Total Sown Areas of Farm Grops

单位:公顷 (hectare)

指 标	Item	2000	2005	2010	2014
农作物总播种面积	**Total Sown Areas**	**599212**	**587940**	**654813**	**647911**
粮豆作物	**Grain Crops**	**449028**	**511446**	**506848**	**485079**
谷 物	Cereal	382819	470994	477680	462336
水 稻	Rice	113829	115876	126849	111815
春小麦	Spring Wheat	26577	5686	2381	1388
玉 米	Corn	227919	336970	344800	347206
高 粱	Sorghum	11636	6718	2007	1350
谷 子	Millet	2785	2650	772	490
薯 类	Tubers	19120	7039	12045	10666
土 豆	Potatoes	11623	5667	9407	9578
豆类合计	Total Beans	41540	33413	17123	12077
大 豆	Soybeans	36653	29158	16255	11523
杂 豆	Mixed Beans	4887	4255	868	544
棉 花	Cotton	552	275	25	
油料作物	Oil – bearing Crops	33171	13772	43763	43155
花 生	Peanuts	26378	12635	40094	41712
芝 麻	Seasame	872	148	17	
向日葵	Sunflower	1348	802	3652	1289
甜 菜	Beetroots	4459	18		
药 材	Medicial Material	700	30	1112	814
蔬菜、瓜类	**Vegetables and Melon**	**83782**	**45200**	**85193**	**99569**
蔬菜(含菜用瓜)	Vegetables	75360	45200	67385	80308
西甜瓜	Muskmelon and Watermelon	8422	6365	16665	17375
西瓜	Watermelon	5933	4126	12546	13613

3—6 分地区农作物播种面积
Sown Areas by District and County

单位:公顷 (hectare)

项　目	Item	沈阳市 shenyang	苏家屯 sujiatun	浑南区 Hunnan	沈北新区 Shen bei new	于洪区 Yuhong	辽中县 Liaozhong	康平县 Kangping	法库县 Faku	新民市 Xinmin
农作物总播种面积	**Total Sown Area**	**647911**	**35203**	**21517**	**42106**	**21737**	**92612**	**96997**	**127633**	**195002**
粮食作物合计	**Total Grain Crops**	**485079**	**28367**	**19380**	**27667**	**18328**	**74500**	**64953**	**96733**	**143733**
其中:夏收粮食	Grain in summer	10966	50			186	910	3640	1650	4530
谷　物	Cereal	462336	27827	18410	27365	17961	72540	57513	92643	137033
稻　谷	Rice	111815	8850	990	11270	7135	36270	2393	4450	35270
小　麦	Wheat	1388				28	580	140	410	230
春小麦	Wheat in spring					28	580	140	410	230
玉　米	Corn	347206	18977	17420	16088	10798	35690	53810	87033	101533
谷　子	Millet	490						250	240	
高　粱	Sorghum	1350						850	500	
其他谷物	Others	87			7			70	10	
荞　麦	Buckwheat	10						10		
豆类合计	Total Beans	12077	490	560	302	209	1610	3440	2720	2400
大　豆	Soybeans	11523	490	560	302	209	1610	3060	2570	2400
绿　豆	Green Gram	266						160	100	
红小豆	Red bean	278						220	50	
薯类(折粮)	Tubers	10666	50	410		158	350	4000	1370	4300
马铃薯	Potatoes	9578	50			158	330	3500	1240	4300
油料作物	**Oil bearing Crops**	**43155**	**274**	**697**	**100**		**2962**	**25849**	**7873**	**5264**
花　生	Peanuts	41712	274	697	100		2962	25849	7719	3975
芝　麻	Seasame									
向日葵籽	Sunflower	1289								1289
棉　花	**Cotton**									
糖　料	**Sugar**									
甜　菜	Beet									
药材类合计	**Medicial Material**	**814**		**15**	**577**	**18**	**52**			**152**
蔬菜(含菜用瓜)及食用菌	**Vegetables**	**80308**	**5785**	**961**	**8385**	**3123**	**13420**	**4401**	**10766**	**30604**
瓜果类	**Melon**	**19261**	**663**	**278**	**514**	**208**	**836**	**639**	**1584**	**13871**
西　瓜	Watermelon	13613	23	41	166	189	133	428	66	12369
甜　瓜	Muskmelon	3762	240	59	313		351	201	1504	1057
草　莓	Strawberry	1350	400	10	35	18		10	10	445
其他农作物	**Others**	**19294**	**114**	**186**	**4863**	**60**	**842**	**1155**	**10677**	**1378**
青饲料	Succulence	15238			4808			1155	9175	100

3—7 农 作 物 总 产 量
Total Output of Farm Crops

单位:吨 (ton)

指　　标	Item	2000	2005	2010	2014
粮豆作物	**Grain Crops**	**2338012**	**3427232**	**3251122**	**3599160**
谷　　物	Cereal	2172834	3297557	3138162	3498034
水　　稻	Rice	937905	898757	1000833	971182
春 小 麦	Spring Wheat	55116	18845	8732	5064
玉　　米	Corn	1122542	2318518	2107704	2509577
高　　粱	Sorghum	52423	42035	14680	10552
谷　　子	Millet	4390	9570	3098	1459
薯　　类	Tubers	81076	41811	63364	70986
土　豆	Potatoes	44894	28164	41144	66746
豆类合计	Total Beans	77483	87864	49596	30140
大　　豆	Soybeans	73140	78391	47830	29146
杂　　豆	Mixed Beans	4343	9473	1766	994
经济作物	**Economic Crops**				
棉花	Cotton	1584	155	21	
油料作物	Oil – bearing Crops	58914	32691	128346	123960
花　　生	Peanuts	51697	30445	116784	120765
芝　　麻	Seasame	671	198	16	
向 日 葵	Sunflower	1405	1757	3605	2933
麻　　类	Fiber Crops	20	2		
甜　　菜	Beetroots	131141	438		
烟　　叶	Leaf Tobacco	24			
其他作物	**Other crops**				
蔬菜(含菜用瓜)	Vegetables	2842299	2390541	4218129	5483554
西甜瓜	Muskmelon and Watermelon	271798	206062	754443	960297
西瓜	Watermelon	203818	151685	599030	768212

3—8 主要农产品产量
Yield of Major Farming Products

单位:万吨 (10000 tons)

年 份 Year	粮食及大豆 Grain Crops	蔬 菜 Vegetable	猪牛羊肉 Pork, Beef and Mutton	禽 蛋 Poultry Eggs	牛 奶 Cow Milk	水产品 Aquatic Products	水 果 Fruits
1980	210.6	94.6	5.2	0.9	1.7	0.2	0.5
1985	205.0	107.8	7.1	4.4	3.1	0.5	1.2
1990	307.7	158.5	13.0	11.2	5.6	1.8	2.5
1991	308.9	175.9	15.3	14.2	6.8	2.4	3.6
1992	333.4	209.2	17.5	16.3	7.4	3.1	4.4
1993	318.3	246.0	17.5	16.6	6.0	4.3	6.0
1994	201.7	198.8	23.5	19.8	6.2	5.6	7.0
1995	215.1	196.1	15.3	18.2	6.1	6.5	7.4
1996	329.8	260.0	28.8	20.3	6.1	7.0	7.3
1997	252.5	216.7	17.3	21.6	5.1	8.4	6.9
1998	325.9	256.1	17.3	21.4	5.3	9.0	7.9
1999	343.3	277.2	18.5	22.5	5.0	9.5	8.6
2000	233.8	284.2	19.7	24.5	5.7	10.0	9.1
2001	251.7	272.2	20.9	27.5	6.6	11.4	8.3
2002	278.2	284.1	23.3	29.2	8.1	11.5	8.5
2003	283.2	255.9	27.8	30.0	12.5	13.5	9.1
2004	365.4	206.6	34.9	37.9	18.8	14.1	10.7
2005	342.7	239.1	41.7	42.5	21.2	15.0	11.1
2006	321.4	271.5	40.7	37.7	28.8	16.2	11.8
2007	390.9	315.1	41.8	39.4	31.2	16.8	13.5
2008	358.7	356.7	46.9	53.7	32.3	18.7	17.5
2009	344.6	422.1	53.8	57.5	37.1	20.6	17.4
2010	325.1	421.8	57.0	60.6	39.2	16.7	17.6
2011	406.1	463.0	60.2	69.2	44.7	17.7	21.2
2012	400.7	501.8	64.8	74.9	48.1	18.7	24.4
2013	383.5	576.1	69.3	79.3	50.8	19.0	27.8
2014	359.9	548.4	66.6	79.7	51.7	19.3	30.2

3—9 畜牧业生产情况
Production of Animals Husbandry

指　　标	Item	2000	2005	2010	2014
年末大牲畜头数(头)	Large Animal at Year – end (head)	417310	643755	932803	1119639
马(头)	Horses (head)	79925	52712	37251	24067
骡(头)	Mules (head)	61070	31636	18014	9451
驴(头)	Donkeys (head)	117014	73007	49365	33936
牛(头)	Cattle and Buffaloes (head)	159301	486400	828173	1052185
奶牛(头)	Cows (head)	13698	63986	106628	152651
改良肉用牛(头)	Meat Cattle (head)	145603	422414	713837	897708
从事农事劳役的大牲畜(头)	Large Draft Animal (head)	200085	134689	63783	30753
年末生猪存栏(头)	Hogs at Year – end (head)	1582263	2264380	3180598	3779608
能繁殖母猪(头)	Female Pigs for Breeding (head)	119835	198119	455391	520642
年末羊存栏(只)	Sheep and Goats at Year – end (head)	229111	605442	706166	844495
能繁(只)	For Breeding(head)	159826	315642	313651	358885
山　羊(只)	Goats(head)	60478	190106	262837	323587
能繁(只)	For Breeding (head)	33661	87292	112706	125502
绵　羊(只)	Sheep (head)	168633	415336	443329	520908
能繁(只)	For Breeding(head)	126165	228350	200945	233383
年末家禽存栏 (万只)	Poultry at Year – end (10000 heads)	3749	5107	8903	10106
蛋禽(万只)	Egg Poultry (10000 heads)	1937.2	3216	4380.1	5261
年末兔存栏(只)	Rabbits at Year – end (head)	35685	317147	16733	14625
年末生猪出栏(只)	Slaughtered Hogs (head)	2047009	3622753	5112792	5916369
年内牛出栏(头)	Slaughtered Cattles (head)	88581	417457	957008	1212425
年内羊出栏(只)	Slaughtered Sheep and Goats (head)	152623	653519	861293	923481
年内家禽出栏(万只)	Slaughtered Poultry (10000 heads)	6059.5	12067	16326	18523
年内兔出栏(只)	Slaughtered Rabbits (head)	34202	124886	91442	407195
肉类总产量(吨)	Total Output of Meat (ton)	333202	703703	865705	1020201
猪肉产量(吨)	Pork (ton)	179694	320041	401175	466660
牛肉产量(吨)	Beef (ton)	15822	87693	156737	185708
羊肉产量(吨)	Mutton (ton)	1944	9405	12309	13645
禽肉产量(吨)	Meat of Poultry (ton)	131284	281473	286572	350272
奶类总产量(吨)	Total Output of Milk (ton)	56863	215163	396286	518288
牛奶产量(吨)	Output of Milk (ton)	56601	212045	392220	516938
绵羊毛产量(公斤)	Output of Sheep's Wool (kg)	817081	1187683	1048351	1398035
蜂蜜产量(公斤)	Output of Honey (kg)	3410	3500	8900	15005
禽蛋产量(吨)	Output of Poultry Eggs (ton)	245421	425281	605919	796772

4—1 主要工业产品产量
Main Industrial Products

年份 Year	彩色电视机（万台）Color TV Sets（10000 units）	灯泡（万只）Lamps（10000 units）	机制纸及纸板（吨）Machine－made Paper and Paperboards（ton）	卷烟（万箱）Cigarettes（10000 cases）	白酒（千升）Liquor（kiloliter）
1980		3299	98210	25.5	17351
1985	3.97	4975	135064	21.98	28643
1990	10.77	6819	124469	24.2	64242
1995	1.3	30700	122916	20.1	69566
1996	12.38	37423	134108	18.5	92544
1997	26.15	8922	102612	18.71	124741
1998	56.1	7918	84000	20	120400
1999	59.76	7389	59922	11	108111
2000	175	4583	55245	8	162533
2001	139.62	11885	37053	15	13333
2002	179.35	4248	45453	16	4173
2003	241.55	13101	46857	17.8	2032
2004	248.42	10079	47355	20.4	50577
2005	472.04	12813	44573	20	74784
2006	271.80	51066	33775	21	100716
2007	344.09	90343	160909	22.57	207136
2008	398.47	80890	4546	23	284921
2009	340.38	33636	36382	23	271949
2010	329.87	36874	17314	24	352588
2011	362.31	40038	44982	22.83	381700
2012	426.43	47430	12085	23	505044
2013	385.2	39615	19750	23	460303
2014	338.0	45357	48653	25	326474

4—1 续表 1　Continued

年份 Year	啤酒（千升）Beer（kiloliter）	味精（吨）Gourmet Powder（ton）	瓷砖（万平方米）Ceramid Tile（10000 sq. m）	合成洗衣粉（吨）Synthetic Detergents（ton）	皮鞋（万双）Leather Shoes（10000 pairs）
1980	60259	3460		9352	408.38
1985	111834	5326		22870	569.49
1990	185726	9508		28766	418.8
1995	345145	16991		26130	1155.92
1996	331934	19309		19106	2067.48
1997	343490	21100		12378	1891.56
1998	345600	25237		6681	1124.4
1999	419617	28347		3578	1959.59
2000	429682	34142		4253	1367.24
2001	420156	33001		28532	160.36
2002	411680	37026		31440	134.86
2003	437475	43318		22180	172.04
2004	484340	42513		12825	2003.47
2005	540721	46016	6770	17100	2126.42
2006	613793	51560	8493	17411	3190.9
2007	801908	45990	13078	14541	4486.4
2008	801450	37947	21538	28185	3881.59
2009	869598	40318	29776	24246	988.40
2010	897814	35250	41413	42600	97
2011	1046896	–	56758.7	57577	83
2012	1106614	–	73464.4	59980	88
2013	1154852	–	74492.98	66531	105.08
2014	1142219	–	66198.61	66353	76

4—1 续表 2 Continued

年份 Year	发动机（万千瓦）Motor Engine（10000 kw）	气体压缩机（台）Gas Compressed Motor（unit）	风 机（台）Pneumatic Machine（unit）	金属切削机床（台）Metal - cutting Machines（unit）	房间空气调节器（台）Air Conditioner（unit）	交流电动机（万千瓦）AC Motors（10000 kw）
1980		2245	14510	9817		129.4
1985		5782	19549	11356		148
1990		2731	23600	10013		170
1995		15730	15456	9294	72512	206.74
1996		7029	8262	6986	79651	542.41
1997		5414	14081	6658	72685	312.04
1998		3719	8123	6174	38733	124
1999		1656	4747	5661	95150	160.08
2000		2444	6346	8426	230692	133.97
2001	361	1003	4900	10513	362297	129.4
2002	850	771	3559	16586	300172	156.85
2003	1615	1077	5841	32241	271345	205.48
2004	1410	1431	4737	53261	344462	314.69
2005	1476	1525	5559	68209	609916	404.39
2006	2870	20372	4061	80681	498287	302.5
2007	3674	4332	14101	90224	480158	294.66
2008	2491	4756	4262	93121	555223	210.07
2009	3011	14718	4613	73355	434312	124.93
2010	4382	13080	5944	95244	338397	106.2
2011	4727	11816	5167	76471	244679	143.91
2012	5574	12591	4954	67327	62929	120.82
2013	5882	3013112	4063	57505		92.19
2014	6582	1841631	4689	56372		99.91

4—1 续表 3 Continued

年份 Year	变压器（万千伏安）Transformer（10000 kVA）	电力电缆（公里）Electric Cables（km）	汽 车（辆）Motor Vehicls（unit）	原 煤（万吨）Coal（10000 tons）	发电量（万千瓦时）Electricity（10000 kwh）
1980	1140	15191	4032	586	29489
1985	1330	15534	25306	564.1	51587
1990	1336	18752	22572	608.8	96561
1995	2265	54156	21541	383.2	475859
1996	2121	20453	25430	360.9	355811
1997	2321	59420	37155	404.2	351646
1998	2119	8572	41321	477.8	336316
1999	1938	1263	54214	489.6	320007
2000	2283	33012	79211	477.4	351420
2001	1844	24005	75461	486.2	344856
2002	1645	37226	86809	760.9	365347
2003	1264	114816	125598	689.4	597813
2004	3457	122879	124394	1006.4	491293
2005	3586	108916	138496	992.2	443340
2006	4613	98730	267710	1453.3	453090
2007	5518	183289	352439	960.8	554708
2008	8157	179110	299061	898.9	613092
2009	9488	234305	482001	822.1	806217
2010	9728	279638	665791	881	1114482
2011	9919	333088	715121	939	1691038
2012	9841	349382	832591	916	1660180
2013	11444	291955	1031756		1937633
2014	11325	334678	1087221		1919593

4—1 续表 4 Continued

年份 Year	煤气生产量（万立方米）Coal Gas (10000 cu. m)	钢（万吨）Steel (10000 tons)	成品钢材（万吨）Steel Products (10000 tons)	铜（吨）Copper (ton)	铅（吨）Lead (ton)	铜材（吨）Copper Products (ton)	铝材（吨）Aluminum Products (ton)
1980	21978	22.86	51.41	56618	52294	21618	4700
1985	26220	32.2	46.86	56562	54643	31281	7638
1990	17008	38.6	49.2	54897	62970	26472	17519
1995	26683	24.25	38.17	51700	56701	25578	24674
1996	33044	23.04	42.63	51412	58589	23465	36469
1997	25112	15.73	31.33	57377	67721	25549	29082
1998	21200	6.27	34.43	67589	67518	12487	12070
1999	7719	1.56	41.28	35309	54477	24035	13026
2000	8026	12.57	35.82	17815	5945	50094	27995
2001	18970	18.44	17.13	11890	22213	51673	18704
2002	19927	8.81	34.99	7586	4975	359980	16132
2003	21831	10.53	23.87	8212	1280	73464	18954
2004	23992	14.35	40.09	4823	2485	80362	18299
2005	29866	20.57	151.15	3140	5222	116555	25864
2006	30926	20.17	241.28	13115	7356	77853	45854
2007	34867	40.94	230.84	11480	8771	102443	51310
2008	27215	39.6	153.11	8034	8843	125681	89998
2009	19320	21.73	52.64	9457	2139	144691	40596
2010	18910	21.51	57.19	4594	2963	118808	34626
2011	27747	6.87	48.95	15000	3922	69057	35030
2012	32935	4.19	43.58	35660	4791	78216	37268
2013	42040	4.96	94.57	32710	4843	74269	99158
2014	57488		63.54	13647	1306	85344	68697

4—1 续表 5 Continued

年份 Year	焦炭（万吨）Coke (10000 tons)	轮胎外胎（万条）Tires (10000 units)	水泥（万吨）Cement (10000 tons)	平板玻璃（万重量箱）Plate Glass (10000 weight cases)	砖（亿块）Brick (100 million units)
1980	26.52	21.2	20.46	156.9	10.35
1985	31.41	37.4	29.3	151.4	21.61
1990	29.69	67.3	35.51	212.9	24.81
1995	28.01	39.91	73.48	270.4	20.83
1996	24.99	23.77	51.84	459.4	29.03
1997	24.96	45.43	55.49	491.2	29.83
1998	24.96	104.61	40.7	487	8.42
1999	25.09	128.41	47.04	486.8	7.72
2000	26.13	165.16	40.75	495.8	7.81
2001	28.28	189.6	62.73	522.5	0.34
2002	31.73	208.5	55.8	607.4	0.43
2003	34.54	272	147.33	531.5	0.42
2004	40.87	291.8	172.78	765.9	1.71
2005	67.04	314.99	179.24	744.33	5.84
2006	76.35	362.6	231	519.7	53.82
2007	90.96	358.58	285.43	552.2	22.59
2008	83.37	371.11	275.9	429.18	21.99
2009	90.84	343.76	397.53	325.5	28.2
2010	82.9	402.41	363.72	373.26	28.53
2011	121.25	400.69	186.25	471	38.05
2012	102.41	503.43	462.33	576	38.23
2013	166.5	561.5	259.68	579	28.56
2014	166.37	581.65	268.75	409	31.45

4—2 全社会能源物资消费总量
Total Consumption of Energy and Material

年 份 Year	能源消费总量（万吨标煤）Total Consumption of Energy (10000 tons of SCE)	工业用 Industry Use	煤炭消费总量（万吨）Total Consumption of Coal (10000 tons)	汽 油（万吨）Gasoline (10000 tons)
1980	733.7	466.1	592.1	7.7
1985	839.7	507.8	829.6	9.7
1990	925.4	558.8	773	11.4
1995	1187.0	886	1158.9	14
1996	1 058.8	809.2	902.5	8.6
1997	1 013.7	780.3	856.9	8.7
1998	952.9	747.2	938	11.3
1999	905.3	732.5	897.6	10.3
2000	960.3	752.9	951.4	14.1
2001	640.0	599.2	838.4	2.3
2002	662.0	626.0	899.4	2.5
2003	718.3	687.0	1068.2	2.7
2004	764.7	733.1	1351.8	4.6
2005	805.5	782.2	1731.2	3.9
2006	968.4	942.8	2057.5	8.2
2007	1043.4	1023.9	2023.4	17.9
2008	1202.9	1165.6	2316.4	28.3
2009	1251.0	1104.9	2522.7	62.5
2010	1334.1	1244.5	2877.4	40.4
2011	1422.9	1403.5	2951.2	39.3
2012	1400.6	1379.3	2802.5	44.7
2013	1375.7	1356.2	2992.9	42.8
2014	1285.5	1266.5	2998.5	39.9

注:2001 年开始为规模以上工业口径。

Note: They have been above designated size industrial enterprises after 2001.

4—3 全市民用车辆拥有量
Nnmber of Civil Motor Vehicles Owned

单位:辆 (unit)

指 标	Item	2000	2005	2010	2014
民用汽车	Total Number of Civil Motor Vehicles Owned	210893	420609	831759	1455314
载客汽车	Passenger Vehicles	115195	257501	653360	1280646
大 型	Large	5854	9813	13063	15202
载货汽车	Ordinary Trucks	73857	98145	139829	162667
大型(重型)	Large	25457	22944	25344	33138
其他汽车	Other Trucks	21841	64963	38570	12001
拖 拉 机	Tyre Tractors	32544	42437	64358	77781
摩 托 车	Motors	115791	135401	81301	96102
其他机动车	Number of Other Motor Vehicles	1459	4571	1439	1920

注:其他汽车 2004 年以前为其他专用汽车。

Note: Other motor vehicles before 2004 were other special trucks.

4—4 运　输　量
Transportation

年份 Year	客运量（万人次）Passenger Traffic（10000 persons times）	铁路 Railways	公路 Highways	民航 Civil Aviation	货运量（万吨）Freight Traffic（10000 tons）	铁路 Railways	公路 Highways	民航 Civil Aviation
1980	4788	3669	1084	5	1679	563	1108	0.24
1985	6462	4508	1941	13	9279	702	8577	0.34
1990	7386	3760	3595	31	11777	549	11227	0.59
1995	11227	3388	7747	92	13052	584	12467	1.06
1996	9661	2966	6589	106	13858	582	13275	1.18
1997	8273	2789	5375	110	14536	607	13926	3.02
1998	7598	2750	4753	95	14809	449	14358	2.3
1999	7663	2784	4778	100	15396	496	14898	2.31
2000	6620	3084	3385	151	15221	566	14652	3.2
2001	6790	3035	3587	168	15157	472	14682	3.1
2002	7053	2951	3913	189	14451	537	13910	3.5
2003	6691	2649	3819	223	14656	501	14150	4.7
2004	7964	2895	4783	285.8	14757	542	14210	4.95
2005	8629	2886	5432	310.7	15571	545	15020	5.72
2006	9598	3096	6152	350	17264	558	16700	6.3
2007	10062	3035	6641	386	19092	586	18500	6.3
2008	26101	3581	22143	377	13979	466	13507	5.7
2009	27668	3982	23316	370	15164	431	14728	5.4
2010	30658	3979	26285	394	17348	538	16804	5.5
2011	31625	3542	27734	349	19406	504	18897	4.3
2012	32869	3348	29121	400	21720	456	21259	4.5
2013	24484	3816	20254	414	21491	530	20957	4.4
2014	25397	4145	20801	451	23489	544	22940	4.3

注:1. 铁路运输数据,2002 年以前来自沈阳铁路分局,以后来自沈阳铁路局;
2. 2009 年公路运输口径调整。2013 年公路数据按交通部门专项调查结果调整。

Note:1. The Data of railway transportation came from Shenyang Railway Branch before 2002. After 2002 it came from Shenyang Railway Bureau.
2. In 2009, the highway transportation coverage was adjusted. The highway data in 2013 was adjusted according to the special investigation of the department of transportation.

4—5 邮电业务量
Post and Telecommunication Services

年份 Year	邮电业务总量（万元）Business Value of Post and Teleco－mmunication（10000 yuan）	函件（含机要）（万件）Number of Letters（include confidential document（10000 pcs）	报刊（万份）Newspapers and Magazines（10000 copies）	网络用户（万户）Number of Subscribers of Internet Services（10000 subscribers）	移动电话（万户）Number of Mobile Telephone Subscribers（10000 subscribers）	市话年末到达户数（万户）Number of Subscribers Of Urban Telephone（10000 subscribers）	农话年末到达户数（万户）Number of Subscribers Of Rural Telephone（10000 subscribers）
1980	4282	3427	25306			2.77	0.72
1985	7680	5782	38099			4.33	0.71
1990	21338	7452	13508			9.37	1.01
1995	119095	8897	12315		6.47	60.91	4.62
1996	152734	8366	13653		11.46	79.35	7.98
1997	171756	7398	12854		20.6	91.24	14.35
1998	197460	7991	13138		40.97	104.53	18.17
1999	442059	7637	12988		73.42	120.09	22.22
2000	460398	6581	11752	21.04	125.17	137.72	27.96
2001	581223	5553	9027	52.85	170.01	161.69	34.89
2002	647436	3691	8698	96.53	216.03	180.4	41.86
2003	792470	3887	8239	93.18	274.81	224.7	48.9
2004	950202	3963	7990	72.02	304.71	261.76	55.06
2005	1150519	4241	8107	75.68	348	298	64
2006	1439394	3269	8706	83.4	412	305	69
2007	1862260	2498	8693	103	434	316	68
2008	1997828	2578	9808	108	513	281	67
2009	2369386	2313	9517	128	747	271	66
2010	2800119	2419	10368	136	855	260	63
2011	1123520	2469	10840	153	882	242	61
2012	1218100	2495	11880	176	996	–	–
2013	1313334	2508	13626	153	1016	–	–
2014	1637972	2379	13578	163	1044	–	–

注：邮电业务总量2011年开始采用2010年不变价。历年口径有调整。
Note: The total business value of post and telecommunication began to use the constant prices of 2010 from 2011. The caliber has been adjusted over the years.

5—1 固定资产投资和房屋建筑面积
Investment in Fixed Assets and Floor Space of Buildings

单位:万元 (10000 yuan)

指 标	Item	2000	2005	2010	2014
投资总额	**Total Investment(10000 Yuan)**	**2622376**	**13632196**	**41391498**	**65640596**
按经济类型分	**Grouped by Ownership**				
国有经济	State - owned Economic Units	1162197	3362737	6689922	7735949
集体经济	Collective - owned Economic Units	141911	519442	1163203	765055
私营经济	Private Economic Units	100306	2564698	11059531	26013250
个体经济	Individual Economic Units	95272	263043	371778	753307
联营经济	Joint Ownership Economic Units	1150	6787	7486	151733
股份制经济	Share Holding Economic Units	556574	4474851	12888690	2309251
外商投资经济	Foreign Funds Economic Units	232579	1431421	4015920	3165682
港澳台投资经济	Economic Units with Funds from Hong Kong, Macao and Taiwan	311676	783999	4229736	4389305
其他经济	Others	20711	225218	965252	2521189
本年资金来源小计 *	**Total Captal Grouped by Sources**	**2430557**	**13922412**	**46421286**	**73127257**
国家预算内资金	State Budgetary Appropritation	171614	506864	1069311	2882030
国内贷款	Domestic Loans	552477	1428722	5966940	7366359
利用外资	Foreign Investment	202513	395983	1352801	515086
自筹投资	Fundraising	1060442	9711051	33020709	56279038
其他投资	Others Investment	443511	1879792	5011525	6084744
按构成分	**Grouped by Form**				
建筑安装工程	Construction and Installation	1632392	8121659	27940074	47506904
设备工器具购置	Purchasing of Equipment,Tool and Appliance	613019	2820645	8210713	13295236
其他费用	Others	376965	2689892	5240711	4838456
按三次产业分	**Grouped by Type of Industry**				
第一产业	Primary Industry	75996	246696	839524	1022284
第二产业	Secondary Industry	759410	5203346	14763194	25323526
工 业	Industry	687304	5102628	14424706	
第三产业	Tertiary Industry	1786970	8182154	25788780	39294786
房地产开发	Real Estate Development	640395	4135710	14500794	
房屋建筑面积(万平方米)	**Floor Space of Buildings(10000 sq. m)**				
施工面积	Floor Space under Construction	1643.7	5488.6	14448.2	21747.7
住 宅	Residential Building	936.2	2674.5	6720.1	8213.0
竣工面积	Floor Space Completed	808.2	2175.3	3839.8	4425.9
住 宅	Residential Building	540.9	1111.7	1193.6	993.9

注:①2011 年开始统计口径调整,2010 年及以前为全社会口径,下同;②本表中的国有经济包括国有、国有联营和国有独资有限责任公司;③2010 年及以前为城镇口径。

Note:Since 2011 the statistic standards has been adjusted . Before 2010 it was the whole society . The same below. ②In this sheet, the state owned economy includes state - owned, state owned joint venture and stato owned limited liability company. ③It shows the cities and towns caliber.

5—2 房地产开发投资主要指标

Major Indicators of Investment on Real Estate Development

单位:万元、万平方米 (10000 yuan,10000 sq. m)

指 标	Item	2000	2005	2010	2014
本年完成投资	Investments Completed in This Year	640395	4135710	14500794	19758182
本年新增固定资产	Newly Increased in Fixed Assets	502732	1929399	3727811	5701826
本年施工房屋面积	Floor Space of Buildings under Construction	828.4	3102	8851.4	11495.8
住 宅	Residential Buildings	635.3	2438.3	6634.2	8210.8
本年竣工房屋面积	Floor Space of Buildings completed	349.5	1057.7	1393.2	1225.9
住 宅	Residential Buildings	289.8	927.7	1107.7	993.9
商品房销售面积 *	Sold Floor Space of Commercial Houses	210.5	761.3	1746.5	1498.4
住 宅	Residential Buildings	184	713.9	1516.1	1342.4
商品房销售额	Total Sales of Commercial Houses	565412	2367695	9450487	9315752

注: * 2006 年起包括预售。

Note: Data after 2006 has covered selling in advance.

5—3 建筑安装企业主要经济指标

Major Indicators of Construction and Installation Enterprises

指 标	Item	2000	2005	2010	2014
全 市	**Total**				
建筑业总产值(亿元)	Gross Constructive Output Value (100 million yuan)	162.6	328.6	1055.2	2022.1
施工房屋面积(万平方米)	Floor Space of Buildings under Construction(10000 sq. m)	1929	2669.4	5733	12738.4
竣工房屋面积(万平方米)	Floor Space of Buildings Completed (10000 sq. m)	915.4	1262	1839.5	3103.3
竣工率(%)	Completed Rate (%)	47.6	47	32.1	24.4
职工平均人数(万人)	Average Staff and Workers (10000 persons)	25.1	26.8	67.7	64.4
年末固定资产原值(亿元)	Origial Value of Fixed Assets at Year - end (100 million yuan)	49	78.6	155.9	205.8
年末固定资产净值(亿元)	Net Value of Fixed Assets at Year - end (100 million yuan)	33.3	57.9	102.1	70.1
利润总额(万元)	Total Profits (10000 yuan)	18237	59971	350891	501045
国有企业	**State - owned Enterprises**				
施工产值(亿元)	Output of Construction (100 million yuan)	57.3	196	149	104.6
施工房屋面积(万平方米)	Floor Space of Buildings under Construction(10000 sq. m)	430.4	1794.6	835	550.6
竣工房屋面积(万平方米)	Floor Space of Buildings Completed (10000 sq. m)	181.1	712.1	242.1	198.5
竣工率(%)	Completed Rate (%)	42.1	39	29	36.1
职工平均人数(万人)	Average Staff and Workers (10000 persons)	7.6	14.3	10.5	3.4
年末固定资产原值(亿元)	Origial Value of Fixed Assets at Year - end (100 million yuan)	24.6	43.1	22	44.2
年末固定资产净值(亿元)	Net Value of Fixed Assets at Year - end (100 million yuan)	15.5	30	13.5	3.9
利润总额(万元)	Total Profits (10000 yuan)	231	13772	23899	1740

6 国内贸易主要综合指标
Main Indicators of Domestic Trade

单位:万元 (10000 yuan)

指　　标	Item	2000	2005	2010	2014
社会消费品零售总额*	Total Retail Sales of Consumer Goods	5660080	9150855	21056471	35701083
私营批发零售贸易业	Private Wholesale and Retail Trade				
户数(个)	Number of Economic Active Unit (unit)	8598	15860	27073	48897
人数(人)	Number of Persons (person)	98300	146020	174964	268957
个体批发零售贸易业	Indivial Wholesale and Retail Sale Trade				
户数(个)	Number of Economic Active Unit(unit)	116156	107227	136957	175375
人数(人)	Number of Persons(person)	251283	273743	332817	376899
限额以上批发零售贸易业主要财务指标	Above Designated Size in Wholesale and Retail Trade				
资产总计	Total Assets	3556223	5198536	12812620	20088478
负债总计	Total Liabilities	3006513	4365904	9673985	15007024
商品销售收入净额	Net Revenue of Sales	8107213	21755862	47371585	77387287
商品销售成本	Total Sales Cost	7694821	19766987	45169503	74929124
经营费用	Total Operating Cost	274810	554449	1180551	1359538
管理费用	Total Management Cost	138332	224695	553619	913923
营业利润	Total Operating Profits	-26819	32235	320385	-161615
利润总额	Total Profits	6956	123740	283120	-196084

注:2003 年开始,社会消费品零售总额不含制造业和农对非零售额。2011 年开始,社会消费品零售总额中不含其他行业零售额。
Nate:Total retail sales of consumer goods from 2003 didnt include retail sales of manufacture and farmer sold nonfarmer. The total retail sales of consumer goods have not included other industry since 2011.

7—1 进出口总额
Total Imports and Exports

单位:万美元 (USD 10000)

年 份 Year	进出口总额 Total Imports and Exports	进口总额 Total Imports	出口总额 Total Exports
1990	44199	11130	33069
1995	161834	70177	91657
1996	172664	85943	86721
1997	160173	74875	85298
1998	158746	81199	77547
1999	181662	101740	79922
2000	268348	138646	129702
2001	279178	154085	125093
2002	285596	145531	140065
2003	426037	225599	200438
2004	525161	285026	240135
2005	458998	221876	237122
2006	528931	263100	265831
2007	606943	275007	331936
2008	712863	300527	412336
2009	657028	304679	352349
2010	785604	377887	407717
2011	1062025	579513	482512
2012	1274827	678313	596514
2013	1432870	733289	699581
2014	1580029	865725	714304

注:1990 年以后为地区口径,1995 年以后为海关统计数字。

Note: Data in this table refer to local calculation methods since 1990, and refer to Custom's statistics since 1995.

7—2 国际旅游事业发展情况
Development of International Tourism

年 份 Year	接待国家及地区数(个) Number of Foreign Countries and Regions (unit)	接待的境外旅游人数(人) Number of Foreign Tourists (person)	外国人 Foreigners	港澳台胞 Hongkong, Macao and Taiwan Compatriot
1990	100	41899	26269	15045
1995	119	103696	86665	16913
1996	123	107946	91806	16051
1997	134	118740	100987	17656
1998	137	120700	96001	24642
1999	133	137576	109833	27726
2000	138	161245	132688	28497
2001	151	176961	144086	32623
2002	152	237627	194984	42643
2003	148	184255	150769	33486
2004	148	272838	222758	50080
2005	148	326513	264221	62292
2006	148	400037	332027	68010
2007	148	456013	378773	77240
2008	148	476357	399555	76802
2009	148	495517	415356	80161
2010	148	550313	460885	89428
2012	–	750011	587028	162983
2013	–	813652	633832	179820
2014	–	591314	453044	138270

注:旅游收入 1994 年以前计量单位为万元外汇券。入境游客 2014 年按照国家新口径改为过夜人数,不含过境一日游人数。

Note: Measured unit of tourism revenue before 1994 refer to 10000 FEC. In 2014, the definition of the entry tourists has been revised to the population of passing the night, excluding the people who transit by the day.

7—3 利 用 外 资
Used Foreign Capial

单位:万美元 (USD 10000)

年 份 Year	新签项目数(个) New Signed Projects (unit)	新签合同外资额 New Signed Contracts of Foreign Capital	实际利用外资 Direct Foreign lnvestment
1985	29	5661	24
1986	33	4349	150
1987	25	4737	597
1988	89	11008	1411
1989	75	8166	2806
1990	104	15899	2747
1991	186	39615	3348
1992	708	93801	8009
1993	1129	118035	33254
1994	835	181928	40662
1995	666	116977	46052
1996	512	109669	39551
1997	492	93864	53760
1998	475	103278	56636
1999	598	110734	49836
2000	646	176835	71230
2001	569	154633	85217
2002	661	205188	140880
2003	743	225074	224237
2004	771	259650	242277
2005	901	616732	212312
2006	863	852098	303444
2007	772	1284685	504451
2008	518	1026288	600138
2009	710	1205220	541039
2010	473	812110	505369
2011	221	542149	550247
2012	158	299188	580435
2013	155	273400	581093
2014	145	259408	446227

8—1 一般公共预算收入
General Public Budget Revenue

单位:万元 (10000 yuan)

年份 Year	合计 Total	增值税 Value - added Tax	营业税 Business Tax	个人所得税 Individual Income Tax
1980	145226			
1985	209685			
1990	310726	85402	89474	
1995	355684	85863	118226	21213
2000	611225	102329	181231	48684
2001	808178	116022	207681	66601
2002	1018511	138751	267568	71808
2003	1039268	99954	239212	40968
2004	1395086	91920	319011	51943
2005	1815157	126103	364924	59377
2006	2457841	143852	450114	62807
2007	2308085	167666	553293	77831
2008	2910381	189969	645841	84298
2009	3202070	206245	725216	86929
2010	4653540	399458	1295086	173245
2011	6201243	464531	1629897	201518
2012	7150377	520788	1803516	175968
2013	8009997	653681	1956634	197698
2014	7855020	852445	1648311	213655

注:2010 年财政指标口径调整。
Note:The caliber of financial index was adjusted in 2010.

8—2 一般公共预算支出
General Public Budget Expenditure

单位:万元 (10000 yuan)

年份 Year	合计 Total	科技三项费 Three kinds Funds of Science and Technology Promotion	城市维护费 City Maintenance Expenditure	行政管理费 Expenditure for Government Administration
1980	50245	745	5557	4751
1985	105264	1181	8902	8574
1990	230580	3672	31234	13370
1995	458861	7972	42952	30448
2000	924893	16565	102892	50559
2001	1034810	19327	139292	61458
2002	1281673	22304	146385	65118
2003	1608515	27240	172724	71667
2004	2033157	33157	234083	92593
2005	2534094	41829	314929	122771
2006	3393019	62953	395492	140937
2007	3396754			
2008	4067372			
2009	4758822			
2010	5166242			
2011	6392904			
2012	7660854			
2013	8812817			
2014	9143712			

8—3 金融机构人民币存款
Saving Deposits of Financial Institution

单位:万元 (10000 yuan)

年份 Year	合计 Total	企业 Enterprises Deposits	财政 Treasury Deposits
1980	241023	110224	5231
1985	592234	246727	1049
1990	1817149	547384	-812
1995	7638677	2259015	96777
2000	17004871	6014533	58446
2001	19070186	6514187	92245
2002	22741574	7045754	234561
2003	26917421	8103598	173388
2004	30504700	9778109	147342
2005	35630020	10435257	141276
2006	39712846	13330155	189634
2007	45497117	17101533	1534609
2008	52759189	18345237	1281317
2009	66574455	25025439	2192293
2010	80919886	25975315	2424321
2011	88956679	46176511	2200122
2012	102753529	53087198	2852221
2013	114372103	57718673	3680585
2014	123095522	61840137	4044906

8—4 金融机构人民币贷款
Loans of Financial Institutions

单位:万元 (年末余额)(Year - end) (10000 yuan)

年份 Year	合计 Total	工业企业 Loans of Industrial Enterprises	商业 Commercial Loans	农业 Agriculture
1980	476909	123914	163466	8448
1985	830225	220910	243665	23350
1990	2481718	954692	669374	37953
1995	7158771	2349455	1714425	145387
2000	13921674	3131357	2659249	275434
2001	15472805	3445679	3051279	300743
2002	18485879	3575166	3258976	359696
2003	21721849	3585917	3272161	328460
2004	22947475	3428991	2860594	389076
2005	22885209	1985803	2365452	923562
2006	25518637	2544607	2501493	955818
2007	26997552	2715724	2472866	1005785
2008	32500508	2746408	2138102	1125437
2009	50848567	3690848	2144433	1409902
2010	59701639			
2011	68889672			
2012	78527063			
2013	88670501			
2014	100269468			

注:2009年起贷款余额包括国家开发银行贷款。

Note: Balance of Loans included Development Bank of China from 2009.

9—1 各类学校数
Number of Schools

单位:个 (unit)

年份 Year	合计 Total	高等学校 Institutions of Highter Education	中等专业学校 Specializde Secondary Schools	普通中学 Regular Secondary Schools	职业中学 Vocational Schools	技工学校 Secondary Technical Schools	小学 Primary Schools
1952	2089	11	22	39			2015
1957	1556	10	27	135			1317
1962	1928	23	27	189			1628
1965	3299	14	19	223			2666
1970	3263	9	14	518			2722
1975	3126	9	22	515		19	2580
1978	2635	15	18	465		46	2137
1980	2732	18	27	385	18	111	2168
1985	2650	22	44	348	44	110	2069
1986	2494	23	50	340	53	118	1900
1987	2483	24	50	339	52	116	1892
1988	2481	21	46	335	52	114	1900
1989	2485	21	46	339	53	111	1892
1990	2469	21	46	334	51	110	1893
1991	2446	21	45	333	51	114	1866
1992	2311	22	45	322	53	113	1742
1993	2265	22	45	330	56	113	1685
1994	2230	22	44	335	76	108	1627
1995	2310	22	48	359	85	113	1664
1996	2344	22	50	369	97	111	1681
1997	2342	22	51	368	98	111	1677
1998	2242	20	52	373	105	63	1584
1999	2112	21	48	367	103	45	1519
2000	2040	21	42	368	92	35	1468
2001	1958	21	40	360	77	30	1415
2002	2004	24	46	365	96	93	1366
2003	1817	36	39	362	89	30	1247
2004	1670	36	40	362	98	33	1087
2005	2064	37	39	354	95	34	977
2006	1398	37	35	348	85	30	849
2007	1185	40	35	337	66	32	649
2008	1090	40	43	334	58	35	545
2009	1011	49	41	334	52	37	482
2010	927	50	41	321	47	37	415
2011	864	51	40	324	46	37	350
2012	834	50	40	322	44	37	325
2013	825	53	39	322	44	31	320
2014	777	54	37	299	44	31	295

9—2 学校专任教师数
Number of Full - time Teachers

单位:人 (person)

年 份 Year	合 计 Total	高等学校 Institutions of Highter Education	中等专业学校 Specializde Secondary Schools	普通中学 Regular Secondary Schools	职业中学 Vocational Schools	技工学校 Secondary Technical Schools	小 学 Primary Schools
1952	14580	1527	769	1778			10412
1957	21770	2915	2050	4583			11870
1962	32122	4674	1919	6270			19015
1965	39661	4063	1528	8138			23954
1970	49776	3181	668	16060			29837
1975	57186	3441	1366	23249			28946
1978	58195	5665	1468	26127			24770
1980	59509	6689	1372	25652	114	1634	23628
1985	60749	8513	2433	20318	1673	2175	25453
1986	62448	10418	2687	20289	2099	2436	26812
1987	65869	10235	2898	20891	2370	2540	26857
1988	66920	10023	3183	20402	2704	2493	27781
1989	69801	11224	3125	20330	2607	2572	29582
1990	73080	10353	3055	21255	2733	2746	32641
1991	74189	10202	3042	21792	2835	2828	33166
1992	75262	10440	3169	22174	2576	2694	33875
1993	72734	10442	3193	21976	2816	2594	31309
1994	72396	10434	3207	21487	2966	2550	31096
1995	73318	10594	3203	22313	3142	2439	31216
1996	74195	10421	3197	23209	3268	2361	31340
1997	75095	10241	3435	23668	3574	2137	31566
1998	73511	10305	3364	23258	3736	1705	30781
1999	73240	10537	3310	23449	3903	1486	30208
2000	72508	11514	2822	23693	3570	1294	29276
2001	71675	12016	2756	24032	3451	1090	27989
2002	73476	13538	3070	24689	3437	956	27435
2003	77222	17074	2743	25231	4023	1174	26589
2004	82831	22632	3042	25164	4456	1168	25978
2005	111383	19944	2871	24994	4481	431	25518
2006	77488	20980	2544	24610	3846	430	24714
2007	79167	22702	2423	24224	2464	1074	24081
2008	78461	22981	3637	24052	2339	1296	23336
2009	78831	24079	4178	23943	1616	1357	22852
2010	77644	24058	4044	23873	1552	1299	22023
2011	79764	25665	4098	24329	1452	1705	21715
2012	79750	25986	4146	24015	1373	1444	21963
2013	80801	27254	3842	23818	1321	2046	21709
2014	81258	27860	3808	23860	1312	1486	22085

9—3 在校学生数
Number of Students

单位:万人 (10000 persons)

年 份 Year	合 计 Total	高等学校 Institutions of Highter Education	中等专业学校 Specializde Secondary Schools	普通中学 Regular Secondary Schools	职业中学 Vocational Schools	技工学校 Secondary Technical Schools	小 学 Primary Schools
1952	54.62	1.14	1.34	4.69			47.45
1957	69.59	1.71	2.24	12.25			53.39
1962	88.35	2.81	1.32	13.54			70.68
1965	115.33	1.78	1.46	20.46			91.63
1970	137.37	0.38	0.1	43.95			92.94
1975	141.26	1.11	0.65	57.98			81.52
1978	132.54	2.03	0.81	63.22			66.48
1980	116.06	2.85	1	46.37	0.28	2.17	63.39
1985	96.82	4.18	1.68	31.23	2.17	1.17	56.39
1986	101.58	4.77	2.04	32.61	3.28	1.55	57.33
1987	101.9	4.92	2.32	31.18	3.41	1.64	58.43
1988	103.75	5.85	2.57	29.11	3.8	1.55	60.87
1989	105.35	5.72	2.6	27.41	3.84	1.53	64.25
1990	106.18	5.78	2.44	28.01	2.8	1.45	65.57
1991	106.41	5.92	2.45	30.38	2.7	1.44	63.4
1992	108.37	6.33	2.69	32.92	2.83	1.74	61.7
1993	108.87	6.76	3.04	33.26	3.11	1.87	60.68
1994	111.79	7.61	3.3	34.13	3.95	2.16	60.44
1995	114.49	8.81	3.71	35.63	4.73	1.9	59.55
1996	115.10	8.98	3.85	35.71	5.25	1.81	59.35
1997	115.03	9.19	3.95	34.1	5.99	1.55	60.1
1998	113.38	9.59	3.97	32.57	6.63	1.24	59.23
1999	112.12	10.91	3.95	33.42	6.72	1.03	55.93
2000	113.48	13.97	3.71	36.49	5.67	0.97	52.54
2001	113.99	16.77	3.79	38.75	5.12	0.91	48.43
2002	113.54	20.23	1.6	39.29	5.52	0.93	45.78
2003	129.91	35.16	5.46	38.94	5.69	1.33	43.17
2004	135.02	38.6	8.66	38.1	6.25	1.49	41.77
2005	133.76	43.24	5.78	37.22	5.86	1.77	39.74
2006	133.04	45.61	5.82	36.28	5.57	1.81	37.81
2007	127.42	42.02	5.58	34.93	5.26	1.46	36.39
2008	126.55	42.92	6.47	33.42	4.17	1.71	35.63
2009	122.30	43.54	7.13	31.63	3.21	1.96	34.27
2010	119.37	42.85	7.50	30.22	2.2	2.4	33.78
2011	121.14	45.71	7.12	29.02	2.16	2.45	34.26
2012	119.83	45.85	6.70	28.16	2.07	2.28	34.37
2013	120.03	47.57	5.74	27.25	2.10	2.50	34.47
2014	120.69	48.31	5.13	27.52	1.99	2.21	35.11

9—4 各类学校毕业生数
Number of Graduates

单位:人 (person)

年份 Year	合计 Total	高等学校 Institutions of Highter Education	中等专业学校 Specializde Secondary Schools	普通中学 Regular Secondary Schools	职业中学 Vocational Schools	技工学校 Secondary Technical Schools	小学 Primary Schools
1980	370563	3960	1863	248745		2394	112823
1985	201168	7160	4245	85095	5047	4813	94156
1990	209420	15629	8293	87316	8346	4485	85140
1995	273662	19869	9050	109834	10319	9778	114609
1996	236019	24557	9192	86467	13916	6506	95111
1997	254420	24090	9563	113397	16354	7733	83023
1998	266049	23452	10512	120606	18745	5802	86685
1999	264571	23705	10789	107561	17195	5346	99975
2000	269752	23551	9619	97953	25769	3123	109518
2001	271328	26413	9087	103424	22408	3074	106658
2002	274188	33231	10423	118056	17536	2592	92122
2003	313895	73804	13514	127278	16618	3204	79265
2004	347418	91386	30060	127782	16086	3552	78291
2005	523406	100424	21379	126222	19886	5330	77078
2006	350156	106576	17274	125129	18055	5481	77432
2007	346035	119269	19240	117579	16899	6674	66672
2008	348551	119175	17117	115242	15570	7040	65761
2009	349546	125736	19296	116806	16210	8129	61952
2010	339456	130736	18827	105937	15167	9322	59206
2011	328563	129345	24478	102857	6518	8103	56683
2012	320474	125059	23005	98521	7191	8884	57293
2013	313635	127170	22759	93184	5704	7412	56817
2014	296226	133705	17316	88065	6228	7653	42562

9—5 卫生事业基本情况
Basic Status of Public Health

年份 Year	医疗卫生机构数(个) Number of Health Institutions (unit)	医院 Hospitals	门诊部(所) Clinics	医疗床位(张) Number of Beds (unit)	医院 Hospitals	卫生技术人员(人) Medical Technical Personnel (person)	医生 Doctors
1985	1648	251	1224	26578	24881	43849	14452
1990	1753	332	1290	37390	36015	52714	20350
1995	1380	374	857	38818	37344	55332	21964
2000	738	368	243	36116	34893	47943	20656
2001	731	362	246	35759	32555	47672	20772
2002	688	367	180	33495	32498	43637	18290
2003	682	329	177	33905	32148	43726	18678
2004	669	363	174	33588	32472	42870	18122
2005	635	196	146	34033	29618	42109	17329
2006	660	211	156	35377	31129	44784	18414
2007	1856	191	136	34731	30863	48835	19700
2008	1767	183	122	35053	31130	48736	19643
2009	1771	179	118	37528	33575	49699	20303
2010	1752	180	122	42822	38701	52327	20859
2011	1814	181	140	44634	40265	54636	22002
2012	1892	191	155	50933	46259	57989	22699
2013	2106	199	157	53515	48661	59360	23392
2014	2174	207	154	55775	51002	60981	23815

注:2007 年开始,卫生统计口径调整。
Note:Data on index had adjused Since 2007.

9—6 文化事业基本情况
Basic Conditions of Culture

单位:个 (unit)

年份 Year	电影放映单位(影剧院) Film Projecting (Theater)	艺术表演团体 Art Performance Troupes	图书馆 Libraries	文化馆 Cultural Centers	博物馆 Museums	广播电台(座) Broadcasting Stations	电视台(座) Television Stations	图书馆藏书(万册) Collections of Libraries (10000 volume)
1990	55	17	18	16	4	2	2	529
1995	54	14	20	16	4	2	2	627
2000	29	12	20	16	5	2	2	685
2001	29	13	20	16	5	2	2	702
2002	29	13	20	16	5	2	2	740
2003	14	12	20	16	5	2	2	731
2004	14	12	20	16	5	2	2	731
2005	12	12	20	15	5	2	2	806
2006	40	12	21	15	5	2	2	839
2007	58	13	21	16	6	2	2	894
2008	59	15	21	16	6	2	2	945
2009	52	14	21	16	6	2	2	1021
2010	30	11	21	16	6	2	2	1089
2011	36	11	21	16	8	2		1134
2012	42	11	21	16	8	1		1300
2013	45	11	21	16	9	1		1272
2014	49	11	21	24	17	1		1315

注:2005 年以前电影放映单位数为影剧院数;2010 年起,电影放映单位数、坐席数与全年发行各种影片均来源于市文广局。2011 年起,省、市两级广播电台和电视台均合并成广播电视台。2012 年,省、市广播电视台合并为辽宁广播电视台。

Note:Before 2005, the number of film playing units was the number of theatres; since 2010, the number of the film playing units, seats and every kind of videos issued through the year all came from the Culture and Broadcast Bureau. From 2011, the provinces and cities´broadcasting stations and TV stations merged into radio and television stations.

9—7 城市火灾与交通事故
Basic Statistics on Fires and Traffic Accidents

年份 Year	火灾 Fires			交通事故 Traffic Accidents		
	发生次数（次）Numbers of Fires(case)	死亡人数（人）Deaths (person)	损失折款（万元）Losses Converted into Cash (10000 yuan)	交通事故数（起）Number of Trafffic Accidents (case)	死伤人数（人）Deaths and Injuries (person)	死亡人数 Deaths
1985	164	24	719	5535	4299	280
1990	2058	23	3359	5199	2348	292
1995	2449	19	550	3732	2087	301
1996	1548	17	6000	3150	1806	232
1997	1855	45	2678	3945	2162	233
1998	2469	31	2386	4568	2164	215
1999	2457	46	2221	3889	2185	205
2000	3387	30	2049	5887	4066	705
2001	4469	38	2005	6482	5112	809
2002	4550	41	1827	4780	4612	827
2003	5246	29	1729	3365	3652	718
2004	5683	40	1641	2948	3619	698
2005	4997	28	442	2796	3601	684
2006	6474	29	493	2162	2974	622
2007	2648	18	4164	2093	2900	614
2008	1842	18	286	2005	2652	556
2009	390	5	113	1989	2661	541
2010	396	19	122.5	1825	2496	556
2011	1028	12	464.3	1614	2346	529
2012	853	9	1179.3	1291	1803	502
2013	9453	30	9086.9	1265	1867	452
2014	7488	27	5183.7	1255	1814	445

注：自1990年起，对火灾标准有修订，故统计口径不可比。
Note: Standards on fires had been revised since 1990, Therefor, statistical standards are not comparable.

10—1 城市公用设施
Urban Public Facilities

年 份 Year	自来水供水量(万立方米) Supply of Tap Water (10000 cu. m)	生活用量 For Residential Use	煤气销售量(万立方米) Total Volume of Coal Gas Sold (10000 cu. m)	生活用量 For Residential Use	液化气销售量(吨) Volume of Liquefied Petroleum Sold (ton)	年末公交营运车辆(辆) Number of Public Transpor – tation Vehicles (unit)	年末公交营运线路(条) Number of Routes	客运总量(万人次) Number of Passengers (10000 persons times)	出租汽车(辆) Number of Taxis (unit)
1985	35557	15621	19584	12002	18196	1124	69	65190	370
1990	55670	25395	27439	18746	33039	1356	75	71049	2998
1995	65518	34485	28631	22048	71828	2562	103	54640	13641
2000	59283	27000	21960	17472	64514	3217	111	80663	16609
2001	52535	22721	29326	19624	43653	3590	85	91712	16735
2002	51870	22143	26109	19766	40606	4420	102	108809	16735
2003	53803	13107	26792	19763	45506	4552	119	123626	17015
2004	59359	15548	30654	22473	44885	4751	119	114389	17118
2005	55985	13914	34626	24546	43900	4913	136	83785	17118
2006	66008	13894	21503	13475	44100	5096	142	90558	17316
2007	67940	14396	22403	14075	39564	5096	153	102489	17176
2008	67990	15060	22709	14366	38451	5192	192	110971	17334
2009	56935	16980	26594	11563	35300	5081	199	116000	17357
2010	52461	17128	31889	18081	31800	5013	202	120000	17200
2011	53490	19036	35672	18156	156000	5139	205	117894	17353
2012	56641	20785	39163	18499	156000	5232	206	113200	17844
2013	59677	22668	43042	20315	149000	5510	215	115000	17844
2014	57169	20823	47340	18577	134200	5573	223	115096	17844

注:煤气销售量 2006 年起为天然气销售量。
Note:Total volume of coal gas sold is natural gas after 2006.

10—2 城市市政工程设施及绿化
Urban Municipal Facilities and Green Areas

年 份 Year	铺装道路 Paved Roads		桥 梁(座) Bridges (unit)	立交桥 Overpass	排水管道长度(公里) Length of Sewer Pipelines (km)	路灯盏数(万盏) Number of Street Lights (10000 unit)	绿地面积(公顷) Green Areas (hectare)	建城区 Developed Area	绿化覆盖率(%) Developed Areas Covering Rate
	公 里 (km)	万平方米 (10000 sq. m)							
1985	923	853	80	7	1004	2.8	9128	2183	15
1990	1640	1423	105	14	1578	3.2	11267	3314	22.03
1995	2452	2369	130	30	1793	3.4	18210	3398	19.33
2000	3018	3117	188	47	2116	5.2	20100	4528	23.91
2001	3018	4009	191	50	2116	6.3	20512	4729	22.90
2002	3014	4009	188	51	2209	7.8	12075	6397	28.23
2003	3057	4145	197	47	2221	12.7	13851	8385	34.40
2004	3073	4448	221	52	2284	12.7	19441	9962	38.10
2005	3117	4620	179	95	2888	14.0	20718	12602	40.65
2006	2533	4323	233	75	2932	15.3	21606	11974	41.10
2007	2590	4418	268	77	3115	19.6	22549	12856	41.65
2008	2603	4544	267	77	3206	20.9	22964	13812	41.81
2009	2833	5261	273	79	3850	21.0	25994	15159	41.83
2010	2895	5706	296	81	3738	21.3	25994	15836	42.01
2011	2906	6223	296	85	3648	21.9	26686	16533	42.00
2012	3138	6648	325	92	3797	22.3	28435	17540	42.22
2013	3527	7777	337	93	3981	24.3	28461	17540	42.22
2014	3806	8413	352	95	4109	24.6	28724	17757	41.78

注:铺装道路及桥梁,2006 年口径发生变化。
Note:Statistics Standards were changed in 2006 in paved roads and bridges.

11—1 重点城市地区生产总值
Gross Domestic Products of Main Cities

单位:亿元 (100 million yuan)

城市	City	地区生产总值 Gross Domestic Product	第一产业 Primary Industry	第二产业 Secondary Industry	第三产业 Tertiary Industry
沈阳	Shenyang	7098.7	325.3	3541.4	3232
大连	Dalian	7655.6	441.8	3696.5	3517.2
长春	Changchun	5382	340.1	2862.8	2179.1
哈尔滨	Harbin	5332.7	639.8	1785.3	2907.6
南京	Nanjing	8820.8	224	3671.5	4925.3
杭州	Hangzhou	9201.2	274.4	3858.9	5067.9
宁波	Ningbo	7602.5	275.2	3935.6	3391.8
济南	Jinan	5770.6	299.1	2215.2	3256.3
青岛	Qingdao	8692.1	362.6	3882.4	4447.1
武汉	Wuhan	10069.5	350.1	4785.7	4933.8
广州	Guangzhou	16706.9	237.5	5606.4	10862.9
成都	Chengdu	10056.6	370.8	4561.1	5124.7
西安	Xi′an	5474.8	214.6	2205.4	3054.9
深圳	Shenzhen	16002	5.3	6823.1	9173.6
厦门	Xiamen	3273.5	23.7	1499.3	1750.5
北京	Beijing	21330.8	159	4545.5	16626.3
天津	Tianjin	15722.5	201.5	7765.9	7755
上海	Shanghai	23560.9	124.3	8164.8	15271.9
重庆	Chongqing	14265.4	1061	6531.9	6672.5

11—2 固定资产投资及实际利用外资
Total Investment in Fixed Assets of Main Cities and Actual Utilization of Foreign Capital

城市	City	固定资产投资额 Total Investment in Fixed Assets		实际利用外资 actual Utilization of Foreign Capital	
		亿元(100 million yuan)	增长率(%) Increases Rate(%)	亿美元(USD 100 million)	增长率(%) Increases Rate(%)
沈阳	Shenyang	6564.1	2.8	44.6	-23.2
大连	Dalian	6773.6	4.6	140	3
长春	Changchun	3924.5	15.1	10.6	13
哈尔滨	Harbin	-	12.2	27.2	20.3
南京	Nanjing	5430.8	6.6	32.9	-18.4
杭州	Hangzhou	4952.7	16.2	63.4	20.1
宁波	Ningbo	3989.5	16.6	40.3	22.9
济南	Jinan	3063.4	16.1	14.4	8.7
青岛	Qingdao	5766	16.1	60.8	10.2
武汉	Wuhan	7002.9	16.7	62	18.1
广州	Guangzhou	4889.5	14.5	51.1	6.3
成都	Chengdu	6620.4	1.8	87.6	0.1
西安	Xi′an	5904	15	37	18.3
深圳	Shenzhen	2717.4	13.6	58.1	6.2
厦门	Xiamen	1573	16.7	19.7	5.3
北京	Beijing	7562.3	7.5	90.4	6.1
天津	Tianjin	11654.1	15.1	188.7	12.1
上海	Shanghai	6016.4	6.5	181.7	8.3
重庆	Chongqing	13223.8	18	42.3	2.2

文献·法规选编

文 献

沈阳市人民政府转变职能简政放权实施意见

（2014年1月13日）

为深入贯彻党的十八大和十八届二中、三中全会精神，全面落实《中共辽宁省委辽宁省人民政府关于印发<辽宁省人民政府转变职能简政放权实施意见>的通知》（辽委发〔2013〕15号）和《辽宁省人民政府关于取消和下放一批行政职权项目的决定》（辽政发〔2013〕21号）要求，结合我市实际，现就市政府转变职能简政放权工作制定如下实施意见：

一、总体要求

（一）指导思想。以邓小平理论、"三个代表"重要思想、科学发展观为指导，围绕建立中国特色社会主义行政体制目标，与国务院和省政府职能转变、简政放权相衔接，适应沈阳经济社会发展需要，以转变政府职能为核心，大力简政放权，正确处理政府与市场、社会的关系，正确处理市政府与区、县（市）政府的关系，将该放的权放到位，该管的事管到位，优化职能配置，规范权力运行，提高行政效能，努力建设人民满意的服务型政府。

（二）基本原则。坚持应放尽放原则，充分向市场放权、向社会放权、向下级政府放权；坚持便企利民原则，努力提供优质高效便捷的审批服务；坚持权责一致原则，权力和责任一并下放，做到权责对等、财权和事权相匹配；坚持部门联动原则，涉及多个部门的职权要统筹考虑，同步放权；坚持统筹兼顾原则，同步研究取消、下放、转移、合并和加强的事项，统筹做好转变职能、简政放权、上下衔接等工作；坚持依法依规原则，在符合法律法规的前提下，确定放权内容。

（三）工作目标。坚持重点突破、整体推进，统筹考虑、分步实施，用3至5年时间，使市政府审批项目减少三分之一左右，审批环节明显优化，审批行为明显规范，行政效能明显提高，进一步激发市场主体和社会创造活力，增强经济社会发展的内生动力，实现政府职能向创造良好发展环境、提供优质公共服务、维护社会公平正义转变。

二、转变职能

（一）优化政府职能和机构设置。按照同一件事由一个部门负责的原则，最大限度地整合市政府部门相同或相似的职责；确需多个部门负责的，要明确牵头部门，建立信息共享和协调配合机制。整合食品药品安全监管职责、卫生与计划生育职责以及房屋、林地、草原、土地等不动产统一登记职责。根据职责整合情况对有关机构进行相应调整。推动建立统一的信用信息平台，逐步纳入金融、工商登记、税收缴纳、社保缴费、交通违章等信用信息。整合业务相同或相近的检验、检测和认证机构，推动此类机构与政府脱钩。按照转变职能简政放权的要求，重新界定市政府部门的主要职能，明确责任，优化各部门的内设机构设置，解决内设机构职责交叉重复、分工过细和非业务处室过多等问题。进一步从严规范和管理合署办公机构、政府派出机构、开发区管理机构、挂牌机构、议事协调机构和临时机构。

（二）规范行政权力运行。加快法治政府建设，完善依法行政各项制度，坚持用制度管权管事管人，提高政府公信力和执行力。调整完善各部门的《行政职权目录》，明确责任主体、办事依据、工作流程和办理标准，细化自由裁量权，减少环节，简化程序，限时办结。法律法规没有明确由市政府部门进行初审或审核的项目，市政府部门不得进行初审或审核；同一审批事项存在多个审批环节的，原则上取消中间环节，改由终审部门向相关部门征求意见。加强政务服务体系建设，实行网上审批，打造更为高效的政务服务平台。深入推进政务公开和政府信息公开。建立健全各项监督制度，拓宽群众监督渠道。完善行政问责制度和绩效管理制度，严格责任追究。

（三）加强和改善政府管理。该管的事必须管住管好，切实提高政府管理科学化水平。加强对投资活动中土地使用、能源消耗、污染排放等管理。加强对市场主体和市场行为的事中事后监管，着力规范市场秩序。加强对涉及民生和人民群众生命财产安全的食品安全、环境保护、安全生产等领域的监管。积极探索相对集中执法，清理整顿和整合执法监管力量，推进跨部门、跨行业综合执法，促进执法重心下移，明确行政执法层级，防止多层执法。加强社会组织登记审查，健全监管和自律制度，严格依法监管，推动社会组织完善内部治理结构。创新公共服务提供方式，凡适合市场、社会组织承担的，都可以按照规定程序以委托、承包、采购等方式交给市场和社会承担。

三、简政放权

（一）向市场放权。减少投资审批事项。按照"谁投资、谁决策、谁收益、谁承担风险"的原则，最大限度地缩小投资项目审批、核准范围，切实保障企业投资自主权。深化投资体制改革，优化用地审批流程，简化项目规划报批手续，改进环评制度，改革各类建设及验收事项管理，简化外商投资项目和企业境外投资项目核准手续。抓紧修订市政府核准投资项目目录。减少生产经营活动审批事项。按照市场主体能够自主决定、市场机制能够有效调节、行业组织能够自律管理、行政机关采用事后监督能够解决的事项不设立审批的原则，最大限度地取消地方性法规、规章设定的生产经营和产品物品的许可事项，最大限度地减少对各类机构及其活动的认定等非许可审批事项，取消没有法律法规依据的登记、年检、年审、审核、强制性备案、事前备案等行政审批或管理措施。减少资质资格许可和认定。取消不符合《中华人民共和国行政许可法》规定的资质资格许可和认定。取消市政府部门实施的，没有国家法律法规或国务院明确规定的达标、评比、评估和相关检查活动。按国家规定需要对企事业单位和个人进行水平评价的，由有关行业协会、学会具体认定。减少收费项目。清理规范各类行政事业性收费和政府基金项目，取消不合法不合理的收费项目，降低收费标准。建立健全政府非税收入管理制度，严格规范行政事业性收费审批。严格实行"收支两条线"管理。严格控制现有行政事业性收费转为经营服务性收费。改革工商登记制度。放宽登记条件，降低市场准入门槛。对按照国家法律法规和国务院决定需要取得前置许可的事项，除涉及国家安全、公民生命财产安全外，不再实行先主管部门审批、再工商登记的制度，商事主体向工商部门申请登记，取得营业执照后即可从事一般生产经营活动；对从事需要行政许可的生产经营活动，持营业执照和有关材料向主管部门申请行政许可。将注册资本实缴登记制改为认缴登记制，并放宽工商登记其他条件。

（二）向下级政府放权。向区、县（市）政府放权。凡是由区、县（市）实施更方便的，一律下放给区、县（市）政府。凡是法律法规、国务院及省政府文件规定由县级以上政府实施或直接面向基层、由县级政府就近实施更为便利的审批事项，一律交给县级政府组织实施。重点下放企业投资、外商投资、规划、国土资源、环境保护、城乡建设、人力资源、教育、医疗、民政等方面的管理权限。固定资产投资项目审批、核准中，涉及土地、规划、环评、能评等要件的审批，原则上应由与负责该项目审批、核准的投资主管部门同级的规划国土、环保等部门负责，涉及流域和区域管理特点较强以及环境敏感区的环评除外。对于投资额较小或外部性影响较弱的项目，应简化审批流程或授权下级部门履行审批程序。不再以投资额较大等因素提高审批层级。进一步完善财政转移支付制度，做好中央和省专项转移支付项目下放的衔接工作，减少、合并市政府对区、县（市）专项转移支付项目，增加一般性转移支付规模和比例。向沈阳经济区新城新市镇等经济区放权。深入贯彻《关于进一步完善沈阳经济区管理体制若干问题的意见》（辽委办发〔2010〕23 号）精神，切实将沈阳经济区新城享有的市级经济管理权限以及沈阳经济区新市镇享有的县级经济管理权限落实到位，加快推进经济区体制机制创新。向经济发达镇政府放权。选择部分经济发达镇开展行政管理体制改革试点工作，赋予试点镇部分县级经济社会管理权限，重点下放财政、城乡建设、治安、户籍等涉及城市建设和管理的权限，增强其发展能力，探索我市推进城镇化的有效途径。

（三）向社会组织放权。按照自愿承接和竞争择优的原则，逐步将行业技术标准和规范制定、行业准入审查、资产项目评估、行业学术和技术成果推广等行业管理与技术服务事项转移给社会组织。逐步将环境影响评估、卫生评价、审计、验资等需要由专业机构、专业人员进行认定或评估的事项转移给专业中介机构实施。积极稳妥推进政府向社会组织购买服务体系建设，建立健全政府购买服务的标准、招投标和监督评估等制度，由"花钱养人"转为"花钱办事"。逐步推进行业协会商会与行政机关脱钩，强化行业自律，使其真正成为提供服务、反映诉求、规范行为的主体。引入竞争机制，探索一业多会。选择工业领域行业协会开展管理体制改革试点。重点培育、优先发展行业协会商会类、科技类、公益慈善类、城乡社区服务类社会组织。按国家规定时限，成立这些组织直接向民政部门依法申请登记，不再需要业务主管单位审查同意。

四、保障措施

（一）加强组织领导。各地区、各部门要按照市委、市政府的统一部署，切实把转变职能简政放权作为一项重要工作摆上议事日程，各地区党委、政府和各部门主要领导同志要负总责，精心设计，周密部署，抓紧研究出台本地区、本部门转变职能简政放权的方案。市编委办等牵头部门要切实担负起责任，协调解决工作中遇到的重大问题，加大工作推进力度。

（二）落实工作责任。各地区、各部门要互相支持，密切配合，上下联动，既要落实放权责任，也要落实监管责任。优先取消和下放重点领域和关键环节的审批权。对应当取消和下放但暂时不具备条件的事项，要明确提出时间表；对应当保留的事项要简化和规范审批程序，提高审批效率。取消和调整的事项要逐一制定具体监管办法，创新监管机制和监管方式。抓紧对转变职能简政放权工作涉及的地方性法规和规章进行清理和修订。

（三）搞好上下衔接。各地区、各部门要同步建立权力下放和承接的有效机制，确保各项权力放得下、接得住、用得好。对于国务院和省政府下放给地方政府的权限，市直各部门和区、县（市）政府要主动与上级职能部门搞好对接，全方位做好承接工作。对于市政府下放给区、县（市）政府的权限，市直相关部门要制定放权实施细则，区、县（市）政府要制定承接方案，切实做好平稳过渡、无缝衔接。对于国务院和省、市政府取消的行政审批事项，该放给市场和社会的，任何一级都不得截留，同时要把后续监管工作做到位，切实负起责任。

（四）强化服务指导。各部门要将转变职能简政放权作为建设服务型政府的重要措施，加大指导和服务力度，切实解决基层政府和群众反映强烈的突出问题，结合各自职责抓好任务落实，确保转变职能简政放权工作取得实效。要向社会公开政府取消、下放、转移的项目，接受社会监督。要将本实施意见确定的主要任务纳入对各地区、各部门绩效考核和领导干部年度考核内容。市政府适时派出督查组，检查各地区、各部门转变职能简政放权工作落实情况。

关于全市开展第二批党的群众路线教育实践活动的实施方案

（2014 年 2 月 14 日）

根据中央和省委的安排部署，我市第二批党的群众路线教育实践活动从 2014 年 2 月开始，到 9 月基本结束。参加单位包括各区县(市)机关及其所属单位和企事业单位,乡镇、街道和村、社区,非公有制经济组织和社会组织等基层组织。第二批教育实践活动是第一批的延伸和深化,涉及的单位和人员范围更广、领域更宽、数量更大,与群众联系更紧密,涉及的矛盾问题更具体,任务更艰巨,群众期望值更高。搞好第二批教育实践活动,直接关系到贯彻落实全面深化改革各项任务,直接关系到夯实党的基层基础、提高服务群众能力和水平,直接关系到有效解决群众反映强烈的突出问题,直接关系到推动整个教育实践活动健康有序发展,对于巩固和扩大教育实践活动成果,以作风建设的新成效把沈阳老工业基地振兴发展推向新阶段具有重要意义。现就全市开展第二批教育实践活动提出如下实施方案。

一、准确把握总体要求

开展第二批教育实践活动,要以党的十八大和十八届三中全会精神为指导,深入学习贯彻习近平总书记系列重要讲话精神,认真贯彻落实中央和省、市委有关文件规定,牢牢把握"照镜子、正衣冠、洗洗澡、治治病"的总要求,以为民务实清廉为主题,深入落实中央八项规定、《党政机关厉行节约反对浪费条例》和省、市委有关作风建设的规定,围绕全市深化改革、稳定增长、改善民生、优化环境等重点工作,坚持教育和实践两手抓两手都要硬,调动领导干部和广大群众两个积极性,打牢学习教育和查摆问题两个基础,抓住整改落实和建章立制两个关键,与第一批教育实践活动紧密衔接,突出作风建设,贯彻整风精神,聚焦"四风"着力解决突出问题,提高做好新形势下群众工作的能力,使党员、干部思想认识进一步提高,作风进一步转变,党群干群关系进一步密切,为民务实清廉形象进一步树立,基层基础进一步夯实。

开展第二批教育实践活动,要以区县(市)领导机关、领导班子和领导干部为重点,突出抓好直接联系服务群众的执法监管部门和窗口单位、服务行业的教育实践活动,注重抓好乡镇、街道和村、社区等基层组织的教育实践活动,切实加强党员、干部马克思主义群众观点和党的群众路线教育,用合格人民公仆形象引领全市人民为振兴发展贡献力量。开展第二批教育实践活动,要充分借鉴运用第一批教育实践活动成功经验,坚持主题不变、镜头不换,坚持讲认真的态度,坚持以正面教育为主,坚持以整风精神开展批评和自我批评,坚持讲求实效,更加注重领导带头、层层示范,更加注重聚焦"四风"、解决问题,更加注重敞开大门、群众参与,更加注重分类指导、有序推进,更加注重上下协同、衔接带动,更加注重严格要求、真督实导,确保教育实践活动不散光、不跑偏、不抓空、不走过场。

二、切实明确重点任务

开展第二批教育实践活动,要抓住反对"四风"这个重点不放,集中解决区县(市)领导机关、领导班子和领导干部作风方面存在的突出问题,着力破除阻碍经济社会发展的体制机制弊端,积极回应群众的企盼要求,补精神之"钙"、除"四风"之害、祛行为之垢、立为民之制,把改进作风的要求真正落实到基层组织和"末梢神经",确保教育实践活动得到人民群众认可和支持,经得起实践和历史检验。

要以分类聚焦为前提,着力解决"四风"方面存在的突出问题。对照理论理想、党章党纪、民心民声、先辈先进,查找"四风"问题,以严的标准、严的措施、严的纪律坚决反对"四风"。反对形式主义,要着重解决工作不实的问题;反对官僚主义,要着重解决在人民群众利益上不维护、不作为的问题;反对享乐主义,要着重克服及时行乐思想和特权现象;反对奢靡之风,要着重狠刹挥霍享乐和骄奢淫逸不良风气。区县(市)领导班子和领导干部重点解决政绩观错位,搞"形象工程"、"政绩工程",不敢担当,遇到矛盾绕着走,盲目决策,换一任领导变一套思路,不讲诚信,搞"上有政策、下有对策"等问题。区县(市)直属单位重点解决庸懒散拖、推诿扯皮,工作不落实、服务不主动等问题。执法监管部门和窗口单位、服务行业重点解决门难进、脸难看、事难办,乱收费、乱罚款、乱摊派,滥用职权、吃拿卡要、执法不公等问题。乡镇(街道)领导班子和领导干部重点解决不关心群众冷暖、落实惠民政策缩水走样、在位不在岗、方法简单粗暴等问题。村(社区)等基层组织重点解决软弱涣散,服务群众意识和能力不强,办事不公等问题。国有企业重点解决盲目决策、乱铺摊子,挥霍公款、追求奢华享受,违反有关财经纪律等问题。民办高等院校要突出整治意识形态阵地意识不牢、学术不端、创新进取意识不强等问题,重点解决办学规模片面求大、专业盲目求全,师生党员政治信仰不坚定,教研活动中急功近利、学风教风浮躁,联系和服务基层师生不够等问题。

要以利民惠民为核心,着力解决关系群众切身利益的实际问题。本着尽力而为、量力而行的原则,全面落实中央和省、市委各项民生政策,解决群众关心的教育、就业、社会保障、医疗、住房等方面基本需求,解决生态环境、食品药品安全、安全生产、社会治安、执法司法、征地拆迁等方面损害群众利益的问题,解决困难群众的生产生活问题,解决与民争利的问题。畅通群众诉求表达渠道,做好矛盾纠纷排查化解工作,让群众办事更加便利、得到更多实惠,增强安全感、提高满意度,切身感受公平正义,过上幸福美好生活。

要以强化服务为关键,着力解决联系服务群众"最后一公里"的问题。加强基层服务型党组织建设,扩大党的组织覆盖和工作覆盖,建设守信念、讲奉献、有本领、重品行的基层党组织书记队伍,组织带领广大党员、干部尽心竭力为群众办好事办实事。加强和改善乡镇、街道和村、社区便民服务工作,提升服务群众的功能和水平。健全服务保障体系,建立稳定的基层组织运转和基本公共服务经费保障制度,推动人财物向基层倾斜,充分调动服务群众的积极性,让群众话有地方说、事有地方办,困难有人帮、问题有人管。

三、着力抓实三个环节工作

第二批教育实践活动采取统一部署、梯次展开、压茬进行的办法,大体安排8个月时间,具体到每个单位,开展活动时间不少于3个月。区县(市)领导机关先行一步,安排在3月上旬前启动,乡镇、街道和村、社区等基层组织依次推进,乡镇、街道安排在3月底前启动,村、社区安排在4月中旬前启动。坚持问题导向,边学边查边改,把学习教育贯穿始终,把解决问题贯穿始终,使各个环节互相衔接、相互贯通。坚持时间服从质量,结合实际统筹协调、灵活安排时间进度。

重点抓好以下三个环节：

（一）学习教育、听取意见

1.深化认识，搞好思想发动。各级党组织要开好动员大会，主要负责同志要亲自动员部署，切实把中央和省、市委要求，特别是习近平总书记在党的群众路线教育实践活动第一批总结暨第二批部署会议上的重要讲话精神，传达到每个基层党组织，使每名党员、干部充分认识开展教育实践活动的重要意义、指导思想、目标任务、基本原则和方法步骤。要围绕活动主题，贯彻活动总要求，聚焦“四风”问题主动把自己摆进去，在找病灶、查病因、祛病根中切实激发搞好教育实践活动的信心和动力，不断增强践行群众路线的思想自觉、政治自觉和行动自觉。

2.丰富内容，打牢思想基础。在认真学习《论党的群众路线———重要论述摘编》等中央规定三本书基础上，重点学习党的十八大、十八届三中全会和中纪委三次全会精神，学习习近平总书记系列重要讲话特别是在辽宁考察时的重要讲话精神，学习党的光辉历史和优良传统。紧紧围绕解决世界观、人生观、价值观这个“总开关”问题，突出抓好理想信念教育、群众观点和宗旨意识教育、党性党纪党风教育和道德规范教育、组织纪律教育，使党的群众路线在全体党员、干部中深深扎根，使践行党的根本宗旨成为党员、干部的普遍自觉，使为民务实清廉成为党员、干部的价值追求。

3.贴近实际，注重学习实效。针对参加第二批教育实践活动党员、干部层级多、工作差异性大的实际，既要在学习时间、学习内容上统一要求，又要坚持从实际出发，符合基层特点，讲求方式、注重质量，体现灵活性。注重坚持个人自学和集体学习相结合，系统学习和专题讨论相结合，正面教育和反面警示相结合，切实增强学习教育的针对性、实效性。

4.走进群众，听取意见建议。坚持开门搞活动，让群众全程参与、评价和监督。要带着真诚听意见，将“面对面”与“背靠背”相结合，通过设立意见箱、网络调查和走访调研等形式，畅通群众提意见渠道；将“个别听”与“集体谈”相结合，多进行随机走访和个别访谈；将“走进群众听”与“组织群众评”相结合，运用好群众评价结果，防止用自我感受代替群众评价。注重听取意见建议的广泛性，注意听取工作和服务对象的意见，重视来信来访等送上门的意见，用好纪检、组织、巡视、审计、信访工作渠道反映的有关情况。运用好第一批教育实践活动听取意见的经验做法，统筹做好征求意见工作，防止相互征求意见“公文旅行”、“函来函往”，防止“一窝蜂”下基层、重复征求意见。

（二）查摆问题、开展批评

1.聚焦“四风”找准突出问题。围绕为民务实清廉要求，对照党章、对照党的纪律、对照群众期盼、对照先进典型，采取群众提、自己找、上级点、互相帮、集体议等方式，查找“四风”问题具体表现，注重从关系群众切身利益的问题中查找“四风”问题。各级机关和企事业单位要对照《党政机关厉行节约反对浪费条例》以及有关规定进行检查，乡镇、村要对照《农村基层干部廉洁履行职责若干规定（试行）》进行检查。

2.剖析根源做好对照检查。区县（市）机关及其直属单位和企事业单位领导班子、班子成员，乡镇、街道领导班子、班子成员要撰写对照检查材料。对照检查材料要逐项列出“四风”问题的具体表现、典型事例，不能以工作问题代替作风问题，不能以班子问题代替个人问题，不能以笼统问题代替具体问题。对“三公”经费支出、职务消费、人情消费、公务用车、办公用房和住房、家属子女从业等情况要作出说明，从理想信念、宗旨意识、党性修养、政治纪律等方面剖析根源，明确努力方向和整改措施。主要负责同志要主持起草领导班子对照检查材料，并在一定范围征求意见。班子成员要自己动手撰写个人对照检查材料。上级党组织、党委（党组）负责同志和督导组要严格审核把关。其他设党委的基层党组织也要撰写对照检查材料。

3.以整风精神开好专题民主生活会和组织生活会。区县（市）机关及其直属单位和企事业单位领导班子，乡镇、街道领导班子要召开专题民主生活会。会前要普遍开展谈心交心，把班子和个人问题谈深谈透，消除隔阂、形成共识；会上要开展严肃认真的批评和自我批评，既揭短亮丑、动真碰硬，又实事求是、出以公心，不评功摆好、发泄私愤，真正红红脸、出出汗，达到“团结———批评———团结”的目的；会后要在一定范围通报民主生活会情况。其他基层党组织要召开组织生活会，开展民主评议党员工作，针对存在问题提出改进措施；村、社区党组织要进行对照检查。上级机关党员领导干部要参加下级单位领导班子专题民主生活会，党员领导干部要参加所在党支部组织生活会。

（三）整改落实、建章立制

1.实行以上带下联动改。围绕群众反映强烈的突出问题，从具体事抓起、从身边事做起、从群众最不满意的事改起，即知即改、立行立改。区县（市）机关及其直属单位和企事业单位领导班子，乡镇、街道领导班子要认真制定整改方案和措施，明确任务书、时间表和责任人；领导班子成员要制定个人整改措施。村、社区和非公有制经济组织和社会组织等基层组织要列出问题清单，明确整改措施。实行开门整改，向群众作出整改承诺，及时公布整改情况，请群众评价和监督。要继续抓好第一批教育实践活动整改任务的落实，以具体成效检验活动成果；把第二批教育实践活动整改的问题和需要上级帮助解决的问题衔接起来，以上带下、以下促上，确保整改落实取得成效，让群众看得见、感受得到、大多数人满意。

2.狠抓专项整治重点改。不折不扣地落实中央确定的专项整治任务，抓住群众反映最强烈的“四风”问题和损害群众利益的不正之风，以区县（市）机关及其直属单位领导班子和领导干部为重点，以贯彻落实中央八项规定为切入点，进行大排查、大检修、大扫除。要结合履职尽责和作风建设实际，确定专项整治内容，坚决整治“不担当、不负责、不作为”、“形象工程”和“政绩工程”，文山会海、检查评比泛滥，行政审批改革不到位，门难进、脸难看、事难办，违反财经纪律公款送礼、公款吃喝，超标配备公车、多占办公用房、新建滥建楼堂馆所，党政机关、事业单位人员超编和超职数配备，“三公”经费开支过大，以及拖欠群众钱款、克扣群众财物等问题，逐项进行整治。同时，各区县（市）要结合作风建设实际，确定专项整治重点，尤其要围绕拖欠群众钱款、克扣群众财物、侵占群众利益等问题，下决心一项一项整治好。

3.强化正风肃纪严格改。坚持严字当头,坚决查处发生在群众身边的不正之风和腐败问题,坚决整治特权病、冷漠病、懒散病、享乐病、挥霍病。对有问题不整改、大问题小整改、边整改边再犯的,要严肃批评教育,必要时采取组织措施和纪律措施。加强领导班子建设,严格教育管理干部,对软懒散的领导班子进行整顿;对存在一般性作风问题的干部,立足于教育提高,促其改进;对群众意见大、不能认真查摆问题、没有明显改进的干部,要进行组织调整,有重大违纪违法问题的要及时移交纪检监察机关或有关方面严肃查处。加强基层党组织建设和党员教育管理,对软弱涣散的基层党组织,进行集中整顿;对长期不起作用甚至起负作用的党员,进行严肃教育,不合格的要严肃党纪、给予组织处理。

4.健全各项制度规范改。按照于法周延、于事简便的原则,围绕解决"四风"方面突出问题,建立健全务实管用的制度规定,推动改进作风常态化长效化。注意承接好第一批活动中出台的制度和办法,使之发挥作用。健全领导干部带头改进作风、深入基层调查研究机制,完善领导干部直接联系和服务群众制度,加快行政审批制度、财务管理制度、公务接待制度、会议公文制度等方面改革,健全党务政务公开等制度。加大制度执行力度,提高党员、干部依法按制度办事意识,加强对执行制度情况的督促检查,坚决纠正有令不行、有禁不止、无视制度的问题。

四、全面深化载体活动

在着力抓好三个环节的同时,各地区各单位要结合实际,设计开展体现为民务实清廉主题、富有特色的载体活动,把"规定动作"做到位,使"自选动作"有特色。

1.深入开展"三深入三提升,做合格人民公仆"实践活动。紧紧围绕把沈阳老工业基地振兴发展推向新阶段的目标任务,按照省委开展"机关转作风、为民四服务"活动的要求,组织引导全市各级机关和党员干部深入实际、深入基层、深入群众,服务发展、服务民生、服务群众,提升效能、提升素质、提升形象,做合格人民公仆。进一步推动党员、干部走进项目、走进企业,解决问题、解决困难,深化"四进四建"活动,充分调动在职党员服务社区群众的积极性,健全党员干部直接联系群众制度、城乡基层党组织结对帮扶制度;组织广大党员、干部走村屯、进社区,做好察民情、暖民心、助民富、促民安等方面工作,在密切联系群众中改进服务水平;引导各级党组织推行服务承诺制、限时办结制、AB岗工作制等,创新服务方式,着力解决门难进、脸难看、事难办问题,倡导说老实话、办老实事、做老实人,争做讲诚信、懂规矩、守纪律的先锋表率,争当重实际、求实效、敢作为、勇担当的人民公仆。

2.扎实推进重点民生工程。进一步回应群众关切,着力办好多数人受益的事、最急需解决的事、长期起作用的事、力所能及的事,重点深化"基础教育建设工程"、"就业工程"、"保障性住房建设工程"、"社保惠民工程"、"食品药品安全工程"、"医疗服务和保障体系建设工程"、"碧水青山蓝天工程"、"农村环境治理工程"、"文化惠民工程"、"困难群众救助工程"等十大民生工程,使活动成果真正惠及人民群众。

3.深入实施基层服务型党组织建设重点项目。扎实推进基层服务型党组织建设,深化"党群共同致富"、"为民服务全程代理"、"基层党员干部素质提升计划"、"基层组织活动场所达标升级"等活动,强化服务功能,提高服务能力,在服务中发挥好党组织政治引领作用和战斗堡垒作用。开展党建工作项目化管理,促使基层党组织不断丰富服务内容,转变服务作风,提高服务本领,更好地服务改革、服务发展、服务民生、服务群众、服务党员。落实投入保障,建立稳定的基层组织运转和基本公共服务经费保障制度,切实解决基层组织活动场所和服务设施不达标、不到位的问题,确保基层党组织有资源、有能力、有场所为群众服务。各级党组织要结合实际确定基层联建重点项目,由党委书记牵头推进服务型党组织建设。

4.继续深化"共产党员工程"。按照省委开展"共产党员先锋工程"活动的要求,围绕融入中心抓党建、抓好党建促发展的工作思路,以改革的难点、发展的重点作为党建工作的着力点,打造一批"共产党员责任区"、"共产党员先锋岗"、"共产党员机台"、"共产党员突击队",发挥党组织和党员在重点工程项目、急难险重任务中的关键作用,不断深化和拓展"共产党员工程"活动内涵,使党组织成为企业发展的坚强堡垒,党员成为攻坚克难的生力军,推动深化改革和经济社会发展各项任务顺利完成。要通过科学立项、统一标识、跟踪管理等有效措施,提升主题实践活动的影响力,打造全市党建工作的重要载体和党建品牌。

五、不断加强组织领导

每名市委常委选择一个区县(市)作为第二批教育实践活动联系点,示范带动教育实践活动深入开展。区县(市)党员领导干部也要建立联系点,指导推动第二批教育实践活动。

1.加强领导,落实责任。市委对第二批教育实践活动负总责,具体研究谋划和系统设计,加强领导和指导推动。各区县(市)委承担直接责任,在抓好本级班子教育实践活动的同时,抓好本地区教育实践活动。乡镇、街道党(工)委主要抓好班子自身的教育实践活动,负责组织村、社区等基层组织和党员的教育实践活动。组织关系在我市的民办高校开展教育实践活动由市委教科工委具体负责指导。基层党组织要积极发挥作用,认真搞好本单位的教育实践活动。各级党委(党组)主要负责同志承担第一责任人的责任,切实把自己摆进去,发挥示范推动作用。要制定好活动方案,对需要解决的问题做到心中有数;对可能发生的情况和问题要进行分析预判,提出有效的预防和解决对策。对在教育实践活动中走过场的,要追究一把手的责任。要用好的作风组织开展教育实践活动,防止文山会海,力戒形式主义。

2.求真务实,督促检查。市委教育实践活动领导小组向第一批教育实践活动单位派出巡回督导组,督促检查整改落实和专项整治工作。向各区县(市)派出督导组,加强对教育实践活动的检查指导。督导组要认真审阅活动实施方案、对照检查材料、整改方案等,全程参与专题民主生活会并进行点评,督促指导各单位制定整改方案、落实整改任务、抓好建章立制,并在各环节工作中认真组织开展"回头看",及时发现和解决问题,对于那些与中央和省、市委要求不符的、工作不力的,该提醒的要及时提醒,该纠正的要坚决纠正,有效传导压力,以督导工作提升活动质量、丰富活动内涵，确保教育实践活动取得实效。

3. 区别情况，分类实施。从实际出发，针对第二批教育实践活动单位的不同特点，提出不同目标要求，明确具体任务和推进措施。区县（市）领导机关、领导班子和领导干部要紧紧抓住“四风”问题不放，在找准和解决突出问题上下功夫。区县（市）以下单位要围绕为民服务这个着力点，在增强服务意识、提高服务群众能力上见成效。非公经济组织和社会组织党组织要注重采取小型、业余、分散的方式开展活动。流动党员一般应在流入地党组织参加活动。离退休党员及年老体弱党员可采取送学上门等方式参加学习教育。软弱涣散的基层组织可先进行整顿，再开展活动。参加第一批教育实践活动的单位机构不撤，有关部门要充分发挥行业系统的指导作用，坚持联动抓整改，突出抓好专项整治，切实纠正行业不正之风。

4. 强化宣传，营造氛围。充分运用传统媒体和新兴媒体，通过新闻报道、典型宣传、言论评论、工作综述、专题专访等形式，宣传中央和省、市委有关精神，及时报道活动进展和主要成效。总结推广好经验好做法，广泛宣传先进典型，及时曝光反面典型。把握舆论引导的时机、力度和效果，发挥舆论引导作用，营造良好氛围。

5. 统筹兼顾，搞好结合。要进一步将开展教育实践活动与其他工作结合起来、协同推进，用好的作风保证各项重点任务落到实处。把开展第二批教育实践活动与巩固扩大第一批教育实践活动成果结合起来，与贯彻落实党的十八大以及中央一系列重要会议精神结合起来，与做好深化改革、稳定增长、改善民生、优化环境等四项重点工作结合起来，做到无缝对接、互相促进，以实际成果体现教育实践活动的具体成效。

中共沈阳市委关于开展向“李志强班”学习活动的决定

（2014 年 4 月 25 日）

李志强同志是中航工业沈阳黎明航空发动机（集团）有限责任公司发动机装配厂总装工段装配班班长、中航工业首席技能专家，共产党员。他所带领的团队，在航空发动机装配技术领域达到了国内顶尖水平，为国防现代化建设和航空工业发展作出了重大贡献，被中航工业集团公司命名为“李志强班”。

多年来，这支被誉为“装配铁军”的团队不畏挑战、迎难而上，相继攻克了国家重点型号航空发动机装配关键技术，首创航空发动机装配“倒班操作法”，实现工艺创新 126 项，自行研制工装工具 312 件，创造了 99 天完成全年装配发动机任务的全行业最高纪录。李志强同志先后被评为沈阳市劳动模范、辽宁省劳动模范并荣获全国五一劳动奖章，“李志强班”先后荣获沈阳市先进集体、辽宁五一劳动奖状、全国工人先锋号和全国“最美职工”等多项荣誉。

“李志强班”的先进事迹，集中体现了以爱国主义为核心的民族精神和以改革创新为核心的时代精神，他们是新时期产业工人的优秀代表，是践行社会主义核心价值观的杰出楷模，是全市各行各业学习的榜样。学习“李志强班”的先进事迹，对于激励全市广大党员干部群众深入贯彻党的十八大、十八届三中全会和习近平总书记系列重要讲话精神，强化“实干促振兴、共筑中国梦”的思想自觉和行动自觉，进一步汇聚推动沈阳振兴发展的强大合力，具有十分重要的意义。为此，市委决定，在全市开展向“李志强班”学习活动。

学习“李志强班”的先进事迹，就是要学习他们志存高远、矢志报国的思想境界，怀揣理想、勇于担当，以主人翁责任感为实现中国梦而不懈奋斗；学习他们敢为人先、追求卓越的创新精神，顽强拼搏、勇攀高峰，不断创造一流工作业绩；学习他们锲而不舍、刻苦钻研的实干作风，勤奋学习、扎实工作，争当知识型技术型创新型人才；学习他们凝心聚力、和谐共进的团队意识，密切协作、攻坚克难，同心同德地把各项工作不断推向前进。

全市各地区、各部门、各单位要迅速行动起来，精心组织好、开展好向“李志强班”学习活动，切实将学习活动与开展党的群众路线教育实践活动结合起来，与培育践行社会主义核心价值观结合进来，与做好深化改革、稳定增长、改善民生、优化环境等重点工作结合起来，充分发挥先进典型的激励和导向作用。各级宣传部门和新闻媒体要采取多种形式，广泛宣传“李志强班”的先进事迹，大力弘扬劳模精神和工人阶级优秀品质，引导全市广大党员干部群众进一步焕发劳动热情、释放创造潜能，开拓进取，拼搏实干，为把沈阳老工业基地振兴发展推向新阶段作出新的更大的贡献。

中共沈阳市委关于认真学习贯彻习近平总书记提出的“三严三实”要求进一步加强干部队伍建设的通知

（2014 年 6 月 4 日）

一、深刻领会，充分认识“三严三实”要求对加强干部队伍建设的重大意义

党的十八大以来，习近平总书记着眼于党和国家事业发展全局，高度重视干部队伍建设，提出了一系列新思想新论断新要求。特别是就深入推进作风建设提出的“三严三实”要求，与在全国组织工作会议上阐述的新时期好干部“信念坚定、为民服务、勤政务实、敢于担当、清正廉洁”五条标准，构成了一个相互贯通、有机统一的整体，进一步丰富和发展了党的干部队伍建设思想，阐释了党的干部必须具备的基本素质和要把握的行为坐标，是对党和人民需要的好干部标准认识的深化和内涵的拓展，是对党员干部党性修养、用权观念、纪律要求、干事作风的基本要求，是新时期党员干部的修身之本、为政之道、成事之要，既是正心修身的思想守则，也是干事创业的行动准则，体现了内在自觉与外在约束的辩证统一。全市各级党组织和领导干部一定要增强学习贯彻“三严三实”要求的自觉性和主动性，以强烈的政治责任感，全面加强干部队伍建设，强化党性修养，推动作风改进，从严管理监督，务实干事创业，培养造就党和人民事业需要的高素质干部队伍。

二、认真学习，切实加强干部“三严

三实”思想教育

要坚持把“三严三实”要求作为干部经常性学习教育的重要内容，纳入到学习习近平总书记系列重要讲话之中，并着力做到四个结合：

一是与正在开展的党的群众路线教育实践活动相结合。全市参加第一批活动的单位要对照“三严三实”要求开展深入整改“回头看”，第二批活动单位要把“三严三实”要求融入到活动的各个环节，使党员干部真正掌握、自觉践行。在查摆剖析问题中，引导党员干部自觉对照“三严三实”要求照镜子，对不符合的突出问题要勇于开展批评和自我批评，明确努力方向，以党性的增强、作风的改进祛行为之垢、治“四风”之疾，确保活动取得更好成效。

二是与加强“讲诚信、懂规矩、守纪律”教育相结合。“三严三实”要求与习近平总书记来辽宁视察时提出的“讲诚信、懂规矩、守纪律”要求相互贯通、有机统一，是对干部党性修养、行为准则、政德品行、纪律作风的基本要求。要把两个方面教育结合起来，纳入我市干部培训“五大教育”（信仰教育、忠诚教育、敬畏教育、廉耻教育、智慧教育）之中，真正解决领导干部在党性修养、理想信念、能力建设、作风养成、廉洁自律等方面存在的问题，使“三严三实”成为党员干部的思想自觉和行动自觉。

三是与贯彻落实全国组织工作会议精神相结合。在全国组织工作会议上，习近平总书记对做好新形势下党的干部工作提出了新要求，明确了新时期的好干部标准，强调要培养选拔党和人民需要的好干部。“三严三实”要求是好干部标准的直接体现，要密切联系实际落实到好干部的发现识别、培养教育、选拔使用的全过程。同时，要按照“三严三实”要求探索干部制度改革，进一步管好干部、从严治吏，努力形成系统完备、科学规范、有效管用、简便易行的选人用人机制。

四是与学习宣传贯彻《党政领导干部选拔任用工作条例》相结合。各级党委（党组）及组织人事部门在抓好《党政领导干部选拔任用工作条例》学习培训过程中，要教育引导各级党员干部深刻理解、全面领会“三严三实”要求，明确按什么标准选人，知晓用什么办法选人，及时发现、合理使用好干部。

三、树立导向，引导干部自觉践行“三严三实”要求

要正确认识和处理干部制度改革中出现的新情况、新问题，紧密联系干部工作实际，认真总结，深入研究，不断改进，积极探索建立科学有效的选人用人机制。

一要严格坚持干部标准。切实把“三严三实”要求与党一贯坚持的用人标准相结合，体现到德才兼备、以德为先的原则之中，落实到党和人民需要的好干部标准之中。要注重选用严以修身，坚定理论理想，坚定马克思主义信仰和中国特色社会主义信念，补足钙、站得稳、立得住的人；注重选用严以用权，牢记党的性质和宗旨，坚持公权为民，有担当意识和担当精神，敢于为党和人民高度负责、勇于担当的人；注重选用严以律己，敬畏人民、敬畏法律、敬畏历史，公私分明、克己奉公、操守自持的人；注重选用谋事实、干事实、做人实，以诚为本、以实为根，在改革发展的实践中干在实处、走在前列的人。要注重到全面深化改革的主战场去了解、考核和识别干部，把那些想改革、谋改革、善改革的干部用起来。对于不能做到“三严三实”的干部，要严肃批评教育，违反规定和纪律的要严肃处理，牢牢坚持正确用人导向。

二要认真贯彻执行《党政领导干部选拔任用工作条例》。各级党委（党组）及组织人事部门要严格按照《党政领导干部选拔任用工作条例》规定的原则、标准、程序和纪律办事，认真执行中央和省、市委出台的干部选拔任用政策规定，确保把符合“三严三实”要求的好干部选拔出来。要把党管干部原则贯穿于干部选拔任用的全过程，发挥党组织的领导和把关作用，大胆使用“三严三实”的干部，为党性好、秉公用权、一身正气、敢抓敢管、务实干事的人撑腰。

三要强化干部选拔任用监督检查。要纯洁选人用人风气，使符合“三严三实”要求的干部得到合理使用。切实加强对干部选拔任用工作的全过程监督，加大对选人用人不正之风的整治力度，坚决治理跑官要官、拉票贿选等问题，狠刹为了个人升迁到处托人说情打招呼的歪风邪气。要加强群众监督、媒体监督，严肃查处违反规定的人和事，以铁的纪律和优良作风进一步匡正选人用人风气。

四要进一步从严管理干部。各级党委（党组）要切实履行好从严管理干部的职责，将抓学习贯彻“三严三实”要求的实际成效列入年度干部工作“一报告三评议”的重要内容。要对照“三严三实”要求，突出党性教育和作风养成教育，教育干部坚定理想信念，严守党的纪律特别是政治纪律。要严格管理监督干部，建立健全强化预防、及时发现、严肃纠正的工作机制。加强对不胜任、不称职干部的组织调整，认真执行干部问责制度。

全市各级党委（党组）及组织人事部门要切实加强领导，精心组织，统筹安排，加强宣传，真正把“三严三实”要求贯穿到干部教育、考核、选拔、监督等各个方面，及时总结推广先进典型经验，引导全市广大党员干部特别是领导干部模范践行“三严三实”要求，努力建设高素质的干部队伍，为把沈阳老工业基地振兴发展推向新阶段提供坚强的干部保证。

中共沈阳市委沈阳市人民政府贯彻落实《中共中央国务院关于全面深化农村改革加快推进农业现代化的若干意见》的实施意见

（2014年7月10日）

为深入贯彻落实党的十八届三中全会和《中共中央国务院关于全面深化农村改革加快推进农业现代化的若干意见》（中发〔2014〕1号）精神，结合我市实际，制定如下实施意见。

一、深化农村土地制度改革

（一）稳妥推进农村土地确权登记颁证。推进集体建设用地使用权、宅基地使用权、土地承包经营权等确权登记和颁证。统筹推进农村集体土地确权登记颁证工作，年底前完成宅基地权属调查；2015年年底前，基本完成农村集体建设用地使用权、宅基地使用权确权登记颁证。加快农村土地承包经营权确权登记颁证工作，在全市10个乡镇开展试

点工作，所需经费纳入市、县财政预算；到2017年，基本完成全市农村土地承包经营权确权登记颁证工作。巩固和完善林地确权登记颁证工作成果，完成集体林权主体改革。开展水资源使用权确权登记和河湖水域岸线登记，核实界定水利工程保护范围。

（二）探索土地有序流转新机制。在充分尊重农民意愿的基础上，长期稳定农村土地承包关系，探索农村土地承包经营权的具体实现形式。完善农村土地承包经营权流转实施办法，规范流转程序。制定土地承包经营权流转支持政策，优先安排高效节水灌溉、农业综合开发、农田基本建设、土地整理等项目，鼓励新型农业经营主体实现规模化经营。支持开展农户土地承包经营权抵押试点。探索研究工商企业流转农用地风险保障金制度，制定管理办法和支付标准及方式。严禁农用地流转非农化，建立土地流转准入、评估和监督制度。按照上级有关要求，逐步探索推进征地制度改革，提高农民在土地增值收益中的分配比例，合理保障被征地农民的住房、社保、就业培训等权益。缩小征地范围，除城镇建设用地外的非公益性用地只转不征，保护农民对土地资源的资产收益权。建立城乡统一的用地市场，在符合规划和用途管制的前提下，积极申报改革试点，探索推进农村集体经营性建设用地通过出让、租赁、入股等多种方式有偿使用和流转，与国有土地同等入市、同权同价。

（三）探索推进宅基地制度改革。积极争取国家、省支持，开展宅基地流转、抵押、担保、融资试点。探索建立农村宅基地自愿有偿退出机制，制定多样化补偿方式和合理补偿标准，依法保障农户宅基地用益物权。探索县域范围内置换和流转其他农村集体经济组织宅基地制度。继续完善城乡建设用地增减挂钩试点工作，扎实推进试点项目拆迁复垦指标归还工作。

（四）开展土地制度综合改革试点。对于需国家、省支持的事项，要积极争取先行试点权；对于国家明确允许的事项，要积极开展试点，及时总结推广经验。各涉农区、县（市）要按照探索创新、先行先试、封闭运行、风险可控的原则，选择基础好、条件成熟的乡镇（街道）、村开展土地制度综合改革试点，科学制定试点方案，力争实现突破。积极探索建立农村土地承包经营权、农村集体建设用地和宅基地用益物权流转等制度，加快建立农村集体“三资”经营管理制度。在涉农区、县（市）开展土地集体经营、企业经营、股份经营、多元经营、委托经营、合作经营、家庭经营和承包经营权流转规范化管理及服务“7+1”改革试点。

（五）加快推进农村综合产权交易市场建设。整合现有资源，依托成熟的产权交易机构和农村土地流转有形市场，建设运作规范、高效的市、区县（市）、乡镇（街道）三级农村权益流转市场。逐步建立农村权益交易体系，包括农村土地承包经营权和农村集体建设用地、宅基地、“四荒地”、大型农用设施使用权的交易，农村集体和农业生产领域相关企业股权的托管、融资及转让，农村水权、林权、其他生态权益的补偿及交易，其他依法可以交易的与农村集体和农业生产要素相关的产权、物权、债权、知识产权的交易，以及政策信息咨询等。成立农村综合产权交易市场监管委员会，出台相关指导意见，以及确权和评估等配套政策、细则和操作办法。农村综合产权交易市场争取在年底前启动。

二、加快构建新型农业经营体系

（六）建设新型农业经营体系。坚持以农民为主体，按照市场引导、分类推进、政府扶持的原则，大力培育和壮大新型农业经营主体，积极发展适度规模经营，逐步形成以家庭承包经营为基础，专业大户、家庭农场、农民合作社、农业产业化龙头企业为骨干，其他组织形式为补充的新型农业经营体系。到2015年，力争新型农业经营主体经营面积占承包耕地的25%以上；到2017年，新型农业经营主体经营面积占承包耕地的45%以上，基本建成集约化、专业化、组织化、社会化相结合的新型农业经营体系。

（七）积极培育专业大户和家庭农场。支持和引导懂技术、能经营的农民、农村实用人才、农村致富带头人通过土地流转、技术服务等多种方式实现规模经营，发展成为专业大户。继续做好种粮大户试点工作。鼓励生产规模较大、资金实力较强、符合登记条件的专业大户申领营业执照，注册成立家庭农场。支持引导大学毕业生、个体工商户、农村经纪人、农业科技人员以技术和资金入股家庭农场，实现农业创业。专业大户经营规模一般不低于500亩，家庭农场不低于150亩（近郊70亩以上）。建立家庭农场名录制度，制定支持家庭农场发展的政策措施，积极开展示范家庭农场创建活动，引导家庭农场按照现代企业制度规范运行。

（八）鼓励农民专业合作社提档升级。财政项目资金可直接投向符合条件的合作社，允许财政补助形成的资产转交合作社持有和管护，形成的经营性资产量化到社员。完善示范性农民专业合作组织创建标准，以评促建，开展农民专业合作社2A级、3A级评定，创新评定4A级示范社和5A级联合社，争创国家级示范社。提高农民专业合作社运行质量，建设一批规范化运营、标准化生产、品牌化经营、合理化分配的农民专业合作社示范社。支持农民专业合作社发展农产品加工、流通等产业，以及与农业服务业相关产业。开展农民专业合作社联合社试点，依托优势产业，打造一批农民合作社联合社，发挥龙头作用，扩大产销对接，提升生产经营、市场开拓和组织带动能力，进一步提高产业集中度和组织化水平。探索开展农民专业合作社信用体系、资金互助体系建设。积极探索发展土地股份合作社试点，将承包经营权、集体建设用地使用权作价入股，并制定和完善相关制度。

（九）支持农业产业化龙头企业做优做强。推进实施《沈阳市农产品加工业发展规划（2013—2017年）》，围绕乳品、畜禽、粮油、饲料、果蔬和现代种业等领域，继续引进、培育农业产业化龙头企业。支持辉山乳业集团全产业链建设，加快建设世界级乳品企业。支持龙头企业开展技术创新和改造，加强品牌建设。支持农业龙头企业通过兼并、重组、收购、控股等方式，组建大型企业集团。重点培育一批产业关联度大、产品附加值高、市场竞争力强、辐射能力广的行业领军龙头企业或企业集团。支持有条件的农业产业化龙头企业上市。支持农民合作社（专业大户、家庭农场）与龙头企业紧密对接，鼓励龙头企业领办农民合作社，推行“公司+合作社（专业大户、家庭农场）”经营模式，建立股份分红等利益深度融合联结机制，实现共赢发展。

（十）加快农业社会化服务体系建设。加快构建政府公益性机构、合作经济组织、农业产业化龙头企业、其他社会力量等参与的主体多元、竞争充分的社会化服务体系，推行合作式、订单式、托管式服务。开展新型农业社会化服务体系建设示范试点。将农村气象灾害防御工作纳入政府公共服务体系。巩固基层农技推广体系建设成果，加强基层农技推广站队伍建设，切实履行农技推广、动植物疫病防控和农产品质量监管等职能。探索政府购买服务的竞争机制，支持具有资质的经营性服务组织从事农业公益性服务，提供低成本服务。扶持发展农民用水合作组织、防汛抗旱专业队等。鼓励种养大户、经纪人等农村能人领办、创办各类专业化服务组织，支持其从事农业社会化服务。支持各类专业化服务组织开展农业生产性全程服务和专业化服务。支持农业产业化龙头企业、供销合作社在农产品加工仓储、农业生产资料供应和市场建设中发挥骨干作用，做好农业产前、产后服务。支持供销合作社深化改革，鼓励开展改革试点。加强农业信息服务体系建设。

三、推进农村集体经济转型升级

（十一）积极稳妥推进村级股份制改革。坚持依法依规、民主决策、一村一策、分类指导的原则，平稳有序推进全市村级股份制改革。各地区选择不同类型村积极稳妥开展股份制改革试点，积极推进产业基础好、耕地资源丰富、稳定收入来源较多、农民发展愿望强烈的村开展股份合作制改革，组建村股份合作社，建立符合市场规律的集体资产管理体制、经营机制和分配方式。支持条件成熟的股份经济合作社发展成为具有法人治理结构的股份公司，建立现代企业制度。开发建立农村股权管理系统，探索建立健全集体经济组织股权登记、流转、分配、抵押、担保等制度体系、配套政策和保障措施。赋予农民对集体资产股份占有、收益及抵押、担保的权益，建立村股份合作分红机制。在全市选择3—5个村开展集体产权股份制改革试点，总结经验，完善相关配套措施，力争在全市范围内开展。到2017年，符合条件的村基本完成股份制改革。

（十二）发展壮大村集体经济。加大公共财政对农村集体经济发展支持力度，优化支持方向，提升村集体经济内在增长潜力，建立健全村集体经济积累机制。盘活农村资源资产，完善贷款贴息、风险补偿等配套政策，推动农村产权抵押融资，选择3—5个村开展试点。大力发展产业经济，支持设施农业、特色农业、畜牧养殖业、农产品加工业等加快发展，充分利用集体所有农业生态等资源，积极发展“农家乐”等休闲旅游业。有条件的村可将土地、物业或自有资金通过入股、合资、合作、信托等多种方式，以参与建设标准化厂房、商贸市场和酒店商铺等形式获取稳定收益。可在确保资金安全的前提下，盘活集体经济土地补偿资金，通过购买物业、债券、信托、参股等实现保值增值。郊区产业发达的村可通过提供仓储、物业服务等方式实现增收创收。

（十三）创新农村集体“三资”管理运营机制。进一步理顺市、区县（市）农村集体“三资”管理体制，加快推进“三资”确权量化。开展清理核实农村集体“三资”试点，摸清村集体所有的“三资”存量、结构、分布和使用效益等情况，做到底数清、账目明、账实相符，逐步推进集体资产确权发证工作。实施“三资”网络化管理。建立完善农村集体“三资”经营收益分配办法，保障农民集体收益分配权。完善各项管理制度，进一步规范和完善村级集体经济民主决策制度，严格农村集体“三资”管理。加强村级集体经济组织建设，创新农村集体“三资”经营管理模式，有条件的地方可采取公司化运营方式，引进职业经理人和管理团队，强化经营管理，发展壮大农村集体经济。

四、创新发展现代农业

（十四）提升粮食综合生产能力。落实粮食直补、良种补贴、农资综合补贴等各项强农惠农政策，确保政策执行规范透明、补贴资金及时足额兑现。稳定粮食生产面积，确保粮食综合生产能力达到350万吨以上。加强耕地质量建设，积极推进保护性耕作，推广综合措施培肥地力。进一步提高粮食生产机械化水平，创新农机购置补贴方式，主要粮食作物生产机具补贴实行普惠制。推广粮食生产新品种、新技术，实现玉米全域绿色防控，建立水稻生产安全优质技术体系，保证粮食作物品质安全。继续扩大大田作物保险覆盖面，到2017年，全市农业保险面积达到800万亩以上。严格落实国家粮食收购政策，适时启动最低收购价和临时收储等政策性收购。开展大豆目标价格补贴试点。

（十五）加快发展都市现代农业。加快建设蒲河生态经济带、沈康现代农业示范带、环城都市农业产业带，推进一批产业基地、重点项目和示范工程建设，努力建设具有沈阳特色的都市现代农业。发展高端精品农业，重点建设一批设施化、智能化水平一流的全国高端精品农产品生产基地（园区）。发展高效特色农业，全面提升蔬菜、畜禽、渔业等高效特色主导产业，实施“一乡一业”、“一县一业”提升工程，打造高效特色农产品“沈阳品牌”，特色农业种植规模保持在300万亩以上。发展高产生态农业，重点实施沈康现代农业示范带、高产粮食示范带、城市景观田生态产业带、循环农业体系、农产品质量安全体系和林业生态带等高产生态工程建设。发展休闲观光农业，实施休闲庄园、农园和“农家乐”专业村提档升级工程，建成7条农业休闲观光精品线路。开展循环农业示范市建设。到2017年，都市现代农业综合水平进一步提升，农林牧渔业总产值力争达到1000亿元，农民年人均纯收入力争突破2万元。

（十六）提高农业科技创新和推广能力。积极扶持种业科技创新，开展关键技术攻关，加强种质资源收集、保护、鉴定，创新育种理论方法和技术支持，推进现代种业科技创新联盟建设。鼓励科研单位与农业科技企业、专业大户、家庭农场、农民专业合作社等经营单位合作，推广新品种、新技术，加强精准生产、标准化生产和食品安全等技术的集成应用。继续实施农业科技共建项目。深入实施科技特派员示范工程，推动科技资源向农业生产一线流动，提高科技服务专业化水平。深入推进科技服务站建设，切实发挥作用。大力培养农村实用科技人才，着力培养一批农民科技致富带头人。

（十七）健全农产品质量安全监管体系。健全农产品质量安全责任机制，落实地方政府属地管理责任和生产经营者的主体责任。坚持“产管并重”，建立覆盖全过程的农产品安全监管制度，开展重点产品风险监测和预警。加快推进基层农产品质量安全服务体系建设，支持区县(市)农产品质量检测机构开展工作。继续实施蔬菜水果生产基地产品准出制度，完善农产品质量安全信息平台建设，建立和完善农产品溯源体系，建立不合格农产品无害化处理机制，推进市级病死动物无害化处理场建设，支持区县(市)病死动物无害化处理中心和规模饲养场无害化处理设施建设。继续强化芽菜安全监管。加强畜产品监督信息化建设，对大型养殖场、屠宰加工企业、农贸市场等实行全程监管。积极开展农产品质量安全示范县、园艺作物标准园和畜禽规模化养殖、水产健康养殖示范场创建活动。新增30家农产品追溯试点单位。建立农资追溯体系，开展20家农资经销店农药登记备案试点，重点加强对高毒农药和烟剂的备案。加强对兽药、饲料的监测，确保兽药经营企业抽检率达70%以上。

(十八)健全水利管护机制。加大水利建设投入，落实土地出让收益计提农田水利资金政策。开展农田水利设施产权制度改革和创新运行管护机制试点，增加农村水利工程维修养护专项资金投入，落实小型水利工程管护主体、责任和经费。深入开展水利工程质量规范年活动，强化河道堤防、农田水利等工程建后管理，保证工程良性运行。加强基层水利管护队伍建设，充分发挥基层水利服务站作用，做好工程移交和管护，确保长期发挥效益。集中治理我市粮食主产区、设施农业区的6个重点涝片，控制易涝耕地面积45万亩。制定排水站3年改造方案，力争将新民市、辽中县泵站群改造项目纳入国家大型泵站群改造规划。实施新民浑蒲灌区、浑北灌区、石佛寺灌区续建配套与节水改造项目，切实提高农业灌溉用水保证率。加强小型农田水利工程建设，继续实施国家第三批小型农田水利重点县建设。继续加大农业综合开发力度，改造中低产田和建设高标准农田，提高农业综合生产能力。实行最严格的水资源管理，对农业灌溉用水实行量化管理，有效利用系数达到0.59。

(十九)加强农产品市场体系建设。重点培育1—2个全国知名的农产品批发市场，构建以农产品批发市场、大型流通企业为主体的农产品流通骨干网络，完善仓储物流、共同配送、冷链运输等基础设施建设。大力推进农产品冷链物流项目建设。制定农产品批发市场发展规划，推进农产品市场建设，改造4—8个县域农产品市场，扩展市场功能，培育带动力较强的龙头市场。支持市供销社加强农村现代流通网络和农产品批发市场建设，深化“新网工程”建设。鼓励发展涉农电子商务，积极搭建农产品电子商务平台，推动农超对接、农商对接、农企对接。大力推进低温库房建设，积极实施科学、绿色储粮。推动现代仓储管理信息系统建设，建立“数字粮库”示范企业，提高粮食储备质量。

五、提升农村金融创新服务水平

(二十)大力推进农村金融创新发展。坚持农村金融改革与促进农村工业化、信息化、城镇化和农业现代化相结合。鼓励大型银行“下乡”，引导和支持城市商业银行、股份制银行和邮政储蓄银行向城乡结合部、县域延伸服务。继续深化农村信用联社改革。继续推动土地承包经营权、林权、农机抵押贷款和农民合作社、专业大户、家庭农场贷款等多种金融工具的快速发展。鼓励和支持银行业金融机构创新涉农贷款方式，支持新型农业经营主体发展。鼓励民间资本在“一市三县”投资设立小额贷款公司，加大对“三农”贷款比例。

(二十一)支持涉农担保、保险和企业上市融资。发挥县域政策性融资担保机构作用，拓展业务范围，加大服务力度。鼓励市、区县(市)两级融资性贷款担保机构为符合条件的农户、家庭农场、农民专业合作社和农产品加工企业贷款予以担保。鼓励开展优势特色农产品保险业务，扩大种植业、林业保险范围，试点推行养殖业保险，提高抗风险能力。支持符合条件的农业企业在境内外上市融资，鼓励农业企业在“新三板”和辽宁股权交易中心挂牌融资。

六、完善城乡一体化体制机制

(二十二)加快发展县域经济。鼓励生产要素向县域倾斜，在建设用地指标分配时，优先保障农产品加工重大项目建设用地，增减挂钩周转指标主要用于县域。支持金融机构加大对县域经济服务力度，对有融资需求且符合融资条件的项目予以优先支持。支持县域工业化发展，鼓励市区工业企业向县域工业园区转移，支持县域产业集群做大做强。加快县城和新城、新市镇建设，重点支持公共服务向县域延伸。加快县域服务业集聚区建设，争创省级服务业集聚区。深化新型工业化综合改革试验，支持每个涉农区、县(市)选准1个主题进行试点。加强招商引资工作，支持重大项目落户县域，优化经济发展结构。

(二十三)推进农业转移人口市民化。按照中央、省统一部署，积极推进户籍制度改革，研究制定户籍管理配套政策。科学合理引导非农产业和农村人口向城镇转移，按照有关政策规定解决好辖区内农业转移人口在本地城镇落户问题，有序推进农业转移人口市民化。加强农村劳动力有组织转移输出管理，每个涉农区、县(市)新建劳动力转移输出基地不少于2个，重点推进乡(镇)、村规模的成建制转移输出。积极探索“二代农民工”转移就业工作，推动其平等享有城镇居民基本权益，与企业其他职工同工同酬。

(二十四)推进农村教育卫生文化体育事业发展。改善农村中小学办学条件，配强师资力量，推进城乡教育均衡发展。深入实施百所义务教育学校提升工程，项目学校重点向涉农区、县(市)倾斜，培养农村骨干教师300名。推动学前教育扩增计划向郊区和“一市三县”倾斜，到2015年年底，基本形成较为完善的县、乡、村三级学前教育网络。依托农村职业教育中心、乡镇成人教育中心校和村学习点，完善农村成人三级教育网络，支持和规范农村民办教育。深入推进文化惠民工程，鼓励文化资源向农村倾斜。统筹推进全市四级文化设施网络建设，实现“一市三县”乡镇文化站全覆盖，文化普惠工程向农村边远地区延伸。健全农村三级医疗卫生服务网络，加强全科医生培养，为乡镇卫生院培养骨干医生。加强农村公共服务基础设施建设，新建和改扩建104个农村社区服务中心和111个文体广场，完成3年改造计划。实施优生促进工程，在农村普及免费孕前优生健康检查，提供国家基本项目计划生育免费技术服务。

(二十五)健全农村社会保障体系。进一步完善城乡居民养老保险政策，尽快实现新型农村养老保险与城镇居民社会养老保险的合并实施。提高新型农村合作医疗政府补助标准,完善重大疾病和保险救助制度,提高农村合作医疗报销比例,确保新农合参合率保持在99%以上。进一步完善农村最低生活保障制度,适时调整城乡低保标准,加大农村保障标准提升幅度。加强临时救济、供暖救助、医疗救助等政策调整,逐步缩小城乡差距。

(二十六)深入推进农村扶贫开发。坚持分类指导、分类实施,增强扶贫开发工作的针对性和有效性,提高农村贫困人口自我发展能力。重点实施产业扶贫,扶持贫困地区新增高效特色产业种植面积1万亩。继续深化社会扶贫,组织100个党政机关定点帮扶贫困村,筹集帮扶资金300万元以上。实现贫困地区农民人均纯收入增长12%以上。

(二十七)加快农村基础设施和环境建设。按照城乡发展一体化的要求,科学规划农村基础设施。加强城镇与农村基础设施的对接,促进城市道路、水利、供电、供气、通讯、环保、商贸流通等基础设施向农村延伸。编制完成《沈阳市农村环境治理规划》,推进美丽乡村建设,继续推进村屯连片环境整治。启动村屯沟渠标准化建设,用3年时间对10条河道沟渠进行整治。加大农村面源污染的监测和防治力度。治理养殖专业村、养殖业密集区畜禽粪便污染问题,推进农业源减排。划定生态保护红线,夯实农村可持续发展的生态基础。改善农村公路通行条件,每年新改建、维修农村公路500公里。继续开展村内道路建设"一事一议"财政奖补工作,修建道路400公里。实施农村电网改造升级工程,提升农村配电网建设标准。加强农作物秸秆综合利用,推进农村清洁能源建设,支持10个农村沼气全程服务试点项目建设。继续开展绿化造林,完成造林40万亩。继续开展"碧水工程",对辽河、蒲河、小浑河等河流进行综合整治,实施以小流域为单元的水土流失综合治理,积极推进生态清洁小流域建设,大力开展生态修复工程。加强地表水利用,用5年时间完成全市灌排干渠水源拦蓄工程建设,加大地下水补给力度。继续支持卧龙湖保护与开发项目建设。加强农村安全饮水工程建后管理,解决18.2万农村人口饮水安全问题。加强灾害性天气预报预警体系、农村气象灾害防御体系和防火、防汛、防疫基础设施建设,强化农业防灾减灾能力。

七、强化农村深化改革组织领导

(二十八)加强组织领导。市农村工作领导小组要统筹推进全市农村改革工作,定期听取审议有关改革方案,解决工作中遇到的重大问题。领导小组办公室要强化督办工作,建立深化农村改革例会制度,对改革重点工作实行通报制度,研究制定相关政策措施,积极争取上级部门的政策支持,确保农村改革稳妥有序推进。

(二十九)落实主体责任。区、县(市)是农村改革的主体,党委主要领导是第一责任人,要切实加强领导,统筹谋划、周密设计、重点探索、大胆试验,抓紧制定改革方案并积极稳妥推进,及时总结推广经验,以重点突破带动全局发展,为全市农村改革探索经验。

(三十)落实部门责任。市直有关部门要加大支持力度,形成推动农村改革的强大合力。要加强对深化农村改革工作的政策指导、过程评估和督查督办。对于国家法律、法规和政策允许的改革事项,要加大支持力度;对于方向已明确但相关政策尚不明晰的改革事项,要积极稳妥做好各项改革准备工作,积极争取试点。

(三十一)加大财政支持。完善公共财政支农投入机制,确保财政用于"三农"的投入逐年提高,提高各项补贴精准性、指向性,提高资金的使用效率。引导金融和社会资金更多地投向农业农村。切实发挥财政资金对推动农村综合改革顺利开展的保障作用。

(三十二)加强改革宣传。宣传农村改革政策和农村改革发展取得的新成效、新经验,推广先进典型,提高农村广大干部群众的积极性、主动性和自觉性,为推进农村改革营造良好氛围。

中共沈阳市委关于进一步加强民生工作的意见

(2014年7月31日中共沈阳市委十二届九次全体会议通过)

为全面贯彻落实党的十八大和十八届三中全会精神,巩固党的群众路线教育实践活动成果,进一步加强新时期民生工作,特制定以下意见。

一、提高认识,准确把握做好新时期民生工作的总体要求

做好新时期的民生工作,是一项长期的历史任务,是一个复杂的系统工程,全市上下必须提高认识,统一思想,深刻理解和准确把握总体要求。

1. 重要意义。改善民生,是广大人民群众的迫切愿望,是巩固党的执政地位的根本基础,是推动科学发展的本质要求,是实现老工业基地全面振兴的重要任务,是检验党的群众路线教育实践活动成效的重要标志。面对新形势新要求,我们必须牢固树立"发展为要、民生为大"的理念,谋划民生工作新思路,实施民生工作新举措,不断提高广大人民群众的生活水平和生活质量。

2. 指导思想。坚持以邓小平理论、"三个代表"重要思想、科学发展观为指导,深入学习贯彻习近平总书记系列重要讲话精神,适应新形势,把握新要求,切实把保障和改善民生作为各级党委和政府一切工作的出发点和落脚点,从创新体制机制入手,统筹推进各项民生工作,着力解决人民群众最关心、最直接、最现实的利益问题,不断增强百姓福祉,提高人民群众安全感和幸福感。

3. 基本原则。一是坚持发展为要,民生为大。切实将发展作为改善民生的基础,在促发展的同时让人民群众的幸福指数逐年攀升。二是坚持立足当前,着眼长远。切实将解决好当务之急和谋划长远结合起来,确保民生工作持续推进、有序实施。三是坚持统筹兼顾,注重公平。统筹各区域、各阶层、各群体利益,促进社会公平正义。四是坚持深化改革,完善机制。将解决具体问题与完善制度紧密结合,建立健全保障和改善民生的长效机制。

4. 总体目标。到2017年,全面建成小康社会,人民生活水平全面提高,全民受教育程度和创新人才培养水平明显提高,就业更加充分,收入差距缩小,社会保障全覆盖,全面完成《沈阳市基本公共服务体系发展规划(2013—2017年)》目标。到2020年,老工业基地全面振兴,保障和改善民生的长效机制和工作体系基本确立,社会公平正义更加彰显,

人民群众普遍关注的民生问题得到更好解决，全市人民拥有更稳定的工作、更满意的收入、更可靠的社会保障、更好的教育、更高水平的医疗卫生服务、更舒适的居住条件和更优美的环境。

二、构建灵活高效的创业就业服务体系，让人民拥有更加稳定的工作

就业是民生之本，是人民群众改善生活的基本前提和根本途径。要全面贯彻劳动者自主就业、市场调节就业、政府促进就业和鼓励创业的方针，坚持以创业带动就业，努力为每一个有就业愿望的人创造就业机会，实现更高质量的就业。

1. 加大创业扶持力度。创新扶持创业的体制机制，落实鼓励创业的土地、财税、金融、工商等政策措施，减少审批事项和环节，降低创业门槛，切实减轻创业者负担。建立多层次、多类型的创业孵化基地，组织有创业意愿和潜能的城乡劳动者开展创业培训，培育创业主体。鼓励发挥各方资源优势，为大学生等创业者提供资金、场地、项目等方面援助，有效激发创业活力，形成政府激励创业、社会支持创业、劳动者勇于创业的浓厚氛围，使沈阳成为东北地区创业环境最佳城市。

2. 大力拓展就业空间。建立经济发展与扩大就业的联动机制，在制定经济发展规划、确定经济发展速度时，优先考虑扩大就业的需要，使经济健康发展的过程成为就业持续扩大的过程。通过优化产业结构、提高服务业就业比重、稳定制造业就业比重、大力发展非公有制经济，创造更多的就业岗位。通过政府投资开发公益性岗位和开展就业援助行动，帮助困难群体实现就业。

3. 完善促进就业体系。建立政府促进就业责任制度，完善就业考评体系，全市每年新增城镇就业人数保持在15万人以上，城镇登记失业率控制在4%以内。规范国有企事业单位招人用人制度，强化农民工权益保障，消除各种就业歧视和侵害劳动者利益行为。加强基层公共就业创业服务平台建设，建立高标准的人力资源市场。健全劳动者终身职业培训制度，为城乡劳动者提供更高水平的就业服务。健全就业援助制度，突出抓好高校毕业生、复转军人的就业安置工作，鼓励多种形式灵活就业，确保在全市范围内保持零就业家庭动态为零。通过统一规划、限定区域、严格管理，为城乡个体从业者提供经营便利，促进灵活就业，发挥便民利民作用。

三、构建合理有序的收入分配体系，让人民拥有更满意的收入

收入是民生之源，合理的收入分配制度事关社会公平正义。要以解决收入分配中根本性、基础性的制度问题为突破口，深化收入分配制度改革，促进城乡居民收入持续增长。

1. 多渠道增加农民收入。加快推进农业现代化、产业化进程，鼓励、支持土地向专业大户、农业专业合作社和家庭农场流转，强化专业培训，引导农村富余劳动力向城镇和非农产业有序转移，增加工资性收入。建立农村集体经营性建设用地产权流转和增值收益分配制度，稳妥推进农民住房财产权抵押、担保、转让，提高农民在土地增值中的收益，增加财产性收入。加强农业基础设施建设，认真落实强农惠农政策，加强科技、金融、信息、保险等涉农服务，确保农民持续稳定增收。到2020年，农村居民人均可支配收入力争达到3万元。

2. 提高城市居民收入水平。健全工资决定和正常增长机制，完善工资集体协商和工资指导线制度，提高劳动报酬在初次分配中的比重，努力实现劳动报酬增长和劳动生产率提高同步。完善企业和机关事业单位工资制度，深化事业单位收入分配制度改革。拓展居民财产性收入渠道，加强对投资租赁行为的服务、指导和管理，保护居民合法增收权益。到2020年，城市居民人均可支配收入达到5万元以上。

3. 缩小收入分配差距。完善收入分配调控体制机制和政策体系，严格执行最低工资保障制度，稳步提高最低工资标准。建立健全现代支付和收入监测体系，加强信息公开，调节过高收入，取缔非法收入，规范工资外收入和非税收入，有效解决同工不同酬问题。加大对低收入家庭、困难群体的救助帮扶力度，强化慈善事业扶贫济困功能，使低收入群体收入明显增加，中等收入群体持续扩大，逐步形成橄榄型分配格局。

四、构建覆盖城乡的社会保障体系，让人民拥有更可靠的社会保障

社会保障是民生之基，是社会稳定和国家长治久安的重要保证。要坚持全覆盖、保基本、多层次、可持续方针，统筹推进城乡社会保障体系建设，建立更加公平可持续的社会保障制度。

1. 完善社会保障制度。推进机关事业单位养老保险制度改革，加快城乡居民养老保险合并实施进程。推进城镇居民基本医疗保险制度与新型农村合作医疗制度整合，改革基本医疗保险付费方式，健全大病医疗保险办法，实现城乡居民在制度上的平等。完善城乡最低生活保障制度，建立动态管理机制，做到应保尽保、应退则退。加强残疾人、孤儿等特殊群体帮扶工作。大力发展慈善事业，完善社会救助体系，发展企业年金、职业年金、商业保险，构建多层次社会保障体系。

2. 扩大社会保障覆盖面。加大社会保险征缴力度，强化重点群体的扩面征缴工作，努力扩大保障范围。建立保险待遇与缴费基数、缴费年限协调机制，实现多缴多得、长缴多得。完善社会保险关系转移接续政策，健全社会保险补贴办法，推动低收入人群参保和断保人员续保，不断提高城乡养老、失业、医疗、工伤、生育保险覆盖率。

3. 提高社会保障水平。加大社会保障财政投入，强化资金使用监管，更好发挥公共财政在民生保障中的作用。建立基本养老金正常调整机制，稳步提高城乡居民养老保险待遇水平，基本养老金按时足额发放率达到100%。深化城镇职工、城镇居民医保和新农合门诊统筹改革，提高城乡居民医保门诊和住院报销比例，切实减轻患者负担。提高失业保险待遇，进一步完善城乡居民最低生活保障制度，开展急难救助工作，完善低保、五保标准与物价上涨挂钩联动机制，切实保障城乡困难群体的基本生活。

4. 加强社会养老服务体系建设。积极应对人口老龄化，加快养老院、老年公寓等老年服务基础设施建设。完善养老服务产业政策，大力发展老年护理、保健等服务产业，更好满足老年人特殊的服务保障需求。推进养老服务社会化，探索医疗机构与养老机构合作新模式，加快建成以居家养老为基础、社区养老为依托、企事业单位服务为补充、机构养老为支撑的功能完善、规模适度、覆盖城乡的养老服务体系。

五、构建优质均衡的公共教育服务体系,让人民拥有更好的教育

教育是立国安邦之本、民族振兴之基,寄托着无数家庭对提高生活质量的美好期盼。要以立德树人为导向,加强社会主义核心价值观教育,更加注重教育公平和提高教育质量,不断增强优质教育的供给能力,加快推进教育现代化进程。

1. 促进义务教育均衡化。以促进教育公平为目标,深化义务教育改革,加大政府统筹力度,推进公共教育资源向农村和贫困地区倾斜,确保每个困难家庭的学生都得到适合的教育和健康成长的环境。加快义务教育学校标准化建设,推进优质教育资源有序扩张,促进优质中小学教育资源向薄弱校区及教育落后地区流动,加快缩小城乡、区域和校际差距。坚持德育为先、能力为重,加强学生社会责任感、创新精神、实践能力和健康心理培养,促进学生德智体美全面发展。到2020年,所有学校达到办学条件标准化,全市义务教育巩固率达到99.8%。

2. 实现各类教育优质协调发展。坚持以公益性和普惠性为方向,大力发展公办幼儿园,到2020年,公办幼儿园比例达到60%以上,切实解决“入园难”、“入园贵”问题。推进办学模式和育人方式多样化、个性化,改善办学条件,提高办学标准,优质发展普通高中教育。完善市场化办学机制,深化产教融合、校企合作,推动职业教育转型升级、特色发展。加大支持力度,不断提高市属高校办学水平,引导在沈高校优化结构、办出特色,有效提升服务沈阳振兴发展的能力。

3. 强化教育发展师资保障。坚持把师德建设摆在首位,激励引导广大教师牢固树立教书育人、为人师表、爱岗敬业的职业理念,促进形成重德养德的良好风气。实施中小学名师名校长培养工程,完善教师学习培训制度,大力提高教师队伍专业化水平。建立健全教师准入、轮岗制度,建立科学的教育评价机制和完善的教师绩效考核制度,努力造就一支师德高尚、业务精湛、结构合理、充满活力的高素质专业化教师队伍。

4. 加快建设学习型社会。以提升广大市民整体素质为目标,统筹开发继续教育资源,建立教育资源开放共享机制,大力发展现代远程教育,加快教育信息化步伐,促进学校教育、家庭教育和社会教育的紧密结合,加快建成服务全体市民的终身教育体系。加强各类学习型组织建设,积极发展成人教育、老年教育和社区教育,规范发展社会培训,着力构建全民学习、终身学习的学习型社会。

六、构建均等优质的医疗服务体系,让人民拥有更高水平的医疗卫生服务医疗卫生是民生所依,是人民健康的重要保证。要坚持以保基本、强基层、建机制为重点,建立覆盖城乡的公共卫生和医疗服务体系,不断提高人民健康水平。

1. 完善公共卫生服务体系。加强疾病防控、妇幼保健等专业公共卫生服务网络建设,建立分工明确、信息互通、资源共享、协调互动的公共卫生服务机制,提高公共卫生资源利用效率,促进城乡居民享有均等化的基本公共卫生服务。完善重大疾病防控体系和突发公共卫生事件应急机制,加强城乡急救体系、卫生应急、卫生监督能力建设,为增进居民健康保驾护航。

2. 优化医疗卫生服务资源配置。按照结构合理、覆盖城乡的目标要求,构建新型城乡基层医疗卫生服务网络,鼓励社会办医,加快推进优质卫生资源向郊区县和基层转移,满足群众多层次医疗卫生需求。完善管理机制和管理程序,健全各级医疗机构间分工协作、分级诊疗制度,提高各级医疗资源使用效率,逐步实现“小病在社区,大病进医院”、“治疗在医院,康复回社区”的就医新秩序。

3. 提高基本医疗卫生服务水平。加强基层医疗机构软硬件建设,建立城乡卫生技术人员合理流动机制,大力培养和引进高层次医学人才,切实解决基层医疗人才队伍匮乏问题。允许医师多点执业,着力提升基层医疗机构服务能力。健全内部分配机制和激励机制,强化对医疗卫生机构的监督管理,确保医疗质量,提高工作效率。建立健全居民电子医疗档案,实现全生命周期的医疗卫生管理。加快推进医药卫生信息化建设,面向区域内各级医疗卫生机构和居民个人,提供便捷、高效的基本卫生信息服务。

4. 深化公立医院改革。合理调整医疗服务价格,完善政府对公立医院补偿办法,建立科学、长效、可持续的多渠道补偿机制,保证公立医院通过提供医疗服务得到合理经济补偿。以破除“以药补医”机制为关键环节,推进医药分开、政事分开、管办分开,建立合理的激励机制,最大限度调动医务人员积极性。建立现代医院管理制度,加强县级医院人才、技术、重点专科建设,完善城市医院对口合作帮扶县级医院长效机制,逐步提高县级医院就诊率。

5. 构建和谐医患关系。加强行业监管,强化医德医风建设,着力解决过度医疗问题,预防和减少医患纠纷发生。健全医疗纠纷人民调解机制,妥善处理各类医患矛盾,依法惩处涉医违法犯罪,维护正常医疗秩序,有效维护医患双方合法权益。构建良好的舆论环境,增进社会各界对医疗行业和医务工作者的理解和支持,营造尊医重医的社会氛围。

七、构建多层次的住房供应体系,让人民拥有更舒适的居住条件

安居才能乐业,住房问题是群众最关切的热点问题。要以解决低收入家庭住房问题为重点,以不断提高人民群众居住水平为目标,建立覆盖城乡的多样化的住房供应体系。

1. 提高住房基本保障水平。推进住房保障制度改革,建立以公共租赁住房为主要形式的住房保障模式。以增强针对性、有效性、公平性为重点,创新保障性住房建设、分配、管理、退出的有效方式,建设更加完善的保障房供应体系,切实让困难群众和来沈创业的大学生住有所居。完善住房公积金制度,改进住房公积金提取、使用、监管机制,着力提高住房公积金使用效率。严格落实国家房屋征收政策,加大城市零星棚户区、危旧房改造力度,改善居民居住条件。

2. 确保商品房有效供给。优化土地出让政策,完善商品房供应体系,调整商品房供应结构,优先保障中小户型、中低价位普通商品住房市场供应,满足多层次住房需求。建立健全经济、适用、环保、安全的住房标准体系,加强房屋质量监管,逐步提高装配式住宅和住宅全装修比例,全面提升房屋品质。统筹推进新建住宅小区基础设施和配套设施建设,合理配置优质教育、文化、医疗等公共资源,促进人口聚集,保持房地产市场健康稳定发展。

3. 提升住宅区服务管理水平。完善

物业管理法规体系，整顿优化物业服务市场，着力提升物业管理水平。加强非物业小区动态管理，健全长效管理机制，大力改善居民生活条件。加强旧住宅小区、新建小区超市、金融、家政等服务网点建设，努力为居民提供方便快捷、质优价廉的生活服务。加强老旧小区改造，深入实施"暖房子"工程，让居民住得舒适、温暖。充分发挥社区作用，建立社区服务群众专项资金并逐步增加投入，健全"先解决问题、后明确责任"的公用设施维修机制，最大限度方便百姓，提高服务管理效率。

八、构建良好的生活服务和保障体系，让人民拥有更优美的环境

环境是生存之本，是人民群众最基本的生活需要。要切实加强公共安全，促进公平正义，不断提升生态文明理念，加强城乡生态建设和环境整治，努力打造绿净美安的生活环境。

1. 树立以人为本的规划建设和管理理念。注重城乡建设规划的系统性和科学性，突出便民性和利民性，规划一批因人而建、为民所享的社区公园和街头绿地等群众活动场所，给市民的业余文化生活留下足够的空间。建立更加科学的管理机制，注重城市管理的现代化和人性化，着力解决好人民群众反应强烈的侵占公用设施、非法占道经营、噪声扰民等问题，为广大市民创造更好的生活环境。

2. 提升生态环境质量。确立并实施生态保护红线制度，加强重点水系治理，深入实施重大生态环境修复和保护工程。加快拆除小型燃煤锅炉房，推进集中供热，大力发展绿色公交，改进建筑施工方式，大幅减少燃煤粉尘、建筑扬尘和机动车尾气排放，加大污水处理、中水回收利用、饮用水安全、重污染防治、雾霾天气治理等工作力度，完善重污染天气应急机制，确保沈阳的天更蓝、水更清。建立和完善自然灾害预警机制，提高公众防灾减灾能力。创新城市垃圾处理投资和产业发展模式，推进垃圾分类收集、焚烧处理和回收再利用，加快实现城市垃圾无害化、减量化、资源化。完善城市绿地布局，构建景观品质一流、生态效益优异、方便市民使用的公园绿地体系。充分发挥生态文化的先导作用，把生态文明理念渗透到生产生活的各个方面，努力提升全民生态文明素质，使生态文明成为全社会的共同追求和自觉行动。到 2020 年，达到国家生态城市绿化标准，人均公园绿地达到 12 平方米以上，污水处理率和生活垃圾无害化处理率达到 100%。

3. 推进美丽宜居乡村建设。加强农村基础设施和公共服务设施建设，统筹设立农村社区综合服务中心，着力提高服务管理水平。推进农村环境综合整治，规范管理养殖业，抓好垃圾收集处理、污水治理、村庄绿化、道路整修等重点项目，形成有制度、有队伍、有设施、有经费的长效管护机制，全面改善农村人居环境。按照丰富内涵、打造特色、形成品牌的要求，搞好规划设计，努力建成一批建设水平高、示范带动强、富有地方特色的宜居示范乡镇和宜居示范村。

4. 改善居民出行条件。加快国家公交都市示范城市建设，整合公共交通资源，全力打造以轨道交通、快速公交为骨干，以清洁能源常规公交为主体，其他交通方式为补充的多模式、一体化现代公共交通体系，建设一批铁路、民航、长途客运、公交和地铁零距离换乘的交通枢纽，切实解决出行难问题。加强行人立体过街设施建设，着力抓好商业街区、交通节点等重点区域立体停车场、地下停车场的建设和管理使用，规范停车秩序，优化出行环境。

5. 提高公共文化服务水平。加快推进现代公共文化服务体系建设，扩大艺术惠民工程覆盖范围，构建城市 15 分钟、农村 5 公里公共文化服务圈，促进基本公共文化服务标准化、均等化。加强文艺创作，弘扬中华民族传统文化，践行"热爱祖国、孝敬父母、关爱他人"基本道德准则，培育社会主义核心价值观，更好满足人民群众精神文化需求。加大公共体育设施建设力度，为广大城乡居民提供优质的公共体育服务，切实提高全市人民身体素质。

6. 增强人民群众安全感。深入推进法治沈阳和平安沈阳建设，深化司法改革，维护司法公正，打造公平正义的社会环境。健全公共安全应急机制和社会治安防控网络，加强反恐防暴体系建设，完善生产安全事故预防预警和应急处置机制，严厉打击各种刑事犯罪，强化平安创建和治安重点地区突出问题整治，建立健全保证校园安全和校车安全的工作机制，完善公共安全监管体系，加强食品药品、安全生产监管，确保全市公共安全形势平稳。改革信访工作制度，推进信访工作体系建设，完善全社会大调解工作机制，有效化解社会矛盾。

九、完善加强民生工作的保障措施，形成推进民生工作的强大合力

保障和改善民生，需要全社会共同努力，必须建立分工负责、上下联动、齐抓共管的工作推进和保障机制，确保各项举措落到实处。

1. 强化组织领导。各级党委、政府要把加强民生工作摆在重要战略位置，建立统一协调的工作推进机制，定期研究民生工作，时刻关注民生问题，经常督办民生事项，形成民生优先的工作导向。各相关部门要严格实行"一把手"负责制，制定民生工作年度实施方案，明确民生工作的重点任务、具体目标和工作措施，定期研究调度，推进工作落实。要充分发挥人大、政协和各民主党派、工商联、无党派人士及其他社会力量作用，努力形成各方面齐抓共管的工作局面。

2. 加大资金投入。建立健全民生需求与财政投入保障机制，调整优化财政支出结构，进一步提高各级财政民生工作的支出比重，确保民生投入逐年增加，促进民生投入稳定化、制度化和常态化。加快形成统一规范透明的财政转移支付制度，着力提高财政投入效益，严格实行问责制，确保公共财政更多惠及弱势群体和薄弱领域。建立多元化投融资和运营机制，鼓励支持银行信贷、社会资本参与民生事业发展。

3. 转变工作作风。各级领导干部要把改善民生作为践行群众路线、转变工作作风的重中之重，强化担当意识和责任意识，勇于面对和真正解决好各种矛盾和问题，增强群众观念、密切群众感情，巩固党的群众路线教育实践活动的成果，切实把加强作风建设的着力点放在为群众办实事、解难事上来。坚持把"为官一任、造福一方"作为最高追求，深入一线，深入群众，用为民、帮民、富民的实际行动，赢得人民群众的信任和支持。

4. 严格考核督查。制定出台加强民生工作考核办法，将民生工作完成情况纳入政府年度绩效考评体系，把考评结

果作为领导班子评价和领导干部提拔使用的重要依据。市委、市政府有关部门要开展经常性督促检查，定期通报情况，推进工作落实。推行民生项目服务承诺制、限时办结制和倒查问责制等制度，完善社会公众监督机制，畅通民意沟通渠道，确保各项民生政策得到有效落实。

中共沈阳市委沈阳市人民政府关于调整沈阳科技商城管理体制的意见

（2014年10月27日）

沈阳科技商城（以下统称为三好街地区）自1998年实行封闭管理以来，在市委、市政府的正确领导下，在沈阳高新技术产业开发区（以下简称高新区）的具体推动和实施下，实现了快速发展，已成为东北最大、全国一流、辐射东北亚的高科技、现代化、国际化科技商城，成为全国集高新技术产品展示、推广、销售于一体的集散地，为引领全市乃至全省高新技术产业发展作出了重大贡献。

随着三好街地区的发展和全市产业布局的进一步优化调整，目前的管理体制和管理模式已不能适应该地区持续快速发展的需要，特别是发展空间不足、多头管理等问题制约了该地区的后续发展。为进一步巩固业已取得的发展成果，做大做强三好街地区，市委、市政府决定，对三好街地区的管理体制进行调整，将该地区行政、经济和社会管理权限全部调整由和平区政府实行统一管理。具体意见如下：

一、调整的基本原则

（一）坚持统一管理原则。通过对三好街地区管理体制的调整，实现该地区行政、经济和社会管理权统一归口，以利于该地区的统筹协调发展。

（二）坚持适当补偿原则。按照我市管理体制调整的工作惯例和经验，为确保被调整地区的公共财政收入稳定，对被调整地区进行适当的财力补偿。

（三）坚持稳定发展原则。在管理体制调整过程中，除三好街地区原由浑南区派驻的管理机构和人员进行调整以外，其他市直部门的派驻机构暂不作调整。同时，为继续支持三好街地区的发展，原有各项优惠政策保持不变。

二、调整的具体安排

（一）调整的范围

此次调整的范围为沈阳市人民政府办公厅于1998年下发的《关于划定沈阳科技商城封闭式管理范围的通知》中明确的规划控制区和实际控制区范围。

（二）调整后的管理人员归属

三好街地区原由浑南区派驻的管理人员全部由浑南区负责调整、安置；驻地的市直部门派出机构可暂时保持不变，后期根据工作需要再行调整。

（三）调整后的财力划转及资产接收

1. 财力划转起始时点。管理体制调整后，和平区和浑南区财力划转的起始时点为2014年1月1日。

2. 返还基数及年限。以三好街地区2013年入浑南区财政收入为基数，由市财政通过划转方式返还浑南区，返还年限为7年，即2014年至2020年。

3. 资产接收。管理体制调整所涉及资产、债权、债务，一并由和平区政府接收。

（四）调整后经济数据的归口统计

参照外地作法，三好街地区管理体制调整后，其主要经济指标继续作为沈阳高新区的统计指标。

（五）保持政策的连续性

管理体制调整后，三好街地区继续沿用“沈阳科技商城”的名称，原有及新办企业继续享受高新区优惠政策，以保持和促进该地区高科技企业的稳定发展。

三、加强对调整工作的组织领导

市委、市政府成立沈阳市三好街地区管理体制调整工作协调小组，全面负责此次调整工作的组织领导，研究解决工作中的重大问题。组长由市长陈海波同志担任；副组长由市委常委、常务副市长顾春明同志担任；成员由市政府副秘书长、办公厅主任肖枫同志，市政府副秘书长曹鹏同志，以及市科技局、市财政局、市规划国土局、市审计局、市工商局、市国税局、市地税局、和平区政府、浑南区政府主要领导组成。领导小组下设办公室，设在市政府办公厅，具体负责调整工作的日常组织协调。办公室主任由市政府副秘书长、办公厅主任肖枫同志担任。

调整工作完成后，上述机构自行撤销。

四、做好调整交接工作

（一）由市协调小组办公室牵头，和平区、浑南区政府及市直有关部门配合，做好调整交接工作。两区政府及市直有关部门要高度重视此次调整工作，切实把思想统一到市委、市政府的决策部署上来，精心组织，密切配合，确保交接到位、平稳过渡。

（二）由市财政局牵头，和平区、浑南区政府及市国税局、市地税局配合，按照市政府确定的财力划转方案，结合现行财政管理体制，做好财力核算、划转等工作。

（三）由市审计局牵头，和平区、浑南区政府配合，做好三好街地区的资产、债权、债务等审计核查工作，并经两区政府确认后实施交接。

（四）由市直各有关部门负责全面做好本部门本系统管理机构的调整、对接及稳定等工作，确保各项管理工作有序开展，不出现真空。为确保工作交接不影响企业报税等正常业务的开展，市直各职能部门可根据自身工作特点，明确具体交接时间，确保交接工作顺利完成。

沈阳市安全生产党政同责实施办法

（2014年12月18日）

第一章 总 则

第一条 为认真贯彻落实《辽宁省安全生产党政同责暂行规定》（辽委发〔2014〕11号），切实加强党委、政府对安全生产工作的领导，建立健全“党政同责、一岗双责、齐抓共管”的安全生产责任体系，有效防范各类安全生产事故，保障人民群众生命财产安全，结合我市实际，制定本办法。

第二条 全市各级党委、政府和工作部门及其领导班子成员，各类开发区（产业园区、风景区、功能区）党工委、管委会和工作部门及其领导班子成员履行安全生产工作职责适用本办法。

第三条 本办法中所称“党政同

责”，是指各级党委、政府将安全生产工作纳入工作重要内容，对安全生产工作共同负有领导责任，党委、政府主要负责同志是本地区安全生产第一责任人，对本地区安全生产工作负总责。本办法中所称“一岗双责”，是指各级党委、政府及其工作部门除明确分管安全生产工作的负责同志协助主要负责同志抓好安全生产工作外，其他负责同志都要同时抓好分管工作范围内的安全生产工作，履行安全生产工作职责。本办法中所称“齐抓共管”，是指各级党委、政府及其工作部门等有关方面应当共同抓好安全生产工作，严格落实行业主管部门直接监管责任、安全生产监管部门综合监管责任、地方政府属地监管责任和企业安全生产主体责任，形成党委统一领导、政府依法监管、企业全面负责、职工积极参与、行业严格自律、社会支持监督的安全生产工作格局。

第四条 按照“管行业必须管安全、管业务必须管安全、管生产经营必须管安全”、“谁主管、谁负责，谁审批、谁负责，谁检查、谁负责”的原则，落实党政部门安全生产工作职责。各部门党政主要负责同志为安全生产第一责任人，对安全生产工作负总责。其他负责同志对分管领域的安全生产工作负责。

第五条 按照“谁生产、谁负责，谁经营、谁负责，不安全、不生产”原则，落实企业安全生产主体责任。各生产经营单位的党政主要负责同志为本单位的安全生产第一责任人，对安全生产工作负总责。其他副职对分管领域的安全生产工作负责。从业人员在300人以上的高危生产经营单位和大型企业实行安全总监制，其他生产经营单位鼓励实行。

第二章 工作职责

第六条 各级党委安全生产工作的主要职责是：

（一）认真贯彻执行国家安全生产法律、法规和方针政策以及党中央、国务院，省委、省政府关于加强安全生产工作的重大决策部署和重要指示精神。

（二）督导同级政府贯彻落实上级党委、政府对安全生产工作的部署，及时了解掌握情况、指导工作。

（三）把安全生产工作列入党委常委会重要议事日程，研究部署安全生产工作重大事项。市委常委会专题研究安全生产工作每年不少于1次，区、县（市）委常委会每半年不少于1次，乡镇（街道、园区、功能区）党（工）委会每季度不少于1次。对涉及安全监管体制机制、安全生产重大政策措施、安全生产重要工作任务、重大和典型生产安全事故问责等事项及时研究部署。

（四）加强安全生产监管队伍建设，配齐配强负有安全生产监管职责部门的领导班子，选配懂专业、肯吃苦、敢担当、品德优的优秀干部充实安全生产监管队伍，保障基层安全生产监管队伍稳定，为安全生产监管战线干部成长创造条件，探索将安全生产监管部门作为锻炼培养干部的基地。

（五）将安全生产工作纳入领导干部政绩考核内容，并认真组织实施。

（六）把安全生产宣传教育工作纳入党的宣传思想工作和干部教育培训之中，加强安全生产宣传教育和舆论引导，加强安全生产方针政策、法律法规、安全常识和工作举措、先进典型等公益宣传，营造全社会关爱生命、关注安全的良好氛围。

（七）组织工会、共青团、妇联等人民团体、新闻媒体、社会有关方面围绕安全生产开展相关活动，引导广大人民群众全面参与、主动支持安全生产工作。

（八）支持政府及其部门依法履行安全生产监督管理职责。加强对安全生产“党政同责”落实情况的监督检查，严肃查处安全生产工作不力和“一岗双责”履职不到位的党政领导干部，严肃查处造成安全生产事故的失职渎职行为，以及安全生产事故背后存在的腐败问题。

第七条 各级党委工作部门支持政府及其职能部门做好安全生产工作，共同推进安全发展。组织部门负责加强负有安全生产监管职责的部门领导班子和干部队伍建设。宣传部门负责加强指导、协调和督促相关单位开展安全生产宣传教育，将安全生产宣传纳入社会公益性宣传范畴，组织协调市属新闻媒体加大新闻报道力度，开展舆论监督，在全社会营造安全生产人人有责的良好氛围。党委政法委负责组织协调打击安全生产非法违法行为，支持安全生产专项整治、安全生产执法和生产安全事故调查处理工作，将安全生产工作纳入平安沈阳建设考评。机构编制部门要按照《沈阳市各级政府及部门安全生产工作职责规定》，明确各级政府部门安全生产工作职责，并调配满足工作需要的安全生产监管机构和人员编制。各级党校（行政学院）要将安全生产工作纳入干部培训教育内容。

第八条 地方各级政府按照属地监管原则，对安全生产工作负全面监管责任，其主要职责是：

（一）将安全生产工作纳入本地区经济社会发展总体布局，制定并实施安全生产发展规划，加强产业政策引导，调整和优化产业结构，将安全生产控制指标纳入经济社会发展考核评价指标体系。

（二）把安全生产工作列入政府常务会议重要议事日程。市政府常务会议专题研究安全生产工作每半年不少于1次，区、县（市）政府及开发区管委会常务会议每季度不少于1次，乡镇（街道、园区、功能区）常务（班子）会议每月不少于1次。分析本地区安全生产形势，研究部署安全生产工作，及时协调解决安全生产工作中的重大问题。

（三）宣传贯彻执行国家安全生产法律、法规和方针政策，研究制定安全生产重大政策及措施。建立健全安全生产目标责任考核体系。协调解决安全生产工作中的重大问题。

（四）加强安全生产监管机构和队伍建设，配齐配强监管人员和执法装备，推进安全科技创新，加强教育培训，夯实基层基础。设立政府安全生产专项资金，保证安全生产投入落实到位。

（五）从财政、税收、信贷等方面完善政策措施，鼓励和引导企业加大安全生产投入和标准化建设力度，督促企业足额提取并用好安全生产费用。

（六）健全安全生产制度体系，强化行政执法，依法打击各类非法违法生产、经营、建设行为。组织重点行业、领域的安全生产大检查、专项整治及隐患排查治理，及时消除事故隐患，依法关闭不符合安全生产条件的生产经营单位。

（七）加强安全生产监管体系建设，健全完善安全生产应急协作体系，制定和完善生产安全事故应急预案，抓好应急演练，组织协调事故救援工作。

（八）按照有关规定，负责或授权、委托有关部门组织安全生产事故调查，对事故调查报告作出批复，督促有关部门落实处理意见。

第九条 各级政府安全生产委员会承担安全生产决策指挥系统的具体工作，主要负责研究安全生产重大部署和重大举措，检查指导安全生产工作，分析安全生产形势，及时协调解决安全生产工作中的重大问题。各级政府安全生产委员会主任由政府主要负责同志担任，常务副主任由分管安全生产工作的副职担任。各级安全生产监管部门具体负责本级安全生产委员会日常工作，履行综合监管责任，对本级政府有关部门和下级政府安全生产工作进行指导协调和监督检查。

第十条 各级政府及其工作部门要切实按照《沈阳市各级政府及部门安全生产工作职责规定》，认真落实属地监管、综合监管、直接监管、服务保障等安全生产工作职责，确保安全生产工作职责分明、责权统一、监管有效、保障有力。

第三章 工作机制

第十一条 健全完善安全生产领导干部带队检查机制。各级政府领导班子成员定期深入基层开展安全生产专项检查。市政府主要负责同志带队检查安全生产工作每年不少于1次。市政府其他负责同志对分管领域内的安全生产工作负直接领导责任，带队检查安全生产工作每半年不少于1次，逢重大节日和重大活动期间，要到基层督促检查安全生产工作。各级负有行业领域安全生产监管职责的部门，应当制定安全生产监督检查计划和相关措施，依法对生产经营单位的安全生产工作进行定期检查或者抽查，部门主要负责同志每季度检查安全生产工作不少于1次，分管负责同志每月检查安全生产工作不少于1次。

第十二条 健全完善安全生产巡视督查机制。市安全生产委员会成立安全生产巡视督查工作领导小组，每季度对各地区、各行业安全生产重点工作情况开展专项巡视督查。各地区、各行业领域要加强安全生产巡视督查工作。

第十三条 实行安全生产绩效考核制度，将安全生产考核控制指标纳入各级政府绩效考评体系。将安全生产工作列为单项考核项目，制定完善考核办法，层层分解考核指标，加强动态考核，健全完善安全生产年度述职机制。各级党委、政府及其工作部门领导班子和班子成员在年度述职报告中，要按照“党政同责、一岗双责”的要求，对职责范围内的安全生产工作进行述职。考核结果应通报同级组织部门，作为组织部门考核评价、任用奖惩的重要依据。

第十四条 健全完善安全生产重大问题、重点工作、重大隐患挂牌督办制度。各级党委、政府要指定部门对本级党委、政府工作部门及下级党委、政府落实安全生产“党政同责、一岗双责、齐抓共管”情况进行督促检查。各级政府应建立安全生产重大问题、重点工作、重大隐患挂牌督办制度。县级以上政府每年要确定一批重大事故隐患由安委会挂牌督办，明确整改单位、督办单位及其责任人和整改时限。

第十五条 实行安全生产情况通报机制。各级政府安全生产委员会办公室每季度通报本地区安全生产工作情况，将通报情况向同级党委、政府报告并抄送有关部门。重大问题实行专题通报制。

第十六条 健全完善安全生产激励机制。各级党委、政府每年对在安全生产方面取得显著成绩的地区、部门和单位以及为安全生产工作作出突出贡献的个人予以奖励。

第四章 责任追究

第十七条 实行安全生产工作警示、约谈机制。市委、市政府及其工作部门负责人对已被确定的安全生产非法违法行为未及时依法进行查处、季度内连续发生2次以上一般安全生产事故、发生一次死亡3人以上或有重大社会影响安全生产事故等问题的地区、部门党政主要领导、分管领导，以公函或约谈形式对其进行警示、诫勉谈话，督促其依法履行安全生产职责。

第十八条 实行安全生产问责机制。各级党委、政府对党政领导干部及相关部门不认真履行安全生产工作职责，导致安全生产法律法规和有关安全生产决策部署落实不到位、安全生产违法违规行为打击不力、重大安全隐患治理不及时不彻底的，要会同有关部门实施问责，严肃查处。开展安全生产事故调查时，要把党政领导干部履行安全生产“党政同责、一岗双责”的情况纳入调查内容，对不履行或者不正确履行安全生产工作职责导致事故发生，按照“四不放过”的原则严肃追究责任。

第十九条 因安全生产责任事故引咎辞职、责令辞职、免职的有关人员，一年内不安排职务，两年内不得担任高于原任职务层次的职务。对事故责任人员实行责任跟踪追究不受任职期限和职务变动等条件限制。

第二十条 党政领导干部安全生产目标管理考核、绩效考核不合格的，当年不得参加评选各类荣誉称号及表彰奖励活动、不得提拔任用，视情况对其进行诫勉谈话，涉及违规违纪的，由纪检监察机关依纪依规予以处理。

第二十一条 实行安全生产“一票否决”制度。区、县（市）监管范围内发生重大以上事故的，乡镇（街道、园区、功能区）监管范围内发生较大以上事故的，没有完成生产安全事故控制指标经考核不合格的，有关党委、政府及有关部门当年不得被评为综合性先进单位，其领导班子成员当年不得评先评优；党政主要负责同志、相关分管行业领域负责同志、有关部门主要负责同志及有关责任人员一年之内不得晋升职务和级别。

第五章 附 则

第二十二条 各区、县（市）及开发区党工委、政府（管委会）和市直有关部门应参照本办法，结合本地区、本行业实际制定实施细则。

第二十三条 全市各级党委、政府、直属事业单位以及国有（控股）企业按照本办法执行。

第二十四条 本办法由市安全生产委员会办公室负责解释。

第二十五条 本办法自发布之日起施行。

中共沈阳市委关于深入贯彻党的十八届四中全会精神全面推进依法治市工作的实施意见

（2014年12月24日中共沈阳市委十二届十次全体会议通过）

为深入贯彻落实党的十八届四中全会精神和《中共辽宁省委贯彻落实<中共中央关于全面推进依法治国若干重大问题的决定>的意见》（辽委发〔2014〕13号）的部署，在新的历史起点上全面推进依法治市工作，加快建设法治沈阳，现提出如下实施意见。

一、坚持以党的十八届四中全会精神为指导，明确全面推进依法治市的总体要求

（一）重大意义。党的十八届四中全会通过的《中共中央关于全面推进依法治国若干重大问题的决定》（以下简称《决定》），是指导建设社会主义法治国家的纲领性文献。全面推进依法治国，是我们党从坚持和发展中国特色社会主义出发，为更好治国理政提出的重大战略任务，也是事关我们党执政兴国的一个全局性问题。落实好这项重大战略任务，对推动经济持续健康发展、维护社会和谐稳定、实现社会公平正义、全面建成小康社会、实现中华民族伟大复兴，具有十分重大的意义。改革开放以来特别是近年来，我市的法治建设取得了长足进展。但与党的十八届四中全会的新要求、党和人民事业的新发展、人民群众的新期待相比，还存在许多不适应、不符合的问题：一些国家工作人员特别是领导干部依法办事观念不强，在实现科学立法、坚持严格执法、确保公正司法、推动全民守法等方面还存在薄弱环节；运用法治思维和法治方式保障经济发展、维护社会稳定、化解社会矛盾和推进基层治理的能力有待于进一步提高。对此，我们必须以《决定》精神为指导，高度重视，认真解决。

（二）指导思想。深入贯彻党的十八大和十八届三中、四中全会精神，高举中国特色社会主义伟大旗帜，以马克思列宁主义、毛泽东思想、邓小平理论、“三个代表”重要思想、科学发展观为指导，深入贯彻习近平总书记系列重要讲话精神，坚定不移走中国特色社会主义法治道路，坚决维护宪法法律权威，依法维护人民权益、维护社会公平正义、维护国家安全稳定，坚持法治城市、法治政府、法治社会一体建设，加快推进经济、政治、文化、社会和生态文明建设法治化进程，为确保沈阳在新一轮东北振兴中当先锋、打头阵提供有力的法治保障。

（三）工作目标。按照建设中国特色社会主义法治体系、建设社会主义法治国家总目标的要求，加快建设法治沈阳。到2020年，地方立法水平明显提升、法治实施高效、法治监督严密、法治保障有力，法治政府基本建成，党内法规得到严格遵行，党员干部法治思维和依法办事能力明显提高，公民法治意识和法律素质普遍增强，各类社会主体合法权益得到切实保障，依法治市工作走在全国前列。

（四）原则遵循。严格按照“坚持中国共产党的领导、坚持人民主体地位、坚持法律面前人人平等、坚持法治与德治相结合、坚持从中国实际出发”的总原则，在建设法治沈阳进程中，还要注重上级精神与沈阳实际相结合，注重统筹兼顾与重点推进相统一，注重深化改革与依法治市相协调，注重问题导向与对症施策相一致。

二、坚持依法治国基本方略，改进并加强科学立法、严格执法、公正司法、全民守法工作

（一）加强地方立法工作

1. 全面贯彻实施宪法。宪法是国家根本法，是治国安邦的总章程，是国家和地方立法的依据，加强地方立法工作首先要全面贯彻实施宪法。各级党政机关、任何组织和个人都必须以宪法为根本活动准则，维护宪法尊严、保证宪法实施，一切违反宪法的行为都必须予以追究和纠正。各级人大及其常委会依法履行对法律实施的监督职责，健全法规实施情况报告制度。完善规范性文件备案审查制度，建立被动审查与主动审查相结合的审查机制，依法撤销和纠正违宪、违法的规范性文件。认真组织每年12月4日的国家宪法日活动，加大宪法宣传教育力度，在全市形成崇尚宪法、敬畏宪法、遵守宪法、维护宪法的良好氛围。认真落实宪法宣誓制度，凡经人大及其常委会选举或者决定任命的国家工作人员，正式就职时公开向宪法宣誓。

2. 完善地方立法工作体制机制。加强党对地方立法工作的领导，健全市委对重大立法问题的决策机制，完善重要立法事项人大向市委报告制度。充分发挥人大及其常委会在立法工作中的主导作用，完善制定立法规划工作机制，公开征集立法项目，在充分论证的基础上，编制年度立法计划。构建立法起草多元化工作机制，对具有综合性、全局性、基础性等重要法规草案，由市人大有关专门委员会和常委会法制工作机构组织起草。对专业性较强、争议较大的法规草案，可委托第三方起草。实行法规草案起草责任制，明确法规草案起草单位工作职责权限。创新法规草案审议机制，完善审议标准，落实人大常委会三次审议制度和法制委员会统一审议制度，探索联组审议的工作方式，切实提高审议质量。完善法规草案表决程序，对重要条款可以单独表决。加强和改进政府立法制度建设，完善政府规章制定程序，完善公众参与政府立法机制。有计划地开展立法后评估，完善“立、改、废、释”工作机制，完善法规和政府规章清理制度。

3. 切实提高地方立法质量。深入推进科学立法、民主立法。健全向下级人大征询立法意见机制，完善立法调查研究制度，充分听取法制专业代表小组的意见和建议，完善向人大代表征求意见制度，听取政协委员、民主党派、无党派人士及社会团体、组织的意见和建议，健全法规草案公开征求意见和公众意见采纳情况反馈机制，广泛凝聚社会共识。健全防范部门利益和地方保护主义法制化的工作机制，避免部门之间争权诿责，对争议较大的立法事项，坚持立法论证、听证制度，引入第三方评估工作机制，听取各方意见，协调解决。优化立法队伍人员结构，增加人大常委会中有法治实践经验的专职常委比例。不断完善立法顾问和立法顾问单位制度，发挥专家学者的专业理论优势，切实保证立法质量。

4. 加强重点领域立法。坚持“针对问题立法、立法解决问题”的工作思路，

加快完善重点领域地方性法规规章。在经济领域,着重加强中小微企业合法权益保障、企业国有资产监督管理、人力资源市场管理、民营科技企业促进、专利保护、不良信用惩治等方面立法。在文化领域,着重加强非物质文化遗产保护、文物保护、文化产业促进、旅游、网络信息管理等方面立法。在社会领域,着重加强终身教育、妇女儿童特殊权益保障、老年人权益保障、公共交通等方面立法。在生态领域,着重加强湿地保护、农田水利设施建设管理、水土保持、土壤污染防治、大气污染防治、机动车排气污染防治、循环经济发展、城市生活垃圾分类管理等方面立法。

(二)深入推进依法行政

5. 依法全面履行政府职能。研究制定法治政府建设实施规划,推进机构、职能、权限、程序、责任法定化。行政机关不得法外设权,坚持法定职责必须为、法无授权不可为,坚决纠正不作为、乱作为。全面推进建立政府权力清单制度,坚决消除权力设租寻租空间。加快转变政府职能,进一步深化行政审批制度改革。健全依法决策机制,把公众参与、专家论证、风险评估、合法性及合理性审查、集体讨论决定确定为重大行政决策法定程序,探索建立统一听证制度。制定《沈阳市政府重大行政决策合法性审查规则》和《沈阳市政府法律顾问工作规则》,防范法律风险,推进依法行政。建立重大决策终身责任追究制度及责任倒查机制,实现决策权与决策责任相统一。

6. 加强和改进行政执法。深化行政执法体制改革,推进各行政管理领域内部综合执法,推行跨部门综合执法,减少市县两级政府执法队伍种类,强化统一领导和协调。理顺行政强制执行体制和城管执法体制。严格实行行政执法责任制、执法主体资格审查、执法人员法律培训、持证上岗和资格管理、罚缴分离和收支两条线管理等制度。坚持严格规范公正文明执法,加大重点领域执法力度。健全重大执法决定法制审核制度,完善行政裁量权基准制度,加强执法信息化建设和执法监督,提高执法效率和规范化水平。健全行政执法与刑事司法衔接机制,坚决克服有案不移、有案难移、以罚代刑现象。

7. 强化对行政权力的制约监督。加强对政府内部权力的制约,加快推进行政权力运行制度、公共资源交易、行政绩效管理、行政权力电子监察、民意诉求反馈等"五大系统"建设,规范权力运行程序,对权力集中的部门和岗位强化内部流程控制,防止权力滥用。加强党内监督和司法监督,完善政府内部层级监督和专门监督,建立常态化监督机制。自觉接受人大监督和民主监督,重视社会监督、舆论监督。完善审计制度,保障依法独立行使审计监督权,积极推进对公共资金、国有资产、国有资源和领导干部履行经济责任情况审计。完善民主评议行风政风制度。积极推行行政问责。

8. 全面推进政务公开。坚持以公开为常态、不公开为例外的原则,推进决策公开、执行公开、管理公开、服务公开、结果公开。重点推进财政预算、公共资源配置、重大建设项目批准和实施、社会公益事业建设等领域的政府信息公开。建立健全行政执法公示制度。建立全市规范性文件查询系统,涉及公民、法人或其他组织权利义务的规范性文件,按要求和程序予以公布。推进政务公开信息化,完善市县乡三级政务服务体系建设。

(三)切实保证公正司法

9. 确保依法独立公正行使审判权和检察权。各级党政机关和领导干部要支持法院、检察院依法独立公正行使职权。建立领导干部违反法定程序干预司法活动、插手具体案件处理的记录、通报和责任追究制度。健全行政诉讼集中管辖、交叉管辖运行机制,落实行政机关依法出庭应诉、支持法院受理行政案件、尊重并执行法院生效判决制度。完善审级制度,规范审委会制度,落实合议庭成员责任制。建立司法机关内部人员过问案件的记录制度和责任追究制度。落实司法工作人员分类管理制度,建立健全司法人员履行法定职责保护机制。

10. 全面推进严格司法和公开司法。健全公安机关、检察机关、审判机关、司法行政机关各司其职,侦查权、检察权、审判权、执行权相互配合、相互制约的体制机制。推进以审判为中心的诉讼制度改革,贯彻证据裁判规则,完善证人、鉴定人出庭制度。推进量刑规范化改革,加强对司法活动的内部监督指导,统一法律适用标准,规范自由裁量权行使,严格减刑、假释、暂予监外执行程序。加大依法强制执行力度,完善多部门协调联动机制,规范查封、扣押、冻结、处理涉案财物的司法程序,落实失信被执行人信用监督、威慑和惩戒法律制度。构建开放、动态、透明、便民的阳光司法体制,推进审判公开、检务公开、警务公开、狱务公开,依法及时公开执法司法依据、程序、流程、结果和生效法律文书,加强法律文书释法说理,建立重大案件信息发布、生效法律文书统一上网和公开查询制度。完善人民陪审员制度,落实人民陪审员"倍增计划",扩大参审范围,逐步实行人民陪审员不再审理法律适用问题,只参与审理事实认定问题。

11. 强化对司法活动的监督和责任查究。加强检察机关对刑事诉讼、民事诉讼、行政诉讼的法律监督。加强和改进检察建议工作。完善人民监督员制度,重点监督检察机关查办职务犯罪的立案、羁押、扣押冻结财物、起诉等环节的执法活动。依法规范司法人员与当事人、律师、特殊关系人、中介组织的接触、交往行为,坚决防止利益输送。对因违法违纪被开除公职的司法人员、吊销执业证书的律师和公证员,终身禁止从事法律职业。规范媒体对案件的报道,防止舆论影响司法公正。加强人权司法保障,依法保障诉讼过程中当事人和其他诉讼参与人的知情权、陈述权、辩护辩论权、申请权、申诉权,完善对限制人身自由司法措施和侦查手段的司法监督,加强对刑讯逼供和非法取证的源头预防,健全冤假错案防止、纠正、责任追究机制。明确司法机关内部各层级权限,健全内部监督制约机制。强化主审法官、合议庭、主任检察官、主办侦查员的主体地位和办案责任制。全面推行执法档案管理制度,落实办案质量终身负责制、错案责任倒查问责制和信访首办责任制。

12. 推进涉法涉诉信访工作改革。实行诉访分离制度,建立涉法涉诉信访事项导入法律程序工作机制,健全涉法涉诉信访执法错误纠正和瑕疵补正机制,落实涉法涉诉信访依法终结制度。完善国家司法救助制度。实践第三方参与机制,对不服司法机关生效裁判、决定的申诉逐步实行由律师代理制度。对无力聘请律师的申诉人,纳入法律援助范围。

（四）有效推动全民守法

13. 加强法治宣传教育。把全民普法和守法作为依法治市的长期基础性工作，深入开展法治宣传教育。健全普法宣传教育机制，各级党委、政府要加强组织领导，宣传、司法行政、教育、文化等部门和人民团体要充分发挥职能作用。推动领导干部带头学法守法，完善国家工作人员学法用法制度，把宪法法律列入党委（党组）中心组学习内容，列为党校、行政学院、社会主义学院必修课。通过旁听行政诉讼案件庭审等形式，不断创新领导干部学法形式。严格落实国家机关“谁执法谁普法”的普法责任制，建立以案释法制度。把法治教育纳入国民教育体系，在中小学设立法治知识课程，提高青少年法治素养。健全普法考核评估机制。加强普法讲师团和普法志愿者队伍建设，推进普法教育进机关、进学校、进企业、进乡镇、进社区、进家庭。健全媒体公益普法制度，加强新媒体、新技术在普法中的运用。

14. 加强法治文化建设。着力建设与全面推进依法治市进程相适应的法治文化体系。建立完善扶持法治文化发展的制度机制，促进法治文化产品更加丰富、法治文化阵地建设更加完善、法治文化载体不断创新。加强法治文化队伍建设，广泛开展群众性法治文化活动。大力开展学法用法先进集体、法治人物评选活动，加强法治建设理论研究和新闻宣传，在全社会树立法治信仰、形成法治风尚。

15. 加强社会道德建设。坚持法治建设与道德建设相结合，强化法治建设对道德建设的促进作用、道德建设对法治建设的支撑作用。大力培育和践行社会主义核心价值观，弘扬中华优秀传统文化，增强法治的道德底蕴，强化规则意识，倡导契约精神，弘扬公序良俗。发挥法治在解决道德领域突出问题中的作用，引导人们自觉履行法定义务、社会责任、家庭责任。

16. 加强民生领域法律服务。加快建立覆盖城乡、惠及全民的法律服务体系和全市统一的法律服务平台，努力将法律服务向就业、就医、就学、养老等民生领域拓展延伸，提高服务质量。全面实施法律援助服务民生工程，健全经费保障等制度，保证人民群众获得及时有效的法律援助。拓展公证服务领域，大力发展县域公证工作。完善司法鉴定管理体制。

三、坚持从沈阳实际出发，加强重点领域和关键环节的依法治理

（一）依法保障市场经济发展

17. 健全推动市场经济发展的规则体系。加快完善以保护产权、公平竞争、有效监管、区域合作为重点的社会主义市场经济规则体系。健全现代产权保护制度，平等保护各种所有制经济组织和个人财产权不受侵犯，保护各类产权在公开、公平、公正的原则下有序流转。健全市场竞争规则，发挥市场在资源配置中的决定性作用，促进商品和要素自由流动、公平交易、平等使用。健全市场监管规则，打破垄断，实行统一的市场准入，加快推进负面清单管理方式。健全多层次的区域经济合作机制，积极推动沈阳经济区经济一体化建设，率先打破行政壁垒，完善统一共享的开放政策，提升区域经济整体竞争力。

18. 强化市场经济法律服务。有效整合法律服务资源，优化法律服务流程，构建全方位法律服务体系。不断创新企业法律顾问工作机制，扩大公司律师的业务范围，加强涉外经济领域法律服务。着力强化中介机构法律服务职能，积极鼓励商标、专利、税务等代理机构为市场主体提供专业化的法律服务。充分发挥非诉讼法律服务机构的优势作用，提升公证、仲裁、评估鉴定的公信力，有效维护交易安全，及时化解经济纠纷。不断加强经济领域社会组织建设，畅通商会、行业协会反映企业诉求、寻求法律帮助的渠道，营造健康的市场经济法律服务环境。

19. 依法维护市场经济秩序。依法整顿规范市场经济秩序，严厉打击严重破坏市场经济秩序，特别是商贸、金融、财税、食品药品等领域的违法犯罪活动。依法保护企业合法经营，引导企业承担社会责任，促进行业自律。对于经济发展中的矛盾纠纷，要通过依法决策、民主协商，并发挥政治、组织优势依法予以解决。慎用查封、扣押、冻结、罚款、没收和拘留、逮捕等措施。加快“信用沈阳”建设，加大信用信息整合应用力度，完善社会成员信用记录，鼓励市场主体开展信用查询和信用评价，建立健全失信惩戒和守信激励机制，使市场经济规范有序、充满活力。

（二）依法维护社会大局稳定

20. 切实维护国家安全。有针对性地开展国家安全宣传教育，努力形成维护国家安全的社会共识。加强对敌斗争情报信息搜集，严防西方反华势力利用我社会矛盾和热点问题策划实施“街头政治”、“颜色革命”。依法、精准、严厉打击境内外敌对势力、民族分裂势力、暴力恐怖势力、宗教极端势力和极端组织的渗透颠覆与分裂破坏活动，坚决将暴力恐怖活动摧毁在行动之前、形成之初。建立健全反邪教工作长效机制，进一步完善打击防控、教育转化、信息联络、宣传揭批、应急处置等工作机制。

21. 深入推进社会治安综合治理。健全“党政领导、综治协调、专群结合、多方参与”的社会治安防控格局，完善立体化社会治安防控体系，重点加强社会面治安防控网、重点行业和重点人员治安防控网，街道（乡镇）和社区（村）治安防控网、机关和企事业单位内部安全防控网、信息网络安全防控网等建设。完善以情报信息、实战指挥、部门联动、区域协作等为重点的立体化社会治安防控运行机制。强化命案攻坚，严厉打击涉枪、涉爆、涉黑等严重暴力犯罪。创新系列平安创建活动，深入推进“八无社区（村）”建设。加强流动人口和重点青少年群体的服务管理，强化对刑释、社区矫正、吸毒、易肇事肇祸精神病人和艾滋病人等重点人群的管理工作。

22. 强化重点领域安全整治。健全“党政同责、一岗双责、齐抓共管”的安全生产责任体系，推进安全生产网格化管理和区县（市）、街道（乡镇）两级安监机构队伍建设。严格安全生产隐患排查，实行重大隐患治理逐级挂牌督办制度。规范城市道路交通秩序，推进静态交通治理，不断完善道路基础设施和交通安全设施建设。创新消防监管模式，整合现役消防和属地警力，实行社会单位属地化管理。加强对枪支弹药、剧毒、爆炸、放射性等危险物品的公共安全管理。加大食品药品安全监管力度，严惩制假售假违法犯罪行为。明确各级政府环境监管职责，建立网格化环境监管模式和监管联动机制，严厉打击破坏生态环境等违法犯罪活动。健全突发案事件

应急处置体系，提高多部门协同处置能力。

23. 加大互联网监管力度。加强互联网基础管理，严格网址、网络互动等实名登记，明确电信运营、接入服务、电子认证、域名注册和信息发布者等主体的法律责任，强化网安管理、网上舆情、网络侦查等各类资源与技术整合，健全网上网下相结合的综合防控体系，加强网络舆情监管，严控具有负面社会影响的倾向性、污损性、毁伤性言论通过微信、微博等自媒体传播，依法打击网络犯罪活动。

（三）依法化解各类社会矛盾

24. 健全依法维护群众权益机制。强化法律在维护群众利益、化解社会矛盾中的权威地位，积极构建对维护群众利益具有重大作用的制度体系。建立健全群众利益表达机制、协商沟通机制、救济救助机制、决策纠错改正机制。畅通12345市民诉求热线和网上受理平台等群众利益协调、权益保障法律渠道，引导和支持人们理性表达诉求、依法维护权益。坚持把信访纳入法治化轨道，全面推行阳光信访、法治信访，保障群众合理合法诉求，依照法律规定和程序得到合理合法的结果。

25. 健全社会矛盾纠纷预防化解机制。健全社会稳定风险评估机制和社会矛盾预警机制，加强社会矛盾源头预防。完善人民调解、行政调解、司法调解联动工作体系，加强行业性、专业性人民调解组织和调解服务中心建设，建立县（区）、乡（街）、村（社区）三级调解工作平台，全面推行网格化管理和全社会调解工作模式。按照“属地管理、分级负责”的原则，健全社会矛盾大排查大调处的常态化机制。完善调解、仲裁、行政裁决、行政复议、诉讼等有机衔接、相互协调的多元化纠纷解决机制。健全行政裁决制度，强化行政机关解决同行政管理活动密切相关的民事纠纷功能。积极稳妥推进相对集中行政复议权，强化行政争议化解功能。

26. 加大及时就地解决群众诉求工作力度。各级党政组织要严格落实信访稳定工作责任，构建主要领导负总责、分管领导具体负责、其他领导“一岗双责”的领导体制，坚持领导干部接访、下访、包案等工作方式，积极履行维护社会稳定责任。完善各级信访大厅一站式接访、一条龙办理、一揽子解决的联合接访工作模式，实现矛盾不上交、及时就地化解。健全党委、政府统一领导、信访联席会议组织实施、相关职能部门共同参与的督查督办工作机制，推进群众合理诉求及时解决到位、无理诉求思想教育到位、生活困难帮扶救助到位。推行信访事项办理群众满意度评价制度，依法维护信访秩序。

（四）依法推进基层社会治理

27. 全面推进多领域依法治理。坚持系统治理、依法治理、综合治理、源头治理，提高社会治理法治化水平。坚持问题导向，深化基层组织和部门、行业依法治理，健全完善制度机制，依法规范行为规则。发挥市民公约、乡规民约、行业规章、团体章程等社会规范在社会治理中的积极作用，支持各类社会主体自我约束、自我管理。建立健全人民团体和社会组织参与社会事务、维护公共利益、救助困难群众、帮教特殊人群、预防违法犯罪的制度机制。支持行业协会商会类社会组织发挥行业自律和专业服务功能。发挥社会组织对其成员的行为引导、规则约束、权益维护作用。依法妥善处置涉及民族、宗教等因素的社会问题，促进民族关系、宗教关系和谐。

28. 深入推进多层次法治创建。深入开展多层次、多形式法治创建活动，以依法行政、公正司法、法治文化和诚信守法企业等示范点创建活动，引领和推进行业法治建设；以法治示范街道（乡镇）、社区（村）创建活动，引领和推进基层法治建设；以法治示范区、县（市）创建活动，引领和推进区域法治建设，实现以法治创建的全面开展推动依法治市的全面推进。深入实施法治为民办实事项目，让人民群众成为法治创建的参与者、受益者。

29. 着力推进基层治理法治化。不断健全基层治理体系，改进和完善治理方式，提高基层治理能力和法治化水平。大力加强基层党组织建设，充分发挥基层党组织在全面推进依法治市中的战斗堡垒作用。强化教育培训，增强基层干部法治观念、法治为民意识，提高依法办事能力。加强基层法治机构建设，强化基层法治队伍，建立重心下移、力量下沉的法治工作机制，改善基层基础设施和装备条件，深入推进“四进四加强”等干部下基层活动。强化基层群众自治，推动社区（村）法律顾问工作，推进基层民主协商制度化、规范化、法治化。

四、坚持党的领导，为全面推进依法治市提供最根本的保证

（一）坚持依法执政

30. 建立依法治市领导体系。社会主义法治必须坚持党的领导，党的领导必须依靠社会主义法治。各级党委要坚持依法执政，既要充分发挥领导核心作用，把党的领导贯彻到全面推进依法治市的全过程；又要改进党的领导，自觉在宪法法律范围内活动，带头维护宪法法律权威。市委成立全面推进依法治市工作领导小组，由市委书记、市长任组长，相关市级领导同志任副组长，有关部门主要负责同志为成员。领导小组负责对全面推进依法治市工作的总体设计、统筹协调、整体推进、指导检查、督促落实。领导小组下设办公室，设在市委政法委，由市委常委、政法委书记兼任办公室主任。各级党委都要建立推进法治建设的专门领导机构，切实履行好统筹协调、推进落实的重大职责。

31. 健全党领导依法治市工作机制。完善党委统一领导、各方分工协作、社会广泛参与的工作机制和党委依法决策机制，发挥政策和法律的各自优势，促进党的政策和法律法规互联互动。党委要定期听取法治建设情况汇报，研究解决问题，推动工作落实。党政主要负责人要履行推进法治建设第一责任人职责。各级党委要领导和支持工会、共青团、妇联等人民团体和社会组织在依法治市中积极发挥作用。人大、政府、政协、审判机关、检察机关的党组织和党员干部要坚决贯彻党的理论和路线方针政策，贯彻党委决策部署。党组织要领导和监督本单位模范遵守宪法法律，有效预防和坚决查处执法犯法、违法用权等行为。

32. 发挥党委政法委职能作用。政法委员会是党委领导政法工作的组织形式，必须长期坚持。各级党委政法委要把工作着力点放在把握政治方向、协调各方职能、统筹政法工作、建设政法队伍、督促依法履职、创造公正司法环境上，带头依法办事，保障宪法法律正确统一实施。加强政法机关党的建设，政法机关党组织要建立健全重大事项向党委

报告制度。

（二）严格执行党规党纪

33. 不断提升党规党纪执行力。党规党纪严于国家法律。各级党组织和广大党员干部要坚定理想信念，践行党的宗旨，始终坚持“三严三实”要求，自觉做到讲诚信、懂规矩、守纪律，不仅要模范遵守国家法律，而且要按照党规党纪以更高标准严格要求自己，严格遵行党章和其他党内法规制度。各级党组织要加强对党规党纪执行情况的监督检查，不断提升党规党纪执行力，切实把党要管党、从严治党落到实处。

34. 健全改进作风的常态化制度。完善领导干部直接联系和服务群众制度，健全财务预算、核准、公开制度，加强经济责任审计，依纪依法反对和克服形式主义、官僚主义、享乐主义和奢靡之风。严格执行领导干部政治、工作、生活待遇方面各项制度规定，着力整治各种特权行为，坚决纠正有令不行、有禁不止现象。

35. 深入开展党风廉政建设和反腐败斗争。严格落实党风廉政建设党委主体责任和纪委监督责任，完善惩治和预防腐败体系，坚持有腐必反、有贪必肃，对腐败行为和腐败分子，依纪依法予以坚决惩处。

（三）加强法治工作队伍建设

36. 建设高素质法治专门队伍。把思想政治建设摆在首位，深入开展以信仰、忠诚、敬畏、廉耻、智慧为主要内容的“五项教育”，全面提升法治专门人员综合素质，建立与依法治市相适应的立法、执法、司法队伍。抓住立法、执法、司法机关领导班子建设这个关键，突出政治标准，把善于运用法治思维和法治方式推动工作的人选拔到领导岗位上来。健全各级政府法制机构，使机构设置和人员配备与工作任务相适应。完善政法干警培养招录和考核晋升机制，落实初任法官、检察官一律在基层法院、检察院任职，上级人民法院、人民检察院的法官、检察官从下一级人民法院、人民检察院遴选制度。畅通立法、执法、司法部门之间以及与其他部门具备条件的干部和人才的交流渠道，加快推进法治工作干部交流的常态化和规范化。

37. 加强法律服务队伍建设。积极发展公职律师、公司律师队伍，构建社会律师、公职律师、公司律师等优势互补、结构合理的律师队伍。加强公证员、基层法律服务工作者、人民调解员、法律服务志愿者队伍建设，建立激励法律服务人才合理流动机制，逐步解决基层法律服务资源不足和高端人才匮乏问题。

38. 创新法治人才培养机制。把法治人才队伍建设纳入全市人才发展总体规划，推动中国特色社会主义法治理论进教材进课堂进头脑，培养造就熟悉和坚持中国特色社会主义法治体系的法治人才及后备力量。健全政法部门与高校法学院系、法学研究机构人员双向交流机制，实施高校和法治工作部门人员互聘计划，建设高素质学术带头人、骨干教师、专兼职教师队伍；建设专家型法官、检察官、警官人才队伍，加强政法人才队伍的常态化储备。建设通晓国际法律规则、善于处理涉外法律事务的涉外法治人才队伍。

（四）加强监督考核

39. 强化法治建设监督。各级党委、人大、政府和司法机关要加强对依法治市各项工作的督促检查，确保各项举措落实到位。各级政协要通过视察、调研等方式，加强对依法治市各项工作的民主监督。各级党政督查部门要制定督查工作方案，明确责任分工、细化督查程序、强化刚性约束，确保各专项工作按进度顺利推进。有效扩大社会监督范围，完善社会监督工作机制，落实人民陪审员、人民监督员制度，建立健全行风监督员制度。强化舆论监督，建立完善与网络社会相适应的舆论监督机制，特别要发挥媒体和网络的监督作用，明确相应的权利和义务。

40. 建立法治建设考核机制。建立科学的法治建设指标体系和考核标准，定期开展区域法治建设水平测评。建立依法治市工作目标责任制，将依法治市纳入各级党委、政府目标绩效管理，具体任务和责任分解落实到有关部门和单位。把法治建设成效作为衡量各级领导班子和领导干部工作实绩的重要内容，完善领导干部任前法律考试制度，把遵纪守法、依法办事作为衡量干部德才的重要标准。在相同条件下，优先提拔使用法治素养高、依法办事能力强的干部。

法规 · 规章

沈阳市低收入居民家庭经济状况核对办法

（沈阳市人民政府令第43号）

第一条 为了有效实施社会救助、社会福利等制度，规范低收入居民家庭经济状况核对工作，根据国家有关规定，结合本市实际，制定本办法。

第二条 对申请最低生活保障、低收入困难家庭救助、医疗救助、教育资助、住房保障等社会救助的本市居民及其家庭经济状况开展的调查、核对活动适用于本办法。接受经济状况调查核对的居民个人或者家庭，统称为核对对象。

第三条 市民政部门是本市低收入居民家庭经济状况核对工作的主管部门。市居民家庭经济状况核对机构（以下简称核对机构）具体负责本市低收入居民家庭经济状况核对工作。区、县（市）民政部门负责核对对象经济状况初审和复核工作。街道办事处（乡、镇）、社区（村）委员会协助做好经济状况核对、复核工作。

第四条 财政、房产、公安、人力资源和社会保障、教育、卫生、工商、住房公积金、税务、金融等部门在各自职责范围内做好相关工作。

第五条 核对工作应当坚持依法、客观、公正的原则，保护核对对象的合法权益。

第六条 核对的内容包括核对对象的可支配收入和财产。可支配收入包括工资性收入、经营性净收入、财产性收入、转移性收入等，财产包括实物财产、货币财产等。

第七条 政府相关部门应当如实为核对机构提供以下相关信息：

（一）婚姻、社会救助、社会福利、优待抚恤情况；

（二）就业、缴纳社会保险费、领取社会保险金等情况；

（三）住房公积金缴纳和使用等情况；

（四）企业和个体工商户的注册登记情况；

（五）个人、个体工商户的纳税情况；

（六）房地产登记、房产交易、已办理租赁登记备案房屋及享受保障性住房情况；

（七）户籍确认、机动车登记及出入境情况；

（八）应当提供的其他相关信息。

第八条 政府相关部门受理本市居民或者家庭提出社会救助项目申请后，需要掌握申请人经济状况作为审批参考依据时，经申请人同意并且书面授权后，可以委托核对机构进行调查核实。

第九条 核对机构应当建立调查、核实的工作规范和责任制度，保障核对工作的及时、准确、公正。核对机构应当建立严格统一的管理制度，采取必要的措施，保证信息系统的安全运行。

第十条 核对机构可以通过调取政府相关部门和有关机构信息开展核对工作，也可以根据实际工作需要，采取入户调查、邻里访问、信函索证等方式开展核对工作。核对机构进行入户调查、邻里访问、信息调取等核对工作时，应当派出至少2名工作人员，并且出示相关证件。

第十一条 核对机构按照以下途径开展核对工作：

（一）工资性收入可以通过调查就业、劳动报酬、社会保险费、住房公积金、个人所得税的缴纳等情况得出；

（二）经营性净收入可以通过调查企业和个体工商户的注册登记、生产经营情况和企业所得税的缴纳等情况得出；

（三）财产性收入可以通过调查利息、股息与红利、出租房屋收入等情况得出；

（四）转移性收入可以通过调查养老金、失业保险金、住房公积金、福利收入的领取等情况得出；

（五）实物财产可以通过调查房产、车辆、贵重物品、艺术品等有价值实物拥有情况得出；

（六）货币财产可以通过调查存款、有价证券持有情况、债权债务情况等得出；

（七）法律、法规规定的其他途径。

第十二条 银行、证券、保险等机构应当根据核对对象的书面授权，依法向核对机构提供与核对对象相关的存款、有价证券、商业保险等信息。

第十三条 核对对象应当积极配合核对机构依法开展的核查工作，如实提供个人、家庭经济状况等有关信息，不得隐瞒和虚报。

第十四条 核对对象的支出与其提供的收入状况明显不符的，或者对其经济状况有明显影响的，核对机构可以对相应支出情况进行调查。

第十五条 核对对象的工作单位及其户籍地（或者居住地）的街道办事处（乡、镇）、社区（村）委员会等相关部门和组织应当协助核对机构开展调查工作。

第十六条 核对机构对通过规定途径获得的相关信息进行核实后，应当出具经济状况核对报告，并且报送政府相关部门。

第十七条 政府相关部门应当在收到核对机构的经济状况核对报告后3个工作日内，向核对对象告知核对报告的内容。核对对象对核对报告无异议的，政府相关部门应当将核对报告作为审批依据之一；核对对象对核对报告有异议的，可以向区、县（市）民政部门提出书面复核申请。区、县（市）民政部门应当在20个工作日内进行复核，出具复核报告，将复核报告告知核对对象，同时抄送核对机构。经区、县（市）民政部门复核后的复核报告为核对对象经济状况核对的最终报告。

第十八条 核对机构、政府相关部门等所有接触居民家庭经济状况核对信息的工作人员，对在核对工作中获得的信息应当予以保密，不得向与核对工作无关的组织或者个人泄露，不得将信息用于与核对工作无关的用途。

第十九条 实施除最低生活保障、低收入困难家庭救助、医疗救助、教育资助、住房保障以外的其他社会救助、社会福利等制度时，需要委托核对机构对居民家庭经济状况进行调查核实的，应当经市人民政府批准后实施。

第二十条 核对机构、政府相关部门等所有接触居民家庭经济状况核对信息的工作人员，非法向他人提供核对对象信息、滥用职权、玩忽职守、徇私舞弊的，根据国家相关规定给予行政处分；构成犯罪的，依法追究刑事责任。

第二十一条 本办法自2014年6月1日起施行。

沈阳市拥军优属规定

（沈阳市人民政府令第44号）

第一条 为了进一步做好拥军优属工作，增强军政军民团结，促进国防现代化建设，推进军民融合深度发展，根据有关法律、法规的规定，结合本市实际，制定本规定。

第二条 驻本市行政区域内中国人民解放军和中国人民武装警察部队的现役军人、现役军人家属和常住户口在本市的退役残疾军人、复员军人、退伍军人、烈士遗属、因公牺牲军人遗属、病故军人遗属、参战（参试）退役人员、60周岁以上农村籍退役士兵、烈士子女等，依照有关法律、法规和本规定享受抚恤优待。

第三条 拥军优属工作由市和区、县（市）人民政府民政部门负责协调和组织实施。

第四条 国家机关、社会团体、企事业单位和公民，依照本规定履行各自的职责和义务。

第五条 各级人民政府应当把拥军优属工作纳入当地经济和社会发展规划，做好本行政区域内拥军优属工作。

第六条 拥军优属工作实行国家和社会相结合的方针，保障抚恤优待水平与国民经济和社会发展相适应。全社会应当关怀、尊重优抚对象，开展各种形式的拥军优属活动。

第七条 各级人民政府和有关部门应当依照国家规定，组织实施国防教育、政治动员、国民经济动员、人民防空、国防交通、国防设施保护等工作，加强民兵、预备役建设。

第八条 各级人民政府和有关部门应当切实保障驻军部队粮油、水电、燃料、副食品和日常生活用品的供应；积极支持和配合部队完成军事训练、战备执勤、军事演习、国防施工、营房建设等任务；帮助驻军做好水、电、道路、交通、通信等基础设施建设，改善工作和生活条件。对部队建设需要征用的土地、水面，应当按照国家和本市的有关规定优先办理。

第九条 邮电、铁路、交通、民政等部门应当保证军事通信、军事人员、军用物资输送的畅通。

第十条 各级人民政府和有关部门及社会组织应当积极开展科技拥军、文化拥军、法律拥军活动，帮助驻军部队开展科技练兵和培养新型军事人才。教育、人力资源和社会保障等部门应当做好为部队培养各类科技和技能人才工作，并推行国家职业资格证书制度，对有关培训、鉴定考核费用予以优惠。大专院校、科研院所和技术密集型企业，应当参与军事科研课题的研究，帮助部队解决作战训练、武器装备等技术难题。

第十一条 各级人民政府和有关部门应当积极支持国防后备力量建设，依法完成征兵任务；各级人民政府征兵机构应当严格按照国家征集兵员的规定，积极做好应征动员工作，鼓励在校大学生参军入伍，保证兵员质量。

第十二条 社会新闻媒体应当开设专栏、专题，加强国防教育和拥军优属工作的宣传报道。

第十三条 军用车辆在本市行政区域内的各种公路、桥梁、渡口、隧道行驶，在公共停车场或者住宅区停车场内停放，免收费用。义务兵持士兵证、残疾军人持残疾军人证免费乘坐本市行政区域内公共汽车和轨道交通工具。

第十四条 现役军人、残疾军人、部队离退休干部到本市各收费公园，沈阳故宫、昭陵、福陵，棋盘山国际旅游风景区（包括棋盘山公园、植物园、森林公园）、世博园、沈阳怪坡、"九·一八"历史博物馆、沈阳张氏帅府博物馆等处参观，凭士兵证、军官证、残疾军人证、离退休证等有效证件，一律免收第一门票。

第十五条 铁路、公路、民航应当对现役军人、残疾军人设立优先售票窗口，有条件的应当设置专门的候车区。残疾军人凭残疾军人证按照规定享受票价优待。公共服务场所应当设立烈属、残疾军人、现役军人优先标志，并提供优质服务。

第十六条 各级人民政府和有关部门应当落实各项优抚政策。对按照政策规定享受国家定期抚恤和生活补助的残疾军人、在乡复员军人、带病回乡退伍军人、烈士遗属、因公牺牲军人遗属、病故军人遗属、参战（参试）退役人员、60周岁以上农村籍退役士兵、烈士子女，由市和区、县（市）民政部门按照不低于省规定的标准给予定期抚恤和生活补助，并落实抚恤和生活补助标准自然增长机制，确保抚恤和生活补助经费与社会经济发展相适应，优抚对象的生活水平与全市人民群众的生活水平同步提高。

第十七条 现役军人被授予荣誉称号或者荣立一等功，由市人民政府组织庆功报喜；荣立二等功，由区、县（市）人民政府组织庆功报喜；荣立三等功，由街道办事处、乡（镇）人民政府组织庆功报喜，并按照有关规定给予奖励。街道办事处、乡（镇）人民政府应当为军烈属家庭挂光荣牌，及时送达官兵立功受奖的喜报并予以宣传。

第十八条 义务兵服役期间，民政部门对其家庭给予优待，并建立优待金自然增长机制。具体标准由相关部门制定。

第十九条 符合随军条件的现役军人家属、军转干部随迁随调家属、军队离退休干部随迁家属，由公安机关优先办理落户手续。实行对口安置与推荐安置相结合，岗位安置与货币安置相结合，社会安置与部队内部安置相结合。随军前是在编在岗公务员的随军家属，按照属地管理、专业对口、就地就近原则，在编制职数范围内由接收单位结合本单位和本人实际情况，按照有关规定进行安置。接收单位明确人员后，应当在6个月内办理接收手续。随军前是事业单位在编人员的随军家属，按照属地管理、专业对口、就地就近原则，由驻地人民政府督导各事业单位在编制内拿出一定数量的岗位进行定向招聘。接收单位明确人员后，应当在6个月内办理接收手续。随军家属符合事业单位招聘条件的，同等条件下优先聘用。随军前在中央和地方实行垂直管理单位工作的随军家属，是公务员、事业单位在编人员的，参照相关规定进行安置。烈士遗属、因公牺牲军人遗属和战时荣立二等功以上奖励的军人随军家属需要安置就业的，当地人民政府应当优先安置。

第二十条 各级人民政府和有关部门应当积极鼓励和扶持随军家属自主择业、自主创业。对从事个体经营的随军家属，按照国家有关优惠政策给予支持。各级人民政府和有关部门应当鼓励随军家属根据其特长、就业意向和社会用工需求，积极参加职业培训。对参加职业培训的，按照规定给予职业培训补贴；通过初次职业技能鉴定并取得职业资格证书的，按照规定给予职业技能鉴定补贴。

随军家属经培训并参加职业技能鉴定合格的，发放相应的职业资格证书。

第二十一条 享受国家定期抚恤和生活补助的优抚对象和现役军人家属，符合经济适用房、公共租赁住房保障条件的，可以优先享受经济适用房、公共租赁住房保障；享受抚恤补助优抚对象为房屋所有权人或者公有房屋承租人，并符合城镇困难群体条件的，享受在动迁、产权调换方面的优惠政策。居住在农村住房困难的，由所在地人民政府帮助解决。对于符合集中供养条件的优抚对象，可以安置在市或者区、县（市）光荣院集中供养。

第二十二条 现役军人和配偶分居两地的，其配偶按照规定享受探亲假。探亲期间工资照发，劳动福利待遇不变。

第二十三条 各单位对享受国家定期抚恤和生活补助的优抚对象和现役军人家属的工作、生活应当给予优先照顾，确保其工资、退休费足额按时发放，及时缴纳养老、基本医疗等社会保险和住房公积金；在劳动人事制度改革中，应当妥善安置上述人员的工作和生活，一般不能安排其下岗；所在单位发生特殊经济困难，上述人员的工作和生活得不到保障的，由所在单位的主管部门负责解决。

第二十四条 在国家机关、社会团体、企事业单位工作的残疾军人，享受与所在单位工伤人员同等的生活福利和医疗待遇。有劳动能力的残疾退役士兵，优先享受国家规定的残疾人就业优惠政策。所在单位不得以残疾为由将其辞退、解聘或者解除劳动关系。

第二十五条 优抚对象符合城乡最低生活保障条件的，优先纳入城乡低保范围。优抚对象的抚恤补助优待金不计入收入范围。

第二十六条 一至十级因公因战负伤致残军人旧伤复发的医疗费用，按照《工伤保险条例》的规定执行，已经参加工伤保险的，由工伤保险基金支付；未参加工伤保险，有工作的由工作单位解决，无工作的由所在地人民政府负责解决。不属于因公因战负伤的致残军人旧伤复发医疗费用，按照基本医疗保险政策执行，并在此基础上享受医疗补助。

第二十七条 享受国家定期抚恤和生活补助的优抚对象，享受医疗优惠待遇。具体办法由相关部门制定。

第二十八条　享受国家抚恤和生活补助的优抚对象和在破产、特困企业中的烈士遗属、因公牺牲军人遗属、病故军人遗属、现役军人家属为房屋所有权人或者承租人的，享受城镇困难群体的供暖补贴政策。具体办法由有关部门制定。

第二十九条　退役士兵、残疾军人、烈士子女、因公牺牲军人子女、一至四级残疾军人子女、现役军人子女，按照《军人抚恤优待条　例》和有关规定，享受教育优待。

第三十条　各单位应当按照国家、省、市有关规定接收和安置军转干部等退役军人。对服役时间较长、贡献较大、职务较高、因公因战致残或者长期在艰苦地区以及从事飞行、潜艇等工作的军转干部等退役军人，在安置中给予适当照顾。

第三十一条　军转干部等退役军人的军龄计为所在单位的连续工龄，并视同社会保险缴费年限，享受本单位同等人员的同等待遇。

第三十二条　国家机关、社会团体、企事业单位，都有接收安置退役士兵的义务，在招收录用工作人员或者聘用职工时，同等条件下应当优先招收录用退役士兵。退役士兵报考公务员、应聘事业单位职位的，在军队服现役经历视为基层工作经历。接收安置退役士兵的单位，按照国家规定享受优惠政策。

第三十三条　自主就业的退役士兵，地方人民政府可以根据当地实际情况给予经济补助。

第三十四条　自主就业的退役士兵入伍前通过家庭承包方式承包的农村土地，承包期内不得违法收回或者强制流转；通过招标、拍卖、公开协商等非家庭承包方式承包的农村土地，承包期内其家庭成员可以继续承包；承包的农村土地被依法征收、征用或者占用的，与其他农村集体经济组织成员享有同等权利。

第三十五条　自主就业退役士兵入伍前是国家机关、社会团体、企事业单位职工或者全日制在校大学生的，退出现役后，根据本人意愿，允许复工、复职、复学。

第三十六条　各级人民政府应当按照国家、省有关规定落实好移交地方人民政府管理的军队离休退休干部的政治、生活待遇；做好部队移交地方管理的无军籍退休、退职职工的接收安置工作。

第三十七条　随军的烈士遗属、因公牺牲军人遗属和病故军人遗属移交地方人民政府安置的，按照规定享受相关抚恤优待。

第三十八条　每年清明节、国庆节等节日和重要纪念日期间，各级人民政府和驻军部队以及企事业单位、社会组织应当充分利用烈士纪念设施、爱国主义教育基地、国防教育基地等红色资源，组织开展祭奠烈士、缅怀英烈活动。各级政府应当做好烈士纪念设施保护管理。

第三十九条　拥军优属保障资金，应当坚持以政府财政拨款为主，社会团体、慈善机构和个人捐赠相结合的方式筹集，优先用于解决优抚对象的实际困难。对拥军优属保障资金实行专款专用，并接受财政、审计等部门的监督。各级财政部门应当优先保证优抚事业经费的落实，抚恤补助资金实行社会化发放。

第四十条　各级人民政府和有关部门应当加强对处理军队官兵涉法问题的组织领导，依法保护军人及其家属的合法权益。司法行政机关应当指导法律援助机构和法律服务机构，协调和处理军队官兵及其家属涉法问题，及时有效地提供法律服务。

第四十一条　各级人民政府处理军地矛盾和纠纷，应当主动与驻军沟通协商，及时化解矛盾、解决纠纷。

第四十二条　各级人民政府应当每年组织检查拥军优属有关政策的执行情况，对拥军优属工作中做出突出贡献的单位和个人给予表彰和奖励。

第四十三条　违反本规定，阻碍拥军优属工作，侵害优抚对象合法权益的，视其情节轻重，由其所在单位或者上级主管部门给予批评教育或者行政处分；构成犯罪的，依法追究刑事责任。

第四十四条　本规定自2015年2月1日起施行。《沈阳市拥军优属规定》（市政府令〔2007〕77号）同时废止。

沈阳市罚没财物管理办法

（沈阳市人民政府令第45号）

第一条　为了加强罚没财物管理，防止国有资产流失，保障国有资产安全，根据《辽宁省罚没财物管理办法》等规定，结合本市实际，制定本办法。

第二条　本办法所称罚没财物是指具有行政处罚权的行政机关、司法机关、法律法规授权的组织（以下统称执法机关）依法实施行政处罚的罚款、没收的非法所得款和查处、没收、追缴的物品。

第三条　在本市行政区域内执法机关对罚没财物的收缴、处置和监督工作，适用本办法。

第四条　市和区、县（市）财政部门是同级罚没财物管理的行政主管部门。

监察、审计等部门按照各自职责，做好罚没财物的监督检查工作。

第五条　罚没财物属于国家所有，任何单位和个人不得截留、滞留、挪用、借用、调换、私分或者擅自处置。

第六条　行政机关实施行政处罚的罚款以及物品的变价款，应当按照非税收入管理相关规定及时、足额上缴国库。

第七条　执法机关应当实行罚没物品收缴与保管相分离，妥善保管罚没物品，建立罚没物品登记、验收、保管、交接、注销等管理制度，防止罚没物品的毁损、短缺和变质。

第八条　执法机关应当自结案后30个工作日内，向财政部门提出罚没物品上缴申请或者处置意见，填写罚没物品上缴申请，同时出具下列资料：

（一）作出没收物品处理决定的法律文书；

（二）对没收物品作出的质量检验报告或者鉴定材料；

（三）其他相关资料。

执法机关无法提供相关文件的，应当出具无法取得这些文件的说明材料。

第九条　财政部门应当依据国家和省有关规定，组织执法机关、有资质的中介机构对申请上缴的罚没物品进行审验、分类和鉴定，并依据结果，出具对申请上缴罚没物品的分类处置意见。

第十条　财政部门对执法机关申请上缴的罚没物品存在疑问的，不予接收并记录在案，责成执法机关查实问题后重新申请上缴。

第十一条　罚没物品应当根据不同分类，分别采取上缴国库或者移交其他专管机构、拍卖及销毁等方式处置。

罚没物品处置时，由执法机关申报罚没物品处置意见，报财政部门审批。

第十二条　罚没物品产权清晰无权属纠纷并适合机关事业单位使用的，上缴国库。

第十三条　罚没物品有下列情形之一的，经财政部门审核后，由执法机关按照下列规定进行处理：

（一）金银及其制品、外币，不具有收藏价值的，由执法机关送交专管机构或者专营企业按照市场价格收购或者收兑，取得的变价收入上缴国库；

（二）有价证券，由执法机关送有关单位，按照市场价格转让或者兑付，取得的变价收入或者兑付款上缴国库；

（三）专卖品，由执法机关委托专卖部门依法处理，取得的变价收入上缴国库；

（四）鲜活商品等易损毁、灭失、变质以及其他不宜长期保存的物品，经相关检验、检疫合格的，由执法机关直接送有关经营（使用）单位收购，变价收入上缴国库或者无偿调拨给社会福利机构；

（五）古玩、字画等文物，由执法机关移交文物管理部门按照规定处理。按照规定允许流通的，由文物管理部门依法委托具有文物拍卖经营资格的拍卖机构进行拍卖，拍卖收入上缴国库；不允许流通或者有入馆收藏价值的，由文物管理部门管理。

第十四条　罚没物品有下列情形之一，属于专管机构管理或者专营企业经营的，经财政部门审核后，由执法机关移交专管机构处置：

（一）法定保护的野生植物、野生动物及其产品，移交林业、农业、水利行政主管部门处理；

（二）枪支、弹药、爆炸物品、管制刀具、剧毒化学品、易制爆危险化学品、放射性物品等，移交公安机关和国家安全机关处理；

（三）执法机关扣留或者人民法院判决没收的走私车辆，移交海关处理；

（四）在相关部门登记备案但无法提供车辆登记证、行驶证等手续的机动车辆移交有报废资质的报废机构处理；

（五）法律、法规规定应当由专管机关进行管理处置的其他物品。

第十五条　罚没物品有下列情形之一的，经财政部门审核后，由执法机关委托评估、拍卖机构公开评估、拍卖：

（一）罚没的无产权证房屋建筑物等不动产；

（二）其他应当由执法机关组织直接拍卖的罚没物品。

第十六条　罚没物品有下列情形之一的，经财政部门审核后，应当依法予以销毁：

（一）不能作技术处理或者技术处理后仍可能危及人体健康、人身财产安全的；

（二）国家明令淘汰并禁止使用的；

（三）无使用价值或者不得进入市场的物品；

（四）假冒伪劣物品、医疗器械等；

（五）毒品和毒品原植物、淫秽物品、吸毒用具、赌博用具等违禁品；

（六）危害国家安全的物品、器材；

（七）检验检疫不合格的鲜活商品等易损毁、灭失、变质以及其他不宜长期保存的物品；

（八）法律、法规规定必须销毁的。

对应当予以销毁的罚没物品，由执法机关组织销毁，财政部门派员监销。销毁时应当做好现场监督和记录，并全程录像。执行记录经执法机关人员盖章签名后，由财政部门和执法机关各留一份存档。

第十七条　拍卖机构将罚没物品拍卖后，在5个工作日内将拍卖收入上缴执法机关提供的财政部门非税收入财政专户，执法机关对拍卖机构开具缴款证明。

第十八条　对罚没物品其他形式的变价收入，由执法机关在变价后5个工作日内上缴财政部门非税收入财政专户，并对买受人开具缴款证明。

第十九条　罚没物品管理，实行收支两条线。执法机关的经费纳入部门预算管理，不得与罚没收入挂钩或者变相挂钩。罚没物品收缴、保管、处置过程中发生的费用，由作出处罚决定的执法机关承担，列入本单位经费预算，不得转嫁到被处罚单位或者个人。

第二十条　执法机关应当自觉接受财政、审计、监察等有关部门的监督。

第二十一条　执法机关有下列行为之一的，由财政部门责令其限期改正，并建议同级政府或者其他有权机关依法处理：

（一）未按照规定建立健全罚没物品管理制度及罚没物品台账的；

（二）因人为因素保管不善造成罚没物品发生毁损、短缺、变质，且损失较大的；

（三）罚没物品账目登记混乱的。

第二十二条　执法机关有下列行为之一的，由财政部门或者有关部门予以追缴，并由上级主管部门对直接负责的主管人员或者其他责任人员依法给予处分：

（一）擅自将罚没物品留用或者不按照规定处理的；

（二）未将罚没物品及变价收入按照规定上缴财政部门，而存入本单位财务部门自行开立的账户、小金库或者截留、私分、挪用、坐支的。

第二十三条　应当上缴财政的无主物品和执法机关依法收缴的赃款赃物的管理，参照本办法执行。

第二十四条　本办法自2015年2月1日起施行。

沈阳市国有土地上房屋征收与补偿办法

（沈阳市人民政府令第46号）

第一章　总　　则

第一条　为了规范国有土地上房屋征收与补偿活动，维护公共利益，保障被征收房屋所有权人的合法权益，根据《国有土地上房屋征收与补偿条例》等有关规定，结合本市实际，制定本办法。

第二条　在本市行政区域内国有土地上实施房屋征收与补偿，适用本办法。

第三条　市房产行政管理部门是本市国有土地上房屋征收与补偿工作的行政主管部门，其所属的市国有土地房屋征收管理机构负责日常管理工作，并对区、县（市）房屋征收部门的工作进行监督指导。区、县（市）人民政府负责本行政区域内房屋征收与补偿工作。区、县（市）人民政府确定的房屋征收部门，负责组织实施本行政区域内的房屋征收与补偿工作。发展改革、规划和国土资源、建设、行政执法、工商、审计、财政、民政、税务、监察等部门应当按照职责分工，做好房屋征收与补偿工作。

第四条　市房屋征收主管部门应当对全市从事房屋征收工作的人员进行法律、法规和相关知识的培训和考核。

第二章　征收决定

第五条　根据相关法律、法规规定，因公共利益需要,确需征收房屋的,由区、县(市)人民政府作出房屋征收决定。

第六条 确需征收房屋的各项建设活动,区、县(市)人民政府应当向发展改革、规划和国土资源等部门提出申请,有关部门应当出具相关证明文件:

(一)发展改革部门应当出具项目符合国民经济和社会发展规划的证明文件;

(二)规划和国土资源部门应当出具项目符合土地利用总体规划的证明文件;

(三)规划和国土资源部门应当出具项目符合城乡规划的证明文件;

(四)需要出具的其他相关材料。

第七条 房屋征收范围确定后,征收范围内的单位和个人不得进行下列不当增加补偿费用的行为,违反规定实施的,不予补偿:

(一)新建、改建和扩建房屋及附属物;

(二)改变房屋和土地用途;

(三)房屋租赁;

(四)企业工商登记;

(五)其他不当增加补偿费用的行为。

区、县(市)房屋征收部门应当书面通知规划和国土资源、建设、工商、民政、税务等部门暂停办理前款所列事项的相关手续。暂停办理相关手续的书面通知应当载明暂停期限。暂停期限最长不超过1年。

第八条 区、县(市)房屋征收部门组织对征收范围内房屋的权属、区位、用途、建筑面积等情况进行调查登记,被征收人应当予以配合。调查结果应当在房屋征收范围内向被征收人公布。

第九条 区、县(市)房屋征收部门拟定征收补偿方案,报本级人民政府。区、县(市)人民政府应当组织相关部门对征收补偿方案进行论证,并征得市房屋征收主管部门同意后予以公布,征求公众意见。征求意见期限不得少于30日。

第十条 区、县(市)人民政府应当将征求意见情况、根据公众和被征收人意见修改后的方案,在征求意见期限结束后15日内予以公布。因旧城区改建需要征收房屋,半数以上被征收人认为征收补偿方案不符合征收法规、规章规定的,区、县(市)人民政府应当组织由被征收人和公众代表参加的听证会,并根据听证会情况修改方案。

第十一条 区、县(市)人民政府作出房屋征收决定前,应当按照有关规定进行社会稳定风险评估;房屋征收项目涉及被征收人1000户以上的,应当经区、县(市)人民政府常务会议讨论决定。

第十二条 区、县(市)人民政府作出房屋征收决定前,征收补偿费用应当足额到位、专户存储、专款专用。

第十三条 区、县(市)人民政府作出房屋征收决定后应当及时公告。公告应当载明征收补偿方案和行政复议、行政诉讼权利等事项。区、县(市)人民政府及房屋征收部门应当做好房屋征收与补偿的宣传、解释工作。房屋被依法征收的,国有土地使用权同时收回。

第十四条 区、县(市)房屋征收部门应当在本级人民政府作出房屋征收决定之日起7日内,将房屋征收决定报市房屋征收主管部门备案。

第三章 补 偿

第十五条 区、县(市)房屋征收部门与被征收人依照本办法的规定,就补偿方式、补偿金额和支付期限、用于产权调换房屋的地点和面积、搬迁费、临时安置费或者周转用房、停产停业损失、搬迁期限、过渡方式和过渡期限等事项,订立补偿协议。补偿协议订立后,一方当事人不履行补偿协议约定义务的,另一方当事人可以依法提起诉讼。征收补偿协议示范文本由市房屋征收主管部门会同工商行政管理部门统一监制。

第十六条 对被征收房屋价值的补偿,不得低于房屋征收决定公告之日被征收房屋类似房地产的市场价格。被征收房屋的价值,由具有相应资质的房地产价格评估机构按照房屋征收评估办法评估确定。对评估确定的被征收房屋价值有异议的,可以向房地产价格评估机构申请复核评估。对复核结果有异议的,可以向市房地产价格评估专家委员会申请鉴定。

第十七条 市房屋征收主管部门对从事房屋征收工作的房地产价格评估机构实行信用管理制度,每年度公布名录。

第十八条 评估机构的产生过程应当按照下列程序进行:

(一)作出征收决定前,由市房屋征收主管部门将征收范围、征收规模等信息在公众媒体发布,向具备资格的评估机构发出邀请;

(二)市房屋征收主管部门对评估机构核准后,将符合条件的评估机构名单在征收范围内公示。由区、县(市)房屋征收部门向被征收人发放征求意见选票,期限为10天;

(三)区、县(市)房屋征收部门负责统计反馈意见,并经市房屋征收主管部门确认后公布结果。收回的反馈意见选票应当超过被征收人总数的50%。超过收回反馈意见选票50%且得票最多的评估机构方可确定为该项目的评估机构;

(四)评估机构选择率达不到反馈意见选票50%的,由区、县(市)房屋征收部门选择得票排名前3家评估机构,向被征收人再次发放征求意见选票,期限为5天;

(五)区、县(市)房屋征收部门再次统计反馈意见,并经市房屋征收主管部门确认后公布结果。收回的反馈意见选票应当超过被征收人总数的50%。超过收回反馈意见选票50%且得票最多的评估机构方可确定为该项目的评估机构;

(六)上述方式未能确定评估机构的,在得票排名前3家评估机构中,采取抽签方式随机确定。区、县(市)房屋征收部门应当提前3天将抽签时间和地点在现场公示,并邀请公证机构到场公证。

第十九条 征收补偿方式包括货币补偿和产权调换。被征收人选择房屋产权调换的,区、县(市)人民政府应当提供用于产权调换的房屋,并与被征收人计算、结清被征收房屋价值与用于产权调换房屋价值的差价。因旧城区改建征收个人住宅,被征收人选择在改建地段进行房屋产权调换的,作出房屋征收决定的区、县(市)人民政府应当提供改建地段或者就近地段的房屋。

第二十条 安置住宅房屋建设,应当以中小户型为主,原则上建筑面积不低于50平方米,不超过90平方米。实际安置面积与被征收人选择面积有差异的,按照实际面积安置。

第二十一条 就近就地安置住宅房屋,由多层(含平房)到高层的,按照被征收房屋建筑面积10% ~20% 给予改善面积。由高层到高层或者由多层(含平房)到多层的,按照被征收房屋建筑面积5% 给予改善面积。异地安置住宅房屋,土地级别每降一类,改善面积增加10%。

第二十二条 就近就地安置住宅房屋,原建筑面积与改善面积不收取费用,超过两面积之和的部分,15平方米(含15平方米)以下的,按照被征收房屋房地产市场评估价格结算,15平方米以上部分,按照安置房屋市场价格结算。

第二十三条 异地安置住宅房屋,原建筑面积与改善面积不收取费用,超过两面积之和的部分,15平方米(含15平方米)以下的,按照被征收房屋房地产市场评估价格与安置房屋市场价格两者最低价格结算,15平方米以上部分,按照安置房屋市场价格结算。

第二十四条 征收住宅房屋,实施货币补偿的,补偿标准在被征收房屋房地产市场评估价格基础上上浮20% ~30%。区、县(市)人民政府应当根据征收项目所处区位、被征收房屋不同户型、建筑年代、结构等实际情况确定具体上浮比例。

第二十五条 征收建筑面积低于50平方米的住宅房屋,给予面积补贴。补贴面积=50平方米-被征收房屋建筑面积。

第二十六条 征收私有住宅房屋实行货币补偿的,货币补偿金额按照下列公式计算:

被征收人货币补偿金额=被征收房屋建筑面积×被征收房屋房地产市场评估价格×(1+上浮比例)+补贴面积×被征收房屋房地产市场评估价格×(1+上浮比例)×40%。选择产权调换的,面积补贴金额从被征收人应当结算房款中扣除。

第二十七条 征收执行政府规定租金标准的公有住宅房屋,原租赁关系终止,区、县(市)人民政府应当按照征收当时以房改政策计算所有人应得售房款的数额对被征收人给予补偿。对房屋承租人按照本办法第二十六条规定的被征收人货币补偿金额与征收当时按照房改政策计算应当交纳的购房款之间的差额给予补偿。

第二十八条 征收直管非住宅房屋,原租赁关系终止,实行产权调换的,区、县(市)人民政府应当与被征收人双方结清差价。房屋承租人可以与被征收人重新订立租赁合同。房屋承租人不继续承租的,区、县(市)人民政府应当对党政机关、事业单位、国有企业承租人按照被征收房屋房地产评估价格的60%补偿,对被征收人按照被征收房屋房地产评估价格的40%实行产权调换;对其他房屋承租人不予补偿,由区、县(市)人民政府对被征收人按照被征收房地产评估价格实行产权调换。在房屋产权调换过渡期间内,区、县(市)人民政府应当按照被征收人原直管公房租赁协议中约定租金标准给予过渡期补偿,对房屋承租人给予停产停业损失补偿。

第二十九条 征收执行政府规定租金标准的私有房屋、宗教团体房屋、落实政策带户返还房屋,原租赁关系终止,按照下列规定计算货币补偿金额:

(一)征收住宅房屋的,对被征收人的补偿金额计算公式为:

被征收人货币补偿金额=被征收房屋建筑面积×被征收房屋房地产市场评估价格。对房屋承租人的补偿按照第二十七条公有住宅房屋承租人的补偿规定执行。

(二)征收非住宅房屋的,对被征收人按照被征收房屋房地产市场评估价格补偿;对房屋承租人按照被征收房屋房地产市场评估价格的60%补偿。

第三十条 被征收人符合住房保障条件的,作出房屋征收决定的区、县(市)人民政府应当优先给予住房保障。

第三十一条 征收建筑面积低于50平方米的低保、低保边缘户家庭合法住宅房屋时,给予下列住房保障:

选择货币补偿的,原建筑面积按照市场评估价格上浮20% ~30%计算,补贴面积部分按照市场评估价格计算。补贴面积部分不享受临时安置补助、装修及各种奖励费用。选择产权调换的,原建筑面积与改善面积之和不足50平方米的,按照50平方米安置,不收取差价款。超出50平方米部分,按照第二十二条、第二十三条结算差价。

第三十二条 被征收房屋的用途、建筑面积,以房屋权属证书记载为准;房屋权属证书与房屋登记簿不一致的,除有证据证明房屋登记簿确有错误外,以房屋登记簿为准。

第三十三条 征收具有一个房屋所有权证或者一个房屋租赁证的连脊连栋平房时,有与之相对应的单独户口,房屋具备独立生活条件并按照自然间独立生活的,应当分户处理。

第三十四条 房屋征收范围内未经登记的建筑,区、县(市)人民政府组织规划和国土资源、建设、房产、监察等部门及街道办事处认定为合法建筑的,应当给予补偿;对未超过批准期限的临时建筑,按照建筑物重置成本结合成新予以补偿;对认定为违法建筑和超过批准期限的临时建筑的,不予补偿。

第三十五条 下列未经登记房屋经区、县(市)人民政府组织相关部门认定后,符合下列条件之一的,应当给予相应补偿:

(一)1990年4月1日《中华人民共和国城市规划法》颁布前,具有土地、规划等审批文件的住宅房屋应当按照有证房屋给予补偿;

(二)1990年4月1日《中华人民共和国城市规划法》颁布前,自建、自住的具备独立生活条件住宅房屋,应当按照有证房屋70%给予补偿;

(三)1990年4月1日《中华人民共和国城市规划法》颁布后,房屋征收公告前,自建、自住的具备独立生活条件住宅房屋,其权利人具有房屋征收范围内的独立户口,在本市城市规划区域内确无其他住房,且未得到过征收补偿的低保、低保边缘户,应当按照有证房屋60%给予补偿。

第三十六条 征收住宅房屋,区、县(市)人民政府应当承担下列费用:

(一)搬迁奖励费用。在征收方案规定的奖励期限内搬迁的,按照建筑面积计算搬迁奖励,奖励标准为300元/平方米至500元/平方米,每户不低于2万元。选择货币补偿的,每户另奖励1万元;

(二)搬家补助费每户一次性支付1000元;

(三)临时安置补助费18元/平方米,按照被征收房屋建筑面积计算,每户每月不低于800元,最高不超过1200元。选择产权调换的,临时过渡期限按照协议约定为准,超期未回迁的,按照双倍支付临时安置补助费。选择货币补偿的,一次性支付4个月临时安置补助费;

(四)利用地面一层住宅从事生产经营的,按照从业人数每人一次性发给

征收补助费 1500 元;

(五)电话、有线电视等设施需要迁移的,发放一次性恢复补偿费。

第三十七条 征收非住宅房屋,区、县(市)人民政府应当按照被征收房屋房地产市场评估价格对被征收人给予补偿,并承担下列费用:

(一)无法恢复使用设备按照重置价格结合成新计算的补偿费;

(二)货物运输和设备拆装费用;

(三)恢复供水、供电、供气、排水、通讯等原生产规模的配套设施费用;

(四)因征收房屋造成停产停业的直接效益损失。

第三十八条 给予停产停业损失补偿的被征收房屋应当符合以下条件:

(一)具有土地、房屋权属证明,或者经依法认定为合法建筑;

(二)具有有效的工商营业执照、税务登记证;

(三)具有征收决定公告发布前一个月的有效完税证明。

第三十九条 征收非住宅房屋被征收人选择货币补偿的,按照被征收房屋房地产市场评估价格的 6% 一次性给予停产停业损失补偿费。

征收非住宅房屋被征收人选择房屋产权调换的,每月按照被征收房屋房地产市场评估价格的 5‰支付停产停业损失补偿费,停产停业期限按照实际过渡期限计算。被征收人认为其停产停业损失超过上述停产停业损失补偿标准的,应当向区、县(市)房屋征收部门提供房屋征收公告前两年经审计的单位财务报表及税务机关出具的依法纳税证明等相关材料,由区、县(市)房屋征收部门委托评估机构按照评估确定。

第四十条 对利用地面一层住宅从事经营房屋符合下列条件的经营部分,选择货币补偿的,可以按照经营性非住宅房屋房地产市场评估价格的 70% 标准补偿,并可享受住宅房屋临时安置补助费、搬迁奖励费,但不给予停产停业损失费补偿:

(一)房屋征收决定公告时,正在经营且依法取得营业执照,连续经营时间超过两年以上;

(二)依法取得税务登记证并有两年以上纳税记录;

(三)营业执照的营业地点与被征收房屋的位置相一致;

(四)2011 年 8 月 1 日《沈阳市城乡规划条例》施行前,已实际经营的房屋。

选择产权调换的,按照住宅房屋计算补偿。

第四十一条 征收政府依法代管的房屋,征收补偿安置协议应当经公证机构公证,并办理证据保全。

第四十二条 区、县(市)房屋征收部门与被征收人在征收补偿方案确定的签约期限内达不成补偿协议,或者被征收房屋所有权人不明确的,由区、县(市)房屋征收部门报请作出房屋征收决定的人民政府依照本办法的规定,按照征收补偿方案作出补偿决定,并在房屋征收范围内予以公告。补偿决定应当公平,包括本办法第十五条第一款规定的有关补偿协议的事项。被征收人对补偿决定不服的,可以依法申请行政复议,也可以依法提起行政诉讼。

第四十三条 区、县(市)房屋征收部门报同级人民政府作出补偿决定前,应当申请市房屋征收主管部门调解,并将有关材料报市房屋征收主管部门审核,市房屋征收主管部门应当出具审核意见。补偿决定应当在作出后 7 日内报市房屋征收主管部门备案。

第四十四条 被征收人在法定期限内不申请行政复议或者不提起行政诉讼,在补偿决定规定期限内又不搬迁的,由作出房屋征收决定的区、县(市)人民政府依法申请人民法院强制执行。

第四十五条 被征收房屋涉及的在校中、小学生,可以在原学区或者征收后户口所在地学区就读,学校不得收取择校费或者以非本学区学生为由收取其他费用。公安、教育、民政、人力资源和社会保障等部门应当按照政策及时办理被征收人的户口、子女入学、转学及社会保障等相关手续。

第四十六条 征收补偿协议签订后,被征收人、公有房屋承租人应当将土地使用证、房屋所有权证、租赁凭证等相关资料一并缴回,区、县(市)房屋征收部门应当在房屋拆除后 30 日内到规划和国土资源、房产等部门办理注销手续。

第四十七条 监察机关应当加强对参与房屋征收与补偿工作的单位及其工作人员的监察。审计机关应当加强对征收补偿费用管理和使用情况的监督,并公布审计结果。

第四章 法律责任

第四十八条 对违反本办法规定的行为,法律、法规已有规定的,按照法律、法规的规定处理。

第四十九条 区、县(市)人民政府在房屋征收与补偿工作中不履行本办法规定的职责,或者滥用职权、玩忽职守、徇私舞弊的,由市人民政府责令改正,通报批评;造成损失的,依法承担赔偿责任;对直接负责的主管人员和其他直接责任人员,依法给予处分;构成犯罪的,依法追究刑事责任。

第五章 附 则

第五十条 沈北新区、苏家屯区、新民市、辽中县、法库县、康平县可以根据本办法规定,结合本地区实际,制定征收补偿、搬迁奖励、停产停业损失及征收补助标准,报市人民政府批准后执行。

第五十一条 本办法自 2015 年 2 月 1 日起施行。

沈阳市生态保护红线管理办法

(沈阳市人民政府令第 47 号)

第一条 为了加强生态环境保护,规范各类开发建设活动,保障生态安全,促进经济社会的可持续发展,根据《中华人民共和国环境保护法》等有关法律、法规,结合本市实际,制定本办法。

第二条 本办法所称生态保护红线是指经市人民政府批准公布的生态保护范围界线。前款所称生态保护范围是指在本市行政区域内,划定出具有保护生态资源、维护生态功能、保障生态安全作用的,需要进行保护的区域。

第三条 本办法适用于生态保护红线的划定、调整以及对生态保护红线范围内土地利用、开发建设等活动的管理。

第四条 生态保护红线区的保护、建设和管理,坚持保护优先、分级管控、损害担责的原则。

第五条 市人民政府建立生态保护红线管理工作协调机制,组织由环境保护、发展改革、土地规划、财政、林业、水利、农业、城建、行政执法等部门参加的联席会议,研究决定生态保护红线划定、调整等重大事项。区、县(市)人民政府是维护本辖区内生态保护红线区完整的责任主体,负责红线区内生态保护与建设工作,并按照职责组织协调红线区内违法建设、违法用地的查处工作。

第六条 市人民政府有关部门应当按照下列规定,做好生态保护红线区的监督和管理工作:

(一)环境保护行政部门负责组织有关部门编制生态保护红线的划定和调整方案,对生态保护红线进行综合评估、评价,对生态保护红线区进行生态环境监测和预警工作,依法对环境违法行为进行查处;

(二)发展改革行政部门负责将生态保护红线规划纳入主体功能区规划,负责红线区内项目管理;

(三)土地规划行政部门负责将生态保护红线规划纳入城市总体规划,做好与土地利用总体规划的衔接,监管生态保护红线区内的土地利用,依法对红线内违法用地行为进行查处;

(四)财政部门负责将生态保护补偿资金列入财政预算,并监督资金使用情况;

(五)林业行政部门负责依法对生态保护红线区内的林地、湿地、自然保护区等进行管理,查处相关违法行为;

(六)水行政部门负责依法对生态保护红线区内河道、水库、滩地、灌渠等进行管理,查处相关违法行为;

(七)农业、城建等行政部门负责依法对生态保护红线区内有关农业、城建等项目进行监督和管理,查处相关违法行为;

(八)行政执法部门负责对生态保护红线区内违法建设等行为进行查处;

(九)市人民政府其他相关部门应当按照各自职责,做好生态保护红线区的保护和管理工作。

第七条 任何单位和个人都有保护生态环境和自然资源的义务,有权举报违反本办法的单位和个人。

第八条 生态保护红线区包括以下范围:

(一)自然保护区、重要生态保护地、风景名胜区、森林公园、湿地公园、饮用水水源保护区;

(二)重要的河流、湖泊、水库、灌渠、湿地、城市明渠及其保护范围;

(三)坡度大于25度的山体及其保护范围;

(四)需要进行保护的生态敏感脆弱区、生态廊道、大面积人工防护林及一定规模的城市绿地等区域;

(五)土壤环境保护优先区域;

(六)其他具有重要保护意义的区域。

第九条 生态保护红线按照下列程序划定和公布:

(一)环境保护行政部门负责组织有关部门编制生态保护红线划定方案;

(二)生态保护红线划定方案应当征求市人民政府相关部门和区、县(市)人民政府意见,采取论证会、听证会或者其他方式征求专家和公众的意见,并向社会公示,公示时间不少于30日;

(三)生态保护红线划定方案经市生态保护红线联席会议讨论通过后,报市人民政府批准;

(四)生态保护红线划定方案应当自批准之日起15日内,向社会公布。

第十条 由于上位规划调整等原因,确需对生态保护红线进行局部调整的,应当按照下列程序进行:

(一)环境保护行政部门会同有关部门对生态保护红线规划修改的必要性进行论证,报经市人民政府同意后组织编制生态保护红线调整方案;

(二)调整方案应当征求市人民政府相关部门和区、县(市)人民政府以及规划地段内利害关系人的意见,采取论证会、听证会或者其他方式征求专家和公众的意见,并向社会公示,公示时间不少于30日;

(三)调整方案经市生态保护红线联席会议讨论通过后,报市人民政府批准;

(四)生态保护红线调整方案应当自批准之日起15日内,向社会公布。

第十一条 生态保护红线区按照重要程度分为一类区、二类区。自然保护区的核心区和缓冲区、重要生态保护地的红线区、饮用水水源保护区的一级保护区等具有重要保护意义的区域划为一类区,其他具有较重要保护意义的区域划为二类区。

第十二条 除市人民政府批准建设的重大基础设施工程和公共服务设施工程外,禁止在生态保护红线一类区内建设与生态保护无关的项目。

第十三条 除下列项目外,禁止在生态保护红线二类区内建设其他项目:

(一)本办法第十二条规定可以建设的项目;

(二)不破坏主体生态功能的生态农业、旅游等设施。

第十四条 在生态保护红线区内建设本办法第十二条、第十三条允许的建设项目,应当制定有关生态保护和恢复治理方案并予以实施。

第十五条 在生态保护红线区内不得有下列行为:

(一)焚烧落叶、烧荒、露天烧烤、私搭乱建;

(二)放牧,使用剧毒、高毒农药;

(三)砍伐林木,毁草开垦,陡坡开垦,捕杀、采集野生保护动植物,捡拾鸟卵,采集野生药材;

(四)擅自取土、挖砂、采石、开矿;

(五)私自挖塘、挖沟、筑坝、开采地下水;

(六)新建排污口,排放污水、有毒有害物质或者倾倒固体废弃物;

(七)其他人为破坏生态环境的行为。

第十六条 生态保护红线区内的现有建成或者在建项目应当控制规模,不得增加污染负荷。对影响主体生态功能的建设项目应当有计划地清理或者迁出生态保护红线区。污染物排放超过国家和地方规定排放标准的建设项目,应当限期治理。

第十七条 市人民政府建立生态保护红线区生态功能评价和管理成效评估制度,完善生态环境监测预警机制,以生态保护红线区为重点编制自然资源资产负债表。

第十八条 市人民政府对区、县(市)人民政府、市人民政府有关部门生态保护红线区管理工作实行目标责任管理制度。

第十九条 市人民政府建立生态保护红线补偿制度,将生态保护补偿资金列入财政预算,制定配套的补偿办法,确保生态补偿资金用于受补偿地区的生态建设和保护工作。

第二十条 违反本办法规定，在生态保护红线区内违法建设的，由相关行政主管部门按照有关法律、法规给予处罚；构成犯罪的，依法追究刑事责任。

第二十一条 违反本办法规定，在生态保护红线区内有下列行为之一的，由相关行政主管部门按照有关法律、法规给予处罚：

（一）焚烧落叶、烧荒、露天烧烤、私搭乱建等行为，由行政执法部门给予处罚；

（二）放牧、使用剧毒、高毒农药等行为，由农业行政主管部门给予处罚；

（三）砍伐林木，毁草开垦，陡坡开垦，捕杀、采集野生保护动植物，捡拾鸟卵，采集野生药材等行为，由林业行政主管部门给予处罚；

（四）擅自取土、挖砂、采石、开矿等行为，由土地规划行政主管部门给予处罚；

（五）私自挖塘、挖沟、筑坝、开采地下水等行为，由水行政主管部门给予处罚；

（六）新建排污口，排放污水、有毒有害物质或者倾倒固体废弃物等行为，由环境保护行政主管部门给予处罚；

（七）其他破坏生态环境的行为，由相关行政主管部门给予处罚。

造成重大污染或者生态破坏，导致财产重大损失或者人身伤亡的严重后果，构成犯罪的，依法追究刑事责任。

第二十二条 在生态保护红线区内，任何单位和个人因破坏生态环境造成严重后果的，应当依照《中华人民共和国侵权责任法》的有关规定承担侵权责任。

第二十三条 行政机关及其工作人员有下列行为之一的，对直接负责的主管人员和其他直接责任人员依法给予行政处分；构成犯罪的，依法追究刑事责任：

（一）不认真履行生态保护红线管理职责的；

（二）滥用职权、玩忽职守、徇私舞弊导致生态环境遭到破坏的。

第二十四条 依本办法制定的生态保护红线图表及方案文本为本办法组成部分，具有同等法律效力。

第二十五条 本办法自2015年2月1日起施行。

沈阳市按比例安置残疾人就业办法

（沈阳市人民政府令第48号）

第一条 为保障残疾人的劳动权利，根据《中华人民共和国残疾人保障法》、《残疾人就业条例》、《辽宁省实施〈中华人民共和国残疾人保障法〉办法》和《沈阳市残疾人保障条例》，结合本市实际，制定本办法。

第二条 本办法所称安置就业的残疾人，是指具有本市城镇常住户口且持有中国残疾人联合会制发的残疾人证、符合法定就业年龄、有就业要求且有一定劳动能力的公民。

第三条 凡本市行政区域内国家机关、事业单位、社会团体、企业和民办非企业单位等（以下统称单位），应当依法履行安置残疾人就业的义务。

第四条 市和区、县（市）人民政府残疾人工作委员会负责按比例安置残疾人就业工作的协调和监督。残疾人就业服务机构负责具体实施。发展改革、财政、人力资源和社会保障、税务等部门，应当按照各自的职责，做好按比例安置残疾人就业工作。

第五条 用人单位应当按照不低于本单位上年月平均人数在职职工总数1.7%的比例安置残疾人就业。不足50人的单位，原则上应当安置1名残疾人就业。

第六条 用人单位在招工计划中，应当按照不低于规定比例制定招用残疾人计划，落实就业岗位，依法订立劳动合同。按照有关规定为残疾人缴纳养老、失业、医疗、工伤和生育保险费。

第七条 鼓励各类职业学校和培训机构承担残疾人职业培训职责，有针对性地组织残疾人开展订单培训、定向培训、定岗培训，不断提高残疾人职业技能。

第八条 对超比例安置残疾人就业的用人单位，其超出比例安置的残疾人所缴纳养老、医疗、失业保险统筹部分，由市和区、县（市）人民政府给予社会保险补贴。

第九条 对安置残疾人就业未达到规定比例的单位，按照年度差额人数和上年度全市职工年平均工资缴纳残疾人就业保障金。国家机关、事业单位、社会团体缴纳的残疾人就业保障金在预算中列支；企业和民办非企业单位等缴纳的残疾人就业保障金在所得税前列支。

第十条 财政全额拨款的行政机关和事业单位，由同级财政部门代扣代缴残疾人就业保障金。以经营收入为主要来源的事业单位、社会团体和企业、民办非企业单位，由地方税务机关按照属地原则及现行税收管理体制统一代征保障金。

第十一条 残疾人就业保障金按年征收，定期缴纳。用人单位应当按照规定如实填报有关材料和提供相关证明。残疾人就业服务机构负责核定用人单位应当缴纳残疾人就业保障金数额，报送同级财政部门和地方税务机关，作为代扣代征依据。未参加年审的单位按照无残疾职工计算应当缴纳残疾人就业保障金数额。

第十二条 残疾人就业保障金必须按照国家、省、市有关规定使用，专款专用，依法接受财政、审计部门的监督和检查，任何部门不得挪作他用。

第十三条 对安置残疾人就业超过规定比例的单位及为安排残疾人就业做出显著成绩的单位和个人，经残疾人就业服务机构核定，由市和区、县（市）人民政府残疾人工作委员会给予表彰和奖励。

第十四条 对违反本办法规定，用人单位未缴纳残疾人就业保障金的，按照国家、省、市有关规定进行处罚。

第十五条 本办法自2015年2月1日起施行。《沈阳市按比例安置残疾人就业办法》（沈政令〔2005〕50号）、《沈阳市人民政府关于修改〈沈阳市按比例安置残疾人就业办法〉的决定》（沈政令〔2007〕69号）同时废止。

沈阳市城市节约用水管理办法

（沈阳市人民政府令第49号）

第一条 为了加强城市节约用水管理，科学合理利用水资源，根据《中华人民共和国水法》、《沈阳市城市供水用水管理条例》等有关法律、法规，结合本市实际情况，制定本办法。

第二条 本办法所称节约用水，是指通过技术进步，合理利用，科学管理，经济结构和用水工艺合理化等途径，以最小的取水量满足最大的用水需求，提高社会效益和经济效益。

第三条 凡在本市规划区范围内，使用市政供水或者自建水源取水的用水单位和个人，应当遵守本办法。

第四条 市城乡建设主管部门负责城市节约用水监督管理工作。市城市节约用水管理机构具体负责城市规划区内的计划用水、节约用水等管理工作。区、县(市)城乡建设主管部门负责本辖区内的节约用水日常管理工作。

第五条 城市节约用水专项规划由市城乡建设行政主管部门会同有关部门编制，报市人民政府批准后实施。

第六条 对日用水量5立方米以上(含5立方米)的非居民用水单位、自建水源取水的用水单位实行用水计划管理，用水单位应当到市节约用水管理机构办理用水计划指标，节约用水管理机构应当根据用水单位的行业用水定额、近期水量平衡测试报告，并结合实际用水情况，负责核定并下达用水计划指标。新建、扩建、改建的工程项目建设单位应当在开工前到市节约用水管理机构办理临时用水计划指标，并安装计量水表。

第七条 用水单位的用水量、重复利用率、间接冷却水循环利用率等项计划指标由市节约用水管理机构按照年、季(分月)下达，并进行考核。

第八条 用水单位超计划用水，应当缴纳2至5倍累进超计划加价水费(按现行水价计取)。超计划用水10%以下的，超出部分加收一倍水费；超10%至20%的，加收二倍水费；超20%至30%的，加收三倍水费；超30%至40%的，加收四倍水费；超40%以上的，加收五倍水费。超计划用水加价水费必须按照规定的期限缴纳。逾期不缴纳的，城乡建设主管部门应当责令其限期缴纳，并按日加收超计划用水加价水费5‰的滞纳金。

第九条 用水单位应当在用水设备上安装计量水表，在保证用水质量的前提下，采取循环用水、一水多用、再生水利用等节约用水技术措施，提高水的重复利用率。重复利用率低于同行业标准的，不予增加供水指标。

第十条 非居民用水单位、自建水源取水的用水单位实行定额管理。居民生活用水实行一户一表，取消用水包费制，并逐步实行居民生活用水阶梯水价管理。

第十一条 用水单位应当每三年开展一次水量平衡测试工作。产品结构发生变化时，应当及时复测。对不合理用水设备和工艺，应当及时采取改进措施。市节约用水管理机构应当对测试工作进行技术指导和评审考核。

第十二条 新建、扩建、改建工程项目，应当配套建设节约用水设施，并与主体工程同时设计、同时施工、同时投入使用。项目竣工经验收合格后方可投入使用。

第十三条 新建宾馆、饭店、公寓、大型文化体育设施和机关、大专院校、科研单位、住宅区等，应当按照有关规定配套建设再生水利用设施。

第十四条 市政供水企业和自建水源取水的用水单位应当加强供水、用水设施的维修养护，防止水的漏损。

第十五条 任何单位和个人不得直接排放设备间接冷却水；不得有用长流水洗刷车辆、冲洗食品、冲洗砖和砂石等浪费用水行为。

第十六条 用水单位和个人安装或者更换用水设备、器具时，应当选用质量合格的节水型设备、器具。洗浴场所应当安装节水装置；营业性质的洗车场应当安装使用循环水洗车设备。用水设备、器具不得跑水、冒水、滴水、漏水。

第十七条 鼓励城市节约用水科学技术研究，推广先进技术，提高城市节约用水科学技术水平。对节约用水工作成绩突出，效果显著的单位和个人给予表彰和奖励。对举报浪费用水的单位和个人，经市节约用水管理机构核实后，给予奖励。

第十八条 违反本办法有下列行为之一的，由城乡建设主管部门视情节给予处理：

(一)未按照规定进行水量平衡测试的，责令限期完成，逾期未完成的，扣减用水指标10%至30%，并处5000元以上1万元以下罚款；

(二)新建、扩建、改建工程的节水设施，未与主体工程同时设计、同时施工、同时投产使用的，在对用水单位核定用水计划时，应当扣减原计划用水指标10%至30%，并责令限期改正，逾期未改正的，处5万元以上10万元以下罚款；

(三)未按照规定维护、更新、改造节约用水设施，造成用水浪费或者擅自停止使用节约用水设施的，扣减10%至30%的计划用水指标，追缴当月用水量10至20倍的加价水费；

(四)营业性洗车业户未按照规定安装循环用水设施，用长流水洗刷车辆、冲洗食品、冲洗砖和沙石等，责令限期改正，追缴浪费水量10至20倍的加价水费；

(五)因用水设施、设备、器具失修、失管造成跑、冒、滴、漏以及使用明令淘汰的用水器具的，责令限期改正，追缴当月用水量10至20倍的加价水费。

第十九条 节水工作管理人员执行公务时，必须秉公执法，出示有效的行政执法证件。对滥用职权、徇私舞弊、玩忽职守的，由其所在单位或者上级主管部门给予行政处分；构成犯罪的，由司法机关依法追究刑事责任。

第二十条 本办法自2015年2月1日起施行。《沈阳市城市节约用水管理办法》(沈政发〔1993〕58号)同时废止。

沈阳大事记（2014年）

一　月

1日　沈阳市第三次全国经济普查开始正式普查登记。经济普查对象是在沈从事第二产业、第三产业活动的全部法人单位、产业活动单位和个体经营户。

▲市环境保护局与市气象局开始预报次日空气污染气象条件、雾霾和空气质量。

▲经国务院批准，沈阳、大连机场口岸正式实施部分外国人72小时过境免签政策。这是继北京、上海、广州、成都之后，东北地区首批实行这一政策的两个城市。

8日　中华全国总工会党组书记、副主席、书记处第一书记陈豪率全总慰问团到沈阳开展送温暖活动。

7－10日　政协沈阳市第十四届委员会第二次会议举行。大会审议通过市政协第十四届委员会常务委员会工作报告和提案工作情况报告；审议通过市政协第十四届委员会第二次会议决议。增选鞠秀礼、李峰为市政协第十四届委员会副主席，刘文、李宏吉、李忠信、李展超、杨志宏、赵永圣、葛明、廖艳芳为市政协第十四届委员会常务委员会委员。

11日　市纪委下发《通报》，严肃查处市司法局组织26名机关干部借考察之机违规进行公款旅游的问题，决定给予一名局主要领导和三名副局级干部党纪处分。

8－12日　沈阳市第十五届人民代表大会第二次会议召开。大会通过关于《沈阳市人民政府工作报告》的决议、关于沈阳市2013年国民经济和社会发展计划执行情况及2014年国民经济和社会发展计划的决议、关于沈阳市2013年预算执行情况和2014年预算的决议、关于《沈阳市人民代表大会常务委员会工作报告》的决议、关于《沈阳市中级人民法院工作报告》的决议、关于《沈阳市人民检察院工作报告》的决议。大会补选马丽、邓福林、任桂芳、刘阁臣、周荣生、赵恒志为市十五届人大常委会委员。

12日　民政部部长李立国到沈阳调研，视察抗美援朝烈士陵园、沈河区大南街道多福社区等。

▲沈阳金杯车辆制造有限公司与辽中县正式签约，年产20万辆汽车的搬迁改造项目落户辽中。项目占地总面积约100公顷，计划总投资25亿元人民币，项目建设周期为4年。

15日　沈阳市举行高校与辽宁辉山乳业集团有限公司战略合作对接会。会上，辉山乳业分别与沈阳农业大学、沈阳大学、沈阳职业技术学院签署战略合作协议，三年内，各院校将为辉山乳业订单式培养技术和管理等各类人才7500余名，为其实现世界级企业的目标提供人才支撑。

24日　中航工业波音制造创新中心（沈阳）成立暨波音777FTB复材壁板项目启动仪式，在沈阳国家大学科技城举行。这是波音公司在中国设立的第一个区域性研发制造中心，此次合作填补了沈阳与波音公司在民用飞机研发制造技术和复合材料制造领域开展国际合作的空白。

▲乔治海茵茨（中国）通用航空集团与法库县签约，拟投资16.53亿元，在法库财湖通用航空基地建设沈阳乔治海茵茨飞机制造项目，建成后年产小型飞机500架，实现年产值约20亿元。

25日　沈阳市红十字会医院门诊、急诊大楼改造工程全面竣工，重新开诊投入使用。

26日　沈阳市纪委十二届四次全会召开。

28日　市政府召开新闻发布会，公布2014年将为城乡群众办12件、33项实事，包括完成40个老旧小区节能暖房工程、改善100个老旧小区居住环境等。预计投入资金35.8亿元，较上年增加26%，惠及人口逾200万。

29日　省委书记、省人大常委会主任王珉到沈阳市看望慰问一线职工和消防官兵，向节日期间仍奋战在工作岗位上的各条战线劳动者致以节日问候，向全省各族各界人民祝福新春。

二　月

14日　民政部经过考察和评审，确认铁西区和沈河区为“全国社会组织建设创新示范区”，这是辽宁省获此殊荣仅有的两个城区。全国共确认70个地区为“示范区”。

18日　中国医大盛京医院成功申请中国驰名商标“盛京医院SHENGJINGHOSPITAL”，成为国内第一家拥有中国驰名商标的综合性医院。

20日　沈阳市农村工作会议召开，认真学习贯彻中央和省农村工作会议精神，就做好当前和今后一个时期的农业农村工作进行研究部署。

21日　省委常委、市委书记曾维会见中国国民党荣誉主席连战及夫人连方瑀女士一行。

21－24日　市长陈海波率沈阳市经贸代表团赴台湾开展经贸交流活动。代表团重点围绕装备制造业和现代服务业，与当地知名人士、企业家进行深入洽谈，

24－27日　市长陈海波率市政府经贸代表团赴香港开展招商推介活动。代表团以现代服务业和工业地产项目为重点，与一大批香港知名企业及工商界人士进行广泛接触和深入洽谈，高效务实地推进金融、商贸、房地产专业咨询公司等28个重点合作项目。

三 月

1 日 沈阳市第四医院新门诊大楼正式投入使用。新门诊楼共10层(含地下2层),建筑面积4.3万平方米。设有内科、外科等,并设现代化立体停车场。

1－2 日 驻辽宁省的全国政协委员陆续赴京,参加即将举行的全国政协十二届二次会议。沈阳市参加全国政协十二届二次会议的全国政协委员共有8位:市政协主席姜宏,市政协副主席卢柯、孙红,何氏眼科医院院长何伟,中国医大附属第一医院副院长尚红,东北大学校长丁烈云,中航工业集团公司副总工程师孙聪,圣丰集团董事长江南。

2 日 沈阳市全国人大代表启程赴京,参加3月5日召开的十二届全国人大二次会议。沈阳市全国人大代表共9名:市长陈海波,市人大常委会主任赵长义,副市长、市公安局局长许文有,辽宁省文联副主席、沈阳评剧院副院长冯玉萍,沈阳中兴商业集团股份有限公司董事长刘芝旭,盛京银行股份有限公司董事长、行长张玉坤,中国工程院院士、沈阳农业大学水稻研究所所长陈温福,北方重工集团有限公司董事长耿洪臣,中国医科大学附属盛京医院院长郭启勇。

6 日 省委常委、市委书记曾维在京会见法国驻华大使白林,就沈阳与法国开展务实合作进行深入会谈。

15 日 在中央电视台3·15颁奖晚会上,2013年度"感动沈阳"人物安树堂,成为2014年"3·15特别贡献奖"获得者。安树堂因为浴池拆迁,每天守18小时退5万元澡票,做到了诚实守信。

18 日 集长途客运、公交、出租为一体的沈阳西站综合交通枢纽正式启用。长客西站共有58条客运班线,主要发往新民、辽中、朝阳、北票、黑山、新立屯、阜新、锦州等地。

19 日 第十四届中国国际石油石化技术装备展览会在北京中国国际展览中心开幕。沈阳市装备制造业骨干企业北方重工集团在会上特别展出2500型用于页岩气等非常规油气田开采的高端压裂成套装备,正式宣布进军页岩气高端压裂装备领域。

20 日 地铁九号线首台盾构机"行健号"在汪河路站正式始发掘进。

21 日 中航工业黎明等单位承担的国家"十五"863计划重大专项R0110重型燃气轮机研制项目,顺利通过专家组的验收。这表明我国首次自主研发的重型燃气轮机取得重大成果。至此,我国成为世界上第五个具备重型燃汽轮机研制能力的国家。

▲11.5米增程式纯电驱动城市客车在沈阳诞生。该车由广汽日野(沈阳)汽车有限公司、侨兴集团及东营市科岭动力公司合作研发。

26 日 中共中央政治局常委、国务院总理李克强在辽宁主持召开部分省市经济形势座谈会并作重要讲话。当天到沈阳市铁西区远大科技创业园考察,鼓励企业尽快推广应用新研发的PM2.5过滤设备,治理雾霾,发展环保产业。在考察沈阳瀚华科技小额贷款公司和农行辽宁分行营业部时,李克强鼓励企业金融创新,支持服务实体经济。

▲农业部部长韩长赋来沈考察辽宁辉山乳业集团有限公司法库项目及春耕备耕等情况。

27 日 国家电网沈阳分公司计量所的技术人员到沈河区榆树屯社区为办公楼安装了双向智能电表和太阳能发电计量电表。这标志着榆树屯社区分布式太阳能光伏发电项目已通过电网测试验收,正式实现并网发电。这是全市首家并网发电的分布式太阳能光伏电站,也是全省第一家实现并网发电的商业化运行的分布式太阳能光伏发电项目。

28 日 在韩中国人民志愿军烈士遗骸回国迎接仪式于沈阳桃仙国际机场举行,中共中央政治局常委、国务院副总理张高丽出席并讲话。上午6:30,中韩双方在韩国仁川国际机场举行437位在韩志愿军烈士遗骸交接仪式。当运送烈士遗骸的专机进入中国领空后,空军两架战斗机迎接护航。中共中央政治局委员、中央军委副主席许其亮,全国人大常委会副委员长严隽琪,国务委员王勇出席迎接仪式。

▲中兴商业集团旗下的中兴云购网(www. zxyungou. com)正式上线。中兴大厦启动网上商城,将电子商务与实体店资源融合,开展线上线下互动营销。市民可以在网站上购买精品水果、生鲜蔬菜,还可以在线购买大厦内的品牌服饰。

31 日 沈阳市首个国家湿地公园——獾子洞国家湿地公园正式申报国际重要湿地。獾子洞国家湿地公园位于法库县西部的秀水河子镇和叶茂台镇之间,距沈阳母城70公里,规划总面积2799.45公顷,其中湿地面积2047.40公顷。公园内鸟类资源丰富,有国家级重点保护鸟类27种,其中有白鹤、白头鹤、丹顶鹤等多种国家一级重点保护鸟类,还有国家二级重点保护植物野大豆。

▲中国移动4G网络在全省正式商用。2012年,中国移动辽宁公司沈阳分公司在辽宁率先启动4G规模试验网建设,在全运会期间提供信息化服务保障,成功打造一届精彩的"数字全运"。2013年12月18日,沈阳成为全国第一批提供4G服务的城市。

四 月

2 日 沈阳法库通用航空产业基地被省发改委正式批准为省级通用航空高技术产业基地。该基地位于法库财湖东岸,核心发展通航产业,计划用三到五年时间达到年产飞机1000架,带动相关产值300亿元。

3－4 日 沈阳市工会第十六次代表大会在沈举行。选举产生了新一届市总工会主席、副主席和常务委员,市委常委王翔坤当选市总工会主席。

9 日 沈阳市全民义务植树活动日。上午,省委、省人大、省政府、省政协的领导,市委、市人大、市政府、市政协的领导,沈阳军区、沈空、96101部队、省军区和省武警总队的首长、官兵与省直机关、市直机关部分干部共420余人,在东陵区(浑南新区)四环路万家岭段参加义务植树。当天,全市各区、县(市)也纷纷组织开展义务植树,共有5.57万余人参加活动,共计植树15.44万株。

▲省政协主席夏德仁、副主席滕卫平率队到沈阳,围绕科技创新驱动产业发展有关问题开展专题调研。

12 日 "城市新型高效洁净煤供热技术应用现场会"在辽宁大厦举行。国家发改委、工信部、环保部、国家发改委能源研究所、中国环境科学院、辽宁省环保厅、沈阳城市公用集团等来自国家和地方的官员、专家学者及供热、煤矿企业代表等300多人参加会议。沈阳城市公用集团新型高效洁净煤供热技术受到国家有关部委及环保专家的充分肯定。

15日 全国人大常委会副委员长陈竺率全国人大常委会专利法执法检查组来到沈阳，对《中华人民共和国专利法》贯彻实施情况开展执法检查。执法检查组听取沈阳市相关工作情况汇报，与部分企业和高校负责人座谈，并分别到沈阳药科大学、中科院自动化研究所和东软集团股份有限公司实地检查。

▲沈阳空军司令部与沈阳市人民政府签订协议，同意在沈北新区建设连续性起降点（通用航空机场）。该机场位于沈北新区新城子街道二台子区域，机场跑道近期规划1200×30米，主要用于满足航空产业发展需要，以及农、林、渔、矿和医疗、救灾、气象、测绘、教育训练等飞行活动需求。

16日 中国医科大学附属盛京医院推出"掌上盛京医院"，通过手机下载APP平台和微信等方式，实现预约挂号、专家介绍、候诊信息提示、地图导航、检查结果查询等服务功能，节省患者就诊非医疗时间。这是东北地区惟一可以贯穿诊疗全程的医院便民软件。

20日 住房和城乡建设部会同辽宁省住房和城乡建设厅，对沈阳市申报"国家现代建筑产业化示范城市"进行专家评审。专家组通过论证一致认为，沈阳基本上具备国家现代建筑产业化示范城市条件，同意沈阳市成为国家现代建筑产业化示范城市。沈阳成为全国首个通过现代建筑产业化"示范城市"专家评审的城市。

22日 市政府与国家开发银行就推进棚户区改造融资工作进行座谈。根据国务院和省政府的有关要求，沈阳市已经完善了组织领导并制定了实施方案、编制了改造计划。经摸底调研，全市符合改造标准的棚户区共98个，涉及住宅4.5万户，计划2017年前全部完成改造。其中2014年棚户区改造要完成1.24万户。

25日 沈阳市先进集体和劳动模范表彰大会在辽宁人民会堂召开。省委常委、市委书记曾维，市长陈海波，市人大常委会主任赵长义出席会议。市委常委、常务副市长顾春明宣读《沈阳市人民政府关于表彰2014年市先进集体和劳动模范的决定》—授予中国北车集团沈阳机车车辆有限责任公司等83个单位"沈阳市先进单位"称号，授予沈阳地铁集团有限公司运营分公司车辆中心检修一车间日 检A班等100个集体"沈阳市先进集体"称号，授予沈阳第一机床厂技术部部长盖立亚等10名同志"沈阳市特等劳动模范"称号，授予中航沈阳黎明航空发动机（集团）公司工装制造厂车工洪家光等500名同志"沈阳市劳动模范"称号。

▲辽宁股权交易中心设立科技板，共有481家科技企业首批挂牌。

26日 沈阳北站北广场进行封闭改造。

28日 中华全国总工会在北京召开庆祝"五一"国际劳动节暨全国五一劳动奖状、奖章表彰大会，由沈阳市总工会推荐的中航工业沈阳黎明航空发动机（集团）有限责任公司发动机装配厂总装班班长李志强等11名同志荣获全国五一劳动奖章，沈阳远大企业集团荣获全国五一劳动奖状，普利司通（沈阳）轮胎有限公司等6个集体荣获全国工人先锋号荣誉称号。

▲省总工会召开庆"五一"暨"当好改革主力军、聚力建设新辽宁"动员大会，上海通用（沈阳）北盛汽车有限公司总装车间工人纪伟等32名同志荣获辽宁五一劳动奖章，沈阳机床股份有限公司中捷立式加工中心分公司等7个单位荣获辽宁五一劳动奖状，东北制药集团沈阳第一制药有限公司102车间冻干生产线等17个集体荣获辽宁工人先锋号荣誉称号。

▲上午9时至11时30分，沈阳第三热力供暖有限公司珠江热源厂对150米的沈阳最高烟囱进行爆破拆除。

29日 市政府新闻办举行发布会发布：经过两年时间对沈阳农业大学后山旧石器时代遗址的考古发掘和科学研究后证实，沈阳地区有人类活动的历史从7200年前的新乐文化时期，提前到距今11万年左右。同时，还发现沈阳古人类建造和使用的建筑遗迹，这在东北地区是首次发现。

五　月

3日 团中央、全国青联授予沈阳机床（集团）有限责任公司中捷立式加工中心事业部"中国青年五四奖章集体"称号。这是辽宁省首次获此全国青年集体最高荣誉。

4日 市政府印发《沈阳市人民政府关于组建市卫生和计划生育委员会的通知》，调整市卫生与计划生育机构和职能，组建市卫生和计划生育委员会。

▲我国首台具有完全自主知识产权的"QMJ4260全断面煤巷高效掘进机"在北方重工集团有限公司成功下线，即将交付用户中国神华能源股份有限公司神东煤炭分公司使用。该设备技术水平国内领先、国际先进。

5日 中国有色（沈阳）冶金机械有限公司开发制造的满足超大电流强度600千安铝电解多功能机组在总装车间进行组装。该机组是为杭州锦江集团电解铝项目研制的产品，合同总金额1亿余元。其性能达到国际领先水平，填补了国内空白。该系列产品申请专利170多项，全球仅三个公司能制造该产品。

6日 沈阳市统计局国家统计局沈阳调查队发布《2013年沈阳市国民经济和社会发展统计公报》。

▲"沈阳市推进道德信贷工程暨文明诚信个体工商户、私营企业总结表彰会"举行。表彰会上，工商银行和邮政储蓄银行分别为15名文明诚信户办理诚信商户金卡和金卡信用卡，持卡商户可以享受比普通贷款利息低30%至50%的不同额度优惠贷款。

7日 沈铁警方公布，为方便群众办理机动车注册登记、补换牌证及机动车驾驶证审验、补换证等业务，经省公安厅交管局批准，在沈铁公安处交警支队成立车管分所。此举在全国范围内属首创。

▲由沈阳市联手北京、南京、成都、杭州、西安、郑州六城市共同开展的"走进中国七古都"传统文化宣传交流活动在沈阳启动。

8日 中国（沈阳）国际金融高层峰会开幕。本次峰会由沈阳市政府和欧洲货币集团主办，市外经贸局、市政府金融办、和平区政府、沈河区政府共同承办，以"沈阳：通往中国东北之大门"为主题，通过主旨演讲、专题讨论和实地考察，推介沈阳产业发展优势，提高沈阳招商引资的影响力。

7－9日 代省长李希到沈阳市调研。李希先后来到浑南新区、铁西区、法库县、沈北新区、沈河区，深入到华晨、东软、沈飞民机、新松机器人、远大、沈鼓、沈阳机床、北方重工、辉山乳业等企业和法库陶瓷产业集群，参观了沈阳城市规划展示馆和中国工业博物馆，考察了中街商业街、沈河区市民公共服务中心和浑河、蒲河的治理情况，并与市、县(区)、部门及企业负责同志深入交谈。

13日 沈阳市新增于洪大队车管分所等7个机动车新车注册登记业务办理网点，加上原有的3个，全市机动车登记业务网点增加至10个。

14日 由市长张利平率领的呼伦贝尔市政府代表团到沈考察。

15－16日 由国家住房和城乡建设部组织的"全国住宅产业现代化工作现场交流会"在沈阳召开。并为沈阳市获得"国家建筑产业现代化示范城市"揭牌。此次授牌后，沈阳成为全国首个国家建筑产业现代化示范城市。

16日 新建的法库县文化中心、全民健身中心竣工。两"中心"位于法库东湖新城，总占地面积6.1万平方米，投入9200万元。其中文化中心具备文化办公、博物馆等六项功能；全民健身中心具备举办各种球赛、全民健身等功能。

▲中国锡伯族博物馆在沈北新区奠基。该馆规划用地面积5045平方米，建筑面积6500平方米，项目总投资约7350万元。

15－18日 由辽宁省住房和城乡建设厅、沈阳市人民政府主办，沈阳市城乡建设委员会承办的第三届中国(沈阳)国际现代建筑产业博览会在沈阳国际展览中心举行。博览会的主题是"绿色建筑与现代建筑产业化"，620家国内外知名企业参展。

18日 沈阳审判日本战犯特别军事法庭旧址正式对外开放并重现当年审判36名日本乙级战犯的历史场景。

20日 盛京银行与新民市人民政府支持城镇化建设战略合作协议签约仪式在盛京银行总部举行。

▲全国生态文明建设现场会在浙江省湖州市召开，沈阳市的新民市、康平县、法库县被国家环境保护部命名为国家生态文明建设示范区(生态市、县)。此次，国家环保部命名了37个国家生态文明建设示范区(生态市、县、区)。

24日 零时起，本溪本地电话网正式并入由沈阳、抚顺、铁岭组成的大本地网，共享区号"024"。升位并网后，沈阳、抚顺、本溪、铁岭四市电话用户间相互拨打电话将不再按国内长途通话费(0.07元/6秒)计费，固定电话改按本地网营业区间通话费(0.2元/分钟)计费，移动电话改按本地通话费计费。

26日 在第五届辽宁省"人民满意的公务员集体"和"人民满意的公务员"评选表彰活动中，沈阳市信访局网络诉求管理处被省委、省政府授予辽宁省"人民满意的公务员集体"荣誉称号；市纪委常委崔嘉林和苏家屯区工商局临湖工商所主任科员王洪伟被省委、省政府授予辽宁省"人民满意的公务员"荣誉称号。

28日 省委常委、市委书记曾维会见以色列驻华大使马腾一行。

▲20时40分左右，著名评书表演艺术家田连元乘坐由其子驾驶的轿车在沈阳青年大街浑河桥桥北遭遇严重车祸，其子不幸当场身亡，事发后，田连元被立即送往沈阳军区总医院救治，其头部、肺部、颈椎受到不同程度的伤害。

21－30日 市长陈海波率市政府代表团赴澳大利亚、阿根廷和巴西开展经贸活动，与一大批外国企业进行广泛接触和深入洽谈，推进金融、汽车及零部件、工业设计、进出口贸易及工程承包等一批重点项目，开展友好城市交流活动。

31日 晚6时，文化路立交桥二层环岛桥改造工程，经过一个月的紧张施工正式竣工通车。新建的环岛桥，采用3跨简支钢梁结构，桥梁的设计荷载为小型车专用道路，桥面宽11米，其中机动车道宽7米，人与非机动车混行道宽3.15米，限高2.2米。

六　月

7日 中央电视台中央新影集团在沈阳召开新闻发布会发布消息：中央电视台中央新影沈阳影视基地落户沈北新区。同时宣布：项目总投资206亿元，占地400公顷国内投资的五大影视基地之首。该基地将于10月开工建设，一期将在2年内投入运营，并于6年内全部建成。

8日 国内最大的商用清洁煤气集中供气项目——沈阳科达洁能燃气有限公司在沈阳法库陶瓷工业园正式投入运营。该项目由广东科达机电股份有限公司和沈阳燃气公司共同投资，可为法库陶瓷工业园区的16条陶瓷生产线、10台喷雾干燥塔供应煤气，实现了酚氰废水、焦油的零排放。

12日 经中国人民对外友好协会批准，沈阳市与韩国仁川广域市正式缔结为友好城市。仁川广域市是韩国第三大城市，位于首尔西，面积1040平方公里，人口280万，拥有韩国最大的国际机场和第二大港口。

16日 全国政协副主席陈晓光率调研组到沈阳就"健全残疾人权益保障制度"有关问题开展专题调研。调研组一行到沈阳社保大厦进行实地调研，详细了解沈阳市基本养老保险经办机构情况。

17日 中华思源工程扶贫基金会牵手公益基金在沈阳市举行捐赠仪式，向辽宁省受助单位捐赠7633.5万元款物，用于开展"思源救护"、"资助棚户区给排水管材"等公益项目。全国人大常委会副委员长、民建中央主席、中华思源工程扶贫基金会理事长陈昌智出席仪式并致辞。

19日 由辽宁省投资集团有限公司、沈阳高新创业投资有限公司、沈阳飞机工业(集团)有限公司共同投资组建的辽宁联合航空发展有限公司，在沈北新区正式成立。"辽宁联航"将采用混合资本方式组建通用飞机制造中心，从轻型活塞类飞机制造起步，逐步全面进入通用飞机制造领域。

28日 以交通运输部部长杨传堂为组长、民政部副部长窦玉沛为副组长的国务院第六督查组在沈阳现场督查。督查组就国务院政府工作报告部署的2014年重点工作和国务院出台的稳增长、促改革、调结构、惠民生各项政策措施在辽宁的落实情况进行督查。

29 日　由国务院副秘书长、国家信访局局长舒晓琴率领的国务院《信访条例》执法检查组一行，对沈阳市《信访条例》执行有关情况进行检查。

30 日　工信部部长苗圩就沈阳市全面落实改革任务、深入推动两化深度融合、促进工业健康发展进行调研，先后考察了东药集团、中航工业沈飞民机公司等。

七　月

1 日　中国工程院院长、院士周济就“装备制造业战略研究”项目到沈进行调研，先后考察沈阳飞机工业（集团）公司、沈阳鼓风机集团股份有限公司、特变电工沈阳变压器集团有限公司、沈阳机床（集团）有限责任公司、沈阳新松机器人自动化股份有限公司等。

▲沈阳开始执行新的城乡低保标准、农村五保供养标准。低保标准和上年相比提高 10% 以上。标准提高后，原来享受低保的人员，在家庭收入、财产和人员等情况没有变化的情况下，沈阳市 9 城区的城市低保对象低保金每人每月增加 50 元，农村低保对象增加 30 元；4 县（市）的城市低保对象增加 45 元。

▲沈阳至武汉直通高铁开始运行，全程运行时间 11 小时 26 分，朝发夕至。

3 日　上午 10 点，沈阳市第七届少数民族传统体育运动会在沈阳航空航天大学体育馆开幕。设置正式比赛项目 10 个，表演项目 4 个。各区、县（市）及沈阳飞机工业集团共 14 个代表队、1000 多名各民族运动员参加，项目数量、参赛人数均创历届民运会新高。

4 日　新加坡丰树现代产业园项目签约落户沈阳。丰树现代产业园项目由新加坡丰树集团投资建设，项目占地面积 1.7 公顷，选址于沈阳经济区国际物流港。丰树集团是新加坡淡马锡控股公司的全资子公司，也是亚洲领先的物流设施运营商。

7 日　2014 年德国红点（Reddot）设计奖颁奖晚会——“设计师之夜”，在德国埃森阿尔托剧院举行。沈阳梵天工业设计有限公司为中国装备制造业摘得 RedDot 红点奖及 RedDot 优异奖两项工业设计大奖。

8 日　沈阳立体化交通建设的重要项目——迎宾路高架桥工程正式进入主体化施工阶段，迎宾路地区实行区间通行。该桥将是沈阳城建史上首座在地铁上修建的高架桥。高架桥建成后，桥上双向 6 车道快车道，地面约为双向 8 车道的慢行车道，形成双层 14 车道的立体快速格局。按照设计，迎宾路高架桥行车时速为 80 公里，桥下时速为 60 公里，通行能力能够提升 2 至 8 倍。

▲凌晨，沈抚立交桥大修工程竣工。大桥正式通车，比计划提前 6 天。沈抚立交桥建于 1997 年，为三层定向式立交，本次工程对其桥面及桥的主体结构进行改造和加固。

10 日　由国家卫计委副主任崔丽率领的国家卫计委调研组，到沈阳进行工作调研。调研组先后考察市信访大厅、合众人口文化传媒中心、市第四医院等，并召开座谈会，听取医改、信访积案化解等相关工作汇报。

▲沈阳地铁一号线沈阳站站与国铁沈阳站联建通道正式开通。开通后，实现地铁出行与火车出行的无间断衔接，方便乘客换乘。

16 日　经中华人民共和国民政部批准，东陵区（浑南新区）正式更名为浑南区。

18 日　2014 中国沈阳韩国周在西塔隆重开幕。本次韩国周活动分为西塔美食文化节、经贸交流展示和体育交流三大板块，包括中韩美术家民族民俗壁画展、西塔朝鲜族民间艺术大巡游、中韩友谊歌唱表演、中韩高新技术及产品展览会、中韩跆拳道比赛等 19 项主体活动。

▲富邦财险沈阳中心支公司开业，这是首家进入沈阳的台资财产保险公司。富邦财险来自祖国宝岛台湾，是海峡两岸经济合作框架协议（ECFA）生效后，第一家进入内地取得开业许可的台资保险公司，总部位于厦门，注册资本 5 亿元，于 2010 年 10 月 8 日　经中国保监会批准设立。

20 日　谟家堡跨三环桥投入使用，机动车可以走行大堤路从谟家堡三环收费口进出三环，同时也可以到达铁西经济技术开发区。

24 日　全国首创开放式大型戏水主题乐园——沈北新区蒲河冬雪湖主题公园正式开放，沈城市民消夏休闲又添新去处。主题公园内能容纳 1.7 万人的沙滩浴场，为目前全省最大。

30 日　市政府“建设信息惠民国家试点城市”新闻发布会发布：沈阳正式获批建设信息惠民国家试点城市。沈阳市已编制完成《沈阳市创建国家信息惠民试点城市工作方案》，确定沈阳市信息惠民建设 2014 年、2016 年、2020 年各阶段发展目标，提出建设 1 个信息惠民综合服务平台，推进社会保障、健康医疗、养老服务等惠民领域试点工作，实施通信网络提升平台、优质教育普及平台、智能交通畅通平台等 15 个专项重点工程。

31 日　中共沈阳市委十二届九次全体会议举行。市委常委会主持会议。省委常委、市委书记曾维代表市委常委会做工作报告。会议审议通过市委常委会工作报告和《中共沈阳市委关于进一步加强民生工作的意见》。会议通报了中共辽宁省委关于免去张东阳沈阳市委委员职务和开除党籍处分的决定。

八　月

14 日　国家发改委党组副书记、副主任何立峰到沈调研，先后到沈阳鼓风机集团股份有限公司、沈阳远大集团、华晨宝马汽车有限公司铁西工厂等考察企业生产运行情况，并观看记录铁西老工业基地调整改造历程的纪实片《凤凰涅槃》。

18 日　上海通用（沈阳）北盛汽车有限公司三期项目正式投产，首批雪佛兰全新一代科鲁兹汽车下线并发运出厂。上通北盛三期项目总投资 70 亿元，占地面积 2.22 平方公里，新建冲压、车身、油漆、总装、动力总成五大车间，以及物流运作中心等配套辅助设施，每年可生产 30 万辆整车及 45 万台发动机。动力总成车间成为通用汽车在全球第一个量产其最新一代小排量发动机的生产车间。

19 日　辽宁股权交易中心铁西中心揭牌暨第二批科技板挂牌企业授牌仪式在沈阳经济技术开发区举行。这是辽宁股权交易中心在我省科技金融创新试点园区设立的第一个服务窗口。该区第二批共计12家科技板挂牌企业同期举行授牌仪式。

20日　由上海市政协副主席方惠萍率领的上海市政协考察团来沈考察，并就充分发挥政协委员界别优势和更好地开展委员管理与联络工作与沈阳市政协进行座谈。

21日　2014中国·沈阳首届互联网大会在辽宁友谊宾馆举行。

25日　沈阳市启动"转作风、转职能、优环境"专项整治工作。从现在起到10月底，全市政府系统将集中整治企业和群众反映强烈的软环境方面的突出问题，并通过加快转变政府职能强化治本之措，努力在便企利民方面施展更大的作为。本次专项整治的重点内容包括查找是否存在"三乱"行为、查找是否存在"吃拿卡要"行为、查找是否存在因简政放权导致新的权力寻租问题等9个方面。

27日　第三届沈阳法库国际飞行大会暨2014沈阳航展开幕式在法库通用航空产业基地财湖机场举行。本届飞行大会由中国贸促会和沈阳市政府共同主办，法库县政府、沈阳市贸促会等承办。大会为期五天，将于8月31日闭幕。

▲由河北远奥飞机制造有限公司在沈阳法库通航产业基地投资12亿元建设的通用航空飞机制造基地项目、亚洲通用航空产业总部基地项目开工。通用航空飞机制造基地项目投资2亿元，拟建设通用航空小型固定翼飞机、轻型直升机生产组装中心及维修保养中心等。亚洲通用航空产业总部基地项目投资10亿元，包括亚洲通用航空产业论坛中心、航空博物馆科普教育基地、航空飞行俱乐部、航空紧急救援中心等项目。

28日　在"第三届沈阳法库国际飞行大会暨2014沈阳航展"上，由42位来自亚洲和世界各国的通用航空界专业人士发起，在法库通航产业基地成立了"亚洲航空特技飞行运动联合会"（简称"亚航联"，英文ASAF），填补了亚洲空白。"亚航联"由沈阳铁鹰俱乐部特技飞行队队长赵伟发起成立，总部注册在中国沈阳法库，地点设在财湖机场。

31日　由天鹅通用航空有限公司投资10亿元建设的水陆两用飞机生产制造基地项目，签约落户法库财湖机场。该项目主要包括水陆两用飞机的制造、销售、维护保养等。同日，总投资3亿元的锐翔轻型飞机制造厂项目和中视航通法库航拍基地项目，也签约落户法库财湖机场。

九　月

1日　第十三届中国国际装备制造业博览会暨国家高新技术装备展在沈阳国际会展中心开幕。来自国内外的832家企业参展，展会为期5天，展览面积11万平方米，共设置国家高新技术装备、装备制造业国际展、机床及其附件、重型工业装备、工业自动化、通用和专用设备、工程机械及特种车辆等七大展区，展位总数近4000个。

2日　代省长李希到沈阳国际展览中心，考察第十三届中国国际装备制造业博览会，并与省内部分参展企业座谈，听取意见和建议。

▲沈鼓集团与中海石油炼化有限责任公司惠州炼化分公司就120万吨/年乙烯裂解装置三机组（乙烯、丙烯、裂解气压缩机）项目举行签约仪式。120万吨乙烯三机组代表了世界离心压缩机制造领域的最高水平，是压缩机制造企业研发、设计、工艺、制造能力及管理水平的综合体现。

3日　沈阳市举行东北振兴专题报告会。报告会上，国家发改委东北振兴司司长周建平就中央实施新一轮振兴战略的重要背景、重大意义，以及新形势下加快实现全面振兴的总体要求、目标任务和具体举措进行了深入解读。

4日　第30个教师节即将来临，省委书记、省人大常委会主任王珉到沈阳市化工学校和中国医科大学沈北校区，看望慰问一线教师，并代表省委、省人大、省政府、省政协向全省辛勤耕耘在教育战线上的教职员工致以节日的问候和崇高的敬意。

▲代省长李希到沈阳市走访慰问一线教师，先后到沈阳市皇姑区岐山路第一小学、沈阳市第120中学，看望教师和学生，询问教学和学生的学习成长情况，代表省委、省政府向全省广大教职员工致以节日的问候和崇高的敬意。

9日　全国教育系统先进集体和先进个人表彰大会在北京举行。辽宁省实验中学、沈阳市服装艺术学校、辽宁大学经济学院、中国医科大学公共卫生学院，荣获全国教育系统先进集体称号；沈阳市第六十中学高级教师王峰、第六十九中学高级教师刘金生、东北育才学校高级教师侯雪晨、沈阳市装备制造工程学校讲师肖友才、东北大学教授张化光，荣获全国模范教师称号；沈阳市第七中学校长曹淑君获全国教育系统先进工作者称号。

12日　沈阳市房产局正式发布《关于解除住房限购的通知》，从2011年3月8日起在二环内暂时实行的居民家庭住房限购正式取消。

9－13日　国务委员王勇在辽宁调研。王勇先后到大连、营口、沈阳等地，深入钢铁、机械、电子、电力、港口等国有企业调研，并主持召开振兴东北地区老工业基地国有企业座谈会。

13日　中宣部第十三届精神文明建设"五个一工程"表彰座谈会在北京举行。由沈阳市委宣传部组织创作并报送的电视剧《大路上》、戏剧《将军道》、广播剧《照片中的回忆》三部作品获奖。

14日　由世界顶尖直升机制造商欧直公司制造的最新产品——两架EC130T2直升机经过调试后，在法库财湖机场进行了首次试飞。引进直升机的辽宁亿家通用航空有限公司，主要开展空中游览项目运营，后期还会引进8架飞机，组成一个10架飞机的机队，这将成为东北乃至全国最大的欧直直升机运营机队。

16日　由国家商务部、法国外交与国际发展部、欧盟能源委员会共同主办，沈阳市政府、法国勒阿弗尔市政府、法国驻华大使馆、中国欧盟商会联合承办的第六届中欧投资贸易洽谈会在沈开幕。本届洽谈会以"能源持续供应与城市美好生活"为主题。

18日　勿忘"九一八"撞钟鸣警仪式在"九一八"历史博物馆残历碑广场举行。中共中央政治局常委、中央书记处书记刘云山出席仪式并讲话。讲话结束后，刘云山等领导同志和群众代表神情凝重地推动钟槌击响"警世钟"。14

响钟声，寓意着中国人民14年抗战历程。9时18分，沈阳全城拉响防空警报。刘云山等领导同志还同各界群众代表一道参观了九一八历史博物馆。刘奇葆、汪洋、张平、罗富和和张阳出席仪式。参加过抗日战争的老战士和老同志代表，抗战烈士亲属代表，中央党政军群有关部门和吉林省、黑龙江省负责同志，各界群众代表等1000多人参加仪式。

18－19日　中共中央政治局委员、中央书记处书记、中宣部部长刘奇葆在辽宁调研，考察了一些宣传文化单位和社区、企业，强调全方位推进社会主义核心价值观建设。

20日　“中国梦·振兴潮”沈阳市职工群众文体系列活动启动仪式在沈阳奥体中心南广场隆重举行。省委常委、市委书记曾维出席活动并为健步走和自行车队伍出发鸣枪发令。市直有关部门、市职工体育工作促进委员会成员单位负责人，企业职工群众代表近5000人参加活动。

▲沈阳市2014年233个居民小区生活垃圾分类试点工作正式启动，涉及和平、沈河、皇姑、大东、铁西、于洪、浑南区的16万户居民。沈阳市是辽宁省住建厅确定的首批生活垃圾分类收集处置工作试点城市，从2012年试点开始，逐年扩大试点范围，现已扩大到市内七区的292个居民小区，共涉及居民22万户，共配备分类垃圾桶3.6万个。

18－21日　第十四届中国沈阳国际农业博览会和2014年中国国际种业博览会在沈阳国际展览中心举行。本届展会观展人数累计达30多万人次，签订交易合同104个，合同交易额22.5亿元，现场交易额达1.4亿元。

23日　省委书记、省人大常委会主任王珉到沈阳市，深入项目建设现场、企业车间、种植基地，就结构调整、转型升级进行专题调研。王珉先后考察了位于沈北新区道义经济开发区的沈阳太平洋工业园区、好丽友食品（沈阳）有限公司、辉山乳业种植基地。

▲中国·沈阳2014秋季房地产展示交易会在沈阳奥体中心南广场举行。132个商品房项目参展，为期3天。

28日　国家海关总署副署长邹志武来沈，就贯彻落实国家新一轮振兴东北老工业基地政策开展调研。邹志武先后到北方重工集团有限公司和特变电工沈阳变压器集团有限公司，考察企业生产运营和产品进出口情况，征求对海关工作的意见和建议。

▲在国务院第六次全国民族团结进步表彰大会上，沈河区朱剪炉街道的回民社区被国务院授予“全国民族团结进步模范集体”光荣称号。该回民社区是全市惟一以少数民族命名的社区，是全省乃至东北地区最为集中的回民聚集区，回族在此定居至今已有600多年历史。

29日　省委书记、省人大常委会主任王珉到沈阳市，走访慰问全国劳动模范、烈属、伤残军人和首届全国道德模范提名奖获得者，给他们送去党和政府的关怀与温暖，并向他们致以节日的问候。

30日　国家设立的首个“烈士纪念日”，省委书记、省人大常委会主任王珉，沈阳军区政委褚益民，代省长李希，省政协主席夏德仁到沈阳抗美援朝烈士陵园，与各界代表一起，向烈士敬献花篮。

▲由中国商业联合会主办，法库县政府承办的“首届中国东北商品交易会”开幕。本届交易会会期为7天，展区面积15万平方米，集中展示家居建材、五金机电、厨具、农资农贸、名优特产、小商品、服饰皮草、汽摩配件等商品。

十　月

1日　为庆祝新中国成立65周年，沈阳市邀请中国国家交响乐团在刚刚竣工的盛京大剧院举行首场大型交响音乐会。市领导与社会各界群众共1200余人齐聚一堂，共同观看演出，欢庆国庆佳节。

▲全市功能最全、接收和输出燃气路径最多的北部门站开始正式投入运行。该门站位于沈北新区兴隆台镇十二家子村，设计接收三路气源，除接收来自于洪区曹台门站的陕（西）（北）京二线天然气大气源外，将来还将直接接收阜新大唐煤制天然气，还为中石油预留了第二路入沈的大气源接口。北部门站将分别向望花、八棵树两大罐站以及法库、康平两县供气。当日7时开始，员工们进行通气前的最后调试，9时50分开始向望花和八棵树两个罐站送气。12时整，设备调试完毕，达到设计要求。

6日　由中国商业联合会主办的“首届中国东北商品交易会”在法库落幕。本届交易会于9月30日开幕，历时7天，参观总人数超过12万人次，交易额超亿元。

15日　市委召开全市党的群众路线教育实践活动总结大会。省委常委、市委书记曾维讲话。省委第一巡回督导组组长常卫国出席会议并讲话。

▲副省长谭作钧率领省政府第二督查组到沈阳，与市政府及相关县区政府、企业负责人进行座谈，就稳增长、促改革、调结构、惠民生政策措施落实情况进行督查。

16日　10时46分，位于沈阳市大东区东贸路附近的华润热电一脱硫塔发生火灾。沈阳消防支队立即调派10个中队31辆消防车赶赴现场扑救，火灾被完全控制。

▲由人民日报社、人民网和国家行政学院共同主办的“2014全国创新社会治理典型案例颁奖典礼暨经验交流会”在重庆市举行。民心网获得“全国创新社会治理最佳案例”并在会上介绍经验。

17日　全国学习宣传先进典型暨“两榜”建设现场会在沈召开。全国各省、自治区、直辖市、新疆生产建设兵团及部分城市宣传部主管领导共120余人齐聚沈阳，现场观摩了沈阳市在“善行义举榜”、“沈阳好人榜”建设及物业学雷锋服务等方面的做法。中宣部副部长王世明，省委常委、宣传部部长范卫平出席会议，市委常委、宣传部部长王凤波致辞。

18日　沈阳大学教育发展基金会正式成立，各界校友现场为学校捐款近600万元。

20日　由中组部副部长陈向群率领的中组部调研组到沈阳，就沈阳市基层党建工作开展调研。调研组先后到沈河区滨河街道双路社区、沈阳鼓风机集团股份有限公司、辽中县刘二堡镇皮家堡村，重点就社区党建、国企党建、农村党建等工作进行了深入调研。

28日　沈阳市举办党委（党组）书记学习习近平总书记在教育实践活动总

结大会上重要讲话培训班。省委常委、市委书记曾维做开班讲话。

▲沈北新区市场监督管理局正式成立。这是沈阳市第一个新组建的市场监督管理局,整合了本行政区域内工商、食品药品、质监的管理职能和机构,建立了统一的大市场监管体系,进一步提高市场监管水平。

▲12时49分,位于沈阳市沈河区丰乐二街十号的东北摩托车汽配城发生火灾。5家电动自行车销售门市的二楼仓库过火。过火面积超过1000平方米,损失达千万元以上。

29日 437位在韩志愿军烈士遗骸安葬仪式在沈阳抗美援朝烈士陵园举行。10时,省长李希宣布安葬仪式开始。民政部、外交部、总政治部、辽宁省委省政府、沈阳军区、沈阳市委市政府等及抗美援朝烈士家属、老战士和社会各界群众代表800余人参加安葬仪式。此前,在韩志愿军烈士忠骨于3月28日以国礼迎回到陵园。

30日 第二届中德城镇化研讨会在沈阳开幕。本届研讨会由中国人民对外友好协会与德国阿登纳基金会共同主办,辽宁省和沈阳市人民对外友好协会共同承办。中国人民对外友好协会副会长李建平,辽宁省政协副主席高鹏,沈阳市人大常委会主任、市对外友协会长赵长义,德国联邦议会议员、德国联邦政府移民问题和少数民族事务专员哈特穆德·考什克,德国阿登纳基金会常务副秘书长、欧洲和国际合作负责人格哈德·瓦勒斯,德国驻沈阳总领事傅培言,国家发改委有关领导出席开幕式并分别致辞。来自德国和中国的各界代表约200人参加了研讨会。

▲中航工业沈飞民机成功交付C919大型客机首架后机身前段,标志着拥有自主知识产权的中国C919大型客机研制又取得了重大阶段性成果。C919大型客机后机身前段包含近600项零件,广泛采用复合材料和钛合金材料,是大面积复合材料制造主体结构在国产民用飞机上的首次应用。2009年5月,中航工业沈飞民机与中国商用飞机有限责任公司签署了"C919大型客机机体结构供应商谅解备忘录",承担C919大型客机后机身前段、后机身后段、垂直尾翼、发动机吊挂、APU舱门等工作包任务,成为C919大型客机项目后机身前段、发动机吊挂惟一供应商

▲市建委、市城建局、市房产局以及各相关区政府组成联合检查组,对沈阳多处道路挖掘项目未办理审批手续,擅自破坏马路;有的项目不按审批内容超范围、超工期施工;有的项目不注重现场管理,施工材料、残土乱堆乱放,甚至存在占用和破坏绿地、人行道及市政设施等野蛮施工行为进行检查。联合检查组对查实的位于沈河区高官台街二环路与东贸路交叉口西南侧供暖工程等10处违规施工现场进行通报。记入企业不良行为记录,停止投标资格。

31日 副省长薛恒先后到沈河区房产局热力供暖公司小西热源厂和沈阳惠天热电股份有限公司沈空热源厂,了解供热准备情况。

▲以"凝聚电商力量助推东北振兴"为主题的沈阳市电子商务协会成立大会暨2014首届沈阳市电子商务发展高峰论坛举行。沈阳市电商协会150多家企业会员代表,辽宁省、沈阳市有关方面负责人,以及来自中国电子商务协会等方面的嘉宾共300余人齐聚一堂,祝贺沈阳市电商协会成立,共商沈阳电子商务发展大计。

▲沈阳11个国控点位AQI(空气质量指数)均为500,严重污染。针对这一天气情况,沈阳启动应急预案,积极应对辽沈地区的雾霾天气,全市环境监察队伍开展监察专项行动。

十一月

1日 宋雨桂艺术馆开馆暨沈阳市艺术惠民"双百万"工程展览基地揭牌仪式举行,一座新的艺术惠民基地正式对公众免费开放。艺术馆坐落于沈阳市和平区仙岛南路360号,占地面积约4万平方米,建筑面积1.2万平方米,设有5个展厅约9000平方米。馆内主要展示国家一级美术师、著名书画艺术家宋雨桂先生不同时期创作的经典画作,包括《苏醒》、《新富春山居图》等,同时还展示他的私人艺术藏品。

▲中国金融论坛2014东北分论坛在沈阳举行。400多位国内外金融业界知名专家学者出席,探讨东北振兴新十年启幕后金融机制的创新,聚焦东北金融中心的建设和未来发展。

▲复旦大学医院管理研究所《2013年度中国最佳医院综合排行榜》正式发布。中国医科大学附属第一医院在最佳医院综合排行榜中晋升至全国第14位,成为东北地区惟一进入全国排名前15位的医疗机构,连续五年位居东北首位。

4日 14时30分许,沈北新区马刚街道黑牛沟村水泥厂附近国有林场发生山林火情。沈北新区立即启动一级防火处置预案,约300多名消防官兵和驻区武警部队积极抢救,火情得到控制。初步统计,过火面积11.4公顷;其中,林地面积2.7公顷。无人员伤亡。

7日 由共青团中央、人力资源和社会保障部共同主办的第十届"振兴杯"全国青年职业技能大赛决赛在沈阳闭幕。本次活动设置焊工、计算机网络管理员、美发师3个工种比赛,分笔试和实际操作两部分进行。来自全国30个省区市及解放军、铁道、金融、煤炭等行业的284名选手参赛。经过三天的激烈角逐,来自辽宁的李成尧、山东的黄文荣、江苏的何倩倩分获计算机网络管理员、焊工、美发师第一名。

▲"龙之梦"长客总站正式开门迎客。新长客总站位置紧挨滂江街地铁站出入口,临近"龙之梦"购物商场和公交枢纽站,共有24条公交线路途经总站。设计日发送旅客1.2万人次,共设置3个出入口,一、二层设有售票窗口。此外,"龙之梦"东广场将被规划为社会车辆停车场和出租车乘降站。

▲根据《中共沈阳市委、沈阳市人民政府关于沈阳科技商城管理体制调整交接工作方案》,三好街地区划归和平区管理。沈阳科技商城由三好街(北起西滨河路,南到二环桥)和文萃路西段(东起青年大街,西到三好街)及沿线30米内区域构成。

▲华晨汽车集团高端新品牌发布盛典在上海世博园举行。华晨汽车历经三年时间投入20亿元人民币,走国际深度合作路线,推出国际高端商务车华颂。华颂成为华晨汽车继金杯、中华之后又一品牌,也是华晨汽车的第一个高端品牌。

9日 辽宁联航神燕飞机制造有限

公司与意大利泰克南飞机制造有限公司正式签约，收购该公司P200T、P2008、P2010三款机型的全部知识产权。这三款机型将于2015年开始生产，3至5年内达到年产300－500架的规模。辽宁联航神燕飞机制造有限公司已完成“泰克南”通用飞机总装厂房、喷漆车间、交付大厅等生产运行中心建设，并在法库通航产业基地开展意大利泰克南飞机的研发、生产、销售和服务等业务。

11日 沈阳（法库）生产制造的两架中国首款双座新能源电动飞机在第十届珠海航展参展，一架参加飞行表演，一架参加现场静态展示，这标志着沈阳（法库）生产制造的通用飞机登上世界级航展的舞台。

▲沈阳航空航天大学与中航工业直升机公司签署民用直升机合作框架协议。合作协议约定，双方在将以沈航为基地进行直升机飞行员和维修工程师等人才培养、小型电动直升机研究与制造、以直升机为主要运营工具的通航公司的运营模式探索等方面展开全面的深度合作。

▲中航工业沈飞民机与波音公司在珠海航展上通过波音制造创新中心（MIC沈阳）签署B777飞机尾翼翼尖项目转包生产合同。B777尾翼翼尖项目工作包由B777飞机垂尾翼尖、左平尾翼尖、右平尾翼尖三个组件构成，包含七块复材壁板，共涉及九种不同原材料。根据客户要求，2015年年底将完成首架产品交付。B777尾翼翼尖项目的成功签约，标志着中航工业沈飞民机复材研发能力得到了波音公司的认可，具备了与世界先进同行的竞争能力。

12日 “威奇托市中国航空代表处沈阳分部”在法库财湖机场揭牌。威奇托市是美国堪萨斯州最大的城市，拥有波音、比奇、塞斯纳、雷神等多家军用和民用飞机制造公司，累计为全球生产了30多万架飞机。美国国家航空研究院和国家航空培训中心均设立在威奇托市。享有“世界航空之都”的美誉。

14日 在由国家工信部、发改委联合组织召开的首批国家低碳工业园区试点方案评审会上，沈阳经济技术开发区作为沈阳经济区惟一的国家低碳工业试点园区，编制的实施方案获得专家组好评，顺利通过评审。

▲中国新一批援非抗击埃博拉医疗队在首都机场举行出征仪式，沈阳军区的51名护理骨干，与第三军医大学联合组建医疗队，赴西非利比里亚埃博拉疫区工作。

15日 《沈阳市集体合同条例》施行。

20日 由中宣部和全国老龄办联合评选的“最美老有所为人物”名单揭晓，81岁高龄的沈阳著名老劳模尉凤英名列其中。此次受到表彰的17位老人来自不同地域和行业，包括9位个人和一个包含8人的集体。

21日 省委常委、市委书记曾维会见由鞍山市委书记王世伟带队的鞍山市党政考察团一行。会见结束后，鞍山市党政考察团一行考察了浑南规划展示馆、浑南新城、沈阳文化艺术中心、文安路社区、大东区汽车城等地。

▲沈阳市遭遇强浓雾天气，市区内能见度小于50米，雾气较重地段能见度不到20米。一些高楼在浓雾中只露出楼顶，宛若“空中楼阁”。当日，桃仙机场能见度只有50－100米，20余班航班不能按时起飞，平均每班延误2小时以上；省内21条高速公路全线或部分路段封闭，辽宁省快速汽车客运站上午停运80班。

25日 金杯汽车股份有限公司与德国德铁信可集团达成合作协议，双方共同出资在中德高端制造产业园成立金杯全球物流（沈阳）有限公司。该公司将主要服务汽车企业，并拓展沈阳高端物流市场。协议确定一期投资1.84亿元人民币。

28日 沈阳国家级互联网骨干直联点正式开通。直联点建成开通后，沈阳跻身全国互联网十大骨干枢纽之一。测试环境下，互联网用户端到端时延降低26%；端到端丢包率减少62%；网页下载速率提高约22%。辽宁及东北其他两省的网间流量都不必绕道北京，在本地即可得到有效快速疏导，减少大量链路时延，提高网间通信质量，提升互联网服务水平和服务质量，改善互联网用户的上网体验。

▲东北地区最大的超算中心——东北区域超算中心揭牌仪式在东北大学云计算科技产业园举行，这标志着东北大学云计算科技产业园主体建筑之一的“东北区域超算中心”及“基于超算云计算的面向信息产业共性技术创新平台”正式投入使用。东北区域超算中心的计算能力高达1170万亿次/秒，是东北地区最大的超级计算中心，在全国区域仅次于上海超算中心。

▲全国工业和信息化系统科技工作座谈会在合肥召开，会上共认定72家“国家技术创新示范企业”。特变电工沈阳变压器集团有限公司名列其中。

29日 经辽宁省发改委批复同意，沈北新区正式启动通用航空机场建设项目。该机场性质为一类通用机场，能够满足Y－12、Y－5等以下的固定翼飞机使用。机场选址于沈北新区东北部二台子村，计划建设期为27个月，计划投入资金3亿多元。机场飞行区按2B标准设计，跑道长1200米，宽30米。停机坪占地3.2万平方米，综合业务指挥楼2500平方米，两个机库分别占地2800平方米。建成后将主要服务于沈阳通用航空产业基地，同时从事农林航空、紧急医疗救助等公益性项目及飞播造林、人工增雨和飞行训练等经营服务性活动。

十二月

1日 辽宁全省营业执照、组织机构代码证和税务登记证“三证合一”登记制度正式开始。按照“统一受理、联动审批、限时办结、核发一照”的模式，辽宁省将“三证”由工商行政管理、质监、国税、地税部门分别办理、各自发证（照），改为由工商行政管理部门统一受理，工商行政管理、质监、国税、地税部门联动审批、核发一照。改革后，不再核发组织机构代码证和税务登记证，在营业执照上加载组织机构代码和税务登记号。“三证合一”登记制度本月首先在沈阳、鞍山、朝阳市开展试点，2015年3月将在全省全面推开。

▲辽宁省道路交通事故社会救助基金正式启动。从即日起，辽宁省（除大连地区）发生道路交通事故后，交通事故伤者抢救费用超过责任限额的，未参加机动车第三者责任强制保险或者肇事后逃逸的，由道路交通事故社会救助基金先行垫付部分或者全部抢救费用。

4日 2013~2014年度国家优质工程奖揭晓,由中冶东北建设发展有限公司承建的浑南新城市政基础设施道路工程,被评为国家优质工程奖,这也是辽宁省首个国家优质工程奖的市政工程,填补了省内该类奖项的空白。

8日 普华永道沈阳分公司正式成立。至此,全球四大会计师事务所已有3家落户沈阳商贸开发区,它们分别是安永、毕马威、普华永道。当天,普华永道还与沈阳市金融办签署了战略合作框架协议。

10日 市政府新闻办发布:沈阳市将启动"全民参保登记计划"。用3年(2014-2016年)时间,通过信息比对、入户调查、数据集中管理和动态更新等措施,建立以全国统一的社会保障号码为每个人惟一参保标识、全面覆盖的社会保险业务基础数据库,对全市各类群体参加社会保险情况进行记录、核查和规范管理。

11日 沈阳举行"走出去企业战略合作联盟"揭牌成立仪式,15家沈阳市重点企业及4家服务机构加入"走出去联盟",由北方重工担任首届轮值主席单位,远大集团、特变电工为轮值副主席单位。

13日 首个南京大屠杀死难者国家公祭日。上午,"勿忘国耻圆梦中华"祭奠抗日先烈及死难同胞主题活动在"九一八"历史博物馆举行。驻沈阳某部队官兵,沈阳大学、沈阳111中学及社会各界人士代表数百人齐聚沈阳"九一八"历史博物馆。有关部门领导、社会各界群众代表为抗日先烈及死难同胞秉烛默哀。随后,大家向寓意"抗日英灵浩气长存"的金字塔形卧碑敬献红烛,并且在大型幕墙上签名铭志。

17日 辽宁省政协主席夏德仁到沈阳市调研"两代表一委员"工作室建设及活动开展情况。市政协主席姜宏陪同调研。当天,夏德仁到皇姑区辽河街道晨报社区,详细了解社区"两代表一委员"工作室建设及活动开展情况。随后与社区干部、驻室皇姑区党代表、人大代表、政协委员进行座谈,听取了大家对"两代表一委员"工作室的意见、建议。

▲市委召开区县(市)委书记和市直党工委书记抓基层党建工作专项述职会议。省委常委、市委书记曾维主持会议并讲话。省委组织部副部长汤天马、省委第一巡回督导组组长常卫国参加会议。

18日 沈阳市召开民族工作会议暨第六次民族团结进步表彰大会。省委常委、市委书记曾维出席会议并讲话,市人大常委会主任赵长义、市政协主席姜宏出席会议。会议由市委副书记邢凯主持,市委常委、常务副市长顾春明宣读表彰决定,市委常委、副市长闵学冲做工作报告。

▲南航北方分公司正式开通沈阳—武汉—(泰国)普吉岛国际正班直达航线。

21日 经国家质检总局批准,新民市出口食品农产品质量安全示范区为国家级出口食品农产品质量安全示范区,批准的产品品种为农产品。沈阳地区的国家级示范区数量至此上升为4个,为全省第一。

24日 中共沈阳市委十二届十次全体会议举行。市委常委会主持会议。省委常委、市委书记曾维代表市委常委会做工作报告。会议审议通过市委常委会工作报告和《中共沈阳市委关于深入贯彻党的十八届四中全会精神全面推进依法治市工作的实施意见》。

26日 沈阳体育惠民工程之一的沈阳市全民健身中心全部设备器械安装调试完毕,并正式面向社会开放。沈阳市全民健身中心位于和平区南三马路61号,包括"两馆一场":综合馆以大众普及的运动项目为主,包括羽毛球、乒乓球、击剑、跆拳道、柔道、瑜伽、体育舞蹈、健身器械等;网球馆包括网球、壁球、射箭、运动员体能训练、康复区;室外运动场地以网球、足球、篮球为主。

▲沈阳市欧美同学会·沈阳留学人员联谊会成立大会暨一届一次理事会在友谊宾馆召开。第一届理事会共有理事199名,会议选举产生了常务理事109名,选举产生了21名副会长和10名特邀副会长,姜宏当选为会长。

27日 由辽宁省委宣传部、省文明办主办的"辽宁好人"2014年度盛典在辽宁广播电视台举行。84位2014年度"辽宁好人"获得者集体亮相,讲述感人故事,弘扬辽宁精神,传递好人正能量。经过各级党委宣传部门、新闻媒体及社会公众的层层推荐,共推选产生了钱学余等3名"辽宁好人·时代楷模",徐占海等29名"辽宁好人·最美人物",吕景海等52名"辽宁好人·身边好人"。沈阳市有10人(集体)入选"辽宁好人·最美人物"和"辽宁好人·身边好人"。

29日 东北地区规模最大的城市商业银行、盛京银行在香港联合交易所主板成功上市,股份代码为2066。盛京银行成为继重庆银行、徽商银行、哈尔滨银行之后,第四家在香港联交所挂牌的城商行,是四家中净募集金额最高的城商行,也是辽宁省首家登陆香港资本市场的金融企业。此次盛京银行H股上市共发售13.75亿股,已引入五名基石投资者,每股最终发售股份定价为7.56港元,募集资金约为103.95亿港元。

▲沈阳市社区政务微信服务平台"沈阳新社区"正式开通运行。"沈阳新社区"具有政民交流、民生服务等多个功能。通过微信公众平台,居民足不出户就可以查询医疗、养老、就业等近30项社区的代办服务事项和办理流程。

30日 省委常委、市委书记曾维会见工信部副部长杨学山一行。杨学山一行到沈阳调研"中国软件名城"创建试点工作情况。沈阳市"中国软件名城"创建试点工作座谈会暨签署部省市合作备忘录会议在辽宁友谊宾馆举行。工信部、省政府、市政府共同签署《部省市协同开展中国软件名城创建工作合作备忘录》,沈阳市"中国软件名城"创建工作进入新阶段。

(鉴 闻)

附　录

2014年沈阳市新增中国驰名商标

商标所有人	商标名称
张治	DDD
沈阳春蒙服装服饰有限公司	春蒙 Chunmeng
沈阳重工食品有限公司	重工及图
沈阳中街冰点城食品有限公司	中街
毕利军和毕利文	千伊
中国医科大学附属盛京医院	盛京医院

2014年沈阳市新增辽宁省著名商标

商标所有人	商标名称
北方重工集团有限公司	NHI
辽宁轩禾装饰装修工程有限公司	图形
辽宁百特物业管理有限公司	百特物业
沈阳小蜜蜂会计服务有限公司	图形
沈阳八王寺饮料有限公司	八王寺
沈阳市明达采光板有限公司	图形
沈阳大清宝泉矿泉水饮品制品有限公司	水首长
沈阳四维高聚物塑胶有限公司	图形
沈阳市万谷园米业有限公司	图形
沈阳永生堂贸易有限公司	中广糖
沈阳储隆沥青设备有限公司	图形
法库县淑云蛋鸡专业合作社	鑫丰
沈阳福特润滑油科技有限公司	GINO 吉诺

商标所有人	商标名称
沈阳新饰家装饰工程有限公司	图形
沈阳青年国际旅行社有限公司	图形
沈阳带锯机械有限公司	图形
沈阳市岩砂晶建材有限公司	岩砂晶
沈阳海阔木业有限公司	图形

2014年新增沈阳市著名商标

商标所有人	商标名称
沈阳鲁博厨业有限公司	盛京鲁博及图
沈阳推动广告有限公司	推动策划及图
沈阳百强家政有限公司	百强家政
沈阳林凤伟业装饰装修工程有限公司	林凤
沈阳福隆兴管业有限公司	福隆兴+拼音及图
北方重工集团有限公司	NHI
沈阳公信会计师事务所有限责任公司	公信
沈阳市万顺金属柜制造厂	图形
辽宁轩禾装饰装修工程有限公司	轩禾及图
沈阳国联电缆附件制造有限公司	图形
沈阳衡器制造有限公司	星平及图
辽宁奇辉电子系统工程有限公司	图形
沈阳松蒲博爱护养中心	松蒲博爱
沈阳华利能源设备制造有限公司	图形
沈阳聚鑫北虫草菌业有限公司	圣春
沈阳市环宇防爆电器总厂	环盛
沈阳捷之达现代办公家具有限公司	盛京
沈阳市永森竹木业有限公司	皇盾添彩
沈阳绿生源农副产品有限公司	奉芽
沈阳新长城电缆有限公司	凯思
辽宁爱普罗斯饲料有限公司	爱普罗斯

商标所有人	商标名称
辽宁荣信房地产开发有限公司	图形
辽宁美娜嘉家私有限公司	美娜嘉 MEINAJIA
沈阳海阔木业有限公司	思诺尔家
沈阳戎谷生态农业科技发展有限公司	嘉禾家美

2014 年度沈阳名牌产品

序号	商　标	产品名称	单　位
1	沈冶机械	水煤浆棒磨机/铝电解多功能机组	中国有色(沈阳)冶金机械有限公司
2	特比澳	重组人血小板生成素注射液	沈阳三生制药有限责任公司
3	图标(合兴)	建筑节能检测系列产品	沈阳合兴检测设备有限公司
4	中街	冷冻饮品系列	沈阳中街冰点城食品有限公司
5	香雪	挂面/小麦粉	沈阳香雪面粉股份有限公司
6	沈飞	数控回转库	沈阳飞机工业(集团)物流装备有限公司
7	辉山	乳制品	辽宁辉山乳业集团有限公司
8	红梅	味精	沈阳红梅食品有限公司
9	图标(SBS)	一次法全自动智能轮胎成型机及控制系统	沈阳蓝英工业自动化装备股份有限公司
10	福来	非发酵性豆制品	沈阳福来食品实业有限公司
11	格瑞德	石油化工流程泵/多级离心泵	沈阳格瑞德泵业有限公司
12	金杯海狮	系列轻型客车	沈阳华晨金杯汽车有限公司
13	新阳	工业丙烯酸及酯	沈阳石蜡化工有限公司
14	星塔	氯碱产品/糊用聚氯乙烯树脂	沈阳化工股份有限公司
15	SMTCL	金属切削机床	沈阳机床股份有限公司
16	TBEA	特变电工变压器/电抗器	特变电工沈阳变压器集团有限公司
17	泰豪 TELLHOW	大中型系列电机	泰豪沈阳电机有限公司
18	三一国际	悬臂式掘进机	三一重型装备有限公司
19	博林特	电梯	沈阳博林特电梯集团股份有限公司
20	裕冠	箱式变电站	沈阳裕发电器有限公司
21	CNYD	幕墙系列产品	沈阳远大铝业工程有限公司
22	艾克	电线电缆	沈阳市艾克电缆有限公司

序号	商　标	产品名称	单　位
23	康森	大米	沈阳市万谷园米业有限公司
24	盛纳	离心通风机	沈阳盛纳机械制造有限公司
25	乾鼎	立式行星给料机传动装置/减速机系列产品	沈阳乾鼎机械制造有限公司
26	泰利德	WQX 型污水污物潜水电泵	沈阳泰利德泵业制造有限公司
27	XFY	汽车加油机软管及软管组合件	沈阳新飞宇橡胶制品有限公司
28	布兰德	布兰德地板	辽宁隆亿木业有限公司
29	ISR	钢丝增强液压橡胶软管及软管组合件	派克埃迪亚流体连接件(沈阳)有限公司
30	秋水依人	浸渍纸层压木质地板	沈阳商正木业有限公司
31	图标	锅炉给水泵	沈阳启源工业泵制造有限公司
32	宏发	家具	沈阳宏发企业集团家具有限公司
33	雪花	雪花啤酒	华润雪花啤酒(辽宁)有限公司
34	兴工铜业	镍铬硅铜合金材料	沈阳兴工铜业有限公司
35	桃李	桃李面包	沈阳桃李面包股份有限公司
36	武牛	牛肉	沈阳伍丰畜牧有限公司
37	老龙口	老龙口白酒	沈阳天江老龙口酿造有限公司
38	康福	糕点	沈阳康福食品有限公司
39	沈矿	磨煤机/带式输送机/堆取料机/水泥立式辊磨机/盾构机	北方重工集团有限公司

注:此表名单中是 39 个企业 49 种产品

沈阳市国家级旅游景区

序号	单位名称	等级	电话	地 址
1	沈阳市植物园(世博园)	5A	88038300	棋盘山开发区双园路 301 号
2	沈阳故宫博物院	4A	24843001	沈河区沈阳路 171 号
3	沈阳棋盘山风景区	4A	88051365	棋盘山开发区满堂乡
4	沈阳“九·一八”历史博物馆	4A	88331017	大东区望花街 46 号
5	沈阳怪坡风景区	4A	89758563	沈北新区清泉街道拥屯社区
6	张氏帅府博物馆	4A	24842454	沈河区朝阳街少帅府巷 46 号
7	沈飞航空博览园	4A	86599619	皇姑区陵北街 1 号
8	沈阳三农博览园	4A	87557667	新民市大柳屯镇长岗子村
9	沈阳科学宫	4A	23978007	沈河区青年大街 201 号

序号	单位名称	等级	电话	地 址
10	沈阳森林动物园	4A	88050366	沈阳棋盘山风景区内
11	沈阳市北陵公园(清昭陵)	4A	86897976	皇姑区泰山路12号
12	沈阳市东陵公园(清福陵)	4A	88032505	棋盘山开发区区东陵路210号
13	沈阳五爱市场购物旅游景区	4A	62569963	沈河区热闹路65号
14	沈阳中华寺旅游风景区	4A	82700888	东陵(浑南新)区王滨乡中华寺村
15	沈阳方特欢乐世界	4A	62839221	沈北新区盛京大街55号
16	沈阳新乐遗址博物馆	3A	86117218	皇姑区龙山路1号
17	沈阳仙子湖风景旅游度假区	3A	87632499	新民市前当堡镇
18	沈阳老龙口酒博物馆	3A	88766575	大东区珠林路1号
19	沈阳工业博物馆	3A	25702088	铁西区卫工北街14号
20	南关天主教堂	3A	24153411	沈河区南乐郊路40号
21	沈阳市慈恩寺	3A	24130182	沈河区大南街慈恩寺巷2号
22	沈阳白清寨滑雪场	3A	89552589	苏家屯区白清街道广福路69－1号
23	沈阳财湖旅游度假区	3A	87105587	法库县十间房镇尚屯村
24	沈阳爱新觉罗祖家坊酒业	3A	88538558	法库县大孤家子镇半拉山村
25	蒙牛乳业(沈阳)工业旅游景区	3A	89710873	沈北新区沈北路121号
26	沈阳国家森林公园	3A	89778333	棋盘山开发区马刚乡老寺沟
27	沈阳鸟岛公园	3A	88033900	棋盘山开发区东陵路195号
28	沈阳华夏饮食文化博物馆	3A	62256372	棋盘山开发区观音阁村
29	沈阳朝阳山风景区	3A	24769276	东陵(浑南新)区祝家街道办事处朝阳山风景区
30	沈阳市城市规划展示馆	3A	31378969	沈河区五爱街156号
31	沈阳市抗美援朝烈士陵园	3A	86613405	皇姑区金山路50号
32	辽宁伊利乳业工业旅游景区	3A	31398391	沈北新区辉山农业高新技术开发区宏业街73号
33	华晨宝马工业旅游景区	3A	84559905	大东区山嘴子路14号
34	周恩来少年读书旧址纪念馆	3A	62437085	大东区东顺城街育才巷12号
35	沈阳市大法寺(八王寺)	3A	88573009	大东区八王寺街120号
36	花果山神秘谷	3A	89634933	棋盘山开发区望滨乡闫家村
37	马耳山风景区	3A	31488018	苏家屯区姚千街道马耳山村
38	辽中蒲河国家湿地公园	3A	87777772	蒲河廊道辽中段中下游
39	世外桃源温泉养生度假小镇	3A	66603634	辽中县杨士岗镇
40	沈阳小韩村温泉度假村	3A	89299666	于洪区光辉街道双树村
41	沈阳紫烟薰衣草庄园	3A	85858521	沈北新区马刚街道马泉社区
42	沈阳五龙山风景区	3A	87165666	法库县丁家房镇邦牛堡村
43	沈阳－铁西工人村生活馆	3A	25705066	铁西区赞工街34号
44	沈阳卧龙湖生态风景区	3A	87343850	康平县康平镇顺山5路

序号	单位名称	等级	电话	地 址
45	卧龙谷旅游拓展小镇	3A	86230660	康平县输港路
46	稻梦空间	3A	89691707	沈北新区兴隆台锡伯族镇
47	克拉古斯品牌工艺展示中心	3A	88080365	沈北新区辉山经济开发区竞业街 12 号
48	大德农博乐园	3A	31905666	于洪区光辉乡
49	1905 文化创意园	3A	61785010	铁西区兴华北街 8 号
50	龙之梦休闲旅游中心	3A	31982223	大东区滂江街 22 号
51	沈阳“11 号院”艺术区	3A	22719032	沈河区十一纬路 11 号
52	沈阳古陨石科普基地	2A	23801062	东陵区(浑南新区)李相镇
53	沈阳市太清宫	2A	22744030	沈河区西顺城街 16 号
54	沈阳市实胜寺	2A	22531709	和平区皇寺路 206 号
55	沈阳水洞风景区	2A	89551424	苏家屯区白清街道广福路
56	沈阳七星山旅游风景区	2A	89607933	沈北新区石佛寺街道
57	沈阳蓬瀛宫	2A	24513455	沈河区南塔街
58	沈阳中心庙	2A	84841659	沈河区中街东路
59	沈阳珍珠湖	2A	87777772	辽中县刘二堡镇
60	沈阳市李相新城生态园	2A	24740981	东陵区(浑南新区)李相镇
61	沈阳三山梅花鹿园旅游景区	2A	89296633	于洪区平罗街道北三台子村
62	沈阳八王寺饮料工业园	2A	31070709 - 8043	沈阳欧盟经济开发区建设路 109 号(大东区)
63	来福庄园	2A	87306291	康平县胜利街道办事处
64	巴尔虎山风景区	1A	87075006	法库县四家子蒙古族乡政府
65	为雅都市庄园	1A	15840541234	康平县二牛所口镇

沈阳市旅游星级饭店一览表

五星级饭店(7 家)

单位名称	负责人	电话	传真	地址	邮编
沈阳皇朝万豪酒店	文 凯	23883456	23880677	和平区青年大街 388 号	110003
沈阳中山皇冠假日酒店	吴蔚人	23341999	23341199	和平区南京北街 204 - 208 号	110001
沈阳丽都索菲特酒店	施 乐	23188888	23188000	和平区青年大街 386 号	110004
沈阳黎明国际酒店	刘樵洛	24359999	24359000	大东区长安街 10 号	110042
沈阳凯宾斯基饭店	寇德甫	22988988	22988101	沈河区青年大街 109 号	110014
东北大厦	刘庆军	62508888	62508882	沈河区哈尔滨路 99 号	110013
北约客维景国际大酒店	李 江	89305555	89305678	和平区同泽街 35 号	110001

四星级饭店(24 家)

单位名称	负责人	电话	传真	地址	邮编
沈阳凯莱大酒店	王 晨	22528855	22521112	沈河区北站迎宾街 32 号	110013
沈阳盛贸饭店	左治平	23412288	23411988	和平区中华路 68 号	110001
沈阳格林大饭店	朱铁平	22576688	22522288	沈河区北站路 72 号	110013
沈阳金都饭店	史 吏	23510888	23510580	和平区太原南街 189 号	110001
沈阳高登大酒店	白洪利	22818888	22818866	沈河区青年大街 52 号	110014
沈阳假日酒店	吴蔚人	23341888	23341188	和平区南京北街 204 号	110001
沈阳时代广场酒店	陈杰宏	22532828	22531950	沈河区北站路 99 号	110013
沈阳世星国际饭店	孙琳	62135555	62135888	铁西区启工街 8 号	110026
沈阳七宝山饭店	王浩东	62266789	62538866	和平区十一纬路 79－81 号	110003
辽宁凤凰饭店	王清华	86105858	86105340	皇姑区黄河南大街 109 号	110031
辽宁大厦	张幸贵	86081166	86809355	皇姑区黄河南大街 105 号	110031
辽宁政协会馆	周 丽	86293888	86293555	皇姑区崇山东路 73 号	110032
沈阳玫瑰大酒店	李长清	24898188	24898060	沈河区中街路 201 号	110011
沈阳金厦酒店	高世星	82978888	82978053	沈河区大西路 289 号	110014
辽宁天都饭店	李春生	23296666	23296166	和平区南五马路 238 号	110006
辽宁瑞心国际城市酒店	尚宏桥	88598588	88598599	沈河区敬宾街 3－3 号	110013
沈阳市华人大酒店	刘 晨	23900000	23910099	和平区青年大街 314 号	110003
辽宁荣富饭店	刘 辉	25117777	25111177	铁西区北二东路 17 号	110025
沈阳沈飞宾馆	王仁泽	86598999	86598881	皇姑区陵北街 1 号	110034
沈阳天伦瑞格酒店	王显峰	24876666	24876999	沈河区朝阳街 23 号	110011
沈阳迎宾馆	单承平	22805588	22805603	沈河区北三经街 9 号	110013
沈阳悦客来柏晶酒店	王勇力	31515888	31515688	皇姑区华山路 93 号	110031
沈阳南阳华人国际酒店	刘春明	23922222	23811188	和平区和平北大街 176 号	110003

单位名称	负责人	电话	传真	地址	邮编
沈阳天丰国际酒店	刘 健	86678888	25610799	铁西区兴华南街31号	110023

三星级饭店(51家)

单位名称	负责人	电话	传真	地址	邮编
辽宁宾馆	李树明	23839166	23839103	和平区中山路97号	110001
沈阳鸿翔宾馆	龚云桃	24018888	24018855	沈河区万柳塘路53号	110015
辽宁省华峰宾馆	余星明	31519696	31519322	皇姑区崇山东路32号	110032
沈阳亚泰大酒店	王连伟	24897777	24897878	沈河区沈阳路265号	110011
沈阳空港来登饭店	高 晶	89398866	89397988	浑南区沈阳桃仙国际机场	110169
沈阳鸿宇山庄	徐 强	88055051	88055065	棋盘山风景区	110013
沈阳市紫薇仙庄	许绍文	89591100	89591122	苏家屯区佟沟乡	110003
沈阳金海岸大酒店	邢 巍	5300688	25305688	于洪区黄海路35号	110141
沈阳华苑大酒店	韩 晶	89135632	89135647	苏家屯区海棠街39号	110101
辽宁工会大厦	张 健	62235999	62234828	皇姑区崇山东路40号	110032
辽宁东盛大厦	李庆发	62236666	62236565	沈河区北京街9号	110013
沈阳瑞心东方酒店	纪 澄	22583333	22583777	沈河区北站路112号	110013
沈阳民航宾馆	张 彤	88291888	88291333	大东区小河沿路3号	110043
沈阳邮政大厦	朱铁平	22593333	22593077	沈河区北站路78号	110013
辽宁省人民大厦	常 锋	86681666	86223148	皇姑区崇山东路41号	110032
辽宁金三角饭店	张 明	23292288	23292002	和平区中华路43号	110001
辽宁瑞心快捷北站酒店	尹世平	62231888	62232888	沈河区北站路102号	110013
沈阳文华酒店	李剑英	87888886	87898889	辽中县东环街59号	110200
沈阳金辉大厦	李春祥	62256666	62256666	和平区南八马路27号	110005
辽宁省老道口大厦	马 海	62100399	23404508	和平区胜利北街1号	110001
沈阳正兴宾馆	隋广友	22829988	22710513	沈河区一经街二纬路23号	110013
辽宁金剑宾馆	杨文凯	86686666	86686910	皇姑区崇山东路8号	110032
沈后金辉宾馆	朱 娟	25688688	25688666	铁西区沈辽东路34号	110021
沈阳金山宾馆	于宏斌	31313333	31313399	和平区昆山北街62号	110001

单位名称	负责人	电话	传真	地址	邮编
沈阳雷格酒店	石　更	22946666	22919998	沈河区沈洲路2号	110011
辽宁瑞心商旅东旭酒店	关长新	23299188	23299088	和平区南京南街40号	110001
沈阳金杯汽车大厦	于　海	23868888	23879582	和平区中华路57号	110001
沈阳金星宾馆	王宝农	62101111	62101187	和平区太原北街9号	110001
沈阳金城宾馆	袁小孟	23168888	23168777	和平区太原北街1号	110001
沈阳金利宾馆	高国福	23911171	23051690	沈河区文化路83号	110016
辽宁金科大厦	马英华	23898880	23907788	和平区文化路19号	110004
辽宁大剧院宾馆	李长青	22735688	22743953	沈河区市府大路363号	110013
辽宁国大酒店	王　云	86399000	86398898	皇姑区昆山东路28号	110032
新民市迎宾馆	崔天朗	87856427	87859928	新民市辽河大街135号	110300
沈阳科隆酒店	闻绍辉	24896666	24896699	沈河区朝阳街238号	110011
沈阳兰亭宾馆	周　放	86395888	86395858	皇姑区北陵大街37号	110032
沈阳北辰大酒店	吴　波	88522425	88556428	沈河区惠工街169号	110013
辽宁省柳湖宾馆	吕晓民	31015566	86895756	皇姑区崇山东路30号	110032
沈阳毓英楼宾馆	姚宝龙	31297888	31297888	沈河区六纬路23号	110014
辽宁东湖度假村	范达方	88050209	88057788	棋盘山风景区秀湖南岸	110163
辽宁杏林苑宾馆	陈艺信	88051238	88051258	棋盘山风景区满堂乡观音阁村	110163
沈阳中城商务酒店	楼国玮	31809777	31809808	铁西区景星南街38号	110021
沈阳军交大厦	张贵发	22582666	22582699	沈河区北站路110号	110013
辽宁阳光宾馆	宫德敏	86198888	86198103	于洪区长江北街56号	110036
新民市丽景宾馆	李英波	0427－7560666	0427－7560744	新民市兴隆堡沈阳采油厂	110316
神鹏国际商务酒店	马广红	27037777	27125072	法库县南大街	110418
辽宁省玉龙山庄	柯　巍	88058008	88058018	棋盘山国际旅游开发区	110164
沈阳圣有声大酒店	于　含	23300570	23328000	和平区砂山南路5号5甲	110005
沈阳军区金泉宾馆	周义军	28889666	25653097	铁西区云峰街45号	110021
沈阳市康平宾馆	齐丽艳	87325656	87325858	康平县康平镇建设街	110500
沈阳地中海印象酒店	柯　妍	89799555	89764567	沈北新区马刚乡洋什水库	110121

二星级饭店(11 家)

单位名称	负责人	电话	传真	地址	邮编
沈阳宾馆	李曙光	86688888	86688007	皇姑区泰山路 2 号	110033
沈阳天源宾馆	黄晓辉	88559988－6666	88530899	沈河区惠工街 235 号	110013
沈阳怪坡金源宾馆	章志刚	89758158	89758277	新城子区怪坡风景区	110121
沈阳石化大厦	骆 巍	86298000	86241748	皇姑区长江街 17 号	110031
沈阳铁建宾馆	毛树伟	88530560	88556839	沈河区敬宾街 3－1 号	110013
沈阳市政府招待所	马瑞霞	24849575	24844201	沈河区正阳街 212 号	110011
沈阳市国兴大酒店	姜 军	25305858	25308488	于洪区黄海路 46 号	110141
沈阳金碧大厦	吴兰英	25361188	25819406	于洪区沈新路 188 号	110141
沈阳市老天合宾馆二部	臧运元	84183000	24807138	沈河区热闹路 62 号	110011
沈阳市老天合宾馆	臧运元	24807158	24807138	沈河区热闹路 60 号	110011
沈阳翔云楼宾馆	王发山	28863335	86860145	皇姑区北陵大街 9 号	110032

一星级饭店(4 家)

单位名称	负责人	电话	传真	地址	邮编
沈阳泉银宾馆	朱国辉	24839800	24314148	大东区小河沿路 68 号	110042
沈阳翰皇国际商务酒店	杨仁寿	88596000	88596166	大东区北顺城路 188 号	110041
法库宾馆	陈国红	87103555	87103555	法库镇兴法路吉祥街	110400
辽宁红霞宾馆	江登云	23231099	23225503	和平区光荣街 26 号甲	110003

沈阳市公共交通线路一览表

线路	起始站点	途 经 站 点
环路	沈阳站南——沈阳站北	沈阳站南(南一马路)、市文化宫、体育广场南、和平广场、南五马路中兴街、南五马路振兴街、南湖公园、盛京医院南湖院区、展览馆、陆军总院、南塔、省医院东门、大南边门、第二十七中学、大南街热闹路、大南门、故宫东华门、商业城(钟楼)、北中街皇城恒隆广场、中街鼓楼、小西门、市红十字会医院、中山路杏林街、辽宁日报社、中山路和平大街、中山广场东、中山路太原街、沈阳站北
101	中央大街五号路——工业大学中央校区东门	中央大街五号路、中央大街六号路、中央大街七号路、中央大街八号路、中央大街地铁站、中央大街十号路、开发区工人文化宫、中央大街十三号路、中央大街十四号路、中央大街沈辽路、工业大学中央校区东门
102	北李官——沈阳站西广场	北李官、沈大路金湖街、沈大路东平湖街、沈大路巢湖街、沈大路太湖街、沈大路洪湖二街、于洪新村、铁西森林公园、康利汽车公司、肇工街建设大路、南六路启西巷、南六路马壮街、南六路卫工街、南六路保工街、南六路兴顺街、景星街南六路、景星街北四路、小北三路景星街、小北三路兴华街、小北三路云峰街、小北三路兴工街、沈阳站西广场
103	长客西站——五爱市场	长客西站公交枢纽站、长客西站、仙女湖公园北、西部货运中心北、沈辽路齐贤街、沈辽路艳粉街、兴华街沈辽路、兴华街南十路、兴华公园东、铁西百货、铁西广场、建设大路云峰街东、建设大路兴工街、胜利大街南五马路、沈阳站南、中华路太原街、中华路南京街、马路湾、十三纬路光荣街、十三纬路四经街、十三纬路三经街、大西菜行、顺通食街、第七中学、五爱西区北、五爱市场

线路	起始站点	途经站点
104	恒大绿洲西——兴隆大都汇	恒大绿洲西、汪河路南阳湖街、碧桂园银河城、汪河路大通湖街、大通湖街细河南路、大通湖街细河路、惠泽园东、仙女河路大通湖街、仙女河路吉力湖街南、吉力湖街仙女河北路、冶金机械公司、沈辽路赞工街、卫工街沈辽路、劳动公园东、劳动公园北、卫工街南九路、南八路卫工街、南七路马壮街、卫工街建设大路、兴隆大都汇
105	嘉华新城——沈阳北站	嘉华新城、嘉华学校、汇泉路文源街、文澜苑、坤泰新界、富民街浑南五东路、富民桥南、富民街银河丽湾、富民街文萃路、富民街文化东路、文化东路富民街、泉园街泉园三路、泉园街泉园二路、东陵区医院、长青街泉园一路、万泉实业公司、东方宾馆、翠园小区、热闹路东滨河路、大南门东、小河沿、大东门、东中街、小津桥、横街、天后宫路小北街、房产市场、惠工广场东、沈阳北站
106	中海城北——沈阳北站北广场	中海城北、赤山路西江街、八家子小区、绿地老街坊、武警总队、万科魅力之城北门、万科魅力之城、恒盛广场、亚都名苑、教师新村、陵西二小区、第四十中学、北方医院、第九印刷厂、沙河子小区、长江街泰山路、泰山路黄河大街、省实验中学、辽宁中医、北陵电影院、龙江广场、沈阳北站北广场
107	东方御景——龙之梦亚太城	东方御景、美林逸墅、三江紫香园、东陵路农科院、省农业技术学校、沈抚立交桥东、东北汽贸、一汽福达、良城美景、辽宁奥通、新东安居小区、新光红璎小区、和睦路新东二街、三家子、善邻路东塔街、善邻路黎明三街、善邻路地坛街、龙之梦衡园、龙之梦丽晶大酒店、龙之梦海洋馆、龙之梦小商品大世界、龙之梦亚太城
109	彩霞街临波路——大西电子市场西	彩霞街临波路、临波路夹河街、伊丽雅特湾、泛华广场、浑河堡、浦江苑、新华社、五里河公园西、夏宫、五里河茂业中心、文化路立交桥南、展览馆、盛京医院南湖院区、鲁迅美术学院、领事馆、第七医院、十一纬路二经街、大西边门、房地产大厦、大西电子市场西
109 支线	浑河站——奥体中心枢纽站	浑河站、浑河站邮局、三山集团、长白中路胜利大街、长白二街夹河路、长白二街仙岛南路、万科鹿特丹、长白南路长白二街、长白南路长白三街、长白南路南京街、富海澜湾半岛、东北气象中心、名流幸福小区、铸造厂、后榆村、临波路夹河街、临波路彩霞街、浑河堡、浦江苑、奥体中心公交枢纽站
111	东北制药——昆山路松花江街	东北制药、昆明湖街林海路、张士果品市场、沈新路巢湖街、沈新路开发大路、沈新路洪湖二街、洪湖小区、长客西站、仙女湖公园北、西部货运中心北、沈辽路齐贤街、沈辽路艳粉街、沈辽路兴华街、沈辽路云峰街、云峰街南九路、云峰街南七路、云峰街建设大路、云峰街北四路、云峰街北三路、云峰街北二路、虹桥路爱工街、兴工街千姿汇、兴工街北一路、珠江街天山路、珠江街华山路、昆山路珠江街、碧塘公园南、第四医院南、昆山路嫩江街、沈阳有线电视台、沈阳北站北、昆山路松花江街
112	保利花园——皇姑屯火车站	保利花园、保利花园五期、新宁街东平路、新立堡、东北汽贸、一汽福达、良城美景、辽宁奥通、二〇一、民贵家园、东贸库、黎明金叶家园、沈海热电厂、珠林桥东、莱茵河畔、市骨科医院、辽沈二街东北大马路、文华园、洮昌小区、沈阳大学南门、小北边门、省高级法院、敬宾街、沈阳北站北、沈阳有线电视台、昆山路嫩江街、第四医院南、碧塘公园南、昆山路珠江街、昆山路荆江街、怒江街华山路、皇姑屯火车站
113	观音村——泉园广场	观音村、观音、观音路、德孚润滑油、空训基地、鸭绿江北街天仙路、北陵开发区、新锐防爆电器、上岗子、城建北尚、富丽阳光、中驰汽贸、剑苑小区、梨园剧场、崇山路鸭绿江东街、恒驰物流、沈阳大学西门、望花街临河路、小北关街二〇二巷、小北边门、沈阳大学南门、八王寺、八王寺街天后宫路、横街、小津桥、东中街、大东门、小河沿、大南门、大南街热闹路、第二十七中学、大南边门、省医院东门、南塔鞋城、文化东路天坛南街、出租汽车公司南、和美妇产医院、泉园广场
114	保利心语花园——沈阳北站站前	保利心语花园、铁西区体育中心、北四路重工街、美好愿景、北四路肇工街、北四路启工街、北四路卫工街、市交通技术学校、新北方装饰建材城、陶林居、北四路贵和街、兴华街北四路、铁西区政府、北三路云峰街、北三路兴工街、沈阳站西广场、沈阳站北、中山路太原街、中山广场东、中山路和平大街、辽宁日报社、八一公园东、市人大、青年北大街、沈阳北站站前
115	望花工业园——新华路	望花工业园、侯家岗子、三五四七装具厂、望花新村、上海通用北盛汽车、海鲜市场、北大营街南卡门路、合作街上园路、华美英语学校(老瓜堡)、合作街北海街、洮昌小区、沈阳大学南门、小北边门、省高级法院、虎跃快客、青年北大街、市人大、市府大路三经街、八一公园西、和平大街北七马路、中山路和平大街、中山广场东、医大一院、南京街北二马路、中山公园西、体育广场、铁路中学、新华广场西、和平区法院、新华路

线路	起始站点	途 经 站 点
116	恒大城——龙之梦亚太城	恒大城、桃源欣城、万科魅力之城、恒盛广场、亚都名苑、教师公寓、教师新村、红田地产、格林阳光、格林梦夏、怒江北街新开河、市委党校、百鸟公园、辽宁大学、宁山路北行、宁山路黄河大街、地质局、北陵电影院、龙江广场、沈阳北站北、敬宾街、省高级法院、市物价局、天后宫、小北街天后宫路、小北门、大北门、小津桥、津桥路小什字街、市群众艺术馆、龙之梦会展中心、龙之梦亚太数码、龙之梦亚太城
116 支线	千山西路八家子——松山路地铁口	千山西路八家子、华邑世纪城、千山西路怒江北街、千山西路规划街、千山西路长江北街、千山西路川江街、千山西路黄河大街、黄河大街松山路、松山路地铁口
117	腾飞二街——小北边门	腾飞二街飞翔路、盛京医院滑翔院区、滑翔路腾飞一街、生日城、滑翔公园东、天华医药、诗波特小区、沈辽路兴工街、东北汽配商贸中心、南八马路太原街、南八马路海口街、沈阳急救中心、南湖公园西门、方型广场南、南湖公园、盛京医院南湖院区、展览馆、陆军总院、地王国际花园、风雨坛街西滨河路、五爱市场西区、五爱市场、热闹路大南街、大南门、故宫东华门、商业城(钟楼)、大北门、八王寺街天后宫路、八王寺、小北边门
118	水家——北中街	水家、水家西、沈阳出口加工区西区、东亚国际城、浑南东路文华街、沈阳建筑大学、音乐学院南校区、沈音南校区、在水一方社区、和泰东方园、万科花园新城、金杯汽车制造有限公司、东陵加工区、六〇六所、江东街小河沿路、小河沿路滂江街、万泉公园东门、四六三医院、魁星楼路大什字街、大南门东、大南门、故宫东华门、商业城(钟楼)、北中街
118 支线	古城子——新生活广场长青店	古城子、古城子市场、牛相、麦子屯、中科院计算所(高精数控)、水家北、沈阳出口加工区西区、东亚国际城、浑南东路文华街、沈阳建筑大学、音乐学院南校区、文汇街南堤路、南堤路文汇街、和泰东方园、万科花园新城、新生活广场长青店
121	康城春天里——陵园街银山路	康城春天里、道义五街正良五路、正良五路道义四街、道义三街、蒲昌路道义二街、正良、唐轩公馆、沈阳师范大学北门、沈北巴士、郭七路口、蒲昌路盛京大街、五洲龙汽车公司、沈阳师范大学东门、梅江街文大路、万方小学、梅江市场、北三台子、第十中学、三台子一校、陵北街辉山路、陵北街三台子、沈飞四中、沈飞集团、航空博览园、客运出租公司、金山路陵北街、陵园街金山路、陵园街银山路
123	揽军路——五十中学	揽军路、腾飞一街南滑翔路、盛京医院滑翔院区、腾飞一街滑翔路、腾飞一街飞翔路、第十五中学、云峰街沈辽路、云峰街南七路、云峰街建设大路、建设大路兴工街、胜利大街南五马路、沈阳站南、沈阳站北、中山路太原街、中山广场东、中山路和平大街、和平大街北七马路、八一公园西、北市场东、阜新二街总站路、市行政执法局、北站路青年北大街、市建委、敬宾街、市消防局、小北关街二〇二巷、望花街临河路、沈阳大学西门、恒驰物流、五十中学
125	向山北路——南通天街	向山北路、朝鲜一中、向工街向山路、向工一校、昆山路前塔湾、中海寰宇天下塔湾西、塔湾邮局、太平庄、崇山路淮河街、海华新居、延河街昆山路、小白楼、华山路怒江街、皇姑公安分局、华山路珠江街、华山路长江街、皇寺广场、北市场西、沈医二院、南京街北六马路、中山广场东、中山路和平大街、辽宁日报社、中山路杏林街、市红十字会医院、奉天街药王庙路、房地产大厦、奉天街北热闹路、五爱西区北、五爱市场、南通天街
126	奥体中心枢纽站——上园路望花南街	奥体中心枢纽站、泛华广场、浑河堡、浦江苑、新华社、五里河公园西、夏宫、五里河茂业中心、文萃路青年大街、五爱街文萃路、陆军总院东门、地王国际花园、风雨坛街西滨河路、奉天街五爱市场西区、奉天街北热闹路、房地产大厦、万寿寺街大西路、万寿寺街小西路、市信访大厅、令闻街教场路、令闻街天后宫、令闻街房产市场、市物价局、小北边门、沈阳大学南门、洮昌小区、联合路辽沈二街、北方客运公司、上园小区东、上园小区、上园路合作街、上园路望花南街
127	青山路怒江西街——龙之梦亚太城	青山路怒江西街、依云北郡A区、依云北郡、教师新村、陵西二小区、白山路川江街、北陵公园北、客运出租公司、金山小区、北陵东门、金山钢材市场、富丽阳光南区、银山路鸭绿巷、鸭绿江东街银山路、金辉天鹅湾、鸭绿江东街锡山路、崇山路鸭绿江东街、恒驰物流北门、市胸科医院、北海街联合路、市骨科医院、北海街工农路、莱茵河畔、龙之梦红星美凯龙、龙之梦大酒店、龙之梦小商品大世界、龙之梦亚太城
129	金奥新城——药王庙路	金奥新城、仙女河北路金龙湖街、仙女河路金龙湖街、仙女河路大通湖街、仙女河路吉力湖街南、仙女河路吉力湖街北、路官二街、西部货运中心东、路官一街沈辽路、路官一街红粉路、今日阳光家园、艳粉新村、红粉路艳璐街、家乐福金牛店、兴华街沈辽路、兴华街南十路、兴华公园东、铁西百货、铁西广场、北四路兴华街、北四路云峰街、兴工街北四路、兴工街北三路(沈阳站西)、兴工街北二路、沈阳站北、中山路太原街、中山广场东、中山路和平大街、辽宁日报社、中山路杏林街、市红十字会医院、药王庙路

线路	起始站点	途 经 站 点
131	七三九医院——大东门	七三九医院(沈阳医学院)、沈阳十中、百花小区、陵北街辉山路、陵北街三台子、沈飞四中、沈飞集团、航空博览园、客运出租公司、金山小区、北陵东门、武功山小区、省游泳馆、省教育厅、北塔、崇山路鸭绿江东街、恒驰物流、沈阳大学西门、望花街临河路、小北关街二〇二巷、市物价局、天后宫、小北街天后宫路、小北门、大北门、小津桥、东中街、大东门
132	沈阳工贸学校——科普公园	沈阳工贸学校、大东科技园、沈阳东站北、东北大马路明堂街、东北大马路新生二街、市骨科医院、辽沈二街如意三路、辽沈二街工农路、北边城路草仓路、东边城街珠林路、市群众艺术馆、津桥路小什字街、小津桥、大北门、小北门皇城恒隆广场、中街、故宫西华门、市环保局、五爱市场、五爱市场西区、风雨坛街西滨河路、地王国际花园、陆军总院东门、五爱街文萃路、科普公园东
133	保利花园东——东滨河路小南街	保利花园东、新宁街东平路、新立堡、东北汽贸、一汽福达、良城美景、辽宁奥通、二〇一、民贵家园、东贸库、黎明金叶家园、沈海热电厂、珠林桥东、天江老龙口、市群众艺术馆、津桥路小什字街、小津桥、东中街、大东门、大南门东、大南门西、市环保局、五爱服装城、成城花园、小南街文艺路、省金秋医院、东滨河路小南街
134	路官一街——龙之梦亚太城	路官一街、路官一街沈辽路、保工街南十四路、保工街南十二路、保工街南十路、南九路兴顺街、九路市场、兴华公园东、铁西百货、铁西广场、建设大路云峰街东、建设大路兴工街、南五马路胜利大街、南五马路民族街、铁路中学、和平广场、南五马路中兴街、南五马路振兴街、方型广场北、鲁迅儿童公园、万科春河里、华润中心北、青年公园南、风雨坛街西滨河路、五爱市场西区、风雨坛街热闹路、南顺城路风雨坛街、市环保局、大南门西、小河沿、大东门、大东车库、大东路小什字街、东边城街大东路、东边城街津桥路、龙之梦亚太城
135	沈阳机床城——南塔客运站	沈阳机床城、沈胡路东平湖街、和泰馨城、东平湖街沈大路、北李官、沈大路巢湖街、沈大路太湖街、沈大路洪湖街、于洪新村、铁西森林公园、康利汽车公司、建设大路肇工街、建设大路启工街、建设大路卫工街、建设大路保工街、建设大路兴顺街、铁西广场、建设大路云峰街西、建设大路兴工街、南五马路胜利大街、南五马路民族街、铁路中学、和平广场、南五马路中兴街、南五马路振兴街、南湖公园、盛京医院南湖院区、展览馆、陆军总院、南塔、南塔鞋城、南塔客运站
136	英守村——沈阳北站站前	英守村(丁香湖公园)、白山路丁香湖路、白山路元江街、华润橡树湾、保利上林湾南门、靓马新村、巴黎香榭、西江街白山路、万科四季花城、香炉山路西江街、香炉山路怒江北街、龙逸花园、北方医院、香炉山路黄河大街、新乐宿舍、新乐遗址、凤凰饭店、辽宁大厦、北陵公园、辽宁中医、儿童医院、松花江街崇山路、宁山路小学、省消防总队、市建委、沈阳北站站前
138	沈阳医学院——马路湾	沈阳医学院、何氏眼科医院、百花山路、国奥现代城、赤山路黄河大街、赤山路川江街、松山小区、长江街北固山路、五彩新村、陵西二小区、第四十中学、北方医院、香炉山路黄河大街、新乐宿舍、新乐遗址、辽宁大厦、省实验中学、黄河大街宁山路、黄河大街巴山路、第四医院、皇寺广场、市检察院、八一公园西、和平大街北七马路、水务集团、和平大街八纬路、和平大街十纬路、马路湾
140	新湖小区——上木厂	新湖小区、和平家园、虹桥路爱工街、兴工街千姿汇、兴工街北一路、西塔东、市检察院、北市场、市府大路三经街、市中级法院、清真寺、太清宫东、小北门皇城恒隆广场、中街、故宫西华门、市环保局、大南门东、小河沿、大东门、大东车库、大东路小什字街、大东边门、长安路滂江街、长安小区、二四五医院、东塔机场、东塔、八里堡、方凌路凌云街、方凌路 10 号、上木厂
141	辽宁大学北校区——兴华公园北	辽宁大学北校区、沈阳航空航天大学、正良(唐轩公馆)、唐轩公馆(正良二路)、沈阳师范大学、四台子、黄河大街万山路、沈阳医学院、何氏眼科医院、国奥现代城、赤山路黄河大街、赤山路川江街、松山小区、长江街北固山路、五彩新村、陵西二小区、教师公寓、教师新村、红田地产、格林阳光、格林梦夏、怒江北街新开河、市委党校、怒江广场、昆山路怒江街、小白楼、第二十一中学、淮河街天山路、重型文化广场、兴华街小北一路、兴华街北二路南、铁西区政府、兴华街北四路、铁西广场、铁西百货、兴华公园北
142	新兴(苏家屯东西环路)	新兴、新兴绿色家园、大淑市场、锦绣家园、富民小区、种子公司(林校)、香柏路、苏家屯消防中队、雪松开发区管委会、血栓医院、公园商场、金色月光、朝鲜小学、铁路医院、苏家屯区教委、劳动公园、科圣花园、铁路俱乐部、沈阳南站、老圈楼(文化馆)、商业大厦、青年桥、广特超市、维康药房、丁香小区、苏家屯工商局、种子公司(林校)、富民小区、锦绣家园、大淑市场、新兴绿色家园、新兴

线路	起始站点	途 经 站 点
143	花苑新村（苏家屯南北环路）	花苑新村、圣为供热分公司、苏家屯客运站、苏家屯妇婴医院（民主市场）、598部队、老圈楼（文化馆）、沈阳南站、铁中铁小、苏白路、六库（人民路）、高楼子、湖畔绿洲、窑地、敬老院、金宝台道口、金宝花园、彩虹桥、路灯管理所、巡警大队、桂花市场、血栓医院、公园商场、轻工市场东门、青年桥、广特超市、维康药房、176中学、工人村市场、花苑新村
144	金宝台二手车交易市场——官屯村	金宝台二手车交易市场、金宝台村、电缆厂、金宝花园、青松中学、安居园、苏家屯金山小区、电业小区、朝鲜二中、铁路医院、苏家屯区中心医院、华苑商场、老圈楼、苏家屯火车站、598部队、香杨路玫瑰街、苏家屯大润发超市、迎春街香杨路、富城一期、富城二期、富城三期、新生活实业公司、三角地、东风电缆厂、高力新村、韩城村口、韩城村、官屯村口、官屯社区、官屯村
145	满融村——雪松开发区	满融村、满融东、吉水暖气公司、苏家屯交警大队、湖畔绿洲、第175中学、正大香格城南门、苏白路市场、中顺汽车、苏家屯区政府、铁路医院、朝鲜小学、金色月光、公园商场、青年桥、枫杨路丽花街、商业大厦、苏家屯妇婴医院、香杨路海棠街、大润发超市、河畔花城北门、荣成世纪嘉园、维康药房、轻工市场西门、血栓医院、桂花市场、丁香苑、雪松开发区
146	绿色家园——奥体中心枢纽站	绿色家园、华瑞家园、营城子、后桑林子、璟悦香湾、上深沟建材市场、金水湾家园、博荣水立方（大甸子）、教场、泰莱十六区、文澜苑、坤泰新界、省浑南训练基地、奥体中心南门、女人街、奥体中心枢纽站
147	工业博物馆——莲花街万柳塘路	工业博物馆、粮食市场、北一路保工街东、沈阳国际纺织服装城、小北一路齐贤街、小北一路景星街、小北一路兴华街、和平家园、虹桥路爱工街、霁虹、富云花都、克俭小区、珠江桥东、珠江街步云山路、珠江街华山路、昆山路珠江街、碧塘公园南、第四医院南、嫩江街昆山路、肇东街大庆路、北站路青年北大街、家乐福北站店、省高级法院、小北边门、沈阳大学南门、八王寺、八王寺街天后宫路、横街、草仓路大什字街、大悦城东、大东路小什字街、大东边门、华润万家滂江店、滂江市场、莲花街万柳塘路
148	东陵公园——沈阳北站	东陵公园、东陵路前陵堡、东陵路东三环、沈阳农业大学、农科院、省农业技术学校、沈抚立交桥东、东北汽贸、水晶城街一汽福达、水晶城街八家子、水晶城、东贸路水暖城、观泉路铁道口、国瑞商城、东毛君屯、世捷教育、铁路物资公司、工农路东建街、沈阳东站、工农路东辽街、第141中学、工农路北海街、市骨科医院、大东工人俱乐部、辽沈二街东北大马路、文华园、洮昌小区、沈阳大学南门、小北边门、省高级法院、家乐福北站店、惠宾街沈阳北站
149	陶林居——三菱发动机厂北门	陶林居、建设大路兴顺街、铁西广场、建设大路云峰街东、建设大路兴工街、南五马路胜利大街、太原街南五马路、太原街南八马路、太原街南十马路、胜利大街南十一马路、胜利大街砂川街、胜利大街砂阳路、胜利大街玉屏路、胜利桥北、万科城、格林生活坊、长白港湾站、下夹河、中海国际社区、沙岗子、上夹河、金家湾东、前榆树台、三菱发动机厂北门
150	三菱发动机厂北门——大悦城	三菱发动机厂北门、三菱发动机厂、新秀街沈营路、东大软件园、变压器研究所、东海电子、海外学子园、亚泰花园、东陵区（浑南新区）政府、报业印务中心、21世纪广场、辽宁移动通信、彩霞街公铁桥、彩霞街沈营路、泛华广场、浑河堡、浦江苑、奥体中心地铁站、新华公寓、艺术家园、富民街银河丽湾、富民街文萃路、富民街文化东路、和美妇产医院、泉园广场、血磁医院、万柳塘公园、大南边门、第二十七中学、大南街热闹路、大南门东、小河沿、大东门、大什字街大东路、大悦城
151	二台子街观泉路——第七医院南	二台子街观泉路、观泉路望花新村、观泉路二台子街、观泉路沈铁路、沈阳宝钢、观泉路五金建材市场、钢花小区、联合路东建街、金地铂悦、康福食品、新颖宾馆、联合路东辽街、联合路北海街、文华园、辽沈二街东北大马路、辽沈二街如意三路、辽沈二街工农路、北边城路草仓路、东边城街珠林路、市群众艺术馆、大悦城东、天龙家园、大东路小什字街、大东门、小河沿、大南门西、市环保局、风雨坛街沈州路、风雨坛街热闹路、五爱西区北、第七中学、顺通食街、大西菜行、十三纬路三经街、第七医院南
152	沈阳理工大学——沈阳站	沈阳理工大学、巨子模具城、嘉华新城、嘉华学校、汇泉路文源街、文澜苑、汇泉路5号、市气象局、亿丰时代广场、女人街、五里河公园西、夏宫、五里河茂业中心、文化路立交桥南、展览馆、盛京医院南湖院区、南湖公园、南五马路振兴街、省委、市体育局、体育广场、中山公园西、市文化宫、沈阳站
152支线	沈阳站——沈阳北站	沈阳站、沈阳站北、太原街中山路、西塔、北市场西、皇寺广场、哈尔滨路肇东街、青年北大街、沈阳北站
152专线	沈阳理工大学——王宝石寨村	沈阳理工大学、张沙布、王宝石寨村

线路	起始站点	途 经 站 点
153	胡台新城——和泰馨城停车场	胡台新城、繁荣三路、后胡台、宋岗、前七线、昂邦牛、集贤、诺木珲、沙坨、新蔡线、繁荣、爱国、西爱线、兴盛、后民屯、东民、沈胡路东平湖街、和泰馨城
154	东大软件园——大润发和平店	东大软件园、变压器研究所、亿达唯美品格、东海电子、海外学子园、亚泰花园、东陵区(浑南新区)政府、报业印务中心、21世纪广场、彩霞街公铁桥、沈营路华园东路、融城时代、首创国际城、嘉禾源农贸市场、伊丽雅特湾、铸造厂、上夹河、沙岗子、中海国际社区、长白港湾站、南京街长白北路、工农桥南、盛发花园、省体院、市第六医院、和平大街南七马路、和平广场、体育广场、市文化宫、大润发和平店
155	汪家——奥体中心枢纽站	汪家、汪家新村、前汪家、东李公路沈抚大道、沈抚立交、石庙子、石庙子东街、刘付屯、东岗子、李巴彦、恒大江湾(万家)、杨官屯、沈阳出口加工区、水家屯、东亚国际城、浑南东路文华街、沈阳建筑大学、音乐学院南校区、文汇街南堤路、南堤路长青街、长青桥南、万科金域蓝湾、南堤路朗月街、朗云街南堤路、河畔新城、艺术家园、新华公寓、奥体中心枢纽站
155路地铁专线	沈阳建筑大学——奥体中心枢纽站	沈阳建筑大学、音乐学院南校区、文汇街南堤路、南堤路长青街、长青桥南、南堤路朗日街、南堤路朗月街、朗云街南堤路、河畔新城、艺术家园、新华公寓、奥体中心枢纽站
156	中学堂路——北站北广场	中学堂路、小什字街(鸿基园小区)、大北关街(枫合万嘉)、八王寺街、甘泉路、天后宫路小北街、天后宫、市物价局、第四十七中学、敬宾街、北站北广场
157	道义大街道义——五爱市场西区	道义大街道义、龙腾碧玉湾、瀚博皇家御湾、太湖国际花园、瀚博皇家御院、辽宁大学北校区、沈阳航空航天大学、唐轩公馆、沈阳师范大学、四台子、黄河大街万山路、沈阳医学院、七三九医院、何氏眼科医院、黄河大街百花山路、松陵文化宫、莲花山路三台子、沈飞集团、航空博览园、客运出租公司、金山小区、北陵东门、武功山小区、省游泳馆、松花江街崇山路、宁山路小学、省消防总队、敬宾街、省高级法院、市物价局、天后宫、太清宫北、小西门、大西门、风雨坛街沈州路、风雨坛街热闹路、五爱市场西区
157支线	雷明雅阁——五爱市场西区	雷明雅阁、诚信食品、沈阳航空航天大学、唐轩公馆、沈阳师范大学、四台子、黄河大街万山路、沈阳医学院、七三九医院、何氏眼科医院、黄河大街百花山路、松陵文化宫、莲花山路三台子、沈飞集团、航空博览园、客运出租公司、金山小区、北陵东门、武功山小区、省游泳馆、松花江街崇山路、宁山路小学、省消防总队、敬宾街、省高级法院、市物价局、天后宫、太清宫北、小西门、大西门、风雨坛街沈州路、风雨坛街热闹路、五爱市场西区
158	金水港湾——凌空一街揽军路	金水港湾、锦水街大榆桥南、塔湾欣城、锦水街苍山路、明廉路锦水街、明廉路食品公司、北一路保工街东、小北一路齐贤街、景星街北一路、景星街北二路、景星街北三路、景星街北四路、建设大路兴顺街、兴顺街南六路、兴顺街南八路、九路市场、南九路兴华街、云峰街沈辽路、腾飞一街沈辽路、市第十五中学、腾飞一街北滑翔路、生日城、滑翔路凌空二街、凌空一街揽军路
159	山水文园——皇寺广场	山水文园、毛望公路、东山嘴子、华晨汽车、陶瓷城、东望街东陶路、沈阳宝钢(钢花小区)、联合路东建街、金地铂悦、康福食品、新颖宾馆、联合路东辽街、联合路北海街、市胸科医院、恒驰物流北门、恒驰物流、沈阳大学西门、望花街临河路、小北关街二〇二巷、市物价局、天后宫、太清宫北、清真寺、市中级法院、市府广场东、市政府、哈尔滨路青年北大街、皇寺广场
159复线	八棵树——皇寺广场	八棵树机动车考试中心、沈阳实验中学、八棵树驾校、山水文园、毛望公路、东山嘴子、华晨汽车、陶瓷城、东望街东陶路、沈阳宝钢(钢花小区)、联合路东建街、金地铂悦、康福食品、新颖宾馆、联合路东辽街、联合路北海街、市胸科医院、恒驰物流北门、恒驰物流、沈阳大学西门、望花街临河路、小北关街二〇二巷、市物价局、天后宫、太清宫北、清真寺、市中级法院、市府广场东、市政府、哈尔滨路青年北大街、皇寺广场
160	十三号街地铁站——宝马园区五号门	十三号街地铁站、地铁大厦、开发大道十五号街、开发大道十六号街、开发大道十七号街、西四环开发大道、西四环沈西五路、西四环开发二路、西四环沈辽路、二十二号路西四环、二十二号路二十街、马贝村、二十二号路二十四街、宝马发动机、宝马园区三号门、宝马园区五号门
161	六号街十一号路——金沙江街北行	六号街十一号路、丽水金阳、六号街十四号路、家宁花园、宁官市场、沈辽路大明湖街、沈辽路昆明湖街、鹏程花园、山东堡、三隆碧桂园、新型建材厂、鼓风机一分厂、冶金机械公司、沈辽路赞工街、肇工街沈辽路、劳动公园西、工人村、肇工街南十路、启工机械学校、南九路卫工街、南九路保工街、南九路兴顺街、九路市场、兴华公园东、铁西百货、铁西广场、建设大路云峰街西、建设大路兴工街、兴工街建设大路、兴工街北四路、兴工街北三路(沈阳站西)、兴工街北二路、兴工街千姿汇、兴工街北一路、珠江街天山路、珠江街华山路、金沙江街北行

线路	起始站点	途 经 站 点
162	西三家子——铁西广场	西三家子、望花三小、东机正门、老年公寓、沈阳职业技术学院、劳动广场、西门、望花新村木材市场、东方欧博城、望花立交桥北、金山路鸭绿江东街、城建北尚南、富丽阳光、中驰汽贸、剑苑小区、梨园剧场、鸭绿江街崇山路、北塔、省教育厅、华商晨报、儿童医院、辽宁中医、崇山路嘉陵江街、辽宁大学、长江街宁山路、北行、碧塘公园南、珠江街华山路、珠江街天山路、兴工街北一路、兴工街千姿汇、兴工街北二路北、兴工街北三路(沈阳站西)、兴工街北四路、兴工街建设大路、建设大路兴工街、建设大路云峰街、铁西广场、铁西广场西
163	汾河街——省劳经学校	汾河街、虹桥中学、太平庄、崇山路淮河街、海华新居、延河街岐山路、岐山路怒江街、岐山路荆江街、岐山路大渡河街、岐山路北行、岐山路嘉陵江街、岐山路黄河大街、省公安厅、市残联、北站路青年北大街、沈阳北站、惠工广场东、家乐福北站店、省高级法院、小北关街二〇二巷、望花街临河路、沈阳大学西门、恒驰物流、九一八历史博物馆、通利汽车公司、上园路北大营街、上园小区、小二台子、三洋空调、沈铁路63号、大二台子、观泉路、化工油漆厂、前进、省劳经学校
165	苏家屯沙柳路——家乐福金牛店	苏家屯沙柳路、香杨路迎春街、香杨路玫瑰街、牡丹街山榆路、铁路客车厂、雪莲街山榆路、沈阳国际展览中心(十里锦城)、木材防腐厂、大官房、可济药业、玉皇药业、中升汽车园、馨丽康城、九洲湾景汇、胜利大街公铁桥、胜利大街环城高速、胜利大街金家湾、新加坡城、越秀星汇蓝海花园、万科城、胜利桥北、胜利大街玉屏路、砂南路砂平街、砂山商店、滑翔路凌空二街、生日城、滑翔路腾飞一街、盛京医院滑翔院区、家乐福金牛店
166	阳光100——金杯汽车制造有限公司	阳光100、阳光100新城、汪河路阳光100一号路、凌空二街南滑翔路、生日城东、滑翔路凌空二街、砂阳路砂山街、省妇婴医院、市第六医院南、省体院、盛发花园、龙王庙公园、交通安全教育学校、东北大学南门、市交通局西门、文体路三好街、世茂百货、五里河茂业中心、文萃路青年大街、沈阳教育学院、宏伟新都、南塔公园、南塔日杂、天坛小区、文萃路富民街、溪林花园、文萃路丰乐二街、文萃路长青街、和泰东方园、万科花园新城、长青街文化东路、金杯汽车制造有限公司
167	永盛水调歌城西——三号街纺织厂	永盛水调歌城西、永盛水调歌城南、汪河路吉力湖街东、汪河路阳光100一号路、凌空二街南滑翔路、生日城东、凌空二街滑翔路、滑翔公园东、天华医药、诗波特小区、兴工街沈辽路、南六路兴工街、铁西区中心医院北、铁西百货、南六路勋望街、兴顺街南六路、兴顺街南八路、市第五医院、兴顺街南十二路、工业大学兴顺校区、南十三路保工街、保工街南十四路、西部货运中心北、仙女湖公园北、长客西站、洪湖小区、洪湖二街沈新路、水产市场、花海路燕塞湖街、张士开发区管委会、大明湖街星海路、沈辽路大明湖街、宁官市场、家宁花园、广全中学、四号街十号路、三号街纺织厂
168北线	沈阳北站——秀湖广场	沈阳北站、市建委、敬宾街、省高级法院、小北边门、沈阳大学南门、八王寺、八王寺街天后宫路、横街、小津桥、津桥路小什字街、市群众艺术馆、天江老龙口、珠林桥东、沈海热电厂、一汽惠华、二〇一、辽宁奥通、良城美景、东北汽贸、沈抚立交桥东、省农业技术学校、农科院、沈阳农业大学、东陵路东三环、前陵堡、东陵公园、鸟岛西、盛京高尔夫、中旅国际小镇、桑提亚纳庄园、奥林匹克花园、世博园西门、世博园、海洋世界、上满堂、满族风情村、下木、中木、上木、清韵百园、棋盘山景区、冰川动物乐园、秀湖广场
168南线(观光一线)	马路湾——秀湖广场	马路湾、十一纬路招商银行、十一纬路交通银行、十一纬路二经街、大西边门、房地产大厦、铁通公司、南顺城路风雨坛街、市环保局、大南门西、小河沿、大东门、东中街、小津桥、津桥路小什字街、市群众艺术馆、天江老龙口、珠林桥东、沈海热电厂、一汽惠华、二〇一、辽宁奥通、良城美景、东北汽贸、沈抚立交桥东、省农业技术学校、农科院、沈阳农业大学、东陵路绕城高速、前陵堡、东陵公园、鸟岛、盛京高尔夫、中旅国际小镇、桑提亚纳庄园、奥林匹克花园、世博园西门、世博园、海洋世界、上满堂、满族风情村、下木、中木、上木、清韵百园、棋盘山景区、冰川动物乐园、秀湖广场
168支线A(观光2号线)	秀湖广场——花果山神秘谷	秀湖广场、影视基地、棋盘山风景区北门、毛望路、望滨派出所、望滨办事处、花果山神秘谷
168支线C	世博园——辽宁何氏医学院	世博园、辽宁何氏医学院

线路	起始站点	途　经　站　点
169	水晶城——长白港湾站	水晶城、水晶城街八家子、水晶城街一汽福达、良城美景、辽宁奥通、新东安居小区、八里堡小学、东陵环卫所、八里堡、凌云街、方凌路、上木厂、东陵油库、第五十一中学、德氏冷饮、方方园小区、方家栏、金杯汽车制造有限公司、文化东路长青街、东北大学基础学院、文化东路富民街、出租汽车公司南、文化东路天坛一街、南塔鞋城、南塔、陆军总院、文化路立交桥南、五里河茂业中心、世贸百货、市交通局、新世界花园、三好桥北、长白东路长白四街、长白港湾站
170	恒大绿洲西——沈阳站西广场	恒大绿洲西、恒大绿洲、南阳湖街汪河路、碧桂园银河城、汪河路大通湖街、省路桥二公司、汪河路吉力湖街西、汪河路吉力湖街东、汪河路阳光100一号路、凌空二街南滑翔路、生日城东、凌空二街滑翔路、滑翔公园东、天华医药、诗波特小区、沈后招待所、云峰街沈辽路、云峰街南七路、云峰街建设大路、云峰街北四路、云峰北街地铁站、小北三路兴工街、沈阳站西广场
171	荣盛锦绣天地——张士开发区管委会	二十一号路(工业大学西)、香堤南苑西门、沈辽路浑河十一街、荣盛锦绣天地、化工大学东门、工业大学中央校区北门、荣盛幸福大道、新湖青蓝国际、地铁巴士西区、金色枫景、四号街十四号路、四号街十号路(中光电子)、国电东北分公司、地铁四号街站、张士灯具城、张士开发区管委会
172	荣盛锦绣天地——地铁十三号街站	荣盛锦绣天地、沈阳化工大学正门、滨河社区B区、滨河社区A区、金泰集团、十三号街十三号路、远大集团、地铁大厦、地铁十三号街站
173	长白苑——龙之梦亚太城	长白苑、万科城、格林生活坊、长白东路长白四街、三好桥北、新世界花园、华强广场、百脑汇、沈阳音乐学院、盛京医院南湖院区、鲁迅美术学院、华润中心北、青年公园南、风雨坛街西滨河路、五爱市场西区、五爱市场、热闹路大南街、大南门东、小河沿、大东门、大东车库、小什字街大东路、天龙家园、小东路小什字街、市群众艺术馆、龙之梦亚太城
175	包道屯——兴隆大都汇	包道屯、包道社区、长江街辉山西路、长江街千山路、长江街赤山路、松山小区、长江街北固山路、五彩新村、陵西二小区、第四十中学、北方医院、铸铁管件厂、第九印刷厂、沙河子小区、长江街泰山路、建赏欧洲、辽宁大学、长江街宁山路、岐山路北行、岐山路珠江街、岐山路荆江街、怒江街岐山路、昆山路怒江街、小白楼、中海寰宇天下、塔湾、中海寰宇天下塔湾西、昆山路前塔湾、向工一校、飞跃实验中学、向工街明廉路、卫工街北一路、卫工街北二路、卫工街北三路、卫工街北四路、兴隆大都汇
176	砂山街玉屏路——塔湾家乐福	砂山街玉屏路、砂山街玉屏二路、万和花园、砂山商店、滑翔路凌空二街、生日城、盛京医院滑翔院区、万科花园、南滑翔路腾飞二街、艳粉新村、艳粉街沈辽路、景星街南十二路、景星街南十中路、九路市场、景星街南八路、南六路兴顺街、南六路保工街、南六路卫工街、建设西路、卫工街建设大路、卫工街北四路、卫工街北三路、卫工街北二路、卫工街北一路、向工街明廉路、飞跃实验中学、向工一校、昆山路前塔湾、昆山路塔湾西、塔湾家乐福
177	大溪地——沈阳北站	大溪地、东北育才双语学校、沈北路人和街、中信银行沈北支行、水木康桥、辽宁装备学院、蒲河新城管委会、闽南石材城、兴农路通顺街、奥森环境公司、赵家沟、王家沟、上王家沟、八棵树、罗家沟、南赵家沟、祥和汽校、山水文园、东山嘴子、陶瓷城、国瑞商城、中铁物资集团、万科蓝山、沈阳东站北、东北大马路明堂街、东辽街联合路、联合路东辽街、联合路北海街、联合路辽沈二街、洮昌小区、沈阳大学南门、小北边门、省高级法院、家乐福北站店、惠工广场东、沈阳北站
178	郭七——柳条湖	郭七、蒲昌路盛京大街、郭七路口、沈北巴士、沈阳师范大学北门、唐轩公馆、道义大街正良二路、沈阳师范大学、四台子、文储路黄河大街、加华小城、万山路梅江街、北三台子、第十中学、三台子一校、陵北街辉山路、陵北街三台子、沈飞四中、沈飞集团、航空博览园、客运出租公司、金山小区、银山小区、陵园街银山路、陵园街铜山路、陵园街锡山路、北塔、柳条湖
178区间(支线)	方特欢乐世界——沈阳师范大学	方特欢乐世界、盛京大街蒲田路、总部基地北、总部基地、碧桂园太阳城、盛京大街蒲南路、盛京大街郭七、郭七、蒲昌路盛京大街、郭七路口、沈北巴士、沈阳师范大学北门、唐轩公馆、道义大街正良二路、沈阳师范大学
179	蒲河镇——五爱市场	蒲河镇、通顺街蒲河大道、泰盈九如溪谷、禾丰牧业、黄泥河子、香雪面粉、安宁医院、益海嘉里、飞龙包装、大志新村、大洼、沈阳机电市场、王家沟、榆林后村、东山公墓、大富豪家俬、榆林堡、省劳经学校、前进、化工油漆厂、大二台子、沈铁路63号、三洋空调、小二台子、上园小区、北方客运公司、文华园、辽沈二街东北大马路、莱茵河畔、天江老龙口、市群众艺术馆、津桥路小什字街、小津桥、东中街、大东门、小河沿、大南门、五爱市场

线路	起始站点	途 经 站 点
180	正良——辉山(大溪地)	正良、蒲昌路道义二街、蒲昌路道义大街、道义大街蒲昌路、沈阳航空航天大学、沈北路招商银行、沈阳航空航天大学南门、辽宁美术职业学院、沈北路盛京大街、青杨林公园、国土督察局沈阳局、沈北路陵园北街、北方软件学院、光电产业园、沈阳国际科技园、沈北路鸭绿江北街、辽宁经济管理干部学院、省交校南门、兴明街蒲裕路、辽宁金融职业学院、虎石台镇政府、黄楼、虎石台管委会、蒙牛乳业、柳岗屯、沈北路月亮湖街、沈北路大望街、吉隆公司、北钢不锈钢公司、沈北路辉山大街、沈北路宏业街、泉涌新镇、沈北路人和街、沈阳二中北校区、东北育才双语学校、辉山(大溪地)
181	西湖俪景东——盛京医院滑翔院区	西湖俪景东、西湖俪景西、世代书香、第五十六中学、红旗石材城、姚家、新塔湾钢材市场、于洪职教中心、于洪动监、东平湖街沈胡公路、和泰馨城、东平湖街沈大路、北李官、沈大路巢湖街、沈大路太湖街、家乐福于洪店、于洪广场、于洪南里、强工二街南十路、铁西劳动局、南十二路重工街、共济爱婴医院、劳动公园北、卫工街南十二路、南十三路保工街、南十三路齐贤街、工业大学兴顺校区、沈辽路兴华街、沈辽路云峰街、腾飞一街沈辽路、第十五中学、腾飞一街北滑翔路、盛京医院滑翔院区、腾飞二街滑翔路
182	虎石台职教园——辽宁广告职业学院	虎石台职教园、市信息工程学校南门、虎石台综合大市场、第一一九中学、兴盛街建设北一路、虎石台公园西、省交校北门、兴明街建设南一路、兴明街蒲裕路、兴明街沈北路、天赋家园、辽宁经济管理干部学校、鸭绿江北街蒲昌路、捷通消防车公司、雨润市场北门、蒲昌路天乾湖街、蒲昌路孝汉街、蒲昌路陵园北街(明丰家园)、沈师大沈北附属学校、蒲昌路蓝湾街、蒲昌路雅居街、蒲昌路盛京大街、郭七路口、沈北巴士、沈阳师范大学北门、唐轩公馆、正良(福瑞佳超市)、沈阳航空航天大学、沈北路道义三街、沈北路道义四街、雷明雅阁、沈北路学园街、香槟新坐标、博士花园、郭大桥村、文林苑小区、辽宁广告学院
183	辽宁经济管理干部学院(虎石台环线)	东环:辽宁经济管理干部学院、天赋家园、省交校南门、兴明街蒲裕路、沈阳农大高职技术学院、省交校北门、虎石台公园西、虎石台镇政府、黄楼、矿务局中学、大古城子、首开国风润城、蒲河大道虎石台大街、市化工学校、市汽车工程学校、联东U谷、宏达驾校、鸭绿江北街蒲河大道、中国医科大学、省城建学院、辽宁经济管理干部学院北门、辽宁经济管理干部学院 西环:辽宁经济管理干部学院、辽宁经济管理干部学院北门、省城建学院、中国医科大学、鸭绿江北街蒲河大道、宏达驾校、联东U谷、市汽车工程学校、市化工学校、蒲河大道虎石台大街、首开国风润城、大古城子、矿务局中学、黄楼、虎石台镇政府、虎石台公园西、省交校北门、沈阳农大高职技术学院、兴明街蒲裕路、省交校南门、天赋家园、辽宁经济管理干部学院
184	北站北广场——兴隆大都汇	北站北广场、省公安厅、岐山路黄河大街、岐山路嘉陵江街、北行、碧塘公园西、家具广场、储备局、西塔、胜利大街北四马路、胜利大街北二马路、北二路兴工街、北二路云峰街、北二路兴华街、北二路景星街、保工街北二路、北三路保工街、圣工街北四路、北四路卫工街、卫工街北四路、兴隆大都汇
186	东湖市场——沙岭小区	东湖市场、于洪广场、依云首府北门、于洪区委、和谐广场、于洪运管处、东平湖街沈大路、和泰馨城、安捷巴士于洪分公司、洪汇路西三环、圣吉木业、宏发家具、旺达金属公司、工业园管委会、洪汇路永康街、洪汇路永兴街、索坤玻璃公司、洪汇路车桥厂、五金工业园、宝隆建材城、沙岭小区
187	凯德俪锦城——玛丽蒂姆酒店	凯德俪锦城、金沙二期、中海希望小学(水木城典)、五金工业园、洪汇路车桥厂、索坤玻璃公司、洪汇路永兴街、工业园管委会、旺达金属公司、宏发家具、圣吉木业、洪汇路西三环、安捷巴士于洪分公司、洪汇路东平湖街(和泰馨城)、东平湖街沈大路、于洪运管处、和谐广场、于洪区委、依云首府北门、于洪区政府、漾日华庭、沈新园西、洪湖小区、洪湖一街沈新路、洪湖一街、澳海西湖印象、三隆世纪城、山东堡、南阳湖街仙女河北路、于台、益格风情湾、于洪中医院、宏发天琴湾、恒大绿洲、碧桂园银河城、玛丽蒂姆酒店
188	红椿路铁路桥——马路湾	红椿路铁路桥、红椿路高铁二街、百荷湾(白塔堡)、白塔市场、阳光新嘉园、沈营路新秀街、沈铁田园牧歌、万科新榆公馆、糖厂子、新优街世纪路、东陵区(浑南新区)政府、二十一世纪广场、浑南新区医院、沈营路华园东路、融城时代、首创国际城、嘉禾源农贸市场、伊丽雅特湾、浦江御品、临波路金阳大街、名流幸福小区、东北气象中心、长白南路和安街、和安街仙岛南路、合众公园、长白四街长白中路、翰逸华园、新世界花园、市交通局、百脑汇、沈阳音乐学院、盛京医院南湖院区、鲁迅美术学院、领事馆西、十四纬路五经街、省水利厅、光荣街十四纬路、马路湾
190	环北家园——皇姑屯火车站	环北家园、环际酒店、新北浅食品、保利溪湖林语、沈阳计算机学校、万科假日风景、恒大雅苑、沈师大学生公寓、黄河大街万山路、沈阳医学院、何氏眼科医院、国奥现代城、松山路黄河大街、松山小区、长江街北固山路、五彩新村、陵西二小区、第四十中学、北方医院、第九印刷厂、沙河子小区、长江街泰山路、建赏欧洲、辽宁大学、长江街宁山路、北行、碧塘公园南、珠江街昆山路、华山路珠江街、皇姑公安分局、怒江街华山路、皇姑屯火车站

线路	起始站点	途经站点
191	沈阳师范大学——方特欢乐世界	沈阳师范大学、道义大街正良二路、唐轩公馆、沈阳航空航天大学、沈北路招商银行、沈阳航空航天大学南门、辽宁美术职业学院、郭七、盛京大街蒲南路、碧桂园太阳城、总部基地、总部基地北、盛京大街蒲田路、方特欢乐世界
192	万方社区——银亿格兰郡	万方社区、梅江市场、北三台子、辽宁测绘、医学院地铁口、医学院南门、银亿城北门、银亿格兰郡
193	道义北(北苑绿洲)——正良	道义北(北苑绿洲)、自来水厂、弓匠屯、俪景小区、龙腾碧玉湾、瀚博皇家御湾、太湖国际花园、瀚博皇家御院、辽宁大学北校区、沈阳航空航天大学、蒲昌路道义大街、蒲昌路道义二街、正良
194	虎石台镇政府——辉山(大溪地)	虎石台镇政府、黄楼、建设路大古城街、建设路小古城街、欧盟开发区管委会、八王寺饮料公司、大望街建设路、海尔公司、邵家河桥、李尔汽车配件、蒲南路辉山大街、禾丰牧业、泰盈九如溪谷、蒲北路人和街、沈北路人和街、沈阳二中北校区、东北育才双语学校、辉山(大溪地)
195	辽宁现代服务职业技术学院——沈北路辉山大街	辽宁现代服务职业技术学院、九如溪谷、蒲北路人和街、越秀岬湖郡、皇第龙邸、天时街沈北路、东北育才双语学校、沈阳二中北校区、沈北路人和街、中信银行沈北支行、水木康桥、省装备学院、蒲河新城管委会、明珠路通顺街、翔宇中学、冯道社区、泉涌新镇、沈北路宏业街、沈北路辉山大街
197	正良——首开国风润城	蒲昌路道义大街、道义大街蒲昌路、正良(福瑞佳超市)、沈阳航空航天大学、辽宁大学北校区、瀚博皇家御院、太湖国际花园、瀚博皇家御湾、信基城、盛京医院沈北分院、城市公用商业广场、蒲河大道盛京大街、蒲河大道盛京二街、三盛颐景蓝湾、中兴和园、龙湖香醍漫步、尚柏奥特莱斯、蒲河大道蒲南路、医大新校区西门、医大新校区南门、医大新校区、虎石台市政公用管理所、一一九中学、兴盛街建设北一路、兴明街建设北一路、兴明街建设路、黄楼、矿务局中学、多维联合集团、蒲平路小古城街、蒲升路小古城街、大润发仓储库、首开国风润城(古城新都)
201	惠泽园西——沈阳站西广场	惠泽园西、临河街大通湖街、临河街宏发华城、仙女河路吉力湖街北、路官二街、西部货运中心东、沈辽路齐贤街、沈辽路艳粉街、兴华街沈辽路、兴华街南十路、兴华公园东、铁西百货、铁西广场、兴华街北四路、铁西区政府、北二路兴华街、北二路云峰街、北二路兴工街、兴工街北三路(沈阳站西)、沈阳站西广场
202	砂山街玉屏一路——塔南公园	砂山街玉屏一路、万和花园、砂山商店、砂山体育场、砂山街南十马路、南八马路太原街、东北汽配商贸中心、胜利大街南五马路、沈阳站南、沈阳站北、兴工街北二路、霁虹、富云花都、克俭小区、珠江桥东、天山路新安江街、皇姑屯火车站、天山路同江街、同江街步云山路、小白楼、华山路淮河街、淮河街昆山路、淮河街宁山路、太平庄、塔湾邮局、塔南公园
203	艳粉新村——沈阳北站	艳粉新村、艳粉街腾飞二街、万科花园、盛京医院滑翔院区、滑翔二小区、天华医药、诗波特小区、沈辽路兴工街、东北汽配商贸中心、胜利大街南五马路、沈阳站南、中华路太原街、中华路南京街、马路湾北、和平大街十纬路、和平大街八纬路、水务集团、和平大街北七马路、八一公园西、北市场东、哈尔滨路青年北大街、哈尔滨路惠工街、沈阳北站
204	和泰馨城——沈阳站北	和泰馨城、洪汇路东平湖街、东平湖街沈大路、北李官、沈大路巢湖街、沈大路太湖街、沈大路洪湖街、于洪新村、重工街南七路、南十路重工街、南十路肇工街、启工二校、南十路卫工街、保工街南十路、保工街南八路、香江家居、市交通技术学校东、保工街北三路、北二路保工街、北二路景星街、北二路兴华街、北二路云峰街、北二路兴工街、沈阳站北
205	富山花园——沈阳站北	富山花园、富山花园西门、富丽阳光南区、陵东装饰材料市场、北陵东门、省军区北门、北陵公园、辽宁中医、崇山路嘉陵江街、辽宁大学、百鸟公园、市委党校、崇山路淮河街、太平庄、塔湾邮局、中海寰宇天下西、食品公司、第一粮库、北二路保工街、北二路景星街、北二路兴华街、北二路云峰街、北二路兴工街、沈阳站北
206	沈阳化工大学——沈阳站南	沈阳化工大学、沈阳化工大学东门、工业大学中央校区北门、沈辽路中央大街、翟家街道办事处、翟家开发区、家宁花园、宁官市场、沈辽路大明湖街、沈辽路昆明湖街、鹏程花园、山东堡、三隆碧桂园、新型建材厂、鼓风机一分厂、冶金机械公司、沈辽路赞工街、仙女湖公园北、西部货运中心北、沈辽路齐贤街、沈辽路艳粉街、沈辽路兴华街、沈辽路云峰街、沈后招待所、沈辽路兴工街、东北汽配商贸中心、胜利大街南五马路、沈阳站南

线路	起始站点	途经站点
206路夜线	沈阳化工大学——马路湾	沈阳化工大学、沈阳化工大学东门、工业大学中央校区北门、沈辽路中央大街、翟家街道办事处、翟家开发区、家宁花园、宁官市场、沈辽路大明湖街、沈辽路昆明湖街、鹏程花园、山东堡、三隆碧桂园、新型建材厂、鼓风机一分厂、冶金机械公司、沈辽路赞工街、仙女湖公园北、西部货运中心北、沈辽路齐贤街、沈辽路艳粉街、沈辽路兴华街、沈辽路云峰街、沈后招待所、沈辽路兴工街、东北汽配商贸中心、胜利大街南五马路、沈阳站南、中华路太原街、中华路南京街、马路湾
207	工业大学兴顺校区——龙之梦亚太城	工业大学兴顺校区、齐贤街南十二路、齐贤街南十路、齐贤街南八路、齐贤街南六路、建设大路兴顺街、铁西广场、建设大路云峰街西、建设大路兴工街、胜利大街南五马路、沈阳站南、中华路太原街、中华路南京街、马路湾、中山公园东、十三纬路光荣街、十三纬路五经街、十三纬路三经街、大西菜行、第七中学、五爱西区北、西顺城街沈州路、大西门、小西门、太清宫东、小北门、大北门、小津桥、津桥路小什字街、市群众艺术馆、龙之梦亚太城
208	中铁万科(香湖盛景)——沈阳站北	中铁万科(香湖盛景)、元江街橙山路、松山西路元江街、丁香水岸、松山路南(松山路147号)、保利上林湾东门、保利上林湾、华润橡树湾、白山路元江街、白山路丁香湖路、金辉湖畔里、宠物市场、东北汽配城、向工北小区、向工一校、飞跃实验中学、向工街明廉路、明廉路锦水街、食品公司南、北一路保工街东、沈阳国际纺织服装城、北一路万达广场、重型文化广场、兴华街小北一路、北二路兴华街、北二路云峰街、北二路兴工街、沈阳站北
209	东北汽配城——沈阳北站	东北汽配城、向工北小区、向工一校、昆山路前塔湾、昆山路塔湾东、中海寰宇天下、小白楼、昆山路怒江街、昆山路荆江街、昆山路珠江街、碧塘公园南、第四医院南、皇寺广场、市检察院、北市场、三经街市府大路、市人大、青年北大街、沈阳北站
210	金山小区——马路湾	金山小区、北陵东门、省军区北门、北陵公园、辽宁中医、崇山路嘉陵江街、辽宁大学、长江街宁山路、岐山路北行、珠江街岐山路、珠江街华山路、珠江街天山路、兴工街北一路、兴工街千姿汇、兴工街北二路、沈阳站北、中山路太原街、医大一院、马路湾
211	东望北街——大北门	东望北街、东山嘴子、华晨汽车、陶瓷城、东望街东陶路、国瑞商城、中铁物资集团、万科蓝山、沈阳东站北、东北大马路明堂街、东北大马路新生二街、市骨科医院、大北边门、第五中学、枫合万嘉、横街、大北门
212	东机正门——科普公园	东机正门、正新路、建新街、西门、望花新村木材市场、东方欧博城、望花立交桥、圣淘沙家园、紫竹茗郡、通利汽车公司、九一八历史博物馆、恒驰物流、沈阳大学西门、望花街临河路、小北关街二〇二巷、市物价局、天后宫、太清宫北、太清宫、小西门、大西门、风雨坛街沈州路、风雨坛街热闹路、五爱市场西区、风雨坛街西滨河路、地王国际花园、陆军总院东门、五爱街文萃路、科普公园
213	纺织研究院——乐购超市	纺织研究院、宏伟新都、南塔、省医院东门、大南边门、建设大厦、成城花园、南关路小南街、辽宁奉天中医院、五爱市场西区、五爱市场、热闹路大南街、大南门、故宫东华门、商业城(钟楼)、大北门、横街、枫合万嘉、第五中学、大北边门、市骨科医院、北海街联合路、市胸科医院、恒驰物流北门、崇山路鸭绿江东街、北塔、省教育厅、华商晨报、儿童医院、辽宁中医、北陵公园、辽宁大厦、乐购超市
214	浑南管委会——北站北广场	浑南管委会、辽宁移动通信、彩霞街公铁桥、彩霞街沈营路、泛华广场、浑河堡、浦江苑、新华社、五里河公园西、夏宫、五里河茂业中心、文化路立交桥南、华润中心、青年公园西、彩电塔、大西菜行东、市委、市府恒隆广场、市府广场东、市政府、青年北大街、沈阳有线电视台、北站北广场
215	长江街泰山路——莲花街万柳塘路	长江街泰山路、建赏欧洲、辽宁大学、长江街宁山路、北行、碧塘公园南、第四医院南、皇寺广场、市检察院、北市场、市府大路三经街、市府恒隆广场、小西路、小西门、中街鼓楼、故宫西华门、市环保局、大南门西、小河沿、大东车库、小什字街大东路、省肿瘤医院、万泉公园、莲花街万柳塘路
216	保工南街——沈阳北站	保工南街(南十四路)、南十三路保工街、南十三路艳粉街、兴华街沈辽路、兴华街南十路、兴华公园东、铁西百货、铁西广场、建设大路云峰街东、建设大路兴工街、胜利大街南五马路、沈阳站南、沈阳站北、太原街中山路、铁路局、西塔南、市检察院、北市场、市府大路三经街、市政府东、沈阳北站
217	北三台子——沈阳北站	北三台子、第九十七中学、三台子一校、陵北街辉山路、陵北街三台子、沈飞四中、松山路黄河大街、二四二医院、省中医二院、新乐宿舍、凤凰饭店、辽宁大厦南、北陵公园、辽宁中医、北陵大街宁山路、省公安厅、市残联、北站路青年北大街、沈阳北站
217支线	沈阳师范大学东门——松山路地铁口	沈阳师范大学东门、田义屯、梅江街万山路、北三台子、第九十七中学、三台子一校、陵北街辉山路、陵北街三台子、沈飞四中、松山路黄河大街、松山路地铁口

线路	起始站点	途 经 站 点
217 支线2	沈阳军区现代管理学院——松山路地铁口	沈阳军区现代管理学院、沈阳警察特训支队、沈阳市公安局收容教育所、金德工业园、田义屯北、文储路梅江街、加华小城、利生华园、省工程技术学校、沈阳医学院、何氏眼科医院、黄河大街百花山路、国奥现代城、黄河大街松山路、松山路地铁口
218	东陵公园——大东门	东陵公园、前陵堡、东陵路东三环、沈阳农业大学、农科院、省农业技术学校、沈抚立交桥东、东北汽贸、一汽福达、良城美景、辽宁奥通、二〇一、一汽惠华、沈海热电厂、珠林桥东、天江老龙口、市群众艺术馆、津桥路小什字街、小津桥、东中街、大东门
219	王家沟——五爱市场	王家沟、榆林后村、东山公墓、大富豪家私、榆林堡、省劳经学校、前进、化工油漆厂、大二台子、沈铁路63号、三洋空调、小二台子、上园小区、北方客运公司、北海街联合路、市骨科医院、莱茵河畔、天江老龙口、市群众艺术馆、津桥路小什字街、小津桥、东中街、大东门、小河沿、大南门、五爱市场
220	金山小区——沈阳站	金山小区、北陵东门、省军区北门、北陵公园、辽宁中医、北陵大街宁山路、省公安厅、市残联、青年北大街、市人大、八一公园东、辽宁日报社、中山路和平大街、中山广场东、医大一院、中华路太原街、沈阳站
221	沈阳东站——沈阳站	沈阳东站北、东北大马路明堂街、东北大马路新生二街、市骨科医院、大北边门、第五中学、枫合万嘉、横街、天后宫路小北街、太清宫北、清真寺、市中级法院、八一公园东、辽宁日报社、沈阳日报社、十一纬路交通银行、十一纬路招商银行、中华路和平大街、中华路太原街、沈阳站
222	大北门——长白二街长白五路	大北门、小北门皇城恒隆广场、中街、故宫西华门、市环保局、风雨坛街沈州路、风雨坛街热闹路、五爱市场西区、风雨坛街西滨河路、青年公园南、华润中心北、鲁迅美术学院、盛京医院南湖院区、沈阳音乐学院、百脑汇、华强广场、新世界花园、三好桥北、长白东路长白四街、格林生活坊、高炮一师、长白二街长白五路
222复线	大北门——胜利南街湾景汇	大北门、小北门皇城恒隆广场、中街、故宫西华门、市环保局、风雨坛街沈州路、风雨坛街热闹路、五爱市场西区、风雨坛街西滨河路、青年公园南、华润中心北、鲁迅美术学院、盛京医院南湖院区、沈阳音乐学院、百脑汇、华强广场、新世界花园、三好桥北、长白东路长白四街、格林生活坊、高炮一师、长白二街长白五路、胜利南街公交派出所、新加坡城、胜利南街鲜族学校、金家湾、环城高速、胜利南街沙场、胜利南街公铁桥、胜利南街湾景汇北、胜利南街湾景汇
223	江南水乡——沈阳站南	江南水乡、朗明街孤石路、朗明街浑南中路、恒达路朗明街、在水一方社区、和泰东方园、万科花园新城、汽车制造厂、长青街泉园三路、长青街泉园一路、万泉实业公司、东方宾馆、翠园小区、热闹路大南街、五爱市场、五爱西区北、第七中学、顺通食街、大西菜行、十三纬路三经街、十三纬路五经街、十三纬路光荣街、十三纬路吉林路、体育广场、中山公园西、市文化宫、沈阳站南(南一马路)
224	杨官——沈阳北站	杨官、杨官屯、沈阳出口加工区、水家屯、东亚国际城、浑南东路文华街、沈阳建筑大学、音乐学院南校区、沈音南校区南、在水一方社区、和泰东方园、万科花园新城、汽车制造厂、东北大学基础学院、文化东路富民街、出租汽车公司南、文化东路天坛一街、南塔鞋城、南塔、陆军总院、地王国际花园、风雨坛街西滨河路、五爱市场西区、风雨坛街热闹路、西顺城街沈州路、大西门、小西门、太清宫北、天后宫、房产市场、惠工广场东、沈阳北站
224区间	张官——沈阳北站	水家、水家西、沈阳出口加工区西区、东亚国际城、浑南东路文华街、沈阳建筑大学、音乐学院南校区、沈音南校区、在水一方社区、和泰东方园、万科花园新城、汽车制造厂、东北大学基础学院、文化东路富民街、出租汽车公司南、文化东路天坛一街、南塔鞋城、南塔、陆军总院、地王国际花园、风雨坛街西滨河路、五爱市场西区、风雨坛街热闹路、西顺城街沈州路、大西门、小西门、太清宫北、天后宫、房产市场、惠工广场东、沈阳北站
225	东塔机场——沈阳站南	东塔机场、小河沿路江东街、小河沿路滂江街、四六三医院、省东方医院、荣昌集团、科学家花园、万柳塘公园西、大南边门、省医院、小南边门、文艺路五爱街、地王国际花园、陆军总院、展览馆、盛京医院南湖院区、南湖公园、方型广场北、十三纬路光荣街、市体育局、中山公园西、市文化宫、沈阳站南(南一马路)
226	于洪区委——和平广场	于洪区委、依云首府北门、于洪广场、于洪南里、南十路强工二街、南十路重工街、南十路肇工街、启工二校、南十路卫工街、南九路保工街、南九路兴顺街、九路市场、南九路兴华街、云峰街沈辽路、沈后招待所、沈辽路兴工街、东北汽配商贸中心、南八马路太原街、新华广场东、和平广场
227	金山小区——煤炭设计院	金山小区、北陵东门、省军区北门、北陵公园、辽宁中医、儿童医院、松花江街崇山路、宁山路小学、省消防总队、敬宾街、省高级法院、市物价局、天后宫、太清宫北、太清宫、小西门、大西门、风雨坛街沈州路、风雨坛街热闹路、五爱市场、热闹路大南街、热闹路东滨河路、煤炭设计院

线路	起始站点	途 经 站 点
228	宠物市场——小河沿	宠物市场、东北汽配城、向工北小区、向工一校、昆山路前塔湾、中海寰宇天下塔湾西、塔湾邮局、太平庄、崇山路淮河街、市委党校、怒江广场、宁山路金沙江街、宁山路北行、宁山路黄河大街、地质局、北陵电影院、宁山路小学、省消防总队、敬宾街、家乐福北站店、惠工广场东、市政府东、小西路、小西门、中街鼓楼、故宫西华门、市环保局、大南门西、小河沿
229	沈阳东站——沈阳北站	沈阳东站、沈阳东站北、东北大马路明堂街、东北大马路新生二街、市骨科医院、北海街联合路、市胸科医院、沈阳北方客运公司、恒驰物流、沈阳大学西门、望花街临河路、小北关街二〇二巷、省高级法院、惠工广场东、沈阳北站
230	新东安居小区——沈阳北站	新东安居小区、和睦路新东二街、黎明文化宫、二〇四、和睦路地坛街、地坛街和睦北二路、天江老龙口、市群众艺术馆、津桥路小什字街、小津桥、大北门、小北门、市信访大厅、清真寺、市中级法院、市政府东、惠工广场北、沈阳北站
231	金山小区——滑翔三小区	金山小区、北陵东门、省军区北门、北陵公园、辽宁大厦南、省实验中学、黄河大街宁山路、黄河大街巴山路、第四医院、皇寺广场、北市场西、沈医二院、南京街北六马路、医大一院、南京街北二马路、中山公园西、体育广场、铁路中学、新华广场、南京街南十马路、砂山公园东、省妇婴医院、砂阳路砂山街、滑翔路凌空二街【铰接车不停】、腾飞一街滑翔路【铰接车不停】、滑翔公园北【铰接车不停】、滑翔三小区
232	三台子——沈阳站	三台子、松陵文化宫、黄河大街松山路、二四二医院、省中医二院、新乐宿舍、新乐遗址、辽宁大厦、省实验中学、黄河大街宁山路、黄河大街巴山路、第四医院、皇寺广场、北市场西、沈医二院、南京街北六马路、中山路太原街、沈阳站北、沈阳站
233	中海城北——沈阳站西广场	中海城北、中海城、中海城南、西江街白山路、万科四季花城、太岳山路西江街、刑警学院家属区、塔湾小学、刑警学院、塔南公园、中海寰宇天下西、食品公司、北一路保工街东、小北一路齐贤街、小北一路景星街、小北一路兴华街、和平家园、云峰街北二路、云峰街北三路、小北三路兴工街、沈阳站西广场
235	丁香湖畔新城——马路湾	丁香湖畔新城、丁香屯、丁香小学、广业西路、重工街广业路、重工街北一路、长城宾馆、东北制药厂、北二路肇工街、北二路北启工街、北二路卫工街、北二路奖工街、北二路保工街、北二路景星街、北二路兴华街、北二路云峰街、北二路兴工街、沈阳站北、沈阳站、中华路太原街、中华路南京街、马路湾
236	蒲河大道——沈阳北站	蒲河大道、盛京医院沈北分院、瀚博皇家御湾、太湖国际花园、瀚博皇家御院、辽宁大学北校区、沈阳航空航天大学、唐轩公馆、道义大街正良二路、沈阳师范大学、四台子、黄河大街万山路、沈阳医学院、何氏眼科医院、国奥现代城、松山路黄河大街、松山小区、长江街北固山路、五彩新村、陵西二小区、第四十中学、北方医院、第九印刷厂、沙河子小区、长江街泰山路、建赏欧洲、辽宁大学、长江街宁山路、北行、碧塘公园南、第四医院南、昆山路嫩江街、北站路青年北大街、沈阳北站
236 地铁专线	蒲河大道——松山路地铁口	蒲河大道、盛京医院沈北分院、瀚博皇家御湾、太湖国际花园、瀚博皇家御院、辽宁大学北校区、沈阳航空航天大学、唐轩公馆、道义大街正良二路、沈阳师范大学、四台子、黄河大街万山路、沈阳医学院、何氏眼科医院、国奥现代城、松山路地铁口
237	和睦路地坛街——铁西广场	和睦路地坛街、二〇四、三家子、东塔街东宁街、航天新光集团、东塔、东塔机场、二四五医院、长安小区、长安路滂江街、大东边门、大东路小什字街、大东车库、大东门、大南门东、大南门西、市环保局、南顺城路风雨坛街、大西门、大西路奉天街、大西边门、十一纬路二经街、十一纬路交通银行、十一纬路招商银行、马路湾、中华路南京街、中华路太原街、沈阳站、沈阳站南、胜利大街南五马路、建设大路兴工街、云峰街建设大路、铁西广场
238	天泰翰宇苑—— 五爱市场西区	天泰翰宇苑、沈阳建筑大学西、沈音南校区南、浑南中路朗明街、军区总院浑南分院、金地国际花园、沈阳乐府艺术学校、坤泰新界、省浑南训练基地、奥体中心南门、女人街、五里河公园西、夏宫、五里河茂业中心、文化路立交桥南、华润中心、青年公园西、彩电塔、第七中学、五爱市场西区
239	康利汽车公司 ——泉园小区	康利汽车公司、建设大路肇工街、建设大路启工街、建设大路卫工街、建设大路保工街、建设大路兴顺街、铁西广场、建设大路云峰街西、建设大路兴工街、南五马路胜利大街、南五马路民族街、铁路中学、和平广场、南五马路中兴街、南五马路振兴街、南湖公园、盛京医院南湖院区、展览馆、陆军总院、南塔、南塔鞋城、文化东路天坛一街、出租汽车公司南、和美妇产医院、泉园二路、泉园小区

线路	起始站点	途 经 站 点
239 夜车	和泰馨城——泉园小区	和泰馨城、东平湖街沈大路、北李官、沈大路巢湖街、沈大路太湖街、沈大路洪湖街、于洪新村、铁西森林公园、康利汽车公司、建设大路肇工街、建设大路启工街、建设大路卫工街、建设大路保工街、建设大路兴顺街、铁西广场、建设大路云峰街西、建设大路兴工街、南五马路胜利大街、南五马路民族街、铁路中学、和平广场、南五马路中兴街、南五马路振兴街、南湖公园、盛京医院南湖院区、展览馆、陆军总院、南塔、南塔鞋城、文化东路天坛一街、出租汽车公司南、和美妇产医院、泉园二路、泉园小区
240	长客西站公交枢纽站——马路湾	长客西站公交枢纽站、壮工街勋业三路、华润万家重工店、勋业三路重工街、万聚隆超市、勋业三路肇工街、劳动公园西、工人村、肇工街南十路、肇工街南七路、建设大路肇工街、建设大路启工街、建设大路卫工街、建设大路保工街、建设大路兴顺街、铁西广场、建设大路云峰街西、建设大路兴工街、胜利大街南五马路、沈阳站南、沈阳站、中华路太原街、中华路马路湾、马路湾
241	重工街广业路——长客西站	重工街广业路、重工街北一路、长城宾馆、东北制药厂、重工街北三路、水泵总厂、北四路重工街、美好愿景、肇工街建设大路、南七路肇工街、重工街南七路、重工街南十路、重工街南十二路、重工街勋业一路、长客西站
242	金山小区——保工街南十四路	金山小区、北陵东门、省军区北门、北陵公园、辽宁大厦南、长江街泰山路、辽宁大学、长江街宁山路、北行、碧塘公园南、昆山路珠江街、昆山路荆江街、昆山路怒江街、小白楼、中海寰宇天下、昆山路塔湾东、中海寰宇天下西、食品公司、第一粮库、保工街北二路、保工街北三路、市交通技术学校东、香江家居、保工街南八路、保工街南十路、保工街南十二路、保工街南十四路
243	新东三街东陵西路——沈阳站北	新东三街东陵西路、新东三街和睦路、和睦路新东二街、黎明文化宫、二〇四、和睦路地坛街、地坛街和睦北二路、天江老龙口、市群众艺术馆、津桥路小什字街、小津桥、大北门、小北门、市信访大厅、清真寺、市中级法院、市府大路三经街、北市场、市检察院、西塔、胜利大街北四马路、沈阳站北
244	东北大学南门——沈阳北站	东北大学南门、交通安全教育学校、龙王庙公园、盛发花园、省体院、市第六医院、南湖公园西门、方型广场南、南湖公园、盛京医院南湖院区、展览馆、华润中心、青年公园西、彩电塔、大西菜行东、市委、市府恒隆广场、市府广场东、市政府东、沈阳北站
245	金山小区——南塔客运站	金山小区、北陵东门、省军区北门、北陵公园、辽宁中医、儿童医院、华商晨报、省教育厅、北塔、崇山路鸭绿江东街、恒驰物流北门、市胸科医院、北海街联合路、市骨科医院、北海街工农路、莱茵河畔、龙之梦红星美凯龙、龙之梦衡园、龙之梦畅园、华润万家滂江店、滂江市场、万柳塘路莲花街、万柳塘路万莲路、万泉旅社、沈空司令部、南塔电子市场、南塔客运站
246	方凌路——沈阳站南	方凌路（上木厂）、东陵油库、凌云公司、德氏冷饮、方方园小区、方家栏、东陵加工区、六〇六所、万莲小区、万柳塘路万莲路、东方宾馆、翠园小区、热闹路大南街、五爱市场、五爱市场西区、西滨河路风雨坛街、彩电塔、西滨河路三经街、领事馆西、十四纬路五经街、省水利厅、光荣街十三纬路、二〇二医院、马路湾、中华路南京街、中华路太原街、沈阳站南
247	玉屏路——家乐福北站店	玉屏路砂川街、万和花园、河北街二校、砂南路砂阳路、省妇婴医院、市第六医院、和平大街南七马路、省委、中山公园东、马路湾、和平大街十纬路、和平大街八纬路、水务集团、八一公园西、三经街市府大路、市人大、青年北大街、家乐福北站店
248	大东门——第二十一中学	大东门、东中街、小津桥、大北门、小北门、市信访大厅、清真寺、市中级法院、市府大路三经街、北市场、市检察院、皇寺广场、华山路长江街、珠江街华山路、昆山路荆江街、昆山路怒江街、小白楼、第二十一中学
249	万科四季花城——中兴街砂阳路	万科四季花城、皇姑热电厂、怒江公园西、水榭花都、淮河街崇山路、市委党校、怒江广场、昆山路荆江街、昆山路珠江街、家具广场、储备局、西塔南、铁路局、太原街中山路、中山路太原街、中山广场东、水务集团、物资局、沈阳日报社、第七医院、领事馆、五经街十四纬路、省水利厅、回民中学、方型广场南、南湖公园西门、中兴街砂阳路
250	青阳四季园——北站北广场	青阳四季园、瑞丰嘉园、青阳四季园北门、方明街方兴路、中房凌云花园、民航南路江东街、六〇六所、万莲小区、万柳塘路万莲路、市盲校万泉街、万泉公园西门、大什字街育才巷、大什字街大东路、大悦城、大什字街草仓路、小什字街中学堂路、枫合万嘉、市第一医院、清泉路八王寺街、沈阳大学南门、小北边门、省高级法院、敬宾街、沈阳北站北、北站北广场

线路	起始站点	途 经 站 点
252	于洪新城管委会——沙河子	于洪新城管委会、细河路大通湖街、惠泽园小区、仙女河路大通湖街、吉力湖街仙女河路、宏发三千院、细河路吉力湖街、东北机电五金城、南滑翔路腾飞二街、万科花园、南滑翔路凌空二街、生日城东、滑翔公园东、天华医药、诗波特小区、兴工街沈辽路、兴工街南七路、兴工街建设大路、兴工街北四路、兴工街北三路（沈阳站西）、兴工街北二路、胜利大街北二马路、胜利大街北四马路、西塔南、储备局、家具广场、碧塘公园西、北行、长江街宁山路、辽宁大学、建赏欧洲、长江街泰山路、沙河子小区、沙河子
253	东方玫瑰园——市第六医院	东方玫瑰园、和惠家园、梧桐馨园、北大营街上园路、通利汽车公司、九一八历史博物馆、恒驰物流、沈阳大学西门、望花街临河路、小北关街二〇二巷、省高级法院、家乐福北站店、惠工广场东、惠工广场南、奉天街市府大路、奉天街小西路、奉天街药王庙路、大西边门、十一纬路二经街、第七医院、五经街十三纬路、光荣街十四纬路、方型广场北、方型广场南、南湖公园西门、市第六医院
254	保利心语花园——龙之梦亚太城	保利心语花园北、保利心语花园、铁西区体育中心、牛心屯三路重工街、美好愿景北门、北三路北启工街、北三路卫工街、北三路圣工街、北三路保工街、北三路齐贤街、北三路景星街、铁西区政府、云峰街北三路、北二路云峰街、北二路兴工街、胜利大街北二马路、胜利大街北四马路、老道口、三洞桥、皇寺广场、哈尔滨路青年北大街、华府天地南、天后宫路友好街、天后宫路令闻街、天后宫路小北街、横街、草仓路大什字街、草仓路小什字街、东边城街珠林路、龙之梦亚太城
255	蒲河大道——沈阳站北	蒲河大道、盛京医院沈北分院、瀚博皇家御湾、太湖国际花园、瀚博皇家御院、辽宁大学北校区、沈阳航空航天大学、唐轩公馆、道义大街正良二路、沈阳师范大学、四台子、黄河大街万山路、沈阳医学院、何氏眼科医院、国奥现代城、松山路黄河大街、松山小区、松山路长江街、恒盛广场、青山路怒江街、青山路、依云北郡A区、加州花园、大禹蘭庭花园、西江街白山路、万科四季花城、皇姑热电厂、怒江公园西、水榭花都、淮河街崇山路、淮河街昆山路、小白楼、华山路怒江街、华山路珠江街、华山路长江街、储备局、西塔、铁路局、太原街中山路、沈阳站北
256	辽宁美术印刷厂——砂山街玉屏一路	辽宁美术印刷厂、北大营街南卡门路、上园路合作街、上园小区、北方客运公司、联合路辽沈二街、洮昌小区、沈阳大学南门、市物价局、天后宫、太清宫北、清真寺、奉天街小西路、奉天街药王庙路、房地产大厦、奉天街北热闹路、顺通食街、大西菜行、十三纬路三经街、五经街十四纬路、省水利厅、回民中学、方型广场南、南湖公园西门、市第六医院、市第六医院南、省妇婴医院、砂南路砂阳路、砂南路砂山街、万和花园、砂山街玉屏一路
257	于洪新城管委会——龙之梦亚太城	于洪新城管委会、惠泽园社区、临河街大通湖街、临河街宏发华城、宏发三千院、细河路吉力湖街、东北机电五金城、南滑翔路腾飞二街、万科花园、滑翔六小区、南滑翔路凌空二街、生日城东、滑翔公园东、天华医药、诗波特小区、沈辽路兴工街、东北汽配商贸中心、南五马路胜利大街、南五马路民族街、铁路中学、和平广场、南五马路中兴街、南五马路振兴街、方型广场北、鲁迅儿童公园、万科春河里、华润中心北、青年公园南、文艺路五爱街、小南边门、省医院、大南边门、第二十七中学、大南街热闹路、大南门、故宫东华门、商业城（钟楼）、大北门、小津桥、津桥路小什字街、市群众艺术馆、龙之梦亚太城
258	洮昌小区——艳粉新村	洮昌小区、联合路辽沈二街、北海街联合路、市骨科医院、大北边门、第五中学、枫合万嘉、横街、小津桥、大北门、小北门、太清宫、小西门、市红十字会医院、中山路杏林街、辽宁日报社、沈阳日报社、三经街交通银行、第七医院、领事馆、鲁迅公园、方型广场北、方型广场南、南湖公园西门、市第六医院南、省妇婴医院、砂阳路砂山街、生日城、盛京医院滑翔院区、万科花园、南滑翔路腾飞二街、艳粉新村
259	望花路北——丰乐二街	望花路北、望花新村、上海通用北盛汽车、海鲜市场、北大营街南卡门路、合作街上园路、华美英语学校、北海街联合路、市骨科医院、大北边门、第五中学、枫合万嘉、横街、小津桥、大悦城东、天龙家园、小什字街大东路、省东方医院、东滨河路热闹路、科学家花园、万柳塘公园西、南塔电子市场、南塔客运站、文化东路天坛一街、出租汽车公司南、文化东路富民街、东北大学基础学院、丰乐二街文萃路、丰乐二街
260	中海城北——南通天街	中海城北、中海城、中海城南、白山路西江街、大禹蘭庭花园、加州花园、教师新村、陵西二小区、第四十中学、北方医院、第九印刷厂、沙河子小区、长江街泰山路、建赏欧洲、辽宁大学、长江街宁山路、北行、碧塘公园南、第四医院南、皇寺广场、市检察院、北市场、市府大路三经街、市中级法院、奉天街小西路、药王庙路奉天街、大西门、南顺城路沈州路、市环保局、五爱服装城、南通天街
260 支线	中海城北——松山路地铁口	中海城北、八家子小区、绿地老街坊、省武警总队、万科魅力之城、赤山路怒江街、桃源欣城南、长江街赤山路、松山小区、松山路黄河大街、松山路地铁口

线路	起始站点	途 经 站 点
261	曹后路——中山公园西	曹后路、曹家屯、翟家开发区、家宁花园、宁官市场、沈辽路大明湖街、沈辽路昆明湖街、鹏程花园、山东堡、三隆碧桂园、大通湖街沈辽路、仙女河北路吉力湖街、仙女河路吉力湖街北、路官二街、西部货运中心东、保工街南十四路、保工街南十二路、保工街南十路、南九路保工街、南九路兴顺街、九路市场、南九路兴华街、云峰街南九路、云峰街南七路、兴工四校、兴工街建设大路、胜利大街南五马路、沈阳站南、中华路太原街、中山公园西
261 支线	郎家圣新园——家宁花园	郎家圣新园、大于堡、小于堡、小于村委会、浑河六街小于、浑河六街十八号路、金辉尚璟、浑河六街淀粉厂、家宁花园
261 地铁支线	曹后路——张士开发区管委会	曹后路、浑河六街小于、浑河六街十八号路、金辉尚璟、浑河六街淀粉厂、家宁花园、宁官市场、沈辽路大明湖街、沈辽路昆明湖街、昆明湖街沈辽路、张士开发区管委会
262	砂南路砂平街——沈阳北站	砂南路砂平街、胜利大街砂川街、胜利大街南十一马路、胜利大街南九马路、东北汽配商贸中心、胜利大街南六马路、胜利大街南五马路、沈阳站南、沈阳站北、胜利大街北二马路、胜利大街北四马路、老道口、西塔、北市场西、皇寺广场、哈尔滨路肇东街、哈尔滨路青年北大街、华府天地南、惠工广场南、沈阳北站
263	御龙逸城——西塔	御龙逸城、方文路、方明街方兴路、方方园小区、方家栏、汽车制造厂、东北大学基础学院、文化东路富民街、和美妇产医院、泉园广场、血磁医院、万柳塘公园、大南边门、建设大厦、南关小区、南关路小南街、辽宁奉天中医院、五爱市场西区、五爱西区北、第七中学、顺通食街、大西菜行、十三纬路三经街、十三纬路五经街、十三纬路光荣街、十三纬路吉林路、中山公园东、马路湾、中华路南京街、中华路太原街、沈阳站北、胜利大街北二马路、胜利大街北四马路、西塔
264	长客西站——沈阳北站	长客西站公交枢纽站、长客西站、重工街勋业一路、重工街南十二路、重工街南十路、重工街南七路、南七路肇工街、市中心医院、南七路卫工街、南七路保工街、南七路兴顺街、南七路勋望街、南七路兴华街、铁西区中心医院、云峰街建设大路、建设大路兴工街、胜利大街南五马路、市文化宫、中山公园西、南京街北二马路、医大一院、南京街北六马路、沈医二院、北市场西、皇寺广场、哈尔滨路肇东街、青年北大街、沈阳北站
265	银山小区——文萃路丰乐二街	银山小区、北陵东门、省军区北门、北陵公园、辽宁中医、北陵电影院、宁山路小学、省消防总队、敬宾街、家乐福北站店、惠工广场东、市政府东、八一公园东、辽宁日报社、沈阳日报社、三经街交通银行、第七医院、领事馆、鲁迅美术学院、盛京医院南湖院区、展览馆、陆军总院东门、沈阳教育学院、宏伟新都、南塔公园、南塔日杂、天坛小区、文萃路富民街、溪林花园、文萃路丰乐二街
266	人大附小沈阳分校——泉园小区	人大附小沈阳分校、于洪广场、于洪南里、南十路强工二街、南十路重工街、重工街南七路、康利汽车公司、建设大路肇工街、建设大路启工街、建设大路卫工街、建设大路保工街、建设大路兴顺街、铁西百货、兴华公园东、兴华街南十路、兴华街沈辽路、家乐福金牛店、盛京医院滑翔院区、生日城、滑翔路凌空二街、砂阳路砂山街、省妇婴医院、砂山公园东、南京街南十马路、新华广场、和平广场、省委、中山公园东、十一纬路招商银行、十一纬路交通银行、十一纬路二经街、大西边门、房地产大厦、五爱西区北、五爱市场、热闹路大南街、热闹路东滨河路、翠园小区、东方宾馆、万泉实业公司、泉园小区
267	丁香屯——沈阳北站	丁香屯、丁香小学、广业西路、重工街广业路、北一路钢材市场、北一路肇工街、博宇金属贸易集团、北启工街北二西路、卫工北街北二路、向工街明廉路、飞跃实验中学、向工一校、昆山路前塔湾、中海寰宇天下塔湾西、中海寰宇天下、东北玩具城、小白楼、华山路怒江街、皇姑公安分局、华山路珠江街、华山路长江街、皇寺广场、哈尔滨路青年北大街、华府天地南、惠工广场南、沈阳北站
267 支线	大兴——兴隆大都汇	大兴、新光、大兴学校、西桥、大兴街道办、大兴沙岗子、陈孤家子、陈孤家子东、红兴路环城高速、红旗台高速口、西湖俪景西、丁红、沈阳金谷、北一路重工街、北一路钢材市场、肇工街北一路、万科朗润园、肇工街北三路、肇工街北四路、北四路肇工街、北四路启工街、卫工街北四路、兴隆大都汇
268	中海城北——砂山货运站	中海城北、中海城、中海城南、西江街白山路、万科四季花城、皇姑热电厂、怒江公园西、水榭花都、淮河街崇山路、淮河街昆山路、小白楼、昆山路怒江街、皇姑公安分局、珠江街天山路、新湖小区、北一东路 65 号、重型文化广场、兴华街小北一路、兴华街北二路北、铁西区政府、兴华街北四路、铁西广场、建设大路云峰街东、建设大路兴工街、兴工街南七路、兴工街沈辽路、凌空一街沈辽路、凌空一街北滑翔路、凌空一街滑翔路、砂山商店、砂山货运站

线路	起始站点	途经站点
268支线	华润橡树湾东——松山路地铁口	华润橡树湾东、保利上林湾二期东门、松山西路西江街、松山西路中海城、松山西路依云北郡、松山西路万科魅力之城、阳光尚城、松山路长江街、松山小区、松山路黄河大街、松山路地铁站
269	于洪新城管委会——沈阳北站	于洪新城管委会、细河路大通湖街、于洪新城供暖公司、细河路吉力湖街、东北机电五金城、南滑翔路腾飞二街、万科花园、盛京医院滑翔院区、生日城、滑翔路凌空二街、砂阳路砂山街、省妇婴医院、市第六医院南、南湖公园西门、方型广场南、方型广场北、回民中学、光荣街十四纬路、二〇二医院、电业体育馆、八经街七纬路、水务集团、和平大街北七马路、八一公园西、市府大路三经街、市政府东、沈阳北站
271	炮兵学院——沈阳站	炮兵学院、第三干休所、省行政学院、沈抚立交桥东、新立堡、高官台、水暖城、观泉路铁道口、高官台街东望街、沈阳宝钢(钢花小区)、联合路东建街、金地铂悦、康福食品、新颖宾馆、联合路东辽街、联合路北海街、市胸科医院、恒驰物流北门、崇山路鸭绿江东街、北塔、省教育厅、松花江街崇山路、宁山路小学、省消防总队、敬宾街、惠工广场东、哈尔滨路青年北大街、皇寺广场、华山路长江街、储备局、西塔、太原街中山路、沈阳站
272	前榆新村——南十三纬路	前榆新村、制控电机厂、前榆村、铸造厂、后榆村、绮霞街浑南西路、金地檀郡、沈营路华园东路、融城时代、首创国际城、泛华广场、浑河堡、浦江苑、新华社、五里河公园西、夏宫、五里河茂业中心、文化路立交桥南、展览馆、盛京医院南湖院区、南湖公园、方型广场北、鲁迅公园、领事馆西、南十三纬路
273	沈阳东站——市第六医院	沈阳东站、工农路东辽街、第一四一中学、工农路北海街、辽沈二街工农路、北边城路草仓路、草仓路东边城街、大东交通分局、大悦城东、天龙家园、大东路小什字街、大东车库、大东门、小河沿、大南门、热闹路大南街、五爱市场、五爱市场西区、西滨河路风雨坛街、彩电塔、西滨河路三经街、鲁迅公园、方型广场北、方型广场南、南湖公园西门、市第六医院
274	中房基安花园西门——五爱市场西区	中房基安花园西门、东陵西路联盛南巷、新东安居小区、和睦路新东二街、黎明文化宫、二〇四、和睦路地坛街、地坛街善邻路、善邻路滂江街、龙之梦畅园、华润万家滂江店、滂江市场、万柳塘路莲花街、万柳塘路万莲路、东方宾馆、翠园小区、热闹路大南街、五爱市场、五爱市场西区
276	沈阳理工大学——龙之梦亚太城	沈阳理工大学、长青街孤石路、浑南实验学校、音乐学院南校区、在水一方社区、文萃路长青街、丰乐二街文萃路、摩托车城、东北大学基础学院、文化东路富民街、和美妇产医院、泉园广场、血磁医院、万柳塘公园、万柳塘公园西、科学家花园、热闹路东滨河路、大南街热闹路、大南门、故宫东华门、商业城(钟楼)、大北门、小津桥、津桥路小什字街、市群众艺术馆、龙之梦亚太城
276复线	罗官——龙之梦亚太城	罗官屯、观象台、东方钛业、沈阳理工大学、长青街孤石路、浑南实验学校、音乐学院南校区、在水一方社区、文萃路长青街、丰乐二街文萃路、摩托车城、东北大学基础学院、文化东路富民街、和美妇产医院、泉园广场、血磁医院、万柳塘公园、万柳塘公园西、科学家花园、热闹路东滨河路、大南街热闹路、大南门、故宫东华门、商业城(钟楼)、大北门、小津桥、津桥路小什字街、市群众艺术馆、龙之梦亚太城
277	君悦美景——五爱市场西区	君悦美景、东药宿舍、北一路重工街、北一路钢材市场、北一路肇工街、博宇金属贸易集团、北一路卫工街、粮食市场、北一路保工街西、北一路保工街东、沈阳国际纺织服装城、北一路万达广场、重型文化广场、北一东路65号、新湖小区、兴工街北一路、兴工街千姿汇、兴工街北二路、沈阳站北、北二马路天津街、医大一院、中山广场东、中山路和平大街、辽宁日报社、中山路杏林街、市红十字会医院、奉天街药王庙路、房地产大厦、五爱市场西区
278	北一新村东门——滑翔三小区	北一新村东门、东药宿舍、长城宾馆、东北制药厂、水泵总厂、北四路重工街、美好愿景、肇工街建设大路、肇工街南七路、肇工街南十路、启工二校、南十路卫工街、劳动公园北、保工街南十二路、南十三路齐贤街、工业大学兴顺校区、艳粉街沈辽路、艳粉新村、艳阳小区、盛京医院滑翔院区、滑翔路腾飞一街、生日城、滑翔公园东、滑翔三小区
279	居易青年城——兴华公园北	居易青年城、城建北尚、富丽阳光、中驰汽贸、剑苑小区、梨园剧场、北塔、省教育厅、华商晨报、儿童医院、辽宁中医、宁山路黄河大街、黄河大街巴山路、第四医院、皇寺广场、三洞桥、老道口、胜利大街北四马路、胜利大街北二马路、沈阳站北、沈阳站南、胜利大街南五马路、建设大路兴工街、建设大路云峰街、铁西百货、兴华公园北

线路	起始站点	途 经 站 点
280	金山小区——中兴街砂阳路	金山小区、北陵东门、武功山小区、省游泳馆、华商晨报、辽河街燕山路、北陵电影院、北陵大街宁山路、省公安厅、市残联、青年北大街、市人大、八一公园东、辽宁日报社、沈阳日报社、三经街交通银行、第七医院、十三纬路三经街、十三纬路五经街、五经街十四纬路、光荣街十四纬路、回民中学、方型广场南、南湖公园西门、中兴街砂阳路
281	七二四文化宫——沈阳站西广场	七二四文化宫、劳动广场、西门、市殡仪馆、观音屯、北陵开发区、省邮电仓库、上岗子、城建北尚、富丽阳光、富丽阳光南区、陵东装饰材料市场、银山小区、金山小区、北陵东门、武功山小区、省游泳馆、华商晨报、辽河街燕山路、北陵电影院、龙江广场、省公安厅、市残联、青年北大街、市人大、市府大路三经街、北市场、市检察院、西塔南、铁路局、太原街中山路、沈阳站北、兴工街北二路、沈阳站西广场
282	沈阳环科院——第二十一中学	沈阳环科院、纺织研究院、宏伟新都、南塔、陆军总院、展览馆、盛京医院南湖院区、南湖公园、方型广场北、回民中学、十三纬路光荣街、十三纬路吉林路、市体育局、体育广场、中山公园西、南京街北二马路、医大一院、南京街北六马路、沈医二院、西塔东、兴工街北一路、兴工街千姿汇、霁虹、富云花都、克俭小区、珠江桥东、天山路新安江街、皇姑屯火车站、天山路同江街、同江街步云山路、小白楼、第二十一中学
283	工业大学中央校区南门——万科四季花城	工业大学中央校区南门、工业大学中央校区东门、沈辽路中央大街、翟家街道办事处、翟家开发区、家宁花园、宁官市场、沈辽路大明湖街、沈辽路昆明湖街、鹏程花园、山东堡、三隆碧桂园、新型建材厂、鼓风机一分厂、冶金机械公司、沈辽路赞工街、仙女湖公园北、西部货运中心北、沈辽路齐贤街、沈辽路艳粉街、兴华街沈辽路、兴华街南十路、兴华公园东、铁西百货、铁西广场、兴华街北四路、铁西区政府、兴华街北二路、兴华街小北一路、重型文化广场、淮河街天山路、第二十一中学、淮河街昆山路、淮河街崇山路、水榭花都、怒江公园西、皇姑热电厂、万科四季花城
284	巢湖街渤海路——沈阳站西广场	巢湖街渤海路、于洪区委南、依云首府北门、于洪广场、于洪南里、强工二街南十路、建业路强工二街、建业路重工街、建业路肇工街、南八路启工街、市中心医院南、南八路卫工街、南八路保工街、香江家居、市交通技术学校东、保工街北三路、小北二路齐贤街、小北二路景星街、小北二路兴华街、小北二路应昌街、小北二路云峰街、云峰街北三路、小北三路兴工街、沈阳站西广场
286	万科新榆公馆——龙之梦亚太城	万科新榆公馆(桥下)、万科新榆公馆、糖厂子、世纪新城、华园东路沈营路、浑南新区医院、彩霞街公铁桥、彩霞街沈营路、嘉禾源农贸市场、泛华广场、浑河堡、浦江苑、新华社、五里河公园西、夏宫、五里河茂业中心、文萃路青年大街、沈阳教育学院、宏伟新都、南塔、省金秋医院、文艺路小南街、省医院、大南边门、万柳塘公园西、科学家花园、东滨河路热闹路、荣昌集团、省东方医院、大什字街育才巷、大什字街大东路、大悦城、津桥路小什字街、市群众艺术馆、龙之梦亚太城
287	天河家园——龙之梦亚太城	天河家园、长白港湾站、南京街长白路、工农桥南、工农桥北、省妇婴医院、市第六医院南、中兴街南八马路、中兴二巷中兴街、省委、中山公园东、马路湾、十一纬路招商银行、十一纬路交通银行、十一纬路二经街、大西边门、房地产大厦、铁通公司、南顺城路风雨坛街、市环保局、大南门、故宫东华门、商业城(钟楼)、大北门、小津桥、津桥路小什字街、市群众艺术馆、龙之梦会展中心、龙之梦小商品大世界、龙之梦亚太城
288	南十二路重工街——北站北广场	南十二路重工街、重工街勋业一路、长客西站、赞工街沈新路、赞工街勋业三路、赞工街勋业一路、赞工街南十二路、赞工街南十路、南十路肇工街、肇工街南七路、市中心医院、卫工街建设大路、卫工街北四路、卫工街北三路、卫工街北二路、北二路奖工街、保工街北二路、第一粮库、北一路保工街东、沈阳国际纺织服装城、北一路万达广场、重型文化广场、北一东路65号、新湖小区、西塔东、北市场西、皇寺广场、总站路皇新二街、市行政执法局、肇东街安达路、昆山路嫩江街、沈阳有线电视台、北站北广场
289	新华壹品——华强广场	新华壹品、上园小区、上园路联合路、联合路东辽街、联合路北海街、联合路辽沈二街、洮昌小区、沈阳大学南门、市物价局、天后宫、太清宫北、太清宫、小西门、大西门、大西路奉天街、大西边门、十一纬路二经街、第七医院、领事馆、鲁迅美术学院、盛京医院南湖院区、沈阳音乐学院、百脑汇、华强广场
290	包道屯——小河沿	包道屯、包道社区、辉山西路川江街、川江街千山西路、川江街赤山路、赤山路川江街、松山小区、长江街北固山路、五彩新村、陵西二小区、第四十中学、北方医院、第九印刷厂、沙河子小区、长江街泰山路、辽宁大厦、北陵公园、辽宁中医、北陵电影院、龙江广场、沈阳北站北、敬宾街、省高级法院、市物价局、天后宫、小北街天后宫路、小北门皇城恒隆广场、中街、故宫西华门、市环保局、大南门西、小河沿
290支线	银亿万万城——松山路地铁口	银亿万万城、包道屯、包道社区、辉山路川江街、川江街千山西路、川江街赤山路、赤山路黄河大街、黄河大街松山路、松山路地铁口

线路	起始站点	途经站点
291	天泰翰宇苑——家乐福北站店	天泰翰宇苑、沈阳建筑大学西、沈音南校区南、浑南中路朗明街、军区总院浑南分院、朗日街浑南中路、恒达路朗日街、沈阳乐府艺术学校、河畔新城、富民街银河丽湾、富民街文萃路、富民街文化东路、和美妇产医院、泉园广场、血磁医院、万柳塘公园、大南边门、省医院、小南边门、文艺路五爱街、风雨坛街西滨河路、奉天街五爱市场西区、房地产大厦、万寿寺街大西路、万寿寺街小西路、小西路、市政府东、惠工广场东(虎跃快客)、家乐福北站店
292	铜山路(陵园街)——御龙逸城	铜山路(陵园街)、铜山路陵园街、陵园街锡山路、省教育厅、华商晨报、辽河街燕山路、北陵电影院、龙江广场、沈阳北站北、敬宾街、省高级法院、市物价局、天后宫、小北街天后宫路、小北门皇城恒隆广场、中街、故宫西华门、市环保局、大南门西、小河沿、育才巷小什字街、四六三医院、小河沿路滂江街、江东街小河沿路、六〇六所、东陵加工区、方家栏、方明街方兴路、金华苑、方文路方明街、御龙逸城
293	华润橡树湾东——南通天街	华润橡树湾东、松山路南、保利上林湾东门、靓马新村、巴黎香榭、西江街白山路、北陵法庭、万科四季花城北二门、万科四季花城北一门、北苑明珠、红田地产、格林阳光、格林梦夏、怒江街新开河、市委党校、怒江广场、宁山路金沙江街、宁山路北行、宁山路黄河大街、北陵大街宁山路、省公安厅、市残联、青年北大街、市政府、市府广场西、清真南寺、奉天街小西路、房地产大厦、奉天街北热闹路、五爱西区北、五爱市场、五爱服装城、南通天街
294	三台子——五爱市场北(南乐郊路)	三台子、沈飞四中、松山路黄河大街、松山小区、长江街北固山路、五彩新村、陵西二小区、第四十中学、北方医院、香炉山路黄河大街、新乐宿舍、新乐遗址、辽宁大厦、省实验中学、黄河大街宁山路、黄河大街巴山路、第四医院、皇寺广场、哈尔滨路青年北大街、华府天地南、天后宫路友好街、天后宫路令闻街、小北街天后宫路、小北门皇城恒隆广场、中街、故宫西华门、市环保局、五爱市场北(南乐郊路)
295	家乐福北站店——保工街南十四路	家乐福北站店、惠工广场东、市政府东、市府大路三经街、北市场、市检察院、西塔、西塔南、铁路局、太原街中山路、沈阳站北、北二路兴工街、北二路云峰街、兴华街北二路南、铁西区政府、兴华街北四路、铁西广场、铁西百货、南六路励望街、南六路兴顺街、保工街南六路、保工街南八路、保工街南十路、保工街南十二路、保工街南十四路
296	滑翔三小区——龙之梦亚太城	滑翔三小区、滑翔公园东、滑翔路凌空二街、砂阳路砂山街、省妇婴医院、砂山公园东、南京街南十马路、新华广场、铁路中学、体育广场、市体育局、中山公园东、马路湾、十一纬路招商银行、十一纬路交通银行、十一纬路二经街、大西边门、房地产大厦、铁通公司、南顺城路风雨坛街、市环保局、大南门、故宫东华门、商业城(钟楼)、大北门、小津桥、津桥路小什字街、市群众艺术馆、龙之梦会展中心、龙之梦小商品大世界、龙之梦亚太城
297	市工人文化宫——万柳塘公园北	市工人文化宫、保工街南八路、香江家居、新北方装饰建材城、陶林居、北四路贵和街、北四路兴华街、北四路云峰街、兴工街北四路、兴工街建设大路、南五马路胜利大街、南五马路民族街、铁路中学、和平广场、南五马路中兴街、南五马路振兴街、方型广场北、回民中学、省水利厅、十四纬路五经街、领事馆西、十三纬路三经街、大西菜行、第七中学、五爱西区北、五爱市场、热闹路大南街、翠园小区、万柳塘公园北
298	东机正门——大东路	东机正门、文官街、文体中心、劳动广场、西门、望花新村木材市场、东方欧博城、望花立交桥、圣淘沙家园、紫竹茗郡、通利汽车公司、九一八历史博物馆、沈阳北方客运公司、市胸科医院、北海街联合路、市骨科医院、大北边门、第五中学、枫合万嘉、横街、小津桥、东中街、大东门、大东路
299	卫士家园——沈阳站西广场	卫士家园、上园路联合路、上园小区、上园路合作街、通利汽车公司、九一八历史博物馆、崇山路鸭绿江东街、北塔、省教育厅、华商晨报、儿童医院、辽宁中医、崇山路嘉陵江街、辽宁大学、百鸟公园、市委党校、崇山路淮河街、淮河街昆山路、淮河街天山路、重型文化广场、小北一路兴华街、新湖北国之春南、小北一路颂工街、兴工街千姿汇、兴工街北二路北、兴工街北三路、沈阳站西广场
324	苏家屯——北站北广场	苏家屯、新石代石材城、血栓医院、雪松路迎春街、雪松路牡丹街、中顺汽车、苏白路市场、辽宁卫生职院、湖畔绿洲、吉水暖气公司、满融首府、苏家屯区委党校、下河湾、民族开发区、浑河站、三山集团、越秀星汇蓝海花园、万科城、格林生活坊、远洋天地、工农桥南、南京街砂阳路、南京街南十马路、新华广场、铁路中学、沈阳站、沈阳站北、太原街中山路、铁路局、西塔、储备局、家具广场、第四医院南、昆山路嫩江街、北站北广场

线路	起始站点	途　经　站　点
325	虎石台——沈阳北站	虎石台(辽宁交通高等专科学校)、兴盛街、虎石台邮局、虎石台第一小学、老市场、市益民医院、矿务局中学、欧盟工业园(黄楼)、虎石台开发区、辽宁金融职业学院、詹屯、鑫宁家园、三〇一、朱尔屯、朱尔屯道口、西三家子、文官屯、西门、望花新村木材市场、东方欧博城、望花立交桥、圣淘沙家园、紫竹茗郡、通利汽车公司、九一八历史博物馆、崇山路鸭绿江东街、北塔、省教育厅、松花江街崇山路、宁山路小学、省消防总队、沈阳北站
326	新城子——五爱市场西区	新城子中央路北斗街、新城子电影城、新城子邮局、新城子大市场、红楼小区、五五村口、道树子东、道树子西、七家子东、七家子西、财落三村、财落二村、财落市场、姚家东、姚家西、大辛二村、全胜北、全胜西、三家子检查站、三家子、依生制药厂、道义大街大三线、自来水五厂、弓匠村、俪景小区、太湖国际花园、瀚博皇家御院、辽宁大学北校区、沈阳航空航天大学、唐轩公馆、沈阳师范大学、四台子、黄河大街万山路、沈阳医学院、何氏眼科医院、国奥现代城、黄河大街松山路、二四二医院、省中医二院、新乐宿舍、辽宁大厦、省实验中学、黄河大街宁山路、黄河大街巴山路、第四医院、皇寺广场、市检察院、北市场、市中级法院、太清宫、小西门、大西门、风雨坛街热闹路、五爱市场西区
327	碧桂园凤凰城——沈阳站南	碧桂园凤凰城、丁香街沙柳路、苏家屯工商局、枫杨路青年桥、苏家屯大润发超市、玫瑰街香杨路、苏家屯火车站、玫瑰街北九路、十里锦城(沈阳国际展览中心)、木材防腐厂、大官房、可济药业、银杏路雪莲街(原加工厂)、沈阳市工业技术学校、华府丹郡、恒大名都、沈阳卷烟厂、上河湾、王士村、前榆树台、上夹河、沙岗子、中海国际社区、长白港湾站、工农桥南、工农桥北、南京街砂阳路、南京街南十马路、新华广场、铁路中学、沈阳站南(南一马路)
328	新城子——马路湾	新城子、沈北客运站、新城子中心大市场、贵州路北斗街、新兴广场、王驿屯、西五旗、木材交易中心、崔公堡、孟家屯、大望花台、小望花台、吴三家子、中古城子、首开国风润城、大古城子、矿务局中学、虎石台开发区(黄楼)、辽宁金融职业学院、詹屯、三〇一、朱尔屯、朱尔屯南、西三家子、新楼、文官屯、西门、望花新村木材市场、东方欧博城、望花立交桥北、圣淘沙家园、紫竹茗郡、通利汽车公司、九一八历史博物馆、崇山路鸭绿江东街、北塔、省教育厅、松花江街崇山路、宁山路小学、省消防总队、市建委、沈阳北站站前、惠工广场西、哈尔滨路青年北大街、总站路阜新二街、皇寺广场、北市场西、西塔、沈阳站北、沈阳站、中华路南京街、马路湾
329	马三家子——黑龙江街武夷山路	马三家、马三教养院、马三家中街、马三桥头、兰屯、兰屯桥、小三家、铁路西站、永安桥、朝鲜小学、刘家窝棚、大转弯桥、小转弯桥、大芳士、元江街白山路、向工一校、昆山路前塔湾、中海寰宇天下塔湾西、太平庄、崇山路淮河街、宁山路延河街、怒江广场、宁山路金沙江街、宁山路北行、宁山路黄河大街、嫩江街宁山路、省公安厅、龙江广场、黑龙江街武夷山路
329 支线	闸上——中海寰宇天下塔湾西	闸上、闸上村委会、嘉益食品、明星村(南线)、高力屯、阳光城、高力大棚、看守所、造化监狱、大转弯桥、小转弯桥、大芳士、元江街白山路、向工一校、昆山路前塔湾、中海寰宇天下塔湾西
333	苏家屯——沈阳北站	苏家屯客运站、苏家屯大润发超市、青年桥、公园商场、铁路医院、雪松路牡丹街、北国奥林匹克花园、沈阳国际会展中心、辽宁反腐倡廉展览馆、航天路、小羊安、城建学院、白塔堡、白塔市场、阳光新嘉园、沈营路新秀街、沈铁田园牧歌、万科新榆公馆、糖厂子、世纪新城、沈营路华园东路、融城时代、首创国际城、泛华广场、浑河堡、浦江苑、新华社、五里河公园西、夏宫、五里河茂业中心、文化路立交桥南、陆军总院、地王国际花园、风雨坛街西滨河路、五爱市场西区、风雨坛街热闹路、大西门、小西门、太清宫北、天后宫、房产市场、惠工广场东、沈阳北站
333 支线	苏家屯——沈阳北站	苏家屯客运站、苏家屯大润发超市、青年桥、公园商场、铁路医院、雪松路牡丹街、北国奥林匹克花园、沈阳国际会展中心、南京街银杏路、沈阳体育学院、新沈阳南站(预留站)、小羊安、城建学院、白塔堡、白塔市场、阳光新嘉园、沈营路新秀街、沈铁田园牧歌、万科新榆公馆、糖厂子、世纪新城、沈营路华园东路、融城时代、首创国际城、泛华广场、浑河堡、浦江苑、新华社、五里河公园西、夏宫、五里河茂业中心、文化路立交桥南、陆军总院、地王国际花园、风雨坛街西滨河路、五爱市场西区、风雨坛街热闹路、大西门、小西门、太清宫北、天后宫、房产市场、惠工广场东、沈阳北站

线路	起始站点	途 经 站 点
334	红椿路铁路桥——沈阳北站	红椿路铁路桥(郡原小石城)、红椿路高铁二街(郡原望庄)、百荷湾(白塔堡)、白塔小学、百荷湾北门、白塔三街高深路、理想新城、三环辅路、卓越平方、双 E 港小区、白塔河路(上深村)、飞云路金辉街、飞云路新岛街、教场、泰莱十六区、文澜苑、坤泰新界、省浑南训练基地、奥体中心南门、新华公寓、科普公园东、五爱街文萃路、陆军总院东门、地王国际花园、风雨坛街西滨河路、五爱市场西区、风雨坛街热闹路、大西门、小西门、太清宫北、天后宫、房产市场、惠工广场东、沈阳北站
335	金宝台二手车市场——二十一世纪广场	金宝台二手车市场、金宝台村、金宝花园、三十中学、桂花街北青松路、血栓医院、公园商场、铁路医院、雪松路牡丹街、北国奥林匹克花园、雪莲街山榆路、华润雪花啤酒厂、大羊安村、有轨电车车辆段、毡匠村、毡匠路口、火石桥、东北花卉大世界、小羊安村、城建学院、白塔堡、白塔市场、阳光新嘉园、沈营路新秀街、东大软件园、变压器研究所、高科路世纪路、高科路新明街、下深工业园、21 世纪广场
381	石佛寺——大渡河街	石佛寺、孟家、立新、张家、鲁家、中心台、兴鲜村、兴隆台、救兵台、永丰村(粮库)、尹家(世家沈北新城)、纸板厂、下坎子、全胜、三家子(沈北)、道义工业新区、弓匠屯、瀚博小区、道义镇政府、道义中学、辽宁大学北校区、正良村、沈阳师范大学、四台子、黄河大街万山路、沈阳医学院、国奥现代城、黄河大街松山路、二四二医院、省中医二院、新乐宿舍、新乐遗址、辽宁大厦、省实验中学、辽宁大学、长江街宁山路、北行、大渡河街
382	新城子——大渡河街	新城子、五五村、道树子、七家子、德胜台、财落、七十五中学、姚家、大辛屯二村、全胜、三家子(沈北)、道义工业新区、弓匠屯、瀚博小区、道义镇政府、道义中学、辽宁大学北校区、正良村、沈阳师范大学、四台子、黄河大街万山路、沈阳医学院、国奥现代城、黄河大街松山路、二四二医院、省中医二院、新乐宿舍、辽宁大厦、省实验中学、辽宁大学、长江街宁山路、北行、大渡河街
383	依路——市骨科医院	依路、拥屯、怪坡风景区、阎家沟、万米、后腰堡、前腰堡、清水台、泥沟堡、二井、孙家洼子、蒿甸子、马家堡子、蒲河镇、华康牧业公司、好利来工业园(黄泥河子)、希杰饲料公司(转盘/百事可乐)、聚农路(千禧鹤/雨润食品)、泉涌新镇(辉山畜牧场/阳光洛可可)、冯道社区、翔宇中学、闽南石材城、奥森环境公司、赵家沟(中南陶瓷城)、王家沟、上王家沟、八棵树、罗家沟、南赵家沟、祥和汽校、山水文园(花园新城)、东山嘴子、陶瓷城、东望街东陶路、国瑞商城、中铁物资集团、万科蓝山、沈阳东站北、东北大马路明堂街、东北大马路新生二街、市骨科医院
383 复线	依路——龙之梦亚太城	依路、拥屯、怪坡风景区、阎家沟、万米、后腰堡、前腰堡、清水台、泥沟堡、二井、孙家洼子、蒿甸子、马家堡子、蒲河镇、华康牧业公司、好利来工业园(黄泥河子)、希杰饲料公司(转盘/百事可乐)、聚农路(千禧鹤/雨润食品)、泉涌新镇(辉山畜牧场/阳光洛可可)、冯道社区、翔宇中学、闽南石材城、奥森环境公司、赵家沟(中南陶瓷城)、王家沟、上王家沟、八棵树、罗家沟、南赵家沟、祥和汽校、山水文园(花园新城)、东山嘴子、陶瓷城、东望街东陶路、国瑞商城、中铁物资集团、万科蓝山、沈阳东站北、东北大马路明堂街、东北大马路新生二街、市骨科医院、北海街工农路、莱茵河畔、龙之梦亚太城
384	棋盘山——白塔路	棋盘山、宋家、清韵百园、中木、下木、小东沟、上满堂、世博园(碧桂园)、上水泉、中水泉、老年公寓、下水泉、英达桥头、英达、御湖开发区、后陵、东方御景、炮校东门、金家屯、农科院、省农业技术学校、沈抚立交桥东、东北汽贸、一汽福达、良城美景、辽宁奥通、二〇一、一汽惠华、沈海热电厂、珠林桥东、天江老龙口、市群众艺术馆、津桥路小什字街、小津桥、白塔路
385	皇家极地海洋世界——白塔路	皇家极地海洋世界、晓仁镜村、砖瓦村、大仁镜村、化工厂、旧站、高坎镇桥头、三家子村、上马村、世博园南门、万科兰乔圣菲、烟台村、七间房、工人医院、司法干校、东陵公园、少林武校、前陵堡、东陵路东三环、沈阳农业大学、农科院、省农业技术学校、沈抚立交桥东、东北汽贸、良城美景、辽宁奥通、二〇一、一汽惠华、沈海热电厂、珠林桥东、天江老龙口、市群众艺术馆、津桥路小什字街、小津桥、白塔路
386	深井子——白塔路	深井子村委会、深井子街、十大线、大甸子、小甸子、上伯、下伯、后汪家、前汪家、石庙子、东陵路东三环、沈阳农业大学、农科院、省农业技术学校、沈抚立交桥东、东北汽贸、一汽福达、良城美景、辽宁奥通、二〇一、一汽惠华、沈海热电厂、珠林桥东、天江老龙口、市群众艺术馆、津桥路小什字街、小津桥、白塔路
387	白清寨——南塔客运站	白清寨、顺山子、太平山、山城子、老瓜洼、上高士、下高士、祝家、常王寨、小常王寨、常家湾、红旗岭、畜牧场、李相、古城子、麦子屯、沈阳出口加工区、沈阳建筑大学、沈音南校区南、在水一方社区、和泰东方园、万科花园新城、东北大学基础学院、出租汽车公司南、南塔客运站

线路	起始站点	途经站点
387区间	祝家——南塔客运站	祝家、常王寨、小常王寨、常家湾、红旗岭、畜牧场、李相、古城子、麦子屯、沈阳出口加工区、沈阳建筑大学、沈音南校区南、在水一方社区、和泰东方园、万科花园新城、东北大学基础学院、出租汽车公司南、南塔客运站
388	老塘峪——南塔客运站	老塘峪、石官屯、杏树村、馒首山、李相、邦士台、得胜屯、高八寨、永安道口、保和、施家寨、元科蜡厂、东陵殡仪馆、孙家寨、下泉水峪村道口、下泉水峪村委会、下泉水峪村、南岭村、南岭村委会、新大地公司、营城子、后桑林子、博荣水立方(大甸子)、教场、泰莱十六区、文澜苑、奥体中心南门、河畔花园、五爱街文萃路、陆军总院东门、南塔、南塔鞋城、南塔客运站
389	陈相——南塔客运站	陈相、公墓、皮家湾、下庙子、电池厂、刘后地、佟沟、佳地园、胜利、绿岛、信盟花园、荒山子、舞蹈学校、桃仙镇、万家岭、美地庄园、班家寨、前桑林子、营城子、后桑林子、博荣水立方(大甸子)、教场、泰莱十六区、文澜苑、奥体中心南门、河畔花园、五爱街文萃路、陆军总院东门、南塔、南塔鞋城、南塔客运站
390	桃仙——南塔客运站	桃仙、富家屯、荒山子、舞蹈学校、桃仙镇、万家岭、美地庄园、班家寨、前桑林子、营城子、后桑林子、博荣水立方(大甸子)、教场、泰莱十六区、文澜苑、奥体中心南门、河畔花园、五爱街文萃路、陆军总院东门、南塔、南塔鞋城、南塔客运站
393	光荣——北陵公园	光荣、茨榆、曙光、马家、穆家、新农村、全胜、三家子检查站、沟子沿、平罗、上蒲河、黄土坎、道义中学、辽宁大学北校区、正良村、沈阳师范大学、四台子、黄河大街万山路、沈阳医学院、国奥现代城、黄河大街松山路、二四二医院、省中医二院、新乐宿舍、辽宁大厦、北陵公园
394	陈相——南塔客运站	陈相、柳匠屯、胡老屯、小东沟、前三道岗子、后长岭子、沙河堡佟古家子、于家道口、沙河堡、沙河桥北、后桑栏子、鲍家、毡匠路口、火石桥、东北花卉大世界、大羊安村、小羊安村、白塔市场、阳光新嘉园、沈营路新秀街、万科新榆公馆、糖厂子、世纪新城、沈营路华园东路、融城时代、浑河堡南、五里河公园西、五爱街文萃路、陆军总院东门、南塔、南塔客运站
395	姚千——南塔客运站	姚千、上瓦房、朱家庄、刘千户、小堡屯、奉集、刘后地、佟沟、佳地园、胜利、绿岛、信盟花园、荒山子、舞蹈学校、桃仙镇、万家岭、美地庄园、班家寨、前桑林子、营城子、后桑林子、博荣水立方(大甸子)、教场、泰莱十六区、文澜苑、奥体中心南门、河畔花园、五爱街文萃路、陆军总院东门、南塔、南塔鞋城、南塔客运站
396	光辉农场——重工街北一路	光辉农场、三台子市场、光辉乡政府、三台子养鸡场、高台子、门台加油站、集体、西大林子、东大林子、曹台、范家屯、大兴、新兴村、西桥、大兴乡政府、大兴沙岗子、陈孤家子、第五十六中学、红旗台、丁红、丁香屯、丁香小学、重工街北一路
397	解放——大渡河街	解放、解放市场、于金台、万金台、大尚义、小尚义、达连屯、周家、陆家、青堆子、马家甸、监狱城、白辛台、北刘家、东二台子、西二台子、平罗镇政府、平罗市场、广告学院、关家、旺牛屯、白家、造化、中海城北、中海城、加州花园、教师新村、陵西二小区、第四十中学、北方医院、第九印刷厂、沙河子小区、长江街泰山路、建赏欧洲、辽宁大学、长江街宁山路、北行、大渡河街
397区间	监狱城——大渡河街	监狱城、白辛台、北刘家、东二台子、西二台子、平罗镇政府、平罗市场、广告学院、关家、旺牛屯、白家、造化、中海城北、中海城、加州花园、教师新村、陵西二小区、第四十中学、北方医院、第九印刷厂、沙河子小区、长江街泰山路、建赏欧洲、辽宁大学、长江街宁山路、北行、大渡河街
398	虎石台——北陵公园	虎石台综合大市场、虎石台小学、老市场、虎石台镇政府、省金融学校、兴明街蒲裕路、省交校南门、沈北路天赋家园、辽宁经济管理干部学校、小桥子村北、小桥子村、小桥子村南、万合汽校、物流园、五金建材市场、消防训练基地、文官屯、德孚润滑油、空训基地、鸭绿江街圣安路(观音屯)、北陵开发区、新锐防爆电器、上岗子、城建北尚、烈士陵园、金山小区、北陵东门、省军区北门、北陵公园
398复线	虎石台职教园——北陵公园地铁口	虎石台职教园、市信息工程学校南门、富城春天小区、虎石台综合大市场、中国医科大学、省城建学院、省经济管理干部学校北门、鸭绿江北街沈北路、小桥子村北、小桥子村、小桥子村南、万合汽校、物流园、五金建材市场、消防训练基地、文官屯、德孚润滑油、空训基地、鸭绿江街圣安路(观音屯)、北陵开发区、新锐防爆电器、上岗子、城建北尚、烈士陵园、金山小区、北陵东门、省军区北门、北陵公园地铁口
399	虎石台——沈阳站北	虎石台、老市场、矿务局中学、虎石台开发区、辽宁金融职业学院、詹屯、三〇一、朱尔屯、西三家子、新楼、西门、望花新村木材市场、东方欧博城、望花立交桥、圣淘沙家园、紫竹茗郡、通利汽车公司、九一八历史博物馆、崇山路鸭绿江东街、北塔、省教育厅、松花江街崇山路、宁山路小学、省消防总队、市建委、青年北大街、总站路阜新二街、皇寺广场、北市场西、沈医二院、西塔、铁路局、太原街中山路、沈阳站北

线路	起始站点	途经站点
501	沙岭客运站——五爱市场西区	沙岭客运站、大成公司、永森木业、家具园管委会、俪锦城、沙岭小区、粮旺集团、兰胜台、辽宁成工(金威橡胶)、高明台、共和综合市场、连云塔机、沈新路七号街、天津汽贸、张士、沈新路松花湖街、沈新路巢湖街、巢湖街渤海路、于洪区委、依云首府北门、于洪广场、于洪南里、南十路强工二街、南十路重工街、南十路肇工街、启工机械学校、南九路卫工街、南七路保工街、南七路兴顺街、南七路勋望街、铁西百货、铁西广场、建设大路兴工街、胜利大街南五马路、沈阳站南、中华路太原街、中华路南京街、二〇二医院、十三纬路光荣街、十三纬路五经街、十三纬路三经街、大西菜行、顺通食街、第七中学、五爱市场西区
503	沈阳北站——五爱市场	沈阳北站、家乐福北站店、惠工广场东、房产市场、天后宫北、天后宫、太清宫北、太清宫、小西门、大西门、市环保局、五爱市场(小南街)
523	东方威尼斯——沈阳站南	东方威尼斯、丰乐二街文萃路、摩托车城、东北大学基础学院、文化东路富民街、出租汽车公司南、文化东路天坛一街、南塔鞋城、省医院东门、大南边门、建设大厦、南关小区、南关路小南街、辽宁奉天中医院、五爱市场西区、五爱西区北、第七中学、顺通食街、大西菜行、十三纬路三经街、十三纬路五经街、十三纬路光荣街、十三纬路吉林路、体育广场、中山公园西、市文化宫、沈阳站南(南一马路)
718	东湖市场——解放南	东湖市场、于洪广场、于洪家乐福、太湖街、巢湖街、北李官、东平湖街、和泰馨城、沈胡公路、于洪动监、于洪职教中心、新塔湾钢材市场、姚家、红旗石材城、第五十六中学、世代书香、创奇游乐公司、双联电子公司、陈孤家子、大兴沙岗子、大兴街道、西桥、大兴学校、新光(新房子)、大兴铸造厂、范屯、西大林、集体、光辉乡、老边、南台、解放南
719	东湖市场——平罗	东湖市场、于洪广场、于洪家乐福、太湖街、巢湖街、北李官、东平湖街、和泰馨城、沈胡公路、于洪动监、于洪职教中心、新塔湾钢材市场、姚家、红旗石材城、第五十六中学、世代书香、创奇游乐公司、双联电子公司、陈孤家子、大兴沙岗子、大兴街道、西桥、大兴学校、新光(新房子)、大兴铸造厂、马三家供电所、范家屯、交通经济驾校、马三家街道、第五十九中学、马三家公铁桥、金马新村、马三家、前辛台、郝三家、平罗
720	东湖市场——解放北	东湖市场、于洪广场、于洪家乐福、太湖街、巢湖街、北李官、东平湖街、和泰馨城、沈胡公路、于洪动监、于洪职教中心、新塔湾钢材市场、姚家、红旗石材城、第五十六中学、世代书香、创奇游乐公司、双联电子公司、陈孤家子、大兴沙岗子、大兴街道、西桥、大兴学校、新光(新房子)、大兴铸造厂、马三家供电所、范家屯、交通经济驾校、马三家街道、第五十九中学、马三家公铁桥、金马新村、马三家、古城子、十里河、双树子、解放北
721	东湖市场——前进	东湖市场、于洪广场、太湖街、于洪区委、巢湖街、北李官、东平湖北街、和泰馨城、沈胡公路、沈胡路环城高速、东民、后民屯、兴盛、西爱线、爱国、繁荣、沙陀子、前进
721支线1	东湖市场——静安	东湖市场、于洪广场、太湖街、于洪区委、巢湖街、北李官、东平湖北街、和泰馨城、沈胡公路、沈胡路环城高速、东民、后民屯、兴盛、西爱线、爱国、繁荣、曹台、岔路、皮台、边台、静安
721支线2	东湖市场——曹台	东湖市场、于洪广场、黄海路、于洪区委、巢湖街、北李官、东平湖北街、和泰馨城、沈胡公路、环东物流、宏发小学、东民、后民屯、兴盛、爱国家园、光辉、大兴、全胜、曹台
722	熊家岗路——和泰馨城尚东区	熊家岗路、于洪机场、东大智慧森邻北门、东大智慧森邻南门、舒丽雅、于洪建材市场、迎宾路北、迎宾路南、洪湖社区、东湖市场、于洪人力资源市场、于洪广场、于洪家乐福、世代龙泽湾、漾日华庭、沈新园、开发大路、沈新路巢湖街、海逸综合市场、海逸购物中心、海逸诗阁、和谐广场、于洪区委、沈大路、和泰尚东区正门、和泰尚东区
800	陵园西街——三好桥	陵园西街、金山路91号、金山小区、北陵东门、省军区北门、北陵公园、辽宁中医、北陵大街宁山路、省公安厅、市残联、北站路青年北大街、沈阳北站、惠工广场南、奉天街市府大路、奉天街小西路、奉天街药王庙路、房地产大厦东、风雨坛街沈州路、风雨坛街热闹路、五爱市场西区、风雨坛街西滨河路、地王国际花园、陆军总院东门、五爱街北文萃路、文萃路青年大街、五里河茂业中心、世贸百货、市交通局、新世界花园、三好桥
K801	碧桂园凤凰城——五爱市场	碧桂园凤凰城、南营子、沙柳小学、溪畔人家、苏家屯客运站、海棠花园、苏家屯妇婴医院、苏家屯房产大厦、青年桥、公园商场、铁路医院、雪松路牡丹街、北国奥林匹克花园、十里锦城、大官房、可济药业、玉皇药业、加工厂宿舍、馨丽康城、九州湾景汇、胜利南街湾景汇北、浑河站、三山集团、马总、长白苑、万科城、格林生活坊、远洋天地、工农桥南、工农桥北、南京街砂阳路、省妇婴医院、市第六医院南、南湖公园西门、方型广场、盛京医院南湖院区、展览馆、陆军总院、南塔、省医院东门、大南边门、第二十七中学、五爱市场

线路	起始站点	途经站点
K802	碧桂园凤凰城——龙之梦亚太城	碧桂园凤凰城、南营子、沙柳小学、溪畔人家、苏家屯客运站、海棠花园、苏家屯妇婴医院、苏家屯房产大厦、青年桥、公园商场、铁路医院、雪松路牡丹街、北国奥林匹克花园、十里锦城、大官房、可济药业、玉皇药业、加工厂宿舍、馨丽康城、九州湾景汇、胜利南街湾景汇北、浑河站、三山集团、马总、长白苑、万科城、格林生活坊、远洋天地、工农桥南、工农桥北、南京街砂阳路、省妇婴医院、市第六医院南、南湖公园西门、方型广场、盛京医院南湖院区、展览馆、陆军总院、地王国际花园、风雨坛街街西滨河路、五爱市场西区、五爱市场、热闹路大南街、大南门东、小河沿、大东门、东中街、小津桥、津桥路小什字街、市群众艺术馆、龙之梦亚太城
铁西新区1线	张士灯具城——西塔	张士灯具城、张士开发区管委会、花海路燕塞湖街、水产市场、沈新路洪湖二街、洪湖小区、长客西站、重工街勋业一路、重工街南十二路、重工街南十路、重工街南七路、南七路肇工街、建设大路肇工街、建设大路启工街、建设大路卫工街、建设大路保工街、建设大路兴顺街、铁西广场、建设大路云峰街西、建设大路兴工街、胜利大街南五马路、沈阳站南、沈阳站北、太原街中山路、铁路局、西塔
铁西新区2线	久利建材——南湖公园西门	久利公司、七号路七号街、七号路六号街、七号路六号街东、七号路四号街、四号街开发大路、四号街十一号路、四号街十四号路、家宁花园、宁官市场、沈辽路大明湖街、沈辽路昆明湖街、鹏程花园、山东堡、三隆碧桂园、新型建材厂、鼓风机一分厂、冶金机械公司、沈辽路赞工街、仙女湖公园北、西部货运中心北、沈辽路齐贤街、沈辽路艳粉街、沈辽路兴华街、沈辽路云峰街、沈后招待所、沈辽路兴工街、东北汽配商贸中心、南八马路太原街、南八马路海口街、沈阳急救中心、南湖公园西门
铁西新区产业一线	长客西站——安川电机	长客西站、洪湖一街沈新路、洪湖一街、澳海西湖印象、星海路、昆明湖街星海路、昆明湖街(张士开发区管委会)、普力司通、云海路(东北制药)、云海路松花湖街、七号路一号街、七号路四号街、七号路六号街东、七号路六号街、七号路七号街、久利公司、开发大路七号街、施道克电力公司、中央大街地铁站、沈鼓集团南、高中压阀门、机床集团、丽都新城西、机床集团3号门、远大集团、十三号街地铁大厦、北车集团、三一重工、特变电工、申克动力、安川电机
浑南区一线	理想新城——方荣路	理想新城、高远路东大软件园、变压器研究所、东海电子、海外学子园、亚泰花园、东陵区(浑南新区)政府、报业印务中心、二十一世纪广场、辽宁移动通信、彩霞街公铁桥、彩霞街沈营路、泛华广场、浑河堡、浦江苑、新华社、新华公寓、艺术家园、河畔新城、沈音乐府艺术学校、恒达路朗日街、金海园、长青桥、南堤路文汇街、文汇街南堤路、音乐学院南校区、在水一方社区、和泰东方园、万科花园新城、方青北路、青阳四季园、瑞丰嘉园、方荣路
预备役号专线	高炮一师西——皇姑屯火车站	高炮一师西、万科城、格林生活坊、长白东路长白四街、三好桥北、新世界花园、市交通局西门、东北大学南门、交通安全教育学校、龙王庙公园、盛发花园、省体院、市第六医院、和平大街南七马路、铁路中学、南五马路民族街、南五马路胜利大街、振工街建设大路、兴工街北三路(沈阳站西)、兴工街北二路、兴工街千姿汇、兴工街北一路、珠江街天山路、华山路珠江街、皇姑公安分局、怒江街华山路、皇姑屯火车站
旅游观光一线(观光巴士1号线)	辽宁大厦——奥体中心南门	辽宁大厦、北陵公园、省政府、辽宁中医、省公安厅、北站路青年大街、惠工广场北、市府广场西、市中级法院、太清宫东、小津桥、东中街、大东门、大南门西、房地产大厦、大西边门、彩电塔、青年公园西、华润中心、文化路立交桥南、五里河茂业中心、夏宫、五里河公园西、奥体中心南门
浑河西峡谷旅游专线	地铁中央大街站——浑河西峡谷公园	地铁中央大街站、荣盛幸福大道、中央大街沈辽路、工业大学中央校区东门、工业大学中央校区南门、浑河西峡谷公园
	新城子－虎石台－蒲河新城	新城子、新城子邮局、新城子中心大市场、贵州路北斗街、新兴广场、王驿屯、西五旗、木材交易中心、崔公堡、孟家屯、大望花台、小望花台、吴三家子、中古城子、首开国风润城、大古城子、矿务局中学、市益民医院、老市场、虎石台镇政府、黄楼、虎石台管委会、蒙牛乳业、柳岗屯、沈北路月亮湖街、沈北路大望街、吉隆公司、北钢不锈钢公司、沈北路辉山大街、沈北路宏业街、泉涌新镇、中信银行沈北支行、水木康桥、省装备学院、蒲河新城管委会
沈抚一号线	沈阳站——抚顺南站	沈阳站、胜利大街北四马路、三洞桥、皇寺广场、珠林桥东、二〇一、二〇五、保利花园、沈抚立交桥东、马官桥、沈阳农业大学、李石开发区、三宝屯、抚顺八纬路、石化大学、七百商店、石油研究院、海城街、大官屯、三道街、抚顺南站

线路	起始站点	途 经 站 点
沈抚三号线	沈阳北站——抚顺南站	沈阳北站、惠工广场南、龙之梦亚太城、珠林桥东、二〇一、二〇五、保利花园、沈抚立交桥东、马官桥、沈阳农业大学、东陵公园、赛特奥莱、奥林匹克花园、世博园南门、高坎、砖瓦村、小仁镜村、皇家极地海洋世界、热高乐园、高湾、和平桥北、石化大学、七百商店、石油研究院、海城街、永济路西、大官屯、三道街、抚顺南站
沈抚四号线	沈阳五爱市场——抚顺白云商场	沈阳五爱市场、鸿翔宾馆、莲花街、珠林桥东、二〇一、二〇五、保利花园、沈抚立交桥东、马官桥、沈阳农业大学、李石开发区、三宝屯、抚顺八纬路、石化大学、七百商店、石油研究院、海城街、大官屯、三道街、抚顺白云商场
沈抚城际公交1线	抚顺沈抚新城——龙之梦亚太城	沈阳理工大学应用技术学院、沈抚新城管委会、四方高中、锦绣澜湾、君悦地产、抚顺万科金域蓝湾、金风湾、四环桥、伯官东街、伯官大街、伯官西街、汪家、沈抚立交桥、石庙子、刘付屯、东岗子、李巴彦、恒大江湾、杨官屯、沈阳出口加工区、东亚国际城、沈阳建筑大学、音乐学院南校区、在水一方社区、和泰东方园、万科花园新城、长青街、泉园一路、万泉旅社、莲花街、华润万家滂江店、龙之梦畅园、龙之梦亚太城
沈抚城际公交2线	抚顺沈抚新城——龙之梦亚太城	沈阳理工大学应用技术学院、沈抚新城管委会、亿丰国际、顺安路、悦鑫国际、阳光丽景、开发区公安分局、顺飞广场、催化剂厂、万科金域蓝湾东门、永泰电力、化工机械、凯顺化工、抚顺职业技术学院、旺力城、四环桥、伯官东街、伯官大街、伯官西街、汪家、沈抚立交桥、石庙子、刘付屯、东岗子、李巴彦、恒大江湾、杨官屯、沈阳出口加工区、东亚国际城、沈阳建筑大学、音乐学院南校区、在水一方社区、和泰东方园、万科花园新城、长青街、泉园一路、万泉旅社、莲花街、华润万家滂江店、龙之梦畅园、龙之梦亚太城
苏家屯中环	苏家屯金山小区	苏家屯金山小区、路灯管理所、巡警大队、桂花市场、血栓医院、苏家屯交通局、苏家屯公安局、苏家屯消防中队、苏家屯工商局、丁香小区、维康药房、枫杨路市场、青年桥、苏家屯客运站、海棠街、苏家屯妇婴医院(民主市场)、商业大厦、玫瑰街电业局、沈阳南站、军人招待所、铁中铁小、苏白路、六库(人民路)、带锯厂、苏白路市场西门、中顺汽车、苏家屯区教委、朝鲜小学、北青松路、苏家屯金山小区
地铁一号线	十三号街——黎明广场	十三号街、中央大街、七号街、四号街、张士、开发大道、于洪广场、迎宾路、重工街、启工街、保工街、铁西广场、云峰北街、沈阳站、太原街、南市场、青年大街、怀远门、中街、东中街、滂江街、黎明广场
地铁二号线	全运路——航空航天大学	全运路、白塔河路、世纪大厦、营盘街、奥体中心、五里河、市图书馆、工业展览馆、青年公园、青年大街、市府广场、金融中心、沈阳北站、岐山路、中医药大学、北陵公园、新乐遗址、陵西、三台子、医学院、师范大学、航空航天大学
有轨电车1号线	兴隆大奥莱——会展中心	兴隆大奥莱、亿丰广场、银卡路、中国电信、新松机器人、白塔河路、月星国际城、消防总队、万丽广场、金道城、国际软件园、新松智慧园、绿城全运村、华茂中心、运行中心、尚盈丽城、府城铭邸、国际学校、光明学校、黑牛财富、城建学院、艺术中心、沈阳南站、东北大学、尚盈丽景、电车公司、会展中心
有轨电车2号线	兴隆大奥莱——桃仙机场	兴隆大奥莱、亿丰广场、银卡路、中国电信、新松机器人、白塔河路、月星国际城、消防总队、万丽广场、金道城、国际软件园、新松智慧园、国际设计谷、千锦汇酒店、美地庄园、宁路村、桃仙、机场宾馆、桃仙机场
有轨电车5号线	奥体中心——沈抚新城	奥体中心、沈阳海关、金水花城、奥体游泳馆、行政服务中心、浑南图书馆、陆军总院、浑南实验学校、万科新里程、建筑大学、金地滨河国际、综合保税区、万科新城、东湖学校、温馨港湾、金地艺境、东北冷鲜港、天洁华尔街、汪家馨城、通航大厦、伯官、上伯官、沈抚新城

(交通局)

索　　引

一、本索引采用分析索引方法，按英语26个字母的顺序排列。
二、本索引依据编目、分目及主要条目所在的列序位置，分别注明页码（其中黑体字为编目），其后“a、b、c”表示所在栏目，供读者在检索时查阅。

A

B

C

F

G

K

Z